Cortes De Los Antiguos Reinos De Leon Y De Castilla, Volume 3...

Real Academia de la Historia (Madrid)

<36639802710016

CÓRTES

DE LEON Y DE CASTILLA.

CÓRTES

DE LOS ANTIGUOS REINOS

DE LEON Y DE CASTILLA,

PUBLICADAS

POR LA REAL ACADEMIA DE LA HISTORIA.

TOMO TERCERO.

3

1407-1473

MADRID,
IMPRENTA Y ESTEREOTIPIA DE M. RIVADENEYRA
calle del Duque de Osuna, número 3.
1866

COLECCION DE CÓRTES

DE LOS REINOS

DE LEON Y DE CASTILLA.

I.

Declaracion hecha por la reina Doña Catalina, en nombre de su hijo D. Juan II, con motivo de la cuestion sobre preferencia, que hubo entre las ciudades de Leon y Toledo, en las Córtes de Segovia del año 1407[1].

En la çibdad de Segouia, jueues veynte e siete dias del mes de enero anno del nasçimiento de nuestro Sennor Iesuchristo de mill e quatroçientos e siete annos, este dicho dia, dentro enel alcaçar dela dicha çibdat, estando y presente el muy alto e muy esclaresçido e muy poderoso prínçipe e sennor, nuestro sennor el Rey don Iohan, que Dios mantenga e dexe biuir e rreynar por muchos tienpos e buenos, et la muy noble et muy esclaresçida sennora, nuestra sennora la Reyna Donna Catelyna su madre, asentados para rreçebir los pleitos e omenajes que, segunt los derechos e costunbres delos regnos de Castilla, se deuen fazer al Rey nueuo quando reyna; en presençia de mi Iohan Martinez, chançiller del dicho sennor Rey del su sello dela poridad, et de Ferrant Alfonso de Robres, escriuanos de su camara et sus notarios publicos enla su corte e en todos los sus rregnos, et delos testigos de yuso escriptos, et estando y presentes vna parte delos procuradores delas çibdades e villas delos regnos e sennorios del dicho sennor Rey, para fazer los dichos pleitos e omenajes; luego la dicha sennora Reyna man-

[1] Estas Córtes son las mismas que se estaban celebrando en Toledo cuando ocurrió el fallecimiento del rey D. Enrique III, á 25 de Diciembre de 1406, y fueron trasladadas, á principios del año siguiente, á la ciudad de Segovia, con el objeto de prestar á D. Juan II el juramento y pleito homenaje.

Este testimonio se ha tomado del original, que existe en el archivo de la ciudad de Leon, en una hoja de papel grueso y de marca mayor que la del pliego comun, letra cancilleresca.

dó a Gonçalo Ramirez dela Llama e a Diego Ferrandez de Leon, vezinos e procuradores dela dicha çibdat de Leon que estauan presentes, que fiziesen al dicho sennor Rey, en nonbre dela dicha çibdat e por si, el juramento e pleito e omenaje que deuyan de fazer, segunt por mi el dicho Iohan Martinez les seria mostrado e rrezado. Los quales dichos Gonçalo Ramirez e Diego Ferrandez dixieron: que obedesçian el mandamiento dela dicha sennora Reyna por la su mercet a ellos fecho, et que so entençion de fazer el dicho juramento e pleito e omenaje fueran venidos al dicho alcaçar; pero que por quanto a ellos fuera fecho entender quelos procuradores dela çibdad de Toledo avyan fecho el dicho juramento e pleito e omenaje, lo qual non les deuiera ser rresçibido nin dado lugar a ello, fasta lo fazer primera mente los dichos Gonçalo Ramyrez e Diego Ferrandez en nonbre dela dicha çibdat de Leon, por rrazon que de sienpre se acostunbrara quando los tales juramientos e pleitos e omenajes se ouieran de fazer, delos fazer primera mente los procuradores dela dicha çibdat de Leon antes quelos procuradores de la dicha çibdat de Toledo, et de fablar primero en todas las Cortes et ayuntamientos que fueran fechos por los rreyes pasados; et otrosi en los asentamientos delas dichas Cortes e ayuntamientos asentarse ala mano derecha de Burgos; et que en tal posesion estauan, segunt la su merçet dela dicha sennora Reyna podria bien saber quando ala su merçet ploguiese delo saber. Et que pues los dichos procuradores dela dicha çibdad de Toledo avyan fecho el dicho juramento e pleito e omenaje primera mente que ellos, segunt les auian fecho entender, commo dicho avyan, que en ninguna manera ellos non lo entendian fazer, por quanto esto seria muy grande agrauio ala dicha çibdat de Leon e contra los preuillegios e franquezas e libertades quela dicha çibdat avya et estaua en posesion de sienpre acá; pero que puesto que ellos non fizieran el dicho juramento e pleito e omenaje, que todavya estauan e estarian prestos, los vezinos e caualleros e escuderos e omes buenos dela dicha çibdat et ellos con ellos, de guardar e fazer conplir todas las cosas que a seruiçio del dicho sennor Rey conpliesen et a seruiçio dela dicha sennora Reyna commo sienpre fizieran; et quela su merçet dela dicha sennora Reyna sabria bien que por los muchos et buenos leales et sennalados seruiçios quelos vezinos dela dicha çibdat fezieran alos rreyes pasados et por la grand lealtança que enellos fuera sienpre fallado, les hera dado esta onrra e graçia e perrogatiua que sienpre fablasen primero quelos procuradores dela dicha çibdat de Toledo et fiziesen los dichos juramentos e pleitos e omenajes, e se asentasen enel lugar susodicho çerca delos procuradores dela dicha çibdat de Burgos; et que nunca fasta aqui les fuera quebrantado, et que asi lo entendian continuar en todas las cosas que a seruiçio del dicho sennor Rey conpliesen et a seruiçio dela dicha sennora Reyna. Et luego la dicha sennora Reyna dixo que era verdad quelos dichos procuradores dela dicha çibdad de Toledo avyan fecho el dicho juramento e pleito e omenaje segunt los dichos Gonçalo Ramirez et Diego Ferrandez dezian, pero que fuera por yerro, por ella non ser çertificada nin saber commo los procuradores dela dicha çibdat de Leon avyan de fazer primera mente el dicho juramento e pleito e omenaje; mas que mandaua e mandó a nos los dichos Iohan Martinez chançeller e Ferrand Alfonso e alos otros escriuanos, por ante quien pasaron los dichos juramientos e pleitos e omenajes, que estauan presentes, que enla ordenança del escriuir de los dichos juramientos e pleitos e omenajes que posiesemos primera miente a Burgos e luego a Leon et despues a Toledo, et que para adelante que quedase a saluo su derecho a cada vna delas dichas çibdades. Et esto asi fecho, mandó alos dichos Gonçalo Ramyrez et Diego Ferrandez que fiziesen el dicho juramiento e pleito e omenaje, et luego los dichos Gonçalo Ramyrez et Diego Ferrandez dixieron que pues la dicha sennora Reyna dizia e confesaua que se avya fecho en yerro, et la su merçet mandaua que enla dicha ordenança del escriuir delos dichos juramientos e pleitos e omenajes se posiese primero Leon que Toledo commo era razon et derecho et se sienpre acostunbrara, que ellos de su mandamiento et por seruiçio del dicho sennor Rey et suyo della, que estauan prestos delo fazer, protestando que non fuese perjuizio dela dicha çibdat en cosa alguna et que saluo le quedase toda vya su derecho. Et luego el Obispo dela dicha çibdat de Segouia et Gomez Carrillo que estauan presentes, rreçebieron juramiento e pleito e omenaje delos dichos Gonçalo Ramirez et Diego Ferrandez, por la forma et manera que se rreçebio de todos los otros procuradores del Reyno que ay venieron afazer el dicho juramiento e pleito e omenaje. Et fecho el dicho juramiento e pleito e omenaje commo dicho es, luego los dichos Gonçalo Ramirez e Diego Ferrandez pedieron a nos los dichos Iohan Martinez et Ferrant Alfonso que gelo diesemos todo asi signado de nuestros signos commo avya pasado, para guarda del derecho dela dicha çibdat et suyo en su nonbre. Que fue fecho et pasó enla dicha çibdat dentro enel dicho alcaçar, dia e mes e anno susodichos. Testigos que fueron presentes: Pero Alfonso de Castro de Varte dottor e Gabriel de Presamo bachiller, vezinos e procuradores dela çibdat de Burgos, e Fernand Gomez de Deça vezino e procurador dela çibdat de Toro e Pero Sanchez vezino e procurador dela çibdat de Seuilla e Iohan Yannez de Valladolid vezino e procurador dela dicha villa e Fernant Lopez de Astunniga e otros.— Et yo Iohan Martinez chançeller de nuestro Sennor el Rey del su sello dela poridad e su notario publico enla su corte e en todos los sus rregnos fuy presente a todo lo de suso en este instrumento contenido, en vno con el dicho Ferrant Alfonso e conlos testigos de suso escriptos, e a rruego e rrequerimiento delos dichos Gonçalo Ramirez e Diego Ferrandez lo fize aqui escriuir e fize aqui este mio signo ✠ en testimonio.

Et yo el dicho Ferrant Alfonso escriuano e notario publico sobre dicho fuy presente a todo lo susodicho, en vno con el dicho Iohan Martinez chançeller e con los dichos testigos, ante los dichos sennores Rey e Reyna, et a pedimiento e rruego delos dichos Gonçalo Ramirez e Diego Ferrandez, este testimonio fiz escriuir e fize aqui mi signo que es tal ✠ en testimonio de verdad.

II.

Otorgamiento de algunos servicios para la guerra con los moros del reino de Granada, hecho por las Cortes de Valladolid el año de 1411 [1].

Muy altos e muy esclareçidos sennores Reyna e Infante, tutores de nuestro sennor el Rey e rregidores delos sus rregnos:

Los procuradores delas çibdades e villas del rregno, con todo el onor e deuida rreuerençia que deuemos e somos tenudos, besamos vuestras manos e muy omil mente nos encomendamos en vuestra muy alta sennoria, la qual, sennores, bien sabe que por cartas del dicho sennor Rey libradas dela vuestra merçet fuemos llamados para que veniesemos aeste vuestro ayuntamiento de Valladolid, para tratar e acordar e otorgar todas las cosas que son e fueren nesçesarias e cunplideras a seruiçio del dicho

1 Este texto se ha tomado de un cuaderno que existe en el archivo municipal de Búrgos, compuesto de hojas sueltas de peticiones y ordenamientos originales de várias Córtes: en la primera y cuarta de dichas hojas está el otorgamiento de los cuarenta y ocho cuentos de maravedises concedido en Valladolid el año de 1411. El manuscrito lleva este epígrafe: «Quaderno donde se hallan dos trozos de diferentes capitulos y suplicas hechas por los capitulares de Córtes de estos reinos al Rey nuestro señor, en las que su Magestad celebró en esta ciudad y en la de Valladolid, de los quales algunas tienen respuesta á los margenes.»

sennor Rey e bien de sus rregnos, espeçial mente para todo lo que era nesçesario de cunplir e de fazer e de pagar por la guerra pasada, que vos el dicho sennor Infante feziestes por el Rey nuestro sennor contra los moros enemigos dela ffe enla çerca de Antequera; e eso mesmo para ordenar e otorgar todo lo que fuere mester para qual quier guerra que de aqui adelante se faga contra los dichos moros, asy de dineros commo de otras cosas.

Et sennores, eneste ayuntamionto agora despues que aqui somos venidos, nos demostrastes e noteficastes en commo se cunple e sale la tregua que tenedes fecha e firmada con los dichos moros infieles, en diez dias del mes de abril del anno primero que viene del Sennor, de mill e quatroçientos e doze annos. Por lo qual nos demandastes que vos otorgasemos, los tres estados del rregno, para cunplir e continuar e sostener la dicha guerra delos moros por el dicho anno primero que viene de mill e quatroçientos e doze annos, quarenta e çinco cuentos desta moneda vsal, que vuestra merçet tiene considerado que alo mas estrecha mente son nesçesarios para la paga del sueldo de çinco mill omes de armas e mill ginetes e doze mill lançeros e vallesteros, e para el armada de veynte galeas e.......[1] naos barchas e otros navios que son mester de armar para guardar la mar e el estrecho de Çebta e de Gibraltar, e para fazer e conprar otros pertrechos que son muy nesçesarios e cunplideros para la dicha guerra.

Et otrosi sennores, nos demandastes que demas desto vos otorgasemos tres cuentos, que eran mester para pagar e fazer emiendas de cauallos e vestias alos sennores e condes e rricos omes e caualleros e escuderos del rregno que auian bien e fiel mente seruido enla dicha guerra este anno pasado sobre la dicha çerca de Antequera, que non eran emendados, que monta todo este numero e quantia por vos otros sennores demandado, quarenta e ocho cuentos.

Por ende sennores, todos nos otros mouidos con toda la lealtança que deuemos e somos tenudos anuestro Rey e anuestro sennor natural e a vos sennores en su nonbre, e dando muchos loores e graçias anuestro Sennor Dios todo poderoso e ala Virgen Santa Maria su madre, delas sennaladas buenas andanças e graçias e merçedes que fizo a nuestro sennor el Rey e a vos la dicha sennora Reyna su madre, con vuestras dinas e santas oraçiones e con vuestro virtuoso rregimiento que touiestes en

1 Aquí se dejó un espacio en blanco en el original, sin duda para poner el número de las naves y barcas, lo que no llegó á ejecutarse.

cunplir e fazer cunplir todo lo que fue nesçesario para la dicha guerra el dicho anno pasado, e quantas merçedes Dios fizo a todos los del rregno en todos los fechos e negoçios que acaesçieron e se fezieron enla dicha guerra delos moros, por las manos e virtudes e dicha e buena ventura de vos noble sennor Infante, e delos grandes trauajos e afanes que en ello padesçiestes, espeçial mente enla batalla delos infantes moros e del muy grand poderio de gentes de pie e de cauallo delos dichos infieles que vençiestes, e enel ganar dela dicha villa de Antequera que ganastes e delas otras villas e castillos de moros que ganastes; e toda via auiendo muy grand firme fiuza e esperança en nuestro Sennor Dios, que por la inocençia e vertudes de nuestro sennor el Rey, que es syn manzyella e syn pecado, e por las muchas vertudes que syenpre Dios puso en vos sennora Reyna e enel vuestro rregimiento e por las muchas vertudes e muy......... nça[1] que syenpre ouo e ha en vos el dicho noble sennor Infante commo muy leal e muy vertuoso tio e tutor e rregidor de nuestro sennor el Rey, e por la grand soberuia e maldad e orgullo quelos dichos infieles enemigos syenpre touieron en vida del Rey don Enrríque nuestro sennor, que Dios perdone, fasta nuestro sennor Dios gelo abaxó e quebrantó, quela su merçed syenpre aderesçara e acresçentara en muchas mas vertudes los negocios dela dicha guerra; por todas estas cosas e por cada vna dellas, e por que entendemos que todo lo quel rregno gastare e destribuyere enel fazer e continuar dela dicha guerra, que es tan santa e tan noble conquista, que es muy grand seruiçio de Dios e del Rey nuestro sennor e muy mucha onrra e grandisimo loor perpetuo de vos sennores que gouernades la dicha guerra e bien publico e guarda e defendimiento destos rregnos.

A nos otros plaze todos de vna concordia de vos otorgar e otorgamos vos desde agora todo lo que nos copiere a pagar delos dichos quarenta e ocho cuentos desta moneda vsal en Castilla, que fazen dos blancas vn mr., por vos otros sennores demandado alos tres estados del rregno, los quales dichos quarenta e ocho cuentos vos otorgamos, sennores, para quelos pague el rregno este anno presente en que estamos, para cunplir e continuar la dicha guerra para el dicho anno primero que viene del Sennor de mill e quatroçientos e doze annos, por que esten cogidos e prestos para el tienpo que salliere la dicha tregua e se ouiere de començar a fazer la dicha guerra, e quelos pague el rregno este dicho anno en monedas e en pedido, e non en otro trebuto. Et sennores, çerca del nume-

[1] Aquí está roido el papel; quizá dijese, como pocas líneas ántes: grand firme fiuza e esperança.

ro e quantidat, quanto será rrepartido en pedido e quanto será rrepartido en monedas, nos otros con vuestro sano e vertuoso consejo e mandamiento e buena deliberaçion, nos pornemos luego asosegar e conçertar en breue el numero e quantidat de cada cosa del dicho pedido e monedas quanto será, por las vias e maneras que entendieremos que mejor e mas syn danno lo podrá pechar e cunplir el rregno, é vos rresponderemos luego en breue, por que non se ponga enello dilaçion nin otra tardança alguna.

Et este otorgamiento destos dichos quarenta e ocho cuentos, sennores, vos fazemos con condiçion que fagades juramento en presençia de nos otros, que este dinero que vos otorgamos que non lo tomaredes nin destribuyredes en otras costas nin en otras cosas algunas, saluo enla dicha guerra delos moros.

Et sennores, commo quier que agora de presente vos fazemos el otorgamiento delos dichos quarenta e ocho cuentos por vos otros demandado con la condiçion del dicho juramento que vos pedimos que fagades, pero, sennores, bien sabe e deue saber la vuestra muy alta sennoria que demas desto, estan sobradas grandes quantias de mrs. del pedido e monedas quel rregno vuo de pagar e cunplyr para la dicha guerra estos quatro annos primeros pasados; por lo qual, sennores, muy omil mente vos suplicamos e pedimos por merçed que mandedes saber que es lo que çierta mente se deue e puede auer delo que asy es deuido de los dichos pedidos e monedas delos dichos annos pasados, e lo que çierta mente fallardes que de presente se puede cobrar para esta presente guerra, quelo mandedes descontar al rregno destos dichos quarenta e ocho cuentos, por quel rregno pueda ser aliuiado en quanto mas pudiere.

Et por quanto, sennores, a nos otros fue dicho e fecha rrelaçion que por algunas personas vos era pedido e fecha enformaçion que mandasedes fazer rrenta de todo lo que asy era deuido del dicho pedido e monedas del dicho tienpo pasado, sennores, suplicamos e pedimos ala vuestra muy alta merçet que non consyntades fazer la tal rrenta, que nos otros en nonbre del rregno, en quanto en nos otros es e el nuestro poderio abasta, vos lo pedimos e suplicamos quanto podemos e deuemos; ca, sennores, todo este dinero que asy queda por cobrar e fuere deuido del dicho pedido e monedas delos dichos annos pasados, está sano en conçejos [1] et en buenos arrendadores e........ [2] de presente non se puede

[1] Aquí termina la hoja primera, y sigue en la cuarta, como se ha dicho: et en buenos arrendadores.
[2] Aquí está roido el papel, y no se leen una ó dos palabras.

aver, puede ser cobrado en breue con buenas justiçias quelo esecuten, en tal manera que para los annos avenideros podades ser acorridos para los mesteres dela dicha guerra de adelante, por quel rregno pueda ser aliuiado e sobre leuado enlo que adelante vuieren de cunplyr e pagar para la dicha guerra o para lo que fuere mas prouecho al rregno.

Otrosy sennores, bien sabe eso mesmo vuestra muy alta sennoria que se deuen al Rey delas otras debdas e albaquias de los annos pasados fasta aqui afuera, delo que es deuido del dicho pedido e monedas delos dichos quatro annos pasados, muy grandes contias de mrs. e pan e otras cosas, de alcançes e debdas de algunos conçejos e thesoreros e rrecabdadores e otras personas; e commo quier que muchas vegadas la vuestra merçet ha fecho e ordenado en ello muchas prouisiones e catado maneras para se poder cobrar, asy por presyones que mandastes fazer a algunos thesoreros e ofiçiales commo por rrecabdadores de alcançes que ordenaste en cada comarca del rregno para lo cobrar, fasta agora, sennores, avemos visto que non ha salido fruto alguno dello nin son cobradas las dichas debdas e albaquias para la guerra nin para otro prouecho del rregno, ante avemos sabido que sy algunos mrs. destos cobraron fasta aqui los tales recabdadores, que se lo an gastado, lo qual, sennores, non deuedes de consentyr. Por ende sennores, vos suplicamos e pedimos, lo mas efectosa mente que deuemos e podemos, que tornedes a rremediar e proueer enesto que asy se deue delas dichas debdas e albaquias de todo el dicho tienpo pasado fasta aqui; e sennores, quier por rrenta quelo vuestra merçet mande luego fazer, quier por otra via e prouision mas sana quela vuestra merçet consyderare e entendiere que mas cunple, quela vuestra merçet con tiempo lo ordene ante que mas se enuejezcan estas debdas; que en quanto mas dilaçion enello se pusiere, toda via se perderá mas, por se finar e yr los debdores e sus herederos e gastar los bienes quelo deuen. Et sennores, sy la vuestra alta merçet ordenare delo arrendar, quela vuestra sennoria lo mande arrendar atales personas e mande tomar tales fiadores abonados para quelo paguen al Rey en dineros contados e non en ponimientos, por las pagas e tienpo que fueron conuenibles, por que non queden albaquias commo de primero. Et sennores, pidimos e suplicamos ala vuestra muy alta merçet quelo que montare en cada paga delas dichas debdas e albaquias, que sea descontando e aliuiando delo quel rregno ouiere de pechar e cunplir para la dicha guerra enlos annos abeniderос; e sy la guerra çesare, que quede para lo que fuere mas nesçesario e prouechoso del rregno, que, sennores, puesto que para de presente non pueda ser auido el dinero destas debdas, muy virtuoso e prouechoso será para adelante, por quela vuestra muy alta sennoria pueda aliuiar e sobre leuar toda via el rregno delas grandes cargas que ha de cunplir para sostener la dicha guerra e para las otras cosas nesçesarias.

Otrosy sennores, bien sabe la vuestra muy alta sennoria quel noble Rey don Enrrique de muy esclaresçida memoria, que Santo Parayso aya, ante que finase tenia fecha ordenança çerca del seruiçio que deuian fazer enla dicha guerra delos moros los perlados e clerezia, dela gente de armas e costa que leuasen al dicho seruiçio, por ser la conquista destos ynfieles tan santa e tan justa aque todos los tres estados del rregno deuen seruir e ayudar enella; por esta rrazon sennores, suplicamos e pedimos ala vuestra alteza que mandedes paresçer e publicar e guardar con efecto la dicha ordenança quel dicho sennor Rey don Enrrique fizo e establesçio eneste caso, por quelos dichos perlados e clerezia siruan e paguen enla costa dela dicha guerra por la rregla e ordenança quel dicho sennor Rey ordenó, e con esto, sennores, tenemos que será ayuda para que podades aliuiar al rregno de alguna parte dela carga destos quarenta e ocho cuentos.

Otrosy, sennores, vos suplicamos e........[1] quela vuestra merçet entiende fazer alos dichos condes e rricos omes e caualleros........[2] dichos cauallos e bestias que perdieron enla dicha guerra, delos dichos tres cuentos que para esto vos otorgamos, que plegue ala vuestra alta sennoria de tenprar las dichas emiendas por la manera que entendierdes que cunple a seruiçio del Rey nuestro sennor e vuestro, e aliuimiento del rregno, commo somos çiertos dela vuestra sancta entençion que avredes buena consideraçion.

Por lo qual sennores, por todas estas cosas que aqui auemos espremido e declarado e por non dilatar mas estos negoçios dela guerra, nosotros considerando el debdo e carga tan grande que tenedes en todo esto, asy çerca dela persona e seruiçio del Rey nuestro sennor commo del bien publico de todo el rregno, mas que persona del mundo que sea, e confiando dela sancta e buena entençion vuestra que tenedes en todos los fechos del rregno, todo lo rremetimos e dexamos en cargo delas vuestras sanctas e buenas conçiençias, para que veades e ordenedes todas las cosas que dichas son. Et otrosy lo que de nesçesidat non se puede fazer la dicha guerra delos moros, e delo demasiado que sobre leuedes e

1 Aquí está roido el original. Acaso dijese: e pedimos en rrazon delas emiendas.

2 Aquí está tambien roido el papel.

aliuiedes el rregno en todo quanto mas pudierdes, por que sy ser pudiere, dela carga presente destos quarenta e ocho cuentos sea aliviado e descargado el rregno quanto mas la vuestra sennoria pudiere e Dios vos administrare, por quel rregno lo pueda cunplyr lo mas syn dapno que ser pueda.[1]

III.

Cuaderno de las Córtes celebradas en Madrid en el año de 1419[2].

Don Iohan por la graçia de Dios Rey de Castilla de Léon de Toledo de Gallizia de Seuilla de Cordoua de Murçia de Iahen del Algarbe de Algezira, e Sennor de Vizcaya e de Molina: al conçejo alcalles e merino e seze omes buenos rregidores caualleros e escuderos e omes buenos dela muy noble çibdat de Burgos, cabeça de Castilla e mi camara, e a todos los conçejos alcaldes e alguaziles e rregidores, caualleros e escuderos e omes buenos de todas las çibdades e villas e lugares delos mis rregnos e sennorios, e aqual quier o aquales quier de vos aquien esta mi carta fuere mostrada, o el traslado della signado de escriuano publico, sacado con actoridat de juez o de alcalle, salud e graçia. Sepades que enel ayuntamiento que yo agora fize enla villa de Madrid, despues que conpli la mi hedat de catorze annos e tomé e me fue entregado el rregimiento delos mis rregnos e sennorios, e estando comigo enel dicho ayuntamiento los Infantes don Iohan e don Enrrique e don Pedro, mis primos, e çiertos perlados arçobispos e obispos e condes e rricos omes e maestres delas Ordenes, caualleros e doctores del mi Conseio; me fueron presentadas çiertas petiçiones generales por los procuradores de las çibdades e villas delos dichos mis rregnos que ami vinieron al dicho ayuntamiento, alas quales yo, con acuerdo delos dichos Infantes mis primos e delos dichos perlados e condes e rricos omes e maestres, caualleros e dotores del mi Conseio que comigo estauan, di çiertas rrespues-

[1] Aquí termina la parte que existe de este cuaderno.

[2] El texto de este ordenamiento se ha tomado del cuaderno original que se guarda en el archivo municipal de Búrgos. Está escrito, de letra cancilleresca usada en el siglo xv, en tres hojas útiles de papel grueso, en fólio. Conserva señales de haber tenido sello.

tas, su tenor delas quales dichas petiçiones e delas rrespuestas que yo aellas di, es esto que se sigue:

1. Alo que me pedistes por merçed que mandase proueer en fecho de la mi audiençia, enla qual era mucho de hemendar, prinçipal mente dos cosas: la primera por quelo mas del tienpo non estauan ende si non vno o dos oydores, e algunas vezes ninguno, lo qual yo podia bien veer si era de consentir, auiendo tan grant numero de oydores, mas que nunca enlos tienpos pasados ouo, e salariados por la mi merçet; la segunda que avn enel tienpo que ende estauan, algunos mis oydores desenpachauan (*sic*) muy pocos pleitos, que sabria mi merçed que auia pleitos que estauan conclusos muy largo tienpo e non se daua enellos sentençia, por lo qual muchos pleytantes mis vasallos e naturales eran gastados e perdidos de sus faziendas, e otros muchos eran agrauiados e rreçebian grandes dannos contra derecho, e non osauan pedir rremedio de justiçia, rreçelando lo sobre dicho, e commo la prinçipal cosa que pertenesçia ami sennorio rreal sea administrar justiçia atodos mis subditos, quela mi alteza deuia proueer e rremediar con muy grant cura çerca dela dicha mi audiençia, que es llaue dela justiçia çeuil de todos mis rregnos; e como quier que açerca desto algunos delos rreyes onde yo vengo ouiesen fecho algunas prouissiones rrepartiendo los dichos oydores, que seruiesen vnos çierto tienpo del anno e otros en otro tienpo e por otras maneras, pero que niguna delas dichas prouisiones non era conplida, por quanto avn que por ella se da pena alos absentes e que non cunplen la ordenança, pero que se non daua gualardon alos presentes que seruian, e demas que avn que era puesta pena alos absentes, non se executaua nin pasauan por ella como non fuese interese singular de persona o personas algunas quelo procurasen, saluo dela mi merçed, por lo qual se tibiauan los que bien querian seruir; por ende que si ala mi alta sennoria ploguiese, mas justo rremedio e egual seria que yo mandase tomar dela quitaçion de cada vno de todos los mis oydores, o alo menos de aquellos que non son del mi Conseio onon continuan enel, çierta contia de mrs. enesta manera: delos oydores perlados, quinze mill mrs., e delos oydores que non son perlados, diez mill mrs., e la contia de mrs. que enesto montase fuesen apartados e deputados para quelos ganasen los oydores que seruian el tienpo del anno que por mi les fuese ordenado que seruiesen, por distribuçiones, ala manera que se fazia enlas eglesias cathedrales e colegiales, con la qual contia de mrs. yo podria mandar rrecodir al mi chançeller mayor o asu lugar teniente para que rrecodiese acada vno commo seruiese e ganase; ca sa-

bria la mi merçet que en otros tienpos, delo que rrindia la mi chançelleria, que venia todo al arca della, se pagauan oydores e alcalles e todos los otros ofiçiales, e que enlo sobre dicho bien podian tener manera e rregla commo non ouiesen engano alguno, antes avria pena e gualardon egual mente, ca non podria estar el gualardon sin la pena e seria executado lo vno por lo al, donde se siguiria quela mi audiençia, enque yo despendia muchas contias de mrs., seria bien aconpannada e bien seruida, e que de otra guisa non entendiades enello otro buen rremedio alguno, segund veyades delos rremedios pasados; e por ende que me suplicauades muy omill mente que me ploguiese mandar proueer çerca dela dicha audiençia por la dicha manera, e mandar al mi chançeller mayor o asu lugar teniente que touiese carga de executar lo sobre dicho, porque donde enello alguna falta ouiese, lo yo demandase ael, e que quanto era al alargar delos pleitos, si los ordenamientos que sobre ello fablan se guardasen, que asaz estaua bien proueydo e non fincaua, saluo quela mi merçed los mandase guardar estrecha mente e con grandes penas, e diese carga dela execuçion dello al dicho mi chançeller, lo qual todo me suplicauades que mandase fazer.

Aesto vos rrespondo que me plaze, e es mi merçed e mando que de aqui adelante enla dicha mi audiençia esten continuada mente quatro oydores e vn perlado, por que mejor e mas ayna se libren e determinen los pleitos dela dicha mi audiençia, para lo qual ordeno e mando que luego de presente, por perlado el Obispo de Cuenca, e los doctores Iohan Velazquez de Cuellar e Gonçalo Sanchez, arçediano de Calatraua, e Alfonso Garçia, dean de Santiago, e el bachiller Diego Ferrandez de Huepte vayan seruir e continuar enla dicha audiençia por seys meses conplidos primeros siguientes; e conplidos los dichos seys meses, que vayan continuar e continuen enla dicha audiençia otros seys meses, por perlado el Obispo de Çamora, e los doctores Alfonso Rodriguez de Salamanca e Iohan Sanchez de Çuaço e Iohan Ferrandez de Toro e Fortun Velazquez de Cuellar, alos quales dichos mis oydores e acada vno dellos mando que continuen enla dicha mi audiençia el dicho tienpo commo dicho es, e que pongan buena diligençia en librar e despachar los pleitos que enella ouiere, segund fallaren por fuero e por derecho, lo mas en breue que ser pueda, non dando lugar aluengas de maliçia; e mando al mi chançeller mayor o al su lugar teniente que tenga cargo de fazer poner por escripto qual quier o quales quier delos dichos mis oydores que non vinieren seruir e continuar enla dicha mi audiençia el tienpo suso dicho, e quelo enbien notificar alos mis contadores mayores, alos quales mando que non libren alos oydores que asi non continuaren enla dicha mi audiençia el dicho tienpo como dicho es, las quitaçiones que demi tienen con los dichos ofiçios del anno siguiente, sin mi espeçial mandado; e conplidos los dichos doze meses que yo asi mando que siruan e continuen enla dicha mi audiençia los oydores suso enesta mi ordenança declarados, yo entiendo con la ayuda de Dios deputar quales de los mis oydores siruan e continuen enla dicha audiençia otros doze meses por la forma suso dicha, e delo fazer asi dende en adelante, por tal manera quela dicha mi audiençia esté proueyda de oydores e los pleitos ayan su debido fin lo mas en breue que ser pueda; e toda via mando quel dicho mi chançeller e su lugar teniente tengan carga de escreuir e notificar los que non siruieren commo dicho es.

2. Alo que me pedistes por merçed que por quanto enel ofiçio delos mis alcalles delas prouinçias ay esos mesmos defectos quelos sobre dichos dela dicha audiencia, e con semejantes rremedios quelos sobre dichos teniades que se rremediarian; por ende que me suplicauades que me ploguiese de mandar rremediar, ca muy grant seruiçio mio e bien dela justiçia delos mis rregnos e sennorios era ser bien e derecha mente seruido el dicho ofiçio, espeçial mente enlo criminal de que conosçia el dicho ofiçio.

Aesto vos rrespondo que me plaze, e es mi merçed e ordeno e mando que se guarde enla dicha mi carçel, segund e por la forma e manera que de suso se contiene que se guarde enla mi audiençia, agora e de aqui adelante, para lo qual ordeno e mando que luego de presente siruan e continuen oyendo e librando los pleitos dela dicha carçel el doctor Pero Garçia de Burgos e los bachilleres Alfonso Ferrandez de Leon e Diego Diaz e Iohan Rodriguez de Valladolid, por seys meses conplidos primeros siguientes, e que dende en adelante siruan e continuen otros seys meses el doctor Velasco Gomez e los bachilleres Iohan Sanchez de Peralta e Gonçalo Pantoja e el doctor Pero Gomez del Castillo; e conplidos los dichos doze meses, yo entiendo deputar dende en adelante quales delos dichos mis alcalles siruirán e continuarán enla dicha carçel otro tanto tienpo por esta mesma rregla; e mando quel mi chançeller mayor o su lugar teniente pongan por escripto los que non siruieren, e lo notifiquen alos dichos mis contadores mayores, alos quales mando quelo guarden e fagan segund suso se contiene quelo han de fazer e guardar en rrazon delo delos oydores.

3. Alo que me pedistes por merçet que me ploguiese de mandar e ordenar quela mi chançelleria non se mudase a menudo de lugar en

lugar, nin estidiese en lugares pequennos, ca se rrecreçia por ello grant danno alos pleytantes e menguamiento dela mi justiçia; e que ordenase vn lugar bueno e conuenible alliende los puertos e otro aquende, donde continuada mente estidiese en tienpos departidos segund la mi merçed ordenase, saluo quando ami ploguiese que estidiese donde la mi persona estidiere.

Aesto vos rrespondo que me plaze, e es mi merçed e mando quela dicha mi audiençia esté de aqui adelante continuada mente enla çibdad de Segouia, que entiendo que es lugar medio e conuenible asi para los de aquende commo para los de alliende los puertos; commo quier que agora de presente por la grant carestia que ay enla dicha çibdat los mandé que estidiesen en Valladolid.

4. Alo que me pedistes por merçed que por quanto algunas vezes los del mi Conseio e los oydores dela mi audiençia e los mis alcalles e notarios mandan dar algunas mis cartas para fazer algunas execuçiones, e encomiendan algunas dellas a personas priuadas que non han ofiçios de mi de alguaziladgo nin merindat, lo qual era en prejuizio delos mis alguaziles e merinos delas mis çibdades e villas; por ende que me suplicauades que mandase que cada e quando se ouiesen de dar las tales cartas executorias, que fuese encomendada la execuçion dellas alos mis alguaziles e merinos delas mis çibdades e villas e non aotra persona alguna, saluo si ouiese alguna sospecha çierta e aprouada contra el alguazil e merino dela çibdat e villa o lugar donde la tal execuçion se ouiese de fazer.

Aesto vos rrespondo quelo mandaré asi guardar segund que melo pedistes por merçed, saluo quando yo entendiere, por algunas cosas que aello me mueuan, que se deuan encomendar aotro las tales execuçiones.

5. Alo que me pedistes por merçed que en rrazon delos corregimientos e judgados que ouiese de dar de aqui adelante en algunas çibdades e villas delos mis rregnos, que me ploguiese delos non dar, saluo apetiçion dela tal çibdat o villa o lugar en concordia, o dela mayor parte, o segund el priuilleio o costunbre que enla dicha rrazon tiene, e quando por tal petiçion se ouiese de dar, que fuese dado apersona que siruiese el ofiçio por si mismo o por sus alcalles, toda via seyendo el presente, en tal çibdat o en sus terminos, e de otra guisa seyendo absente, que non podiese vsar del dicho corregimiento por otra persona, nin lo pudiese auer; ca bien podia veer la mi merçed que si el mi corregidor auia de poner otro corregidor, que mejor era e mas rrazonable quelo yo posiese e por mi estidiese, ca delo sobre dicho se seguian muchos

dannos, e entre los otros era que vna persona tenia dos e tres corregimientos e mas, lo qual era grant agrauio. Otrosi que me suplicauades que cada quela tal çibdat o villa o lugar touiese corregidor o juez, e todos en concordia ola mayor parte dixiesen que non lo auian mester, que les fuese luego tirado, e les fuesen tornados luego sus ofiçios, segund que de ante los tenian.

Aesto vos rrespondo que mi merçed es de guardar las leyes delos ordenamientos delos rreyes onde yo vengo, que en este caso fablan.

6. Otrosi alo que me pedistes por merçed que por quanto de derecho los que son juezes e corregidores enlas mis çibdades e villas, desque sallen delos dichos ofiçios, han de estar enel lugar çinquenta dias para conplir de derecho alos querellosos e pagar los dannos que han fecho en quanto touieron e vsaron delas dichos ofiçios, los quales se yuan e non estauan los dichos çinquenta dias, e en caso queles eran leydas mis cartas que fuesen tener los dichos çinquenta dias, armauan pleitos por tal manera que nunca los yuan tener nin conplir de derecho; por ende que mandase dar mis cartas atodos los procuradores quelas pidiesen de las dichas çibdades e villas e para qual quier dellas, para quelos que han tenido e vsado delos dichos ofiçios vayan estar los dichos çinquenta dias donde vsaron delos dichos ofiçios, e que mandase por las dichas cartas alas justiçias que touieren los ofiçios delas çibdades e villas donde estidieren o son vezinos los que vsaron delos tales ofiçios, queles costringan que vayan estar los dichos çinquenta dias donde touieron los dichos oficios, fasta çierto termino queles fuese puesto por las dichas cartas, e que tomen dellos buenos fiadores, para que vayan allá alos dichos plazos, e si no dieren los tales fiadores, quelos enbien presos a su costa alas dichas çibdades e villas donde vsaron delos dichos ofiçios, e que sean entregados alos que touieren los oficios delas dichas çibdades e villas, para que fagan dellos conplimiento de derecho; pero que esto se fiziese seyendo rrequeridos los tales juezes e corregidores dentro de vn anno despues que sus ofiçios espiraron e espirasen, e si dentro enel dicho tienpo non fuesen rrequeridos, que non fuesen tenidos nin costrenidos de yr fazer la dicha rresidençia.

Aesto vos rrespondo quelas leyes prouen çerca desto quanto cunple, e mando dar mis cartas derechas alos procuradores delas çibdades e villas e lugares delos mis rregnos e alas otras personas quelas demandaren, para que sean guardadas e executadas las dichas leyes.

7. Otrosi alo que me pedistes por merçet que non quiera prouer de aqui adelante delos oficios delas mis çibdades e villas, asi commo alcal-

dias e merindades e alguaziladgos e rregimientos e los otros oficios de por vida que dela mi merçed son de proueer, saluo a naturales delas tales çibdades e villas, que tengan ende moradas e que sean ende vezinos diez annos antes que sean proueydos delos tales oficios.

Aesto vos rrespondo que me plaze, e mando e ordeno e tengo por bien que non pueda auer el tal oficio, saluo aquel que fuere vezino e morador dela tal çibdat o villa o lugar.

8. Otrosi alo que me pedistes por merçed que me ploguiese de non acresçentar el numero delos alcalles e rregidores que por ordenanças antiguas por los rreyes mis anteçesores está ordenado en algunas çibdades e villas delos mis regnos, ca non era mi seruiçio nin prouecho delas dichas mis çibdades e villas quelos dichos alcalles e rregidores fuesen mas delos que estauan ordenados.

Aesto vos rrespondo que me plaze, e mando e ordeno que se guarde asi segund que melo pedistes por merçed, non enbargante qual quier o quales [quier] mis cartas e alualas que en contrario desto yo dé, avn que sean con clausulas derrogatorias e fagan mençion espeçial desta mi ordenança e delo enella contenido, ca yo mando e quiero quelas tales cartas e alualas sean obedeçidas e non conplidas.

9. Alo que me pedistes por merçed que me ploguiese de non fazer merçed apersona alguna delos mrs. delos propios e rrentas delas mis çibdades e villas, por que seria en muy grant perjuyçio dellas e en cargo de mi conçiençia.

Aesto vos rrespondo que me plaze delo fazer segund que me lo pedistes por merçed.

10. Alo que dezides que en algunas çibdades e villas e lugares delos mis rregnos rrecresçen muy grandes dannos e rroydos e volliçios e muertes, por rrazon delos rrufianes e algunas otras personas vaga mundos sin sennor e sin oficio que enellos estan, e que commo quier quelos alcalles e rregidores delas dichas çibdades e villas querrian proçeder contra ellos mandando los sallir delos dichos lugares, e por otra manera que se non conplian sus mandamientos, asi por que algunas personas poderosas delos dichos lugares los defendiauan e dauan fauor, commo por que dezian los dichos rrufianes e vaga mundos que de derecho non podian proçeder contra ellos; por ende que ami alteza ploguiese de mandar ordenar por todos los mis rregnos quelos tales rrufianes e vaga mundos non sean consentidos estar enlas çibdades e villas e lugares, so grandes penas çeuiles e criminales.

Aesto vos rrespondo quelas leyes delos mis rregnos proueen çerca desto quanto cunple, las quales mando que sean guardadas e executadas, e que se den para ello las mis cartas que conplieren.

11. Alo que me pedistes por merçed que me ploguiese que entre las otras personas asi del mi Conseio commo contadores, que auian de ver por mi mandado los quaderrnos e cartas de rrecodimientos delas leyes e condiçiones con que yo he de mandar arrendar las alcaualas e monedas e terçias e otras rrentas delos mis rregnos, deste anno de mill e quatroçientos e diez e nueve annos, que fuesen conellos alas ver e ordenar algunos delos procuradores delas mis çibdades e villas que aqui estauades, e se fiziesen de su conseio, por quanto eran mudadas e ynouadas algunas condiçiones de poco tienpo acá sin mi mandado espeçial, las quales trayan danno a algunas çibdades e villas delos mis rregnos, e non se acresçentauan por ello mas las mis rrentas; e las condiçiones que asi fuesen fechas de conseio delos sobre dichos, que quedasen firmes e estables para sienpre e non pudiesen ser mudadas nin acresçentadas nin menguadas, saluo de conseio e con sentimiento delos procuradores delas mis çibdades e villas.

Aesto vos rrespondo que mando alos mis contadores mayores que non fagan condiçion nueua alguna sin mi espeçial mandado.

12. Alo que me pedistes por merçed que por quanto ami son deuidas muchas contias de mrs. delos annos pasados, los quales estan enlos rrecabdadores delos dichos annos e en otras presonas, e de cada dia se mal parauan las tales debdas, asi por muertes de algunos delos rrecabdadores commo por pérdidas de sus bienes, por muchas ocasiones queles acaesçian e por las costas que fazian luengos tienpos e por otras rrazones por quelas debdas viejas se suelen perder o mal parar; por ende que ploguiese ami sennoria de mandar poner rrecabdo en cobrar las dichas debdas, que se non perdiesen mas de cada dia.

Aesto vos rrespondo que me plaze, e mando dar luego mi carta para los mis contadores mayores delas mis cuentas, para que apuren e fenescan las cuentas delo que me es deuido, e fagan fazer execuçion dello.

13. Alo que me fezistes rrelaçion que por rrazon de auer ofiçios seglares las personas que son coronadas, rrecresçian muchos dannos, e por las dichas coronas la mi justicia non los podia castigar; por ende que me suplicauades que mandase e ordenase que de aqui adelante las personas que fuesen coronadas non pudiesen auer ofiçios algunos, asi commo alcalldias e merindades e alguaziladgos e rregimientos e escriuanias e otros quales quier ofiçios rreales, nin pudiesen vsar dellos por si nin por

otros, so grandes penas, saluo aquellos coronados que fasta aqui auian vsado delos dichos oficios, que vsasen dellos commo solian.

Aesto vos rrespondo que non entiendo proueer nin dar doaqui adelante apersona nin personas que sean clerigos de corona, oficios algunos, asi commo rregimientos e alcalldias e escriuanias e merindades e alguaziladgos, nin otros quales quier oficios publicos enlas mis cibdades e villas e lugares delos mis rregnos, saluo si fuesen casados e non troxieren abito nin corona; pero si acaesciere que en algunt tienpo e por alguna manera lo rreasuman, non es mi voluntad que dende en adelante ayan los dichos oficios nin otros algunos; e si contra esto yo fiziere alguna prouision en qual quier manera, declaro e mando que se entienda ser obrreticia e non proceder de mi voluntad, e que sea obedecida e non conplida, nin vsen conlos tales nin con alguno dellos en alguna manera enlos tales oficios nin en alguno dellos, por carta nin cartas mias que en contrario desto sean.

14. Alo que me fezistes rrelacion que de pocos tienpos acá era ordenado enel rregno de Valencia una inposicion o tributo que llamauan *alla quema*, lo qual principal mente era fecho contra los mis naturales e sus mercadorias, e que esto era grant perjuizio dela mi sennoria; por ende que me soplicauades que quesiese proueer cerca dello de rremedio, segund quel Rey don Enrrique, de esclarescida memoria, mi padre, que Dios perdone, proueyera en semejante caso, por tal manera que por su prouision tirara luego la dicha *quema*, e avn ouiera que fazer en suplicar asu merced que non ouiese enojo dello.

Aesto vos rrespondo que yo entiendo mandar rrequerir sobre ello al Rey de Aragon mi primo, e do el non fiziere quitar el tal tributo, yo proueeré sobre ello segund que entienda que cunpla ami seruicio.

15. Alo que me fezistes rrelacion quel dicho Rey mi padre, seyendo certificado delos grandes dannos que venian alos mis subditos e naturales delos mis rregnos por entrar enellos mercadores estranjeros avender pannos e otras mercadorias, e los andar vendiendo suelta mente por los dichos mis rregnos, sacando dellos mucho oro e plata, e quel dicho Rey mi padre entendiendo que dello se siguia ami deseruicio e alos mis subditos e naturales delos dichos mis rregnos muy grandes dannos, lo vno porque non podian asi vender los pannos que se fazian enlos dichos mis rregnos, lo otro por quelos mis subditos e naturales non se podian aprouechar de sus mercadorias nin delos pannos que trayan alos mis rregnos sobre mar; e que por euitar los dichos dannos, que orde-

nara que non entrasen enlos dichos mis rregnos gascones nin nauarros nin aragoneses nin otros estranjeros con pannos nin con otras mercadorias algunas, saluo quelos estranjeros quelas tales mercadorias e pannos quesiesen traher, quelos posiesen e vendiesen enlas casas delas aduanas quel dicho Rey mi padre ouo ordenado, e que alli fuesen vendidos e pagasen los derechos por el ordenados, e fiziesen rrecabdo de enplear la valia que valiesen las dichas mercadorias e pannos en otras mercadorias quales quisiesen enlos mis rregnos, non sacando dellos oro nin plata nin cauallos nin mulas, segund mas larga mente enla dicha ordenança se contenia; e pues quel dicho Rey mi padre, veyendo que era asi conplidero asu seruiçio e aprouecho e bien delos sus rregnos, e queriendo quelos sus subditos e naturales ouiesen los meneos e prouechos ante quelos estranjeros, que me suplicauades que me ploguiese de mandar ver e guardar la ordenança quel dicho Rey mi padre fizo enla dicha rrazon, lo qual seria cosa que conplia mucho ami seruiçio e abien publico e grant poblamiento delos mis rregnos.

Aesto vos rrespondo que yo lo veré e proueeré sobre ello, segund que entienda que cunpla a mi seruiçio.

16. Alo que me pedistes por merçed que por quanto las mis çibdades e villas quando acaesçia que yo yua a ellas, auian rreçebido e rreçebian muchos males e dannos por rrazon delas posadas, asi enlas casas de sus moradas e enlos muebles queles era todo destruydo, commo enlas honrras que rreçebian por ello asaz baldones e injurias e ofensas, e eso mesmo que no podian buena mente salir delos lugares a proueer sus heredades e faziendas, por non dexar sus casas e mugeres e fijos con azemileros e con omes de poca verguença, los quales non se escusaua que andudiesen enlas casas delos buenos dela mi corte, e donde esto de todo punto se pudiese, rremediar, e las posadas non se diesen por la manera que se dan, saluo commo se faze en todos los otros rregnos, que cada vno busca posada por su dinero, que creyades e non dubdauades que por ello seria la mi vida e salud mejor e mas luenga que de ninguno delos rreyes mis antecesores, e alos que continuauan la mi corte non seria mas costoso, por muchas verdaderas e legitimas rrazones que aello se podrian asignar; pero que donde esto non ploguiese ami merçed de mandar asi ordenar, que me ploguiese rremediar por que non fuese tanto el mal, e que en estos aposentamientos fuesen guardadas e rreleuadas de huespedes las casas de moradas delos caualleros e biudas e duennas onestas e delos alcalles e rregidores e otros ofiçiales del rregimiento e justiçia, e los çilleros de pan e de vino, e todos los mesones por que se

pudiesen aposentar enellos los que viniesen ala mi corte; e para que esto fuese bien guardado e los mis aposentadores pudiesen mejor saber las casas e posadas que asi deuian guardar, que me soplicauades que mandase e ordenase quelos mis aposentadores non aposentasen, sin andar conellos dos aposentadores queles diesen para ello la çibdat o villa o lugar donde la mi corte fuese, e que non diesen posadas donde les dixiesen que era de guardar por qual quier delas rrazones suso dichas.

Aesto vos rrespondo que me plaze, e es mi merçed e ordeno e mando que se paguen rrazonable mente las posadas quando yo o la Reyna ola mi chançelleria estidieremos enla çibdat o villa o lugar allende de vn mes, e çerca desto la manera e platica que se deua tener e guardar yo lo entiendo ordenar, segund cunpla ami seruiçio e abien delos mis rregnos e sennorios.

17. Alo que me suplicastes que me ploguiese de non dar nin fazer merçed de villa nin lugar nin castillo nin otro heredamiento alguno, delos que oy son e seran de aqui adelante dela mi corona, apersona alguna delos mis rregnos nin de fuera dellos, fasta quela mi hedat sea de veynte annos conplidos, porque entonçe e dende en adelante mucho mejor e mas madura mente yo podria conosçer los seruiçios que me seran fechos fasta el dicho tienpo, e rresponder aellos con gualardones e merçedes con dignas, que non enla mi tierrna hedat, enla qual natural mente non se podrian bien considerar todas las cosas que enlos tales fechos pasados se rrequieren; e que quando estas dichas merçedes se fazen sin çierta medida, mucho mas eran e son los descontentos quelos pagados, antes en fazer merçed avno eran descontentos muchos, e que non conplia ami seruiçio que por fazer merçed avno o ados o mas presonas, se ouiesen por agrauiados todos los grandes de mis rregnos.

Aesto vos rrespondo que me plaze delo asi fazer segund que me lo pedistes por merçed, saluo quando por alguna causa neçesaria legitima expediente, entienda que ami seruiçio cunpla de se fazer de otra manera, e entonçe quelo entiendo fazer publica mente con acuerdo delos del mi Conseio, e non en otra manera.

18. Alo que me pedistes por merçed que por quanto enlos tienpos de algunos delos rreyes mis anteçesores, asi ellos seyendo de pequenna hedat commo seyendo de hedat conplida, estidieran enel su Conseio algunas buenas personas de algunas mis çibdades, los quales era merçed delos dichos rreyes que en su Conseio estidiesen, por ser mas avisado por ellos enlos fechos delas sus çibdades e villas, commo de aquellos que asi por la platica commo por la espeçial carga que delas dichas çibdades

e villas tenian, rrazonable mente sabrian mas, de sus dannos e delos rremedios que para ello se rrequerian, que otros algunos, e quelos mis rregnos e todos los otros rregnos de christianos son departidos en tres estados es asaber, estado eclesiastico, e militar, e estado de çibdades e villas; e commo quier que estos tres estados fuesen vna cosa en mi seruiçio, pero que por la diuersidat delas profesiones e maneras de beuir e non menos por la diuersidat delas juridiçiones, exerçendo los mis ofiçiales la mi rreal juridiçion, e los perlados la su çensura eclesiastica e la tenporal delos lugares dela eglesia, e los caualleros de sus lugares, non era in vmano que algunt tanto fuesen infestos los vnos alos otros, e a vn la esperençia non lo encobria, lo qual todo egualaua e deuia egualar, mediante justiçia, el mi sennorio rreal que es sobre todos estados enlos mis rregnos, donde se podia bien conosçer que era conueniente cosa e de buena egualdat que pues delos estados eclesiasticos e militar el mi alto Conseio continuada e comun mente estaua bien copioso e abastado segund que era rrazon, que deuia auer ende algunos del dicho estado delas çibdades, por que yo de vnas partes sinon otras non fuese enformado; e por ende que me soplicauades que estidiesen enel mi Conseio algunas personas de algunas delas mis çibdades e por parte dellas, espeçial mente enel dicho tienpo dela mi tierrna hedat.

Aesto vos rrespondo que yo lo veré e proueeré sobre ello segund que entienda que cunple ami seruiçio.

19. Alo que me pedistes por merçed que por quanto los rreyes mis anteçesores sienpre acostunbraron que quando algunas cosas generales o arduas nueua mente querian ordenar o mandar por sus rregnos, que fazian sobre ello Cortes, con ayuntamiento delos dichos tres estados de sus rregnos e de su çonseio ordenauan e mandauan fazer las tales cosas, e non en otra guisa, lo qual despues que yo rregné non se auia fecho asi, e era contra la dicha costunbre e contra derecho e buena rrazon, por quelos mis rregnos que con mucho temor e amor e grant lealtad me son muy obidientes e prontos amis mandamientos, non era conueniente cosa quelos yo tractase saluo por buenas maneras, faziendo los saber primero las cosas que me plazen e ami seruiçio cunpla e auiendo mi acuerdo e conseio conellos, lo qual muy omill mente me soplicauades que quesiese asi mandar fazer de aqui adelante, por donde toda via rrecresçia mas el amor delos mis rregnos ala mi sennoria, por que mucho mejor e mas loado e mas firme es el sennorio con amor, que con temor.

Aesto vos rrespondo que enlos fechos grandes e arduos asi lo he fecho fasta aqui e lo entiendo fazer de aqui adelante.

20. Alo que me pedistes por merçed que si la mi merçed fuese de otorgar las dichas petiçiones que por parte delos dichos mis rregnos me eran fechas, que me ploguiese de mandar quelas cartas e sobre cartas, que contra lo contenido enellas e otorgado por mi fueren dadas, sean obedeçidas e non conplidas.

Aesto vos rrespondo que me plaze, e asi lo mando e tengo por bien segund que me lo pedistes por merçed.

21. Alo que me pedistes por merçed que por quanto el dicho Rey mi padre ouo fecho vna ordenança por la qual defendio que non fuesen rreçebidas ningunas personas, estranjeros que non fuesen mis naturales, en los benefiçios eclesiasticos delos mis rregnos, la qual afirmara de mandar guardar para adelante e mandara a todos los grandes de sus rregnos que enla su corte estauan que jurasen dela guardar, la qual fuera jurada solepmne mente por el Rey de Aragon mi tio, que Dios perdone, ala sazon que era Infante, e por otros muchos grandes de mis rregnos; por ende que me ploguiese dela mandar guardar segund que por ella se contiene, ca non era seruiçio mio nin honrra delos mis rregnos que en todas las partidas, fuera dellos, sean desechados los mis naturales delos dichos benefiçios, e enlos mis rregnos sean acogidos otros que non fazen morada en ellos nin seruiçio alguno ala mi merçed.

Aesto vos rrespondo que yo enbié suplicar al Papa sobre la dicha rrazon, el qual me rrespondio quele plazia delo guardar asi, e yo asi lo entiendo mandar guardar de aqui adelante, para lo qual he mandado dar mis cartas.

Por que vos mando atodos e acada vno de vos que veades lo por mi suso rrespondido alas dichas petiçiones e acada vna dellas e mandado e ordenado, e lo guardedes e cunplades e fagades guardar e conplir en todo e por todo, segunt suso es contenido; e los vnos nin los otros non fagades ende al por alguna manera, sopena dela mi merçed e de diez mill mrs. acada vno de vos para la mi camara.

Dada en la villa de Madrid doze dias de Março, anno del nasçimiento del nuestro Sennor Ihesuchristo de mill e quatroçientos e diez e nueue annos.—Yo el Rey.

Yo Aluar Garçia de Santamaria la fiz escriuir, por mandado de nuestro sennor el Rey.

IV.

Ordenamiento para que no se echasen pechos ni tributos sin el consentimiento de las Córtes, otorgado á peticion de los procuradores de las celebradas en Valladolid el año 1420 [1].

Don Iohan por la graçia de Dios Rey de Castilla de Leon de Toledo de Gallizia de Seuilla de Cordoua de Murçia de Iahen del Algarbe de Algezira, e Sennor de Vizcaiya e de Molina. Atodos los conçejos corregidores alcalldes e juezes merinos alguaziles e rregidores e otros ofiçiales e ommes buenos quales quier de todas las çibdades e villas e logares delos mis rregnos e sennorios e acada uno de vos, salut e graçia. Sepades que çiertos procuradores de algunas desas çibdades e villas, que vinieron ami al ayuntamiento que yo mandé fazer este anno dela data desta mi carta, me dieron vna petiçion en nonbre de todos vos otros, e el tenor dela qual es este que se sigue:

Muy alto e muy poderoso principe e esclareçido Rey e Sennor.— Vuestros muy omilldes subditos vasallos e seruidores los procuradores delas çibdades e villas de vuestros rregnos, que ante la vuestra rreal presençia somos venidos e llamados por mandado e llamamiento dela vuestra rreal sennoria, con la mayor e mas omillde e deuida rreuerençia que podemos, dezimos en nonbre delas dichas vuestras çibdades e

1 La copia que insertamos se ha tomado del códice de la Bib. Nacional Ff 77, fólio 23. Consta de 385 hojas, de las cuales faltan las 12 primeras, segun resulta de su antigua foliatura. Este precioso manuscrito forma un volúmen grueso en fólio menor, encuadernado en pasta verde con el rótulo: *Ordenanzas, leyes y otros documentos del reinado de D. Juan II.* Hállase escrito en vitela, de letra redonda y clara, al parecer de mediados del siglo XV. Hasta el fólio 361 vuelto aquella parece de una mano, desde el siguiente es más metida y los renglones son más estrechos. Empieza con la parte final del testamento del rey D. Enrique III, y termina con el tratado de paces entre D. Juan II y Mahomad rey de Granada, hecho en Escalona á 20 de Marzo de 1443. Perteneció este manuscrito á Don Francisco Javier de Quesada, secretario del Real Protomedicato, quien lo franqueó al P. Burriel. Este ilustrado escritor se refiere muchas veces en su *Coleccion* al mencionado códice, que unas veces cita con el nombre de *Registro de leyes y pragmáticas de D. Juan II* y otras con el de *Registro de Quesada.*

Se han tenido presentes, ademas, la copia de este mismo documento, que publicó D. Francisco Martinez Marina, en la parte II del tomo III de su *Teoría de Córtes*, pag. 28, y las que se hallan insertas en el códice K 3 de la Biblioteca de D. Luis de Salazar y Castro, fólio 12, y en otro del archivo de Simancas, que contiene ordenamientos de Córtes y pragmáticas de los reinados de Don Juan II y Enrique IV, fól. 28. Estos dos códices se escribieron en el último tercio del siglo XV.

villas, que bien sabe vuestra alteza commo por su mandado, enla vuestra rreal presençia nos fue dicho e declarado, el lunes que pasó que fue aveynte dias de mayo, por el Arçobispo de Toledo la rrazon del dicho llamamiento, la qual en efecto era de commo la vuestra sennoria tenia ordenado e mandado fazer una grant armada e flota por la mar, para en ayuda del Rey de Françia vuestro muy caro hermano e aliado, para en defendimiento e guarda e hemienda de algunos dannos e males quelos vuestros naturales e vezinos dela vuestra costa dela mar auian rreçebido e rreçibian e se rreçelauan de rreçebir de cada dia delos ingleses, dela qual ayuda e defendimiento e dela armada que para ello era menester, la vuestra sennoria ouiera fablado conlos procuradores de las çibdades e villas de vuestros rregnos el anno que pasó de mill e quatroçientos e diez e nueue annos; e que por quanto el dicho anno pasado non se podiera fazer segunt que conplia a vuestro seruiçio, quela vuestra sennoria la auia mandado fazer eneste anno, para la qual, demas delos diez e ocho cuentos de mrs. rrepartidos en siete monedas e en çierto pedido, quelos procuradores del anno pasado otorgaran ala vuestra sennoria, enlas Cortes que se començaran en Medina del Canpo, que fuera menester de mandar coger por los vuestros rregnos eneste dicho anno ocho monedas; las quales dichas ocho monedas la vuestra sennoria mandara coger este dicho anno, sin ser primera mente otorgadas por las çibdades e villas delos vuestros rregnos e por sus procuradores en su nonbre, segunt que sienpre fue de costunbre, confiando dela lealtad dellos quelo aueran por bien quando por la vuestra sennoria les fuese dado aentender la rrazon porque asi se fazia, es asaber, que era menester quela dicha armada fuera muy açelerada, tanto que si primera mente fueran llamados los procuradores e que se esperara de proueer enel dicho negoçio fasta que fuesen venidos e por ellos fuesen otorgadas las dichas monedas, que ouiera muy grant peligro enla tardança, por quanto la armada non se pudiera fazer en este anno, lo qual fuera mucho vuestro deseruiçio, por non se fazer con tienpo la dicha ayuda a quela vuestra sennoria era mucho obligada por çiertas rrazones. Et por ende la vuestra sennoria nos mandara llamar por nos fazer saber commo la rrazon sobre dicha le mouiera a mandar coger las dichas ocho monedas syn el dicho otorgamiento, e non con intençion de quebrantar nin menguar la buena costunbre e posesion fundada en rrazon e en justiçia, quelas çibdades e villas de vuestros rregnos tenian, de non ser mandado coger monedas e pedido nin otro tributo nueuo alguno enlos vuestros rregnos, sin quela vuestra sennoria lo faga e ordene de consejo e con otorgamiento delas çibdades e villas delos vuestros rregnos e de sus procuradores en su nonbre, segunt que todo esto mas largo e mas fundada mente el dicho Arçobispo de Toledo por vuestro mandado lo dixo e declaró. Çerca delo qual muy poderoso sennor, por nuestra parte e en nonbre delas çibdades e villas de vuestros rregnos, fue rrespondido ala vuestra muy alta sennoria çiertas rrazones: e en efecto la intençion fue, lo primero que antes e despues de todas cosas la intençion delas çibdades e villas delos vuestros rregnos e la nuestra ensu nonbre fue sienpre e es e será, de guardar e conplir atodo nuestro leal poder todas las cosas que derecha mente acataren al seruiçio dela vuestra muy alta sennoria e proçedieren verdadera mente dela su voluntad, lo qual asy rrepetimos e dezimos agora. Lo segundo, que fablando so la dicha protestaçion e conla mayor e mas omill rreuerençia que podemos, las çibdades e villas delos vuestros rregnos sentyan e sienten muy grant agrauio al presente e muy grant escandalo e temor en sus coraçones, delo que adelante se podria seguir, por les ser quebrantàda la costunbre e franqueza tan amenguada e tan comun por todos los sennores del mundo asy de catolicos commo de otra condiçion, la qual toda su actoridat e estado seria amenguado e abaxado, non queda otro preuillejo nin libertad de quelos subditos puedan gozar nin aprouechen, quebrantando el sobre dicho; e fablando so la dicha protestaçion e rreuerençia, la nesçesidat que avuestra sennoria mouio aproçeder por la dicha manera, non escusa el dicho agrauio nin el temor delo de por venir, por las rrazones que mas larga mente de nuestra parte fueron puestas ante la vuestra muy alta sennoria, que son escusadas de rrepetir, e por otras algunas que avn se podrian dezir, las quales e otras muchas, que mucho de muestran el nuestro sentimiento, fueron mandadas acada vno de nos los dichos procuradores por cada vna delas çibdades e villas cuyos procuradores somos, que dixiesemos e declarasemos ante la vuestra rreal sennoria, lo mas abierta mente que nos pudiesemos, por que mejor podiesen rresçebir rremedio e prouision dela vuestra alteza, e nos asy lo rrecomendamos que dixiese e declarase por nos e en nuestro nonbre vno delos procuradores dela muy noble çibdad de Burgos, el qual por nuestra parte e delas çibdades e villas de vuestros rregnos, en conclusion suplicó ala vuestra muy alta sennoria quele pluguiese proueer de rremedio por tal manera, que enlo presente ouiese el rremedio que pudiese rresçebir, e para adelante vuestra sennoria ordenase por tal manera, quelo semejante non se pudiese fazer por nesçesidad nin por otra rrazon alguna. Et para declarar por que forma este rremedio nos otros entendemos pedir, ala vuestra sennoria fue suplicado por nuestra parte que nos diese espaçio e tienpo, en que pudiesemos auer nuestro consejo e acordar por que manera la vuestra sennoria mejor podria rremediar en lo sobre dicho, commo cunpliese avuestro seruiçio e apro e bien de sus rregnos; delo qual ala vuestra sennoria plogo. Et muy alto sennor, çerca delo sobre dicho tractamos e platicamos entre nos otros todas las cosas que por las vuestras çibdades e villas, cuyos procuradores somos, nos fueran mandadas e encomendadas en rrazon del sobre dicho rremedio, segunt lo qual, si pluguiere ala vuestra muy alta sennoria, deue rremediar enlo sobre dicho, quanto al agrauio delo presente, por las maneras que se siguen. La primera que se non lieuen cartas nin quadernos para el arrendamiento e pesquisa delas dichas ocho monedas, fasta que primera mente sean vistas por nos otros e por los diputados por nos en nonbre delas çibdades e villas delos vuestros rregnos, las cuentas delos mrs. que montaren enlas siete monedas del dicho anno pasado, e lo que montó el pedido que montó e se rrepartio este presente anno por mandado dela vuestra merçet, e lo quelas dichas ocho monedas deste anno pueden valer, al rrespecto delo que fueron arrendadas las dichas ocho monedas del anno pasado, por que de todo se faga suma pues fue e es para vn negoçio; e que esto mesmo, vuestra sennoria nos mande mostrar de quanta quantia de gente ha de ser la dicha armada e quantas quantias de mrs. son menester para ella, e las otras cosas que çerca delo sobre dicho se rrequieren, lo qual todo cunple avuestro seruiçio que asy se faga, por que publico e conosçido sea alas dichas vuestras çibdades e villas las contias de mrs. que vuestra sennoria se quisiere seruir de sus rregnos para este negoçio, e en que e commo se despienden; por que donde caso fuese quela dicha armada non venga a execuçion, quelas dichas contias de mrs. esten en deposito en çierto logar, e non sean tomados dellas mrs. algunos syn consentimiento e otorgamiento delas vuestras çibdades e villas, por que se pueda mejor guardar el juramento que ala vuestra muy alta sennoria plogo de fazer çerca de este negoçio e eso mesmo los del vuestro muy alto Consejo. La segunda quela vuestra sennoria mande quelas condiçionos con que se arriendan las dichas monedas sean vistas por nos e aliuiadas, por que los vuestros pueblos entiendan quela vuestra sennoria les faze merçet en algunas cosas mas que delas delos annos pasados en hemienda del dicho agrauio. Et que en tanto que todo lo sobre dicho se vee, çesen los vuestros contadores de fazer almoneda nin pregonár las rrentas delas dichas monedas, ca muy alto sennor, la nesçesidat e peligro dela vuestra ordenança que movio ala vuestra sennoria para mandar coger lo çierto delas dichas ocho monedas, non ha logar enel arrendamiento, ca los tienpos delas pagas delos mrs. por que se arrendaron son asaz largos, e sin ser otorgadas las monedas, non se deue fazer pesquisa sobre ellas nin deuen ser apremiados los vuestros pueblos por rrazon dela pesquisa dellas. La terçera, que quando por nos otros fuesen otorgadas las dichas monedas e vistas e aliuiadas las dichas condiçiones, e nos fueren mostradas las dichas cuentas enla manera que dicha es, e se arrendaren e se ouieren adar vuestras cartas de quaderrnos e de rrecudimientos dellas, que se contengan enlas dichas cartas e rrecudimientos la rrazon e rrazones, por quela vuestra sennoria mandó coger lo çierto delas dichas monedas sin primera mente ser otorgadas porlas çibdades e villas de vuestros rregnos, e que se non podian coger nin rrecabdar nin mandar dar cartas para en rrazon dela pesquisa dellas fasta que primera mente fuesen otorgadas por los sobre dichos, faziendo çerca delo sobre dicho tales rrazones por donde publico e conosçido fuese por todos vuestros rregnos quelas çibdades e villas de vuestros rregnos se enbiaron querellar e sentir con tal intençion, commo por parte dela vuestra sennoria nos fue dicho enla manera que dicha es, antes quele plaze e es su merçet delo hemendar e rremediar por todos los rremedios que rrazonable mente a ellos se rrequieren. Ét esto muy alto sennor, será en satisfaçion delo presente e en algunt rremedio delo por venir.

Otrosy muy alto sennor, el rremedio que se rrequiere para adelante, segunt que por las çibdades e villas cuyos procuradores somos, nos fue encomendado, e a nuestras sanas intençiones se rrequiere e entiende que cunple a vuestro seruiçio e a bien e pro comun de vuestros rregnos, es quela vuestra sennoria nos mande dar su carta firmada de su nonbre e sellada con su sello, que aderesçe atodas las çibdades e villas delos vuestros rregnos, por la qual se contenga todo el caso, que por mandado dela vuestra sennoria e enla vuestra rreal presençia, el dicho Arçobispo nos dixo e lo que çerca dello concluyó, segunt que en esta nuestra petiçion se contiene, çertificando les por la vuestra rreal fe e palabra que por caso alguno que acaesca, menor o tamanno o mayor o de otra natura quel sobre dicho, que non mandará coger los tales pechos sin primera mente ser otorgados por los procuradores delas çibdades e villas de vuestros rregnos e llamados a ello conjunta mente, opor la mayor parte dellos; e que si de otra guisa acaesçiese de se fazer por rrazon alguna, que desde agora la vuestra sennoria avria por bien que por tal manera non se pagase nin ouiese efecto. Et muy alto sennor e muy poderoso prinçipe, muy omill mente e con la mayor rreuerençia que podemos e deuemos, suplicamos ala vuestra muy alta sennoria que quiera aver por bien todo lo sobre dicho e nos lo otorgar e mandar poner por obra, por que con mucho mejor e mayor fiuzia conoscan e tengan las vuestras çibdades e villas que ala vuestra muy alta sennoria plaze delos guardar e sostener en sus franquezas e libertades e onrras e estados, segunt quelos rreyes vuestros anteçesores sienpre lo guardaron, e la vuestra sennoria lo tiene otorgado e jurado enlas Cortes quel anno pasado touo en Madrid, al tienpo que tomó el rregimiento de sus rregnos. Et otrosy muy alto sennor, nos entendemos suplicar ala vuestra alteza çerca de algunas cosas generales que cunplen mucho avuestro seruiçio e apro e bien comun de vuestros rregnos, sobre lo qual nos conuiene auer nuestro acuerdo e deliberaçion por conformar en vno las intençiones de todas las çibdades e villas que a nos acá enbiaron, para lo qual auemos menester espaçio alguno. Por ende muy alto sennor, suplicamos que en tanto le plega de nos mandar dezir las otras cosas, que por las vuestras cartas de llamamiento se contiene quela vuestra sennoria auia de ver con nos otros demas del sobre dicho negoçio dela armada, por que sobre todo ayamos nuestro consejo con tienpo, para rresponder commo cunpla aseruiçio vuestro e al pro e bien de vuestros rregnos. Otrosi muy poderoso principe, porlas dichas çibdades e villas cuyos procuradores somos, nos fue mandado que mostrasemos el dicho agrauio ante la vuestra muy alta sennoria, por quela su merçet enello dé rremedio, e por que si asi non fuese mostrado, les podria parar algunt perjuyzio enlos tienpos aduenideros en semejante caso, e por que esto quedase en perpetua memoria commo las dichas çibdades e villas se mostraron ser agrauiadas enlo sobre dicho, e la vuestra sennoria prouea en ello, quela nuestra querella e suplicaçion e el rremedio dela vuestra muy alta sennoria pasase por ante alguno o algunos delos vuestros escriuanos de camara. Por lo qual muy esclaresçido Rey e Sennor, pedimos en nonbre delas dichas çibdades e villas a Sancho Romero e a Martin Gonçalez vuestros escriuanos de camara e a otro qual quier vuestro escriuano o escriuanos que aqui sean presentes, quelo sobre dicho que por esta nuestra petiçion querellamos e suplicamos ante la vuestra muy alta sennoria, conlo que a ella pluguiere de rresponder çerca dello o sin ello, nos lo den signado desu signo o signos, para en guarda dela dicha costunbre e libertad que tienen las dichas çibdades e villas delos rreyes vuestros anteçesores e dela vuestra muy alta sennoria.

Ala qual dicha petiçion yo les rrespondi enesta guisa:

1. Alo que me pidieron por merçet que se non librasen cartas nin quaderrnos para el arrendamiento nin pesquisa delas dichas ocho monedas, fasta que primera mente fuesen vistas porlos dichos procuradores e por los diputados por ellos las cuentas delo que montaron las siete monedas el dicho anno pasado, e lo que montó enel pedido que se rrepartió este dicho anno en que estamos, e lo que pueden valer las dichas ocho monedas, e quanta gente ha de yr enla dicha armada, e los mrs. e cosas que para ello son menester; que mandaua e mando alos mis contadores mayores queles nonbrasen lo sobre dicho e los informasen en todo ello. E alo que me pidieron por merçet que mandase quelas condiçiones con que se arrendasen las dichas ocho monedas fuesen vistas por ellos, por quelos pueblos non fuesen agrauiados, e que en tanto, quelos dichos mis contadores mayores çesasen de fazer almoneda dellos; luego mandé alos mis contadores mayores quelo fiziesen asi. E alo que me pidieron por merçed que mandase que enlas cartas e rrecudimientos delas dichas ocho monedas se conteniesen las rrazones porque yo auia mandado coger lo çierto dellas, ante de ser otorgadas; que mandaua alos dichos mis contadores quelo fiziesen asi, e mando les que lo asi fagan e cunplan.

2. E otrosy alo que me pidieron por merçed que mandase dar mi carta para vos otros, en que fuese espeçificado todo el caso, que por mi mandado e en mi presençia el dicho Arçobispo de Toledo les auia dicho, e lo que çerca dello concluyeron, e çertificando les que por caso algunos que acaesçiese, non mandaria coger los tales pechos, sin primero ser otorgados; que de aqui adelante quando algunos menesteres me viniesen, ami plazie de uos lo fazer saber primera mente antes que mandase echar nin derramar tales pechos, e de guardar çerca dello todo aquello quelos rreyes mis anteçesores acostunbraron de guardar en los tienpos pasados.

Delas quales rrespuestas los dichos procuradores me pidieron por merçed queles mandase dar mi carta firmada de mi nonbre e sellada con mi sello dela poridat, e yo mandé les dar esta.

Dada en Valladolid treze dias de Iunio, anno del nasçimiento del nuestro Sennor Jesuchristo de mill e quatroçientos e veynte annos.—Yo el Rey.—Yo Sancho Romero la fize escreuir por mandado de nuestro sennor el Rey.

V.

Cuaderno de las Córtes de Valladolid de 1420. [1]

Don Iuan por la graçia de Dios rey de Castilla de Leon de Toledo de Gallizia de Seuilla de Cordoua de Murçia de Iahen del Algarbe de Algezira, e Sennor de Vizcaya e de Molina: al conçejo et alcalldes e merino, e alos seze omes buenos, rregidores caualleros e escuderos e omes buenos dela muy noble çibdat de Burgos cabeça de Castilla e mi camara, e atodos los conçejos e alcalldes e alguaziles e merinos e rregidores caualleros e escuderos e omes buenos de todas las çibdades e villas e lugares delos mis rregnos e sennorios, et aqual quier o aquales quier de vos aquien esta mi carta fuere mostrada o el traslado della signado de escriuano publico, salut e graçia. Sepades que por los procuradores delas dichas çibdades e villas delos mis rregnos me fueron dadas çiertas petiçiones, yo estando enla mi villa de Valladolid, ala quales yo rrespondi proueyendo[2] en çierta forma, su thenor delas quales dichas petiçiones e dela rrespuesta que yo a ellas di es este quese sigue.

1. Alo que me pedistes por merçet deziendo que yo bien sabia en commo el anno que pasó de mill e quatroçientos e diez e nueue annos, los procuradores delas dichas çibdades e villas delos dichos mis rregnos que el dicho anno estudieron por mi mandado e llamamiento enlas Cortes que yo tuue enla villa de Madrit, quando tomé el rregimiento delos mis rregnos, me fezieron çiertas petiçiones generales, espeçial mente vna petiçion en rrazon que non sean proueydos delos ofiçios perpetuos delas mis çibdades e villas, saluo los naturales dellas, e que sean vezinos e moradores[3] enellas diez annos antes; alo qual yo rrespondiera que me plazia. Et dezides que esto non es guardado[4] asi en alguna o algunas çibdades e villas[5] delos mis rregnos; antes dezides que es que-

[1] El texto de este cuaderno se ha tomado del original que existe en el archivo de la ciudad de Sevilla, en dos hojas de papel, fól., letra cancilleresca.—Se ha confrontado con el cuaderno original otorgado á la ciudad de Búrgos, poniendo sus principales variantes.

[2] Búrg: proueydo.

[3] Búrg: o que sean vezinos o moradores.

[4] Búrg: non se guardó.

[5] Búrg: çibdades o villas.

brantado. Et eso mesmo que por otra petiçion se contiene queme pedistes por merçet quese non acresçente[1] el numero delos alcalldes e rregidores, que estaua limitado por los rreyes mis anteçesores en algunas çibdades e villas delos mis rregnos; alo qual vos yo rrespondiera que me plazia. Et eso mesmo que por otra petiçion me pedierades por merçet que non feziese merçet, a persona alguna, delos propios e rrentas delas dichas çibdades e villas nin de alguna de ellas; alo qual yo rrespondiera que me plazia. Lo qual todo dezides que non es asi guardado, antes dezides que es quebrantado, e me pedistes por merçet que sobre todo proueyese commo cunpla ami seruiçio e abien e pro comun delos mis rregnos.

Alo qual todo e a cada cosa dello vos rrespondo que es mi merçet, e mando e ordeno por esta mi carta, la qual quiero e mando que aya fuerça de ley asi commo si fuese fecha en Cortes, que se guarden las leyes por mi fechas e ordenadas, en rrazon delo suso dicho e de cada cosa dello, enlas dichas Cortes e ayuntamiento que yo fize en Madrit; non enbargantes quales quier cartas que yo dè aqui adelante diere contra lo contenido enlas dichas leyes o contra parte dello, avn que sean dadas de mi çierta çiençia[2] e propio motu[3] e poderio rreal absoluto e de mi propia e deliberada voluntad, e avn que sobre ello yo dé e faga segunda e terçera jusion[4] e mas e allende, e avn quelas tales cartas o alguna dellas fagan mençion espeçial desta ley e ordenança e delas clausulas derrogatorias dellas, e avn que enlas tales[5] cartas se contenga otras quales quier clausulas derrogatorias, e sean dadas conlas mayores firmezas e non obstançias e penas que sean o ser puedan; ca yo por esta ley declaro e mando quelas tales cartas que de aqui adelante dieren contra lo que dicho es ocontra parte dello, sean abidas por obrretiçias e subrretiçias, e non proçeder de mi voluntad, avn que por ellas parezca e se diga lo contrario, e avn que enellas se contenga que me non rrequieran mas sobre ello o otras quales quier firmezas o clausulas. Et mando quelas tales cartas sean obedesçidas e non conplidas, e que por las non conplir, avn que por mi sea mandado vna e dos e tres vezes e mas, non cayan en pena alguna aquellos aquien se derigieren, mas que toda via sin enbargo dellas nin de alguna dellas, se guarden e cvnplan las

1 Búrg: acresçienten.
2 Búrg: sçiençia.
3 Búrg: motuo.
4 Búrg: segunda e terçero (*sic*) junzion.
5 Búrg: enlas dichas.

dichas leyes por mi fechas e ordenadas en rrazon delo suso dicho e de cada cosa dello. Et si algunos enplazamientos fueren fechos aquales quier conçejos e ofiçiales e personas, por virtud delas tales mis cartas o de alguna dellas, mando e ordeno que non sean tenudos delos proseguir por sy nin por otro, e por ende non cayan en pena nin en rebellion[1] nin sean tenudos acostas nin a otra cosa alguna nin cayan en otro caso mayor nin menor; e yo por esta mi carta los absueluo e dó por libres e quitos de todo ello e de cada cosa dello.

2. Otrosi e lo que me pedistes por merçet en rrazon dela otra petiçion que me ouistes dado enlas dichas Cortes e ayuntamiento de Madrit, que fabla en rrazon delas posadas quese dan alos que andan enla mi corte, que fuese proueydo por tal manera, quelas mis çibdades e villas e los vezinos e moradores dellas non rresçibiesen los males e dapnos e agrauios que por ellas rresçiben[2]; alo qual vos yo rrespondiera que me plazia, e ordenara e mandara que se pagasen las posadas dende en adelante, segunt que se fazian en otros rregnos, e que yo daria orden e platica para ello. Lo qual dezides que non fue nin es asi guardado, antes quebrantado e que non sabiades otra orden e platica que enello fuesse dada, e que commo quier que esto asi fuera otorgado por mi so tal vigor e firmeza que si algunas cartas yo diese en contrario dello, que fuessen obedeçidas e non conplidas, que esto non enbargante por quanto yo mandé dar cartas e sobre cartas en contrario delo asi otorgado, muy premiosas e con muy grandes penas, las mis çibdades e villas aquien se adereçauan las dichas cartas, por non incurrir enla mi yra las ouieron de conplir, enlo qual yo non era seruido por ser[3] en contrario delo [que] por mi en comienço de mi rregimiento e en tan solepnes Cortes fuera otorgado atodos los mis rregnos, e las mis çibdades e villas rresçebian[4] enello grand agrauio, por los ser quebrantado lo que con justiçia e rrazon les deuia ser guardado e asignado e otorgado. Por ende que ami merçet ploguiese de mandar guardar alas dichas mis çibdades e villas todo lo sobre dicho queles yo otorgué e de queles fize merçet, absoluiendo les desde agora de quales quier penas e enplazamientos que por las cartas que yo en contrario diere les fueren puestas, en tal manera que

1 Búrg: rebillia.
2 Búrg: que por ellos rresçebian.
3 Búrg: omite: por non incurrir enla mi yra las ouieron de conplir, enlo qual yo non era seruido por ser.
4 Búrg: que rresçebian.

rales, que fuese proueydo sobre ello por la manera que el Rey don Enrrique mi padre e mi sennor, que Dios dé Santo Parayso, proueyera o en otra manera; alo qual vos yo rrespondiera que rrequeriria a el Rey de Aragon sobre ello quela quitase, e sinon lo fiziese, que proueeria. Et que me pediades por merçet quelo mandase asi poner por obra.

Aesto vos rrespondo que me plaze de mandar luego escreuir sobre ello, segund que otra vez vos oue rrespondido.

4. Otrosi alo que me pedistes por merçet en rrazon delos males e dapnos e grant fallesçimiento que enlos mis rregnos se rrecresçia, por rrazon de muchas personas que biuen en abito de legos e se escusan dela mi jurisdiçion por tener titulo de corona; e quelos mas destos son omes malfechores e dellos rrufianes e apeleadores[2] que en esfuerço dela corona fazen muchos malefiçios e perjuizios, e la mi justiçia non puede enello rremediar, por que quando[3] proçede contra, ellos luego son inpedidos por cartas descomunion[4] e de entredicho. Et queme pediades por merçet que sobre ello proueyese segun conplia ami seruiçio e a bien de la mi justiçia.

Aesto vos rrespondo que yo entiendo suplicar al Papa que el prouea[5] sobre ello,

5. Otrosi alo que me fezistes rrelaçion que algunas personas, vezinos e moradores delos mis villas e castillos fronteros, se quexan mucho por

e mando pagar; esto dezides que es por quanto los mis pagadores o algunos dellos despienden los mrs. e pan que de mi han de aver para las pagas [1] delas dichas villas e castillos en otras cosas, e avn dezides que los dan en fianças e libran en otras partes e fazen dellos commo de cosa suya, delo qual ami poderio rrecresçen desseruiçio [2], ca era cabsa de grand despoblamiento delas dichas villas e castillos fronteros e de otros muchos dapnos. Et me pedistes por merçet que mandase saber la verdat de todo lo sobre dicho, e proueyese sobre ello segund cunplia ami seruiçio.

Alo qual vos rrespondo que yo entiendo mandar saber la verdat de todo ello, et proueer commo cunple a mi seruiçio. Et otrosi mando e defiendo alos mis contadores mayores e alos mis thesoreros e rrecabdadores que non tomen nin rresçiban en fiança los mrs. e pan quelas dichas villas e castillos de mi tienen e han de aver por las dichas pagas, nin las libren aotro alguno, saluo aquellos que por mi son deputados, que las han de rresçebir para que rrecudan con ellas alos vezinos e moradores delas dichas villas e castillos.

6. Otrosi alo que me pedistes por merçet que commo quier que sienpre los rreyes mis anteçesores e la mi corona e la my magnifica casa de Castilla touieron manera de se auer larga mente en fazer muchas e largas merçedes e graçias alos del su linaje e sangre rreal e alos condes e rricos omes e caualleros de nobles linajes delos sus rregnos e alas otras personas que por seruiçios sennalados lo meresçian, e eso mesmo grandes espensas e costas honrrosas e magnificas, segund que pertenesçia al su estado e sennorio rreal, lo qual yo asi acostunbré e acostunbro e deuia e deuo fazer toda via; pero que commo la verdat dela largueza tiene su medida e condiçiones çiertas, tan bien enlos rreyes e los prinçipes commo enlos otros despues dellos, delas quales exçediendo [3] amas o menguando amenos, dexaua de ser virtud; lo qual sienpre guardaron los rreyes mis anteçesores o los mas dellos, o si algunos dellos en algun tienpo nonlo guardaron, despues por el proçeso del tienpo fallauan que non conplia asu seruiçio delo asi fazer, e que entre las otras condiçiones en rrazon delo sobredicho se deuia guardar vna, es asaber, quenon deuian vsar los rreyes e principes e otra qual quier persona, de tanta largueza vnos, que tornasen en grant dapno de otros, nin se deuia alargar tanto en vnas cosas, porque fallesçiesen en otras mas neçesarias.

[1] Búrg: por las pagas.
[2] Búrg: a mi poderia rrecresçer desseruiçio.
[3] Búrg: eçediendo.

Et commo las merçedes e dadiuas fechas despues que yo rregné, asi al tienpo de mis tutores commo despues, sean en muy grant numero, de qual[1] se dezia que pasaua en dos o en tres tanto quel numero delas merçedes e dadiuas del tienpo del Rey mi padre, que Dios dé Santo Paraiso, que podria acaesçer e avn acaescio de fecho, que esto tornase e tornaua en grand dapno de mis pueblos; ca si enlo sobre dicho se guardase la manera que el Rey my padre guardara, e avn que pasara en algunas cosas e en algun tienpo rraçonable e tenplada mente asi commo en tienpo delos mis tutores, çierto era que yo ouiera agora escusado de mandar coger los pechos que agora se cogian por los mis rregnos, ca delas mis rrentas sobrara lo que fuera menester e mucho mas, segund que sobraua en tienpo del dicho sennor Rey mi padre, e quelos mis pueblos fueran releuados para otros mayores menesteres, asi commo para la conquista delos moros e para otras cosas que conplian a ensalçamiento dela mi corona rreal. Por ende que me suplicauades que fiziese e touiese algun tenpramiento[2] enlo sobredicho, en tal manera quese cunpliese aquello que ordenaria e rrazonable mente se deuia conplir en cada anno, faziendo muchas merçedes e graçias rrazonable mente alos sobre dichos, segund que se solian e deuian fazer e lo meresçian por los linajes e estados e segund sus seruiçios, segund e entre los otros espeçial mente aquellos que son continuada mente en mi seruiçio, segun que el dicho Rey my padre lo fazia e fizo al tienpo que fue de hedat conplida[3].

Alo qual vos rrespondo que dezides commo buenos e leales seruidores, e yo vos lo tengo en seruiçio, e lo entiendo asi fazer segund que me lo pedistes por merçet.

Por que vos mando a todos e acada vno de vos quelo guardedes e conplades e fagades guardar e conplir en todo e por todo, segund que enesta mi carta se contiene e lo yo rrespondi alas dichas petiçiones e a cada vna dellas; e que non vayades nin pasedes nin consintades yr nin pasar contra ello nin contra parte dello por lo quebrantar nin menguar, agora nin en algund tienpo nin por alguna manera, non enbargantes quales quier mis cartas que yo contra ello de aqui adelante dé en qual quier manera, commo dicho es. Et los vnos nin los otros non fagades ende al por alguna manera, sopena dela mi merçet e de diez mill mrs. acada vno de vos para la mi camara.

[1] Búrg: el qual.
[2] Búrg: tenplamiento.
[3] Búrg: de hedat conplida para lo conosçer.

Dada en Oterdesillas çinco dias de jullio, anno del nasçimiento de nuestro Sennor Jesuchristo de mill e quatroçientos e veynte annos.—Yo el Rey.—Yo Sancho Romero la fize escreuir por mandado de nuestro sennor el Rey.

VI.

Cuaderno de las Córtes celebradas en Ocaña en el año de 1422 [1].

Don Iohan por la graçia de Dios Rey de Castilla de Leon de Toledo de Gallizia de Seuilla de Cordoua de Murçia de Iahen del Algarbe de Algezira, e Sennor de Vizcaya e de Molina. Al conçeio alcalldes merinos e seze omes buenos rregidores caualleros escuderos e omes buenos dela muy noble çibdat de Burgos cabeça de Castilla e mi camara, e atodos los conçejos corregidores alcalldes alguaziles merinos rregidores caualleros escuderos e omes buenos e otras justiçias e ofiçiales quales quier de todas las çibdades e villas e logares delos mis rregnos e sennorios; e aqual quier o quales quier de uos aquien esta mi carta fuere mostrada, o el traslado della signado de escriuano publico sacado con actoridad de juez o de alcallde, salut e graçia. Sepades que enel ayuntamiento que yo agora fize enla villa de Ocanna, estando ende comigo el Infante don Iohan mi primo, e çiertos perlados e condes e rricos omes, maestres delas Ordenes, caualleros e doctores del mi Consejo; me fueron presentadas çiertas petiçiones generales por los procuradores delas çibdades e villas delos dichos mis rregnos que ami vinieron al dicho ayuntamiento, las quales yo, con acuerdo del dicho Infante mi primo e delos dichos perlados e condes e rricos omes e maestres e caualleros e doctores del mi Consejo, di çiertas rrespuestas, su tenor delas quales dichas petiçiones e delas rrespuestas que yo aellas di, es este que se sigue.

1. Alo que me pedistes por merçed que quisiese ver enla ordenança de mi casa çiertas cosas, por vos declaradas enlas dichas vuestras petiçiones, que cunplian ami seruiçio e apro e bien comun delos mis rregnos e sennorios.

[1] La copia de este ordenamiento se ha tomado del códice del siglo xv, que se guarda en la Biblioteca Nacional con la signatura Ff 77; fól. 28 v.° al 38 v.° Véase la descripcion que de este manuscrito se halla en la pág. 23.

guñt la inquisiçion que fuese fecha por el tal inquisidor, se rrequiriese auer corregidor enla tal çibdat o villa, que non fuese corregidor aquel que ende fuera inquisidor; por quanto de fecho acaesçia que quando los tales inquisidores yo enbiaua, que ellos por alcançar el corregimiento buscauan e catauan maneras non liçitas para lo alcançar, lo que no farian despues que supiesen que no auian de auer el corregimiento.

Aesto vos rrespondo que asi lo he acostunbrado de fazer; e que me plaze, e tengo por bien que se guarde e faga asi de aqui adelante.

4. Alo que me pedistes por merçed diziendo que donde el tal corregidor fuese nesçesario de enbiar, para la justiçia dela tal çibdad o villa, que ami merçed pluguiese que fuese ydonia e perteneçiente sin sospecha e llano; e que siruiese el ofiçio por si mesmo, o por sus ofiçiales seyendo el presente. Et que este tal corregidor non fuese ome poderoso, por quanto de fecho acaesçia que quando la tal persona poderosa era corregidor de alguna çibdad o villa, e auia estado el tienpo que era nesçesario para rreparamiento de aquel fecho sobre que era enbiado, e los vezinos dela tal çibdad o villa eran egualados e querian beuir bien, non osauan pedir queles fuese tirado el tal corregidor poderoso, e en caso quelo pidian, non les era tirado, por quanto el tal corregidor por ser persona poderosa, tenia tales maneras por que non le fuese tirado e le durase luengo tienpo, delo qual venia muy grandes dannos e costas alas tales çibdades e villas.

Aesto vos rrespondo que me plaze, e mando e tengo por bien que se guarde todo asi segunt que melo pedistes por merçed, asi enlos corregimientos que son dados, commo enlos que se ouieren adar de aqui adelante.

5. Alo que me pedistes por merçet diziendo quelos rreyes onde yo vengo, que Dios dé Santo Parayso, con mucha deligençia guardaron que del Andaluzia, en espeçial de Seuilla e de su arçobispado, por la mar non se sacase pan, por quanto es tierra poblada de muchas e diuersas gentes que biuen por ofiçios e rrentas e mercadurias, e ay pocos labradores, e destos pocos se han de mantener muchas delas mis villas e castillos fronteros e dar vitualla de farina e de vizcocho alos nauios que vienen e van alos mis puertos con mercadurias para forniçion dela mi flota o guerra conlos moros, era menester que sobrase pan e non menguase, por el grand danno e peligro que sienpre dela saca temieron, mucho la guardaron e espeçial el esclareçido de buena memoria el Rey don Enrrique mi padre, que Dios dé Santo Parayso, que en diuersos tienpos por algunos sus priuados e otros le fue demandada saca, e que

solo çient cafizes non dio. Et que yo que auia dado de tres annos acá mill cafizes poco mas o menos, de que si la merçed de Dios non acorriera conel agua de abril este anno pasado, toda el Andaluzia estaua en peligro quese despoblara e perdiera, en espeçial Seuilla e su arçobispado; que viese con quantos trabajos e costas e longura de tienpos e vertimiento de sangre fue ganada, e estar en vn punto dese perder, que seria mi seruiçio que se guarde, que non aya saca alguna nin se dé carta para lo sacar. Por ende que me suplicauades que mandase de aqui adelante que se non sacase pan alguno, e que se diese sobre ello las cartas que menester fuesen para las çibdades e villas del Andaluzia, quelo non consientan sacar, e en espeçial para Seuilla e Xerez dela frontera.

Aesto vos rrespondo que me plaze, e mando e tengo por bien que se guarde e faga asi de aqui adelante, segunt que melo pedistes por merçed.

6. Alo que me pedistes por merçed diziendo que delas cosas prinçipales que ami pertenesçia mandar fazer, es tener enlas mis villas e logares dela costa dela mar delos mis rregnos muchedunbre de nauios e galeas e otras fustas; lo qual era mucho mi seruiçio por muchas cosas, e espeçial mente cada que yo mandase fazer armada e enbiar flota donde cunpliese ami seruiçio, que estando los nauios fechos, la flota se podria armar al tienpo del menester, lo qual non fallando los nauios prestos, se non faria asi, segunt que de fecho se auia mostrado. Et eso mesmo en todos los rregnos comarcanos estrannos la mi corona rreal seria mas temida e ensalçada, e muchos rrobos e dannos e rrepresarias que por la mar se auian fecho e fazian de cada dia alos mis subditos e naturales, se non farian; lo qual bien visto por mi, fallaria que para mi seruiçio e pro e guarda de mis rregnos seria nesçesario delo mandar fazer asi. Por ende que me suplicauades que mandase proueer enestas cosas: la primera que mandase fazer algunos nauios que estudiesen enlos dichos puertos dela mar; la segunda que mandase fazer algunas galeas e mandase rreparar las que estan fechas e otrosi las taraçanas en que estudiesen; la terçera que por quanto enla mar de cada dia se fazian muchos rrobos en nonbre de rrepresarias o en otra manera, que ordenase e mandase andar por la costa dela mar e donde fuese menester dos galeas e dos balegneres [1], conlos omes de armas que para ello fuesen menester, los quales andouiesen continuada mente guar-

[1] Algunas copias ponen: vallineres.—Otras: vallineros.

dando e faziendo lo queles yo mandase e mi seruiçio fuese; lo qual faziendose con buena diligençia e enla forma e manera que se rrequiriese de fazer, çierta cossa era que seria mucho mi seruiçio, e los mis subditos andarian mas seguros, e enlos mis rregnos avria mas meneos delos que ay, e las mis rrentas valdrian mucho mas. Et en caso que dende se rrecreçiesen costas, las tales costas, que traen prouecho e onrra, non se deuian escusar.

Aesto vos rrespondo que dezides bien, e que yo lo entiendo mandar fazer asi segunt que melo pedistes por merçed.

7. Alo que me pedistes por merçet diziendo que yo bien sabia en commo de cada anno mandaua despender mucho pan e mrs. para mantenimiento delos vezinos e moradores delas mis villas e castillos fronteros contra tierra de moros, lo qual yo mandaua librar alos pagadores delas dichas mis villas e castillos; e que sabria de çierto que tal manera tenian ellos o sus fazedores enel pagar, quelos vezinos e moradores delas dichas mis villas e castillos non cobrauan dello la meytad, e lo que peor era, que el pan que auia de ser puesto enlos dichos castillos fronteros para su basteçimiento e mantenimiento, que alas nesçesidades non entraua y, delo qual se me podria rrecresçer muy grant danno, por non quedar el dicho pan enlas dichas mis villas e castillos fronteros. Et que esto se recresçia por non se guardar la ordenança de los rreyes mis anteçesores e mia, conuiene asaber, que el pagador o su lugar teniente vayan al castillo frontero tres vezes enel anno, e en faz del alcayde e delos jurados e escriuano e ofiçiales del conçejo dela tal villa o castillo, faga las pagas dando acada vno lo que ouiere de auer de su pan e mrs., faziendo acada vno muestra de su cauallo e armas e vallesta e lança. Et la manera que enesto tenian era esta: que quando la tal villa o castillo les enbiaua rrequerir que vayan afazer la paga commo dicho es, rrespondian que non tenian libros por los mis contadores nin cobrados mrs. nin pan para les dar, quier fuese ello asi o non, e queles ponian otras escusas e luengas, en manera que por non auer esperança de paga, se auian cohechar e baratar con ellos o con omes aquien ellos dauan lugar, e rresçibian cargo de pan, e non otras cosas, en dos tanto preçio e mas delo que rrazonable valia; e los dichos pagadores o sus fazedores pagauan sienpre bien alos escriuanos e alas otras personas que algo valian enlas dichas villas e castillos fronteros, por lo qual les dauan el libro dela paga todo çerrado, con que dauan cuenta alos mis contadores mayores delas mis cuentas. Et que el rremedio que vos paresçia, era que yo mandase fazer pesquisa sobre la dicha

mandasen e defendiesen de mi parte atodos los vezinos delas mis villas e castillos que asi auian de auer paga de mrs. e pan, que se non baratasen nin cohechasen con persona alguna, saluo que esperasen auer la paga; e silo non fiziesen e les fuese prouado, que por el mismo fecho perdiesen el pan e mrs. que de mi auian, e que qual quier que con ellos baratase, que perdiese lo que asi diese, e si fuese tomado enla villa o castillo frontero, que el alcayde quelo pudiese mandar prender, e que non fuese suelto fasta lo yo saber.

Aesto vos rrespondo que yo entiendo enbiar allá vna buena persona que faga pesquisa e sepa verdad sobre ello, por que fecha la trayga ante mi, e yo mande e prouea sobre ello lo que cunpla ami seruiçio. Otrosi que me plaze e tengo por bien que se faga e guarde asi de aqui adelante, segunt que melo pedistes por merçet, para lo qual mando dar mis cartas segunt quelas pedistes por la dicha vuestra petiçion.

8. Alo que me pedistes por merçed en commo yo tenia çiertas personas diputadas para ver las lauores delas dichas villas e castillos e rrequerir commo se fazen las pagas, e que vos era fecho saber que de cada anno yuan por mi mandado a ver lo sobre dicho, e que allende delas rraçiones e quitaçiones que conlos dichos ofiçios auian, que ami fazian grandes espensas enlo ver, e que visto e apreçiado por maestros albannires lo que era nescesario de se labrar, venian ami e me fazian

anno vna çierta quantia de mrs. delas mis rrentas, para que se destribuyesen enla lauor delos dichos castillos fronteros de tierra de moros e se labrasen de cada anno. Et que me pluguiese de mandar quelos mrs. que asi fuesen menester para la tal lauor, que el rrecabdador en quien fuesen librados fuese tenudo delos dar en dinero contado, so çiertas penas, e que el obrero que yo pusiese que fuese buena persona.

Aesto vos rrespondo que es mi merçed, e mando que se faga asi, para lo qual mando alos mis contadores mayores que aparten de cada anno delas mis rrentas vn cuento de mrs. para las dichas lauores, e que tomen juramento alos rrecabdadores, quelo paguen en dinero contado, fasta que sean acabadas; e yo proueeré de buena persona, que sea obrero e lo distribuya enla lauor delos dichos castillos.

9. Alo que me pedistes por merçet diziendo que vos era fecho saber que el Rey de Granada diera ami çierta contia de doblas, por la tregua quele yo otorgué delos annos pasados e por este anno, las quales doblas dezides que yo diputé para la lauor delos dichos castillos fronteros; e que yo viera por la rrelaçion que traxiera Gutier Diaz mi escriuano, en commo en algunas villas e castillos fronteros eran caydas algunas torres e pedaços delos muros, e algunos dellos eran començados alabrar por mi mandado enlos annos pasados; et que por non librar mrs. algunos de presente para las lauores, eran en grant peligro. Por ende que me suplicauades quelas doblas que ami traxieran de el dicho rregno de Granada por rrazon dela dicha tregua, que me pluguiese delas mandar luego dar e distribuyr enlas lauores e rreparos delas dichas villas e castillos fronteros contra tierra de moros, pues que tanto seruiçio de Dios e mio era ser bien rreparados, e se gastasen enlos lugares mas nesçesarios que por la rrelaçion delos dichos visitadores paresçeria; ca de otra guisa, escusar se deuia fazer costa enlos tales ofiçios de visitadores, e non rreparandose al presente lo que era nesçesario, rrecresçeria el danno en tanto grado, que por se auer de rreparar forçado lo que agora se rrepararia, me costaria enel tras doble preçio.

Aesto vos rrespondo que es mi merçed, e mando que se faga asi segunt que melo pedistes por merçed, asi enlas doblas que se traxieron quando Iohan Furtado de Mendoça mi mayordomo mayor estouo çerca de mi, commo enlas que se troxieron agora, commo enlas que se truxieren de aqui adelante.

10. Alo que me pedistes por merçet diziendo que en commo muchas vezes los moros del rregno de Granada en tienpo delas treguas que yo les otorgué, acaesçia que entrauan enlos mis rregnos afurtar e afazer

mal e danno en mi tierra, asi de dia commo de noche conla luna; e muchos mis subditos e naturales asi adalides commo almogauares e otras personas se ponian agrant trabajo e peligro de sus personas, e a sus espensas, guardando las trauiesas e logares por do solian entrar los moros mal fechores; e que acaesçia que muchas vezes tomauan los cristianos alos moros dentro delos mojones delos mis rregnos, e los mis alcalldes que son entre los cristianos, e otros alcaydes e personas poderosas tomauan los tales moros, diziendo que perteneçian a mi e aellos. Por ende pues quelos tales adalides e almogauares se ponian apeligro e trabajo, por rreçelo delo qual los moros se escusauan mucho de entrar por non ser sentidos e tomados, que me pluguiese quelas personas que asi con su trabajo e peligro e espensas tomasen algunos moros mal fechores dentro delos mis rregnos, que fuesen suyos, non enbargantes que yo ouiese dado cartas en contrario, pues que ami seruiçio cunplia e aguarda de mi tierra.

Aesto vos rrespondo que es mi merçed, e mando que se guarde e faga asi de aqui adelante segunt que melo pedistes por merçet.

11. Alo que me pedistes por merçed diziendo que bien sabia quelos rreyes mis anteçesores, entendiendo que cunplia asu seruiçio, e por dar gualardon alos sus vasallos que dela su merçed auian tierra, por quelos tales con mejor voluntad se despusiesen atodo trabajo por los seruir, acostunbraron que quando el tal vasallo fallesçiese, de dar la tierra que tenia al fijo legitimo que dexase. Por ende que me pediades por merçed que quisiese guardar e aprouar la tal costunbre, e que quando el vasallo quela tal tierra de mi touiese fallesçiese, quela ouiese el fijo mayor legitimo que dexase, e que yo que siguiese la ordenança que en este caso touieron los rreyes mis anteçesores, e que si por auentura, del que asi fallesçiese non quedase fijo legitimo e le quedase hermano de padre, seyendo legitimo, que yo proueyese della a este, e non a otro alguno.

Aesto vos rrespondo que yo fare lo que entendiere que cunple ami seruiçio.

12. Alo que me pedistes por merçed diziendo que enel fuero toledano e enel fuero de las leyes ay algunas leyes que dizen que falleçiendo el padre e madre, dexan fijos e fijas, e las fijas quedan en poder de sus hermanos para las tener e auer de casar, que si ellas por si se casan, que pierdan la herençia queles podria perteneçer de sus padre e madre, e que acuerda conesto el fuero castellano, e avn la ley dela Partida pone pena al que afurto se esposa con las tales; e porque delos tales casa-

mientos nasçen contiendas e enemistades [e] quedar sin pena es adar osadia alos malos. Por ende que me pluguiese mandar quelas dichas leyes fuesen guardadas quando acaso viniese, non enbargante que por longura de tienpo non ouiesen seido guardadas, pues que por otras leyes non auian seido rreuocadas.

Aesto vos rrespondo que es mi merçet, e mando que se guarden las leyes que sobre esto fablan, segunt que enellas se contiene.

13. Alo que me pedistes por merçet diziendo que yo podia e deuia saber el grant danno e despoblamiento que enla mi çibdad de Plasençia auia seido por rrazon delos debates que enella fueron sobre el obispado, e por causa dela gente de armas que allá yo enbié, sobre lo qual, si yo non les rremediase e proueyese de alguna merçet, serian en caso de grant perdiçion. Por ende que me pediades por merçet que me pluguiese, veyendo los grandes dannos que auian pasado, deles querer fazer alguna merçet, por tal manera que ellos pudiesen rreparar enlos dannos que rresçibieran; ca en otra manera seria causa, non se rreparando, de mucho danno, e seria mi deseruiçio.

Aesto vos rrespondo que mi merçet es que considerados los dichos dannos, de fazer e fago graçia e quita ala dicha çibdad que non paguen monedas por quatro annos continuos conplidos primeros siguientes, para lo qual mando dar mis cartas las que para ello cunplan.

14. Alo que me pedistes por merçet diziendo que de vso e de costunbre antiguo era que algunas delas çibdades e villas, e logares delos mis rregnos auian juredicion en sus comarcas e veyan alli venir las apelaçiones de algunos logares delos sennorios; e que agora nueua mente algunos sennores e personas poderosas defendian quelos de sus logares non fuesen conlas dichas apellaçiones alas dichas çibdades e villas donde sienpre acostunbrauan yr, lo qual era en mi perjuyzio e dela mi juredicion rreal. Et eso mesmo que quando yo demandaua monedas, que deuian traer lo çierto delos padrones dellas alli a aquellos logares que son cabeça de juredicion; por lo qual los dichos sennores perturbauan esta juredicion, e fazian quelos delos sus lugares non fuesen alli donde solian. Por ende que me pediades por merçet que proueyese sobre ello, mandando dar mis cartas las que menester fuesen para que fuese guardada la juredicion acada vna delas dichas çibdades e villas, segunt que se guardó ante quelos logares fuesen dados.

Aesto vos rrespondo que mi merçet es, e mando que se guarde e faga asi e cunpla segunt que melo pedistes por merçet.

15. Alo que me pedistes por merçet diziendo que el Rey don Enrri-

que mi padre de esclareçida memoria, que Dios dé Santo Parayso, mandara en su testamento desagrauiar aquales quier çibdades e villas e logares delos mis rregnos que auian seydo agrauiadas enel tienpo que rregnó. Por ende que me suplicauades que me pluguiese de descargar mi conçiençia çerca de esto, e descargar el anima de el dicho sennor Rey mi padre, mandando satisfazer alas tales çibdades e villas e logares que asi fueron agrauiados.

Aesto vos rrespondo que declaredes las tales çibdades e villas e logares, elos agrauios que dezides que rresçibieron; e yo proueeré sobre ello segunt que de derecho deuiere.

16. Alo que me pedistes por merçet diziendo que en algunas çibdades e villas de mis rregnos algunas personas poderosas e otras fazen ayuntamiento e se leuantauan contra los alcalldes e rregidores e ofiçiales, faziendose capitanes dela comunidat, e deziendo quelos dichos alcalldes e rregidores e ofiçiales non podian nin deuian fazer algunas cosas delas que perteneçiesen al rregimiento nin constituyr procuradores quando ami los enbian, syn que primera mente se acordase conel comun, lo qual es causa de leuantamiento e bolliçios enla tal çibdad o villa; e quelos rreyes mis antecesores e yo que estableçimos e ordenamos que el rregimiento delas çibdades e villas se rrigiesen por çiertos alcalldes e rregidores, la prinçipal intençion que fuera por escusar muchos dannos que delos tales ayuntamientos comunes e publicos se podian seguir. Por ende que me pediades por merçet que me pluguiese de mandar dar mis cartas las que menester fuesen, para que fuesen guardadas eneste caso las ordenanças quelos dichos rreyes mis anteçesores enla dicha rrazon fizieran, e son confirmadas de mi, conuiene a saber: que cada çibdad o villa se rregiesen segunt sus vsos e costunbres, e que alos que tales ayuntamientos o leuantamientos fiziesen contra las dichas ordenanças, que pasasen los alcalldes conlos rregidores e ofiçiales contra los tales, por las penas e prisiones enlas dichas ordenanças contenidas. Et lo quelos dichos alcalldes e ofiçiales fiziesen, seyendo las dichas ordenanças e sus vsos e costunbres, que valiese e fuese firme; pero que si los del comun contra ello quisiesen dezir, quelo viniesen mostrar ante mi.

Aesto vos rrespondo que enlo que toca al rregimiento, alos rregidores perteneçe de fazer de sus ofiçios lo que deuan; e es mi merçet e mando que se faga asi segunt quelo han de costunbre, e quelos alcalldes e justiçias proçedan e fagan lo que con derecho deuan contra los que tales ayuntamientos e leuantamientos fizieren.

17. Alo que me pedistes por merçet diziendo que enlas mis çibdades e villas e logares, que son en frontera de Aragon e de Nauarra e Portugal, rresçibian muchos agrauios e dannos por causa delos mis alcalldes delas aduanas, e otrosi por los mis arrendadores que arriendan las aduanas e diezmos delas cosas dezmeras, por quanto las condiçiones por donde las dichas rrentas se arrendaran eran muy agrauiadas, e avn demas delos agrauios auian enlas dichas condiçiones algunas dubdas, las quales eran causa e rrazon para que los arrendadores fiziesen intricaçiones para cohechar e poner demandas que se non pudiesen conplir; lo qual todo nonse podria poner por escriptura, sy non fuese muy luenga e muy odiosa ami dela oyr. Et por quanto por causa desto sobre dicho las dichas çibdades e villas de la frontera auian padesçido e rresçebido e rresçibian de cada dia grandes costas e dannos, e que si enello no rremediase, seria en caso de despoblamiento dela tierra. Por ende que me pediades por merçet que quisiese enesto ver, e yo fallaria que por rrazon del agrauio destas condiçiones, de doze annos e mas a esta parte, non auian pagado los arrendadores que estas rrentas arrendaran la terçia parte de quanto se obligaran, diziendo que segunt las dichas condiçiones, non eran tenudos a pagar; e de otra parte que auian cohechado la tierra. Et para esto por que con justiçia proueyese sobre ello acatando el bien dela rrepublica a que era tenudo, mandase que vn doctor o dos del mi Consejo viese los agrauios que enesta rrazon le darian, para que ellos me fiziesen rrelaçion, e que yo proueyese enellos segunt conplia ami seruiçio e apro dela tierra, e eso mesmo que entendiades que era mi seruiçio que seria quelos alcalldes delas aduanas que yo ponia, que non fuesen por vida, saluo que segunt que vsasen, que asi quedasen enlos ofiçios.

Aesto vos rrespondo que me dedes por escripto los agrauios que dezides, e yo mandaré rremediar sobre ello para adelante commo cunpla ami seruiçio.

18. Alo que me pedistes por merçet diziendo que por quanto sobre rrazon delas debdas que me eran deuidas delas mis rrentas e en otra manera, delos tienpos pasados fasta aqui, me ouistes prestado[1] de algunos dias aesta parte por vna escriptura, la manera que vos pareçia que yo deuia mandar tener enello, lo qual vos paresçia ser mas conuenible para buena mente cobrar delas dichas mis debdas lo mas que cobrar se pudiese, que otra alguna. Et en quanto ala dicha escriptura, fasta aqui

[1] En otras copias : presentado.

res que ante que vos otros vinieran por mi mandado al ayuntamiento que yo fize enla villa de Madrit, me fuera suplicado que yo proueyese sobre rrazon dela marca o *quema* que enel rregno de Valençia echaron, e se cogia delas mercadurias quelos mercadores delos mis rregnos, lleuauan de acá allá, e eso mesmo delos que trayan de allá acá, lo qual era en grand perjuyzio mio; alo qual yo rrespondiera que sobre la dicha rrazon entendia mandar rrequerir sobre ello al Rey de Aragon mi primo, e donde el non fiziese quitar el tal tributo, que yo proueeria sobre ello segunt que cunpliese ami seruiçio, enlo qual fasta aqui non veyades que de fecho fuese fecha enello prouision alguna, e lo dicha *quema* quela cojian de cada dia alos que yuan e venian delos mis rregnos, e que era en grand perjuyzio mio e en danno delos dichos mercadores. Por ende que me suplicauades e pediades por merçet que me pluguiese enello proueer, en manera quela dicha *quema* se tirase, pues que era puesta injusta mente. Et commo por los sobre dichos procuradores me fuera dicho que en tienpo de el Rey don Enrrique de esclareçida memoria mi padre, que Dios dé Santo Parayso, auiendo echado enel dicho rregno de Valençia la dicha *quema*, et proueyendo su merçet sobre ello, mandara ordenar aduanas enlos sus rregnos, por tal manera quelos del rregno de Valençia entendieran queles cunplia tirar la dicha *quema* e fazer lo que de derecho deuian fazer. Et que si ami pluguiese, que vos paresçia que ellos non queriendo alçar e quitar la dicha *quema*, que con derecho yo podia ordenar que todos los que sacasen delos mis rregnos para el dicho rreyno de Valençia quales quier ganados e otras cosas delas que allá nesçesaria mente auian menester, que yo ordenase e mandase que delos ganados e cosas que asi sacasen para allá, que demas delo que se acostunbraua pagar fasta aqui, pagasen otro tanto e mas, por tal que conlo que nueua mente les fuese echado, ellos sentirian dello por tal manera, [que] o tirarian la dicha *quema*, o seria hemienda para el agrauio que alos mercadores mis naturales fiziesen, lo qual se vos entendia que seria mi seruiçio.

Aesto vos rrespondo que yo enbiaré luego rrequerir sobre ello al Rey de Aragon e ala Reyna mi hermana su muger, e si non tiraren la dicha *quema*, yo proueeré en todo ello segunt cunpla ami seruiçio.

20. Alo que me pedistes por merçet diziendo que bien sabia o podia saber en commo entre la mi çibdat de Palençia e los obispos que della fueron e son, se auia tractado e tractaua pleyto, grant tiempo auia, sobre algunos derechos quelos dichos obispos dezian auer enla dicha çibdat, delo qual se auia seguido e seguia ala dicha çibdat muchas costas e

dannos e se va aperder e despoblar. Por ende que me suplicauades que me pluguiese de auer informaçion plenaria delos tales derechos quelos dichos obispos e eglesia dizen auer enla dicha çibdad, e si se fallase el dicho Obispo e eglesia auer derechos algunos enla dicha çibdat, quelos mandase contentar en otra parte en dinero, en tal manera quela dicha çibdad quedase libre e quita ala mi corona rreal, e non fuese enagenada alos dichos obispo e eglesia. Et que si esto asi se fiziese en forma, que para esto seria firme e estable, e que por tienpo non se podria contrallar.

Aesto vos rrespondo que pleyto pende sobre esta rrazon enla mi chançelleria ante los oydores dela mi audiencia, e yo enbiaré luego mandar que se vea e libre.

21. Alo que me pedistes por merçet diziendo que cada vna de todas las çibdades e villas e logares delos mis rregnos e sus comarcas e terminos, quela mayor parte dellos de antigua mente tenian preuillejos delos rreyes mis anteçesores e confirmados de mi, dela juredicion çeuil e cremi-nal, es asaber que todos los pleytos que se mouiesen, asi entre los vezinos vno con otro commo en otra manera, que primera mente fuesen determinados dela primera sentençia por los alcalldes e juezes de cada vna delas dichas çibdades e villas, e despues que fuesen, por sus apellaçiones ordenada mente, antelos mis alcalldes e oydores dela mi corte, lo qual se auia acostunbrado de guardar siguiendo la forma delos dichos pleytos, que asi cada vna dellas tenia; e agora los mis alcalldes que agora eran puestos enlos mis adelantamientos, perturbauan e enpachauan los dichos preuillejos e la dicha libertad segunt que enellos se contenia, diziendo que por quanto en algunas çibdades e villas delos dichos mis rregnos enlos dichos preuillejos non mandaua espresa mente alos dichos alcalldes que se non entremetiesen enlas tales juredições, saluo alos adelantados e merinos e sus ofiçiales, que por ende que ellos eran tenudos de paresçer ante ellos por sus cartas e enplazamientos, que por ello les fatigauan demandando les las penas contenidas enlas dichas sus cartas contra la intençion e sustançia delos dichos preuillejos, lo qual era mi deseruiçio e menguamiento dela mi juredicion rreal e contra los dichos preuillejos. Por ende que me suplicauades que quisiese enello proueer, mandando dar mis cartas para quelos dichos priuillejos fuesen guardados, e que non enbargante que enellos non se contenga mandamiento expreso alos dichos alcalldes, saluo al dicho adelantado e merinos e ofiçiales, queles fuese dada la dicha libertad segunt que enlos dichos preuillejos se contenia. Et quelos dichos alcall-

des nin alguno dellos nin sus logares tenientes non se entremetiesen nin conosçiesen delos tales pleytos, nin los vezinos delas dichas çibdades e villas e comarcas e terminos non parescan ante ellos, pues que era contra los dichos preuillejos.

Aesto vos rrespondo que mostredes los preuillejos que dezides que tenedes, e yo los mandaré ver e proueer sobre todo commo sea justiçia.

22. Alo que me pedistes por merçet diziendo que por quanto la mi villa de Valladolid es la mas notable villa de mis rregnos e avn delos rregnos comarcanos, que me suplicauades que por la mas ennobleçer, e por los muchos e buenos e leales seruiçios quelos vezinos e moradores dela dicha villa fizieron alos rreyes mis anteçesores e fazen ami de cada dia, e por les fazer merçet, que mandase quela dicha villa se llamase de aqui adelante la muy noble villa de Valladolid, e que yo la mandase llamar asi por mis cartas.

Aesto vos rrespondo que es mi merçet, e mando que se llame e sea llamada de aqui adelante la noble villa de Valladolid.

Por que vos mando atodos e acada vno de vos quelo guardedes e fagades guardar agora e de aqui adelante en todo e por todo, segunt que enesta mi carta se contiene e lo yo rrespondi alas dichas petiçiones e acada vna dellas, e que non vayades nin pasedes nin consintades yr nin pasar contra ello nin contra parte dello, por lo quebrantar nin menguar agora nin en algunt tienpo nin por alguna manera. Et los vnos nin los otros non fagades ende al por alguna manera, sopena dela mi merçet e de diez mill mrs. acada vno de vos para la mi camara.

Dada enla villa de Ocanna diez dias de agosto, anno del nasçimiento de nuestro Sennor Jesuchristo de mill e quatroçientos e veynte e dos annos.

VII.

Cuaderno de las Córtes celebradas en la villa de Palenzuela el año de 1425. [1]

Don Iohan por la graçia de Dios Rey de Castilla de Leon de Toledo de Gallizia de Seuilla de Cordoua de Murçia de Iahen del Algarbe de Algezira, e Sennor de Vizcaya e de Molina. Alos infantes e duques e

[1] Este ordenamiento se ha sacado del cuaderno original que se guarda en el archivo de la ciudad de Búrgos. Está escrito en papel grueso, fól., marca mayor que la ordinaria, letra cancilleresca del

condes e perlados e rricos omes e maestres delas Ordenes, e alos del mi Consejo e al mi chançeller mayor e oydores dela mi audiençia, e alcalles e notarios e alguaziles e otras justiçias e ofiçiales dela mi casa e corte e chançelleria, e al conçeio e alcalles e merino e seze omes buenos rregidores caualleros e escuderos e omes buenos dela muy noble çibdat de Burgos cabeça de Castilla e mi camara [1], e atodos los otros conçeios alcalles e alguaziles e merinos rregidores e jurados, caualleros e escuderos e omes buenos de todas las çibdades e villas e logares delos mis rregnos e sennorios, e aqual quier o quales quier de vos aquien esta mi carta fuere mostrada o el traslado della signado de escriuano publico, salud e graçia. Sepades que enel ayuntamiento que yo fize enla villa de Palençuela este anno dela data desta mi carta, me fueron dadas çiertas petiçiones generales por los procuradores desa dicha çibdad e delas otras çibdades delos mis rregnos, que por mi mandado fueron llamados, sobre algunas cosas conpliderás ami seruiçio; alas quales petiçiones, con acuerdo delos duques e condes e perlados e rricos omes e maestres e caualleros e dotores del mi Conseio que comigo estauan, yo rrespondi, su tenor delas quales petiçiones e delo por mi a ellas rrespondido es esto que se sigue:

1. Alo que me pedistes por merçet diziendo que entre las otras petiçiones que por vuestra parte ante de agora me fueron dadas, asi al tienpo que yo tomé e me fue entregado el rregimiento demis rregnos en la mi villa de Madrid, commo despues acá, las quales commo quier que por mi fueran otorgadas, se non guardaran; e eran algunas dellas dela manera que yo ordené e rrespondy que se touiese enla mi chançelleria, e commo deuian seruir los mis oydores e alcalles e notarios della, e del lugar o lugares donde auian de estar continuada mente, lo qual non se guardara por la manera que yo ordené rrespondiendo alas dichas petiçiones; por ende que mi merçet fuese [2] delo mandar guardar segunt quelo yo rrespondy.

Alo qual vos rrespondo que mi merçet e voluntad es, e mando que al presente, acabado de rresidir su tienpo los oydores que agora estan enla mi audiençia, que esten e continuen enella, seys meses los dotores Iohan Ferrandez de Toro e Ruy Garçia de Villalpando e Gonçalo Rodriguez de

tiempo. Consta de diez hojas.— Se ha confrontado con el cuaderno original que se halla en el archivo de la ciudad de Cuenca, y se anotan sus variantes más importantes.

[1] Cuença: alcaldes e alguaziles e rregidores caualleros escuderos e omes buenos dela çibdat de Cuenca.

[2] Cuen.: que ami merçed pluguiese.

Salamanca e Diego Gomez de Toro, oydores dela mi audiençia; e despues dellos que esten e continuen otros seys meses los doctores Juan Velazquez de Cuellar e Juan Sanchez de Çuaço e Pero Garçia de Burgos, oydores dela dicha mi audiençia; e asi esten e rresidean e continuen dende adelante por esta mesma via enla dicha mi audiençia los dichos mis oydores. Otrosi que al presente, acabado su tienpo delos alcalles que agora estan enla mi chançelleria, esten e continuen enella seys meses el dotor Velasco Gomez e los bachilleres Gonçalo Pantoja e Diego Diaz de Yllescas e Gonçalo Garçia de Madrit, mis alcalles enla dicha mi corte e chançelleria; e acabados los dichos seys meses, que esten e continuen enla dicha mi corte e chançelleria otros seys meses los bachilleres Alfonso Ferrandez de Leon e Juan Sanchez de Peralta e Alfonso Rodriguez de Valladolid e Pero Alfonso de Valladolid, mis alcalles enla dicha mi corte e chançelleria[1], e asi por esta mesma via continuen dende en adelante enla dicha mi chançelleria los dichos mis alcalles; e que los dichos mis oydores e alcalles sean tenudos al tienpo que vinieren a seruir los dichos sus ofiçios, delo notificar al mi chançeller mayor o al su lugar teniente, por quel lo faga poner por escripto e se sepa el tienpo que cada vno sirue, e quel dicho mi chançeller mayor o su logar teniente sea tenudo[2] de me enbiar fazer rrelaçion dello en cada vn anno, por quelo yo sepa, e prouea contra los que asi non rresidieren commo entendiere que cunpla ami seruiçio. Otrosi quelos mis notarios mayores de Castilla e de Leon e de Toledo e del Andaluzia pongan por sus logares tenientes enlos dichos ofiçios buenas personas letrados ydoneas[3] e pertenesçientes, e que se guarde enello la forma dela ley que çerca desto fabla; los quales logares tenientes es mi merçet que siruan por si mesmos e non por sostitutos, e que se non arrienden los dichos ofiçios de notarias, e que se guarden las leyes que sobre esto fablan, so las penas enellas contenidas, e quela dicha mi audiençia e chançelleria esté en cada vn anno seys meses aquende los puertos enla villa de Turuegano, e allende los puertos otros seys meses en Grinnon e Cubas, los quales son logares asaz conuenibles asi para allende commo para aquende delos puertos, e esto por quela dicha mi audiençia esté en logares çiertos onde todos los pleytantes[4] puedan venir de todas las partes delos mis rregnos, e se non ayan de alongar los pleitos andando de vn logar aotro.

[1] Cuen.: en la dicha mi chançilleria.
[2] Cuen.: sean tenudos.
[3] Cuen.: ydoneos.
[4] Cuen.: pleyteantes.

2. Alo que me pedistes por merçet diziendo que me fuera dada otra petiçion en rrazon que no fuesen proueydos delos ofiçios perpetuos delas mis çibdades e villas, saluo los mis naturales dellas o que fuesen vezinos e moradores enellas, alo qual vos yo rrespondi que me plazia; e dezides que esto non era asi guardado, antes era quebrantado; por ende que ami merçet ploguiese delo mandar guardar de aqui adelante.

Alo qual vos rrespondo que mi merçet es, e mando que se guarde la ley sobre esto ordenada, e que non pueda aver nin ayan los tales ofiçios, saluo el que fuere vezino e morador dela çibdad o villa o logar donde vacaren los tales ofiçios, o seyendo natural dende, e veniendo ally a fazer su morada; e non en otra manera.

3. Alo que me pedistes por merçet diziendo que me ouierades [dado] otra petiçion que se non acresçentase el numero delos alcalles e rregidores, que estaua limitado por los rreyes mis anteçesores, en algunas çibdades e villas delos mis rregnos, alo qual yo rrespondiera que me plazia, e que esto non era asi guardado, ante que era quebrantado en algunos lugares; e por ende que ploguiese ami merçet delo mandar guardar de aqui adelante.

Alo qual vos rrespondo que vuestra petiçion es justa e conplidera ami seruiçio, e que mi merçed es, e mando que se guarde e faga asi de aqui adelante, non enbargante quales quier mis cartas e alualaes que en contrario desto yo diere, las quales mando que sean obedesçidas, e non conplidas e que sean auidas por subrreticias e obrreticias, non enbargante que contengan quales quier clausulas derogatorias, e avn que fagan expresa mençion desta mi ley e vayan inxiertas enellas; e que por las non conplir, non cayan aquellos aquien se dirigieren, en penas nin en rrebellia nin costas algunas.

4. Alo que me pedistes por merçed diziendo que me fuera dada otra petiçion, la qual fabla en rrazon delas posadas que se dan alos que andan enla mi corte, que fuese proueydo por tal manera, quelas mis çibdades e villas nin los vezinos e moradores dellas, non rreçibiesen los males e dannos e agrauios que por ello rreçiben, e se escusasen los muchos inconuenientes e las desordenanças que dello se sigue, alo qual yo rrespondiera que me plazia, e mandara que se pagasen las posadas dende en adelante, segunt que se fazia en otros rregnos, e que yo daria orden e pratica[1] para ello; lo qual non fue nin era asi guardado, antes se quebrantauan algunas casas e varrios franqueados, e que non sabia-

[1] Cuen.: platica.

des de otra orden nin pratica que enello fuese dada, sobre lo qual segunda e terçera vez me ouierades suplicado; por ende que me pediades por merçet quelo mandase ordenar e guardar, por quanto conplia mucho ami seruiçio e al bien publico de mis rregnos, e avn alos que continuada mente andauan enla mi corte.

Alo qual vos rrespondo quela vuestra petiçion es buena e conplidera ami seruiçio, e que por ocupaçion de otros muchos e arduos negoçios, yo non he podido sobre ello fasta aqui proueer e dar la orden que enello se deua dar; pero que en breue entiendo mandar proueer sobrello segunt cunpla ami seruiçio e abien comun delos mis rregnos.

5. Alo que me pedistes por merçet diziendo quela otra petiçion que me fuera dada fabla en rrazon que se guarde la pramatica[1] sançion que fue fecha e ordenada por el Rey don Enrrique mi padre e mi sennor, que Dios dé Santo paraiso, en rrazon que ningunt estrangero non ouiese benefiçio enlos mis rregnos, segunt se fazia en otros rregnos, e que commo quier que esto fuera por mi otorgado, que se non guardaua; por ende que me suplicauades e pediades por merçed quelo mandase guardar.

Alo qual vos rrespondo que me plaze e es mi merçet, e mando que se guarde asi de aqui adelante, saluo en aquellos a quien yo he dado mis cartas de naturaleza.

6. Alo que me pedistes por merçet diziendo que por mi fuera otorgado alos procuradores de mis rregnos quelas tierras que vacasen por mis vasallos, fuesen proueydos dellas los fijos de aquellos por quien vacasen, si los touiesen, o sus hermanos afallesçimiento de fijos, avn que fuesen hermanos sola mente de padre, tanto que asi los fijos commo los hermanos fuesen de legitimo matrimonio naçidos; e que se dezia que esto algunas vezes fuera quebrantado, e que ami merçed ploguiese delo mandar guardar enesta manera, quelo ouiesen primera mente los mayores, e asy subçesiue los otros.

Alo qual vos rrespondo que yo mandaré proueer sobreello commo entienda que cunple ami seruiçio.

7. Alo que me pedistes por merçet que por quanto las mis villas e castillos fronteros de tierra de moros estan muy mal rreparados, lo qual era grant deseruiçio mio e causa de grant danno demis rregnos, e que me fuera notificado por los otros procuradores ante destos e suplicado que me ploguiese de proueer sobre ello, e que yo en proueyendo man-

[1] Cuen.: plamatica.

dara rreparar los dichos castillos dela frontera, delas doblas quel Rey de Granada me auia adar delos tratos dela tregua, lo qual no se auia puesto en obra; por ende que me soplicauades que me ploguiese que todas las doblas quel Rey de Granada ha dado e diere de aqui adelante por los dichos tratos, sean destribuydas enla rreparaçion delos dichos castillos fronteros, lo qual seria grant seruiçio mio, e que eso mesmo mandase rreparar los otros mis castillos e alcaçares e casas fuertes delas fronteras delos otros rregnos comarcanos, segunt conplia ami seruiçio, por que ami non rrecresçiese deseruiçio dello, nin mal nin danno de los mis rregnos.

Alo qual vos rrespondo que mi merçet es de mandar rreparar los dichos castillos e alcaçares e casas fuertes, delas doblas que de aqui adelante se traxieren de Granada por rrazon delos dichos tratos.

8. Alo que me pedistes por merçet que commo quier quelas dichas petiçiones fueran otorgadas por mi alos otros procuradores, so tal vigor e firmeza, que si algunas cartas fuesen dadas por mi que en contrario delo sobre dicho asi otorgado fuesen, quelas tales cartas e mandamientos fuesen obedesçidas e non conplidas, e que non enbargante esto, por quanto yo mandaua dar cartas e sobre cartas, en contrario delo asi otorgado, muy premiosas con muy agrauiadas penas, las mis çibdades e villas aquien adereçauan las dichas cartas, por non incurrir enla mi yra las ouieron de conplir, lo qual non era mi seruiçio, por ser en contrario delo que por mi encomienço de mi rregimiento e en tan solepnes Cortes fuera otorgado atodos mis rregnos, e quelas mis çibdades e villas rresçebian enello muy grant agrauio, por les ser quebrantado lo que con justiçia e rrazon les deuia ser guardado e asi ganado e otorgado de mi; por ende que me suplicauades que me ploguiese de mandar guardar alas mis çibdades e villas todo lo sobre dicho que asi les oue otorgado, de queles auia fecho merçet, e eso mesmo las otras petiçiones por mi otorgadas de que non fazia agora mençion, rreleuando alas dichas çibdades e villas desde agora de quales quier penas e enplazamientos que por las cartas que yo en contrario diere les fueren puestas, en tal manera, que non incurran enlas dichas penas, nin sean tenudos de paresçer alos enplazamientos en mis cartas contenidos.

Alo qual vos rrespondo que me plaze, e que vos lo otorgo segunt e enla manera que por la dicha petiçion me lo pedisteis por merçed.

9. Alo que me pedistes por merçet que delas otras petiçiones sobre que yo rrespondiera, asi alos vnos procuradores commo alos otros, que las yo veria e proueeria, la vna dellas fablaua en rrazon dela *quema* e

inposiçion que es inpuesta en Aragon en perjuyzio delos mis naturales, que proueyese sobrello: alo qual yo rrespondiera que rrequeriria al Rey de Aragon sobre ello por quela quitase, e si lo non fiziese, que proueeria çerca dello, que fasta aqui non sabiades si yo auia mandado rrequerir sobre ello, mas que de fecho se leuaua toda via la dicha *quema* alos mis naturales; por ende que me suplicauades que me ploguiese mandar poner por obra lo sobre dicho que me plogo de rresponder, proueyendo asi enlos dannos rreçebidos, commo enque se non rreçiban mas adelante; otrosi que por quanto muchos delos mis subditos e naturales rreçibieron muchos dannos e rrobos e males delos subditos e naturales del dicho rregno de Aragon, e fasta aqui non auian auido hemienda, nin satisfaçion dello, que eso mesmo proueyese çerca dello, por tal manera quelos mis subditos e naturales fuesen satisfechos e hemendados.

Alo qual vos rrespondo que me plaze de proueer sobre ello lo mas breue mente que ser pueda.

10. Alo que me pedistes por merçet diziendo quela otra petiçion fablaua en rrazon que estidiesen enel mi Conseio algunas personas delas çibdades e villas de mis rregnos, por que conplia mucho ami seruiçio por las rrazones mas larga mente contenidas enla dicha petiçion, ala qual yo rrespondiera que veria sobre ello, e que faria aquello que entendiese que conplia ami seruiçio, e que enesto non sauiades si yo auia visto mas; por ende que me suplicauades que vos mandase rresponder çerca dello con efecto, que quando bien lo considerase, veria que conplia mucho ami seruiçio delo asi fazer, e que yo podria saber que asi fuera fecho en tienpo del Rey don Enrrique mi visahuelo e del Rey don Iohan mi ahuelo, que Santo Parayso ayan.

Alo qual vos rrespondo que vos bien sabedes quel mi Conseio está asaz bien proueydo asi de duques e condes, commo de perlados e rricos omes e doctores e caualleros e personas mis naturales e delas çibdades e villas delos mis rregnos.

11. Alo que me pedistes por merçet que por quanto me fuera dada otra petiçion, sobre rrazon que yo mandase fazer las condiçiones con que se auian de arrendar [1] las mis rrentas, seyendo aello presentes los dichos procuradores o algunos dellos con poder delos otros, e aquellas asi fechas, que non las mandase mudar, saluo de conseio e acuerdo delas mis çibdades e villas e de sus procuradores en su nonbre, lo qual conplia

[1] Cueu.: arrendar e coger.

ami seruiçio por las rrazones contenidas enla dicha petiçion; alo qual yo rrespondiera que mandaria que non se fiziese condiçion nueua alguna sin liçençia e mandamiento mio, lo qual non fazia[1] alas mis çibdades e villas, ca tenia que estaua en rrazon e era mucho mi seruiçio, que de su conseio yo ordenase aquello aque todos mis rregnos auian de ser obligados, demas que asi se acostunbrara sienpre de fazer enlos tienpos pasados; por ende que me suplicauades que me ploguiese delo mandar fazer asi.

Alo qual vos rrespondo que ami plaze quelos dichos vuestros procuradores, que comigo estan, vean las dichas condiçiones, las quales mando alos mis contadores que gelas luego muestren; e sy entendieren que algunas dellas son agrauiadas, quelo declaren ante mi, e yo mandaré luego proueer sobre ello, segunt cunpla ami seruiçio e abien e pro comun demis rregnos.

12. Alo que me pedistes por merçet que por quanto enlas petiçiones generales del anno que pasó de mill e quatroçientos e veynte e doss annos, me fuera notificado los males e dannos e grant fallesçimiento de justiçia, que enlos mis rregnos se rrecresçia, por rrazon que muchas personas que beuian en abito de legos que se escusauan dela mi juridiçion por tener titulo de corona, e avn quelos mas destos eran omes malfechores e dellos rrufianes e peleadores, e en esfuerço dela qual corona fazian muchos malefiçios e perjuyzios, e la mi justiçia non podia enello rremediar, por quanto proçedian contra ellos, e luego eran inpedidos por carta descomunion e interdicho; e por quanto los otros procuradores delos annos pasados sopieron commo yo auia suplicado anuestro sennor el Papa que proueyese sobre ello. e que la su Santidat rrespondiera que yo ayuntase todos los perlados demis rregnos o los mas prinçipales dellos, e quela manera[2] que yo, de conseio delos dichos perlados, ordenase, que se touiese en rrazon delos dichos coronados, que aquello aprouaria la su Santidat e lo mandaria guardar; por lo qual me fuera suplicado por los dichos procuradores que me ploguiese delo mandar asi fazer, e que non paresçia que fasta aqui yo ouiese proueydo sobre ello, por lo qual rrecresçia muy grand flaqueza e menguamiento dela mi justiçia; por ende que me suplicauades que me plogiese de querer proueer çerca delo sobre dicho, e que vos paresçia que agora era tienpo de lo poner por obra pues que aqui enla mi corte estaua grant parte delos

[1] Cuen.: non satisfazia.
[2] Cuen.: e que dela manera.

perlados demis rregnos e los mas prinçipales, lo qual seria mi seruiçio e acresçentamiento dela mi justiçia.

Alo qual vos rrespondo que yo sobresto he enbiado mis suplicaçiones anuestro Santo Padre, suplicando asu Santidat que prouea sobre ello, por tal manera quela mi justiçia e juridiçion seglar no sea enpachada; e segund que me es escripto, el dicho nuestro Santo Padre ha proueydo sobre ello, e en breue será aqui la bulla dela dicha prouision.

13. Alo que me pedistes por merçet que por quanto por los procuradores delas mis çibdades e villas de mis rregnos, que ala mi corte vinieron por mandamiento e llamamiento mio los annos que pasaron de mil e quatroçientos e diez e nueue, e de mill e quatroçientos e veynte e vno[1] e de mill e quatroçientos e veynte e dos annos, me fuera suplicado que me pluguiese[2] de proueer e rremediar çerca dela grand desordenança que en mi fazienda estaua, por las muchas desiguales merçedes e rraçiones e hemiendas acresçentadas en mis libros, alo qual yo rrespondiera que proueeria sobre ello, e fasta aqui non era proueydo, antes que despues acá se auia acresçentado mucho mas, atanto que segund se dezia, que fallesçia de cada anno para se conplir, de mas delo que montan e rrentan las alcaualas e mis rrentas ordinarias, dos cuentos e mas, lo qual auia seydo e era causa de muchos cohechos e baratos que de cada dia se fazian por los mis rrecabdadores e arrendadores e por otras muchas personas quelo tienen por ofiçio enla mi corte, e otrosi que era causa[3] que muchos de mis vasallos e de otras personas que de mi tienen tierras e merçedes e rraçiones, quelas venden e rrenunçian en otras personas, por non poder cobrar la meytad delo que de mi tienen e han de auer, delo qual seme siguia ami grand deseruiçio, lo vno por quelos dichos mis vasallos non cobrando lo que demi tienen e han de auer, non podian estar prestos e aderesçados paraquando fuesen menester e los yo mandase llamar; lo otro por quelos dichos rrenunçiamientos eran fechos en personas de poca manera, que non eran de estado nin de fazienda para me poder seruir, e que commo quier que sienpre los rreyes

[1] En el códice de la Biblioteca de D. Luis de Salazar, K 3 y en el de Simancas, citados en la página 23, se lee: *e de mill e quatroçientos e veynte, e de mill e quatroçientos veynte e dos annos.* En el cuaderno de las Córtes de 1420, peticion 6.ª, se trata de la misma materia que en este capítulo, lo que pudiera inducir á creer que así en el original que nos sirve de texto, como en muchas copias, se escribió por error *veynte e vno* por *veynte.* Debemos advertir que en la *Crónica de D. Juan II*, cap. xv, se da noticia de unas Córtes reunidas en Valladolid el año de 1421 para tratar de subsidios, y de las cuales no se conserva ordenamiento alguno.

[2] Cuen.: ploguiese.

[3] Cuen.: cabsa.—Lo mismo en otras peticiones.

de buena memoria mis anteçesores e la mi rreal magnifica casa de Castilla touieron sienpre manera dese auer muy larga mente en fazer merçedes e graçias alos de su linaje rreal e alos condes e rricos omes caualleros e escuderos de nobles linajes de sus rregnos, e alas otras personas que por seruiçio lo meresçieron, e espeçial mente aquellas que çerca de sus rreales personas e en su priuança beuian, e eso mesmo acostunbraron fazer grandes espensas e costas magnificas e honrrosas, segund que pertenesçia asu estado e sennorio, e que asi lo he yo acostunbrado e deuia acostunbrar toda via mas magnifica mente; pero commo yo bien sabia, la virtud dela largueza tiene su medida e condiçiones çiertas, tan bien [en] los rreyes e prinçipes commo enlos otros despues dellos, delas quales acresçentando amas o amenguando amenos, dexaua de ser virtud, e entre las otras condiçiones que eran de guardar enla largueza, era vna, es asaber, que non deuian vsar los rreyes e prinçipes o otra qual quier persona, de tanta largueza con vnos, que torrnen en grand danno de otros, e que non deuen alargar tanto en vnas cosas, porque fallesça en otras mas neçesarias; e que me suplicauan que quisiese auer informaçion delas merçedes e graçias e espensas quel Rey don Enrrique de esclaresçida memoria mi padre, que Dios dé Santo Parayso, fiziera e acostunbrara fazer, el qual segund sus virtudes fue digno de que del fuese tomado enxenplo e dotrina entodas las cosas que pertenesçen de fazer a Rey e asennor e prinçipe, e que auido rrespecto, que quiera yo tenprar las merçedes [1] e graçias que eran fechas despues que yo rregnara e quelas ouiese de fazer de aqui adelante, por tal manera quelos mrs. que demi ouieren de auer los mis vasallos e las otras personas aquien yo los mandase librar, les fuesen çiertos, e quelos ouiesen e cobrasen, e non ouiesen de ser cohechados commo fasta aqui lo auian seydo, ca en tienpo del dicho Rey mi padre, que Dios perdone, conplido e pagado todo lo ordinario, asi de tierras e merçedes e rraçiones e quitaçiones e mantenimientos e eso mesmo las otras dadiuas e merçedes quel fazia tan conplida mente commo nunca Rey que antes del fuese las fizo, le sobrauan de cada anno diez o doze cuentos o mas para poner en su thesoro, e non auian logar dese fazer los baratos e cohechos e rrenunçiamientos que se agora fazian; por ende que me suplicauades que pues esto era cosa tan conplidera ami seruiçio e aprouecho e bien de mis rregnos e sennorios, que me ploguiese delo querer poner por obra, e delo non querer echar ala luenga,

[1] Cuen.: tenplar e fazer las merçedes.

que vna delas cosas enque al presente mas conplia ami seruiçio proueer e rremediar asi, era enesto, por quanto si mas se alongase, mas era mi deseruiçio e danno demis rregnos.

Alo qual vos rrespondo que vos tengo en seruiçio lo contenido enla dicha vuestra petiçion, e que yo lo entiendo ver, e proueer sobre todo ello lo mas breue mente que ser pueda, segund cunpla ami seruiçio.

14. Alo que me pedistes por merçed que en rrazon dela otra petiçion delas sobre dichas que fablan en rrazon que mandase guardar las ordenanças quelos rreyes mis anteçesores fizieron, que eran[1] confirmadas por mi, sobre commo los alcalles e rregidores puestos por mi enlas mis çibdades e villas auian de rregir e administrar la justiçia e rregimiento dellas, por quanto muchas personas asi poderosas commo otras comunes delos conçejos, se leuantauan e fazian bolliçios e escandalos contra los mis alcalles e juezes e rregidores, non dando logar aque vsen de aquello que solian e era acostunbrado de vsar, espeçial mente en rrazon del rregimiento, que non consienten en algunas cosas delas que se ordenan por los dichos alcalles e juezes e rregidores, so color quelo fazen por mi seruiçio e bien delas dichas çibdades e villas, e que por esto avn por que algunas vezes dizen que si los rregidores fazen e ordenan contra aquello que ellos quieren e les non plaze, queles derribarán las casas ensomo, e que otras muchas cosas desta manera dexauan los mis rregidores de fazer e ordenar que conplian ami seruiçio e abien delas dichas çibdades e villas, e los jurados onde los auia, las cosas que pertenesçian asu ofiçio; e que commo quier que aesta dicha petiçion yo rrespondiera quelos rregidores vsasen de aquello que auian acostunbrado en rrazon del rregimiento e quelos alcalles proçediesen enlo al dela justiçia, que por eso non çesauan las sobre dichas personas de perturbar el rregimiento en algunas demis çibdades e villas, entrando enlos ayuntamientos e conçeios quelos rregidores e alcalles fazen, e contra diziendo lo quelos rregidores fablauan e dezian e ordenauan o querian ordenar, e avn que fazian ayuntamientos e apartamientos de consejos, e conçeios sin los rregidores, por tal manera que ya en algunas delas dichas çibdades e villas tienen que todo el pueblo comun han de rregir e non los mis rregidores; e que si enesto yo non proueya, podria rrecresçer tanto escandalo e bolliçio que non seria mi seruiçio nin ligero de sosegar, e que podria ser causa de non ser conplidas mis cartas e mandamientos e de non pagar mis pechos e derechos commo otras mu-

[1] Cuen.: ordenamientos.

chas vezes ha acaesçido, e que para esto fazer auian auido e auian cada dia las dichas personas alguna osadia[1], por quanto de algunas çibdades en quelo sobre dicho auia acaesçido, e los alcalles e rregidores proçedieron guardando las ordenanças, e paresçieron sobre ello ante mi, non ouieran pena[2] alguna por ello las tales personas, avn que manifiesta mente incurrieron enlas penas contenidas enlas mis ordenanças, e los mis alcalles e rregidores fueron fatigados en pleitos e en debates enla mi corte sobre ello, non exçediendo amas delo contenido enellos; por ende que me suplicauades que me ploguiese mandar que enlas çibdades e villas de mis rregnos, en que ay rregidores, non estidiesen con ellos enlos ayuntamientos e conçeios dellos, caualleros nin escuderos nin otras personas, saluo los alcalles e otras personas que enlas ordenanças que tienen se contiene que esten. Et otrosi que se non entremetiesen enlos negoçios del rregimiento delas dichas çibdades e villas, saluo los mis alcalles e rregidores, e que ellos fiziesen todas las cosas que el conçeio solia fazer e ordenar, ante que ouiese rregidores, e que de aqui adelante que se guardase asi estrecha mente, commo enlas dichas ordenanças se contiene, e que enlas çibdades e villas onde non ouiesen ordenanças, que se guardase asi commo e por la forma que se guardaua e guardase enlas çibdades e villas onde las tienen; e que si alguna cosa contra lo que se ordenase e fiziese, los dichos mis alcalles e rregidores quisiesen dezir, queles rrequiriesen sobre ello por antel mi escriuano por quien pasauan los fechos del conçeio, e que si non lo quisiesen fazer, e entendiesen que conplia rrequerir sobre ello ami, quelo enbiasen rrequerir, por que yo fiziese sobre ello aquello que mi merçed fuese, e que sobre esto mandase dar mis cartas e sobre cartas, las que conpliesen para que se guarde e cunpla asi.

Alo qual vos rrespondo que mi merçet es e mando que se guarden eneste caso las ordenanças que sobre ello fablan, enlas çibdades e villas e logares do las ay, e donde non ay[3] las tales ordenanças, que se guarde lo quelos derechos quieren[4] en tal caso, e quelas mis justiçias proçedan contra los quelo turbaren o fizieren lo contrario, alas penas contenidas enlas dichas ordenanças, e do las non ay, alas penas que fallaren por derecho; e para todo esto queles sean dadas mis cartas e sobre cartas, las mas firmes e bastantes que menester ouieren.

1 Cuen.: algunas osadias.
2 Cuen.: e non ouieron pena.
3 Cuen.: donde las haya, e donde non las haya.
4 Cuen.: rrequieren.

15. Alo que me pedistes por merçet que por quanto los vezinos delas mis villas e castillos dela frontera delos moros, eran mal pagados del pan e mrs. que yo les mandaua dar, lo qual era causa por quelas mis villas e castillos non estauan tan bien poblados commo conplia ami seruiçio, e maguer me auia seydo notificado por los otros procuradores, e yo auia rrespondido que mandaria proueer sobre ello, que vos otros non auiades sabido de tal prouision, antes que vos era dicho e sabiades por çierto quelas dichas mis villas e castillos se me querellauan de cada dia por sus petiçiones enel mi Consejo, e que por non auer prouision sobre ello, se despoblauan las dichas mis villas e castillos, lo qual era grant deseruiçio mio, e podria rrecresçer grant danno por ello alos mis rregnos; por ende que me suplicauades que me ploguiese mandar proueer sobre ello, por manera quelas dichas mis villas e castillos fuesen bien pagados del pan e mrs. queles yo mando dar, segunt cunple ami seruiçio e al pro comun demis rregnos.

Alo qual vos rrespondo que mi merçed es de mandar, e mando alos mis contadores mayores, que al comienço de cada anno libren luego alas mis villas o castillos fronteros, e alos sus pagadores en su nonbre, todo el pan e mrs. que demi han de auer para las sus pagas, e que gelos libren en buenos lugares çiertos e bien parados, e les den e libren mis cartas premiosas las que menester ouieren, por que mejor e mas ayna se cobre lo que ouieren de auer para las dichas pagas, e rrecudan con ello alos alcaydes e vezinos e moradores delas dichas villas e castillos, segunt cunpla ami seruiçio e a guarda delas dichas villas e castillos.

16. Alo que me pedistes por merçed que algunos mis subditos e naturales, vezinos e moradores en algunas mis çibdades e villas e logares delos mis rregnos e sennorios que son dela mi corona rreal, eran herederos asi de casas commo de tierras e vinnas e huertos e prados e dehesas e montes e otras çiertas heredades, en algunas villas e logares e terminos e juridiçiones e sennorios, asi de caualleros e behetrias commo de abadengo, que ouieron e tienen asi por titulos de herençia e donaçiones commo de conpras que dellos fazian, las quales dichas casas e heredamientos eran esentos e francos e quitos de non pagar çenso nin inposiçion nin otro tributo alguno, e que agora de muy poco tienpo acá despues que yo rregnara, algunos delos sennores delas tales villas e lugares delos dichos sennorios, e otras personas asi eclesiasticas commo seglares, diziendo que auian poderio delo fazer, que se auian entremetido e entremeten sin mi licençia e mandado, de po-

ner inposiçiones e trebutos nueuos enlas tales casas e heredamientos, e enlos frutos e esquilmos dellos, e si algunas delas dichas casas e heredades eran foreras, leuauan les mucho mas de aquello que de derecho deuian de pagar delos dichos fueros e ençenso aque fueran aforadas, e que si algunos non gelos querian pagar, que fazian ordenanças [1] e estatutos que persona alguna non les labrase las dichas heredades e vinnas, nin les morasen enlas dichas casas e otras cosas muy agrauiadas fasta que por fuerza les auian de pagar los dichos trebutos e inposiçiones, enlo qual los dichos mis subditos e naturales e vasallos, vezinos delas mis dichas çibdades e villas e logares dela mi corona, auian rreçebido e rresçebian muy grand agrauio e danno, e que esto era causa de se despoblar las dichas mis çibdades e villas e logares, e poblarse los logares delos sennorios e abadengos; por ende que me suplicauades que me ploguiese de proueer sobre ello commo entendiese que cunple ami seruiçio, mandando quelo non lieuasen, so grandes penas.

Alo qual vos rrespondo que mi merçed es e mando e defiendo que non lieuen las tales inposiçiones e çensos e trebutos, nin las pongan de aqui adelante, segund que melo pedistes por merçed.

17. Alo que me pedistes por merçed que por quanto muchas vezes auia acaesçido e acaesçia que algunos caualleros e perlados e otras personas poderosas demis rregnos e sennorios, que tienen vezindat en algunas mis çibdades e villas e logares dela mi corona rreal o biuen o comarcan çerca dellas, que cada e quando venian alas tales [2] çibdades e villas e logares, que se entremetian de posar e posauan asi ellos commo los suyos enlas casas e moradas delos vezinos e moradores delas tales çibdades e villas e logares, e queles tomauan por fuerça e contra su voluntad la rropa e paja e lenna e otras cosas muchas, e a vn allende desto que rreçebian dellos otros muchos grandes agrauios e desonrras e males e dannos; e que por los tales caualleros e perlados e sennores ser grandes e poderosos, non los podian rresistir, e que auian por fuerça de sofrir e padesçer los dichos agrauios e males e dannos [3]; por ende que me suplicauades que me ploguiese de proueer sobre ello.

Alo qual vos rrespondo que mi merçet es, e mando e defiendo que se non fagan de aqui adelante las tales cosas, para lo qual mando dar mis cartas e sobre cartas las que para ello cunplan.

[1] Cuen.: ordenamientos.

[2] Cuen.: dichas.

[3] Cuen. omite: e que por los tales caualleros e perlados e sennores ser grandes e poderosos, non los podian rresistir, e que hauian por fuerça de sofrir e padesçer los dichos agrauios e males e dannos.

18. Alo que me pedistes por merçed que por quanto los perlados e clerigos de mis rregnos se auian entremetido e entremetian de perturbar mi juridiçion apropiando la a si, e rresistiendo alos mis juezes e ofiçiales, cada que enello se querian entremeter, asi por via descomuniones commo de rrigor, en tal manera quela mi justiçia peresçe, e la juridiçion delos dichos perlados e clerigos se alargaua; por ende que me suplicauades que me ploguiese ordenar e mandar que si algunt lego demandase alguna cosa en juyzio aotro lego, ante algund juez eclesiastico, sobre cosa que pertenesca ami juridiçion por el mesmo fecho perdiese qual quier ofiçio que touiese en qual quier çibdad o villa o logar demis rregnos e sennorios, e que si non touiese ofiçio alguno, que non los podiese [1] auer dende en adelante, e demas que pechase en pena cada vegada que contra ello pasase, diez mill mrs., la meytad para el acusador e la otra meytad para la rreparaçion delos muros dela çibdad o villa o logar do acaesçiese.

Alo qual vos rrespondo que mi merçet es, e mando e tengo por bien que se faga e guarde asi de aqui adelante, segunt e enla manera que me lo pedistes por merçed por la dicha vuestra petiçion, saluo enlos casos que de derecho pertenesca de su natura [2] al fuero eclesiastico, e allende desto que se guarden las leyes rreales que sobre ello fablan.

19. Alo que me pedistes por merçet que algunas mis çibdades tenian por priuillegios delos rreyes mis anteçesores confirmados demi, algunos escusados, francos e quitos de monedas e otros pechos, e los mis arrendadores e cogedores delas mis monedas e portadgos quelos inquietan tanto, fasta que por fuerça contra rrazon e el tenor delos dichos priuillegios, les fazian pagar las dichas monedas e portadgos; por ende que me suplicauades que me ploguiese de mandar guardar los dichos priuillegios entodo segunt se enellos contenia, e mandar dar mis cartas para las justiçias delas dichas çibdades, queles non consientan inquietar sobre ello.

Alo qual vos rrespondo que es mi merçet, e mando que se guarden çerca desto las leyes sobre ello ordenadas.

20. Alo que me pedistes por merçet que por quanto las mis rrentas se han menoscabado mucho desde que el Rey don Enrrique mi padre finó acá, e se menoscabauan de cada dia, en manera que por causa del tal menoscabo se auian a destribuir [3] pechos nueua mente, lo qual se po-

[1] Cuen.: lo pudiese.
[2] Cuen.: de su natural.
[3] Cuen.: hauian de distribuir.

dria escusar si las dichas rrentas valiesen lo que solian valer en tienpo del dicho Rey mi padre, e que vos era dicho quel dicho menoscabo rrecresçia, por quanto los sennores delas villas e logares demis rregnos se entremetian en arrendar las dichas rrentas, e lleuauan dellas grandes contias de mrs. demas delo por [1] quelas arrendauan; por ende que me suplicauades que me ploguiese ordenar e mandar que todos los duques [2] e condes e rricos omes e perladose caualleros e otras quales quier personas de qual quier estado o condiçion o preheminençia que sean, sennores de algunas villas e logares delos mis rregnos e sennorios, fiziesen en mis manos el juramento quel dicho Rey mi padre ordenó que fiziese el Rey don Fernando [3] su hermano, seyendo Infante, e los rricos omes e caualleros desus rregnos.

Alo qual vos rrespondo que me plaze, e tengo por bien e mando que se faga asi segunt que melo pedistes por merçet, e quel dicho juramento non sola mente se faga e estienda alas rrentas delas mis alcaualas, mas a vn alas mis terçias e a las otras mis rrentas e pechos e drechos, por quanto asi cunple ami seruiçio e al bien publico e comun delos mis rregnos e sennorios.

21. Alo que me pedistes por merçet que por quanto algunos perlados e personas eclesiasticas e de rreligion se escusauan de pagar alcauala delo que vendian, porque non eran apremiados sobrello por las justiçias seglares; por ende que me suplicauades que me ploguiese ordenar e mandar que si qual quier perlado o su vicario, que fuese requerido por parte delos mis arrendadores, que fagan pagar la alcauala de todas las cosas quel dicho perlado [4] e vicario o otra qual quier persona eclesiastica o derreligion vendieren o trocaren, lo non fizieren, que afallesçimiento suyo, qual quier juez seglar pueda fazer e faga por ello execuçion en bienes delas personas que vendieren o trocaren las cosas de que se ouiere apagar alcauala, e que si el juez seglar lo asi non fiziere, pagase alos dichos arrendadores lo que montase la tal alcauala con el doblo.

Alo qual vos rrespondo que yo entiendo mandar proueer sobre ello commo cumple ami seruiçio.

22. Alo que me pedistes por merçet que por quanto por la grant mengua de moneda que ay en mis rregnos, era causa de alguna parte del menoscabo delas dichas rrentas, la qual mengua de moneda se de-

[1] Cuen.: quentias de mrs. demas delo que por.
[2] Cuen.: todos los Infantes e duques.
[3] Cuen.: don Fernando de Aragon.
[4] Cuen.: que al dicho perlado.

zia que era causa por se sacar mucha moneda para Portogal e Aragon e para la corte del Papa, e para otras partes fuera demis rregnos; por ende que me suplicauades que me ploguiese mandar guardar que se non sacase demis rregnos moneda amonedada, mandando dar mis cartas sobre ello, asi para las çibdades e villas e logares de mis rregnos, commo para los alcalles delas sacas e cosas vedadas, con grandes firmezas e penas.

Alo qual vos rrespondo que es mi merçet, e mando que se guarden las leyes sobre esto ordenadas, e que se den sobre ello mis cartas las que menester fueren.

23. Alo que me pedisteis por merçet que por quanto las dichas rrentas se menoscabauan mucho, por non ser puestos los rrecabdadores con tienpo para rresçebir fianças [1] enlas dichas rrentas, e estar conlos arrendadores aellas alas arrendar por menudo, e otrosi por que algunos delos dichos rrecabdadores non ser [2] tales personas nin puestos por tal forma e manera, que guarden mi seruiçio; por ende que me suplicauades que me ploguiese de declarar con tienpo los dichos rrecabdadores, e que fuesen personas sufiçientes para ello, e escogidos por la forma e manera quelo fazia el dicho Rey don Enrrique mi padre, en su vida.

Alo qual vos rrespondo quela dicha vuestra petiçion es buena e muy conplidera ami seruiçio, e que yo asi lo entiendo fazer.

24. Alo que me pedistes por merçet que por quanto euidente mente paresçia que por algunos ofiçiales, asi dela mi casa e corte commo de la mi chançelleria e delas otras partes demis rregnos e çibdades e villas e logares dellos, non ser escogidos nin pertenesçientes para los dichos ofiçios, seme rrecresçia grant deseruiçio asi enlas dichas mis rrentas commo en menguamiento demi justiçia e buen rregimiento de mis rregnos; por ende que me suplicauades que me ploguiese ordenar e poner por ofiçiales demi casa e corte e delas otras partes demis rregnos e çibdades e villas e logares dellos, buenas personas pertenesçientes [3] para los dichos ofiçios, tales commo conpliesen ami seruiçio, e abuena administraçion dela mi justiçia e buen rregimiento demis rregnos.

Alo qual vos rrespondo quela dicha vuestra petiçion es justa e buena e muy conplidera ami seruiçio e apro e bien comun demis rregnos e sennorios, e que yo asi lo entiendo fazer segund que melo pedistes por merçed.

[1] Cuen.: franqueças.
[2] Cuen.: non son.
[3] Cuen.: personas sufiçientes.

25. Alo que me pedistes por merçet que por quanto algunos perlados demis rregnos acostumbrauan de arrendar la parte que ami pertenesçia delas terçias demis rregnos, e abuelta delas otras partes que aellos e alos clerigos de sus eglesias pertenesçian, e quel tal arrendamiento non se fazia segunt cunplia ami seruiçio, e demas que leuauan ellos e los clerigos de sus eglesias algunas cosas apartada mente, llamando las rrentas de coronados e escusados, delo qual non dauan parte alguna ami, e otrosi que sacauan delas dichas terçias muchas cosas, so color de derecho de mayordomias e sancristanias e arçiprestadgos, non se deuiendo cargar cosa alguna dello ami parte; e por ende que me suplicauades que me ploguiese de ordenar e mandar que ningunos nin algunos perlados nin sus vicarios e cabillos nin otro alguno por ellos non se entremetiesen de arrendar de aqui adelante la parte que ami pertenesçia delas dichas terçias, nin tomar nin leuar cosa alguna dello apartada mente, so color de coronados nin escusados nin mayordomias nin sancristanias nin arçiprestadgos nin en otra manera alguna sopena, que pagasen conel doblo todo lo que asi dende leuasen, mandando luego fazer por ello execuçion en sus tenporalidades.

Alo qual vos rrespondo que me plaze dello, e tengo por bien e mando que se faga e guarde asi de aqui adelante, e mando e rruego alos perlados que se non entremetan nin consientan asus vicarios e cabillos[1] nin a otro por ellos, que se entremetan enlo que tanne alas dichas mis terçias, nin tomen nin lieuen nin consientan tomar nin leuar cosa alguna dello, nin por causa nin rrazon dello.

26. Alo que me pedistes por merçet que por quanto yo ouiera fecho merçet aalgunas personas de algunos ofiçios asi dela mi casa e corte, commo de algunas çibdades e villas e logares demis regnos, e que se consumiesen enlos primeros ofiçios que vacasen, e que por virtud de las tales merçedes fueran rreçebidos alos tales ofiçios en algunas çibdades e villas, e por quanto despues vacaran algunos delos tales ofiçios e yo fiziera merçet delos dichos ofiçios aotras personas; por ende que me suplicauades que me ploguiese ordenar e mandar que quando de aqui adelante vacase qual quier o quales quier ofiçios, de que yo asi auia fecho merçed a quales quier personas, se consumiesen enellos, por manera quelos tales ofiçios tornasen al numero que primera mente eran, pues yo otorgara delos non dar fasta que fuesen consumidos enlos primeros, e que caso quelos diese, quelos non ouiesen nin podiesen auer aquellos

[1] Cuen.: caualleros.

aquien los asi diesen, nin fuesen conplidas las cartas queles sobre ello fuesen dadas, avn que contengan en si quales quier clausulas derogatorias nin en otra manera alguna, auiendo esto por ley e mandando lo asi guardar sin enbargo alguno.

Alo qual vos rrespondo que me plaze, e tengo por bien e mando que se guarde e faga asi de aqui adelante segund e enla manera e forma que me lo pedistes por merçed.

27. Alo que me pedistes por merçed que por quanto muchas personas que tienen demi algunos mrs. asentados en mis libros, se quexauan que non eran bien pagados dellos, por les non ser librados en sus comarcas; por ende que me suplicauades que me ploguiese ordenar e mandar quelos dichos libramientos se fiziesen cada vno enel rrecabdador dela comarca donde biuiesen, e quel tal rrecabdador fuese tenido de gelo librar en el logar donde morase o lo mas çerca dende que ser podiese, so çierta pena.

Alo qual vos rrespondo que mi merçet es, e mando que se guarde e faga asi de aqui adelante.

28. Alo que me pedistes por merçet que por quanto los deanes e cabillos e benefiçiados delas çibdades e villas e lugares de mis rregnos e sennorios, fazian de cada dia muchas conpras asi de heredades commo de dehesas, e que asi commo eran pasados e pasauan las tales heredades e dehesas, alo abadengo, se perdia la mi juridiçion e los mis pechos e derechos por quanto las dehesas que eran pobladas luego las despoblauan, elos que labrauan las heredades que luego los escusauan e defendian por sus rrenteros e familiares, e avn non tan sola mente aquellos mas los queles siruen e son sus acostados defendian por familiares, e eso mesmo alos que eran coronados, avn que non eran de orden sacra, e que dezian que non les deuian echar pedidos nin otros pechos rreales nin conçejales, e avn diz quelos tales sus familiares non auian de venir a juyzio ante los mis juezes seglares, e que cada queles eran demandados los tales pechos e pedidos, o eran apremiados que viniesen a juyzio ante los mis juezes seglares, luego eran dadas cartas por los perlados e por sus juezes e vicarios, asi contra la mi justiçia commo contra los rregidores e contra los cogedores e enpadronadores, e que por temor delas tales cartas, cesauan de demandar todo lo sobre dicho e cada cosa dello, e que asi se perdia la mi juridiçion e los mis pechos e derechos, e que alas dichas çibdades e villas e logares venia grant danno, por que auian de pechar e pagar lo que aellos cabia de pechar e lo que deuian pechar los tales rrenteros e familiares

e coronados, e demas por esta causa non se fallauan quien quisiese ser enpadronador nin cogedor; por ende que me suplicauades que me ploguiese enello rremediar por la via e manera que ami seruiçio conpliese.

Alo qual vos rrespondo que es mi merçet, e mando que se guarden las leyes eneste caso ordenadas, segund e enla manera e forma que en ellas se contiene, e que se den para ello mis cartas las que menester fueren.

29. Alo que me pedistes por merçet que non enbargante que enlas çibdades e villas e logares de mis rregnos tengan sus fueros e sus buenos vsos e buenas costunbres, e avn en algunos priuillegios en que se contenia que ningunos nin algunos delos vezinos e moradores delas tales çibdades e villas e logares non fuesen demandados en pleitos, saluo ante los juezes ordinarios delas tales çibdades e villas e logares, enla mi corte e enla mi chançelleria se auian dado e dauan de cada dia muchas cartas de enplazamientos contra los tales vezinos de las tales çibdades e villas e logares, a pedimento de algunas personas, por ende los tales vezinos e moradores eran fatigados de muchas costas e de muchos dannos e pérdidas, e por causa dellos eran cohechados e mal leuados; por ende que me suplicauades que me ploguiese de rremediar enello, mandando que se non diesen las tales cartas de enplazamientos, e poniendo sobre ello grandes penas alos mis juezes, por quelo guardasen asi.

Alo qual vos rrespondo que mi merçet es, e mando que se guarde e faga asi de aqui adelante, e que se non den nin libren las tales cartas, saluo en aquellos casos que quieren las leyes delos mis rregnos e la ordenança por mi fecha, que fabla quelos mis ofiçiales e los que de mi han rraçion puedan traher sus pleitos ala mi corte,

30. Alo que me pedistes por merçet que por quanto muchas vezes acaesçia que algunas personas singulares, por sus intereses propios o por dannar a otros, venian ala mi corte a demandar corregidores para las çibdades e villas donde eran vezinos, diziendo que era conplidero ami seruiçio e aprouecho dela tal çibdad o villa, para do lo demandauan, e quedauan e nonbrauan algunas personas por testigos para enformaçion de su entençion, e quelos yo mandaua rresçebir, e muchas vezes acaesçia quelos tales testigos para la dicha enformaçion eran familiares o parientes de aquellos quelos nonbrauan, o eran rrogados o furgitados, o de aquella mesma entençion del quelos presentaua, e que yo por la tal enformaçion enbiaua corregidor ala tal çibdad o villa entendiendo que conplia ami seruiçio, enlo qual se desaforauan

las tales çibdades e villas, e rresçebian enello muy grandes dannos, ca commo la espirençia[1] lo auia mostrado e mostraua cada dia, muchos delos corregidores trabajauan por allegar dinero e fazer de su prouecho, e curauan poco dela justiçia, e que si mal estaua el pueblo quando yuan, peor quedauan quando partian; por ende que me suplicauades que me ploguiese que quando ouiese de mandar[2] enbiar algunos delos dichos corregidores enlos tales casos, e se ouiese de rreçebir sobre ello informaçion enla mi corte, mandase quela tal enformaçion se ouiese en personas buenas, dignas de fe e de creer, e sin sospecha delas partes, e si la tal enformaçion non se podiese fallar enla mi corte, mandase enbiar primera mente vna buena persona ala tal çibdad o villa ami costa, para que ouiese su enformaçion sobre ello e la traxiese ante mi, e si por ella se fallase que non era neçesario corregidor, quelo non enbiase, e mandase pagar el tal salario e costa ala persona o personas quelo veniesen denunçiar ante mi.

Alo qual vos rrespondo que me plaze e lo tengo por bien, e mando que se guarde e faga asi de aqui adelante.

31. Alo que me pedistes por mercet quel Rey don Alfonso de buena memoria, mi trasahuelo, e avn despues los otros rreyes mis anteçesores que despues del vinieron, veyendo e considerando las muy grandes costas superfluas e dapnosas que alos delos mis rregnos se siguian asi aomes commo amugeres por los grandes atabios de pannos e forraduras e oro e plata e aljofar e otras guarniçiones de grant valor que sobre si trayan, non seyendo aellos conuenientes segunt sus estados e faziendas, ordenaron sobre ello çiertas leyes e rreglas quelos delos mis rregnos touiesen e guardasen, poniendo rregla acada vno segunt su condiçion e estado, las quales leyes e rreglas por aquellos tienpos podieran ser conuenientes e prouechosas e avn por ventura agora; pero que considerando los mudamientos que eran fechos en todas cosas e las nouidades que eran venidas, con rrazon vos paresçia que viniesen nueuos rremedios; e commo paresçia clara mente ser al presente enlos mis rregnos aquella mesma disoluçion, e avn mucho mas enel traer aventajada e superflua e desordenada mente las gentes rropas de seda e de oro e de lanas, e forraduras de martas e de otras pennas, e otras muchas guarniçiones de oro e plata e aljofar, de muy grand valor; e que non tan sola mente aquellos e aquellas que rrazo-

[1] Cuen.: esperiençia.
[2] Cuen. omite: mandar.

nable mente lo podian e deuian traer por ser de grandes linajes é estados e faziendas, mas avn las mugeres delos menestrales e ofiçiales querian traer e trayan sobre si rropas e guarniçiones que perteneseian e eran bastantes para duennas generosas de grant estado e faziendas, a tanto que non se conosçian las vnas entre las otras, e que acaesçia muchas vezes amuchos e amuchas, asi de grant estado commo de menor, que por causa delos dichos trajes e aparatos, que auian de vender lo que tenian [1] ó la mayor parte dello para lo cunplir, e venian despues por ello a muy grande pobreza, e avn que otros [2] e otras que rrazonable mente lo deuian de traer por ser de buenos linajes, benian avergonçados por non tener faziendas para lo traer segund quelos otros lo trayan e aellos pertenesçia de traer, delo qual se seguian tantos inconuenientes e dannos enlos mis rregnos, que serian luengos de dezir; por ende que me suplicauades que me ploguiese con mucha diligençia acatar e mandar ver lo sobre dicho, e proueer enello commo conpliese ami seruiçio e al bien de mis rregnos.

Alo qual vos rrespondo que yo lo mandaré ver e proueer sobre ello segund cunpla ami seruiçio e apro e bien comun delos dichos mis rregnos e sennorios.

32. Alo que me pedistes por merçed que por quanto de muchas çibdades e villas e lugares de mis rregnos e sennorios, que son de mi corona rreal estauan entrados e tomados muchos logares e terminos e juridiçiones, por algunos perlados e caualleros e otras personas, e que commo quier que por las tales çibdades e villas e logares se auian defendido e rresistido en quanto podian, la potençia delos tales sennores era tanta, que por ello e por el fauor e ayuda que tenian enlas tales çibdades e villas e logares, se quedauan conlo que asi tomauan, e avn que cada que algunas çibdades e villas e logares se auian querellado e querellauan dello ami, e les proueya de justiçia dando los juezes quelos oyesen e rremetiendo los ala mi chançelleria, non sentian enello tanto rremedio, por que entrados los negoçios en contienda de juyzio, los tales sennores se oponian diziendo que estauan en posesion delo que asi tomaron e fizieron tomar e allegando otras muchas rrazones con intençion de dilatar, e commo por causa dello los dichos pleitos se delatauan e las tales çibdades e villas non seguian nin podian seguir los tales pleitos, e que si los seguian vn tienpo, que non los seguian otro, asi

[1] Cuen.: bauian.
[2] Cuen.: e aun otros.

por el fauor e manera quelos sennores tenian en las tales çibdades e villas e logares, commo por las grandes costas e espensas que enello fazian, delo qual ami venia muy grand deseruiçio, e por causa dello se despoblauan las mis çibdades e villas e logares que eran dela mi corona rreal, e se poblauan los lugares delos sennorios; por ende que me suplicauades que me ploguiese mandar rremediar enello por la via que conpliese ami seruiçio; e fablando con deuida rreuerençia, que vos paresçia a vos otros que yo deuia mandar algunas personas buenas sin sospecha, que tomasen e ouiesen sobre esto su enformaçion, e la traxiesen e enbiasen ante mi, e lo que por las tales enformaçiones se fallase ser tomado e ocupado alas mis çibdadese villas e logares, que yo vsando de mi poderio rreal, rrestituyese enello alas mis çibdades e villas e logares sin que enello interueniesen otros pleitos e dilaçiones.

Alo qual vos rrespondo quelos que son o fueren agrauiados, que demanden e prosigan su derecho, e yo los mandaré oyr, e librar e fazer conplimiento de justiçia lo mas en breue que ser pueda.

33. Alo que me pedistes por merçet que por quanto algunas vezes acaesçia que algunos mayordomos e arrendadores delas rrentas e propios delas dichas çibdades e villas, rretenian ensy los mrs. que rrecabdauan e deuian delos propios dellas, e los non querian pagar, e trayan en pleito e contiendas sobre ello alas dichas çibdades, e que caso que los rregidores e alcalles dellas dauan sentençias contra ellos, apellauan e suplicauan de sus sentençias, e avn algunas vezes ganauan cartas de comision, asi para algunos dela mi corte commo para otros algunos delas dichas çibdades, lo qual era causa de grand dilaçion, e por quelos mrs. delas rrentas e propios delas dichas çibdades e villas non eran destrybuidos enel rreparamiento delos muros e otras cosas neçesarias en pro comun delas dichas çibdades e villas, para que fuesen deputados; por ende que me soplicauades que me ploguiese ordenar e mandar que si algunos delos dichos mayordomos e arrendadores quisieren letigar en juyzio sobre los mrs. que auian rreçebido o deuian o deuiesen de aqui adelante delas dichas rrentas e propios, lo dexiesen e allegasen antelos corregidores e alcalles delas dichas çibdades e villas, e non ante otro alguno; e que delas sentençias e mandamientos quelos dichos alcalles e corregidores sobre ello diesen, non ouiesen apellaçion nin suplicaçion, nin yo diese sobre ello comision alguna, e que si alguna comision ouiese dado sobre ello la mandase reuocar, e rremetir los tales pleitos antelos corregidores e alcalles delas dichas çibdades, para que fiziesen sobre ello lo que de derecho deuiesen.

Alo qual vos rrespondo que prosigan su derecho los tales conçejos contra los tales mayordomos e arrendadores, e que mi merçet es e mando queles sea fecho conplimiento de derecho lo mas en breue que ser pueda.

34. Alo que me pedistes por merçet que por quanto en muchas çibdades e villas e logares delos mis rregnos se auian entremetido e entremetian muchas personas cabdalosas aconprar pan, asi enlas çibdades o villas e lugares onde beuian commo en sus comarcas, e quelo ençerrauan e esperauan alo rreuender a muchos mayores preçios delo quelo conprauan, delo qual se rrecresçia mucha carestia enel pan, e grand danno alos pueblos; por ende que me suplicauades que me ploguiese rremediar enello, mandando que sy algunos conprasen pan, mas delo que ouiesen menester para su prouision, que cada e quando rrecresçiese neçesidat, le podiese ser tomado el pan que touiese, demas delo que asi ouiese menester, por los alcalles e rregidores dela çibdad o villa o logar onde el tal pan estidiese, o la mayor parte dellos, para lo rrepartir e dar alas panaderas publicas dela tal çibdad o villa o logar, e alas otras personas menesterosas, seyendo le pagado el tal pan al preçio quelos dichos alcalles e rregidores entendiesen que era rrazonable, auiendo enformaçion verdadera de commo costó.

Alo qual vos rrespondo que yo lo mandaré ver, e proueer sobre ello segunt entienda que cunple ami seruiçio.

35. Alo que me pedistes por merçet que bien sabia commo se deuian ami enlos mis rregnos muy grandes contias de mrs. por los thesoreros e rrecabdadores e arrendadores que fueran delos annos pasados, asi del tienpo del dicho Rey mi padre commo despues que yo rregné fasta aqui, de debdas e alcançes delos mrs. de mis rrentas; e commo quier que yo mandé encargar delas dichas debdas e alcançes e albaquias a Alfonso Lopez mi thesorero, para quelas cobrase delos dichos thesoreros e rrecabdadores e arrendadores e otras personas quelos asi deuian, e de sus herederos, e que a vos otros era dicho que commo quier quel dicho Alfonso Lopez auia fecho e fazia sobre ello su diligençia, non auia sallido dello tanto fruto, e que montaua mucho mas lo que auia gastado en proseguir los pleitos que sobre ello se auian tractado e tractan que non lo que dende se auia cobrado, e que si yo non proueya enello por otra mejor via, que non se podia dende sacar tanto que non se gastase mas sobre ello; por ende que me suplicauades que me ploguiese mandar proueer sobre ello, por manera quelas dichas debdas se cobrasen para mis neçesidades, ca mas rrazon era quelas personas que deuian las dichas debdas las

pagasen, que non encargar amis rregnos de pechos extra ordinarios, podiendo se escusar.

Alo qual vos rrespondo que vos tengo en seruiçio la dicha vuestra petiçion, la qual es buena e conplidera ami seruiçio e apro e bien comun de mis rregnos e sennorios; e que yo lo entiendo mandar ver, e proueer sobre ello segunt que mas conpla ami seruiçio lo mas breue mente que ser pueda.

36. Alo que me pedistes por merçet que por quanto vos era dicho quela gente de armas que estaua en mi seruiçio auian fecho e fazian muchos dannos; por ende que me suplicauades que me ploguiese ordenar e mandar que algunas buenas personas andidiesen por los lugares e comarcas onde estaua la dicha gente, e fiziese sobre ello pesquisa e conplimiento de derecho alos dapnificados, por tal manera que antes quela gente partiese delos dichos lugares, nin les fuese pagado el sueldo que auian de auer, e las personas que rreçibieron los dichos dannos fuesen pagados dellos.

Alo qual vos rrespondo que partida la gente delos lugares, las dichas pesquisas se faran mejor e mas libre mente que non estando la gente enellos, e que yo he deputado çiertos pesquiridores para fazer pesquisa delos dichos dannos, por que fechas, se descuente alos quelos fizieren lo que enellos montare segunt que es acostunbrado, del sueldo que ellos e sus capitanes de mi han de auer, e se libre e pague alos que rreçibieron los dichos dapnos.

37. Alo que me pedistes por merçet que por quanto algunas delas dichas çibdades e villas tenian priuillegios delos rreyes mis anteçesores, confirmados por mi, en quelos vezinos e moradores dellas non pagasen portadgos e otros algunos derechos e trebutos en quales quier lugares por do pasasen, e que de poco tienpo a esta parte, en algunos lugares de Ordenes e sennorios e otros logares rrealengos e abadengos, queles costrennian a pagar los dichos portadgos, lo qual era en grand menospreçio delos dichos priuillegios e de mi mandamiento, e alas dichas çibdades e villas muy grand perjuyzio e danno; por ende que me suplicauades que me ploguiese mandar que fuesen guardados los dichos priuillegios en todo segunt que enellos se contenia, e que si contra el tenor dellos, en alguna çibdad o villa o logar fuese costrenido alguno o algunos vezinos e moradores delas dichas çibdades e villas que pagasen los dichos portadgos o les tomasen lo que asi leuasen por descaminado, quelos juezes e alcalles delas dichas çibdades e villas podiesen fazer rrepresarias sobre ello en qual quier o quales quier vezinos e mo-

dades e villas e logares demis rregnos e sennorios, asi rrealengos commo abadengos e Ordenes, e behetrias, e otros sennorios onde se acostunbrauan cojer portadgos e peajes e barcajes e rrodas e castellerias, los tomauan e leuauan, asi de moneda amonedada commo de plata e de rropas e de otras cosas de que se non deuian pagar nin deuian leuar; otrosi que tomauan por descaminados las cosas de quelos non pagauan los tales portadgos e trebutos e inposiçiones, diziendo quelo auian asi por priuilleio o por vso e costunbre, o por condiçiones e costunbres que ordenaran e posieran los sennores delos tales portadgos e trebutos e inposiçiones, e que avn non tan sola mente fazian lo sobre dicho, mas que cogian los dichos portadgos e trebutos enlos terminos delos dichos logares, e que con cobdiçia desordenada, non ponian enlos dichos logares e terminos quien cogiese los dichos portadgos; e que si alguno o algunos pasauan sin pagar los dichos portadgos, queles tomauan e leuauan por descaminados todas las bestias e otras quales quier cosas que leuauan, por causa delo qual muchas personas auian perdido e perdian muchos de sus bienes, e mercadorias, e que otros por non entender, o por non tener fauor para mostrar su derecho, se auian de cohechar e cohechauan conlos arrendadores e cogedores delos tales portadgos e trebutos e inposiçiones; por ende que me suplicauades que me ploguiese ordenar e mandar que se non leuasen los tales portadgos nin trebutos nin inposiçiones delas tales cosas que se non deuian pagar, e otrosi que non ouiese nin podiese auer descaminado, e quel sennor e rrecabdador delos tales portadgos e trebutos e inposiçiones, posiesen enlos lugares donde se acostunbrauan coger los dichos portadgos e trebutos e inposiçiones, quien los cogiese e rrecabdase, e que

delas mis rrentas, por quelos mis subditos e naturales non rresçibiesen tanto danno.

Alo qual vos rrespondo que mi merçet es, e ordeno e mando que se non cojan nin paguen nin lieuen portadgos enlos lugares nin delas cosas que se non deuen cojer nin leuar, e enlos lugares do se deuen lleuar e pagar, que aquellos quien los ouieren de auer, pongan quien los coja enlos lugares do se ouieren a pagar, e si los non posieren, que los que por ende pasaren sin pagar el dicho portadgo, non incurran en pena de descaminado ni en otra pena alguna.

39. Alo que me pedistes por merçet que por quanto avuestra notiçia era venido commo de dos annos aesta parte, por causa delas grandes aguas que enla çibdad de Murçia e su tierra fueran, quel rrio de Segura que pasa porla dicha çibdad cresçiera tanto e en tal manera, quel grant poderio dela dicha agua rronpiera grant parte delos muros della e entrara dentro enella, e que derribara fasta seysçientas casas, e se auia perdido todo el trigo e çeuada e vino e azeyte e bienes muebles que enellas auia, e que por esta rrazon la dicha çibdad estaua muy despoblada e non tanbien guarnida commo conplia ami seruiçio, e que por causa dello muchos delos vezinos dela dicha çibdat se auian ido a Aragon que era a quatro leguas dela dicha çibdad, e commo la dicha çibdad era cabeça de aquella comarca, e muy çercana delos moros, que podria rrecresçer que por non estar tan bien poblada e çercada, rrecresçia ami deseruiçio e alos mis rregnos grant danno; por ende que me suplicauades que me ploguiese mandar proueer sobre ello, enla manera que mas conpliese ami seruiçio, por quela dicha çibdad se torrnase apoblar e la mi tierra fuese mejor guardada.

Alo qual vos rrespondo que mi merçet es, e mando quela dicha çibdat sea quita de monedas por çinco annos continuos primeros siguientes, por que se pueda torrnar a poblar e la tierra sea mejor guardada segunt cunpla ami seruiçio.

40. Alo que me pedistes por merçet que por quanto segunt el grant prouecho que nasçia e era enlos mis rregnos por estar los mis castillos e logares fronteros delos moros bien poblados, notorio era enlos dichos mis rregnos, e que considerando el tal prouecho, los rreyes donde yo venia e yo les dieran e diera franquezas e libertades de monedas e pedidos e alcaualas e de todo otro trebuto, e avn a algunos dellos pagas de pan e dineros e otras muchas merçedes, e avn que con todo esto, non podian estar bien poblados, segunt el mal e el danno que rresçebian cada dia delos moros asi en tienpo de treguas commo en tien-

po de guerras, e que vos era fecha rrelaçion quel mi castillo de Quesada ques enel obispado de Iahen, que es vno delos mas fronteros de moros que ay en la frontera del dicho obispado, e que auia rreçebido e rreçebia de cada dia muy grandes dannos delos moros asi en muertes de omes commo en leuar los presos e catiuos, commo rrobando los de cada anno e cada dia todos sus ganados e en otras muchas maneras, e que por ende, e otrosi por quanto non eran quitos e francos de alcaualas segund quelo eran los otros castillos e villas de Xodar e Ximena e Luçena e Bedmar que estauan çerca del dicho castillo de Quessada, e los arrendadores delas dichas alcaualas los trayan a pleitos e arrebueltas e contiendas por ellas, e los cofechauan, que se auia despoblado e despoblaua de cada dia, e que seyendo quito e franco delas dichas alcaualas segund quelos otros sobre dichos castillos que serian causa quel dicho castillo e logar se poblase mejor delo que estaua, o alo menos que se non despoblaria, e que por eso non se menoscabaria cosa alguna delas alcaualas del dicho obispado; por ende que me suplicauades que considerando lo sobre dicho, quisiese quitar alos vezinos del dicho lugar e castillo las dichas alcaualas, e franquear los dellas, commo alos otros dichos logares e castillos fronteros sus vezinos e comarcanos, por quel dicho castillo non se despoblase, por que segund la informaçion que auiades auido, entendiades que asi conplia ami seruiçio e abien dela dicha frontera.

Alo qual vos rrespondo que yo mandaré auer informaçion sobre ello, e proueeré commo ami seruiçio cunpla.

41. Alo que me pedistes por merçet que por quanto muchas vezes acaesçia quelos mis subditos e naturales delos mis rregnos yuan al rregno de Portogal con algunas mercadorias, e que enel primero logar del dicho rregno de Portogal les fazian pagar de diezma e de sisa, de çinco cosas vna, e asi mesmo les fazian otros desaguisados muchos; e que quando los subditos e naturales del rregno de Portogal venian alos mis rregnos con algunas mercadorias, se venian alas ferias de Medina e non pagauan alcauala nin otro derecho alguno en todos mis rregnos, saluo tan sola mente vn portadgo ala entrada e otro ala sallida; por ende que me suplicauades que me ploguiese de mandar proueer sobre ello, por tal manera quelos mis subditos e naturales non fuesen asi fatigados e los dichos portogueses aliuiados.

Alo qual vos rrespondo que yo entiendo escreuir sobre ello al Rey de Portogal para quelo desate, e si lo non fiziere, que yo mandaré proueer sobre ello segunt cunpla ami seruiçio.

42. Alo que me pedistes por merçet que por quanto algunas personas que de mi tenian tierra para algunas lanças e ofiçios que auian de seruir, los rrenunçiauan en personas de pequenna condiçion tales que non eran bastantes para seruir las dichas tierras e ofiçios, lo qual era grant deseruiçio mio; por ende que me suplicauades que me ploguiese ordenar e mandar quelos que ouiesen a rrenunçiar las dichas tierras e ofiçios, non los podiesen rrenunçiar, saluo en personas sufiçientes para seruir las dichas tierras e ofiçios.

Alo qual vos rrespondo que me plaze delo asi mandar guardar segunt que me lo pedistes por merçed.

43. Alo que me pedistes por merçet que por quanto vos era dicho que yo auia mandado dar algunas cartas firmadas de mi nonbre, enlas quales se contenia que por quanto en algunas çibdades tenian priuilleios e ordenaçiones de çierto numero de rregidores, e de algunos tienpos acá asi en tienpo del Rey don Enrrique mi padre, que Dios perdone, commo despues que yo rregnara, eran acresçentados mas rregidores por merçed del dicho Rey don Enrrique mi padre e por mi, e que yo mandara quelos ofiçios de rregimiento que vacasen enlas tales çibdades, asi por muerte commo por renunçiamiento, que se consumiesen fasta ser torrnados al numero delos dichos priuillegios e ordenanças; e que sobre esto auian ydo algunas mis cartas muy premiosas a algunas çibdades, lo qual vos paresçia que non era mi seruiçio, en quanto enlas tales cartas dezia e fazia mençion del rregimiento que vacase por rrenunçiaçion, por quanto segunt costunbre, los tales ofiçios sienpre se acostunbrauan rrenunçiar con condiçion sy ala mi merçet ploguiese, e non en otra manera, e asi non era propia rrenunçiaçion, lo otro por quanto podra ser que aquel que rreçibiese la rrenunçiaçion e yo por virtud della le diese el dicho ofiçio, que seria mas pertenesçiente para el tal ofiçio que non el quelo rrenunçiase, e asi seria mejor para seruir ami e al dicho ofiçio, lo otro por quanto podia acaesçer quelo rrenunçiase padre en fijo o en yerno, por lo casar con su fija e nieta por le dar mejor marido, lo qual era seruiçio de Dios e mio, e prouecho del tal logar do esto acaesçiese; por ende que me suplicauades que me ploguiese rreuocar las tales cartas en quanto dezia dela rrenunçiaçion, e que sola mente oviesen fuerça enlos ofiçios que vacasen por muerte o en otra manera, e que de aqui adelante las non quisiese dar, e que en mi quedase de reçebir la dicha rrenunçiaçion o non, commo viese que mas conplieami seruiçio e apro e bien del logar do esto acaesçiese, lo qual enliades que conplia ami seruiçio e apro e bien delos mis rregnos.

Alo qual vos rrespondo que mi merçet es, e mando que enlo de aqui adelante se guarde e faga asy segunt que melo pedistes por merçed.

Por que vos mando atodos e a cada vno de vos quelo guardedes e cunplades e fagades guardar e conplir, agora e de aqui adelante, en todo e por todo segunt que enestas mis ordenanças se contiene, e lo yo rrespondy alas dichas petiçiones e a cada vna dellas, e que non vayades nin pasedes nin consintades yr nin pasar contra ello nin contra parte dello, porlo quebrantar nin menguar agora nin en algunt tienpo por alguna manera; e los vnos nin los otros non fagades ende al por alguna manera, sopena dela mi merçet e de diez mill mrs. acada vno de vos para la mi camara.

Dada en Palençuela veynte e seys dias [1] de otubre, anno del nasçimiento del nuestro Sennor Jhesuchristo de mill e quatroçientos e veynte e çinco annos.—Yo el Rey.—Yo el Doctor Fernando Diaz de Toledo, oydor e rrelator del Rey e su secretario, la fize escreuir por su mandado. —Registrada.

VIII.

Cuaderno de las Córtes celebradas en Búrgos el año de 1430 [2].

Don Iohan por la graçia de Dios Rey de Castilla de Leon de Toledo de Galizia de Seuilla de Cordoua de Murçia de Iahen del Algarbe de Algezira, e Ssennor de Vizcaya e de Molina: Alos conçeios e rregidores et alcalldes e alguaziles e caualleros e escuderos e omes buenos e otros ofiçiales quales quier enla mi villa de Madrit, e de todas las çibdades e billas e lugares delos mis rregnos e sennorios, et a cada vno de vos aquien esta mi carta fuere mostrada o el traslado della signado de escriuano publico, salud e graçia. Sepades que por los procuradores de las çibdades e villas delos mis rregnos e por los vuestros procuradores

[1] Cuen.: a veynte e siete dias.

[2] Se ha tomado este ordenamiento del cuaderno original que se guarda en el archivo del ayuntamiento de Madrid, escrito en siete hojas útiles de papel, fólio mayor, con anchos márgenes, letra cancilleresca.

dela dicha villa de Madrit conellos, que por mi mandado vinieron ami ala çibdat de Burgos, el anno que pasó de mill e quatroçientos e veynte e nueue annos, me fueron dadas çiertas petiçiones en nonbre delas dichas çibdades e villas, alas quales yo rrespondí enla manera siguiente:

1. Alo que me fezistes rrelaçion que commo quier que vos los dichos mis procuradores, en nonbre de aquellas çibdades e villas que rrepresentades, seriades muy alegres que mi merçet ouiese paz e concordia conlos rreyes de Aragon e de Nauarra, é conlos infantes don Enrrique e don Pedro, e con todos los otros rreyes christianos comarcanos, onde sse fazer pudiese, teniendose enello aquellas vias que sean cunplideras ami seruiçio e a conseruaçion de mi vida e salud e ensalçamiento de mi corona rreal e a prosperidat e bien de mis rregnos e sennorios; pero en caso quela guerra se aya de continuar conlos suso dichos, que me suplicauades que si se fiziese llamamiento de gente, asi de cauallo commo de pie, que mi merçet diese via commo viniesen al termino, que plugiese de asignar, e que viniesen tantos sin otra encubierta e infinta commo mi merçet despusiese que vengan, por manera que si me pluguiese que viniesen diez mil omes de armas, que por maneras de encubiertas que se suelen tener non fuesen menos, e que con muy grant diligençia pluguiese ami merçet de mandar tener manera por quelas tales encubiertas non se fiziesen, mandando poner escarmiento çerca dello, por que de se non proueer enello, seme puede rrecreçer grant peligro e deseruiçio, e alos mis rregnos e sennorios grant danno.—Alo qual vos rrespondo que vos tengo en seruiçio vuestra suplicaçion, e me plaze delo mandar asi fazer.—Por quanto çerca deste articulo, despues de dada avos la dicha rrespuesta, rreplicastes pidiendome por merçet que considerando lo sobre dicho en rrazon dela dicha guerra, e çerca dello vos rrespondiese lo que enel tal caso ami seruiçio cunplia declarar e dar a entender por que fuesedes auisados dela notiçia delos tales fechos, segunt se acostunbró fazer alos otros procuradores por los rreyes mis anteçesores, e que eso mesmo mandase proueer enlas dichas ynfintas o encubiertas quese fazen enla dicha gente de armas, ordenando e dispuniendo çerca dello en tal forma e so tal pena, e mandar dar tal carta por que se guarde lo que asi fuere ordenado, e ouiese vigor e fuerça de ley.—Aesto vos rrespondo que yo tengo ordenado que juren de non fazer encubierta alguna los que en mi seruiçio troxieren la dicha gente, e quelo mandaré asi guardar.

2. Et alo que me pedistes por merçet que me pluguiese mandar cas-

e ouiere vigor e fuerça de ley.—Aesto vos rrespondo quelo tengo por bien, e mando e ordeno que qual quier quelo fiziere, si fuere fidalgo, que sirua diez annos enlas taraçanas, e si fuere ome de menor guisa, quele den çiento açotes.

3. Et alo que me pedistes por merçet que me pluguiese mandar que se dé via e orden commo las gentes de armas de cauallo e de pie que viniesen ami seruiçio e llamamiento fuesen bien pagados e non ouiesen rrazon dese quexar commo se auian quexado e quexan fasta aqui, e que en ser bien pagados era mucho mi seruiçio, e en ser mal pagados e descontentos era muy grant peligro e grant desseruiçio mio.

Aesto vos rrespondo que dezides bien e vos los tengo en seruiçio, e me plaze delo mandar fazer asi segunt que melo pedistes por merçed.

4. Et alo que me pedistes por merçed que me pluguiese de querer escusar alas mis çibdades e villas, en quanto buena mente se pudiese escusar, delas lieuas de pan e vino e otros petrechos, por la manera que fasta aqui era encargado alas dichas çibdades e villas, por que dellos se seguia muy grandes costas e dannos e trabajos e fatigaçiones de costas alas dichas çibdades e villas, de que se sintian por mas encargados, que delas monedas e pedido.

Aesto vos rrespondo que de que yo me aya de seruir dellos, que en quanto yo buena mente lo pudiere fazer, que me plaze delo mandar fazer asi segunt que melo pedistes por merçet.

5. Et alo que pedistes por merçet que me pluguiese donde las dichas lieuas de pan e vino e petrechos non se pudiesen escusar, que fuese buscada manera por que se faga lo mas sin danno e sin costa delas dichas çibdades e villas que ser pudiere.—Aesto vos rrespondo que me

dela manera que en ello se deue tener, e que muy grande agrauio es que monte mas tres tanto el cargo e costa que se rrecreçe alas dichas çibdades e villas por cabsa delas dichas lieuas, que non montó pedido e monedas; e que se cabsa dello, que junto el cargo delas dichas lieuas conel dicho cargo del dicho pedido e monedas, los mis subditos e naturales non lo podian conplir syn ser destruydos de todo punto, por lo qual non se tenian las vias ordenadas para que se faga çerca de todo lo que cunple ami seruiçio commo se faria e cunpliria mandando poner enello aquella rregla e orden que çerca delo tal se deue poner, e las dichas çibdades e villas fuesen encargadas delo que pueden conplir rrazonable mente; e seyendo encargadas enlo que non pueden, que se cabsa tal confusion por quelo que deuian conplir e podrian conplir non se cunple, e enlo que se cunple se ponen muy grandes dilaçiones, de que ami se rrecresçia deseruiçio; e que mandase proueer çerca dello, e ordenar e tener tal via, por que çesen los dichos ynconuenientes e agrauios.—Aesto vos rrespondo que ami plaze delo mandar fazer asi segunt que melo pedistes por merçet, lo qual yo encomendé al mi adelantado Pero Manrrique del mi Consejo e alos mis contadores mayores, por ende ellos vos diran la ordenança que yo mandé fazer çerca dello.

6. Et alo que me pedistes por merçet que me pluguiese de mandar proueer e rremediar commo non se fagan las colusiones y encubiertas que diz que se fizieron enel mi rreal sobre el tal leuar de pan e vino e petrechos, et que podia ser en formada mi merçet que se dauan alualaes enel dicho mi rreal de aver rreçebido el pan e vino e otras cosas quela mi merçet mandaua lleuar, nonlo auiendo rresçebido, delo qual rrecreçia e podia rrecreçer adelante muy grant mengua de viandas enel rreal; e que eso mismo se leuauan enel dicho mi rreal muchas exsabçiones eliçitas, asi delos que lleuauan el dicho pan e vino e petrechos commo delos quelo non lleuauan. Et que eso mismo lleuauan por los alualaes que se asi dauan de pan e vino, muchas contias de mrs., por tal manera que por tanta fatigaçion de costas, non se cunplian los mis mandamientos que se deuian conplir çerca delas dichas lieuas; e que todo rredundaua en grant mi deseruiçio e danno e peligro delas mis gentes que comigo estauan, e delas dichas çibdades e villas, e pedistes me por merçet que mandase castigar lo pasado, e proueer e rremediar enlo por venir, por tal manera commo en todo se fiziese lo que cunplia ami seruiçio e al bien e prouecho delas çibdades e villas.—Aesto vos rrespondo vos lo tengo en seruiçio e que dezides bien, e me plaze delo mandar asy segunt que melo pedides por merçet.—Alo qual rreplicastes

suplicandome que mandase çerca dello disponer e ordenar en tal manera e so tal pena e mandar dar tal carta, por que ouiese vigor e fuerça de ley.—Aesto vos rrespondo quelo tengo por bien, e me plaze delo mandar fazer asi segunt que melo pedistes por merçet; et luego mandé al dicho mi adelantado Pero Manrrique e alos doctores Pero Yannez e Diego Rodriguez, del mi Consejo, que con dos procuradores, quales vos los dichos procuradores del rregno nonbrasedes, que ordenen çerca dello lo que cunple ami seruiçio, la qual ordenança yo mandaré guardar, e mandaré dar mis cartas sobrello para que aya fuerça de ley.

7. Et alo que me pedistes por merçet que me pluguiese mandar que los labradores, en quanto ser pudiese, fuesen rreleuados e escusados de yr ala guerra, por quanto cunple mucho ami seruiçio que queden para labrar por pan e por vino, mayor mente auiendo otras presonas de que mi merçet se puede seruir, delas behetrias e de otras partes, para que siruan enla guerra, o mandar tener enello tal via e orden por quelos dichos labradores pudiesen coger sus frutos e fuesen releuados de tantos trabajos e dapnos, ca se quexan que pagando monedas e pedido e otros muchos pechos, que son fatigados por tal manera que non pueden alcançar para me seruir nin para sus mantenimientos, e podria rredudir[1] en mi deseruiçio, e despoblamiento delas dichas mis çibdades e villas.—Aesto vos rrespondo que me plaze delo mandar fazer asi segund que melo pedistes por merçet.—Alo qual rreplicastes que me pediades por merçet que vos mandase dar tal carta por que se guardase lo que çerca dello me plazia mandar, pues era tan cunplidero ami seruiçio e al prouecho e bien delos mis rregnos.—Aesto vos rrespondo que enesto se touo la mejor manera e via que se pudo tener.

8. Et alo que me pedistes por merçet que pues Dios por la su merçet e graçia le plugo de vos dar Rey muy catolico e zelador dela fe christiana, que me pluguiese si buena mente se pudiese escusar, quelas cosas delas eglesias e monesterios delos mis rregnos mayor mente las consagradas e deputadas para los ofiçios diuinales, que mi merçet mandase que non se tomasen, pues que son dadas a Dios, e deputadas para su seruiçio; et do la tal nesçesidat sea, quela mi merçet se quierra acorrer dello que por lo que rrepresenta la ymagen del cruñçio, e de nuestra abogada la Virgen santa Maria, que dellas non sea tomado oro nin plata nin piedras preçiosas nin otra cosa alguna.—Aesto vos rrespondo que yo non mandé tomar cosa alguna delas eglesias e monesterios,

[1] Por redundar.

saluo lo queles pluguiese de me prestar para esta nesçesidat, con entençion de gelo tornar.—Alo qual rreplicastes que por lo que se faze que las dichas çibdades e villas çerca del dar dela dicha plata por las dichas eglesias e monesterios e de commo se tomó por tal manera que se han cabsado muy grandes quexas e sentimientos enlas dichas çibdades e villas e por las premias que se han fecho çerca dello, et que por que mi merçet auia dado a entender alos perlados delas dichas eglesias e monesterios que me plazia de rresçebir la dicha plata, e si non se diese, que avria dello enojo, que esto ouiera tanto efecto commo si espresa mente lo mandase tomar. Et pedistesme por merçet que mandase aver deliberaçion çerca dello, e mandase tener enello tal via e manera por que se escusase el tomar dela plata, e se tenga enello tal tenplamiento por que non se fagan tan grandes quexas e sentimientos, e paresçiese ser fecha primero aquella discusion quela orden del derecho quiere; e quelo suplicauades ami merçet por seruiçio de Dios e por el zelo que auiades e deuiades auer al mi seruiçio commo al vuestro Rey e sennor natural.—Alo qual vos rrespondo que yo mandé ya proueer sobre ello commo cunplia a seruiçio de Dios e mio

9. Et alo que me pedistes por merçet que todas las tales cosas [que] se ayan de tomar delas dichas eglesias e monesterios, que mi merçet fuese delas mandar tomar e me acorrer dellas, por la via e forma quelos derechos quieren.

Aesto vos rrespondo que yo non entendi nin entiendo mandar tomar cosa alguna delas dichas eglesias, saluo rreçebirlo para la dicha nesçesidat por la manera susodicha, alo qual non repunó el derecho.

10. Et alo que me pedistes por merçet que quando dispusiese de enbiar alas çibdades e villas ademandar algunos enprestidos para socorrimiento de mis nesçesidades, que enbie tales presonas sobre la dicha rrazon, que se ayan buena e onesta mente, çesados los rrigores e todas las otras cosas por donde pueden naçer escandalos e dannos, diziendo quese dize que algunos auian seydo mal tratados faziendo los prender desonesta mente e faziendo sobrello muchas cosas e rrecreçiendo sobrello muchos dannos.—Aesto vos rrespondo que yo he proueydo sobresto por la manera que entiendo que cunple ami seruiçio e por que çesen los dichos rrigores, los quales yo non mando fazer.—Alo qual rreplicastes pidiendome por merçet que vos mandase dar la dicha prouision.—E yo mandé luego que vos diesen la prouision sobrello fecha.

11. Et alo que me pedistes por merçet que me pluguiese mandar enbiar ala mi corte e chançelleria vn perlado que estouiese enla mi au-

diençia conlos mis oydores, por quanto sin el non se libran nin determinan las sentençias en rreuista, delo qual diz que rrecreçe grant danno e fatigaçion de costas alas partes, e demas que enforma e honrra e da abtoridat enla mi corte e chançelleria e enla dicha mi audiençia.—Aesto vos rrespondo que por quanto yo tengo ordenado que el Obispo de Palençia esté enla dicha audiençia, e agora está comigo en mi seruiçio, e que en tanto que el non pudiere yr ala dicha audiençia, que yo proueré de perlado que vaya aella.—Alo qual rreplicastes que me pediades por merçet que luego mandase enello proueer commo cunple ami seruiçio e ala buena gobernaçion e rregimiento e estado dela dicha audiençia.—Aesto vos rrespondo que yo mandé luego al Obispo de Avila que vaya allá, en tanto quel Obispo de Palençia estouiere absente en mi seruiçio.

12. Et alo que me pedistes por merçet que me pluguiese mandar en rrazon del seruiçio que han de fazer los mis oydores enla mi audiençia, que se guarde lo que es ordenado por los rreyes mis anteçesores e por mi mandado guardar, de commo se rrepartan por diuersos tienpos los dichos oydores, e siruan cada vno por su tienpo, e non sea encargado toda via el seruiçio a vnos oydores, por que por non se guardar lo que sienpre se guardó e se fazer esta espeçialidat, se pueden venir algunos ynconuenientes.—Aesto vos rrespondo que yo proueeré sobrello commo entendiere que mas cunple ami seruiçio.—Alo qual rreplicastes que me pedides por merçet que me pluguiese de guardar lo que sienpre en esto se guardó.—Alo qual vos rrespondo que me plaze que se faga asi.

13. Et alo que me pedistes por merçet que me pluguiese quando ouiese de enbiar por procuradores alas mis çibdades e villas delos mis rregnos, que enbie dos procuradores e non mas, e que mi merçet nonbre e mande nonbrar que enbien otros procuradores, ssaluo los quelas çibdades e villas entendieren que cunple ami seruiçio, por manera que libre mente las dichas çibdades e villas enbien los tales procuradores que entendieren que cunple ami seruiçio e bien publico delas dichas çibdades e villas, e la honrra e estado delos procuradores de mis rregnos e conformidat e estado dellos segunt las cosas que se acostunbran procurar et trabtar en su ayuntamiento; e que non sean labradores nin sesmeros.—Aesto vos rrespondo que dezides bien, e que ami merçet plaze delo mandar fazer asi segunt melo pedistes por merçet. —Alo qual despues rreplicastes que me pediades por merçet que vos mandase dar desto mi carta, que aya vigor e fuerça de ley.—Aesto rrespondo que ami merçet plaze en quanto atanne al nonbrar destos

procuradores que quede en libertad delas çibdades e villas quales sean, que es bien dicho, e que vos den cartas sobrello que ayan fuerça de ley.

14. Et alo que me pedistes por merçet que mandase ver e rreparar los muros delas çibdades e villas e castillos[1] e casas fuertes, delas cosas nesçesarias que para ello son menester, espeçial mente aquellos lugares onde es mas menester e es myior el peligro, e que estan bastecidas de aquellas cosas que son nesçesarias e conplideras ami seruiçio.—Aesto vos rrespondo que dezides bien, e que ami merçet plaze delo mandar fazer asy segunt melo pedides por merçet.—Alo qual despues rreplicastes que me pediades por merçet quelo mandase poner en obra.—Aesto vos rrespondo que ami merçet plaze dello.

15. Et alo que me pedistes por merçet que me pluguiese mandar pagar los dannos fechos enlas çibdades e villas e lugares onde mandé fazer pesquisa, que de otra guisa poco aprouecharia fazerse las pesquisas e saberse los dannos, e non se pagar.—Aesto vos rrespondo que ami merçet plaze dello, e quelo mandaré fazer asi.—Alo qual despues rreplicastes que me pediades por merçet que mandase dar mi carta para los mis contadores mayores que den via e orden enello.—Aesto vos rrespondo que es mi merçet, e mando alos dichos mis contadores que vean las pesquisas, e las examinen segun la ordenança sobrello fecha.

16. Et alo que me pedistes por merçet que me pluguiese de non dar las mis çibdades e villas, nin los lugares e tierras dellas e de su jurediçion a presonas algunas de qual quier preminençia e dignidat que sean, por manera quelas dichas çibdades e villas non sean desapoderadas delo queles perteneçe, por quanto mi seruiçio es quelas dichas çibdades e villas non sean desapoderadas delo que sienpre touieron, por que seyendo desapoderadas, el perjuyzio que se por ello rrecresçe alas dichas çibdades e villas, rredunda en grand deseruiçio mio, mayor mente quebrantandose por ello los preuillejos dados, quelas dichas çibdades e villas tienen de mi merçet e delos rreyes mis anteçesores.—Aesto vos rrespondo que en quanto pudiere, que me plaze dello.—Alo qual despues rreplicastes, e yo rrespondi que estaua bien rrespondido.

17. Et alo que me pedistes por merçet que me pluguiese mandar que asi enla mi casa e corte commo enla mi chançelleria e enlas mis çibdades e villas, quelos alguaziles e merinos que ende fueren, que por mandado delos juezes que prendan aquien les fuere mandado, e quelos

[1] El original pone equivocadamente: castigos.

lieuen e esten presos enlas carçeles publicas que para ello fueren deputadas, e que otras presonas algunas, de qual quier estado o preheminençia que sean, non se entremetan de tener carçeles ensus casas nin deputar otros exsecutores para ello nin poner carçeleros publicos nin en otra parte alguna, saluo ende enlas carçeles publicas que fueren deputadas para tener los tales presos; poniendo mi merçet sobrello grandes penas, por quanto rredundan en grant perjuyzio mio.—Aesto vos rrespondo que ami merçet plaze dello, saluo quando yo enbiare alguno sobre algund caso sennalado e le mandare prender a alguna presona o presonas.—Alo qual despues rreplicastes que me pediades por merçet que ami merçet pluguiese mandar disponer e ordenar çerca dello, e mandar dar tal carta e ental forma e manera por que se guardase lo suso dicho e ouiese vigor o fuerça de ley.—Aesto vos rrespondo que ami merçet plaze que vos sea dada la dicha carta segunt me lo pedistes por merçed.

18. Et alo que me pedistes por merçet que me pluguiese mandar guardar la ordenança fecha en rrazon delos rrecabdadores que non pueden arrendar nin fiar ellos nin otro por ellos nin ellos por otro enlos partidos donde sean rrecabdadores, por quanto guardandose la tal ordenança las mis rrentas valdrian mas, e por que cada que quisiesen arrendar, sin temor libre mente arrendarian, e çesarian muchos dannos e ynconuenientes e cohechos que se han cabsado e cabsan por non guardar la dicha ordenança.—Aesto vos rrespondo que ami merçet plaze delo mandar veer, e proueer sobrello commo ala mi merçet cunple. —Alo qual despues rreplicastes que me pediades por merçet quelo mandase ver e ordenar commo cunplia ami seruiçio.—Alo qual vos rrespondo que mando que declaren de entre si dos procuradores, que sobresto platiquen conlos mis contadores, por que se ordene para adelante aquello que mas cunple ami seruiçio.

19. Et alo que me pedistes por merçet que me pluguiese proueer delos mis rrecabdamientos abuenas presonas ydoneas e pertenesçientes, tales que amen mi seruiçio e al bien e prouecho publico delos mis rregnos e sennorios, en tal manera quelos mis subditos e naturales fuesen bien librados e pagados, sin fatigaçiones e maliçias e calunnas e cohechos, de que diz que son fatigados e muy mal trabtados los dichos mis subditos e naturales, que asi son librados enlos tales rrecabdadores que non vsan commo deuen de sus ofiçios, en tal manera que traydos en grant desesperaçion por las malas vias que por ellos se tienen, despues de fechas muchas costas sobrello e rrecreçidos muchos dannos, dexan perder

todo lo que asi les es librado e cobran muy poco dello; e que rredundan todo en grant deseruiçio mio e danno delos mis subditos e naturales que por ello biuen en grant proueza e menester, e es cosa de grant escandalo enlos mis rregnos.—Aesto vos rrespondo que ami merçet plaze delo mandar fazer asi segunt melo pedistes por merçet.—Alo qual despues rreplicastes que me pediades por merçet quelo mandase ordenar e guardar e poner en exsecuçion, pues es mucho mi seruiçio e pronecho e bien publico delos mis rregnos.—Aesto vos rrespondo que asy lo he fecho.

20. Et alo que me pedistes por merçet que me pluguiese que non sean dados los tales rrecabdamientos por dadiuas conprandolos, e que sea proueydo alos ofiçios e non alas presonas, que conprando los tales ofiçios, se cabsan los dichos inconuenientes, e que es nesçesario que por esquisitas maneras busquen los tales rrecabdadores vias para que cobren lo que asi dieren por los dichos rrecabdamientos, e mucho mayores quantias.

Aesto vos rrespondo que dezides bien e vos lo tengo en seruiçio, e me plaze delo mandar asi fazer.

21. Et alo que me pedistes por merçet que me pluguiese guardar e se guarden las ordenanças que el de muy santa esclaresçida memoria el Rey don Enrrique mi padre e mi sennor, que Dios aya, ordenó, e la [mi] merçet despues que rregné, en rrazon quelos ynfieles judios e moros non pueden ser rrecabdadores nin arrendadores nin otro ofiçio alguno por que puedan aver coheçion sobre los fieles catolicos christianos, enlo qual se fara seruiçio a Dios e mi merçet guardaria lo quela madre Santa Eglesia manda guardar; e que por tal manera se mandase guardar, quelos dichos judios e moros por si nin por otros nin otro por ellos non pudiesen vsar delos tales ofiçios nin fazer fraude alas dichas ordenanças.—Aesto vos rrespondo que mi merçet lo mandará ver, e proueer sobrello commo cunple ami seruiçio.—Alo qual despues rreplicastes que ami merçet pluguiese delo mandar ver, pues fue ordenado por el dicho Rey mi padre, e si mi merçet, que asi es conforme a seruiçio de Dios e de su ley diuinal, e ami seruiçio e al bien e prouecho publico delos mis rregnos, que sea guardada e non sea derrogada nin rreuocado dando lugar alos dichos ynfieles judios e moros, contra todo lo que dicho es; e que me pluguiese mandar dar carta qual cunpla ami merçet çerca dello.—Aesto vos rrespondo que yo mandaré ver las dichas ordenanças e las bulas apostolicas quelos judios tienen, e sobre todo mandaré proueer commo cunple a seruiçio de Dios e mio.

22. Et alo que me pedistes por merçet que me pluguiese mandar que

los mis subditos e naturales fuesen librados delo que demi ouiesen de aver por los terçios del anno, guardando la mi ordenança, e queles sean librados enlas tierras donde biuen e son naturales, por que era mi seruiçio e prouecho publico delos mis subditos e naturales.—Aesto vos rrespondo que dezides bien, lo qual, yo mandé asi fazer alos mis contadores.—Alo qual despues rreplicastes que ami merçet pluguiese de mandar dar mi carta çerca dello, por que se guarde asi para adelante.—Aesto vos rrespondo que mi merçet es que se dé la dicha carta segunt melo pedistes por merçet.

23. Et alo que me pedistes por merçet que me pluguiese mandar ver las suplicaçiones e petiçiones espeçiales que me fueron dadas e se dieron por los dichos procuradores en nonbre delas dichas çibdades e villas, e por cada vno dellos por si, e estas generales por todos junta mente dadas, e çerca de todo fuesen proueydas con justiçia, pues es cunplidero ami seruiçio al paçifico estado e prouecho e bien publico delos mis rregnos e sennorios.—Aesto vos rrespondo que ami merçet plaze delo mandar asi fazer.—Alo qual despues rreplicastes que ami merçet pluguiese mandarlo exsecutar, e dar mis cartas para lo que asi fuese otorgado por leyes.—Aesto vos rrespondo que ami merçet plaze dello segunt melo pedistes por merçet.

24. Et alo que me pedistes por merçet que me pluguiese mandar quelo que fuese ordenado e otorgado por mi çerca destas dichas petiçiones, e fue otorgado en otras Cortes por otras petiçiones, ouiese deuido efecto, e que sea guardado, por que en se guardar se sigue lo que cunple ami seruiçio e al bien e prouecho publico delas mis çibdades e villas.

Aesto vos rrespondo que ami merçet plaze delo mandar asi fazer segunt melo pedistes por merçet.

25. Otrosi en rrazon delo que me fezistes rrelaçion que muchos delos sennorios de çiertas villas e lugares delos mis rregnos, veyendo la grant poblaçion que en Medina del Canpo rrecreçia por ser las ferias francas, han arrendado e tomado e toman de cada anno las rrentas delas alcaualas delos dichos sus lugares, e que han fecho nueua mente ferias enlas dichas sus villas e lugares, e que avn eso mismo fizieron muchos mercados en dias sennalados, e que franquean las dichas ferias e mercados para que non paguen alcauala delo que asi vendieren, todo esto acaesçio por se poblar las dichas villas e lugares, e por quelos sus tributos valgan mas; de que dezides que se sigue ami sennoria muy grant deseruiçio en dos maneras: la primera quelas viandas e cosas que se solian vender enlas mis çibdades e villas e logares

para prouision e mantenimiento dellas, non se venden commo se solian vender, por quelas llieuan alos dichos mercados e ferias por rrazon dela dicha franqueça, e se encareçen, e non se fallan aconprar, e van alas conprar alas dichas ferias e mercados, mucho mas caras delo que solian valer; la segunda e prinçipal quel alcauala que delas tales cosas que se auian de vender enlas dichas mis çibdades e villas e lugares, se menoscaban e valen menos de cada anno e de cada dia, por non se vender enellas las dichas cosas; e pues yo auia mandado desatar la dicha feria de Medina, de que me avia venido e rrecresçido mucho seruiçio e muy grant prouecho enlas mis rrentas de todos los mis rregnos e pro comun de todos los mis naturales; e pedisteme por merçet que me pluguiese mandar que ninguna feria nin mercado que son o fueren en todos los mis rregnos, que non sean francos dela dicha alcauala, e demas que espresa mente mandase quelos tales sennores delas dichas villas e logares nin otro por ellos, non se atreuan afazer la dicha franqueza nin quita delas dichas ferias e mercados, nin los que alas tales ferias e mercados fueren, gozen dela dicha franqueza, so las penas que mi merçet ordenare e mandare ordenar; e si nesçesario fuer, que se deue tomar juramento dellos sobrello por que mi seruiçio sea guardado, que me pediades por merçet que me pluguiese de gelo mandar tomar.—Aesto uos rrespondo que ami merçet plaze delo mandar ver, e proueer sobrello commo cunple ami seruiçio.—Alo qual despues rreplicastes que me pediades por merçet quelo mandase ver en breue, e considerar lo sobre dicho por donde vos mouistes afazer la dicha petiçion e suplicaçion, e que delas razones suso contenidas para enformaçion verdadera, muestran ser cunplidero ami seruiçio e al prouecho e bien publico delos mis rregnos e sennorios que vos fuese asi otorgado.—Aesto vos rrespondo que mi merçet es que se faga asi, e me plaze e mando que se guarde, e se den las cartas que nesçesario fuere para ello.

26. Et en rrazon delo que me fezistes rrelaçion que por quanto al tienpo que se escriuieron por mi mandado los fumos delas mis çibdades e villas e lugares delos mis rregnos e sennorios, se rrepartieron los pechos de cada çibdat e villa e lugar, segunt que eran los dichos fumos, e siguiendose la dicha ordenança, que se fazen avn oy dia los rrepartimientos delos pedidos e tributos delos mis rregnos; e que era çierto e manifiesto que muchos delos dichos pueblos que son acresçentados e multiplicados enla poblaçion dellos, e otros muchos se menoscabaron e despoblaron, e que agora los vnos han muy grant aliuio, e

los otros muy grant danno e agrauio; que me pediades por merçet que ami merçet pluguiese que mandase enmendar el dicho rrepartimiento, por manera quelos dichos pueblos pagase cada vno segunt oy está poblado, e que era muy cunplidero ami seruiçio.—Et aesto vos rrespondo que ami merçet plaze delo mandar ver, e fazer sobrello commo cunple ami seruiçio.—Alo qual despues rreplicastes que ami merçet pluguiese delo mandar ver, por que sea luego proueydo commo cunple ami seruiçio, por que non pasase tan grant agrauio e ynconueniente en la contribuçion [1] que se ha de fazer enlas dichas çibdades e villas e lugares, delos pechos e pedidos que me tengo de seruir dellos.

Aesto vos rrespondo que mando alos mis contadores quelo vean, e ordenen luego por que se prouea sobrello.

27. Otrosi en rrazon delo que me fezistes rrelaçion que sodes çertificados e çiertos quela mi villa de Castro de Ordiales, que es enla costa dela mi mar puerto abierto, es muy despoblada e destruyda, asi por mortandades commo por guerras e escandalos que entre ellos han anidos, commo por se quemar de fuego dos vezes, e aver seydo rrobada delos yngleses, de tal guisa que de dos mill vezinos que enella solia aver, non moran agora de trezientos vezinos arriba; e que tienen muy grant cabeça enel dicho pedido, quelos vezinos que agora enella son non podrian pagar nin conplir la grant cabeça del dicho pedido, e que non tienen alderredor villa nin lugar con quien se ygualase e rrepartiese el dicho pedido, por que son todos enel sennorio de Vizcaya. Et pedistesme por merçet que mandase fazer alguna quita e baxa del dicho pedido ala dicha villa de Castro de Ordiales, por que non se despoblase mas delo despoblado, e que seria cabsa quelos mis aduersarios podrian tomar puerto por la mar, e asentar enla dicha villa e fazer dende muchos dannos e males alos mis subditos e naturales, de que me podria venir grant deseruiçio; e que si la tal baxa o quita no se pudiese cabsar, queles mandase proueer que non pagasen el dicho pedido algunos annos, commo algunas otras villas que dezides que mi merçet ovo mandado fazer.—Aesto vos rrespondo que ami merçet plaze delo mandar veer, e proueer çerca dello commo cunple ami seruiçio.—Alo qual despues rreplicastes que me pediades por merçet quelo mandase luego ver, por que fuese proueido sobrello commo cunple ami seruiçio, e fuese desuiado lo que se podria rrecreçer non proueyendo çerca dello.—Aesto vos rrespondo quelo vean los mis contadores e prouean sobrello.

1 El original pone equivocadamente: conturbaçion. El codice de la Bib. Nac. Ff 77: contribuçion.

28. Et alo que me pedistes por merçet que quando ouiese de proueer de rregimiento e de otros ofiçios semejantes, que proueyese atales presonas que fuesen ydonias e sufiçientes para los tales ofiçios, e tales que amen mi seruiçio e el bien dela rrepublica, e que sean vezinos dela tal çibdad o villa donde vacaren los dichos ofiçios, por quanto por las tales presonas ser asi proueydas, seria muy grant seruiçio mio e bien publico delos mis rregnos.—Aesto vos rrespondo que ami merçet plaze. —Alo qual despues rreplicastes que ami merçet pluguiese delo mandar asi fazer, e mandase dar mi carta çerca dello, que ouiese vigor e fuerça de ley, pues tanto es cunplidero ami seruiçio que se guarde la dicha ordenança para sienpre.—Aesto vos rrespondo que ami merçet plaze dello, e mando que se cunpla segunt me lo pedistes por merçet.

29. Et alo que me pedistes por merçet que me pluguiese mandar guardar alas dichas çibdades e villas delos mis rregnos las costunbres que tenian en rrazon delos ofiçios delos rregimientos e escriuanias e otros ofiçios dellas, que sienpre fue costunbre de dar los dichos ofiçios a petiçion delos rregidores e ofiçiales delas dichas çibdades e villas ela mayor parte dellos.

Aesto vos rrespondo que ami merçet plaze de guardar las costunbres que çerca dello antigua mente fueron guardadas.

30. Et en rrazon delo que me fezistes rrelaçion que por quanto algunas vezes yo mandaua yr algunos corregidores e alguaziles delas dichas çibdades e villas lugares acorregir los dichos pueblos, e ellos ponen por si ofiçiales, e seles aluenga el tienpo del dicho corregimiento, aque algunas vezes se apoderan atanto enlas dichas çibdades e villas, quelos vezinos e moradores dellas non pueden mostrar sus agrauios por rreçelo que tienen dellos delo mostrar, e que non tienen presta la via commo deuen para se querellar e alcançar cunplimiento de justiçia, e por la diuersidat del tienpo pasan muy grandes agrauios; e que me pediades por merçet que me pluguiese mandar ordenar que en çierto tienpo vayan pesquiridores alas dichas çibdades e villas, para saber de commo vsan los dichos corregidores e delos agrauios que fazen, porque mi merçet los sepa, e prouea commo cunple ami seruiçio.

Aesto vos rrespondo que mi merçet es quelos corregidores duren, alo mas, por dos annos.

31. Et en rrazon delo que me fezistes rrelaçion quelos mis caualleros frontaleros, que van por mi mandado por capitanes, que llieuan mis cartas de crençias, por las quales van omes suyos con sus poderes por las tierras e comarcas queles plaze ademandar viandas e omes, de que son

las gentes muy mal trabtados e cohechados de algunos dellos, asi demandando queles lieuen viandas de çinquenta e sesenta leguas, commo en demandar gente desordenada mente; e que me pediades por merçet que mandase enello proueer commo la mi merçet fuese, por manera que cada capitan en su capitania pueda enbiar alas comarcas que mi merçet le diese e non a otras partes, que do el vn capitan enbiare non enbie el otro.

Aesto vos rrespondo que me plaze que se faga e cunpla asy commo melo pedistes por merçet.

32. Et en rrazon delo que me fezistes rrelaçion que por quanto los mis llamamientos delos fidalgos son tan generales, que si asi se cunpliesen se despoblarian las dichas mis çibdades e villas, e non quedaria enellas los ofiçiales conuenientes para gouernamiento dela mi justiçia nin para las otras nesçesidades delos pueblos; e que me pediades por merçet que mandase escusar de yr nin enbiar ala guerra agora nin de aqui adelante, e alos llamamientos della atodos los alcaldes, e alguaziles e rregidores e jurados e sesmeros e fieles e montarazes e mayordomos e procuradores e abogados e escriuanos de numero e fisicos e çurujanos e maestros de gramatica e escriuanos que muestran alos moços leer e escreuir, delas dichas çibdades e villas, saluo los que delos sobre dichos son mis vasallos e tienen de mi tierra e rraçiones e quitaçiones de ofiçios por que me ayan de seruir e los que tienen tierra e acostamientos de otros e los çurujanos que por mi espeçial mandado fuesen llamados para me yr a seruir enla guerra nonbrados por nonbre. —Aesto vos rrespondo que mi merçet es que se cunpla por esta vez.— Alo qual despues rreplicastes que por quanto algunos dezian que esto se entendia por esta guerra, e otros por solo este anno, e por quelos pueblos sepan declarada mente lo que han de conplir; que me pediades por merçet que me pluguiese que fuese por toda esta guerra, ca era muy cunplidero ami seruiçio quelos dichos ofiçiales fuesen escusados, por que con mas diligençia procurasen commo se cunpliesen las cosas queles enbiase mandar, asi delos llamamientos generales e espeçiales, commo en dar fauor para cobrar los pedidos e monedas e otras mis rrentas, e fuese bien pagado delos que por mi lo ouiesen de auer, e asi mesmo por el bien e sosiego e buen rregimiento delas dichas mis çibdades e villas, e que por non yr nin enbiar ala dicha guerra, que non cayesen en pena nin en penas delas que por mi son e fueren puestas, nin por los pregones que sobrello son fechos e se fizieren de aqui adelante, asi delos llamamientos delos fidalgos commo en otra manera.—Aesto vos

rrespondo que mi merçet es que se faga e cunpla segunt melo pedides por merçet por todo este anno en que estamos dela data desta mi carta.

33. Et en rrazon delo que me fezistes rrelaçion que por quelas mis rrentas delas alcaualas e terçias e pedidos e monedas e otras rrentas aya quien las coger, por quel dinero se cobre commo cunple ami seruiçio; e me pedistes por merçet que mandase eso mismo escusar de yr nin enbiar ala dicha guerra alos mis arrendadores e rrecabdadores e enpadronadores e cogedores e pesquiridores delas dichas mis rrentas e pedidos e monedas.—Aesto vos rrespondo que yo tengo ordenado lo que se deue fazer, e que rrequiriesedes alos mis contadores sobrello.—Alo qual despues rreplicastes quela dicha ordenança, asi fecha sol mente (*sic*) fuera por los mis arrendadores e rrecabdadores, e non se fazia mençion de los dichos enpadronadores e cogedores e pesquiridores delos dichos pedidos e monedas, e por quanto era muy nesçesario e cunplidero ami seruiçio que estas presonas en espeçial sean escusados; por ende que suplicauades ami merçet quelo mandase ordenar asi segunt la dicha ordenança delos dichos ofiçiales delas dichas çibdades e villas, que mi merçet mandaua escusar de yr ala guerra en todo este dicho anno, commo dicho es.—Aesto vos rrespondo que me plaze, e es mi merçet que se estienda esta dicha ordenança alas dichas presonas por este dicho anno.

34. Et en rrazon delo que me feciste rrelaçion que por quanto porlos grandes cargos delos pechos e llieuas de viandas e otras cosas alos mis rreales, se va despoblando algunt tanto mi tierra, e algunos delos vezinos pecheros della van apoblar a algunos lugares de sennorios onde son mas escusados e rreleuados delos dichos pechos e trabajos, por manera quelo que estos atales auian de pechar, se carga alos otros pecheros que quedan enlas mis çibdades e villas donde ellos parten, e queles rrecreçe ende tanto danno, que si enello non se rremediase, la mi tierra se despoblaria mas de cada dia, e queme pediades por merçet que mandase enello proueer, por manera quelos que partieron para beuir en lugares de sennorios desde primero dia de enero del anno que agora pasó de mill e quatro çientos e veynte e nueue annos fasta aqui, e partieren de aqui adelante, sean tenudos de pagar pedido e monedas e lo queles copiere delos otros cargos e pechos delos bienes que dexaren e tienen enlas mis çibdades e villas e lugares, onde primera mente beuian.

Aesto vos rrespondo que me plaze dello, e es mi merçet e mando que se cunpla segunt me lo pedides por merçet.

35. Et alo que me pedistes por merçed que çerca delos llamamientos generales, mandase dar e ordenar alguna conuenible via, por que viniesen los sufiçientes para me seruir enla guerra, e se escusasen los otros que non son para ello, e para venir vendian sus faziendas, e despues de venidos alos rreales, gastauan las viandas de quelos sufiçientes de guerra se podrian mantener, e non son para me seruir nin aprouechar en la guerra; e que ende se quedaua, si tal nesçesidat ocurriese, quelos mandase llamar general mente cada que me pluguiese.

Aesto vos rrespondo que yo acatando lo sobredicho, e lo que mas larga mente çerca dello fue considerado, e con entençion de se escusar, lo mas que ser pueda, alos mis subditos e naturales, yo he proueido çerca dello commo cunple ami seruiçio.

36. Et alo que me pedistes por merçet que mandase ordenar quelas gentes quelas çibdades e villas delos mis rregnos ouiesen de enbiar enmi seruiçio, que viniesen conellos sus capitanes e alferzes, so cuyo rregimiento viniesen, por que fuesen gouernados e administrados commo cunple ami seruiçio, e se escusasen muchos debates e contiendas que entrellos avria, si non fuesen so rregimiento delos tales capitanes e alferzes, alos quales mi merçet mandase bien satisfazer de su sueldo.

Aesto vos rrespondo que me plaze, e es mi merçet que se faga asi, fasta venir al rreal, e despues que aguarden aquien mi merçet les mandare.

37. Et en razon delo que me feziste rrelaçion que por quanto en algunas delas mis çibdades e villas han de costunbre antigua, quando algunos rregimientos e escriuanias de numeros e otros ofiçios vacan, que ellos eligen e presentan otros en lugar delos vacos, e aquellos confirma mi merçet; e de poco tienpo acá vos fuera quebrantada esta costunbre, e fueran por mi proueydos de algunas escriuanias e otros ofiçios, algunas presonas, sin ser elegidos e presentados porlos rregidores, segunt la dicha costunbre; e que por que enesto sodes muy agrauiados, que me pediades por merçet que çerca dello me pluguiese mandar guardar la dicha costunbre, asi e tan conplida mente commo enlos tienpos pasados vos fuera guardada, e segunt quelo yo prometi e juré ala sazon que me fuera entregado el rregimiento e gouernaçion delos mis rregnos e sennorios.

Aesto vos rrespondo que es mi merçet que se guarde la ordenança sobresto fecha.

38. Et en rrazon delo que me fezistes rrelaçion quela mi juredicion pereçe de cada dia por parte delos juezes eclesiasticos, enesta manera, que

los dichos juezes eclesiasticos solian librar los pleitos enlas cabeças delos arçedianadgos e arçeprestadgos fasta la sentençia definitiua, e por apellaçion yuan a los juezes mayores delas cabeças delos arçobispados e obispados, e para las exsecuçiones demandauan ayuda al braço seglar, e que agora se faze por el contrario, çitando alos legos para ante los dichos juezes mayores delas cabeças delos dichos arçobispados e obispados, e queles fatigan de muchas costas e dannos, e por muy poca quantia de diezmo que deuan los labradores e otras presonas de poca manera quelos cohechan e maltraen los arrendadores delos diezmos, e quelos dichos juezes eclesiasticos prenden por si mesmos e por sus fiscales alos legos, e quelos enbian presos alas presiones delas cabeças delos arçobispados e obispados, e que exsecutan por sí mismos en sus bienes sin demandar ayuda al brazo seglar, e que si las mis justiçias se entremeten enello, que proçeden contra ellos e los descomulgan; e commo esto sea en grant danno delos mis subditos legos, e grant menospreçio dela mi justiçia e jurediçion, que me pedian por merçet que sobrello proueyese, por manera quela mi justiçia e jurediçion fuese bien guardada, mandando dar mis cartas para los perlados sobrello, e otrosi para las mis justiçias quelo defiendan, e para todos los conçejos que enello den todo fauor e ayuda. Sobre lo qual yo mandé alos dichos procuradores que declarasen onde se fazia esto, e declararon que enel arçobispado de Toledo e enlos obispados de Cuenca e Iahen e en todas las otras çibdades del rregno onde ay eglesias catredales.

Aesto vos rrespondo que mi merçet es de vos mandar dar mis cartas para los perlados sobrello.

39. Et despues de dada la dicha rrespuesta me fezistes rrelaçion que commo quier quelas dichas mis cartas para los perlados deuian bastar, pero que por quanto yo ove ya escripto a algunos dellos sobreste mismo fecho, e non auian çesado nin çesan los sus juezes eclesiasticos a se atreuer yr contra mi jurediçion e justiçia en muchas maneras, commo mas larga mente se contiene enla dicha vuestra petiçion sobreste articulo dada, e que ha cabsado e cabsa tantos escandalos de que conla grant syn rrazon podra acaesçer tanto danno sobrello, que rredundaria en mi deseruiçio e mucho mal e discordia entre los clerigos e legos; e por lo euitar me pedistes por merçet que mandase enello rremediar con otras mis cartas para los arçedianos e arçiprestes, e sus vicarios e e fiscales e lugares tenientes, que non se entremetan en perturbar la mi justiçia e jurediçion, nin prender los legos, nin exsecutar sus bienes sin ayuda del braço seglar, segunt derecho e costunbre antigua, çerti-

ficandoles que si el contrario fizieren, que mi merçet lo escarmentará, por manera que aellos sea castigo e a otros exienplo.

Alo qual vos rrespondo que me plaze, e es mi merçet que vos sean dadas mis cartas para lo sobre dicho sobrello.

40. Et alo que me pedistes por merçet que me pluguiese de considerar los grandes cargos quelos delos dichos mis rregnos e sennorios han tenido e tienen despues que esta guerra es comenzada, asi por causa e rrazon delas monedas e pedido que han pagado, commo por cabsa delas lieuas del pan e vino e petrechos[1] que han leuado alos mis rreales con muy grandes costas, commo por cabsa delos enprestidos queles yo mandé demandar, asi a presonas singulares commo a çibdades e villas suso dichas, e que pues agora nueua mente con grant nesçesidad, ala mi merçet plogo de demandar alos mis rregnos nueua mente seruiçio de monedas e pedido; por ende que me suplicauades que ami merçet pluguiese mandar quelas çibdades e villas, que non auian pagado el enprestido que fasta aqui les era demandado, que non fuesen apremiados para que paguen el tal enprestido, pues quela mi merçet se ha de seruir delas monedas e pedido, e non concurran en vn tienpo tantos trabajos, e que en todo se touiese el tenplamiento que cunple ami seruiçio.

Aesto vos rrespondo que yo he proueydo sobrello commo cunple ami seruiçio.

Et de esto vos mandé dar esta mi carta firmada de mi nonbre e sellada de mi sello, la qual vos mando que guardedes e cunplades e fagades guardar e conplir en todo lo enella contenido.

Dada enla muy noble çibdat de Burgos aveynte dias de mayo anno del nasçimiento del nuestro sennor Ihesuchristo de mill e quatroçientos e treynta annos.—Yo el Rey.—Yo el doctor Fernando Diaz de Toledo, oydor e rreferendario del Rey e su secretario, la fize escreuir por su mandado.—Registrada.

[1] El original dice: pertheros.

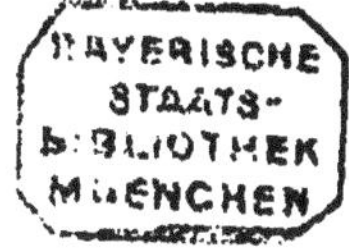

IX.

Cuaderno de las Córtes celebradas en la ciudad de Palencia el año de 1431 [1].

Don Iohan por la graçia de Dios Rey de Castilla de Leon de Toledo de Gallizia de Seuilla de Cordoua de Murçia de Iahen del Algarbe de Algezira, e Sennor de Vizcaya e de Molina: alos duques condes rricos omes maestres delas Ordenes priores comendadores, e alos del mi Conseio e oydores dela mi audiençia e alos mis contadores mayores e alcalldes e alguaziles e otras justiçias e ofiçiales dela mi casa e corte e chançelleria, e al conçeio alcalldes e alguaziles e veynte e quatro caualleros e jurados e omes buenos dela muy noble çibdat de Seuilla, e alos conçeios alcalldes alguaziles rregidores caualleros e escuderos e omes buenos de todas las çibdades e villas e logares delos mis rregnos e sennorios, asi rrealengos commo abadengos e Ordenes e behetrias e otros quales quier, e atodos los otros mis subditos e naturales de qual quier estado o condiçion preheminençia o dignidad que sean, e aqual quier o quales quier de vos aquien esta mi carta fuere mostrada o el traslado della abtorizado e signado de escriuano publico, salud e graçia. Sepades que yo estando enla çiudad de Palençia, los procuradores delas çibdades e villas delos mis rregnos, que ami vinieron por mi mandado, me dieron çiertas petiçiones generales alas quales les yo rrespondí, su tenor delas quales dichas petiçiones e delas rrespuestas que por mi aellas fueron dadas, es este que se sigue:

1. Muy poderoso Rey e Sennor.—Por quanto para enla guerra delos moros de Granada, que vuestra sennoria tiene començada e conla graçia de Dios entiende continuar, es nesçesario que vuestra merçed mande llamar omes de armas en grand numero e mucha gente de pie, enlo qual se suelen fazer muchas encobiertas en vuestro desseruiçio; suplicamos a vuestra alteza que mande dar via commo la gente venga al termino queles vuestra merçed mandare asignar, e que sean tantos sin otra encobierta commo la vuestra sennoria dispusiere que vengan, por tal manera que vuestro seruiçio sea guardado, mandando vuestra

[1] Se ha tomado este ordenamiento del cuaderno original que se guarda en el archivo de la ciudad de Sevilla. Consta de nueve hojas en fólio, papel grueso, letra cancilleresca.

alteza poner grand escarmiento enello, porque algunos non se atreuan alo fazer.

Aesto vos rrespondo que vos otros dezides bien e que yo vos lo tengo en seruiçio, e asi lo entiendo fazer.

2. Otrosi muy alto Rey, suplicamos avuestra sennoria quele plega de mandar castigar con derecho alos que fezieren alarde, saluo con un cauallo o con vn sennor o por si mesmo; por quel quelo contrario faze dessirue mucho a vuestra merçed, commo está manifiesto.

Aesto vos rrespondo que me plaze delo asi fazer.

3. Otrosi muy poderoso sennor, suplicamos ala vuestra merçed quele plega mandar dar via e orden commo las gentes de armas de cauallo e de pie, que venieren avuestro seruiçio e llamamiento para la dicha guerra, sean bien pagados e queles non sean leuados mas derechos delos acostunbrados, en tal manera que con rrazon non se puedan quexar e con mayor voluntad trabajen en vuestro seruiçio; ca en ser mal pagados e descontentos, vuestra sennoria puede considerar que es peligro e muy grande vuestro desseruiçio.

Aesto vos rrespondo que yo tengo dados mis juezes para esto, es asaber los condes de Benauente e Castanneda e el Doctor Fernando Diaz de Toledo mi oydor e rrefendario e mi rrelator, alos quales mando quelo despachen luego e fagan sobre todo lo que deuan.

4. Otrosi muy esclaresçido sennor, suplicamos ala vuestra alta sennoria quele plega mandar escusar alas vuestras çibdades e villas e logares delos vuestros rregnos de quales quier lieuas de pan e vino e petrechos, que vuestra merçed enla guerra pasada les mandó lleuar alos vuestros rreales, con grandes costas e trabajos e fatigaçiones suyas; delo qual muy alto Rey e sennor, sentieron mayores dapnos, que delos pechos con que avuestra merçed ouieron de seruir.

Aesto vos rrespondo que en quanto se podier escusar, quelo escusaré.

5. Otrosi muy magnifico sennor, suplicamos ala vuestra merçed quele plega de mandar, en quanto ser podiere, quelos labradores sean rreleuados e escusados de yr ala guerra, por tal que quedando en sus heredades, puedan labrar por pan e por vino; lo qual es mucho vuestro seruiçio, por que por la mayor parte ellos son los que avuestra sennoria siruen conlas monedas e pedidos que avuestra merçed son pagados e manda coger, lo qual yendo ala guerra en ninguna guisa non podrian conplyr en alguna manera.

Aesto vos rrespondo quelo escusaré en quanto ser podiere.

6. Otrosi suplicamos ala vuestra alteza que, guardando vuestra

conçiençia e tomando a Dios de vuestra parte por que el sea vuestro proptetor enla guerra e enla paz, plega avuestra merçed de mandar pagar e rrestituyr alas eglesias e monesterios toda la plata que dende vuestra sennoria mandó tomar prestado para se acorrer enla guerra pasada, mayor mente pues, segund se dize, vuestra merçed lo tiene prometido alos perlados delas dichas eglesias e monesterios; enlo qual vuestra sennoria fará gran seruiçio a Dios e cosa de muy buen enxienplo.

Aesto vos rrespondo queme plaze, e mando alos mis contadores mayores que busquen lugar çierto e bien parado donde se pueda luego cobrar e pagar.

7. Otrosi muy poderoso Rey, suplicamos ala vuestra merçed que por quanto eso mesmo para nesçesidad dela dicha guerra de Aragon e Nauarra, vuestra sennoria se ouo de socorrer de algunas contias por via de enprestido, de algunas çibdades e villas en general e de algunas personas en singular, e vuestra alteza les aseguró e avn a algunos dio su fe, çertificando les que serian pagados cada vno delo que prestase açiertos tienpos, asignando les çiertas rrentas en que fuesen librados para la dicha paga; que plega ala vuestra rreal magestad delo mandar todo asi guardar e conplyr por la forma e alos tienpos e enla manera quelo mandó asegurar, e que si alguna cosa dello queda por cobrar delos quelo ouieron de prestar, que mande vuestra sennoria quese non coja; enlo qual vuestra sennoria fará seruiçio de Dios e suyo e vuestros subditos lo ternán en singular merçed.

Aesto vos rrespondo queme plaze quese faga e cunpla asi, segund queme lo pedistes por merçed, e mando dar sobre ello mis cartas las que cunplan.

8. Otrosi pedimos vos por merçed que por quanto por nesçesidad delos casos que ocurrieron enla dicha guerra de Aragon e Nauarra, vuestra alteza ouo de mandar dar cartas de creençia amuchas personas de diuersos estados e condiçiones, e espeçial mente alos que andodieron acobrar los dichos prestidos, delo qual se podrian seguir muchos inconuenientes; que plega avuestra sennoria delos mandar todos rreuocar e dar por ningunas, e que de aqui adelante non las mande dar vuestra merçed, saluo apersonas graues, en tal manera que vuestro seruiçio sea guardado.

Aesto vos rrespondo que dezides bien e que asi lo entiendo fazer, e que me plaze de rreuocar e rreuoco e dó por ningunas las tales cartas de creençia, e mando alas personas quelas tienen que non vsen dellas de aqui adelante, saluo los mis capitanes, que por mi mandado estan enla frontera delos moros e tienen mis cartas de creençia, que puedan vsar e vsen dellas, enlo que tanne asus capitanias e cunpla ami seruiçio.

9. Otrosi suplicamos ala vuestra alteza que cada e quando le ploguiere mandar avuestras çibdades e villas que enbien sus procuradores ante vuestra merçed, quela vuestra sennoria non quiera mandar nonbrar que enbíen personas çiertas, saluo aquellas quelas dichas çibdades e villas entendieren que cunple avuestro seruiçio e bien publico delos pueblos, por que libre mente los puedan escoger entre si, segund lo han de vso e de costunbre; pero que non sean delos labradores nin sesmeros nin del estado delos pecheros, por que mejor sea guardado el estado e onrra delos quelos enbian, e se puedan mejor conformar con los otros procuradores quando ouieren de tractar en sus ayuntamientos.

Aesto vos rrespondo que yo non vos enbié mandar que enbiasedes personas çiertas por procuradores, e que yo vos entiendo mandar guardar lo quelos rreyes onde yo vengo guardaron en tal caso alas çibdades e villas delos mis rregnos.

10. Otrosi muy poderoso sennor, suplicamos avuestra sennoria quele plega de mandar pagar todos los dapnos fechos enlas vuestras çibdades e villas e logares asi, enlo que vuestra sennoria mandó fazer pesquisa commo enlos dapnos que despues se fezieron, asi por la gente darmas que estauan con la vuestra merçed enlos vuestros rreales commo por los que estauan enlos logares delas dichas fronteras de Aragon e Nauarra espeçial mente, pues segund se dize, los dichos dapnos fueron puestos en descuento alos caualleros e gente de armas quelos asi fezieron; enlo qual vuestra sennoria fará grande su seruiçio, por que los dichos logares que asi fueron dapnificados, espeçial mente los delas dichas fronteras, no sean del todo punto destroydos.

Aesto vos rrespondo que dezides bien e me plaze dello, e mando alos mis contadores mayores quelo vean e despachen luego.

11. Otrosi suplicamos que mande vuestra sennoría proueer delos vuestros rrecabdamientos a buenas personas llanos e abonados, en tal manera quelos vuestros subditos e naturales sean bien librados e pagados, e que non ayan por que baratar sus tierras e merçedes; ca es cosa que se sigue grand desseruiçio vuestro e muy grandes dapnos a vuestros subditos e naturales, por donde les conuiene vender e traspasar aquello que de vuestra merçed tienen.

Aesto vos rrespondo que vos lo tengo en seruiçio, e vos otros dezides bien, e yo así lo entiendo mandar fazer.

12. Otrosi suplicamos avuestra alteza quele plega mandar quelos

vuestros vasallos e naturales sean librados delo que de vuestra merçed han de auer por los terçios del anno, e que ayan sus libramientos antes del terçio primero, guardando la ordenança que vuestra sennoria eneste caso ordenó, e que sean librados enlas tierras e comarcas donde biuen, segund que vuestra merçed ouo otorgado quelo mandaria alos sus contadores mayores; lo qual es grand seruiçio vuestro e prouecho publico delos vuestros naturales.

Aesto vos rrespondo que asi lo he mandado, e mando que se faga asi.

13. Otrosi suplicamos a vuestra sennoria que por quanto al tienpo que se escribieron por vuestro mandado los fumos delas vuestras çibdades e villas e logares, se rrepartieron los pechos de cada çibdad villa e logar segund el numero delos vezinos que aquella sazon enel se fallaron, e segund aquello se fazen fasta oy los rrepartimientos delos dichos pedidos en todos los dichos vuestros rregnos, e agora es çierto e manifiesto que muchos delos dichos logares son mejor poblados e multiplicados de vezinos, e otros muchos son menoscabados e despoblados, en tal manera quelos vnos han grand aliuio e los otros non pueden sofryr tan grand cargo e de cada dia son mas yermos; que plega a vuestra sennoria de mandar sobrello proueer, mandando que se tornen a escreuir los dichos fumos e que se enmiende el dicho rrepartimiento.

Aesto vos rrespondo que yo lo veré, e proueeré sobrello commo cumpla ami seruiçio.

14. Otrosi suplicamos ala vuestra alteza que por quanto, segund somos çertificados, enel rregno de Gallizia non han pagado eneste anno nin enel anno de veynte e nueue que pasó lo queles fue rrepartido e les copo a pagar enel pedido que avuestra merçed fue otorgado en cada vno delos dichos annos, delo qual avuestra sennoria viene desseruiçio e avuestros rregnos recresçe mayor cargo; que vuestra alteza quiera proueer en tal manera, que lo que asi es deuido enel dicho rregno de Gallizia del dicho pedido delos dichos annos, sea pagado e cobrado, en tal manera que vuestra sennoria dello se pueda seruir para su nesçesidad presente dela guerra delos moros, e los otros vuestros pueblos non ayan de lazerar e satisfaçer por lo que asi los rebelldes non pagan avuestra alteza.

Aesto vos rrespondo que yo he mandado proueer sobre ello, e lo entiendo continuar, plaziendo a Dios, fasta ser acabado.

15. Otrosi muy alto sennor, vuestra sennoria ha mandado enbargar las tierras de çiertos vasallos vuestros que non fueron nin enbiaron seruir conlas lanças que de vuestra sennoria tienen enla guerra sobre

justiçia con piedad.

Aesto vos rrespondo que yo lo mandaré ver, e guardar su justiçia a aquellos aquien atanne.

16. Otrosi muy poderoso prinçipe, por quanto muchos sennores de villas e logares delos vuestros rregnos han arrendado e arriendan de cada anno las rrentas delas alcaualas de sus villas e logares, e fazen nueua mente feria, e avn eso mesmo fezieron muchos mercados en dias sennalados, las quales ferias e mercados franquean e non pagan alcauala delo que ende se vende, lo qual todo fazen los dichos sennores por poblar las dichas sus villas e logares e acresçentar sus tributos, de lo qual se sigue muy grand desseruiçio avuestra sennoria, por que las viandas encaresçen en vuestras çibdades e villas, ca las lieuan avender alos dichos sennorios, e prinçipal mente por quel alcauala que se auia de fazer enlas dichas çibdades e villas delo que ende se solia vender, se faga agora enlos dichos logares de sennores, de que rrecresçe grand mengua enlas vuestras rrentas; por ende suplicamos avuestra alteza quele plega mandar que ninguna feria nin mercado quese feziere en todos vuestros rregnos non se franqueen de alcauala, mandando expresa mente quelos tales sennores delas tales villas e logares non se atreuan afazer la dicha franqueza e quita, so aquellas penas que vuestra sennoria ordenare e mandare, e avn si vuestra alteza entendiere que es bien, que mande quelos tales sennores fagan juramento sobre ello, por que vuestro seruiçio sea mejor guardado.

Aesto vos rrespondo que yo lo veré en breue, e proueeré commo entienda que cumple ami seruiçio.

17. Otrosi suplicamos avuestra sennoria quele plega mandar rresponder alas petiçiones espeçiales que nos otros los procuradores, cada

18. Otrosi suplicamos e pedimos por merçed ala vuestra sennoria quele plega mandar quelo que por vuestra sennoria fuere otorgado e ordenado, asi çerca destas sobre dichas petiçiones commo de otras quales quier que aynstançia de procuradores de vuestros rregnos le fueron presentadas, ayan deuido efecto e vigor de ley; enlo qual todo vuestra alteza fará su seruiçio e todos vuestros subditos e naturales lo ternán en muy singular merçed avuestra muy alta sennoria.

Aesto vos rrespondo que me plaze dello, e mando que se faga e cunpla asi.

19. Otrosi por quanto ami es fecha rrelaçion que algunas personas poderosas e conçejos e vniuersidades e otros quales quier, en mi desseruiçio e en gran dapno e perjuiçio delos conçejos e vezinos e moradores pecheros delas çibdades e villas e logares delos dichos mis rregnos, han escusado e escusan de cada dia muchos delos pecheros delas dichas çibdades e villas e logares asi delas monedas commo del pedido e de otros quales quier pechos rreales e conçejales, deziendo ser sus escusados o en otras maneras, non estando asentados por saluados enlos mis libros, e los que asi estan asentados non deuiendo gozar, saluo sola mente enlas monedas, e deuiendo pechar e pagar en todos los otros pechos, segund çiertas leyes fechas e ordenadas en cartas sobrello dadas por los rreyes onde yo vengo, e su thenor de algunas dellas es este que se sigue. —Don Enrique por la graçia de Dios Rey de Castilla de Leon de Toledo de Gallizia de Seuilla de Cordoua de Murçia de Iahen del Algarbe de Algezira, e Sennor de Vizcaya e de Molina: a todos los conçejos alcalldes alguaziles e rregidores jurados juezes justiçias merinos alguaziles, maestres delas Ordenes priores comendadores subcomendadores alcaydes delos castillos e casas fuertes e llanas, e caualleros e escuderos e rregidores, e atodos los otros ofiçiales e aportellados quales quier de todas las çibdades e villas e logares delos mis rregnos, e aqual quier o quales quier mis thesoreros e rrecabdadores e arrendadores delas mis rrentas e pedidos e seruiçios e de todos los otros tributos e pechos que ami han adar e pagar agora e de aqui adelante, e aqual quier o quales quier deuos aquien esta mi carta fuere mostrada o el traslado della signado de escriuano publico, salud e graçia. Bien sabedes e deuedes saber en commo yo estando agora enla muy noble çibdad de Toledo, mandé dar vna mi carta por ley, con acuerdo del mi Conseio, dada en Toledo veynte e ocho dias de febrero deste anno en que estamos dela data desta mi carta, su tenor dela qual es este que se sigue. —Don Enrrique por la graçia de Dios Rey de Castilla de Leon de Toledo de Gallizia de Seuilla

mis rregnos, e aquales quier mis thesoreros e rrecabdadores delas mis rrentas que agora son o seran de aqui adelante, e aqual quier o aquales quier de vos aquien esta mi carta fuese mostrada o el traslado della signado de escriuano publico sacado con abtoridad de juez o de alcallde, salud e graçia. Sepades que sobre este seruiçio e pedido que lançé alos mis rregnos este otro anno que agora pasó de mill e treçientos nouenta e siete annos, que han venido ala mi corte muchos pleitos e contiendas, por quanto yo mandé que todos pagasen enel, asi esentos commo non esentos, saluo caualleros e escuderos e duennas e donzellas fijos dalgo de solar conosçido, deziendo que otros algunos eran preuillegiados e que tenian preuillegios delos rreyes onde yo vengo, dados e confirmados de mi, de non pagar en algund pecho; e ya sobre aquestas contiendas venieron questiones e debates delante del Rey don Iohan mi padre, que Dios perdone, el qual declaró en las Cortes de Beruiesca e fizo ley que qual quier que ouiese preuillegio o graçia que non pechase pecho, que esto se entendiese sola mente delas monedas, mas non de otro seruiçio e pecho que yo echase, nin delos pechos conçejales quelos delos dichos mis rregnos derramasen entre si para mi seruiçio e para sus menesteres, sobre lo qual mandó dar sus cartas, las quales la una dellas es esta que se sigue.—Don Iohan por la graçia de Dios Rey de Castilla de Leon de Portugal de Toledo de Gallizia de Seuilla de Cordoua de Murçia de Iahen del Algarbe de Algezira, e Sennor de Vizcaya e de Molina: alos conçejos alcalldes alguaziles merinos e otros ofiçiales quales quier delas çibdades e villas e logares delos nuestros rregnos, que agora son o seran de aqui adelante, e aqual quier o quales quier de vos que esta nuestra carta vierdes o el traslado della signado de escriuano publico, salud e gracia. Sepades quelos omes buenos pecheros de algunas destas dichas çibdades e villas e logares delos nuestros rregnos se nos querellaron e

denes e delas eglesias mayores de las çibdades, e los otros por que algunos delos nuestros oydores e ofiçiales que tienen algunos escusados, e otros por quelos caualleros e escuderos quelos guardauan e defienden en tal manera quela mayor parte delos vezinos e moradores delas dichas çibdades e villas e logares e de sus terminos se escusan delos dichos tributos sobre dichos, que viene sobrello grand costa e danno alos nuestros rregnos; e pedieron nos por merced queles proueyesemos sobre ello de rremedio, e nos touimoslo por bien. Por que vos mandamos que vista esta nuestra carta o el traslado della signado commo dicho es, atodos e a cada vno de vos en vuestras çibdades e villas e logares de nuestros rregnos e sennorios, que non fueren caualleros o fijos dalgos o duennas o donzellas, que pechen e paguen en todos los dichos pechos e pedidos e seruiçios e enprestidos e otras quales quier cosas que nos mandáremos e los delas dichas çibdades e villas e logares nos ouieren adar e pechar en qual quier manera, e todos los otros pechos e derramamientos quelos conçejos delas dichas çibdades e villas e logares echaren e derramaren para nuestro seruiçio e para sus menesteres agora e de aqui adelante, e quelo non dexedes de asi fazer por cartas nin por preuillegios quelas dichas Ordenes e monesterios e eglesias sobre dichas çibdades e villas e logares vos muestren en rrazon delos dichos escusados nin por otra rrazon alguna; ca nuestra merced es que non sean ningunos quitos e escusados, saluo tan sola mente delas nuestras monedas, los que sobrello touieren las nuestras cartas e preuillegios. Et los vnos nin los otros non fagades ende al por alguna manera, sopena dela nuestra merçed e de diez mill mrs. acada vno de vos para la nuestra camara, nin lo dexedes delo asi fazer e conplyr, por que esta nuestra carta es sellada con nuestro sello dela poridad, ca nuestra merçed es que sea guardada e conplida commo si fuese sellada conel nuestro sello mayor. Dada en Salamanca diez e nueue dias de abril anno del nasçimiento del nuestro Sennor Iesuchristo de mill e trezientos e nouenta e siete annos.—Nos el Rey. —Yo Alfonso Ruiz la fiz escriuir por mandado de nuestro sennor el Rey.—Et yo veyendo que el Rey mi padre e mi sennor ouo justa consideraçion e justo derecho e ley, en quanto es procurado de descargar a vnos e cargar sobre otros, e por ende yo aprouando la ley quel dicho Rey mi padre fizo sobre la dicha rrazon, e es encorporada; mando que sea guardada, conuiene asaber asi enel dicho seruiçio e pedido que se lançó el dicho anno pasado commo eneste dicho pedido que se lançó este anno dela data desta mi carta e se lançare de aqui adelante, que ninguno non sea escusado nin se escuse avn que diga o muestre que

rreales commo conçeiales que todos paguen sin ninguna condiçion, asi tales preuillegiados commo escusados commo caualleros de alarde e monteros e escriuanos dela corte e de quales quier çibdades e villas e logares delos mis rregnos, e otrosi de quales quier eglesias e monesterios e caualleros e escuderos e duennas e donzellas fijos dalgo e de otras quales quier personas, commo por ser escogidos de fuero e en otra qual quier manera que sea; ca esto quiero que sea por ley e mando que sea publicada por todas las çibdades e villas e logares delos mis rregnos, por que cunple asi ami seruiçio e se tiren todas las dichas contiendas e debates que sobre esta rrazon pueden ser. Et por que esta dicha mi ley sea mejor guardada, mando que si alguna persona prouare oallegare de se escusar de non pagar segund dicho es en todos los pechos, por dezir que es cauallero de alarde o dezir que es preuillegiado o montero o monedero o amo o ama escusado o escusada de algund sennor o de oydores o de contadores o de aposentadores o de escriuanos o de notarios o de otros ofiçiales caualleros e duennas e donzellas e personas quales quier, o por fuero dela çibdad o villa o logar o por libertad o esençion qual quier, quela tal persona pague por cada vegada que esto allegare mill mrs., la terçia parte para la mi camara, e la otra terçia parte para la çibdad o villa o logar do esto acaesçiere, e la otra terçia parte para el acusador o demandador; e demas mando quela justiçia del logar donde acaesçiere, sopena de perder el ofiçio, que luego quelo sopiere, avn que non ayan acusador nin demandador, que prenda luego por esta pena a aquel que enella cayere, e que ayan en tal caso para si la terçia parte que auia de auer el acusador o demandador; e si lo non feziere, quela justiçia sea tenuda de pagar esta pena; si acaesçiere quel que enesta pena cayere non touiere bienes para la pagar, quelo tornen los juezes en pena de cadena, por la primera vez que yaga dos meses enla cadena,

por que todos en general sean sabidores dello. Et los vnos nin los otros non fagades nin fagan ende al por alguna manera, sopena dela mi merçed e de diez mill mrs. a cada vno de vos e dellos para la mi camara; e demas alos quelo asi fazer e conplyr non quisierdes, mando al omme que les esta mi carta mostrare, quelos enplaze que parezcan ante mi do quier que yo sea, los conçejos por sus procuradores e los otros ofiçiales personal mente, del dia quelos enplaçare fasta quince dias primeros seguientes, so la dicha pena a cada vno, a dezir por qual rrazon non complides mi mandado. Et de commo esta mi carta vos fuere mostrada o el dicho su traslado signado commo dicho es e la conplieren, mando aqual quier escriuano publico que para esto fuer llamado que dé ende al que vos la mostrare testimonio signado con su signo, por que yo sepa en commo se cunple mi mandado. Dada en Toledo veynte e ocho dias de febrero anno del nasçimiento del nuestro Sennor Iesuchristo de mill e trezientos e nouenta e ocho annos.—Esta ley non se entienda de ser guardada alos caualleros e escuderos e duennas e donzellas fijos dalgo del arçobispado de Seuilla e delos obispados de Cordoua e de Iahen e enlas otras çibdades e villas e logares donde acostunbraren pagar, ca mi merçed es que vsen enlos dichos pechos e seruiçios e pedidos segund que sienpre vsaron.—Yo el Rey.—Yo Rui Lopez la fiz escriuir por mandado de nuestro sennor el Rey.—Et enlas espaldas dela dicha carta estauan escriptos estos nonbres que se siguen.—*Petrus, archiepiscopus toletanus.—Petrus Sançius, legum doctor.—Antonius Gomez.—Petrus Yannez legum doctor.—Ruy Ferrandez.—Alfonsus Garssie, bachalarius.—Pero Garçia.*—Et agora yo queriendo proueer e rremediar enlo sobre dicho segund cunple ami seruiçio, es mi merçed de mandar e ordenar, e por esta mi carta mando e ordeno, la qual quiero que aya fuerça e vigor de ley asi commo si fuese fecha e ordenada e establesçida en Cortes, que todo lo contenido enlas dichas cartas e encada vna dellas se guarde e cunpla segund e enla manera que enellas se contiene en todo e cada parte e cosa e articulo, e que ningunas nin algunas personas de qual quier estado o condiçion preheminençia o dignidad que sean, e conçejos e vniuersidades non sean osados de escusar nin escusen delos mis pechos asi pedidos commo monedas e otros quales quier pechos rreales e conçeiales a persona nin personas algunas de qual quier estado ó condiçion que sean, saluo los escusados que de mi touieren puestos por saluados enlos mis libros e quadernos delas monedas, que estos sean quitos delas dichas monedas e non de otros pechos algunos; e qual quier o quales quier quelos escusaren contra el tenor e forma

de priuaçion delos oficios e de pagar ami los dichos pechos con las setenas. Et mando alos mis contadores mayores que pongan e asienten esta mi carta enlos quadernos delas monedas de aqui adelante, e asi mesmo enlas mis cartas delos pedidos, por que se guarde e cunpla asi. Otrosi mando alos del mi Conseio e oydores dela mi Audiençia e alos mis alcalldes e notarios e aqual quier o quales quier dellos, que den e libren sobre ello para la execuçion dello las mis cartas que para ello cumplen.—Otrosi por que segund la esperiençia lo muestra de cada dia ala cosa publica de mis rregnos se han rrescresçido e rrecresçen muchos dapnos e ami grand desseruiçio, e en espeçial los mis pecheros padesçen grand detrimento, por quelos bienes delos mis pecheros se han enajenado e enajenauan en colegios e uniuersidades e conçejos, e otras personas de qual quier estado o condiçion preheminençia o dignidad que sean, asi preuillegiados commo francos e esentos, los quales por la dicha rrazon se quieren escusar e escusan de pagar e contribuyr enlos mis pechos e derechos e tributos e fazenderas e seruiçios e asi mesmo enlos conçeiales, por lo qual los mis pechos e derechos se menoscaban e menguan de cada dia; por ende yo queriendo sobrello proueer de rremedio conuenible, por la presente pragmatica sançion, la qual quiero e mando e es mi merçed e voluntad que aya fuerça e vigor de ley e sea guardada commo ley bien asi commo si fuese fecha ordenada e establesçida e publicada en Cortes, mando e ordeno e quiero e tengo por bien de mi propio motu e çierta sçiençia e poderio rreal, que de aqui adelante para sienprejamas todos e quales quier bienes inmobiles que quales quier mis subditos e naturales e vezinos e moradores e pobladores pecheros de mis rregnos e sennorios, asi delas çibdades e villas e logares rrealengos commo delos abadengos e Ordenes e behetrias e sennorios e otras quales quier tienen o touieren de aqui adelante, sean tributarios e tenudos e obligados atodos e quales quier pechos e derechos e seruiçios e fazenderas, asi alos

carga e tributo, e non puedan pasar nin pasen de otra guisa nin de otra manera aquales quier conçejos colegios e uniuersidades e personas de qual quier estado o condiçion preheminençia o dignidad que sean, quelos ouieren por qual quier subçesion por testamento o sin testamento o mandas o legados o en otra qual quier manera, e aquien fueren dados vendidos donados canbiados e permutados o en otra qual quier manera o por qual quier titulo honeroso o lucrativo o mixto o otro qual quier enagenados, avn quelos tales oqualquier oquales quier dellos sean francos preuillegiados e libertados e inmunes e esentos delos tales pechos e derechos e tributos, por qual quier preuillegio o dignidad o prerrogatiua o franqueza o libertad o esençion general o espeçial, incluso enel cuerpo del derecho o en otra manera qual quier e de qual quier natura efecto calidad e misterio e vigor que sea o ser pueda, e avn que sean tales e de aquellas cosas de que se rrequiera ser fecha espeçial e expresa mençion. Lo qual quiero e mando ordeno e establezco que se faga e cunpla asi, en tal manera que de aqui adelante sean tributarios subjectos tenudos e obligados e vinculados todos los dichos bienes e cada vno dellos expresa mente apechar e pagar e fazer todos e quales quier pedidos e monedas e fazenderas e seruiçios e otros qual quier pechos e fazenderas e tributos e derechos de qual quier natura que sean o ser puedan, que fasta aqui pechauan e pagauan e seruian e pechan e pagan e siruen e fazen los pecheros quelos tienen, e sean apropiados e anexos alos tales bienes e acada cosa e parte dellos, e se non puedan apartar nin separar dellos en alguna manera nin por qual quier contracto nin via nin cabsa nin rrazon que sea o ser pueda; mas que por esa mesma via pechen e paguen e contribuyan aquellos quelos touieren, bien asi e tan conplida mente commo agora pechan e pagan e deuen pechar e pagar e seruir los pecheros, por rrazon delos tales bienes, los tales pechos e tributos e derechos e seruidunbres e otras fazenderas; e que aquel oaquellos aquien pasaren los tales bienes en qualquier manera commo dicho es, se non puedan escusar nin eximir nin puedan ser nin sean escusados nin eximidos dello nin de cosa alguna nin parte dello, por qual quier priuillegio o dignidad o esençion o franqueza que sea o ser pueda, mas quelos tales bienes sienpre pasen aellos con las dichas cargas e tributos, e non en otra manera; e que esto se faga e cunpla asi, non enbargante que non sea inpuesto tributo çierto acada perdio (*sic*) e heredad, ca mi merçed e voluntad es quelos tales bienes sean asi tributarios commo si çierto tributo les fuese impuesto. Lo qual todo e cada cosa e parte dello quiero e mando e ordeno quese guarde e faga asi de aqui adelante para sienpre jamas en todas las çibdades e villas e logares delos mis rregnos e sennorios asi rrealengos commo abadengos e Ordenes o behetrias e otros quales quier, non enbargantes quales quier leyes fueros e derechos ordenamientos e constituçiones e preuillegios e posesiones e quasi posesiones e perscripçiones e pragmaticas sançiones e vsos e costunbres e franquezas e exençiones e estilos e fazannas e otras quales quier cosas, asi de fecho çommo de derecho, de qual quier natura vigor calidad misterio que en contrario sea e ser pueda, ca en quanto aesto atanne yo lo abrogo e derogo, e espeçial mente las leyas que dizen quelas cartas dadas contra ley o fuero o derecho deuen ser obedesçidas e non conplidas avn que contengan quales quier clausulas derogatorias, e quelas leyes e fueros e derechos e ordenamientos non pueden ser rreuocados saluo por Cortes; por que asi entiendo que cunple ami seruiçio e al bien publico e comun de mis rregnos e sennorios, e por quelos mis pecheros me puedan pagar los mis pechos e tributos e lo puedan sostener e soportar. Et quelas mis justiçias e otros quales quier mis subditos e naturales lo guarden e cunplan e fagan guardar e conplyr en todo e por todo segund enesta mi ley se contiene; e que non vayan nin pasen nin consientan yr nin pasar contra ello nin contra parte dello agora nin en algund tienpo, sopena dela mi merçed e de priuaçion delos ofiçios e de veynte mill mrs. acada vno para la mi camara; e quelos del mi Conseio e oydores dela mi audençia e otros quales quier juezes dela mi corte den e libren mis cartas executorias, las mas firmes e bastantes que para ello cunplan, las quales mando al mi chançeller e notarios e alos otros que estan ala tabla delos mis sellos, que libren e pasen e sellen; e otrosi quelos alcalldes e merinos e alguaziles e rregidores e otras justiçias e ofiçiales delas dichas çibdades e villas e logares delos mis rregnos, asi rrealengos commo abadengos e Ordenes e behetrias e otros sennorios quales quier, cada que sobrello fueren rrequeridos, fagan escreuir por escriuano publico e poner por inuentario publico todos los bienes rrayzes quelos pecheros deuen en cada çibdad o villa o logar e en su termino, por que se sepa quales e quantos son, e lo pongan enlas arcas delos conçeios de cada çibdad o villa o logar; e que el mi rrecabdador de cada arçobispado e obispado e arçedianadgo e merindad e sacada e partido delos dichos mis rregnos, faga publicar lo sobre dicho en cada çibdad o villa o logar de su rrecabdamiento e lo faga pregonar e lo tome por testimonio e me lo enbie, e quelos escriuanos por quien pasare lo sobre dicho lo den signado de sus signos sin dineros, so la dicha pena.—Otrosi por quanto enel anno que pasó de mill e quatroçientos e veynte e dos annos, yo estando enla muy noble çibdad de Toledo, mandé dar e di vna mi carta firmada de mi nonbre e sellada con mi sello, su tenor dela qual es este que se sigue. —Don Iohan por la graçia de Dios Rey de Castilla de Leon de Toledo de Gallizia de Seuilla de Cordoua de Murçia de Iahen del Algarbe de Algezira, e Sennor de Vizcaya e de Molina: alos duques condes rricos omes, e alos del mi Conseio e oydores dela mi Audiençia e notarios e otras justiçias dela mi Corte, e atodos los conçejos e alcalldes e alguaziles merinos rregidores caualleros e escuderos e omes buenos de todas las çibdades e villas e logares delos mis rregnos e sennorios, e acada vno de vos aquien esta mi carta fuere mostrada o el traslado della signado de escriuano publico, salud e graçia. Sepades que ami es fecha rrelaçion que despues que yo rreyné acá, muchas personas delos mis rregnos e sennorios que enellos biuen e moran, los quales pechauan e pagauan e contribuyan e deuian pechar e pagar e contribuyr en todos los mis pechos rreales e otrosi conçeiales, han procurado e procuraron de se fazer e armar caualleros asi por mi commo por otros por mi mandado e por otras personas de qual quier estado o condiçion preheminençia o dignidad que sean, por se escusar de pechar e pagar enlos dichos pechos asi mios commo conçejales aque ante eran tenidos e obligados, delo qual ami se rrecresçe grand desseruiçio e alos conçejos delas çibdades e villas e logares do los tales biuen e moran muy grand dapno e perdida, por que han de pagar e cargar sobre si lo que alos tales pertenesçia pechar e pagar, e la esençion e franqueza de los vnos es carga alos otros; e por que ami commo Rey e Sennor pertenesçe proueer sobre las tales cosas, mandé dar esta mi carta por la qual es mi merçet e voluntad que todas e quales quier personas, de qual quier estado o condiçion que sean, que fueron armados caualleros despues que yo rreyné acá asi por mi commo en otra qual quier manera, los quales primera mente eran pecheros, se non puedan escusar nin escusen por la dicha orden de caualleria ellos nin los sus fijos e fijas que ouieron e tenian ante dela dicha caualleria, de pagar nin pechar, mas que paguen e pechen en todos e quales quier pechos asi rreales commo conçeiales, segund que de antes dela dicha caualleria eran tenudos de los pagar e pechar, non enbargantes quales quier cartas e alualaes e preuillegios que en contrario desto tienen, asi librados de mi commo delos mis tutores e rregidores que fueron delos mis rregnos o de qual quier dellos, conlos del mi Conseio o sin ellos, o de otros quales quier sennores o personas, en qual quier manera e por qual quier rrazon e con quales quier firmezas e clausulas derogatorias, las quales e cada vna dellas

çed quelos caualleros que yo fize e armé e mandé armar fasta aqui asi en tienpo delos mis tutores e de cada vno dellos commo despues acá, puedan afiar e desafiar e rrebtar e fazer todos los otros actos, e gozar e gozen afuera delos dichos pechos, en todas las otras cosas e actos e de todos los otros preuillegios e graçias e esençiones e franquezas e libertades e perrogatiuas e preheminençias que segund derecho e leyes de los mis rregnos han e deuen auer e gozar los tales caualleros. Por que vos mando atodos e acada vno de vos quelo guardedes e fagades guardar asi todo e cada cosa dello agora e de aqui adelante segund e por la forma e manera que enesta mi carta se contiene, e que non vayades nin pasedes nin consintades yr nin pasar contra ello nin contra parte dello, non enbargantes quales quier preuillegios e cartas e alualaes que en contrario desto yo he dado fasta aqui nin las penas enellos e en cada vno dellos contenidas, e que apremiedes alos tales que asi fueron fechos e armados caualleros e ante dela dicha caualleria eran tenudos apechar e pagar e contribuyr enlos tales pechos, e eso mesmo alos fijos e fijas que ouieron ante dela dicha caualleria, que pechen e paguen e contribuyan enlos tales pechos e derramas e en cada vna dellas segund que primera mente eran deuidos de pechar e pagar e contribuyr. Et los vnos nin los otros non fagades ende al por alguna manera, so pena dela mi merçed e de diez mill mrs. a cada vno de vos para la mi camara. Et demas por qual quier o quales quier de vos por quien fincare delo asi fazer e conplir, mando al ome que vos esta mi carta mostrare o el dicho su traslado signado commo dicho es, que vos enplaze que parezcades ante mi enla mi corte, los conçejos por vuestros procuradores e los ofiçiales e las otras personas singulares personal mente, del dia que vos enplazare fasta quinze dias primeros seguientes so la dicha pena acada vno, adezir por qual rrazon non conplides mi mandado. Et mando so la dicha pena qual quier escriuano publico que para esto fuer llama-

—Yo el Rey.—Yo Martin Gonçalez la fiz escriuir por mandado de nuestro sennor el Rey.—Registrada.—Por ende es mi merçed e mando quela dicha mi carta e lo en ella contenydo ayan fuerça e vigor de ley fecha e ordenada e publicada en Cortes, e que sea guardada tenida e conplida e executada commo ley.—Otrosi por quanto yo estando en la çibdad de Salamanca el anno que pasó de mill e quatroçientos e treynta annos, mandé dar e di otra mi carta firmada de mi nonbre e sellada con mi sello su tenor dela qual es este que se sigue.—Don Iohan por la graçia de Dios Rey de Castilla de Leon de Toledo de Gallizia de Seuilla de Cordoua de Murçia de Iahen del Algarbe de Algezira, e Sennor de Vizcaya e de Molina: al mi chançeller dela tabla delos mis sellos e al mi escriuano mayor delos preuillegios e al vuestro logar teniente, salud e graçia. Sepades que ami es fecha rrelaçion que vos otros o qual quier de vos auedes entremetido e entremetedes de dar preuillegios e cartas selladas con mis sellos, açiertos mis ballesteros, delos çinco de cada logar que fue mi merçed de ordenar que ouiese en cada çibdad o villa o logar de los mis rregnos, e otros çiertos mis ballesteros e ofiçiales que de mi non han nin tienen rraçion conlos dichos ofiçios, en que sean francos e libres e quitos de pechar nin pagar nin contribuyr en pedidos nin en otros pechos e tributos asi rreales commo conçeiales e otras esençiones e franquezas, lo qual es contra mi seruiçio e en dapno e perjuyzio delas mis rrentas e pechos e derechos. Por lo que vos mando, vista esta mi carta, que de aqui adelante vos non entremetades de dar nin dedes los dichos preuillegios e cartas alos dichos mis ballesteros delos çinco de cada logar nin aotros quales quier mis ballesteros e ofiçiales que de mi non han nin tienen rraçion conlos dichos ofiçios, para que non sean francos nin quitos de pagar los dichos pedidos nin otros pechos nin tributos asi rreales commo conçeiales, nin de otras esençiones algunas, sopena dela mi merçed e de priuaçion delos ofiçios e de confiscaçion de todos vuestros bienes para la mi camara; e si algunos preuillegios e cartas auedes dado alos sobre dichos o aqualquier dellos para queles sea guardado lo sobre dicho, que dedes e libredes sobre ello vuestras cartas para las çibdades e villas e logares do asi biuen e moran los dichos ofiçiales e ballesteros, para que los non sean guardadas las dichas franquezas e libertades enellos contenidas, por quanto mi entençion e voluntad es quelos dichos mis ballesteros delos çinco de cada logar nin los otros mis ballesteros e ofiçiales que de mi non han nin tienen rraçion, non ayan nin gozen de otras franquezas algunas, saluo quelos dichos mis ballesteros delos çinco, gozen

al que vos la mostrare testimonio signado con su signo, por que yo sepa en commo conplides mi mandado. Dada en la çibdad de Salamanca quinze dias de setienbre anno del nasçimiento del nuestro Sennor Iesuchristo de mill e quatroçientos e treynta annos.—Yo el Rey.—Yo el doctor Fernando Diaz de Toledo oydor e rreferendario del Rey e su secretario la fize escriuir por su mandado.—Registrada.—Por ende es mi merçed e mando quela dicha mi carta e lo enella contenido aya fuerça e vigor de ley fecha e ordenada e publicada en Cortes, e que sea guardada tenida e conplida e executada commo ley.

Por que vos mando atodos e acada vno de vos que veades las rrespuestas por mi dadas alas dichas petiçiones, e otrosi lo sobre dicho que allende delas dichas petiçiones yo mandé e ordené, e otrosi lo que se contiene enlas dichas mis cartas suso encorporadas e en cada vna dellas, lo qual e cada cosa e parte dello quiero e mando que aya fuerça e vigor de ley bien asi commo si fuese fecho e ordenado en Cortes, e quelo guardedes e cunplades e executedes e fagades guardar e conplyr e executar en todo e por todo segund e por la forma e manera que eneste mi quaderno de leyes se contiene; e que non vayades nin pasedes nin consintades yr nin pasar contra ello nin contra parte dello. Et los vnos nin los otros non fagades ende al por alguna manera, sopena dela mi merçed e de veynmill mrs. acada vno para la mi camara. Et de esto mandé dar este mi quaderno de leyes firmado de mi nonbre e sellado con mi sello.

Dado en la çibdad de Palençia a veynte dias de enero, anno del nasçimiento de nuestro sennor Iesuchristo de mill e quatroçientos e treynta e vn annos.—Yo el Rey.—Et yo el doctor Fernando Diaz de Toledo oydor e rreferendario del Rey e su secretario lo fize escriuir por su mandado.—Registrada.

X.

Cuaderno de las Córtes celebradas en Zamora el año de 1432 [1].

Don Iohan por la graçia de Dios Rey de Castilla de Leon de Toledo de Gallizia de Seuilla de Cordoua de Murçia de Iahen del Algarbe de Algezira, e Sennor de Vizcaya[2] e de Molina. Alos duques perlados condes rricos omes maestres delas Ordenes priores alos del mi Consejo e oydores dela mi Abdiençia e al mi justicia mayor e alcalles[3] e alguaziles e otras justiçias dela mi casa e corte e chançelleria e alos mis adelantados e merinos e commendadores e sus commendadores alcaydes delos castillos e casas fuertes e llanas, e al conçejo alcalles e merino e seze e caualleros e escuderos e ofiçiales e omes buenos dela muy noble çibdat de Burgos cabeça de Castilla e mi camara[4], e atodos los otros conçejos alcalles alguaziles rregidores caualleros escuderos e omes buenos de todas las çibdades e villas e lugares[5] delos mis rregnos e sennorios, e aqual quier o quales quier de vos, aquien esta mi carta fuere mostrada, salud e graçia. Sepades que enel ayuntamiento que yo agora fize enla çibdat de Çamora, estando ende comigo la Reyna donna Maria mi muger e el Prinçipe don Enrrique mi fijo primero[6] genito heredero, e otrosi çiertos condes perlados rricos ommes caualleros e dotores[7] del mi Consejo; fueron[8] dadas çiertas petiçiones generales por los

[1] Este cuaderno se ha tomado del original que se guarda en el archivo de la ciudad de Búrgos. Consta de 17 hojas en fólio, papel grueso y la letra cancilleresca. Conserva señales de haber tenido sello pendiente.

Se ha confrontado con el cuaderno original que se guarda en la ciudad de Sevilla y con el otorgado á la ciudad de Écija, que ha tenido la bondad de facilitar D. José María de Álava, académico correspondiente. Se han anotado las variantes que han resultado de la confrontacion del texto con los mencionados cuadernos.

[2] Sev. y Écija : Viscaya.

[3] Sev.: alcalldes. Écija : alcaldes.—Así en adelante.

[4] Sev. : e al conçejo alcalldes alguazil veynte e quatro caualleros e escuderos ofiçiales e ommes buenos dela muy noble çibdat de Seuilla.—Écija : e al conçejo alcaldes alguazil rregidores caualleros e escuderos e oficiales e ommes buenos dela çibdat de Eçija e atodos los otros conçejos alcaldes alguaziles caualleros e escuderos rregidores oficiales e ommes buenos.

[5] Sev. y Écija : logares.—Así en adelante.

[6] Sev. : primo.

[7] Écija : doctores.—Así en adelante.

[8] Sev. y Écija : me fueron.

que mandase ordenar la manera que se deuiese tener enla mi chançelleria, e commo deuiesen seruir los mis oydores e alcalldes e notarios della, e del lugar o lugares onde auian de estar [1] continuada mente; lo qual yo auia ordenado e mandado asi, dando orden commo los mis oydores e alcalldes rresidiesen [2], commo quelos mis notarios mayores pusiesen por sus lugares tenientes enlos dichos ofiçios buenas personas, letrados ydonios [3] e pertenesçientes, los quales seruiesen por si mesmos e non por sostitutos, e que se non arrendasen los dichos ofiçios de notarias, e que se guardasen las leyes que sobre esto fablan, so las penas enellas contenidas; otrosi quela mi abdiençia e chançelleria estouiese cada vn anno seys meses aquende los puertos enla villa de Toruegano [4], e otros seys meses allende los puertos en Grinnon e Cubas, por que eran lugares asaz conuenibles, onde los pleyteantes [5] pudieren venir de todas las partes delos mis rregnos; e que todo lo sobre dicho asi ordenado e mandado, enla mayor parte non se auia conplido, delo qual se auia seguido e seguia ami deseruiçio e amis rregnos grand dapno. Por ende que me suplicauades quelo mandase poner en execuçion, e que ordenase e mandase que sy alguno o algunos delos mis oydores e alcalldes e notarios non conplieren mi ordenança, queles non fuesen librados los mrs. que ouiesen de aver enlos mis libros por rrazon delos dichos ofiçios.

Alo qual vos rrespondo que sobre esto se començó a fablar en Medina del Canpo por çiertos del mi Consejo, los quales yo deputé que viesen en estos fechos, e por mi partida dela dicha villa, non se pudo concluyr; pero yo les he mandado e mando quelo vean lo mas enbreue que ser pueda, e me fagan relacion dello, por que yo prouea sobre todo commo cunpla ami seruiçio e aexecuçion [6] dela mi justiçia.

2. Otrosi alo que me suplicastes diziendo que otras vezes me ouierades pedido por merçed que mandase guardar lo por mi ordenado, que se non acresçentase el numero delos alcalldes e rregidores, que estauan limitados [1] porlos rreyes mis anteçesores en algunas çibdades e villas de mis rregnos, e que yo ordené e mandé que se feziese e ordenase [2] asi dende en adelante, non enbargantes quales quier mis cartas e alualaes que en contrario dello yo diese; e que non se auia guardado nin guardaua, ante de cada dia el dicho numero de alcalles e rregidores en muchas çibdades e villas se auia acresçentado e acresçentaua [3], por que yo auia dado e daua mis cartas [4] para ello, las quales, caso que se deuiesen obedesçer e non conplir segund quelo yo ordenara, por fauores quelas personas quelas ganan tienen enlas tales çibdades e villas, [5] o por cartas de rruego que lleuan de algunos perlados e sennores dela mi corte, luego son rresçebidos alos oficios. Por ende que me suplicauades que mandase e ordenase que todos los ofiçios de alcallias e rregimientos e escriuanias, que son acresçentados demas delos numeros lymitados por los rreyes mis anteçesores e por mi enlas dichas çibdades e villas de mis rregnos, sean consumidos asi commo vacaren, fasta ser rreduzidos alos dichos numeros; e que de aqui adelante non acresçentase el dicho numero de alcalldes e rregidores e escriuanos, saluo sy la çibdat o villa, de vna concordia, melo demandase entendiendo ser conplidero ami seruiçio e al bien dellos; e que yo ordenase, e mandase que si contra la forma delo que yo enello ordeno [6] e ordenase los alcalldes e alguaziles e rregidores atentaron de rresçebir e rresçibyeren de aqui adelante algund alcallde o rregidor o escriuano acresçentado del dicho numero lymitado, caso que sea proueydo por mi de nueuo o enlugar del que se ouiere de consumir, que por el mismo fecho pierdan los oficios los alcalldes e alguaziles e rregidores, que fezieren la dicha rreçebçion [7], e que dende en adelante non puedan vsar nin vsen dellos.

1 Sev. y Écija: que estaua limitado.

2 Sev. y Écija: que se guardase e feziese.

3 Sev.: ante en muchas çibdades e villas se auia acrescentado e acrescentaua de cada dia el dicho numero de alcalldes e rregidores.

4 Sev. y Écija: cartas e alualaes.

5 Sev.: segund que yo lo ordenara, por quelas personas quelas ganauan tienen enlas tales çibdades e villas fauores.—Écija: segun quelo yo ordenara, por quelas personas quelas ganauan tienen enlas tales çibdades e villas fauores.

6 Sev.: ordene.

7 Sev.: rreçepçi n.

Aesto vos rrespondo que me plaze, e mando [1] e ordeno que se faga e cunpla assi; pero que toda via es mi merçed quela çibdat [2] o villa o lugar non me pueda suplicar nin demandar el tal acresçentamiento, e encaso quelo suplique, yo non rresçiba la tal suplicaçion nin faga por ello prouision alguna.

3. Alo que me pedistes por merçed que por quanto yo mandara rreparar los castillos dela frontera, delas doblas quel Rey de Granada auia de dar ami por rrazon delos tratos [3] dela tregua, que me suplicastes [4] que me pluguiese que todas las doblas quel Rey de Granada auia dado o diese por los dichos tratos, fuesen destribuydas [5] enla rreparacion delos dichos castillos fronteros, e eso mismo que yo mandase rreparar los otros mis castillos e alcaçares e casas fuertes delas fronteras delos otros rregnos comarcanos, segund conplia ami seruiçio, e que yo rrespondy que se feziese el dicho rreparo, delas dichas doblas que dende en adelante se traxiesen [6] de Granada por rrazon delos dichos tratos; e que fasta aqui muy poco rreparo se auia fecho enlos dichos castillos e alcaçares e casas fuertes, por cabsa delo qual ami podria rrecresçer deseruicio e alos mis rregnos algund mal e dapno. Por ende que me suplicauades que en caso que se non ayan las dichas doblas o se ayan e non bastaren, que yo prouea commo los dichos rreparos se fagan e cunplan de otra parte, e asi [7] mesmo yo mande rreparar los muros e torres delas mis çibdades e villas, que estan derribados e mal rreparados en muchas partes.

Aesto vos rrespondo que me plaze, en quanto atanne alos castillos dela frontera, de mandar apartar dinero cierto para ello, e que se non gaste en otra cosa, e quanto alos muros e torres delas mis çibdades e villas, que mandaré alos vezinos e moradores dellas quelas rreparen e labren segund que son tenudos.

4. Alo [8] que me pedistes por merçed que por quanto ami fuera suplicado que me pluguiese de mandar proueer en rrazon dela quema e in-

1 Écija: que se guarde e mando.

2 Écija: quela tal çibdád.

3 Sev.: trabtos.—Écija: tractos.—Y asi en adelante.

4 Sev. y Écija: suplicauades.

5 Sev. y Écija: distribuidos.

6 Sev.: delas doblas que dende adelante se traxiesen.—Écija: delas dichas doblas que dende en adelante se troxesen.

7 Sev. y Écija: e que asi.

8 Écija: pone en lugar de esta peticion la que en nuestro texto lleva el núm. 5, y con éste la que vamos insertando.

poseçion que era inpuesta en Aragon en perjuyzio[1] de mis naturales, asi enlos dapnos rresçebidos, commo en que se non rresçibiesen mas adelante e que yo rrespondiera que me plazia de proueer sobre ello lo mas breue[2] que ser pudiese; e que fasta aqui non sabiades que enello fuese fecha prouision alguna, ante se dezia e afirmaua por muchos mercadores[3] mis subditos e naturales que despues acá se ha rrecresçido la dicha quema e inpuseçion e otros fechos[4] enel dicho rregno de Aragon, en grand perjuyzio delos mis subditos e naturales. Por ende que me suplicauades que mandase enello proueer, por tal manera que mis subditos e naturales fuesen satisfechos delos dapnos rreçebidos, e ouiesen rremedio para adelante.

Aesto vos rrespondo que sobre esto está pleito pendiente ante los juezes deputados asy por mi commo por el Rey de Aragon, e que yo he mandado proueer sobre ello enla manera que cunpla ami seruiçio.

5. Alo que me pedistes por merçet que por quanto ami fuera suplicado que me pluguiese de proueer[5] commo estouiesen enel mi Consejo algunas personas delas çibdades e villas de mis rregnos, por que cunplia mucho ami seruiçio, por algunas rrazones que aello se dieron, e que yo podria saber que asi fuera fecho en tienpo del Rey don Enrrique mi visauuelo e del Rey don Iohan mi avuelo, que Santo Parayso ayan, alo qual por mi fuera rrespondido quel mi Consejo estaua bien proueydo asi de duques e condes, commo de perlados e rricos omes e dotores e caualleros e personas mis naturales de las çibdades e villas de mis rregnos; e que por quanto de cada dia se fazian e ordenauan e rrecresçian en mi corte cosas[6] nueuas, las quales rrazonable mente deuian saber las çibdades e villas de mis rregnos, por que, enlo que aellas atanne, me suplicasen por aquello que entendiesen que ami seruiçio conpliese e al bien dellas. Por ende que me suplicauades que me pluguiese ordenar e mandar que estouiesen e andouiesen continua mente[7] enla mi corte dos procuradores, vno de aquende los puertos e otro de allende los puertos, e que aestos dos procuradores fuese dado, por mi mandado, poderio porlas çibdades e villas cuyos procuradores sodes, para procurar todas aquellas cosas

1 Sev.: prejuyzio.—Así en adelante.
2 Sev.: sobre lo mas breue.
3 Sev.: mercaderes.
4 Sev. y Écija: que despues acá se han acresçentado la dicha quema e impusiçion e otros derechos.
5 Sev.: ploguiese proueer.
6 El texto, sin duda por equivocacion pone *asaz* en vez de *cosas*.
7 Sev.: estudiesen e andudiesen continua mente.—Écija: que estouiesen continuada mente.

que entendiesen que ami seruiçio conplia[1] e al bien delas dichas çibdades e villas de mis rregnos; e que estos dos procuradores fuesen elegidos por vos otros, delos que aqui estan, fasta que otros procuradores veniesen[2] ami corte por mi mandado e llamamiento, e aquellos elegiesen otros dos que estouiesen asi mismo fasta que veniesen otros procuradores, e por esta via[3] dende en adelante, alos quales dichos dos procuradores me suplicauades que yo mandase dar mantenimiento rrazonable.

Aesto vos rrespondo que está asaz bien por mi rrespondido e proueydo.

6. Alo que me pedistes por merçet que por quanto me fuera suplicado que mandase fazer las condiçiones conque se auian de arrendar e coger las mis rrentas, seyendo aello presentes algunos procuradores, e aquellas asi fechas, quelas yo non mandase mudar, saluo de conseio e acuerdo delas mis çibdades e villas e desus procuradores ensus nonbres, ca tenian que estaua en rrazon e era mucho mi seruiçio, e que de su consejo yo ordenase aquello aque todos mis rregnos auian de ser obligados, demas que asi se acostunbraua[4] de fazer sienpre enlos tienpos pasados, alo qual que por mi fuera rrespondido que me plazia quelos procuradores que comigo estauan viesen las dichas condiçiones, las quales mandara alos mis contadores[5] que gelas mostrasen luego, e sy entendiesen que algunas dellas eran agrauiadas, quelo declarasen ante mi, e que mandaria[6] luego proueer sobrello segund cunplia[7] ami seruiçio e apro e bien comun delos mis rregnos; e aquello que se non pusiera en execuçion, antes que vos era fecho entender que despues acá se auian agrauiado mas las dichas condiçiones contra mis rregnos e sennorios. Por ende que me suplicauades que mandase quevos fuesen mostradas las dichas condiçiones, por que se pusiese en execuçion aquello que yo ordené.

Aesto vos rrespondo que por quanto yo he arrendado mis rrentas por tres annos, que estos durantes, non se puede[8] fazer ynouaçion alguna; e para adelante yo lo mandaré veer e proueer enla manera que cunpla.

1 Sev.: conplian.—Écija: cunplian.
2 Écija: viniesen.
3 Écija: eligiesen vos por otros dos procuradores, e por esta via.
4 Sev. y Écija: acostunbrara.
5 Écija: contadores mayores.
6 Écija: mandase.
7 Sev.: cunpla.
8 Sev.: pueda.

7. Alo que me pedistes por merçed que por quanto me fuera suplicado notificando melos males e dapnos e grand fallesçimiento de justiçia que enlos mis rregnos auia e se rrecresçia, por rrazon de[1] muchas personas que biuian en abitos de legos, que se escusauan dela mi jurediçion por tener titulo de corona, e avn quelos mas destos eran omes mal fechores e dellos rrufianes e peleadores, e en esfuerço dela qual corona fazian muchos maleficios e perjuyzios, e mi justiçia[2] non podia enello rremediar, por quanto proçedian contra ellos e luego eran ynpedidos[3] por carta de excomunion e entredicho, que me pidieran por merçet que me pluguiese de proueer çerca dello, aloqual que yo rrespondiera que auia sobre esto enbiado mis suplicaçiones a nuestro Santo Padre, e que segund me auia seydo escripto, que auia proueydo sobre ello e que en breue será venida la bulla[4] dela dicha prouission; e que non enbargante que se dezia que la dicha bulla fuera venida, quelos mis rregnos e sennorios la non auian visto, nin auian auido rremedio alguno. Por ende que me suplicauades que me pluguiese de enellos rremediar.

Aesto vos rrespondo que yo sobre esto enbié suplicar al Papa, el qual mandó dar sobre ello su bulla, la qual está en mi camara, e ende será dado traslado della aqual quier quelo pediere.

8. Alo que me pedistes por merçet que por quanto me fuera suplicado que mandase guardar las ordenanças quelos rreyes mis anteçesores fizieron, que eran confirmadas por mi, sobre commo los alcalldes e rregidores delas çibdades e villas e lugares auian[5] de rregir e administrar la justiçia e rregimiento dellas, mandando que enlas çibdades e villas de mis rregnos enque ay rregidores, non estouiesen conellos alos ayuntamientos e conçejos, caualleros nin escuderos nin otras personas, saluo los alcalldes e otras personas que enlas ordenanças que tienen se contiene que esten, e otrosi que se non entremetiesen enlos negoçios del rregimiento delas dichas çibdades e villas, saluo los mis alcalldes e rregidores, e que ellos fiziesen todas aquellas cosas[6] quel conçejo solia fazer e ordenar ante que ouiese rregidores, e que se guardase asi estrecha mente commo enlas dichas ordenanças se contiene, e que enlas çib-

[1] Sev. y Écija: por rrazon que.
[2] Écija: e la mi justiçia.
[3] Sev. y Écija: enpedidos.
[4] Sev.: bula.
[5] Écija: lugares que auian.
[6] Sev. y Écija: todas las cosas.

dades e villas onde[1] non ouiese ordenanças, se guardase asi commo e por la forma que se guardaua e guardase enlas çibdades e villas onde las tienen, e que sy alguna cosa contra lo que se ordenase e feziese por los dichos allcaldes e rregidores quisiesen dezir, queles rrequiriesen sobre ello por antel mi escriuano por ante quien pasasen los fechos del conçejo, e que silo non quisiesen fazer e entendiesen que conplia rrequerir me sobre ello, quelo enbiasen rrequeryr, por que que yo feziese sobre ello aquello que me pluguiese, e rrespondierą que guardasen[2] eneste caso las ordenanças que sobre ello fablan enlas çibdades e villas e lugares do las ay, e donde non ay las tales ordenanças, que se guarde[3] lo quelos derechos quieren en tal caso; e que por yo non fazer otra declaraçion enello, en muchas çibdades e villas de mis rregnos, onde non tienen ordenanças, se leuantauan de cada dia muchos bolliçios e escandalos. Por ende que me suplicauades que quisiese ordenar e mandar que enlas çibdades e villas que non ouiese ordenanças, pasen e esten porlas ordenanças de otras çibdades e villas de aquella comarca que mas çercanos fuesen, o que yo feziese enello otra alguna[4] declaraçion, por euitar[5] alos dichos bolliçios e escandalos.

Aesto vos rrespondo que es mi merçed que non entren enlos conçejos e ayuntamientos, saluo la justiçia e rregidores, e asi mismo los seysmeros[6], do los ay, en aquello quelos tales seysmeros deuen caber, segund la ordenança rreal dada ala çibdad o villa o lugar do ay los tales seysmeros.

9. Alo queme pediste por merçed que por quanto me fuera suplicado que algunos caualleros[7] e perlados e otras personas poderosas demis rregnos e sennorios, que tienen vezindad en algunas mis çibdades e villas e lugares dela mi corona rreal o biuen o comarcan çerca dellas, que cada e quando venian alas tales çibdades e villas e lugares, se entremeten de posar e posauan asi aellos commo los suyos enlas casas e moradas delos vezinos e moradores[8] delas tales çibdades e villas e lugares, e que les tomauan por fuerça e contra su voluntad la rropa e paja e

1 Écija: donde.
2 Sev. y Écija: que se guardasen.
3 Sev. y Écija: guardase.
4 Écija omite: alguna.
5 Sev.: ouiar.
6 Sev. y Écija: sesmeros.—Así luégo.
7 Écija: que por quanto algunos caualleros.
8 El texto omite: delos vezinos e moradores.

lenna e otras cosas muchas, e avn que rresçibian dellos otros muchos agrauios e desonrras, e que por ende me pluguiese de proueer sobre ello, e que yo rrespondiera que mandaua e defendia que se non feziesen desde en adelante las tales cosas; el qual mandamiento e defendimiento non auia auido efecto[1]. Por ende que me soplicauades que mandase que se guardase e conpliese, so algunas grandes penas, e mandase alas justiçias e rregidores delas tales çibdades e villas e lugares que non consentiesen yr contra ello, sopena de priuaçion delos ofiçios.

Aesto vos rrespondo que es mi merçed, e mando que se guarde asi en todas las çibdades e villas e lugares delos mis rregnos, sopena quel quelo contrario feziere, pague por cada vegada que tomare qual quier posada, seysçientos mrs. para la mi camara, e lo que montare quelo pague conel tres tanto, lo qual todo le sea descontado delo que de mi ouiere, e si non ouiere de quelo pagar, quelo pague de sus bienes, e que las mis justiçias lo executen e fagan guardar asi, sopena de priuaçion delos ofiçios; e sy los rregidores o justiçias dieren las posadas syn mi mandado, que por el mismo fecho pierdan los ofiçios.

10. Alo que me pedistes por merçed que por quanto me fuera suplicado quelos perlados e clerigos de mis rregnos se entremetian de perturbar mi juredițion, apropiandola a si e rresistiendo alos mis juezes e ofiçiales cada que enello se querian entremeter, asi por via de excomuniones[2] commo de rrigor, en tal manera quela mi justiçia peresçia, e la juredițion delos dichos perlados e clerigos se alargaua; por ende que me pluguiese de ordenar e mandar quesi algund lego demandase alguna cosa en juyzio a otro lego, ante algund juez eclesiastico, sobre alguna cosa que pertenesçiese ami juredițion, por el mismo fecho perdiese[3] qual quier ofiçio que ouiese en qual quier çibdad o villa o lugar demis rregnos e sennorios, e que si non ouiese[4] ofiçio alguno, que non lo podiese aver dende en adelante, e demas que pechase en pena, por cada vegada que contra ello pasase, diez mill mrs., la meytad para el acusador e la otra meytad para rreparaçion delos muros de la çibdad o villa o lugar do acaesçiere, alo qual que yo rrespondiera que mandaua e tenia[5] por bien que se fiziese e guardase asi, saluo enlos casos que de derecho pertenesçen de su natura al fuero eclesiastico, e allende que

[1] Sev.: efeto.
[2] Sev.: descomuniones.—Écija: de excomunion.
[3] Sev.: pierda.
[4] Sev.: touiese.
[5] Écija: touiera.

se guarden[1] las leyes rreales que sobre ello fablan; e quelos dichos perlados e clerigos, en muchas cosas que de derecho non pertenesçen al fuero eclesiastico, se entrometen de conosçer apropiando a sy la juridecion[2], eno tan sola mente llaman e fazen paresçer ante sy amis subditos e naturales legos delas villas e lugares del arçobispado o obispado dela çibdad cabeça del tal arçobispado o obispado[3], mas avn tal llaman e fazen paresçer ante sy alos dela çibdad, auiendo ende vicarios e juezes, çitando los para otras villas e lugares del obispado, e que en caso[4] que declinan juredicion, non curan de connosçer dela declinatoria, e proçeden enel caso prinçipal fasta tanto quelos mis subditos e naturales legos, de nesçesario se han de rrendyr. Por ende que me suplicauades que me pluguiese enello rremediar, por que mis subditos e naturales non rresçiban tanto dapno.

Aesto vos rrespondo que es mi merçed, e mando que se guarde la ordenança por mi fecha[5], e demas yo escreuiré sobre esto alos perlados, en la manera que cunpla.

11. Alo que me pedistes por merçed que por quanto me fuera suplicado que por que muchas vezes acaesçia que se demandauan corregidores para mis çibdades e villas, e se trayan testigos de informaçiones, familyares[6] e parientes de aquellos quelos demandan[7] o rrogados o flugicados[8], e que por la tal informaçion se enbiauan los tales[9] corregidores, los quales se trabajauan por allegar dinero e fazer de su prouecho, e curauan poco dela justiçia, e que si mal estaua el pueblo quando yuan, peor quedaua quando partian, por ende que me pluguiese que por buena e verdadera informaçion se prouiese[10] delos tales corregidores e corregimientos, quando se ouiesen de proueer, alo qual que yo rrespondiera quese guardase e fiziese asi, e que despues me fuera suplicado que por quanto algunos corregidores e alguaziles delas dichas çibdades e villas e lugares que yuan a corregir los pueblos, ponian por sy ofiçiales,

1 Sev. y Écija: guardasen.
2 Sev. y Écija: juredicion.
3 Sev.: del arçobispado e obispado enla çibdad cabeça del tal arçobispado o obispado.—Écija: del arçobispado e obispado enla çibdad cabeça del tal arçobispado e obispado.
4 Écija: e que caso.
5 El texto: que por mi fecha.
6 Sevill. y Écija: para informaçion, familiares.
7 Sev. y Écija: demandauan.
8 Sev.: furgicados.
9 El texto omite: tales.
10 Écija: proueyese.—Así luégo.

çibdades e villas, para saber commo vsauan los dichos corregidores[1] e de los agrauios que fazian[2], por que yo lo sopiese e prouiese commo conpliese ami seruiçio, e que yo rrespondiera que ami plazia quelos corregidores durasen alo mas por dos annos; e que non enbargante todo lo sobre dicho, que muchos corregidores auian estado e estauan en algunas çibdades e villas de mis rregnos grandes tienpos, de que se auia seguido e seguia alas tales çibdades e villas muy grandes dapnos[3], ca demas de les ser quebrantados sus preuillegios[4] e libertades, que dezides que tienen confirmados e jurados por mi, son destruydas e pobres mis çibdades e villas conlos tales corregidores, pagando sus salarios e auiendo asofrir otras muchas cosas que conel poderio dela justiçia les leuauan e tomauan e fazian, e que yo podia saber por verdad quelos corregidores commun mente non fazian justizia, saluo enlos pequennos, e que curauan mas de allegar dinero e poner escandalos e çismas e mal querençias entre los pueblos, por tal quellos que ayan[5] de durar enlos corregimientos, que non delos apaziguar e sosegar[6]. Et por ende pues las prouisiones fechas non bastauan[7], que me suplicauades que mandase rreuocar los corregidores que estan puestos en mis çibdades e villas, e mandase dar mis cartas para que dexasen los corregimientos, e que dende en adelante para corregir los delitos e bolliçios e escandalos[8] que acaesçiesen en las dichas çibdades e villas, quisiese[9] tomar otra via, mandando venir aqui ala mi corte, los caualleros[10] e omes poderosos delas çibdades e villas que algunos delitos fizieren o bolliçios e escandalos leuantaren,

[1] Écija : pesquesidores.
[2] Écija : que se fazian.

e los alcalldes e rregidores que non vsasen su ofiçio commo deuen, é que aqui los mandase punir e castigar, enlo qual que faria derecha justiçia penando aquel que la meresçiese, e los inoçentes pecheros non padesçiesen syn culpa commo agora padeçen.

Aesto vos rrespondo que es mi merçed de non proueer de aqui adelante de corregidor ala çibdad o villa o lugar, saluo pidiendo lo todos o la mayor parte dellos o entendiendo yo que asi cunple ami seruiçio, e eneste postrimero caso, que se entienda asi que avn que yo sea informado por otra manera que es menester corregidor, quelo non entiendo dar nin daré sin enbiar rresçebir la informaçion dello ala çibdad o villa o lugar, e non en otra manera; otrosi quelas justiçias delas çibdades e villas e lugares cada e quando algunos escandalos rrescresçieren enellos, enque ellos non puedan proueer, sean tenudos, sopena de perder los ofiçios, de melo enbiar luego notificar e fazer saber, por que yo prouea, e en tal caso non entiendo proueer [1] enbiando corregidor nin juez nin pesqueridor general, mas sola mente enbiaré el tal corregidor juez o pesqueridor sobre aquel solo negoçio o negoçios, e non para mas nin allende nin en otra manera, e esto non acosta mia nin dela çibdad o villa nin lugar, mas acosta delas partes aquien tocare o acosta dela justiçia por cuya nigligençia [2] ouiere de enbiar el tal corregidor o juez o pesqueridor, e entonçe quela tal justiçia sea suspensa del ofiçio, quanto en aquel caso; otrosi que non proueeré a persona alguna de corregimiento, por mas de vn anno, de aqui adelante, e que en aquel anno sea tenudo el tal corregidor juez o pesqueridor, de fazer conplida deligençia çerca del ofiçio quele fuere encomendado, e sylo asi non fiziere, sea tenudo de tornar ala çibdad [3] o villa o lugar todo el salario que dellos ouiere rresçebido; otrosi que vna persona no aya nin tenga mas de vn corregimiento; otrosi quel que ha tenido fasta aqui el corregimiento vn anno, quelo tenga quatro meses mas, por que en aquellos pueda acabar e fazer lo que non fizo ni acabó dentro enel anno, aperçibiendole que sylo non acabare, que yo le mandaré tornar todo el salario que ouiere rresçebido por el tal corregimiento o juzgado, e sy la çibdad o villa o lugar pidiere el tal corregidor por mas tienpo, quele non sea dado aquel, mas otro; e los que non han tenido el corregimiento por vn anno conplido, quelo tengan de oy en quatro meses e non mas, e en este tienpo fagan

[1] El texto pone equivocadamente: por que yo prouea en tal caso non entiendo proueer.
[2] Sev. y Écija: negligençia.
[3] Écija: ala tal çibdad.

suso dicho ...

gimientos dos annos, que luego los dexen, e asi mismo para que se guarde e cunpla todo lo sobre dicho [3] e cada cosa dello.

12. Alo que me pedistes por merçed que por quanto me fuera suplicado que de muchas çibdades e villas e lugares de mis rregnos e sennorios, que son demi corona rreal, estauan entrados e tomados muchos lugares e terminos e jurediçiones por algunos perlados e caualleros e otras personas, e caso quese auian defendido e rresistido quanto podian, la potençia delos tales sennores era tanta, que por ello e por el fauor e ayuda que tenian enlas tales çibdades e villas e lugares, se quedauan conlo que asi tomauan, e que por via de pleito non podian alcançar conplimiento de justiçia por algunas rrazones que aello dixieron [4], e por ende que me pluguiese de proueer enello [5], e que aellos paresçia que yo deuia mandar a algunas personas buenas [6] sin sospecha que tomasen e ouiesen sobre esto su informaçion, e la traxiesen [7] o enbiasen ante mi, e lo que porlas tales informaçiones paresçiese e se fallase ser tomado e ocupado alas tales çibdades e villas [8], que yo vsando de mi poderio rreal rrestituyese enello alas tales çibdades e villas e lugares, syn que enello interueniesen otros pleitos nin dilaçiones, alo qual que yo rresponpondiera quelos que eran o fuesen agrauiados, quelos demandasen [9] e prosiguiesen su drecho, e que yo les mandaria [10] oyr e librar e fazer conplimiento de justiçia lo mas enbreue que ser pudiese; e quela dicha rrespuesta non es rremedio alas mis çibdades e villas, que ya me fuera fecha rrelaçion, que por via de pleito non podrian alcançar conplimien-

1 Sev. y Écija: para todas estas cosas.

2 El texto: han tenidos.

3 Sev. y Écija: suso dicho.

cado que por que alguna
e arrendadores delas rren
rretenian ensi los mrs. que
e nonlos querian pagar, e
chas çibdades e villas, e
dellas dauan sentençia con
sentençias, e avn que algu
para algunos dela mi corte
dades, lo qual era cabsa d
rrentas e propios delas dic
enel rrepartimiento delos m
mun delas dichas çibdades
ordenar e mandar que sy a
domos quesieren letigar en
do o deuiesen delas dichas
sen ante los corregidores e
non ante otro alguno, e q
dichos alcalldes e corregid
nin suplicaçion nin yo d
comision ouiese dado, la
ante los dichos corregidor
para que feziesen sobre ell
yo rrespondiera que proseg
los tales mayordomos e a
fuera nin era rremedio al
syngulares alcançar ...

midat, e todo otro rremedio.

13. Alo queme pedistes por merçed que por quanto me fuera suplicado que por que algunas vezes acaesçia que algunos mayordomos e arrendadores delas rrentas e propios delas dichas çibdades e villas rretenian ensi los mrs. que rrecabdauan e deuian delos propios dellas, e nonlos querian pagar, e trayan pleito e contienda sobre ello alas dichas çibdades e villas, e que encaso quelos corregidores[3] e alcalldes dellas dauan sentençia contra ellos, que apellauan e suplicauan de sus sentençias, e avn que algunas vezes ganauan cartas de comision[4], asi para algunos dela mi corte commo para otros algunos delas dichas çibdades, lo qual era cabsa de grand dilaçion, e por quelos mrs. delas rrentas e propios delas dichas çibdades e villas non eran distribuydos enel rrepartimiento delos muros, e otras cosas nesçesarias para pro comun delas dichas çibdades e villas; e por ende que me pluguiese de ordenar e mandar que sy algunos delos dichos arrendadores e mayordomos quesieren letigar en juyzio sobre los mrs. que ouiesen rresçebido o deuiesen delas dichas rrentas e propios, quelo dixiesen e allegasen ante los corregidores e alcalldes delas dichas çibdades e villas, e non ante otro alguno, e que delas sentençias e mandamyentos quelos dichos alcalldes e corregidores sobre ello diesen, non ouiesen apellaçion[5] nin suplicaçion nin yo diese sobre ello comision alguna, e sy alguna comision ouiese dado, la mandase reuocar e rremitir los tales pleitos ante los dichos corregidores e alcalldes delas dichas çibdades e villas para que feziesen sobre ello lo que con derecho deuiesen; alo qual que yo rrespondiera que proseguiesen su derecho los tales conçejos, contra los tales mayordomos e arrendadores; e quela dicha rrespuesta non fuera nin era rremedio alas dichas çibdades e villas, ca las personas syngulares alcançan tarde justiçia enlos pleitos que tratan, pues me-

yordomos e arrendadores fuesen
uieren delos dichos propios e rrentas, porla forma quelo son o deuen ser los mis arrendadores e rrecabdadores que rrecabdan e arriendan[1] mis rrentas.

Aesto vos rrespondo quelo que tanne alas rrentas e propios delas çibdades e villas e lugares, que es mi merçed, e mando e tengo por bien que se vea e libre e determine sumaria mente syne estrepitu[2], e figura de juyzio, segund se faze enlas mis rrentas e que enlas apelaçiones se guarde eso mismo que enlas mis rrentas, e derechos, es a saber que sy dos sentençias fueren dadas por quales quier juezes o allcaldes de quales quier çibdades e villas e lugares e sennorios[3] e otras personas quales quier, que fueren conformes, que non puedan apellar dellas nin agrauiar se, e sy vna sentençia fuere contra otra o dyuersa, que pueda apellar o suplicar o agrauiar dello[4], e mando que non pueda aver apelaçion de ningund acto[5] que pasare, saluo de sentençia ynterlocutoria, enlos casos quel derecho quiere, e de sentençia[6] difinitiua, e que ningunos juezes mayores non puedan dar nin den cartas de yniuiçion[7] alos juezes dela primera ynistançia[8], fasta ver sy ha lugar la apelaçion sopena dela protestaçion, que contra los tales juezes fuere fecha, seyendo tasada e moderada.

14. Alo que me pedistes por merçed que por quanto me fuera suplicado que por quela gente de armas que está en mi seruiçio habia fecho[9] e fazian muchos dapnos que me pluguiese que se ouiese informaçion de aquellos, e se feziese conplimiento de derecho alos danificados[10]; alo

1 Écija: e rresçiben.
2 El texto: spripitu.
3 Écija: e lugares delos mis rregnos e sennorios.

Aesto vos rrespondo qu
he librado mi aluala para

15. Alo que me pediste
cado que en algunas çi
e sennorios, asi rrealen
trias e otros sennorios do
jes e barcajes e rrodas e
moneda amonedada comn
pagar nin se deuian lleua
sas de queles non pagaua
nes, deziendo quelo auian
por condiçiones o estatut
los tales portadgos e tribu
mente fazian lo suso dich
butos enlos terminos delo
nada non ponian enlos d
dichos portadgos, e que
les tomauan e leuauan
quales quier cosas que l
auian perdido e perdian
se auian de cohechar e
denar e mandar que se

1 Écija: que se descontaria.
2 Écija: conçençia.
3 Sev. y Écija: onde.
4 Écija. castellerias tomauan

dar pagar, ca seria grand descargo demi conçiençia[2].

Aesto vos rrespondo que yo he dado orden commo se paguen, e he librado mi aluala para esto.

15. Alo que me pedistes por merçed que por quanto me fuera suplicado que en algunas çibdades e villas e lugares delos mis rregnos e sennorios, asi rrealengos commo abadengos e Ordenes e behetrias e otros sennorios donde[3] se acostunbrauan coger portadgos e peajes e barcajes e rrodas e castellerias les tomauan e leuauan[4] asi de moneda amonedada commo de rropas e otras cosas que se non deuian pagar nin se deuian lleuar[5], e otrosi tomauan por descaminados las cosas de queles non pagauan los tales portadgos e tributos e inpuseçiones, deziendo quelo auian asi por priuillegio[6] e por vso e costunbre, o por condiçiones o estatutos que ordenaran e pusieran los sennores de los tales portadgos e tributos[7] e inpuseçiones, e que a vn non tan sola mente fazian lo suso dicho, mas que cogian los dichos portadgos e tributos enlos terminos delos dichos lugares, e que con cobdiçia desordenada non ponian enlos dichos lugares e terminos quien cogiesen[8] los dichos portadgos, e que si alguno o algunos pasauan syn los pagar, que les tomauan e leuauan por descaminados todas las bestias e otras quales quier cosas que leuauan, por cabsa delo qual muchas[10] personas auian perdido e perdian mucho de sus bienes e mercadorias, e otros se auian de cohechar e coechauan; e por ende que me pluguiese de ordenar e mandar que se non lleuasen los tales portadgos e inposeçiones[11]

1 Écija: que se descontaria.
2 Écija: conçençia.
3 Sev. y Écija: onde.
4 Écija: castellerias tomauan asi.
5 Écija: leuar.

delas tales cosas quese non deuian pagar e otrosi que non ouiese nin podiese auer descaminado, e quel sennor e rrecabdador delos tales portadgos e tributos e inpuseçiones, posiesen enlos lugares, do se acostunbrauan[1] coger los dichos portadgos e tributos e inpuseçiones, quien los cogiese e rrecabdase, e que sy los que ouiesen a pagar los dichos portadgos e inpuseçiones e tributos, ala sazon que pasasen por los tales lugares do[2] se acostunbrauan coger e rrecabdar, non fallasen ally quien los cogiese e rrecabdase pudiesen pasar syn pena alguna, e que eso mismo me pluguiese de ordenar que non ouiese enesto descaminado alguno, poniendo sobre ello otra pena rrazonable, segund se pone enlas condiçiones delas mis rrentas, por quelos mis subditos e naturales non rresçibiesen tanto dapno; alo qual que yo rrespondiera que ordenaua e e mandaua que se non cogiesen nin pagase nin leuase[3] portadgo en los lugares nin delas cosas quese non deuen coger nin leuar; e en los lugares do se deue lleuar e pagar, que aquellos quelo ouieren de aver pongan ende quien lo coja[4] enlos lugares donde[5] se deuiere pagar, e que sy lo non pusiesen, quelos que por ende pasaren sin pagar el dicho portadgo, non incurran[6] en pena de descaminado nin en otra pena alguna. Por ende que me suplicauades que mandase e ordenase quelo sobre dicho por mi rrespondido fuese guardado e conplido, e aya fuerça e vigor de ley[7], e mandar dar dello mis cartas las que conplieren.

Aesto vos rrespondo que es mi merçed, e mando e ordeno e establezco que se guarde e faga e cunpla asi, segund que por la forma e manera que melo pedistes por merçed.

16. Alo que me pedistes por merçed que por quanto me fuera suplicado que cada que yo ouiese de fazer llamamiento de gente asi de cauallo commo de pie, que diese via que veniesen al termino que ami pluguiese de asignar, e que veniesen tantos syn otra encobierta nin infinta, por tal maneras que sy ami pluguiese que veniesen diez mill ommes de armas, que por maneras de encobiertas[8] que se suelen tener, non fueren menos, e que con muy grand diligençia me pluguiese de mandar tener manera por quelas tales encobiertas non se feziesen, man-

1 Écija: costunbrauan.
2 Écija: donde.
3 Sev.: cogiese nin pagase nin lleuase.—Écija: cojese nin leuase nin pagase.
4 Sev. y Écija: coga.
5 Ecija: do.
6 Écija: encurran.
7 El texto omite: de ley.
8 Sev.: de yncobiertas.—Écija: de encubiertas.—Asi despues.

se guardase lo que fuese ordenado, e ouiese vigor e fuerça de ley; e que yo rrespondiera que tenia ordenado que jurasen de non fazer encobierta alguna los que en mi seruiçio traxiesen la dicha gente e quelo mandaria asi guardar; e que vos otros non sabiades[3] quelo sobre dicho se pusiese en efecto, ante[4] se dezia que si de ante de agora se fazian encobiertas, que muchas mas se fazen agora. Por ende que me suplicauades que quisiese enello proueer, por tal manera que ouiese efecto.

Aesto vos rrespondo queyo mandaré saber por los mis libros la gente de cauallo e de pie que fue rrepartida e llamada enestos tres annos pasados, e la que della fincó de venir e alos que yo fallare que fueron rrebelldes[5], los mandaré castigar, e el castigo de aquellos será rremedio para lo avenidero, por que ellos teman la pena e cunplan mi mandado.

17. Alo que me pedistes por merçet que por quanto me fuera suplicado que mandase castigar derecha mente alos que feziesen alarde, saluo con un cauallero o sennor; que podia acaesçer que vno solo fiziese alarde[6] por diez, lo qual era muy mal enxenplo[7], e enmi deseruiçio; e que rrespondiera que ordenaua e mandaua que qual quier quelos feziese, sy fuese fidalgo, que seruiese diez annos enlas taraçanas, e si fuese omme de menor guisa, quelo[8] diesen çien açotes; e que se dezia quelo por mi mandado[9] e acordado non fuera publicado nin se guardara; antes que se dezia que se fezieron delas encobiertas que se acostunbrauan fazer. Por ende que me suplicauades que mandase que se guardase con efecto, e que paresçeria, si ami pluguiese, que se deuian tenperar[10] en

1 Sev. y Écija: grand dapno.
2 Sev.: tal.
3 El texto pone equivocadamente: e que vos otros que sabiades.
4 Sev. y Écija: antes.
5 Sev.: rrebelles.—Écija: rrebeldes.

la qual sea esta: quel quelo tal feziere sirua un anno enlas taraçanas e sy touiere tierra demi quela pierda e sy fuere omme de menor guisa quele den treynta açotes; e en rrazon del sueldo vos otros dando orden commo yo aya dinero contado, ami plaze de mandar pagar el sueldo en dinero contado.

18. Alo que me pedistes por merçed que por quanto[4] me fuera suplicado que me pluguiese querer escusar alas mis çibdades e villas, en quanto buena mente se pudiese escusar, delas lieuas de pan e vino e otros, petrechos por la manera que era encargado alas dichas çibdades e villas, por que dello se seguian muy grandes costas e dapnos e trabajos e fatigaçiones de costas alas dichas çibdades e villas, e que se sentian por mas en cargados que delas monedas e pedidos; e que yo rrespondiera que en quanto buena mente se podiese[5] fazer, que me plazia delo mandar fazer asi segund me era suplicado; e me fuera otrosi pedido que onde las dichas lyeuas de pan e vino e petrechos non se pudiesen[6] escusar, que se buscase manera commo se feziese lo mas syn dapno e syn costa delas dichas çibdades e villas, que ser pudiese, e esprimieron[7] algunos inconvenientes[8] e agrauios que enello auia; e que yo rrespondiera que me plazia delo mandar fazer asi, e quelo auia encomendado al mi adelantado Pero Manrrique, del mi Consejo, e alos mis contadores mayores, e que ellos darian las ordenanças que yo mandara fazer çerca dello, e que fasta aqui non sabiades las dichas[9] ordenanças, nin vierades por espirençia[10] rremedio alguno que enello se ouiese puesto. Por ende que me suplicauades que quisiese en ello proueer.

Aesto vos rrespondo que mi merçed es, e mando quel dicho adelantado

[1] Así en los tres cuadernos.
[2] Sev.: esecuçion.
[3] Sev. y Écija: atenprar.
[4] Écija: que quando.
[5] Écija: pudiera.

alas mis çibdades e villas delos mis rregnos, que enbiasen dos procuradores e non mas, e que yo non mandase nonbrar que enbiasen otros procuradores, saluo los quelas çibdades e villas entendiesen que conplia ami seruiçio, por manera que libre mente las dichas çibdades e villas enbiasen los dichos procuradores que entendieren que cunple[2] ami seruiçio e abien[3] publico delas dichas çibdades e villas e la honrra e estado dellos, segund las cosas que se acostunbran procurar e tractar[4] en su ayuntamiento, e que non fuesen labradores nin sesmeros[5]; e que rrespondiera que me plazia delo mandar fazer asy, e fuera rreplicado[6] suplicando me que mandase dar mi carta desto que ouiese vigor e fuerça de ley, e que yo rrespondi què me plazia en quanto atania al nonbrar delos procuradores, que quedase en libertad delas çibdades quales fuesen, e que se diese sobre ello mi carta que ouiese fuerça de ley; e que non enbargante lo asi rrespondido, que algunos labradores e seysmeros[7] e otros ommes de pequenna manera se han entremetido e querian entremeter aser procuradores, contra voluntad delas çibdades e villas e delos alcalldes e alguazil[8] e rregidores dellas. Por ende que me suplicauades que mandase dar mis cartas, que ouiesen fuerça de ley, para que non sean nin podiesen ser procuradores, saluo aquellos que son o fuesen elegidos por las çibdades[9] e villas e por los rregidores e ofiçiales dellas, e que non fuesen labradores nin sesmeros nin ommes de pequenna manera.

Aesto vos rrespondo que asaz está bien[10] proueydo, e los que tienen[11] pleito pendiente, que prosigan su derecho.

1 Écija: que quando me ploguiese de enbiar.
2 Écija: cunplia.
3 Sev. y Écija: e bien.
4 Sev.: trablar.
5 Écija: seysmeros.
6 El texto equivocadamente: suplicado.
7 Sev.: sesmeros.

ron; e que yo rrespondiera que en quanto podiese me plazia dello. Por ende que me suplicauades quelo quisiese asi guardar, ca en rrazon estaua quelo quelas mis çibdades e villas ganaron con grand trabajo o lo mercaron o ouieron de sienpre, que nonles sea quitado.

Aesto vos rrespondo que ami merçet plaze que se faga asy, segund que por mi fue rrespondido.

21. Alo que me pedistes por merçet que por quanto me fuera suplicado que al tienpo que por mi mandado se escriuieron los humos delas mis çibdades e villas delos mis rregnos e sennorios, se rrepartieron los pechos de cada çibdad o villa o lugar, segund que eran los dichos humos, e seguiendo se la dicha ordenança, que se fazian avn los rrepartimientos delos pedidos e trebutos[3] delos mis rregnos[4], e que era çierto e manifiesto que muchos delos dichos pueblos eran acresçentados e multiplicados enla poblaçion dellos, e otros muchos se menoscabaron e despoblaron, e quelos vnos auian muy grand alyuio e los otros muy grand dapno e agrauio, e que me plugiese de mandar enmendar[5] el dicho rrepartimiento, por tal[6] manera quelos dichos pueblos pagasen[7] cada vno, segund está poblado, e que era muy conplidero a mi seruicio : alo qual que rrespondiera que me plazia e que mandaua alos mis contadores quelo viesen e ordenasen luego, por que se prouiese[8] luego, lo qual que se non pusiera en execuçion[9] donde se auia seguido e seguia grand despoblaçion enmis çibdades e villas e lugares. Por ende que me suplicauades que mandase en ello proueer, ante que algund rrepartimiento[10] se feziese, que yo podria mandar aver aqui enla mi corte verdadera informaçion asi delos mis thesoreros e rrecabdadores, commo

1 Sev. omite. lugares
2 Sev. y Écija : e dignidad.
3 Sev. y Écija : tributos.
4 Écija : rregnos e sennorios.
5 El texto pone equivocadamente : comendar.
6 Sev. y Écija omiten : tal.

do Pero Manrrique e los mis contadores mayores lo vean, e den en ello la orden que entiendan que cunple.

22. Alo que me pedistes por merçet que por quanto me fuera suplicado que mandase guardar alas çibdades e villas demis rregnos las costunbres que tenian, en rrazon delos ofiçios delos rregimientos e escriuanias e otros ofiçios dellas, que sienpre fuera costunbre de dar los dichos ofiçios a petiçion delos dichos rregidores e ofiçiales delas dichas çibdades e villas o dela mayor parte dellos; e que yo rrespondiera que me plazia de guardar las costunbres que çerca dello antigua mente[1] fueron guardadas, lo qual non se auia guardado nin guardaua[2]. Por ende que me suplicauades que mandase guardar la dicha costunbre.

Aesto vos rrespondo que es mi merçed e voluntad[3], e mando que se guarde asi, e que se den para ello las mis cartas que cunplan.

23. Alo que me pedistes por merçet que por quanto me fuera suplicado que mandase escusar, enlos llamamientos que yo fazia para las guerras, alos alcalldes e alguaziles e rregidores[4] e jurados e sesmeros e fieles montarazes e mayordomos e procuradores e abogados e escriuanos de numero e fisicos e çerugianos e maestros de gramatica e escriuanos que muestran alos moços leer e escriuir, delas dichas çibdades e villas, saluo los que delos sobre dichos son mis vasallos e tienen tierra de mi e rraçiones e quitaçiones de ofiçios por que me ayan de seruir, e los que asi tienen tierras[5] e acostamientos de otros, e los çerugianos[6] que por mi espeçial mandado fuesen llamados; alo qual que por mi fuera rrespondido que me plazia por entonçe. Por ende que me pluguiese mandar

1 Écija omite: antigua mente.

2 Écija: non seria guardado nin guardada.

3 Sev. y Écija omiten: e voluntad.

4 Sev.: alos alcalldes e alguaziles e rregidores e jurados e sesmeros e fieles e montarazes e mayordomos e procuradores e abogados e escriuanos de numero e fisicos e çurugianos e maestros de gramatica e escriuanos que muestran aleer alos moços e a escribir, delas dichas çibdades e villas.— Écija: alos alcaldes e alguaziles e rregidores e jurados e seysmeros e fieles e montarazes e mayordomos

me fuera suplicado que ... alos mis arrendadores e rrecabdadores o enpadronadores e cogedores e pesqueridores delas dichas mis rrentas e pedidos e monedas; e yo rrespondiera que me plazia por entonçe. Por ende que me suplicauades que mandase que se guardase asi de aqui adelante por la manera[1] suso dicha.

Aesto vos rrespondo que se guarde asi, segund que por mi fue rrespondido.

25. Alo que me pedistes por merçet que por quanto me fuera suplicado que guardando mi conçiençia e tomando a Dios de mi parte, me pluguiese de mandar pagar e rrestituyr alas eglesias[2] e monesterios toda la plata que dende mandaua tomar prestado[3] para me acorrer en la guerra, mayor mente pues se dezia quelo yo tenia prometido alos perlados delas dichas eglesias e monesterios; e que yo rrespondiera que me plazia, e que mandara alos mis contadores mayores[4] que buscasen lugar çierto e bien parado donde se podiese cobrar, lo qual que se non auia puesto en execuçion. Por ende que me suplicauades que mandase dar mi aluala de mandamiento sobre ello para los dichos mis contadores.

Aesto vos rrespondo que yo lo he mandado todo pagar, e asaz es dello pagado, e mi voluntad es de mandar rrestituyr e pagar general mente todos los prestidos que me fueron fechos, e de mandar e mando dar sobre ello mi mandamiento[5] en forma para los mis contadores mayores quelo libren luego.

26. Alo que me pedistes por merçed que por quanto me fuera suplicado que[6] eso mismo para la neçesidat[7] della guerra[8], yo me oue de socorrer de algunas quantias[9] de mrs., por via de prestido, de algunas

[1] Écija: por tal manera.
[2] Sev.: yglesias.—Así luégo.
[3] Écija: prestada.
[4] Sev. y Écija omite: mayores.

... que ...
que asi lo mandaua. Por
auia venido en execuçio
sobre ello para los dichos
Aesto vos rrespondo qu
dar mi aluala e mandam
que luego lo libren seg
merçed.
27. Alo que me pediste
petiçiones me fueron[1] dad
los mis rregnos,[2] desde el
çinco annos acá, e aquell
efecto. Por ende que me s
dar alas dichas çibdades
gado, e les mandase da
queles conpliesen e menes
A esto vos rrespondo qu
sea guardado segund e p
merçed, para lo qual ma
28. Alo que me pedis
ueydo e proueyera[3] de
fisicos commo a çerugian
alos quales yo daua pod

[1] Sev. y Écija: e avn que a alg
[2] Sev. y Écija: mi fe certificand
[3] Sev. y Écija: a çiertos tienpos
[4] Écija: e yo.
[5] Écija omite: de mandar.
[6] Écija omite: otras.
[7] Sev. y Écija: fueran.
[8] Sev. y Écija: de ...

pluguiese delo mandar todo asi guardar e conplyr, por la forma e alos tienpos e enla manera quelo mandé asegurar; e que yo [4] rrespondiera que asi lo mandaua. Por ende que me suplicauades que por que non auia venido en execuçion, mandase dar mi aluala de mandamiento sobre ello para los dichos mis contadores.

Aesto vos rrespondo que es mi merçed de mandar [5], e mando luego dar mi aluala e mandamiento para los mis contadores mayores, para que luego lo libren segund e por la forma que melo pedistes por merçed.

27. Alo que me pedistes por merçed que por quanto muchas otras [6] petiçiones me fueron [7] dadas, e por mi otorgadas alos procuradores de los mis rregnos, [8] desde el dicho anno de mill e quatroçientos e veynte e çinco annos acá, e aquello que por mi fuera otorgado non auia auido efecto. Por ende que me suplicauades que me pluguiese mandar guardar alas dichas çibdades e villas todo lo que asi por mi les fue otorgado, e les mandase dar sobre ello mis cartas e sobre cartas, las queles conpliesen e menester fuesen.

A esto vos rrespondo que me plaze, e es mi merçed e mando que vos sea guardado segund e por la forma e manera que melo pedistes por merçed, para lo qual mando dar mis cartas, las que para ello cunplian.

28. Alo que me pedistes por merçed que por quanto yo auia proueydo e proueyera [9] de cada dia de algunos ofiçios de alcallias, asi a fisicos commo a çerugianos [10] e alfajemes, e albeytares e a otros ofiçios [11], alos quales yo daua poder para que esaminasen [12] a todos los otros de

1 Sev. y Écija: e avn que a algunos.
2 Sev. y Écija: mi fe certificando les.
3 Sev. y Écija: a çiertos tienpos.
4 Écija: e yo.
5 Écija omite: de mandar.
6 Écija omite: otras.
7 Sev. y Écija: fueran.
8 Sev. y Écija: de mis rregnos.
9 Sev. y Écija: proueya.

e naturales son mal traydos e cohechados e fatigados de muchas costas. Por ende que me suplicauades que me pluguiese de remediar[1] enello, mandando quelas tales personas aquien yo he dado los tales oficios, non vsen dellos por sy nin por otros en su nonbre.

Aesto vos rrespondo que es mi merçed e mando quelos tales sean suspensos delos dichos ofiçios e non vsen[2] dellos syn mi espeçial mandado, para lo qual que mando dar mis cartas las que para ello cunplan.

29. Alo que me pedistes por merçet que por quanto muchas çibdades e villas de mis rregnos tenian por propios las rrentas delos tableros delos juegos delos dados, e de aquello rreparan[3] los muros e cunplian otras cosas queles eran neçesarias, e yo les enbiara mandar a algunos delas tales çibdades e villas que non arrendasen las dichas rrentas, e que conpliendo mi mandado, dexaron delas arrendar, e los juegos que[4] non çesaron nin çesan, ante toda via se auian continuado e continuan[5], e las dichas çibdades e villas perdian las dichas rrentas que tenian por propios e se veyan en muchos menesteres, por mengua de aquello queles rrentaua, e demas desto quelo han[6] por agrauio por que en algunas çibdades e villas onde algunas personas mas[7] tenian por merçet las tales rrentas, non se quitaran e se quitaran[8] alas mis çibdades e villas que mas lo auian menester. Por ende que me suplicauades e mandauades[9] que mandase e ordenase quelas dichas çibdades e villas pudiesen arrendar las dichas rrentas delos dichos tableros, asi e por la forma e manera quelo tenian por costunbre, e que yo feziese emienda alas tales çibdades e villas de otra tanta quantia[10] commo les rrendia las dichas rrentas delos dichos tableros.

[1] Sev. y Écija : pluguiese rremediar.
[2] Écija : e que non vsen.
[3] Sev. y Écija : rreparauan.
[4] Sev. y Écija omiten : que.
[5] Sev. y Écija : continuauan.
[6] Écija : auian.

gares onde yo he fecho merçed aotros delas dichas penas.

30. Alo que me pedistes por merçet que por quanto algunos perlados e clerigos e monesterios e otras personas eclesiasticas[1] escusan algunos logares e personas que non paguen los mrs. delas monedas e pedidos que yo auia mandado pagar, deziendo que son francos e quitos asy por preuillegios commo por posesion e vsos e costunbres, e eso mismo a algunos sus familiares e criados[2] diziendo que non deuen pagar los mrs. delas dichas monedas e pedidos; e quando los rrecabdadores e arrendadores e cogedores e justiçias o algunos dellos[3] prendan por ello luego, los descomulgan e ponen entre dicho enellos e les ponen grandes demandas de injurias[4], por tal via queles fazen torrnar las prendas, e quando algunos dellos se quieren absoluer, los lleuan de asoluçiones[5] diez tanto delo que han de pagar delas dichas monedas e pedidos; e que maguer yo sobre ello auia dado mis cartas, para que non enbargante qualesquier priuillegios e libertades e vsos e costunbres e posesion que tengan dello, que paguen los dichos mrs. delas dichas monedas e pedidos[6], non lo auian querido fazer, ante[7] que muy rregurosa mente continuauan e continuan las dichas excomuniones e entre dichos, por tal via e manera que non auian pagado nin querian pagar los mrs. delas dichas monedas e pedidos, sobre loqual que auia rrecresçido e rrecresçian muchas costas e dannos e escandalos e rroydos asi alas dichas çibdades e villas e justiçias, commo alos mis rrecabdadores e cogedores delas dichas monedas e pedidos. Por ende que me suplicauades que me pluguiese de rremediar[8] enello commo ami seruiçio conpliese.

Aesto vos rrespondo que mi merçed es, e mando que se guarden las leyes que sobre esto fablan; e sy algunos perlados e rreligiosos o

1 Sev. y Écija: eclesiasticos.

2 Sev. y Écija: criados e criadas.

3 Sev.: e quando los rrecabdadores e arrendadores o cogedores e justicias o algunos dellos.—Écija: e quando los rrecabdadores e arrendadores e cogedores e justiçias o algunos dellos.

4 El texto equivocadamente: demandas e injurias.

5 Sev. y Écija: absoluçiones.

ra que qual quier que [illegible] que pechen por ellas, lo qual que es en perjuyzio[3] e quebrantamiento delos priuillegios e franquezas e libertades[4] quelas dichas çibdades e villas e los fidalgos dellas tienen, los quales yo tenia confirmados e jurados, e avn que ami rrecresçia[5] deseruiçio e danno dello, por quanto los pecheros non fallarian por la dicha rrazon quien les conprase[6] sus bienes, saluo amuy grand menos preçio, o non avria[7] de que pagar las monedas e pedidos que yo les he mandado e mandare pagar. Por ende que me suplicauades que me ploguiese de rremediar enello, mandando que la dicha ordenança se estienda enlo que se vende alas eglesias[8] e monesterios e personas eclesiasticas e rreligiosas, por que aquello nunca tornaua[9] alos pecheros e non alos fijos dalgo, que tan bien venden commo conpran.

Aesto vos rrespondo que es mi merçed de suspender e suspendo la dicha mi carta e ordenança e el efecto della, e de mandar e mando que se non guarde[10] de aqui adelante durante la dicha suspension.

32. Alo que me pedistes por merçet quelos rreyes mis anteçesores, que Santo Parayso ayan, dieron alas mis çibdades e villas de mis rregnos çiertos priuillejos e cartas e ordenanças e franquezas e libertades, e que ala sazon que me fuera entregado el rregimiento e gouernaçion demis rregnos e sennorios, yo prometiera e jurara de guardar alas dichas çibdades e villas todos los dichos priuillegios e cartas e ordenanças e franquezas e libertades, e que de poco tienpo[11] non les auian seydo guardadas[12], antes les auian seydo quebrantadas algunas dellas.

1 Sev.: e sy algunos perlados o rreligiosos o otras personas.—Écija: e si algunos perlados e rreligiosos e otras personas.

2 Sev. y Écija: de mis rregnos.

3 Écija: lo qual es en perjuyzio.

4 Écija omite: e libertades.

5 Sev. y Écija: rrecresçeria.

6 Sev.: conpren.—Écija: conpre.

7 Sev.: non avrian.

non conplidas, e que por l
pena alguna, e que me pl
alas dichas çibdades e vill

Aesto vos rrespondo que
las dichas mis cartas e or
ueer sobre ello commo cun

33. Alo que me pedistes
dades e villas e lugares de
fazen pueblo e vniuersidat,
tos e derramas, los que son
e presentes e para otras mu
ten mas delo que deuen; e
breçen, en lo qual, les vien
ami deseruiçio[3]. Por ende
mandar dar mi carta, para
por los dichos pecheros, s
rregidores e justiçias dela
son las tales vniuersidades
çesarias[6] o non.

Aesto vos rrespondo que
melo pedistes por merçed,
tos, que[7] aquellos sobre q
pagar[8]; e que esto se guar

1 Sev. y Écija: fueran.

2 Écija: ese ayuntan e fazen.

3 Sev. y Écija: e ami grand deseru

4 El texto omite: para.

5 Sev. y Écija: consentidores.

6 Sev. y Écija: syla tal derrama es

7 Écija: faga.

alguna dello, e que si auia dado o diese alguna carta o cartas en contrario delo suso dicho o de alguna cosa dello, que fuesen obedesçidas e non conplidas, e que por las non conplyr, non yncurriesen por ello en pena alguna, e que me pluguiese de mandar dar sobre ello mis cartas alas dichas çibdades e villas, las que conpliesen e menester fuesen.

Aesto vos rrespondo que declaredes enque non han seydo guardadas las dichas mis cartas e ordenanças e priuillegios, e yo mandaré proueer sobre ello commo cunpla ami seruicio.

33. Alo que me pedistes por merçet que por quanto en algunas çibdades e villas e lugares delos mis rregnos, los labradores por su parte fazen pueblo e vniuersidat, e se ayuntan a fazer[2] muchos rrepartimientos e derramas, los que son maiores sobre los menores, para fazer dadiuas e presentes e para otras muchas cosas que non son neçesarias, e rreparten mas delo que deuen; e los maiores enrriqueçen e los menores en pobreçen, en lo qual, les viene a los menores grand perjuyzio e dapno, e ami deseruiçio[3]. Por ende que me suplicauades que me pluguiese mandar dar mi carta, para[4] que ningund rrepartimiento non se faga por los dichos pecheros, syn ser aello presentes e consentientes[5] los rregidores e justiçias delas dichas çibdades e villas e lugares donde son las tales vniuersidades, para que vean sylas tales derramas son neçesarias[6] o non.

Aesto vos rrespondo que es mi merçed que se guarde asi segund que melo pedistes por merçed, e que caso que fagan[7] los tales rrepartimientos, que[8] aquellos sobre quien los rrepartieren non sean tenudos delos pagar[9]; e que esto se guarde, saluo en los lugares[10] onde ay[11] preuille-

[1] Sev. y Écija : fueran.
[2] Écija : ese ayuntan e fazen.
[3] Sev. y Écija : e ami grand deseruiçio.
[4] El texto omite : para.
[5] Sev. y Écija : consentidores.
[6] Sev. y Écija : syla tal derrama es nesçesaria.
[7] Écija : faga.
[8] Écija omite : que.

dalgo, antes pecheros e omes de poca manera, los ...

la caualleria por non pechar, que non por que tengan estado e manera para la mantener, e segund rrazon, non deuian gozar delos priuillegios e libertades alos caualleros otorgados, asy por lo fazer en fraude de non pechar commo por non ser tales aquien quepan [2]; delo qual se siguen muchos pleitos e debates e escandalos e rruydos por rrazon del pechar [3]. Por ende que me soplicauades que me pluguiese de ordenar e mandar que non gozen dela tal libertad, saluo aquellos [4] que touieren continua mente [5] cauallos e armas, e que sean tenudos a me seruir enlas guerras, asi commo sy demi ouiesen tierra.

Alo qual vos rrespondo [6] que mi merçed es, e mando e ordeno que se faga e guarde asi [7] de aqui adelante, segund que melo enbiastes pedir por merçed; pero quelos que fueren de setenta annos arriba, non sean tenudos de yr por sus personas ala guerra, avn que toda via sean tenudos de mantener cauallo [8] e armas, e que enbien quien sirua por ellos ala guerra. Otrosi que cada vno delos tales caualleros sea tenudo [9] de mantener cauallo, de quantia de tres mill mrs., e arnes acabado en que aya fojas o platas, e otrosi que sea tenudo de mantener mula o haca, e quel cauallo e armas quelo tenga continua mente todo el anno, e que de otra guisa, non pueda gozar dela caualleria nin delos priuillegios e esençiones [10] della, e quelos fijos que ouieron ante dela caualleria, que [11] non gozen dela esençion e priuillegio dela caualleria delos [12] padres, e quelos fijos que han o ouieren despues dela caualleria, que [13] aquellos

1 Ecija: delos.
2 Sev. y Écija: enquien quepa.
3 Écija: de non pechar.
4 Écija: saluo en aquellos.
5 Écija: continuada mente.— Así luégo.
6 Sev.: rrespondy.
7 Sev.: que se faga e cunpla asi.
8 Sev. y Écija: cauallos.
9 Sev. y Écija: sean tenudos.

giosos e vniuersidades e a
lo dar enlos casos e inju
gund manda el derecho, r
casos quales quier que nas
rediçion ordinaria asi seg
e cabsa a que muchos sea
tados e llamados ante co
han de rremedir [4] por non
que non deuen, maguer s
suplicauades que rremedia
que rreuoque todas las cons
quier que biue en mis rreg
naria, e non deue catar n
cohechar amis subditos e
non vsen delas tales conse
so çierta pena.

Aesto vos rrespondo qu
Papa, por que sea prouey

36. Alo que me pediste
acaesçe que se otorgan n
uiçio, e se arriendan asi
miento se alarga por mi
cha [1] fasta quatro meses
nas personas que non er
non tener bienes commo

1 Sev. y Écija omiten: el.
2 El texto omite: mas.
3 Sev. y Écija: nasçian.
4 Écija: rremediar.
5 Ecija: conseruadurias.
6 Écija omite: que.
7 Sev. y Écija: enel tal
8 ...

seruadores, asi a eglesias e amonesterios commo aotros lugares rreligiosos e vniuersidades e avn a personas syngulares, non contentos de lo dar enlos casos e injurias e violençias manifiestas sola mente segund manda el derecho, mas[2] avn estiende su juridiçion dellos a otros casos quales quier que nasçen[3], en lo qual se perturba e defrauda la juredicion ordinaria asi seglar commo eclesiastica, e otrosi se da lugar e cabsa a que muchos sean fatigados de costas e dapnos, por ser apartados e llamados ante conseruadores muy rremotos, ca por fuerça se han de rremedir[4] por non yr allá, e son cohechados e han de pagar lo que non deuen, maguer son ynocentes e syn culpa. Por ende que me suplicauades que rremediase enello, suplicando a nuestro Santo Padre que rreuoque todas las conseruadorias[5] dadas e que non dé otras, ca qual quier que biue en mis rregnos deue ser contento conla jurediçion ordinaria, e non deue catar manera esquisita o estranna para fatigar e cohechar amis subditos e naturales, e mandar alos mis subditos que non vsen delas tales conseruadorias nin ganen de aqui adelante otras, so çierta pena.

Aesto vos rrespondo que yo entiendo enbiar suplicar sobre esto al Papa, por que sea proueydo commo cunpla.

36. Alo que me pedistes por merçed que por quanto algunas vezes acaesçe que se otorgan monedas e que[6] se han de coger para mi seruiçio, e se arriendan asi en general commo particular en tal[7] alargamiento se alarga por mi e por los mis contadores el tienpo[8] dela cosecha[9] fasta quatro meses o medio anno o mas o menos tienpo, a algunas personas que non eran obligadas[10] al tienpo dela cabeça, asi por non tener bienes commo por non ser casados o por estar con su padre,

1 Sev. y Écija omiten: el.
2 El texto omite: mas.
3 Sev. y Écija: nasçian.
4 Écija: rremediar.
5 Écija: conseruadurias.
6 Écija omite: que.
7 Sev. y Écija: enel tal.

nasçido sobre ello muchos pleitos. Por ende que me sup[illegible] pluguiese de proueer sobre ello, commo entendiese que cunple ami seruiçio.

Aesto vos rrespondo que es mi merçed, e mando que se faga e guarde eneste caso lo quel derecho manda.

37. Alo que me pedistes por merçed que por quanto asi yo commo los rreyes mis anteçesores e el Enperador don Alfonso, ouimos dado e dauan de cada dia a eglesias e amonesterios e aotros lugares rrelegiosos e aotras personas muchas esençiones[2] e libertades, en espeçial algunos escusados esentos de todo pecho e trebuto qual quier que nonbre aya, e de moneda forera, sobre lo qual el Rey don Iohan, de esclaresçida memoria, mi avuelo[3] ordenó enlas cortes de Palençia quelos tales escusados se entendiese de monedas e non de otro pecho; e non enbargante el tal ordenamiento, los perlados delas dichas eglesias e monesterios e otros juezes eclesiasticos defienden quelos tales escusados que non paguen tributo alguno, deziendo quela esençion queles asy fue dada quenon puede[4] ser rreuocada, e proceden por escomunion[5] e por çensura eclesiastica contra[6] los cogedores e arrendadores e enpadronadores, e avn contra los mis juezes seglares, en tal manera[7] que non se cunple el dicho ordenamiento, e los otros pecheros delas mis çibdades e villas pagan lo quelos dichos escusados han de pagar. Por ende que me suplicauades que me pluguiese de proueer sobre ello commo cunpliese ami seruiçio e al bien e pro comun de mis rregnos.

Aesto vos rrespondo que es mi merçed, e mando que se guarden las leyes sobre esto ordenadas.

38. Alo que me pedistes por merçed que por quanto en la ordenança del muy alto Rey don Enrrique, de buena memoria mi padre, por mi confirmada, enla qual se contiene que todos los mis ofiçiales, e sus

1 Écija : alas quales.
2 Écija : exençiones.
3 Sev. : visaguelo.
4 Sev. : Écija : que non pu lo[illegible]

persona pechera, la qual goza dela dicha esençion, y la muger e fijos del que murió quieren gozar eso mismo [3], lo qual sy asi ouiese apasar, traeria grand dapno e perdida en los mis rregnos, ca todos los pecheros se tornarian en breue tienpo libres e esentos, e non avria quien pagase pedidos nin monedas, nin quien me syruiese al tienpo dela neçesidad, o alo menos [4] quedarian tan pocos, que non podrian fazer seruiçio alguno ami. Por ende que me suplicauades que declarase dos cosas: la primera quesy los tales ofiçiales pecheros deuen ser esentos de todo pecho, o de moneda solo, segund la dicha ordenança del Rey don Iohan mi visavuelo [5], pues son esentos por priuillegios dados alos dichos ofiçiales; la otra sylas mugeres e fijos delos ofiçiales que mueren o vacaren, sy deuen gozar, por que non aya sobre ello contienda.

Aesto vos rrespondo ques mi merçed, e mando quela dicha esençion se guarde alos tales en su vida, e que despues de su muerte dellos, eso mesmo se guarde a sus mugeres legitimas, non casando e manteniendo castidad; pero quelos fijos pechen en todos los pechos, non enbargantes quales quier priuillegios quelos tales sus padres tengan enesta rrazon.

39. Alo que me pedistes por merçed que por quanto enlos mis rregnos ay muchos preuillegiados [6] e esentos, asi por preuillegios dados alas personas [7] syngulares, commo aofiçiales dela mi casa e corte, commo a eglesias e monesterios e otros muchos lugares, las quales personas e lugares escogen e nonbran por sus escusados los pecheros mas rricos e abonados que fallan enlos lugares do tienen la esençion, e lo peor que es que sy enla esençion se contiene que ayan escusados molynero e quintero e mayordomo e pastor e otros semejables ofiçiales, fasta diez o veynte e mas o menos, que nonbran por molynero vn trapero, e por quintero vn alfayate [8], e por mayordomo vn ferrero, e por pastor vn

[1] Sev.: esentos. Écija: exentos.
[2] Sev. y Écija omiten: que.
[3] Écija: asi mismo.
[4] Écija: al menos.
[5] Écija: avuelo.

muchos delos tales lugares son desyertos e nonbran otras personas estrannas por queles den algo, en grand fraude e enganno, por me quitar los mis derechos e los apropiar [1] a ellos; por lo qual que meresçen perder los tales priuillejos, pues non vsan dellos commo deuen, enlo qual se rrescresçe grand perjuyzio e danno alos otros pecheros e ami grand deseruiçio. Por ende que me suplicauades que non quiera dar mas esençiones, e sy algunas vacaren, que se non den, e otrosi de mandar e ordenar que por vigor delas tales esençiones non puedan nonbrar los mayores pecheros, saluo medianos o menores, o alo menos por egual tantos [2] de vnos commo de otros, e quelos que non ouieren tales ofiçios, que non nonbren estrannos, ca asaz les era fecha graçia que nonbren los que touieron [3].

Aesto vos rrespondo que es mi merçed, e mando que non puedan nonbrar por sus escusados, saluo aquellos que syruieren por sy [4] los dichos ofiçios, e que non sean delos pecheros enteros; otrosi que enlos escusados [5] que de aqui adelante vacaren o se pidieren, yo mandaré proueer commo cunpla ami seruiçio.

40. Alo que me pedistes por merçet que por quanto despues quelas guerras fueron començadas, muchas personas son pasadas morar alos rregnos comarcanos [6], e otros asaz han dexado de beuir enlos lugares rrealengos e se han ydo a morar a lugares de sennorios, por ocasion delos muchos pechos e tributos queles he echado, alos quales rresçiben algunos sennores, con çiertos pactos e firmeças e juramentos e penas que non puedan tornar ser rrealengos, delos quales ay muchos que se tornarian, saluo por temor delo sobre dicho, enlo qual los otros pecheros que fincan son encargados mas delo que deuen, e sy asi ouiese apasar, avrian eso mismo los dichos [7] lugares de desanparar [8], e ami

[1] Sev. y Écija: e lo propiar.
[2] Sev. y Écija: ygual tanto.
[3] Sev. y Écija: touieren.
[4] Écija omite: por sy.

mente se puedan tornar o yr [3] do quisieren morar.

Aesto vos rrespondo que es mi merçed, e mando que se faga asi segund que melo pedistes por merçed.

41. Alo que me pedistes por merçed que por quanto bien sabia commo tenia ordenado por el quaderrno delas alcallias delas sacas, que non saquen delos mis rregnos muchas cosas enel dicho quaderrno declaradas, e non enbargante las dichas leyes, los tales alcalldes e sus lugares tenientes se abienen conlos lugares delos mis rregnos, que son comarcanos alos rregnos estrannos, por çierta quantia [4] de mrs. o florines, por que libre mente los dexen lleuar e sacar algunas delas tales cosas vedadas; e asy la abenençia e eguala [5] fecha va contra las mis leyes del dicho quaderrno, enlo qual rrecresçe grand danno e ami grand deseruiçio. Por ende que me suplicauades que prouea sobre ello.

Aesto vos rrespondo que mando e defiendo quelos tales alcalldes nin sus lugares tenientes non fagan abenençia alguna con los tales conçejos o personas [6] nin con otros por ellos, nin vsen delas fechas, sopena de perder las cabeças e ofiçios, e de ser confiscados todos sus bienes para la mi cámara, e que sobre esto se faga pesquisa, segund quelo yo tengo ordenado.

42. Alo que me pedistes por merçed que por quanto yo fiziera merçed a çiertas personas delos mis rregnos [7] de todos los bienes que aragoneses e nauarros e catalanes e valençianos tenian enellos, e delas debdas queles eran deuidas en qual quier manera, las quales personas e su mandado prenden [8] a algunos mis naturales algunas cosas que tienen delos tales aragoneses e catalanes e nauarros e valençianos, de que estan en posesion por auer emienda e satisfaçion de muchos dapnos e fuerças e rrobos e males que dellos rresçibieron, e por que non los

1 El texto: pasaren.
2 Écija: contractos.
3 Écija: e yr.
4 Sev. y Écija: contia.
5 Sev. y Écija: yguala.

proueyese sobre ello, mandando que primera mente sean entregados los tales dapnificados del danno que rresçibieron, que otra persona alguna, ca mas rrazonable es que sea entregado dela cosa que en su poder tiene aquel que rresçibió el dicho dapno, que non que sea della desapoderado e dada alas personas aquien yo fiziera la dicha merçet, e mandase sobre ello dar mis cartas aquellas que fuesen neçesarias.

Aesto vos rrespondo que se declaren los agrauiados, e yo les mandaré oyr aqui enla mi corte, e proueer con justiçia.

43. Alo que me pedistes por merçet que por quanto yo sabria [1] quelas çibdades de mis rregnos nin sus pendones, cada e quando ouieren de salyr aqual quier negoçio que acaesçia por mi mandado e demis antecesores non seyendo yo enla tierra, nunca fueron so capitania de sennor alguno que enlas dichas çibdades estouiese o yo enbiase, nin enlas dichas çibdades o qual quier dellas quedase por capitan; mas todos los sennores e rricos omes e otros quales quier capitanes, que enellas estouiesen aguardando [2] alos dichos pendones e non los dichos [3] pendones aellos. Por ende que me suplicauades que me pluguiese de mandar guardar la dicha preheminençia e honrra que yo e los rreyes mis antecesores sienpre guardamos [4] alas dichas çibdades e villas [5] e asus pendones, mandando que non vayan so capitania de ninguna persona commo nunca fueron, saluo comigo [6]; e otrosi mandase que toda la gente que fueren conlos dichos pendones, asi a cauallo commo apie, que delas dichas çibdades salieren, que non aguarden [7] a otra persona alguna, saluo alos dichos pendones, do quier que estouieren, fasta que torrnen alas dichas çibdades donde [8] salyeron.

Aesto vos rrespondo que es mi merçed, e mando que se faga e guarde asi segund que melo pedistes por merçed, e quelos tales [9] pendones

1 Écija: ya sabria.
2 Sev. y Écija: aguardaron.
3 Sev. y Écija omiten: dichos.
4 Sev.: guardaramos.
5 Sev. y Écija omiten: e villas.

de cauallo e otros ofiçiales dela mi casa, non quieren pagar en algunos mrs. que son neçesarios de se derramar por los conçejos e ofiçiales, asi para rreparar los muros e çercas commo para adobar las fuentes e puentes, por non aver delos propios para ello, enlo qual pagan caualleros e escuderos e duennas e donzellas fijos dalgo, deziendo los dichos ofiçiales que tyenen demi preuillejos que sean francos e esentos de todos los pechos e derechos. Por ende que me suplicauades que enlo semejante donde pagan los dichos[2] caualleros e escuderos e duennas e donzellas fijas dalgo [3], que yo mandase pagar alos dichos mis ofiçiales lo que enello les copiere, pues que es prouecho comun de todos, e mandase dar sobre ello mis cartas las que conpliesen.

Aesto vos rrespondo que es mi merçed, e mando que se guarde e faga asi segund melo [4] pedistes por merçed.

45. Alo que me pedistes por merçet que por quanto yo sabia muy bien e era notorio enlos mis rregnos e sennorios, que en algunas villas e lugares delos dichos mis rregnos e sennorios asi delos maestradgos de Santiago e Calatraua e Alcantara e del Prioradgo de San Iohan e de sus encomiendas e de otros lugares muchos, asi de sennorios commo mios delos dichos mis rregnos e sennorios, se acojen muchos rrobadores delos caminos, e forçadores delas mugeres casadas e virgenes e viudas, e matadores de omes mansos e seguros; e que han fecho e fazen muchos furtos de cada dia, e otros malefiçios muchos de diuersas maneras, e avn que toman dineros prestados, e pan e vino e oro e plata e otras cosas muchas de algunas personas e que se acogen e van a estar e morar alas dichas villas e lugares, diziendo que son preuillejados e tienen preuillejo, que por quales quier malefiçios que sean o se fagan, o debdas que deuan que non los han de sacar delas dichas villas e lugares, e avn ha acaesçido e acaesçe de cada dia quelos tales malfechores e otras personas delas dichas villas e lugares, salen [5] delos tales lugares adonde biuen e estan, e cometen e fazen muchos malefiçios, e

[1] Écija: partido el pendon, que gela aguarde.

[2] El texto omite: los dichos.

[3] Sev. y Ecija: fijos dalgo

grand deseruiçio e grand dapno

dela mi justiçia, por que es cabsa de se fazer e fazen muchos malefiçios e delitos, por los mal fechores e debdores ser acogidos enlas dichas villas e lugares, deziendo que son preuillejados, e avn las mis villas e lugares comarcanos se despueblan mucho e se van beuir alas dichas villas e lugares, e naçen dello otros inconvenientes muchos que son en grand deseruiçio mio e dapno delos mis rregnos e sennorios, e menguamiento dela mi justiçia. Por ende que me suplicauades que mandase proueer e prouiese enello e rremediase con justiçia, ordenando e mandando que de aqui adelante los dichos mal fechores e debdores sean sacados delas tales çibdades e villas e lugares, e se fiziere dellos justiçia, non enbargante quales quier preuillejos que digan que tienen, pues que son contra el seruiçio de Dios e mio e menguamiento dela mi justiçia e danno delos mis rregnos e sennorios.

Aesto vos rrespondo que es mi merçet, e mando que non enbargantes quales quier preuillejos e esençiones que tengan, sean rremitidos e rremitan los tales alas çibdades e villas e lugares, onde delynquieron e fizieron la debda o el contrabto, para que ally se faga justiçia e con-

tales jurados non moran en
por lo qual non pueden ad
ta que deuen. Por ende qu
tales jurados vayan ' am
onde son jurados, o alo me
mino que yo para ello ma
perrochianos ' dela tal co
enlugar delos tales.

Aesto vos rrespondo que
asi segund que melo pedis

48. Alo que me pediste
dades e villas e lugares d
las cabeças dela pecheria
dellas en mas, e en otras
pecheros pobres ', por qu
valia de mill e dozientos
mill mrs. o mas ', por lo d

47. Alo que me pedistes por merçed que por quanto en algunas çibdades e villas delos mis rregnos, donde [2] ay jurados algunos, quelos tales jurados non moran enlas perrochias e collaçiones onde son jurados, por lo qual non pueden admenistrar [3] sus ofiçios, nin dar dellos la cuenta que deuen. Por ende que me suplicauades que ordene e mande quelos tales jurados vayan [4] amorar e moren enlas perrochias e collaçiones onde son jurados, o alo menos bien çerca [5] dellas, dentro en çierto termino que yo para ello mande limitar [6], e non faziendo lo asy, quelos perrochianos [7] dela tal collaçion puedan elegir otro jurado o jurados enlugar delos tales.

Aesto vos rrespondo que es mi merçet, e mando e ordeno que se faga asi segund que melo pedistes por merçed.

48. Alo que me pedistes por merçed que por quanto en algunas çibdades e villas e lugares delos mis rregnos antigua mente son puestas las cabeças dela pecheria mayor en mill e dozientos mrs., e en algunas dellas en mas, e en otras en menos, delo qual rrecresçe grand dapno alos pecheros pobres [8], por quanto tanto ha de pagar enel pecho elque tiene valia de mill e dozientos mrs. commo el que tiene valia de çinquenta mill mrs. o mas [9], por lo qual han a desanparar [10] los lugares rrealengos

que quando fueren conçertadas las dos terçias partes, que vala lo que aquellas dos terçias partes fizieren, e ay algunas otras ordenanças que dizen que vala lo que fiziere la mayor parte, e en otras çibdades e villas non tienen ordenanças [4] e dizen que todos han de ser concordes alo que se ouiere de fazer; por cabsa delo qual de cada dia se rrecresçen muchos debates enlos ayuntamientos delas tales çibdades e villas, e se detienen los negoçios que non son despachados commo cunple. Por ende que me suplicauades que quiera fazer enello declaraçion, ordenando e mandando que enlo que se feziere e ordenare [5] enlos dichos ayuntamientos, aque fueren concordes la mayor parte, que aquello vala, e quelos escriuanos lo guarden e cunplan en sus ofiçios, e los que tienen o touieren los sellos pasen las cartas acordadas por la mayor parte.

Aesto vos rrespondo que es mi merçed e mando, que enlas çibdades e villas e lugares onde ay ordenanças que [6] çerca desto dispongan, que se guarde segund que enellas se contiene, e do las non ay, e en caso que las aya, sean diuersas e contrarias vnas aotras [7], que se guarde lo quel derecho manda.

50. Alo que me pedistes por merçed que por quanto algunas vezes ... personas

51. Alo que me pedis... dades e villas de mis rre... e negoçios delas tales çib... tienen boz en todos los n... e rregidores, lo qual seri... cauades que me pluguies... dando quelos tales escri... ofiçios segund deuen, da...

Aesto vos rrespondo q... mis cartas justas, con a... mando e tengo por bien... de vn ofiçio de rregimien... tener vno dellos qual qu... el rregidor non lieue [14] s...

[1] Sev.: ouiar.—Écija: obuiar...
[2] Sev. y Écija: açerca.
[3] Écija omite: escandalos

asi segund que melo pedistes por merçed.

51. Alo que me pedistes por merçet que por quanto en algunas çibdades e villas de mis rregnos, onde ay escriuanos mayores delos fechos e negoçios delas tales çibdades e villas [8], los tales escriuanos dizen que tienen boz en todos los negoçios, asi commo los alcalldes e alguaziles e rregidores, lo qual seria contra toda rrazon. Por ende[9] que me suplicauades que me pluguiese fazer enello declaraçion [10], ordenando e mandando quelos tales escriuanos non tengan boz, saluo que vsen dé sus ofiçios segund deuen, dando fee [11] delo que ante ellos pasare.

Aesto vos rrespondo que es mi merçed, e mando que se den sobre esto mis cartas justas, con abdiençia alos quelas pidieren.—Otrosi ordeno e mando e tengo por bien que vna persona non aya nin pueda auer mas de vn ofiçio de rregimiento, e si mas touiere[12], que en su poder sea de rretener vno dellos qual quesiere, e el otro o otros quelo non ayan[13]. Otrosi que el rregidor non lieue [14] salario. saluo siruiendo el ofiçio e continuando enla

[1] Sev.: ouiar.—Écija: obuiar.

[2] Sev. y Écija: açerca.

[3] Écija omite: escandalos.

[4] Sev.: Écija: e silos rregidores

fuerça e vigor de ley, e que sean dadas sobre ello ... conplieren e menester fueren.

Aesto vos rrespondo que es mi merçed, e mando e ordeno e tengo por bien que se faga e cunpla e guarde asi segund e por la manera e forma que melo pedistes por merçed.

53. Et por quanto despues de por mi rrespondido alas dichas peticiones, fue por vos otros rreplicado deziendo que çerca dela petiçion por vos otros dada enque me suplicastes [4] que mandase e ordenase que enlos ayuntamientos delos alcalldes e alguaziles e rregidores, valiesen aquello que fuese ordenado [5] por la mayor parte; e que yo rrespondiera segund de suso, e que me suplicauades que por quanto las cosas que se rremiten al derecho non son tan claras que çerca dello non inter vengan [6] muchas dubdas, asi por que todos non son letrados para saber e entender el derecho commo por quelos letrados dan entendimiento alas leyes vnos por vna via e otros por otra, de que se rrecresçen debates e contiendas. Por ende que me suplicauades que queriendo escusar los dichos debates, quisiese declarar ordenar e mandar que enlo que fueren concordes la mayor parte delos alcalldes e alguaziles e rregidores enlos

plicauades que [7] mandase quitar delas dichas rrespuestas e prouisiones la dicha ordenança, e donde ami merçed pluguiese dela mandar fazer, por otra parte que yo quisiese acatar commo muchos mis vasallos son e pueden ser en tal hedat e ocupados [8] de tales negoçios o enfermedades que por sus personas me non podrian [9] seruir, e que abastaua [10] e avn seria tan conplidero o mas ami seruiçio, que enbiasen en su lugar sus fijos o hermanos [11] o parientes, o criados tales que me bien seruiesen, e avn enel caso [12] que algunos mis vasallos, por sus personas [13], non por otros tales commo dichos son, non podiesen seruir nin seruiesen por pobreza o por otras cabsas [14], que si ami merçed [15] pluguiese, avn enel caso yo devria atenperar las penas e castigo [16], e non poner tan grandes penas,

1 Sev. y Écija omiten : los.
2 Écija : tenudos a uenir.
3 Sev. y Écija omiten : que.
4 Écija omite : e.
5 Sev. y Écija : e enlas mis cartas.
6 Sev. y Écija : delos dichos procuradores.

ziera ', que contiene que vna persona non aya nin pueda aver ... vn oficio de rregimiento, e si mas touiere, que ensu poder sea de rretener vno dellos qual quisiere e el otro o otros quelos non aya, e otrosi quel rregidor non lieue salario, saluo seruiendo el oficio e continuando enla çibdad o villa o lugar, e que fablando con deuida * rreuerençia, la tal ordenança paresçeria ser fecha en perjuyzo e mengua demis subditos e naturales que delos tales ofiçios han seydo e son, e esperan ser' proueydos, por que muchos aquien Dios pluguiera dotar de algunos bienes tenporales, asi de parientes commo de faziendas, tienen naturaleza e asentamiento " endos, o entres partes e mas", e tienen sus casas pobladas, pues non asyn rrazon podian e deuian gozar delas honrras e ofiçios delas tales çibdades e villas e lugares, onde tienen las tales naturalezas e asentamientos e faziendas, e por espirençia " se podia ver commo muchos grandes demis rregnos e del mi Consejo comarcan en muchos e diuersos lugares, e tenian muchos e dyuersos ofiçios e a vn han e lleuan grandes quitaçiones e rraçiones de ofiçios, que non seruian nin siruen, pues sylos mis rregidores " delas mis çibdades, e

que tenian los ofiçios, lo
ordenança. Por ende que
dicha ordenança, e que ca
que sea por la via suso di
adelante, e que mandase
prouisiones, syn dubda n
e villas e lugares quela d

Aesto vos rrespondo que
e quelo non entiendo mud
do que cunple a seruiçio
nos e sennorios, e mi m
otrosi ordeno e mando q
ofiçio de rregimiento
rregnos, se pongan en
brare, que aquel aquien
da aver, sy es allende d

car las merçedes que auia fecho, e la honrra e verguenças de aquellos que tenian los ofiçios, lo qual non se guardara [8] por la via dela dicha ordenança. Por ende que me suplicauades que mandase suspender la dicha ordenança, e que cada que algo enella yo quiera fazer e ordenar [9], que sea por la via suso dicha para lo que se ouiere de proueer de aqui adelante, e que mandase que se non posiese conlas dichas rrespuestas e prouisiones, syn dubda non menos escandalos serian [10] en mis çibdades e villas e lugares quela dicha ordenança delos vasallos.

Aesto vos rrespondo quelo pormi enesta parte ordenado es justo e rrecto, e quelo non entiendo mudar nin rreuocar en alguna manera, e asi entiendo que cunple a seruiçio de Dios e mio, a apro e bien comun de mis rregnos e sennorios, e mi merçed e voluntad es que se guarde e cunpla asi; otrosi ordeno e mando que de aqui adelante cada que yo proueyere de ofiçio de rregimiento en alguna çibdat o villa o lugar delos mis rregnos, se pongan enlas cartas de prouisiones [11] que yo diere e librare, que aquel aquien yo proueyere del tal ofiçio, lo non aya nin pueda aver, sy es allende del numero establesçido o acostunbrado, o sy el

za e vigor de ley e que[6] sea guardado commo ley, ... des nin pasedes nin consintades yr nin pasar contra ello nin contra cosa alguna nin parte dello, agora nin en algun tienpo; e los vnos nin los otros non fagades ende al por alguna manera, sopena dela mi merçed e de diez mill mrs. a cada vno para la mi camara.

Et destas mis leyes mandé fazer e dar[7] esta mi carta de ordenamiento firmada de mi nonbre e sellada con mi sello.

Dada enla çibdad de Çamora veynte dias de Enero[8], anno del Nasçimiento del nuestro Sennor Jesuchristo de mill e quatroçientos e treynta e dos annos.—Yo el Rey.—Yo el doctor Fernando Diaz de Toledo oydor e rreferendario del Rey e su secretario la fize escriuir por su mandado[9].

1 Sev.: rreferendarios.
2 Sev. y Écija: clausulas.
3 Sev.: chançilleres.
4 Sev. y Écija: e acada.
5 Écija: carta de ordenamiento.
6 Sev. y Écija omiten: que.

de Gallizia de Seuilla de Cordoua de Murçia de Iahen del Algarbe de Algezira, e Sennor de Vizcaya e de Molina. Alos duques condes perlados rricos omes maestres delas Ordenes priores e los del mi Consejo e oydores dela mi audiençia, e al mi chançeller mayor e al mi justiçia mayor e alcalldes e alguaziles e notarios e otras justiçias dela mi casa e corte e chançelleria, alos mis adelantados e merinos e alos comendadores subcomendadores alcaydes delos castillos e casas fuertes e llanas, e atodos los conçejos alcalldes alguaziles rregidores caualleros escuderos e omes buenos de todas las çibdades e villas e lugares delos mis rregnos e sennorios, e aqual quier o quales quier de vos aquien esta mi carta fuere mostrada, salud e graçia. Sepades que enel ayuntamiento que yo agora fize enla mi villa de Madrit, estando ende comigo la Reyna donna Maria mi muger e el Prinçipe don Enrrique mi fijo primo genito heredero, e otrosi çiertos condes perlados e rricos omes caualleros e doctores del mi Consejo; me fueron dadas çiertas petyçiones generales por los procuradores de sus çibdades e villas delos dichos mis rregnos, que comigo estan, alas quales yo, con consejo delos sobre dichos, rrespondi, e ordené e mandé en todo ello lo que entendy que cunple ami seruiçio e a execuçion dela mi justiçia e apro e bien comun delos

villa de Madrit commo despues acá, las quales, commo que
mi fueran otorgadas, se non guardaran; e eran algunas dellas, dela manera que yo ordené e rrespondi que se touiesen enla mi chançelleria, e commo deuian seruir los mis oydores e alcalles e notarios della, e del lugar e lugares donde auian de estar continua mente, lo qual non se guardara por la manera que yo ordené rrespondiendo alas dichas petyçiones; por ende que mi merçed fuese delo mandar guardar segund quelo yo rrespondy. Alo qual vos rrespondo que mi merçed e voluntad es, e mando que al presente, acabado de rresidir su tienpo los oydores que agora son enla mi audiençia, que esten y contynuen en ella seys meses los doctores Juan Ferrandez de Toro e Ruy Garcia de Villalpando e Gonçalo Rodriguez de Salamanca e Diego Gomez de Toro, oydores dela mi audiençia; e despues dellos esten e continuen otros seys meses los doctores Juan Velazquez de Cuellar e Juan Sanchez de Çuaço e Pero Garçia de Burgos, oydores dela mi audiençia; e asi esten rresidentes e continuen dende en adelante por esta mesma via enla dicha mi audiençia los dichos mis oydores. Otrosi que al presente que, acabado su tienpo delos alcalldes que agora estan enla mi chançelleria,
... Gomez e los ba-

esté en cada vn anno se
ruegano, e allende los
los quales son lugares a
aquende los puertos; e e
res çiertos, onde los pley
mis rregnos, e se non a
gar a otro.—Por ende
e que se guarde e cun
segund que enella se c
non fizieren e cunpliere
de mi han e tyenen
anno, quelo asi non c
mi merçed que de pres
mi audiençia don Al
res Juan Velazquez d
Garçia de Burgos e el
mismo que contynuen
doctor Velasco G

las penas enellas contenidas; e quela dicha mi audiençia e chançelleria esté en cada vn anno seys meses aquende los puertos enla villa de Turuegano, e allende los puertos otros seys meses en Grinnon e Cubas, los quales son lugares asaz conuenibles asi para allende commo para aquende los puertos; e esto por quela dicha mi audiençia esté en lugares çiertos, onde los pleyteantes puedan venir de todas las partes delos mis rregnos, e se non ayan de alongar los pleytos andando de vn lugar a otro. —Por ende mi merçed es de mandar e cunplir e esecutar e que se guarde e cunpla e esecute la dicha ley, en todo e por todo, segund que enella se contyene, e quelos oydores e alcalles quelo asi non fizieren e cunplieren, queles non sean libradas las quitaçiones que de mi han e tyenen conlos dichos ofiçios, e los pierdan por aquel anno, quelo asi non cunpleren; e quanto toca alos oydores, que es mi merçed que de presente contynuen e fagan rresidençia enla dicha mi audiençia don Aluaro de Isorrna obispo de Cuenca e los doctores Juan Velazquez de Cuellar e Ruy Garçia de Villalpando e Pero Garçia de Burgos e el liçençiado Gonçalo Rodriguez de Ayllon, e eso mismo que contynuen enla mi chançelleria e audiençia dela carçel el doctor Velasco Gomez e Juan Sanchez de Peralta e Alfonso Ferrandez

Aesto vos rrespendo que mi merçed es que este anno pres...
dende en adelante en cada vn anno, se aparte vn cuento de mrs. para esto, e mando alos mis contadores mayores quelo fagan asy, para lo qual mando dar luego mi aluala para ellos, e yo entiendo de diputar buenas e fiables personas que rreçiban el dicho cuento de mrs., e lo despiendan en rreparo delos dichos castillos e fortalezas.

4. Alo que me pedistes por merçed çerca delos corregidores que yo enbio alas çibdades e villas de mis rregnos, que se guarde lo que yo ordené, por quanto en algunas çibdades e villas non se auia guardado, antes contra lo por mi ordenado, eran dados algunos corregimientos; e que me suplicauades que mandase guardar en todo la dicha ordenança, rreuocando e anulando todo lo fecho en contrario, e mandando que de aqui adelante, si los tales corregidores fueren dados contra la sustançia dela dicha mi ordenança, quelos conçejos alcalldes e ofiçiales delas tales çibdades e villas do fuer enbiado, obedezcan las tales cartas, e las non cunplan, non enbargante quelas tales cartas contengan quales quier clausulas derogatorias e otras firmezas.

Aesto vos rrespondo que es mi merçed que se guarde la ley por mi ... termino enella

yo encomendé lo vean e
pongan enello tal dilige
paga del pedido e moned
cunplido.

7. Alo que me pediste
sobre los debates que se
todos deuen ser concorde
ordené, e mandé que do
gan, que se guarden seg
en caso quelas aya sean
de lo quel derecho quie
han escusado nin escus
recho lo quiere por vna
sobre esto deuia auer de

Aesto vos rrespondo q
do, e quanto tales alter
rremediar, que me cons

8. Alo que ...

Aesto vos rrespondo que toda vya es mi merçed que aquellos aquien lo yo encomendé lo vean e despachen, e asi les mando quelo fagan, e que pongan enello tal diligençia, por que antes que se cunpla la postrimera paga del pedido e monedas que agora me otorgastes, lo ayan fecho e cunplido.

7. Alo que me pedistes por merçed çerca dela suplicaçion que fabla sobre los debates que se rrecreçen enlos ayuntamientos, deziendo que todos deuen ser concordes alo que se ouier de ordenar, sobre lo qual yo ordené, e mandé que donde ouiese ordenanças que çerca desto dispongan, que se guarden segund que enellas se contyene, e do las non ay e en caso quelas aya sean diuersas e contrarias vnas aotras, que se guarde lo quel derecho quiere; ca non enbargante lo sobre dicho, non se han escusado nin escusan las contyendas, deziendo los vnos quel derecho lo quiere por vna via, e los otros quelo quiere por otra; e que sobre esto deuia auer declaraçion.

Aesto vos rrespondo que asaz está por mí bien rrespondido e proueydo, e quanto tales altercaçiones ouier en quelas justiçias non puedan rremediar, que me consulten sobrello, e yo mandaré proueer.

8. Alo que me pedistes por merçed çerca dela que fabla delos rre-

çia; pero toda via es mi merçed que se guarde la mi ordenança, ...
ber, que syn mi espresa liçençia e mandamiento, non se pueda rrepartyr nin rreparta en ninguna çibdad nin villa nin lugar de mis rregnos para sus neçesidades, demas e allende de tres mill mrs, sopena que
los quelo contrario fezieren, pierdan todos sus bienes, e sean confiscados para la mi camara, elas justiçias quelo consentieren, que pierdan
los ofiçios, otrosi yo non entiendo dar lyçençia a çibdad nin villa nin
lugar de mis rregnos para derramar entre sy mas nin allende delos dichos tres mill mrs., saluo mostrando primera mente por cuenta commo
han gastado en cosas neçesarias o prouechosas ala tal çibdat o villa o
lugar, lo que rrentaren las rrentas e propios della e asy mismo los dichos tres mill mrs., por que non aya cabsa de rrepartyr allende delo
neçesario, nin los mis subditos sean grauados nin despechados.

9. Alo que me pedistes por merçed çerca delo que fabla delos lugares e justiçia e juridiçion e terminos e sennorios, que por algunos perlados e caualleros e personas poderosas estan entrados e tomados, de muchas çibdades e villas e lugares de mis rregnos que son de mi corona rreal, alo qual yo rrespondy que yo enbiara alas tales çibdades e villas bue-

breue que ser pueda, non

10. Alo que me pediste
siese proueer commo cun
e otrosy que me pluguies
rales e espeçiales que en
sen presentadas, e aquel
perteneçe ami estado delo

Aesto vos rrespondo qu

11. Alo que me pediste
nas çibdades e villas de
e franquezas e libertades
que me pluguiese manda
rado e otorgado.

Aesto vos rrespondo q
dos segund que por mi l

12. Alo que me pedis
asi delas mis alcaualas e
e derechos, que ...

mento delos que alla enbiare quelo fagan bien e leal mente e lo mas breue que ser pueda, non dando lugar aluengas de maliçia.

10. Alo que me pedistes por merçed que en todo lo sobre dicho quisiese proueer commo cunple ami seruiçio e apro e bien de mis rregnos, e otrosy que me pluguiese de oyr begninal mente las petyçiones generales e espeçiales que en nonbre delas dichas çibdades e villas me fuesen presentadas, e aquellas rrespondiese graçiosa mente asi commo perteneçe ami estado delo fazer.

Aesto vos rrespondo que me plaze delo asi fazer.

11. Alo que me pedistes por merçed que yo podria saber que algunas çibdades e villas de mis rregnos non son guardados sus preuillejos e franquezas e libertades e vsos e costunbres, e que me suplicauades que me pluguiese mandar queles sean guardados segund lo tyenen jurado e otorgado.

Aesto vos rrespondo que es mi merçed, e mando quele sean guardados segund que por mi les fueron otorgados e jurados.

12. Alo que me pedistes por merçed çerca delos mis rrecabdadores, asi delas mis alcaualas e terçias commo de monedas e pedidos e pechos e derechos, que despues de conplido el tienpo de sus rrecabdamientos,

los dichos votos elos tyenen arrendados, non los quie[...] nin rreçebir enel dicho tienpo quel pan se coge, e despues por espaçio de dias e tienpo, quando veen quel pan vale mas caro, demandan los dichos votos, e fatigan mucho alas personas que dizen que ge los deuen, asy por los juezes eclesiasticos commo por los seglares, delo qual se rrecreçe alos dichos pueblos e personas syngulares muy grandes costas e danno; e que me suplicauades que quiera proueer sobrello, mandando alas personas que de aqui adelante ouieren de aver e de rrecabdar los dichos votos, quelos demanden e rreçiban en cada anno fasta en fyn del mes de setienbre, e quel que ouier demandar e de auer los dichos votos, sy fasta este termino non los demandare, que dende en adelante los non puedan demandar nin gelos paguen.

Aesto vos rrespondo que es mi merçed quelos votos se demanden e rrecabden enlos lugares e alas personas quelos deuen pagar, enel tienpo que se deuen demandar e rrecabdar las mis terçias, e que se non demanden nin puedan demandar dende en adelante.

14. Alo que me pedistes por merçed deziendo que muchas vezes me fue notificado quelos mis thesoreros delas mis casas dela moneda auian [...] para labrar enlas di-

cuenta alos pueblos don[...]
enlos dichos pechos alos[...]

Aesto vos rrespondo q[...]
dar e que se guarde çer[...]
go ouieron los mis thesor[...]
su tenor delas quales e[...]
mando quelos tales mon[...]
res, e non delos mayores[...]
tomen otros.

15. Alo que me pedist[...]
tender en commo yo ma[...]
teros, que sean francos e[...]
e demas destos que toma[...]
mayores pecheros, e en[...]
seruiçio, por estar a v[...]
syerras donde yo acost[...]
me rrecreçe deseruiçio [...]
me suplicauades [...]

non sean pecheros enteros; e vuestra alteza que mande rreçebir en cuenta alos pueblos donde se tomaran, los mrs. que copieren a pagar enlos dichos pechos alos tales monederos.

Aesto vos rrespondo que es mi merçed de guardar e mandar guardar e que se guarde çerca desto las condiçiones que çerca desto comigo ouieron los mis thesoreros e arrendadores delas casas delas monedas, su tenor delas quales es este que se sigue: —Otrosi es mi merçed e mando quelos tales monederos sean delos pecheros medianos o menores, e non delos mayores, e fallando delos que saben el ofiçio, que non tomen otros.

15. Alo que me pedistes por merçed deziendo que vos era fecho entender en commo yo mando tomar en cada anno dozientos e seys monteros, que sean francos e quitos de monedas e pedidos e de otros pechos, e demas destos que toman muchos mas monteros, e quelos toman delos mayores pecheros, e en algunos lugares donde non son neçesarios a mi seruiçio, por estar a veynte e a treynta leguas delos montes e delas syerras donde yo acostunbro correr monte e ay venados, enlo que se me rrecreçe deseruiçio e alos pueblos grand agrauio e danno; e que me suplicauades que rremediase enello, mandando que non sean mas

çiençia; e que me suplicauades que mande guardar de aqui [illegible] la dicha ordenança.

Aesto vos rrespondo que yo lo mandaré ver, e proueer commo cunpla ami seruiçio.

17. Alo que me pedistes por merçed que bien sabia que por rrazon delos muchos grandes pechos contynuos quelos mis vasallos e subditos e naturales de mis rregnos me han dado e pagado e dan e pagan en cada anno, asy en pedidos e monedas e galeotes e lieuas de pan e de vino e de pertrechos, e enbian ginetes e ballesteros e lançeros e ferreros çapateros e carpenteros e carros e carretas e azemilas e bueyes, commo en pagar e fazer otras muchas cosas, cada quelo yo he mandado, e muchos lugares delos mis rregnos, por lo non poder ya sofrir e conplir, se yerman e despueblan, e toman las mujeres e los fijos, e eso que tyenen, e se van con todo morar e beuir fuera de mis rregnos, e otros se van alas çibdades e villas dela mi corona rreal que son esentas delos dichos pechos, e otros se van alos lugares delos sennores por quelos sennores delos dichos lugares los defienden e franquean por çierto tienpo de todos pechos e tributos, e que sy asy han de pasar los ve-

18. Alo que me ped
reros e rrecabdadores e
traen cartas de obliga
blicos e otros atales, qu
traen consigo aparejada
ellos ante algund alcal
de mis rregnos, e pide
su debdor e enla persor
dor maliçiosa mente p
el debdo, o que el ar
plazo o le quitó el d
gar la essecuçion, e
rreçebidos aprueua, e
gos fuera delos obispa
en Roma e en Jerusa
chos, e al cabo quand
gan les la apelaçion,
e no pagan le

rreales commo personales e mistos.

18. Alo que me pedistes por merçed que por quanto muchos thesoreros e rrecabdadores e mercaderos e otras personas de mis rregnos, traen cartas de obligaçiones e sentençias, signadas de escriuanos publicos e otros atales, que segund el derecho e costunbre de mis rregnos traen consigo aparejada esecuçion, e quando acaesçe que paresçen con ellos ante algund alcallde o juez de mi corte e delas çibdades o villas de mis rregnos, e piden esecuçion del debdor cada vno en bienes de su debdor e enla persona enla manera que se obligó, oponese el debdor maliçiosa mente por alongar la paga, e alega que tiene pagado el debdo, o que el arrendador fizo conel pleito en quele alargó el plazo o le quitó el debdo, e otras rrazones semejantes para enbargar la esecuçion, e dizen quelo quieren prouar, sobre lo qual son rreçebidos aprueua, e dilatan el pleyto deziendo que tyenen los testigos fuera delos obispados donde esto acaesçe, a avn fuera del rregno e en Roma e en Jerusalen, e piden cartas para rreçebir e traer sus dichos, e al cabo quando es de dar sentençia sobre ello, apellan e otorgan les la apelaçion, de guisa que pasa grand tienpo enestas dilaçiones e no pagan lo que deuen en tal manera que por fuerte que sea la obli-

que han derecho de heredar lo suyo, algunos perlados e sus
zen que aellos perteneçe de poner la mano al partyr de aquella herençia por la parte del dicho clerigo, e si los juezes legos gelo enbargan-
gan, descomulgan los; que me pediades por merçed que ordene e
mande quelos dichos mis juezes legos fagan las dichas partyçiones,
sy las partes non se abinieren apartyr entre si, e que non consientan
alos juezes eclesiasticos poner la mano enello, e que si sobre esto los
descomulgaren, que melo fagan saber, por que yo prouea e mande
commo se defienda mi justiçia.

Aesto vos rrespondo que yo entiendo mandar ver e proueer sobre
ello commo de suso es dicho.

20. Alo que me pedistes por merçed deziendo que en mis rregnos ay
muchedunbre de coronados, que ya pocos se fallan que non tengan corona, e muchos de ellos son rrufianes e ladrones, e los mas las traen e
tomaron non con entençion de ser clerigos, e con esfuerço dellas fazen
e cometen muchos yerros e malefiçios desaguisados contra los legos,
e quando son presos por los juezes seglares en algund malefiçio e por
algund yerro desaguisado, los juezes eclesiasticos ponen enellos desco-

gunas veçes quelos mis
prendan alos que caben e
ellas, e quando lo saben
los mis juezes, en queles
nen las prendas, e de fec
las escomuniones gelas fa
caua; e que me pluguies
escomuniones fueren pue
calldes e juezes, que ell
fueren prendados por la
zes eclesiasticos disistan

Aesto vos rrespondo co
proueer.

22. Alo que me pedis
nas delas mis çibdades
ellas, se quexan delos r
dellos enles non querer

çion eclesiastica, cayan en pena de seys çientos mrs., e que acaesçe algunas veçes quelos mis juezes delas mis çibdades e villas e lugares, prendan alos que cahen enlas dichas penas e son de su jurediçion, por ellas, e quando lo saben los juezes eclesiasticos, dan sus cartas contra los mis juezes, en queles mandan, sopena de escomunion, queles torrnen las prendas, e de fecho los descomulgan, fasta que por fuerça de las escomuniones gelas fazen tornar, enlo qual mi jurediçion se menoscaua; e que me pluguiese de ordenar e mandar que quando las tales escomuniones fueren puestas por la dicha rrazon alos dichos mis alcalldes e juezes, que ellos que puedan prender alas personas que asi fueren prendados por la dicha pena e tenerlos presos fasta quelos juezes eclesiasticos disistan delas tales escomuniones.

Aesto vos rrespondo commo de suso que yo lo entiendo mandar ver e proueer.

22. Alo que me pedistes por merçed deziendo que por quanto algunas delas mis çibdades e villas delos mis rregnos, cada que yo vo a ellas, se quexan delos mis posentadores, diziendo ser muy agrauiados dellos enles non querer guardar las franquezas e libertades dadas a

mis alcaldes ...
rrepartimientos delas viandas, e otras cosas dela dicha ... o de sus tierras; e que si la tal persona o personas non puedan dar posadas nin fazer los dichos rrepartimientos de paja e rropa e viandas, por quanto enestas cosas los vezinos dela tal çibdat o villa do esto acaeçiere serán mejor ynformados para auisar alos dichos mis alcalldes e aposentadores, por quelo vno e lo al se ordene por mejor egualdad commo cunple ami seruiçio e apro comun delos dela mi corte e delos dela tal çibdat o villa o lugar e sus tierras; e que yo lo mande ordenar por ley, dando aello mis cartas, acada çibdat o villa quelas demandare, tales e ental forma que ayan fuerça e vigor de ley para agora e de aqui adelante perpetua mente.

Aesto vos rrespondo que yo entiendo mandar proueer sobre ello commo entienda que cunple ami seruiçio e abien de mis pueblos.

23. Alo que me pedistes por merçed deziendo que por quanto en algunas çibdades e villas de mis rregnos, de pocos dias acá, algunos mercaderos o joyeros o otras personas han salido e salen avender sus pannos e mercadorias alos arrauales delas tales çibdades e villas, e asi mismo lo fazen los mercaderos e joyeros que andan enla mi corte, ... despobladas

que touieren sus casas d...
puedan salir morar al ar...
çibdat o villa o lugar, ...
morar de fuera parte que ...

24. Alo que me pediste...
zen muchos agrauios e ...
cogen los portadgos e p...
dando e cogiendo dellos ...
de derecho se deuen pag...
diçiones arrendaron las ...
dando portadgos e barca...
de mis rregnos, que nun...
que mi merçed sea de m...
nen e han de auer los ...
tributos quales quier en...
que sean, que muestren ...
nen enla dicha rrazon, ...
que dende en adel...

tunbre se deua fazer lo contrario; pero es mi merçed e mando quelos que touieren sus casas dentro enla çibdat o villa o lugar, que se non puedan salir morar al arraual, e asi mesmo quedando suelo dentro dela çibdat o villa o lugar, para poder poblar enel, al que ende veniere morar de fuera parte que non more enel arraual.

24. Alo que me pedistes por merçed deziendo que de cada dia se fazen muchos agrauios e tomas alos mis vasallos por las personas que cogen los portadgos e peajes e barcajes enlos mis rregnos, demandando e cogiendo dellos tributos nueuos e allende delos ordinarios que de derecho se deuen pagar, deziendo que con aquellos tributos e condiçiones arrendaron las tales rrentas, e asi mesmo cogiendo e demandando portadgos e barcajes e peajes e otros tributos en algunos lugares de mis rregnos, que nunca fue costunbre; por ende que me suplicauades que mi merçed sea de mandar que todas e quales quier personas que tyenen e han de auer los dichos portadgos e barcajes e peajes, e otros tributos quales quier en mis rregnos, de qual quier estado o condiçion que sean, que muestren los preuillejos e tytulos e alanzeles que tyenen enla dicha rrazon, fasta çierto termino que yo mande lymitar, e que dende en adelante, non demanden nin coian mas nin allende delo

chas vezes acaesçe enlas çibdades e villas dese...
merinos e alguaziles prenden a algunas personas sin mandamiento de los alcalldes, de que vienen algunos escandalos; que me suplicauades que mandase guardar las leyes e ordenanças, que son ordenadas enesta rrazon, mandando que ningund merino nin alguazil non pueda prender persona alguna sin mandamiento de alcallde o juez, saluo si lo fallare faziendo malefiçio, e el que asi fuere preso, que sea puesto luego enla carçel publica, para que libren los alcalldes o juezes lo que deuen judgar.

Aesto vos rrespondo que me plaze, e mando e ordeno que se faga asi.

27. Alo que me pedistes por merçed deziendo que mande labrar cornados enlas mis casas de moneda, por quanto es conplidero ami seruiçio e al bien publico de mis rregnos, ca por non auer los dichos cornados non se puede fazer mercadoria menos de vna blanca, e la dicha moneda menuda es muy neçesaria, asi para la conpra delas viandas commo para las limosnas, que por non auer cornados se escusa mucho.

Aesto vos rrespondo que ami plaze dello, e mando que se faga asi, para lo qual mandaré dar mis cartas para los mis thesoreros delas mis ... dichos cornados.

... mente, tratando sus yn...
llos e naturales, rreten...
que dan por los dichos b...
vasallos son engannados...
que mande que de aqui a...
çio e correduria, so çiert...
trario fezieren, e que ene...
naturales mucho bien, e...
por la dicha rrazon de ca...
chos corredores non oui...
quela mayor parte delos...
cusarian, de que ami se...

Aesto vos rrespondo ...
melo pedistes por merç...
la primera vegada esté...
le den sesenta açotes, ...
mesma pena; e que se rr...
de rrecebir ...

vasallos e otras personas, los quales vsan del dicho oficio enganosa mente, tratando sus yntereses en fraude, en enganno delos mis vasallos e naturales, rreteniendo para sy algunas contyas de mrs. delo que dan por los dichos baratos, los quales toman de guisa quelos mis vasallos son engannados e danificados; e que me pediades por merced que mande que de aqui adelante persona alguna non vse del dicho ofiçio e correduria, so çiertas penas que yo ponga contra los quelo contrario fezieren, e que enello faré seruiçio a Dios, e alos mis vasallos e naturales mucho bien, e quitar se han muchas cabsas de engannos que por la dicha rrazon de cada dia se fazen, considerando que sy los dichos corredores non ouiesen para enduzir alos mis vasallos naturales, quela mayor parte delos baratos que se fazen enlos mis rregnos se escusarian, de que ami se seguiria seruiçio.

Aesto vos rrespondo e mando e ordeno que se faga asi segund que melo pedistes por merçed, e qual quier quelo contrario feziere, que por la primera vegada esté sesenta dias enla cadena, e por la segunda que le den sesenta açotes, e dende en adelante por cada vez caya enesta mesma pena; e que se rreçiba la prueua contra los tales segunt se puede rreçebir contra los juezes que toman dones

dores e alcaldes ... por ende en pena alguna, avn quelas dichas cartas ... quales quier clausulas derogatorias.

Aesto vos rrespondo que mi voluntad es de non fazer merçed de aqui adelante de cosa alguna que sea o pertenezca ala çibdad o villa o lugar; e mando que se guarde todo segund e enla manera que me lo pedistes por merçed para enlo de aqui adelante, e quanto alo tomado sin cartas de merçed mia, proueydo está por las leyes por mi ordenadas, queles sea rrestituydos.

31. Alo que me pedistes por merçed deziendo que por cabsa delas condiçiones con que yo mandé arrendar las monedas e fazer las pesquisas dellas, los mis pecheros lo pasan mucho mal e son cohechados, tanto que de cada dia se despueblan muchos dellos; e que me suplicauades que mande ver las dichas condiçiones, e ordenar çerca dello begnina mente quitando las penas e rrigores que cabsan los dichos cohechos e dannos, enlo qual faré seruiçio a Dios, e alos mis naturales mucho bien e merçed; e asi mesmo me suplicauades que mande ver las condiçiones con que yo mandé arrendar en masa las alcaualas e terçias de mis rreg- ... mande ordenar çerca dello condiçiones conuenibles, quitan- ...

ante los mis alcalles
pena, ca de otra guisa
enganno, non lo podri
costas que ende ouiese
fizo en Cordoua.

Aesto vos rrespondo
mandar alas personas
nos delas çibdades e vill
uida la verdad, yolo m
sea escarmiento alos q
quese non atreuan afaz

33. Alo que me pedi
des e villas e lugares
leuados e destruydos
e cogen los pechos enl
que enlos lugares don
los conçejales, vn pec
en vn anno con ...

delo suso dicho, sean acusados e denunçiados por el promutor fiscal ante los mis alcalles por quela justiçia se cunpla e non queden syn pena, ca de otra guisa, las partes contra quien fue, o fuere fecho el tal enganno, non lo podrian prosegnir por non tener cabdales para las costas que ende ouiese de fazer, lo qual dezides que espeçial mente se fizo en Cordoua.

Aesto vos rrespondo que sy asi es ello es muy mal fecho, e entiendo mandar alas personas que fueren afazer pesquisas sobre lo delos terminos delas çibdades e villas e lugares, que ynquieran çerca desto, e sauida la verdad, yolo mandaré punir e castigar, por tal manera, que sea escarmiento alos que tal fezieron e cometieron, e aotros enxenplo quese non atreuan afazer lo semejante.

33. Alo que me pedistes por merçed deziendo que en algunas çibdades e villas e lugares delos mis rregnos los labradores menores son mal leuados e destruydos por los pecheros mayores, por que ellos rreparten e cogen los pechos enlas tales çibdades e villas e lugares enesta guisa: que enlos lugares donde en todos los mis pechos rreales e asi mesmo los conçejales, vn pechero podria pagar todo lo quele conuiene apagar en vn anno con dozientos mrs. los dichos labradores mayores, quelos

menos preçio, e quel q... ... la tal cosecha dél e derrama, seyendo ...
pecho, quele será dada la tal cosecha dél e derrama, seyendo ... asi sacare pechero llano, e dando fiadores llanos, e abonados de coger cada pechero por la contya por quela sacare, e dele non demandar mas, e otrosi de pagar los mrs. por que sacare la dicha cogecha alos plazos e so las penas e alas personas que yo mandare, e asi mesmo enlos pechos conçejiles, alas personas que por los dichos conçejos o lugares fuere ordenado.

Aesto vos rrespondo que mi merçed es que se faga e guarde asi segund que melo pedistes por merçed.

34. Alo que me pedistes por merçed deziendo quelos mis pecheros e naturales padeçen muchos dannos por cabsa delos engannos queles son fechos por algunas personas, espeçial mente por que con sus menesteres venden adelantada mente por ser acorridos de dineros, los esquilmos de pan e vino, e a tan pequennos preçios, quelos tales pecheros se pierden e despueblan, e sus esquilmos non abastan despues a pagar las tales debdas, segund los dichos tan pequennos preçios en quelos venden; e que me suplicauades que mande ordenar de aqui adelante alguna ... de qual quier estado o condiçion que sea, non sean osados ... prend preçio,

en sy mesmos, e enotra
nos dellos, en lo que
delos mis rregnos recib
me pluguiese mandar,
mis çibdades e villas e
rrentas delos propios de
si nin por otras persona
rrentas delos propios de
mera mente se trayan e
dia para el rremate e se
diere, tanto que non se
les, e que faga jurame
quiere para ellos nin
propios de algunas çib
gidores, alcalles e al
ellos lás tengan arren
enla manera que dicha
Aesto vos rrespondo

contya alguna, e alas veçes con muy pequennas pujas façenlas rrematar en sy mesmos, e enotras personas quelas sacan para ellos, e para algunos dellos, en lo que diz quelas dichas çibdades e villas e lugares delos mis rregnos reciben grand agrauio, e que me suplicauades que me pluguiese mandar, quelos rregidores e alcalles e alguaziles delas mis çibdades e villas e lugares delos mis rregnos non arrienden las rrentas delos propios delos conçejos onde tyenen los dichos ofiçios por si nin por otras personas que para ellos las arriendan; e otrosí quelas rrentas delos propios delos dichos conçejos non se rrematen sin que primera mente se trayan en almoneda publica por nueue dias e sennalen dia para el rremate e se otorguen a aquel que por ellas mayores preçios diere, tanto que non sean delos dichos rregidores e alcalles e alguaziles, e que faga juramento el quelas dichas rrentas sacare quelas non quiere para ellos nin para algunos dellos, e si algunas rrentas delos propios de algunas çibdades e villas son arrendadas para los dichos rregidores, alcalles e alguaziles, e algunos dellos, o por otros que por ellos las tengan arrendadas, que se tornen en almoneda e se arrienden enla manera que dicha es.

Aesto vos rrespondo que mi merçed es que se faga e guarde asi e se-

fazer.

37. Otrosi, por quanto ami es fecho rrelacion que algunas çibdades, e villas e logares delos mis rregnos, asi rrealengos commo de sennorios, se franquean de alcaualas en todo o en parte, o en alguna cosa, espeçial mente en algunas ferias e mercados, e en otras maneras, delo qual rrecresçe ami grant deseruiçio e enlas mis rrentas grandes dannos e menoscabos, por ende ordeno e mando que qual quier o quales quier que fueren conprar o vender alos tales logares o ferias o mercados francos, sean tenudos de pagar e paguen enel logar de donde salieron con sus mercadurias e cosas, e asi mesmo enlos logares adonde las traxieren delos tales logares e ferias e mercados francos el alcauala entera mente de todo lo que conpraren e vendieren enlos tales logares e ferias e mercados francos, non enbargantes quales quier cartas o alualaes de pago que muestren de commo lo han pagado enlos tales logares, e mando alos mis contadores mayores quelo pongan e asienten asi por ley e condiçion en los mis cuadernos delas alcaualas.

38. Alo que me pedistes por merçet diziendo que por mi son ordenadas algunas leyes que son muy prouechosas aseruiçio de Dios e apro
... las quales non se han guardado commo

causas legitimas ponen
judguen los pleytos, lo
llas; por ende que me s
por si mesmos oygan e
de sus alcaldias, saluo p
o por aquellos casos quel

Aesto vos respondo q
de asi, e quelos tales alc
tutos, saluo enlos casos q
que se guarde por los al

40. Alo que me pedis
delas çibdades e villas
letrados, e otros salar
ellos pasan por los ve
rias commo delas dific
de proçesos, lo qual es
partes que ante ellos si
que mandase quelos

llejos e por fueros de poner algunos delos tales alcalldes, syn tener causas legitimas ponen por si alcalldes que libren por ellos e oyan e judguen los pleytos, lo qual es grand danno delas tales çibdades e villas; por ende que me suplicauades que mandase quelos tales alcalldes por si mesmos oygan e libren e judguen los pleytos durante el tienpo de sus alcaldias, saluo por yr enmi seruiçio o por ocupaçion de dolençia o por aquellos casos quelas leyes de mis rregnos quieren e mandan.

Aesto vos rrespondo que mi merçed e voluntad es que se faga e guarde asi, e quelos tales alcalldes siruan por si los ofiçios e non por sostitutos, saluo enlos casos que mandan las dichas leyes, e esto mesmo mando que se guarde por los alguaziles e merinos de mis rregnos.

40. Alo que me pedistes por merçed que por quanto los tales alcalldes delas çibdades e villas de mis regnnos, avn que algunos dellos son letrados, e otros salariados, que delos proçesos e pleytos que ante ellos pasan por los ver e dar enellos sentençias, asi delas interlocutorias commo delas difinitiuas lieuan grandes contias de mrs. de vistas de proçesos, lo qual es mucho en mi deseruiçio e grand danno delas partes que ante ellos siguen los pleytos; por ende, que me suplicauades que mandase quelos tales alcalldes non lieuen cosa alguna delas tales

pasar contra ello nin contra parte dello, agora nin en algunt tienpo, elos vnos nin los otros non fagades ende al por alguna manera, sopena dela mi merçed e de diez mill mrs. para la mi camara, e desto mandé dar esta mi carta firmada de mi nonbre e sellada con mi sello. Dada enla villa de Madrid, veinte dias de Março, anno del nasçimiento del nuestro Sennor Ihesu Christo de mill e quatroçientos e treinta e tres annos.—Yo el Rey.—Yo el doctor Fernando Diaz de Toledo, oydor e rrefrendario del Rey e su secretario la fize escreuir por su mandado.—Registrada.

XII.

Cuaderno de las Córtes celebradas en la villa de Madrid el año de 1433 [1].

esta mi carta fuere m
publico salud e graçia
la mi villa de Madrid
condes rricos omes cau
des de mis rregnos que
dades e villas de mis rre
sas conplideras ami seru
rregnos e sennorios, me
por los dichos procurado
jo yo rrespondi su teno
aellas rrespondi es esto

1. Muy alto sennor,
denamientos que vuestr
pasó de mill e quatro
sejo delos grandes e
Consejo e con los proc
nos quese acaescieron
e ordenó cierta

esta mi carta fuere mostrada o el traslado della signado de escriuano publico salud e graçia. Sepades que enel ayuntamiento que yo fize en la mi villa de Madrid este anno dela data desta mi carta con los perlados condes rricos omes caualleros e doctores del mi Consejo e otros grandes de mis rregnos que conmigo estan e con los procuradores delas çibdades e villas de mis rregnos que yo mandé llamar sobre algunas cosas conplideras ami seruiçio e al paçifico estado e tranquilidad de mis rregnos e sennorios, me fueron dadas çiertas petiçiones general mente por los dichos procuradores alas quales con acuerdo delos del mi Consejo yo rrespondi su tenor delas quales dichas petiçiones e delo que yo aellas rrespondi es esto que se sigue:

1. Muy alto sennor, bien sabe vuestra alteza como enlas leyes e ordenamientos que vuestra sennoria fizo enla çibdad de Çamora el anno que pasó de mill e quatro çientos e treynta e dos annos con acuerdo e consejo delos grandes e muy honrrados sennores del vuestro muy alto Consejo e con los procuradores delas çibdades e villas de vuestros rregnos quese acaesçieron enel dicho ayuntamiento, vuestra merçed fizo e ordenó çiertas leyes e ordenanças para bien e pro comun e buen rregimiento e gouernaçion dela vuestra justiçia e dela rrepublica delos

ello proueyde ...

cutar, mandando quela dicha chançelleria esté aquende los puertos dichos seys meses e allende los puertos otros seys meses enlos logares conuenibles que a vuestra merçed bien visto fuere, lo qual será grand vuestro seruiçio e prouecho comun de vuestros rregnos.

Aesto vos rrespondo que dezides bien e me plaze que se faga e guarde asi segund que me lo pedistes por merçed.

2. E otrosi sennor, enlas dichas leyes e ordenanças dela dicha çibdad de Çamora vuestra alteza ordenó e mandó por ley que senon acresçentase el numero delos alcaldes e rregidores que estaua limitado por los rreyes vuestros anteçesores e por vos enlas çibdades e villas de vuestros rregnos, e para mayor firmeza dello para que se asi guardase, ordenó e mandó quelos alcaldes e alguaziles e rregidores dela çibdad o villa o logar que contra la forma e ordenança dela dicha ley por vos ordenada tentasen de rresçebir o rresçibieren dende en adelante algund alcalde o rregidor o escriuano acresçentando allende del dicho numero, caso que fuese proueydo por vuestra sennoria de nueuo, o en logar de otro que se ouiese de consumir, non enbargantes quales quier vuestras cartas e alualaes que para ello diese vuestra alteza con quales quier clausulas ... que por ese mesmo fecho los di-

..., suplicamos ...
de nos mandar guarda
dad de Çamora e todas
vsos e costunbres quela
son otorgadas sobre la d
que de aqui adelante no
cho numero delos dichos
el tenor e forma dello e
nin pase, pues es tanto
tros rregnos que se gua
tra ello pase e dé o man
nin segunda nin tercera
gatorias o firmezas o pe
gunas en ellas o en alg
alcaldes e corregidores
acaesçiere las obedezc
nin incurran en pena
casos si en ellas cayere
e perdona e quiere que

sennor, suplicamos muy humil mente a vuestra alteza quele plega de nos mandar guardar la dicha ley e ordenança fecha enla dicha çibdad de Çamora e todas las otras leyes e cartas e preuillegios e fueros e vsos e costunbres quelas dichas vuestras çibdades e villas tienen e les son otorgadas sobre la dicha rrazon, mandando e ordenando por ley que de aqui adelante non sea quebrantado, e que sea guardado el dicho numero delos dichos alcaldes e rregidores e escriuanos e que contra el tenor e forma dello e de todo lo sobre dicho vuestra alteza non vaya nin pase, pues es tanto vuestro seruiçio e prouecho comunal delos vuestros rregnos que se guarde asi. E que en caso que vuestra alteza contra ello pase e dé o mande dar vna o dos o tres o mas cartas de primera nin segunda nin tercera iusion nin mas con quales quier clausulas derogatorias o firmezas o penas, nin puesto que esta dicha ley nin otras algunas en ellas o en alguna dellas vayan encorporadas, quelos ofiçiales e alcaldes e corregidores e rregidores delas dichas çibdades e villas donde acaesçiere las obedezcan e las non cunplan, e que por ello non cayan nin incurran en pena nin penas en caso alguno, delas quales penas e casos si en ellas cayere vuestra alteza desde agora los rrelieua e quita e perdona e quiere que toda via la dicha ley e ordenança e cartas e pre-

mas larga mente enlas dichas ordenanças es contenido
muchas vezes que algunos delos dichos rregidores contra el tenor e
forma delas dichas ordenanças, que rrenunçian los dichos ofiçios de
rregimiento por los non poder seruir o por afecçion o interese suyo en
algunas otras personas poderosas o tales que rrecresçe o puede rrecresçer ala vuestra sennoria desseruiçio e alas tales çibdades e villas do
esto acaesçiere grand dapno. Por ende muy poderoso sennor, suplicamos a vuestra alteza quele plega de ordenar e mandar quelas
tales ordenanças sean guardadas, e quelos dichos rregidores nin algunos
dellos non puedan rrenunçiar ni rrenunçien los dichos ofiçios de rregimiento en persona alguna. E si acaesçiere quelo quiera rrenunçiar por
lo non poder seruir por dolençia o por otro inpedimento alguno, quelo
rrenunçie enlas manos delos otros rregidores por que ellos elijan en su
lugar vno o dos segund e en la manera contenidas en las dichas ordenanças, e les den su petiçion para la vuestra sennoria para que vuestra
alteza prouea del dicho ofiçio a qual quier de aquellos dos que a vuestra
merçed ploguiere. E que qual quier rregidor que por otra manera rrenunçiare el dicho ofiçio quelo pierda e non goze del. aquel en quien lo
... otro en su

fazer bien e fiel e leal
to todo temor e amor
en contrario sea o ser
mi seruiçio e pro e bie
merçed que se non gu
ofiçio pueda ser rrenu
yo, mas que enlo que
çiaçion se fiziere se g
otro qual quier estran

4. Otrosi sennor, a
vuestras çibdades e vi
los alcaldes e juezes
fazen algunas cosas
uiçio e a prouecho e
cartas e mandado co
gimiento, e algunas
tender enduzen e trae
lo qual ha ...

con la justiçia sobre juramento, que sobrello fagan en forma deuida dela fazer bien e fiel e leal e verdadera mente, sin vanderia alguna, pospuesto todo temor e amor e desamor e interese e rruego e toda otra cosa que en contrario sea o ser pueda, mas acatando sola mente lo que cunpla a mi seruiçio e pro e bien comun dela çibdad o villa o lugar; pero es mi merçed que se non guarde de aqui adelante la ley que fabla quel tal ofiçio pueda ser rrenunçiado por el tal rregidor en fijo o en yerno suyo, mas que enlo que tocare al tal fijo o yerno, quando tal rrenunçiaçion se fiziere se guarde e faga lo que se guardaria e faria seyendo otro qual quier estranno.

4. Otrosi sennor, asi mesmo acaesçe muchas vezes enlas dichas vuestras çibdades e villas quelos dichos vuestros rregidores en vno con los alcaldes e juezes que con ellos se acostunbran ayuntar, ordenan e fazen algunas cosas que entienden que son conplideras a vuestro seruiçio e a prouecho e bien delas tales çibdades e villas, asi por vuestras cartas e mandado commo por el cargo que tienen del dicho ofiçio de rregimiento, e algunas personas mouidas con mal zelo o por non lo entender enduzen e traen otros asu opinion, e ponense alo contradezir, lo qual ha seydo e es cabsa de se non conplir vuestras cartas e manda-

e faga sobre ello todo lo que sea derecho.

5. Otrosi sennor, bien sabe vuestra alteza que algunas delas dichas çibdades e villas e logares delos vuestros rregnos e sennorios han e tienen de fuero e vso e costunbre e otras tienen preuillegios e cartas espeçiales vuestras e delos rreyes vuestros anteçesores de elegyr ofiçiales enlas dichas çibdades e villas, asi alcaldes commo rregidores e escriuanos e otros ofiçiales asi por votaciones commo en otra manera. E otrosi tienen otros preuillegios e franquezas e libertades, los quales sienpre les fueron guardados e por vuestra alteza confirmados e jurado e otorgado de guardar, contra los quales muchas vegadas les pasan por les ser quebrantados, e las dichas çibdades e villas por los defender e por guardar sus fueros e vsos e costunbres se les rrecresçen muy grandes pleitos e contiendas e costas e dapnos de quelas dichas çibdades e villas son muy fatigadas, lo qual no es vuestro seruiçio. Por ende sennor, suplicamos a vuestra alteza quele plega de mandar guardar e vuestra alteza guarde alas dichas çibdades e villas e logares los dichos sus preuillegios e cartas que tienen sobre rrazon delas dichas elecçiones e sobre otras e quales quier cosas e sus fueros e vsos e costunbres e pre-

e horar para ello mis
manera que me lo pe
E esto se entienda sol
uanos e jurados e field
e villas acostunbran p
e alguaziladgos e meri
e villas e logares, e e
zas e libertades e fuer
gunas çibdades e vill
sobre que cosas, e yo l
ami seruiçio e a bien
villas e logares.

6. Otrosi muy alto
nesçesidades mandó
eglesias e monesterio
personas de vuestros
neda de oro e de pla
muchas çibdades

vso o costunbre o cartas espeçiales commo en todas las otras, e mando dar e librar para ello mis cartas, las que cunplan segund e por la forma e manera que me lo pedistes por merçed por la dicha vuestra petiçion. E esto se entienda sola mente en quanto atanne alos rregideres e escriuanos e jurados e fieldades e otros quales quier ofiçios quelas çibdades e villas acostunbran proueer, pero esto non se entienda enlas alcaldias e alguaziladgos e merindades de que yo suelo proueer, e non las çibdades e villas e logares, e en quanto tanne alos otros preuillegios e franquezas e libertades e fueros e vsos e costunbres que dezides que tienen algunas çibdades e villas e logares de mis rregnos, declarad quales son e sobre que cosas, e yo lo mandaré ver e proueer sobre ello commo cunpla ami seruiçio e a bien comun de mis rregnos e delas tales çibdades e villas e logares.

6. Otrosi muy alto sennor, bien sabe vuestra alteza como para sus nesçesidades mandó e ordenó que çiertas çibdades e villas e logares e eglesias e monesterios e personas rreligiosas e de Ordenes e otras çiertas personas de vuestros rregnos vos fiziesen çierto prestido de plata e moneda de oro e de plata e de moneda amonedada, el qual dicho prestido muchas çibdades e villas e eglesias e monesterios e personas rreligiosas

segund que me lo pedistes por merçed.

7. Otrosi sennor, bien sabe vuestra alteza commo enel dicho ayuntamiento dela dicha çibdad de Çamora vos fue notificado los males e dapnnos e grand fallesçimiento de justiçia que en los vuestros rregnos auia por rrazon de muchas personas que biuian en abitos de legos que se escusauan dela vuestra juridiçion por titulo de corona, seyendo los tales malfechores e rrufianes e de otras malas condiçiones, e vos fue suplicado que vuestra alteza rremediase enello, e vuestra sennoria rrespondio que sobre ello auia suplicado al Papa, el qual mandara dar sobre ello su bulla, la qual estaua en vuestra cámara, donde seria dado traslado a qual quier quela pediese. Sennor, vuestra merçed sepa quela dicha prouision non satisfaze para euitar nin quitar los tales dapnos e males nin castigar los tales malfechores nin por ello han dexado nin dexan los tales de cometer muchos maleficios segund de ante dela dicha prouision. Por lo qual muy alto sennor, e con rreuerençia deuida fablando, a nosotros paresçe que vuestra alteza puede suplicar al santo Padre, que ala su santidad plega dele dar su bulla para que ninguno delos tales mal fechores non goze nin pueda gozar de preuillegio eclesiastico,

dase a otro lego ante alguna justiçia eclesiastica sobre alguna cosa que pertenesçiese a vuestra juridiçion, que por el mesmo fecho perdiese qual quier ofiçio que touiese en qual quier çibdad o villa o logar de vuestros rregnos, e demas que pechase en pena diez mill marauedis. Otrosi que vuestra alteza escriuiria sobre ello alos perlados enla manera que conpliese. E otrosi muy poderoso sennor, commo quier que vuestra alteza rrespondio lo sobredicho e lo ordenó asi, nin por éso, con deuida rreuerençia fablando, se rremedia nin se quita el prinçipal dapno e turbacion dela vuestra juridiçion rreal, ca sabrá vuestra alteza quela vuestra juridiçion es por ellos tomada e vsurpada e enbargada en muchas diuersas maneras, conuiene a saber, lo primero defendiendo los matadores e rrobadores e quebrantadores delos caminos e forzadores e otros malfechores so titulo e color de clerigos coronados, segund que a vuestra merçed auemos notificado, asi rresçebiendolos en sus carceles e casas, deziendo que ellos se ofresçen a ellas, commo descomulgando las vuestras justiçias, enbargando que se non esecute la vuestra justiçia enlos tales cada que se a de esecutar, deziendo que son clerigos e de su juridicion, lo qual es muy grand desseruiçio de Dios e vuestro e muy grand dapno delos vuestros rregnos e muy grand ocasion para quelos

delos frutos ...

san de todo, e commo los juezes sus vicarios sean clerigos ...
juridiçion sostienense en lo sobre dicho los vnos alos otros en tal manera, que por ellos ser juezes e partes e en su jurediçion vsar rriguro-
sa mente de su voluntad et por las grandes fatigaciones que ellos fazen
alos vuestros arrendadores, ninguno non los osa demandar, e algunas
vegadas acaesçe quelos dichos arrendadores fazen algunas diligençias
contra las personas legos omes e mugeres que venden las cosas delos
dichos clerigos por cobrar su alcauala, e luego los tales clerigos tornan
sobrello contra ellos con sus cartas de escomonion e de sus conseruadores
diziendo, quelos tales omes e mugeres son sus familyares e las cosas
que vendieron son suyas, de guisa que por temor delas dichas fatigaçiones los dichos arrendadores se dexan dello e ante quieren perder el
alcauala que andar con ellos en pleito, e asi sennor se fazen esentos
delas dichas vuestras alcaualas, ental manera que por esta rrazon las dichas vuestras alcaualas e rrentas valen mucho menos delo que podrian e deuryan valer, e casi que por esta rrazon ay muy pocos que arrienden rrentas en que clerigos ayan de pagar alcaualas si non con
muy grand dapno delas dichas vuestras rrentas. Lo otro, sennor, non
... se fazen esentos, delo sobre-

tredicho enlas tales p...
conseruadores e juezes...
ental manera proceder...
se quiera atreuer a fa...
mente llegar alas pue...
en padron, temiendo e...
tiçia de que mucho vsa...
guna premia, nin juez...
mie a obedesçer la jus...
uerençia fablando, po...
vuestros rregnos por l...
omill mente sennor, f...
juez asy delos clerigo...
fuerça puede ser fec...
que tomar vos e rrob...
çion e vuestros pecho...
tos e naturales. Et s...
vsando dela dicha ...

te dando sus cartas de escomonion muy agrauiadas, poniendo entredicho enlas tales personas e enlos pueblos e çitandolos para ante sus conseruadores e juezes que tienen en otras partes mucho lexos de alli; et ental manera proceden enlos tales fechos, que ya non ha ninguno que se quiera atreuer a fazer lo contrario delo que ellos quieren nin sola mente llegar alas puertas delos dichos sus escusados nin los escriuir en padron, temiendo el grand rrigor desmesurado dela su grand injustiçia de que mucho vsan, et por ellos non temer nin tener sobre sy ninguna premia, nin juez enlos vuestros rregnos quien los conpela nin apremie a obedesçer la justiçia, e avn mucho mas sennor, con deuida rreuerençia fablando, por que ellos tienen muchos fauores e ayudas enlos vuestros rregnos por los quales las sus injustiçias son sostenidas, ca muy omill mente sennor, fablando en los casos dela fuerça vuestra merçed es juez asy delos clerigos et Ordenes commo delos legos, pues que mayor fuerça puede ser fecha por las dichas personas eclesiaticas e Ordenes que tomar vos e rrobar vos so las colores susodichas la vuestra jurediçion e vuestros pechos e derechos e fatigar sobrello los vuestros subditos e naturales. Et sennor, tales e tantas maneras tan diuersas tienen

cha vuestra jurediçion et bien de vuestros rregnos.

Aesto vos rrespondo que dezides bien e vos lo tengo en seruiçio, e quanto tanne quel lego non traya a otro lego antel juez eclesiastico sobre lo que pertenesçe a mi jurediçion, sobresto las leyes ordenadas por los rreyes onde yo vengo e despues por mi proueen, las quales mando que sean guardadas et conplidas et quelas mis justiçias esecuten las penas en ellas contenidas contra aquellos quelo contrario han fecho o fezieren. Et quanto alos clerigos de corona, ya es suso por mi rrespondido, et quanto a todo lo al contenido en la dicha petiçion, mi merçed es de mandar escriuir mis cartas sobre todo ello alos perlados de mis rregnos encorporando en ellos la dicha petiçion et rrogandoles e exortandoles que non se entremetan delas tales cosas nin den lugar a ellas nin perturben mi jurediçion, pues mi voluntad sienpre fué e es deles guardar la suya, e si non, que yo mandaré proueer sobrello commo entienda que cunpla a seruiçio de Dios e mio e aguarda e defension de mi jurediçion, e allende de todo esto yo entiendo enbiar suplicar al Papa por que sea proueydo

...uo non pase contra
non pasen tanto ma.
cada dia.

Aesto vos rrespondo
que sea proueydo com
rregnos.

10. Otrosy muy alto
cado en la dicha çibdad
de los maestrazgos de S
Sant Juan e de sus enc
norios commo vuestro
muchos rrobadores de
virgennes e viduas e m
tos e otros maleficios
cuenta la dicha ley,
e corte e chançelleria
logares...

uio non pase contra vuestra jurediçion e vuestros subditos e naturales non pasen tanto mal e dapno commo por la dicha rrazon pasan de cada dia.

Aesto vos rrespondo que yo entiendo sobre ello suplicar al Papa por que sea proueydo commo cunple a seruiçio de Dios e mio e abien de mis rregnos.

10. Otrosy muy alto sennor, por los dichos procuradores vos fue suplicado en la dicha çibdad de Çamora commo en algunas villas e logares asy de los maestrazgos de Santiago e Calatraua e Alcantara e del prioradgo de Sant Juan e de sus encomiendas e de otros lugares muchos asy de sennorios commo vuestros, delos vuestros rregnos e sennorios se acogian muchos rrobadores delos caminos e forçadores de mugeres casadas e virgennes e viduas e matadores de omes e que auian fecho muchos furtos e otros malefiçios de diuersas maneras que mas conplida mente rrecuenta la dicha ley, e quelas vuestras justiçias dela vuestra casa e corte e chançelleria nin otras algunas non los podian sacar delos tales logares, e avn que algunos yuan con vuestras cartas e mandado a rrequerir alos tales logares e alas justiçias dellos que entregasen los tales malfechores o feziesen dellos justiçia, quelo non querian fazer, ante auia

mandando sobre ello ... que ser pudieren para quela dicha prouision por vuestra merçed dada e otorgada aya conplido efecto e los tales mal fechores puedan ser punidos e castigados donde e commo deuieren.

Aesto vos rrespondo que me plaze e tengo por bien que se faga e cunpla asi segund que me lo pedistes por merçed, para lo qual mando dar mis cartas en forma las mas premiosas que ser pudieren, por quelo por mi ordenado e mandado aya efecto e esecuçion.

11. Otrosy muy alto sennor, vos fue suplicado por los dichos procuradores quelos vuestros rrecabdadores asy delas alcaualas e terçias commo de monedas e pedidos e otros pechos e derechos, que despues de conplido el tienpo de sus rrecabdamientos dende a diez o quinze o veynte annos librauan e fazian libramientos en algunas personas e conçejos de algunas contias de mrs., diziendo que gelos deuian delas dichas alcaualas e terçias e monedas e pedidos e pechos e derechos, non enbargante que gelos auian pagados, et que por las dichas personas e conçejos ser sinples e inoçentes non rresçibian cartas de pago delos dichos rre... o en caso quelas rres-

pla e que se den para ello mis cartas, las que menester fueren.

12. Otrosi muy alto sennor, por los dichos procuradores vos fue suplicado en commo les era fecho entender que vuestra merçed mandaua tomar en cada anno dosçientos e seys monteros e que fuesen francos e quitos de monedas e pedidos e de otros pechos, demas delos quales tomauan muchos mas e quelos tomauan delos mayores pecheros e en algunos logares donde non eran neçesarios a vuestro seruiçio por estar a veynte e treynta leguas delos montes e delas sierras donde vuestra alteza acostunbra de correr monte, delo qual a vuestra merçed rrecresçia desseruiçio e alos pueblos grand agrauio e dapno, suplicando á vuestra alteza que rremediase en ello mandando que non fuesen mas monteros de aquellos que vuestra merçed tenia ordenados. E otrosi quelos dichos monteros fuesen tomados en logares e aldeas donde vuestra merçed entendiese que deuian morar para mejor ser seruido de ellos. E que declarase los logares donde ouiesen de morar, por que non podiesen ser tomados en otras partes nin fuesen delos pecheros enteros. E quelos mrs delos pechos quelos dichos monteros ouiesen de pagar a vuestra merçed los mandase descargar alos pueblos donde morasen, a lo qual vuestra alteza rrespondió que tenia proueydo por su carta commo

Aesto vos rrespondo que mi merçed es que se guarde
aquí adelante segund e por la forma e manera que me lo pedistes por
merçed en la dicha vuestra petiçion.

13. Otrosi muy alto sennor, bien sabe vuestra alteza commo enlas
condiçiones dela masa con que vuestra alteza mandó arrendar vuestras
rrentas delas alcaualas e otros pechos e derechos los annos que pasaron
de mill e quatroçientos e treynta e dos e treynta e tres e treynta e quatro annos fue puesto por condiçion, quelos mrs. quelos vuestros
vasallos ouiesen de auer de sus tierras que de vuestra alteza tenian que
les fuesen pagados en dineros contados enlas çibdades e villas e
comarcas donde los tales vasallos morasen, e a çiertos plazos e so çiertas
penas segund que todo mas complida mente es contenido en la dicha
condiçion. E commo quier sennor, que vuestra alteza asi lo mandó e
ordenó, non se ha fecho nin faze asi, ca nin los vuestros contadores los
libran en sus comarcas nin mucho menos los rrecabdadores los pagan en
dineros contados, antes los libran en otras partes mucho lexos de sus co-
... ayan cobrado antes los han

conçejos e ayuntamie
los alcaldes e rregidor
onde los ouiese en aq
rreal dada ala dicha çi
ros, e commo quier se
guardase lo sobredicho
villas e logares non se
trario dello, asi por fa
dichas çibdades e vill
ordenança, mandando
sonas que non deuen
la dicha vuestra orde
blan en tal caso, po
gidores enlos pueblos
gimiento delas dichas
caldes e rregidores n

za fizo en la dicha çibdad de Çamora, ordenó e mandó e declaró que en las çibdades e villas e logares do ay rregidores que non entrasen enlos conçejos e ayuntamientos dellas personas algunas, saluo tan sola mente los alcaldes e rregidores delas çibdades e villas e lugares e los sesmeros onde los ouiese en aquellos que deuiesen caber, segund la ordenança rreal dada ala dicha çibdad o villa o lugar donde ouiese los tales sesmeros, e commo quier sennor, que vuestra merçed proueyó e mandó que se guardase lo sobredicho, sepa vuestra alteza que en muchas çibdades e villas e logares non se ha guardado nin se guarda, antes se faze lo contrario dello, asi por fauores que muchos tienen enlos rregimientos delas dichas çibdades e villas commo por la justiçia non executar la dicha ordenança, mandando salyr delos dichos ayuntamientos alas tales personas que non deuen en ellos estar. E por quanto sennor, esto es contra la dicha vuestra ordenança e contra las otras ordenanças rreales que fablan en tal caso, por donde primera mente se fundaron poner los rregidores enlos pueblos, e otrosi es dar muy grand ocasion a que el rregimiento delas dichas çibdadas e villas caresca e los dichos vuestros alcaldes e rregidores non puedan tan libre mente vsar delos dichos sus oficios nin puedan tan libre mente fazer e ordenar las cosas que cunplen

que de ay adelante vuestra alteza diere o mandare
regidores o pesquiridores o otras quales quier personas que de aqui adelante acaesca de encomendar oficio de justiçia, o los que fueren juezes o alcaldes puestos por las çibdades e villas segund sus fueros e ordenanças o preuillejos o costunbres, queles sean puestos por ley para quelo guarden e cunplan asi. E quela dicha pena en que asi cayere quela dicha çibdad o villa o logar donde acaesçiere se pueda entregar della del dicho salario e lo rretener en si para lo despender e despienda enlos dichos rreparos, e que vuestra alteza mande dar sobre ello vuestras cartas en forma alas çibdades e villas e logares de vuestros rregnos quelo quesieren, mandando alas dichas justiçias quelo fagan e cunplan asi so la dicha pena.

Aesto vos rrespondo que mi merçed es que se guarde la dicha ordenança por mi fecha en esta rrazon segund e por la forma e manera que en ella se contiene, e quelas mis justiçias la executen e fagan guardar e executar e conplyr so las penas contenidas enla dicha vuestra peti-

zon nin el derecho d
mente por se quedar
juridiçiones los que d
han tomado e de cad
para lo adelante tener
do e ordenado non
e de aqui se siguen
tiendas e debates alas
cho mas por auer p
dieron de sus salario
pesquisas e esecuçi
mente suplicamos a
ayan conplida e d
quele plega de alarg
merçed deputó e en
para en que puedan

tiendas delos que de ante estauan, asi por non ser sabido nin publicado las pesquisas que se fizieron por los sobredichos juezes enla dicha rrazon nin el derecho de cada vna delas partes, commo e mas principal mente por se quedar e estar enlas posesiones delos dichos terminos e juridiçiones los que de antes los tenian, delo qual los tales poseedores han tomado e de cada dia toman muy grand osadia e mayor esfuerço para lo adelante tener e defender, pues lo de fasta aqui por vos mandado e ordenado non ha auido conplido efecto nin execuçion deuida, e de aqui se siguen e adelante se podrian seguir muy mayores contiendas e debates alas dichas vuestras çibdades e villas e lugares, e mucho mas por auer para ello pagado muchos mrs. que se gastaron e dieron de sus salarios alos que fueron fazer por vuestro mandado las pesquisas e esecuçiones delo sobre dicho. Por ende sennor, muy omill mente suplicamos a vuestra alteza quele plega quelos dichos negoçios ayan conplida e deuida execuçion, para lo qual vuestra merçed sea quele plega de alargar e prorrogar alas tales personas que asi vuestra merçed deputó e enbió para fazer lo sobredicho mas tienpo e termino para en que puedan conosçer delos dichos negoçios e los fenesçer, mandando quelas sentençias que dieren quelas executen e lieuen a deui-

norios lo que par[illegible]
sonas fueron deputadas para yr algunas çibdades e [illegible] bredicho e rreçebieron el salario e manutenimiento que para ello vuestra merçet les mandó dar, e fasta agora nunca han ydo fazer lo que asi les fue encomendado e se tienen en sy los mrs. del dicho su salario, suplicamos a vuestra alteza queles mande que luego vayan fazer lo que çerca delos dichos terminos les fue e es encomendado, o que tornen luego los mrs. del dicho mantenimiento que por rrazon dello les fue dado e pagado.

Aesto vos rrespondo que mi merçet es de diputar buenas personas fiables para lo que tanne ala question delos dichos terminos segund e por la forma e manera que me lo pedistes por merçed: pero en rrazon del poderio delos juezes non es mi merçed quelo ayan, apellaçion rremota, segund que fasta aqui lo ouieron, saluo fasta la difinitiua exclusiue; pero que dela tal definitiua pueda ser apellado dellos para ante mi e non para la mi audiençia e chançilleria e yo lo entiendo cometer [illegible] fiable e sin sospecha, rremota toda apellaçion, quelo vea e li- [illegible] lo que sea

ra que mas no sepa quela dicha inpusiçion e quema, oponiendo aca en los vuestros rregnos e alos del sennorio del rrey de Aragon que aca pasaren otro tanto o mayor tributo, o mandando e defendiendo alos de vuestros rregnos que non pasen alla con mercadorias algunas de quela tal impusiçion e quema ayan de pagar.

Aesto vos rrespondo que sobre esto se sigue pleito ante los diputados por mi e por el rrey de Aragon, et que yo entiendo mandar proueer sobrello commo cumpla a mi seruiçio.

17. Otrosi muy alto sennor, bien sabe vuestra alteza que enlas dichas ordenanças e leyes por vos fechas e ordenadas enla dicha çibdad de Çamora vos fue notificado los grandes e muchos males e dapnos e rrobos e destruyçiones que alas dichas çibdades e villas e lugares de vuestros rregnos se auian seguido e seguian de cada dia por cabsa delos corregidores que vuestra alteza a ellas auia enbiado e enbiaua, asi por cabsa delos grandes salarios e derechos quelos tales corregidores e sus alcalles lieuan, commo por otras muchas maneras que ellos tenian en fazer su prouecho e poca justiçia enlos pueblos donde estauan, alo qual vuestra alteza proueyendo, rrespondió quele plazia de non proueer dende en adelante de corregidor en ninguna çibdad nin villa nin lugar

le plega de ordenar e mandar que se guarde la dicha ley e ordenança, mandando quelos dichos corregidores sean por vuestra merçed dados alas dichas çibdades e villas e lugares delos vuestros rregnos e sennorios cada que por la mayor parte dela tal çibdad o villa o lugar fuere demandado e non en otra manera, e que en tal caso cada quela dicha çibdad o villa o lugar lo demandare, que pague el salario que el tal corregidor ouiere de auer e vuestra merçed le mandare dar rrazonable mente. Et si vuestra alteza lo enbiare de vuestra voluntad, entendiendo que cunplia asi a vuestro seruiçio e abien dela tal çibdad o villa o lugar, que entonçe en tal caso vuestra merçed lo mande pagar de vuestro dinnero e non de rrentas nin propios nin rrepartymientos nin de otros mrs. nin bienes algunos dela tal çibdad o villa e vezinos della donde por vuestra merçed fuera enbiado, et que quando a vuestra alteza ploguiere delo asi enbiar que plega de enbiar persona pertenesçiente qual cunpla a vuestro seruiçio e al bien dela tal çibdad o villa o lugar donde fuere enbiado. Otrosi sennor, vos suplicamos quela mayor parte que ouiere de pedir el dicho corregidor se entienda por la mayor parte delos rregidores dela tal çibdat o villa o lugar, e que otro nin otros algunos de fuera dela dicha çibdad non ayan en ello boz alguna, puesto que sea de tierra e juredyçion dela tal çibdad o villa donde esto acaesçiese, non embargante que sobre ello tengan quales quier condiçiones o egualanças o contrabtos o firmezas entre sy.

Aesto vos rrespondo que cada que yo aya de enbiar corregidor a alguna çibdad o villa o lugar de mis rregnos, quelo entiendo enbiar tal qual cunpla; e çerca de todo lo al contenido enla dicha petiçion proueydo está por las leyes por mi ordennadas enla manera que cunple.

18. Otrosi sennor, commo quiera que de ley e derecho los corregidores e alcalldes son tenudos, que conplido e pasado el tienpo de su ofiçio de judgado cada vno dellos esten çinquenta dias de residençia enlos pueblos donde fueren juezes, por que en el dicho tienpo los que dél touieren querella lo puedan demandar e él satisfazer segund quel derecho quiere en tal caso, e avn muchos dellos al tienpo quelos rreçiben en el dicho ofiçio de corregimiento o alcalldia, lo juran asi e despues non lo cunplen, ante muchas vegadas acaesçe que se van delas çibdades e villas donde son corregidores e alcalldes antes del dicho tiempo conplido, e quando mas en ello se quieren justificar dexan un procurador que rresponda por ellos, e desta guisa non satisfazen lo que son tenudos e el derecho manda, antes son ocasion de fazer mouer muchos pleytos e contiendas por se escusar ellos e non dar cuenta de sus culpas nin las

o villa o lugar donde asi fuere enbiado, que terná e estará en ella por su persona e asu costa los dichos cinquenta dias e conplirá de derecho alos querellosos e pagará lo que contra él fuere judgado, lo qual sennor, será grand vuestro seruicio e mucha merçed a todas las çibdades e villas e lugares delos vuestros rregnos e sennorios e grand enxenplo e castigo para los dichos corregidores e alcalldes.

A esto vos rrespondo que çerca desto disponen quanto cunple las leyes sobre ello ordenadas, las quales mando que se guarden e que se den para ello mis cartas, las que cunplieren para las esecutar.

19. Otrosi muy alto sennor, bien sabe vuestra alteza commo por las dichas vuestras çibdades e villas vos fue notificado las grandes costas e dapnos e trabajos e fatigaçiones quelas dichas vuestras çibdades e villas e lugares padeçian enlas lieuas de pan e vino e otros pertrechos e cosas, que vuestra merçed mandaua alas dichas çibdades e villas e lugares que leuasen alos rreales e frontera e los grandes inconuenientes que en ello auia, de que se seguia a vuestra alteza grand deseruiçio, e vos fue suplicado que a vuestra alteza pluguiese en ello de rremediar, e vuestra alteza rrespondió que auia mandado e mandaua al adelantado Pero Manrrique e alos vuestros contadores mayores quelo veyesen e

pagar al ome que asi rreçebiere e ouiere de ... su costa e trabajo rrazonable, et si en ello fiziere alguna falta o encubierta que vuestra merçet lo mande penar en el cuerpo e en los bienes.

Aesto vos rrespondo que quanto atanne alo que dezides que de cada çibdad o villa o obispado, quando las dichas lieuas se ayan de fazer sea deputada vna buena persona fiable que sea vezino dela tal çibdad o villa para que tome encargo de rreçebir e rreçiba enla dicha çibdad o villa o obispado o su comarca la dicha lieua, e que este mesmo lo traya e lieue al mi rreal e la entregue por escripto e por copia en persona al que yo mandare, porque en ello non aya falta nin encubierta alguna, que dezides bien, e mando que se faga e guarde asi de aqui adelante.

20. Otrosi muy poderoso sennor, sepa vuestra alteza que cada e quando que vuestra merçed va o viene o está en cada çibdad o villa o lugar delos vuestros rregnos e sennorios quelos vuestros aposentadores e dela sennora Reyna e del prinçipe e delos otros sennores dela vuestra corte que non guardan nin quieren guardar de non dar posadas en ... los vynos, nin los gra-

e rreçiben muy gran
dichos menestrales qu
pueden vsar dellos co
suplicamos quele plega
chos posentadores no
çibdades e villas e log
ofiçios quelos suyos,
merçed lo mande asi
sennorios.

Aesto vos rrespondo
asy de aqui adelante

22. Otrosi sennor
arriendan las rrentas
e la pesquisa dellas,
fatigan mucho sobre
e cogedores e otros

nen los delas dichas çibdades e villas e logares, delo qual los tales menestrales delas dichas çibdades e villas e logares se quexan mucho e rreçiben muy grand agrauio e dapno, por que por rrazon delos otros dichos menestrales que vienen de fuera, ellos pierden sus ofiçios e non pueden vsar dellos commo deuen. Por ende sennor, homill mente vos suplicamos quele plega de mandar ordenar, que de aqui adelante los dichos posentadores non den huespedes alos menestrales delas dichas çibdades e villas e logares de otros menestrales que sean de semejantes ofiçios quelos suyos, porque se escusen los dichos dapnos, e que vuestra merçed lo mande asi guardar por ley en todos los vuestros rregnos e sennorios.

Aesto vos rrespondo que dezides bien, e mando que se guarde e faga asy de aqui adelante segund que me lo pedistes por merçed.

22. Otrosi sennor, sepa vuestra alteza quelos arrendadores que arriendan las rrentas delas monedas delos vuestros rregnos e sennorios e la pesquisa dellas, cada que vuestra alteza las manda arrendar, que fatigan mucho sobre la pesquisa e cogecha dellas alos enpadronadores e cogedores e otras singulares personas quelas han de pagar, espeçial menta por quanto la ley del quaderrno e la carta dela cogecha delas

dar, e asi todo tienpo nunca cesa la dicha p... dicho es, se faze ala la dicha pesquisa se demandar toda junta commo dicho es, se faze ala gente menuda e pobres otro muy grand e singular dapno, ca le ponen por demanda quel pechero sea contioso en çiento e çinquenta mrs. por los quales deuio pagar todas las dichas quinze monedas, e asi fallado que es contioso en ello, puesto que mas non aya nin tenga, el juez condenale apagar todas las dichas quinze monedas en que montan çiento e veynte mrs., asi que por esta quenta el que es contioso en çiento e çinquenta mrs. lieua le el dicho arrendador çiento e veynte mrs. Esto sennor, vea vuestra alteza si es vuestro seruiçio e si lo sufre rrazon e buena conçiençia. Otrosi sennor, por mas fatigar la gente enplazan los muchas vezes e quando vienen alos plazos non los quieren demandar, e despues torrnan los a enplazar vna e dos e tres e mas vezes, fasta tanto quelos fatigan de costas e les fazen perder sus jornales de que se mantienen, e ala fin en el postrimero plazo antes que espire el termino e tienpo dela ... por escriuano, e si vienen al

a vuestros pueblos
pedido.

Aesto vos rrespon
dadores buscan asaz
e si algo fazen allen
quaderrno, que es
si les es quexado,
chas cabtelas e infi
pechos e derechos,
gua mente se orde
alo otro, pero decl
pueden e deuen p
non se encubran
yo mandaré proue
e a guarda

mediar luego con buena expediçion commo cunpla a vuestro seruiçio e a bien de vuestros pueblos, lo qual sennor, será mucho sennalado seruiçio de Dios e vuestro, ca peor e mayor mal es este destas fatigaçiones a vuestros pueblos e gente pobre que non el pagar delas monedas e pedido.

Aesto vos rrespondo que commo quier que sea uerdad quelos arrendadores buscan asaz maneras por sacar lo que mas pueden delos pueblos, e si algo fazen allende delo contenido en las dichas condiçiones del mi quaderrno, que es culpa delos juezes delos logares en gelo consentir si les es quexado, pero asi se dize que en muchos logares se fazen muchas cabtelas e infintas e incobiertas por se escusar de pagar los mis pechos e derechos, et por ende las condiçiones del mi quaderrno antigua mente se ordenaron con mucha deliberaçion por obuiar alo vno e alo otro, pero declarad vos otros los rremedios que entendierdes que se pueden e deuen poner, para quelos mis pechos e derechos se cobren e non se encubran e los pueblos non sean fatigados allende de rrazon, e yo mandaré proueer sobre ello por la manera que cunpla a mi seruiçio e a guarda delos dichos mis pueblos.

23. Otrosi muy alto sennor, commo los rreyes pasados vuestros ante-

'es o tierras de vasallos dó o faga merçed a qual quier o quales quier sona o personas de qual quier estado o condiçion que sean, que por er merçed alos dichos fijos dalgo delos dichos vuestros rregnos e norios e por quitar los dichos debates e contiendas que sobre la di- ı rrazon podria rrecresçer, que enlas donaçiones e merçedes que ›stra alteza les fiziere delas dichas villas e logares e vasallos, que ıstra sennoria mande que sean guardadas alos dichos fijos dalgo sus ırras e sus libertades e franquezas e esençiones, e las otras cosas segund ılo ouieron sus anteçesores e son e fueron guardadas alos otros fijos go de vuestros rregnos, e quelos tales sennores non les vayan nin pa- ı contra ello, sobre lo qual vuestra merçed mando dar sus cartas alos ıs fijos dalgo quelas quisieren, e que esto se entienda e sea asi enlas rçedes e donaçiones fechas fasta aqui, commo enlas que se fizieran aqui adelante.

Aesto vos rrespondo que dezides bien, e a mi plaze que sean guar-

moradores en las çibdades e
tos, porque puedan alli esta
fallen e puedan librar e fen

Aesto vos rrespondo que
lante yo entiendo mandar p
de todos.

25. Otrosi sennor, sepa v
llas e lugares delos vuestro
dores en ellas son e estan m
justiçia mucho menos preç
mó algunos preuillejos e c
monederos e obreros delas
quales so color delos dicho
gar los vuestros pedidos c
corregidores e alcall...

muy omill mente suplicamos a vuestra alteza quele plega de proueer delos tales oficios de aqui adelante a personas suficientes que sean vèzinos e moradores en las çibdades e villas e lugares delos dichos rrecabdamientos, porque puedan alli estar rresidentes e los quelos fueren buscar los fallen e puedan librar e fenesçer con ellos sus negoçios.

Aesto vos rrespondo que al presente está bien proueydo, et para adelante yo entiendo mandar proueer commo cunple a mi seruiçio e a bien de todos.

25. Otrosi sennor, sepa vuestra alteza quelas vuestras çibdades e villas e lugares delos vuestros rregnos e sennorios e los vezinos e moradores en ellas son e estan muy agrauiados e dapnificados e la vuestra justiçia mucho menos preçiada, por rrazon quela vuestra alteza confirmó algunos preuillejos e cartas alos que se dizen e llaman ofiçiales e monederos e obreros delas casas dela moneda de vuestros rregnos, los quales so color delos dichos ofiçios se llaman e fazen esentos, asi en pagar los vuestros pedidos commo en paresçer a juyzio ante los vuestros corregidores e alcalldes e justiçias delas dichas vuestras çibdades e villas, commo faziendo e cometiendo otros exçesos e males, queriendo vsar de vn preuillejo que paresce ser que antigua mente fue dado alos dichos

sobre ellos sy non el rrey o aquel que ha derecho de fazer moneda, e que todo esto queles fuese guardado para sienpre jamas, labrando moneda o non la labrando, lo qual todo e otras cosas mas larga mente en el dicho preuillejo son contenidas queles sean guardadas, et que contra el tenor e forma del dicho preuillejo non le sea demandado cosa alguna nin sean por ello prendados avn que sobre ellos sean dadas vuestras cartas en contrario. E otrosi mas mandó alos alcalldes de qual quier çibdad o villa o lugar que quando algunos ayan de demandar alguna cosa alos dichos monederos por rrazon de debda o de otra cosa qual quier, queles non fagan premia a que rrespondan antellos nin les manden prender sus cuerpos nin les demanden fiadores nin los manden enplazar ante si, mas que aquellos que alguna cosa les quisieren demandar que gelas demanden ante los sus alcalldes delas casas, labrando moneda o non labrando moneda; et que si alguno deuiere alguna cosa alos dichos monederos quelos dichos vuestros alcalldes los fagan paresçer ante si e les fagan dellos derecho, e quelos dichos monederos nin algunos dellos nin sus bienes que non sean presos sus cuerpos nin prendados por debdas que deuan nin por otra rrazon alguna, saluo si los alcalldes delos monederos o alguno dellos lo mandaren; lo qual todo esto sennor, es deseruiçio vuestro e muy gran dapno delas dichas vuestras çibdades e villas e lugares e delos vezinos e moradores de ellas por las rrazones seguientes: lo primero, por quanto si el tal preuillejo asi estrecha mente se deuiese de guardar seria contra derecho e muy grand perjuizio delas dichas vuestras çibdades e villas e lugares, ca la entençion del sennor rrey quelo dió seria que se entendiese para queles fuese guardado en las çibdades e villas e lugares donde labrasen la dicha moneda e sobre las cosas que tocasen al ofiçio dela dicha moneda, e non delas otras cosas nin enlas otras çibdades e villas donde ellos fuesen vezinos e moradores, nin en las otras cosas aque ellos se estiendan que son contra todo derecho e rrazon: lo otro, por quanto por cabsa delas dichas esençiones muchos delos vuestros pecheros rricos e quantiosos que nunca sopieron nin aprendieron cosa alguna delos dichos ofiçios, por se escusar e ser esentos delas cosas sobre dichas, toman cargo e se fazen ofiçiales delas dichas casas dela moneda: lo otro, por quanto por ellos asi ser esentos, el pecho que ellos auian de pechar se torna e carga sobre los otros pecheros del pueblo: lo otro, por quanto los tales que se asi fazen e llaman ofiçiales, so esfuerço del dicho preuillejo e esençiones en él contenidas, cometen algunos delitos e maleficios asi çeuiles commo criminales, e avn que son tenudos e obligados a algunas debdas que deuen o por otras

seys meses continuos del anno que vuestra alteza manda e tiene ordenado que siruan, e si alla van, ganan carta de seruiçio delos thesoreros e ofiçiales que tienen las dichas casas, e non seruiendo se tornan para sus casas e trahen sus cartas de seruiçio e estan e moran en sus casas e vsan de sus ofiçios que de ante tenian, las quales cosas e otras muchas fazen e cometen so esfuerço e color del dicho preuillejo e cartas: Otrosi sennor, los thesoreros delas dichas casas toman e nonbran muchos mas ofiçiales delos que vuestra merçed les da e manda que tomen por vuestra ordenança e en muchos diuersos lugares fuera e mucho lexos delas çibdades e villas donde estan las dichas casas, en tal manera que non son nin pueden ser conoçidos nin sabidos quales e quantos nin donde son nonbrados, por lo qual son puestos e nonbrados mas del numero que vuestra alteza manda. Por ende sennor, omill mente suplicamos a vuestra alteza quele plega non dar lugar alas tales maliçias e osadias, mandando e defendiendo que ningund pechero mayor nin mediano non tome el tal ofiçio, e si lo tomare que non goze de cosa alguna delo que deuieren gozar los otros dichos ofiçiales, e quelas vuestras justiçias delas dichas çibdades e villas e lugares donde los tales ofiçiales moraren conoscan delos pleitos çeuiles e criminales que tocaren alos dichos

escripto donde e commo dicho es, quelos tales asi por el nonbrados
gozen de cosa alguna delo quelos dichos ofiçiales deuieren gozar.
ie paguen en pena alas çibdades o villas donde moraren los pechos
ouieren de pagar doblados, porque sea castigo para ellos e enxen-
para otros, e que vuestra merçed pene por ello alos dichos thesoreros
mmo a vuestra alteza ploguiere. Otrosi sennor, por quanto acaesçe
elos dichos thesoreros nonbran los dichos ofiçiales en muchas çibda-
e villas e acaesçe nonbrar en algunas diez o veynte o treynta o qua-
ta o çinquenta o mas o menos, o en otras muchas non toman nin non-
n algunos, e estas tales çibdades e villas en que asi son nonbrados
çiben muy grand agrauio e las otras en que se non nonbran quedan
uiados, que a vuestra sennoria plega quelas contias que copieren de
gar delos vuestros pedidos alos asi nonbrados por ofiçiales, que sea
esçebido en quenta ala tal çibdad o villa delos tales mrs. quele copie-
n a pagar del dicho pedido; ca mas conueniente cosa es que se rre-

do nin tomarán mas nin a
nomina, e que otra tal no
los dichos mis thesoreros d
los quales la asienten e po
nedero moriere que por es
en su logar, e que a otras
chos preuillejos e franque
tal nomina fasta en el nu
otra manera, e en caso q
mina, si non labraren en
mi ordenado e por sus p
dichas franquezas nin
quel pecho delos tales s
pedistes por merçed qu
dades e villas e logares

deros que segund la condiçion que comigo ouieron pueden tomar e tomen para la tal casa, e los logares donde biuen, e jurando que non han tomado nin tomarán mas nin allende delos contenidos en la dicha condiçion e nomina, e que otra tal nomina e con ese mesmo juramento sean tenidos los dichos mis thesoreros de enbiar e enbien alos mis contadores mayores, los quales la asienten e pongan en los mis libros, e quando algund monedero moriere que por esta mesma via e forma declaren e pongan otro en su logar, e que a otras personas algunas non sean guardados los dichos preuillejos e franquezas por monederos, saluo alos contenidos enla tal nomina fasta en el numero dela dicha condiçion e non en mas nin en otra manera, e en caso que sean del número dela dicha condiçion e nomina, si non labraren enlas dichas mis casas delas monedas el tienpo por mi ordenado e por sus personas, que non puedan gozar nin gozen delas dichas franquezas nin les sean guardadas. E quanto alo que dezides quel pecho delos tales se carga sobre los otros pecheros del pueblo, e me pedistes por merçed quelo mandase rreçebir en cuenta alas tales çibdades e villas e logares donde los monederos fueren tomados, non vos deuedes agrauiar dela esençion, pues quelas leyes de mis rregnos dan logar aello enlas tales casas, nin fasta aqui se fizo tal descuento nin

nça, e si de otra guisa se fiziere, mi merçed es quelas mis justiçias las mis çibdades e villas e logares do acaesçiere, gelo non consientan i les den lugar a ello; e alo que dezides quelos mis tesoreros toman is oficiales delos que yo tengo ordenado, e quelos toman en muchos diuersos logares fuera e mucho lexos delas çibdades e villas donde son s dichas casas, yo los mandé llamar sobre ello, los quales dizen que s que pueden auer enlas çibdades e sus comarcas quelos non toman e otras partes, pero que donde se non pueden auer enla comarca, que e necesario es delos tomar donde los puedan auer, e que non se puede illar ellos auer tomado el número que yo mando, ante de menos, e esto or se non poder fallar, e avn que por mengua de oficiales dexan de ibrar algunas delas horrnaças que tienen fechas. Et por ende vos mostrad lo que dezides en esta parte e yo mandaré proueer sobre ello.

26. Otrosi sennor, las dichas çibdades e villas e vezinos e moradores n ellas e enlos vuestros rregnos rreçiben muy gran agrauio e dapno, a commo quier que vuestra alteza manda por vuestras cartas e orde-

ticas lo queles cabe a pa
pleito con ellos, e asi n
jos los caualleros e escu
tra audiençia e los otros
que tienen los dichos pr
los dichos enpadronado
dores e alcalldes e nota
los asy sacan enplaza
otras muchas fatigaçion
ta tanto quelos dichos
non gastar nin perder
antes pagar los dicho
non andar enlos dicho
des males e grandes
e pleitos dan muy gr
pedidos so las color

e conçejos e cogedores se rriinden, e quieren antes perder e pagar por los tales escusados delos dichos perlados e monesterios e personas eclesiasticas lo queles cabe a pagar delos tales pedidos, que non contender en pleito con ellos, e asi mesmo fazen alos dichos enpadronadores e conçejos los caualleros e escuderos poderosos del vuestro Consejo e dela vuestra audiençia e los otros vuestros ofiçiales e otras personas sobre dichas que tienen los dichos preuillejos, fatigandolos e enplazando por ellos a los dichos enpadronadores e cogedores e conçejos ante los vuestros oydores e alcalldes e notarios dela vuestra corte e chancilleria, e des que los asy sacan enplazados, ponen les demandas de injurias e fazen les otras muchas fatigaçiones, e tantos pleitos e achaques les demandan, fasta tanto quelos dichos enpadronadores e cogedores e conçejos por se non gastar nin perder enlos dichos pleitos se dexan condenar e quieren antes pagar los dichos pedidos por los sobre dichos o gelos quitar, que non andar enlos dichos pleitos por que dellos se les siguen muchos grandes males e grandes costas e dapnos, las quales fatigaciones e temores e pleitos dan muy grande ocasion para se escusar muchos delos dichos pedidos so las colores suso dichas contra toda ley e contra todo derecho. Por ende sennor, omill mente suplicamos a vuestra alteza quele plega

alualás nin por otra rrazon alguna. Otrosi que non consientan nin den lugar en que se sobre ello faga fatigaçion de pleito alguno. Otrosi mandando e defendiendo alos vuestros oydores e alcalldes e otros ofiçiales dela vuestra corte e chançilleria que non consientan que ninguno se escuse contra la dicha vuestra ordenança nin contra esta ley, e non conoscan de pleito alguno que antellos vaya por virtud de preuillejo nin carta nin otra rrazon alguna, nin den sobre ello carta nin cartas nin otra prouision alguna, por tal manera que todos paguen enel dicho vuestro pedido segund que por vuestra merçed es ordenado e mandado. Otrosi sennor, que quanto toca alas personas quelos dichos clerigos escusan commo dicho es, que cada que qual quier çibdad o villa o logar vos lo enbiare notificar, que vuestra merçed mande por vuestras cartas venir personal mente ala vuestra corte los tales que se asy llamaren sus escusados elos sennores quelos defendieren e los vicarios que sobre ello dieren sus cartas contra quales quier personas, e asy venidos vuestra merçed prouea en ello commo cunpla a vuestro seruiçio e a bien de vuestras çibdades e villas, por tal manera que sientan castigo e sea enxenplo alos otros e ninguno non se atreua a fazer lo semejante.

Aesto vos rrespondo que mi merçed e voluntad es que se faga e guarde e cunpla asy segund e por la forma e manera que me lo pedistes por merçed, e que ninguno contra el tenor e forma delas leyes sobre ello ordenadas e ordenança por mi fecha se non pueda escusar por carta nin preuillejo que tenga, mas quelas dichas leyes e ordenanças se guarden en todo e por todo segund que en ellas se contiene, e que para esto se den e libren mis cartas las que cunplieren segund que me lo pedistes por merçet.

27. Otrosi sennor, las dichos çibdades e villas de vuestros rregnos rresçiben otro muy grand agrauio delas sobre dichas iglesias e monesterios e perlados e otras personas suso dichas que tienen los tales preuillejos, ca non avn tan sola mente quieren defender e defienden delos dichos pedidos alos tales sus escusados e apaniaguados e otras personas, mas avn por virtud delos dichos sus preuillejos defienden los dichos sus familiares e escusados e allegados, que non vayan a juizio ante los vuestros jueçes e alcalldes e corregidores delas çibdades e villas e logares donde moran, diziendo que son esentos los delos clerigos que non deuen ser demandados nin rresponder si non ante juez eclesiastico, e los legos diziendo que por ser familiares e escusados e allegados delos tales sennores e otras personas que tienen los tales preuillejos e por ser vuestros ofiçiales dela vuestra casa, que pueden e deuen traher sus pleitos ala

rregnos, por tal manera quelos tales agrauios non pasen nin los vuestros subditos por tal manera sean fatigados, mandando en ello dar las prouisiones suso dichas.

Aesto vos rrespondo, que en quanto tanne alos perlados e personas eclesiasticas e rreligiosos, yo entiendo mandar proueer commo cunpla ami seruiçio e les mandar escriuir sobre ello cada quel caso ocurra por la manera que cunpla, e los legos que contra la mi ordenança se fizieren escusados delas tales iglesias e monesterios e rreligiosos e personas eclesiasticas, por non pagar los mis pechos e derechos, las justiçias delos logares les entren los bienes e les prendan los cuerpos e los enbien ante mi do quier que yo sea, porque yo mande proçeder contra ellos commo la mi merçed fuere, e que esto mesmo se faga çerca delas personas e bienes de aquellos que quales quier sennores tenporales o mis ofiçiales o otras personas quisieren escusar contra el tenor e forma dela dicha mi ordenança. Et mando e defiendo alos mis oydores dela mi audiençia e alcalldes e notarios e otras justiçias dela mi casa e corte e chançelleria, so pena de priuaçion delos ofiçios, que sobre esto non den nin libren cartas algunas de enplazamientos, nin otras algunas contra quales quier conçejos e alcalldes e rregidores e otros ofiçiales e enpadronadores e co-

e e es mi merçed de mandar e ordenar, e por esta mi ...
deno, la qual ordenança quiero e mando que aya fuerça de ley asy
ommo sy fuese fecha en Cortes, que vos nin alguno de vos non dedes
in libredes nin pasedes nin selledes mis cartas de enplazamientos contra
uales quier conçejos e personas de qual quier ley, estado o condiçion que
ean, para que vengan nin parescan ante vos en el dicho mi Consejo e
orte e chançilleria en otros casos nin sobre otras cosas algunas ceuiles
criminales, saluo en aquellos casos e sobre aquellas cosas quelas mis
eyes delas Partidas e delos fueros e ordenamientos delos mis rregnos
nandan e quieren, quelos tales pleitos e cabsas e negoçios se traten ante
ni enla mi corte, e por ellos las tales personas pueden ser enplazadas
sacadas de su propio fuero e juridiçion para la mi corte, e eso mesmo
quelos pleitos e demandas ceuiles e criminales quelos del mi Conçejo e
el mi chanciller mayor e el mi mayordomo mayor e oydores dela mi
abdiençia e los mis contadores mayores, e otrosi los mis contadores mayores delas mis cuentas e el mi contador mayor dela despensa e rraçio-
... oficiales dela mi casa e

do nin cayan en pena ni
ser nin sea contra ellos n
por la dicha rrazon.

28. Otrosi muy poder
algunas çibdades e villa
nos sennores e personas
sus comarcas fazen e qui
chas çibdades e villas,
juridiçion e propios e r
dellas, commo otros ag
des e villas, sentiendos
gunos delos rregidores
seruiçio e non acatand
rreçebidos al dicho rr
publico e comun delas
dores dellas ...

quales quier clausulas derogatorias, que sean obedesçidas e non conplidas, e por las non conplir aquellos a quien se dirigiesen, non ayan caido nin cayan en pena nin en costas nin en rrebeldia alguna, nin pueda ser nin sea contra ellos nin contra sus bienes proçedido en cosa alguna por la dicha rrazon.

28. Otrosi muy poderoso sennor, a vuestra alteza plega saber que en algunas çibdades e villas de vuestros rregnos quando acaesçe que algunos sennores e personas poderosas que biuen enlas dichas villas e en sus comarcas fazen e quieren fazer algunos agrauios e fuerças alas dichas çibdades e villas, asy tomando e prouando tomar sus terminos e juridiçion e propios e rrentas delas dichas çibdades e villas o de alguna dellas, commo otros agrauios que tocan ala rrepublica delas tales çibdades e villas, sentiendose agrauiadas se oponen a defender su justiçia algunos delos rregidores delas dichas çibdades e villas, pospuesto vuestro seruiçio e non acatando el juramento que fizieron al tienpo que fueron rreçebidos al dicho rregimiento, de guardar vuestro seruiçio e el bien publico e comun delas dichas çibdades e villas e delos vezinos e moradores dellas, dan fauor alos tales sennores personas poderosas en publico e en los ayuntamientos delas dichas çibdades e villas, e estoruando

ofiçio del dicho rregimiento e non sean rreçebidos ...
delas dichas çibdades e villas; e por que a otros sea enxenplo, vues-
merçed mande dar alos tales aquella pena o penas quelos derechos
ieren, sobre lo qual vuestra alteza mande dar sus cartas en forma con
las firmezas e penas para las çibdades e villas de vuestros rregnos
relas quisieren, mandando que se guarde e cunpla e execute todo lo
bre dicho.

Aesto vos rrespondo que dezides bien, e mando que se guarde e cun-
a asi segund que me lo pedistes por merçed, so pena dela mi merçed,
si algunos contra esto fizieren de aqui adelante, quelas justiçias del
gar do esto acaeçiere proçedan contra ellos alas penas contenidas enla
cha petiçion.

29. Otrosi muy poderoso sennor, bien sabe vuestra alteza commo enla
cha çibdad de Çamora e despues aqui en esta villa de Madrid por los
ichos procuradores delas dichas vuestras çibdades e villas vos fue su-
licado los grandes males e dapnos quelas dichas çibdades e villas e lo-
... delas vuestros rregnos padesçian, e commo se despoblauan cada

... commo este non rr
se dapna e es mayor vue
tros rregnos e sennorios,
çed ploguiese, que este ta
ga luego en obra, non aui
de fazer qual quier rrepa
pla de se fazer, suplican
plega que luego se ponga
las çibdades e villas e lo
grand diligençia, ca los
aqui estamos con la vu
e bien e pro comun de t
de dar en ello tal orden
e eso mesmo dar rrem
nos otros el cargo delo
omill mente suplicam
...

está aliuiado aliuiase mas, e sennor, sy a vuestra alteza ploguiese, tal negoçio commo este non rreçibe dilaçion, ca quanto mas se dilata tanto mas se dapna e es mayor vuestro deseruiçio e muy grand dapno delos vuestros rregnos e sennorios, e porque nuestra entençion es, sy a vuestra merçed ploguiese, que este tan sennalado seruiçio vuestro se, cunpla e se ponga luego en obra, non auiendo entençion que por ello se dilate nin detenga de fazer qual quier rrepartimiento que al presente a vuestro seruiçio cunpla de se fazer, suplicamos muy omill mente a vuestra sennoria quele plega que luego se ponga en obra, e de mandar escriuir todos los fumos de las çibdades e villas e logares delos vuestros rregnos e sennorios con muy grand diligençia, ca los procuradores delas vuestras çibdades e villas que aqui estamos con la vuestra sennoria, nos ofreçemos por vuestro seruiçio e bien e pro comun de todos los vuestros rregnos de tomar cargo dellos e de dar en ello tal orden e via para se fazer qual a vuestro seruiçio cunpla, e eso mesmo dar rremedio para la costa que en ello se fiziere, dando a nos otros el cargo delo escriuir e fazer. Por ende muy alto sennor, muy omill mente suplicamos a vuestra alteza quele plega dello e quiera rreçebir tan sennalado seruiçio commo este.

A esto vos rrespondo que ami plaze que se escriuan los fumos se-

.e suplicado que vuestra merçed rremediase en ello mandando que...
.les ofiçiales que asi tenian los tales poderios e alcalldias non vsasen de-
.as, e vuestra alteza rrespondió quele plazia, e mandó quelos tales fue-
.n suspensos delos dichos ofiçios e non vsasen dellos; et commo quier
.nnor, que vuestra alteza asy lo ordenó e mandó, non se ha guardado
.asta aqui, antes han ganado nueuas cartas dela vuestra merçed en con-
rario dello, lleuando encorporadas en ellas la dicha ley, por lo qual
.as dichas çibdades e villas e personas e ofiçiales dellas rreçiben el dicho
.rimero agrauio e quebrantamiento de sus preuillejos. Por ende sennor,
.nuy omill mente suplicamos a vuestra alteza quele plega de mandar
.guardar la dicha ley e ordenança por vos fecha e alas dichas çibdades e
.villas sus preuillejos e vsos e costunbres que enla dicha rrazon tienen,
.e que contra el tenor e forma della non dé nin mande dar carta nin cartas algunas, mandando e ordenando desde agora por ley que puesto que
algunas cartas dé en contrario, o en caso quela dicha ley o esta en ellas
vaya encorporada, que sean obedesçidas e non conplidas.

... dezides que nueua

dichas medidas e pesos
cada vno sepa que en el
alguno nin mengua, et
muy grand seruiçio de
delos vuestros rregnos
ellos vienen con sus me
alteza quele plega de o
rregnos e sennorios ay
peso e marco dela plata
e arroua e quintal, e
deuan pesar todas las
quier natura e condi
das del pan e del vin
varas con que se mi
todas de vna medida
e la otra ...

e las otros vendiendo, es cosa justa e rrazonable que todos biuan sin enganno, e enlos dichos vuestros rregnos e sennorios sean eguales las dichas medidas e pesos por quelas gentes biuan en rregla e justiçia e cada vno sepa que en el tal peso e medida non ay mayoria nin enganno alguno nin mengua, et porque, muy alto sennor, entendemos que esto es muy grand seruiçio de Dios e vuestro e muy grand prouecho comunal delos vuestros rregnos e sennorios e avn delos otros estrangeros que a ellos vienen con sus mercadurias, suplicamos muy omill mente a vuestra alteza quele plega de ordenar e mandar que en todos los dichos vuestros rregnos e sennorios aya vn peso o vna medida, conuiene a saber, que el peso e marco dela plata que sea todo egual e vno, e el peso e onça e libra e arroua e quintal, e dende ayuso e dende arriba por donde se pesen e deuan pesar todas las otras cosas e mercadurias que se pesen de qual quier natura e condiçion que sean, que sea todo vno e egual, e las medidas del pan e del vino e delas otras cosas que se miden por medida e las varas con que se miden los pannos e otras cosas sobre dichas, que sean todas de vna medida egual e non mayor nin menor la vna quela otra e la otra quela otra, e esto que vuestra alteza lo ordene e mande asy e se ponga luego en obra, mandandolo asi pregonar e dar sobre ello vues-

do, asy de doblas commo de coronas e florines e ducados e todas las
ras monedas de oro, segund quelo tiene el canbiador dela dicha çib-
ad de Toledo, e que el canbiador o otra persona que por otro peso diere
in tomare, que incurra enlas dichas penas. Iten, que todos los otros
esos que en qual quier manera ouiere enlos mis rregnos e sennorios,
ue sean las libras eguales de manera que aya en cada libra diez e seys
nças e non mas, e esto que sea en todas las mercadurias e carne e pesado e en todas las otras cosas que se acostunbran vender o vendieren
or libras, so pena que qual quier quelo contrario fiziere incurra enas dichas penas. Iten, que toda cosa que se vendiere por arrouas en
os mis rregnos e sennorios que aya en cada arroua veynte e çinco libras,
non mas nin menos, e en cada quintal quatro arrouas delas sobre di-
has, e el quelo contrario fiziere que incurra en las dichas penas Iten, que
odo panno de oro e de seda e de lana e lienços e picotes e sayal e xergas
toda cosa que se vendiere a varas, quel quelo vendiere sea tenudo delo
ender sobre vna tabla e poner la vara ençima e fazer vna sennal a cada
... e que esta vara

marco e ley de plata,
de vara e pesos e libra
dicha çibdad de Auila
e quartillos, de manera
e logares delos dichos
viene deste presente a
e execute desde el pri
adelante, e mando alo
dades e villas e logare
asi pregonar publica
brados por pregonero
pan e non puedan p
fagan guardar e gua
executando las dich
32. Otrosi muy a
enlos vuestros

çibdades e villas e logares delos dichos mis rregnos cada vno a su costa sean tenidos de enbiar e enbien ala dicha çibdad de Burgos por el dicho marco e ley de plata, e ala dicha çibdad de Toledo por la dicha medida de vara e pesos e libras e arrouas e quintales e medidas de vino, e ala dicha çibdad de Auila por las medidas delas dichas fanegas e çelemines e quartillos, de manera que sea traydo a todas las dichas çibdades e villas e logares delos dichos mis rregnos en todo el mes de mayo primero que viene deste presente anno, de manera que todo lo sobre dicho se cunpla e execute desde el primero dia del mes de Junio deste dicho anno en adelante, e mando alos alcalldes e otras justiçias de todas las dichas çibdades e villas e logares delos dichos mis rregnos e sennorios quelo fagan asi pregonar publica mente por las plaças e mercados e logares acostunbrados por pregonero e por ante escriuano publico, por que todos lo sepan e non puedan pretender ynorançia, et fecho el dicho pregon, que fagan guardar e guarden en adelante todo lo suso dicho e cada cosa dello executando las dichas penas enlos quelo non cunplieren.

32. Otrosi muy alto sennor, çerca delos dichos pesos se faze e comete enlos vuestros rregnos e sennorios otro muy grand enganno e mal de que a vuestra merced viene muy grand deseruicio e a todas las gentes

enguan para dar los pesos delas monedas suso dichas, atiende e menos
› aquello que deuen e non dela cantidad e peso justo suyo. Por ende
uy alto senor, notificamos lo ala vuestra alteza, ala qual muy omill
ıente suplicamos quele plega de rremediar en ello, mandando e defen-
iendo quelos tales engannos e falsedades non se cometan nin consien-
ın nin pasen, penando alos que de tal guisa vsan delos tales pesos, e
ue de aqui adelante en todos los vuestros rregnos e sennorios sea vno
egual el peso dela dobla castellana e del florin de Aragon. e asi de to-
as las otras monedas de oro e plata de qual quier ley e cunno e que sea
ada vna pesa de su moneda, en tal manera quela cantidad del peso de
ada moneda sea justo peso derecho e egual, e non sea nin se vse en ninguna parte de vuestros rregnos mayor nin menor vno que otro, e el que
o contrario fiziere que por ese mesmo fecho aya e le sea dada pena de
ılso, sobre lo qual vuestra alteza ordene e mande e declare las otras
osas que çerca dello mas conplideras sean a vuestro seruiçio e a bien
le vuestros rregnos e sennorios, por quelos tales engannos non se come-

premias que vuestra al
alas personas a quien
casen e canbiasen sus
sennor, son muy agrau
ponen por sy tableros e
res, los quales por non
fazer canbios algunos
las monedas de oro e d
çios que ellos quieren
grandes dapnos a tod
les sean dadas e ven
otro o otros algunos
otras partes, ca si lo
sus contias son perdi
canbios, e asy mesm
monedas que

canbios, las dichas çibdades e villas fueron muy agrauiadas asy por les quitar e priuar dela dicha su libertad commo por las grandes penas e premias que vuestra alteza puso por las cartas delas merçedes que fizo alas personas a quien dió los dichos canbios contra las personas que trocasen e canbiasen sus monedas fuera delos dichos canbios. Iten mas, sennor, son muy agrauiados por quanto los sennores delos dichos canbios ponen por sy tableros e canbiadores enlas tales çibdades e villas e logares, los quales por non auer otro alguno que tenga los canbios nin ose fazer canbios algunos conprando nin vendiendo, ellos venden e conpran las monedas de oro e de plata e de otras cosas que a ellos van por los preçios que ellos quieren, e commo aellos plaze, delo qual se siguen muy grandes dapnos a todas las gentes, ca es fuerça quelas dichas monedas les sean dadas e vendidas por los preçios que ellos quieren, pues non ay otro o otros algunos quelas osen conprar nin ellos las osan vender a otras partes, ca si lo fizieren e cada quelo fazen, todas las monedas e sus contias son perdidas e gelas toman e lieuan los sennores delos tales canbios, e asy mesmo acaesçe al tienpo que han de vender las dichas monedas que por non auer otros de quien las osen conprar nin ellos vender, venden las por los presçios que ellos quieren en tal manera que

mi merçed que vsen dellos por la manera que deuen, non faziendo
rauio nin perjuyzio a persona alguna, et si lo contrario fizieren que
mis justiçias gelo non consientan e los apremien e costringan que
gan lo que deuen, por manera que el bien dela cosa publica delos mis
egnos sea guardado sobre todas cosas.

34. Otrosy muy alto sennor, suplicamos a vuestra alteza quele
ega de mandar labrar las vuestras casas dela moneda segund que pri-
iera mente labrauan, asi moneda de blancas commo moneda menuda
e coronados, porque aya moneda menuda asi para fazer limosnas com-
io para quelos vuestros subditos e naturales se puedan dellos aproue-
har, e que sea dela ley por vuestra merçed ordenada, et eso mesmo
iande labrar doblas de oro segund que primera mente se labrauan e
ue sean dela ley e peso que vuestra sennoria tiene ordenado. Et por que,
iuy alto sennor, en las doblas baladis que oy corren enlos vuestros
regnos ay muchos engannos, asi que por que muchas dellas non son
uenas, commo por quelos canbiadores quelas trocan, non enbargante
... dizen que todas son blanquillas e non

35. Otrosi muy alto
en vuestros rregnos hay
çiones que prestan e fian
color de prestido fazen e
jorar e aprouechar para
çe por las obras que rre
pasan, quando bien son
es logro que *non incid*
buenas obras, et esto e
o contra buena conçien
ra e por cabsa dello se
omes oficiales e labrad
tica en algunas çibdad
ello esta manera: qua
neros e otras cosas fia
pero queles darán pa
entonçe avienense en

rregnos.

35. Otrosi muy alto sennor, vuestra alteza puede ser informado que en vuestros rregnos hay muchas personas de diuersos estados e condiçiones que prestan e fian dineros e pan e otras cosas e mercadorias, e so color de prestido fazen enellos muchos engannos con entençion de mejorar e aprouechar para si las tales cosas que prestan o fian, e asi paresçe por las obras que rresultan dello e por los contratos que sobre ello pasan, quando bien son acatados e esaminados en fecho de verdad mas es logro que *non incidat*, lo qual vsan muy muchos so color de fazer buenas obras, et esto es contra toda ley diuinal e contra todo derecho o contra buena conçiençia, e asy mesmo es grand destroyçion dela tierra e por cabsa dello se han perdido et se pierden de cada dia muchos omes ofiçiales e labradores delos vuestros rregnos, e oy dia está en platica en algunas çibdades e villas e logares dellos, los quales tienen en ello esta manera : quando algunos omes van aellos e les demandan dineros e otras cosas fiadas o prestadas, rresponden quelas non tienen, pero queles darán pan o pannos o lienços o çera o otras mercadurias e entonçe avienense en el preçio dello, el qual preçio es mucho mayor contia delo que comun mente ala sazon vale la tal cosa, e ellos asy aveni-

ɔgro enla manera sobre dicha o en otras quales quier maneras, e que stas penas quelas executen las justiçias delas çibdades e villas do esto caesçiere e ha acaesçido, a petiçion dela tal çibdad o villa o de su pro-urador, e que sea la pena para los propios dela çibdad o villa donde el al logro se diere. Pero muy alto sennor, en quanto toca alos judios sy enprada mente se diese e para que non se multiplicase, saluo en çierta manera rrazonable por los menesteres delos pueblos, leuando cosa çierta por cada çiento de mrs. e que non podiese ser multiplicado mas de fasta el quarto del tal enprestido, que vuestra merçed dispense en ello commo a vuestra alteza plazerá.

Aesto vos rrespondo que mi merçed es que se guarden las leyes sobre esto ordenadas, e quelas justiçias fagan sobre esto su pesquisa en cada anno e sobre todo prouean e fagan conplimiento de justiçia.

36. Otrosi muy poderoso sennor, algunas delas çibdades e villas e lo-gares delos vuestros rregnos e sennorios tienen preuillejos delos senno-res rreyes pasados e dados e otorgados e confirmados por vuestra sen-

non sean sacados fuer
vuestro Consejo nin d
fueren dadas que sean
gunda nin terçera jus
puestas enlas dichas c
gunas e de ningund e

Aesto vos rrespond
segund que me lo pe

37. Otrosi muy al
e mandó que todos l
audiençia e escriuan
otros escriuanos en
vnos dos marcos e l
mendó a çiertas per
annos poco mas o m
cha ordenança nin
chos marcos non fu

dores dellas sean ende seguidos e tractados e librados e determinados e non sean sacados fuera a otra parte por vuestras cartas nin delos del vuestro Consejo nin delos dichos vuestros oydores, e que si tales cartas fueren dadas que sean obedesçidas e non conplidas por primera nin segunda nin terçera jusion, non enbargante quales quier penas que sean puestas enlas dichas cartas, las quales por ese mesmo fecho sean ningunas e de ningund efecto nin vigor nin fuerça en el caso presente.

Aesto vos rrespondo que mi merçed es que se guarde e cunpla asy segund que me lo pedistes por merçet saluo enlos casos de corte.

37. Otrosi muy alto sennor, bien sabe vuestra alteza commo ordenó e mandó que todos los escriuanos asy de camara commo dela vuestra audiençia e escriuanos de numero delas çibdades e villas e logares e los otros escriuanos en todos los vuestros rregnos, que cada vno pagase los vnos dos marcos e los otros vn marco de plata, e vuestra alteza encomendó a çiertas personas quelos rrecabdasen, los quales puede auer dos annos poco mas o menos que se començaron a coger, e por quanto la dicha ordenança nin el poderio quelos tales ouieron para rreçebir los dichos marcos non fue por vos limitados, e veemos que toda via dura la cogecha dellos, por ende suplicamos a vuestra alteza quele plega de

38. Otrosi muy alto sennor, sepa vuestra alteza que enlas çibdades e villas e logares de vuestros rregnos e enlos sennorios dellos ay e andan muchos omes e mugeres valdios e vaga mundos lançandose con maliçia a pedir por Dios e a otros ofiçios miserables, con entençion de non trabajar nin afanar sus cuerpos a ningund ofiçio, seyendo omes e mugeres para ello, et tales que si quisiesen meter los cuerpos a afan e trabajo fallarian ofiçios que fiziesen e personas con quien biuiesen elos tomarian a soldada e en otra manera, e les darian mantenimientos e las otras cosas queles fuesen menester, e las gentes se podrian seruir dellos e ayudarian a labrar e guardar ganados e fazer otras cosas e ofiçios e que podrian aprouechar al pueblo, e ellos non andarian valdios commo andan nin comerian su pan folgando. Por ende suplicamos sennor a vuestra alteza, quele plega de ordenar e mandar que de aqui adelante en alguna nin algunas çibdades e villas e logares delos vuestros rregnos e sennorios non sean osados de estar nin esten nin anden omes nin mugeres vaga mundos a demandar limosnas nin otras cosas semejantes, saluo aquellos que fueren tan viejos e de tal dispusiçion o tocados de algunas dolençias o enfermedades que conosçida mente paresca por su aspecto que non son omes nin mugeres que por sus cuerpos puedan trabajar en ningunos nin algunos ofiçios de que se puedan proueer nin mantener, e todos los otros omes e mugeres asi vaga mundos que fueren para seruir soldadas o guardar ganado o fazer otros ofiçios que rrazonable mente puedan fazer, que luego caten sennores con quien biuan e a quien siruan e les den sus mantenimientos e las otras cosas que fueren ygualados de que puedan beuir, e si algũno o algunos se escusaren delo asi fazer por qual rrazon e cabsa que por sy den, que entonçe en tal caso la justiçia que fuere enla tal çibdad o villa o logar donde acaesçiere vea la tal persona o la dispusiçion suya e oyan sus escusas e sumaria mente luego ayan sobre ello su informaçion, la qual auida, si fallaren quela tal persona o personas omes o mugeres, que se asy quisieren de escusar de fazer los tales seruiçios, fueren personas quelos puedan e deuan fazer, que los costringan e apremien a quelo fagan e cunplan, o los echen luego fuera dela tal çibdad o villa o logar do lo tal acaesçiere e de su juridiçion, e si fueren rrebeldes e non lo quisieren asy conplir o despues que salieren se tornaren ala tal çibdad o villa o logar do acaesçiere, quelas tales justiçias les den pena criminal, qual a vuestra merçed ploguiere de ordenar en tal caso.

Aesto vos rrespondo que mi merçed es quelas leyes que sobre esto fablan se guarden e cunplan e executen en todo segund que en ellas se

vuestra merçed lo mande asy poner por condiçion e saluado enlos vuestros libros e quaderrnos delas dichas monedas e pedidos: otrosi, que sy acaesçiere quelos conçejos delas dichas çibdades e villas e logares por rrazon del tal ofiçio ouieren de dar algund salario al quelo tomare, que lo que asi le ouieren de dar, quelo paguen delos propios del dicho conçejo, et sy non ouieren propios quelo puedan rrepartir entre sy e lo paguen segund que pagan enlos otros pechos e rrepartimientos, para lo qual plega a vuestra alteza que desde agora dé liçençia para ello.

Aesto vos rrespondo que mi merçed es que se faga e guarde asy segund que me lo pedistes por merçed, en quanto tanne a vn verdugo en cada çibdad o villa o logar que sobre sy tenga jurediçion creminal, en todas las çibdades e villas e logares de mis rregnos.

40. Otrosy sennor, bien sabe vuestra alteza quele fue fecha rrelaçion en commo enlos vuestros rregnos e sennorios en algunas çibdades e villas e logares asy rrealengos commo de sennorios que se fazian ferias e mercados francos, asi por ser francas de todo punto commo en parte en algunas cosas espeçiales, asy por ser las dichas franquezas por preuillejos commo por los sennores delas tales villas e logares las franquear, e avn faziendo e mandando fazer tanta graçia e quita de alcauala alas

uillejos e cartas vuestras o delos rreyes pasados o por quelos señores dellas las ayan fecho o agora fagan francas, o por rrazon de quita que les sea fecha de toda la dicha alcauala o de qual quier parte della delas cosas que ende conpraren e vendieren, que estos tales sean tenidos de pagar e paguen el alcauala de todas las dichas mercadurias o otras cosas sobre dichas que ende vendieren o conpraren de que se deua pagar alcauala enlas çibdades e villas e logares donde los tales, que asy vendieren e conpraren las dichas cosas e mercadurias, moraren, puesto quelas non trayan alli a vender e las ayan vendido e vendan en otras quales quier çibdades e villas e logares antes que vengan alas çibdades e villas e logares donde moraren, non enbargante que digan e muestren que ayan pagado el alcauala delas dichas cosas e mercadurias enlas dichas villas e logares dondo ouieren las dichas ferias e mercados francos nin en otras partes algunas, que toda via vuestra merçed mande e le plega que se pague la dicha alcauala, asi de venta commo de conpra, enlas dichas çibdades e villas e logares donde fueren vezinos e moradores, ... que vuestra alteza lo mande

nin sean prendados ni
deua el tal labrador ni
e esentos el dicho pa
non mas.

Aesto vos rrespondo
que se faga e cunpla e
la forma e manera qu
cunple asy ami seruic
dar mis cartas las qu
pla asy.

42. Otrosi muy al
que arriendan las r
derechos delos vuest
labradores e otras p
a saber, acaesçe que
o mas, los quales ...

nos e sennorios que a ninguno labrador non sean apreçiados vn par de bueyes de labrança asy enlos vuestros pechos commo enlos conçegiles, nin sean prendados nin executados nin vendidos por debda alguna que deua el tal labrador nin el lugar donde morare, antes que sean libres e esentos el dicho par de bueyes a cada labrador quelos ouiere e non mas.

Aesto vos rrespondo que me plaze, e mando e ordeno e tengo por bien que se faga e cunpla e guarde de aqui adelante, todo asi segund e por la forma e manera que me lo pedistes por merçed, porque entiendo que cunple asy ami seruiçio e a bien de mis rregnos, para lo qual mando dar mis cartas las que para ello cunplan, porque se execute e cunpla asy.

42. Otrosi muy alto sennor, sepa vuestra alteza quelos arrendadores que arriendan las rrentas delas alcaualas e monedas e otros pechos e derechos delos vuestros rregnos e sennorios, que fatigan mala mente alos labradores e otras personas delos vuestros rregnos e sennorios, conuiene a saber, acaesçe que arriendan vna rrenta dos o tres o quatro personas o mas, los quales e cada vno de ellos enlos tienpos delas sementeras del pan e en el verano en el tienpo del coger dél e en el tienpo delas ven-

iar, et ala fin avn que vn dia sea dado por quito, despues ...
a enplazar e pierde otros tantos dias, e asi le es mayor el dapno e la perdida que non monta lo que el arrendador le pide, et por eso puesto que non deua nada da algo, e asy paga lo que non deue nin vuestra alteza manda pagar. Otrosy, otros arrendadores ay que poniendo agora costunbre nueua enlas vuestras rrentas, lo qual vuestra merçed non manda nin ay derecho que a ello costringa a ninguno, cada que alguno de fuera parte delas aldeas e delas çibdades o villas o logares trahe o lieua alguna cosa a vender alas tales çibdades o villas, antes que el tal vendedor venda cosa alguna delo que lieua o trahe para vender, tomanle de diez cosas vna e la mejor, e avnque el tal dize quele fazen agrauio et que vuestra merçed non manda pagar alcauala si non delo que se vendiere, e que quando vendiere su averio quele pagará sú alcauala, el dicho arrendador non lo quiere fazer e toda via le toma e lieua delas dichas diez cosas la vna: et esto sennor, es cosa mucho contra justiçia e contra vuestra ley e ordenança delas dichas alcaualas, por la qual ... de pagar alcauala sinon delo que venda, et por

e por ante vn escriua...
guisa posiere las dich...
las oyan las justiçias,
vinieren a juyzio a pe...
los dichos arrendadore...
que dicha es, quelos ...
guen ala persona que...
ganar, e mas las cost...
dicho juez o alcallde...
dores las dichas pen...
e que quantas vegad...
dada, que tantas ve...
pena e costas, e que...
enlos vuestros quad...
se guarde asy enlas...
mande dar sobre ell...

queles fueren puestas, sean fechas e puestas por todos los dichos arrendadores de cada rrenta juntos e por su procurador ante vn alcallde solo e por ante vn escriuano e non mas, nin en otra manera; e que si de otra guisa posiere las dichas demandas, que non valan nin las rreçiban nin las oyan las justiçias, e sy acaesçiere quelas dichas personas enplazadas vinieren a juyzio a petiçion delos arrendadores o de qual quier dellos, e los dichos arrendadores non les quisieren poner demandas enla manera que dicha es, quelos dichos arrendadores sean tenidos de pagar e paguen ala persona que asi fuere enplazada el jornal que aquel dia podia ganar, e mas las costas que fiziere, las quales le tase el juez, e que el dicho juez o alcallde luego execute en el dicho arrendador o arrendadores las dichas penas e faga dellas pago al tal enplazado o enplazados, e que quantas vegadas fuere la persona enplazada e non fuere demandada, que tantas vegadas le paguen los dichos arrendadores la dicha pena e costas, e que esto que vuestra merçed lo mande asy poner por ley enlos vuestros quaderrnos delas alcaualas e monedas e otros pechos ' e se guarde asy enlas dichas monedas commo enlas dichas alcaualas, e mande dar sobre ello vuestras cartas en forma las que para ello cunpliere alas çibdades e villas e logares de vuestros rregnos quelas qui-

los conpanneros e arrendadores

labradores e mesoneros e otros ofiçiales vna alcauala de trigo e otra de çeuada e otra alcauala de vino e otra dela carne e otra del pescado que venden, e eso mesmo por vna parte demandan les alcaualas de gallinas e por otra alcauala de paja e por otra alcauala de lenna e por otra alcauala de legunbre e por otra alcauala de hueuos, e asy por esta via de cada cosa sobre sy, avn quelas alcaualas de todas estas cosas andan en vna rrenta e todos los tales arrendadores la tengan arrendada ayuntada menre, e eso mesmo fazen de todas las otras cosas quelos dichos mesoneros e labradores e otros menestrales de ofiçios de manos, e otras mercadurias que tienen e acostunbran vender enlas dichas çibdades e villas e logares, todo esto a fin delos cohechar, e queles fazen jurar alos cristianos sobre la cruz e los santos euangelios dentro enlas yglesias e alos judios enlas sinogas e alos moros enlas mezquitas, e que por las tales demandas maliçiosas queles demandan muchos salarios desaguisados, asy aellos e a sus mugeres commo alas otras personas desus casas que para ello

son saluo tres omes
los labradores, e q
Aesto vos rrespondo
res donde estouiere
sean enplazados ma
aldeas que non sean
guisa que non sean
ello en pena nin en
quela pague el en
quel conçejo sea
pena nin en rrebel
nieren al enplazar
dores o los quelo
a qual quier perso
ualas en cada lug
re

ordinarios, e que en ese mesmo dia les fuese puesta la demanda de todo lo pasado, e sy la demanda fuere contra todo el conçejo, que non enplazen saluo tres omes buennos del conçejo, ca de otra guisa perderse yan los labradores, e que non los enplazen de vna juridiçion a otra.— Aesto vos rrespondo que nos plaze que delas çibdades o villas o logares donde estouiere el alcallde que ha de conosçer destos pleitos, que non sean enplazados mas de vna vez enla semana los dela villa, e los delas aldeas que non sean enplazados mas de vna vez en el mes, e que de otra guisa que non sean tenidos de venir alos enplazamientos nin cayan por ello en pena nin en rrebeldia alguna, e quela pena del enplazamiento quela pague el enplazador, e sy el arrendador enplazare al conçejo, quel conçejo sea tenido de enbiar su procurador e que non caya en pena nin en rrebeldia alguna, nin las personas singulares que non vinieren al enplazamiento. Otrosy, es mi merçed quelos dichos arrendadores o los quelo ouieren de rrecabdar por ellos, que puedan enplazar a qual quier persona contra quien ouieren demanda delas dichas alcaualas en cada lugar delante vn alcallde delos ordinarios que ende ouiere, quales los dichos arrendadores mas quisyeren para queles libren los pleitos delas dichas alcaualas, avn quelas dichas çibdades e villas e

lgund arrendador enplazare a algunas delas tales personas para ante
os los dichos alcalldes, por rrazon dela dicha alcauala e sobre el jura-
nento que fezieren, les dieredes e dieren por quitos e libres dela dicha demanda, que fallaredes que non son tenidos alo queles demandan,
queles non tomedes cosa ninguna por la dicha sentençia alos demandados nin alos demandadores nin otras cosas, so pena dela mi merçed
e del ofiçio. E otrosi por quanto me fue fecha rrelaçion quelos escriuanos por ante quien pasan los dichos pleitos delas mis rrentas que lieuan
muchos mrs., asi delos mis arrendadores commo de otras personas a
quien demandan alcaualas, es mi merçed quelos dichos escriuanos nin
algunos dellos non lieuen mas de vn mr. por la dicha demanda que escriuieren, si les fuere demandado quela escriuan, e otro mr. por la contestaçion, e otro mr. por la sentençia, so pena de perder los ofiçios, e que
non les lieuen nin demanden los dichos mrs. fasta quel juizio sea dado
por el juez o alcallde ante quien estouiere el pleito, por que el que fuere

mçero e al pescador
los otros ofiçiales, pon
biendas de cosas que
vender nin conprar, e
todo esto a fin delos fa
perder sus faziendas e
dar e pagar lo queles
dichos alcalldes e not
e rresçiben grandes
te, si asi pasase, e
manera. E fue me p
ueyese con rremedi
uelo por bien, por c
tros lugares e juridi
do signado commo c

e querellas maliçiosa mente, non auiendo rrazon delos enplazar, e que al labrador demandan alcauala de carne muerta e de pescado, e al carniçero e al pescador alcauala de trigo e de çeuada, e asi en semejante a los otros ofiçiales, poniendo les muchas demandas maliçiosa mente e a sabiendas de cosas que nunca vendieron nin conpraron nin acostunbraron vender nin conprar, e queles fazen otros muchos agrauios e sinrrazones, todo esto a fin delos fatigar de costas e pleitos e en trabajos, e les fazen perder sus faziendas e sus lauores por que se ayan de avenir con ellos e les dar e pagar lo queles non deuen, alo qual diz que dades lugar vos los dichos alcalldes e notarios e juezes, delo qual diz que ellos han rreçebido e rresçiben grandes agrauios e dapno e rresçebirán menoscabo adelante, si asi pasase, e quelo non podrian conplyr nin pagar en alguna manera. E fue me pedido por merçed de su parte que sobre ello les proueyese con rremedio de justiçia commo la mi merçed fuese, e yo touelo por bien, por que vos mando a todos e a cada vno de vos en vuestros lugares e juridiçiones, que vista esta mi carta o el dicho su treslado signado commo dicho es, que guardedes e cunplades e fagades guardar e conplir las dichas leyes e cada vna dellas suso en esta mi carta encorporadas, agora e de aqui adelante en todo e por todo segund que

aqui adelante por ...

43. Otrosi sennor, suplicamos a vuestra alteza quele plega de mandar guardar las ordenanças que vuestra merçed fizo en rrazon delos derechos quelos alcalldes e escriuanos que han de auer e leuar por rrazon de sus derechos, mandando dar sobre ello vuestras cartas las que conplieren alas dichas çibdades e villas.

Aesto vos rrespondo que es mi merçed que se guarde e faga asi segund que enlas dichas mis ordenanças se contiene, para lo qual mando dar mis cartas las que para ello menester fueren.

44. Otrosi muy poderoso sennor, muchos labradores vaga mundos e otras personas de poco estado tienen por ofiçio de andar por las juridiçiones delas vuestras çibdades e villas dela vuestra corona rreal a matar las liebres e perdizes que fallan, asi con armadijas de bueyes commo con rredes e cuerdas e con otras armadijas commo en el tienpo delas nieues, de tal manera que tantas matan que yerman toda la tierra delas dichas liebres e perdizes con las dichas armadijas, e en el dicho tienpo

Aesto vos rrespon

cunple a mi seruiçio

45. Otrosi sennor,

e logares e comarcas

bran de matar las tr

yeruas enpoçonadas,

sabiendo commo las

quele conpran e co

de dolençias de que

por cabsa dello. E a

enlos meses de otul

do echan la simien

vna trucha que ma

truchas, quanto m

lo qual es cabsa de

enla vuestra corte e por las çibdades e villas e logares de vuestros rregnos para que se guarde asi.

Aesto vos rrespondo que yo he proueydo en esto commo entiendo que cunple a mi seruiçio.

45. Otrosi sennor, sepa vuestra alteza que en muchas çibdades e villas e logares e comarcas delos dichos vuestros rregnos e sennorios acostunbran de matar las truchas e los otros pescados de rrio con cal biua e con yeruas enpoçonadas, e acaesçe muchas vezes que muchas personas non sabiendo commo las dichas truchas e pescado mueren por tal manera, quele conpran e comen e es cabsa deles rrecresçer por ello açidentes de dolençias de que llegan a peligro de muerte, e avn de fecho morir por cabsa dello. E asi mesmo acostunbran de matar las dichas truchas enlos meses de otubre e nouienbre, que es el tienpo dela freçon, quando echan la simiente de que nasçen despues las dichas truchas, e por vna trucha que matan en el dicho tienpo se pierde grand cantidad de truchas, quanto mas matando tantas commo mueren en el dicho tienpo, lo qual es cabsa de se despoblar los rrios delas dichas truchas. Suplicamos a vuestra alteza quele plega mandar e defender que persona alguna non sea osado de matar las dichas truchas e pescados de rrio con

padrones delas monedas e pedidos que vuestra merçed manda rrepartyr e coger enlos dichos vuestros rregnos e sennorios, que algunas personas pecheros delos contenidos enlos dichos padrones e rrepartimientos non quieren pagar los mrs. queles cabe de pagar delas sus cannamas por ser amos e acostados de algunas personas poderosas queles dan osadia e fauor para ello, e por cabsa dello non quieren pagar los mrs. queles asi caben a pagar delas dichas sus cannamas, acaesçe que son presos e prendados los otros vezinos delas tales çibdades e villas e logares que han pagado sus cannamas, lo qual a ellos es muy grand agrauio e dapno padesçer por lo que non deuen. Suplicamos a vuestra sennoria quele plega mandar alas justiçias delas tales çibdades e villas e logares do esto acaesçiere que costringan e apremien alas tales personas pecheros contenidos enlos dichos padrones que paguen los mrs. queles fueren echados e les copieren a pagar de sus cannamas delos dichos padrones, demas las costas e dapnos que sobre ello rrecresçieren por culpa e cabsa suya dellos alos otros vezinos pecheros delas tales çibdades e villas e lugares, auiendo sobre ello primera mente su informaçion commo las tales personas son pecheros e de derecho tenidos de pagar los tales mrs. queles asi copieren a pagar delas dichas monedas e pedidos. E esto quelo fagan e cunplan asy, so pena de priuaçion delos ofiçios e de ser tenidos e obligados a todo el dapno que por ello rrecresçiere alos otros vezinos delas tales çibdades e villas e logares do esto acaesçiere.

Aesto vos rrespondo que mi merçed es que se faga e cunpla asi segund que me lo pedistes por merçed.

47. Otrosi muy alto sennor, sepa vuestra alteza que en estas cuentas de vuestra fazienda en que nos otros interuenimos por vuestro mandado se falla que a vuestra sennoria se deuen grandes contias de mrs. que paresçe que se non han podido cobrar. Et muy poderoso sennor, si los tales mrs. fuesen cobrados e estouiesen en vuestro deposito, bien podria sobre lleuar al presente alos vuestros rregnos e sennorios de vna muy grand parte delas contias que agora vuestra alteza demanda para sus menesteres, e por al presente vuestra alteza non se poder aprouechar delos mrs., e debdas nin por ellos las vuestras çibdades e villas dexar de vos seruir con lo que al presente vuestra alteza ha menester. Pero sennor, descargando en ello nuestras conçiençias notificamos a vuestra sennoria las dichas debdas, et muy omill mente le suplicamos, quele plega de mandar cobrar las con muy grand diligençia, apremiando alos quelas deuen asy enlos cuerpos commo enlas faziendas por tal manera que paguen las dichas debdas, poniendo enla execuçion dello tal escarmiento

Aesto vos rrespondo que yo tengo dada orden commo en esto se faga la diligençia que cunple e he dado soliçitador sobre ello.

48. Otrosi muy poderoso sennor, ya sabe vuestra sennoria commo por espirençia ha paresçido e paresçe ser perdidas grandes contias de mrs de vuestra fazienda por los rrecabdadores a quien fueron cargados de rreçebir los mrs. delos pedidos e monedas delos tienpos pasados, de que a vuestra sennoria ha rrecresçido gran deseruiçio, e a vuestros rregnos e sennorios grand agrauio, pechar el dinero con grande trabajo e verlo gozar a otros quelo gastan e se alçan con ello, para lo qual proueer e rremediar a vuestra sennoria suplicamos, quele plega de dar lugar e mandar que nosotros nonbremos los rrecabdadores del pedido e monedas que vuestra merçed ha de ser seruido de vuestros rregnos este presente anno con el salario que se dió este anno pasado, que mediante la graçia de Dios nosotros entendemos nonbrar tales personas e en sus comarcas tales e tan perteneçientes, que guarden lo que cunpla a vuestro seruiçio e a bien delos vuestros rregnos. Pero muy alto sennor, enlo que tanne a Gallizia e Asturias de Ouiedo es cosa apartada en que vuestra sennoria ha de proueer, por la rrebeldia que contra ellos se falla.

Aesto vos rrespondo que yo entiendo mandar proueer sobre ello por forma delos dichos preuillejos e cartas e vso e costunbre que ...

Aesto vos rrespondo que mi merçed es que se guarden las leyes sobre ello ordenadas.

Por que vos mando a todos e a cada vno de vos que veades lo por mi suso ordenado e rrespondido alas dichas petiçiones, e lo guardedes e cunplades e executedes e fagades guardar e cunplir e executar en todo e por todo segund e por la forma e manera que en ello se contiene, asi commo leyes por mi fechas e ordenadas; e que non vayades nin pasedes nin consintades yr nin pasar contra ello nin contra cosa alguna nin parte dello, por lo quebrantar nin menguar en todo nin en parte nin en cosa alguna dello agora nin en algund tienpo, e sy algunos contra ello quisieren yr o pasar, que gelo non consintades, e los vnos nin los otros non fagades ende al por alguna manera so pena dela mi merçed e de diez mill mrs. a cada vno de vos para la mi camara, e demas por qual quier o quales quier por quien fincare delo asy fazer e conplir, mando al omme que vos esta mi carta mostrare, que vos enplaze que parescades ante ... del dia que vos enplazare fasta quinze dias primeros

ller mayor e oydo
calles alguaziles e
mi casa e corte e
quatro caualleros
çibdad de Cordou
caualleros escuder
llas e logares delo
ditos e naturales d
nidad que sean e a
fuere mostrada o e
graçia. Sepades
çibdad de Toledo
migo el prinçipe
çiertos condes e
caualleros e doct
generales por los

zira, e sennor de Vizcaya e de Molina. Alos duques condes rricos ommes maestres delas Ordenes priores e alos del mi Consejo e al mi chançiller mayor e oydores dela mi audiençia e alos mis rreferendarios e alcalles alguaziles e notarios e otras justiçias e ofiçiales quales quior dela mi casa e corte e chançelleria, e al conçejo alcalles alguazil veynte e quatro caualleros jurados ofiçiales e ommes buenos dela muy noble çibdad de Cordoua, atodos los conçejos alcalles alguaziles rregidores caualleros escuderos ofiçiales e omes buenos de todas las çibdades e villas e logares delos mis rregnos e sennorios, e atodos los otros mis subditos e naturales de qual quier estado e condiçion preheminençia o dignidad que sean e aqual quier o quales quier de vos aquien esta mi carta fuere mostrada o el traslado della signado de escriuano publico salut e graçia. Sepades que enel ayuntamiento que yo fize enla muy noble çibdad de Toledo este anno dela data desta mi carta, estando ende comigo el prinçipe don Enrrique mi fijo primo genito heredero e otrosi çiertos condes e perlados e maestres de Calatraua e Alcantara e otros caualleros e doctores del mi Consejo, me fueron dadas çiertas petiçiones generales por los procuradores delas çibdades e villas de mis rregnos que aqui comigo estan, alas quales yo con acuerdo delos sobre dichos

des seruidores los procuradores delas çibdades e villas de vuestros rregnos que aqui enla vuestra corte estamos por vuestro mandado, besamos vuestras manos e nos encomendamos en vuestra merçet, la qual sennor, bien sabe que çerca delos pesos e medidas de vuestros rregnos por los procuradores delas çibdades e villas [1] dellos enel ayuntamiento que vuestra merçed [2] fizo enlas cortes de Madrid el anno que pasó del sennor de mill e quatro çientos e treynta e çinco annos, le fue dada vna petiçion [3] e vuestra sennoria [4] fizo sobre ello çierta ordenança el tenor [5] dela qual es este que se sigue: Otrosi muy alto sennor, commo sea muy justa e rraçonable cosa los omes beuir en justiçia e en rregla e buena ordenança por lo qual es neçesario el peso e la medida, syn lo qual los omes non podrian buena nin rrazonable mente beuir nin dar nin tomar los vnos con los otros syn enganno, el qual segunt Dios e segunt las leyes non se deue consentir entre los omes, e mucho menos los prinçipes e los rreyes e sennores lo deuen consentir [6] nin dar logar a ello. Por ende muy alto Sennor, sepa vuestra alteza que enlos vuestros rregnos e sennorios ay muchos e diuersos pesos e medidas del pan e del vino e las varas con que miden los pannos de oro e de seda e de lana, vnos contrarios delos otros, los vnos [7] grandes e los otros pequennos, e eso mesmo las medidas del vino e otras cosas semejantes que se pesan e miden por pesos e por medidas por los quales pesos e medidas e varas dan e toman e conpran e venden en todos los vuestros rregnos e sennorios, e por los dichos pesos e medidas ser asi diuersos enlas çibdades e villas e lugares delos vuestros rregnos e sennorios, rresçiben las gentes muchos engannos e dannos, ca commo el ofiçio delos mercaderes [8] sea comun andando por todos los vuestros rregnos [9] e sennorios, e asy [10] comun mente todas las gentes han de vsar por sus prouisiones e mantenimientos del tal ofiçio, los vnos conprando e los otros vendiendo, es cosa justa e rrazonable que todos biuan syn enganno, e enlos dichos vuestros rregnos e sennorios

1 Sim. y K 3 omiten: villas.
2 Sim. y K 3: alteza.
3 Véase la peticion 31 del cuaderno de las córtes de Madrid de 1435.
4 Sim.: alteza.
5 Sim. y K 3: thenor.
6 Sim. y K 3 omiten: entre los omes, e mucho menos los prinçipes e los rreyes e sennores lo deuen consentir.
7 Sim. y K 3: vnos contrarios de otros, vnos.
8 Sim.: mercaderos.
9 Sim. y K 3: por los vuestros rreynos.
10 Sim. pone siempre: ausy.

quier manera o condiçion, que sea todo egual e las medidas del pan e del vino e delas otras cosas que se miden por medida e las varas con que se miden los pannos e otras cosas sobre dichas,[3] que sean todas de una medida egual[4], e non mayor nin menor la vna quela otra e la otra quela otra, e esto que vuestra alteza lo ordene e mande asi e se ponga luego en obra, mandando lo asi pregonar e dar sobre ello vuestras cartas de leyes e ordenanças para que sea asy publicado e guardado e conplido en todos los vuestros rregnos e sennorios.—Aesto vos rrespondo que vos otros pedides bien e ami plaze que en mis rregnos aya vn peso e vna medida enesta[5] guisa: que el peso del marco dela plata sea el de la çibdad de Burgos, e eso[6] mesmo la ley quela dicha çibdad de Burgos tiene, e que sea la dicha plata de ley de honze dineros e seys granos, e que ningund orebze nin platero non sea osado de labrar plata para marcar de menos ley delos dichos honze dineros e seys granos en todos los dichos mis rregnos, e so las penas en que caen los que vsan de pesas falsas. Iten, que el platero que labrare la dicha plata que sea obligado de tener vna sennal conosçida para poner de baxo dela sennal que fiziere el que tiene el tal marco dela tal[7] çibdad o villa donde se labrare la dicha plata, e esta sennal del dicho platero que notifique antel escri-

ra que aya en cada libra diez e seys onças e non mas, ... todas las mercadurias e carne e pescado e en todas las otras cosas que se acostunbran vender e vendieren por libras, so pena que qual quier que lo contrario fiziere que incurra enlas dichas penas. Iten, que toda cosa que se vendiere por arrouas en todos los dichos mis rregnos e sennorios que aya en cada arroua veynte e çinco libras e non mas nin menos, e en cada quintal quatro arrouas delas sobre dichas, e el quelo contrario fiziere que incurra enlas dichas penas. Iten, que todo panno de oro e de seda e de lana e lienços e picotes e sayal e xerga e toda cosa que se vendiere a varas, que el quelo vendiere sea tenudo delo tender sobre vna tabla e poner lá vara ençima e fazer una sennal en cada vara, por quel quelo conprare non rresçiba engano, e que esta vara con que se asi han de vender los dichos pannos e lienços e otras cosas que se vendieren a varas, que se vendan por la vara toledana, e el quelo contrario fiziere que incurra enlas dichas penas en que cahen los que venden pannos por varas falsas. Iten, quela medida del vino asi de arrouas commo de cantaras o ... quartillos, que sea la medida toledana en

creçer dello grande
so ouiese de guarda
ley para que sea one
tunbre dela tierra a
por donde las prouin
dad delas costunbre
guas que enellas ay
das vuestras prouin
justo nin prouechos
pesos e medidas, e
que alos vuestros s
dicha ley se ouiese
bien puede ver son
tra alteza ordenó
sen a vender por
rregnos saluo oro

e onesta e conplidera abien de vuestros rregnos e subditos, pero si a vuestra alteza pluguiere de mirar aquella, paresçer se ha ser dannosa e rrecreçer dello grandes dannos a vuestros subditos e naturales sy aquella so ouiese de guardar, lo qual sennor, a nuestro ver paresçe claro quela ley para que sea onesta e justa e de rrazon, ha de ser conuiniente ala costunbre dela tierra a quien los prinçipes[1] la dan, e commo las otras leyes por donde las prouinçias de vuestra tierra se gouierrnan por la diuersidad delas costunbres dellas e delas abondanças e validades e menguas que enellas ay, non seria justo nin prouechoso que por una ley todas vuestras prouinçias[2] se gouernasen, asi non paresçe que fue nin es justo nin prouechoso que eneste caso fuese una ley quanto alos dichos pesos e medidas, e desçendiendo[3] particular mente alos dichos dannos, que alos vuestros subditos se han seguido inconuinientes e dannos si la dicha ley se ouiese de guardar allende de otros que vuestra sennoria bien puede ver son estos: Primera mente porla dicha vuestra ley vuestra alteza ordenó en un capitulo della que todas las cosas que se ouiesen a vender por peso enlas çibdades[4] e villas e logares de vuestros rregnos saluo oro e plata fuese con el peso con que asi se ouiesen de pesar[5] del peso dela çibdad de Toledo e por aquel con que se alli pe-

den muy grant pro. Por ende muy omill mente suplic... alteza quele plega emendar la dicha ley eneste caso [5], e mandar que se guarde en todo vuestro rregno la ordenança que el rey don Alfonso de buena memoria ordenó enlas cortes de Alcala, mandando e ordenando quel oro e la plata e aljofar se pese por el peso e marco de Colonna, e todos los otros aberios e cosas que se han de vender a peso, se pesen conel marco e peso de Tria en que ay ocho onças enel marco e diez e seys en la libra segunt que enel peso de Colonna, pero las onças deste marco de Tria e libra [6] son mas grandes en quantidad [7] por onça que non las onças del marco e peso de Colonna de [8] dos onças poco mas o menos en cada libra. Otrosi muy alto sennor, ordenó vuestra alteza enla dicha ley quela vara fuese en todo vestro rregno la de Toledo delo qual se sigue grant danno alos vuestros vasallos e muy grant pro alos que han de vender pannos e otras mercadurias que se miden por varas, lo qual paresçe claro, ca los quelo han de vender son pocos e entendidos en sus ofiçios, e los quelo han de mercar son muchos e non entendidos en ello, e los quelo han de vender por una ochaua que se alarga enla dicha vara

deue medir fuese p
llas e logares delo
gunt ya deximos l
la tierra aquien se
rregnos ay muchas
sus cosechas, al bie
conviene que aya la
mo al bien public
vino conviene a sa
medida del pan p
suplicamos a vuest
dichas medidas de
o villa o logar de
medida que se us

Aesto vos rres
rregnos auido sol

dicha ordenança quelas medidas del vino fuesen todas dela medida toledana e el açunbre e la cantara por donde en todo vuestro rreyno se deue medir fuese por ella, e enesto sennor, muchas delas çibdades e villas e logares delos vuestros rregnos padesçen grande agrauio, ca segunt ya deximos la dicha ley ha de ser conviniente ala costunbre de la tierra aquien se da e al bien publico de aquella, e commo en vuestros rregnos ay muchas çibdades e villas e logares en que no ay vino de sus cosechas, al bien publico delas dichas çibdades e villas e logares conviene que aya la medida larga pues que sienpre han de mercar, commo al bien publico delas çibdades e villas e logares donde ay mucho vino conviene a saber la medida pequenna, e asi mesmo sennor, enla medida del pan por estas mesmas rrazones. Por ende muy omill mente suplicamos a vuestra alteza quele plega emendar la dicha ley çerca delas dichas medidas del pan e vino, ordenando e mandando que en cada çibdad o villa o logar de vuestros rregnos se vse medir el pan e el vino por la medida que se usaua ante que vuestra alteza ordenase la dicha ley.

Aesto vos rrespondo que yo a petiçion delos procuradores de mis rregnos auido sobre ello grant deliberaçion e consejo ordené las dichas leyes en rrazon delos pesos e medidas, e por ende mi merçet e vo-

cabdadores e arrendadores e por cada vno ...

diziendo quela moneda queles dan non es buena e en algunos logares faziendo la dar ados cornados la blanca, e asi mesmo los rrecabdadores delas alcaualas leuando por los libramientos delos que han mrs. de vuestra alteza asentados e por preuillejos donde auian de leuar de cada libramiento treze mrs., lieuan çiento e ochenta e dozientos e mas quantos les plaze delos tales libramientos, e asi mesmo en algunos logares e çibdades de vuestros rregnos, pagando los tales lugares e los vezinos delas tales çibdades e villas los vuestros pedidos e monedas llana mente los quelos deuen pagar, los tales rrecabdadores escusan e han escusado de los dichos tienpos aca muchos pecheros llanos por ser sus parientes e amigos allegados a algunos sennores e caualleros con quien los tales rrecabdadores e arrendadores biuen, lo qual se carga sobre los otros que llana mente pagan a vuestra alteza el pedido, e lo que peor es, sy en algunt logar o collaçion estan dos o tres vezinos o mas pecheros llanos que non quieren pagar el dicho vuestro pedido, el tal rrecabdador con el poder ... de vuestra alteza para que por sy pueda prender e

dores, alos quales l
tar faziendo sobre e
los tales mrs. e otra
delos bienes de aque
asi fueron leuados lo
touieren herederos
los propios delas çi
mandando quelos ta
dellos non puedan
apellaçion nin apel
agrauios, e que vu
sy solo vn mr. nin
por ese mesmo fec
aquella que a vues
çibdad e villa e su
mendada ...

dichos m-
as de pago.
anos logares
recabdadores
mrs. de vues-
de cada li-
mas quantos
logares e çib-
ezinos delas
mente los
escusado de
parientes e
en los tales
los otros que
es, sy en al-
eros llanos
llador con el
prender e

della juramentados, e donde non ouiere corregidores quelas fagan los alcalles delas dichas çibdades e villas e logares con los dichos dos rregidores, alos quales les sea dado termino limitado para las fazer e executar faziendo sobre ello toda deuida execuçion, mandando luego boluer los tales mrs. e otras cosas alas personas de quien asy fueron leuadas delos bienes de aquellos quelas leuaron e si las tales personas de quien asi fueron leuados los tales mrs. e cosas, fueren muertos o ydos e non touieren herederos que sean anexados los tales mrs. e otras cosas para los propios delas çibdades e villas e logares donde los tales morauan, mandando quelos tales corregidores e alcalles e rregidores nin alguno dellos non puedan ser rrecusados, nin de sus juyzios nin sentençias aya apellaçion nin apellaçiones nin nulidad nin nulidades nin agrauio nin agrauios, e que vuestra sennoria prometa ' so grandes cominaçiones que sy solo vn mr. nin otra cosa rresçibe de persona alguna sobre ello, que por ese mesmo fecho vuestra alteza le mandará padesçer pena corporal aquella que a vuestra sennoria plazerá, mandando otrosy que en cada çibdad e villa e su tierra se acabe la tal pesquisa queles asy será encomendada fasta la sentençia definitiua e execuçion della inclusiue aquel tienpo quele fuere asignado por la vuestra alteza para la fazer, e que co-

de les fazen [illegible]
dela qual es este que se sigue: Otrosi por quanto ami es fecha rrelaçion que en algunas çibdades e villas e logares delos mis rregnos e sennorios asy rrealengos commo de sennorios se franquean de alcaualas en todo o en parte o en alguna cosa, espeçial mente en algunas ferias e mercados e en otras maneras, delo qual ami rrecresçe grant deseruiçio e enlas mis rrentas grandes dannos e menoscabos. Por ende ordeno e mando que qual quier o quales quier que fueren conprar o vender alos tales logares o ferias e mercados francos, sean tenudos de pagar e paguen enel logar de donde salieren con sus mercadurias e cosas, e asi mesmo enlos logares adonde las traxieren delos tales logares e ferias e mercados francos, el alcauala entera mente de todo lo que conpraren e vendieren enlos tales logares e ferias e mercados francos, non enbargantes quales quier cartas o alualaes[8] de pago que muestren de commo la han pagado enlos tales logares, e mando alos mis contadores mayores quelo pongan e asienten asy por ley e condiçion enlos mis quaderrnos delas alcaualas. La qual ley si a vuestra alteza pluguiere de mandar mirar [illegible] de guardar seria en grant danno de vuestros subdi-

ble. La terçera m
caderes de vuestro
mercadurias que e
mercaderes por el
faziendo sus merca
mayor parte dello
ta muy alto senno
biuen del ofiçio d
vnas partes aotras
derian e auer se y
nos por quanto ac
suele. La quinta
guardar, la prou
prouinçia seer fr
se tractarian por e
zon delas dichas
otros mercaderes

son arrendadas las alcaualas de vuestros rregnos por su preçio rrazonable. La terçera muy poderoso sennor, todo el tracto e meneo delos mercaderes de vuestros rregnos, çesará que non se fará la meytad delas mercadurias que enlos tiempos pasados se solian fazer, que andando los mercaderes por el rregno con sus mercadurias conprando e vendiendo, faziendo sus mercadurias de que se pagan muchas alcaualas, lo qual la mayor parte dello çesaria syla dicha ley se ouiese de guardar. La quarta muy alto sennor, que muchas personas * enlos vuestros rregnos que biuen del ofiçio de mulateria trayendo e leuando las mercadurias de vnas partes aotras, que non saben otros ofiçios por donde biuan, se perderian e auer se yan de yr a beuir aotras partes fuera de vuestros rregnos por quanto aca non fallarian cargueros * para traer e leuar commo suele. La quinta muy esclareçido sennor, sila dicha ley se ouiese de guardar, la prouinçia de Vizcaiya se ennoblesçeria por los dela dicha prouinçia seer francos de alcauala, e todas las mercadurias del rregno se tractarian por ellos por rrazon dela dicha franqueza que han, e por rrazon delas dichas mercadurias que se descargan en su tierra, e todos los otros mercaderes que biuen enlas otras çibdades e villas de vuestros rregnos se perderian. La sesta sennor, por quanto enel rregno ay mu-

o otros logares del rregno por ser muy lexos de sus tierras en yda e en venida, en costas despenderian todas sus mercadurias, e por causa dellos vienen alos vuestros rregnos muchas mercadurias que non vernian non auiendo ferias. La setima sennor, sienpre fue costunbre enlas alcaualas fazer graçias e quitas alos que venden e conpran, que si toda el alcauala ouiesen de pagar todas las mercadurias se porrnian en mal estado, e sy la semejante ley ouiese lugar de ser executada seria grant deseruiçio vuestro por estas dichas rrazones e por otras muchas que se podrian dezir. Por ende muy poderoso sennor, suplicamos a vuestra alteza quele plega mandar dasatar la dicha ley en quanto tanne [a] alas ferias que fazen en Medina del Canpo e enlas otras çibdades e villas rrealengos, pues que manifiesta mente paresçe ser fecha en danno delos vuestros rregnos; pero sennor, en quanto toca a otras ferias e mercados francos o quasi francos que se fazen de poco tienpo aca enlos logares de sennorios, vuestra merçet deue mandar guardar la dicha ley; ca si se non guardase seria grant danno delas vuestras rrentas e syn dubda cada vno [illegible] sus tierras faziendo las ferias o los merca-

e logares e ferias
tal alcauala auer
mercados francos,
çio mio e danno e
do que non enbarg
e ferias e mercado
enlos logares de d
commo enlos logar
rán de yr conpra
cos, e asy çesará
cabo que en mis
las villas e logar
quales quier los
logar nin se enti
son francos en to
gan alguna quit

que sean tenudos de pagar e paguen el alcauala dellas enlas tales çibdades e villas donde las traxieren e leuaren e sacaren delas tales villas e logares e ferias e mercados francos, non enbargante que muestren la tal alcauala auer seydo pagada enlas tales villas e logares e ferias e mercados francos, e esto por que fazerse las tales franquezas es deseruiçio mio e danno e menoscabo de mis rrentas, e por quelos omes sabiendo que non enbargante las tales franquezas delo que enlos tales logares e ferias e mercados francos vendieren e conpraren commo dicho es, asi enlos logares de donde sacaren las tales mercadurias para las lleuar alli commo enlos logares para donde las lleuaren e sacaren de alli, se escusarán de yr conprar e vender alos tales logares o ferias o mercados francos, e asy çesará el deseruiçio que dello se me sigue e el danno e menoscabo que en mis rrentas se rrecresçe, pero esto non se entienda saluo en las villas e logares e ferias o mercados quelos sennores dellos o otros quales quier los franquean de alcauala en todo o en parte, mas non aya logar nin se entienda enlas villas e logares o ferias o mercados que non son francos en todo nin en parte, en caso quelos arrendadores dellas fagan alguna quita alos que ende conpraren e vendieren despues que y fueren con sus mercadurias, e mando alos mis contadores mayores quelo

algunas naos grandes que será vuestro seruiçio e prouecho de vuestros subditos e naturales, e que vuestra alteza ponga tal rrecabdo enla vuestra costa dela mar por que non rresçiba delos ingleses el danno que fasta aqui se ha rresçebido.

Aesto vos rrespondo que ami plaze de mandar proueer enello commo cunpla ami seruiçio e abien comun de mis rregnos.

5. Otrosi sennor, por quanto al tienpo quelas cargazones se fazen enla costa de vuestros rregnos, asi para enlas partidas de Flandes commo enlas partidas de Françia e Bretanna e otras partes, carganse diez o venyte naos e barchas en vna conpannia o mas o menos, despues que son enla mar por algunos maestros ser desordenados e por enemistades quelos vnos con los otros han, non guardan la conpannia que deuian asi enla partida del puerto commo enla mar, e silas dichas naos fuesen juntas e en buena orden non rresçibirian los maestros e mercadores vuestros subditos el danno que han rresçebido e rresçiben de cada dia, ca por quatro o çinco naos que se apartan para la semejante manera dela dicha flota e salen de buena ordenança, es notorio el camino para yr en Flandes por la costa de Inglatierra, e commo los ingleses vean que van desordenada mente fazen armada sobre ellos e aviene quelos toman, lo qual sennor, non se

ré alla quien fag
7. Otrosi muy
tiçiones que se da
diziendo: *esto pid*
zer prouision com
petiçion por quatr
el que faze rrelaçi
çion, los quele ha
pueden bien prou
sigue a vuestros s
camos avuestra a
çion conplida de
tiçion al tienpo
qual será mucho
subditos, e será
delo que pidiere
Aesto vos rres
zon prouee sobre

ré alla quien faga la pesquisa por que todo se sepa.

7. Otrosi muy alto sennor, ya sabe vuestra sennoria que todas las petiçiones que se dan en vuestro Consejo se faze rrelaçion dellas por suma diziendo: *esto pide fulano.* Delo qual se siguen que adelante se suele fazer prouision commo se pertenesçe fazer, e sy el que pide justiçia en su petiçion por quatro o çinco rrazones e mas por quele deue ser fecho, e el que faze rrelaçion delas rrazones que el suplicante pone enla petiçion, los quele han de proueer de justiçia, aquellas non vistas, non les pueden bien proueer, delo qual ya vuestra merçet vee quanto danno se sigue a vuestros subditos e naturales. Por ende muy omill mente suplicamos avuestra alteza, que prouea enello mandando que se faga rrelaçion conplida de todas las rrazones que el suplicante pidiere en su petiçion al tienpo que se fiziere la tal rrelaçion en vuestro alto Consejo, lo qual será mucho seruiçio avuestra merçet e grant prouecho de vuestros subditos, e será causa que sienpre les sea administrada justiçia çerca delo que pidieren e suplicaren.

Aesto vos rrespondo quela ley del mi Consejo que fabla en esta rrazon prouee sobre ello, e mando al mi rrelator que saque e faga las rre-

con otra persona non puede trocar, ...
quisiere e desçender lo por su interese quando le pluguiere; ca notorio es quelos dichos canbiadores, las doblas que son conosçidas general mente por todas personas, atomar las ponen en tres o quatro mrs. menos delo que por ellas dan, e lo que peor es commo todos los que han de trocar oro non lo conosçen nin saben qual es dobla valadí nin blanquilla nin çebty nin samory nin budy [2], enel [3] canbiador es quela conosçe dele dar el preçio que quiere, diziendo le [4] que non es bueno el tal oro, en tal manera que acaesçe que asi del oro de suso declarado commo de otras monedas de oro que vienen de fuera de vuestros rregnos, que de pieça ay que lieuan doze o quinze mrs. e avn mas, lo qual, muy alto sennor, çesaria sy vuestra alteza dexase los canbios alas tales çibdades e villas, e libertad [5] que cada vno pudiese trocar su moneda de oro e de plata aquien le pluguiese [6] syn pena alguna. Por ende muy poderoso sennor, suplicamos a vuestra alteza quele plega de mandar dexar alas dichas çibdades e villas los dichos canbios e proueer çerca dela moneda enla manera que vuestra sennoria entenderá [7] ser conplidero a vuestro seruiçio e abien vniuersal de todos vuestros rregnos e subditos e naturales.

justiçia e rregidor
que fagan en forma
es, e quales cunpla
çion e vanderia e
otra cosa, mas solan
publica, e que non
queles sea prometid
por los tales o por
les que asy fueren
ramento en forma
çio syn arte e syn
dar e den fiadores
rresponder rreal
neda rresçibieren
ante non puedan
merçet que en
fiadores, sean ten
nonbraren; pero t
plidero ami

justiçia e rregidores delas tales çibdades e villas e logares, so juramento que fagan en forma deuida delos escoger e nonbrar tales commo suso dicho es, e quales cunpla a bien comun dela cosa publica, pospuesta toda afecçion e vanderia e bien querençia e mal querençia e todo interese e toda otra cosa, mas solamente acatando mi seruiçio e el bien comun dela cosa publica, e que non tomarán nin rresçibirán por ello cosa alguna en caso queles sea prometida o dada por ello o por causa dello de su voluntad, por los tales o por otra qual quier persona o personas, e que todos los tales que asy fueren nonbrados para vsar del dicho ofiçio publico fagan juramento en forma deuida de vsar bien e leal e verdadera mente del tal ofiçio syn arte e syn enganno e syn colusion alguna, e sean[1] tenudos de dar e den fiadores abonados para lo asy fazer e conplir e para pagar e rresponder rreal mente e con efecto alas personas de quien alguna moneda rresçibieren para canbiar con todo lo queles ouieren adar, e que ante non puedan vsar nin vsen delos dichos ofiçios; e quiero e es mi merçet que en defecto delos bienes delos tales canbiadores e de sus fiadores, sean tenudos delo pagar por ellos aquellos quelos pusieren e nonbraren; pero toda via es mi merçet que cada que yo entienda ser conplidero ami seruiçio de auer alguna moneda de oro e plata por alguna

dicho vuestro pedido çiento e çinquenta mrs. poco mas o menos, caben les agora por mengua dela gente que enellas non ay quinientos e ochoçientos e mill mrs., lo qual es causa de se despoblar vuestras çibdades e villas e logares e grant cargo de conçiençia quela suma que avian de pagar los muchos que morauan enlas dichas çibdades e villas e logares quando se escriuieron los dichos humos, lo pagan agora los pocos que enellas quedaron por las cosas suso dichas, e por quanto muy poderoso sennor, enlos logares delos sennorios do sienten el tal agrauio les es dada eguala con otros logares, suplicamos a vuestra alteza quelas dichas vuestras çibdades e villas e logares e dela dicha sennora Reyna vuestra muger non sean de menor condiçion, e que cada e quando por ellos fuere demandada yguala con otras çibdades e villas e logares asy de rrealengos commo de sennorios, que mande queles sea fecha la dicha yguala.

Aesto vos rrespondo que es mi merçet e mando que se guarde el estilo e costunbre que enlos tales casos se suele guardar e tener.

10. Otrosi sennor, por quelos tales agrauios los quales son notorios non pasen, lo qual es muy grant danno e despoblamiento de vuestros rregnos, pedimos vos por merçed que avuestra sennoria plega de man-

nas debdas de qu
demandan alos h
que son fynados
los vuestros cont
juezes dello dan l
que son enplaçado
mill personas, e a
en tal manera sen
que quier por del
dores delos debd
ne, e si estas vue
dores eran biuos
de commo non
pudiera lo mejo
agora fue deser
juizio delos vues
arrendadas, non

caualleros e escuderos e duennas e donzellas e labradores e otras personas debdas de quarenta e quarenta e dos annos acá, e avn lo peor es que demandan alos herederos e tenedores delos bienes de muchas personas que son fynados e alos debdores dellos e alos debdores de sus fiadores, e los vuestros contadores mayores delas vuestras cuentas que son los juezes dello dan les vuestras cartas quantas les piden en tal manera, que son enplaçados por causa delas dichas debdas mas de çinco o seys mill personas, e avn por el tienpo andando serán mas de veynte mill, en tal manera sennor, que pocos ay que sean seguros de sus faziendas, que quier por debdores o por fiadores e por herederos e tenedores e debdores delos debdores vuestros, non ay ome que esté seguro delo que tiene, e si estas vuestras debdas fueran demandadas en tienpo quelos debdores eran biuos e las debdas frescas podria ser que ellos dieran rrazon de commo non deuian esto que agora les es demandado, e silo deuieran pudiera lo mejor cobrar vuestra alteza, e en dexar lo de demandar fasta agora fue deseruiçio vuestro e danno de vuestra fazienda e grant perjuizio delos vuestros rregnos; pero sennor, pues que estas albaquias son arrendadas, non conuiene de se fazer enello ynouaçion alguna, ca si se fiziese, los arrendadores dellas vos pornian por ello grant descuento enla

guarde.

12. Otrosi muy poderoso sennor, por quanto los vuestros contadores mayores delas vuestras quentas tienen enla vuestra corte muchas arcas de escripturas del dicho ofiçio, delas quales muchas dellas podian ser escusadas e enel traer e leuar en sus bestias e carretas mucho trabajo. Suplicamos a vuestra alteza quele plega mandar alos dichos vuestros contadores mayores delas dichas vuestras cuentas, que vean lo que es nesçesario de traer aqui e lo acopilen enlas menos arcas que ser pueda, e todo lo otro que non fuere nesçesario lo pongan aqui en vn palaçio de vuestro alcaçar que ellos tengan çerrado con su llaue, e lo enbien a Valladolid ala casa delas cuentas con lo otro que alli está, por tal manera que el dicho ofiçio ande mas descargado e avuestra merçet non se sigua tanta costa e vuestros pueblos sean aliuiados.

Aesto vos rrespondo que yo me entiendo informar çerca desto con los mis contadores mayores e contadores mayores delas mis cuentas e delos sus logares tenientes sobre juramento que sobre ello fagan dela manera que cunple ami seruiçio e abien comun de mis rregnos que enello se tenga, daré orden asi enel tomar delas cuentas commo enel cobrar delas debdas e en todas las otras cosas que aello tannen e por vos me son su-

por queles diesen sus bozes, lo qual será mucho vuestro seruiçio e bien e prouecho de vuestras çibdades e villas, por quanto las tales justiçias e rregidores que asy acostunbran rresçebir dadiuas e dineros avrán dado sus bozes para algunos ofiçios a algunas personas e avrán tenido con ellos algunas maneras que por les dar sus bozes se les obliguen o los prometan e juren de dar [2] çierta cosa delo que rrentaren los dichos ofiçios, asi commo la meytad o mas o menos e por ventura [3] lo querrán rresçebir de aqui adelante, diziendo queles ha seydo prometido. Por ende muy poderoso sennor, a vuestra sennoria suplicamos que mande que sy enla tal manera las justiçias o rregidores algunos dineros o otras cosas rresçibieren de aqui adelante, que incurran enlas penas que por vuestra merçet fueren ordenadas contra las justiçias que rresçibieren dineros o otras dadivas.

Aesto vos rrespondo que ami plaze e mando e ordeno quese faga e guarde asi segunt e enla manera que melo pedistes por merçet porla dicha vuestra petiçion, e demas que qual quier quelo contrario fiziere pierda el ofiçio; e la prueua [4] para esto que sea e se pueda fazer e faga segunt e por la forma quela ley del Ordenamiento manda quese faga contra los juezes que toman dones [5]. Otrosi mando e defiendo quelos tales

de muy alto rrey e sennor, a vuestra alteza [illegible]
ordenar e mandar quelos que asy son rregidores e escriuanos delos dichos alcalles, que vsen del vn ofiçio qual mas quisieren e el otro quelo rrenunçien en çierto tienpo, e que vuestra merçet [1] faga merçet aotra persona del dicho ofiçio que asi fuere rrenunçiado por que çesen los inconuinientes suso dichos, lo qual sennor, será vuestro seruiçio e los vuestros rregnos vos lo ternán en mucha merçet.

Aesto vos rrespondo que dezides bien e ami plaze que se faga asy segunt que melo pedistes por merçet, e el que touiere los tales dos ofiçios sea tenudo de rrenunçiar vno dellos qual mas quisiere fasta dos meses primeros siguientes, so pena que por el mesmo fecho dende en adelante ayan vacado e vaquen amos ados e yo prouea dellos aquien mi merçet fuere.

15. Otrosi sennor, sepa vuestra alteza que quando vuestra sennoria e los sennores rreyes vuestros anteçesores de gloriosa memoria enbiauan [1] algunos corregidores a algunas çibdades e villas de vuestros rregnos sienpre ouieron por costunbre quando los rresçebian alos tales corregimientos, quelos tales corregidores dauan buenos fiadores para conplir de derecho despues de conplido el tienpo de su corregimiento a quales quier personas que dellos querellasen, e eso mesmo sennor rrey, quelos

des e villas non
la dicha rresiden
vuestra alteza no
Aesto vos rres
que se guarde la
rresidençia mando
de Alcalá que fabl
16. Otrosy mu
rrentas valen me
dad, ca notorio e
non estouiesen n
se cogen, los a
de mrs. por ella
alos vuestros co
conplida la rren
que quando vyn
sean fechas del
sennor, si se fez

dichos çinquenta dias, e quelos rregidores e ofiçiales delas dichas çibdades e villas non puedan permitir alos tales corregidores que non fagan la dicha rresidençia, e será mucho vuestro seruiçio, e asy mesmo que vuestra alteza non dé prouision contraria desto.

Aesto vos rrespondo que quanto tanne alos fiadores que ami plaze que se guarde la ley dela Partida que eneste caso fabla, e quanto ala rresidençia mando que se guarde la ley del ordenamiento delas cortes de Alcalá que fabla enesta rrazon.

16. Otrosy muy poderoso sennor, vna delas cosas por quelas vuestras rrentas valen menos es por se fazer tarde e estar mucho tienpo en fieldad, ca notorio es que sy las vuestras rrentas se fiziesen con tienpo e non estouiesen nin se cogiesen en fieldad commo muchas vezes están e se cogen, los arrendadores quelas arrendasen darian mayores contias de mrs. por ellas delo que dan, por lo qual vuestra alteza deue mandar alos vuestros contadores mayores, quelas rrentas delos annos que vienen, conplida la rrenta dela masa, se faga el anno presente en tal manera que quando vyniere en fyn del dicho anno commo las vuestras rrentas sean fechas del dicho anno venidero, e por esta manera, muy poderoso sennor, si se feziesen las dichas vuestras rrentas de cada anno valdrian

Aesto vos rrespondo que dezides bien e yo vos lo tengo [illegible] pasado el tienpo dela rrenta dela masa yo entiendo mandar proueer sobre ello por la manera que cunpla ami seruiçio.

17. Otrosy muy alto sennor, vna delas rrazones por quelos vuestros thesoreros e rrecabdadores e otras personas que algunos mrs. e otras cosas han rrecabdado e rresçebido por vuestra alteza enlos tienpos pasados fasta aqui, han quedado en ellos muy grandes contias de mrs. de que se han fecho grandes albaquias de que ha venido gran deseruiçio a vuestra sennoria, ha seydo por non se tener en ello aquella orden e manera que se deue tener asy por los vuestros contadores mayores commo por los contadores mayores delas vuestras cuentas,[a] enlo qual vuestra alteza deue proueer, mandando alos vuestros contadores mayores que en fyn de cada anno den alos vuestros contadores mayores de vuestras cuentas todos e quales quier cargos de quales quier mrs. e otras cosas, que quales quier thesoreros e rrecabdadores e otras personas quales quier ouieren de rrecabdar por vuestra alteza el dicho anno, e vos deuieren e ouieren a dar en qual quier manera, e eso mesmo quelos dichos vuestros contadores mayores delas vuestras cuentas auidos los dichos cargos fagan llamar luego los tales thesoreros e rrecabdadores e otras personas para que ven-

ma e manera que melo vos pedistes por merçet, e quanto tanne alos mis contadores mayores delas mis cuentas la orden que deuia tener[2] en tomar las cuentas e las fenesçer e acabar e enla execuçion delos alcançes dellas yr[3] yo mandaré entender enello e proueer e dar la orden que cunpla a mi seruiçio commo de suso por mi es rrespondido, por que todo se faga deligente mente e commo deua.

18. Otrosi muy esclareçido[4] sennor, vuestra alteza ordene e mande quelos tales thesoreros e rrecabdadores e otras personas sean tenudos de dar e fenesçer las dichas sus cuentas dentro de vn anno despues de conplido el anno en que asy fueren thesoreros e rrecabdadores, e de pagar el alcançe queles asi fuere fecho e fasta auer dado e fenesçido las dichas sus cuentas e pagado el alcançe queles asy fuere fecho, que vuestra merçet non les dé ofiçio de thesoreria nin de rrecabdamiento nin de otro fazimiento de dinero, enlo qual muy poderoso sennor, vuestra alteza fará su seruiçio e çesarán albaquias de que ha venido grant dapno e deseruiçio a vuestra merçet e será grant prouecho a vuestros[5] subditos e naturales, por que teniendo vuestra sennoria dineros de vuestras rrentas e pechos e derechos ordinarios para conplir vuestras nesçesidades podria releuar alas vuestras cibdades e villas e logares delos pechos extra ordi-

des [*] e colusiones. Por ende muy omill mente suplicamos a vuestra al-teza, quele plega de mandar rreparar los dichos castillos e fortalezas dando via e orden commo los mrs. que vuestra alteza para ello mandare dar sean bien gastados e enlos logares donde mas conviene, encargando los abuenas personas en manera que non ande [*] enello la falta que fasta aqui ha andado. Otrosy [*] vuestra sennoria los mande basteçer de armas e pertrechos enla manera que conuiene por que esten rreparados e proueydos segunt e enla manera que a vuestro seruiçio es conplidero.

Aesto vos rrespondo que dezides bien e yo lo entiendo asi mandar fazer, e para esto mando alos mis contadores mayores delas mis cuentas que den rrelaçion alos mis contadores mayores delo que se falla por las mis cuentas que fue librado para obras e rreparos delas dichas villas e castillos e lo que dello quedó por gastar, e asy mesmo de todas las armas e petrechos que fueron puestos enlas dichas villas e castillos, por que sobre todo yo mande [*] proueer por la manera que cunple a mi seruiçio. [*]

20. Otrosi muy poderoso sennor [*], enel ayuntamiento que vuestra merçed fizo enla villa de Madrid el anno que pasó de mill e quatroçientos e treynta e çinco annos fue ordenada apetiçion [10] delos procuradores delas çibdades e villas de vuestros rregnos que ala sazon ende estauan,

signado * de escriuano publico, salut * e graçia. Sepades que enel ayuntamiento que yo fize enla villa de Madrid este anno por los procuradores delas çibdades e villas de mis rregnos que comigo estauan, me fueron dadas çiertas petiçiones alas quales por mi les fue rrespondido e fize e ordené çiertas leyes entre las quales se contiene vn capitulo su tenor del qual e otrosy delo por mi ael rrespondido es esto que se sigue: Otrosy ** muy alto sennor, sepa vuestra alteza quelos arrendadores que arriendan las rrentas delas alcaualas e monedas e otros pechos e derechos delos vuestros rregnos fatigan '' mala mente alos labradores e otras personas delos dichos vuestros rregnos e sennorios, conuiene asaber, acaesçe que arriendan vna rrenta o dos o tres o quatro personas o mas, los quales e cada vno dellos enlos tienpos delas sementeras del pan e enel verano e enel tienpo del coger dél e enel tienpo delas vendimias e por el otro tienpo del anno cada que ellos quieren, cada vno dellos por su parte, asy junta mente en vn dia commo otras vezes en diuersos dias e diuersas audiençias, enplazan alos dichos labradores e otras personas tanto e tan amenudo, que quasi cada dia enplazan las personas para vna o

lauores nin ser de cada dia fatigados en venir• cada dia enplazados, se dexan cada dia cohechar• e se abienen conellos e les dan dineros por abenençia puesto que gelos non deuen, e cada labrador faze cuenta que avn que non vengan a plazo mas de vna vez enla semana, que mejor le es de pagar diez o quinze o veynte mrs. de abenençia que non venir muchas vezes e perder muchos jornales de su cuerpo que dexa de ganar, e ala fyn avn que vn dia sea dado por quito, despues lo tornan a enplazar e pierde otros tantos dias, e asi mesmo' le es mayor el danno e la perdida que non monta lo que el arrendador le pide, e por eso puesto que non deua nada da algo, e asi paga lo que non deue nin vuestra alteza manda pagar. Otrosi, otros arrendadores ay, que poniendo agora costunbre nueua enlas vuestras rrentas, lo qual vuestra merçet non manda nin ay derecho que aello costringa aninguno,• cada que alguno de fuera parte delas aldeas e delas çibdades e villas e logares trae o lieua alguna cosa avender alas tales çibdades e villas ante que el tal vendedor• venda cosa alguna delo que lleua o trae para vender, toman le de diez cosas vna e la mejor, e avn que el tal dize quele fazen agrauio e que vuestra merçed non manda pagar alcauala sy non delo que se diere, e que quando vendiere, su averio quele pagará su alcauala, el arrendador non lo quiere fazer e toda via

syn liçençia e ma
vuestra merçed n
Otrosi sennor, qu
vno o dos o tres ar
o alcauala que per
mente a cada pers
por ante vn escriu
çibdad o villa o lo
e aquel que fuere
villa o logar, de
alexos vna vez ca
queles fueren pu
dadores de cada
e por ante vn esc
otra guisa pusie
ban nin oyan las
zadas vinieren a
quier dellos, e los

dicha alcauala quele den pena commo aquel que coge rrenta non suya syn liçençia e mandado de su rrey e sennor, e mas las otras penas que vuestra merçed mandare, por quelos tales arrendadores se castiguen. Otrosi sennor, quelos tales arrendadores, puesto que de una rrenta sean vno o dos o tres arrendadores o mas[4], que non puedan poner sobre la cosa o alcauala que pertenesçiere a su rrenta mas de vna demanda todos juntamente a cada persona, e quela demanda [5] sea puesta ante vn alcallde e por ante vn escriuano. Otrosi, que non puedan enplazar alos vezinos dela çibdad o villa o logar delos muros adentro mas de vna vez enla semana, e aquel que fuere [6] de fasta dos leguas en derredor dela dicha çibdad o villa o logar, de quinze en quinze dias vna vez e non mas, e dende mas alexos vna vez cada mes e non mas, e que estos plazos e las demandas queles fueren puestas, sean fechas e puestas por todos los dichos arrendadores de cada rrenta juntos o por su procurador ante vn alcallde solo e por ante vn escriuano e non por mas nin en otra manera; e que si de otra guisa pusieren las dichas demandas, que non valan nin las rresçiban nin oyan las justiçias, e si acaesçiere quelas dichas personas enplazadas vinieren ajuyzio apetiçion delos dichos arrendadores o de qualquier dellos, e los dichos arrendadores non les quisieren poner demanda

rrespondio que sobre esto yo oue mandado dar mi carta ante de agora, el tenor dela qual es este que se sigue: Don Iohan por la graçia de Dios Rey de Castilla de Leon de Toledo de Gallizia de Seuilla de Cordoua de Murçia de Iaen del Algarbe de Algezira, e sennor de Vizcaya e de Molina. Alos oydores dela mi audiençia e alcalles e notarios ᵃ dela mi casa e corte e chançilleria, e alos corregidores alcalles alguaziles e otras justiçias de todas las çibdades e villas e logares delos mis rregnos e sennorios, e a qual quier o quales quier de vos aquien esta mi carta fuere mostrada o el traslado della signado de escriuano publico, salut e graçia. Sepades que por parte delos vezinos e moradores de algunas desas dichas çibdades e villas e logares me es querellado e dizen quelos mis arrendadores e cogedores ᵇ delas mis rrentas delas mis alcaualas ᶜ con entençion delos cohechar e fazer rrendir, queles fazen mucho mal e danno e costas, enplazando los cada dia aellos e asus mugeres e fijos e moços e otras personas de sus casas ante vos los dichos alcalles e notarios e juezes e ante qual quier dellos,ᵈ e les ponen muchas maliçiosas demandas injusta e non deuida mente, e quelos enplazan vna dos e tres vezes cada dia acada vno ante diuersos juezes cada vno delos conpanneros e arrendadores de vna rrenta por sy, demandando alos labradores e meso-

commo alas otra
tal manera quele
que dicho es, e le
don Iuan mi auue
tales maliçias ᵃ fiz
que yo fize e orde
çiones con que yo
fablan enesta rraz
Iuan mi auuelo fi
es esto ᵃ que se si
rrecabdadores de
zauan de ᵃ cada d
las aldeas comm
de vuestros rreg
paresçian ante l
queles ponian p
osauan partir de
e de perder e de

commo alas otras personas de sus casas que para ello son enplazados, en tal manera queles ha venido e viene muy grant danno e perdida por lo que dicho es, e les vernia mas si enello non fuese proueydo, e que el Rey don Iuan mi auuelo, que Dios dé santo parayso, entendiendo quitar las tales maliçias [4] fizo e ordenó vna ley enlas cortes de Valladolid, e otrosi que yo fize e ordené çiertas leyes contenidas enel mi quaderno e condiçiones con que yo mandé arrendar las mis rrentas delas alcaualas que fablan enesta rrazon, su tenor dela qual dicha ley que el dicho Rey don Iuan mi auuelo fizo e ordenó, e otrosy las [5] leyes del dicho mi quaderno, es esto [6] que se sigue: Alo que me pedistes [7] por merçet quelos nuestros rrecabdadores delas nuestras rrentas e alcaualas e monedas que enplazauan de [8] cada dia alos que alguna cosa tenian que vender, asy alos de las aldeas commo aquellos que estan [9] enlas çibdades e villas e logares de vuestros rregnos por les fazer danno e les leuar cohecho, e quando paresçian ante los [10] alcalles non les querian demandar ninguna cosa, e queles ponian plazo para otro dia e para cada dia, por lo qual non se osauan partir delante del alcallde, e por [11] esta rrazon se auian de cohechar e de perder e de gastar quanto enel mundo han e de perderse los labra-

el enplazador, e si el arrendador enplazare al conçejo que el conçejo sea tenudo de enbiar su procurador que non cayga[3] en pena nin en rrebeldia alguna, nin las personas syngulares que non vinieren al enplazamiento. E otrosi es mi merçet, quelos dichos arrendadores o los quelo ouieren de rrecabdar por ellos. que puedan enplazar aqual quier persona contra quien ouieren demanda delas dichas alcaualas en[4] cada lugar delante vn alcallde delos ordinarios[5] quales los dichos arrendadores mas quisieren, para queles libren los pleytos delas dichas alcaualas, avn quelas dichas çibdades e villas e logares o algunas dellas tengan de mi por merçet las dichas alcaldias, ca mi merçet es quelas non ayan de aqui adelante, e que non tome el dicho alcallde por pena del dicho enplazamiento al que enel cayere mas de quatro mrs. que leuaron[6] los otros alcalldes ordinarios de fuero e vso e costunbre, pero es mi merçet que sy dos o tres personas o mas omes fueren arrendadores de vna rrenta e enplazaren a alguna persona por el alcauala queles ouieren adar, que todos los dichos arrendadores sean tenudos delos[7] enplazar delante vn alcallde, e non cada vno delante su alcallde, e quelos que ouieren de conosçer delos dichos pleytos quelos libren sumaria mente e de plano syn estrepitu e figura de juyzio,

por rrazon dela di
dieredes o dieren
que non son tenu
ninguna por la di
nin otras cosas. so
me fue fecha rrela
pleytos delas mis
dadores commo de
çet quelos dichos
mr. por la dicha
la escriuan, e ot
so pena de perd
dichos mrs. fast
quien estouiere
los dichos mrs,
demanda e conte
merçet quelos pa

plazare a algunas delas tales personas para ante vos los dichos alcalles por rrazon dela dicha alcauala e sobre el juramento que fizieredes,[2] los dieredes o dieren por quitos e libres dela dicha demanda que fallaredes que non son tenudos alo queles demandan, queles non tomedes cosa ninguna por la dicha sentençia alos demandados nin alos demandadores nin otras cosas, so pena dela mi merçet e del ofiçio. E otrosi por quanto me fue fecha rrelaçion quelos escriuanos por ante quien pasan los dichos pleytos delas mis rrentas que lieuan muchos mrs., asy delos mis arrendadores commo de otras personas a quien demandan alcauala, e es mi merçet quelos dichos escriuanos nin alguno dellos non lieuen mas de vn mr. por la dicha demanda que escriuieren si les fuere demandado que la escriuan, e otro mr. por la contestaçion, e otro mr. por la sentençia so pena de perder los ofiçios, e que non les lieuen nin demanden los dichos mrs. fasta que el juyzio sea dado por el juez o alcallde ante quien estouiere el pleyto, por quel que fuere condepnado pague los dichos mrs, que el dicho escriuano ouiere de auer por la dicha demanda e contestaçion e sentençia, e si las partes se avinieren es mi merçet quelos paguen por medio lo que montare la dicha escriptura. E

do, e al carniçero e pescador alcauala de trigo e de çeuada, e asi semejante alos otros ofiçiales, poniendo les muchas demandas maliçiosa mente e asabiendas de cosas que nunca vendieron nin conpraron nin acostunbraron vender nin conprar, e queles fazen otros muchos agrauios e syn rrazones todo esto afyn delos fatigar de costas en pleytos e en trabajos, e les fazen perder sus faziendas e sus lauores por que se ayan de avenir conellos e les dar e pagar lo queles non deuen, alo qual diz que dades logar vos los dichos alcalles e notarios e juezes, enlo qual diz que ellos han rresçebido e rresçiben grandes agrauios e dannos e rresçibirán mas adelante si asy pasase, e lo non podrian conplir nin pagar en alguna manera. E fue me pedido por merçet de su parte que sobre ello les proueyese con rremedio de justiçia commo la mi merçet fuese, e yo touelo por bien; por que vos mando atodos e acada vno deuos en vuestros logares e jurediçiones que vista esta mi carta o el dicho su traslado signado commo dicho es, que guardedes e cunplades e fagays guardar e conplir las dichas leyes e cada vna dellas suso enesta mi carta contenidas e encorporadas agora e de aqui adelante en todo e por todo segunt que enellas se contiene, e contra el tenor e forma delas dichas leyes que encorporadas non vayades nin pasedes nin consynta-

guardedes e cun
segunt que enell
yades nin pasede
nin los otros non
merçet e de diez
quales quier deuo
ome que vos esta
mi enla mi corte
ros siguientes, e
que para esto fue
monio signado co
dado. Dada enla
miento del nostr
e çinco annos.–
dor e rreferenda
dado.–E muy
tas fueron dadas
dadas nin conpli
deroso sen-

guardedes e cunplades e fagades guardar e conplir en todo e por todo segunt que enella se contiene, e contra el tenor e forma della non vayades nin pasedes en algunt tienpo nin por alguna manera, e los vnos nin los otros non fagades ende al por alguna manera so pena dela mi merçet e de diez mill mrs. para la mi camara, e demas por qual quier o quales quier deuos por quien fincar delo asy fazer e conplir, mando al ome que vos esta mi carta mostrare, que vos enplaze que paresçades ante mi enla mi corte del dia en que vos enplazare fasta quinze dias primeros siguientes, e mando so la dicha pena aqual quier escriuano publico que para esto fuere llamado que dé ende al que vos la mostrare testimonio signado con su signo porque yo sepa en commo se cunple mi mandado. Dada enla villa de Madrid, quinze dias de Jullio anno del nasçimiento del nostro sennor Ihesuchristo de mill e quatroçientos e treynta e çinco annos.—Yo el Rey.—Yo el doctor Fernando Diaz de Toledo oydor e rreferendario del Rey e su secretario la fize escreuir por su mandado.—E muy poderoso sennor, commo quier quelas dichas vuestras cartas fueron dadas alas dichas çibdades e villas e logares non son guardadas nin conplidas por la forma e manera que deuen, por ende muy poderoso sennor, omill mente suplicamos avuestra alteza quele plega de

bre ello vuestras cartas muy fuertes e firmes por que aya execuçion con efecto e los dichos tableros çesen, e qual quier que tablero touiere que pierda los bienes, e sea la meytad para los propios dela villa e la otra meytad para el acusador.

Aesto vos rrespondo que mi merçet es e mando que se faga asy segunt que melo pedistes por merçet, saluo quela pena sea de çinco mill mrs. acada vno por cada vez quelo contrario fiziere, e sy non touiere de que pagar que esté por ello çent dias enla cadena.

22. Otrosi muy poderoso sennor, enlas condiçiones dela masa delas alcaualas se contiene una ley e condiçion quelos vuestros arrendadores paguen las tierras delos vuestros vasallos enla cabeça dela merindad del rrecabdamiento en dinero contado dos meses despues de cada terçio, e que al dicho plazo esté ende el tal rrecabdador para fazer la paga, e conplidos los terçios toman e rreçiben todos los mrs. e vanse dende, e traen [1] los dineros en logros e en baratos [2] e en ganançias e desque se cunplen los dos meses despues de cada terçio aque han de fazer las pagas, los vasallos non fallan quien les pague,[3] e en fazer los pregones e deligençias que se contiene[4] enla dicha ley rrecresçen las costas[5] e dan-

blas nin otras m
e que diesen fau
ta mente para la
sennoria mandó e
ramento, lo qual
los fazedores delo
zen otras manera
menguan e men
brar los dichos
vuestra alteza q
ner enbargo en
pagar todo lo q
alos vuestros rr
la dicha ley[4].

Aesto vos rre
guarde asy seg

24. Otrosy m
lados e sus vicar

des non tomasen los mrs. del dicho pedido e monedas nin fiziesen fablas nin otras maneras, porque se perturbasen de cobrar los dichos mrs. e que diesen fauor e ayuda para quelos dichos mrs. se cobrasen presta mente para las cosas conplideras[3] avuestro seruiçio, lo qual vuestra sennoria mandó e otorgó so ciertas penas, e les mandó sobre ello fazer juramento, lo qual non se guardó nin guarda por los enduzimientos de los fazedores delos dichos caualleros que toman los dichos mrs. e fazen otras maneras, por quelas vuestras rrentas e las dichas monedas se menguan e menoscaban e los vuestros rrecabdadores non pueden cobrar los dichos mrs. e fazen sobre ello grandes costas. Suplicamos a vuestra alteza que prouea enello e mande executar la dicha ley e poner enbargo enlos mrs. que de vuestra alteza tienen, fasta que fagan pagar todo lo que se deue en sus tierras del dicho pedido e monedas alos vuestros rrecabdadores con las costas e para adelante se guarde la dicha ley[4].

Aesto vos rrespondo que dezides bien e es mi merçet que se faga e guarde asy segunt que me lo pedistes por merçet.

24. Otrosy muy alto sennor, ya sabe vuestra sennoria[5] commo los perlados e sus vicarios e juezes de vuestros rregnos se entremeten avsurpar

fazer justiçia dellos. E otrosy sennor, que si fuere [illegible] abito e tonsura [3] quelos tales juezes non proçedan contra los vuestros jueçes por proçeder contra los tales, çertificando alos dichos perlados que sy los dichos sus juezes lo contrario fizieren e vuestra justiçia vsurparen en qual quier manera, que vuestra sennoria les mandará yr de vuestros rregnos, por que aellos sea castigo e aotros enxenplo, [4] que se non atreuan a vsurpar vuestra jurediçion, e otrosi que vuestra alteza prouea sobrello [5] commo cunpla asu seruiçio.

Aesto vos rrespondo que vos otros dezides bien e yo he enbiado suplicar al Papa sobre esto e entiendo fablar conlos perlados por que tengan enello la manera que cunple a seruiçio de Dios e mio e aexecuçion de la mi justiçia.

25. Otrosi muy magnifico sennor, bien sabe vuestra merçet [6] commo apetiçion de vuestros procuradores delas çibdades e villas de vuestros rregnos, mandastes dar juezes sobre los terminos que eran tomados de algunas çibdades e villas [7] de vuestros rregnos e sobre que era contençion [8] e pleitos pendientes entre quales quier çibdades e villas e loga-

ron començados
qual vuestras çi
rreçebido grant
çimiento de just
merçet sea vuest
algunas persona
cuçion deuida l
auer execuçion,
chas çibdades e
dar de sus sala
ron alas tales ç
alteza mande
les [9] mande to
vuestro seruiçi

Aesto vos rr
çias e yo las n

fueron dadas sentençias asi interlocutorias [2] commo definitiuas, de que algunas personas e conçejos apellaron e otros muchos pleytos que quedaron començados en que non ouo pronunçiamiento alguno. Sobre lo qual vuestras çibdades e villas e logares han fecho muchas costas e han rreçebido grant agrauio por estar despojados de sus terminos por falleçimiento de justiçia e de execuçion. Por ende muy poderoso sennor, merçet sea vuestra de rremediar sobre ello con justiçia encomendando algunas personas de quien vuestra alteza fie que executen e lieuen aexecuçion deuida las sentençias que sobrello fueren dadas que meresçan auer execuçion, e porque algunos delos tales juezes que fueron delas dichas çibdades e villas e logares los mrs. [3] que vuestra alteza les mandó dar de sus salarios què non dieron [4] sentençia alguna nin rrestituyeron alas tales çibdades e villas enlo que asy les es tomado, que vuestra alteza mande que estos atales torrnen asu costa alo fazer e acabar, o les [5] mande torrnar los mrs. que vuestra alteza les dió, lo qual será vuestro seruiçio e que esta prouision dé ala çibdad quela demandare.

Aesto vos rrespondo que declaredes los que sobre esto tenedes sentençias e yo las mandaré executar quanto e commo deuan ser executadas. Otrosi declarad los que non acabaron lo que auian de acabar porque yo

quiridores con buena intençion e aun que ...
la vuestra justiçia commo deue, pero muy poderoso sennor, por los tales[4] corregidores e pesqueridores que fasta aqui vuestra alteza ha enbiado alas dichas çibdades[5] e villas e logares non se ha sentido nin sentimos prouecho alguno antes por espiriençia[6] auemos visto e veemos seguirse dello grandes costas alas dichas çibdades e villas[7], e la vuestra justiçia non ser por ello mejor executada, e lo que peor es quelos salarios que vuestra merçet les manda dar alos tales corregidores los pagan los vuestros labradores pecheros que son ynocentes e en algunas çibdades e villas gelos pagan delos propios, lo qual es grant cargo de conçiençia[8] e deseruiçio vuestro que por los males e escandalos quelos caualleros e otras personas suyas e asus aliados fazen e cometen enlas dichas çibdades[9] e villas ayan de pagar los salarios alos dichos corregidores, los labradores e pecheros que non han culpa, e delos propios delas dichas vuestras çibdades e villas do ay propios son e devrian ser para se despender enlas puentes e adarues e muros delas tales çibdades e villas que han los dichos propios. E muy poderoso sennor, delos bienes de aquellos que ...

lla tiene vna ord
riosa memoria v
quando quier que
la dicha çibdat bi
do algunos malfe
ala justiçia quan
la dicha çibdad,
della los manda
queles ponen, e
juntanse ala just
e esta ordenanç
atodas las çibda
muy omill men
dar atodas las
ordenança de Se
vuestras justiçia
cauallero dela

nar el salario con el doblo.

28. Otrosi muy poderoso sennor la vuestra muy noble çibdad de Seuilla tiene vna ordenança queles fué dada por ley por los rreyes [4] de gloriosa memoria vuestros progenitores, que Dios aya, que contiene que quando quier que algunos sennores o caualleros poderosos delos que en la dicha çibdat biuen non son obidientes ala vuestra justiçia, defendiendo algunos malfechores suyos e agenos e non los queriendo entregar ala justiçia quando gelos demandaua, o bolleçiendo ellos o omes suyos la dicha çibdad, o seyendo causa dela bolleçer [5] quela justiçia e ofiçiales della los manda salir [6] dela dicha çibdad e su tierra so grandes penas queles ponen, e sylo non cunplen por la forma queles es mandado juntanse ala justiçia [7] e ofiçiales, e fazen gelo conplir contra su voluntad, e esta ordenança sennor, es muy prouechosa ala dicha çibdad e seria atodas las çibdades e villas [8] de vuestros rregnos sila touiesen. Por ende muy omill mente suplicamos [9] a vuestra alteza, quele plega de mandar dar atodas las çibdades e villas e logares de vuestros rregnos la dicha ordenança de Seuilla, mandando premiosa mente por vuestras cartas alas vuestras justiçias e ofiçiales que quando quier que algunt sennor o cauallero delos que enella biuen non fuere obidiente ala justiçia [10] o de-

bargo nin enpacho alguno, enlo qual vuestra sennoria nos fará mucha merçet.

Aesto vos rrespondo que dezides bien e es mi merçet que se faga e guarde asi segunt que melo pedistes por merçet, e quelos tales sean tenudos delo asi fazer e conplir segunt e por el tienpo queles fuere asignado, el qual non les pueda ser rrelaxado syn espeçial mandado mio,[1] e sila justiçia e rregidores fueren enello nigligentes, que por el mesmo fecho ayan perdido e pierdan los ofiçios e non puedan vsar nin vsen mas dellos so las penas en que caen aquellos que asabiendas se llaman juezes e vsan de ofiçio e juredi̧çion non lo seyendo nin la aviendo[2].

29. Otrosi muy poderoso sennor, vuestra alteza sepa que al tienpo quela vuestra rrenta del seruiçio e montadgo por vuestra alteza se mandó arrendar en ciertos annos pasados porlos arrendadores que pusieron en preçio la dicha rrenta, fue demandada alos vuestros contadores mayores vna condiçion enla dicha rrenta por la qual en efecto concluyó quelos pastores e sennores delos ganados leuasen en sy los derechos que

de conçiençia, p
subditos e natur
por tal manera e
ca vuestra alteza
vuestros rregnos
se, rrecresçe mu
prouecho e mant
qual por vuestra
gloriosos rreyes
aya, conosçiend
que se seguia at
les otorgaron m
pudiesen andar
les vuestra alt
de avuestra alt
agrauio que as

tan el dicho tributo, enlo qual avuestra alteza se rrecresçe grand cargo de conçiençia, por que vuestra alteza da logar a quelos dichos vuestros subditos e naturales que han de pagar el dicho tributo sean destruydos por tal manera e por causa delos vuestros rregnos mucho dapnificados, ca vuestra alteza bien sabe que vna delas nobles cosas que enlos dichos vuestros rregnos ay e de mayor perjuizio dellos de que avuestra alteza se, rrecresçe mucho deseruiçio e alos dichos vuestros rregnos mucho prouecho e mantenimiento es la dicha cabanna delos dichos ganados, la qual por vuestra alteza con justiçia deue ser defendida e anparada e los gloriosos rreyes de gloriosa memoria vuestros predeçesores, que Dios aya, conosçiendo el grant seruiçio que se rrecresçia aellos, e el prouecho que se seguia atodos sus subditos e naturales que beuian en sus rregnos, les otorgaron muchos preuillejos e franquezas e libertades para que ellos pudiesen andar saluos e seguros porlos dichos vuestros rregnos, los quales vuestra alteza les confirmó conosçiendo aquello mesmo. Por ende avuestra alteza suplicamos, que quiera mandar proueer enel dicho agrauio que asi los dichos vuestros rregnos rresçiben enesta manera, mandando alos vuestros contadores mayores que cada e quando ouieren de arrendar la dicha rrenta del dicho seruiçio e montadgo quela arrien-

tal ofiçio que asi vacase por muerte o por rrenunçiaçion o en otra manera qual quier, sobre lo qual fiziesen juramento en cierta forma segunt que esto e otras cosas mas conplida mente enla dicha ley sobre ello ordenada por vuestra alteza se contiene, su tenor dela qual es este que se sigue: Otrosi muy poderoso sennor, por quanto en algunas vuestras [2] çibdades e villas delos vuestros rregnos e sennorios tienen por ordenança delos rreyes vuestros anteçesores, que Dios perdone, confirmados dela vuestra merçet, que quando algunos [3] delos rregidores delas tales çibdades e villas vacare asi por finamiento commo en otra qual quier manera, quelos otros rregidores o la mayor parte dellos en vno con los juezes e alcalles o con qual quier o quales quier dellos que con ellos se acostunbran ayuntar e se ayuntaren al ofiçio de rregimiento, elijan en logar del tal rregidor que asi finare,[4] otra buena persona vezino dela tal çibdad o villa do [5] el tal rregidor fallesçiere [6] o dos, quales entendiesen [7] que conplia [8] avuestro seruiçio, e les den su petiçion en çierta forma para la vuestra alteza, por do [9] enbien suplicar a vuestra sennoria quele plega proueer del dicho ofiçio de corregimiento a qual quier de aquellos dos,

las manos delos
dos segunt e enla
su petiçion para
dicho ofiçio aqual
E que qual quier
ofiçio quelo pierda
los otros rregidor
e manera conteni
namiento; e que
ofiçio aquel en q
çiere que vuestra
non sean tenudo
miento aquel aq
los dichos ofiçios
lo non rresçebir
alguna, pero qu

alguna. E si acaesçiere quelo quieran rrenunçiar por lo non poder seruir por dolençia o por otro inpedimento alguno, quelo rrenunçien en las manos delos otros rregidores por que ellos elijan en su logar vno o dos segunt e enla manera contenida enlas dichas ordenanças, e les den su petiçion para la vuestra sennoria para que vuestra alteza prouea del dicho ofiçio aqual quier de aquellos dos que avuestra merçet pluguiere. E que qual quier rregidor que por otra manera rrenunçiare el dicho ofiçio quelo pierda e non goçe dél, aquel en quien lo rrenunçiare, e que los otros rregidores puedan elegir e elijan otro en su logar por la forma e manera contenida enlas dichas ordenanças, asi commo si vacase por finamiento; e que en otra manera vuestra merçet non prouea del dicho ofiçio aquel en quien asi fuere rrenunçiado nin aotro alguno. E si acaesçiere que vuestra merçet prouea del tal ofiçio, quelos otros rregidores non sean tenudos [4] de rresçebir nin rresçiban al dicho ofiçio de rregimiento aquel aquien vuestra merçet proueyere so pena de priuaçion de los dichos ofiçios, e que fagan juramento delo asi tener e guardar, e por lo non rresçebir al dicho ofiçio que non caygan [5] nin incurran en pena alguna, pero que esto que non se entienda [6] nin pare perjuyzio ala ley que fabla eneste caso en que manda [7] que el tal ofiçio pueda ser rrenun-

seruiçio e apro e bien comun dela çibdad o villa o logar, pero es mi mer-
çed que de aqui adelante se non guarde la ley que fabla que el tal ofiçio pueda ser rrenunçiado por el tal rregidor en fijo o en yerno suyo, mas que enlo que tocare al tal fijo o yerno, quando tal rrenunçiaçion se fiziere, se guarde e faga lo que se guardaria e faria seyendo otro qual quier estranno [4].—E agora ami es fecha relaçion que non enbargante la dicha mi carta cada que han vacado e vacan [5] algunos rregimientos e escriuanias en algunas çibdades e villas [6] delos mis rregnos, quela justiçia e rregidores dellas e algunos dellos han tenido e tienen algunas maneras non deuidas por quelo contenido enla dicha ley por mi ordenada non aya efecto, asi non queriendo concordar ala elecçion de tres personas segunt manda la dicha ley, eligiendo mas o menos contra el tenor dela dicha ley e non queriendo fazer el juramento e solepnidad nin enla forma quela dicha ley manda e en otras diuersas maneras, e yo queriendo obuiar alo tal e proueer sobre ello segunt entiendo que cunple ami seruiçio e abien de mis rregnos e aeuitaçion de algunos escandalos e inconuinientes e por quitar pleytos e contiendas que delo

los dichos sesen
fagan, non fuer
ley manda, o en
enla forma suso
tiçias commo rre
elegir tres e elig
mesmo fecho por
qual quier ofiçio
vuelto e debuelt
ella contenido,
aquien la mi m
aya e non otro
dichos procura
vuestra sennor
çet aprima faz
dera [1] abien de
roso sennor, bi

çio aqual quier delos tres asi elegidos, qual yo quisiere, e sy dentro de los dichos sesenta dias non fizieren la dicha elecçion o en caso quela fagan, non fuere fecha con la dicha solepnidad e juramento quela dicha ley manda, o en caso quela fagan non me enbiaren la dicha petiçion enla forma suso dicha dentro delos dichos sesenta dias, e todos asi justiçias commo rregidores o la mayor parte dellos non se concordaren en elegir tres e eligieren mas o menos en qual quier destos casos, por el mesmo fecho por aquella vez pierdan e ayan perdido la tal [1] elecçion de qual quier ofiçio que asy vacare la tal çibdad o villa o logar, e sea devuelto e debuelua ami para que non enbargante la dicha ley e lo en ella contenido, yo pueda proueer e prouea del tal ofiçio por aquella vez aquien la mi merçet fuere, e aquel aquien yo proueyere del tal ofiçio le aya e non otro alguno. E muy poderoso sennor, commo quiera [2] quelos dichos procuradores con buena intençion [3] fizieron la dicha suplicaçion a vuestra sennoria e vuestra rreal magestad gela otorgó por les fazer merçet aprima faz,[4] alos dichos vuestros procuradores paresçió ser conplidera [5] abien delas dichas vuestras çibdades e villas, pero muy poderoso sennor, bien examinada la dicha ley e visto por experiençia fallase ser muy dannosa e non conplidera avuestro seruicio, que sea guardada

dicha ley por [1] fazer merçet alas dichas vuestras çibdades e villas non es conviniente cosa que vuestra sennoria dexe la libertad deuida avuestra rreal magestad de proueer delos tales ofiçios aquien avuestra sennoria pluguiere[2]. Lo otro sennor, por quela mas preçiosa cosa que el ome ha e que mas deue preçiar e guardar es el anima, e segunt el juramento contenido enla dicha vuestra ley segunt la vmanidad delos omes, de neçesario es enel [3] fazer dela tal elecçion de se perjurar e perder su anima, ca lo vno por afecçion e lo otro por dadiua, e lo otro por rruego e por mandamiento de sennores e de parientes en ninguna manera non pueden elegir, guardando el juramento contenido enla dicha ley, lo qual sennor, es muy graue cosa quela ley dé causa para perder los omes su anima. Lo otro sennor, por que dello se han seguido algunos escandalos e rroidos e debates sobre las dichas elecçiones, queriendo los[4] vnos elegir a vnos e otros aotros. Lo otro muy poderoso sennor, por que si asi [5] se ouiese de guardar serian avn causa por [6] quelos electores perdiesen sus parientes e amigos, por quela elecçion ha de ser fecha de tres, e cada vno delos parientes e amigos que ome tiene entiende ser pertenesçiente para auer el dicho ofiçio, e por esleyr [7] avnos e non aotros se tienen por desonrrados, e de nesçesario se causa [8] enemistad entre los parientes e amigos por ello, por que en tres que deuen ser elegidos[9] non pueden caber todos los otros que entienden meresçer el tal ofiçio tan bien commo los esleydos. E por ende muy poderoso sennor, por quela libertad deuida avuestra alteza para proueer delos tales ofiçios non se enbargue nin los vuestros subditos e naturales non pierdan [10] sus animas e çesen todos los otros inconuinientes suso dichos e otros muchos que seguir se podrian sy la dicha ley se ouiese de guardar, omill mente suplicamos avuestra alteza que aquella mande rreuocar, ordenando e mandando que enlas dichas çibdades e villas donde han de costunbre o de preuillejo de fazer la tal elecçion, quier de tres, quier de vno, o de ser[11] asu

[1] Sim. y K 3: para.
[2] Sim. y K 3: ploguiere.
[3] Sim. y K 3: quel.
[4] Sim. y K 3 omiten: los.
[5] Sim. y K 3 omiten: asi.
[6] Sim. y K 3 omiten: por.
[7] Sim.: elegir. K 3: eslegir.
[8] K 3: cabsan.
[9] Sim.: exleydos. K 3: esleydos.
[10] K 3: pierden.
[11] Sim. y K 3: o de se dar.

logares de mis rregnos e sennorios segunt e por la forma e manera que melo pedistes por merçet por la dicha vuestra petiçion.

31. Otrosi muy poderoso sennor, alas dichas vuestras çibdades e villas rrecresçen muchos dannos por los alcalles e alguaziles e escriuanos de conçejo dellas e escriuanos delas audiençias delos dichos alcalles por [4] ser vuestros rrecabdadores e arrendadores enlos logares donde biuen e tienen ofiçios de juredyçion que con poderio delos ofiçios que tienen, fazen lo que quieren. Suplicamos avuestra alteza quele plega mandar que ningunos alcalles nin alguaziles nin escriuanos de conçejo nin de audiençia delos tales alcalles nin sus logares [5] tenientes nin otros por ellos, non sean vuestros rrecabdadores nin arrendadores de vuestras rrentas nin de pedidos e monedas enlas çibdades e villas donde biuen e tienen los dichos ofiçios, en tanto quanto touieren los dichos ofiçios nin ayan parte enellas por sy nin por interposita persona, so pena que por ese mesmo fecho el quelo contrario fiziere seyendo le prouado, aya perdido e pyerda los dichos ofiçios.

Aesto vos rrespondo que dezides bien e que ami plaze que se faga e guarde asy segunt e por la forma e manera que me lo pedistes por merçed, saluo enlos escriuanos delos conçejos e enlos otros escriuanos, que es

dar, mandando pregonar publica mente la ley que sobre esto fizieron e ordenaron enla vuestra corte e enla dicha chançelleria, por quelos dichos vuestros oydores lo sepan e non puedan pretender ynorançia quelo non sopieron. E que esta mesma ley se entienda al que fuere logar teniente de chançilleria mayor enla vuestra chançelleria e alos vuestros alcalles delas prouinçias que de vuestra merçet tienen quitaçion conlos dichos ofiçios.

Aesto vos rrespondo que dezides bien, e mando e defiendo alos perlados e caualleros e otras quales quier personas de mis rregnos, de qual quier estado o condiçion preheminençia o dignidad que sean, que non den quitaçion alos tales mis oydores, e defiendo alos dichos mis oydores que non rresçiban delos perlados e caualleros nin otras personas de mis rregnos las tales quitaçiones nin otra cosa alguna [1] en logar dello nin sean abogados nin den consejo en ningunt pleyto en çibdad nin en villa nin lugar delos mis rregnos nin enla mi corte e rrastro nin enla mi chançelleria, saluo si el pleyto fuere de tal manera en que el tal oydor non pueda ser juez; e mando quelo assy fagan e cunplan, so la

...tos enplazam
ello non incurra
Aesto vos rres
commo entienda
34. Otrosi mu
de enplazamient
do ser familiares
dela vuestra cha
contra quien asi
tros subditos e
que se dizen fa
dicha vuestra
por que puedan
personas, ca so
tros ofiçiales e
que pudiesen t
merçet sea vues

las partes contra quien las ganaren non sean tenudos de seguir los tales enplazamientos dela dicha chançelleria e audiençia e que por ello non incurran en pena alguna.

Aesto vos rrespondo que yo lo mandaré ver, e proueeré sobre ello commo entienda que cunple ami seruiçio.

34. Otrosi muy poderoso sennor, por quanto se ganan muchas cartas de enplazamientos dela vuestra audiençia por algunas personas, diziendo ser familiares de algunos vuestros oydores e alcalles e otros ofiçiales dela vuestra chançelleria, porlo qual son fatigadas muchas personas contra quien asi se dan las tales cartas, lo qual es grant danno de vuestros subditos e naturales, quanto mas muy poderoso sennor, los tales que se dizen familiares delos dichos vuestros oydores e ofiçiales dela dicha vuestra chançelleria e escriuanos dellos, non tienen preuillejos por que puedan enplazar para la dicha vuestra chançelleria ningunas personas, ca sola mente vuestra sennoria dió este preuillejo alos vuestros ofiçiales e otras personas que de vuestra alteza tienen rraçion para que pudiesen traer sus pleytos aqui ala vuestra corte. Por ende sennor, merçet sea vuestra de ordenar e mandar quelos tales familiares e escriuanos delos dichos vuestros oydores e oficiales dela dicha vuestra chan-

çion de algunos caualleros e grandes de vuestros rregnos avedes fecho merçedes • de ofiçios de oydores dela vuestra audiençia a algunas personas syn les dar quitaçion conlos dichos ofiçios, vuestra merçed les dió liçencia que fasta que fuesen proueydos de quitaçiones con los dichos ofiçios de oydores de queles así fezistes merçet, que pudiesen ser abogados enla dicha vuestra audiençia e chançilleria, lo qual muy poderoso sennor, es muy grant danno de todos los que pleytos han enla dicha audiençia • por quanto los tales oydores se asyentan enla dicha vuestra audiençia conlos otros vuestros oydores que de vuestra merçed tienen quitaçiones, e libran e sentençian con los otros dichos oydores en todos los pleytos de que ellos non son abogados; por lo qual muy poderoso sennor, por ellos tener la tal libertad seles da grant fauor enlos pleytos de que ellos son abogados, de que viene grant perjuyzio e danno alas partes contra quien ellos ayudan, ca pues ellos pueden oyr e sentençiar en todos los otros pleytos de que non son abogados, claro es sennor, quelos oydores que de vuestra merçet tyenen quitaçion les han de dar

saluo sylos tale
gar, e en caso q
tos algunos, es
los otros oydores

36. Otrosi mu
segunt leyes fec
vuestra alteza, s
derecho symple
acatada rrealida
alas tales sotile
personas se han
por que mucha
tos enla dicha
dar enellos sen
commo enlos ti
los tales proces

abogar en pleytos e vsaren enella, que non oyan nin libren pleytos algunos con los otros mis oydores que libraren [3] enla dicha mi audiençia, saluo sylos tales non fueren abogados nin touieren liçençia para abogar, e en caso quela tengan, sy non vsaren della nin abogaren en pleytos algunos, es mi merçet que puedan oyr los pleytos e librarlos con los otros oydores dela dicha mi audiençia.

36. Otrosi muy poderoso sennor, por quanto enla vuestra audiençia, segunt leyes fechas por los sennores rreyes vuestros anteçesores e por vuestra alteza, se deuen librar syn dar lugar amaliçias nin asotilezas de derecho symple mente e de plano syn figura de juyzio, saluo sola mente acatada rrealidad e verdad delos proçesos, e por ser dado logar fasta aqui alas tales sotilezas de derecho e amuchas dilaçiones e luengas, muchas personas se han perdido e gastado por ello enla dicha vuestra audiençia, por que muchas vezes ha acaesçido de durar largo tienpo los pleytos enla dicha vuestra audiençia, e despues de ser conclusos para dar enellos sentençia, por se fallar asy enlas procuraçiones delas partes commo enlos titulos [4] algunt defecto de sotileza de derecho, en caso que los tales proçesos paresçe clara mente la verdad, dan muchos pleytos por ningunos, de quelas partes han rrescebido e rresciben grant danno. Por

delos pleytos, por manera quelas partes alcançen su justiçia lo mas breue mente que ser pueda.

37. Otrosi muy exçelente sennor, por quanto vuestra merçet da quitaçiones amuchos oydores de vuestra merçet asy perlados commo legos, e enla dicha vuestra audiençia non estan nin continuan nin siruen enella los dichos sus ofiçios, por lo qual non se libran nin despachan enla dicha vuestra audiençia los pleytos e negoçios que aella vienen commo deuen, por lo qual vniuersal mente todos vuestros subditos e naturales que enla dicha vuestra audiençia tienen e prosiguen sus pleytos se gastan e fazen grandes costas, en tanto grado, que sy vuestra alteza non prouee ala dicha vuestra audiençia de oydores que enella administren la justiçia, todos los pleyteantes padesçerán por non estar enla dicha vuestra audiençia quien les administre justiçia; merçet sea vuestra de rremediar sobre ello, por que vuestra alteza se sirua commo deue e la justiçia se despache a aquel quela touiere, e por mengua de non ser proueydo de oydores e de perlados que esten enella, vuestros subditos e naturales non

demandas e quer
cosas, quelos pro
cho, sean ningun
mas quelas tales
personas contra q
e acusaçiones e q
sobre ello se ouie
seruiçio e bien e
Aesto vos rres
e pramatica san
corte e audienç
las çibdades e v
39. Otrosi mu
tra alteza tiene
e otros quales q
thesoreros e rre

e forma dela dicha vuestra ordenança han rresçebido e rresçibieren alos dichos vuestros fiscales e promutores dela vuestra justiçia quales quier demandas e querellas e acusaçiones o denunçiaçiones sobre quales quier cosas, quelos proçesos e actos que han fecho e fizieren, por ese mesmo fecho, sean ningunas e de ningunt valor commo sy non fuesen fechos, e demas quelas tales justiçias sean tenudas de pagar e paguen alas tales personas contra quien han rresçebido e rresçibieren las tales demandas e acusaçiones e querellas e denunçiaçiones, todas las costas e dannos que sobre ello se ouieren rrecresçido e rrecresçieren, lo qual será vuestro seruiçio e bien e prouecho vniuersal de vuestros subditos e naturales.

Aesto vos rrespondo que es mi merçet, e mando que se guarde la ley e pramatica ' sançion sobre esto por mi fecha e ordenada, asi enla mi corte e audiençia e chançelleria commo enla mi casa e rrastro e en todas las çibdades e villas e logares de mis rregnos e sennorios.

39. Otrosi muy poderoso sennor, por quanto las personas que de vuestra alteza tienen tierras e merçedes e rraçiones e quitaçiones e tenençias e otros quales quier mrs., de cada dia son cohechados por los vuestros thesoreros e rrecabdadores e arrendadores, de manera que non cobran la meytad delos mrs. que de vuestra alteza tienen e vuestra sennoria les

eso mesmo les mande so grandes penas que alos tales ...
cabdadores e arrendadores non rresçiban exepçiones maliçiosas, saluo paga o quita o espera, e que enlas esecuçiones que se deuieren fazer en quales quier arrendadores e en sus fiadores sobre los tales mrs. que asy son o fueren librados enellos o enlos dichos sus fiadores alos vuestros vasallos e otras personas en caso que por su parte sean dados bienes con fiança, que sus cuerpos esten presos en quanto se les vendieren [1] los dichos sus bienes e que non puedan ser dados sueltos nin fiados fasta que ayan pagado las contias de mrs. que enellos fueren libradas con las costas derechas quelas partes ouieren fecho sobre ello e con las penas si en algunas incurrieren; enlo qual sennor, faredes justiçia e mucha merçet avuestros subditos e naturales, e esto que se faga e cunpla asy enlos mrs. que fasta aqui son librados aquales quier personas, commo enlos que se libraren de aqui adelante.

Aesto vos rrespondo que es mi merçet, e mando e ordeno que se faga e guarde asy segunt e por la forma e manera que melo pedistes por merçet, saluo que alos tales sea rresçebido paga o quita o rrazon legitima, mostrando la por rrecabdo çierto luego syn alongamiento de ma-

nas, veyendo qu
justiçia, antes q
gar, que non ave
por los procurad
vniuersidad e estu
tra sennoria que v
zen, para que si s
tro deseruiçio, qu
que se solia fazer
vuestros anteçesor
cosas que son gra
sennoria suplicam
vuestro seruiçio e
Aesto vos rresp
e mando que se fa
41. Otrosi muy
nos e vuestros sub

maneras, e los que han de rrecabdar las dichas cosas delas tales personas, veyendo que non ay por parte de vuestra sennoria quien les faga justiçia, antes quieren que se pierda lo quelas tales personas han de pagar, que non aver los de demandar ante sus juezes del estudio. E sennor, por los procuradores de Salamanca nos es fecha rrelaçion quela dicha vniuersidad e estudiantes, por non auer persona alguna de parte de vuestra sennoria que vea e entienda enlas cosas que enel dicho estudio se fazen, para que si se fiziere enel dicho estudio cosa alguna que sea vuestro deseruiçio, que faga dello rrelaçion avuestra merçet, segunt dizen que se solia fazer en tienpo delos sennores rreyes de gloriosa memoria vuestros anteçesores que Dios aya, que se atreuen afazer e fazen algunas cosas que son grande deseruiçio vuestro, sobre lo qual sennor, avuestra sennoria suplicamos que prouea enello con justiçia, por que se guarde vuestro seruiçio e el prouecho dela dicha vuestra çibdad.

Aesto vos rrespondo que dezides bien quanto alos estudiantes legos, e mando que se faga e guarde asi segunt que me lo pedistes por merçet.

41. Otrosi muy poderoso sennor, vuestra alteza sepa que vuestros rregnos e vuestros subditos e naturales que en ellos biuen son fatigados e cohechados contra Dios e contra iusticia por los vuestros alcalles delas

guardar con el dicho ofiçio lo que por vuestra alteza les es encomen-do, e enlos tales logares · donde estan los dichos alcalles non sola mente inquieren sy los que biuen dentro delas leguas que vuestra alteza manda que se escriuan los dichos cauallos e yeguas e otras bestias los tienen escriptos, mas alos qui vienen alos dichos logares con sus mercadurias e prouisiones alas tales çibdades e villas e logares donde los dichos alcalles continuan estar e aotros que bienen a librar sus negoçios, avn que biuen en vuestros rregnos de fuera delas dichas leguas enla dicha vuestra ley contenidas, demandan cuenta sy tienen escriptos los cauallos e yeguas e albardones e otras bestias que con las dichas sus mercadurias e enla manera que dicha es consigo traen, e por que gelos non fallan escriptos, non seyendo aello tenudos, so color diziendo que entran dentro enlas leguas que vuestra merçet manda escreuir las dichas bestias que son tenudos alas escreuir, e por non las tener escriptas que incurren enlas penas enel dicho quaderno contenidas, e con este color los dichos alcalles delas saças e sus logares tenientes · avuestros subditos toman les las bestias e lo queles fallan e cohechan los e fazen les otros muchos agrauios e syn rrazones conel grant poderio vuestro · que

mandando quel
ten enlas çibda
comarcanos, e o
derrno, que non
douieren por vue
do alos estremos
roçines e yegua
lieuan las dichas
uen e moran de f
en qual quier ma
ziendas e negoçi
alcalles delas sa
cuenta sy tienen
enel dicho ofiçio
çios e non van fu
fuera de vuestros
nor, por quanto l

es es encomenda-
es non sola mente
estra alteza man-
bestias los tie-
es con sus mer-
gares donde los
rar sus negoçios,
has leguas enla
nen escriptos los
las dichas sus
e por que gelos
or diziendo que
escreuir las di-
tener escriptas
s, e con este co-
avuestros sub-
los e fazen les
o vuestro que

ple aseruiçio vuestro e apro e bien de vuestros rregnos enesta manera, mandando quelos dichos alcalles delas sacas e sus logares tenientes esten enlas çibdades e villas mas çercanas delos mojones delos rregnos comarcanos, e otrosy declarando lo contenido enel dicho vuestro quaderrno, que non enbargante el tenor del, que fasta aqui es quelos que andouieren por vuestros rregnos enla manera que dicha es yendo e veniendo alos estremos e aotras partes, non sean tenudos de escreuir los dichos rroçines e yeguas cargadas e çerriles e potros e otras yeguas en que lieuan las dichas sus prouisiones para sus faziendas, e otrosy los que biuen e moran de fuera delas dichas leguas en vuestros rregnos entrando en qual quier manera enlas dichas leguas atractar sus mercadurias e faziendas e negoçios, non saliendo fuera de vuestros rregnos, los dichos alcalles delas sacas nin sus logares tenientes non les puedan demandar cuenta sy tienen escriptas las dichas bestias o non, nin se entremetan enel dicho ofiçio, nin los tales que andan con sus mercadurias e negoçios e non van fuera de vuestros rregnos, saluo quelos que quisieren pasar fuera de vuestros rregnos alos rregnos comarcanos. E muy poderoso sennor, por quanto los dichos alcalles e sus logares tenientes han grandes

rregnos.

42. Otrosi muy alto sennor, nosotros somos informados que ay en vuestros rregnos muchos castillos e alcaçares derribados, enlos quales non ay alcaydes algunos, e vuestra alteza manda pagar en cada anno las tenençias delos tales castillos e alcaçares derribados aaquellas personas quelos tienen en carga de vuestra merçet, e es conçiençia quelos tales alcaydes lieuen las tales tenençias syn causa e vuestra sennoría las aya de pagar non seyendo tenudo aello. Por ende muy omill mente suplicamos a vuestra alteza quele plega de ordenar e mandar que non paguen los tales tenençias delos tales castillos e alcaçares derribados donde non ay alcayde alguno en ellos, lo qual sennor, será vuestro seruiçio elos vuestros rregnos vos lo terrnán en mucha merçet.

Aesto vos rrespondo que ami plaze, e mando que por los tales castillos e fortalezas se non libre nin pague tenençia alguna, e mando alos mis contadores mayores que se informen quales son los tales castillos e fortalezas que estan yermos e despoblados, e que non libren con ellos nin por rrazon dellos tenençias apersonas algunas, so pena dela mi merçet e delos ofiçios.

Cuadern

Don Iohan po
de Gallizia de S
Algezira, e sen
omes maestres d
çiller mayor e o
alcalles e algua
dela mi casa e
gidores cauall

XIV.

Cuaderno de las Córtes celebradas en la villa de Madrigal el año de 1438 [1].

Don Iohan por la graçia de Dios Rey de Castilla de Leon de Toledo de Gallizia de Seuilla de Cordoua de Murçia de Iahen del Algarbe de Algezira, e sennor de Vizcaya e de Molina. Alos duques condes rricos omes maestres delas Ordenes priores e alos del mi Consejo e al mi chançiller mayor e oydores dela mi audiençia, e alos mis rreferendarios e alcalles e alguaziles e notarios e otras justiçias e ofiçiales quales quier dela mi casa e corte e chançelleria, e al conçejo alcalles alguazil rregidores caualleros escuderos ofiçiales e omes buenos dela çibdad de Salamanca, e atodos los conçejos alcalles alguaziles rregidores caualle-

acaesçieron enel dicho ayuntamiento, vuestra merçet fizo e ordenó çiertas leyes e ordenanças para bien e pro comun e buen rregimiento e gouernaçion de vuestra justiçia e dela rrepublica delos vuestros rregnos e sennorios, entre las quales ordenó e mandó quela vuestra chançelleria estouiese en cada vn anno seys meses aquende los puertos, e otros seys meses allende los puertos, enlos logares conuenibles que avuestra merçet bien visto fuere; e muy poderoso sennor, commo quiera que vuestra alteza asi lo ordenó e mandó, despues acá non se fizo nin cunplió asi, delo qual ha venido e viene muy grant danno amuchos delos vuestros subditos e naturales. Por ende muy poderoso sennor, avuestra merçet suplicamos quele plega delo mandar esecutar e poner en obra, por tal manera que se cunpla segunt que vos fue pedido, e agora vos lo pedimos por merçet e vuestra sennoria lo ouo asi otorgado.

Aesto vos rrespondo quelo yo mandaré ver e proueer sobre ello commo cunpla a mi seruiçio e abien comun de mis rregnos.

2. Otrosi muy poderoso sennor, bien sabe vuestra alteza que enel di-

y alto Consejo e
rregnos que se
et fizo e ordenó
en rregimiento e
vuestros rregnos
stra chançelleria
tos, e otros seys
e avuestra mer-
iera que vuestra
cunplió asi, delo
s vuestros sub-
a merçet supli-
a, por tal ma-
vos lo pedimos

obre ello com-

a que enel di-

que ninguno non se escandalize quando tal caso se ofreçiere escusandose de prestar avuestra alteza; e que enello nin en parte dello non aya nin se consienta barato nin cohecho alguno, e si fasta aqui lo ha auido que non pase nin goze del aquel o aquellos quelos barataron nin alos tales sea librado nin pagado; e si librado e pagado les es, que sean tenudos de tornar todo el tal prestido entera mente al conçejo o persona o personas con quien lo barataron, luego que sobre ello sean rrequeridos, so pena delos tornar con el dos tanto, sobre lo qual vuestra alteza mande dar vuestras cartas en forma para las çibdades e villas e logares de vuestros rregnos e para las justiçias dellos, para quelo esecuten asi contra aquellos quelos tales baratos tomaron e fizieron. Por ende muy alto sennor, avuestra sennoria muy omill mente suplicamos quele plega delo mandar conplir e pagar, segunt e por la manera que ellos lo pagaron, enlo qual vuestra alteza fará seruiçio a Dios, e vuestra conçiençia será descargada, e los quelo han de auer lo rresçibirán por mucha merçet.

Aesto[1] vos rrespondo que se sepa lo que es deuido e que declaredes las personas e las qualidades delos fechos por que yo mande proueer sobre ello commo cunple a mi seruiçio.

conçejos quele sean obligados, e eso mesmo quelas fianças queles fueren dadas e obligadas por las tales debdas asi por conçejos commo por otras quales quier personas que en qual quier manera e por qual quier rrazon le sean fechas e obligadas, e eso mesmo las demanden e puedan demandar e librar enel dicho tienpo delos dichos tres annos e non dende en adelante; e si enel dicho tienpo non las demandaran que dende en adelante la dicha fiança e obligaçion que della fizieren sea en si ninguna e de ningunt valor, e quel tal conçejo o persona quela ouiere fecho non sea tenudo dela pagar e que ninguna justiçia delos vuestros rregnos e sennorios, de qual quier estado o condiçion que sean, non esecute nin mande esecutar los tales rrecabdos de obligaçiones e fianças despues de pasados los dichos tres annos, e si las esecutaren o mandaren esecutar, quela tal esecuçion non vala e sea rreuocada e dada por ninguna por tal manera que non aya efecto nin vigor contra esta dicha vuestra ordenança, e que vuestra alteza lo mande asi poner por condiçion en los quadernos delas vuestras rrentas de alcaualas e monedas e otros pe-

son dapnificad
camos quele pl
los dichos vue
seydo fasta aqu
Aesto vos rre
cunpla a mi ser
5. Otrosy mu
esta parte en el
nueua, la qual
asaber que toda
han de pagar e
pierde la tal be
dapno e perjuyzi
e van alos dich
alteza por quele

quier personas o
ças queles fueren
commo por otras
qual quier rrazon
e puedan deman-
s e non dende en
ue dende en ade-
a en si ninguna
ouiere fecho non
estros rregnos e
non esecute nin
fianças despues
mandaren esecu-
da por ninguna
ta dicha vuestra
or condiçion en
edas e otros pe-

deputados es espirado e ello sobre dicho fasta aqui non ha auido prouision alguna e toda via por la dicha rrazon los dichos vuestros rregnos son dapnificados. Por ende muy poderoso sennor, a vuestra alteza suplicamos quele plega de rremediar enel dicho negoçio, por tal manera que los dichos vuestros rregnos non sean asi dapnificados commo lo han seydo fasta aqui.

Aesto vos rrespondo que yo lo mandaré ver e proueer sobrello commo cunpla a mi seruiçio e pro e bien comun de mis rregnos.

5. Otrosy muy alto sennor, sepa vuestra alteza que de poco tienpo a esta parte en el dicho rregno de Aragon es fecha e puesta inpusiçion nueua, la qual enlos tienpos pasados nunca se acostunbró, conuiene asaber que todas las bestias cauallares que entran enel dicho rregno han de pagar e pagan çiertos mrs. de cada vna, e si pasa syn los pagar, pierde la tal bestia por descaminada, lo qual sennor, es muy grand dapno e perjuyzio de todos los vuestros subditos e naturales que entran e van alos dichos rregnos de Aragon, lo qual notificamos avuestra alteza por quele plega de mandar proueer enello commo cunple a vuestro seruiçio e bien e pro comun delos vuestros rregnos.

Aesto vos rrespondo que yo entiendo luego sobre ello proueer por la

que melo pedistes por merçet.

7. Otrosy muy poderoso sennor, por los dichos procuradores enla dicha villa de Madrid fue suplicado avuestra alteza, que algunas vegadas acaesçia que algunos sennores e personas poderosas que biuen enlas dichas çibdades e villas de vuestros rregnos e de sus comarcas fazian o querian fazer algunos agrauios o fuerças enlas dichas çibdades o villas en muchas cosas que tocauan ala rrepublica, e las tales çibdades e villas syntiendose agrauiadas se oponian a defender su justiçia a que algunos rregidores delos delas tales çibdades e villas, pospuesto vuestro seruiçio e el bien publico delas tales çibdades e villas e de sus vezinos, dauan fauor e ayuda alos tales sennores e personas poderosas enlos ayuntamientos delas dichas çibdades e villas, e en otras maneras, e estoruauan e non dauan logar a quela justiçia delas tales çibdades e villas se guardase, e espeçial mente algunos rregidores que eran letrados e vsauan la abogaçia, que estos tales auiendo salario dela çibdad por rregidor, ayudauan alos tales sennores e personas poderosas. Por ende suplicaron a

e pierdan los o
alguaziles e fiel
de conçejo e jur
personas que qu
qual quier mane
lado o perlados o
e preuillejos e ju
çibdades e villas.

Aesto vos rresp
sobre esto ordena
ninguno destos q
çibdad o villa inj

8. Otrosi muy p
ayuntamiento de
e ordenanças por

guarde asi segund

uradores enla di-
algunas vegadas
iuen enlas dichas
as fazian o que-
dades o villas en
çibdades e villas
ia a que algunos
vuestro seruiçio
ezinos, dauan fa-
los ayuntamien-
, e estoruauan e
llas se guardase,
vsauan la abo-
rregidor, ayu-
de suplicaron a
tales rregi-

misma pena e perdimiento del ofiçio de rregimiento aya e sea dada a qual quier otro rregidor puesto que non sea letrado, e asy mismo ayan esta pena e pierdan los ofiçios los corregidores e alcaldes e juezes e merinos e alguaziles e fieles e esecutores e escriuanos de conçejo e mayordomos de conçejo e jurados e procuradores del conçejo e quales quiera otras personas que qual quier ofiçio tengan, que ayudaren o dieren fauor en qual quier manera a qual quier persona poderosa o non poderosa o perlado o perlados o Ordenes o iglesias o monesterios contra la rrepublica e preuillejos e juridiçiones e propios e rrentas e derechos delas dichas çibdades e villas.

Aesto vos rrespondo que es mi merçed, e mando que se guarde la ley sobre esto ordenada, e esta esecuçion que vos otros me suplicastes e que ninguno destos que agora se añaden non den fauor nin ayuda ala tal çibdad o villa injusta e non deuida mente so las dichas penas.

8. Otrosi muy poderoso sennor, por los dichos procuradores enel dicho ayuntamiento de Madrid fue suplicado a vuestra alteza commo enlas leyes e ordenanças por vuestra sennoria fechas enla çibdad de Çamora vos fuera suplicado, commo las personas a quien vuestra sennoria avia pro-

sabe vuestra sennoria quelas tales cartas e poderes son en poder delas
personas a quien se dieron, e vsan dellas e non son en poder delas tales çibdades e villas para quelas puedan mostrar, mas veemos de cada dia que vsan delos tales poderes e fatigan alos tales ofiçiales delas dichas çibdades e villas, e avn lo peor que es que dan por esaminados e dan sus cartas de esamen enlos tales ofiçios a personas innabiles e non sufiçientes nin sabidores delos tales ofiçios, delo qual se siguen muchos peligros e dapnos enlos cuerpos e personas delos ommes e mugeres, que quando el fisico es tal que non conosçe nin sabe curar dela enfermedad nin el çerugiano dela llaga e asi por semejante los otros ofiçios, ante mueren muchos que guaresca vno. Por ende muy poderoso sennor, muy omill mente suplicamos a vuestra sennoria quele plega de mandar guardar la petiçion e ordenança fecha enla dicha çibdad de Çamora sobre la dicha rrazon e de rreuocar qual quier o quales quier cartas que en contrario desto vuestra alteza aya mandado dar, e que quando enlas tales çibdades e villas e lugares de vuestros rregnos algund esamen o esamenes se ovieren de

el tal thesorero
estar rresidente
ofiçial con su po
çebyr e pagar e
Aesto vos rre
ver e proueer co
lo ultimo e postri
asi segund que n
10. Otrosy mu
dicho ayuntamie
muchas personas
nos prestauan e
color de prestido
tal manera, que
contra todo derec

teza quele plega de proueer enello mandando lo asi guardar, o cada que el tal thesorero o rrecabdador non sea dela comarca que sea tenudo de estar rresidente por su persona enla cabeça de su rrecabdamiento o su ofiçial con su poderio bastante para açeptar los libramientos e los rresçebyr e pagar e librar alos que enel fueren librados.

Aesto vos rrespondo quanto atanne alo primero que yo lo mandaré ver e proueer commo entienda que cunple a mi seruiçio, e quanto a lo ultimo e postrimero, que vos otros pedides bien e que se faga e guarde asi segund que me lo pedistes por merçed.

10. Otrosy muy poderoso sennor, por los dichos procuradores enel dicho ayuntamiento de Madrit fue notificado a vuestra sennoria commo muchas personas de diuersos estados e condiçiones delos vuestros rregnos prestauan e fiauan dineros e pan e mercadurias e otras cosas, e so color de prestido fazian enellos muchos engannos; lo qual se fazia por tal manera, que era logro manifiesto, lo qual era contra ley diuinal e contra todo derecho e buena conçiençia, e dello se seguia muy grandes dapnos e destruyçiones delas gentes, los quales que de tal manera vsa-

rrespondió que se guardasen las leyes sobre ello ordenadas, e quelas justiçias fiziesen sobrello pesquisa en cada anno e sobre todo proueyesen en justiçia; e commo quiera sennor, que vuestra alteza asi lo mandó por non aver quien lo acuse nin demande, cesa la esecuçion dela pena dello e non çesa la maliçia nin el pecado delos tales logreros; ante de dia en dia se esfuerçan mas enello e lo fazen mas publica mente e syn temor, lo qual sennor es muy grand deseruiçio de Dios e vuestro e muy grand cargo de vuestra conçiençia por non ser castigado nin penado, ca este solo pecado es sufiçiente de traer enla tierra pestilençia e hanbre e otros males. Por ende muy esclareçido sennor, plega ala vuestra sennoria que este tan grand mal e pecado tan publico entre los christianos sea castigado e penado e quitado de sobre la tierra, e por que ayan mas legitima rrazon de se esecutar, que vuestra alteza faga merçed delas penas en que segund derecho e ordenamientos caen los tales quelo fazen alas çibdades e villas e lugares de vuestros rregnos do acaesçiere para sus propios, e quelos rregidores dela dicha çibdad ayan poder de los poder demandar o fazer arrendar por propios, e asi commo propios del conçejo, e para el en todos los lugares de su juridiçion, so pena que si lo asi non fizieren, que por el mesmo fecho pierdan los ofiçios del rregimiento e vuestra merçed pueda proueer dellos a otras personas, e que toda via las dichas penas sean para el dicho conçejo e propios, e que en defecto delos tales rregidores qual quier persona del pueblo lo pueda acusar e demandar para el dicho conçejo, e quela justiçia dela tal çibdad o villa o lugar conosca dela tal demanda o negoçio sinple mente e de plano, sola mente sabida la verdad del fecho, e asi sabida faga esecuçion delas dichas penas enlas personas e bienes delos que enella cayeren e ouieren caydo, e fecha la continue fasta ser acabada e los tales bienes vendidos e rrematados, e de su valor entreguen e fagan pago al tal conçejo delas tales penas.

Aesto vos rrespondo que vosotros pedides bien, e es mi merçed e mando que se faga e guarde asi, segund que me lo pedistes por merçed asi a christianos commo a judios, e yo mandaré dar mis cartas para los sennores delos lugares para que guarden las leyes sobre ello ordenadas.

11. Otrosy muy poderoso sennor, por los dichos procuradores enel dicho ayuntamiento de Madrid fue suplicado a vuestra alteza que çesase la ordenança en que vuestra merçed avia ordenado e mandado que todos los escriuanos pagasen çiertos marcos de plata cada vno, e que non se cogiesen ni rrecabdasen mas por que se non tornase commo de tributo, e vuestra merçed rrespondió que se rrecabdasen por todo el anno de mill

a faga merçed delas
:aen los tales quelo
regnos do acaesçiere
ibdad ayan poder de
si commo propios del
çion, so pena que si
n los ofiçios del rre-
otras personas, e que
o e propios, e que en
del pueblo lo pueda
usticia dela tal çib-
egoçio sinple mente
o, e asi sabida faga
es delos que enella
er acabada e los ta-
quen e fagan pago

pues quelo tiene de vuestra alteza por merçed por su vida que aya lugar enel dicho tienpo, e despues que çese e se non lieue por el nin por otra persona alguna, nin vuestra sennoria faga dello merçed por ninguna manera a ninguna persona de qual quier estado o condiçion que sea, por que libre mente aya el tal ofiçio de escriuania qual quier persona o personas a quien vuestra alteza de el fiziere merçed.

Aesto vos rrespondo que pedides bien, e es mi merçed e mando que se faga e guarde asi segund e por la forma e manera que me lo pedistes por merçed.

12. Otrosy muy alto sennor, bien sabe vuestra alteza commo enlas dichas leyes e ordenanças que vuestra sennoria fizo enla dicha villa de Madrid a petiçion delos dichos procuradores, vuestra sennoria ordenó e mandó que en todos los dichos vuestros rregnos e sennorios ouiese egual mente los pesos e medidas de pan e vino e varas de medir pannos, e los pesos del oro e dela plata e todos los otros pesos e medidas con que todas las otras cosas se deuen pesar e medyr, la qual dicha ley e ordenança vuestra alteza mandó que se guardase asi en todos los dichos vuestros

Por ende muy alto sennor, a vuestra merçed suplicamos quele plega quela dicha ordenança se cunpla e guarde general mente, asi aqui enla vuestra corte commo en todas las otras çibdades e villas e lugares delos vuestros rregnos e sennorios, e asi mismo que se mida por la dicha medida del pan la sal e las legunbres e todas las otras cosas que se ouieren de medyr por fanega o por çelemin, e asi mesmo se midan por las medidas del vino los açeytes e miel e todas las otras cosas que por semejante medida se ouieren de medyr en todos los dichos vuestros rregnos e sennorios, mandando sobre ello dar vuestras cartas premiosas enla manera que a vuestro seruiçio cunple, con tales penas e esecuçion dellas por quela dicha ordenança se guarde en todos los dichos vuestros rregnos e sennorios, segund e enla manera que en ella se contiene.

Aesto vos rrespondo que pedides bien e es mi merçed que se faga e guarde asi segund que melo pedistes por merçed por la dicha vuestra peticion, para lo qual mando dar mis cartas premiosas enla manera que

rrespuesta e p
los tales male
e conçejos a qu
ran quexar por
res e arrendado
quexan quelos
dieren, otros po
ran dexar perde
nin contender c
e asi por esto c
drian dezir, por
los dichos cohec
otros paresçe qu

leyes e ordenanças.
camos quele plega
nente, asi aqui enla
llas e lugares delos
a por la dicha me-
cosas que se ouie-
o se midan por las
osas que por seme-
s vuestros rregnos
premiosas enla ma-
secuçion dellas por
s vuestros rregnos
ntiene.
çed que se faga e
la dicha vuestra
manera que

muy alto sennor, fablando con muy omill e deuida rreuerençia la dicha rrespuesta e prouision non satisfaze nin rrepara para euitar e quitar los tales males e dapnos, asi por rrazon que muchos de aquellas personas e conçejos a quien son o fueren fechos los dichos cohechos, non lo querran quexar por se non enemistar con los tales thesoreros e rrecabdadores e arrendadores, e otros por les ser obligados e tener que si dellos quexan quelos fatigarán e enojarán por muchas e quantas partes pudieren, otros por ser personas synples e de tal condiçion que antes querran dexar perder lo queles asi es leuado que non auer de andar en pleyto nin contender con los tales arrendadores e thesoreros e rrecabdadores; e asi por esto commo por otras muchas rrazones que sobre ello se podrian dezir, por la dicha rrespuesta non se rremedian nin escarmientan los dichos cohechos. Pero sennor, con deuida rreuerençia fablando a nosotros paresçe que vuestra alteza deue proueer enlo sobre dicho, mandando que cada conçejo de cada çibdad o villa o lugar de vuestros rregnos

sobre rrazon delas ferias e mercados francos que se ...
rregnos, e vuestra alteza ordenó sobre ello e mandó, que todas las personas que ende conprasen quales quier mercadurias que fuesen tenudos de pagar e pagasen el alcauala de todas las cosas que vendiesen e conprasen enlas dichas ferias e mercados francos enlas çibdades e villas e lugares, donde los tales vendedores sacaren las dichas mercaderias para las dichas ferias e mercados francos, e otrosi donde las tales mercaderias leuasen los mercadores segund que todo mas conplida mente vuestra alteza lo declaró e mandó por la primera e segunda prouision e rrespuesta delas dichas petiçiones; e commo quiera sennor, que vuestra alteza asi lo mandó, nin por eso non se guarda nin cunple asi ante en ello e por ellos se fazen muchos engannos e colisiones en tal manera que non çesan las ydas delas dichas ferias e mercados asi para vender commo para conprar. Por ende sennor, a vuestra merçed suplicamos quele

todo lo sobre di
pro comun delos
plega delo man
Aesto vos rres
algunas naos gr
yo lo mandaré e
16. Otrosy por
que vuestra merç
llejados de vuest
ser acabada, pue
bar. Por ende sen
dar continuar e a
Aesto vos rresp

e que asi lo mandaria guardar. E por quanto, sennor, entendemos que todo lo sobre dicho es mucho conplidero a vuestro seruiçio e a bien e pro comun delos vuestros rregnos, a vuestra alteza suplicamos quele plega delo mandar asi.

Aesto vos rrespondo que me plaze e ya he mandado començar a fazer algunas naos grandes enlas mis tarazanas, e quanto alo al que dezides yo lo mandaré e proueer en ello, commo cunpla a mi seruiçio.

16. Otrosy por los dichos procuradores fue suplicado a vuestra alteza, que vuestra merçed mandase fazer pesquisa delos lugares yermos e preuillejados de vuestros rregnos, la qual pesquisa se començó e dize se non ser acabada, puesto que vuestra alteza rrespondió quela mandaria acabar. Por ende sennor, a vuestra merçed suplicamos quele plega dela mandar continuar e acabar.

Aesto vos rrespondo que vos otros dezides bien e ami plaze dello e lo mandaré asy fazer.

dadores de alcaualas e monedas e pedidos e todos otros vuestros derechos desde los dichos diez annos antepasados quela dicha ordenança fue fecha e otorgada commo desde entonçes aca e de aqui adelante.

Aesto vos rrespondo que es mi merçed e mando que cada çibdad o villa o lugar de mis rregnos pueda costituyr un procurador para lo tal, e quelas personas a quien tocare le den poder para ello, pero quelos rregidores delas tales çibdades e villas nin alguno dellos non sea a esto admitido, e es mi merçed e mando que todo esto se entienda e tenga lugar despues dela dicha ordenança aca e non antes nin en otra manera, para lo qual mando dar mis cartas en forma para las çibdades e villas e lugares de mis rregnos para que se faga e cunpla asy.

14. Otrosi muy alto sennor, por los dichos procuradores delos dichos ayuntamientos de Madrid e de Toledo fue suplicado a vuestra alteza sobre rrazon delas ferias e mercados francos que se fazian en vuestros rregnos, e vuestra alteza ordenó sobre ello e mandó, que todas las personas que ende conprasen quales quier mercadurias que fuesen tenudos de pagar e pagasen el alcauala de todas las cosas que vendiesen e conprasen enlas dichas ferias e mercados francos enlas çibdades e villas e lugares, donde los tales vendedores sacaren las dichas mercaderias para las dichas ferias e mercados francos, e otrosi donde las tales mercaderias leuasen los mercadores segund que todo mas conplida mente vuestra alteza lo declaró e mandó por la primera e segunda prouision e rrespuesta delas dichas petiçiones; e commo quiera sennor, que vuestra alteza asi lo mandó, nin por eso non se guarda nin cunple asi ante en ello e por ellos se fazen muchos engannos e colisiones en tal manera que non çesan las ydas delas dichas ferias e mercados asi para vender commo para conprar. Por ende sennor, a vuestra merçed suplicamos quele plega de mandar dar en ello tal orden con tales penas, por que aya conplido efecto e esecuçion todo lo que por vuestra alteza sobre las dichas leyes tiene ordenado e mandado, lo qual cunple mucho a vuestro seruiçio e abien publico de todos los vuestros rregnos.

Aesto vos rrespondo que pedides bien e que se faga e guarde asi segund que me lo pedistes por merçed para lo qual mando dar mis cartas premiosas, las que para ello cunplan para que se faga e guarde asi so pena quel quelo contrario fiziere aya perdido e pierda por el mesmo fecho todos los mrs. que de mi tienen enlos mis libros, asi en tierra o en merçed commo en otra qual quier manera, e si non touiere cosa enlos mis libros, que por el mismo fecho pierda e aya perdido el lugar que touiere, e demas quelas personas que alas tales ferias e mercados fueren yncurran enla pena dela dicha ordenança. E asi mesmo mando dar mis cartas para los sennores delos tales lugares sobre la dicha rrazon, las quales mando que sean publicadas e pregonadas publica mente enlos tales lugares e en sus comarcas, por que venga a notiçia de todos e dello non puedan pretender ynorançia deziendo quelo non sopieron ni vino a sus notiçias.

15. Otrosi muy alto sennor, enel dicho ayuntamiento dela dicha çibdad de Toledo por los dichos procuradores vos fue suplicado que vuestro alteza mandase fazer enla costa dela mar algunas naos grandes, e vuestra alteza rrespondió quele plazia. Otrosi vos fue suplicado que cada que de tres nauios arriba ouiesen de partyr a qual quiera parte que fuesen junta mente e se guardasen buena conpannia, e vuestra alteza rrespondió que mandaria ver e platicar en ello la manera que cunplia a vuestro seruiçio e que asi lo mandaria guardar. E por quanto, sennor, entendemos que todo lo sobre dicho es mucho conplidero a vuestro seruiçio e a bien e pro comun delos vuestros rregnos, a vuestra alteza suplicamos quele plega delo mandar asi.

Aesto vos rrespondo que me plaze e ya he mandado començar a fazer algunas naos grandes enlas mis tarazanas, e quanto alo al que dezides yo lo mandaré e proueer en ello, commo cunpla a mi seruiçio.

16. Otrosy por los dichos procuradores fue suplicado a vuestra alteza, que vuestra merçed mandase fazer pesquisa delos lugares yermos e preuillejados de vuestros rregnos, la qual pesquisa se començó e dize se non ser acabada, puesto que vuestra alteza rrespondió quela mandaria acabar. Por ende sennor, a vuestra merçed suplicamos quele plega dela mandar continuar e acabar.

Aesto vos rrespondo que vos otros dezides bien e ami plaze dello e lo mandaré asy fazer.

17. Otrosy muy alto sennor, por los dichos procuradores fue suplicado a vuestra alteza quele ploguiese de ordenar e mandar quelas rrelaçiones que se fazen en el vuestro Consejo delas petiçiones que enel se dan, que se fiziesen conplidas e todas las rrazones que el suplicante pusiese en su petiçion, alo qual vuestra alteza rrespondió que mandaua al vuestro rrelator que sacase e fiziese las dichas rrelaçiones segund e por la forma quela ley del vuestro Consejo que en este caso fabla, manda. E muy poderoso sennor, por que muchas vezes a acaesçido e acaesçe que por las dichas rrelaçiones non se fazen conplida mente segund que se contiene enlas petiçiones quel suplicante pone, su justiçia non es tan conplida mente entendida nin guardada. Por ende muy alto sennor,

a vuestra sennoria muy omill mente suplicamos quele plega quelas dichas petiçiones todas sean leydas en el vuestro Consejo, e si rrelaçion dellas se ouiere de fazer quel rrelator quela ouiere de fazer quela lieue escripta e firmada del nonbre del suplicante e de su procurador, por tal manera quel suplicante sepa commo la dicha rrelaçion se faze conplida mente e non aya rrazon de se quexar, que por su rrelaçion non ser fecha conplida mente perdió su derecho.

Aesto vos rrespondo que a mi plaze e mando quelas tales rrelaçiones se saquen conplida mente, e quela parte que quesiere su rrelaçion que le sea mostrada, e si entendiere que algo aya de annadir quelo annada, e si pediere que se lea la petiçion original mente que se faga asi, e mando al mi rrelator quelo guarde e faga asy segund que por mi vos es rrespondido.

18. Otrosi muy poderoso sennor, por los dichos procuradores fue suplicado a vuestra alteza que quisiere limitar tienpo çierto en quelas demandas e debates delas albaquias[1] se podiesen demandar, e que pasado el dicho tienpo non se podiesen mas demandar, e vuestra alteza rrespondió que en quanto tocaba alas rrentas e alcanzes de fasta en fyn del anno de veynte e ocho que se guardase la condiçion delos arrendadores, segund la qual, dicha rrenta fenesçió o deuia fenesçer en fyn del anno que pasó de mill e quatroçientos e treynta e çinco annos, e despues desto vuestra sennoria entendiendo que cunplia asi a vuestro seruiçio, prorrogó el tienpo dela dicha rrenta por otros dos annos, los quales se conplieron en fyn del anno que agora pasó de mill e quatroçientos e treynta e siete annos, enlos quales tienpos la dicha rrenta e sus debdas fueron tanto apuradas e asi procuradas e demandadas e con tantas diligençias fechas por los vuestros contadores delas cuentas e por las otras personas que dello touieron cargo, que todos vuestros rregnos presumen quelo que aquellos dexaren de demandar que otro ninguno non lo podria demandar nin cobrar; ca vuestra sennoria sabrá que por la dicha rrenta e por los achaques della muchas personas por non contender en pleyto se avenieron con los dichos arrendadores e pagaron muchos mrs., asi por rrazon de fianças quele fueron demandadas commo en otra manera, los quales verdadera mente non deuian nin a ellos eran tenudos, lo qual fue en tanto dapno de aquellos que se non podria dezir, e asi es de presumir quelo que fasta aqui non se cobró e agora está por demandar, qué es mas obra de achaques que non de debdas verdaderas, e si de cobrar se

[1] El Cód. Ff 77: quelas debdas e demandas delas albaquias.

ouiesen los dapnos dello serian tantos e por tantas maneras que se non podrian dezir, delo qual a vuestra alteza non vernia seruiçio alguno, e alos dichos vuestros rregnos serian muy grandes dapnos, quanto mas que podria ser que durando la dicha rrenta por mas tienpo, que mas montarian los salarios delos ofiçiales della e las otras cosas que por rrazon dello se seguirian a vuestra alteza, quelo que dende se sacase. Por ende muy alto sennor, con muy omill e deuida rreuerençia suplicamos a vuestra sennoria quele plega de mandar çesar e que çese del todo dela dicha rrenta delas dichas albaquias, e que de aqui adelante non se coja ni demande mas, lo qual sennor, será vuestro seruiçio, e atodos los vuestros rregnos e subditos e naturales faredes muchas merçedes.

Aesto vos rrespondo que yo he ya mandado ver çerca dello alos mis contadores mayores delas mis cuentas, los quales han de çerca dello algunas informaçiones que cunple ami seruiçio, las quales auidas yo mandaré proueer sobre ello commo cunpla ami seruiçio.

19. Otrosi sennor, por los dichos procuradores fue suplicado a vuestra alteza quele ploguiese que quando algunos corregidores e alcaldes o juezes en qual quier manera fuesen ènbiados alas çibdades e villas e lugares de vuestros rregnos, quelos tales corregidores e alcaldes fuesen tenudos de fazer juramento e dar fiadores para que despues de el tienpo de su ofiçio conplido, que fuesen tenudos de estar e estouiesen por sus personas en el tal lugar faziendo rresidençia delos çinquenta dias quela ley manda para conplyr de derecho alos querellosos, e vuestra alteza rrespondió que se guardase en este caso la ley dela Partida e la ley de el ordenamiento de Alcala. E muy alto sennor, con muy omill e deuida rreuerençia fablando, nin por las dichas leyes non son satisfechos nin rremediados los que rreçiben el dapno, ca sabrá vuestra alteza quelos tales corregidores e alcaldes que para satisfazer las dichas leyes fazen avn su onbre o a otro qual quiera su procurador para que en su nonbre faga la dicha rresidençia e el va se del tal lugar, e quando los querellosos demandan al tal procurador, pone sus defensiones e dilaçiones por tal manera quelos negoçios no han ninguna conclusion final, ni los dapnificados han satisfacçion, e asi los dichos corregidores e alcaldes puesto que hayan mala mente tomado e cohechado o fechas otras cosas de que segund derecho deuian fazer enmienda por rrazon de su absençia e por non aver dado los dichos sus fiadores, pasan con todo lo que han fecho, e los dapnificados non rresçiben enmienda alguna, lo qual es mucho contra toda rrazon. Por ende muy alto sennor, con muy omill e deuida rreuerençia suplicamos a vuestra alteza quele plega de ordenar e mandar que

los tales corregidores sean tenudos de dar los dichos fiadores o que juren de estar por su persona e fazer la dicha rresidençia enel tal lugar los dichos çinquenta dias quela ley manda, lo qual será cosa mucho conplidera a seruiçio de Dios e vuestro e será ocasion quelos tales corregidores e alcaldes no se atreuan a fazer algunas cosas delas que fazen contra derecho.

Aesto vos rrespondo que quanto tanne alos fiadores que ami plaze que se guarden las leyes dela Partida que en este caso fablan; e quanto ala rresidençia mando que se guarde la ley del ordenamiento delas cortes de Alcala que fabla enesta rrazon.

20. Otrosy muy poderoso sennor, por los dichos procuradores fue suplicado a vuestra alteza commo los castillos de todas las fronteras estauan muy mal rreparados, e commo quiera que vuestra alteza para los rreparar auia mandado dar muy grandes contias de mrs. e non se ayan rreparado, e si algunas lauores e rreparos eran fechos que eran muy mal fechos, e que vuestra alteza mandase fazer los dichos rreparos dando via e orden commo se gastasen bien los tales mrs. encargando lo a buenas personas, por manera que en ello no ouiese falta, e otrosi vuestra sennoria los mandase basteçer de armas e petrechos enla manera conueniente a vuestro seruiçio, e vuestra alteza rrespondió que dezian bien e quelo mandaria asi fazer. E muy alto sennor, por quelo sobre dicho es cosa mucho nesçesaria e mucho conplidera a seruiçio de Dios e vuestro e bien de vuestros rregnos, muy omill mente le suplicamos delo mandar poner en obra por que se faga luego asi syn interuenir en ello ninguna dilaçion.

Aesto vos rrespondo que vos otros dezides bien e yo entiendo en ello proueer commo cunpla ami seruiçio.

21. Otrosi muy alto sennor, por los dichos procuradores asi en el dicho ayuntamiento de Madrid commo enla dicha çibdad de Toledo vos fueron dadas muchas quexas e muchas rrazones de commo la vuestra juridiçion rreal de cada dia se perdia e menoscabaua por cabsa dela juridiçion eclesiastica e delas grandes osadias quelos perlados e sus vicarios e otros perlados delas Ordenes e sus conseruadores fazian en muchas cosas allende delo que de derecho podian e deuian fazer, lo qual fazian con grandes osadias e atreuimientos en grand vituperio e menos preçio delas vuestras justiçias e juridiçion rreal, suplicando a vuestra alteza que vuestra sennoria rremediase en ello commo cunpliese a vuestro seruiçio e abien dela vuestra justiçia e apro comun delos vuestros rregnos, segund que todo esto e otras cosas mas conplida mente es con-

tenido en sus petiçiones e suplicaçiones, e vuestra sennoria rrespondió que dezian bien e quelo tenia en seruiçio, e que sobre esto vuestra alteza avia enbiado vuestros enbaxadores e suplicaçiones al Papa; e eso mismo que vuestra alteza escriuiria sobre ello alos perlados. E muy alto sennor, commo quiera que vuetra alteza asi rrespondió e despues aca son pasados espaçio de quatro annos e non avemos visto nin sentimos sobre ello prouision alguna, ante de cada dia veemos quela juridiçion eclesiastica e sus perlados e vicarios e conseruadores, e de otras Ordenes se esfuerçan mas en sus osadias, e de fecho fazen con el dicho poderio muchas e feas cosas, asi defendiendo los malfechores, commo defendiendo e faziend esenptos delas vuestras alcaualas e pedidos e monedas e otros pechos e derechos a si mesmos e a otros sus familiares, por manera que el que es clerigo o su familiar o de otra qual quier orden que non sea de vuestra juridiçion, estan esentos e fazen tales e tantos atreuimientos que es cosa abominable de dezir. E por tantas e por tales maneras vsurpan la dicha vuestra juridiçion que casi toda es tornada suya, lo qual es muy grand vuestro deseruiçio e muy grand dapno delos dichos vuestros rregnos. Por ende muy alto sennor, muy omill mente suplicamos a vuestra sennoria quele plega con grand deliberaçion de acatar en tan grand vuestro deseruiçio commo este e atan grand dapno alos vuestros rregnos, e de proueer enello commo cunple a vuestro seruiçio por una via o por otra. Ca si vuestra alteza en ello non prouee nin castiga las tales osadias e atreuimientos, la vuestra juridiçion rreal es perdida.

Aesto vos rrespondo que ya sobre esto he enbiado suplicar a nuestro muy santo Padre e asi mesmo al conçilio de Basilea; e asi lo entiendo proseguir fasta que en ello se prouea commo cunpla a seruiçio de Dios e mio e apro e bien comun de mis rregnos.

22. Otrosi por los dichos procuradores fue suplicado a vuestra alteza commo sobre rrazon delos terminos que eran tomados de algunas çibdades e villas de vuestros rregnos, vuestra alteza auia diputado e dado çiertos juezes para conosçer los dichos negoçios, por los quales fueron dadas ciertas sentençias sobre los dichos terminos e fechas algunas pesquisas e comenzados çiertos pleytos, lo qual en muchas partes non auian seydo esecutadas, nin alás tales çibdades e villas rrestituydo sus terminos queles fueron adjudicados, nin otrosy eran acabados nin fenesçidos otros muchos pleytos e debates en que fueron dadas sentençias asi interlocutorias commo difinitiuas, delas quales o de alguna dellas algunas personas e conçejos apellaron, por lo qual suplicaron que vuestra sennoria rremediase en ello, encomendando los tales negoçios a algunas per-

sonas de quien vuestra alteza se fiara que esecutase e leuase a deuida esecuçion los tales negoçios, lo qual todo e otras cosas mas larga mente es contenido enla dicha petiçion. E muy alto sennor, sepa vuestra alteza que sobre los dichos negoçios son venidas e estan muchas apellaçiones aqui ante la vuestra merçed, ala qual suplicamos quele plega que sean aqui fenesçidas e determinadas e non sean rremitidas ala vuestra chançilleria, por quelas partes aquien pertenesçen non ayan rrazon de mucho contender e que aqui fenescan breue, lo qual será vuestro seruiçio.

Aesto vos rrespondo que çerca delo pasado es por mi prouehydo, e enlo de aqui adelante que se faga asy segund que me lo pedistes por merçed.

23. Otrosi muy alto sennor, bien sabe vuestra alteza que con acuerdo delos sennores del vuestro muy alto Consejo, vuestra sennoria fizo ordenança quelos de vuestra corte pagasen las posadas enlas çibdades e villas donde vuestra sennoria estouiese, lo qual se puso en esecuçion e se guardó por algund tienpo, e por los dichos procuradores antepasados vos fue suplicado que vuestra sennoria lo mandase asi guardar, e vuestra alteza rrespondió quelo mandaria ver e proueer sobre ello. Por ende suplicamos a vuestra alteza quele plega de proueer en ello mandando que se guarde la dicha ordenança, lo qual es muy grand vuestro seruiçio e prouecho comunal de todos los vuestros rregnos.

Aesto vos rrespondo que yo lo mandaré ver e proueer sobre ello commo cunpla ami seruiçio.

24. Otrosi por los dichos procuradores que con vuestra alteza se ayuntaron enla villa de Madrid a vuestra sennoria fue suplicado quela ordenança e la ley quela noble çibdad de Seuilla tiene en que contiene, que quando quier que algunos sennores e caualleros poderosos delos que enla dicha çibdad biuen, non fueren obedientes ala vuestra justiçia, que la justiçia e ofiçiales della los manden salyr dela dicha çibdad e su tierra so quales quier penas queles fueren puestas, e si los tales non conplieren el dicho mandamiento que se junte la justiçia e rregidores e ofiçiales e quelo fagan conplyr contra su voluntad; e pidieron quela dicha ley e ordenança fuese fecha asi e guardada e dada por ley en todas las çibdades e villas e lugares de vuestros rregnos segund que mas conplida mente por la dicha petiçion es contenido, alo qual vuestra alteza rrespondió quele plazia e que mandaua que se guardase asi segund que por la dicha petiçion era pedido. E por quanto la dicha petiçion e ordenança es mucho conplidera a vuestro seruiçio e abien delos vuestros rregnos, suplicamos a vuestra alteza que poniendo en esecu-

çion la dicha petiçion e ordenança con su rrespuesta, vuestra merçed mande dar sus cartas en forma para todas las çibdades e villas e lugares de vuestros rregnos para quelos ayan e guarden asi por ley de aqui adelante, contra la qual non aya nin pueda aver rrelaxaçion nin dispensaçion alguna.

Aesto vos rrespondo que vosotros dezides bien e ami plaze, e mando que se faga e guarde asi segund e por la forma e manera que por la dicha vuestra petiçion me lo pedistes por merçed en todas las çibdades e villas e lugares de mis rregnos e sennorios, e que sea auido e guardado por ley para lo qual mando dar mis cartas en forma para todas las dichas çibdades e villas e lugares delos dichos mis rregnos e sennorios, para quelo ayan e guarden asi de aqui adelante por ley contra las quales mando e es mi merçed que non aya nin pueda auer rrelaxaçion nin dispensaçion alguna.

25. Otrosi muy alto sennor, por los dichos vuestros procuradores fue suplicado a vuestra alteza commo algunos vuestros oydores, asi los que estan enla vuestra abdiençia commo estando en sus casas, ganauan muchas cartas de enplazamientos dela dicha audiençia contra muchas personas, los quales asi enplazados por auer de venir a librar los pleytos ala dicha audiençia donde los tales oydores tienen ofiçios, con temor de ser fatigados por los que asi los enplazan, por quanto los tales quelos asi enplazan son casi juezes e partes, e por temor de ser fatigados antes se dexauan rrendyr e pagar lo que non deuian que non venir alos dichos plazos, que a vuestra alteza ploguiese de ordenar e mandar que ningund oydor nin todos los otros ofiçiales dela dicha audiençia nin sus lugares thenientes non podiesen ganar cartas algunas de enplazamientos dela dicha chançelleria nin enplazasen para la dicha chançelleria, e que si los tales ofiçiales contra qual quier persona entendiesen aver alguna demanda quelos podiesen enplazar para ante los del vuestro Consejo e que alli los demandasen e fenesçiesen los pleytos, lo qual todo mas conplida mente se contiene enla dicha petiçion, alo qual vuestra alteza rrespondió quelo mandaria ver e proueer en ello commo cunpliese a vuestro seruiçio, e commo quiera sennor, que vuestra alteza asi lo rrespondió fasta agora no avemos visto que prouision alguna se fiziese en ello. Por ende muy alto sennor, muy omill mente suplicamos a vuestra alteza quele plega delo asi mandar ordenar, e que se guarde segund e enla manera que por la dicha petiçion vos fue suplicado, enlo qual muy alto sennor, vuestra merçed administraria justiçia e alos dichos vuestros rregnos mucha merçed.

Aesto vos rrespondo que mi merçed e voluntad es e mando e ordeno, la qual ordenança mando que aya fuerça e vigor de ley, quelos mis oydores e alcalldes e los otros ofiçiales no puedan sacar nin saquen de su propio fuero e juridiçion a alguna persona para la mi chançelleria, si la demanda non fuese de contia de quatro mill mrs. e dende arriba, e por quanto se podria fazer fraude en poner mayor suma dela que verdadera mente fuere deuida, que el tal faga juramento en manos del perlado que enla mi audiençia estouiere e en defeto del chançiller, quela quantia declarada enla carta es verdadera e quelo non faze con maliçia ni con intençion delo fatigar. Otrosi es mi merçed e mando que sus familiares destos non puedan traer sus pleytos ala chançelleria por ser sus familiares, saluo enlos otros casos de corte, e el juez que contra esto librare carta e el chançeller quela sellare que pierdan los ofiçios por ello, para lo qual mando dar mis cartas en forma para que sea avido e guardado por ley.

26. Otrosi muy alto sennor, por los dichos procuradores fue suplicado a vuestra alteza quelos pleytos dela vuestra audiençia e chançelleria segund leyes del rregno se deuian librar sinple mente e de plano syn figura de juyzio sin dar lugar a maliçias ni a sotilezas de derecho, saluo tan sola mente acatada la rrealidad e verdad delos proçesos, por quanto muchas vezes ha acaesçido que por dar luengas e dilaçiones enel librar los tales pleytos, e avn despues de ser conclusos por non se dar enellos sentençias, se pierden e gastan muchas personas, e que por quitar los tales ynconuenientes que vuestra sennoria mandase e encomendase alos doctores Peryanes e Diego Rodriguez que fiziesen e ordenasen las leyes que entendiesen ser conplideras a vuestro seruiçio e para buen despachamiento delos tales pleytos e negoçios, lo qual todo mas larga mente es contenido enla dicha petiçion, e vuestra alteza rrespondió que dezian bien e gelo tenia en seruiçio, e lo mandaria ver e proueer e ordenar sobre ello commo cunpliese a vuestro seruiçio a bien e pro comun de vuestros rregnos e abreuiamiento delos pleytos. E muy alto sennor, commo quiera que vuestra alteza asi lo rrespondió, veemos que fasta agora non se ha puesto en esecuçion e pasan los negoçios segund que de ante pasauan. Por ende muy alto sennor, muy omill mente suplicamos a vuestra alteza quele plega de mandar proueer enello poniendo luego en obra la esecuçion e rremedio dello por que aya efecto la dicha petiçion.

Aesto vos rrespondo que ya sobre esto prouey estando enla villa de Areualo e mandé enbiar mi carta sobre ello ala mi abdiençia, su thenor dela qual es este que se sigue: Don Iohan por la graçia de Dios rrey de Castilla de Leon de Toledo de Gallizia de Seuilla de Cordoua de

Murçia de Jahen del Algarbe de Algezira, e sennor de Vizcaya e de Molyna: A vos los oydores dela mi audiençia salud e graçia. Bien sabedes en commo los rreyes de esclaresçida memoria donde yo vengo fizieron e ordenaron çiertas leyes, e asi mesmo yo he fecho e ordenado çiertas leyes e dado algunas mis cartas en que se contiene la orden e manera que se deue tener e guardar en esa mi audiençia, para mejor e mas ayna oyr e librar e determinar los pleytos que enella se trabtan e fazer conplimiento de justiçia alas partes a quien atanen, espeçial mente el Rey don Enrique mi visauuelo fizo y ordenó enlas cortes de Toro una ley en que se contiene quelos oydores dela dicha mi audiençia oyan los pleytos por petiçiones e non por libellos nin por demandas nin por otras escripturas, e quelos libren segund derecho e sumaria mente syn figura de juyzio, e por que ami es fecha rrelaçion que algunas vezes se non han guardado nin guardan las dichas leyes e ordenanças enesa mi audiençia, espeçial mente la dicha ley del dicho ordenamiento fecho por el dicho Rey don Enrique mi visauuelo, antes diz que conoçiedes delos pleytos e los librades e determinades por libellos, guardades la orden e solepnidad del derecho que se rrequiere enlos juyzios, lo qual es cabsa de se alongar mucho los pleytos e quelas partes non ayan nin alcançen conplimiento de justiçia. Por ende yo entiendo proueer sobre ello entendiendo que cunple asi ami seruiçio e apro e bien comun de mis rregnos, mando dar esta mi carta para vos por la qual vos mando que guardedes e cunplades las dichas leyes e ordenanças e cada vna dellas en todo e por todo segund que enellas e en cada vna dellas se contiene, espeçial mente la dicha ley fecha e ordenada por el dicho Rey don Enrique mi visauuelo de que suso se faze mençion, e en cunpliendo las veades e libredes e determinedes todos los pleytos e cabsas e questiones que en esta mi audiençia están pendientes e aella venieren en qual quier manera, oyendo los por petiçiones e non por libellos nin demandas nin por otro escripto judiçial, e quelos libredes segund derecho sumaria mente syn figura de juyzio, lo mas breue mente que ser pueda, non dando lugar aluengas de maliçia, e non fagades ende al por alguna manera so pena dela mi merçed e de diez mill mrs. para la mi camara, e cada vno delos escriuanos que continuan enla mi audiençia que tomen e tengan en sy el traslado desta mi carta, por que cada vez que conpliere se pueda mostrar e muestre enesa mi audiençia, e quel original della fagades tener e poner de manifiesto vos los dichos mis oydores enel arca delos mis sellos, e quel mi chançeller sea tenudo delo mostrar e leer publica mente en esa mi audiençia vna vez en cada anno, al qual mando quelo asi faga so pena dela mi merçed e de priuaçion del ofiçio. Dada enla villa de Areualo, quinze dias de Março anno del nasçimiento del nuestro sennor Jesu Christo de mill e quatroçientos e treynta e ocho annos.—Yo el Rey. —Yo el doctor Fernando Diaz de Toledo oydor e rrefrendario del Rey e su secretario la fiz escriuir por su mandado.—Registrada.—La qual dicha mi carta e todo lo enella contenido mando que sea avida de aqui adelante por ley e guardada commo ley.

27. Otrosy muy alto sennor, por los dichos procuradores vos fue suplicado que por quanto vuestra alteza daua quitaçiones a muchos oydores dela vuestra audiençia asi a perlados commo a legos, los quales non seruian nin continuauan sus ofiçios enla dicha audiençia, e por esta rrazon non se despachan los pleytos commo deuian, delo qual se seguian muy grandes dapnos e costas alos pleyteantes, por ende que vuestra alteza proueyese de oydores e perlados que estouiesen en ella por quelos negoçios e pleytos fuesen mejor e mas ayna despachados, segund que mas conplida mente enla dicha petiçion es contenido, e vuestra sennoria rrespondió quelo mandaria ver e proueer en breue commo cunpliese a vuestro seruiçio e bien de vuestros rregnos, e commo quiera sennor, que vuestra sennoria asi lo rrespondió fasta agora no ha proueydo; e por que muy alto sennor, esto es cosa muy conplidera a seruiçio de Dios e vuestro e muy grand prouecho comunal de todos los de vuestros rregnos e sennorios, por ende muy alto sennor, a vuestra alteza muy omill mente suplicamos quele plega delo mandar proueer en breue segund que vuestra sennoria lo respondió, e otrosi ordenando e mandando quelos tales oydores e notarios e alcalldes e otros ofiçiales dela dicha chançelleria que de vuestra alteza tienen las dichas quitaçiones, que cada que de parte de vuestra sennoria fueren llamados para seruir los dichos ofiçios, luego vayan por sus personas alos seruir por el tienpo que vuestra alteza lo tiene ordenado e ordenare o mandare, e los siruan e esten rresidentes por sus personas e non por otros sostitutos, e si lo asi non fezieren e conplieren que por el mesmo fecho pierdan las quitaçiones de aquel anno e tienpo queles fuere mandado seruir, e vuestra alteza mande satisfazer dello alos otros que continuaren e rresidieren por sus personas los dichos ofiçios.

Aesto vos rrespondo que yo lo veré e proueeré en ello commo cunpla ami seruiçio e quanto alo al que pedides, es mi merçed e mando que aquellos a quien yo mandare seruir los dichos ofiçios, los siruan por sy e non por otros algunos.

28. Otrosy muy alto sennor, vuestra alteza bien sabe que mandó or-

denar e ordenó que quales quier alcalldes o juezes o ofiçiales que de vuestra sennoria tienen ofiçios enla dicha vuestra chançelleria, quelos seruiesen e exerçiesen e administrasen por sus personas e non por sostitutos, la qual ordenança era e es muy buena e conplidera a vuestro seruiçio e a pro de vuestros rregnos e sennorios la dicha ordenança non fue nin es guardada; e agora muy alto sennor, vuestra alteza mandó rremitir e rremitió todos los pleytos pendientes en vuestra casa e corte ala dicha chançelleria, e muy alto rrey e sennor, asi por ser fecha la dicha rremision commo por otras muchas cabsas seria e es nesçesario a vuestro seruiçio e abien publico de vuestros rregnos quelos dichos ofiçiales vsasen e exerçiesen los dichos ofiçios por sus personas e non por sus sostitutos, ca sennor, los prinçipales lieuan los salarios que vuestra sennoria les da e sus sostitutos commo non han çierto salario fazen o estan prontos de fazer algunas cosas yliçitas para adquirir e aver prouecho, lo qual es grand deseruiçio vuestro e dapno de vuestros rregnos. Por ende muy alto sennor a vuestra alteza muy omill mente suplicamos, quele plega delo asi mandar e guardar e conplyr so las penas que a vuestra sennoria sobrello bien vistas fuesen por que se guarde e cunpla asi la dicha ordenança.

Aesto vos rrespondo que declaredes quien son estos por que yo mande proueer sobre ello commo cunpla ami seruiçio.

29. Otrosy muy alto sennor, los dichos procuradores vos suplicaron commo vuestra alteza ouo ordenado que ningund vuestro procurador fiscal ni promutor dela vuestra justiçia non podiese denunçiar nin querellar nin acusar de ninguna persona sin primera mente dar delator e que en otra manera las vuestras justiçias non le rresçibiesen demanda nin acusaçion ni querella ni denunçiaçion que fiziese, saluo enlos maleficios e casos notorios, lo qual non se guardaua, e que a vuestra alteza ploguiese delo querer mandar guardar e dar por ley alas dichas justiçias e villas e lugares, lo qual todo mas conplida mente es contenido por la dicha petiçion, alo qual vuestra alteza rrespondió e mandó que se guardase la ley e prematica sançion sobresto ordenada, asi enla vuestra corte e abdiençia o chançelleria commo enla vuestra casa e rrastro e en todas las çibdades e villas e lugares de vuestros rregnos e sennorios. E muy poderoso sennor, commo quiera que vuestra sennoria asi lo ordenó e mandó non se guarda, e commo la dicha ordenança sea cosa mucho justa e mucho buena e muy prouechosa a todos los vuestros subditos e naturales, por ende mui esçelente sennor, a vuestra sennoria suplicamos quele plega delo mandar guardar segund e enla manera que por la

dicha petiçion vos fue suplicado, lo qual es e será muy grand seruiçio de Dios e vuestro e muy grand prouecho comunal de todos vuestros subditos e naturales.

Aesto vos rrespondo que vosotros dezides bien e ami plaze que se faga e cunpla asi segund que me lo pedistes por merçed, para lo qual mando dar mis cartas las que para ello cunplan.

30. Otrosy muy alto sennor, por los dichos procuradores fue suplicado a vuestra sennoria quelas personas que de vuestra alteza tienen tierras e merçedes e otros quales quier mrs. que de cada dia eran cohechados por los thesoreros e rrecabdadores e arrendadores en quien eran librados, e esto que era por dar lugar aello, las vuestras justiçias non guardando enello las leyes sobre ello ordenadas, dando lugar a muchas dilaçiones e maliçias que mal çiosa mente alegauan, por ende que vuestra alteza ordenase e mandase por ley quelas vuestras justiçias guardasen las leyes sobre ello ordenadas, e que alos tales thesoreros e rrecabdadores e arrendadores non fuesen rresçebidas exebçiones maliçiosas, saluo paga o quita o espera, e que enlas esecuçiones que sobrela dicha rrazon fuesen fechas en quales quier arrendadores e sus fiadores que en caso que por ellos fuesen dados bienes con fiança, que sus cuerpos fuesen presos en quanto se les vendiesen, e que non podiesen ser dados sueltos nin fiados fasta auer pagado con las costas, lo qual se fiziese asi enlos libramientos pasados commo enlos que eran por venir, lo qual mas conplida mente es contenido enla dicha petiçion, ala qual vuestra sennoria rrespondió e mandó que se guardase e fiziese asi, saluo que alos tales fuese rrescebida paga o quita o rrazon legitima, mostrandola luego por rrecabdo çierto sin alongamiento de maliçia; e muy poderoso sennor, commo quiera que vuestra alteza mandó quela dicha paga o quita o rrazon legitima sea luego mostrada syn alongamiento de maliçia, podria ser quelas justiçias por dar fauor e lugar alos tales arrendadores, que aquel luego quelo podria alongar por alguna rrazon dando le lugar e plazo para ello, lo qual seria grand maliçia e asi non se esecutaria la ley nin el dicho vuestro mandamiento, e por que esto no aya lugar e las dichas maliçias se acorten e los vuestros vasallos e las otras personas que de vuestra alteza ouieren de auer los tales mrs. non ayan sobrello tantas contiendas ni pleytos, que vuestra sennoria annadiendo e declarando la dicha ley, declare e mande quele pueda ser dado plazo para mostrar la dicha paga o quita o rrazon legitima fasta nueue dias o mas o menos quanto a vuestra sennoria bien visto fuere, e quelo mande asi asentar por ley enlos quadernos de vuestras rrentas.

Aesto vos rrespondo que asaz está por mi bien proueydo.

31. Otrosy muy poderoso sennor, por los dichos procuradores fue suplicado a vuestra sennoria los muy grandes agrauios e males e dapnos quelos vuestros subditos e naturales rresçiben de cada dia delos vuestros alcalldes delas sacas, faziendo les escriuir los albardones de albarda e otras bestias contra el thenor e ordenança del quaderno delas sacas o en otras muchas maneras, e piden que vuestra alteza prouea en ello mandando declarar la ley del dicho quaderno que fabla cerca delos tales agrauios segund que todo mas conplida mente es contenido enla dicha petiçion; alo qual vuestra alteza rrespondió que mandaria ver el quaderno delas sacas e la dicha petiçion, e llamados los alcalldes delas dichas sacas mandaria proueer sobre ello commo cunpliere a vuestro seruiçio. E muy poderoso sennor, puesto que vuestra sennoria asi lo rrespondió fasta agora non se ha proueydo enello e los dichos agrauios non çesan e toda via se continuan e fazen segund que de ante. Por ende muy poderoso sennor, a vuestra alteza muy omill mente suplicamos quele plega quela dicha vuestra rrespuesta aya final esecuçion proueyendose del rremedio enella contenido, e quelos dichos agrauios de aqui adelante non sean fechos nin pasen segund que fasta aqui se fizieron.

Aesto vos rrespondo que vosotros dezides bien e yo lo mandaré asi fazer segund por vosotros me es suplicado.

32. Otrosy muy poderoso sennor, commo vuestra alteza verdadera mente puede ser informado, los vezinos e moradores delas çibdades e villas e logares de vuestros rregnos donde vuestra corte va, e avn los lugares de aquellas comarcas padesçen e sufren muchos dapnos e perdidas e desonrras por cabsa delas muchas e diuersas gentes que enella andan, e traen asi los perlados, caualleros, commo los otros sennores e personas que enella continuan e por tienpos çiertos vienen aella alibrar sus fechos e sobre otras cosas queles cunplen, o por que vuestra merçed les manda llamar, e asi mesmo por los thesoreros, rrecabdadores e arrendadores e letrados e otras personas que sobre sus faziendas e fechos vienen ala vuestra corte, ca por capsa dela mucha gente demasiada acaesçe quela ropa de sus camas les toman, que solamente para el huesped e a su muger e fijos dexan dos cabeçales en que dormir e duermen por los suelos, de que se les rrecresçe muchas dolençias e dapnos, e despues alas partidas, asi furtada commo rrota e maltratada se les pierde todo lo mas dela dicha rropa, asy mesmo se les destruyen e pierden las otras preseas de su casa, e les comen la paja e queman la lenna, que commo quier que algunos non ayan voluntad delo fazer mal segund la

estrechura delas posadas e la mucha gente que ay enellas non lo pueden escusar. E demas desto encaresçen las viandas en tal manera que los vezinos moradores dela tal çibdad o villa o lugares comarcanos gastan mucho mas delo que gastarian en el tienpo que vuestra. sennoria está enla tal villa o lugar, e avn despues de partida la corte por muchos dias han de conprar las cosas para sus mantenimientos con tanta careza que non lo pueden conplyr, e si estos dapnos rrecresçen alos pueblos delas tales çibdades e villas non menos alos que asi continuan enla dicha vuestra corte por los muchos e desordenados gastos que han de fazer, e demas delos gastos los muchos enojos que han de rresçebyr, que commo la gente sea mucha e tan diuersa es cabsa de muchos rroydos e muertes e fuerças que enla dicha vuestra corte se fazen. Otrosy sennor, enla tal çibdad o villa donde vuestra merçed con su gente asi está por grand tienpo les quedan destroydos sus montes e otros muchos dapnos que serian largos de escreuir. Por ende muy alto e muy poderoso prinçipe, por descargo dela santa e buena conçiençia de vuestra sennoria e pro el bien e pro comun de vuestros subditos e vasallos omill mente le suplicamos, que quiera enello proueer, e fablando con aquella rreuerençia que deuemos paresçer nos ya que vuestra sennoria por desuiar los tales dapnos deuia ordenar e mandar que cada vno delos perlados, condes e otros sennores e dende en adelante todos los vuestros ofiçiales e otras personas que mas continuada mente andan con vuestra sennoria en vuestra corte traxiesen çierto numero de gente, aquella que segund su estado e continuaçion rrazonable mente deuiese traer e asi mesmo qualquier otro grand sennor o de non tanto estado que ouiese de venir ala dicha vuestra corte por cada vna dellas cabsas sobre dichas, e asy mesmo non pudiese traer saluo çierto numero de gentes, e para esto que vuestra sennoria desde agora mandase fazer nomina delas posadas que segund aquel numero dela dicha gente deuiese ser dadas a cada vno delos dichos sennores e otras personas e non para mas, e que por aquella nomina en qual quier çibdad o villa o lugar donde vuestra alteza fuere, ora aya muchas posadas o non tantas, aposenten sin dar lugar nin acresçentar ningunas otras a persona alguna, e cada que en las tales çibdades e villas e lugares donde vuestra alteza fuere o viere conplimiento de posadas para los contenidos enla dicha nomina, que entonçe non se den ni puedan dar posadas alos tales enlas aldeas fuera dela tal çibdad o villa o lugar, pero si non ouiere conplimiento dela dicha nomina que puedan aposentar enlas aldeas mas çercanas a conplimiento della e non mas.

Aesto vos rrespondo que vosotros pedides bien e lo que cunple ami seruiçio e abien demis rregnos, e yo lo entiendo mandar ver e proueer sobre ello por la manera que cunple ami seruiçio e abien de mis rregnos.

33. Otrosy sennor, vuestra alteza sabrá que en vuestros rregnos de cada dia rrecresçen grandes dapnos e se esperan rresçebyr mas por cabsa delas muchas heredades, asi casas commo vinnas e tierras e otros heredamientos quelos perlados e abades e monesterios e yglesias e onbres de orden e de rreligion de vuestros rregnos en ellos de cada dia conpran, que commo los tales tengan mas cabdales e manera para conprar e por mayores presçios conpran los tales bienes, todos los mas concurren a ellos en tal manera, sennor, que a ningunas otras personas non conuiene fablar en ningunas conpras. E si mucho tienpo dura que enello non se prouea, lo vno por lo queles es mandado e se manda de cada dia por los que fallesçen, e por otra parte conprando quanto fallan, todas las mas e mejores heredades serán en su poder, de que muy poderoso sennor, demas de gran dapno de vuestros pueblos a vuestra merçed viene grand deseruiçio en vuestras rrentas, que delas personas quelos tales bienes tienen, es vuestra merçed seruido enlas monedas e otros pechos e seruiçios e enlas otras rrentas que a vuestra merçed han de pagar, lo qual puestos los dichos bienes en poder delos dichos monesterios e yglesias e otras personas eclesiasticas es por el contrario. Suplicamos a vuestra alteza quele plega ordenar e mandar que ningunos perlados nin monesterios e yglesias nin clerigos nin otras personas eclesiasticas non puedan conprar nin promutar nin aver por troque e canbio nin en otra manera de enagenamiento ningunos nin algunos bienes rraizes nin çensales de personas legas saluo de otros eclesiasticos, e si los conpraren que por ello paguen las monedas e pedidos, es a saber que por aquel mesmo abono por que un labrador pagaria, paguen los tales bienes en tanto quanto grado fuere, e asi mesmo quelos clerigos quelos tales bienes conpraren en tierra del Andalozia, que si fuere la conpra o conpras de bienes dela quantia por que otro lego deue mantener cauallo de premia segund la costunbre de aquella tierra, quel tal clerigo o clerigos que sean tenudo o thenudos de tener e mantener cauallo segund la dicha ordenança que vezinos dela dicha tierra pues que es para defension dela fee. Otrosy quelas tales personas eclesiasticas non puedan conprar ni conpren los tales bienes sin fazer lo primera mente pregonar enla çibdad o villa o lugar donde se conpraren, e que sean puestos por escripto ante el escriuano del conçejo dela tal çibdad o villa o lugar porque se sepa por que bienes han de pagar los dichos pechos e tributos.

Aesto vos rrespondo que yo enbiaré suplicar sobre ello a nuestro santo Padre.

34. Asi mesmo muy alto e muy poderoso principe, commo quier que todas las mercadurias e las otras cosas que se conpran e venden en vuestros rregnos de poco tienpo aca han sobido en muchos mayores presçios delo que solian valer, en espeçial los pannos mayores de lana que vienen fuera de vuestros rregnos han sobido mucho mas, en tal manera que vna vara de panno de lana asi vale quinientos o seysçientos mrs. e avn mas, delo qual comun mente a todos han rrecresçido e rrecresçen de cada dia muchos dapnos, e asi para desuiar aquestos commo por que segund nuestro entender nos paresçe ser mucho cunplidero a vuestro seruiçio, pues enlos dichos vuestros rregnos se fazen asaz rrazonables pannos e de cada dia se farán muchos mas e mejores, paresçe nos que vuestra alteza deuiese ordenar e mandar que ningunos pannos de lana de qual quier suerte que fuesen, non entrasen en vuestros rregnos por mar nin por tierra nin se vendiesen en ellos, saluo delos pannos que en los dichos vuestros rregnos se fazen, pues razonable mente con ellos pueden pasar, e que vuestra sennoria mandase que ningunas lanas non saliesen delos dichos vuestros rregnos por mar nin por tierra e a ningunas otras partes, so mui grandes penas, que commo quier muy poderoso sennor, que de presente ouiese menoscabo en algunas vuestras rrentas, andando el tienpo rrecresçerian muchos mas prouechos, asi por que muchas gentes avrian en que beuir e vuestro rregno se poblaria e ennobleçeria mucho; mas commo por que despues que de otros pannos non conprasen valdrian mucha mayor quantia vuestras alcaualas, e vernian muchos ofiçiales de otras partes a vuestros rregnos que ante de mucho tienpo averia tan buenos pannos que de aqui se leuarian a otras partes. Plega a vuestra sennoria mandar ver e proueer enello.

Aesto vos rrespondo que yo lo mandaré ver e proueer sobre ello commo cunpla a mi seruiçio.

35. Otrosi sennor, commo sea notorio en vuestros rregnos la grand quantia de moneda de oro que dellos saie para la corte del Papa delas medias natas que se han de pagar al Papa e otros derechos, e para otras muchas cosas, lo qual es cabsa de sobyr la dicha moneda de oro a muy grandes presçios, e sy en vuestros rregnos ouiese algunas personas que touiesen canbios en Genoua o en Venesçia o en Florençia o en Çaragoça o en Barçelona o en Valençia, e asi mesmo touiesen otros camios aca en vuestros rregnos seria cabsa que no saliese tanta moneda de oro, saluo en mercadurias, plega a vuestra merçed mandar ver e tratar con algu-

nos mercadores de Burgos o de Seuilla o Toledo o algunas otras partes que tomen el dicho cargo, delo qual podria rrecresçer mucho seruiçio a vuestra alteza.

Aesto vos rrespondo que vosotros dezides bien e yo mandaré fablar enello por manera que se faga lo que cunpla ami seruiçio e abien comun de mis rregnos.

36. Otrosi muy poderoso sennor, bien sabe vuestra alteza los grandes cargos e trabajos quelos rregidores e escriuanos del conçejo delas çibdades e villas de vuestros rregnos tienen e han por rrazon delos dichos ofiçios, los quales trabajos son en tanto grado que por rrazon dellos han de ser sienpre rresidentes enlos pueblos, e sus conçiençias e faziendas sienpre estan ofresçidas a grandes peligros, e por que rrazonable cosa es quelos que tal carga tienen ayan alguna remuneraçion por ello, e en sus pueblos algunas onrras e graçias e preuillejos, commo se acostunbran aver en otras partes fuera de vuestros rregnos. Por ende muy poderoso sennor, muy omill mente suplicamos e pedimos por merçed a vuestra alteza que cada que vuestra sennoria o el prinçipe vuestro fijo, o la rreyna o alguno o algunos capitanes fueren a cada vna delas dichas çibdades e villas e lugares de vuestros rregnos, de yda o estada o pasada o en otra qual quier manera, quelas casas de morada delos dichos rregidores e escriuanos del conçejo e delas duennas viudas que sean guardadas e rreleuadas de huespedes, e que vuestra alteza non mande aposentar enellas a persona alguna nin los vuestros posentadores nin dela dicha sennora rreyna nin del dicho sennor prinçipe aposenten en ellas ni en alguna dellas a persona alguna, e que vuestra alteza lo otorgue asi por preuillejo a cada çibdad e villa de vuestros rregnos, e asi mesmo sennor, por que en alguna delas dichas çibdades e villas ha algunas calles e casas francas de posadas, asi por preuillejos e cartas delos rreyes vuestros anteçesores e de vuestra sennoria commo de vso e de costunbre, lo qual sienpre les fue guardado, que vuestra sennoria mande que sean guardadas las dichas franquezas e cartas e preuillejos e vsos e costunbres e queles non sean quebrantados.

Aesto vos rrespondo que yo los mandaré escusar en quanto ser pueda cada quel caso se ofresca.

37. Otrosy muy poderoso sennor, sepa vuestra alteza que muchas çibdades e villas lugares de vuestros rregnos e sennorios que son dela vuestra corona rreal, tienen preuillejos e ordenanças antiguas e vsos e costunbres guardadas e aprouadas de luengos tienpos e de tanto tienpo aca, que memoria de ommes non es en contrario, que ninguna ni algu-

na persona o personas de qual quier estado o condiçion que sean non puedan meter ni metan vino nin mosto nin vuas enlas dichas çibdades e villas e lugares de fuera parte del termino de ellas nin enotra manera alguna contra el thenor e forma delas dichas ordenanças e costunbres antiguas, so çiertas penas enlas dichas ordenanças e costunbres contenidas, e en algunas delas dichas çibdades e villas las dichas penas se arriendan e son delos propios del conçejo. E muy poderoso sennor, commo quiera quelas dichas çibdades e villas e lugares e la justiçia e rregidores e pueblo comun dellas, por mejor guardar las dichas ordenanças, lo arriendan e ponen sobrello muy grandes guardas e premias por que se guarde asy, los perlados e clerigos e benefiçiados e otras personas eclesiasticas e de Ordenes e de otros estados que non son de vuestra juridiçion, e eso mismo otros caualleros e personas de grandes estados e poderosos non lo quieren guardar, vsando poderosa mente cada vno de su rrigor e fuerça espeçial mente los dichos clerigos e otras personas de las Ordenes, diziendo que non son tenudos de guardar las dichas ordenanças nin son sometidos a ellas ni ala vuestra juridiçion rreal, e de fecho non curando dela guardar, meten e mandan meter el dicho vino e mosto e vuas delos lugares que non deuen e commo non deuen contra las dichas ordenanças, delo qual muchas vegadas se han seguido e siguen de cada dia muchos debates e pleytos e contiendas e fatigaçiones alos pueblos e avn grandes rruydos e peleas e otros escandalos que son en gran peligro delos omes. E muy esçelente sennor, commo en todos los vuestros rregnos e sennorios vno delos grandes bienes comunes dellos e por quelas gentes mucho se mantienen e los pecheros han con que vos seruir e pagar los pedidos e monedas e otros pechos e derechos, e asi mesmo las vuestras rrentas delas alcaualas valen mucho mas, asi es por cabsa delos dichos vinos, ca quando los labradores quelos labran los venden sin enbargo alguno, pagan vuestras alcaualas derecha mente e asi mesmo los otros pechos e derechos, lo qual non fazen los clerigos nin las otras personas de Ordenes, poderosas, quelas non quisieren pagar encobriendo las e negando las, alo qual da ocasion por quelas vuestras justiçias e los vuestros arrendadores non entran ni osan entrar en sus casas e bodegas, e lo que peor es faziendose esentos de non pagar las dichas alcaualas, diziendo quelos tales vinos que asi ençierran e venden quelos han de sus diezmos e de sus rrentas e labranças e de sus benefiçios e quelo pueden meter enlos dichos lugares, non enbargante las dichas ordenanças, asi que dela vna parte con los dichos sus atreuimientos quebrantan e non guardan las costunbres e ordenamientos e preuillejos delas dichas çibdades e villas e lugares, e dela otra parte fazen se esentos e encubren e non quieren pagar las dichas vuestras alcaualas, delo qual viene a vuestra alteza muy gran deseruiçio e alos vuestros arrendadores muy grandes dapnos. E muy alto sennor, commo sea muy justa cosa e rrazonable, e los derechos asi lo quieren, quelos que biuen en el pueblo e tras vn çercoyto que todos sean vniformes e de vn coraçon e de vna voluntad para el bien publico comun del pueblo, non está en rrazon que pues los tales clerigos e otras personas biuen en las vuestras çibdades e villas e lugares e so vuestra juridiçion, dela qual ellos mucho se aprouechan e por ella son defendidos e anparados, quelos tales sean contra las tales ordenanças e vsos e costunbres antiguas e preuillejos e cartas quelas dichas vuestras çibdades e villas e lugares donde ellos moran tienen sobre rrazon del dicho vino, nin es justiçia que enlos tales fechos non sean comunes nin yguales con todos los otros del pueblo e que guarden las dichas ordenanças pues fueron e son fechas antigua mente por prouecho comun de todo el pueblo. Por ende muy poderoso sennor, a vuestra alteza muy omill mente suplicamos quele plega de mandar guardar e que sean guardadas alas dichas çibdades e villas e lugares de vuestros rregnos las dichas sus ordenanças e vsos e costunbres, e cartas e preuillejos que tienen sobre rrazon de meter e guardar el dicho vino, asi mesmo quales quier otras ordenanças que sobre la dicha rrazon de aqui adelante fueren fechas por la justiçia e rregidores de cada çibdad e villa e lugar para quel dicho vino e mosto e vuas non entren en ellas contra el thenor e forma delas dichas ordenanças, enel qual caso sean tenudos delo guardar todos los que moraren enlas dichas çibdades e villas e lugares de vuestra corona rreal e en sus juridiçiones e otras quales quier personas de qual quier estado o condiçion e preheminençia o dignidad que sean so las penas contenidas enlas dichas ordenanças, las quales penas mande quelas vuestras justiçias las esecuten contra quales quier personas de qual quier estado que en ellas cayeren.

Aesto vos rrespondo que es mi merçed, e mando que se guarden las leyes sobresto ordenadas para lo qual mando dar mis cartas en forma para las çibdades e villas e lugares de mis rregnos las que para ello cunplan.

38. Otrosy muy poderoso sennor, sepa vuestra alteza que por los grandes trajes e vestuarios de rropas e pennas e otras guarniçiones de plata e de oro quelos pecheros de vuestros rregnos, conuiene asaber ofiçiales que labran por sy e por otros, por ofiçios de sus manos e sus mu-

geres dellos, e otrosi los labradores e sus mugeres e sus fijos e fijas, e todos ellos vsan e traen continua mente ensus rropas e vestiduras e son muchos dellos gastados e perdidos; ca por mantener los tales trajes se desfazen delos cabdales que tienen e lo lançan sobre las dichas sus mugeres e fijas, por tal manera que quando los vuestros pechos e derechos e pedidos e monedas se han de rrepartyr e coger, a muchos dellos non fallan otros bienes en quelos abonar, saluo tan sola mente enlos tales pannos e vestuarios, delo qual se siguen muy grandes costas e dapnos a todo el pueblo comun e a vuestra alteza mucho deseruiçio. E muy alto sennor, por quitar los tales dapnos e por quelos tales ofiçiales pecheros e labradores se ordenen e trayan onesta mente en sus trajes ellos e sus mugeres e fijos e fijas, con deuida rreuerençia fablando, nos paresçe que vuestra alteza deue ordenar quelas mugeres delos tales ofiçiales pecheros e sus fijas e las mugeres delos otros labradores pecheros, que estas atales non trayan faldas rrastrando enlas ropas nin trayan pennas veras nin martas nin arminnos nin grises nin veros nin foynas nin otras pennas rricas nin forraduras, nin guarniçiones de oro nin de aljofar nin de seda, saluo çendales, nin eso mismo trayan las dichas cosas las otras mugeres de poco estado nin las mançebas delos clerigos nin las judias nin las moras, so las pennas que vuestra alteza sobre ello mandare ordenar, pero que esto non se entienda alos moros e moras del rregno de Murçia e delas villas e castillos que son agora nueua mente ganados delos moros o se ganaren adelante. Por ende muy esclaresçido sennor, a vuestra merçed suplicamos quele plega delo mandar asi ordenar e mandar e guardar en todos los otros vuestros rregnos e sennorios con tales penas e firmeças e esecuçion dellas por que se guarde asy.

Aesto vos rrespondo que yo lo mandaré ver e proueer çerca dello commo cunpla ami seruiçio e abien comun de mis subditos e naturales.

39. Otrosi muy poderoso sennor, acatando muchas inconuenençias e dapnos que muchas vegadas delo contenido en este capitulo se sigue alas çibdades e villas e lugares de vuestros rregnos cada que vuestra alteza ende va o está, muy omill mente le suplicamos quele plega de ordenar e mandar que cada que vuestra sennoria o la sennora rreyna, o el prinçipe vuestro fijo, o otros quales quier capitanes, asi en tienpo de paz commo de guerra, venieren alas dichas çibdades e villas e lugares que vno o dos rregidores e otros dos buenos omes dela tal çibdad o villa o lugar, quales los rregidores nonbraren, anden con los vuestros posentadores a dar e rrepartyr las posadas alas personas quelas ouieren de aver por vuestra nomina e mandamiento o delos dichos sennores, por que se

den e rrepartan aquien e commo vuestra alteza lo ordenare e mandare e non enotra manera, e asi mesmo enlos lugares delas fronteras se faga e guarde quando algunos capitanes ende fueren con gente de armas; otrosi eso mesmo cada que se aya de rrepartyr rropa e paja para los dela vuestra corte o capitanes por las tales çibdades e villas e lugares e fronteras e por sus tierras e aldeas, que esten al tal rrepartimiento los dichos dos rregidores, e las otras dos buenas personas, quales la tal çibdad o villa o lugar para ello nonbraren, los quales firmen enlos alualas con los vuestros alcalldes e aposentadores que ouieren de fazer el dicho rrepartymiento o con los dichos capitanes o con los que ellos para ello nonbrasen, enlo qual muy poderoso sennor, vuestra sennoria administrará justiçia e atodos vuestros rregnos fará mucha e singular merçed.

Aesto vos rrespondo que yo mandaré tener çerca dello la orden que cunpla por quelos tales inconuenientes çesen.

40. Otrosy muy alto sennor, sepa vuestra alteza que en todos los vuestros rregnos e sennorios en el tienpo presente de agora es muy grand carestia de pan, asi por rrazon delos tenporales que non han acudido para gouernaçion dela tierra e frutos della commo deuian natural mente, commo por rrazon dela grand saca que se faze del dicho pan asi por mar commo por tierra para los rregnos de Aragon e de Nauarra e de Portogal e para otras partes, el qual pan se saca en tanta suma e por tantas e tales maneras e con tanto afyncamiento, que en muchos lugares e comarcas de Andalozia e delas dichas fronteras de Aragon e de Nauarra e de Portogal de pocos dias aesta parte ha pujado e sobido la fanega del pan la meytad o las dos partes mas de quanto valia, e de dia en dia puja e sube e pujará e subirá cada dia mas si enello remedio non se pone; e muy poderoso sennor, commo por ley deuina e por ley natural natural mente todos los omes somos tenudos de aver mas caridad con nosotros mismos antes que con otros estrannos, e commo si el mantenimiento del pan en qual quier grado fallesçiere non podriamos beuir, por ende muy alto sennor, porque por fallesçimiento de buen rregimiento e gouernaçion los vuestros subditos e naturales non vengamos nin cayamos en tal fallesçimiento, acatando los muy grandisimos males e dapnos que dellos se podrian seguir alos dichos vuestros rregnos, subditos e naturales, muy omill mente suplicamos a vuestra sennoria quele plega mandar vedar la dicha saca del pan, para que no sea sacado ni leuado aninguna parte fuera delos dichos vuestros rregnos e sennorios, lo qual será muy grand vuestro seruiçio e muy grand prouecho comunal de todos los vuestros subditos e naturales.

Aesto vos rrespondo que yo ya he proueydo sobre ello por la manera que cunple ami seruiçio.

41. Otrosy muy poderoso sennor, bien sabe vuestra alteza commo los vuestros arrendadores mayores que arriendan las vuestras rrentas delas alcaualas e monedas e terçias e diezmos e aduanas e almoxarifadgos e otras rrentas o derechos que a vuestra sennoria pertenesçen, cada que arriendan las dichas rrentas son tenudos de dar fianças asi en bienes commo en otra manera; e asi mesmo los vuestros rrecabdadores, muchas vezes acaesçe que quando le son dados los ofiçios de rrecabdamientos, vuestra alteza manda que den fianças para lo qual los dichos arrendadores e rrecabdadores han menester de catar por sus amigos e parientes e otras personas las tales fianças, asi de bienes commo de mrs. delos quelas tales personas que dan las dichas fianças tienen de vuestra alteza, lo qual se suele asi acostunbrar e sienpre se vsó e acostunbró enlos vuestros rregnos, e muchos caualleros e otros sennores e personas eran mucho plazenteros de fazer e fazian e dauan las tales fianças alos tales rrecabdadores e arrendadores; e muy poderoso sennor, por quanto agora en estas albaquias pasadas los tales caualleros e otras personas que avian e acostunbrauan de fazer las dichas fianças e otros algunos quelas entendian fazer a sus parientes e amigos quando el caso veniese, han visto que de muy luengos tienpos e muchos annos fueron e son agora demandadas las dichas fianças alos tales quelas fezieron e a sus herederos e a sus bienes, delos quales muchos dellos asi los prinçipales debdores commo los fiadores eran muertos, e no ouo ninguno que sopiese dar rrazon nin mostrar pagas delas tales fianças por ser fechas e obligadas de luengos tienpos e muchos annos, por lo qual muchos herederos de muchas personas delos tales fiadores que eran pasados de esta presente vida ouieron agora enlas dichas albaquias de pagar las tales fianças, deuiendo o non deuiendo, alo qual dió causa el alongamiento del mucho tienpo pasado en que se non demandaron las dichas fianças, ca si se demandaran con tienpo cada vno sopiera dar rrazon de si, espeçial mente los arrendadores e rrecabdadores aquien fueron dadas e fechas, las quales pudo ser auer pagadas las rrentas o ofiçios en quelas obligaron; e sy en tienpo fueran rrequeridos podieran lo mostrar e agora por ser fallesçidos e fallados los rrecabdos enlas arcas e escripturas delas dichas albaquias, tornan los a demandar e pagaron los otra vez, e por esta rrazon muchas personas se han dexado e dexan de fazer las tales fianças enlas tales rrentas mayores e rrecabdamientos alos dichos arrendadores e rrecabdadores en tal manera, que asy ninguno no quieren dar la tal fiança, diziendo quela

llan por que se pasan syn los pagar, e despues que asi pasados salen e van en pos dellos, e dizen que por que pasaron syn pagar los tales portadgos e derechos, que perdieron por descaminados todos los averios e cosas que pasaron, por la qual rrazon gelo toman e rroban todo quanto lieuan syn ninguna piedad, lo otro por quanto non tan sola mente los dichos rrobos e males por nonbre delos dichos portadgos e otros derechos se fazen enlos lugares e pasajes antiguos donde los tales derechos antigua mente se acostunbraron sacar, mas avn agora nueua mente de poco tienpo a esta parte, muchos caualleros e sennores e otros omes de grandes estados han puesto e ponen en sus tierras e pasajes de sus caminos e puentes nueuos portadgos e pasajes e otros derechos syn aver para ello abtoridad nin vuestra licençia e mandado; lo otro, por quanto enlos tales portadgos e otros que dizen derechos no quieren guardar los preuillejos e franquezas e cartas e libertades quelos rreyes vuestros anteçesores pasados e vuestra alteza dieron a muchas çibdades e villas e lugares e personas syngulares delos vuestros rregnos e sennorios, ante de fecho, van e pasan contra ellos e los quebrantan, e por rrazon dello fatigan e enojan alos quelo lieuan, e asi mesmo los que tienen e lieuan los derechos delos barcajes e pasajes delos rrios e pasajes dellos, non guardan en ello orden ni rregla alguna, antes lieuan delos que pasan agora, sean omes e mugeres o bestias o quales quier otras cosas o mercadurias, todo quanto quesieren a pedir de sus bocas, enlo qual non guardan regla nin orden nin derecho ni conçiençia alguna, saluo tan solamente vsar de su querer e propias voluntades, e esto es vn grand mal e mucho contra toda rrazon e derecho, ca de presumir es quelos rreyes e prinçipes e sennores que antigua mente los tales portadgos e rrodas e peajes e pasajes e barcajes e otros semejantes derechos ordenaron, que rregla e orden çierta e moneda tasada pusieron e nonbraron que enlos tales lugares de cada cosa se leuase, e non lo dexaron nin dieron por vsar e leuar dello segund las voluntades de aquellos cuyo interese era o ser podiese, por las quales rrazones e por otras muchas que son muy luengas de escreuir enlos dichos rregnos e sennorios son fechos e se fazen de cada dia muchos agrauios e syn rrazones, e muchos descaminados e rrobos e otras cosas mucho feas e malas e mucho contra todo derecho e justiçia, lo qual a vuestra alteza commo muy alto e soberano sennor pertenesçe de rremediar, por que tantos e tales feos e graues males e dapnos e rrobos contra toda justiçia e derecho no se fagan, e que cada vno asi el pobre commo el rrico, e el pequenno commo el grande, aya e le sea guardada su justiçia, e fuerça nin agrauio nin syn rrazon non sea fecha. Por ende muy alto prin-

sobre esto fablan para lo qual mando dar mis cartas en forma para todas las çibdades e villas e lugares de mis rregnos e sennorios asi rrealengos commo abadengos e Ordenes e behetrias e otros sennorios quales quier, para quelas guarden e cunplan, e que vosotros declaredes las personas e los lugares por que yo mande sobre ello proueer commo cunple ami seruiçio e a bien comun de mis rregnos.

43. Otrosy muy alto sennor, commo quiera que segund derecho e leyes ordenadas los que van por camino derecho puesto que non paguen los portazdgos e semejantes derechos enlos lugares acostunbrados quando non les fueren demandados nin por eso non pierden ni deuen perder por descaminado las cosas que lieuan, e commo quiera que esto asi sea e ansi se deua guardar, los que sacan e rrecabdan los dichos portazdgos maliçiosa mente e con grand cobdiçia desordenada non quieren estar nin demandar los dichos portazdgos enlos tales lugares acostunbrados e de fecho se asconden por quelos caminantes pasen sin pagar los dichos portazdgos e despues van enpos dellos e en el camino derecho les toman lo que lieuan por descaminados, diziendo que pasaron e non pagaron el portazdgo en el lugar acostunbrado. Por ende muy alto sennor a vuestra alteza suplicamos quele plega de ordenar e mandar que los que fueren por camino derecho acostunbrado que puesto que non paguen el portazdgo en el lugar o lugares donde se acostunbra pagar que por ello non aya descaminado nin pierda cosa alguna delo suyo, saluo tan sola mente pagar su derecho e portazdgo e otros derechos e non mas.

Aesto vos rrespondo que es mi merçed e mando que se den mis cartas en forma para que se guarden las leyes sobresto ordenadas.

44. Otrosy muy alto sennor, sepa vuestra alteza quelos vuestros alcalldes dela vuestra corte e rrastro e asi mesmo la vuestra chançilleria acostunbra leuar dela pena del plazo alos que antellos son llamados e enplazados sesenta mrs. a cada vno, lo qual es muy grand dapno atodos los de vuestros rregnos. Por ende muy alto sennor, a vuestra merçed suplicamos quele plega de mandar tornar los dichos plazos e derechos dellos a quantia de doçe mrs. e non mas, que es presçio conuenible asi para lo quelos han de pagar commo para los quelos han de leuar, en lo qual sennor, vuestra alteza administrará justiçia e atodos los de vuestros regnnos fará mucha merçed, e asi mesmo quelo guarden los capitanes enlas fronteras e non lieuen mas delos dichos plazos.

Aesto vos rrespondo que es mi merçed, e mando que se guarde lo que sienpre se acostunbró guardar enlos tienpos pasados.

chos diezmos que demandan e lieuan commo non deuen commo delos otros dapnos delas excomuniones por donde matan tantas animas, e pues muy alto sennor, ellos desfallesçen con muy poca caridad enla cura de las animas, a vuestra alteza plega que por vuestra mano sean rreparados los tales males e las dichas animas non se pierdan, e sobre todo vuestra alteza mande proueer e rremediar, lo qual será muy grand seruiçio de Dios e vuestro e mucho prouecho delas animas delos vuestros subditos e naturales.

Aesto vos rrespondo que yo entiendo suplicar sobre todo esto a nuesmuy santo Padre.

46. Otrosy muy alto sennor, commo toda la clerezia de vuestros rregnos e sennorios biua en ellos e enlas çibdades e villas e lugares de vuestra corona rreal, e se aprouechen dela vuestra justiçia para sus negoçios e defendimiento de sus personas e de sus familiares, e asi mesmo de los muros e çercas tras que se acogen e biuen, e delas puentes e delos montes e delos terminos delas tales comunidades delas tales çibdades e villas e lugares do moran, acaesçe quelos dichos comunes ayan menester algunas quantias de mrs. para pagar el salario dela justiçia e para rreparar las puentes e çercas, e asi mesmo para conprar e defender los dichos terminos e montes, delo qual todo ellos vsan e se aprouechan, e les es asi comun commo alos otros legos, los quales mrs. para las dichas cosas se han de rrepartyr e rreparten por todo el pueblo, por que es interese e prouecho de todos en esto tal, ellos non quieren pagar ni avn consienten nin quieren que paguen los sus familiares legos, diziendo que son esentos ellos e los dichos sus familiares e que no deuen pagar en ninguna cosa delas sobre dichas, e con esta entençion e porfia pasan e quieren pasar, e por esto non dexan de se aprouechar dela dicha vuestra justiçia e delos otros bienes comunes segund quelos otros legos, e si sobre ello alguna premia les es fecha, fazen tantas fatigaçiones e descomuniones e entredichos enlos pueblos que antes los dexan pasar con su entençion que non contender con ellos nin ser descomulgados nin entredichos. Por ende muy alto sennor, notificamos lo a vuestra sennoria ala qual muy omill mente suplicamos quele plega de proueer en ello commo cunpla a vuestro seruiçio e abien de vuestros rregnos, por tal manera que pues biuen e se mantienen enlos vuestros pueblos e han partiçipaçion delas cosas comunes sobre dichas commo lo han los legos, que asi sean comunes commo ellos en contribuyr e pagar en todas las cosas nesçesarias e conplideras para bien e pro comun delas cosas sobre dichas.

quier dellos syn pena e calupnia alguna, e si algunos non quisieren pagar las dichas penas o non se quesieren consentyr prendar los dichos ganados por ellas, quelas justiçias delos tales lugares esecuten por ellas enlas personas e bienes delos tales quelas non quesieren pagar o se dexar prendar por ellas; e que sobre esto vuestra alteza mande dar sus cartas en forma para las çibdades e villas e lugares quelas quesieren para que se guarde e cunpla e esecute asy.

Aesto vos rrespondo que es mi merçed, e mando e ordeno que se faga e cunpla asi segund que me lo pedistes por merçed, tanto que fechas las prendas se lleuen luego ante la justiçia dela tal çibdad o villa o lugar do esto acaesçiere para que fagan'lo que sea derecho.

48. Otrosy muy poderoso sennor, por quanto muchos corregidores e pesquiridores e juezes comisarios que vuestra merçed ha dado, asi sobre rrazon delos terminos commo sobre otras cosas, asi mesmo otras personas que vuestra alteza ha enbiado con bastantes poderes a rrepartyr e manferir vallesteros e lançeros e galeotes e carretas e otras nesçesidades semejantes e prouisiones de pan e vino e carnes e bestias e ommes para lo leuar pertenesçientes alas guerras, han fecho e fazen de cada dia muchos cohechos e ynfintas e colusiones e cosas non deuidas en grand vuestro deseruiçio e dapno delas çibdades e villas e tierras, donde los tales han ydo, e si enello non ouiese algund escarmiento o castigo se atreuerian los de aqui adelante alo semejante fuese de cada dia a mayores males; e si algunos han bien vsado seria causa de se corronper, veyendo que nin los malos auian pena por cosa que enlo semejante fiziesen, nin los buenos eran ental caso conosçidos, si mas non para vuestra merçed saber de quien podia fiar. Muy omill mente suplicamos a vuestra alteza que asi para enlo pasado alos dichos corregidores e pesquiridores e comisarios de dos o tres o mas annos aca, los que vuestra merçed mejor entendiere, e alas otras personas que fueren a fazer los dichos rrepartimientos por cabsa delas guerras auidas de siete o ocho annos a esta parte, e asi mesmo para los que adelante vuestra merçed enlo semejante ouiere de enbiar, le plega de mandar en todo ello proueer enla manera siguiente.

Aesto vos rrespondo que yo mandaré saber la verdad e proçeder contra los culpantes por manera que a ellos sea escarmiento e a otros enxenplo e se non atreuan a fazer lo tal nin semejante.

49. Primera mente sennor, quanto toca alos dichos corregidores que por quanto las leyes que fablan de esto non los costrinnen a fazer por si mesmos las rresidençias nin a dar fiadores de pagar quales quier cohechos e cosas non deuida mente leuadas, parten e se van a sus tierras syn fazer

do e conplido lo que por vuestra merçed les fuere mandado, que sin los mas oyr, nin los dapnificados aver menester mas proeuas, sean thenudos a satisfazer todos los querellosos, e que vuestra merçed los mande penar enlos cuerpos commo fallare que cunple a vuestro seruiçio, e que nunca mas vuestra merçed dellos confie en semejantes ofiçios nin en otras cosas; pero sennor, por quanto podria acaesçer quelos dichos corregidores poniendo por si enlos dichos ofiçios a personas bien famadas e abonadas e tales que pensasen que vsarian derecha mente sin fazer a su entender ningunas cosas non deuidas, que seyendo en aquellos los errores syn su sabiduria, quelos tales yncurran enlas dichas penas e sean obligados por si e por sus bienes a pagar e conplir lo suso dicho, e non los dichos corregidores, saluo lo que se fallase ser fecho por ellos mesmos o por su mandado o consentimiento, para lo qual plega a vuestra merçed que cada que ouiere de enbiar los tales corregidores, enbie ala çibdad o villa o lugar o tierra do fueren, vuestras cartas incorporando enellas lo suso dicho por quelo sepan, e mandando les so las dichas penas que do los tales rregidores non guardaren e cunplieren lo suso dicho, que vos lo fagan luego saber por quelos males non se encubran e vuestra merçed los escarmiente.

Aesto vos rrespondo que yo entiendo proueer por corregidores buenas personas tales quales pertenescan, los quales es mi merçed e mando e tengo por bien que sean tenudos de dar fiadores segund las leyes de mis rregnos mandan. E yo les entiendo mandar jurar en mi presençia al tienpo quelos proueyere delos tales corregimientos que vsarán bien e fiel mente delos dichos ofiçios e se avrán bien en ellos guardando justiçia.

50. E que çerca desta manera e delas mesmas penas e condiçiones plega a vuestra sennoria que se tenga enlas personas escogidas que de aqui adelante vuestra merçed ouiere de enbiar por comisarios o pesquiridores o rrepartidores o manferidores delas cosas suso dichas o de otras quales quier conplideras a vuestro seruiçio, enlo qual todo asi fazer demas de se siguir dello grand seruiçio a Dios e a vuestra merçed e grand pro e bien de vuestros rregnos e sennorios, será buen enxenplo para quelos de buen vsar se esfuerçen e cresçan enel bien e los otros non se atreuan a fazer lo que non deuen.

Aesto vos rrespondo que yo entiendo enbiar alo tal buenas personas e rresçebir dellos juramento al tienpo quelos enbiare alos tales ofiçios que vsarán fiel mente dellos.

51. Otrosy muy poderoso sennor, pues todas las cosas de que se pue-

deuian poner por quelos vuestros pechos e derechos se cobrasen e non se encobriesen e los pueblos no fuesen fatigados allende de rrazon e que vuestra alteza mandaria proueer en ello. E muy poderoso sennor, sepa vuestra alteza quelos dichos pueblos son fatigados e maltratados por rrazon delas dichas monedas por las rrazones que se siguen. Lo primero, por que comun mente vuestra alteza sienpre manda coger las monedas en tres plazos, e manda que en cada collaçion se fagan tres padrones e se den tres cogedores conuiene asaber, delas primeras monedas vn enpadronador e vn cogedor a asi semejantes delas segundas e postrimeras, los quales enpadronadores e cogedores han de ser dados e nonbrados en çiertos dias e tienpos limitados e so çiertas penas contenidas en el vuestro quaderno; e acaesçe muchas vezes que en muchas collaçiones e lugares non han tantos nin tales vezinos que puedan fazer nin coger los dichos padrones, asi cada vno sobre sy por ser pocos e non abonados los vezinos dela tal collaçion o lugar, por lo qual encomiendan a vno que los faga todos e los coja, e por esto el arrendador que arrienda las dichas monedas e pesquisa dellas dize que por que en el tal enpadronar e coger non se guardó la forma dela ley e ordenança del vuestro quaderno, que el conçejo e enpadronadores e cogedores cayeron enla pena del dicho quaderno por cada vegada, e asi desta rrazon saca vn achaque por donde fatigan e cohechan al tal conçejo o collaçion e enpadronadores e cogedores. Lo otro, por quanto la ley de vuestro quaderno manda que el pechero que ouiere quantia de çiento e çinquenta mrs. que pague las primeras çinco monedas, e asi aeste rrespecto las otras segundas e postrimeras, e acaesçe muchas vegadas que quando primera mente se enpadronan las dichas monedas que muchas personas non son nin las fallan los enpadronadores abonadas en ninguno delos dichos tres padrones e ponenlo por non quantioso e asi quedan para la pesquisa, e despues al tienpo del fazer dela pesquisa puede ser quel pesquiridor lo falla abonado en quantia delos dichos çiento e çinquenta mrs., e pone lo por abonado enellas e asi puesto condenan le a pagar por ellos todas quinçe monedas que montan segun Castilla çiento e veynte mrs., e en el rregno de Leon nouenta mrs., o por auentura el arrendador faze lo abonado enlos dichos çiento e çinquenta mrs., e asi abonado da le el abono que son los dichos çiento e çinquenta mrs., delos quales el luego se entrega delos dichos çiento e veynte mrs. o nouenta que asi montan las dichas quinze monedas, e tornale treynta o sesenta mrs. por los quales le toma o lieua todos sus bienes quantos ha, e asi queda el pechero perdido e syn quantia alguna, que el dicho arrendador lo gana todo por

quelas enpadronen todas, qual ellos entendieren que mas cunple, e asi mesmo los cogedores para las coger e los pesquiridores para fazer la pesquisa faziendo cada padron sobre sy e en sus tienpos por que en ello non aya falta nin encubierta alguna. Lo otro, que enla carta o quaderno sea declarado e limitado el tienpo en que ha de durar el enpadronar e abonar delas dichas monedas, conuiene asaber, que desdel dia dela data dela carta que será dada para mandar coger lo çierto delas dichas monedas que dende fasta en fyn del dicho anno dela data dela dicha carta dure el enpadronar e abonar dellas, en tal manera que todas las personas que durante aquel anno fueren tenudas e abonadas para pagar las dichas monedas e fueren dadas por abonados enellas, que estos atales sean tenudos delos pagar e las paguen, e los cogedores e arrendadores gelas demanden, e las otras personas que dentro enel dicho anno non fueren puestas por abonadas, que despues que pasado el dicho anno e puesto que sean falladas abonadas, que non sean tenudos delas pagar nin las paguen, pues que dentro del dicho anno non fueron falladas abonadas nin sean tenudos delas pagar e queden quitos dellas. Lo otro, que despues del dicho anno si vuestra alteza ordenare quela cogeta dellas dure mas por algund tienpo, que esto sea para coger los mrs. quelas personas abonadas o demandadas dentro enel dicho anno deuieren en que fueren abonados e condepnados o avenidos, mas non para que enel tal tienpo se puedan enellas abonar nin demandar a persona alguna, por quanto el anno del otorgamiento dellas es conplido o espirado, e despues de conplido el dicho tienpo dela dicha cogeta que dende en adelante non sea prorrogado el dicho termino e cogeta por ninguna manera. Lo otro, que al tienpo que el arrendador ouiere de coger la pesquisa e rredro saca de las dichas monedas, que sea tenudo delas coger por el padron e pesquisa, que el pesquiridor que fuere dado para la dicha pesquisa fiziere ental manera quela persona o personas quel pesquiridor diere por abonadas en qual quier quantia quelas abonare, que aquello pueda coger e demandar el arrendador e non mas, e las otras personas quel dicho pesquiridor fallare que non son quantiosos e las posieren por non quantiosas, que aquellas tales despues non las pueda demandar nin demande el dicho arrendador, pues quel dicho pesquiridor non las fizo abonadas, pero que si antes quela dicha pesquisa sea fecha por el dicho pesquiridor el dicho arrendador quisiere demandar alas tales personas por juyzio, que las pueda demandar, e el pechero sea tenudo dele rresponder, tanto que la demanda non sea por escripto, saluo sola mente que el juez conosca dello e libre sumaria mente syn estrepito e figura de juyzio, sola mente

delas personas que biuen e moran en algunas delas vuestras çibdades e villas de vuestros rregnos e sennorios que son dela vuestra corona rreal tienen muchos heredamientos en algunas villas e lugares de sennorios, asi heredades de tierra de pan leuar e vinnas commo casas e prados e fueros e otros derechos e cosas queles pertenesçen, los quales han rresçibido e rresçiben cada dia muchos agrauios e dapnos e syn rrazones delos sennores a do asi tienen los dichos sus heredamientos, poniendo les e demandando les inpusiçiones nueuas e defendiendo a sus vasallos que les non arrienden nin labren nin administren las dichas sus heredades, e así mesmo faziendo les mouer muchos pleytos e contiendas a fyn delos fazer perder los dichos sus heredamientos, que asi tienen enlos dichos sus sennorios e quelos arrienden alos dichos sus vasallos por mucho menos delo que valen, lo qual muy poderoso sennor, non se faze asi alos dichos sus vasallos que heredan enlas dichas vuestras çibdades e villas e lugares dela vuestra corona rreal, antes les dan lugar que gozen dellas asi por la manera que gozan todos los otros vezinos e moradores en ellas. Por ende muy poderoso sennor, suplicamos a vuestra alteza quele plega de ordenar e mandar que ningund cauallero nin otro sennor alguno non tome nin enbargue alas personas que biuen e moran e beuieren e moraren enlas dichas çibdades e villas e lugares dela vuestra corona rreal las dichas sus heredades e vinnas e casas e fueros e derechos e otras cosas quales quier que asi touieren enlos lugares de sus sennorios, nin trayan a pleyto nin arrebuelta sobrello alas tales personas ante sus juezes nin alcaldes delos dichos sus lugares nin de alguno dellos so çiertas penas, e que si alguna demanda o pleyto asi çeuil commo creminal sobre ello quesieren mouer alas tales persona o personas delas dichas vuestras çibdades e villas, que gelo non puedan mouer nin demandar ante los juezes e alcaldes delos dichos lugares delos dichos caualleros e sennores, e que gelos mueuan e demanden ante vuestra alteza o ante los vuestros oydores dela vuestra audiençia, o que vuestra sennoria prouea sobre ello por otra manera, de guisa quelos vezinos e moradores enlas dichas vuestras çibdades e villas non rresçiban los dichos agrauios e syn rrazones, e que vuestra sennoria mande dar sobrello vuestras cartas las que cunplieren e menester fueren por manera que se guarde e cunpla asi so la dicha pena.

Aesto vos rrespondo que yo lo mandaré ver e proueeré en ello por la manera que cunpla ami seruiçio e aguarda de mis subditos e naturales.

54. Otrosy muy poderoso sennor, bien sabe vuestra alteza en commo

tos son aqui venidos a vuestra corte por virtud delas dichas apellaçiones e presentados ante vuestra sennoria, para los quales vuestra merçed dió çiertos juezes comisarios para que conosçiesen dellos, e avn algunos dellos estan conclusos e sacadas las rrelaçiones para dar en ellos sentençia, e agora muy poderoso sennor, es nos dicho que vuestra sennoria ha mandado e manda rremitir los dichos pleytos ala vuestra chançilleria, lo qual es cabsa demas luenga, por que del todo se pierdan las dichas aldeas e jurediçiones delas dichas çibdades e villas; e sennor, si asi pasase, las dichas vuestras çibdades e villas rresçibrian muy mayor agrauio e dapno delo que fasta aqui han rresçibido e serian muy dapnificados, lo qual non seria vuestro seruiçio, nin prouecho alas dichas vuestras çibdades que los tales pleytos fuesen rremetidos ala vuestra chançelleria, quanto mas los que estan conclusos e sacadas las rrelaçiones, e seria cabsa que tarde se librasen, e quelas dichas çibdades e villas nunca alcançarian nin cobrarian lo que asi les está tomado e entrado e perturbado, e seria alargamiento de mas costas quelas dichas çibdades non podrian abastar nin conplyr, e aun seria cabsa que por esta rrazon lo dexasen de proseguir por lo qual lo suso dicho se perderia. Por ende muy poderoso sennor, suplicamos a vuestra alteza dos cosas, la vna quele plegá de mandar rretener los tales pleytos aqui enla vuestra corte e los mande librar luego sumaria mente syn tardança ni luenga alguna, e que en ellos non aya otra apellaçion ni suplicaçion nin agrauio, por manera que alas vuestras çibdades e villas sea tornado lo queles asi está tomado e enbargado e perturbado, e les non rrecrescan mas costas e dapnos sobre ello; e la otra, que vuestra merçed mande dar luego sus cartas para los dichos caualleros e sennores e otras personas para que non tomen nin perturben nin fagan alas dichas vuestras çibdades e villas nin algunas dellas ni alas justiçias e ofiçiales e personas dellas lo que despues delos dichos pleytos començados ynouaron e tomaron e perturbaron e fizieron enlos dichos lugares e juredịçiones e aldeas, e que todo lo dexen e tornen so grandes penas que vuestra sennoria les mande poner, por manera quelo fagan e cunplan asy.

Aesto vos rrespondo que dela rremision por mi fecha non vos podedes agrauiar, ca es conforme alas leyes de mis rregnos, e quanto alas cartas que pedides es mi merçed, e mando alos mis oydores dela mi audiençia quelas den e libren en forma e que conoscan delos negoçios e los libren e determinen synple mente o de plano syn estrepitu e figura de juyzio sabida sola mente la verdad segund mandan las leyes de mis rregnos e las cartas por mi sobre ello dadas.

nos do esto acaesçiere non consientan en esto, descuento desaguisado.

57. Otrosy muy poderoso sennor, por parte dela çibdad de Badajoz nos fue notificado quela dicha çibdad era muy dapnificada e rresçebia muchos agrauios e dapnos e males por rrazon del castillo e aguaziladgo de Villa nueua de Barca rrota, que dizen ser la dicha villa e castillo suyo e de su juridiçion conprado por sus dineros, e sobre esto los tales males e agrauios e dapnos que han dado petiçiones enel vuestro muy alto Consejo, notificando a vuestra alteza los tales males e danpnos que asi rresçiben, e por que cabsa e rrazones les son fechos. Por ende muy poderoso sennor, muy omill mente suplicamos a vuestra sennoria quele plega de mandar oyr ala dicha çibdad e que su justiçia le sea guardada.

Aesto vos rrespondo que vos otros pedides bien e lo que es mi seruiçio e asi lo entiendo fazer.

58. Otrosy muy poderoso sennor, sepa vuestra alteza que segun ley de vuestro quaderno con que se arriendan las monedas cada que vuestra sennoria las manda arrendar, quelos alcaldes ordinarios delas çibdades e villas e logares de vuestros rregnos son juezes e han de oyr e librar los pleytos delas dichas monedas, e algunas personas quelas arriendan con yntençion de fatigar el pueblo e aprouechar mas en su rrenta, maliçiosa mente paresçen ante los vuestros contadores mayores quexandose e deziendo quelos dichos alcaldes ordinarios non les guardan su justiçia, e dan tales rrazones e tan agudas delas quexas que fazen por que paresçe segund su derecho ser muy agrauiados e piden queles sea dado otro juez, el qual aya poder de oyr los pleytos delas dichas monedas, e para esto nonbran vn su onbre delos que biuen conellos, e asi nonbrados dan les carta mandando quel tal sea juez e conosca delos pleytos delas dichas monedas, delo qual se han seguido e siguen e rresçiben muchos agrauios e dapnos e males e cohechos las personas que ante los tales alcaldes son demandadas. Por ende muy alto sennor, plega a vuestra sennoria que tales juezes nin tales cartas non se den para demandar las dichas monedas, e quela dicha ley del dicho quaderno se guarde, e quelos alcaldes ordinarios delas dichas çibdades e villas e lugares conoscan delos dichos pleytos segund quela dicha ley lo manda e non otro alguno, enlo qual muy poderoso sennor, vuestra alteza administrará justiçia.

Aesto vos rrespondo que yo lo mandaré ver e proueeré enello commo cunpla a mi seruiçio.

59. Otrosy muy alto sennor, sepa vuestra alteza que enlas condiçiones con que vuestra sennoria mandó arrendar los diezmos e adua-

tra alteza que segun ley
monedas cada que vues-
des ordinarios delas çib-
juezes e han de oyr e li-
s personas quelas arrien-
echar mas en su rrenta,
adores mayores quexan-
ios non les guardan su
as quexas que fazen por
auiados e piden queles
pleytos delas dichas mo-
ue biuen conellos, e asi
uez e conosca delos pley-

çion, que non escriuan los dichos ganados nin sean tenidos de dar cuenta dellos, saluo ende queles quede su acçion contra las personas quelos pasaren syn pagar el derecho dellos, pero que por el dicho achaque delos escreuir e dar la cuenta dellos, que non puedan ser demandados nin fatigados, en lo qual vuestra sennoria fará lo que cunple a vuestro seruiçio, ca de otra guisa todos los mas lugares dela frontera se despoblarán e se yrán a beuir a otras partes e sennorios de fuera de vuestros rregnos.

Aesto vos rrespondo que yo lo mandaré ver e proueer en ello commo cunple a mi seruiçio.

Por que vos mando a todos e a cada vno de vos, que veades lo por mi suso rrespondido alas dichas petiçiones suso encorporadas, e lo guardedes e cunplades, e fagades guardar e conplír, en todo e por todo segund que de suso se contiene asi commo leyes por mi fechas e ordena-

XV.

Cuaderno de las Córtes de Valladolid del año 1440 [1]

Don Iohan por la graçia de Dios Rey de Castilla de Leon de Toledo de Gallizia de Seuilla de Cordoua de Murçia de Iaen del Algarbe de Algezira e sennor de Vizcaya e de Molina. A vos la Reyna donna Maria mi muy cara e muy amada muger e a vos el Rey don Iohan de Nauarra, mi muy caro e muy amado primo[2], e el prinçipe don Enrrique mi muy caro e muy amado fijo primo genito heredero e el infante don Enrrique maestre de Santiago, mi muy caro e muy amado primo, e alos duques condes rricos omes maestres delas Ordenes priores, e alos del mi Consejo e oydores dela mi audiençia, e alcalles e notarios e alguaziles e otras justiçias dela mi casa e corte e chançelleria, e al conçejo alcalles merino rregidores caualleros escuderos e omes buenos dela muy noble çibdat de Burgos cabeça de Castilla, mi camara, e atodos los conçejos alcalles alguaziles rregidores caualleros escuderos e omes buenos de todas las çibdades e villas e logares delos mis rregnos e sennorios, e a todos los otros mis subditos e naturales de qual quier estado o condiçion preheminençia o dignidat que sean, e aqual quier o quales quier de vos aquien esta mi carta fuere mostrada o el traslado della signado de escriuano publico, salud e graçia. Sepades que yo estando enla villa de Bonilla e comigo vos el dicho prinçipe mi fijo e çiertos perlados e condes e rricos omes e caualleros e doctores del mi Consejo e los procuradores delas çibdades e villas e logares delos dichos mis rregnos que comigo estan, e asi mesmo enel ayuntamiento que yo despues desto fize enla noble villa de Valladolid este anno dela data desta mi carta, estando y comigo vos los sobre dichos Reyna e Rey e Prinçipe, e algunos delos grandes de mis rregnos asi perlados commo condes e rricos omes e caualleros e doctores del mi Consejo, e asy mesmo los dichos procuradores, me fueron presentadas por los dichos

[1] La copia de este cuarderno se ha tomado de la que existe en el Códice Ff 77 de la Biblioteca Nacional fól. 260 vuelto. Se ha confrontado con la del códice de la Biblioteca de D. Luis de Salazar y Castro, señalado K 2, anotando las principales variantes.

[2] K 2: mi muy caro primo.

todas las cosas, lo ha mostrado e muestra muy clara e abierta mente, ca por pecados esto se ha praticado e paresçe ante nuestros ojos por manifiesto enxenplo, espeçial mente enel notable e magnifico rregno de Françia del muy yllustre rrey vuestro hermano amigo e aliado, el qual durante la paz e concordia prosperaua e era vno delos mas prinçipales rregnos del mundo e mucho mas prosperado e acreçentado que otros rreyes, e por las discordias acaesçidas entre los grandes dél es venido en gran diminuyçion e infortunio, e se han fecho e seguido en el muchas muertes fuerças e rrobos e deseredamientos e otros ynumerables males e dannos de que se han seguido muchos e diuersos inconuinientes, non solo en abaxamiento de aquel rregno, mas avn considerada la potençia grandeza e nobleza dél, aquello ha rredundado en grant detrimento de todo el pueblo cristiano. Et asi muy exçelente e virtuoso rrey e sennor, dexado lo delos otros de que avemos grant dolor, e viniendo alo nuestro propio de que mucho mas nos sentimos e avemos muy grant dolor [1], delo qual por la grant debda de lealtad que vos deuemos algo aque queremos tocar, si por causa delas disensiones acaesçidas en vuestros rregnos e entre los grandes dellos, despues que el glorioso e virtuoso Rey vuestro padre, nuestro sennor, cuya anima Dios aya, pasó desta presente vida, se han seguido algunos escandalos e otros inconuinientes e males e dannos e quantos e quales, e si por ellos han padesçido vuestros rregnos e vuestro patrimonio ha seydo amenguado e diminuydo e en quanto grado, vuestra alta sennoria sabe de ello asaz, e lo puede mas conplida saber, ca notorio es atodos por lo qual non es neçesario delo rrecontar por menudo, muy alto sennor, e commo esto [2] asi sea verdad, la espiriençia nos muestra e amonesta de cada dia que si con tienpo e sin tardança vuestra alta sennoria commo aquel aquien prinçipal mente acata e pertenesçe enello no prouee sedando e quitando las disensiones que al presente ocurren en vuestros rregnos e entre algunos grandes dellos, rreduziendo los a concordia paz e vnidat antes que mas dannos e inconuinientes e males se acreçienten en ellos, el peligro es muy presto e seria casi yrreparabile, de que segunt las cosas pasadas e presentes se presume e cree non solo ser virisymile mas avn nesçesario de que verná, lo que Dios non quiera, grande deseruiçio a Dios e asi mesmo a vuestra sennoria, e menguamiento de vuestra justiçia e perdimiento de vuestras rrentas e pechos e derechos, e toda

[1] K 2: muy grand enoyo e dolor.

[2] El texto y K 2: muy alto et cet.ª commo esto.—Otras copias: muy alto sennor, commo esto.

e e virtuoso rrey e sennor,
lor, e viniendo alo nuestro
nos muy grant dolor [1], delo
deuemos algo aque quere-
nesçidas en vuestros rreg-
el glorioso e virtuoso Rey
Dios aya, pasó desta pre-
los e otros inconuinientes
ellos han padesçido vues-
amenguado e diminuydo
e de ello asaz, e lo puede
lo qual non es neçesario
r, e commo esto [3] asi sea
ta de cada dia que si con
mmo aquel aquien prinçi-

mendó por su propia e espeçial heredad, e commo el non pueda ser bien seruido por el linaje vmanal sy non en tienpo de paz, que asi commo catolico prinçipe e cristianisymo rrey siguiendo sus pisadas e tomando su santa doctrina e enxenplo dél, el qual [4] por su infinita clemençia, quiso desçender delas muy altas sillas rreales e se omillar e abaxar a tomar carne vmana e sofrir muchos trabajos e al fyn rresçebir muerte en quanto ome por salud del linaje vmanal, vuestra rreal magestad commo aquella que Dios ha doctado de alta prudençia e otras muchas virtudes, quiera por seruiçio suyo e vuestro e por salud de vuestros pueblos, e considerar lo pasado e entender enlo presente e proueer enlo aduenidero con toda diligençia [5] e eficaçia, commo rrey e soberano sennor de todos e condesçender e se inclinar con toda clemençia, paçiençia e benignidad adar e procurar paz, vnidad e concordia en vuestros rregnos, espeçial mente entre los grandes dellos, por todas e quales quier vias e rremedios, tanto que sean suaues e sedatiuos de todo escandalo, por ma-

vuestro Consejo, e vuestros subditos e naturales, inuiolable mente sean guardadas, por que çesen entre ellos todas turbaçiones e muchos males e dannos e otros inconuinientes que en deseruiçio de Dios e vuestro, e contra el paçífico estado e tranquilidad de vuestros rregnos delo tal se podrian seguir, e asi entienden vuestros rregnos que cunple avuestro seruiçio e abien comun e paz e sosiego de ellos. E suplicamos e pedimos por merçet al muy alto esclareçido e muy poderoso nuestro sennor el Prinçipe vuestro fijo primo genito heredero, que acatando por la su alta prudençia quanto toca este fecho aseruiçio de Dios e vuestro e suyo e bien comun de vuestros rregnos e suyos, e quanto interese asu sennoria va enestos fechos, e asi mesmo rrequerimos con grant instan-

uelas seguridades dadas e
al vuestro condestable don
l prior de San Iohan, del
les, inuiolable mente sean
urbaçiones e muchos ma-
seruiçio de Dios e vuestro.
vuestros rregnos delo tal
egnos que cunple avuestro
os. E suplicamos e pedi-
y poderoso nuestro sennor
ero, que acatando por la
uiçio de Dios e vuestro e
os, e quanto interese asu
erimos con grant instan-
aqui son, por la natura-
... rrey e sennor natu-

vuestros rregnos, por que en vuestros tienpos sean prosperados e bien aventurados e al fyn consiguades la vida eternal, prometida alos buenos e santos rreyes amigos de Dios.

Aesto vos rrespondo que Dios sabe e avos otros es notorio que mi entençion sienpre fue e es e será de dar paz e sosiego e tranquilidat en mis rregnos e sennorios e dela procurar por quantas vias e maneras ser pueda; por que el seruiçio de Dios e mio e onor dela corona rreal de mis rregnos e el bien publico dellos se guarde sobre todas cosas, e çesen todos escandalos e inconuinientes, lo qual entiendo mandar poner en obra lo mas en breue que ser pueda, e por mi non ha quedado fasta aqui nin quedará de aqui adelante.

2. Otrosi muy alto sennor, fablando con deuida rreuerençia de vuestra rreal magestad, alos procuradores de vuestros rregnos paresçeria ser expidiente e conplidero avuestro seruiçio e abien delos fechos que al presente ocurren para mejor fablar, tractar quier enel partido delos neutrales que sean escogidos e nonbrados que fablen e interuengan enestos fechos tales que sean syn sospecha de todos; e otrosi si se fa-

expediçiones[1] delos negoçios la qual le plogo que se touiese agora enes-tos tienpos; nos los sobre dichos procuradores con grant instançia suplicamos entre otras cosas avuestra muy alta sennoria, que en rrazon delas dadiuas e merçedes que vuestra alteza auia de fazer de quela dicha ordenança fazia mençion, non sola mente guardase la orden en ella contenida, mas quele pluguiese por tienpo[2] escusar de fazer nueuas merçedes por consejo, nin syn el, de dinero e de vasallos e detouiese todo lo que vacase ensi fasta quela data non pasase dela rreçebta por que esto pertenesçia e conplia, e avn era mas nesçesario avuestra sennoria de fazer que al dicho sennor Rey vuestro padre, commo el abondase en thesoros e touiese rrobrera[3] la rrecebta ala data, lo qual agora tornamos

que nncase,
rado o amen
Aesto vos r
por la manera
5. Otrosi n
los grandes d
ayuntamiento
tra corte com
tas a algunas
poniendo gua
e torres de no

uto Consejo, p...
a ordenança que el muy
... rrique vuestro padre que
... nera que se touiese enlas
... que se touiese agora enes-
... con grant instançia supli-
... noria, que en rrazon delas
... fazer de quela dicha or-
... ase la orden en ella con-
... ar de fazer nueuas mer-
... vasallos e detouiese todo
... dela rreçebta por que esta
... o avuestra sennoria de fa-
... mmo el abondase en the-
... lo qual agora tornamos
... a e dos e muchas vezes,
... t tanto contrario avuestra

mayores commo del mayordomo e contador delas rraçiones dela vuestra casa bien fallaria que seria [1] de tirar, o amenguar algunos mrs. demasiados, tanto que ellos tirados o amenguados podria ser mejor pagado lo que fincase, sy con rrazon se pudiesen quexar aquellos a quien fuese tirado o amenguado.

Aesto vos rrespondo que yo entiendo mandar ver sobre ello e proueer por la manera que cunpla ami seruiçio e apro e bien comun de mis rregnos.

5. Otrosi muy poderoso sennor, por rrazon delos debates que entre los grandes de vuestros rregnos rrecresçieron el anno pasado, e delos ayuntamientos de gentes de armas que enellos se fizieron, asi en vuestra corte commo fuera della, enbió mandar vuestra sennoria por sus cartas a algunas çibdades e villas de vuestros rregnos que se guardasen, poniendo guardas alas puertas de dia e guardando e velando los muros e torres de noche, por que non entrasen enellas personas que fiziesen bolliçio e escandalo enellas contra vuestro seruiçio, lo qual se fizo asy e puso en obra e avn dura en algunas dellas; e muy esclareçido sennor, commo las opiniones vnas e otras delos dichos grandes de vuestros rregnos

rregnos, auiendo rrespecto asus buenas intençiones e aprouando las avn quelas obras fuesen diuersas, mandando dar sus cartas dello aquellas que congruas e pertenesçientes sean en tal caso. E otrosi mandando que si algunas personas delas dichas çibdades e villas estan fuera dellas o les son tomados o enbargados o ocupados sus bienes o parte de ellos, o tirados sus ofiçios por rrazon delas dichas opiniones o de qual quier dellas, por mandado de vuestra sennoria o de sus juezes o justiçias o comisarios o syn él que torrnen alas dichas çibdades e villas e es sea todo torrnado dado e desenbargado, libre e desenbargada mente; e mandando otrosi que çesen e non esten de aqui adelante enlas dichas çibdades e villas las guardas e velas e çerramientos e gentes de armas

sclareçido rrey e sennor.
ita clemençia quele plega
randes de vuestros rreg-
ades e villas de vuestros
ınçiones e aprouando las
dar sus cartas dello aque-
l caso. E otrosi mandando
e villas estan fuera dellas
s bienes o parte de ellos,
piniones o de qual quier
us juezes o justiçias o co-
ibdades e villas e es sea
desenbargada mente; e
ui adelante enlas dichas
entos e gentes de armas
n e tornen en aquella
e començasen los dichos

otros mis subditos e naturales de qual quier estado o condiçion preeminençia o dignidad que sean, e aqual quier o quales quier de vos aquien esta mi carta fuere mostrada, salut e graçia. Bien sabedes que yo vine aesta villa de Valladolid apaçificar mis rregnos e las çibdades e villas e logares dellos, e euitar todos escandalos e otros inconuinientes que eran e se podrian seguir por cavsa delos debates e mouimientos e opiniones e escandalos enellos acaesçidos de algunt tienpo acá, sobre lo qual estando aqui comigo la dicha Reyna mi muy cara e muy amada muger, e el dicho Rey de Nauarra mi muy caro e muy amado primo, e el dicho prinçipe mi muy caro e muy amado fijo, e el rreuerendo padre in Christo don Iuan de Çeruantes, cardenal de sant Pedro administrador perpetuo dela eglesia de Avila, e el almirante don Fadrique mi primo e çiertos perlados e condes e rricos omes e caualleros e doctores del mi Consejo, e asi mesmo los procuradores delas çibdades e villas de mis rregnos, me fueron presentadas por los dichos procuradores algunas petiçiones sobre algunas cosas que entendieron ser conpliderss a mi seruiçio e a onor dela corona rreal de mis rregnos e al paçifico estado e tranquilidat e bien comun dellos, e entre las otras cosas que enlas dichas peticiones se faze mencion se contiene vn capi-

seguir la mejor via. Esta rrazon abueltas de otras, muy alto sennor, tenemos que mouió a vuestra alta sennoria de sedar los dichos debates e ayuntamientos de gentes* por via de concordia e buen sosiego e paz entre todos los grandes de vuestros rregnos que asi debatian, syn tener en ello rrigor alguno. Donde muy poderoso e muy esclareçido rrey e sennor, muy omill mente suplicamos a vuestra muy alta clemençia quele plega que por la dicha manera que con los dichos grandes de vuestros rregnos se ouo, se aya con todas las çibdades e villas de vuestros rregnos, auiendo rrespecto asus buenas intençiones e aprouando las avn quelas obras fuesen dyùersas, mandando dar sus cartas dello aquellas que congruas e pertenesçientes sean en tal caso. E otrosy mandando que si algunas personas delas di-

aqui adelan
quales quier
çiones e cont
dichos mis r
e ynouadas e
delos dichos
todos mis sul
siego e conco
delos dichos
nas de qual q

rariedat de opiniones tien-
ruiçio vuestro, commo asi
o sennor Dios seruir le por
reyendo cada vno tener e
s, muy alto sennor, tenemos
chos debates e ayuntamien-
go e paz entre todos los gran-
ener en ello rrigor alguno.
sennor. muy omill mente
le plega que por la dicha
rregnos se ouo, se aya con
s, auiendo rrespecto asus
as obras fuesen dyuersas
ongruas e pertenesçientes
gunas personas delas di-
on tomados o enbargados
us ofiçios por rrazon delas
de vuestra sen-

deseo e intençion, e otrosi por la dicha suplicaçion ami fecha por los dichos procuradores delos dichos mis rregnos. yo por la presente la qual quiero e mando que aya fuerça e vigor de ley, asi commo si fuese fecha e ordenada e estableçida e publicada en cortes, quiero e es mi merçet e voluntad que todas estas cosas sean allanadas e sosegadas, e que de aqui adelante çesen e sean tyradas e sublatas de en medio[1] todos e quales quier mouimientos e debates e discordias e disensiones e ynouaçiones e contençiones e diuisiones que fasta aqui han seydo, e son enlos dichos mis rregnos, e que todas las cosas que por causa desto son fechas e ynouadas e rreduzidas al primero estado[2] en que primera mente e ante delos dichos mouimientos debates e disensiones e diuisiones eran, e que todos mis subditos e naturales sean e biuan en toda vnion e paz e sosiego e concordia por que asi cunple ami seruiçio e apro e bien comun delos dichos mis rregnos, e asi mesmo que todas e quales quier personas de qual quier estado o condiçion que sean, que por causa delos dichos debates e ynouaçiones e mouimientos salieron o fueron echados de sus casas e delas çibdades e villas e logares donde biuian, o non fueron nin son rresçebidos en ellas, puedan torrnar e torrnen llana mente aellas e estar e esten enellas libre e segura mente syn enbargo nin contrario

dades e villas e logares delos dichos mis rregnos, e que çesen e non esten de aqui adelante enlas dichas çibdades e villas, guardas e velas e çerramientos e gentes de fuera parte, que enellas han estado e estan, mas que sean quitados e salgan dende e que esa dicha çibdad e las otras çibdades e villas e logares de mis rregnos esten e torrnen en aquella manera e sosiego e estado en que estauan antes que se començasen los dichos debates e mouimientos, por tal manera que todos sean en libertad e paz e sosiego e seguridat e segunt enla manera que ante delo suso dicho eran e estauan. E otrosi quelas personas que antes tenian por mi quales quier puertas e torres e llaues dellas les sean tornadas e las tengan segunt que primera mente las tenian, non poniendo velas nin guardas nin faziendo çerca dello otras ynouaçiones allende delas que primera mente tenian e acostunbraron[1] ante delos dichos mouimientos, e asi mesmo que de aqui adelante non venga gente de armas a qual quier çibdad o villa o logar de mis rregnos allende delos vezinos dela tal çibdad o villa o logar, los quales vezinos sola mente tengan la gente que solian continua mente tener ante delos dichos mouimientos. Otrosi que se non tomen nin furten fortalezas algunas a aquellos quelas touieren nin sean priuados delos ofiçios aquellos quelos tienen, mas quelos tengan segunt quelos tenian antes de esto. Otrosi por que enlas opiniones pasadas que han seydo en todos mis rregnos los delas çibdades e villas e logares siguieron cada vno su intençion e opinion entendiendo que cunplia asi ami seruiçio, yo por la presente lo he por tal e aprueuo las dichas opiniones e cada vna dellas, segunt que por los dichos procuradores de mis rregnos me fue suplicado, e quiero e mando e es mi merçet e voluntad de mi çierta çiençia e deliberada voluntad e poderio rreal absoluto, que por esto non les pueda venir nin venga mal nin danno nin infamia en sus personas e onrras e estados e ofiçios e bienes nin en cosa alguna dello, nin por ello puedan ser acusados nin demandados nin denunçiados nin inquietados nin molestados agora nin en algunt tienpo ante mi nin ante otro alguno, e asi lo declaro por esta mi carta, e aseguro por mi fe rreal delo guardar e conplir e mandar guardar e conplir, e quiero que se torrnen e sean tornados rreal mente e con efecto las dichas çibdades e villas e logares enel primero estado en que estauan antes destos mouimientos, e que sean luego desenbargadas las eglesias e torres e fortalezas dellas segunt que estauan antes delos dichos mouimientos, e que sean rreuocados e yo por la presente rreuoco los

[1] El texto parece que decia: acostunbrarian.—Lo que enmendaron despues.

ones allende delas que pri-
delos dichos mouimientos,
ga gente de armas a qual
allende delos vezinos dela
sola mente tengan la gente
dichos mouimientos. Otrosi
nas a aquellos quelas touie-
quelos tienen, mas quelos
Otrosi por que enlas opinio-
gnos los delas çibdades e
ion e opinion entendiendo
nte lo he por tal e aprueuo
nt que por los dichos pro-
e quiero e mando e es mi
liberada voluntad e pode-
venir nin venga mal nin
estados e ofiçios e bienes
ser acusados nin deman-

dello, sobre lo qual todo mandé dar esta mi carta para vos, por la qual rruego e mando ala dicha Reyna mi muy cara e muy amada muger e otrosi rruego al dicho Rey de Nauarra mi muy caro e muy amado primo, e mando al dicho prinçipe mi fijo e atodos los otros sobre dichos e acada vno de vos que luego que vos fuere mostrada, syn otra luenga nin tardança nin escusa alguna, e syn me rrequerir nin consultar mas sobre ello nin atender otra mi carta nin mandamiento nin segunda jusion, lo fagades e guardedes e cunplades asi todo e cada cosa e parte dello, segunt e por la forma e manera que en esta mi carta se contiene, e segunt que por los dichos procuradores de mis rregnos me fue suplicado commo suso dicho es, e non vayades nin pasedes nin consyntades que persona nin personas algunas de quales quier estado o condiçion o jurediçion e ofiçio preheminençia o dignidad que sean o ser puedan vayan, nin pasen nin consientan yr nin pasar contra ello nin contra cosa alguna nin parte dello agora nin en algunt tienpo nin por alguna causa nin rrazon nin color que sea o ser pueda, por quanto asi cunple ami seruiçio e a execuçion dela mi justiçia e abien publico e comun e paz e sosiego de mis rregnos, e los vnos nin los otros non fagades ende al por alguna manera so pena dela mi mercet e de priuacion delos ofiçios e de

del nasçimiento del nuestro sennor Ihesuchristo de mill e quatroçientos e quarenta annos.—Yo el Rey.—Yo el doctor Fernando Diaz de Toledo oydor e rreferendario del Rey e su secretario la fize escreuir[1] por su mandado.—Registrada.

6. Otrosi muy esclareçido sennor, vna delas prinçipales cosas e non otra ninguna, nin avn muchas tanto en que todos[2] los tres estados de vuestros rregnos e mas el nuestro delas çibdades e villas, deuen e deuemos insystyr, asi rrogando e faziendo nuestras muy deuotas oraçiones a Dios, commo suplicando e faziendo nuestras muy omildes petiçiones avuestra alteza, es en que toda via vuestra sennoria e sus subçesores por linea derecha despues dela vuestra luenga vida que Dios acreçiente por luengos tienpos asu seruiçio, sean nuestros rreyes e sennores: çerca delo qual nuestro sennor Dios por su santa piedat nos ha dado tanto e tan grande e tan buen prinçipio, qual mejor non le pudieramos[3] aver, muchas graçias sean dadas ael por ello, es asaber en Dios dar por primo genito vuestro e de vuestros rregnos, al muy inclito e muy esclareçido prinçipe nuestro sennor e fijo vuestro, el infante e prinçipe don Enrrique, a quien Dios mantenga e alargue la vida por luengos tienpos asu seruiçio e vuestro: e non sola mente nuestro sennor Dios nos ha fecho graçia en nos le dexar ver en hedad que pasa algund tanto dela edad popilar quanto al tienpo de su nasçimiento, mas en hedad quanto al entendimiento que pasa muy largo dela dicha hedad, del qual vuestra sennoria puede ser muy ayudado en fecho e en consejo para el buen rregimiento e paz e sosiego de vuestros rregnos. Donde muy alto e muy esclareçido rrey e sennor, pues plogo ala piedad de Dios[4], de vos asi proueer, avuestra muy alta prudençia plega que gozemos entera mente desta merçet que de nuestro sennor Dios rresçebimos, conuiene asaber que tenga manera e mande commo el dicho nuestro sennor e prinçipe fijo vuestro çelebre enel nombre de Dios, sus bien aventuradas bodas conla muy yllustre prinçesa su esposa syn tardança alguna, por que con mas firme fiuzia esperemos enla piedad de Dios que vuestra muy alta sennoria verá fijos de sus fijos fasta la terçera e quarta generaçion, que es delas mejores graçias tenporales, e vuestros rregnos esperan vuestra legitima subçesion por muy prolongados tienpos, enlo qual muy alto sennor, vuestra muy alta sennoria

[1] K 2: rrefrendario del Rey e del su Consejo la fize escriuir.
[2] El texto: que en todos.—Seguimos la leccion del códice K 2.
[3] K 2: podriamos.
[4] K 2: pues plogo a nuestro sennor Dios e asu piedad.

nga vida que Dios
uestros rreyes e sennores:
anta piedat nos ha dado
al mejor non le pudiera-
ello, es asaber en Dios dar
os, al muy inclito e muy
tro, el infante e prinçipe
gue la vida por luengos
ente nuestro sennor Dios
ad que pasa algund tanto
çimiento, mas en hedad
o dela dicha hedad, del
o en fecho e en consejo
vuestros rregnos. Donde
ues plogo ala piedad de
rudençia plega que go-
ro sennor Dios rresçebi-
de commo el dicho nues-
l nombre de Dios, sus

çia e chançilleria, commo aquella que tiene e deue tener el cargo prinçipal de toda la justiçia de vuestros rregnos. Por ende muy virtuoso sennor, suplicamos avuestra muy alta sennoria que çerca dela dicha audiençia le plega tener la manera que el sennor Rey don Iuan de gloriosa memoria vuestro avuelo que Dios aya ordenó enlas cortes de Briuiesca e enlas cortes de Valladolid, donde entre las otras cosas por quelos fechos de justiçia se fiziesen e executasen bien ordenó que él nin su Consejo non se entremetiesen de librar fechos algunos de justiçia çeuiles nin creminales, mas que fuesen rremetidos todos ala su audiençia e chançelleria, la qual el tenia ordenada de buenos perlados e doctores e otras personas las que conplian, e asi commo lo ordenó asi se executó en su tienpo e eso mismo en tienpo del sennor Rey don Enrrique de esclareçida memoria vuestro padre, que Dios aya, e asi enel vuestro, en tienpo delos sennores de santa memoria la Reyna donna Catalina, vuestra madre, e el Rey don Fernando de Aragon vuestro tio, vuestros tutores e rregidores de vuestros rregnos que santo parayso ayan. Ca sennor, sabrá vuestra muy alta sennoria que de traher los pleytos avuestro Consejo se siguen muchos inconuinientes e dannos que dexamos agora de dezir, e se dirán si nesçesario fuere e vuestra

sejo que se non entremetan de cosa alguna delo que pertenesçe ala mi audiençia syn mi espeçial mandado, lo qual yo non entiendo mandar syn grant causa vrgente o nesçesaria o expidiente o muy conplidera ami seruiçio, e asi mesmo entiendo proueer e dar orden por que continua mente esten enla mi audiençia un perlado e çiertos doctores, que sean buenas e letradas personas, por quelas causas e pleytos mejor e mas ayna se puedan ver e librar e libren e espidan enla dicha mi audiençia segunt cunple aseruiçio de Dios e mio e a execuçion dela mi justiçia.

8. Muy alto sennor, a vuestra merçet plega de proueer delo vuestro avuestra sennoria e asu casa, e al prinçipe nuestro sennor vuestro fijo, e ala suya delas cosas que son menester e se non pueden nin deuen escusar por [1] el firme sostenimiento dela excelençia de vuestro rreal estado e dela corona de vuestros rregnos, commo auedes proueydo abondosa e muy liberal mente alos grandes e medianos de vuestros rregnos e a sus casas e atodas las otras personas que vos han seruido, e por que esto seria inposible de se poder conplir segunt el estado en que estan vuestros rregnos syn tener enello vuestra sennoria otra manera dela que fasta aqui es tenida, muy omill mente con la mas omill rreuerençia e mayor instançia que podemos, suplicamos a vuestra alteza, que de aqui adelante por algunt tienpo vuestra sennoria rretenga en si e non dé los mrs. que vacaren por muerte, de merçedes e mantenimiento e otras semejantes cosas, saluo las rraçiones e quitaçiones pertenesçientes alos ofiçios conplideros en vuestra casa e corte, e los mrs. delas tierras en que puedan subçeder fijos varones legitimos, por que delo que asi vacare e vuestra sennoria rretouiere pueda satis fazer e conplir el ordinario de cada anno [2] que en vuestras nominas está, e la casa del dicho nuestro sennor el prinçipe vuestro fijo e dela sennora prinçesa su esposa, en que se rrequieren grandes costas e grant ordinario de cada anno, e asi mesmo suplicamos a vuestra sennoria quele plega de rretener en sy de aqui adelante las dadiuas de villas e logares e vasallos e terminos e juridiçiones que al presente vuestra alteza tiene e las que de aqui adelante vacaren que avuestra corona pertenescan; por que dello pueda proueer la casa del dicho sennor prinçipe e dela dicha sennora prinçesa e ala muy inclita generaçion que dellos en breue esperamos, mediante la graçia e ayuda de nuestro sennor, lo qual non sola

[1] K 2: para.
[2] K 2: de cada vno.

se non pueden nin deuen
lençia de vuestro rreal es-
auedes proueydo abondo-
ianos de vuestros rregnos
os han seruido, e por que
nt el estado en que estan
nnoria otra manera dela
n la mas omill rreueren-
nos a vuestra alteza, que
sennoria rretenga en si e
erçedes e mantenimiento
e quitaçiones pertenes-
e corte, e los mrs. delas
legitimos, por que dela
eda satis fazer e conplir
minas está, e la casa del
dela sennora prinçesa su
grant ordinario de cada

en que estamos non prouee por la dicha manera que suplicamos, non sola mente non estarán en vno el dar e el tener, mas todo çesará, que no avrá para dar nin para tener fablando del tener que pertenesçe avuestra muy grande prudençia rreal; demas que este rretenimiento non puede durar mucho segunt las vacaçiones que de cada dia rrecresçen de vno e de al.

Aesto vos rrespondo que vos tengo en sennalado seruiçio la dicha vuestra petiçion, la qual es justa e buena e muy conplidera ami seruiçio e apro e bien comun de mis rregnos e sennorios, e quanto tannen alas cosas del prinçipe mi fijo e dela prinçesa su esposa, yo lo entiendo mandar fazer e ordenar por la manera que cunpla ami seruiçio e asu estado dellos. E otrosi en rrazon delas lanças que de aquí adelante vacaren, mi merçet es de proueer dellas alos fijos mayores legitimos segunt lo he acostunbrado fazer fasta aqui. E asi mesmo entiendo proueer delos ofiçios nesçesarios e rraçiones e quitaçiones dellos, cada que vacaren, pero en rrazon delos mantenimientos que quales quier personas han de mi, non entiendo proueer dellos a otras algunas cada que vacaren, por que non está en rrazon de se dar lo tal quando vaca, pues non es merçed, mas solo se da para mantenimiento de aquel por quien

dar lo que entendiere que se deua dar. E asi mesmo non faziendo merçedes nueuas saluo enel caso que entienda que se deuan fazer por quelos gualardones delos seruiçios non sean negados a aquellos quelos meresçen. E en rrazon delas dadiuas delos vasallos yo entiendo tener çerca dello la manera que cunpla ami seruiçio e a guarda dela corona rreal de mis rregnos.

9. Otrosi muy alto sennor, dizese que se ocupan algunos asi eclesiasticos commo seglares delas jurediçiones que avuestra sennoria e avuestras çibdades e villas pertenesçen so algunos titulos e colores e que dan a entender avuestra alteza que non pierde [1] enello cosa alguna; pues aquellas personas sobre quien quieren auer jurediçion son vuestros vasallos e non suyos, salua su graçia delos que esto quieren dar a entender, ca otra manera es en fecho de verdad. Por ende muy alto sennor, avuestra sennoria plega de mandar saber con grant deligençia por vuestros rregnos donde esto se faze, e proueer enello con justiçia por tal manera que vuestra jurediçion non sea enajenada de sennores nin de otras personas eclesiasticas nin seglares, auiendo por çierto que del que es la jurediçion es lo mas del sennorio.

Aesto vos rrespondo que dezides bien e que declaredes [2] quien son los que esto fazen por quelo yo sepa e mande proueer sobre ello lo que cunpla ami seruiçio e a guarda de mi jurediçion, la qual yo non entiendo consentir que sea vsurpada por persona alguna nin daré logar a ello.

10. Otrosy muy poderoso sennor, suplicamos avuestra alteza quele pluguiese de rreparar la vuestra justiçia dela vuestra chançelleria, enlo qual muy poderoso sennor, maguer que vuestra sennoria proueyó de perlado que estouiere enla dicha vuestra audiençia e chançelleria, pero non proueyó de oydores que siruan en ella por los tienpos ordenados, segunt las leyes e ordenanças vuestras e delos otros sennores rreyes vuestros progenitores; ca en caso que agora estén enla dicha vuestra audiençia tres oydores desque aquellos siruieren sendos medios annos que deuen seruir por sus quitaçiones, non estan ay otros tantos prestos para seruir el otro medio anno, segunt que se solia e deuia fazer. E muy poderoso rrey e sennor, si avuestra sennoria pluguiere de considerar commo de buenos tienpos aca mandó doblar e pagar aalgunos delos dichos oydores las quitaçiones por que siruiesen todo el anno continuo, e otrosi commo todos tres los dichos oydores que agora siruen

[1] K 2: pierden.
[2] K 2: e declaredes.

alteza, quele plega de proueer con buen efecto ala dicha vuestra audiençia e chançelleria de oydores tales que administren bien enella la vuestra justiçia, e que se rremuden e siruan en ellas los vnos e los otros de medio en medio anno, e que esten toda via alo menos tres oydores enla dicha audiençia segunt se solia fazer, e que non esten nin siruan enella todo el anno vnos nin les doblen las quitaçiones commo agora se fazen. Muy poderoso sennor, creemos e entendemos, segunt quelo ha mostrado la espirençia, ser asi conplidero avuestro seruiçio e ala buena expediçion dela vuestra justiçia.

Aesto vos rrespondo que vuestra petiçion es buena e conplidera aseruiçio de Dios e mio e aexecuçion dela mi justiçia, e que yo lo entiendo mandar fazer e proueer segunt e por la forma [a] que por vos otros me fue suplicado, e de ordenar que de aqui adelante siruan enla dicha mi audiençia de seys en seys meses vn perlado e dos o tres oydores con vno delos doctores que agora en ella estan e continuan por que ella esté poblada, asi de letrados antiguos commo de otros mas mançebos, por que mejor se pueda fazer e faga lo que cunple ami seruiçio e ala buena expediçion delas cavsas e negoçios que enella se han de tractar e expedir.

11. Otrosi muy poderoso sennor, suplicamos a vuestra sennoria sobre

Aesto vos rrespondo que mi merçet es que si algunos mis ofiçiales del dinero han mal vsado en sus ofiçios que non queden syn pena; pero por que otras vezes es fablado e tractado sobre esto enel mi Consejo, e algunos han dicho que entienden arrendar de mi lo suso dicho, e me dar por ello çiertos cuentos de mrs., ami plaze quelos que en esto quisieren fablar, pongan por escripto lo que dizen, e el preçio que por ello entienden dar e con quales condiçiones, e yo lo mandaré ver; e si entendiere que cunple ami seruiçio delo arrendar o de mandar saber primera mente la verdad dello e lo apurar por justiçia, sobre lo qual yo entiendo aver mi acuerdo e deliberaçion qual destas dos vias es la mas conplidera ami seruiçio, e entonçe yo mandaré proueer sobre ello por la manera que cunpla ami seruiçio e a execuçion dela mi justiçia.

12. Otrosi muy poderoso sennor, suplicamos avuestra sennoria quele plega de ver e ordenar sobre rrazon delos salarios que ouieron e han de aver los vuestros depositarios delos vuestros thesoros [1] por manera que non lieuen por ello inmensos salarios e derechos, mas los rrazonables, mayor mente que segunt nos es dicho [2] que al tienpo que vuestra alteza les encomendó los dichos depositos, les fue tasado por los del vuestro Consejo çinco mrs. por el millar e que despues han demandado e demandan otras mayores contias, enlo qual todo vuestra sennoria fará lo que es su seruiçio e conplidero a vuestros rregnos e sennorios.

Aesto vos rrespondo que yo he diputado çiertos delos procuradores de mis rregnos que esten e sean presentes con mis contadores mayores de cuentas atomar e feneçer e rresçebir las cuentas de todo lo que me es deuido en qualquier manera, por que ami sea fecha rrelaçion de todo ello e yo lo sepa e mande dar orden commo se cobre, por que dello me pueda seruir e aprouechar commo está en rrazon, los quales me farán rrelaçion delo que toca alos dichos salarios, por que yo mande proueer sobre ello commo cunpla ami seruiçio.

13. Otrosi muy alto sennor, suplicamos a vuestra alteza que prouea çerca delas tomas de vuestros mrs. e pechos c tributos que se fazen en vuestros rregnos.

Aesto vos rrespondo que por las leyes de mis rregnos fechas e ordenadas por los rreyes pasados de gloriosa memoria mis progenitores, e asi mesmo por mi e cartas por mi sobre ello dadas [3], está asaz proueydo sobre lo tal, e si cunpliere de fazer sobre ello otras prouisiones, yo las

[1] K 2: thesoreros.
[2] El texto equivocadamente dice: non es dicho.
[3] K 2: e cartas sobrello dadas.

ıçion dela mi justiçia.
ıos avuestra sennoria quele
arios que ouieron e han de
thesoros ' por manera que
chos, mas los rrazonables,
l tienpo que vuestra alteza
tasado por los del vuestro
s han demandado e deman-
estra sennoria fará lo que
s e sennorios.
çiertos delos procuradores
on mis contadores mayo-
as cuentas de todo lo que
mi sea fecha rrelaçion de
no se cobre, por que dello
rrazon, los quales me farán
por que yo mande proueer

e justiçia delas dichas çibdades e villas e ala guarda de sus libertades e franquezas e preuillejos e prouecho de sus vezinos e moradores, e las otras son bien e prouecho comun de vuestras çibdades e villas, pero primera e prinçipal mente son conplideras avuestro seruiçio, asi commo aquellas que fablan enlo que toca avuestra fazienda, e al acreçentamiento de vuestras rrentas e ala buena administraçion dellas e ala justiçia dela vuestra corte e chançelleria, e ala buena ordenança de vuestro muy alto Consejo e de vuestra casa rreal; e por eso mesmo despues cunple al bien e prouecho comun de vuestras çibdades e villas E muy alto sennor, çerca de todas estas cosas, vnas e otras pertenesçen alos procuradores de vuestras çibdades e villas suplicar e instar e rrequerir omill mente avuestra alteza; pero mucho mas en aquellas que primera mente acatan al buen rregimiento e justiçia delas dichas vuestras çibdades e villas e alà guarda de sus libertades e franquezas e preuillejos e prouecho delos vezinos e moradores dellas; commo la prouision çerca de esto es a ellas muy nesçesaria e syn la qual seria muy grant danno suyo e causa de su despoblamiento. E por ende muy poderoso rrey e sennor, asi commo ay diferençia enlas dichas petiçiones avn que todo sea vuestro seruiçio e bien comun de vuestras cibdades e villas, asi

mientos en manera que non mengue ende cosa alguna, ... mande que en caso que sean dadas cartas o sobre cartas de vuestra alteza o se den de aqui adelante motu propio o a instançia de otras personas quales quier en rreuocamiento o en quebrantamiento delas cosas sobre dichas por vuestra sennoria rrespondidas o en algunt amenguamiento dellas por primera e segunda o terçera jusion o mas o con quales quier clausulas derogatorias que enellas se contengan que sean obedesçidas e non conplidas sin pena alguna delos quelas non cunplieren, e los que por virtud dellas fueron enplazados non sean tenudos de seguir los enplazamientos, e que por ello non incurran en pena alguna. E commo quier que sobre las mas delas dichas petiçiones está asi rrespondido por vuestra sennoria que sean guardadas, e que por otras cartas

villas e log
e prouecho
mandar gu
que por mi
por los mis
alguna, e e
aqui adelan
en rreuocam
rrespondida
e terçera jus
ella se cont
delos

a con la mas ...
a, quele plega de guardar
o lo que por vuestra alteza
s dichos vuestros ordena-
a alguna; la segunda, que
bre cartas de vuestra al-
a instançia de otras per-
brantamiento delas cosas
as o en algunt amengua-
jusion o mas o con quales
tengan que sean obedes-
quelas non cunplieren, e
n sean tenudos de seguir
rran en pena alguna. E
s petiçiones está asi rres-
das, e que por otras cartas
ocadas, por mas abonda-
gora lo mande sobre todo,
... delas dichas çib-

cunpla ami seruiçio e a onor dela corona rreal de mis rregnos e a execuçion dela mi justiçia e al bien comun e paçifico estado e tranquilidat delos dichos mis rregnos. E quanto tanne alas petiçiones que primera e principal mente tocan al buen rregimiento e justiçia de mis çibdades e villas e logares e ala guarda de sus libertades e franquezas e preuillejos e prouecho delos vezinos e moradores dellas, ami plaze de guardar e mandar guardar e mando que se guarde bien e conplida mente todo lo que por mi fue rrespondido a ellas e a cada vna dellas segunt que está por los mis ordenamientos, en manera que non mengue ende cosa alguna, e en caso que sean dadas mis cartas e sobre cartas o se den de aqui adelante motu propio o a instançia de otras personas quales quier en rreuocamiento o en quebrantamiento delas cosas suso dichas por mi rrespondidas, o en algunt amenguamiento dellas por primera e segunda e terçera jusion e mas e con quales quier clausulas derogatorias que en ella se contengan, que sean obedesçidas e non conplidas sin pena alguna delos quelas non conplieren e quelos que por virtud dellas fueren enplazados non sean tenudos de seguir los enplazamientos, e que por ello non incurran en pena alguna segunt e por la forma e manera que me lo suplicastes e pedistes por merçet por la dicha vuestra petiçion suso

caro e muy amado primo, e mando a todos los sobre dichos e a cada vno de vos que veades lo por mi suso rrespondido, alas dichas petiçiones e acada vna dellas que de suso va encorporado, e lo guardedes e cunplades e fagades guardar e conplir en todo e por todo segunt que de suso se contiene, e que non vayades nin pasedes nin consyntades yr nin pasar contra ello nin contra cosa alguna nin parte dello agora nin en algunt tienpo nin por alguna manera, e los vnos nin los otros non fagades ende al por alguna manera so pena dela mi merçed e de priuaçion delos ofiçios e de confiscaçion delos bienes delos quelo contrario fizieren para la mi camara, e demas por qual quier o quales quier por quien fincar delo asi fazer e conplir, mando al ome que vos esta mi carta mostrare que vos[1] enplaze parescades[2] ante mi enla mi corte do quier que yo sea del dia que vos[3] enplazare fasta quinze dias primeros siguientes so la dicha pena acada vno, so la qual mando aqual quier escriuano publico que para esto fuere llamado que dé ende al que vos la mostrare testimonio signado con su signo por que yo sepa en commo conplides[4] mi mandado. Dada enla villa de Valladolid, diez dias de Septienbre anno del nasçimiento del nuestro sennor Ihesu Christo de mill e quatro çientos e quarenta annos.—Yo el Rey.—Yo el doctor Fernando Diaz de Toledo, oydor e rreferendario del Rey e su secretario la fiz escreuir por su mandado.—Registrada.

XVI.

Cuaderno de las Córtes de Valladolid del año 1442[5].

Don Iohan por la graçia de Dios rey de Castilla de Leon de Toledo de Galliçia de Seuilla de Cordoua de Murçia de Iaen del Algarbe de Algezira, e sennor de Vizcaya e de Molina: Alos infantes duques condes

[1] K 2: queles esta mi carta mostrare quelos.
[2] K 2: parescan.
[3] K 2: queles.
[4] K 2: se cunple.
[5] La copia de este ordenamiento se ha tomado del códice Ff 77, fól. 336. Se ha comprobado con el de Simancas y el K 3 de la Biblioteca de D. Luis y Salazar y Castro, y anotado sus variantes.

e que vos esta mi carta
ni enla mi corte do quier
nze dias primeros siguien-
ndo aqual quier escriuano
de al que vos la mostrare
epa en commo conplides
, diez dias de Septienbre
Christo de mill e quatro
doctor Fernando Diaz de
tario la fiz escreuir por su

ño 1443[1].

nençia o dignidad que sean, e acada vno de vos aquien esta mi carta fuere mostrada o el traslado della signado de escriuano publico, salut e graçia. Sepades que enel ayuntamiento que yo fize enla noble villa de Valladolid este anno dela data desta mi carta, estando y comigo la Reyna donna Maria mi muy cara e muy amada muger e [2] el Rey don Iuan de Nauarra mi muy caro e muy amado primo e el prinçipe don Enrique mi muy caro e muy amado fijo primo genito heredero enlos mis rregnos e el infante don Enrique maestre de Santiago mi muy caro e muy amado primo e el almirante don Fadrique mi primo e don Pedro de Astuniga [3] conde de Plasençia mi justiçia mayor, e don Diego Gomez de Sandoual conde de Castro mi adelantado mayor de Castilla, e don Alfonso Pimentel conde de Benauente, e Ynigo[4] Lopez de Mendoça e don Rodrigo de Villandrando conde de Ribadeo, e don Pedro mi tio obispo de Palençia e don Gonçalo obispo de Iaen[5] e don Sancho obispo de Cordoua e don Pedro obispo de Coria e Ruy Diaz de Mendoça mi mayordomo mayor e otros caualleros e doctores del mi Consejo, e otrosi los procuradores de çiertas çibdades e villas [6] de mis rregnos que por mi mandado fueron llamados, me fueron dadas çiertas petiçiones por los dichos procuradores, alas quales yo con acuerdo delos sobre dichos del

Aesto vos rrespondo que quanto alo por vos[illegible]
ueer sobre ello por la manera que entiendo que cuple ami seruiçio e a guarda e conseruaçion de mi patrimonio e dela corona rreal de mis rregnos e del bien publico dellos, segunt se contiene en vna mi carta firmada de mi nonbre e sellada con mi sello que en esta rrazon mandé dar, su tenor dela qual es este que se sigue: Don Iuan por la graçia de Dios Rey de Castilla de Leon de Toledo de Gallizia de Seuilla de Cordoua de Murçia de Iaen del Algarbe de Algezira, e sennor de Vizcaya e de Molina: Alos infantes duques condes rricos omes maestres delas Ordenes priores comendadores, e alos del mi Consejo e oydores dela mi audiençia e alcalles e alguaziles e otras justiçias e ofiçiales dela mi casa e corte e chançelleria, e al conçejo alcalles merino rregidores caualleros escuderos e omes buenos dela muy noble çibdad de Burgos cabeça de Castilla mi camara, e atodos los conçejos alcalles alguaziles rregidores [illegible]

çiones por
de vuestra
muy omill
sas suso dic
lo dado lo
mente deui
tra corona
diminuir n
derecho e le
pre valeder
de derecho
aldeas nin
de heredad
Principe

llas de quien fuere...
que de aqui adelante non se

venir yo he mandado pro-
que cuple ami seruiçio e
dela corona rreal de mis
e contiene en vna mi carta
que en esta rrazon mandé
Don Iuan por la graçia de
Gallizia de Seuilla de Cor-
zira, e sennor de Vizcaya e
os omes maestres delas Or-
Consejo e oydores dela mi
çias e ofiçiales dela mi casa
merino rregidores caualle-
çibdad de Burgos cabeça de
alles alguaziles rregidores
s las çibdades e villas e lo-
... quales quier de

suplicamos e pedimos; muy poderoso senor, vuestra alta sennoria vee los trabajos e detrimentos que vniuersal e particular mente estan en vuestra casa rreal e rregnos e enlos naturales dellos, porlas ymensas donaçiones por vuestra alteza fechas, e en espeçial enla potençia e actoridad de vuestra corona rreal, los quales por espirençia son notorios. Por ende muy omill mente suplicamos a vuestra rreal magestad que por las causas suso dichas e que se podrian dezir, e espeçial mente por que segunt lo dado lo que adelante se diese rredundaria en diminuyçion e propia mente deuision e alienaçion de vuestros rregnos e sennorios e de vuestra corona rreal, los quales soys obligado conseruar e avmentar e non diminuir nin enajenar nin diuidir nin dela corona separar, segunt derecho e leyes de vuestros rregnos, mande estatuya e por ley por sienpre valedera ordene vuestra sennoria, que non podades dar de fecho nin de derecho nin por otro algunt titulo enajenar çibdades nin villas nin aldeas nin logares nin terminos nin jurediçiones nin fortalezas de juro de heredad nin cosa alguna dello, saluo alos dichos sennores Reyna e Prinçipe o aqual quier dellos con clausula quelas non puedan enajenar nin trocar nin de sy apartar, e sy lo dieredes o dieren que sea ninguna la tal dadiua o merçet, e que por ella non pase propiedad nin posesion e sea avido lo que asy fuere dado o donado e enajenado por de vuestra corona rreal, non enbargantes quales quier clausulas derogatorias generales o espeçiales que enlas dichas merçedes [1] se contengan avn quela dicha ley sea encorporada enellas o rreuocada o anullada o cassada avn que sea segunda e terçera e quartas jusiones e quantas quier que sean, e que vuestra sennoria lo otorgue por ley rreal e por pacçion e contracto que con nos e con todos vuestros rregnos ponga, pues los dichos vuestros rregnos e nos otros en su nonbre vos seruimos con grandes contias para vuestras nesçesidades e de vuestros rregnos por rrazon dello, e por que la dicha ley rreal e pacçion e contracto sea demas actoridad e por todos guardada commo pertenesçe a tan alto prinçipe e sennor, e que vuestra alteza por vuestro seruiçio e avmento de vuestra corona rreal diga e otorgue por la dicha ley e pacçion e contracto que en quanto vuestra sennoria fiziere las dichas merçed o merçedes o donaçion o alienaçion o peruiniere algunt acto dello, que por el mesmo fecho se constituya vuestra

que cada v
voluntad, e
sennor de s
chos que di
zer merçet,
ordenamient
suso dicho a
dela corona r
aquí adelan
dela clausul
tro visahuel
enajenar nin
otorguen e j
que vuestra
ayan fecho

quier derecho general o espeçial que sea o ser pueda contra la dicha ley o merçet o pacçion o contracto, e espeçial mente del derecho que dize que cada vno sea libre e poderoso de dar e disponer delo suyo a su libre voluntad, e del derecho que dize que pacçion que se faga para que el sennor de sus bienes non los pueda enajenar que non vala, e delos derechos que dizen que propio e libre es alos rreyes e prinçipes de dar e fazer merçet, que aesto non enbarguen las leyes e las Partidas e fueros e ordenamientos e vsos e costunbres e estilos de vuestros rregnos, e quelo suso dicho aya logar asy enlo que vuestra merçet agora tiene e posee dela corona rreal de vuestros rregnos commo enlas villas e logares que de aquí adelante pertenesçieren ala dicha vuestra corona rreal por virtud dela clausula del testamento del muy virtuoso Rey don Enrrique vuestro visahuelo o por otra qual quier via o titulo para que se non puedan enajenar nin dar, e asi mesmo quelos dichos sennores Reyna e Prinçipe otorguen e juren de non dar nin donar nin enajenar cosa alguna delo que vuestra merçed ha' avido o por vuestra sennoria les es dado, avn que ayan fecho merçedes del tal * del qual non sea avida la posesyon actual mente, e que esta dicha ley se estienda e aya logar enlas tales merçedes e donaciones quelos dichos Reyna e Principe o qual quier dellos

dades que han ocurrido e ocurren en mis rregnos o ...
das con que me han seruido para conplir las dichas nesçesidades, e espeçial mente aeste pedido e monedas que agora me otorgan para las neçesidades que al presente me ocurren, es mi merçet de mandar e ordenar e mando e ordeno por la presente, la qual quiero que aya fuerça e vigor de ley e pacçion e contracto firme e estable fecho e firmado e ynido entre partes, que todas las çibdades e villas e logares mios e sus fortalezas e aldeas e terminos e juredičiones e fortalezas ayan seydo e sean de su natura inalienabiles e inperscritibiles para sienpre jamas, e ayan quedado e queden sienpre enla corona rreal de mis rregnos e para ella, e que yo nin mis subçesores nin alguno dellos non las ayamos podido nin podamos enajenar en todo nin en parte nin en cosa alguna dellas, pero que si por nesçesidad asi por rrazon[8] de seruiçios sennalados commo en otra qual quier manera yo nescesaria mente deua e aya de fazer merçet de vasallos, que esto non se pueda fazer por mi nin por los rreyes que en mi logar subçedieren en mis rregnos, saluo seyendo primera mente vista ... que despues de mi

nin de cos
podido nin
pre aya que
la yo pued
quela tal çi
forma delo
de fecho e
cartas e ma
delo suso d
nos e de ni
dende en a
nerales o es
non incurra
bargar aest
dizen quela

en quien fuere fecha nin sus herederos nin subçesores, nin aya podido nin pueda pasar nin pase la propiedad e sennorio nin la posesion dello nin de cosa alguna dello en aquel en quien fuere enajenada, nin la aya podido nin pueda ganar nin perescreuir en ningunt tienpo, mas que sienpre aya quedado e quede enla corona rreal de mis rregnos e para ella, e la yo pueda mandar tomar e tome sin otro conosçimiento de causa, e quela tal çibdad o villa o logar que asi fuere enajenada contra el tenor e forma delo suso dicho que pueda rresistyr e rresista[2] syn pena alguna de fecho e de derecho ala tal alienaçion, non enbargantes quales quier cartas e mandamientos e preuillejos que yo aya dado o diere en contrario delo suso dicho, los quales es mi merçet que ayan seydo e sean ningunos e de ningunt valor, avn que sean de primera e segunda jusion e dende en adelante con quales quier penas e clausulas derogatorias generales o espeçiales, ca mi merçet e voluntad es que por las non cunplir non incurran[3] en penas algunas, e que non enbarguen nin puedan enbargar aesto suso dicho nin a cosa alguna nin parte dello, las leyes que dizen quelas cartas dadas contra ley o fuero o derecho deuen seer obedesçidas e non conplidas avn que contengan quales quier clausulas derogatorias e otras firmezas, e quelas leyes e fueros e derechos valederos

asi guardar e conplir rreal mente e con efecto e de non yr nin pasar ni
consentyr nin permitir yr nin pasar contra ello nin contra cosa alguna nin parte dello en algunt tienpo nin por alguna manera, lo qual todo suso dicho e cada cosa e parte dello quiero e es mi merçet e voluntad que aya logar e se entienda, saluo quanto tanne alas mis villas de Jumilla e Vtiel delas quales e de cada vna dellas yo pueda libre mente disponer non enbargante lo suso dicho, e otrosi saluo enlo que yo he dado o diere ala Reyna mi muy cara e muy amada muger e al prinçipe don Enrrique mi muy caro e muy amado fijo primo genito heredero e ala prinçesa su muger mi muy cara e muy amada fija e aqual quier o quales quier dellos, los quales quiero e es mi merçet quelo ayan e puedan aver para en todas sus vidas, e lleuar e lleuen las rrentas e derechos ordinarios e penas e calonnas pertenesçientes al sennorio dello e non mas nin allende, e que non pueda pasar nin pase aotros algunos, mas que despues dellos se torne e quede enla corona rreal de mis rregnos e para ella, e aya seydo inalienabile e inperscritibile para sienpre jamas commo suso dicho es, e se non pueda enajenar nin perscreuir nin aya* podido

mis çibdad
rreyes onde
que vos mar
e fagades g
carta se conti
pasar contra
algunt tienp
des ende al p
delos ofiçios
des para la n
nonbre e sell
de Mayo ann
quatroçientos
Diaz de Tole
creuir por su
ella contenid

nado; pero por esta mi ley e pacçion non es mi merçet e voluntad de derogar nin rreuocar quales quier preuillejos e merçedes quelas dichas mis çibdades e villas e logares o alguna dellas tengan de mi o delos rreyes onde yo vengo, ante quiero que estén en su virtud [2] e valor. Por que vos mando a todos e acada vno de vos quelo guardades e cunplades e fagades guardar e conplir en todo e por todo segunt que en esta mi carta se contiene, e que non vayades nin pasedes nin consyntades yr nin pasar contra ello nin contra cosa alguna nin parte dello agora nin en algunt tienpo nin por alguna manera, e los vnos nin los otros non fagades ende al por alguna manera, so pena dela mi merçet e de priuaçion delos ofiçios e de confiscaçion delos bienes delos quelo contrario fizieredes para la mi camara, delo qual mandé dar esta mi carta firmada de mi nonbre e sellada con mi sello. Dada enla villa de Valladolid, çinco dias de Mayo anno del nasçimiento de nuestro sennor Ihesu Christo de mill e quatroçientos e quarenta e dos annos.—Yo el Rey.—Yo el doctor Fernando Diaz de Toledo oydor e rreferendario del Rey e su secretario la fize escreuir por su mandado.—Registrada[3].—La qual dicha mi carta e lo en ella contenido es mi merçet de mandar guardar e que se guarde en todo e por todo segunt que en ella se contiene, e quanto alo pasado yo entien-

procuradores e que çerca desto se guarden las leyes que en esto fa-
blan. Iten muy poderoso sennor, que mande quitar vuestra merçet todos los mrs. que de vuestra sennoria tienen en qual quier manera todos los perlados de vuestros rregnos, ca rrazonable cosa es que pues vuestra sennoria les procura perlezias e dignidades, que cada vno dellos ha de rrenta en cada vn anno diez o doze mill florines o mas, que siruan avuestra sennoria syn tener de vuestra merçet otro dinero alguno.

Aesto vos rrespondo que yo he rrogado e encomendado al Rey don Iuan de Nauarra mi muy caro e muy amado primo e mandado e encomendado conel a çiertos del mi Consejo asi perlados commo caualleros e doctores e conellos los mis contadores mayores, para que vean lo fasta aqui dado e puesto en mis libros aquales quier personas en qual quier manera e platiquen sobre ello e me fagan rrelaçion, por quelo yo vea e mande e prouea sobre todo lo que cunple ami seruiçio e apro e bien comun de mis rregnos, e quanto alo por venir yo entiendo tener enello tal tenprança e orden qual cunpla ami seruiçio e abien comun de mis rregnos, [...] lo qual es mi merçet de mandar guardar cierta ordenança por

3. Otro
han ayuda
aquellos q
bodas en ta
ayudas de
despues qu
logar subçe
aya aquel
en otra ma
Aesto vo
seruiçio e a
me lo supli
bodas se fa
mayores n
mente mue
çet o ayud

su merçet entiende fazer cuenta dellos commo de sy mesmo, e que aya cada vno dellos su voz enlos consejos.

3. Otrosi muy virtuoso rrey e sennor, por quanto muchos ofiçiales han ayudas [1] de bodas e venden e rrenunçian sus ofiçios e rraçiones, e aquellos quelos han por via de tal rrenunçiaçion demandan ayudas de bodas en tal manera que vn ofiçio en poco tienpo lleua tres o quatro ayudas de bodas. Por ende suplicamos avuestra alteza que ordene que despues que vno ouiere ayuda de bodas que qual quier otro que en su logar subçediere por via de rrenunçiaçion non la aya, e sola mente la aya aquel que ouiere el tal ofiçio por vacaçion de muerte de otro e non en otra manera.

Aesto vos rrespondo que vüestra petiçion es buena e conplidera a mi seruiçio e asy mando e tengo por bien que se faga e guarde segunt que me lo suplicastes e pedistes por merçet; e por que en estas ayudas de bodas se fazen algunos fraudes, es mi merçet quelos mis contadores mayores non libren ayuda de bodas apersona alguna fasta que primera mente muestren commo el tal es desposado al tienpo que pidiere la merçet o ayuda de bodas e que non es casado, e asi mesmo muestre commo ha e tiene de mi rraçion, e sy acaesçiere que haya avido la tal rraçion

otros mrs.

Aesto vos rrespondo que yo tengo ordenado çerca desto lo que cunple ami seruiçio e abien de mis rregnos segunt por mi está suso rrespondido e ordenado, lo qual yo entiendo mandar guardar.

5. Otrosi sennor, suplicamos avuestra merçet que mande saber las quantias de mrs. que enel rregno de Gallizia son deuidos avuestra sennoria delos pedidos e monedas de doze annos pasados aesta parte por quanto fasta aqui non son cobrados por causa delos escandalos e bolliçios mouidos en vuestros rregnos e por fauores queles son dados; e donde todo non pudiere ser que vuestra merçet mande considerar alguna tenprança por que del todo non queden esentos e francos deuiendo los de derecho, e los otros de vuestros rregnos ayan de padesçer commo padesçen fasta aqui por lo que ellos son tenidos apagar, e que se aya tenprança conellos commo se ouo conlos de Asturias.

Aesto vos rrespondo quelo entiendo mandar fazer asy segunt que me lo suplicastes e pedistes por merçet.

6. Iten por quanto vuestra merçet non se puede aprouechar delos pinares de Moya e dela frontera de Aragon e vuestra sennoria da dineros por guardar los dichos pinares, por que non saquen pinos e da los

o çerca desto lo que cun-
nt por mi está suso rres-
dar guardar.
rçet que mande saber las
son deuidos avuestra sen-
s pasados aesta parte por
delos escandalos e bolli-
queles son dados; e donde
le considerar alguna ten-
francos deuiendo los de
e padesçer commo pades-
gar, e que se aya tenpran-

ar fazer asy segunt que

uede aprouechar delos pi-
estra sennoria da dine-

Aesto vos rrespondo quelo que [*] alas çibdades e villas pertenesçe por preuillejo o costunbre antigua la qual el derecho eguala a preuillejo, mi merçet es de gelo mandar guardar e queles sea guardado, e donde non ay preuillejo nin tal costunbre es mi merçet de mandar guardar e que se guarden las leyes de mis rregnos que en este caso fablan.

8. Otrosi sennor, suplicamos avuestra alteza que si algunos ofiçios e rrentas son quitados alas dichas çibdades e villas o algunas dellas que pertenescan de dar a ellas, queles sean tornados e rrestituydos luego.

Aesto vos rrespondo que declaredes que ofiçios e rrentas son estas por que yo mande proueer sobre ello commo entienda que cunple ami seruiçio.

9. Otrosi muy poderoso rrey e sennor, por quanto desde el anno de veynte e nueue aca vuestra sennoria tomó e mandó tomar de algunas çibdades e villas e logares e personas syngulares dellas e de algunas eglesias e monesterios çiertas contias de mrs. e oro e plata prestado, suplicamos avuestra alteza quele plega mandar pagar los dichos prestidos aquellos aquien son deuidos,[4] e de aqui adelante non quiera mandar tomar los dichos prestidos commo dello viene grant danno avuestros subditos e naturales por quanto les son fechas muchas opresiones

entiendo mandar dar, saluo pidiendo los la çibdad o villa o logar o la mayor parte della o quando entendiere que es conplidero ami seruiçio segunt las leyes de mis rregnos disponen en tal caso, e esto premisa la informaçion e enla manera quelas dichas leyes quieren, e asi mesmo que non entiendo proueer de corregidor sy non por un anno, saluo sy yo fuere bien informado que el tal corregidor ha vsado bien de su ofiçio e que es conplidero ala dicha çibdad o villa o logar, eneste caso entiendo alargar el tal corregimiento tanto que el alargamiento non sea mas de por otro anno, e en todo lo otro contenido enla dicha petiçion es mi merçet que se guarde e faga asy segunt e por la forma e manera que por vos otros me fue suplicado.

11. Otrosy muy exçelente rrey e sennor, por quanto enlas cartas que emanan de vuestra alteza se ponen muchas exorbitançias [1] de derecho enlas quales se dize non obstantes leyes e ordenamientos e otros derechos, que se cunpla e faga lo que vuestra sennoria manda e quelo manda de çierta sçiençia e sabiduria e poderio rreal absoluto e que rreuoca e cassa e anulla las dichas leyes que contra aquello fazen o fazer pueden, por lo qual non aprouechan avuestra merçet fazer leyes nin ordenanças [illegible] aquellas.

çiones ni
tos nin de
que proçe
nin de mi p
o sobre ne
estilo acost
que por el
eriuano qu
uillejo que
pierda el o
exorbitaçio
tenga por
aya fuerça
ganado.
12. Otro
ha mostrad
dades e vil
la eleccion

çibdad o villa o logar o la
es conplidero ami seruiçio
n tal caso, e esto premisa la
res quieren, e asi mesmo que
n por un anno, saluo sy yo
ha vsado bien de su ofiçio e
logar, eneste caso entiendo
argamiento non sea mas de
la dicha petiçion es mi mer-
a forma e manera que por

por quanto enlas cartas que
exorbitançias ' de derecho
denamientos e otros dere-
nnoria manda e quelo man-
real absoluto e que rreuoca
quello fazen o fazer puedes,
fazer leyes nin ordenanças

semejantes cartas exorbitançias nin clausulas derogatorias nin abrogaçiones nin derogaçiones de leyes nin fueros nin derechos e ordenamientos nin desta mi ley nin dela dicha ley de Briuiesca, nin pongan enellas que proçeden nin las yo do de mi propio motu nin de mi çierta çiençia nin de mi poderio rreal absoluto, mas quelas cartas que fueren entre partes o sobre negoçios de personas priuadas vayan llana mente e segunt el estilo acostunbrado e que de derecho deuen yr e ser fechas, por manera que por ellas non se faga nin engendre perjuyzio aotro alguno; e el escriuano que firmare o librare contra esto qual quier carta o aluala o preuillejo que cayga enla pena dela dicha ley de Briuiesca, que manda que pierda el ofiçio e quela tal carta o aluala o preuillejo en quanto ala tal exorbitaçion o abrogaçion o derogaçion o otra qual quier cosa que contenga por donde se quite el derecho e justiçia dela parte, non vala nin aya fuerça nin vigor alguno bien asy commo si nunca fuese dado nin ganado.

12. Otrosi muy esclareçido rrey e sennor, por quanto la espiriençia ha mostrado los grandes dannos e inconuinientes que vienen enlas çibdades e villas quando vuestra sennoria enbia llamar procuradores sobre la elecçion dellos, lo qual viene por vuestra sennoria se entremeter a rro-

cartas al conçejo alcaldes o rregidores dela tal [illegible]

nos dellos, que por el mesmo fecho sea ynabile para aver el tal ofiçio o otro semejante, saluo sy las cartas que son libradas fasta aqui son apetiçion dela tal çibdad o villa o dela mayor parte dellos.

Aesto vos rrespondo que mi merçet es de rreuocar e rreuoco por la presente quales quier expetatiuas que son dadas fasta aqui o se dieren de aqui adelante e fasta aqui non han avido execuçion con efecto, saluo las que fueren o son de padre a fijo, non enbargantes quales quier firmezas e penas e abrogaçiones e dispensaçiones e clausulas derogatorias en ellas contenidas, e avn que aya sobre ello segunda jusion e otras quales quier cartas e sobre cartas e dende en adelante.

14. Otrosy muy virtuoso rrey e sennor, sepa vuestra alteza quela vuestra jurediçion enlas causas creminales de todo punto peresçe [2] e los mas delos malefiçios que se cometen fincan syn pena, por quanto los malfechores se llaman clerigos coronados, non enbargante que sean rrufianes e omes de mala vida, luego los juezes eclesiasticos piden rremision delos tales malfechores quier sean clerigos o non, e luego son [3] rremetidos aellos, las partes aquien toca se dexan delos proseguir asy por rrazon delas muchas costas commo por los grandes fauores quelos mal-

[illegible]
tal çibdad o villa o algu-
ile para aver el tal ofiçio o
ibradas fasta aqui son ape-
arte dellos.
rreuocar e rreuoco por la
idas fasta aqui o se dieren
execuçion con efecto, saluo
gantes quales quier firme-
e clausulas derogatorias en
unda jusion e otras quales
te.
vuestra alteza quela vues-
odo punto peresçe * e los
syn pena, por quanto los
enbargante que sean rre-
clesiasticos piden rremi-
s o non, e luego son * rre-
delos proseguir asy por

tos e causas e contra las partes que prosiguen los dichos pleytos e causas, e proçeden contra ellos por çensura eclesiastica ynibiendo,* lo qual es en perjuyzio dela vuestra juredi̧çion rreal * e en grant danno delos demandadores. Suplicamos avuestra merçet quele plega ordenar e mandar que ningunt vuestro vasallo e subdito, non enbargante que sea clerigo de menores ordenes, non pueda declinar la jurediçion rreal e seglar por cosa alguna delo suso dicho, pues son vuestros subditos e naturales, e que non puedan ganar nin inpetrar rrescripto o rrescriptos del santo Padre nin de otro perlado nin cartas de excomunion nin ynibitorias de perlados nin juezes eclesiasticos sobre ello, e qual quier quelo contrario fiziere, que por ese mesmo fecho ypso jure pierda la causa e pleyto sobre que asi fuere demandado, e otrosi todos los ofiçios e merçedes e rraçiones e quitaçiones e otros quales quier mrs. que de vuestra merçet touiere, e luego syn otro conoçimiento alguno el juez o juezes ante quien fuere puesta la tal demanda o demandas o pendieren los dichos pleytos e cabsas sea tenudo alo executar e execute syn otro conosçimiento, so pena que por ese mesmo fecho pierda el ofiçio o ofiçios que touieren e demas que paguen todo el danno e intereses e costas que ala parte sobre ello se le rrecresçieren. E por quanto ay algunos quelo han fecho sobre pleytos

gados, guarden e fagan enesto lo que siempre se [illegible] mi audiençia, por manera que mi justiçia e jurediçion conplida mente sean guardadas e non vsurpadas, e por que ami es fecho entender que algunos legos mis subditos e naturales maliçiosa mente e con intençion de enbargar mi jurediçion e fatigar en costas e pleytos e trabajos a aquellos con quien contienden, allegan e ponen[1] exepçiones antelos mis juezes seglares de tales cosas e en tal manera por que dizen quelos mis juezes seglares non pueden nin deuen conosçer delo tal, mas que pertenesçe ala jurediçion e juezes eclesiasticos e piden ser rremetidos antellos, para quelo ellos vean e libren e determinen, e piden que en tanto los mis juezes seglares sobresean enel conosçimiento delas causas e pleytos que antellos penden e non vayan por ellos adelante. Por ende queriendo proueer sobre ello e pugnir las tales maliçias, es mi merçet e mando e ordeno que qual quier mi subdito e natural que maliçiosa mente vsare delas tales cosas, poniendo las tales exepçiones e pidiendo las tales rremisiones para los juezes eclesiasticos por enbargar el conosçimiento delos mis juezes seglares e fatigar aquellos con quien contienden en perjuyzio dela mi jurediçion rreal, aya perdido e pierda por el mesmo fecho todos los oficios e rraciones e quitaciones e mercedes e lanças e otras

que cogie
rriquesca,
por carga
e que esta
que todos
queçerá e
entienda en
ple. Otros
ocurriese,
Aesto vo
çion conpli
radores de
cunpla ami
18. Iten
non se pue
gunos senn
e asi mesm
dicha

ore se guardó e fizo enla dicha
e juredicion conplida mente
e ami es fecho entender que
liçiosa mente e con intençion
ostas e pleytos e trabajos a
onen' exepçiones antelos mis
era por que dizen quelos mis
sçer delo tal, mas que perte-
piden ser rremetidos antellos,
, e piden que en tanto los mis
to delas causas e pleytos que
lelante. Por ende queriendo
as, es mi merçet e mando e
l que maliçiosa mente vsare
ones e pidiendo las tales rre-
argar el conosçimiento delos
uien contienden en perjuy-
pierda por el mesmo fecho
otras

que dé saca comun que cada vno pueda sacar çierto numero de pan delo que cogiere, por que todos se aprouechen dela dicha saca e la tierra se enrriquesca, e quelos que asi sacaren paguen çierta cosa avuestra sennoria por carga o por cafiz, delo qual vuestra alteza avrá vn grant prouecho, e que esta saca se apregonase dos o tres annos antes que se diese por que todos se dispusiesen alabrar por pan, e con esto el rregno enrriqueçerá e vuestra sennoria avrá vn grant prouecho; e esto non se entienda enel rregno de Murçia sy la çibdad enbiare dezir que non cunple. Otrosy que si algunt anno non fuere derecho o otra nesçesidad ocurriese, que finque adispusiçion e ordenança dela çibdad o villa.

Aesto vos rrespondo que mi merçet es de mandar que se aya informaçion conplida sobre esto e que el mi rrelator lo platique con los procuradores de mis rregnos, por que yo sobre ello mande proueer commo cunpla ami seruiçio e abien delos dichos mis rregnos.

18. Iten por quanto por leyes de ordenamientos está ordenado que non se puede vedar la saca del pan de vn logar a otro enel rregno, e algunos sennores del rregno viedan la dicha saca en sus villas e logares e asi mesmo algunas çibdades e villas e logares del rregno viedan la dicha saca, non enbargante las dichas leyes de ordenamientos; suplica-

guna, e lo peor es que non se arrendan las rrentas e se pierde todo ...
fieles; suplicamos avuestra alteza que mande a sus contadores mayores que libren luego en comienço del anno o alo menos vn mes antes que se cunpla el terçio primero, por quelos inconuinientes çesen e los que han dineros de vuestra sennoria sean mejor pagados e vuestra alteza sea mejor seruido.

Aesto vos rrespondo que sobre esto yo ordené lo que cunplia ami seruiçio e apro e bien comun de mis subditos e naturales segunt se contiene en vna mi carta firmada de mi nonbre e sellada con sello, su tenor dela qual es este que se sigue: Don Iuan por la graçia de Dios Rey de Castilla de Leon de Toledo de Gallizia de Seuilla de Cordoua de Murçia de Iaen del Algarbe de Algezira, e sennor de Vizcaya e de Molina: A vos la Reyna donna Maria mi muy cara e muy amada muger e el Rey don Iuan de Nauarra mi muy caro e muy amado primo e avos el prinçipe don Enrrique mi muy caro e muy amado fijo primo genito heredero e avos el infante don Enrrique maestre de Santiago mi muy caro e muy amado primo e avos el almirante don Fadrique mi primo e alos duques condes perlados rricos omes maestres delas Ordenes ... comendadores alcaydes delos castillos e ca-

asi de vuestras alcaualas commo de terçias e pedido e monedas e otras quales quier rrentas e derechos pertenesçientes avuestra merçet delo qual se han rrecresçido e de cada dia se rrecresçen avuestra alteza muchos dannos e inconuinientes e deseruiçios, lo qual ha paresçido e paresçe por espiriençia, ca eneste anno que pasó de mill e quatro çientos e quarenta e vn annos vuestra sennoria non ha podido mandar librar mas de dos terçios e de aquellos fynca la meytad por pagar. Suplicamos avuestra alteza que ninguna nin algunas personas de qual quier estado o condiçion preheminençia o dignidad que sean, en caso que sean constituydos en dignidad rreal non puedan tomar nin tomen, nin enbargar nin enbarguen mrs. algunos delos pertenesçientes avuestra sennoria en qual quier manera por sy nin por otras personas en qual quier manera, e qual quier o quales quier quelo contrario farán sy lo fizieren en çibdades e villas rrealengas o en behetrias o en logares de Orden o de perlados o de eglesias quales quier e en sus propias çibdades e villas o logares e aldeas, que por ese mesmo fecho ayan perdido e pierdan las dichas çibdades e villas e logares suyos, e por ese mesmo fecho sean aplicadas e aplicada e encorporadas e encorporada e en vuestro patrimonio confiscadas, e si lo fizieren en çibdades e villas o lo-

seruidores los procuradores delas çibdades e villas de vuestros rregnos besamos vuestras manos e nos encomendamos en vuestra merçet, la qual bien sabe que ouimos suplicado avuestra alteza sobre rrazon delas tomas e lo que çerca dello por vuestra alteza fue rrespondido, e muy virtuoso rrey e sennor, por espirençia ha paresçido que syn temor, delas dichas leyes ordenadas çerca delas dichas tomas, se han fecho [a] en muchas çibdades e villas de vuestros rregnos, suplicamos avuestra alteza que allende delas dichas leyes asi ordenadas mande e ordene vuestra merçet estas cosas que se siguen por que mejor sea guardado vuestro seruiçio e çesen de fazer las dichas tomas delo qual manifiesta mente rrecresçe avuestra merçet grant deseruiçio e grant danno en vuestros rregnos. Lo primero, que aquel aquien fuere fecha la tal toma, guardando la ley en este caso ordenada, sea tenudo delo enbiar notificar alos vuestros contadóres mayores enel termino limitado enla dicha ley. Iten, quelos vuestros contadores sean tenudos de enbiar luego rrequerir aquel o aquellos que ouieren fecho la tal toma quela rrestituya luego, por que sy lo non fizieren, vuestra merçed mande proçeder contra ellos segunt lo contenido enlas dichas leyes, lo qual ayan de fazer los dichos vuestros conta-

garán por
por que no
fauor e ayu
de fazer los
notables [a] pe
por vuestra
plicamos av
enlos gastos
pensa, por q
rreleuados se
noria. Las qu
tas e bien pr
ueer en esta
non mandar
e alos otros n
quitaçiones
quier manera
mandar e m

de vuestros rregnos que aqui estan, delo tener e guardar asy e non rrogarán por persona alguna que qual quier toma fiziere o mandare fazer por que non se executen enel las dichas penas, mas antes que darán todo fauor e ayuda para la execuçion dello, e que este mesmo juramento ayan de fazer los grandes omes que estan fuera de vuestra corte ante las mas notables [2] personas delos logares donde estan, e que luego sean enbiados por vuestra sennoria escriuanos de camara para lo executar. Otrosy suplicamos avuestra sennoria que dé via e orden en vuestra casa e corte e enlos gastos della en tal manera quela rreçebta sea mayor quela despensa, por que vuestra alteza sea mejor seruido e vuestros rregnos sean rreleuados segunt mas larga mente lo entendemos dezir avuestra sennoria. Las quales dichas petiçiones yo mandé ver enel mi Consejo e vistas e bien praticado sobre todo ello fue e es mi merçet de mandar proueer en esta guisa. Lo primero por quanto se dize que por causa de yo non mandar librar con tienpo en cada anno alos grandes de mis rregnos e alos otros mis vasallos e personas las tierras e merçedes e rraçiones e quitaçiones e otros quales quier mrs. que de mi han e tienen en qual quier manera se han fecho e fazen las tales tomas, mi merçet[1] es deles mandar e mando librar de aqui adelante en cada anno antes que se cun-

yor quela despensa, yo he mandado ...

que de mi han e tienen quales quier personas en qual quier manera en los mis libros por quela yo mande ver e proueer çerca delo ami suplicado por los dichos procuradores de mis rregnos, por manera quela data non pase dela rreçebta, e los sobre dichos sean librados en logar çierto e sean bien pagados delo que de mi han de auer, e pues yo asi he proueydo e entiendo proueer en todo lo sobre dicho por la manera que cunple ami seruiçio e abien comun de mis rregnos, mi merçet es de mandar guardar e que se guarde la ley que el Rey don Enrrique mi padre e mi sennor que Dios dé santo parayso fizo e ordenó defendiendo las tomas e enbargos de mis rrentas e pechos e derechos e vna mi carta que sobre ello yo oue mandado dar, su tenor dela qual dicha ley e carta es este que se sigue: Don Iuan por la graçia de Dios Rey de Castilla de Leon de Toledo de Gallizia de Seuilla de Cordoua de Murçia de Iaen del Algarbe de Algezira, e sennor de Vizcaya e de Molina: Alos infantes duques condes perlados rricos omes maestres delas Ordenes priores comendadores subcomendadores, alcaydes delos castillos e casas fuertes e llanas, e atodos los conçejos alcalles alguaziles rregidores caualleros escuderos e omes buenos de todas las cibdades e villas e logares delos mis rregnos

los procur
chas cortes
quanto asi
de vuestros
contra su v
des contra
çet que man
duques e pe
e atodos los
quier perso
entremetan
vuestras rr
diezmos ni
otros pechos
me que def
e personas
cudan con
thesoreros

relaçion e nomina de todo la
as en qual quier manera en
ueer çerca delo ami supli-
nos, por manera quela data
an librados en logar çierto e
r, e pues yo asi he proueydo
r la manera que cunple ami
merçet es de mandar guar-
nrrique mi padre e mi sen-
defendiendo las tomas e en-
vna mi carta que sobre ello
ha ley e carta es este que se
de Castilla de Leon de To-
urçia de Iaen del Algarbe
lina: Alos infantes duques
rdenes priores comendado-
s e casas fuertes e llanas, e
ores caualleros escuderos

uenta e tres annos me fue dada vna petiçion general mente por todos los procuradores delas çibdades e villas delos mis rregnos que enlas dichas cortes estauan, su tenor dela qual es este que se sigue: Otrosi por quanto asi commo justiçia e derecho deuen ser guardadas en todos los de vuestros rregnos, e non deuedes consentyr que vno tome lo suyo aotro contra su voluntad, rrazon natural e justiçia e derecho es quela guardedes contra aquellos que vsurpan vuestros derechos; pedimos por merçet que mandedes al infante don Fernando vuestro hermano e atodos los duques e perlados condes e maestres delas Ordenes e prior de sant Iuan e atodos los rricos omes e caualleros escuderos e duennas e aotras quales quier personas de qual quier ley estado o condiçion que sean, que se non entremetan de tomar nin tomen nin enbarguen mrs. algunos delas vuestras rrentas nin de monedas nin de alcaualas nin de terçias nin de diezmos nin de martyniegas nin de almoxarifadgos, nin de quales quier otros pechos vuestros o rrentas ordinarias o extra ordinarias. E eso mesmo que defendades atodas las çibdades e villas e logares e arrendadores e personas delos vuestros rregnos e sennorios que non les den nin rrecudan con mrs. algunos syn libramiento delos vuestros contadores e thesoreros e rrecabdadores segunt la vuestra ordenança; e si algunos lo

por merçet, que desde agora

mandedes que esto vaya encorporado enlos rrecudimientos que fueren dados alos vuestros rrecabdadores e arrendadores por que se publique con el dicho rrecudimiento e non puedan allegar ynorançia. E que eso mesmo se entienda sy qual quier persona de qual quier ley o estado o condiçion que sean de çibdad o villa o logar fizieren las dichas tomas contra tenor desta petiçion. E yo veyendo quela dicha petiçion era e es justa e buena e tal que cunple mucho ami seruiçio e aprouecho comun destos mis rregnos con acuerdo delos del mi Consejo otorgué les la dicha petiçion.—Por ende yo el sobre dicho Rey don Iuan veyendo quela dicha ley del dicho sennor Rey don Enrrique mi padre suso encorporada es muy conplidera ami seruiçio e abien comun delos mis rregnos e sennorios, es mi merçet de mandar guardar e que se guarde de aqui adelante la dicha ley e otrosi esta mi carta. Por que vos mando atodos e acada vno de vos que vos non entremetades de tomar nin enbargar mrs. nin otra cosa alguna delas mis rrentas delas alcaualas e terçias e diezmos e pedidos nin otra cosa alguna delas mis rrentas delas alcaualas e monedas e martiniegas e yantares e escriuanias e almoxarifadgos nin las otras quales quier mis rrentas e pechos e derechos ordinarios e ex-

la mi cam
do que dé
signo por
lla de Madr
sennor Ibes
el Rey.—Y
sennor el R
conçejo o p
tenudos de
dicha toma
tado enla d
yores e sus
mi escriuan
luego aquel
segunt el t
çeder contr
qual sean t
treynta dia

ynorançia. E mando so pena dela mi merçet e de diez mill mrs. para la mi camara aqual quier escriuano publico que para esto fuère llamado que dé ende al que esta mi carta mostrare testimonio signado con su signo por que yo sepa en commo se cunple mi mandado. Dada enla villa de Madrid, diez dias de Dizienbre anno del nasçimiento del nuestro sennor Ihesuchristo de mill e quatroçientos e veynte e tres annos.—Yo el Rey.—Yo Martyn Gonçalez la fize escreuir por mandado de nuestro sennor el Rey.—Registrada.—E asi mesmo ordeno e mando que el conçejo o persona o personas aquien fuere fecha qual quier toma sean tenudos de guardar la ley en este caso ordenada e de enbiar notificar la dicha toma alos mis contadores mayores enel termino contenido e limitado enla dicha ley. Otrosi ordeno e mando quelos mis contadores mayores e sus logares tenientes sean tenudos de me notificar por qual quier mi escriuano de camara la tal toma o tomas, por que yo enbie mandar luego aquel o aquellos quelas ouieren fecho quelas tornen e rrestituyan segunt el tenor dela dicha ley, por que sy lo non fizieren yo mande proçeder contra ellos e contra sus bienes segunt el tenor dela dicha ley, lo qual sean tenudos de fazer e fagan los dichos mis contadores dentro de treynta dias primeros siguientes del dia quela tal toma les fuere notifi-

dar e conplir e de dar todo fauor e ayuda para la execuçion dello, e asi mesmo yo enbie mandar por mis cartas alos grandes omes e perlados e caualleros de mis rregnos que al presente son fuera de mi corte, que fagan el dicho juramento e pleyto e omenaje ante las justiçias delos logares donde estan. Lo qual todo yo entiendo asi mandar guardar e conplir e executar e mandar executar las dichas penas contra los que fizieren las tales tomas e de non gelas permitir nin perdonar. Por ende rruego e mando avos la dicha Reyna mi muy cara e muy amada muger e asi mesmo rruego avos el dicho Rey don Iuan mi muy caro e muy amado primo e mando avos los dichos Prinçipe e Infante, e otrosy atodos los otros sobre dichos e acada vno de vos e a otros quales quier a quien tanne o tanner puede este negoçio, que guardedes e fagades guardar rreal mente e con efecto la dicha ley fecha e ordenada por el dicho Rey don Enrrique mi padre e mi sennor, e otrosi la dicha mi carta que suso van encorporadas ' e todo lo enellas e en cada vna dellas contenido e cada cosa e parte dello, e non vayades nin pasedes nin consyntades yr nin pasar contra ello nin contra parte dello so las penas enellas e en cada vna dellas contenidas; e mando alos del mi Consejo e oydores dela mi

doctor Fe
cretario l
mi carta
pla en tod
20. Iten
que han d
e logar do
cohechado
Aesto v
ser conpli
encorpora
21. Otr
de quaren
vuestra m
perdimien
mente co
brar cosa

de mill e quatroçientos e quarenta e dos annos. — Yo el Rey. — Yo el doctor Fernando Diaz de Toledo oydor e rreferendario del Rey e su secretario la fize escreuir por su mandado. — Registrada. — La qual dicha mi carta es mi merçet que sea guardada e conplida e se guarde e cunpla en todo e por todo segunt que enella se contiene.

20. Iten suplicamos avuestra alteza que mande librar atodos aquellos que han dinero de vuestra sennoria en vuestros libros enla çibdad o villa e logar donde morare o del obispado o merindad della por que non sean cohechados nin fagan costas en salir de sus comarcas.

Aesto vos rrespondo que yo mandé e ordené sobre esto lo que entendí ser conplidero ami seruiçio segunt se contiene enla dicha mi carta suso encorporada e la rrespuesta ante desta la qual mando que sea guardada.

21. Otrosi sennor, por quanto vuestra merçet mandó el anno que pasó de quarenta e vno quitar el terçio atodos aquellos que han dinero de vuestra merçet, lo qual es muy grant danno e deseruiçio vuestro e grant perdimiento de aquellos que de vuestra sennoria han dineros, mayor mente commo delos dos terçios queles libran, muchos non esperan cobrar cosa alguna dello e otros lo baratan por la meytad e avn por menos, por tal manera que non cobran syn non la terçia parte delo que

mudando se los tienpos delo suso dicho, ca en otra manera seria g
deseruiçio vuestro si se ouiese rrespecto alo pasado.

Aesto vos rrespondo que dezides bien e que yo he aprouado por mis cartas que en esta rrazon mandé enbiar alas çibdades e villas de mis rregnos, e lo aprueuo agora segunt e por la forma e manera que me lo suplicastes e pedistes por merçet por la dicha vuestra petiçion, saluo lo fecho despues dela sentençia dada por la Reyna donna Maria mi muy cara e muy amada muger e por el prinçipe don Enrrique mi muy caro e muy amado fijo e por el almirante don Fadrique mi primo e por don Fernant Aluarez de Toledo cònde de Alua, por el poder queles yo di para fazer e ordenar las cosas conplideras ami seruiçio e apaçificaçion de mis rregnos, enlo qual es mi merçet que quede asaluo su derecho acada vno para lo proseguir, e que enlo fecho ante dela dicha sentençia se guarde e cunpla el tenor e forma della.

23. Otrosi muy exçelente rrey e sennor, vuestra alteza sepa quelos pueblos de muchas çibdades e villas de vuestros rregnos son fatigados e mal leuados enlos pechos que han de pechar e pechan avuestra sennoria, espeçial mente enel pedido, ca les es cargada mucho mayor contia delo que ... delos muchos caualleros

enello d
que ning
pueda es
chos pech
do, puest
den e deu
mantenid
en tal cas
chos e mo
todos los
cauallo e
cha senn
otros qual
non se pu
nedas, no
quales vu
uoque to
aqui alo

.a e seruiçio o ...
n otra manera seria grant
pasado.
e yo he aprouado por mis
s çibdades e villas de mis
forma e manera que me lo
vuestra petiçion, saluo lo
na donna Maria mi muy
on Enrrique mi muy caro
rique mi primo e por don
por el poder queles yo di
ni seruiçio e apaçificaçion
ede asaluo su derecho aca-
te dela dicha sentençia se

stra alteza sepa quelos pue-
regnos son fatigados e mal
nan avuestra sennoria, es-
... mayor contia delo que

sennor, omill mente suplicamós avuestra sennoria quele plega proueer enello de rremedio mandando fazer ordenança la qual sea auida por ley, que ningunt cauallero que de aqui adelante se armare non se escuse nin pueda escusar por rrazon dela caualleria de pechar e contribuyr enlos dichos pechos e pagar las dichas monedas, sy a ello primera mente era tenudo, puesto que goze de otros preuillejos e libertades que caualleros pueden e deuen gozar. Otrosi que si alguno delos tales caualleros non han mantenido cauallo e armas segunt el ordenamiento de Çamora que fabla en tal caso, que non se pueda escusar de pechar e pagar enlos dichos pechos e monedas, puesto que de aqui adelante las mantengan. Otrosi que todos los escriuanos de camara que son fechos e asi mesmo escuderos de cauallo e vallesteros de maça nueua mente, asy vuestros commo dela dicha sennora Reyna e del dicho sennor Prinçipe e Prinçesa su muger e otros quales quier ofiçiales que non tienen rraçion con los dichos ofiçios, non se puedan escusar nin escusen de pagar los dichos pechos nin monedas, non enbargantes que sean dadas vuestras cartas de preuillejos, las quales vuestra sennoria rreuoque, e asi mesmo que vuestra sennoria rreuoque todos los escriuanos de camara que non tienen rraçion, e que de aqui adelante vuestra sennoria nón prouea de escriuania de camara a

çet que estos tales que asy ...
por otros ofiçios baxos algunos, avn que ayan seydo pecheros e fijos de pecheros, non sean tenudos de pechar nin pagar nin pechen nin paguen nin contribuyan enlos pedidos nin enlas monedas nin en otros pechos[1] algunos, saluo en aquellas cosas quelos fijos dalgo deuen pechar e contribuyr, mas que gozen e puedan gozar entera mente delos preuillejos e esençiones dela caualleria. Otrosi ordeno e mando[1] que de aqui adelante ninguno non se pueda armar cauallero por aluala nin carta mia, e si de aqui adelante fuere armado por mi aluala o carta o mandamiento de palabra, que non pueda gozar nin goze delos preuillejos dela caualleria, nin se pueda escusar nin escuse de pagar pedido e monedas nin los otros pechos rreales e conçejales, avn quela tal carta o aluala o mandamiento se diga ser dado o fecho de mi propio motu e çierta sçiençia e poderio rreal absoluto, e avn que faga mençion espeçial desta mi ley e delas clausulas derogatorias della, nin otrosy enbargante que contengan otras qual quier clausulas derogatorias e abrogaçiones e derogaçiones e dispensaçiones e firmezas, e avnque por ellas se diga que yo alço e quito toda obrreçion e subrreçion e todo otro obstaculo e inpedimento de fecho e ... enbargar pudiese, e avn que conten-

bre dellos
chos ofiçi
dichos ofi
delos dich
e danno d
los tales p
ayan nin
chos ofiçio
preuillejos
mara que
de camara
su muger
e los escri
çias que s
mesmo los
merçet, q
mente se
ysaron d

su muger, por quanto ami es fecha rrelaçion que ay grant muchedunbre dellos e que muchos dellos son personas en quien non caben los dichos ofiçios, e los han ganado e ganan non con intençion de seruir los dichos ofiçios mas por se escusar delos pechos por rrazon delos titulos delos dichos ofiçios; e por que si lo tal pasase seria grant deseruiçio mio e danno delos pueblos donde biuen, mi merçet es de rreuocar e rreuoco los tales por la presente, e quiero e mando que de aqui adelante non ayan nin gozen de preuillejo alguno por rrazon delos titulos delos dichos ofiçios nin de alguno dellos, non enbargante quales quier cartas e preuillejos que tengan en esta rrazon, saluo los mis escriuanos de camara que de mi tienen rraçion con los dichos ofiçios e los escriuanos de camara dela Reyna mi muger e del Prinçipe mi fijo e dela Prinçesa su muger que han e tienen rraçion con los* dichos ofiçios e los siruen, e los escriuanos dela mi audiençia e otrosi los escriuanos delas prouinçias que siruen por sy los dichos ofiçios delas dichas prouinçias e asy mesmo los monederos que estan asentados enlos mis libros, que es mi merçet, que gozen de sus esençiones, es a saber aquellos que verdadera mente se prouare que son monederos e saben el ofiçio dela monederia e vsaron del e labraron enlas mis casas dela moneda o en qual quier de-

mero e por vacaçion de aquellos que touieren rraçion con ellas o [illegible] otros algunos de aquellos que non touieren rraçion con ellas e apersonas ydonias, e quando acaesçiere vacar por fyn delos del dicho numero que de mi tengan rraçion e non en otra manera, e avn çerca delos que agora de mi tienen rraçiones por mis escriuanos de camara, entiendo mandar ver e proueer e dar orden por que sean ' e queden en çierto e rrazonable numero, el qual sea guardado dende en adelante por euitar la muchedunbre delos tales escriuanos. E quiero e mando que de aqui adelante non se puedan librar nin libren escriuanias de camara algunas syn rraçion, e sy por ventura acaesçiere que por inportunidad las yo dé e libre que non valan, mas que ayan seydo e sean ningunas e de ningunt valor, e el escriuano quelas librare que por el mesmo fecho aya perdido e pierda el ofiçio, e quelos tales non puedan vsar nin vsen del tal ofiçio por la tal prouision so las penas en que cahen aquellos que vsan de tal ofiçio non auiendo tytulo nin actoridad para ello.

24. Otrosi muy virtuoso rrey e sennor, por quanto vuestra sennoria ha librado muchas escriuanias para muchas e diuersas personas de vuestros rregnos, en tal manera que tantos son los escriuanos e notarios que [illegible] otros pobres.

mo fecho pierda el ofiçio, e pasados los dichos quatro annos, mi merçet es de non proueer de ofiçio de escriuania a persona alguna saluo por vacaçion delas que dende en adelante vacaren, e apersona que yo entienda que es para ello ydonia e pertenesçiente e non en otra manera. Lo qual todo mando que se guarde asy, non enbargante que enlas cartas que yo de aqui adelante diese delas tales escriuanias durante los dichos quatro annos se diga aquellas ser dadas de mi propio motu e çierta sçiençia e poderio rreal absoluto e con quales quier abrogaçiones e derogaçiones e non obstançias, avn que fagan mençion espeçial desta ley e delas clausulas derogatorias della e contengan otras quales quier clausulas e firmezas; pero esto non se entienda enlas escriuanias del numero delas çibdades e villas e logares delos mis rregnos, delas quales yo entiendo proueer cada que vacaren.[1] Otrosi ordeno e mando quelos escriuanos que fasta aqui son fechos non se puedan escusar nin escusen de aqui adelante, por rrazon del dicho ofiçio de escriuania nin por quales quier mis cartas e preuillejos que sobre ello tengan, de contribuyr e pagar enlos mis pechos asi rreales commo conçejales si antes que fuesen proueydos delos dichos ofiçios eran tenudos de pechar e contribuyr enellos.

25. Otrosi por quanto vuestra sennoria da comisiones de judgado a al-

delas çibdades e villas e logares de mis rregnos e non en [illegible] manera.

26. Otrosi muy alto sennor, a vuestra alteza plega saber que en muchas çibdades e villas e logares de sennorios en espeçial delos que de treze annos a esta parte fue fecha merçet a algunos caualleros o escuderos, que se demanda[1] portadgo delas cosas que por las dichas villas e logares pasan, non se acostunbrando antigua mente pedir e lleuar enlas dichas villas e logares antes que por vuetra alteza les fuesen dadas, lo qual es grant deseruiçio vuestro e danno de vuestros subditos e naturales; avuestra alteza suplicamos que mande sobre ello proueer e mande rresçebir juramento de aquellos aquien por vuestra alteza les fue fecha la dicha merçet, quelo non consientan pedir nin lleuar nin lleuen enlas dichas sus villas e logares sy por preuillejo alo menos de çinquenta annos aca non se acostunbró continua mente pedir e lleuar, e que sobre esto vuestra alteza mande dar las cartas que sobre ello se rrequieran, e vuestra sennoria enbie personas fiables a su costa a ver la dicha informaçion e rresçebir el dicho juramento delos sennores delas dichas çibdades e villas e logares e a fazer sobrello las otras cosas que se rre-

vuestra corte e chançelleria ante los juezes que dello deuan conosçer, e quelos tales sennores nin alguno dellos non puedan poner enello nin en parte dello enbargo nin contrario alguno directe nin indirecte, so pena que por el mesmo fecho ayan perdido la tal çibdad o villa o logar donde lo tal acaesçiere que sea aplicada para la vuestra corona rreal, e que vuestra sennoria non lo pueda permitir nin perdonar, e caso quelo quiera disymular o perdonar que el subçesor o subçesores que despues de vuestra alteza vinieren lo puedan tomar e aplicar non enbargante la tal disymulaçion o rremision.

Aesto vos rrespondo que mi merçet es e mando que se guarde la ley rreal fecha por el Rey don Iuan mi avuelo que Dios dé santo parayso enlas cortes de Guadalajara, que fabla en este caso so la pena en ella contenida.

28. Otrosi muy alto sennor, muchas vezes en algunas çibdades e villas e logares de vuestros rregnos do son dosalcalles mayores, vno de los pleytos çeuiles e creminales e otro delos pleytos çeuiles, asy commo en Toledo que es alcallde mayor delos pleytos çeuiles e creminales Pero Lopez de Ayala e Iuan Carrillo es vuestro alcallde mayor delos çeuiles, acaesçe que conosciendo algunt alcallde o iuez puesto por el alcallde mayor dela tal

miento de Alcala que fabla en este caso, e si alguna carta o cartas son dadas contra la dicha ley, que vuestra merçet las mande rreuocar, e asi mesmo sy alguna costunbre ay, que mande que non se guarde [1].

Aesto vos rrespondo que mi merçet es de mandar guardar e que se guarde la ley [2] delas cortes de Alcala que en este caso fabla segunt que enella se contiene.

29. Otrosi muy virtuoso rrey e sennor, muchas veces acaesçe que quando asi es puesta la dicha sospecha algunos delos dichos alcalles que son tomados por aconpannados non van alas avdiençias de carçel avn que son limitados los dias e logares do se fazen [3] las dichas avdiençias, e por non venir los dichos alcalles açesores alas tales avdiençias que se detarda la determinaçion delos tales pleytos e cavsas, suplicamos a vuestra sennoria que ordene e mande que sy el tal açesor non fuere ala dicha avdiençia dela carçel, que por cada vegada que asy non fuere pague en pena mill mrs. la qual sea para rreparo dela tal çibdad o villa o sean rrepartidos alos presos dela tal çibdad o villa [4] saluo sy touiere legitima escusaçion, por que vuestra justiçia non aya logar de se dilatar.

Aesto vos rrespondo que mi merçet es e mando quel que asi fuere ... tenudo

Aesto
de mis
guarden
31. O
vuestro
Prinçesa
toman av
nen a ve
los dicho
a otros q
quien q
mos a v
ellos no
para vue
Aesto
e mand
me lo pe
sona de

injuria.

Aesto vos rrespondo que asaz está sobre ello proueydo por las leyes de mis rregnos, las quales es mi merçet de mandar guardar e que se guarden.

31. Otrosi muy esclaresçido, rrey e sennor, por quanto se dize quel vuestro despensero e sus ofiçiales e delos sennores Reyna e Prinçipe e Prinçesa e delos otros sennores vsan muy suelta mente de sus ofiçios, que toman aves e caças e pescados e frutas e otras cosas semejantes, que se vienen a vender ala corte so color quelo quieren para vuestra altéza o para los dichos sennores, por pequennos presçios e despues lo venden e lo dan a otros quelos vendan por ellos amucho mayores preçios, o lo rreparten a quien quieren, delo qual se rrecresçen muy grandes dannos. Suplicamos a vuestra sennoria que dé orden e manera por que non se faga e ellos non puedan tomar si non aquello que sola mente será nesçesario para vuestra merçet e para los dichos sennores so grandes penas.

Aesto vos rrespondo que vuestra petiçion es buena e justa e derecha, e mando que se guarde e faga asi segunt e por la forma e manera que me lo pedistes por merçet so pena que el quelo contrario fiziere, si fuere persona de estado que por la primera vez pierda qual quier merçet o rraçion

preçios que por las dichas bestias e carretas se ouieren adar ...
muy baxos. E por quanto se demandan mas bestias e carretas delas que han menester asi por los ofiçios de vuestra sennoria commo dela dicha sennora Reyna e del' dicho sennor Prinçipe e Prinçesa commo de todos los otros sennores para quien vuestra merçet manda dar las dichas bestias e carretas, que ningun alcallde nin justiçia non les dé las dichas bestias e carretas nin guias fasta que primera mente tome dellos juramento solepne delas que ha nesçesarias para lleuar las camaras e ofiçios delos dichos sennores e de otras personas aquien se ouieren de dar, e las dichas justiçias e alcalles sean tenudos de gelo tomar so pena de perder los dichos ofiçios cada vegada que gelo asy non pidieren ' e que esto se ponga enlas cartas delas guias expresa mente.

Aesto vos rrespondo que es mi merçet e mando que de aqui adelante cada que se ouieren adar carretas o azemilas, quelas non tome persona alguna por su actoridad, mas que el juez del logar vea las que conplieren, e las dé pagando primera mente por cada carreta de azemilas a quarenta mrs. e por cada carreta de bueyes a veynte ' e çinco mrs. cada dia andando cargada ocho leguas e la meytad por la tornada, e por cada [illegible] andando las dichas ocho

sas vn tri
mente de
man dine
estranger
danno del
tra corona
bre ello en
los quisie
que de all
lo qual se
Aesto v
Rey de A
gon su m
lençia, po
non çesar
ple ami s
35. Ot
tanto

das las personas que de vuestros rregnos van allá aconprar algunas cosas vn tributo que llaman quema, de grant tienpo acá e agora nueuamente desde doze annos aesta parte han puesto otra inpusiçion que llaman dinero fajardo, esto todo nin otra cosa alguna non lleuan alos otros estrangeros saluo alos de vuestro rregno, delo qual allende de ser grant danno delos vuestros subditos e naturales rredunda en injuria de vuestra corona rreal. Suplicamos avuestra sennoria que mande proueer sobre ello en tal manera quelos dichos tributos sean quitados e sy non los quisieren quitar que vuestra merçet mande poner otro tributo alos que de allá vinieren aconprar e vender algunas cosas a vuestros rregnos, lo qual será mucho vuestro seruiçio.

Aesto vos rrespondo que yo entiendo mandar escreuir sobre ello al Rey de Aragon mi muy caro e muy amado primo e ala Reyna de Aragon su muger mi muy cara e muy amada hermana e ala çibdad de Valençia, por manera que çesen las dichas opresiones' e tributos, e donde non çesaren yo mandaré proueer sobre ello commo entienda que cunple ami seruiçio e abien de mis rregnos.

35. Otrosi sennor, sepa vuestra merçet que en Genoua lleuan otros tantos tributos alos vuestros subditos e naturales de mas delo que lleuan

merçet e mando que se guarde e cunpla e faga asi de aqui adelante so las dichas penas e quelos mis alcalles e guardas delas sacas e cosas vedadas lo guarden e cunplan asy so pena de priuaçion delos ofiçios.

37. Otrosi muy exçelente rrey e sennor, vuestra alteza prouea en rrazon delos traeres que omes e mugeres de baxa manera e labradores trayan el panno del valor que vuestra alteza ordenare* segunt su estado, asi mesmo que ninguna muger non traya oro nin cosa dorada, saluo sy su marido mantouiere cauallo e armas, asi mesmo en rrazon delas pennas martas veros e grises e arminnos e seda ordene quien e quales personas lo pueden traer, lo qual será vuestro seruiçio e pro e bien de vuestros rregnos.

Aesto vos rrespondo que yo lo mandaré ver e proueeré enello commo entienda que cunple ami seruiçio.

38. Otrosi muy alto sennor, avuestra alteza notificamos quelos capellanes dela capilla del Rey don Sancho que Dios aya, demandan vn derecho dela carne muerta que se vende enla çibdad de Toledo alos carniçeros quela venden o aquales quier otras personas, el qual derecho solia ser vna libra de cada carnero e çinco libras de cada vaca, e avn enel preuillejo queles fue dado asi se contenia, los quales capellanes con rre-
[illegible] de glo-

çias de vuestra juredicion. Muy alto prinçipe e sennor, suplicamos a vuestra sennoria quele plega de mandar paresçer ante vuestra alteza el preuillejo original dela merçet que fue fecha alos dichos capellanes para que vuestra alteza vea e sepa de que manera fue fecha la dicha merçet e de quanto, e que vuestra merçet mande que el derecho que han de aver los dichos capellanes quelo tomen en carne o paguen ellos el alcauala sy lo vendiere el carniçero. E otrosi, pues por el dicho Rey don Sancho que Dios aya les fue fecha la dicha merçet, quelos pleytos que se ouieren de mouer sobre el tal derecho quelo mueuan e demanden ante qual quier delos alcalles dela dicha çibdad. Ca muy poderoso sennor, commo alos vicarios eclesiasticos va interese asi enel lleuar delos dichos derechos commo en aver parte dela rrendiçion del dicho derecho, ante que ante ellos es alegado non ser ellos juezes para conosçer delas tales cavsas, pronunçian se por juezes e luego agrauian con sus cartas por que saben quelas apellaçiones han de ser antel santo Padre, e en caso que su sentençia se desate algunas vezes que nunca los condenan en costas e los vuestros subditos padesçen. Por ende suplicamos a vuestra alteza que mande rremediar sobre ello.

Aesto vos rrespondo que quanto alo primero yo enbiaré alla quien

gera mente los juramentos que fazen, que
nas de qual quier estado o condiçion preheminençia o dignidad que sean que quebrantaren o non guardaren el juramento que fiziere sobre qual quier contracto, que por el mesmo fecho aya perdido e pierda todos sus bienes e sean para la mi camara.

40. Otrosi muy alto prinçipe e sennor, bien sabe vuestra sennoria de commo tiene dados çiertos preuillejos por donde manda quelos arrendadores e cogedores e fieles de algunas rrentas delas alcaualas dela çibdad de Toledo e su tierra den çiertos mrs. alos capellanes dela capilla delos Reyes vuestros anteçesores que Dios aya, e asi mesmo alos capellanes dela capilla de nuestra sennora la Reyna vuestra madre que Dios aya, e a çiertos monesterios e Ordenes, e manda alas justiçias asi de vuestra corte commo dela dicha çibdat e de otras çibdades e villas e logares que sy non pagaren los tales arrendadores o cojedores que executen en bienes delos tales arrendadores e fieles e cojedores por los mrs. que cada vno ouiere de dar e los prendan los cuerpos, e alos juezes eclesiasticos vuestra merçet non manda que proçedan en cosa alguna e los dichos juezes por traer a sy la jurediçion, dan cartas contra los tales arrendadores o fieles e cogedores diziendo que pues los mrs. son dados para

quales q
sea tenu
loseclesia
rreuocar
adelante,
della, la
clerigos q
41. Otr
llas ay çi
llada la v
que sean
algunos
alteza. P
cartas de
Aesto
dende en
dado o d
ofiçios en

monesterios o clerigos que de mi tienen sytuados o puestos enlo saluado quales quier rrentas o derechos o pan o vino o mrs. o florines o doblas, sea tenudo delo demandar alos legos ante los juezes seglares e non ante loseclesiasticos, e qual quier persona quelo contrario fiziere, yo mandaré rreuocar los preuillejos que sobrello touiere, e los perderán [2] dende en adelante, pero sy la tal rrenta toda fuere dela eglesia o alguna parte della, la qual non se arriende por mi nin por mi mandado, entonçe los clerigos que puedan vsar delo quel derecho les otorga en tal caso.

41. Otrosy muy poderoso sennor, por que en algunas çibdades e villas ay çierto numero de escriuanos publicos dados por preuillejo, e callada la verdad ganan se cartas de rruego, en que vuestra alteza manda que sean rresçebidos algunos demas del numero e son rresçebidos por algunos ofiçiales, e avn otros son acreçentados syn lo mandar vuestra alteza. Por ende suplicamos avuestra sennoria que mande dar sus cartas de rreuocaçion para los asi acreçentados.

Aesto vos rrespondo que caso que por primera e segunda jusion e dende en adelante con quales quier penas e clausulas derogatorias aya dado o dé quales quier cartas para que sean acreçentados quales quier ofiçios enlas çibdades e villas de mis rregnos allende del numero antiguo,

yor rrazon que de sy dan es que ...
tas ponen condiçion vuestros contadores mayores, quelos tales arrendadores puedan dar fianças e las baratar en çiertas contias de mrs. enlas dichas rrentas, e que por la dicha cavsa ellos dan por las dichas rrentas, mayores contias delo que valen so esperança delos dichos baratos, dando a entender que el prouecho e ganançia delos dichos baratos que ellos fazen quelo pujan enlas dichas rrentas de mas delo que deuian valer, enlo qual suplicamos avuestra alteza que mande rremediar, mandando quitar la dicha cavsa. E muy esclareçido rrey e sennor, commo estos males e dannos sean tanto vsados en vuestros rregnos so la dicha color, vuestros thesoreros e rrecabdadores delos pedidos e monedas delos annos pasados han baratado muchas e grandes contias de mrs. delos sus ofiçios, pospuesto el temor de Dios e vuestro, e aviendo fecho juramento al tienpo queles fueron dados los ofiçios de non baratar nin cohechar los conçejos e los asperar [3] e delo pagar todo en dinero contado que estaua en grant rrazon e justiçia, pues a ellos eran pagados los dichos pedidos e monedas con muchos presentes e dadiuas e seruiçios que delos conçejos lleuan,[4] tantos e tales que enlas mas comarcas delos vuestros rregnos es ... pagar vuestros subditos e naturales tanto enlas costas e cohe-

pedidas ...
vuestros ...
rresçibien...
los dichos ...
villas por ...
atales rre...
mente po...
testigos fu...
plazos de ...
de rreçeb...
tantas e t...
delas dich...
ante que ...
les quiere...
pleytos fa...
perderia ...
non quer...
de espe...

arriendan las vuestras rren-
ayores, quelos tales arrenda-
iertas contias de mrs. enlas
os dan por las dichas rrentas,
a delos dichos baratos, dando
los dichos baratos que ellos
mas delo que deuian valer,
uande rremediar, mandando
rrey e sennor, commo estos
os rregnos so la dicha color,
didos e monedas delos annos
tias de mrs. delos sus oficios,
ndo fecho juramento al tien-
aratar nin cohechar los con-
nero contado que estaua en
pagados los dichos pedidos e
seruiçios que delos conçejos
as delos vuestros rregnos es

llas de vuestros rregnos han dado e dan enlas execuçiones queles son pedidas por los mrs. que son librados delas vuestras rrentas enlos dichos vuestros thesoreros e rrecabdadores e arrendadores mayores e menores, rresçibiendo libelldos de maliçias, alegando non ser parte los que libran los dichos libramientos, avn que es notorio ser avidas enlas çibdades e villas por partes e aver les mandado rrecudir las justiçias dellas commo atales rrecabdadores e arrendadores, e asi mesmo alegando maliçiosa mente por dilatar que han pagado los tales libramientos que tienen los testigos fuera de vuestros rregnos, e otros alegando queles son dados plazos de dos e de tres annos, e quelo quieren prouar, demandando cartas de rreçebtorias fuera de vuestros rregnos e otras maliçias e dilaçiones tantas e tales, que veyendo los sennores delos libramientos los proçesos delas dichas alegaçiones e maliçias e los grandes tienpos que pasarian ante que ouiese conclusyon la execuçion, acuerdan de tomar lo que les quieren dar por ello ante que non andar en proçesos e libelldos de pleytos faziendo costas en logares estrangeros, veyendo que antes se perderia que alcançasen justiçia. E sy esto fuese rremediado, ninguno non querria baratar lo suyo cada e quando supiese el tienpo que avia de esperar la execucion e que dende adelante non le podrian traer las

43. Otrosy muy alto sennor, avuestra alteza rrecresçe grant deseruiçio e grand danno avuestros rregnos por quelos mercaderes estrangeros que aellos vienen con sus mercadurias, sacan dellos mucha moneda de oro, delo qual es cavsa que todas las vençiones e contractos que fazen delas dichas mercadurias las abienen apreçio de moneda de oro, conviene asaber doblas e florines, e non quieren rresçebir el tal preçio enla yuestra moneda de blancas, e en caso quelo rresçiban enla dicha moneda de blancas luego lo trocan ' en oro para lo lleuar e lieuan lo fuera de vuestros rregnos para sus tierras o para otras partes, non enbargante que sobre ello vuestra alteza tiene fechas ordenanças e ay ' alcalldes de sacas enlos puertos para que non lo consientan, e syn enbargo dellos, se ha sacado e saca de cada dia ' el dicho oro por los dichos mercaderes estrangeros, segunt ha paresçido e paresçe de cada dia por espiriençia esto ' ser grant deseruiçio de vuestra alteza e danno de vuestros rregnos, es manifiesto e notorio sobre lo qual vuestra sennoria deue proueer e la prouision que anos otros paresçe que se deue fazer es que vuestra alteza mande e ordene por ley general e so grandes penas, que en vuestros rregnos non se fagan mercadurias e contractos dellas por [illegible] e vuestros

contra el
esto bien
mente en
nin fauor
dar execu
Aesto v
fablan en
do e orden
leyes so g
çios por s
paçion y
sonas que
vengan a
otro que
omes que
e se execu
44. Ot
muchas

troxieren las dichas mercadurias avuestros rregnos e las vendieren contra el tenor e forma dela dicha vuestra ordenança e ley, por que sea esto bien guardado quelas dichas penas se executen rreal e afectual mente enlos que enellas cayeren, e que vuestra sennoria por afecçion nin fauor nin rruego de persona alguna non dexe de executar o mandar executar las dichas penas.

Aesto vos rrespondo que es mi merçet que se guarden las leyes que fablan en rrazon que se non saque moneda de oro de mis rregnos, e mando e ordeno quelos sennores delos lugares juren de guardar las dichas leyes so grandes penas, e quelos alcalles que pudieren yr seruir sus ofiçios por sus personas que vayan alos seruir e siruan, e los que tal ocupaçion yo viere que tienen que non pueden yr, que enbien buenas personas que guarden mi seruiçio e juren de guardar las leyes, los quales vengan ante mi por que en mi persona fagan el dicho juramento. E enlo otro que dezides es mi merçet que se platique con mercaderes e otros omes que dello sepan por que se conosca lo que mas cunple ami seruiçio e se execute.

44. Otrosi muy alto sennor, avuestra alteza notificamos que por las muchas cartas de franquezas e esençiones que fasta aqui ha dado amu-

otras en que non se puede aver enpadronador nin cojedor, o por ... tardan de coger e rrecabdar los dichos pedidos e monedas e los rrecabdadores dellos fazen prendas enlas tales collaçiones e aldeas de que viene deseruiçio avuestra alteza e grant danno e agrauio [2] alos vuestros pueblos e pecheros. Por ende muy poderoso sennor, omill mente suplicamos avuestra alteza quele plega proueer enlo suso dicho mandando rreuocar todas las dichas cartas delas dichas franquezas e esençiones, que syn enbargo dellas los pecheros quelas tienen sean enpadronadores e cogedores delos pechos e tributos quando les copiere commo los otros que las non tienen, e que de aqui adelante non dedes nin mandedes dar tales cartas a pechero alguno, e caso que vuestra sennoria las dé por inportunidad o inaduertençia, quelos quelas ouieren non se puedan dellas apróuechar nin les sean guardadas en cosa alguna, e asi [3] lo mandedes ordenar e ordenedes por ley general fecha en estas cortes, lo qual será mucho vuestro seruiçio e enello fareys [4] mucha merçet e limosna alos dichos vuestros pueblos e pecheros.

Aesto vos rrespondo que es mi merçet de rreuocar e rreuoco todas e quales quier mis cartas de franquezas que yo aya dado aquales quier ... e otras

or nin cojedor, e por esto se
dos e monedas e los rrecab-
açiones e aldeas de que vie-
no e agrauio ' alos vuestros
sennor, omill mente suplica-
lo suso dicho mandando rre-
ranquezas e esençiones, que
n sean enpadronadores e co-
opiere commo los otros que
ledes nin mandedes dar tales
sennoria las dé por inportu-
n non se puedan dellas apro-
na, e asi ' lo mandedes orde-
stas cortes, lo qual será nu-
merçet e limosna alos dichos

rreuocar e rreuoco todas e
ya aya dado aquales quier

perior juredíçion a donde despues de vuestra sennoria se han de rreparar todos los agrauios que se fazen por los otros juezes de vuestros rregnos e casa e corte, e donde se han de tractar e determinar todos los grandes pleytos e negoçios que por via de justiçia se han de librar; e commo quier que segunt vuestras leyes e ordenanças de vuestros rregnos la dicha avdiençia e corte asy çerca delos ofiçios della commo dela orden e modo en que enella se han de ver ' e librar los pleytos sea tan bien ordenada que corte e avdiençia ² de otro rrey e prinçipe non se falle mejor ordenada; pero en vuestros tienpos fasta aqui non se han seruido los ofiçios nin administrado la justiçia en ella tan bien commo deuia. Lo vno, por que enel seruir e estar enella los vuestros oydores e alcalles e perlados non se ha guardado nin esecutado las dichas leyes e ordenanças; lo otro, por vuestra merçet non ser informado commo deuia de algunos dannos e inconuinientes que enella han acaesçido e acaesçen; lo otro, por los grandes bolliçios que han seydo fasta aqui en vuestros rregnos. Por ende a vuestra alteza plega de rreparar la dicha vuestra avdiençia, ca si vuestra merçet çerca delos dichos dannos non prouee particular mente e non manda e faze guardar e poner en execuçion lo que está ordenado e se proueyere por vuestra sennoria, la dicha vuestra

queria venir non era apremiado nin penado por ello, e algunos que e andauan en vuestra corte e aquien se encomendauan, dauan logar que pasase. Çerca desto vuestra merçet deue proueer que se guarden las leyes ordenadas e se executen e cunplan, e los quelas non cunplieren que ayan pena por ello, asi oydores commo alcalles, e que non dé vuestra merçet alualaes nin cartas en contrario delas dichas leyes e prouisiones que vuestra merçet çerca dello diere, ca non ha menor virtud nin de tan poco fruto commo fazer leyes e ordenanças sy non ay quien las faga guardar e conplir, ca la ley escripta sy la ley biua non la defiende e executa, escriptura muerta es, asy commo otra qual quier, e que vuestra sennoria lo quiera saber e entender enello e non cometer lo aquien e asy ha proueydo fasta aqui, ca vuestra sennoria non es escusado del cargo que tiene por lo cometer sy aquien se comete non lo cunple commo deue. Lo otro, en vuestros tienpos lo mas del tienpo asi antes que vuestra merçet pusiese por presidente enla dicha vuestra audiençia al obispo de Palençia, arçobispo que agora es de Seuilla, avn que avia muchos oydores que deuieran seruir, los que seruian ese tienpo que seruian sienpre eran quasy vnos, delo qual vino e venia grant danno por lo que ade-

Aesto vos rrespondo que yo he diputado la villa de Valladolid donde continua mente esté mi avdiençia en mi absençia, e asi mando que se guarde de aqui adelante.

47. Otrosi que vuestra sennoria prouea quelos oydores nin alcalles nin otros algunos non fagan mudanças syn llamar todos los ofiçiales nin vuestra merçet la mande fazer apedimiento de otros syn saber si se pide o procura por todos, por que algunas vezes vuestra merçet ha proueydo en partida a instançia de personas syngulares por fauores que tienen en vuestra corte quelo procuran a su instançia, lo qual es vuestro deseruiçio e avn que sea primero visto en vuestro Consejo, saluo quando vuestra merçet la mandare mudar de su propio motu e entendiere que cunple asy avuestro seruiçio.

Aesto vos rrespondo que quando acaesçiere de se fazer mudançia que yo mandaré proueer enello commo cunpla ami seruiçio e abuena expediçion delos negoçios.

48. Otrosi sennor, enlos tienpos pasados e avn agora ha avido e ha en vuestra corte algunos ofiçiales asy mayores commo menores que non han vsado bien de sus ofiçios, e han fecho dannos e injustiçias e sostienen e fauorescen aotros delos menores e en su esfuerço se cometen algunas co-

tes, asy de abogados commo de procuradores e escriuanos, e alos quelos siruen queles dan mucho fauor e han maltractado alos quelos non siruen, e la justiçia se ha peruertido en tienpo de aquellos por esta causa, e los males cometidos por los quelos asi siruen quedan syn pena e non se osan quexar dello, e avn que se quexan non son proueydos e enlas audiençias e rrelaçiones son sobre lleuados e muy honrrados los que asy siruen, e se siguen dende muchos males e disuluçiones, e vuestra merçet sabrá que es asy sy lo[a] manda saber; plega avuestra merçet delo mandar saber e ordenar e mandar quelos tales ayan pena e so grandes penas ningunt oydor nin alcallde non tome presentes nin dones de ningunt ofiçial dela corte nin de otro alguno so grandes penas avn que sean cosas de comer e beuer.

Aesto vos rrespondo que declaredes e dedes informaçion delo que dezides por que yo mande proueer sobre ello e lo pugnir e castigar.

50. Otrosy que enlas rreçebtorias que se dan en avdiençia enlos pleytos grandes e enlos otros en que aellos paresçe que se deue dar algunas vezes, se han dado rreçebtorias sospechosas alas partes, e otros que non son pertenesçientes para ello por non saber tomar testigos, e otros que por ... despacha los

Aesto vos rrespondo que yo escreuiré al obispo de Burgos que al presente preside[2] enla mi avdiençia e alos otros oydores dela dicha mi avdiençia que enella estan, enbiando les estas petiçiones, e yo les enbiaré mandar que enlo presente e enlo aduenidero prouean e tengan la manera que cunple a execuçion dela mi justiçia por manera que estas cosas non se fagan nin pasen, ca en quanto toca alo pasado yo entiendo mandar saber la verdad e proueer enello commo cunpla ami seruiçio.

51. Otrosi vuestra sennoria proueyó en algunos tienpos que algunos perlados e oydores estouiesen rresidentes o luengos tienpos enla dicha audiençia, e dize se que por esta via entiende proueer vuestra sennoria al presente, e estar oydores perpetuos o luenga mente es grant vuestro deseruiçio e ha seydo e es grant danno alos vuestros subditos, e cavsa por quela justiçia non se administre commo deue e grant confusion dela dicha audiençia e corte e chançelleria e de que han seguido muchos inconuinientes. Lo primero, que commo quier que ellos sean buenas personas, son onbres, e es dar grant soltura alos tales oydores e atreuimiento, e se siguen otras cosas por quelo defienden los derechos. Lo otro, que desque saben quelas sentençias que dieren e otras prouisiones que fizieren non se han de hemendar nin ver por otros, toman grant

Aesto vos rrespondo que yo non [illegible] otros dezides nin lo entiendo fazer [1] mas antes he mandado e entiendo mandar que siruan por tienpos segunt las leyes de mis rregnos mandan.

52. Otrosi dize se que vuestra sennoria ha proueydo que esté ende el obispo de Burgos e que fueron otros oydores nonbrados para conel, los quales non venieron nin se esperan venir a seruir e touieron manera de se escusar, e algunos delos que ende han estado han procurado alualaes de vuestra sennoria para estar ende, e commo quier que el dicho obispo sea tal persona e tan suficiente que enel non se podria fallar defecto alguno, pero la estada destos oydores o lo menos de alguno dellos es grant vuestro deseruiçio. Lo vno por que algunos dellos ha grant tienpo que han que estan [1] enla dicha vuestra avdiençia continua mente o la mayor parte del, e muchas partes entienden e se quexan que han seydo agrauiados de algunos dellos e agora temen se que se confirmarán los tales agrauios en rreuista. Lo otro, por las cavsas e inconuinientes de arriba dela perpetuydad delos oydores. Lo otro, por que algunos dellos son muy fauorables a algunas partes e ofiçiales e abogados, lo qual es vuestro [illegible] e esto que non se puede rreparar por la venida e esta-

do por la manera que vos
es he mandado e entien-
las leyes de mis rregnos

proueydo que esté ende el
nonbrados para conel, los
ruir e touieron manera de
do han procurado alualaes
quier que el dicho obispo
e podria fallar defecto al-
de alguno dellos es grant
ellos ha grant tienpo que
ontinua mente o la mayor
xan que han seydo agra-
e se confirmarán los tales
inconuinientes de arriba
ue algunos dellos son muy
rados, lo qual es vuestro

por quelo informan de muchas cosas en secreto e lo induzen aellas commo aellos plaze e non ha quien las contradiga, otras por non se saber, otras vezes ' por temor. Por ende vuestra sennoria deue mandar que vengan otros oydores e que non esten al presente los que estan, fasta que vuestra sennoria sepa commo han vsado e sy son pertenesçientes para estar ende o non por algunas cavsas delas de arriba, e los agrauios, sy algunos fizieron, sean vistos por otros.

Aesto vos rrespondo que yo he proueydo commo suso es dicho, e los que non son venidos yo los mandaré venir.

53. Otrosy el doctor Per Alfonso, vuestro alcallde enla dicha vuestra corte e chançelleria, ha seydo proueydo de ofiçio de avdiençia syn quitaçion e avn él e algunos han procurado e ganado aluala de vuestra merçet para que libre commo oydor, e commo quier que teniendo vuestra merçet tantos oydores con quitaçion commo tiene, non es justiçia que mande seruir a oydor syn quitaçion, ca non es de presumir que sea tan justo que quiera seruir de balde; pero en esto ha otra cavsa mayor por que non deue librar por oydor nin estar en avdiençia por quanto libra por alcallde enlos pleytos çeuiles, e las apellaçiones dél vienen al avdiençia e que el conosca delas apellaçiones dela sentençia que dió es

tantos oydores con quitaçiones commo agora ...
tra sennoria fallará que tenedes mas de veynte oydores con quitaçion e non ha quien sirua en avdiençia: lo vno, por quelos mas por se escusar de seruir enla dicha avdiençia e andar çerca de vuestra sennoria e en otros fechos de sus intereses han tenido manera e procurado commo fuesen del Consejo, e otros son encargados de otros ofiçios por que se escusan; vuestra sennoria deue mandar que cada que sean del Consejo que siruan en avdiençia el tienpo ordenado e non les deue dar logar a que se escusen.

Aesto vos rrespondo que asy lo entiendo mandar ordenar segunt me lo pedistes por merçed, por que entiendo que asy cunple ami seruiçio.

Las quales dichas leyes suso por mi ordenadas e todo lo enellas e en cada vna dellas contenido es mi merçet de mandar guardar e que sean guardadas de aqui adelante para sienpre jamas en todo e por todo segunt que enellas se contiene, non enbargantes quales quier mis cartas e sobre cartas e preuillejos que en contrario desto yo aya dado o diere avn que sean con segunda jusyon e dende en adelante e avn que contengan quales quier clausulas derogatorias e abrogaçiones' e otras firmezas, e avn que suenen e se digan ser dadas de mi propio motu e çierta çiençia e poderio rreal absoluto, e avn que contengan otras quales quier firmezas e penas e avn que fagan mençion espeçial o general desta mi ley e delas clausulas derogatorias della, e quiero e mando que por las non conplir non ayan incurrido nin incurran en pena alguna nin en enplazamientos nin costas aquellos a quien se derigen' o tocaren en qual quier manera, nin sean tenudos de venir nin enbiar en seguimiento delos tales enplazamientos nin por ende sean avidos por rrebeldes; mas todo lo que contra ellos se fiziere o proçediere por esta rrazon contra el tenor e forma destas mis leyes aya seydo e sea ninguno e de ningunt valor e non pueda ser nin sea executa-

consyntades yr nin pasar contra ello, nin contra cosa alguna nin parte dello, agora nin en algunt tienpo nin por alguna manera, e los vnos nin los otros non fagades ende al por alguna manera, so pena dela mi merçet e de priuaçion delos ofiçios e de confiscaçion delos bienes delos quelo contrario fizieren para la mi camara. E desto mandé dar esta mi carta firmada de mi nonbre e sellada con mi sello. Dada enla noble villa de Valladolid, treynta dias de Iullio anno del nasçimiento de nuestro sennor Ihesu Christo de mill e quatroçientos e quarenta e dos annos.—Yo el Rey.—Yo el doctor Fernando Diaz de Toledo oydor e rreferendario del Rey e su secretario la fize escreuir por su mandado.—Registrada.

XVII.

Ordenamiento hecho á peticion de las Córtes celebradas en el real sobre Olmedo en el año 1445, para que no se acrecentasen los oficios en las ciudades y villas del reino, se redujesen los ya acrecentados y se consumiesen segun fueren vacando [1].

Don Iuan por la graçia de Dios Rey de Castilla e de Leon de Toledo de Galizia de Seuilla de Cordova de Murçia de Iaen del Algarbe de Algezira, e sennor de Vizcaya e de Molina: Al conçejo alcalldes merino rregidores e otros ofiçiales caualleros escuderos e omes buenos dela muy noble çibdad de Burgos cabeça de Castilla mi camara, e al conçejo alcalldes alguaziles rregidores justiçias e omes buenos dela villa de Valladolid e de todas las çibdades e villas e logares delos mis rregnos e sennorios e aqual quier o quales quier de vos aquien esta mi carta fuere mos-

encomendamos en vuestra merçed, [illegible]
zes en vuestras cortes e en otras partes vos a seydo suplicado e pedido por merçet que vuestra alteza non acreçentase nin mandase acreçentar el numero delos alcalldes e rregidores e escriuanos e oficiales que está limitado por vuestra alteza e por vuestros anteçesores enlas dichas çibdades e villas e logares de vuestros rregnos, é espeçial mente fue a vuestra alteza suplicado enlas cortes e ayuntamiento que se fizo enla çibdad de Çamora el anno que pasó de mill e quatroçientos e treynta e dos annos e despues enlas cortes e ayuntamiento que vuestra alteza fizo enla noble villa de Valladolid el anno que pasó de mill e quatroçientos e quarenta e dos annos, enlas quales cortes vuestra alteza hordenó e fizo çiertas leyes e ordenanças por las quales hordenó e mandó que no se acreçentase el numero delos dichos alcalldes e rregidores e escriuanos e ofiçiales que estava e está limitado por vuestra alteza e por los rreyes pasados vuestros anteçesores enlas dichas çibdades e villas e logares de vuestros rregnos. E otrosy vuestra alteza rrevocó todos e quales quier ofiçios de alcaldias e alguaziladgos e rregimientos e escriuanias e otros quales quier ofiçios que fuesen acreçentados sy non los que oviesen avido efeto enlas dichas çibdades e villas e logares de vuestros rregnos, lo qual vuestra alteza fizo e hordenó e mandó que se fizyese e cunpliese asy so çiertas penas e validaçiones e fuerças e firmezas, non enbargante quales quier vuestras cartas e alvalaes e otras quales quier prouisiones que en contrario dello vuestra alteza diese o mandase dar, segund que esto e otras cosas enlas dichas vuestras leyes e hordenanças se contiene. E agora muy poderoso sennor, vuestra alteza sabrá que non enbargante las dichas leyes e hordenanças e otras vuestras cartas e alvalaes e prouisyones que para ello a dado e mandado dar despues aca, en algunas delas dichas çibdades e villas e logares delos [illegible]

ı sabe que por muchas ve-
ydo suplicado e pedido por
in mandase acreçentar el
nos e oficiales que está li-
eçesores enlas dichas çib-
especial mente fue a vues-
nto que se fizo enla çib-
quatroçientos e treynta e
iento que vuestra alteza
que pasó de mill e qua-
uales cortes vuestra alte-
por las quales hordenó e
os dichos alcalldes e rregi-
tá limitado por vuestra al-
sores enlas dichas çibdades
rosy vuestra alteza rrevoco
guaziladgos e rregimientos
fuesen acreçentados sy non
dades e villas e logares de
e hordenó e mandó que se
laçiones e fuerças e firme-
rtas e alvalaes e otras qua-
uestra alteza diese o man-
as dichas vuestras leyes e
roso sennor, vuestra alteza
hordenanças e otras vues-
ello a dado e mandado dar
e logares delos

pueblos non son rregidos e administrados segund e por la forma que deven nin menos la justiçia es governada nin conplida nin executada commo deve. Por ende suplicamos a vuestra merçet que mande confirmar e guardar las dichas leyes que disponen çerca del dicho acreçentamiento delos dichos ofiçios para que agora e de aqui adelante sean guardadas e conplidas, en tal manera que contra ellas vuestra alteza non vaya nin pase nin consyenta yr nin pasar, e que vuestra alteza rrevoque e mande rrevocar todas e quales quier merçedes e prouisiones delos dichos ofiçios delas dichas alcaldias e alguaziladgos e rregimientos e juradurias e escriuanias, e despues aca vuestra alteza a acreçentado e mandado acreçentar enlas dichas çibdades e villas e logares de vuestros rregnos e sennorios de mas e allende del numero que enellos ha e deve aver, aquellos que fasta aqui non an avido efeto nin son rreçebidos alos dichos ofiçios, e quelos tales ofiçios acreçentados se consuman e sean consumidos enlos ofiçios que vacaren e fueren vacados de aqui adelante por muerte o por privaçion o por otra qual quier manera, fasta que sean rreduzidos al numero limitado e ordenado que es e deve ser enlas tales çibdades e villas e logares, o puesto que sean rreçebidos por algunos ofiçiales, sy non fueren por todos en vna concordia o por la mayor parte, lo qual vuestra alteza mande agora e de aqui adelante guardar e conplir e que aya fuerça e vigor de ley, so aquellas mismas penas e fuerças e firmezas e con las clausulas contenidas enlas otras vuestras leyes e ordenanças e con otras quales quier que sean mas fuertes e firmes, e a mayor abondamiento vuestra alteza jure e le plega de jurar delo asy guardar e conplir e de non yr nin venir contra ello nin contra cosa alguna nin parte dello en algund tyenpo nin por alguna manera, mandando otrosy alos alcalldes e rregidores e alguaziles e jurados e ofiçiales e omes buenos delas dichas çibdades e villas e logares delos dichos vuestros rregnos e sennorios e so pena de pri-

cartas e alvalaes e prouisyones con quales quier non obstançias e clausulas derogatorias, avn que sean dados de vuestro propio motu e çierta çiencia e poderio rreal absoluto o en otra qual quier manera, e por ellas vuestra alteza rrevocase e derogase e queriese derogar e rrevocar esta ley e hordenança e las otras vuestras leyes e hordenanças e dellas fuese fecha espeçial mençion enlas dichas vuestras cartas e alvalaes e prouisyones e fuese e viniese enellas encorporadas, e sy lo contrario fizieren por el mismo fecho sean perjuros e ynfames e cayan en caso de menos valer, nin ellos demanden nin puedan demandar absoluçion nin dispensaçion nin rrelaxaçion del tal juramento e perjurio, e caso queles sea dado e otorgado, que non vsen nin se aprouechen della, agora les sea o fuere otorgada a su pedimiento e instançia e por propio motu del conçedente o en otra qual quier manera, e que por virtud de vuestras cartas e alualaes e prouisyones nin del rreçebimiento queles fuere o sea fecho alos dichos oficios acreçentados contra el tenor e forma delas dichas vuestras leyes e hordenanças e delo suso dicho que no les sea nin pueda ser adquirido tytulo en derecho alguno, e los dichos ofiçios acreçentados, asy quanto ala propiedad e derecho delos dichos ofiçios commo quanto ala posesyon vel casy dellos, que non sean avidos nin tenidos por ofiçiales nin ayan boz commo ofiçiales, nin fagan nin puedan fazer cosa alguna asy commo ofiçiales delas tales çibdades e villas e logares donde fueren proueydos. E yo con acuerdo del prinçipe don Enrrique mi muy caro e muy amado fijo primo genito heredero e delos condes perlados e rricos omes e caualleros e delos otros del mi Consejo que comigo estan, veyendo quelo contenido enla dicha petiçion es muy conplidero ami seruiçio e a pro e bien comun de mis rregnos e delas çibdades e villas e logares dellos, tove lo por bien, e es mi merçed deles otor-

lante en todo e por todo segund e por la forma e manera que enla dicha petiçion suso encorporada se contyene, e de non yr nin pasar nin consentyr yr nin pasar contra ello nin contra cosa alguna nin parte dello agora nin en algund tyenpo nin por alguna manera nin cabsa nin rrazon que sea o ser pueda, e mando avos los dichos alcalldes e merinos e alguaziles e rregidores e caualleros e escuderos e omes buenos de cada vna delas dichas çibdades e villas e logares de mis rregnos, so las penas contenidas en la dicha petiçion, que juredes e fagades juramento en forma devida de guardar e conplir esta mi ley e hordenança e las otras mis leyes e hordenanças de que faze minçion la dicha petiçion suso encorporada, segund e por la forma e manera que enella se contyene, e de fazer guardar e conplir todas las otras cosas e cada vna dellas contenidas enla dicha petiçion, e de non yr nin pasar nin consintyr yr nin pasar contra ello nin contra cosa alguna nin parte dello agora nin en algund tyenpo nin por alguna manera, non enbargante quales quier leyes fueros e derechos e hordenamientos estylos costunbres e quales quier mis cartas e sobre cartas avn que sean de segunda jusyon e dende en adelante, con quales quier clausulas derogatorias o en otra qual quier manera que en contrario desto sean o ser puedan, lo qual todo de mi çierta çiençia e propio motu e poderio rreal absoluto abrogo e derogo en quanto a esto atanne o atanner puede. Por que vos mando a todos e acada vno de vos quelo guardedes e fagades e cunplades en todo e por todo segund e por la forma e manera que enla dicha petiçion e en esta mi carta se contyene, e que non vayades nin pasedes nin consyntades yr nin pasar contra ello nin contra cosa alguna nin parte dello agora nin en algund tienpo nin por alguna manera nin cabsa nin rrazon nin color que sea o ser pueda. E los vnos nin los otros non fagades ende al, so pena dela mi merçed e delas penas contenidas enla dicha petiçion, lo qual todo es mi merçed que se guarde e cunpla asy, saluo en quanto atanne al ofiçio de rregi-

criado de Ynnigo Lopez de Mendoça ...
otrosy de otro oficio de rregimiento que yo prouey al doctor Pero Diaz de Toledo mi alcallde mayor delas alçadas e mi oydor e rrefrendario e alcallde mayor del dicho Prinçipe mi hijo, los quales dichos ofiçios por mi fueron acreçentados enlas dichas çibdades e villas para que se consuman en ellos los primeros ofiçios que vacaren, por que dende en adelante sea guardado el numero antiguo delos rregidores delas dichas çibdades, los quales e cada vno dellos quiero que ayan efeto, non embargante lo suso dicho, en caso que fasta aqui non ayan seydo rreçebidos alos dichos ofiçios, lo qual me fue suplicado por los dichos procuradores de mis rregnos e ellos consyntieron enello.

Dada enel mi rreal de sobre la villa de Olmedo, veynte e ocho dias de Abril anno del nasçimiento de nuestro sennor Ihesu Christo de mill e quatroçientos e quarenta e çinco annos.—Yo el Rey.—Yo el doctor Fernando Diaz de Toledo oydor e rrefrendario del Rey e su secretario la fize escriuir por su mandado.—Registrada.

XVIII.

Ordenamiento hecho á peticion de las Córtes celebradas en el real sobre Olmedo el año de 1445, interpretando y aclarando una ley de las Partidas. [1]

Don Iuan por la graçia de Dios Rey de Castilla de Leon de Toledo de

allo e del mi Consejo, e
)uey al doctor Pero Diaz
ii oydor e rrefrendario e
quales dichos oficios por
e villas para que se con-
n, por que dende en ade-
; rregidores delas dichas
que ayan efeto, non en-
ii non ayan seydo rreve-
cado por los dichos pro-
enello.
lo, veynte e ocho dias de
r Ihesu Christo de mill e
o el Rey.—Yo el doctor
del Rey e su secretario la

real sobre Olmedo el año de 1445,
; Partidas. ¹

zil e rregidores caualleros escuderos e omes buenos dela muy noble çibdad de Burgos cabeça de Castilla e mi camara, e a todos los conçejos alcalles alguaziles rregidores caualleros escuderos e omes buenos de todas las çibdades e villas e logares delos mis rregnos e sennorios, e a otros quales quier mis subditos e naturales e vasallos de qual quier estado o condiçion preeminençia o dignidat que sean, e acada vno de vos, salud e graçia. Sepades que estando comigo ayuntados enel mi rreal sobre Olmedo, vos el dicho Prinçipe mi fijo e don Aluaro de Luna mi condestable de Castilla, e el conde de Santesteuan e don Gutierre arçobispo de Toledo primado delas Espannas chançeller mayor de Castilla e don Pero Fernandez de Velasco conde de Haro mi camarero mayor e don Gutierre de Sotomayor maestre de Alcantara e don Fernan Aluarez de Toledo conde de Alua camarero mayor del dicho Prinçipe mi fijo e Ynnigo Lopez de Mendoça e don Aluaro de Ysorna obispo de Cuenca e don Lope de Barrientos obispo de Auila e don Alfonso Carriello obispo de Siguença e don Rodrigo de Villandrando conde de Ribadeo e don Diego Sarmiento conde de Santa Marta e Rui Diaz de Mendoça mi mayordomo mayor e Iuan Pacheco guarda mayor e mayordomo mayor del dicho Prinçipe mi fijo e Diego Lopez de Estunniga e Iuan de Silua mi alferez mayor del mi pendon rreal e Iuan Carriello ¹ adelantado mayor de Cazorla e Pero de Acunna mi guarda mayor e Pero de Mendoça mi guarda mayor é Fernando de Velasco mi camarero e Pero Sarmiento mi rrepos-

ciudad ha remitido á este Cuerpo literario dando noticia de todos los documentos relativos á Córtes que posee.

¹ No hubieramos dado á luz este ordenamiento á pesar de su importancia sin el auxilio de las ediciones del código de las Partidas hechas por Montalvo en 1491, por Gregorio Lopez en 1555 y por esta Academia en 1807 y las del Fuero real y Ordenamiento de Alcalá Con presencia de ellas hemos podido corregir las leyes que de los mencionados códigos se insertan en este ordenamiento sin alterar

vuestros rregnos con deuida rreuerençia besamos vuestros pies e vuestras manos, e muy omill mente nos encomendamos en vuestra muy alta merçed, la qual bien sabe en commo por pecados del pueblo, Dios ha permitido estos tienpos pasados algunos bolliçios e leuantamientos e escandalos en vuestros rregnos, alos quales algunos vuestros subditos e naturales se mouieron, oluidada la ley natural por estilo dela qual avn las abejas han vn prinçipe e las gruas siguen vn cabdillo e aque ellos acatan e obedesçen; e asi mesmo pospuesta la ley deuinal, la qual espresa mente manda e defiende que ninguno non sea osado de tocar en su rrey e prinçipe commo aquel que es vngido de Dios nin avn de rretraer nin dezir del ningunt mal nin avn lo pensar en su espiritu, mas que aquel sea tenido commo vicario de Dios e onrrado commo por esçelente e que ningunt non sea osado dele rresistir, por quelos que al rrey rresisten son vistos querer rresistir ala ordenança de Dios, alo qual asi fazer todos son obligados e tenudos, non solo temiendo la ira de Dios e el mal e pena que dello les puede venir, mas avn por la guarda de sus conçiençias; e los quelo contrario fazen, non obesdesçiendo sus prinçipes e rreyes son por ello culpados e rreos de muerte; menos preçiando otrosi los sagrados canones e las leyes inperiales e rreales, las quales con grande eficaçia mandan guardar e acatar sobre todas las cosas del mundo al rrey e su sennorio e obediençia e preeminençias, e lo seruir e onrrar, lo qual todo omiso, los tales perseueraron e han perseuerado en su pertinaçia, diziendo e fingiendo quelo fazian e fazen so color de vuestro seruiçio e por algunas leyes de vuestros rregnos, que es enla segunda Partida enel titulo treçe: Qual deue el pueblo ser en conoçer e amar e temer e onrrar e guardar al rrey. La qual es la ley veynte e cinco [1] en el dicho titulo, que dize en esta guisa:

da se daria a entender quelo non ama verdadera mente e ha lo de perder por su culpa, de guisa que el amor se torne en desamor. Otrosi dezimos que si non se sabe ome guardar delo que teme aguisando que non cayga en ello, que non puede ser que non rreçiba ende aquel pesar o aquel mal que temie de rresçibir dello. E otrosi conteçe dela onrra que el quela non guarda commo deue, por fuerça conuiene quela pierda e cayga en desonrra. E por ende pues quela guarda es commo llaue e ençerramiento de todas estas cosas que dichas avemos, queremos mostrar segunt dichos delos sabios antiguos e delos santos en que manera la deue el pueblo fazer a su rrey; ca segunt ellos dixeron non es menor seso en auer ome sabiduria para guardar la cosa despues que es ganada, que en saber la ganar de comienço; ca la ganançia viene las mas veçes por auentura e la guarda se ha de fazer sienpre por seso e por maestria. E por ende el pueblo deue mucho punnar en guardar su rrey, lo vno por que lo han ganado espiritual mente por don de Dios, e lo al natural mente por rrazon e por derecho, e esta guarda quele han de fazer es en tres maneras. La primera de si mesmo, la segunda de ellos mesmos, la terçera delos estrannos E la guarda que han de fazer a el de si mesmo es que non le dexen fazer cosa a sabiendas por que se pierda el alma, nin que sea a mal estança e desonrra de su cuerpo o de su linage o agrant dapno de su rregno. E esta guarda ha de ser fecha en dos maneras, primera mente por consejo e diziendo le rrazones e mostrando le por quelo non deue fazer e la otra por obra buscando le carreras por que gelo fagan aborreçer; e dexar de guisa que no venga a acabamiento e avn enbargando a aquellos que gelo aconsejasen a fazer, ca pues que ellos saben que el yerro o la mala estança que fiziese peor le estaria que a otro ome, mucho les conuiene que guarden quelo non faga, e guardando le de si mesmo de esta guisa que diximos, saber le han guardar el alma e el cuerpo, e

E muy alto e muy esçelente prinçipe e muy poderoso rrey e sennor, commo quier quela dicha ley e las otras delos libros delas Partidas de vuestros rregnos sean muy santas e buenas e fechas e ordenadas con rrecta entençion, e aquellas seyendo sanas e verdadera mente entendidas non se pudieran ni deuieran della nin por cabsa della seguir inconuenientes algunos delos que fasta qui por ellas ser con siniestra entençion entendidas se han seguido en vuestros rregnos, diziendo e presuponiendo los tales que por vigor[1] dela dicha ley e de otras delas Partidas e so color de vuestro seruiçio fazian e podian fazer las cosas que fezieron, e avn afirmando que eran neçesitados por ellas alo fazer, a que segunt las dichas leyes farian trayçion conosçida si lo ansi non fiziesen; pero fablando verdadera mente si bien fuere considerado el mal fruto e el muy grant deseruiçio e dapno comun que delo tal se ha seguido contra el bien comun e paz e sosiego de vuestros rregnos, manifiesta e clara mente se sigue e concluye e puede bien conosçer, que el fazedor e conditor dela dicha ley e delas otras que dizen non ouo enlas fazer e establesçer a tal entençion e rrespeto commo algunos non buena mente paresçe que deprauando el verdadero entendimiento dela dicha ley e delas otras, que con ellas quieren absoluer e siguiendo sus dapnados apetitos e pasiones las han querido enterpretar e entender, lo qual se muestra ser asi por muchas rrazones delas quales diremos algunas dellas. Lo primero, por que todo lo por ello fecho e perpetrado les era e es defendido espresa mente non solo por la ley natural e diuina e por todo derecho canonico e ceuil mas avn por las leyes de vuestros rregnos e espeçial mente por las leyes que se siguen:

poderoso rrey e sennor,
libros delas Partidas de
fechas e ordenadas con
dadera mente entendidas
sa della seguir inconue-
r con siniestra entençion
, diziendo e presuponien-
otras delas Partidas e so
las cosas que fezieron, e
lo fazer, a que segunt las
si non fiziesen; pero fa-
derado el mal fruto e el
tal se ha seguido contra
gnos, manifiesta e clara
nosçer, que el fazedor e
en non ouo enlas fazer e
lgunos non buena mente
miento dela dicha ley e
siguiendo sus dapnados
ar e entender, lo qual se
s diremos algunas dellas.
erpetrado les era e es de-
tural e diuina e por todo
es de vuestros rregnos e

ento e el otorgamiento quel fizieron las gentes antigua mente de gouernar e de mantener el inperio en justiçia, e por eso es llamado enperador que quiere tanto dezir commo mandador, por que al su mandamiento deuen obedesçer todos los del inperio, e el non es tenudo de obedesçer a ninguno fueras ende al papa enlas cosas espirituales. E conuino que vn ome fuese enperador e ouiese este poderio en tierra por muchas rrazones. La vna, por toller desacuerdo de entre las gentes e ayuntar las en vno, lo que non podrian fazer si muchos fuesen los enperadores, por que segunt natura el sennorio non quiere conpannia nin la ha menester, commo quier que en todas guisas conuiene que aya omes buenos e sabidores quele consejen e ayuden. La segunda, para fazer fueros e leyes, por que se judguen derecha mente las gentes de su sennorio. La terçera, para quebrantar los soberuios e los tortiçeros e los mal fechores que por su maldat o por su poderio se atreuen a fazer mal o tuerto alos menores. La quarta, para anparar la fe de nuestro sennor Ihesu Christo e quebrantar los enemigos de ella. E otrosi dixeron los sabios que el enperador es vicario de Dios enel inperio para fazer justiçia enlo tenporal bien asi commo lo es el papa enlo espiritual.

Ley V. Que cosa es rrey.

Vicarios de Dios son los rreyes cada vno en su rregno puestos sobre las gentes para mantener las en justiçia e en verdat quanto enlo tenporal, bien asi commo el enperador en su inperio. E esto se muestra cunplida mente en dos maneras: la primera dellas es espiritual segunt lo mostraron los profetas e los santos, aquien dió nuestro sennor graçia de saber las cosas çierta mente e de fazer las entender; la otra es segunt natura asi commo mostraron los omes sabios que fueron commo conosçedores delas cosas natural mente: e los santos dixeron que el rrey es

rregno, se deuen mandar e guiar e auer vn acuerdo con ... desçer le e anparar e guardar e endereçar el rregno onde él es alma e cabeça e ellos mienbros.

Ley VI. Que quiere dezir rrey e por que es asi llamado.

Rey tanto quiere dezir commo rregidor, ca sin falla a el pertenesçe el rregimiento del rregno e segunt dixeron los sabios antiguos e sennalada mente Aristotiles en el libro que se llama Politicas, enel tienpo delos gentiles el rrey no tan sola mente era guiador e cabdillo delas huestes e juez sobre todos los del rregno, mas avn era sennor enlas cosas espirituales que entonces se fazian por rreuerençia e por onrra delos dioses en que ellos creien, e por ende lo llamauan rrey por que rregia tanbien enlo tenporal commo enlo espiritual. E sennalada mente tomó el rrey nonbre de nuestro sennor Dios, ca asi commo él es dicho rrey sobre todos los rreyes por que del han nonbre e él los gouierna e el los mantiene en su lugar enla tierra para fazer justiçia e derecho; asi ellos son tenidos de mantener e de gouernar en justiçia e en verdat alos de su sennorio. E avn otra manera mostraron los sabios, por que el rrey es asi llamado e dixeron que rrey tanto quiere dezir commo rregla, ca bien asi commo por ella se conosçen todas las torturas e se enderezan, asi por el rrey son conosçidos los yerros e enmendados.

Ley VII. Por que conuino que fuese rrey, e que logar tiene.

Cunplidas e verdaderas rrazones mostraron los sabios antiguos, por que conuino que fuese rrey demas de aquellas que de suso diximos del enperador, e commo quier que antes fablamos del enperador por la onrra del

labrar por ello, mas el omne de todo esto non ha nada para si a menos de ayuda de muchos quele busquen e le alleguen aquellas cosas quele conuienen, e este ayudamiento non puede ser sin justiçia, la que non podria ser fecha si non por mayorales a quien ouiesen los otros de obedesçer. Et estos seyendo muchos, non podria ser que algunas vegadas non se desacordasen, porque natural mente las voluntades delos omes son departidas, e los vnos quieren valer mas quelos otros; e por ende fue menester por derecha fuerça que ouiesen vno que fuese cabeça dellos por cuyo seso se acordasen e se guiasen, asi commo todos los mienbros del cuerpo se mandan e se guian por la cabeça, e por esta rrazon conuino que fuesen los rreyes e los tomasen los omes por sennores. Otra rrazon y ha escrita, segunt dicho delos profetas e delos santos por que fueron los rreyes, e es esta quela justiçia que nuestro sennor Dios auia adar enel mundo porque biuiesen los omes en paz e en amor, que ouiese quien la fiziese por el enlas cosas tenporales dando a cada vno su derecho segunt su meresçimiento, e tiene el logar de Dios para fazer justiçia e derecho en el rregno en que es sennor, bien asi commo de suso diximos quelo tiene el enperador enel inperio e avn demas que el rrey lo tiene por heredamiento e el enperador por elecçion.[1]

Ley VIII. Qual es el poderio del rrey e commo deue vsar del.

Sabida cosa es que todos aquellos poderes que de suso diximos quelos enperadores han e deuen hauer enlas gentes de su imperio, que esos mismos han e deuen auer los rreyes enlas de sus rregnos e sennorios e mayores, ca ellos non tan sola mente son sennores de sus tierras mientras biuen, mas avn asus finamientos las pueden dexar asus herederos por que han sennorio de heredar, lo que non pueden fazer los enpera-

puede demandar e tomar del rregno lo que vsaron los otros rreyes que fueron ante quel, e avn mas alas sazones que el ouiere de grant menester para pro comunal dela tierra quelo non pueda escusar, bien ansi commo los otros omes que se acorren al tienpo dela cuyta delo que es suyo por heredamiento. Otrosi dezimos que el rrey deue vsar de su poderio en aquellos tienpos e en aquella manera que de suso diximos quelo puede e lo deue fazer el enperador.

Siguense las leyes dela segunda Partida en el titulo treze: Qual deue ser el pueblo en conosçer e en amar e en temer e en onrrar e en guardar al rrey.

Ley II. Commo el pueblo deue sienpre querer oyr bien del rrey, e non lo que fuere su mal.

Oyr es el segundo sentido de que fablamos enla terçera[1] ley ante desta que ha el alma sentidor, e este puso Dios sennalada mente dentro en las orejas: e bien asi commo el oydo quando es sano e desenbargado oye los sones e las vozes de luenne, e se paga con los que son plaçenteros e sabrosos, e aborresçe las cosas que son fuertes e espantables, otrosi a semejante desto deue el pueblo leal querer oyr el bien que del rrey dixieren e trabajar se delo acresçer lo mas que ellos pudieren. E deuen aborresçer de non querer oyr del ningunt mal, mas pesar les quando lo oyesen e estrannar lo mucho e vedar lo alos quelo dixiesen, e faziendo su poder por mostrar que non les plaze e non deuen cobdiçiar en ninguna manera oyr cosa de quel pudiese venir muerte nin desonrra nin otro grant su danno, ca esto seria vno delos grandes aleues que ser pudiesen,

ıron los otros rreyes que
ouiere de grant menester
ˈscusar, bien ansi commo
ˌyta delo que es suyo por
e vsar de su poderio en
ıso diximos quelo puede

ˈl titulo treze: Qual deue
e en onrrar e en guardar

y, e non lo que fuere su mal.

la terçera ley ante desta
ıalada mente dentro en
ano e desenbargado oye
os que son plaçenteros e
espantables, otrosi a se-
bien que del rrey dixie-
pudieren. E deuen abo-
as pesar les quando lo
o dixiesen, e faziendo su
n cobdiçiar en ninguna
nin desonrra nin otro
...as que ser pudiesen,

su sennor e dezir las cosas con las lenguas e rretraer la; e las palabras malas que fuesen a enfamamiento del non las querer dezir nin rretraer en ninguna manera, nin muy menos a sacar enxenplos nin buscar las de nueuo; ca el pueblo que desama su rrey, deziendo mal del, por que pierda buen prez e buena nonbradia, e por quelos omes le ayan a desamar e aborresçer, faze trayçion conosçida, bien ansi commo sil matasen: ca segunt dixeron los sabios que fezieron las leyes antiguas, dos yerros son commo eguales, matar a ome e enfamar lo de mal, por que el ome despues que es enfamado, maguer non aya culpa, muerto es quanto al bien e ala onrra deste mundo; e demas tal podrie ser el enfamamiento que mejor le seria la muerte quela vida. Onde los que esto fiziesen deuen auer pena commo sil matasen, quanto en sus cuerpos e delos otros sus bienes quelos pierdan; pero si tan grant merçet quisiere fazer el rrey a alguno quel dexasen la vida, deuen le cortar la lengua con-quelo dixo, de manera que nunca con ella fable.

Ley VI. Commo el pueblo deue tanner las cosas que fueren a seruiçio e a onrra del rrey, e non en aquellas e en quel yoguiere muerte o ferida o desonrra.

Tanner es el quinto sentido del alma, e commo quier que es tannido en todo el cuerpo, mayor mente lo es enlos pies e enlas manos. E ansy commo el tanner departe las cosas asperas delas blandas e las muelles delas duras e las frias delas calientes, otrosi asemejante desto deue el pueblo yr con los pies e obrar con las manos en aquellas cosas que fueren blandas e prouechosas asu rrey, e allegar gelas en todas las maneras que pudieren, e las asperas e duras e dapnosas deuen yr contra ellas e quebrantar las e destroyr las de manera que non rresciba mal de ellas.

auiltada que puedan pensar, e avn deuen perder todo lo que ouieren tanbien muebles commo rrayz e ser todo del rrey, e las casas e las heredades labradas deuen las derribar e destroyr de guisa que finque por sennal de escarmiento para sienpre. E otrosi dezimos que todos aquellos que fueren en consejar tal fecho commo este o dieren ayuda o consejo o esfuerço o defendimiento alos fazedores, que son traydores e deuen auer la pena sobre dicha. Otrosi qual quier quelo supiere e non lo descubriese, por que non viniese a acabamiento de fecho, es traydor e deue morir por ende. Otrosi dezimos que aquel quel firiese de arma onde non muriese, que deue morir por ello e perder quanto ouiese e ser todo del rrey; pero nol deuen derribar las casas nin astragar las heredades, asi commo de suso diximos, e por eso ende meresçe auer tal pena, por que bien semeja que pues quel fiere quelo matara si pudiere. Eso mismo dezimos si lo feriese de otra cosa, maguer non fuese arma, mas sil prendiese deue auer tal pena commo si le matase, por que asi commo por la muerte le tuelle el nonbre del rregno o le desereda del, otrosi por la prision le desapodera desonrrada mente. E ese mesma pena dezimos que deuen auer todos aquellos que dieren consejo o ayuda o esfuerço alos que fiziesen contra el rrey algunas destas cosas suso dichas.

Ley VIII. Commo el pueblo deue obrar enlos fechos del rrey con asosegamiento e con seso e non rrebatosa mente.

Fantasia es el segundo sentido delos otros de dentro en que obra el alma sentidor, e quiere tanto dezir commo antojamiento de cosa sin rrazon, ca esta virtud judga luego las cosas rrebatosa mente e commo non

echados del rregno por tanto tienpo commo el rrey touiere por bien.

Ley XI. Commo el pueblo deue auer sienpre en rremenbrança el sennorio del rrey para guardar e obedesçer su mandamiento.

Remenbrança llaman ala quinta virtud que ha en si el alma sentidor, e por ende le dizen este nonbre, porque ella es commo rrepostera e guardador de todos los otros sentidos, tanbien delos de dentro commo delos de fuera, con que obra e tiene cada vno de ellos guarda e rremenbrança delas cosas que pasaron segunt el tienpo en quelo han menester. Onde asemejante desto deue el pueblo sienpre auer en su memoria e en su rremenbrança el sennorio e la naturaleza quel rrey ha con ellos, e el bien que han resçibido del e agradesçer gelo e fazer le seruiçio por ello. E sin todo esto se deuen sienpre rremenbrar delos mandamientos e delas posturas quel fizieren para tener las e guardar las en todas maneras; e por ende los que non se quisieren rremenbrar del sennorio del rrey para conosçer lo e guardar lo leal mente, deuen auer tal pena commo de suso diximos delos quele prisiesen, e por preso e por desapoderado lo tienen en su voluntat aquellos que non le quieren conosçer el derecho quel deuen fazer. E otrosi los que non le quisieren ser obedientes para guardar sus posturas e sus mandamientos deuen auer tal pena segunt fuere aquella cosa en que non le obedesçieren.

Ley XIII. Por que rrazon deue el pueblo amar al rrey [1].

Segunt dixieron los sabios antiguos alli do fablaron que cosa es amor, mostraron commo se departe en dos maneras; la vna quando viene so-

que nunca vieron, nin de quien esperan nin pueden auer bien nin pro, e quando cae sobre cosa firme es el amor que nasçe del debdo de linage o de naturaleza o de bien fecho que aya auido ó esperan de auer de aquella cosa que aman, e tal amor commo este es derecho e bien por que viene sobre cosa con rrazon. E de este amor dixieron que deue el pueblo amar al rrey e non por antojança; e para fazer lo conplida mente, deuen catar tres cosas; la primera quele amen el alma, la segunda el cuerpo, la terçera sus fechos; ca el alma le deuen amar, consejando le e ayudando le que faga sienpre tales cosas por que non pierda el amor de Dios nin caya en poder del diablo; e al cuerpo por que faga otrosi aquello porque vala mas e de que gane buen prez e buena fama; e buenos fechos deuen otrosi fazer e querer que faga e tales cosas que sean a onrra e a pro del e delos suyos. E sobre esto dixo el Rey Salomon alos pueblos castigando les, con todas vuestras voluntades amad a Dios, e non oluidedes alos rreyes que tienen su lugar en tierra; e esta palabra dixo afirmando que deuia asi ser por que ningun ome non podria amar a Dios conplida mente si non amase asu rrey; esto mismo predicó el apostol Sant Pablo, diziendo al pueblo que amasen alos rreyes con todos sus coraçones, ca ellos eran puestos para consejar los e castigar los. Onde los que asi non lo fiziesen non amarien derecha mente a Dios nín a su sennor natural; e sin la vengança que tomarie Dios dellos enel otro siglo, non les deue el rrey amar en este, mas dar les pena segunt fuere el yerro del desamor quele mostraren.

Ley XV [1]. Commo el pueblo deue temer al rrey e que departimiento ha entre temor e miedo.

Mostraron los sabios antiguos por derechas rrazones que temor es cosa que se tiene con el amor que es verdadero, ca ningunt ome non puede amar si non teme. E commo quier que temor e miedo es natural mente commo vna cosa, enpero segunt rrazon departimiento ha entre ellos, ca la temençia viene del amor e el miedo nasçe de espanto de premia e es commo desanparamiento: e el temor que viene de amistat es tal commo el que ha el fijo al padre, ca maguer non le fiera nin le faga ningunt mal, sienpre le teme natural mente por el linage que con el ha e por el sennorio que ha sobre el segunt derecho por que es su fechura, e otrosi por non perder el bien fecho que ha o espera auer del. E de tal temor commo este nasçen dos cosas: verguença e obedesçimiento, lo que conuiene mucho que aya el pueblo al rrey, ca sienpre deue auer ver-

[1] En la edicion de Montalvo es la XIV.

guença de fazer nin dezir cosa ante el que sin rrazon sea e que el tenga por mal. Otrosi le deue obedesçer commo a sennor en todas cosas, ca antigua mente lo mandó nuestro sennor Dios en la vieja ley quando dió a Saul por rrey al pueblo de Isrrael, e dixo, el rrey será sobre vos e sed leales e obedientes e ayudar vos ha el e será vuestro defendedor. Otrosi el apostol Sant Pedro dixo predicando al pueblo, que fuese a mandamiento e a obediençia de su rrey con todo temor, e avn dixo mas que non tan sola mente alos buenos, mas avn alos quelo non fuesen. Eso mesmo dixo el apostol Sant Pablo, que todo ome deue ser sometido alos rreyes por que ellos son puestos por mano de Dios, e el poderio que han del lo rresçiben, e quien los quisiere contrallar [1], faze contra el ordenamiento de Dios, e gana para si perdimiento para sienpre jamas, e otros santos acordaron en este fecho que dixieron que aquellos que aman e temen a Dios que aman e temen alos rreyes que tienen su lugar enla tierra. E el otro miedo que viene del espanto de premia, es atal commo el que han los sieruos alos sennores, temiendo que por la seruidunbre en que ellos son, toda cosa quelos sennores fagan contra ellos, quelo pueden fazer con derecho. Onde segunt estas dos rrazones deue el pueblo temer al rrey asi commo fijos a padres por la naturaleza que han con el e por el sennorio quel ha sobrellos e por non perder el su amor nin el bien queles faze o que esperan auer del. Otrosi le deuen temer asi commo vasallos asu sennor, auiendo miedo de fazer tal yerro por que ayan a perder su amor o caer en pena, que es commo en manera de seruidunbre; ca segunt dixieron los sabios non ha departimiento entre aquel que fuese preso en cadenas o en poder de sus enemigos, e el que fuese sieruo de su voluntat en manera que ouiese a fazer cosa por que meresçiese pena, ca sin dubda el que faze el yerro, el mismo se mete en seruidunbre dela pena que meresçe por ello auer, e con esto se acuerda lo que dixo el apostol Sant Iuan, que quien faze el pecado es sieruo del. E por ende los que en estas dos maneras que en esta ley dize non temiesen al rrey, bien darien a entender que non le conosçien nin le amauan; e sin la vengança que Dios tomarie dellos enel otro mundo, por fuerça aurien a fazer cosa en este, por que el rrey los darie pena segunt fuese el yerro que se atreuiesen a fazer.

1 Las ediciones de las Partidas: contrastar.

Ley XVI. Commo el pueblo deue enuergonçar e obedesçer al rrey [1].

Verguença segunt dixieron los sabios es sennal de temençia que nasçe de verdadero amor, e ella faze dos cosas que conuiene mucho al pueblo que fagan asu rrey: la primera es que tuelle atreuimiento alos omes; e la segunda quelos faze obedesçer las cosas que deuen. Ca atreuimiento non es otra cosa si non fazer o dezir enlo que non deuen e en logar donde non conuiene, e desto nasçen muchos males; ca pues quelos omes pierden verguença e toman atreuimiento, por fuerça derecha han a entrar en carrera para ser desobedientes alo que han de obedesçer, e perder verguença delas cosas que han de enuergonçar; mas la obediençia es cosa de que viene mucho bien, ca ella faze alos omes obedesçer sus sennores en todas cosas, asi commo vasallos leales, e asi commo fijos a padre quandòl aman e le temen verdadera mente. E por ende el pueblo non deue ser atreuido para perder verguença de su rrey, mas deuen le ser obedientes en todas las cosas que el mandare, asi commo de venir a su corte e asu consejo todos los por quien el enbiare, o para fazer le hueste, o para dar le cuenta, o para fazer derecho alos que dellos ouieren querella, ca estas son las mayores cosas en quelos vasallos son tenudos de venir obedesçiendo mandamiento de su sennor; e esta misma obediençia le deuen auer para yr do los enbiare, asi commo en mandaderia o en hueste o en guerra o en otro logar do los mandare yr sennalada mente. E sin todo esto deuen otrosi auer obediençia para estar do los pusiere, asi commo en frontera o en çerca o en bastida de villa o de castillo o en otro logar do el rrey entendiese que mas estarien en su seruiçio. Onde el pueblo que enuergonçase e obedesçiese asu rrey asi commo en esta ley dize, estos mostrarien quele conoçien e le amauan e le temien verdadera miente por que meresçen ser mucho amados e onrrados del. E los que fiziesen a sabiendas contra esto, por el atreuimiento deuen auer pena segunt fuere el fecho que fizieren e por la desobediençia, si fueren omes onrrados deuen perder lo que del rrey ouieren e ser echados del rregno. E si el rrey menoscabare alguna cosa delo suyo por tal rrazon commo esta, deue ser entregado enlos bienes dellos fasta que cobre dellos el dapno que rresçebio, e si fueren otros omes que non tengan ninguna cosa del, mas que del aya a fazer seruiçio por rrazon del sennorio que ha sobre ellos, deuen perder lo que ouieren e ser echados del rregno.

[1] En la edicion de Montalvo es ley XV.

Ley XVII. Commo el pueblo deue onrrar al rrey en dicho[1].

Onrra tanto quiere dezir commo adelantamiento sennalado con loor que gana el ome por rrazon del logar que tiene, o por fecho conosçido que façe, o por bondat que en el ha; e aquellos que Dios quiere quela han cunplida, llegan al mejor estado a que llegar pueden en este mundo, queles dura toda via tanbien en muerte commo en vida. Esto es quando la ganan derecha mente e con rrazon subiendo de grado en grado por ella, asi commo de vn bien a otro mayor, e afirmando se e arraygando se en ellos, teniendo los omes quela meresçen e han derecho dela auer. E por ende tal onrra commo esta conuiene mucho alos pueblos quela fagan sennalada mente asu rrey, e esto por muchas rrazones segunt de suso diximos; lo vno por la conoscençia quel deuen auer, lo otro por el amor, e lo al por el temor, e otrosi por que son tenidos del enuergonçar e del obedesçer. E faziendo esto onrrar le y an cunplida mente e onrrando al rrey onrran asi mismos, e ala tierra onde son fazen lealtat conosçida, por que deuen auer bien e onrra del; e segunt lo que dixieron los sabios onrrad alos que vos pueden onrrar; e con esto acuerda lo que dixo el apostol Sant Pedro temed a Dios e onrrad a vuestro rrey; pero esta onrra que diximos que han de fazer es en dos maneras; la vna en dicho, e la otra en fecho; e en dicho, ca antel se deuen mucho guardar de non dezir sinon aquellas palabras que fueren verdaderas e apuestas e a pro e omildosas e dexar las que fueren mintrosas e nesçias e a dapno e con orgullo; ca las buenas palabras son acrescentamiento de su onrra, e las otras menguamiento dellas delo que se deue el pueblo mucho guardar. Onde aquellos que dixiesen a sabiendas palabras de que el rrey rresçibiese desonrra o auiltança farien trayçion, por que de ninguna manera non puede el ome desonrrar su sennor en dicho o en fecho que non sea por ello traydor, e deuen auer tal pena los quelo fizieren segunt las palabras fueren.

Ley XVIII. Commo el pueblo deue onrrar al rrey[2].

Onrrado deue el rrey ser del pueblo non tan sola mente en dicho asi commo diximos enla ley ante desta, mas avn en fecho, ca maguer quela onrra que viene dela palabra es muy grande, mucho mayor es la que viene por obra, e non seria cunplida la vna sin la otra: onde ha menes-

[1] En la edicion de Montalvo es ley XVI.
[2] En la edicion citada es ley XVII.

ter que se acuerden en vno el fecho con el dicho, ca si non auernie asi commo dixo nuestro sennor por Isaias profeta [1]: este pueblo con la boca me onrra, mas sus coraçones luenne son de mi. E por ende el pueblo deue onrrar al rrey de fecho segunt dixo Aristotiles en qual manera quier quel fallen, seyendo o estando, o andando o yaziendo, e en seyendo asi commo non se atreuer a ser en igual con el, nin se asentar de manera quele torne las espaldas, nin fablar con el a oreja estando ellos en pie e el asentado; e otrosi mientra estouiere el rrey en pie, lo deuen onrrar non se le queriendo egualar nin ser en lugar mas alto que el para mostrar le sus rrazones, mas deuen catar logar mas baxo o fincar los ynojos antel omildosa mente. E avn touieron por bien quelos que estouieren asentados se leuantasen a el quando viniese, e quando estuuiese en oraçion que non se parasen antel en aquel logar contra que orase, fueras ende aquellos que ouiesen a dezir las oras. E otrosi mientra andouiere a pie o a cauallo le deuen onrrar, ca non deue ninguno yr antel mucho çerca nin egualar se con el si non aquel quel llamase, nin poner la pierna sobre la ceruiz dela bestia yendo caualgando çerca del rrey, e quando el desçendiere deuen desçender con el, aquellos quel llamare e touiere por bien, e ninguno non deue sobir enla su bestia si non aquel aquien lo el mandare o la diere por suya. E en yaçiendo dixieron otrosi los sabios quele deuen onrrar, ca ninguno non se deue echar con el en su lecho nin ser en so logar quando el non y estuuiere, nin atreuerse a saltar nin a pasar sobre el mientra yoguiere. E en estas cosas e enlas otras semejantes dellas, dixieron los sabios que deue el pueblo onrrar al rrey e tener lo en caro; e esto dixieron mostrando quelas cosas caras son mas preçiadas e las baldonadas son viles e rrafezes, e con esto acuerda lo que dixo alos pueblos el apostol Sant Pablo: si nos somos tenudos de onrrar vnos a otros, quanto mas deuemos onrrar alos rreyes que son sennores. Onde por todas estas rrazones sobre dichas mandaron los sabios antiguos que non tan sola mente onrrasen al rrey los pueblos en qual manera quier quelo fallasen, mas avn alas ymagines que fueren fechas en semejança e en figura del; e por eso establesçieron en aquel tienpo quelos que fuyesen a aquellas ymagines por algunos yerros que ouiesen fecho, quelos non prisiesen nin los fiziesen mal amenos de mandado del rrey; e esto fezieron porque tanbien la ymagen del rrey commo su sello en que está su figura e la sennal que trae otrosi en sus armas o en su moneda e en su carta en que se nonbra e se contiene su nonbre, que todas

1 En las ediciones de Montalvo y la Academia: Jeremias.—Gregorio Lopez como en el texto.

estas cosas deuen ser mucho onrradas, por que son en su remenbrança do el non está. Onde quien en todas las cosas que en esta ley dize non onrrase al rrey, bien farie semejança que nol conosçia nin le amaua nin le temie nin le enuergonçaua nin le obedesçia nin auia sabor de onrrar le; e quien esto vsare de fazer a sabiendas farie aleue conosçido e deue auer tal pena que si la desonrra atanniese ala persona del rrey, e el que la fiziese fuese ome onrrado que deue ser echado dela tierra para sienpre e perder lo que del touiere, e si fuere ome de menor guisa deue morir por ello.

Ley XXVI. Commo el pueblo es tenudo de guardar a su rrey [1].

Semejança muy con rrazon posieron los sabios en dos maneras al rrey sobre su pueblo: la vna ala cabeça del ome onde nasçen todos los sentidos, e la otra al coraçon do es el alma dela vida; ca asi commo por los sentidos dela cabeça se mandan todos los mienbros del cuerpo, otrosi todos los del rregno se mandan e se guian por el seso del rrey, e por eso es llamado cabeça del pueblo: e otrosi commo el coraçon está en medio del cuerpo para dar vida egual mente a todos los mienbros del, asi puso Dios al rrey en medio del pueblo para dar egualdat e justiçia a todos comunal mente por que puedan beuir en paz, e por esta rrazon le pusieron nonbre los antiguos, alma e coraçon del pueblo. E bien asi commo todos los mienbros del cuerpo guardan e deflenden a estos dos, otrosi el pueblo es tenudo de guardar e defender al rrey que es puesto asemejança dellos, e demas que es sennor natural, ca maguer los sennores son de muchas maneras el que viene por naturaleza es sobre todos para auer los omes mayor debdo dele guardar. Onde non conuiene al pueblo que guarden al rrey tan sola mente del mesmo, asi commo diximos enla ley ante desta, mas avn son tenudos de guardar le dellos [2] mesmos dele non matar en ninguna manera, ca el quelo feziese toldrie a Dios su vicario e al rregno su cabeça e al pueblo su vida; e faria ala muger del, bibda e asus fijos huerfanos e asus vasallos sin sennor; e por eso lo posieron por la mayor trayçion que ser pudiese. E otrosi le deuen guardar que ninguno dellos non le fiera, porque la ferida es carrera dela muerte e non sabe el quela faze a quanto puede llegar; ca maguer que non muera della puede ser quele toldrá algun mienbro e

[1] En la edicion de Montalvo es la ley xxv.
[2] Montalvo: sennores. Academia: eusennos. Gregorio Lopez como en el texto.

avn que esto non fuese, es vna delas mayores desonrras que ser pueden. Onde por todas estas rrazones e por todas las otras que de suso diximos, farian muy grand trayçion los quele feriesen: e avn le deuen guardar de non le prender, por que en esto yazen dos cosas muy malas; la vna desapoderamiento e la otra auiltança, e por ende los quelo prendiesen farian muy grant trayçion. E guardar lo deuen otrosi de non le baldonar nin parar se en canpo para lidiar con el, porque esto seria trayçion conosçida, e los quelo fiziesen non lo farian si non a fiuza de matar lo o de ferir lo o de prender lo o echar lo desonrrada mente del canpo. Eso mesmo dezimos delos que corriesen el logar donde el fuese o le echasen çelada; ca la lealtat de Espanna estrannó tanto esto, que pusieron por fuero que maguer el natural del rrey fuese vasallo de otro, si acaesçiese que fuese en logar do ouiese a lidiar con el, que este atal dexase sus caualleros a aquel con quien fuese, e que se veniese el para el rrey cuyo natural fuese para estar con el tanbien commo todos los otros que sus naturales fuesen, e non se deuen parar contra el en ningun logar do viesen su senna o su pendon. Otrosi le deuen mucho guardar de mala fama e maguer se faze por palabra e va por el ayre, mucho faze mas estranno golpe que el arma, por que esta mata al ome nol tollendo la vida, lo quel arma non puede fazer; e faze avn muy peor golpe, ca el arma non llaga a otro si non aquel a quien fiere, mas esta llaga a aquel a quien la pone e asu linaje, e avn alas orejas de aquellos quela quieren creer, e avn ha en si otra natura de mal, que mas de graue sanan los omes de esta que dela llaga; e por ende los antiguos pusieron esta ferida por mas estranna quela dela muerte, porque esa non es mas de vna vez e esta es de cada dia. Otrosi deuen mucho guardar los del pueblo que non descubran poridad de su rrey, ca esto es cosa de que nasçen dos males; el vno desonrra e el otro danno, e desonrra muy grande faze al rrey aquel quele descubre su poridad, por que semeja que non preçia nada lo quel dixo nin tiene que es cosa quele deua guardar; e sin esto muestra que mas ama al otro a quien la descubre que al sennor de quien lo supo fiando se en el: e dapno viene ende otrosi por que tal cosa le podria descubrir por quele vernie dapno o muerte o alguno delos otros males que diximos, o menguarie mucho en su onrra o en sus fechos. E por ende todas estas cosas que diximos en esta ley que tanne ala persona del rrey, aquellos quelas fiziesen a sabiendas farian trayçion commo quier que algunos y ha que son mayores quelos otros e deuen auer tal pena por cada vna dellas commo de suso diximos enlas leyes que fablan en esta rrazon.

Otrosi enla dicha segunda Partida en el titulo diez e nueue, «Qual deue ser el pueblo en guardar al rrey de sus enemigos», se sigue la terçera ley del dicho titulo que dize asi:

Ley III. Commo deue el pueblo guardar la tierra e venir en hueste contra los que se alçasen en ella.

Regno es llamado la tierra que ha rrey por sennor, e el ha otrosi nonbre rrey por los fechos que ha de fazer en ella manteniendo la en justiçia e con derecho: e por ende segunt dixieron los sabios antiguos son commo alma e cuerpo que maguer sean en si departidos, el ayuntamiento les faze ser vna cosa, onde maguer el pueblo guardase al rrey en todas las cosas sobre dichas, si el rregno non guardase delos males que y podrien venir non seria la guarda cunplida: e la primera guarda destas que se conuiene a fazer es quando alguno se alçase con el rregno para voluer le o fazer le otro dapno; ca atal fecho commo este deuen todos venir lo mas ayna que pudieren por muchas rrazones: primera mente para guardar al rrey su sennor de dapno e de verguença que nasçe de tal leuamiento commo este; ca enla guerra quele viene delos enemigos de fuera non es marauilla ninguna, por que non han con el debdo de naturaleza nin de sennorio, mas dela que se leuanta delos suyos mesmos, desta guisa nasçe mayor desonrra commo en querer los vasallos egualar se con el sennor e contender con el orgullosa mente e con soberuia. E es otrosi mayor peligro por que tal leuantamiento commo este sienpre se mueue con grant falsedat e sennalada mente por fazer mal, e por ende dixieron los sabios antiguos que enel mundo non auie mayor pestilençia que rresçibir ome dapno de aquel en quien se fia, nin mas peligrosa guerra que delos enemigos de quien ome non se guarda que non son conosçidos, mostrando se por amigos asi commo de suso diximos, e al rregno[1] viene otrosi grant dapno por quel nasçe guerra delos suyos mesmos quele son asi commo fijos e criados; e viene otrosi departimientos, dela tierra de aquellos quela deuen ayuntar, e destroymiento de aquellos quela deuen guardar, por que saben la manera de fazer y mal mas quelos otros que non son de y naturales; e por ende es asi commo la ponçonna que si luego que es dada non acorren al ome, va derecha mente al coraçon e mata lo. E por eso los antiguos llamaron a tal guerra commo esta, lid de dentro del cuerpo; e sin todo esto viene ende grant dapno por que se leuanta grant blasmo, non tan sola mente alos quelo fazen mas avn a todos los otros dela tierra, si luego quelo saben non muestran queles

[1] En las ediciones de Montalvo y la Academia: al rrey.—En la de Gregorio Lopez como en el texto.

pesa yendo luego al fecho e vedando lo muy cruel mente por que tan grant enemiga commo esta non se ençienda, nin el rrey rresçiba por ende mengua ninguna en su poder nin en su onrra, nin otrosi al rregno pueda ende venir grant dapno o destroymiento, nin quelos malos atreuiendo se tomasen ende enxenplo para fazer otro tal : e por esto deue ser luego amatado de manera que sola mente fumo non salga ende que pueda ennegresçer la buena fama delos dela tierra. E por ende por todas estas rrazones deuen todos venir luego quelo sopieren a tal hueste non atendiendo mandado del rrey; ca tal leuantamiento commo este por tan estranna cosa lo touieron los antiguos, que mandaron que ome ninguno non se pudiese escusar por onrra de linage nin por priuança que ouiese con el rrey nin por priuillejo que tuuiese nin por ser de orden, si non fuese ome ençerrado en claustro o los que fincasen para dezir las oras, que todos non viniesen y para ayudar con sus manos e con sus conpannas e con sus aueres. E tan grant sabor ouieron delo vedar que mandaron que si todo lo al fallesçiese, las mugeres veniesen para ayudar a destroyr tal fecho commo este; ca pues quel mal e el dapno tanne a todos, non touieron por derecho que ninguno se pudiese escusar, que todos non viniesen a destroyr lo e derraygar onde lo; los que tal leuantamiento commo este fazen son traydores e deuen morir por ello e perder todo quanto touieren. Otrosi los que a tal hueste commo esta non quisiesen venir o se fueren de ella sin mandado, por que semeja queles non pesa de tal fecho, deuen auer tal pena commo sobre dicho es; ca derecho conosçido es quelos fazedores de tal fecho commo este e sus consejadores de tal mal egual mente sean penados. Pero non caerien en pena los que non pudiesen venir mostrando escusa derecha, asi commo aquellos que fuesen de menor edad de catorze annos e mayor de setenta o enfermos o feridos de manera que non pudiesen venir, o si fuesen enbargados por muy grandes nieues e grandes rrios [1] que non pudiesen pasar por ninguna guisa; mas dela hueste non serie ninguno escusado para venir se della si non fuese enfermo o llagado tan graue mente que non pudiese tomar armas. Pero alo que dize de suso delos viejos que deuen ser escusados, no se entiende de aquellos que fuesen tan sabidores que pudiesen ayudar por su seso o por su consejo alos dela hueste, ca vna delas cosas del mundo en que mas son menester estas dos cosas es en fecho de armas, e por esta rrazon los antiguos fazien engennos e maestrias para leuar con-

1 Montalvo: o de grandes rrios.—Gregorio Lopez: o auenidas grandes de ryos.—Academia: o avenidas de rios.

sigo enlas huestes alos viejos que non podrien caualgar para poder se ayudar de su seso e de su consejo.

Sigue se el título segundo delas trayçiones, enla setena Partida.

Trayçion[1] es vno delos mayores yerros e denuestos en quelos omes pueden caer; e tanto la touieron por mala los sabios antiguos que conosçieron las cosas derecha mente, quela asemejaron ala gafedad; ca bien asi commo aquella enfermedat es mal que prende por todo el cuerpo, e despues que es presa non se puede toller nin meleçinar de manera que pueda guaresçer el quela ha, e otrosi que faze el ome despues que es gafo ser apartado e alongado de todos los otros, e sin todo esto es tan fuerte malatia que non faze mal al quela ha en si tan sola mente; mas avn al linage que por la linna derecha del desçiende e alos que con el moran. Otrosi en aquella manera misma faze la trayçion enla fama del ome, ca ella la dapna e la corronpe de guisa que nunca se puede enderesçar e aduze a grant alongança e estrannamiento de aquellos que conosçen derecho e verdat e denegresçe e enmançilla la fama delos que de aquel linage desçienden, maguer non ayan en ello culpa de guisa que toda via fincan enfamados por ella[2].

Ley I. Que cosa es trayçion e onde tomó este nonbre e quantas maneras son de ella.

Lese maiestatis crimen en latin tanto quiere dezir en rromançe commo yerro de trayçion que faze ome contra la persona del rrey. E trayçion es la mas vil cosa e la peor que puede caer en coraçon de ome, e nasçen de ella tres cosas que son contrarias dela lealtat e son estas: tuerto e mentira e vileza. E estas tres cosas fazen el coraçon del ome tan flaco que yerra contra Dios e contra su sennor natural e contra todos los omes, faziendo lo que non deue fazer; ca tan grande es la vileza e la maldat delos omes de mala ventura que tal yerro fazen, que non se atreuen a tomar vengança de otra guisa delos que mal quieren si non encubierta mente e con enganno. E trayçion tanto quiere dezir commo traer vn ome a otro so semejança de bien a mal, e es maldat que tira asi la lealtat del coraçon del ome: e caen los omes en yerro de trayçion en muchas maneras segunt mostraron los sabios antiguos que fizieron las leyes. La primera e la mayor e la que mas fuerte mente deue ser escarmentada, es si se trabaja algunt ome de muerte de su rrey o de fazer le perder en

1 Aquí empieza la introduccion al título II de la Partida VII.
2 Omitieron aquí lo que sigue dela introduccion.

vida la onrra de su dignidat trabajando se con enemiga que sea otro rrey e que su sennor sea desapoderado del rregno. La segunda manera es si alguno se pone con los enemigos para guerrear e fazer mal al rrey o al rregno, o les ayuda de fecho o de consejo, o les enbia carta o mandado por quelos aperçiba de algunas cosas contra el rrey a dapno dela tierra. La terçera manera es si alguno se trabajase de fecho o de consejo que alguna gente o tierra que obedesçiese su rrey se alçase contra el o que nol obedesçiese tan bien commo solia. La quarta es quando algun rrey o sennor de alguna tierra que es fuera de su sennorio quisiese dar al rrey la tierra donde el es sennor o le quiere obedesçer dando le parias o tributos, e alguno de su sennorio lo destorua de fecho o de consejo. La quinta es quando el que tiene por el rrey castillo o villa o otra fortaleza se alça con aquel logar o lo da alos enemigos o lo pierde por su culpa o por algun enganno quel faze: ese mismo yerro faria el rico ome o cauallero o otro qual quier que basteçiese con vianda o con armas algunt logar fuerte para guerrear contra el rrey o contra la pro comunal dela tierra, o si traxiese otra çibdad o castillo maguer non lo touiese por el rrey. La sexta es si alguno desanparase al r rey en batalla o se fuese alos enemigos o a otra parte, o se fuese de la hueste en otra manera sin sù mandado ante del tienpo que deuia seruir, o si derrancase començando a lidiar con los enemigos engannosa mente sin mandado del rrey e sin su sabiduria, por quelos enemigos les fiziesen arrebatada mente algunt dapno o alguna desonrra, estando el rrey segurado o si descubriesen alos enemigos las poridades del rrey en dapno del. La setena es si alguno fiziese bolliçio o leuantamiento enel rregno faziendo juras o cofradias de caualleros o de villas contra el rrey de que nasçiese dapno a el o ala tierra. La octaua es si alguno matase a alguno delos adelantados mayores del rregno o delos consejadores onrrados del rrey o delos caualleros que son establesçidos para guardar su cuerpo, e delos judgadores que han poder judgar por su mandado en su corte. La nouena es quando el rrey asegura algun ome sennalada mente o la gente de algun logar o alguna tierra, e otros de su sennorio quebrantan aquella segurança quel dió, matando o firiendo o desonrrando los contra su defendimiento, fueras ende si lo ouiere a fazer amidos tornando sobre si o sobre sus cosas. La deçena es si dan algunos omes por rrefenes al rrey e alguno los mata todos o alguno de ellos o los faze foyr. La onçena es quando algun ome es acusado o rrecabdado[1] sobre

[1] Montalvo y Gregorio Lopez: rreptado.

fecho de trayçion e otro alguno lo suelta e le guisa por que se fuya. La doçena es si el rrey tuelle el ofiçio a algunt adelantado o a otro ofiçial delos mayores e establesçe otro en su logar, e el primero está rrebelde que non le quiere dexar el ofiçio o las fortalezas con las cosas quel pertenesçen nin rresçibir al otro enel por mandado del rrey. La treçena, quando alguno quebranta o fiere o derriba maliçiosa mente alguna ymagen que fuese fecha e enderezada en algunt logar por onrra o por semejança del rrey. La catorzena es quando alguno faze falsa moneda o falsa los sellos del rrey. E sobre todo dezimos que quando alguno delos yerros sobre dichos es fecho contra el rrey o contra su sennorio o contra pro comunal dela tierra es propia mente llamada trayçion ; e quando es fecho contra otros omes es llamado aleue segunt fuero de Espanna.

Ley VI. Que pena meresçen aquellos que dizen mal del rrey.

Saca de medida alos omes la mal querençia que tienen rraygada enlos coraçones, de manera que quando non pueden enpesçer asus sennores por obra, trabajan se de dezir mal de ellos enfamando los commo non deuen, e por ende dezimos que si alguno dixese mal del rrey con beodez, o seyendo desmemoriado o loco, non deue auer pena por ello, pues quelo faze estando desapoderado de su seso, de manera que non entiende lo que dize. E si por auentura dixiese alguno mal del rrey seyendo en su acuerdo, por que este se podrie mouer a dezir lo por grant tuerto que ouiese rresçibido del rrey o por mengua de justiçia quele non quisiese conplir o por grant maldat que touiese en su coraçon rraygada con mal querençia contra el rrey; por ende touieron por bien los sabîos antiguos que ningun judgador non fuese atreuido a dar pena a tal ome commo este, mas quelo rrecabdasen e lo aduxesen antel rrey; ca a el pertenesçe de escodrinnar e de judgar tal yerro commo este e non a otro ninguno. E entonçe si el rrey fallase que aquel que dixo mal del se mouio commo ome cuytado por alguna derecha rrazon, puede lo perdonar por su mesura si quiere; e deue le otrosi fazer alcançar derecho del tuerto que ouiere rresçibido. Mas si entendiere que aquel que dixo mal del se mouió tortiçiera mente con mal querençia deue fazer tanto escarmiento del quelos otros quelo oyeren ayan miedo e se rreçelen de dezir mal de su sennor.

Sigue se la ley que el rrey don Alfonso fizo enlas cortes de Alcala.

Ley V.[1] Que fabla dela trayçion e quantas maneras son de ella.

Trayçion es la mas vil cosa que puede caer enel coraçon del ome e nasçen della tres cosas que son contrarias dela lealtat, son estas: mentira, e vileza, e tuerto. E estas tres cosas fazen el coraçon del ome tan flaco que yerra contra Dios e a su sennor natural e contra todos los omes faziendo lo que non deuen fazer. E tan grande es la vileza e la maldat delos omes de mala ventura que tal yerro fazen, que non se atreuen a tomar vengança de otra guisa delos que mal quieren si non encubierta mente e con enganno. E trayçion tanto quiere dezir commo traer un ome a otro so semejança de bien a mal, e es maldat que tira asi la lealdat del coraçon del ome. E caen los omes en yerro de trayçion en muchas maneras: la primera e la mayor e la que mas cruel mente deue ser escarmentada es la que tanne ala persona del rrey, asi commo si alguno se trabajase delo matar o le firiere o le prendiere o le fiziere desonrra, faziendo tuerto con la rreyna su muger o con su fija, non seyendo ella casada, o se trabajase dele fazer perder le onrra de su dignidat que tiene. Otrosi qual quier que fiziere qual quier de estos yerros sobre dichos al infante heredero caerie enlos mismos casos, fueras ende si el quisiere ferir o matar o prender o desheredar al rrey su sennor, ca entonçe qual quier que feziesen los vasallos por defender al rrey su sennor, non deuen caer en pena por ende, ante deuen por ello auer galardon; e esto es por que el sennorio del rrey deue ser guardado sobre todas las otras cosas. La segunda si alguno se pone con los enemigos para guerrear o fazer mal al rrey o al rregno o los ayudar de fecho o de consejo o les enbiar carta o mandado para los aperçibir en alguna cosa contra el rrey o a dapno dela tierra. La terçera es si alguno se trabajare de fecho o de consejo que alguna tierra o gente que obedesçiesen a su rrey se alçasen contra el, que non le obedesçiesen tan bien commo solian. La quarta es quando algunt rrey o sennor de alguna tierra de fuera del sennorio quiere dar al rrey la tierra donde el es sennor o le quiere obedesçer dando le parias o tributo, e alguno de su sennorio lo estorua de fecho o de consejo. La quinta es quando el que tiene por el rrey castillo o villa o otra fortaleza se alça con aquel logar o lo da alos enemigos o lo pierde por su culpa o por algun enganno que el feziere. La sexta es quando alguno tiene castillo del rrey o villa o castillo de otro sennor

[1] Ley v del tit. xxxii del Ordenamiento de Alcalá de 1348 reformado por el rey don Pedro. En el que otorgó don Alfonso XI es la ley lxxviii. Esto prueba que la anulacion de los ordenamientos del citado rey por su hermano don Enrique no tuvo completa observancia.

por omenage, e lo non da asu sennor quando gelo pide, o lo pierde non muriendo y en defendiendo lo teniendo lo bastecido e faziendo las otras cosas que deue fazer por defender el castillo segunt fuero e costunbre de Espanna o si traxiere çibdat o villa o castillo del rrey maguer non lo touiese por el. La septena es si alguno desanparase al rrey en batalla o fuyere o se fuese alos enemigos o se fuere dela hueste en otra manera sin su mandado antel del tienpo que deue seruir, o si alguno descubriere alos enemigos las poridades del rrey a dapno del. La octaua es si alguno fiziere bolliçio o leuantamiento en el rregno, faziendo juras e cofradias de caualleros o de villas contra el rrey de que nasçiese dapno a el o al rregno. La nouena, quien poblase castellar viejo del rrey o penna braua sin mandado del rrey para fazer deseruiçio al rrey o guerra o mal o dapno ala tierra, e si alguno lo poblase por seruiçio del rrey e non gelo fiziese saber fasta treynta dias desde el dia quelo pobló para fazer dello lo que el mandase. E qual quier que tal fortaleza touiere avn que el non la ouiese poblada nin labrada mas otro alguno de quien la el ouo, sea tenudo de venir al plazo del rrey e fazer della lo que el mandare asi commo de otro castillo que touiere por omenage, e qual quier quelo asi non fiziere sea por ello traydor. Otrosi si algunos omes son dados por arrehenes al rrey por cosa quel sea guarda del cuerpo o del estado e por que cobre alguna villa o castillo o sennorio e vasallage en otro rrey o rregno o sennorio, e alguno mata a todos los arrehenes o alguno dellos o los suelta o los faze foyr. Otrosi si el rrey touiere algunt ome preso de quien seyendo suelto le podria venir peligro al cuerpo o desheredamiento, e alguno le soltase dela prision o fuyese con el; e qual quier que fiziese alguna cosa delas sobre dichas contra qual quier sennor que ouiese o con quien biuiese faria aleue conosçido; pero si le matase o le firiese o le prisiese o le fiziese tuerto con su muger e non le entregase su castillo quando gelo pidiese o troxiese çibdat o castillo o villa maguer non la touiere por el, en estas cosas faria trayçion e seria por ello traydor, e meresçe morir muerte de traydor, e perderia los bienes; commo quier que este yerro non es tan grande commo la trayçion que fiziese contra el o contra su sennorio o contra el pro comunal del rregno, nin en su linage, non haya aquella mançilla que aurie enlo que taniese al rrey o al rregno.

Segunt las quales dichas leyes los sobre dichos non pudieron fazer nin cometer por la dicha ley dela Partida nin por otras algunas las cosas por ellos fechas e cometidas en tanto deseruiçio vuestro e escandalo e dapno de vuestros rregnos, nin con verdat e derecho ellas podrian auer tal entendimiento commo paresçe que contra toda rrazon e derecho por ellos les es dado. Lo segundo, por que el fundamento e motiuo delos tales non fue nin es verdadero, nin lo Dios quiera, ante por la graçia de Dios nuestro sennor en vuestros rregnos e avn fuera dellos es notoria e publica e manifiesta e conosçida a todos la rreal e muy noble e virtuosa condiçion natural de vuestra muy alta sennoria, la qual sienpre fue e es fundada en toda justiçia e onestat e bondat e rrealeza e nobleza e franqueza e liberalidat e afabilidat e en todas las otras muy altas e nobles virtudes commo de catolico prinçipe e christianisimo rrey, que sienpre amastes e temistes e amades e temedes a Dios nuestro sennor sobre todas las cosas, guardando sus mandamientos e prinçipal mente onrrando con rreuerençia grande e deuoçion al culto diuino e ala çelebraçion del, e fablando sin injuria de otro alguno, muy mucho mas e allende que otros rreyes e prinçipes, e fundando e decorando e dotando e onrrando las eglesias e rreligiones e los perlados e los ministros de ellos, e faziendo muchas limosnas e obras de piedat alos tales e aotros muchos quelo han menester, e anparando la fe de nuestro sennor Ihesu Christo e inpugnando los ereges e faziendo los pugnir, e debelando e quebrantando los enemigos della, sennalada mente los moros, e ganando dellos villas e castillos en acresçentamiento de vuestros rregnos e sennorios e dela vuestra corona rreal dellos, e disponiendo por ello vuestra rreal persona a todo trabajo e peligro; e otrosi onrrando e sublimando los grandes de vuestros rregnos, e comun mente tratando bien e con toda onestat e amor e mansedunbre a vuestros subditos e naturales, e aquellos onrrando de palabra e de fecho e faziendo les merçedes e graçias e cunpliendo e executando con todo bueno e virtuoso deseo e diligençia la justiçia que por Dios vos es encomendada enla tierra, e vsando muchas vezes de clemençia e benignidat e piedat e indulgençias e perdones, lo qual vsar es propio delos buenos e virtuosos e catolicos rreyes, e faziendo e ministrando por la graçia de Dios todas las otras cosas quelos buenos e justos e legitimos e verdaderos rreyes e sennores naturales deuen e son tenudos de fazer e cunplir e guardar e ministrar, delo qual todos vuestros rregnos son muy contentos e dan por ello muchas graçias e loores al muy alto Dios nuestro sennor, de quien desçienden todas las muy buenas dadiuas e dones perfectos, e por quien los rreyes rregnan e los prinçipes disçiernen las cosas justas ala diuinal magestat, del qual todos vuestros rregnos con grant deuoçion e omildat soplican, quiera continuar e acresçentar de bien en mejor e de virtut en virtut todas estas cosas en vuestra alta sennoria con toda caridat e fe e esperança, e vos dexe en ellas perseuerar bien auenturada mente, por que despues de luengos tienpos e buenos seades colocado enla gloria eternal con los otros rreyes catolicos e buenos e santos. Lo terçero, por quanto los que tales cosas fizieron e cometieron so color dela dicha ley o leyes non ouieron cabsa nin rrazon legitima nin otro fundamento de verdat, por queles pudiesen nin deuiesen fazer nin cometer, ante aquellas eran e fueron muy alongadas e agenas de toda verdat e onestat e muy contrarias al verdadero entendimiento delas dichas leyes e derechos, e mayor mente las de vuestros rregnos que suso son encorporadas, las quales quieren e espresa mente mandan e defienden que ninguno non sea osado de dicho nin de fecho, nin de consejo, nin avn por solo pensamiento de rretraer se del rrey nin de sus fechos, nin se leuantar contra el, nin poner bolliçios nin escandalos en sus rregnos, nin fazer cosa alguna delas osadias que procurando el enemigo del vmanal linage algunos por su desauentura e pecados propios, e otros seductos e engannados cometieron de fazer contra vuestra rreal magestat e en derogaçion de vuestra rreal preminençia e rreal estado en tanta turuaçion e escandalo de vuestros rregnos e contra el bien publico e paçifico estado e tranquilidat dellos. Lo quarto, por que cosa seria muy abominable e sacrilega e absurda e non menos escandalosa e dapnosa e contra Dios e ley diuina e vmana e rrepugnante a toda buena poliçia e rrazon natural e a todo derecho canonico e çeuil, e enemiga de toda justiçia e lealtat, mayor mente delas leyes de vuestros rregnos, si el rrey cuyo coraçon es enlas manos de Dios, e lo el guia e inclina a todo lo quel plaze, el qual es vicario e tiene su logar enla tierra e es cabeça e coraçon e alma del pueblo, e ellos son sus mienbros, al qual ellos natural mente deuen toda lealtat e fidelidat e sujeçion e obediençia e rreuerençia e seruiçio, e por el se ha de guiar e mandar el derecho del poderio, el qual es tan grande, especial mente segunt las leyes de vuestros rregnos que todas las leyes e los derechos tienen so si, por que el su poderio non lo ha delos omes mas de Dios, cuyo logar tiene en todas las cosas tenporales, ouiese de ser e fuese sujeto asus vasallos e subditos e naturales e por ellos juzgado, e cada que algunos dellos engannados por el diablo o mouidos por otra maliçia o inorancia o auariçia o cobdiçia o por odio o mala intençion o otro viçio de aquellos que suelen acaesçer alos que yerran, que so color dela dicha ley o leyes, o diziendo e fingiendo quelo fazian por abtoridat dellas, e por que non querian dexar fazer al rrey cosa a sabiendas por que perdiese su anima, nin que fuese a mal estança nin desonrra de su persona o de su linaje o a grant dapno de su rregno, e quele buscauan carreras[1] por que gelo fiziesen aborresçer e dexar de guisa que non viniese en acabamiento, e asi mesmo diziendo que segunt ellos quieren dezir quela dicha ley suena, ellos ouiesen de ser en esto creydos, e oluidada su lealtat por abtoridat dela dicha ley e de otras por ellos mala e vnica e non recta mente entendidas, touiesen las rriendas sueltas e ouiesen logar para poder desfamar asu rrey e sennor natural e rrecreer del o de sus fechos, e escandalizar su tierra e fazer contra el leuantamiento e alborotos e ayuntamientos e mouimientos de gentes, e le rreuellar e non obedesçer nin conplir sus mandamientos e mucho menos para le prender o se apoderar de su persona rreal e fazer las otras cosas detestables e abominables e sin fundamento de verdat, e so falso color delo suso dicho son fechas en vuestros rregnos, nin la dicha ley e leyes nin el ordenador della o dellas tal cosa sintieron nin ouieron tal entençion, nin es de creer nin presumir nin ellas han nin podrian auer nin sofrir tal entendimiento, por quelo tal non seria otra cosa, saluo dar cabsa alos vasallos para dilinquir e penar e rreuellar e se leuantar contra su sennor, mayor mente non rreconoçiente superior en lo tenporal, saluo a solo Dios, e seria dar logar para poner bolliçios e escandalos enel rregno en dapno dela cosa publica o contra el paçifico estado e tranquilidat della, cada que ellos se quisiesen leuantar contra el o poner tales achaques e colores non verdaderos, lo qual seria directa mente contra Dios e contra su vicario que es el rrey, e peruertir toda orden e subuertir todo inperio e rregnado e sennorio e destroyr la alta e deuida armonia dela cosa publica e toda buena gouernaçion e poliçia e rregimiento, e lo que mas graue es que seria contra ley diuina e vmana e asi mismo contra toda rrazon natural, e non menos seria cosa de muy malo e aborresçible enxenplo non solo çerca delos catolicos e leales mas avn çerca de aquellos que son fuera dela ley de Dios, que sola mente se rrigen por estinto e rrazon natural. Lo quarto, por que en caso que aello mouiendo se sin alguna pasion fuera permiso por la dicha ley e por otras consejar e suplicar a vuestra sennoria onesta mente e sin escandalo nin bolliçio nin otro estrepitu de armas, guardada toda omildat e reuerençia e secreta mente sobre algunas cosas, quando aquellas fuesen verdaderas e muy conplideras a vuestro seruiçio e a onor dela corona rreal de vuestros rregnos e a pro e bien comun a paz e sosiego dellos; pero con todo eso por la dicha ley nin en otra manera nin

[1] Alguna copia: barreras.

so color de ella, non se pudieron nin deuieron cometer las detestables cosas que a todos es notorio, que en vuestros rregnos fueron fechas e cometidas, asi contra vuestra rreal persona e preeminençia e contra la reuerençia e obediençia e sujeçion e onor que vos son deuidos commo a rrey e sennor natural con tanto escandalo e blasmo e desfamaçion delos tales e de todos vuestros subditos e naturales e contra el bien publico e paz e sosiego delos dichos vuestros rregnos, lo qual todo e cada cosa dello commo suso es dicho les era e es vedado e espresa mente proiuido e defendido por ley diuina e por todo derecho canonico e çeuil, e por otras muchas leyes de vuestros rregnos, e espeçial mente por las dichas leyes suso inxiertas e mayor mente por las leyes del Fuero delas leyes que sobresto fablan, las quales son estas que se siguen:

Siguen se las leyes I e II del Fuero delas leyes del titulo[1]: Dela guarda del rrey.

Asi commo la enfermedat e la llaga que es grande enel cuerpo non puede sanár sin grandes meleçinas por fierro e por otras quemas, asi la maldat de aquellos que son enduresçidos e porfiados en fazer mal, non podrá ser tollida si non por grandes penas, ca escrito es que el loco en la culpa por la pena es cuerdo. Por ende nos deuemos pensar e cuidar quelos males que por su naturaleza son desaguisados e deuedados que por nuestras leyes sean desfechos,[2] e cada vno se guarde de mal fazer e sepa commo deue temer e amar e guardar al rrey e asu sennorio e a todas sus cosas. Onde establesçemos que todos sean perçebidos de guardar e cobdiçiar la vida e la salut del rrey e acresçentar en todas cosas su onrra e su sennorio, e que ninguno non sea osado por fecho nin por dicho nin por consejo de yr contra el rrey nin contra su sennorionin fazer leuantamiento nin bolliçios contra el nin contra su rregno en su tierra nin fuera de su tierra, nin de pasar se con sus enemigos nin dar les armas nin otra ayuda alguna por alguna manera, o qual quier que faga estas cosas o alguna de ellas o ensayare de fazer las, muera por ello, e non sea dexado biuir. E si por auentura fuere el rrey de tan grant piedat quele quiera dexar biuir non lo pueda fazer a menos de non sacar le los ojos por que non vea el mal que cobdiçió fazer e que aya amargosa sienpre su vida e penada. E los bienes de aquel que prisiere muerte o sacaren los ojos por tal cosa sea en poder del rrey delos dar o de fazer

[1] Tit. 1 del lib. 1.
[2] En la edicion de la Academia: desrraygados.

dellos lo que quisiere. E si el rrey por su merçet quisiere dar alguna cosa a aquel que sacare los ojos o le dexare biuir, non le pueda dar nada de aquellas cosas que fueron suyas, mas podrá le dar de otras cosas tanto quanto valie la veyntena parte dela que tomó e non mas, e nin el nin otro rrey que venga despues del non le pueda fazer mayor merçet que esta. E por que podria ser que algunos omes despues que entendiesen que son culpados de tal fecho commo este darien e enagenarien sus cosas por enganno o asus fijos o asus fijas o asus mugeres o a otros omes quales quier [1], por que el rrey non los pudiese auer, qual quier pleyto que fuese fecho por este enganno, quier por testigo quier por escripto non vala; mas todas las cosas quel touiere ala sazon que fuere fallado en tal fecho que auia de ante quel fecho fiziese, todas sean entera mente del rrey asi commo sobre dicho es.

Nuestro sennor [2] Dios ordenó todas las cosas, primera mente la su corte enel çielo, e puso a si cabeça e començamiento delos angeles, e de los arcangeles; e quiso e mandó quelo amasen, e quele guardasen commo a començamiento e guarda de todo. E despues desto fizo el ome ala manera dela su corte, e commo a si auia puesto cabeça e comienço, puso al ome la cabeça en sumo del cuerpo, e en ella puso rrazon e entendimiento en commo se deuan guiar los otros mienbros e commo deuan seruir e guardar la cabeça mas que a si mismos. E de si ordenó la corte terrenal en aquella guisa mesma e en esa mesma manera que era ordenada la suya en el çielo, e puso al rrey en su logar por comienço e cabeça de todo el pueblo, asi commo puso a si cabeça delos angeles e delos arcangeles. E dio le poder de judgar [3] su pueblo, e mandó que todo el pueblo en vno commo cada vn ome por si, que rresçibiesen e obedesçiesen los mandamientos de su rrey e quelo amasen e lo preçiasen e onrrasen e quelo guardasen tanbien su fama e su onrra commo su cuerpo mismo; ca la santa escriptura dize que non es ninguno mayor enemigo que aquel que dapna la fama del otro: e dize en otro logar que todo ome que delos fechos e delos dichos del prinçipe algunt mal rretrae, que es descomulgado e que deue auer la pena de aquel que faze sacrilegio e yace en culpa a todo el pueblo. E por que tolgamos rrazon alos maldizientes de mal dezir, que non quieren entender quan grant pena dió nuestro sen-

1 En la edicion de la Academia: por enganno a las eglesias o a sus mugeres o a sus fijos o a otros quales quier.

2 Ley II del tít. II del lib. I.

3 En la edicion de la Academia: guiar.

nor Ihesu Christo a Lucifer e alos otros diablos por que sola mente murmuraron contra su poder e contra sus fechos, de guisa que aquel que fiziera mas noble, e a quien fiziera más bien que a todos los otros angeles, fue derribado delos çielos e astragado con todos los otros que fueron con el en aquella culpa, e metidos en fondon delos infiernos, por que ayan mayor pena de aquel de quien auian rresçebido mayor bien, e non gelo quisieron conosçer commo deuien nin quieren entender nin conosçer que es sennorio de rrey e naturaleza nin el bien que del rresçibien; ca asi commo ningunt mienbro non puede auer salut sin su cabeça, asi nin el pueblo nin ninguno del pueblo non puede auer bien sin su rrey que es su cabeça e puesto por Dios para adelantar el bien e para vengar e vedar el mal. E por ende asi commo nos defendemos que ninguno non prueue en ninguna guisa trayçion nin ningunt mal fecho contra la persona del rrey, otrosi non queremos sofrir que ninguno lo maldiga nin le denueste nin le rretraya ningun mal del nin de sus fechos, e por esto establesçemos que todo ome que sopiere o entendiere algunt yerro que faga el rrey diga gelo en su poridat, e si[1] el rrey lo quisiere enmendar, e si non calle lo e otro ome non lo sepa por el; e el que de otra guisa lo fiziere, si fuere fijodalgo quier sea de orden, quier clerigo, quier lego, despues que fuere sabido, pierda la meytad de todas sus cosas e el rrey faga dellas lo que quisiere, e el sea echado de todo su sennorio, e si non fuere fijodalgo el rrey faga del o de todas sus cosas lo que quisiere. Otrosi mandamos que ninguno non diga mal del rrey despues que fuere muerto e si lo dixere peche çient mrs. al rrey, e si non ouiere de quelos pechar, pierda todo quanto ouiere e sea a merçet del rrey; mas bien mandamos que si alguno ouiere alguna manda contra el rrey pida le merçet en su poridat, que gelo enderesçe, e si lo non quisiere el rrey fazer, diga gelo ante dos o tres de su corte, e si por esta non gelo enmendare, pueda gelo demandar asi commo pertenesçe al pleyto e commo es derecho, ca en tal manera queremos guardar la onrra del rrey que non quitemos a ninguno su derecho.

Siguese la ley V del Fuero de las leyes en el titulo veynte e dos[2] delos rrieptos.

El fijodalgo que a otro quisiere rreptar, rrepte lo antel rrey e non ante

1 En todos los textos: e si.—El sentido es: por si.

2 No sabemos si al decirse aquí el título XXII, es o no yerro de la copia. Debemos advertir que entre los códices que para la edicion del Fuero Real o de las Leyes tuvo presente esta Academia, el título de los rieptos es en unos XXI y en otros XXV. A estos últimos dió preferencia la Academia.

rrico ome nin ante merino nin ante otro ome ninguno nin de orden ni del siglo, ca non ha otro ome poder si non el rrey de dar fijodalgo por aleuoso, nin de quitar le de rriepto, si le non fuere prouado aquello de que fue rreptado; e maguer le sea prouado o sea juzgado por aleuoso, el rrey lo pueda dar por quito e por leal, si tanta merçet le quisiere fazer; ca tan grande es el derecho del poder del rrey que todas las leyes e todos los derechos tiene so si, e el su poder non lo ha delos omes mas de Dios, cuyo logar tiene en todas las cosas tenporales.

Sigue se la ley XXIV del Fuero delas leyes enel libro quarto enel titulo delos rrieptos que dize asi:

El rriepto del traydor[1] enesta misma guisa se faga que el del aleuoso e la prueua otrosi; e maguer que mayor pena aya el traydor quel aleuoso, mandamos quel rreptador por trayçion non aya mayor pena si non prouare lo que dixo, que el rreptador por aleue. Traydor[2] es qual quier que mata asu sennor o le fiere o le prende o mete enel mano a mala parte, o lo manda o lo aconseja fazer, o quien alguna de estas cosas faze a fijo de su sennor natural a aquel que deue rregnar demientre que non saliere de mandado de su padre. Otrosi traydor es quien yaze con muger de su sennor o quien es en consejo que otro yaga con ella. Otrosi traydor es quien deshereda su rrey o es en consejo de desheredar le, e quien trae castillo o villa murada. Todo[3] traydor muera por la trayçion que fiziere e pierda quanto ha e aya lo el rrey, maguer que aya fijos de bendiçion o nietos o dende ayuso.

Segunt las quales leyes clara mente paresçe quelos sobre dichos non pudieron fazer nin cometer cosa alguna delas por ellos fechas e cometidas, nin ay alguno de sano entendimiento que con verdat pueda dezir nin afirmar, que por la dicha ley nin otras algunas se pueda nin deua entender, quelos vasallos se puedan nin deuan leuantar contra su rrey e sennor natural, nin se apoderar del, nin de su palaçio rreal, nin venir a el con gente de armas nin para dar su persona nin los de su consejo e sus ofiçiales nin enbargar nin tomar nin ocupar nin tiranizar sus çibdades e villas e logares e castillos e fortalezas e vsurpar la su justiçia, e tomar sus

[1] Esta ley es la xxv del tít. xxv, lib. iv en la edicion de la Academia. En las otras ediciones es como aquí xxiv. Debemos tambien advertir que en los códices á que dió preferencia la Academia la ley xxv forma tres distintas, la xxv, xxvi y xxvii.

[2] Aquí empieza la ley xxvi segun la edicion de la Academia.

[3] Aquí empieza la ley xxvii segun la citada edicion de la Academia.

rrentas e pechos e derechos, nin fazer leuantamientos nin ayuntamientos de gentes en sus rregnos, nin otras conçitaçiones nin sediçiones nin tomultos, nin poner bolliçios nin escandalos en ellos nin rrobar nin destroyr su tierra, e le rresistir la entrada en sus çibdades, viniendo el e por su persona, nin ayuntar gentes de armas contra el su fijo primo genito heredero, e contra el su pendon rreal, e se poner en batalla contra el viniendo por librar su padre de opresion, commo el dicho Prinçipe nuestro sennor con toda obediençia e avn por vuestro mandado e poder con muchos grandes de vuestros rregnos vuestros vasallos e subditos e naturales, queriendo, segunt era tenudo por toda ley e derecho, vino por librar vuestra rreal persona; nin los tales avn que fueran vasallos de otros, pues eran vuestros naturales, se pudieron poner enel canpo con gente de armas commo se pusieron a separar e venir contra vuestra persona e sennorio rreal, e fazer en vuestra tierra e rregnos los males e dapnos que so color dela dicha ley fizieron, mas sola mente se entiende e deue entender por las dichas leyes, ellas bien concordadas e entendidas, que pueden e deuen suplicar a vuestra sennoria con aquella omildat o onestat e sujeçion e rreuerençia e enla forma que enlas otras sobre dichas leyes de vuestros rregnos lo quieren, aquellos que verdadera mente testan de toda maliçia e enbidia e emulaçion e ficçion e simulaçion, cunpla a vuestro seruiçio e a bien e paz e sosiego delos dichos vuestros rregnos, e lo tal pedir e consejar onesta mente e sin escandalo nin bolliçio nin leuantamiento, guardadas las cosas suso dichas quelas dichas leyes mandan, non dando fauor nin consejo en cosa alguna que contra lo contenido enlas dichas leyes sea o ser pueda, mayor mente acatando aquello que tan santa e justa mente e con tan grant prouidençia el muy noble rrey don Alfonso el sabio de alta rrecordaçion, donde vuestra alteza desçiende, ordenó e estableçió por las sobre dichas leyes delas Partidas que en esta rrazon fablan. E otrosi lo que el otro rrey don Alonso de gloriosa memoria que del desçendió, fizo e ordenó e estableşçió por las otras dichas leyes suso encorporadas, que son en el Fuero delas leyes por el qual fuero se rrigen e deuen rregir vuestros rregnos, e enlo que aquel alcanza non es de rrecorrer alas Partidas, e caso que alguna contrariedat ouiese delas vnas leyes alas otras la justa petiçion e declaraçion de todo ello sola mente pertenesçe avuestra alta sennoria, commo a rrey e soberano sennor non rreconosçiente superior enlo tenporal segunt que mas larga mente se contiene en una ley del Ordenamiento que el muy noble rrey don Alfonfo vuestro tras visauuelo fizo enlas cortes de Alcala de Henares, su tenor dela qual es este que sigue.

Sigue se una ley del dicho Ordenamiento que el rrey don Alfonso fiso e ordenó enlas dichas cortes de Alcala de Henares.

Nuestra entençion[1] e voluntat es quelos nuestros naturales e moradores delos nuestros rregnos sean mantenidos en paz e en justiçia; e commo para esto sea menester de dar leyes çiertas por do se libren los pleytos e las contiendas que acaesçieren entre ellos, e maguer que enla nuestra corte vsan del Fuero delas leyes e algunas villas del nuestro sennorio lo han por fuero, e otras çibdades e villas e logares ayan otros fueros departidos por los quales se pueden librar algunos pleytos; pero por que muchas mas son las contiendas e los pleytos que entre los omes acaesçen e se mueuen de cada dia, que se non pueden librar por los fueros; por ende queriendo poner rremedio conuenible a esto, establesçemos e mandamos quelos dichos fueros sean guardados en aquellas cosas que se vsaron, saluo en aquello que nos fallaremos que se deuen mejorar e emendar, e enlo que son contra Dios e contra rrazon e contra las leyes que en este nuestro libro se contienen, por las quales leyes deste nuestro libro mandamos que se libren primera mente todos los pleytos çeuiles e criminales, e los pleytos e contiendas que se non pudieren librar por las leyes deste libro e por los dichos fueros, mandamos que se libren por las leyes contenidas enlos libros delas siete Partidas que el rrey don Alfonso, nuestro visauuelo mandó ordenar, commo quier que fasta aqui non se falla que fuesen publicadas por mandado del rrey nin fuesen auidas nin rresçibidas por leyes, pero nos mandamos las rrequerir e conçertar e emendar en algunas cosas que cunplian, e asi emendadas e conçertadas, por que fueron sacadas e tomadas de los dichos delos santos padres e delos derechos e dichos de muchos sabios antiguos e de fueros e de costunbres antiguas de Espanna, damos las por nuestras leyes. E por que sean çiertas e non aya rrazon de tirar e mudar e emendar en ellas cada vno lo que quisiere, mandamos fazer dellas dos libros, vno seellado con nuestro seello de oro, et otro seellado con nuestro seello de plomo para tener enla nuestra camara, por que enlo que dubda ouiere, quelas conçierten con ellos. E tenemos por bien que sean guardadas e valederas daqui adelante enlos pleytos e enlos juiçios e en todas las otras cosas que se en ellas contienen, en aquello que non fueren contrarias alas leyes de este nuestro libro e alos fueros

[1] En el Ordenamiento de las Córtes de Alcalá de Henares tal como fué otorgado por el rey don Alonso XI esta ley es el capítulo LXIV: Commo deuen ser guardados los fueros.—En el mismo Ordenamiento reformado por el rey don Pedro es la ley I del tit. XXVIII.

sobre dichos. E por quelos fijosdalgo de nuestros rregnos han en algunas comarcas fuero de aluedrio e otros fueros, porque se judgan ellos e sus vasallos, tenemos por bien queles sean guardados a ellos e a sus vasallos segunt quelo han de fuero e les fueron guardados fasta aqui. Otrosi en fecho delos rrieptos que sea guardado aquel vso e aquella costunbre que fue vsada e guardada en tienpo delos otros rreyes e enel nuestro fasta aqui. E otrosi tenemos por bien que sea guardado el ordenamiento que agora fezimos en estas cortes para los fijosdalgo, el qual mandamos poner en fin de este libro. E porque al rrey pertenesçe e ha poder de fazer fueros e leyes e delas interpretar e declarar e emendar do viere que cunple, tenemos por bien que si enlos dichos fueros e enlos libros delas Partidas sobre dichas o en este libro nuestro o en alguna o algunas leyes delas que en ellas se contienen, fuere menester interpretaçion o declaraçion o emendar o annadir o tirar o mudar que nos quelo fagamos; et si alguna contrariedat paresçiere enlas leyes sobre dichas entre si mesmas o enlos fueros mesmos o en qual quier dellos, o alguna dubda fuere fallada en ellos o algunt fecho que por ellos non se pudiere librar, que nos que seamos rrequerido sobre ello, porque fagamos interpretaçion o declaraçion e emienda do entendieremos que cunple, e fagamos ley nueua la que vieremos que cunple sobre ello, por que la justiçia e el derecho sea guardado. Enpero bien queremos e sofrimos quelos libros delos derechos quelos sabios antiguos fizieron, que se lean enlos estudios generales de nuestro sennorio, por que ha en ellos mucha sabiduria, e queremos dar logar quelos nuestros naturales sean sabidores e sean por ende mas onrrados[1].

Por ende muy alto e muy poderoso rrey e sennor, commo la experiençia sea maestra eficaz delas cosas, por la qual ayamos conosçido que por la dicha ley dela Partida al comienço de esta petiçion suso inxierta o por otras quales quier que çerca delo en ella contenido fablan ser mal entendidas, por cabsa e por ocasion de ellas se ayan seguido en vuestros rregnos e contra el bien publico e paz e sosiego dellos muchos escandalos e inconuenientes o se podrian seguir mas adelante, si en ello non fuese proueydo, muy omill mente suplicamos a vuestra muy alta sennoria, que conformando vos prinçipal mente con la ley diuina, e asi mesmo con las leyes suso encorporadas que justa e santa mente en esto fablan e disponen, e interpretando e declarando la dicha ley dela Parti-

1 Aquí concluye la ley.

da e otras quales quier asi por algunos mal entendidas, las quiera rreuocar de su çierta çiençia e propio motu e poderio rreal absoluto, asi o en quanto son e puedan ser contra las dichas leyes del Fuero e Ordenamiento e contra las otras suso encorporadas, aprouando e mandando guardar espeçial mente las dichas leyes del Fuero en todo e por todo segunt enellas se contiene; e las otras sobre dichas leyes de vuestros rregnos que con ellas concuerdan e a ellas son conformes, mandando quela dicha ley dela Partida e otras quales quier que en esto fablan sean entendidas e guardadas segunt las dichas leyes del Fuero e non en mas nin allende nin en otra manera, espeçial mente que para agora e daqui adelante se guarde para sienpre jamas lo quelas dichas leyes del Fuero delas leyes disponen e quieren e mandan alli do dize, que ninguno sea osado de rretraer del rrey nin de sus fechos, e qual quier que entendiese o sopiese algunt yerro que el rrey faga, que gelo diga en su poridad, e si lo el rrey quisiere emendar; si non quelo calle e que otro alguno non lo sepa, nin faga sobre ello otro mouimiento alguno, so las penas quelas dichas leyes ponen. E si alguno ouiere demanda contra el rrey, quele pida merçed en su poridat que gela enderesçe, e si lo non quisiere fazer quelo diga ante dos o tres de su corte, e si por esto non gelo enmendare quelo pueda demandar commo pertenesçe al pleyto, por manera que guardada la onrra del rrey e la reuerençia e sujeçion a el deuidas, non sea quitado a ninguno su derecho; e que vuestra alteza ordene e establesça todo lo suso dicho e cada cosa dello asi por ley perpetua e valedera para sienpre, mandando e defendiendo que persona nin personas ningunas de qual quier ley, estado o condiçion, preheminençia o dignidat, avn que sean rreales o de estirpe rreal, e otras quales quier estantes en vuestros rregnos e tierras e sennorios, non sean osados de cometer nin fazer lo contrario nin cosa alguna delas sobre dichas, que so color dela dicha ley o leyes fasta aqui se han fecho e atentado commo suso es dicho, nin dar fauor nin ayuda nin consejo nin permision para ello, callada nin espresa mente nin indirecta mente, nin fagan nin cometan otras cosas algunas contra el tenor e forma delas dichas leyes del Fuero suso encorporadas, nin contra las otras leyes de vuestros rregnos asi delas Partidas commo delos ordenamientos rreales que fablan çerca dela rreuerençia e obediençia e sujeçion e naturaleza e fidelidat e omilldat e lealtat e onestat quelos obedientes e leales vasallos deuen e son tenudos asu rrey e sennor natural, so las penas en ellas e en cada vna de ellas contenidas, las quales vuestra alteza pueda mandar e mande executar enlas personas e bienes delos quelo contrario fizieren e dieren a ello fauor e ayuda e consejo, sin otro enplazamiento nin proçeso nin sentençia nin guardada otra orden nin forma nin solemnidat judiçial. Las quales dichas leyes e todo lo en ellas contenido, muy alto e muy esclaresçido rrey e sennor, vuestros rregnos e las çibdades e villas e logares e tierras, e los vuestros vasallos e subditos e naturales dellos, mouidos con grande amor e lealtat que sienpre ouieron e han a vuestra muy alta sennoria e al seruiçio e guarda dela preeminençia de vuestra rreal magestat, han por muy buenas e santas e justas e onestas e tales que vuestra alteza las deue aprouar e confirmar e mandar guardar, e asi vos lo suplican con grant instançia e con toda omill e deuida rreuerençia, por que asi cunple a seruiçio de Dios e vuestro e a pro e bien comun e paz e sosiego de vuestros rregnos e de todos los estados dellos; e para euitar e quitar todos achaques e escandalos e inconuenientes e ocasiones e leuantamientos maliçiosos e colores falsos e simulados e non verdaderos, lo qual todo suplicamos con la mayor e mas omill rreuerençia que podemos e deuemos.

E visto e platicado enel mi Consejo todo lo suso dicho, yo el sobre dicho Rey don Iuan con consejo e acuerdo delos sobre dichos, veyendo quela dicha petiçion e suplicaçion es santa e onesta e justa e conforme no solo alas leyes çiuiles e vmanas mas eso mesmo alas leyes diuinas e apostolicas e canonicas, e asi mesmo muy prouechosa e conplidera e avn nesçesaria a seruiçio de Dios e mio e a guarda de mi preeminençia e estado rreal e delos rreyes mis desçendientes e subçesores, e a bien publico e paz e sosiego e tranquilidat de mis rregnos e sennorios, fue e es mi merçet e voluntat de mandar e ordenar e por la presente mando e ordeno e establesco por ley, e quiero e me plaze que sea auida e guardada por ley e commo ley de aqui adelante perpetua mente para sienpre jamas la dicha petiçion e suplicaçion, e todo lo en ella contenido e cada cosa e parte de ello, segunt e por la forma e manera que en ella se contiene e por los procuradores delos dichos mis rregnos me fue suplicado, e asi lo enterpreto e declaro; rreuocando e por la presente rreuoco qualquier otro entendimiento quela dicha ley dela Partida encorporada e puesta al comienço dela dicha petiçion e suplicaçion suso escripta, e otras quales quier que con ella concuerdan, han o auer puedan en contrario delas dichas leyes del Fuero delas leyes e delas otras leyes delas Partidas e delos ordenamientos de mis rregnos que de suso son encorporadas; e quiero e mando e ordeno e establesco que todas e quales quier personas de qual quier estado o condiçion preeminençia o dignidat que sean, asi rreales commo de estirpe rreal o otros quales quier quanto quier que rresplandescan o sean constituidas en qual quier dignidat que esten o estouieren en mis rregnos e tierras e sennorios, asi mis subditos e vasallos e naturales commo otros quales quier, sean tenudos e obligados daqui adelante e para sienpre jamas delo asi guardar e conplir por ley e commo ley, so las penas enla dicha suplicaçion e enlas leyes en ella encorporadas, contenidas, las quales yo pueda mandar executar contra los quelo contrario fizieren e contra sus bienes segunt e por la forma e manera contenida enla dicha suplicaçion. Por que vos mando a todos e a cada vno de vos que veades esta dicha mi ley e la guardedes e cunplades e fagades guardar e cunplir en todo e por todo segunt que en ella se contiene, e que non vayades nin pasedes nin consintades yr nin pasar contra ella nin contra cosa alguna nin parte de ella, agora nin en algunt tienpo nin por alguna manera; e si alguna persona o personas fueren e pasaren contra ello, executedes vos las dichas justiçias contra sus personas e bienes las dichas penas e cada vna de ellas. E los vnos nin los otros non fagades nin fagan ende al por alguna manera, so pena dela mi merçet e de priuaçion delos ofiçios e de confiscaçion delos bienes delos quelo contrario fizieredes para la mi camara, e demas por qual quier o quales quier por quien fincare delo asi fazer e cunplir, mando al ome que vos esta mi carta mostrare que vos enplaze que parescades ante mi enla mi corte do quier que yo sea, del dia que vos enplazare a quinçe dias primeros siguientes so la dicha pena, so la qual mando a qual quier escriuano publico que para esto fuere llamado, que dé ende al que vos la mostrare testimonio signado con su signo, por que yo sepa en commo se cunple mi mandado. Dado en el dicho mi rreal sobre Olmedo, quinçe dias de Mayo anno del nasçimiento de nuestro sennor Ihesu Christo de mill e quatroçientos e quarenta e çinco annos.—Yo el Rey.—Yo el doctor Fernando Diaz de Toledo oydor e rreferendario del rrey e su secretario la fize escriuir por su mandado.

XIX.

Cuaderno de las Córtes de Valladolid del año de 1447. [1]

Don Ioan [2] por la graçia de Dios Rey de Castilla de Leon de Toledo de Galizia de Seuilla de Cordoua de Murçia de Iaen del Algarbe de Algezira, e sennor de Vizcaya e de Molina: A vos el prinçipe don Enrrique mi muy caro e muy amado fijo primo genito heredero e alos duques condes rricos omes maestres delas Ordenes priores, e alos del mi Consejo e oydores dela mi abdiençia e alos mis contadores mayores e alcalldes e alguaziles e notarios e otras justiçias dela mi casa e corte e chançelleria, e alos comendadores e subcomendadores alcaydes delos castillos e casas fuertes e llanas e alos mis adelantados e merinos, e alos alcalldes alguaziles rregidores caualleros escuderos e ofiçiales e omes buenos [3] dela muy noble çibdad de Toledo [4] e atodos los otros conçejos alcalldes rregidores alguaziles caualleros escuderos e omes buenos de todas las otras çibdades [5] e villas e logares delos mis rregnos e sennorios e a todos los otros mis subditos e naturales de qual quier estado condiçion preheminençia o dignidad que sean, e aqual quier o quales quier de vos aquien esta mi carta fuere mostrada o el treslado della signado de escriuano publico,[6] salud e graçia. Sepades que enel ayuntamiento que yo agora fize enla noble villa de Valladolid, estando ay comigo [7] don

[1] Se ha tomado este cuaderno del codice K 2 de la Biblioteca de D. Luis de Salazar de Castro, de que se ha dado noticia al hablar de otros ordenamientos. Se ha confrontado con el códice de Simancas tantas veces citado, y anotado sus principales variantes.—Alguna que otra vez lo hacemos de las ortográficas pero no siempre, porque serian aquellas infinitas en atencion á que en el códice de Simancas se hace uso de la *u* vocal por la consonante, de la *s* por la *x*, de la *i* latina por la *y* griega y así de otras letras que no se emplean de la misma manera en el texto.—Este uso vario que notamos principalmente en los cuadernos de unas mismas Cortes, y mucho mas en las copias posteriores, es causa de que la ortografía no pueda ser uniforme, defecto que es posible que algunos atribuyan á yerro de los copiantes modernos ó de imprenta.

[2] El texto dice: Don Iohan, etc. Omite los títulos del rey que hemos tomado del códice de Simancas.

[3] Sim.: escuderos e omes buenos.

[4] Sim.: villa de Valladolid.

[5] Sim.: de todas las çibdades.

[6] Sim. omite: o el treslado della signado de escriuano publico.

[7] Sim.: en esta dicha villa de Valladolid estando aqui comigo.

Aluaro de Luna maestre de Santiago mi condestable de Castilla, e el rreuerendo padre don Alfonso Carrillo arçobispo de Toledo primado delas Espannas chançeller mayor de Castilla, e çiertos condes e rricos omes e caualleros e doctores del mi Consejo, e los[1] procuradores de çiertas çibdades e villas de mis rreynos[2] que yo mandé llamar para ver con ellos algunas cosas conplideras ami seruiçio; me fueron dadas e presentadas por los dichos procuradores çiertas petiçiones sobre algunas cosas conplideras ami seruiçio e a execuçion dela mi justiçia e abien comun dela cosa publica de mis rregnos; alas quales yo, con consejo delos sobre dichos, les rrespondi e fize e hordené sobrello çiertas leyes, su thenor delas quales dichas petiçiones e delo por mi a ellas rrespondido e hordenado e estableçido es esto que se sigue:

1. Muy alto e muy exçelente prinçipe e muy poderoso rrey e sennor, ya sabe vuestra alta sennoria commo estos dias pasados por nos otros los procuradores delas çibdades e villas de vuestros rreynos que por vuestro mandado[3] somos venidos e estamos en vuestra corte, le ha seydo suplicado e pedido por merçed quele pluguiese de non demandar alos dichos vuestros rreynos nin a nos otros en su nonbre ningunas quantias[4] de mrs. con quele sirviesen, demas e allende[5] delos veynte quentos de mrs. que agora le ovimos otorgado en pedido e monedas, en çierta forma, para las neçesidades que al presente le ocurren[6] e enel dicho nuestro otorgamiento faze mençion, fasta tanto que primera mente a vuestra alteza por nos otros fuesen esplicadas e rrelatadas e por ella vistas e puestas en execuçion algunas cosas, que por solo acatamiento de su seruiçio e bien e pro comun delos dichos sus rreynos le entendemos pedir e suplicar. Lo qual por vuestra merçed asy nos fue prometido e jurado, e por quela tardança trae grandes inconvinientes, e los muchos trabajos[7] de cada dia non çesan, con quanta justiçia e humilldad[8] e devida rreuerençia podemos e devemos, le suplicamos en nonbre delos dichos vuestros rreynos le plega querer entender e tornar sobrello, e quanto es nesçesario que vuestra sennoria mire e prouea sobre vuestro estado rreal e en tantos e tan continuos trabajos commo vuestros rregnos han pade-

[1] Sim.: quelos.
[2] Sim.: rregnos.—El texto pone generalmente *rreynos* y algunas veces *rregnos*.
[3] Sim.: mandamiento.
[4] Sim.: contias.—Así siempre cuando el texto pone: quantia.
[5] Sim.: de mrs. quele siruiesen demas nin allende.
[6] Sim.: le ocurrian.
[7] Sim.: e por los muchos trabajos.
[8] Sim.: e vmill.

çido e padeçen, e en que punto son avuestra alteza es bien entendido, e podemos bien dezir que es notorio que enel cabo de todos trabajos es llegado sy nuestro Sennor e vuestra sennoria commo aquel aquien va mas, breve mente non torna e prouee sobrello. Bien se vos entiende muy esclareçido prinçipe, que enlos rreynos do[1] ay muchas discordias e diuisiones non se deue buscar del todo el buen rregimiento nin entero rreparo de aquellas cosas que convenian e fazen los rreynos estar rricos e prosperados, nin lo quel tienpo de grandes discordias por discurso de muchos dias[2] ha causado asy ligera e breve mente se podiese rreparar nin que non avria en ello inconvinientes. Mas tan poco muy esclareçido prinçipe rrey e sennor, non podemos desfazer que avn que del todo non sea junto, mucho non se pueda[3] fazer e emendar sy los prinçipes e los grandes omes quelos han de servir lo quieren procurar e trabajar. E sy dexando se de dia en dia de començar arreparar por rreçelo de inconvinientes se va llegando atal estado que non se pueda rremediar, este seria el mayor inconviniente, pues donde los fechos son ya llegados,[4] muy virtuoso rrey e sennor, en estado[5] que vuestra justiçia non es temida nin executada nin vuestros mandamientos obedeçidos nin acatados commo deuen, e vuestras rrentas tomadas e enpachadas en tanto grado quanto jamas nunca fue, de que se sigue todo abaxamiento de vuestro rreal estado, non se deuen dubdar ningunos inconvinientes antes osariamos dezir que sy el caso se ofreçiese, a todo peligro se deuia de poner por lo rreparar, ca seria guerrear por la paz; quanto mas sennor, que entendemos Dios mediante que mucho se podria emendar e syn grandes dificultades. E commo quier muy esclareçido rrey e sennor, que vuestra sennoria tiene de aquesto el prinçipal cuidado, e con maduro consejo avrá enello pensado; pero a nos otros commo procuradores e en boz[6] delos dichos vuestros rregnos conviene e es mucho neçesario de vos lo suplicar. E asy muy omill mente e con toda instançia e devida rreuerençia le pedimos por merçed e le suplicamos que breue mente quiera entender e proveer enlas cosas siguientes, delas quales entendemos que avn que del todo non sea rreparo en mucha parte puede aprouechar. Muy virtuoso sennor, para rreduzir las cosas a mas obediençia e temor

1 Sim.: donde.
2 Sim.: por discurso de tienpo.
3 Sim.: puede.
4 Sim.: allegados.
5 Sim.: enel estado.
6 Sim.: en nonbre.

delo que oy estan, non sola mente abastan hordenar nin mandar[1] sy otra execuçion non ay, quanto mas donde del todo ya se pospone la conçiençia la justiçia la obediençia el temor e amor, donde cabsadas las gentes estan a ello e se ha sufrido tantos tienpos.[2] E por tanto pareçeria[3] quela prinçipal cosa en que se deue proueer e mas puede aprouechar es que vuestra merçed esté poderoso e fuerte, teniendo cabdal de dineros e rrentas e gentes çiertas; que esto avido, poco avrá que fazer vuestra merçed en rreduzir[4] las cosas asu devido estado o alo menos a grand emienda e rreparo dela gran deshordenança[5] e desobediençia que son, e para aver e tener dineros non dezimos que a ninguno se tome lo suyo, saluo dar horden commo avuestra alteza se faga aquello mismo que non se tomen sus rrentas e pechos e derechos e los pedidos e monedas con que vuestros rreynos vos sirven. E cosa es muy conoçida que en tomando se e ocupando se vuestras rrentas e pechos e derechos se abaxa vuestro poder e estado, que non podiendo vuestra sennoria pagar lo que della han vuestros vasallos, forçado es que se alleguen a quien los sostenga. E sy para lo nesçesario delas cosas que tocan al rregimiento e para administraçion dela justiçia falleçe de nesçesario es que se cayan, e en cayendo se caya el estado rreal[6], e sy los pedidos e monedas con que vuestros rreynos vos sirven e sola mente deven[7] ser para pagar el sueldo para fechos de guerra muy neçesarios e para sosegar vuestros rreynos, los quales non sola mente se sacan delos que tienen de quelos pagar mas de muchos pobres e lazerados[8] e viejos e cansados que non han otra cosa, saluo aquello que cavando e trabajando con sus cuerpos lo han por sus jornales e que para solo su mantenimiento non les basta, se toma[9] avuestra merçed a bueltas delas otras vuestras rrentas o pechos e derechos hordinarios, claro está quo mas se puede dezir ser deserviçio vuestro que ningund serviçio enlos demandar vuestra alteza avuestros rreynos nin ellos enlos otorgar, que demas de ser gran cargo de vuestra conçiençia es dar dineros para contra[10] vuestra sennoria misma, e avn que de ne-

1 Sim.: nin de mandar.
2 Sim.: tanto tiempo.
3 Sim.: paresçerá.
4 Sim.: fazer en rreduzir.
5 Sim.: grand desordenança.
6 Sim.: e en cayendo se cahese el estado rreal.
7 Sim.: siruan e sola mente deuan.
8 Sim.: lasiados.
9 Sim.: su toma.
10 Sim.: dineros contra.

çesario es que de vuestras çibdades e villas e tierras non podiendo[1] soportar los tales pedidos e monedas, se vayan vuestros vasallos a poblar otras tierras e rreynos, o alo menos alos logares delos sennorios donde nin avuestra sennoria pagan aquello nin avn las vuestras alcaualas e otros pechos e derechos ordinarios. E asy yendo se los tales vasallos, perder se ellos por que de sus personas vuestra sennoria non puede ser asy servido, e demas pierden se los pechos e derechos e otras rrentas[2] que vuestra sennoria dellos avia[3] e avn segund los logares donde van se puede dezir[4] que se tornarán deservidores. Muy poderoso sennor, antes que estos dias pasados a vuestra alteza por nos otros se otorgaron los dichos veynte quentos[5], le suplicamos que para que aquellos fuesen çiertos e paresçiese que entera mente eran para aquellas neçesidades para que fueron demandados e non que fuesen tomados nin ocupados commo los otros pedidos e monedas delos annos de quarenta e quatro e quarenta e çinco, e viesemos por espirençia que asy seria enlo de adelante sy mas fuesen neçesarios e le oviesen de ser otorgados, avuestra sennoria ploguiese de mandar e ordenar e guardar e executar esto que se sigue: Primera mente que vuestra sennoria escriuiese al sennor Prinçipe vuestro fijo asy commo aquel que ha de ser mas obediente avuestros mandamientos e prinçipal mente desea e deue desear lo que mas cunple avuestro seruiçio e a onor dela corona rreal de vuestros rreynos, e acatando commo de aquella quantia de mrs., vuestra merçed avia de proueer enlo que al presente tan neçesario era e conplidero avuestro seruiçio de proueer segund las cosas de que enel dicho otorgamiento faze mençion, sy le ploguiese non sola mente dar logar a que en sus çibdades e villas e tierras se cogiesen e rrepartiesen e se diesen e pagasen llana e entera mente avuestros rrecabdadores,[6] e les dexasen libre mente coger los queles copiesen dela dicha quantia de mrs., mas que avn el mismo verdadera mente con toda afecçion lo enbiase mandar e fiziese presta mente poner en obra por que su merçed, que es prinçipal despues de vuestra alteza, se tomase enxenplo[7] e rregla para quelos otros lo fiziesen asy e asy mismo atodos los grandes de vuestros rreynos que tienen tierras

[1] Sim.: podiendo se.
[2] Sim.: pechos e otras rrentas.
[3] Sim.: merçed dellos auia.
[4] Sim.: bien dezir.
[5] Sim.: cuentos.
[6] El texto dice, sin duda equivocadamente: a vuestros rregnos.
[7] Sim.: enxienplo.

e encomiendas enellos e aquien se rrequiere escreuir quelo fagan e cunplan asy, e los quelo contrario fiziesen aquellos paresçeria fazer mas guerra avuestra sennoria e dar logar a que se fiziese quelos contrarios quela fazen. E sy por ventura lo que non era de creer, lo contrario delo sobre dicho se fiziese, que demas delas otras penas por vuestra alteza hordenadas vuestra sennoria les mandase notificar e lo ponga en obra e sea hordenado, quelos que touiesen de vuestra alteza mrs. de juro de heredad por preuillejo situados e por saluado en quales quier çibdades o villas o logares de vuestros rregnos, gelos mandase vender e rrematar en almoneda publica aqui en vuestra corte desdel dia que ante vuestra alteza o ante vuestros contadores mayores pareçiese por rrecabdo çierto que fuese fecha la tal toma o enbargo dela tal quantia de mrs. fasta nueve dias primeros siguientes por tres plazos e termino perentorio. E sy non bastase el tal juro de heredad, e la tal persona non lo toviere, que mandase vender e rrematar enla manera sobre dicha otros quales quier mrs. que tengan en vuestros libros; e sy non bastaren los tales mrs. que asy tovieren en vuestros libros o non los toviese la tal persona, que les fuesen vendidos quales quier bienes muebles e rrayzes que toviesen fasta enla dicha quantia que asy tomase o enbargase o mandase tomar o enbargar con el doblo segund las leyes de vuestros rreynos lo mandan. E sy para los tales mrs. o bienes non se fallasen conpradores, que vuestra sennoria los tomase para su corona e fuesen consumidos en vuestro patrimonio enel preçio que valiesen en vuestra corte los semejantes mrs. e rrazonable mente valiesen los dichos mrs. e bienes, e que vuestra alteza non gelos tornase nin los daria a otra persona alguna nin faria nin mandaria fazer alas tales personas aquien asy se vendiesen o tomasen otra emienda por ello. E sy enlos tales logares de sennorios non se dexasen nin consintiesen arrendar e coger las dichas monedas e pedido e tomar testimonio sobrello, que en tal caso vuestra alteza proueyese enello luego en manera que toda via se fiziese. Otrosy que demas desto vuestra sennoria les enbiase çertificar e lo mandase e hordenase asy por ley e ordenança que enlos logares delos sennorios e encomiendas donde asy enbargasen o enpachasen o non pagasen o non consyntiesen rrecabdar [1] los dichos mrs. alos dichos vuestros rrecabdadores e arrendadores e arrendar las rrentas dellos, les fuesen fechas prendas enlos vezinos e moradores delos dichos logares e en sus bienes asy comunes commo particulares do quier que pudieren ser avidos, las quales prendas se

[1] Sim.: o non dexaren de rrecabdar.

fiziesen por los vuestros thesoreros e rrecabdadores e arrendadores delas rrentas delas dichas monedas [1] e del dicho pedido. E que sy por ellas fuesen rrequeridos las justiçias e ofiçiales e vezinos e moradores de quales quier vuestras çibdades e villas e logares, que fiziesen las dichas prendas e les diesen favor e ayuda para ello, que vuestra sennoria mandase quelo fiziesen e conpliesen e diesen favor de gente e fiziesen las dichas prendas poderosa mente e se posiesen a ello con todo efeto, so pena que delos bienes delos quelo contrario fizieren o fiziesen o fuesen en ello negligentes o estorvadores [2] vuestra sennoria lo mande cobrar, e sy neçesario fuese que vuestra alteza cada que sobrello fuese rrequerido o los vuestros contadores mayores enbiasen para fazer executar [3] lo suso dicho a vn alcallde o alguazil de vuestra corte e chançelleria o cauallero poderoso o otra persona, commo mas entendiese [4] que conplia avuestro seruiçio, por quelos dichos vuestros rrecabdadores non se escusasen por cosa delo que [5] asy avuestra merçed suplicamos de fazer sus diligençias e pagar lo que fuesen thenudos. Otrosy que vuestra sennoria mandase e hordenase e enbiase notificar é mandar alos logares delas behetrias de vuestros rreynos que son en encomienda [6] de algunos sennores que non diesen logar quelos tales sennores nin otras personas algunas se entremetiesen de tomar nin enbargar nin enpachar los dichos mrs., e que consyntiesen arrendar las dichas rrentas delas dichas monedas e rreçebir e cobrar los mrs. dellas e del dicho pedido alos vuestros thesoreros e rrecabdadores e otras personas que por vuestra alteza lo oviesen de aver, so pena que sy lo contrario fiziesen que por el mismo fecho perdiesen las libertades e esençiones e preuillejos [7] que toviesen commo logares de behetrias, e dende en adelante fuesen avidos por vuestros logares solariegos e de vuestro patrimonio e corona e los podiese vuestra merçed apropiar alas çibdades e villas de vuestro rrealengo quele ploguiese. Otrosy que vuestra alteza hordenase e mandase que quales quier logares abadengos de vuestros rreynos que son en encomienda de algunos sennores, non diesen logar nin consyntiesen nin permitiesen a quelos dichos mrs. sean tomados nin enbargados por

1 Sim.: e arrendadores delas dichas monedas.
2 Sim. omite: estorvadores.
3 Sim.: esecuçion.
4 Sim.: entendia.
5 Sim.: dello que.
6 Sim.: en comienda.
7 Sim.: priuillegios.

personas algunas, saluo que libre mente los cogiesen e rrecabdasen e arrendasen las rrentas dellos los rrecabdadores e otras personas que por vuestra alteza e por vuestras cartas libradas de vuestros contadores mayores los oviesen de aver e de rrecabdar e arrendar, so pena que delos bienes delos vezinos [1] e moradores de tal villa e logar abadengo do quier que podieren ser avidos se cobren con el doblo, e que fuesen fechos en ellos las dichas prendas commo dicho es. E otrosy quelos vuestros rrecabdadores e arrendadores que para ello fuesen por vuestra sennoria proueydos non arrendasen alos tales sennores nin asus fazedores nin a otras interposytas personas por ellas las dichas rrentas delos dichos mrs. delos dichos logares de abadengo a bueltas [2] delas otras sus tierras nin en otra manera. E quelas cosas suso dichas vuestra alteza las mandase pregonar e publicar en vuestra corte e enlas otras çibdades e villas que son cabeças delos rrecabdamientos de vuestros rreynos, e prometiese e jurase por su fee rreal delo non mandar rrevocar, e que enlas cartas que vuestra merçed mandase enbiar al dicho sennor Prinçipe e alos dichos perlados e alas otras personas e enlos rrecudimientos que se diesen [3] alos rrecabdadores fuese asy declarado, para lo qual todo, vuestra sennoria mandase dar los poderes e cartas e prouisyones fuertes e firmes que se rrequeriesen e menester oviesen alos vuestros rrecabdadores e otras personas quelo oviesen de fazer e executar segund todo mas conplida mente enel dicho nuestro otorgamiento se contiene. Lo qual todo por que entendemos que cunple mucho avuestro seruiçio, asy mismo suplicamos e pedimos por merçed avuestra sennoria que aquello mismo mande ordenar por ley e ordenança e guardar e executar e lo jure e prometa asy segund que por los dichos capitulos se contiene enlo que toca avuestras alcaualas e terçias e otros pechos e derechos que de aqui adelante vuestra sennoria oviere de aver e sobre quales quier tomas que vos sean fechas de aqui adelante enlas vuestras alcaualas e terçias e otros pechos e derechos. E demas delo que asy se contiene enlos dichos capitulos vuestra sennoria ordene e mande que alguno nin algunos vuestros thesoreros nin rrecabdadores e arrendadores mayores non arrienden las tales alcaualas e terçias e pechos e derechos a personas algunas que tovieren las dichas villas e logares e tierras abadengos e de Ordenes e behetrias e encomiendas, so pena quel quelo contrario fiziere pierda todos sus bienes, e sean confiscados e aplicados para vues-

[1] Sim.: e vezinos.
[2] Sim.: logares abueltas.
[3] Sim.: que diesen.

tra camara e fisco. Otrosy quelos conçejos delas dichas villas e logares e tierras abadengos e de Ordenes e behetrias non den logar nin consyentan que alos rrecabdadores e arrendadores e fieles e cogedores delas dichas rrentas sean fechas tomas delos dichos mrs. delas dichas rrentas nin de alguna dellas, so pena que por el mesmo fecho sean tenudos delos[1] pagar otra vez, ca para ayudar la execuçion dello vuestras çibdades e villas se pornán con sus personas e con sus faziendas, e que pues vuestra sennoria trae[2] continua mente gente de guarda, quando el caso lo ofresca, se quiera servir della para execuçion de aquesto.

Alo qual todo vos rrespondo que vuestra petiçion es buena e justa e muy conplidera ami seruiçio e conseruaçion del bien comun dela cosa publica de mis rreynos; e por ende mando e ordeno que se faga e guarde e cunpla e execute asy segund e por la forma e manera que de suso se contiene e por vos otros me fue suplicado e pedido por merçed. E que persona nin personas algunas non sean osados de hazer lo contrario nin dar nin den fauor nin ayuda para ello. E asy mismo quelos conçejos sean tenudos a rresistir e rresistan atodo su leal poder alos quelo contrario quisieren fazer o fizieren, todo esto e cada cosa dello, so las penas suso dichas demas e allende delas otras penas estableçidas por las leyes de mis rregnos enlos tales casos.

2. Otrosy por que nos otros avemos sabido que de cada dia los rrecabdadores e arrendadores mayores delas vuestras alcaualas e terçias e pechos e derechos en cada arrendamiento abaxan las dichas vuestras rrentas delos logares de sennorios delas quantias en que estan e avn que rresçiben algunos dineros a parte delos arrendamientos en quelas dan; por lo qual las abaxan mas; suplicamos avuestra sennoria que hordene e mande que qual quier que fiziere la tal baxa que pague avuestra sennoria lo que asy abaxare en tanta quantia commo sy fuesen mrs. de juro de heredad e sy rresçibieren a parte alguna quantia por fazer la tal baxa, que muera por ello.

Aesto vos rrespondo que vos otros dezides bien e lo que cunple ami seruiçio, e por ende mando e ordeno que se faga e guarde asy de aqui adelante e demas quel quelo contrario fiziere que demas dela pena de muerte suso contenida, pierda todos sus bienes para la mi camara e sobre todas estas cosas suso dichas e por mi rrespondidas alas dichas vuestras petiçiones, es mi merçed de mandar e mando luego dar mis

[1] Sim.: tenudos delo.
[2] Sim.: merçed trahe.

cartas conformes alas sobre dichas leyes por mi ordenadas, las quales cartas entiendo mandar enbiar notificar con personas fiables[1] alas çibdades e villas e logares delos mis rregnos e asy mesmo las mandaré pregonar aqui enla mi corte. E mando al mi procurador fiscal que tome cargo delo proseguir contra los rrebeldes e desobedientes. E otrosy mando alos mis contadores mayores que cada que fueren presentadas[2] antellos quales quier tomas, luego las notifiquen al dicho mi procurador fiscal, al qual mando quelo prosigua aqui enla mi corte contra los tales tomadores por manera quelas sobre dichas mis leyes ayan execuçion con efeto. E mando alos mis contadores mayores que pongan e asienten esta mi ley enlos mis quadernos delas mis alcaualas e otras mis rrentas, e quelas arrienden con esta condiçion.

3. E por que muy poderoso sennor, non se pueda dezir nin dar color por aquellos que fazen las dichas tomas que vuestra sennoria les deue grandes quantias de mrs. de sueldo, que vuestra alteza mande ver luego sus cuentas e declarar las dubdas dellas; e lo que de rrazon les deue ser pagado e lo que non es rrazonable de demandar nin pagar, mande e declare[3] que non se pague. E sy algunos hay que non ayan enbiado las dichas sus quentas, que vuestra sennoria les mande poner plazo rrazonable e quelas enbien, e lo mande asy pregonar publica mente en vuestra corte con aperçebimiento que dende en adelante non les será pagado el tal sueldo que asy demandaren; e que asy se faga e guarde de fecho. E otrosy que vuestra sennoria les enbie mandar que enbien declarar las tomas que han fecho e lo que tienen rreçebido e firmado de sus nonbres e jurado.

Aesto vos rrespondo que dezides bien e lo que cunple ami seruiçio, e mi merçed es e mando que se faga e cunpla asy segund que me lo pedistes por merçed e para esto yo he mandado rrequerir alos que estan aqui en mi corte, e mando dar mis cartas para los que estan absentes della para que desdel dia queles fueren presentadas fasta veynte dias primeros siguientes enbien aqui ante mis contadores mayores quien fenesca por ellos las dichas sus quentas e las continuen conlos dichos mis contadores mayores, por manera que dentro de çinquenta dias sean feneçidas e acabadas, con aperçebimiento que sy por ellos quedare delo asy fazer, yo mandaré rreçebir lo que fuere çierto por çierto e que

[1] Sim.: fieles.
[2] Sim.: presentes.
[3] Sim.: mandar e declarar.

dende en adelante lo otro non les será rreçebido en cuenta: lo qual mando que sea luego asy pregonado por la mi corte.

4. E otrosy muy esclareçido rrey e sennor, pues los tienpos e fechos de vuestros rregnos han tanto esperimentado e dado a entender avuestra sennoria quanto le conviene mirar asu fazienda e poner buen rrecabdo en ella, e ver bien quantos inconvinientes e en quanto grado le podria traer deseruiçio non aver de que librar vuestros vasallos nin pagar vuestras villas e castillos fronteros, nin de que proveer vuestra casa nin con que administrar vuestra justiçia; le plega dar horden asy mismo e non querer dar lo que non tiene, mas antes de tener delo que toviere. E plega avuestra alteza querer tomar enxenplo del Rey don Enrique vuestro padre que santo parayso aya, que con muy gran parte non avia tantas rrentas commo vuestra merçed oy ha, e segund su buena horden e regla e moderada medida que tenia enlas despender e destribuir, el terçio o el quarto de sus rrentas le sobrauan, e de aquellas propias rrentas suyas tenia allegado grandes thesoros commo avuestra merçed es bien notorio. E çierto es que aquello era la prinçipal causa por que era tan temido non sola mente en sus rreynos mas avn fuera dellos, e en su tienpo guerras ouo asy de moros commo de christianos e mucho tovo de sosegar en sus rregnos. Mas por tener asy bien rreparada su fazienda en breues tienpos les proueyó, e tener vuestra sennoria muchas mas rrentas e falleçer le lo que a el sobrava. E mucho mas abasta muy esclareçido sennor, sy guerras e discordias ouo en vuestros rregnos quan[1] grand numero de cuentos de mrs. de vuestros rreynos se han sacado en pedido e monedas. Sy a vuestra sennoria plaze mirar sobre su hazienda commo le suplicamos en muchas cosas, vuestra merçed puede dar orden commo se acorten tan grandes gastos; e sennor, segund vuestra alteza bien sabe, avn en aquel tienpo que non falleçia tanto, mas medida avia enlos gastos extra ordinarios e avn en acresçentar de nuevo en vuestros libros. Omill mente le suplicamos quele plega dar horden en ello e la horden que diere mandar la guardar, ca sennor, por grave e muy dannosa cosa es conoçida que ninguna ordenança nin rregla que vuestra merçed aya dado en ello e ordenado non se aya de guardar e que luego o dispensando con ella o por otras indirectas vias se aya de quebrantar.

Aesto vos rrespondo que vos otros dezides bien e lo que cunple ami seruiçio e a bien comun de mis rregnos commo mis buenos e leales

[1] Sim.: con.

vasallos e subditos e naturales[1], e yo vos lo tengo en sennalado seruiçio vuestro buen consejo e suplicaçion, e entiendo mandar dar en ello la orden que cunpla ami seruiçio e bien dela cosa publica de mis rreynos. E sy fasta aqui non se ha podido asy guardar e fazer, esto ha seydo por cabsa delos movimientos acaheçidos en mis rreynos e delos grandes menesteres que en ellos han ocurrido. Pero sienpre fue e es mi yntençion e voluntad de entender en ello e lo non dexar sin convenible prouisyon considerando que ello es cosa muy conplidera a seruiçio de Dios e mio e a bien de mis rreynos, para lo qual yo agora al presente entiendo ordenar algunas leyes conplideras ami seruiçio que son comienço de prouisyon delo por vos otros ami suplicado, segund que adelante se sigue, e de cada dia entiendo ver mas en ello e proueer e dar la orden que cunpla a mi serviçio e bien dela cosa publica de mis rreynos.

5. Iten vuestra merçed sabe commo ha dado çierta horden e fue puesto por ordenança aquien e commo vuestra merçed avia de mandar librar en cada anno ayudas de costas e vestuarios e mantenimientos e ayudas de bodas e salarios de pesqueridores e otras muchas cosas extra hordinarias que de cada anno se libravan e de rrazon se podrian e devian escusar e acortar. Suplicamos avuestra merçed que mande guardar la dicha hordenança e seguir aquella horden encorporada enla dicha hordenança a buelta delo que agora le suplicamos, mandando so cargo de juramento e so grandes penas alos vuestros secretarios, que non libren cosa alguna contra ella, el qual juramento se rreçiba en presençia de nos otros publica mente en el vuestro Consejo. E que vuestra merçed prometa e jure de non mandar librar[2] otra cosa en contrario, ca crea vuestra sennoria que delos libramientos delas dadiuas extra hordinarias se cabsa la mayor parte delos baratos que se fazen en vuestra corte. E mucha mas rrazon es que se escuse lo extra hordinario que non fallesca para lo hordinario[3].

Aesto vos rrespondo que vos otros dezides bien e lo que cunple ami seruiçio e abien de mis rregnos, por lo qual es mi merçed de mandar guardar e que se guarde la hordenança por mi enesta rrazon fecha, su thenor dela qual es este que se sigue: Por quanto de cada anno se libran muchas ayudas de costas asy enlos mis contadores commo enlos thesoreros dela mi casa e en algunas otras personas en quatro maneras: la vna por via de ayuda de costa, la otra por le fazer merçed, la otra para bestias, la otra por que dizen quelo han gastado en algunas cosas

1 Sim.: vasallos e naturales.
2 Sim.: de non dar nin librar.
3 Sim.: que non fallesçen para lo ordinario.

conplideras ami seruiçio. Por ende entendiendo que cunple asy ami seruiçio e apro e bien comun de mis rregnos, hordeno e mando quelas tales ayudas de costas non se libren, saluo alos que yo hordenare e mandare que estén comigo continua mente o por tienpos, e asy mesmo alos mis ofiçiales mayores aquien las yo acostunbro mandar librar de cada anno.—Otrosy sy algunos perlados o caualleros o otras personas venieren ami corte por mi mandado, los quales sean de aquellos aquien se acostunbraron librar ayuda de costa, que alos tales viniendo para me seruir se les libre ayuda de costa cada que ami pluguiere de gela mandar librar, lo queles[1] montare por el tienpo que en ella estovieren e non mas, saluo sy vinieren sin ser por mi llamados, o sobre sus propios negoçios, o sy acaheçiere que venidos se tornen luego para sus casas, o los yo mandare despachar e yr para ellas. Ca en qual quier destos casos es mi merçed queles non sea librada ayuda de costa nin otra dadiva nin se les faga por ende quita alguna de debda que me devan.—Otrosy consideradas las neçesidades que al presente me ocurren, es mi merçed de sobreseer al presente en mandar librar de aqui adelante ayudas de casamientos, asy a caualleros commo a otras quales quier personas omes e mugeres de qual quier estado o condiçion, preheminençia o dignidad que sean, e que este sobreseymiento se guarde por algunos annos fasta que me plega por mi carta firmada de mi nonbre e sellada con mi sello de proueer sobrello de otra guisa. E que entre tanto los mis contadores mayores non pasen carta nin alvala que de aqui adelante yo diere o librare aqual quier persona o personas para la tal ayuda de casamiento.—Otrosy por que algunas vezes yo mando librar vestuarios asy alos ofiçiales que continua mente me sirven commo alos que son absentes, lo qual es mi deseruiçio, es mi merçed e mando que de aqui adelante non sea librado vestuario, saluo alos mis ofiçiales que continua mente comigo andan todo el anno o la meytad del, e que por mi fuere hordenado e mandado que me sirvan e que sin primera mente dar ynformaçion delo suso dicho ser asy, les non pasen nin libren los mis contadores los tales vestuarios.—Otrosy por quanto yo mando yr muchos pesquiridores sobre algunos debates e sobre otras cosas que tocan à singulares personas, alos quales yo mando pagar salarios e asy mismo a algunos escriuanos que van con ellos e alos tales escriuanos se pagan sus derechos delos proçesos e escripturas que sobrello pasan. Por ende hordeno e mando que los tales salarios los paguen los culpantes, e lo que fuere apetiçion de

[1] Sim.: lo qual les.

parte, quelo pague luego la parte, e el juez que allá fuere le entregue delos bienes dela otra parte dela meytad que ende le perteneçe pagar e al fin que se cargue todo al culpante. E quando yo de mi ofiçio e non a petiçion de parte enbiare pesquiridor o juez sobre quales quier cosas que tangan a quales quier partes, quel salario del que allá fuere lo yo mande luego pagar; pero quelos mis contadores mayores enbarguen en mis libros los mrs. que en ella montare a aquellos aquien tocare de quales quier mrs. que ellos de mi ayan de aver en qual quier manera, e al fin que sola mente lo pague el que fuere fallado culpante; e quel mi rrelator e los otros mis juezes que dello conoçieren, den cargo alos mis contadores mayores delo que fallaren e judgaren contra los tales culpantes e su alvala para que aquello se les descuente delo que de mi ovieren de aver. E sy non ovieren de aver dineros de mi, que den el dicho cargo alos dichos mis contadores mayores delas mis cuentas, para que ellos fagan cobrar para mi lo que montare el tal salario [1] de bienes delos culpantes.—Otrosy es mi merçed que quales quier mis ofiçiales e otras personas que fueren por mi mandado en enbaxadas o en otros caminos o negoçios que por mi les sean mandados e encomendados, asy de corregimientos e pesquisas commo en otra qualquier manera, queles sea librado el salario e mantenimiento que ovieren de aver por el tienpo que allá estovieren, e por la yda [2] e tornada para mi corte, avido respecto e consideraçion alo que ellos de mi han e tienen asy en rraçiones commo quitaçiones e mantenimientos, lo qual todo les sea contado enel salario e mantenimiento queles fuere tasado para cada dia, e sobre aquello les sea librado lo que demas dello montare e oviere de aver del dicho su salario e mantenimiento, e non mas nin allende, e quelos mis contadores mayores lo non pasen nin libren de otra guisa.—Otrosy quelos mis escuderos de cauallo e mensajeros e otros quales quier que de mi han rraçion, aquien yo mandare yr con mis cartas a quales quier partes de mis rregnos, les sea librado vn terçio mas allende delas rraçiones que de mi tienen para cada dia, lo qual se entienda en esta guisa, quel que ha diez mrs. de rraçion, les sean librados çinco mrs. mas cada dia para su mantenimiento por el tienpo que estoviere enel camino que le enbiaren, e asy a este respecto dende arriba e dende ayuso segund la rraçion que ovieren e non mas nin allende; pero quelos que yo enbiare fuera de mis rregnos, queles sea librado lo acostunbrado.—Otrosy

1 Sim.: montare en el tal salario.
2 Sim.: e por que la yda.

por quanto yo acostunbro muchas vezes enbiar suplicar al Papa en favor de algunas personas por algunas eglesias de mis rregnos e se fazen sobrello muchas costas, las quales yo mando pagar, hordeno e mando que de aqui adelante las tales suplicaçiones se den alas partes en cuyo favor fuere suplicado, para que ellos las enbien asu costa, e que yo non pague la tal costa nin los mis contadores la pasen nin libren; e sy algunas vezes acaheçiere que yo aya de suplicar por alguno en absençia suya, quela costa que yo en ello mandare pagar se cobre dela persona aquien tocare, e que antes que se le dé nin libre mi carta para que sea rreçibida ala eglesia para que yo suplicare por el, sea tenido de pagar e pague en dineros la costa que yo para ello oviere mandado librar, e quelo rreçiba el thesorero dela mi casa para mi.—E mando[1] alos mis secretarios que juren delo guardar asy segund que enla dicha mi ordenança suso encorporada se contiene e por vos otros me es suplicado commo suso dicho es, e que me non den a librar carta nin alvala nin sobre carta nin sobre aluala en contrario delo sobredicho nin cosa alguna nin parte dello. E yo commo rrey e sennor seguro en mi palabra rreal delo asy guardar e mandar guardar, e mando alos dichos mis secretarios que fagan el dicho juramento en mi presençia, e otrosy delos del mi Consejo e avn de algunos delos procuradores de mis rregnos.

6. Otrosy muy poderoso sennor, ya sabe vuestra alteza commo ya otras vezes, queriendo acortar lo que sobre la data e la rreçepta de vuestras rrentas hordenó, que delas merçédes de por vida e de cada anno e de mantenimiento e de rraçiones e quitaçiones que vacasen[2] en vuestros libros, se diese la meytad, e la otra meytad se consumiese en vuestros libros[3]. Omill mente suplicamos quelo quiera asy fazer e mandar guardar e poner nueva mente por ley e ordenança que por çinco annos se guarde, e dende en adelante en ningund tienpo que sea, aquello non se dé.

Aesto vos rrespondo que vos otros dezides bien, e que mi merçed e voluntad es que esto se faga e guarde asy, segund e por la forma e manera que por vos otros me fue suplicado e enla dicha vuestra petiçion se contiene. E esto del dia dela data dela presente fasta en tres annos conplidos primeros siguientes; pero quedando todavia en su fuerça e vigor las facultades que yo he dado fasta aqui a quales quier mis vasallos e ofiçiales e subditos e naturales para poder disponer delo que de mi tienen e lo rrenunçiar en quales quier personas, e que por esto non sea

1 El texto: mandaré librar. E mando.
2 Sim.: que bastasen.
3 Sim.: se consumiesen en vuestras rrentas.

prejudicado en cosa alguna alas tales facultades, las quales de aqui adelante non entiendo dar a otras personas algunas, e si las diere, quiero que non valan nin ayan nin puedan aver efecto alguno, mas que sean avidas por obrretiçias e subrretiçias e de ningund valor. E mando alos mis secretarios e escriuanos de camara que agora de mi libran, e asy mismo alos que libraren de aqui adelante quelas non libren agora nin de aqui adelante e que juren en mi presençia e delos del mi Consejo e de algunos delos dichos procuradores de mis rregnos delo asy guardar e conplir.

7. Otrosy enlas tierras que vacaren delos que non ovieren fijos, se guarde esta misma orden, e que asy mismo mande so cargo de juramento e grandes penas alos dichos vuestros secretarios quelo non libren nin pasen, e vuestra merçed lo jure de non gelo mandar librar.

Aesto vos rrespondo que vos otros dezides bien e lo que cunple ami seruiçio, e mando e hordeno que se faga e guarde asy en todo el dicho tienpo delos dichos tres annos segund e por la forma e manera que me lo suplicastes e pedistes por merçed. E mando alos mis secretarios e escriuanos de camara que juren en mi presençia e delos del mi Consejo e de algunos de vos los dichos procuradores de non librar nin pasar cosa alguna contra el thenor dela dicha vuestra petiçion e desta mi rrespuesta; e quelo asy guarden e cunplan, so pena dela mi merçed e de priuaçion delos ofiçios e de confiscaçion de todos sus bienes para la mi camara. E seguro commo rrey e sennor de non mandar librar cosa alguna contra el thenor e forma desta dicha petiçion nin dela otra suso ante della contenida, nin contra lo por mi a ellas e a cada vna de ellas rrespondido.

8. Otrosy por que desta ordenança salga mas fruto[1] que vuestra sennoria hordene e mande que rrenunçiaçiones de mrs. de merçed de por vida nin de mantenimiento nin de cada anno nin tierras nin rraçiones nin quitaçiones nin casas nin tenençias nin otras algunas de quales quier mrs. e otras cosas que de vuestra alteza tengan quales quier personas, non pasen durante el dicho tienpo, saluo sola mente lo de padre a fijo legitimo. E asy mesmo sy algunos rrenunçiaren a pariente o a criado o a otra persona a quien graçiosa mente los quisieren dar, que non sea por venta o por canbio o por otra manera[2] que paresca ser por preçio, que a esto tal non se entienda e lo otro vuestra sennoria lo mande guardar.

[1] Sim.: efecto.

[2] Sim.: otro que o por otra manera.

Aesto vos rrespondo que vos otros dezides bien e que mi merçed e voluntad es que se faga e guarde asy durante el dicho tienpo delos dichos tres annos, e que fasta aquellos conplidos, non se pase rrenunçiaçion alguna delas contenidas en vuestra petiçion, saluo enlos casos e segund e por la forma e manera que enla dicha vuestra petiçion se contiene, e que enlos tales casos nin en alguno dellos los mis contadores mayores non puedan pasar nin pasen la tal rrenunçiaçion o rrenunçiaçiones, nin asienten el aluala delo que por esta mi ley se permite que pase, sin que primera mente asy aquel quelo rrenunçia commo aquel en quien se rrenunçiare, juren e fagan juramento en forma devida quela tal rrenunçiaçion se non fizo por preçio alguno, para lo qual mando alos dichos mis contadores mayores e asus ofiçiales e logares tenientes que fagan juramento en forma devida delo asy guardar, e que por personas algunas non ayan logar de fazer fraudes çerca desto, librando alualaes de rrenunçiaçiones con ante data, diziendo aquellas ser fechas e libradas ante desta mi ordenança, mando e ordeno que quales quier alualas e rrenunçiaçiones ante de agora libradas, que non fueren traydas a mis libros e asentadas en ellos fasta en fin deste mes de março dela data desta mi carta, que dende en adelante los mis contadores las non pasen nin asienten enlos mis libros, avn que se digan e suenen ser fechas e libradas antes desta dicha mi hordenança[1], saluo sy fueren de aquellas personas eçeptadas en esta mi ordenança, e que yo por ella mando que sean pasadas e libradas, e todo esto sobre dicho e cada cosa dello mando al mi mayordomo e contador dela despensa e rraçiones dela mi casa quelo asy fagan e guarden e cunplan.

9. Otrosy que vuestra merçed hordene e mande que ningunas merçedes delas que han vacado ante de agora enlos tienpos pasados fasta en fin del anno de quarenta e çinco non se den de aqui adelante asy de mrs. e pan[2] commo de escusados, nin se asienten en vuestros libros en caso que de aqui adelante parescan alualaes librados dellas[3].

Aesto vos rrespondo que dezides bien e lo que cunple ami seruiçio, e mando e hordeno e tengo por bien que se faga e guarde e cunpla todo asy segund que melo suplicastes e pedistes por merçed. E mando a los mis contadores mayores quelo asy guarden e cunplan todo asy segund que me lo suplicastes e pedistes por merçed, e que ellos e sus

[1] Sim.: ordenança e que yo por ella mando que sean pasadas e libradas.—Aquí concluye la respuesta en el códice de Simancas.

[2] Sim.: mrs. de pan.

[3] Sim.: dellos.

logares tenientes fagan juramento delo asy guardar e conplir, e que se guarde çerca desto todo lo otro por mi suso rrespondido ala sobre dicha[1] petiçion proxima ante desta e por mi hordenado e mandado segund que de suso se contiene.

10. Otrosy por que commo quier que por esta via se allegue algo en vuestras rrentas, sy en dar de nuevo non se guarda horden aprouecharia poco, suplicamos a vuestra merçed que quiera bien mirar enlo que de nuevo se oviere de dar, que sea con mucha moderaçion e lo que non se pueda escusar, e que paresca e se conosca que de aqui adelante vuestra sennoria mira mas sobre su fazienda.

Aesto vos rrespondo que dezides bien e lo que cunple ami seruiçio e a bien dela cosa publica de mis rregnos, e yo vos lo tengo en seruiçio, e asy lo entiendo fazer e mandar guardar de aqui adelante segund que por vos otros me fue suplicado e pedido por merçed.

11. Otrosy muy esclareçido prinçipe, porque enlas pagas e lieuas e tenençias de mrs. e pan que vuestra sennoria manda pagar e librar en cada anno alas vuestras villas e castillos delas fronteras, ay grandes taras e colusiones e encobiertas de que se sigue avuestra sennoria mucho deseruiçio e podria se següir mucho mas, e ya sobresto vuestra alteza mandó fazer pesquisa e saber la verdad, e non ha salido dello ninguna execuçion, avn que nos es dicho que se falla clara mente grandes faltas e non aver tanta gente nin se pagar aquellas quantias de mrs. que vuestra merçed en cada anno les manda librar. Suplicamos a vuestra merçed que mande saber las vezindades e gente que verdadera mente estan enlas dichas villas e castillos fronteros, e que aquello se libre e pague e non mas. E otrosy que mande e ordene que cada vezino e morador e los otros que estan a sueldo, les sea pagado lo que verdadera mente ovieren de aver por los vuestros pagadores e sin barato e sin levar les por otras vias cosa alguna dello, saluo sus derechos çiertos e non mas, so grandes penas.

Aesto vos rrespondo que dezides bien e lo que cunple ami seruiçio, e mi merçed es delo mandar saber e que se guarde e cunpla e execute, segund e por la manera e forma que enla dicha vuestra petiçion se contiene, so pena dela mi merçed. E para esto mando que sean traydas al mi Consejo las pesquisas que sobresto por mi mandado fueron fechas, las quales tiene el dotor Arias Maldonado, del mi Consejo, por que por ellas pareçerán las vezindades que verdadera mente estan enlas di-

[1] Sim.: la sobre dicha.

chas villas e castillos fronteros, por que se non libre nin pague mas nin allende delo que verdadera mente se deua librar e pagar. E asy traydas al mi Consejo las dichas pesquisas, alli con acuerdo delos mis contadores mayores mandaré[1] dar horden enla exsecuçion de todo esto.

12. Otrosy por quanto somos informados que vuestra merçed[2] paga algunas tenençias de algunos castillos e fortalezas que estan despoblados, e que alos que vuestra sennoria manda librar las dichas tenençias non las pagan, que avuestra merçed plega mandar saber quales son los dichos castillos e fortalezas e mandar que non les sean libradas las dichas tenençias de aqui adelante.

Aesto vos rrespondo que dezides bien, para lo qual mando alos mis contadores mayores que sepan e ayan ynformaçion quales son los dichos castillos despoblados, e les non libren cosa alguna de aqui adelante, en tanto que asy estovieren despoblados.

13. Otrosy muy virtuoso rrey e sennor, ya sabe vuestra alteza quanto danno ha traydo aver tanto situado[3] commo ha en vuestras rrentas, que demas de valer por ello mucho menos las dichas vuestras rrentas, atanto es ya llegado e en tanto grado, que en todas las mas çibdades e villas de vuestros rregnos que non son de sennorios non ay de que vuestra merçed pueda tomar cosa alguna para la despensa de vuestra mesa, nin para proueer en vuestra camara nin, para pagar el diezmo delos rrecabdamientos que acostunbrauan pagar los rrecabdadores e traer en dineros contados avuestra camara para pagar avuestros ofiçiales que continua mente vos siruen, nin para los otros gastos que continua mente de cada dia se rrequieren. E commo quier sennor, que vuestra merçed lo tiene ordenado e mandado enlos mrs. de merçedes de por vida, ha vuestra sennoria dado e da muchos mrs. de juro de heredad mas que nunca[4] se dió tanto que por alli se finche todo, e avn acaheçe[5] que muchas personas quelo podian tomar en sus tierras lo sacan en vuestras çibdades e villas, e non sola mente trae aquel danno mas otros, que aquello es cabsa de se rrecreçer[6] otros inconvinientes enlas vuestras çibdades e villas que non cunple avuestro seruiçio: plega avuestra

[1] Sim.: mando.
[2] Sim.: segund somos informados vuestra merçed.
[3] Sim.: saluado.
[4] Sim.: heredad que nunca.
[5] Sim.: acahesçió.
[6] Sim.: de rrecresçer.

merçed de mandar ordenar que de aqui adelante en caso [1] que vuestra sennoria aya de mandar librar e fazer quales quier merçedes de juro de heredad, que non se asienten [2] nin pongan por saluado, saluo quelos tengan por juro de heredad e por preuillejo.

Aesto vos rrespondo que mi merçed es e mando que se guarde e faga asy segund que melo suplicastes, enlas merçedes que yo de aqui adelante fiziere de juro de heredad; e mando alos mis contadores mayores e otrosy alos mis secretarios que juren delo asy guardar e de non pasar nin librar nin asentar en mis libros carta nin aluala que en contrario desto sea.

14. Otrosy muy esclareçido prinçipe, vuestra sennoria tiene muchos vallesteros acauallo, çinco de cada logar, delos quales vuestra merçed non se aprouecha, e quando algunos vacan luego vuestra sennoria prouee de otros en su logar de aquellos. Suplicamos avuestra sennoria le plega mandar e ordenar que de aqui adelante non se libren las tales vacaçiones de ninguno delos dichos çinco de cada logar que vacaren, e que de aquellos que ay se sirva enlas primeras neçesidades quel caso lo rrequiera, mandando los llamar para ello; e sy non vinieren al tal seruiçio que dende en adelante vuestra merçed mande que non gozen dela franqueza.

Aesto vos rrespondo que dezides bien e que mi merçed es que se faga e guarde asy de aqui adelante, segund que melo pedistes por merçed, e mando que enlas çibdades e villas e logares de mis rregnos donde biven e moran los tales vallesteros de cauallo, que sepan e ayan ynformaçion por vna buena persona que sea para ello deputada en cada çibdad o villa o logar quien son los tales vallesteros, e los que non fueren fallados perteneçientes para seruir los dichos ofiçios, quiero e mando que non puedan gozar nin gozen dela franqueza, mas que pechen e paguen en todos los pechos, e yo entiendo proueer [3] en logar delos tales a otros que sean [4] perteneçientes para el dicho ofiçio, e de aqui adelante non entiendo proueer delos ofiçios delos tales vallesteros delos çinco avn que vaquen.

15. Otrosy muy poderoso sennor, enlos [5] tienpos pasados asy de vuestra opresion commo delas discordias e divisiones que ha avido en

[1] Sim.: en tanto.
[2] Sim.: que non asienten.
[3] Sim.: commo yo entiendo poner.
[4] Sim.: que son.
[5] Sim.: en estos.

vuestros rregnos, e por que entonçe el caso lo rrequeria e era muy nesçesario, vuestra alteza dió algunos poderes asy para llamar e allegar gentes commo para tomar e mandar tomar vuestras rrentas e pechos e derechos e fazer quitas e merçedes e graçias e otras muchas cosas, e asy mismo dió sus cartas de creençia generales para algunas çibdades e villas e logares para algunas personas singulares, e commo quiera que en çesando [1] las cabsas pasadas devieran çesar los dichos poderes; avemos sabido que avn agora vsan dellos e por virtud de aquellos se fazen tomas de muchos mrs. de vuestras rrentas e pechos e derechos, e rrepartir dineros, e avn enpachando la justiçia e otras cosas que son escusadas. Suplicamos avuestra alteza que mande rrevocar e rrevoque todas [2] e quales quier cartas de poderes e creençias que vuestra sennoria aya dado fasta en fin del anno que agora pasó de mill e quatroçientos e quarenta e seys annos en qual quier manera e aquales quier personas de qual quier estado o condiçion [3] preheminençia o dignidad que sean aquien se ayan dado e sobre quales quier casos, e lo enbien asy notificar avuestras çibdades e villas e logares, defendiendo o mandando expresa mente que por virtud dellos non fagan nin manden fazer nin executar nin executen cosa alguna.

Aesto vos rrespondo que vos otros dezides bien e lo que cunple ami seruiçio, e mi merçed es e mando que se faga e guarde e cunpla asy segund e enla manera e forma que por vos otros me fue suplicado por la dicha vuestra petiçion, para lo qual mando al mi rrelator que luego faga e dé e libre de mi las cartas e prouisiones que para ello cunplan, por que se enbien presentar e publicar alas çibdades e villas de mis rregnos donde los tales poderes e creençias fueron dados, guardando toda via alos mis corregidores e asistentes enlas çibdades e villas e logares do los yo he puesto e pusiere, lo que toca de sus ofiçios, [4] e asy mismo el tenor e forma delas cartas e poderes que en rrazon delos dichos ofiçios les yo he dado fasta aqui o diere de aqui adelante.

16. Otrosy muy poderoso sennor, ya vuestra sennoria ha visto e espirementado quanto le cunple que vuestras çibdades e villas non esten ocupadas de ningunas personas que dellas se puedan apoderar, nin enpachar la execuçion dela vuestra justiçia nin que vuestras rrentas e pechos e derechos sean enpachadas nin tomadas, e que en ellas libre mente

[1] Sim.: que han çesado.
[2] Sim.: rreuocar todas.
[3] El texto omite: condiçion.
[4] Sim.: a sus ofiçios.

se cunplan vuestras cartas e mandamientos. Suplicamos avuestra sennoria quele plega hordenar e mandar quelos rregimientos e otros ofiçios que vacaren enlas dichas vuestras çibdades e villas non se den por vacaçion nin rrenunçiaçion apersonas poderosas, saluo llanas, e que derecha mente ayan de acatar vuestro seruiçio e bien e pro comun delas dichas vuestras çibdades e villas, e que asy mismo que mande alos corregidores e alcalldes e alguaziles rregidores e jurados e ofiçiales vezinos e moradores delas dichas vuestras çibdades e villas, so grandes penas, que non consyentan que personas algunas se apoderen dellas sin vuestro espeçial mandado. E quando algunas delas tales aellas ovieren de venir que vengan llana mente e de tal manera que dellas non se puedan apoderar, e sy en otra manera quesieren entrar o estar en ellas e se trabajan en ello, quelos non consyentan entrar nin estar en ellas.

Aesto vos rrespondo que dezides bien e lo que cunple ami seruiçio e al buen rregimiento delas çibdades e villas e logares de mis rregnos e ala paz e sosiego dellos, e mando e hordeno que se faga e guarde asy de aqui adelante, e mando alos conçejos corregidores alcalldes alguaziles merinos rregidores jurados e ofiçiales e omes buenos vezinos e moradores delas mis çibdades e villas, so pena dela mi merçed e de priuaçion delos ofiçios e de confiscaçion de todos sus bienes para la mi camara, quelo asy guarden e fagan e cunplan que non vayan nin pasen nin consyentan yr nin pasar contra ello nin contra cosa alguna nin parte dello so las dichas penas. E sy los dela çibdado villa o logar non fueren poderosos para rresistir e echar fuera ala tal persona poderosa, quiero e mando quelas çiddades e villas e logares comarcanos e todos los otros mis vasallos que sobre ello fueren rrequeridos sean tenudos deles dar e den todo fauor e ayuda para echar fuera dela dicha çibdad o villa o logar ala tal persona poderosa e executar lo suso por mi mandado e hordenado [1].

17. Otrosy sennor, por que commo es notorio en vuestros rregnos muchos monesterios e iglesias e abadias e omes de Ordenes e de rreligiones demas delos muchos heredamientos e mandas quelos que falleçen, les mandan por sus testamentos e en mucho grado, commo cada dia el morir es cosa que natural mente acahesçe conpran muchos heredamientos de casas e tierras e vinnas e heredades e huertas e vasallos, tanto que enderredor dellos non queda cosa que non sea suyo, delo qual avuestra sennoria rrecresçe grand deseruiçio e se amenguan vuestras alcaua-

[1] Sim.: rrespondido e mandado.

las e rrentas, por quelos tales heredamientos e heredades non son tributarias nin pagan aquellos pechos e derechos que pagan estando en poder de otras personas que non sean delas dichas Ordenes e rreligiones, nin de aquellos se puede asy vuestra sennoria servir con armas e cauallos e con sus personas commo estando las tales heredades en poder de omes legos. Por ende avuestra alteza plega ordenar e mandar que ningunas nin algunas personas non sean osados de vender nin tributar nin enpennar por ninguna via directa nin indirecta a iglesias nin monesterios [1] nin otras personas algunas de Ordenes nin rreligiones, heredades nin bienes algunos rrayzes sin lo fazer saber primera mente avuestra sennoria e aver para ello su liçençia por que se guarde en ello la manera que cunpla avuestro seruiçio e todo su derecho. E eso mesmo se guarden las perrogativas e preheminençias alas iglesias e personas eclesiasticas, so pena quel quelo contrario fiziere, por este mismo fecho pierda el preçio que por ello diere, la meytad para el acusador e la meytad para vuestra camara.

Aesto vos rrespondo que vos otros dezides bien e lo que cunple ami seruiçio e a bien dela cosa publica de mis rregnos, por quanto çierto e notorio es que delos bienes rrayzes que pasan delos legos mayor mente mis pecheros a personas [2] no sojebtas ami jurisdiçion, e despues que asy salen de poder delos tales e los enagenan non me puedo seruir nin sirvo dellos nin me pechan nin pagan cosa alguna. E por ende mando e hordeno que qual quier lego o legos e otras personas sojebtas ami jurisdiçion que donaren o vendieren o enajenaren en qual quier manera [3] e por qual quier titulo quales quier heredamientos e otros quales quier bienes rrayzes aqual quier vniversidad o colegio o otro qual quier ayuntamiento o apersona o personas esentas dela mi jurisdiçion rreal e non sojebtas aella, ayan seydo e sean tenudos e obligados de pagar e paguen ami la quinta parte del verdadero valor delos tales heredamientos e bienes rrayzes que asy enajenaren, e esto demas dela alcauala que dello ami [4] ovieron a pagar quando los enajenaron por manera de venta. E desde agora quiero e establesco que ayan seydo e sean obligados los tales heredamientos e bienes ala dicha quinta parte, e ayan pasado e pasen con esta misma carga e sean avidos por tributarios e por tales los fago e constituyo quanto atanne ala dicha quinta parte. E mando

[1] Sim.: a iglesias de Ordenes nin monesterios.
[2] El texto: e personas.—Seguimos la leccion del cód. de Simancas.
[3] Sim.: o en otra qual quier manera.
[4] Sim.: que ami.

quel dicho tributo sea apropiado [1] e anexo e inpuesto alos tales heredamientos e bienes e en ellos e sobrellos por tal manera que aquellos non puedan pasar nin pasen [2] sin la dicha carga e tributo. E seguro por mi fe rreal de non fazer merçed dela tal quinta parte nin de parte della en general nin espeçial apersona nin personas algunas de qual quier estado condiçion preheminençia o dignidad que sean nin a colegios nin vniversidades, mas quelo mandaré cobrar e executar asy con efecto. E mando alos mis contadores mayores quelo asyenten asy por condiçion enlos mis quadernos delas alcaualas e quelas arrienden con esta condiçion. E mando quelos mis rrecabdadores e arrendadores fagan juramento en forma devida de non fazer suelta nin graçia dela dicha quinta parte avn quela rrenta sea suya propia por arrendamiento que della ayan fecho o por otra manera. Lo qual todo mando e ordeno que se faga e cunpla asy, con tanto quelos mis arrendadores non me puedan poner nin pongan por ello descuento alguno.

18. Otrosy muy esclareçido prinçipe rrey e sennor, ya sabe vuestra alteza en commo estando enla çibdad de Auila fue acordado que vuestra sennoria labrase moneda de rreales e medios rreales e quartos e quintos rreales de plata dela ley del Rey don Iuan e del Rey don Enrrique vuestro avuelo e padre, de gloriosa memoria, que santo parayso ayan, considerando commo aquello era mucho conplidero avuestro seruiçio asy por evitar el danno dela moneda falsa de blancas que se fazia, e por que dela dicha moneda de blancas avia muy poca por aver dias que non se avia labrado, e esas que avia eran sacadas muchas fuera del rregno, commo por quel oro abaxase e la moneda que en vuestros rreynos oviese fuese mas nobleçida e mejor, e por otras [3] rrazones prouechosas que enel labrar della se fallaua e avn entonçe fue començado alli alabrar alguna dela dicha moneda. Suplicamos avuestra sennoria por que entendemos ser mucho seruiçio vuestro, le plega mandar labrar la dicha moneda de rreales e medios rreales e quartos e quintos e avn sestos rreales de plata dela dicha ley delos dichos rreyes vuestros avuelo e padre que Dios aya, la qual moneda se labre enlas vuestras casas e por los vuestros thesoreros delas casas dela moneda de Burgos e Toledo e Seuilla e la Corunna e Cuenca. E avn pareçe nos sennor [4], que vuestra sennoria deve mandar labrar otra casa de moneda en vuestra corte teniendo se

[1] Sim.: apreçiado sea.
[2] Sim.: fazer nin pasen.
[3] Sim.: e por que otras.
[4] Sim.: paresçe nos que.

en ello esta manera, que aqui en esta villa de Valladolid donde vuestra sennoria agora está por que es de grand meneo e donde muchos ocurren, aya vna casa de moneda; e que aquella que labre continuda mente e non se mude en tanto quela vuestra corte ende estoviere; e que caso que vuestra merçed parta dela dicha villa, que non pueda ser mudada della, saluo si fuere vuestra sennoria allende de diez leguas dela dicha villa, e que esta horden se tenga enlas otras çibdades e villas donde vuestra alteza fuere, saluo sy fuere alas çibdades donde está casa de moneda o aqual quier dellas, e que todos los que quisieren labrar su plata enla dicha casa dela moneda lo puedan fazer, non pagando otros derechos algunos, saluo solamente las costas del fazer dela dicha moneda, enlo qual ellos ganarán e por el interese todos labrarán; e lo que tienen en plata, delo que poco se aprouechan e podrian bien escusar, labrar se ha en moneda.

Aesto vos rrespondo que vos otros dezides bien e lo que cunple ami seruiçio e a bien comun de mis rregnos e ami plaze delo mandar fazer, e asy mismo de mandar apuntar e dar la orden e prouisiones que cunplan para execuçion dello. Otrosy mando e defiendo que ningunas nin algunas personas de qual quier estado o condiçion préheminençia o dignidad, non sean osados de sacar nin saquen moneda alguna de mis rregnos para fuera dellos sin mi liçençia e mandado so pena delos cuerpos e de quanto han. E mando dar mis cartas para los mis thesoreros delas mis casas dela moneda para que luego comiençen a labrar la dicha moneda dela ley queles yo enbiare declarar. E enlo que se ha de labrar aqui enla mi corte, yo lo mandaré breue mente despachar, e mandaré dar orden çerca delos francos que se han de tomar para labrar la dicha moneda por que se tomen aquellos que mas sin danno e menos perjuyzio de mis pecheros[1] se puedan aver e tomar.

19. Otrosy muy poderoso sennor, por que commo ya es dicho e la espirençia ha bien mostrado, a vuestra sennoria, quanto es conplidero tener allanadas e çiertas avuestro seruiçio las çibdades de vuestros rreynos e las villas e logares notables, para lo qual nos pareçeria[2] ser mucho conplidero avuestro seruiçio sy avuestra alteza ploguiese, que mandase quelos caualleros e escuderos que enlas dichas çibdades e villas biven, non biviesen nin fuesen de ningund cauallero nin de otro sennor nin lo sirviesen con sus gentes de armas nin con sus personas[3] en

[1] Sim.: thesoreros.
[2] Sim.: paresçio.
[3] Sim.: nin con sus armas.

qual quier manera nin rresçibiesen dellos tierras nin acostamiento nin otros mrs. nin cosa alguna para queles oviesen de acudir con las dichas sus gentes de armas nin con sus personas en qual quier manera. E que aquellos que de vuestra sennoria han tierras e merçedes o otros mrs. demas de aquellos, los mandase poner e asentar en sus libros algunos mrs. en lanzas e en merçedes que rrazonable fuese, por que ellos con mejor voluntad dexen las tierras e acostamientos que han de algunos sennores; e los que de vuestra sennoria non han mrs. algunos los manden poner en lançaso acostamiento, aquello que avuestra merçed bien visto seria e della deven aver en cada anno, los quales cada vno dellos jurarán[1] solepne mente en publica forma, e que sy algunas tierras[2] o acostamientos tienen de algunos caualleros o otras personas, quelos dexarán e los non demandarán nin rreçibirán dellos nin otros en su nonbre nin tomarán dellos otra cosa alguna de nuevo por via de tierra o de acostamiento nin de otra manera, por que por cabsa dello les ayan de servir nin acudir con sus gentes. E sy lo contrario fiziesen, que por el mismo fecho pierdan todo lo que de vuestra sennoria han e ovieren e todos sus bienes muebles e rrayzes, los quales sean confiscados e aplicados para la vuestra camara e fisco. E sy por ventura enlos tomar todos se fallaren algunos inconvinientes, tales por que vuestra sennoria non los deva fazer por que non cunple[3] asu seruiçio, que alo menos avuestra sennoria plega mandar a todos aquellos que de su propia voluntad quieren[4] ser de vuestra sennoria e otros algunos sy oviere, que non tengan cargo de ningund sennor mandando le poner en cada anno en vuestros libros aquello que avuestra sennoria ploguiere enla manera e porla forma ya dicha, por que entendemos ser mucho conplidero asy avuestro seruiçio, omill mente e con toda rreuerençia gelo suplicamos asy avuestra sennoria.

Aesto vos rrespondo que dezides bien e yo vos lo tengo en seruiçio, e lo mas breve que ser pueda yo mandaré platicar sobrello e dar la horden que cunpla para la execuçion dello por que al presente el tienpo non padeçe delo asy platicar e ordenar, pero[5] sy en tanto de su voluntad algunos delos que dezides en vuestra petiçion lo quesieren asy

[1] Sim.: juraron.
[2] Sim.: e sy algunas tierras.
[3] Sim.: por que cunple.
[4] Sim.: quisieren.
[5] Sim.: platicar, pero.

hazer, ami plaze delos rreçebir e les mandar poner en mis libros lo que sea rrazonable.

20. Otrosy muy poderoso sennor, ya vuestra sennoria sabe commo por muchas vezes le es notificado que mande proveer de perlado e oydores enla vuestra chançelleria por que ay grand mengua dellos, lo qual es cabsa quelos pleytos alli començados están detenidos e non se veen. E los que alli van buscar justiçia e demandar prouisiones[1] para ella, non la fallan nin se les dan, lo qual es grand deseruiçio vuestro que vn tan notable fecho e tan famada cosa de abdiençia[2] commo es aquella, se vayan a perder. E es grand cargo de conçiençia avuestra sennoria, ca la prinçipal cosa que por nuestro Sennor vos es encomendada es proueer[3] e administrar la justiçia de vuestros rregnos que non se puede vuestra alteza escusar de non dar anuestro sennor Dios cuenta dello. Quanto mas aviendo tantos oydores e alcalldes e otros ofiçiales aquien vuestra sennoria da grandes quantias de mrs. e rraçiones e quitaçiones cada anno con los dichos ofiçios. Suplicamos a vuestra sennoria quele plega hordenar e mandar que todos e quales quier vuestros oydores e alcalldes e ofiçiales dela dicha vuestra corte e chançelleria que de vuestra sennoria tienen rraçiones e quitaçiones con los dichos ofiçios, non sean escusados de seruir por annos, o alo menos de seys en seys meses enla dicha vuestra chançilleria, poniendo por menudo enla dicha hordenança todos los dichos vuestros oydores, e declarando commo devan servir vnos tras otros; e que sy alguno o algunos de aquellos falleçieren de servir por su persona el tienpo[4] quele asy copiere, que por el mismo fecho pierda la rraçion e quitaçion que asy de vuestra sennoria tiene. E que vuestra merçed jure de gelo non tornar nin mandar tornar nin dar otra de nuevo nin dispensar con esta dicha ley, pues que es vuestro seruiçio e bien e procomun delos dichos vuestros rregnos e sennorios. Asy mismo pues tantos oydores ay e a vuestra merçed tanto conviene de mirar en vuestra fazienda e buscar maneras commo se rreduzca lo que sobra la data ala rreçebta, le plega de non dar mas quitaçiones de nuevo, mas antes delas que vacaren delas consumir en sy, e ordenar e mandar que non se den fasta que queden en aquel estado que sea rrazonable e abaste para servir enla dicha vuestra abdiençia. E otrosy que vuestra merçed mande remitir ala dicha vuestra chançelleria todos

[1] Sim.: buscan justiçia e demandan prouisiones.
[2] Sim.: que a un tan noble fecho e tan famosa cosa de audiençia.
[3] Sim.: poner.
[4] Sim.: al tienpo.

los pleitos e demandas que penden en vuestra corte que propia mente son de conoçer e determinar alli. E los que de aqui adelante vinieren avuestra corte que sean de aquella condiçion, los mande remitir ala dicha vuestra chançelleria, que desto se seguiria non cargar tantos fechos avuestra merçed, e es desencargar vuestra corte de muchas gentes[1] que la encareçen e fazen muchos dannos enla dicha vuestra chançilleria que non tienen en al[2] de entender, avrán mas que hazer e rreparar se[3] la dicha abdiençia de ofiçiales e los negoçios se despacharán mejor, e que vuestra sennoria alos oydores e alcalldes que asy alli continuaren delos puntos que se libraren, e enlos mejores logares e mas çiertos que ellos quisieren, les mande librar sus rraçiones e quitaçiones e ayudas que vuestra sennoria les manda dar e fazer por continuar alli. Otrosy que vuestra sennoria hordene e mande quela dicha vuestra chançilleria esté e continue en Valladolid segund fue ordenado por el Rey don Enrrique vuestro padre de esclareçida memoria e por vuestra rreal sennoria por muchas vezes, por que la dicha villa es muy conpetente para ello e está en comedio de vuestros rregnos. E puesto que en vuestros rregnos ay algunos bolliçios, por esto non mande vuestra sennoria partir la dicha chançilleria dela dicha villa, ca bien se puede dar horden enla guarda dela dicha villa avn que esté ende la dicha vuestra chançilleria. E asy mismo quando fuere vuestra alteza ala dicha villa non la mande dende partir, antes mande queles sean dadas ende posadas. Ca segund la villa es grande, asaz puede caber con vuestra sennoria la dicha vuestra chançilleria enla dicha villa, mayor mente que muchos ofiçiales dela dicha vuestra chançilleria tienen ende sus casas e ternán mas sy se guarda lo suso dicho.

Aesto vos rrespondo que dezides bien e lo que cunple ami seruiçio, e yo he proueydo e entiendo proueer en ello por manera que mi abdiençia sea bien seruida segund cunple ami seruiçio e ala buena espediçion de las cabsas e pleitos e negoçios que en ellas se trataren e tratan, e mi merçed es quelos mis oydores sirvan enla mi abdiençia de seys en seys meses, segund que por vos otros me es suplicado, e que por esta misma via lo fagan los mis alcalldes dela mi corte e chançelleria. E yo entiendo dar orden commo sirvan, e delos mandar librar bien atodos e non en-

[1] En el texto se dejó un espacio en blanco, en el lugar en que el códice de Simancas dice: a vuestra merçed e es desencargar vuestra corte de muchas gentes.—En algunas copias modernas: non cargar tantos fechos a vuestros oydores e descargar la corte de muchas gentes quela encareçen.

[2] Sim.: tienen al.

[3] Sim.: e rreparar se ha.

tiendo poner quitaçiones de nuevo, antes consumir algunas delas que vacaren. E mando alos mis contadores mayores queles libren sus quitaçiones enlos primeros, e enlo mas çierto e mejor parado, por que mejor puedan continuar mi seruiçio. E quanto toca ala rremision delos pleitos ala mi abdiençia e chançelleria, mi merçed es dela mandar e mando fazer segund que me lo suplicastes por la dicha vuestra petiçion en tal manera quelos pleitos que perteneçen alos oydores vayan antellos, e los que perteneçen alos notarios eso mismo vayan antellos, e los que perteneçen alos mis alcalldes dela chançilleria, eso mismo sean rremetidos antellos, e quanto atanne ala estada en Valladolid, ami plazerá dela mandar guardar quando buenamente se pueda fazer.

21. Otrosy muy poderoso sennor, vna delas cosas por que vuestra chançelleria non es bien seruida es por que vuestros oydores los mas biven con sennores e caualleros de vuestros rregnos, lo qual es mucho grand deserviçio vuestro, asy por que por seruir alos sennores con quien biven, non pueden servir avuestra rreal sennoria, commo por que non pueden[1] asy fuir la justiçia dellos estando enajenados con otros sennores, e esto acatando vuestra rreal sennoria, mande e ordene quelos dichos oydores non bivan con sennor alguno saluo con vuestra alteza.

Aesto vos rrespondo que yo entiendo dar çerca dello la horden que cunpla quanto tanne alos oydores que biven con sennores e caualleros.

22. Otrosy muy poderoso sennor, enlas leyes delas Partidas e fueros e hordenamientos por donde se han de judgar los pleitos en vuestros rreynos ay muchas leyes escuras e dubdosas de que nasçen grandes contiendas en vuestros rreynos e dan cabsa agrandes luengas de pleitos e a muchas divisiones. Por ende omill mente suplicamos a vuestra sennoria que mande al perlado e oydores que rresidieren en vuestra abdiençia quelas tales leyes que fallaren dubdosas, las declaren e interpetren commo mejor visto les fuere. E asy mesmo hordene aquello que entendiere que se deue ordenar para mejor e mas breve determinaçion delos negoçios dela abdiençia e de vuestros rreynos, e las tales declaraçiones e hordenanças que fizieren les mande vuestra sennoria quelas enbien avuestra alteza para quelas vea e mande guardar por leyes en vuestros rregnos, e las mande publicar enlas çibdades e villas prinçipales de vuestros rregnos, por que todos lo puedan saber, e sea por lo tal judgado, e çesen muchas contiendas e debates en vuestros rregnos; lo qual será mucho vuestro seruiçio e pro e bien de vuestros rregnos.

[1] Sim.: non se puede.

Aesto vos rrespondo que des que en mi abdiençia esté el numero de oydores que cunpla asy perlado commo doctores, yo les enbiaré mandar que platiquen e apunten lo queles pareçiere çerca delo contenido enla dicha vuestra petiçion e lo enbien ante mi conlos motivos que aello les movieren, por que yo mande e hordene sobrello lo que cunpla ami seruiçio e abien de mis rregnos.

23. Otrosy muy poderoso rrey e sennor, pues vuestra sennoria bien sabe quanto es obligado e encargado a fazer e administrar la justiçia de vuestros rregnos[1], la qual por cabsa delas guerras e escandalos pasados está tan cayda e se teme tan poco quanto grand tienpo ha non lo ha seydo[2], que aqui en vuestra corte donde prinçipal mente se deuia tomar enxenplo para todo el rreyno, se teme muy poco e se fazen muchas cosas de grandes atrevimientos. Muchas vezes ha vuestra merçed mandado e ordenado que en vuestra corte non trayan armas omes de pie nin se consientan estar rrufianes que tengan mançebas e mugeres del mundo, nin se jueguen dados, cosa ninguna destas non se guarda, e quando algunas vezes se faze alguna diligençia dura çinco o seys dias e non mas. Plega a vuestra sennoria que aya otra mejor execuçion e que paresca quelos mandamientos de vuestra alteza son mas temidos e obedeçidos. E otrosy vuestra merçed enbia corregidores a algunas çibdades e villas a quellos se disponen muy poco a fazer justiçia e gastan se las çibdades e despueblan se por cabsa dellos. E avn dellos mismos se toma osadia a fazer algunos atrevimientos e nunca les es demandado cuenta nin rrazon nin avn la rresidençia[3] que segund vuestras leyes e ordenanças han de fazer, ya non[4] lo fazen nin curan dello. Con mucha instançia e devida rreuerençia suplicamos a vuestra sennoria quele plega tornar sobrello[5] e prinçipal mente castigue e corrija los atrevimientos e osadias que se fazen en vuestra corte, mandando a vuestros alcalldes e alguaziles que trabajen mas sobrello, e que vuestra alteza mande guardar la ley que manda que non se arrienden los ofiçios nin den los sustitutos alos mayores por ello cosa alguna por que puedan bien vsar de sus ofiçios e mantener alguna gente e non ayan cabsa de mal vsar, que quanto deseruiçio viene a Dios e avuestra alteza e danno ala tierra e detrimento de vuesjustiçia, deste arrendar delos ofiçios, notorio es; e que vuestra merçed

1 Sim.: en vuestros rregnos.
2 Sim.: grand tienpo ha seydo.
3 Sim.: rregidençia.
4 Sim.: de fazer, non.
5 Sim.: le plega tomar e tornar sobrello.

mande que vuestra Justiçia mayor ande algund tienpo en vuestra corte o sus logares tenientes por sus personas por que mejor execuçion aya vuestra justiçia, e que vuestra sennoria les dé fauor de gente para la execuçion dello, pues ay asaz gente a quien vuestra merçed paga sueldo, e enlas partes donde ha menester corregidores e pesquisidores, e vuestra sennoria los oviere de enbiar enla manera que vuestra sennoria lo tiene hordenado por las leyes de vuestros rreynos, enbie tales personas que teman a Dios e a vuestra sennoria e ayan derecha intençion a fazer e administrar la justiçia e non a otros intereses. E quiera vuestra merçed mandar saber e aver informaçion de commo vsan en sus ofiçios, e alos que bien non vsaren los mande castigar, e que dende en adelante non fien dellos mas vuestra justiçia, e alos que dellos bien vsaren fazer les merçedes e fiar dellos mas, e entre las otras cosas queles encomendare, les sea espresa mente encomendado que rrestituyan alas çibdades e villas los terminos queles tienen tomados e partan los terminos con los sennorios e los amojonen; e asy mismo que enlas çibdades e villas donde ay alcalldes e rregidores e alguaziles e merinos e otros ofiçiales dela justiçia, perpetuos, sy le fuere suplicado a vuestra sennoria por los delas çibdades e villas e logares, mande inquirir e aver informaçion commo han vsado delos dichos ofiçios enla çibdad o villa o lugar. E esto todo que vuestra sennoria tenga cuydado e lo mande donde vuestra merçed fuere e estoviere luego que alli llegare, encomendando lo a personas de abtoridad e que verdadera mente lo sepan, e donde vuestra sennoria non fuere nin estoviere, mandando lo saber de personas fiables, e los que vsaren bien fiar dellos mas e fazer les merçedes, e alos otros castigar los, que este ofiçio e cargo, propio es de vuestra alteza.

Aesto vos rrespondo que vos otros dezides bien e lo que cunple ami seruiçio e que mi merçed es de mandar guardar e que se guarde la ley por mi hordenada en el ayuntamiento de Guadalfajara el anno que pasó de mill e quatroçientos e treynta e seys anos[1] que fabla en esta rrazon,

[1] El texto equivocadamente: treynta e syete. Sim.: como hemos puesto.—La ley á que aquí se alude fué otorgada en Guadalajara á 14 de Diciembre del año 1436. Tratase en ella del cargo y atribuciones del Consejo y Audiencia, de los Alcaldes de Corte, Escribanos de cámara, y de otros ministros de justicia, Corregidores, Abogados, Contadores mayores, etc., etc. No hemos publicado este ordenamiento porque no se hizo en Córtes, puesto que no asistieron al ayuntamiento de Guadalajara los procuradores de las ciudades del Reino como se deduce del preámbulo que dice así: «Sepades que yo agora estando aqui enla villa de Guadalajara, considerando ser muy cunplidero ami seruiçio e a execuçion dela mi justiçia e al bien comun e pacifico estado e tranquilidad de mis subditos e naturales, fize e ordené con acuerdo delos condes perlados rricos omes e doctores e otros del mi Consejo, aquellas cosas que entendi ser conplideras para lo sobre dicho, su tenor delas quales es este que se sigue.»

para lo qual yo entiendo enbiar luego mandar [1] al conde de Plazençia mi justiçia mayor que dexe libre mente asus alguaziles los ofiçios que por el tienen sin levar por ello rrenta alguna. E otrosy queles dé mas gente dela que aqui traen, pues tiene dineros de mi para ello. E asy mismo que enbie algund tienpo a don Aluaro Destunniga su fijo mi alguazil mayor, que sirva el dicho ofiçio segund que me lo vos suplicastes. E otrosy demas desto yo entiendo mandar que delos monteros mios e otros ofiçiales que aqui son e lievan sueldo, aconpannen la mi justiçia. E avn eso mismo entiendo mandar a vno delos caualleros de los que aqui traen conmigo gente de sueldo en mi seruiçio que ande con la mi justiçia e le den todo favor e ayuda. E eso mismo entiendo mandar alos alguaziles mayores que son por el dicho conde de Plazençia, que dexen libre mente los ofiçios asus logares tenientes sin llevar dello rrenta alguna. E en rrazon delo que tanne alas armas delos omes de pie e alos rrufianes, mi merçed es de mandar e mando que luego se pregone por la mi corte quelos tales omes de pie non trayan armas algunas, e asy mismo que non consientan rrufianes algunos que tengan mançebas nin mugeres del mundo, nin se jueguen dados. E quelos mis alcalldes e alguaziles tengan cargo delo fazer guardar e me den cuenta el sabado cada semana delo que çerca dello fizieren; e sy alguno les rresistiere de manera quelos alguaziles non le puedan luego executar, que ellos sean tenudos de venir luego a me fazer rrelaçion dello por que luego en aquel dia lo yo mande exsecutar. E yo entiendo mandar tomar firmezas e seguridades delos alguaziles mayores que andan en mi corte, que dexen esentos los ofiçios asus logares tenientes e que directe ni indirecte non les llieven cosa alguna por razon dellos segund lo quieren las leyes por mi en esta rrazon ordenadas. E mando ami rrelator que luego faga e libre de mi las cartas e prouisiones que para la execuçion desto cunplen, por que luego sean enbiadas alas personas que se deuen enbiar, e se ponga en execuçion todo lo suso dicho segund cunple a mi seruiçio e abien dela cosa publica de mis rregnos. E quanto tanne alos corregidores, yo los entiendo enbiar tales quales cunpla ami seruiçio e a execuçion dela mi justiçia, e mandaré aver informaçion commo vsan segund que me lo suplicastes. E otrosy mandaré alos dichos corregidores que tengan cargo de rrestituyr alas çibdades e villas en sus terminos e delos amojonar segund que me lo suplicastes e pedistes por merçed. E asy mesmo mandaré aver informaçion commo vsan los

[1] Sim.: y o enbio luego mandar.

oficiales en sus ofiçios segund que me lo pedistes por merçed, por que se faga e execute con efeto lo contenido enla dicha vuestra petiçion.

24. Otrosy muy poderoso sennor, commo vuestra sennoria bien sabe las penas quelas leyes mandan dar alas personas por quien se cometen e fazen los malefiçios e atrevimientos, e a cáda vno segund la condiçion de que es el malefiçio, non sola mente se manda fazer e executar la justiçia en ellos asy grave [1] e dela condiçion quelas leyes mandan por solo acatamiento de aquel malefiçio, mas avn por que a otros sea castigo e enxenplo, e por que es fama muy publica en vuestros rregnos que vuestra merçed manda perdonar vuestra justiçia e las grandes osadias e atrevimientos que asy contra vuestra persona commo contra la corona rreal de vuestros rregnos e en gran danno del bien e pro comun dellos e contra la vuestra justiçia algunas personas an cometido. E non sola mente aquellas que segund sus estados pueden mucho seruir avuestra alteza o sea conplidero de fazer los dichos perdones, mas avn en general ay muy muchos que non son de tal condiçion. Suplicamos a vuestra alteza que quiera mucho mirar en esto que quando los perdones se dieren de ligero e asy en general, tomarán osadia para errar; e asy quele plega [2] de ordenar e mandar que ninguno de vuestros secretarios non den cartas de perdon alibrar sin que primera mente fagan conplida rrelaçion dellas avuestra sennoria e que vengan rrefrendadas enla forma que vuestra sennoria lo tiene hordenado e mandado, mandando les tomar sobrello juramento, e demas de perder los bienes sy lo contrario fizieren, e que mande e ordene quelos que tienen los ofiçios por vuestra merçed del vuestro sello e rregistro, que non las sellen nin pasen so la dicha pena.

Aesto vos rrespondò que mi merçed es de mandar guardar e que se guarde çerca delos perdones lo quel Rey don Iuan mi avuelo, que Dios dé santo parayso, fizo e ordenó enlas cortes de Briuiesca, e asy mismo vna hordenança quel Rey don Enrrique, mi padre e mi sennor, fizo e ordenó en rrazon delos dichos perdones por vn su aluala firmado de su nonbre su thenor delo qual todo es este que se sigue: Por quanto nos avemos dado muchas cartas de perdones, delas quales entendemos que se sigue carga anuestra conçiençia, por que de fazer los perdones de ligero se sigue tomar los omes osadia para fazer mal, hordenamos e mandamos que de aqui adelante ningund perdon que nos fagamos non sea guardado

1 Sim.: asy grande.
2 Sim.: en general e ansy quele plega.

a ningund ome saluo el que fuere por carta firmada de nuestro nonbre e sellada con nuestro sello escripta de mano de escriuano de nuestra camara e firmada enlas espaldas de dos del nuestro Consejo o de letrados. E otrosy que se non entienda en este perdon que vaya perdonado de ningund maleficio que aya fecho, saluo de aquel que espeçial mente fuere nonbrado e declarado enla nuestra carta de perdon que nos dieremos. E que por perdon [1] general non se entienda ningund caso espeçial e sy conteçiere caso que alguno que nos ayamos perdonado torne afazer despues otro maleficio [2] por que nos despues le mandemos dar otra carta de perdon, mandamos quela carta del perdon segundo non vala sy non fiziere mençion dela primera avn que en ellà vayan declarados todos los maleficios. Otrosy que non vala la tal carta sy fuere dada sentençia contra el sy non fiziere minçion dela primera sentençia. Otrosy sy fuere preso, que faga mençion enla otra carta commo está preso. Yo el Rey mando avos el mi chançeller mayor e al mi chançeller [3] del sello dela poridad e al que tiene el rregistro e aqual quier escriuano de camara que non pasedes carta ninguna que sea de perdon que yo fiziere, saluo exçeptados los casos açebtados [4] e demas esto, sy el maleficio de que demanda perdon fizo enla mi corte o sy mató con saeta o con fuego, o si despues quel dicho maleficio fizo entró enla mi corte, la qual corte declaro que sea çinco leguas [5] en derredor segund es costunbre. E sy en qual quier destos casos aya caydo, non vala la carta que levare nin le sea guardada, e non fagades ende al, so pena dela mi merçed. Fecho onze dias de Otubre anno del nasçimiento del nuestro sennor Ihesu Christo de mill e treçientos e noventa e nueve annos.—Yo el Rey.—Yo Juan Alfonso lo fize escreuir por mandado de nuestro sennor el Rey.—Registrada.—Lo qual todo suso dicho mando e ordeno que se faga e guarde asy de aqui adelante segund e por la forma e manera quelos dichos rreyes mi padre e mi avuelo lo ordenaron e mandaron por la dicha su ley e alvala suso encorporados. E demas e allende desto mi merçed es que en rrazon delos dichos perdones se tenga esta manera: que todos los perdones que yo oviere de fazer en cada anno se guarden para el viernes santo dela cruz, e quel mi confesor o quien yo mandare, rreçiba la rrelaçion dellos la semana santa de cada anno e me faga conplida rre-

[1] Sim. e por que por perdon.
[2] Sim.: a fazer otro maleficio.
[3] Sim.: e al chançeller.
[4] Sim.: saluo exçebtados los casos acostunbrados.
[5] Sim.: que sea con çinco leguas.

laçion de cada perdon que ami fuere suplicado que faga, e dela condiçion e calidad del, para que yo tome vn numero çierto delos que ami merçed ploguiere de perdonar [1], tanto que non pasen de veynte perdones en cada anno, e que aquellos se despachen por aquel anno e non mas. E quelas cartas que dellos se ovieren afazer al presente fasta que yo otra cosa hordene e mande sobrello, sean escriptas de mano de Iuan Gonzalez de Çibdad rreal o de Diego Gonzalez de Madrid mis escriuanos de camara o de qual quier dellos e sean libradas e sobrescritas del mi rrelator por secretario mio e non de otro escriuano alguno, e los que de otro secretario fueren suscritos e librados que non valan e que estas cartas de perdon que asy fueren escritas de qual quier delos dichos dos mis escriuanos de camara e librados e suscritos del dicho mi rrelator e secretario sean asy mismo vistas e rreferendadas enlas espaldas por dos doctores del mi Consejo e por el maestre Alvar Garçia de San Fagun mi capellan e del mi Conseio e teniente logar del mi capellan mayor dela mi capilla, al qual yo he dado cargo al presente en absençia del mi confesor para que me faga rrelaçion delos perdones que me fueren suplicados e a mi ploguiere de otorgar e de fazer el dicho dia del viernes dela cruz, e que en estos perdones sea guardado lo que en la dicha ley de Briviesca [2] fecha por el dicho Rey mi abuelo, e otrosy en el dicho aluala suso encorporado dado e librado por el dicho Rey mi padre se contiene. E por quanto podrá acaeçer que yo por algunas cosas conpliderας ami seruiçio aya de perdonar algunas personas entrel anno asy ante del dia del dicho viernes santo [3] commo despues, quiero e mando e ordeno que enlos tales perdones cada quelos yo fiziere, sea guardado todo lo que la dicha ley del dicho rrey mi abuelo e el dicho alvala del dicho rrey mi padre suso encorporados quieren e mandan. E toda via sean escriptos de mano de qual quier delos suso dichos mis escriuanos de camara e librados del dicho mi rrelator e non de otro alguno e rrefrendados [4] enlas espaldas de dos de mi Consejo commo suso es dicho, e quel dicho mi rrelator, al tiempo que me los diere alibrar, me faga rrelaçion del caso conplida mente e dela natura del, con sus circunstançias

[1] Sim.: los que ami merçed de perdonar.

[2] Sim.: escriptas todas de mano del mi rrelator o Diego Romero o de Pero Ferrandez de Lorca o de Alfonso Gonzalez de Tordesillas que al presente libran de mi commo mis secretarios o de otros que yo mandare que libren de mi continua mente e sean vistas e rrefrendadas enlas espaldas por dos dotores del mi Cousejo, los quales guardan en ello lo que enla dicha ley de Briuiesca.

[3] Sim. omite: santo.

[4] Sim.: de mano del mi escriuano de camara e rrefrendadas.

e calidades; por que antes del libramiento dellos, yo bien vea sy se debe librar o non; e los perdones que en otra manera de aqui adelante fueren fechos e librados, asy antes del dicho dia viernes dela cruz commo en todo el otro tienpo del anno, non valan nin sean guardados nin conplidos, avn que se digan ser fechos de mi propio motu e çierta çiençia e poderio rreal absoluto e con quales quier clausulas derogatorias e abrogatorias desta mi ley e de otras quales quier leyes e fueros e derechos e con otras quales quier firmezas; e mando al mi chançiller e otrosy al mi rregistrador[1] e acada vno dellos sopena de priuaçion delos ofiçios, que non rregistren nin pasen nin sellen perdones algunos contra el tenor e forma delo suso dicho.

25. Otrosy que vuestra sennoria hordene e mande que todas las cartas e alualaes de vuestra merçed non pasen sin se librar del vuestro rregistrador que aqui en vuestra corte tiene el dicho ofiçio, e quel dicho vuestro rregistrador ponga enteramente su nonbre enla rrubrica del rregistro que fiziere por que sea conosçida, e que vuestra alteza la mande[2] pregonar publica mente en vuestra corte por que mejor venga a notiçia de todos e se guarde e cunpla, e que quales quier vuestras cartas e alualaes e preuillejos e otras escrituras que de otro fueren rregistradas non valan e sean en sy ningunas.

Aesto vos rrespondo que dezides bien e que me plaze, e mando e ordeno que se faga e guarde asy segund que enla dicha vuestra petiçion se contiene, para lo qual mando que mi rregistrador prinçipal venga seruir el dicho su ofiçio personal mente o ponga tal persona que sea fiable e pertenesçiente[3] para ello e de que yo sea contento. E quel rregistrador o su logar teniente ponga su nonbre entera mente enla carta que rregistrare e asy mismo enel rregistro dellas. E que çerca dello el dicho mi rregistrador o su lugar teniente sean tenidos de guardar eguarden las leyes sobresto ordenadas, e asy mesmo de guardar e guarden los libros que se fizieren delos dichos rregistros, por que despues de su fin del tal mi rregistrador se puedan dar e den los dichos rregistros ala persona aquien

[1] Sim.: e el secretario que me los diere a librar antes del libramiento dellas me fagan conplida rrelaçion del caso e dela natura del con sus çircunstançias e calidades, por que yo bien vea sy deuen librar o non, e quelos mis secretarios juren delo guardar todo ansy, e los perdones que en otra manera que de aqui adelante fueren fechos non valan, avn que se digan ser fechos de mi propio motu e çierta çiençia e poderio rreal absoluto e con quales quier clausulas derogatorias e abrogaçiones e otras firmezas, e avn que fagan mençion dèsta mi ley e delas clausulas derogatorias dellas; e mando al mi chançeller e otrosy al mi rregistrador.

[2] Sim.: vuestra alteza mande.

[3] Sim.: persona fiable e que sea pertenesçiente.

yo fiziere merçed del dicho oficio del mi rregistro, e se pueda aver rrazon de todo ello cada que mi merçed fuere de mandar catar enlos dichos rregistros qual quier cosa que ocurriere. E mando al dicho mi rregistrador que sienpre traya consigo aqui enla mi corte el rregistro delo que pasa cada anno, e fenesçido aquel anno lo pongan aparte en buena guarda e logar sennalado. E otrosy que non lieuen mas derechos delos por mi ordenados e que con justiçia se deuen e acostunbraron levar so pena dela mi merçed e de priuaçion del ofiçio e de pagar con las setenas lo que demas levare.

26. Otrosy muy alto sennor, commo avuestra sennoria es notorio que algunos grandes e poderosos de vuestros rregnos han fecho e fazen de cada dia muchas conpras e se heredan enlas çibdades e villas de vuestros rreynos e sus tierras e terminos, lo qual non es vuestro seruiçio, ca se cabsa dello devisiones e apoderamientos delas dichas vuestras çibdades e villas e es contra los previllejos delas dichas vuestras çibdades e villas, a vuestra alteza plega delo non consentir, mandando e ordenando por ley e hordenança que non se vendan los tales heredamientos alas tales personas so pena que qual quier que gelos vendiere, que por el mismo fecho la venta non vala e pierda los tales bienes que asy vendiere, la meytad para la vuestra camara e la otra meytad para los propios dela çibdad o villa o logar donde asy acahesçiere; e quel quelo tratare, esté vn anno enla cadena.

Aesto vos rrespondo que yo entiendo mandar ver çerca dello e dar la horden que cunpla ami seruiçio e abien comun de mis rregnos. E me plaze de mandar guardar e que sean guardadas alas çibdades e villas de mis rreynos los preuillejos que en esta rrazon tienen.

27. Otrosy muy alto sennor, enlos tienpos pasados e de vuestros predeçesores donde quier que yva vuestra alteza e corte sienpre acostunbrauan dexar e dexauan cortar libre mente avuestra sennoria e avuestros oficiales lenna enlos montes comarcanos do vuestra alteza e corte estauan, sin les llevar por ello pena nin preçios ningunos[1], quier fuesen los tales montes de logares rrealengos quier de sennorios. E de poco tienpo acá los logares de algunos sennores non lo consyenten, antes prenden alos que asy hallá van[2] por la tal lenna e gelo venden por grandes e desordenados preçios, lo qual es en menospreçio de vuestros mandamientos. Avuestra rreal sennoria plega delo mandar pro-

[1] Sim.: preçio alguno.
[2] Sim. allá van.

uear, mandando que se vse e guarde segund que sienpre fue vsado e guardado, so grandes penas, las quales sean executadas enlos conçejos e personas e bienes delos quelo contrario fizieren e les non consintieren traher la dicha lenna.

Aesto vos rrespondo, que vos otros dezides bien, e mi merzed es que se faga e guarde asy segund que melo suplicastes e pedistes por merçed. E esto se entienda enlos mis ofiçiales de mi casa que andovieren conmigo e enla lenna que ovieren menester para prouision de sus casas e non para vender. E qual quier o quales quier que gelo rresistieren [1], que paguen por cada vez dies mill mrs. para la mi camara, e sy dineros toviere enlos mis libros queles sean descontados delo que han e tienen enlos dichos mis libros, e sy los non toviere que se faga execuçion por ellos en sus bienes, la execuçion delo qual yo cometo alos alcalldes dela mi corte, e les mando quela fagan. E porque se non cometa nin faga fraude nin enganno por los azemileros enlo que tanne ala dicha lenna, es mi merçed que cada vno delos dichos mis ofiçiales aya dar e dé su carta firmada de su nonbre asu azemilero por que con aquella vaya alos montes do oviere de cortar e traer la lenna e se muestre por ella para quien es e por cuyo mandado la traen. E mando alos mis alcalldes e alguaziles dela mi corte quelo fagan asy pregonar por la dicha mi corte, por que dello non se pueda pretender ynorançia.

28. Otrosy que vuestra merçed hordene e mande que sy de aqui adelante fueren ocupados e tomados por qual quier persona de qual quier estado o condiçion preheminençia o dignidad que sea algunos logares o tierras o heredamientos o otra cosa alguna a algunas personas delos que continuan e siguen e sirven avuestra sennoria, que avuestra alteza plega delo hemendar e fazer hemienda delos primeros bienes que se podieren aver de aquel mismo tomador de tanta equivalençia [2] e quantidad commo le fuere tomado, e que si de aquel tomador non se podieren aver bienes, que se faga la dicha entrega delos bienes de sus parçiales por que non finque dannificado por ser vuestro e seguir vuestra via e serviçio e el e otros ayan voluntad de seruir e seguir avuestra alteza, e donde non ovieren bienes delos suso dichos o non se podieren aver, que vuestra rreal sennoria tome cargo deles satisfazer segund que fuere visto por los del vuestro Consejo e con rrazon e justiçia se deve fazer.

Aesto vos rrespondo que dezides bien e lo que cunple ami seruiçio

[1] Sim.: rresintieren.
[2] Sim.: tomador, equivalençia.

e que mi merçed es que se faga e guarde e cunpla e execute asy de aqui adelante segund e enla manera e forma que enla dicha vuestra petiçion se contiene e asy lo entiendo mandar executar.

29. Otrosy sennor, muchas vezes acahesçe que muchas personas eclesiasticas son algunas vezes llamados por carta de vuestra alteza por algunas cosas conpliderας avuestro seruiçio, e non han querido venir por primero nin segundo nin terçero llamamiento segund que son obligados de venir allamamiento de su rrey e sennor natural. Avuestra rreal sennoria plega rremediar en tales e semejantes osadias quelos tales vuestros naturales fagan, ca bien puede saber vuestra alteza lo que en semejantes casos los rreyes comarcanos fazen alos clerigos desobidientes.

Aesto vos rrespondo que dezides bien e yo asy lo entiendo mandar fazer e guardar e quando los tales non venieren amis llamamientos, que yo mandaré proçeder contra las tenporalidades que tovieren en mis rreynos, segund lo quieren los derechos e las leyes delos dichos mis rreynos, e los mandaré entrar e tomar por ello sus bienes tenporales, e otrosy mandaré que non esten mas en mis rregnos e que se vayan e salgan fuera dellos e non entren en ellos sin mi espeçial mandado, e esto por que sea enxemplo a otros [1] que non se atrevan amenos preçiar mis mandamientos e llamamientos. E por quanto se dize que algunos clerigos non quieren pagar las mis alcaualas, lo qual sy asy pasase seria grand deseruiçio mio e danno dela cosa publica de mis rreynos, e me suplicastes que sobrello mandase proveer, mi merçed es de mandar e ordenar e mando e ordeno que qual quier lego que alguna cosa conprare por granado, de clerigo, quel tal lego sea thenudo de pagar e pague el alcauala dello. Otrosy mando que delo quel clerigo vendiere por menudo a lego e asy mismo delo que vendiere por granado o por menudo a otro clerigo, quel clerigo vendedor sea tenudo de pagar e pague el alcauala dello entera mente, e sy lo asy non fiziere seyendo sobrello rrequerido, que yo le enbie mandar por mi carta quelo pague dentro de çierto termino; [2] e non lo faziendo asy que por el mesmo fecho el tal commo aquel que deniega asu rrey e sennor natural su sennorio e derechos, sea avido por ageno e estranno de mis rregnos e salga delos dichos mis rregnos e non entre en ellos sin mi mandado. E demas queles sean entrados e tomados todos sus bienes tenporales, e dellos sea fecho pago al mi arrendador delo que montare enla dicha alcauala con las

[1] Sim.: enxenplo e a otros.
[2] Sim. tienpo.

penas contenidas enla ley de mi quaderno delas alcaualas. Otrosy por quanto por los procuradores delas çibdades e villas de mis rregnos me fue fecha rrelaçion quelas yglesias e monesterios e personas de horden e clerigos e otros quales quier eclesiasticos que han e tienen delos rreyes mis predeçesores o de mi, quales quier mrs. e otras quales quier cosas, asy por preuillejos commo por otras quales quier mis cartas de libramientos, los demandan ante los juezes eclesiasticos alos mis arrendadores e rrecabdadores e fieles e cogedores e asus fiadores seyendo legos e dela mi juridiçion seglar e los descomulgan por ello, seyendo los tales legos e de mi jurisdiçion e seyendo la cabsa mere profana, e me pidieron por merçed que sobrello proueyese por manera quelo tal non pasase. Por ende es mi merçed e mando e ordeno quelas iglesias e monesterios e personas de horden e clerigos e otros quales quier eclesiasticos que han e tienen de mi o delos rreyes onde yo vengo quales quier mrs. e otras quales quier cosas por quales quier preuillejos, situados e saluados, o en otra qual quier manera, o los ovieren e han de aver por mis cartas de libramientos e prouisiones[1] quelos demanden ante los mis juezes seglares e non ante los eclesiasticos, e quelos mis juezes seglares sean tenidos deles fazer conplimento de justiçia, sabida sola mente la verdad lo mas breve mente[2] que ser pueda, conoçiendo de todo ello sinplemente e de plano sin estrepitu e figura de juizio. E sy los demandaren o traxieren sobre lo tal antel juez eclesiastico, que por el mismo fecho hayan perdido e pierdan los tales mrs. e otras quales quier cosas que de mi han e tienen en qualquier manera. Otrosy por quanto los procuradores delas çibdades e villas de mis rreynos me fizieron rrelaçion que algunos mis rrecabdadores e arrendadores e fieles e cogedores e fiadores delas mis rrentas, que se llaman e dizen clerigos de corona, sobre las cosas tocantes alas mis rrentas, e non quieren rresponder nin fazer conplimiento de derecho[3] antel mi juez seglar, lo qual es mi deseruiçio e en prejuyzio dela mi jurisdiçion rreal; e me suplicaron e pidieron por merçed que sobrello proueyese. Por ende es mi merçed e mando e ordeno que qual quier mi arrendador o fiel o cogedor o fiador delas mis rrentas que se llamare e se dixere clerigo de corona sobre las cosas tocantes alos mis mrs. e amis rrentas, e se rrecorriere al juez eclesiastico, que por el mismo fecho aya perdido e pierda todos sus bie-

1 Sim. omite: prouisiones.
2 Sim.: la mas bien.
3 Sim.: de justiçia.

nes asy muebles commo rrayzes, la meytad para la mi camara e la otra meytad para el acusador.

30. Otrosy muy poderoso sennor, plega avuestra merçed que sy algund cauallero o otra persona poderosa de qual quier estado dignidad preheminençia, posiere o permitiere que algund enbargo sea puesto en sus logares en algunos heredamientos e otras cosas que ellos de vuestra alteza tengan en algunos logares de sus sennorios, que vuestra sennoria le ponga e mande poner otro semejante enbargo a el e alos suyos, enlo que tovieren en vuestras çibdades e villas e logares rrealengos fasta tanto que se desate aquel agrauio que oviere fecho o fiziere.

Aesto vos rrespondo que dezides bien e que mi merçed es que se faga e guarde asy segund que melo pedistes por merçed, e para esto que sea enbargado al cauallero o otra persona quelo tal fiziere todo lo que de mi toviere enlos mis libros, e se faga execuçion en ello e en otros quales quier sus bienes e sea fecho pago al dannificado de su dannificamiento con todas las costas e dannos e menoscabos que por la dicha rrazon se le ovieren seguido. E que esto mismo se faga contra los suyos del tal cauallero o persona poderosa quelo tal fiziere; pero que esto delo suyo se entienda alos que dieren fauor e ayuda contra los tales dannificados o fueren en cabsa delos tales dannificamientos o en culpa dellos.

31. Otrosy suplicamos avuestra alteza quele plega que sy de aqui adelante algunas personas de vuestros rreynos cometieren algunas cosas e delictos por donde devan perder sus bienes, que sean aplicados ala corona rreal de vuestros rregnos e non se den nin puedan dar apersona ninguna, sy non que queden para vuestra corona rreal e para en hemienda de aquellos que vuestra sennoria oviere de fazer merçed por los seruiçios quele ovieren fecho.

Aesto vos rrespondo que dezides bien e que me plaze e es mi merçed e voluntad que se faga asy segund que me lo pedistes por merçed. E sy contra esto alguna cosa fuere fecho que non vala nin pueda valer nin aya efecto alguno. E quando yo oviere de fazer las tales merçedes sienpre las entiendo fazer por seruiçios sennalados.

32. Otrosy muy poderoso sennor, ya sabe vuestra sennoria commo ningunos clerigos e otras personas eclesiasticas non pueden aver dignidades nin benefiçios enlos rregnos donde non son naturales, lo qual sennor, muchas vezes non se guarda en vuestros rreynos, antes se dan amuchos estrangeros muchas cartas de naturaleza, por lo qual son proueydos en vuestros rregnos de asaz rrentas e benefiçios, lo qual es grand deseruiçio vuestro. Suplicamos avuestra alteza quele plega hordenar, e sy

neçesario fuere suplicar al Santo Padre, que ningund estranjero non aya dignidades nin otros benefiçios en vuestros rreynos; ca en todos los otros rregnos comarcanos asy lo tienen ordenado e se guarda. E mande alos vuestros secretarios que de aqui adelante non den alibrar avuestra alteza las tales cartas de naturaleza.

Aesto vos rrespondo que dezides bien e lo que cunple ami seruiçio e abien de mis subditos e naturales; e mi merçed e voluntad es que se faga e guarde asy de aqui adelante, segund que melo suplicastes e pedistes por merçed, e non entiendo dar nin librar nin daré nin libraré de aqui adelante naturalezas algunas apersona nin personas estrangeras; e sy las diere o librare quiero e mando que non valan. E quanto tanne alas que he dado fasta aqui, yo mandaré aver informaçion dellas e proueeré por la forma e manera que cunpla ami seruiçio e abien de mis rregnos e delos mis subditos e naturales dellos. E para esto yo entiendo enviar suplicar anuestro Santo Padre que asu santidad plega de non proueer a ningund estrangero de dignidades nin benefiçios algunos en mis rregnos, e que me sea guardado en esto lo que se guarda alos otros rreyes mis comarcanos; ca mi voluntad non es de tolerar lo contrario nin lo consentir nin rreçebir, pues es en prejuyzio de mis naturales. E otrosy entiendo escreuir alos perlados e cabildos delas yglesias de mis rregnos que non rreçiban en ellos estrangeros algunos, non enbargantes quales quier prouisiones queles sean fechas.

33. Otrosy ya sabe vuestra sennoria quanto danno se ha rrecresçido e de cada dia viene ala vuestra muy noble çibdad de Toledo por la enajenaçion e dadiva que fizo dela villa dela Puebla de Alcoçer e delos otros logares que dió de tierra dela dicha çibdad al Maestre de Alcantara, e apartar la del sennorio e jurisdiçion dela dicha çibdad, lo qual de derecho vuestra sennoria non puede fazer, por el dicho logar dela Puebla ser conprado por la dicha çibdad e delos propios suyos, e segund los preuillejos jurados e confirmados porlos rreyes de gloriosa memoria vuestros anteçesores que santo parayso ayan, e por vuestra sennoria. Por ende avuestra alteza plega de mandar rrestituyr la dicha villa dela Puebla con todos los otros logares ala dicha çibdad de Toledo, e eso mismo alas otras çibdades e villas e logares queles son tomados e ocupados sus villas e logares por quales quier personas en qual quier manera, enlo qual vuestra alteza hará lo que cunple avuestro seruiçio e apro e vtilidad de vuestra corona rreal e mucha merçed ala dicha çibdad de Toledo e alas otras çibdades e villas de vuestros rreynos, declarando vuestra sennoria que non es vuestra intençion que por ningund dis-

curso de tienpo se pueda parar nin pare perjuyzio alguno avuestro derecho nin alas dichas vuestras çibdades e villas e logares.

Aesto vos rrespondo quela dicha çibdad e asy mismo otras quales quier çibdades e villas e logares enbien mostrar ante mi sus preuillejos e derechos que dizen que tienen; e yo mandaré alos del mi Consejo e aotros quelo vean por que sea proueydo sobrello e se faga lo que sea justiçia.

34. Otrosy muy poderoso sennor, sepa vuestra alteza que por muchos delos vuestros vasallos dela villa de Madrigal nos fue dada una petiçion que presentasemos avuestra sennoria, su tenor dela qual es este que se sigue: Muy alto e muy poderoso prinçipe rrey e sennor, vuestros vasallos e omilldes seruidores los omes buenos dela vuestra villa [1] de Madrigal con muy omill e devida rreuerençia besamos vuestras manos e nos encomendamos en vuestra alta merçed, ala qual notificamos quelos omes buenos pecheros de todas las çibdades e villas e logares de vuestros rreynos se han rrecreçido e rrecreçen muchos agrauios e dannos por cabsa delo que se contiene enlos capitulos siguientes: primera mente asy en esta villa commo enlas otras dichas çibdades e villas e logares de vuestros rregnos ay personas que son proueydas por vuestra sennoria de rraçiones enla vuestra casa, que son allende del numero que antigua mente suelen ser enla dicha vuestra casa, e por ello las tales personas se escusan de pechar; e el cargo delos pechos [2] que aellos perteneçia pagar, se carga alos dichos omes buenos pecheros. E eso mismo que muchos delos vezinos dela dicha villa e delas otras çibdades e villas e logares han conprado rraçiones seyendo pecheros e rricos e abonados para pechar, por se escusar segund que se han escusado de pechar enlos vuestros pechos e pedidos, por lo qual las quantias [3] que alos tales pertenesçe pechar se cargan alos dichos pecheros. Por ende suplicamos e pedimos avuestra alteza que nos prouea, mandando que todas las dichas personas proueydas delas dichas rraçiones allende del dicho numero antiguo, e las otras dichas personas que han conprado las dichas rraçiones segund dicho avemos, que mande que pechen e paguen los dichos vuestros pechos e pedidos e otrosy enlos cargos conçejales.

Aesto vos rrespondo que mi merçed es de mandar e ordenar e mando e ordeno que quales quier personas que han avido de mi fasta aqui o ovieren e tovieren de aqui adelante rraçiones e ofiçios quier por rre-

[1] Sim.: los omes buenos pecheros dela vuestra villa.
[2] Sim.: e el cargo delos pecheros.
[3] Sim.: las cannamas.

nunçiaçion o vacaçion, los quales non sirven por sus personas los dichos ofiçios nin aquellos son sus ofiçios propios por do bivan, antes biven por otros ofiçios é algunos dellos ponen otros por sy quelos sirvan por ellos, que todos estos nin alguno destos non puedan gozar nin gozen por rrazon delos dichos ofiçios de franqueza nin ymunidad alguna, non enbargantes quales quier mis cartas e preuillejos que sobrello de mi tienen o tengan de aqui adelante, mas que pechen e paguen de aqui adelante en todos los pechos asy rreales commo conçejales que por rrazon delos dichos ofiçios se escusavan e podian escusar. Ca yo de mi çierta çiençia rrevoco e do por ningunos los tales preuillejos e cartas commo aquellos que son e tienen en noxa e perjuyzio de muchos e contra la cosa publica de mis rregnos. Otrosy por quanto el numero antiguo delos mis escuderos de pie e vallesteros e monteros de cauallo es mucho exçedido e sobre pujado allende delos que solian ser, es mi merçed que de aqui adelante non sean mas de veynte e quatro [1] escuderos de pie, e sesenta vallesteros e veynte e quatro monteros dela ventura e quatro moços de alanos, e que todos los otros que tienen titulo destos ofiçios pechen e paguen en todos los pechos asy rreales commo conçejales, non enbargantes quales quier cartas e preuillejos que sobrello tengan. E yo entiendo declarar e nonbrar quales sean estos que me han de seruir e gozar dela franqueza.

35. Iten por quanto muchas personas que han tenido e tienen e tovieren rraçiones de vuestra alteza han vendido o vendieran [2] parte delas tales rraçiones faziendo de vna rraçion dos o mas, por lo qual lo que avian de pechar enlos dichos pechos los que asy conpraron e conpran las dichas rraçiones, se ha cargado e cargará alos dichos omes buenos pecheros, quela vuestra sennoria mande quelas tales personas que asy conpraron o conpraren las dichas rraçiones o parte dellas, que non se puedan escusar por ello de pechar los dichos pechos sy non seruieren por sus personas los ofiçios, quanto mas los que conpran las dichas rraçiones non sirven por ellos ala vuestra sennoria e mercan las dichas rraçiones por se escusar de pechar.

Aesto vos rrespondo que dezides bien e lo que cunple ami seruiçio, e que mi merçed es e mando e hordeno que se faga e guarde asy segund e enla manera e forma que melo pedistes por merçed e se contiene enla rrespuesta por mi dada ala otra petiçion contenida antes

[1] Sim.: diez e ocho. En otras copias *veynte e quatro* como en el texto.
[2] Sim.: vendieren.

dichas çibdades e villas.

36. Iten suplicamos avuestra sennoria, que por quanto ordenó e fizo ley en Valladolid çerca delos caualleros que eran pecheros antes que oviesen las dichas cauallerias que pechasen, saluo aquellos que biviesen por ofiçio de armas. E por quanto sobrel entender de commo se entiende bevir por ofiçio de armas ay muchos debates, por que por la tal declaraçion se ovieran muchos pleytos e los dichos debates, que vuestra alteza declare sy se entiende por la dicha ley que han de bevir con la vuestra alta sennoria o con otro sennor alguno o en que manera se entiende bevir por ofiçio de armas.

Aesto vos rrespondo que mi merçed es de mandar guardar e que se guarden las leyes por mi hordenadas en este caso enel ayuntamiento e cortes que yo fize enla çibdad de Çamora el anno que pasó de mill e quatroçientos e treynta e dos annos. E asy mismo las otras leyes por mi despues ordenadas enel ayuntamiento e cortes que yo fize enla noble villa de Valladolid el anno que pasó de mill e quatroçientos e quarenta e dos annos, que fabla en esta rrazon, su tenor delas quales es este que se sigue: A lo que me pedistes por merçed que por quanto despues que yo rreyné aca, fueron fechos muchos caualleros, e non eran nin son fijos dalgo antes pecheros e omes de poca manera, los quales rreçebian mas la caualleria por non pechar que non por que tengan estado e manera para la mantener, e segund rrazon, non devian gozar delos preuillejos e libertades alos caualleros otorgados, asy por lo fazer en fraude de non pechar commo por non ser tales en quien quepa, delo qual se siguen muchos pleytos e debates e escandalos e rruidos por rrazon del

mi merçed es, e mando e hordeno que se faga e guarde asy de aqui adelante, segund que me lo enbiastes pedir por merçed; pero quelos que fueren de setenta annos arriba non sean tenudos de yr por sus personas ala guerra, avn que toda via sean tenudos de mantener cauallos e armas e que enbien quien sirva por ellos ala guerra. Otrosy que cada vno delos tales caualleros sean thenudos de mantener cauallo de quantia de tres mill mrs. e arnes acabado en que aya fojas o platas, otrosy que sea tenudo de mantener mula o faca, e quel cauallo e armas quelo tenga continuada mente todo el anno e que de otra guisa non puedan gozar dela caualleria nin delos preuillejos e esençiones della, e quelos fijos que ovieren ante dela caualleria non gozen dela esençion e preuillejo dela caualleria de sus padres, e quelos fijos que han e ovieren despues dela dicha caualleria que aquellos gozen dela dicha libertad con esta misma carga e non otros nin de otra guisa.—Otrosy[1] muy exçelente rrey e sennor, vuestra alteza sepa quelos pueblos de muchas çibdades e villas de vuestros rregnos son fatigados e mal levados enlos pechos que han de pechar e pechan avuestra sennoria, espeçial mente enel pedido, ca les es cargada mucho mas contia delo que solian e deven pechar, e esto sennor, por cabsa delos muchos cavalleros e escriuanos de camara que son fechos en vuestros rregnos e otros ofiçiales vuestros e dela sennora Reyna vuestra muger e del Prinçipe vuestro fijo e dela Prinçesa su muger, e monederos e monteros e otros; e muy virtuoso sennor, non sola mente viene este danno alos pueblos e vezinos e moradores dellos, pero que por cabsa delo suso dicho se escusan de pagar enlos dichos pechos e pedidos, por que se carga aellos lo quelos tales caualleros e escriuanos de camara e ofiçiales deuen e solian pechar, lo qual non puede sofrir, mas avn rrecreçe grand danno avuestra sennoria e asy mismo se escusan de pagar las monedas, e sy en esto non se rremediase e proueyese e se diese logar que mas adelante fuese, segund los caualleros e escriuanos de camara e otros ofiçiales que se han fecho e fazen de cada dia por se escusar de pechar, muchos logares de vuestros rregnos se an despoblado e esperan mas despoblar espeçial mente los que están enlos confines dellos, lo qual es grand danno delos vezinos e moradores delas dichas çibdades e villas e logares de vuestros rreynos e grande cargo de vuestra conçiençia, ca non puede vuestra sennoria de derecho esentar a vnos e cargar a otros sy non lo rreçibiese vuestra merçed en descuento. Por ende muy escla-

[1] Aquí empieza la peticion 23 de las Córtes de Valladolid de 1442.

tales caualleros no han mantenido cauallo e armas segund el nordenamiento de Çamora que fabla en tal caso, que non se pueda escusar de pechar e pagar enlos dichos pechos e monedas, puesto que de aqui adelante las mantenga.—Aesto vos rrespondo que quanto tanne alos caualleros, mi merçed es e mando que se guarde la ley por mi fecha e ordenada enel ayuntamiento de Çamora, que fabla en esta rrazon, non enbargantes quales quier cartas que yo aya dado o diere en contrario desto avn que faga mençion dela dicha ley e desta mi ley; pero quelos que eran pecheros ' que aquellos, non enbargante el preuillejo dela caualleria, avn que mantengan cauallo e armas, que todos pechen e paguen enlos mis pedidos e enlos otros pechos quelos conçejos delas dichas çibdades e villas e logares donde bivieren rrepartieren entre sy, pero quelos tales que mantovieren continua mente cauallos e armas e fizieren con ellos alarde segund manda la ley del quaderno delas monedas, non sean tenudos de pagar las dichas monedas, mas que gozen e puedan gozar del preuillejo dela caualleria asy enlas dichas monedas commo enlas otras cosas, eçebtos los dichos pedidos e pechos conçejales, toda via ellos guardando la ley de Çamora que fabla en este caso, e esto saluo sy los tales caualleros biven por ofiçios de armas e non por otros ofiçios, ca entonçes es mi merçed que estos tales que asy biven e bivieren por ofiçios de armas e non por otros ofiçios baxos algunos, avn que ayan seydo pecheros e fijos de pecheros non sean tenudos de pechar nin pagar nin pechen nin paguen nin contribuyan enlos pedidos nin enlas monedas nin enlos otros pechos, saluo en aquellas cosas quelos fijos dalgo deuen pechar e contribuyr, mas que gozen e puedan gozar entera mente delos preuillejos e esençiones dela caualleria. Otrosy ordeno e mando que nin-

monedas nin los otros pechos rreales e conçejales, avn quela tal carta o aluala o mandamiento se diga ser dado o fecho de mi propio motuo e çierta çiençia e poderio rreal absoluto, e avn que faga minçion espeçial desta mi ley e delas clausulas derogatorias della, nin otrosy enbargante que contengan quales quier otras clausulas[1] derogatorias della, nin otrosy enbargante que contengan otras quales quier clausulas derogatorias[2] e abrogaçiones e derogaçiones e dispensaçiones e firmezas, e avn que por ellas se diga que yo alço e quito toda obrreçion e subrreçion e todo otro obstaculo o inpedimento de fecho e de derecho e toda otra cosa quelo enbargar pudiese, e avn que contengan otras quales quier firmezas de qual quier natura vigor efeto calidad e misterio que en contrario sean o ser puedan, mas que aquel que se oviere de armar cauallero de aqui adelante sea armado por mi mano e non de otro alguno, e aquel sea tal que yo entienda quelo mereçe e cabe enel la horden e dignidad dela caualleria, e quel tal vele sus armas con las solenidades quelas leyes de mis rregnos mandan, e que entonçe pueda gozar e goze del preuillejo dela caualleria e non en otra manera. Otrosy mando e ordeno que ninguno non se pueda escusar nin escuse de pechar e contribuyr enlos mis pedidos e monedas e enlos pedidos rreales e conçejales por dezir que biven con qual quier cauallero o escudero o otra qual quier persona de qual quier estado o condiçion preheminençia o dignidad que sea, e sy lo fiziese, que por el mismo fecho sea tenido delo pagar con el doblo[3].—Las quales leyes suso encorporadas e todo lo en ellas e en cada vna dellas contenido, es mi merçed e mando que sea guardado e se guarde e sean guardadas de aqui adelante segund e por la forma e manera que en ellas e en cada vna dellas se contiene. E quanto tanne ala declaraçion que pedides por la dicha vuestra petiçion, mi merçed es declarar e por la presente declaro, que se entienda bevir por armas el tal cauallero que notoria mente toviere e mantoviere de continuo cauallo e armas segund las leyes suso dichas quieren e mandan, quier fagan alarde con el tal cauallo e armas o non lo fagan, tanto que verdadera mente se sepa quelo mantienen e tienen en su casa e es suyo. E otrosy seyendo publico e notorio que estos tales non biven por ofiçios de sastres nin pelligeros nin carpinteros nin pedreros nin ferreros nin tondidores nin barveros nin espeçieros nin rregatones nin çapateros nin vsando de otros ofiçios baxos e viles. E sy los tales caualleros e sus fijos

[1] El texto equivocadamente dice: cabsas.

[2] Sim. omite: nin otrosy enbargante que contenga otras quales quier clausulas derogatorias.

[3] Aquí concluye la peticion 23 de las Córtes de 1442.

ello sean e queden pecheros segund quelos otros pecheros, e para esto mando quel conçejo de cada çibdad o villa o logar faga poner por escripto los tales por que se sepa quien son. Sobrelo qual mando dar mis cartas para que se faga e cunpla asy, las quales mando que sean dadas alos dichos procuradores por que ellos las enbien notificar alas dichas çibdades e villas.

37. Iten que por quanto los escriuanos de prouinçias e de vuestra abdiençia vuestra sennoria hordenó que non sirviendo los tales ofiçios que pechen e paguen, e muchos letrados favoresçiendo alos dichos escriuanos de vuestra abdiençia dizen que no se entiende la dicha vuestra ley contra los dichos escriuanos dela dicha vuestra abdiençia, diziendo que deven gozar avn que non sirvan el dicho ofiçio, e por esta cabsa non podemos alcançar conplimiento de justiçia dellos e avn que non sirven los dichos ofiçios, suplicamos avuestra sennoria que declare e mande que sy los dichos escriuanos dela dicha vuestra corte e chançelleria non sirvieren los dichos ofiçios que pechen e paguen.

Aesto vos rrespondo que mi merçed es de mandar guardar e que se guarde la ley por mi sobresto hordenada enel ayuntamiento e cortes que yo fize en Valladolid[1] que fabla en esta rrazon, su thenor dela qual es este que se sigue: Otrosy quanto toca alos mis escriuanos de camara e otros quales quier e los otros ofiçiales que non tienen rraçion de mi o dela Reyna mi muger o del Prinçipe mi hijo o dela Prinçesa su muger, por quanto ami es fecha rrelaçion que ay grand muchedunbre dellos e que muchos son personas en quien no caben los dichos ofiçios, e los han ganado e ganan non con entençion de servir los dichos ofiçios, mas por se escusar delos pechos por rrazon delos titulos delos dichos ofiçios; e por que sy lo tal pasase seria grand deseruiçio mio e danno delos pue-

de preuillejo alguno por rrazon delos titulos delos dichos oficios nin de alguno dellos, non enbargante quales quier cartas e preuillejos que tengan en esta rrazon, saluo los mis escriuanos de camara que de mi tienen rraçion con los dichos oficios e los escriuanos de camara dela Reyna mi muger e del Prinçipe mi fijo e dela Prinçesa su muger que han e tienen rraçion conlos dichos oficios e los sirven, e los escriuauos dela mi abdiençia e otrosy los escriuanos delas prouinçias que sirven por sy los dichos oficios delas prouinçias.—La qual dicha ley es mi merçed que se guarde e cunpla en todo e por todo segund que en ella se contiene, e quelos escriuanos dela mi abdiençia sean tenudos de servir e sirvan los quatro meses de cada anno enla dicha mi abdiençia, e asy mismo los escriuanos delas prouinçias sean tenudos de servir e sirvan cada vno enla abdiençia de su prouinçia los quatro meses de cada anno, e non lo faziendo asy que non gozen nin puedan gozar dela franqueza en aquel anno que non sirvieren.

38. Otrosy suplicamos avuestra alteza que declare quelos que tienen los dichos oficios que sy en cada vn anno non sirvieren los dichos oficios en çierto tienpo, que por vuestra sennoria sea declarado e limitado que pechen e paguen los dichos pechos.

Aesto vos rrespondo que ya sobre esto es por mi proueydo enla petiçion antes de esta, e mando e tengo por bien que se faga e guarde asy.

39. Iten suplicamos avuestra alteza que por quanto muchos que avian rraçiones dela sennora Reyna vuestra muger, que Dios aya, heran pecheros, e por muerte dela dicha sennora Reyna çesaron los dichos oficios, que vuestra sennoria mande que pechen e paguen enlos dichos pechos, dando por ningunas quales quier cartas que vuestra alteza aya dado o diere sobrello, mandando que non pechasen las dichas tales personas enlas quales dichas prouisiones vuestra alteza hará seruiçio a Dios e guardará derecho e justiçia e a nos otros fará mucha merçed e mucho bien commo sienpre hizo, e sennor, mantenga vos Dios. Por ende muy poderoso sennor, suplicamos avuestra alteza que vea la dicha petiçion e rremedie en ello segund que avuestro seruiçio cunpliere.

Aesto vos rrespondo que mi merçed es que todos pechen e paguen en todos los pechos asy rreales commo conçejales, non enbargantes quales quier mis cartas e preuillejos que tengan en esta rrazon por quanto asy cunple ami seruiçio e abien dela cosa publica de mis rreynos. E esto se entienda, saluo en aquel o aquellos que yo de aqui adelante declararé por mis cartas que es mi merçed e me plaze que puedan gozar e gozen delas dichas franquezas e preuillejos.

mucho pan que avedes de dar alas vuestras villas e castillos fronteros de tierra de moros de cada vn anno. Por que muy poderoso sennor, vuestra sennoria hallará que de dos meses acá por cabsa dela dicha saca a sobido el valor del pan enla dicha çibdad de Seuilla e en su comarca veynte mrs. mas por fanega, e commo quier que vuestra alteza a enbiado o enbia allá algunas personas quelo castiguen, en logar delo castigar dan cabsa e osadia para se mas cargar, llevando commo han llevado vna dobla por fanega, de quelos grandes dela tierra an tomado e toman osadia e atrevimiento para lo fazer peor, e non sola mente se carga el pan para los rregnos estrangeros e de henemigos sy non armas e cauallos, de que a venido e viene avuestra sennoria muy gran deseruiçio e atoda la frontera cabsa de mucho despoblamiento, prinçipal mente avuestros castillos fronteros, de que avuestra alteza e avuestros rregnos podria rrecreçer terrible danno, lo que Dios non quiera nin mande, por que muy poderoso sennor, seria cabsa que vuestros castillos se despoblasen. Por ende suplicamos avuestra alteza que mande en ello proueer, mandando que algunas personas non saquen nin manden sacar pan alguno dela dicha çibdad nin de su arçobispado e obispados para ningunas partes por mar nin por tierrra commo quier que tengan vuestras cartas e alualaes de liçençias, encomendando el fecho a vna buena persona fiable e discreta e de conçiençia, con juramento que faga en vuestras rreales manos de pugnir e castigar alos que han sacado e sacaren pan e armas e cauallos, e que vuestra merçed non dé nin dará las dichas penas a ningunas nin algunas personas nin faga merçed dellas, por que por dar las dichas penas se cohechan e se atreven a fazer los semejantes dapnos e mayores. E sy algunos grandes dela dicha çibdad e de su arçobispado e obispados lo sacaren, que por este mismo fecho

preheminençia o dignidad que sean non sean, osados de sacar nin consentir nin dar logar que se saquen por sus tierras pan nin cauallos nin armas nin otras cosas vedadas para fuera de mis rregnos, por mar nin por tierra; e quelos quelo contrario fizieren que por el mismo fecho ayan perdido e pierdan todos sus bienes muebles e rrayzes e lo que de mi tienen en qual quier manera, e los sennores ayan perdido e pierdan las villas e logares por donde lo consintieren e dieren logar que se saquen. E que sea todo aplicado para la mi camara e fisco sin otra sentençia nin declaraçion, e asy mismo los navios en que se cargare e las bestias en quelo levaren que sea todo para mi, e quelo yo pueda mandar entrar e ocupar sin se guardar otra horden de derecho e sin otra sentençia nin declaraçion commo dicho es. Para lo qual es mi merçed de mandar e mando dar mis cartas para los mis alcalldes delas sacas e cosas vedadas quelo fagan e guarden asy. E asy mismo para las çibdades del arçobispado de Seuilla e delos obispados de Cordova e Cadiz para que sea pregonado enla cabeça del dicho arçobispado e obispados por que de aqui adelante se faga e guarde asy.

41. Otrosy muy poderoso sennor, ya sabe vuestra merçed quantas vezes es suplicado avuestra sennoria por los procuradores de vuestros rregnos e por otras personas quanto mal e danno a venido avuestros vasallos e naturales de vuestros rregnos por los muchos baratos e cohechos que hazen vuestros rrecabdadores e arrendadores tan desordenada mente commo es notorio publico que se faze, avuestra alteza plega delo mandar proveer e rremediar, sobre lo qual encargamos vuestra conçiençia e de aquellos a quien vuestra merçed mandare e encomendare quelo vean.

Aesto vos rrespondo que mi merçed es de mandar ordenar e mando e ordeno que se faga e guarde çerca desto lo contenido en una mi ley e pragmatica sançion que yo sobre esto fize e ordené e mandé dar, su thenor dela qual es este que se sigue: Don Iuan por la graçia de Dios, Rey de Castilla de Leon de Toledo de Galizia de Seuilla de Cordoua de Murçia de Iaen del Algarbe de Algezira, e sennor de Vizcaya e de Molina: Alos del mi Consejo e oydores dela mi abdiençia e alos mis contadores mayores e alcalldes e notarios e otras justiçias dela mi corte e de todas las çibdades e villas e logares delos mis rregnos e sennorios e a qual quier o quales quier de vos a quien esta mi carta fuere mostrada o el traslado della signado de escriuano publico, salud e graçia. Sepades quelos procuradores delas çibdades delos mis rreynos que comigo estan me dieron çiertas petiçiones por las quales entre las otras

e yo entiendo que cunple asy ami seruiçio e abien comun, asy de aquellos aquien yo mando librar quales quier mrs. e otras cosas, commo delos otros de mis rregnos e sennorios. E otrosy por quanto delos tales baratos que fazen los rrecabdadores e ofiçiales e otras personas ami se sigue grand deseruiçio e alas personas que asy han de aver lo que yo les mando librar, grandes perdidas e dannos, mando e hordeno por esta mi carta, la qual quiero que aya fuerça e vigor de ley asy commo sy fuese fecha en cortes, que de aqui adelante non sean osados rrecabdadores nin thesoreros mios nin ofiçiales de mis contadores nin otras personas algunas de qual quier estado o condiçion preheminençia o dignidad que sean, salvo mis arrendadores, de baratar nin conprar tierras nin merçedes nin rraçiones nin quitaçiones nin mantenimientos nin juro de heredad nin dadiuas nin otros quales quier mrs. que quales quier personas han e ovieren de aver de mi en qual quier manera, nin fazer otro pacto nin contracto alguno, por quelas personas que de mi lo han o ovieren de aver non pierdan cosa alguna delo que asy de mi han o ovieren de aver, e qual quier quelo fiziere, que por el mismo fecho aya perdido e pierda todo lo que por ello diere e sea de aquel con quien fiziere el tal barato o tracto o otro qual quier contracto; e demas que pague en pena para la mi camara las sethenas delo que ende montare. E otrosy que toda via el vasallo o la persona con quien fiziere el tal baracto o pacto o otro qual quier contracto, aya para sy libre e des enbargada mente todos los mrs. o otras quales quier cosas que asy de mi ha o oviere de aver en qual quier manera, delos quales se aya fecho el tal barato e conpra e pacto o otro qual quier contracto, e que por el mismo fecho ayan seydo e sean ningunos e de ningund valor quales quier contractos que en contrario delo en esta mi carta contenido de

dellos se faga e cunpla todo lo que yo por esta mi carta hordeno e mando e cada cosa e parte dello, por que asy cunple ami seruiçio. E por quelos mis vasallos e otras quales quier personas que de mi han o ovieren de aver quales quier mrs. e otras quales quier cosas sean mejor pagados dello e lo non hayan de baratar nin se cohechar e mejor me puedan servir. Por que vos mando atodos e acada vno de vos quelo guardedes e cunplades e fagades guardar e conplir de aqui adelante en todo e por todo segund que en esta mi carta se contiene, e non vayades nin pasedes nin consintades yr nin pasar contra ello nin contra parte dello. E que vos los dichos mis contadores mayores rreçibades juramento en forma devida delos mis rrecabdadores que de aqui adelante fueren antes queles dedes los rrecudimientos e poderes queles yo mandaré dar delos dichos sus rrecabdamientos, quelo asy fagan e cunplan segund que en esta mi carta se contiene. E que non libredes nin consintades librar quales quier mrs. o otras cosas quales quier que de mi ayan de aver quales quier personas en qual quier manera, saluo alas personas que de mi lo ovieren de aver o otro por ellos con su poder bastante, faziendo primera mente juramento en forma deuida los que por ellos lo ovieren de aver, quelos no an baratado ni entienden baratar en qual quier manera con aquellos que de mi los han de aver nin con otro por ellos, saluo sy fueren mis arrendadores commo dicho es. E los vnos nin los otros non fagades ende al por alguna manera so pena dela mi merçed e de diez mill mrs. a cada vno para la mi camara. Dada en Çamora, veynte e seys dias de Mayo anno del nasçimiento de nuestro sennor Ihesu Christo de mill e quatroçientos e veynte e syete annos.—Yo el Rey.—Yo el doctor Fernando Diaz de Toledo oydor e rrelator del Rey e su secretario la fize escriuir por su mandado.—Registrada.—La qual dicha mi ley e pragmatica sançion suso encorporada es mi merçed de mandar guardar e que se guarde de aqui adelante en todo e por todo segund que en ella se contiene, e que sean tenudos asy mismo dela guardar e guarden quales quier mis arrendadores de quales quier mis rrentas e pechos e derechos, saluo en quanto monta enlas quantias que ami ovieren a dar en fianças por las rrentas que de mi asy arrendaren e quelo asy fagan e cunplan so las penas contenidas enla dicha mi ley e pragmatica sançion suso encorporada. E mando alos alcalldes e alguaziles dela mi corte quelo fagan luego asy pregonar publica mente por las plaças e mercados e otros logares acostunbrados dela mi corte por que venga a notiçia de todos e dello non puedan pretender inorançia.

42. Otrosy sennor, por quanto las villas e logares de Valdes-

vuestro se fizieron hermandades e establesçieron çiertos capitulos para la execuçion dello, entre los quales se contiene vno, que cada que en qual quier dellos o en sus terminos se tomaren algunos mrs. de vuestras rrentas e pechos e derechos sin mandamiento de vuestra alteza o se fiziere alguna fuerça o mal o danno, que todos se junten alo rregistrar e sigan todos al quelo tal fiziere por vuestros rregnos a sus costas fasta lo aver por quelo semejante non pase e vuestra justiçia sea conplida [1], e suplican avuestra alteza que gelo aprueve e les dé facultad para la execuçion dello e vuestras cartas para todas las çibdades e villas de vuestros rregnos, que do quier que fallaren los tales mal fechores gelos consientan prender, e sy los tovieren presos gelos entreguen luego para los traer ala dicha hermandad ante sus alcalldes e fazer dellos justiçia, e que para ello les den favor e ayuda. Muy esclareçido sennor, por quanto entendemos ser muy conplidero a seruiçio vuestro e bien del pro comun de vuestros rregnos, suplicamos avuestra alteza queles aprueue la dicha hermandad e ordenança della e les dé la dicha facultad e cartas para la dicha execuçion. E asy mismo sennor, que sy otras çibdades e villas e logares de vuestros rregnos se quisieren hermandar en esta forma, que avuestra alteza plega deles dar facultad para ello.

Aesto vos rrespondo que dezides bien e lo que cunple ami seruiçio, e que me plaze que se faga asy e yo mandaré dar e librar para ello las prouisiones que cunplan.

43. Otrosy vuestra sennoria acostunbra tener moros enlas vuestras taraçanas de Seuilla, e otrosy manda guardar los pinos que non se den para algunas cosas e casos que pueden venir que cunple mucho avuestro seruiçio e abien comun de vuestros rregnos, e asy lo fizieron e mandaron fazer los sennores rreyes pasados vuestros anteçesores, lo qual vuestra sennoria non ha fecho nin faze asy, antes a fecho a muchas

deseruiçio e gran danno alos dichos vuestros rreynos [1]. Por que suplicamos avuestra sennoria quele plega de aqui adelante de no dar nin fazer merçed delos dichos moros e pinos, e quelo mande e hordene por ley, e que sy alguna carta o aluala en contrario avedes dado o se diere de aqui adelante, que non vala e que sea obedeçida e non conplida avn que sobrello se dé segunda jusyon e dende en adelante con quales quier penas e clausulas derogatorias.

Aesto vos rrespondo que dezides bien e yo vos lo tengo en seruiçio, e mi merçed es de non dar de aqui adelante pinos nin moros nin galeas nin otra cosa alguna delas mis taraçanas, e que ayan seydo e sean ningunas e de ningund valor quales quier mis cartas e alualas e sobre cartas, avn que sean de segunda jusyon o dende en adelante que sobresto yo aya dado o diere a quales quier personas de qual quier estado o condiçion preheminençia o dignidad que sean, avn que se digan ser dadas de mi propio motuo e çierta çiençia e poderio rreal absoluto, e avn que contengan quales quier clausulas derogatorias e abrogatorias e non obstançias e otras quales quier firmezas mas que sean avidas por obrretiçias e subrretiçias e non proçeder de mi voluntad. E mando e defiendo a quales quier mis secretarios e escriuanos de camara que non libren nin sobrescriuan sobresto carta nin çedulas nin alvalas nin sobrecartas algunas so pena dela mi merçed e de priuaçion delos ofiçios. E otrosy mando alos mis alcalldes delas dichas taraçanas que agora son o serán de aqui adelante, que por virtud delas dichas mis cartas e alualaes e sobre cartas non den cosa alguna delas mis taraçanas a persona nin personas algunas por merçed que yo dello les faga, e sy lo dieren quelo paguen de sus bienes, e demas que por el mismo fecho ayan perdido el ofiçio e todos sus bienes para la mi camara. E mando e defiendo alos mis contadores mayores e asus logares tenientes que non sennalen nin libren las tales cartas e alualas so pena de priuaçion delos ofiçios.

44. Otrosy vuestra alteza sabrá que enlas vuestras leyes e condiçiones del quaderno por donde vuestra alteza manda arrendar e arrienda las monedas en algunas cosas delo en ellas contenido, son agrauiados contra los pueblos e contra vuestros subditos e naturales, e por ellas son dapnificados e fatigados. Suplicamos avuestra merçed quelas mande ver e proueer en aquellas cosas que se fallaren ser agrauiadas contra los dichos vuestros vasallos e subditos e naturales e contra los dichos vuestros pueblos.

[1] Sim.: alos dichos vuestros rrecabdadores.

45. Otrosy muy poderoso sennor, en vna delas dichas leyes e condiçiones del dicho quaderno delas monedas se contiene, quel arrendador dela pesquisa delas monedas tiene çierto tienpo limitado para demandar lo que asy es devido delas dichas monedas e para fazer pesquisa sobrello, e esto por que cunple asy avuestro seruiçio e al bien e pro comun de vuestros rregnos e de vuestros subditos e naturales. E vuestra alteza sabrá que sin enbargo dela dicha ley e condiçion los dichos vuestros arrendadores an inpetrado e ganado e inpetran e ganan asy de vuestra alteza commo delos vuestros contadores, cartas e prouisiones de alargamiento del dicho termino para demandar las dichas monedas e para fazer la dicha pesquisa sobrellas, delo qual se sigue deseruiçio avuestra sennoria e mucho danno alos dichos vuestros subditos e naturales e por ello han seydo e son fatigados. Suplicamos avuestra merçed que hordene e mande que de aqui adelante non se den las dichas cartas e prouisiones de alargamiento e se guarde e cunpla la dicha ley e condiçion del quaderno segund que en ella se contiene, e mande alos del vuestro Consejo que no den las tales prorrogaçiones nin los vuestros contadores nin los vuestros secretarios las libren.

Aesto vos rrespondo que me plaze e mando que se faga asy segund que enla dicha vuestra suplicaçion se contiene, saluo quando por inpedimento o cabsa legitima se oviere de fazer la tal prorrogaçion.

46. Otrosy poderoso sennor, enel quaderno delas dichas monedas se contenia vna ley, que se cogiesen e rrecabdasen las dichas monedas segund sienpre se acostunbró coger e rrecabdar enlos tienpos pasados, la qual dicha ley es quitada del dicho quaderno de poco acá. Avuestra sennoria suplicamos quela mande tornar e que se cojan enla frontera las dichas monedas segund que se acostunbraron coger e rrecabdar los annos pasados.

Aesto vos rrespondo que mi merçed es de mandar ver las dichas leyes del quaderno e proueer çerca dello en su tienpo.

47. Otrosy poderoso sennor, enlos tienpos pasados sienpre fue que las mugeres e fijos delos caualleros que dexan armas e cauallos enlos establos al tienpo de sus finamientos heran e deven ser quitos delas di-

chas monedas en tanto quelas mugeres biven en castidad e los fijos fasta ser de hedad, e por esta cabsa avn quelos tales non tenian faziendas, las mugeres les fazian mantener cauallos por que avian ellas de gozar dela dicha franqueza, e agora los dichos arrendadores ganan cartas en contrario. Suplicamos avuestra alteza que mande que sea guardado alas dichas mugeres que guardan castidad e alos fijos destos tales fasta que sean de hedad, en esto vuestra merçed será mas seruido e será cabsa que aya muchos mas caualleros delos que ay enla frontera donde son mas menester.

Aesto vos rrespondo que mi merçed es de mandar aver ynformaçion sobrello e proueer por la manera que cunple ami serviçio, para lo qual mando alos mis contadores mayores e al mi rrelator que me faga rrelaçion delo contenido en este dicho capitulo e enel otro antes deste para quelo yo mande ver e prouea sobrello e sea puesto en execuçion.

48. Otrosy muy poderoso sennor, por algunas vezes a acaheçido que los vuestros contadores e ofiçiales han rrepartido e fecho rrepartir en vuestros rregnos e sennorios mayores contias delas que por los procuradores delas çibdades e villas e logares de vuestros rreynos e sennorios son avuestra merçed otorgadas, lo qual ellos non podrian nin devian fazer nin es vuestro seruiçio que se faga asy. Suplicamos avuestra merçed que por evitar e çesar lo suso dicho, hordene e mande que cada e quando el dicho pedido e monedas se otorgare e oviere de otorgar avuestra sennoria, quelos dichos vuestros contadores e ofiçiales fagan juramento en forma de non rrepartir mas quantias delas que fueren por los dichos procuradores otorgadas.

Aesto vos rrespondo que yo he declarado enlos veynte quentos deste pedido e monedas que agora mandé rrepartir la horden que se a de tener, espeçificando quantas monedas me an de pagar mis rregnos delos dichos veynte quentos, e lo otro en pedido; e de aqui adelante lo mandaré guardar asy por manera que se non rreparta mas delo que se otorgare.

49 Otrosy avuestra sennoria suplicamos quele plega de mandar e ordenar que ante quelos arçobispos e obispos de vuestros rregnos e perlados e maestres e priores ayan las dignidades en quela vuestra merçed les mande dar cartas para ser rreçebidos a ellos, fagan juramento e pleito e omenage en vuestras rreales manos de non fazer nin consentir fazer tomas nin enbargos directa nin indirectamente publica nin oculta por sy nin por otros, nin lo consentir en alguna manera enlos dichos mrs. delas dichas vuestras alcaualas e terçias e pedidos e monedas e otros

Aesto vos rrespondo que dezides bien e lo que cunple ami seruiçio e asy lo entiendo mandar fazer e guardar de aqui adelante, e asy mismo enbiaré mandar alos perlados e maestres e otras personas de mis rregnos que al presente no estan en mi corte e non lo han jurado, que juren delo asy fazer e guardar; e sy algunos fueren desobidientes enlo non querer jurar o de fecho fizieren lo contrario, yo mandaré al mi procurador fiscal que prosiga e demande asy lo levado o tomado fasta aqui de mis rreynos commo lo que de aqui adelante tomaren; e avida oportunidad para ello, yo lo mandaré executar en sus bienes commo contra aquellos que toman de su rrey e sennor natural contra mi voluntad e sin titulo alguno. Para lo qual es mi merçed que vayan algunos procuradores de mis rreynos delos que aqui estan, que son personas de abtoridad con las cartas que yo sobresto entiendo mandar dar. E mando alos mis contadores mayores que alos que non fizieren el dicho juramento non les libren cosa alguna delo que de mi han e tienen en mis libros.

50. Otrosy muy alto sennor e rrey, vuestra alteza e asy mismo los rreyes pasados que santa gloria ayan, fezistes merçedes a algunas personas de vuestros rreynos de algunas villas e logares, los quales enel tienpo que heran rrealengos avian de vuestra merçed e delos rreyes pasados çiertas quantias de mrs. en cada vn anno para rreparo delos muros dellos. E pues las tales villas e logares han pasado al sennorio de aquellos aquien fue fecha la dicha merçed, no está en rrazon quela vuestra sennoria mande pagar los tales rreparos. Por ende omill mente suplicamos avuestra sennoria quele plega de mandar alos vuestros contadores mayores, que quiten delos vuestros libros los mrs. que se fallaren por ellos que se acostunbró pagar en cada anno para rreparo delos muros delas tales villas e logares que entonçes heran rrealengos e agora son de sennorios, lo qual sennor, será vuestro seruiçio e pro comun de vuestros rregnos.

Aesto vos rrespondo que dezides bien e lo que cunple ami seruiçio, e mi merçed es e mando que se faga e guarde asy segund que melo suplicastes e pedistes por merçed. E mando alos mis contadores mayores delas mis quentas que non pasen en adelante tales mrs.

51. Otrosy muy poderoso sennor, vuestra sennoria apetiçion delos vuestros procuradores enel rreal de sobre Olmedo ordenó e mandó e dió para ello sus cartas e prouisiones so grandes fuerças e firmezas que todos los ofiçios e alcalldias e alguaziladgos e rregimientos e fieldades e executorias e juradorias e escriuanias e notarias delas çibdades e villas e logares de vuestros rregnos que fuesen acresçentados de mas e allende del numero que hera ordenado de ser delos dichos ofiçios enlas dichas çibdades e villas e logares que fuesen rrevocados, saluo los que oviesen avido efecto e fuesen rreçibidos por los conçejos e ofiçiales de las dichas çibdades e villas e logares o por la mayor parte. E estos atales ofiçios acreçentados se consumiesen e fuesen consumidos enlos ofiçios que vacasen fasta que fuesen rreduzidos al devido numero, e que de aqui adelante vuestra alteza non proveeria nin faria merçed delos dichos ofiçios acreçentados en alguna nin algunas personas segund que mas larga mente se contiene enla dicha ley e ordenança. E agora poderoso sennor, commo quier quela dicha ley por vos fue mandada enbiar alas çibdades e villas e logares de vuestros rregnos, e quelos alcaldes e alguaziles e ofiçiales e rregidores jurasen delo guardar, e avedes mandado e mandastes dar muchas cartas contra la dicha ley con clausulas derogatorias encorporando la dicha ley enlas dichas cartas, e que non enbargante las clausulas en ella contenidas, que toda via mandavades que fuesen rreçebidos e rreçibiesen ofiçiales demasiados asy veynte e quatro commo alcaldes e rregidores e fieles e executores e jurados e escriuanos, lo qual es contra la dicha ley e mucho deseruiçio vuestro e gran danno delas çibdades e villas e logares de vuestros rregnos e de los propios dellos. Que çierto es que mucho enbargo e deseruiçio vuestro os e enpacho delos fechos del rregimiento delas çibdádes e villas e logares de vuestros rregnos los muchos rregidores, ca escrito es que mas tarde e non tan bien desenpachan los negoçios los muchos que non los pocos. E por ende poderoso sennor, suplicamos avuestra alteza que mande guardar la dicha ley que dió enel dicho rreal sobre Olmedo, e mande jurar alos vuestros secretarios que contra la dicha ley non libren carta ninguna de ninguno delos dichos ofiçios demasiados, e quales quier que son dados despues dela dicha ley que mande vuestra alteza rrevocar los, e quelo mande asy alas vuestras justiçias e ofiçiales de vuestras çibdades e villas e logares de vuestros rreynos quelo juren asy de tener e guardar e conplir lo suso dicho, so pena que por ese mismo fecho pierdan los ofiçios sy lo contrario fizieren e que por non conplir primera e segunda e terçera jusyon en este caso, ávn que vaya

rreçebidos nin han avido efeto las prouisyones por mi sobrello dadas, para lo qual yo por la presente caso e anulo e rrevoco e do por ningunas e de ningund valor quales quier cartas de acreçentamiento delos dichos ofiçios o de qual quier dellos asy de alcalldias commo de alguaziladgos e veynte e quatrias e rregimientos e fieldades e juradurias e executorias e escriuanias e notarias delas çibdades e villas e logares de mis rregnos que fueron acreçentadas e non an avido efecto nin fueron rreçebidas por las dichas çibdades e villas e logares, non enbargante quelas cartas e prouisyones por mi sobrello dadas o que diere de aqui adelante, ayan seydo o sean de primera e segunda jusyon o dende en adelante con quales quier clausulas derogatorias e otras firmezas. E quanto tanne alo por venir mi merçed es, que se faga e guarde asy de aqui adelante segund e por la forma e manera que enla dicha vuestra suplicaçion se contiene, e que de aqui adelante non entiendo acreçentar nin acreçentaré los tales ofiçios nin alguno dellos. E quiero e mando quelos que estan acreçentados demas del numero antiguo e son ya rreçebidos, que cada vno que vacare se consuma [1], e yo non aya podido nin pueda proveer dellos a persona alguna. E otrosy que cada que de aqui adelante vacaren enlas çibdades e villas e logares de mis rregnos los ofiçios contenidos enla dicha vuestra petiçion, o alguno dellos, yo non aya podido nin pueda proveer nin prouea dellos a persona nin personas algunas de qual quier estado o condiçion preheminençia o dignidad que sean, mas que se consuman cada que vacaren fasta quelos tales ofiçios sean rreduzidos e tornados enel numero antiguo que eran enel anno que pasó de mill e quatroçientos e veynte annos, de guisa que de aqui adelante sienpre se guarde el dicho numero e non sea sobrepujado e exçedido; e sy algunas cartas o sobre cartas, avn que sean de segunda jusyon o dende en adelante e avn que contengan quales quier firmezas e clausulas derogatorias e abrogatorias e non ostançias, e avn que se digan ser dadas de mi propio motuo e çierta çiençia e poderio rreal absoluto, yo diere o librare de aqui adelante contra el tenor e forma delo suso dicho o de qual quier cosa o parte dello, quiero e mando que aquellas ayan seydo e sean ningunas e de ningun valor e sean avidas por obrretiçias e subrretiçias e non sean conplidas nin executadas; e que el escriuano que de aqui adelante las librare por el mismo fecho aya perdido e pierda el ofiçio, e mando alos mis secretarios e escriuanos de camara que fagan juramento en mi presençia delas non librar de aqui adelante. Pero es mi merçed e mando quela merçed que yo fize a Alfonso de Ayora, mi vasallo, del ofiçio de veynte e quatria de Seuilla que vacó por fin de Diego Fernandez de Molina mi veynte e quatro dela dicha çibdad, que aquella toda via aya efeto e sea conplida e executada, por que asy cunple ami seruiçio. E otrosy que enlas çibdades e villas e logares donde yo despues que tomé el rregimiento de mis rregnos fize e ordené nuevo rregimiento, que aquel sea guardado segund quelo yo ordené e mandé, non embargante que de ante no oviese rregidores algunos nin çierto numero dellos.

52. Otrosy muy poderoso sennor, vuestra sennoria podrá ser ynformado que dela luenga estada enlas çibdades e villas e logares de vuestros rregnos que fazen los mercaderes estrangeros que non son vezinos dellos se rrecreçe mucho danno alos de vuestros rregnos e mucho deseruiçio a vuestra alteza e alas vuestras rrentas, por quanto los dichos mercaderes rretienen las mercaderias que asy traen e guardan tienpos en quelas an de vender por muchos mayores preçios quelas venderian sy luego o dende a termino limitado se oviesen a volver a sus rreynos, e asi tornando al dicho termino conprarian las mercadorias que oviesen de levar en rretorno, asy mismo en mayores preçios, de que gran prouecho se siguiria alos de vuestros rregnos; ca por la luenga abitaçion que en ellos fazen e con maneras que tienen para ello, saben quanto mas an de valer sus mercadurias, e commo e de quien an de conprar e quando lo han neçesario de conprar o vender los de vuestros rregnos, en tal manera que venden caro e conpran a menos preçios dela valia, lo qual espeçial mente vsan los genoveses que estan enla vuestra çibdad de Seuilla e otros mercaderes estrangeros enlos azeites e en otras cosas. Por ende suplicamos a vuestra sennoria quele plega asynar les termino convenible e que puedan vender las dichas sus mercadorias e fazer el rretorno para lo qual les cunple asaz vn anno segund se dize quelos rreyes vuestros progenitores, que Dios aya, lo ovieron hordenado, de que gran prouecho se siguiria a vuestros rreynos. Ca muy alto sennor, dela luenga estada allende desto se entremeten enlas mas baxas mercadorias delas çibdades con la seguridad que tienen mercando pan asy para cargar por mar commo tornando lo a vender, de tal guisa se an entremetido quelas

que vale. Avuestra alteza plega sobre todo mandar proueer commo entienda que cunple a seruiçio de Dios e vuestro e pro e bien de vuestros rregnos.

A esto vos rrespondo que por quanto yo he dado çierto seguro alos genoveses el tienpo del qual dura, que yo entiendo mandar aver ynformaçion sobre lo contenido enla dicha vuestra petiçion e mandar proueer sobre todo por la manera que cunpla ami seruiçio, para lo qual mando alos mis contadores mayores que ayan la dicha informaçion e me fagan della rrelaçion para quela yo mande ver enel mi Consejo e se prouea sobrello.

53. Otrosy muy alto sennor, vuestra alteza bien sabe commo ordenó e mandó que todas e quales quier personas que de vuestra alteza tienen mrs. algunos, asy de tierras commo de merçedes e tenençias, sean librados en sus prouinçias e comarcas; e agora muy poderoso sennor, vuestra merçed sepa que de poco tienpo acá libran las pagas e tenençias de todas las mas de vuestras villas e castillos fronteros delos obispados de Cartajena e Iaen e Cordova enel arçobispado de Seuilla, delo qual avuestra alteza se sigue deseruiçio, e alas villas e castillos fronteros que son enel dicho arçobispado de Seuilla con el obispado de Cadiz grand danno e perjuizio, por que non pueden asy ser bien librados e pagados. Avuestra alteza suplicamos que mande e ordene que se libren cada villa e castillo delos dichos fronteros en sus arçobispados e obispados e comarcas. E asy mismo los dichos vuestros vasallos que sean librados cada vno en su arçobispado e obispados e merindad e comarca. E que a vuestra sennoria plega de mandar escriuir al sennor Prinçipe vuestro fijo quele plega enel obispado de Iaen de dar logar alo contenido en esta petiçion. E el cargo que llevava el dicho obispado çerca delas pagas delos dichos castillos comarcanos del dicho obispado, les sean ay librados e pagados e non lo lieven todo al arçobispado de Seuilla, que es mucho vuestro deseruiçio e danno dela dicha tierra e de vuestros vasallos e delos que de vuestra sennoria tienen merçedes e dineros.

Aesto vos rrespondo que yo he mandado e entiendo mandar que se faga asy segund que me lo pedistes por merçed e lo entiendo mandar continuar quanto mas e mejor se pueda fazer. E sobresto entiendo escreuir al dicho Prinçipe mi hijo con vno delos procuradores dela dicha çibdad de Iaen.

54. Otrosy muy poderoso sennor, algunas çibdades e villas de vuestros rreynos e otras personas para vuestras neçesidades por vuestro mandado e por vuestros poderes e creençias e del sennor prinçipe don Enrique vuestro hijo e por otras vias e maneras han enprestado a vuestra sennoria o al dicho sennor Prinçipe algunas quantias de mrs. e joyas e otras cosas. E por que esto muy poderoso sennor, es gran cargo de vuestra conçiençia, e avn queda que vuestra alteza sy se quisiere otra vez aprouechar delos vuestros subditos e naturales que vos presten algunos mrs. non lo fallará, e es mal enxenplo. Suplicamos a vuestra alteza que gelo mande pagar e dé orden commo sean pagados.

Aesto vos rrespondo que mi yntençion es la misma que vos suplicastes, e es verdad que por cabsa delas neçesidades que este tienpo pasado an ocurrido en mis rregnos yo non lo he podido pagar todo entera mente; pero mi voluntad es delo mandar pagar lo mas e ante que ser pueda.

55. Otrosy muy alto sennor, vuestra alteza a fecho algunas merçedes de bienes e ofiçios de algunos de vuestros rregnos, e çerca desto se an dado e dan algunas cartas para desapoderar delos tales bienes e ofiçios alos quelos tienen, antes que sean oydos e vençidos por fuero e por derecho segund quelas leyes quieren, lo qual es cabsa de mucho danno e escandalo delos naturales de vuestros rregnos. Avuestra merçed suplicamos que quando algunas cartas vuestra alteza diere para lo semejante, que sean dadas con abdiençia, e sy algunas son dadas, quelas tales cartas sean obedeçidas e non conplidas, non enbargantes quales quier clausulas derogatorias que en ellas aya mandado poner; e sy algunos por virtud delas tales vuestras cartas han seydo desapoderados delos tales bienes, que vuestra merçed mande que sean en ellos rrestituydos e dellos non sean desapoderados fasta que sean oydos e vençidos por fuero e por derecho segund dicho es.

Aesto vos rrespondo que es verdad que estos tienpos pasados yo seyendo informado verdadera mente que algunos me avian deseruido, e por lo tal ser notorio, me moví a fazer e fize algunas merçedes de sus bienes e ofiçios por que a ellos sea castigo e a otros enxenplo, que se non atrevan a me deseruir nin fazer las tales nin semejantes cosas; pero sy algunos delos tales ay que se digan e entiendan ser ynoçentes e sin culpa, vengan ante mi personal mente e yo les mandaré oyr sinple

çidos e se guardar lo quelas leyes de mis rregnos en tal caso mandan, las quales es mi merçed que sean guardadas e que se guarden en todo e por todo segund que en ellas se contiene e segund que por vos otros me es suplicado, saluo enel caso quel maleficio que aya seydo cometido sea notorio e yo fuere bien çertificado del, por que mi voluntad es de guardar la justiçia e su derecho a cada vno e lo quelas dichas leyes de mis rregnos en tal caso disponen e quelos mis naturales sin lo mereçer non padescan.

56. Otrosy muy poderoso sennor, vuestra sennoria sabe en commo los vuestros castillos e fortalezas que estan enla frontera de Aragon e de Navarra e de Portugal e de Granada estan muy mal parados e en muchas partes dellos abiertos e derrocados. E muy poderoso sennor, commo quier que vuestra alteza a dado e da muy grandes quantias de mrs. para labrar e rreparar algunos delos dichos castillos e fortalezas, non se an labrado nin labran, e sy algunas lavores se an fecho son muy malas, e los mrs. que para ello son dados son muy mal gastados. Por ende muy omill mente suplicamos a vuestra alteza quele plega mandar rreparar los dichos vuestros castillos e fortalezas, dando via e orden commo los mrs. que vuestra alteza para ello mandare dar sean bien gastados e enlos logares donde mas convinieren, encargando los a buenas personas en manera que non ande en ello la falta que fasta aqui a andado. Otrosy que vuestra sennoria los mande basteçer de armas e petrechos enla manera que conviniere por que esten rreparados e proueidos segund enla manera que avuestro seruiçio es conplidero.

Aesto vos rrespondo que vos otros dezides bien e lo que cunple a mi seruiçio e yo asy entiendo fazer, lo mas antes que yo pueda, e sy fasta aqui algo a quedado de se fazer, a seydo por las grandes neçesidades que me an ocurrido commo todos sabedes, e yo sienpre lo encomendé a buenas personas e asy lo entiendo fazer de aqui adelante; ca poco tienpo ha que yo enbié al maestro mayor de mis obras para ver lo que se devia de rreparar en mis fortalezas, el qual traxo la rrelaçion de algunas dellas, e mi voluntad es de mandar luego rreparar lo que se pueda e lo otro lo mas ayna que se pueda fazer, e sy algo queda de que no es avida infor-

chos de vuestros caualleros moriscos llegaron a nos otros e nos dieron vna petiçion que presentasemos a vuestra sennoria, el tenor dela qual es este que se sigue: Muy alto e muy poderoso prinçipe rrey e sennor, los vuestros caualleros moriscos que estamos enla vuestra corte por nos e en nonbre delos otros caualleros moriscos que estan en vuestros rregnos con muy homill e devida rreuerençia besamos vuestras manos e nos encomendamos en vuestra alta sennoria e merçed, ala qual plega saber quelos vuestros contadores mayores non nos libran nin quieren librar las rraçiones e vistuarios que de vuestra sennoria tenemos en limosna en cada anno por virtud delos poderes que para ello damos e otorgamos, diziendo que vengamos por nuestras personas de cada anno a sacar nuestros libramientos, nin asy mismo quieren rreçebir los mrs. que en ella montan en fiança alas personas e arrendadores e rrecabdadores a quien damos nuestros poderes para ello, e los obligan diziendo que sobrello tienen vuestras cartas e alvalas, en que vuestra alteza les manda que non rreçiban los tales mrs. en fiança nin los libramientos, salvo a cada vno de nos otros pareçiendo personal mente. Enlo qual muy poderoso sennor, nuestro sennor Dios e vos avedes rreçebido gran deseruiçio e nos otros avemos rreçebido e rreçebimos agrauio e danno, en tanto grado que despues de fecho el dicho defendimiento somos venidos en tanta miseria e pobreza quelos mas de nos otros andamos a pedir por Dios, e otros algunos con desesperaçion perdieron la fe que tenian con Dios e con la fe catolica e se fueron e volvieron a tornar moros, por quanto commo quier que algunos de nos vienen a vuestra corte a sacar sus libramientos, antes quelos sacan gastan mas contias de mrs. que en ellos montan, e despues de sacados los dichos libramientos, no hallamos quien nos dé por ellos la quinta parte: en tal manera que avemos de vender e vendemos las bestias e rropas e armas que traemos e no gozamos dela merçed e vistuario que vuestra alteza nos da, e vuestra sennoria lo paga e nos otros non lo cobramos, antes perdemos gran parte de nuestras faziendas veniendo a sacar los tales libramientos, lo qual muy magnifico sennor, es gran cargo de vuestra conçiençia. Por ende a vuestra alteza suplicamos que vsando de clemençia vos plega de nos rremediar commo a vuestra merçed fuere, acatando a nuestra miseria e pobreza e de commo somos de rreynos estrannos tales que no podemos sentyr nin entender enlas biviendas de vuestros rregnos, mandando a vuestros contadores que non enbargantes las dichas vuestras alualas e cartas que sobresta rrazon vuestra alteza dió, que libren mrs. e vistuarios e rraçiones que vuestra merçed nos dá de limosna alas personas a

vuestros rregnos de vuestra merçed tienen, enlo qual vuestra alteza hará seruiçio a nuestro sennor Dios e a nos otros mucha merçed e limosna, sennor, nuestro sennor Dios acreçiente vuestra vida e estado.— Por ende muy alto sennor, suplicamos a vuestra sennoria que mande ver la dicha petiçion, e mande proueer çerca delo en ella contenido por la manera que cunple a vuestro seruiçio e a pro e bien de vuestros subditos e naturales.

Aesto vos rrespondo quelo que yo hordené sobre esta rrazon fue por evitar algunos fraudes que se fazyan por los contenidos enla dicha vuestra petiçion; pero por que sea proueydo a estos e rremediado enlo que suplican, mi merçed es delo rremitir e rremito alos mis contadores mayores para que avida alguna informaçion que ellos entiendan ser bastante por la qual çesen los dichos fraudes, les libren e rreçiban en fianças lo que de mi han, e cada quelo tal vacare, mi merçed es delo non dar a persona alguna morisco nin otro, mas que se consuma enlos mis libros. E mando alos mis contadores mayores quelo non pongan en asyento de aqui adelante enlos mis libros por rrenunçiaçion nin vacaçion nin priuaçion a caualleros moriscos nin a otros algunos, pues que mi merçed es que se consuman enlos mis libros commo dicho es, saluo quando el tal cauallero morisco me fiziese algund seruiçio sennalado por que yo entienda quele deva proueer de qualquier rraçion que asy estoviese vacada.

58. Otrosy muy poderoso sennor, vuestra merçed bien sabe commo tiene ordenado e mandado quelos vuestros francos delas vuestras casas dela moneda de vuestros rregnos e delas vuestras taraçanas sean francos de pedidos e monedas e de otros pechos e derechos, e sobre esto a dado vuestras cartas mucho premiosas e son francos muchos mas delos que devian ser; ca hallará vuestra alteza que enla vuestra çibdad de Seuilla avedes dado alos alcaides delas taraçanas quatroçientos francos, e ala casa dela moneda trezyentos francos, e asy enlas otras casas de monedas de vuestros rregnos, e non enbargante que vuestra sennoria manda que sean los tales francos dela mediana e menor quantia e personas ydoneas e perteneçientes alos dichos ofiçios, los dichos theso-

los dichos oficios nin vsan nin sabian vsar dellos. E en algunos logares toman çinco e diez e quinze delos mejores e mas cabdalosos e quedan que pechen los tales pobres lo que todos avian de pechar. Lo qual es cabsa para se despoblar los dichos logares rrealengos e yr se alos sennorios por lo non poder conportar. Por ende suplicamos avuestra alteza que mande proueer en ello mandando lo ver a persona buena e fiable e de santa conçiençia en cada vna de vuestras çibdades donde ay lo semejante, e que si se hallare que se deve dellos quitar los mande quitar, e los otros que fincaren, sean delas çibdades que se pueden muy bien fallar tales qual cunple alos dichos oficios e non delas villas e logares que son pequennos, atales que por la dicha cabsa se despueblan, e los que asy se tomaren, que sean perteneçientes para los dichos oficios e non otros algunos.

Aesto vos rrespondo que mi merçed es de guardar e que se guarden alos que están asentados enlos mis libros, las franquezas que por mi les fueron dadas guardando toda via lo contenido enlas leyes por mi sobresto hordenadas, e quelas mis justiçias non consyentan que contra el thenor e forma delas dichas leyes nin mas nin en otra manera de commo las dichas leyes lo disponen, personas algunas se escusen de contribuir enlos mis pechos asy rreales commo conçejales. Las quales dichas leyes son estas que se siguen: Otrosy[1] sennor, sepa vuestra alteza que las vuestras çibdades e villas e logares delos vuestros rregnos e sennorios e los vezinos e moradores que en ellas son, estan muy agraviados e dannificados e la vuestra justiçia mucho menospreçiada, por rrazon quela vuestra alteza confirmó algunos preuillejos e cartas alos que se dizen e llaman oficiales e monederos e obreros delas casas dela moneda de vuestros rregnos, los quales so color delos dichos oficios se llaman e fazen esentos asy en pagar los vuestros pedidos commo en pareçer a juizio ante los vuestros corregidores e alcalldes e justiçias delas dichas vuestras çibdades e villas, commo faziendo e cometiendo otros exçesos e males, queriendo vsar de vn preuillejo que pareçe ser que antigua mente fue dado alos dichos oficiales, el qual en efecto contiene quelos tales oficiales sean quitos e esentos de moneda forera e de pedidos e de todos los otros pechos e derechos que qual quier nonbre aya de pechos quelos de vuestra tierra vos oviesen de dar en qual quier manera, e quelos conçejos delas çibdades e villas entre sy derramasen para sus menesteres. Otrosy que ayan sus alcalldes quelos juzguen sus pleitos e

1 Aquí empieza la peticion 25 del cuaderno de las Córtes de Madrid del año 1435.

neda, e que todo esto queles fuese guardado para siempre jamas, labrando moneda o non la labrando. Lo qual todo e otras cosas mas largamente enel dicho preuillejo son contenidas queles sea guardado, e que contra el tenor e forma del dicho previllejo non les sea demandado cosa alguna nin sean por ello prendados avn que sobrello sean dadas vuestras cartas en contrario. E otrosy mas alos alcalldes de qual quier çibdad o villa o logar que quando algunos ayan de demandar alguna cosa alos dichos monederos por rrazon de debda o de otra cosa qual quier, queles non fagan premia a que rrespondan antellos nin les manden prender sus cuerpos nin les demanden fiadores nin les manden enplazar ante sy, mas que aquellos que alguna cosa les quisieren demandar que gelas demanden ante los sus alcalldes delas casas, labrando moneda o non labrando; e sy alguno deviere alguna cosa alos dichos monederos, quelos dichos vuestros alcalldes los fagan pareçer ante sy e les fagan dellos derecho. E quelos dichos monederos nin alguno dellos nin sus bienes que non sean presos sus cuerpos nin prendados por debda que devan nin por otra rrazon alguna, salvo sy los alcalldes delos monederos o alguno dellos lo mandare; lo qual todo esto, sennor, es deseruiçio vuestro e muy gran danno delas dichas vuestras çibdades e villas e logares e delos vezinos e moradores dellas por las rrazones siguientes. Lo primero, por quanto sy el tal preuillejo asy estrecha mente se deviese guardar, seria contra derecho e mucho en grand perjuizio delas dichas vuestras çibdades e villas e logares, ca la entençion del sennor rrey quelo dió, seria que se entendiese para queles fuese guardado enlas çibdades e villas donde labrasen la dicha moneda e sobre las cosas que se tocasen al ofiçio dela dicha moneda, e non delas otras cosas nin enlas otras çibdades e villas e logares donde ellos fuesen vezinos e moradores nin enlas otras cosas a que ellos se estiendan que son contra todo derecho e rrazon: lo otro, por quanto por cabsa delas dichas esençiones muchos delos vuestros pecheros rricos e quantiosos que nunca supieron nin aprendieron cosa alguna delos dichos ofiçios, por se escusar e ser esentos delas cosas sobre dichas toman cargo e se fazen ofiçiales delas dichas casas dela mo-

lo otro, por quanto los tales que asy se fazen e llaman oftiçiales so esfuerço del dicho previllejo e esençiones enel contenidas, cometen alnos delitos e malefiçios asy çeviles commo criminales, e avn que son tenudos e obligados a algunas debdas que deven o por otras cosas algunas que deven pareçer e son llamados ante las vuestras justiçias delas dichas çibdades e villas non quieren pareçer antellos, e sy pareçen luego declinan su jurisdiçion e piden ser rremitidos ante los dichos alcalldes delas casas dela moneda, e las dichas justiçias rremiten los antellos e non les costrinnen nin apremian a conplir de derecho alos querellosos, por lo qual los del pueblo son muy dannificados, e ellos toman muy grande osadia e se atreven de cada dia a fazer e cometer cosas non devidas que son en menos preçio dela vuestra justiçia e en gran danno e ofensyon de todo el pueblo donde biven: lo otro sennor, por que puesto que asy se llaman ofiçiales e vsan e quieren vsar delos dichos preuillejos e cartas, non van seruir alas dichas casas dela moneda los seys meses continuos del anno que vuestra alteza manda e tiene ordenado que sirvan, e sy allá van, ganan carta de seruiçio delos thesoreros e ofiçiales que tienen las dichas casas, e non sirviendo se tornan para sus casas e traen sus cartas de seruiçio e estan e moran en sus casas e vsan de sus ofiçios que de ante tenian. Las quales cosas e otras muchas se fazen e cometen so esfuerço e color del dicho preuillejo e cartas. E otrosy sennor, los thesoreros delas dichas casas toman e nonbran muchos mas ofiçiales delos que vuestra merçed les da e manda que tomen por vuestra hordenança en muchos e diversos logares fuera e mucho lexos delas çibdades e villas donde estan enlas dichas casas, en tal manera que non son nin pueden ser conoçidos nin sabidos quales nin quantos nin donde son nonbrados, por lo qual son puestos e nonbrados mas del numero que por vuestra alteza es mandado. Por ende sennor, muy omill mente suplicamos avuestra alteza quele plega de non dar logar a las tales maliçias e osadias, mandando e defendiendo que ningun pechero mayor nin mediano non tome el tal ofiçio, e sy lo tomare que non goze de cosa alguna delo que devieren gozar los otros dichos ofiçiales. E que las vuestras justiçias delas dichas çibdades e villas e logares donde los tales ofiçiales moraren, conoscan delos pleitos çeviles e criminales que tocaren alos dichos ofiçiales asy dellos contra otros commo de otros contra ellos, non embargante el dicho preuillejo e cartas fasta los feneçer e levar a devida execuçion quanto con fuero e con derecho devan, e que los que ovieren de ser ofiçiales çiertos delas dichas casas que sirvan por sy mismos en cada anno quela casa labrare continuada mente los seys

delos que vuestra merçed manda e les da logar que tome, e estos quelos tome enlas çibdades e villas donde estovieren las dichas casas dela moneda e en sus comarcas e prouinçias e non en otra parte, e que en cada logar donde tomare e nonbrare, sea tenudo de dar por escrito çierto verdadero firmado de su nonbre quales e quantos ofiçiales tiene tomados e nonbrados para la dicha casa e en que logares por quelas dichas çibdades e villas lo sepan, e que des quelos acabare todos de nonbrar, quel dicho thesorero e su ofiçial sea thenudo delos dar por escrito todos enel rregimiento dela çibdad e villa donde estoviere la dicha casa e por antel escriuano del conçejo della para quelo tengan e de alli sepa quales e quantos son los ofiçiales que asy tomó e nonbró; e sy otros algunos tomare e nonbrare que non sean escritos e puestos enel dicho escripto, o tomare o escriuiere mas delos que deve tomar e non los diere por escripto donde e commo dicho es, quelos tales asy por el nonbrados non gozen de cosa alguna delo quelos dichos ofiçiales devieren gozar, e que paguen en pena alas çibdades e villas donde moraren los pechos que ovieren de pagar doblados, por que sea castigo para ellos e enxenplo para otros, e que vuestra merçed pene por ello alos dichos thesoreros commo avuestra alteza ploguiere. Otrosy sennor, por quanto acaheçe quelos dichos thesoreros nonbran los dichos ofiçiales en muchas çibdades e villas, e acaeçe nonbrar en algunas diez o venyte e treynta o quarenta o çinquenta e mas e menos, o en otras muchas non toman nin nonbran algunos, e estas atales çibdades e villas en que asy son nonbrados rreçiben muy gran agrauio, e las otras en que non se nonbran quedan aliviados, que avuestra sennoria plega quelas quantias que copieren de pagar delos vuestros pedidos alos asy nonbrados por ofiçiales, que sea rreçibido en quenta ala tal çibdad e villa delos mrs. quele copiere de pagar del dicho pedido; ca mas conviniente cosa es que se rrepartan el tal dapno por muchos que non por los tales logares donde asy moraren e fueren nonbrados.—Aesto vos rrespondo que sy alos monederos non fuesen guardados sus preuillejos non se hallaria quien labrase la moneda, segund los grandes trabajos e poco prouecho que diz que en ello han, delos quales trabajos se les sigue perdimiento de sus

presumir es que quando los rreyes de donde yo vengo les dieron los dichos preuillejos que con gran deliberaçion gelos dieron, e asy mismo quelos rreyes que fasta aqui los mandaron guardar, que eso mismo farian con deliberaçion, aviendo consideraçion alo suso dicho.[1] —E por ende mi merçed es queles sean guardadas, pero que estos monederos sean delos medianos pecheros e non delos mayores segund la hordenança por mi fecha enel ayuntamiento de Çamora que sean personas que por sy puedan labrar e labren la moneda e non otros algunos. E que para esto se den e libren mis cartas las que para ello cunplan, por las quales se mande alas justiçias delos logares que non consientan lo contrario en alguna manera. E por que enel numero non aya enganno, mi merçed es quelos mis thesoreros delas mis casas dela moneda, que cada vno dellos sean thenudos de dar e den nomina firmada de sus nonbres por escripto e con juramento ante la justiçias dela çibdad o villa o lugar do está la casa dela moneda, declarando por ella por nonbre todos los monederos que segund la condiçion que comigo ovieron, pueden tomar e tomen para la tal casa e los logares donde biven, e jurando que non han tomado nin tomarán mas nin allende delos contenidos enla dicha condiçion e nomina. E que otra tal nomina e con ese mismo juramento sean tenudos los dichos mis thesoreros de enbiar e enbien alos mis contadores mayores, los quales la asienten e pongan enlos mis libros. E quando algund monedero muriere, que por esta misma via e forma declare e ponga otro en su lugar, e que a otras personas algunas non sean guardados los dichos preuillejos e franquezas por monederos, saluo alos contenidos enla tal nomina fasta enel numero dela dicha condiçion e non en mas nin en otra manera, e en caso que sean del numero dela dicha condiçion e nomina sy non labraren enlas dichas mis casas delas monedas al tienpo por mi hordenado por sus personas, que non puedan gozar nin gozen delas dichas franquezas nin les sean guardadas. E quanto alo que dezides quel pecho delos tales se carga sobre los otros pecheros del pueblo e me pedistes por merçed quelo mandase rreçebir en cuenta alas çibdades e villas e logares donde los monederos fueren tomados, non vos devedes agrauiar dela esecuçion, pues quelas leyes de mis rregnos dan lugar a ello en los tales casos, nin fasta aqui se fizo tal desquento nin seria rrazonable de se fazer por los ynconvenientes que asy dello commo delo semejante se podria seguir, delo qual ami rrecreçeria deseruiçio. E çerca delos delitos

[1] Aquí concluye la peticion 25 de las Córtes de Madrid del año 1435.

justiçias delas çibdades e villas e logares donde biven oviesen de ser juzgados, dizen los dichos monederos que por tal manera avian de ser fatigados maliçiosa mente que nunca avrian logar de labrar, delo qual ami se siguiria gran deseruiçio e alos mis rregnos gran danno. E alo que dezides que non sirven los seys meses del anno continuos e quelos mis thesoreros les dan carta de seruiçio, sobresto yo quise ser informado delos dichos mis thesoreros, los quales dizen que quando la casa dela moneda non labra que non queda el seruíçio por culpa delos mis monederos, e que se non podria fallar con verdad ellos aver dado carta de seruiçio al que non labra los dichos seys meses continuos commo dicho es, saluo sy la casa labra tan poco que non son menester tantos ofiçiales, e que estonçe caso que non labren, que por eso non deven perder su franqueza, pues no es a su culpa, quanto mas que luego que es menester tornar a labrar. En lo qual pareçe que dizen bien, e sy asy se haze commo ellos dizen, satisfazen ala mi hordenança; e sy de otra guisa se fiziere, mi merçed es quelas mis justiçias delas çibdades e villas e logares do acaesçiere, gelo non consientan nin les den logar a ello. E alo que dezides quelos mis thèsoreros toman mas ofiçiales delos que yò tengo ordenado e quelos toman en muchos e diversos logares fuera e mucho lexos delas çibdades e villas donde son las dichas casas, yo les mandé llamar sobresto, los quales dizen quelos que pueden aver enlas çibdades e sus comarcas, quelos non toman de otras partes; pero que donde se non pueden aver enla comarca que de neçesario es delos tomar donde los pueden aver, e que non pueden fallar ellos avn aver tomado el numero que yo mando, antes de menos, e esto por se non poder hallar, e avn que por mengua de ofiçiales dexan de labrar algunas delas hornazas que tienen fechas. E por ende vos mostrad lo que dezides en esta parte e yo mandaré proveer sobrello. Otrosy, quanto toca alos mis monederos que estan asentados enlos mis libros, es mi merçed que goçen de sus esençiones, a saber, aquellos que verdadera mente se prouare que son monederos e saben el ofiçio dela monederia e vsaron del e labraron enlas mis casas dela moneda o en qual quier dellas enlos tienpos pasados quando se labró moneda, e que esto mismo

otra qual quier manera deben gozar de quales quier franquezas, quelas ayan e gozen dellas sy verdadera mente son tales oficiales e vsan delos dichos oficios por queles son dadas las tales franquezas e non en otra manera.—Las quales dichas leyes suso dichas e todo lo en ellas e en cada vna dellas contenido quiero e mando, que se guarde en todo e por todo segund que en ellas se contiene, e asy mismo, quelos mis alcaydes delas mis taraçanas e alcaçares e el mi thesorero dela casa dela moneda de Seuilla enbien rrelaçion ante mi firmada de sus nonbres, delos francos que se escusan enlas dichas mis tarazanas e alcaçares e casa de moneda e donde bive cada vno. E eso mismo fagan los otros mis thesoreros delas mis casas de monedas de mis rregnos, por que yo sepa quien e quales son los tales francos e mande proueer sobre todo commo la mi merçed fuere e cunpla ami seruiçio.

59. Otrosy muy poderoso sennor, en tanto es ya venido el atrevimiento de personas e el poco temor que han de vuestra justiçia, que non se entiende [1] ya por ome aquel a quien alguna cosa deven que por su propia abtoridad non prenda aquel que algo le deve, sy menos puede quel. E quando a el non lo puede aver prende al fijo, e cada vno que puede entra [2] enlos bienes e heredades e lugares agenos por su propia abtoridad, por fuerça sin mandamiento de juez, e el duenno non puede cobrar lo suyo, e sy lo a de cobrar por pleito, cobra lo tarde o nunca. E muchos otros des que ven que esto pasa, se atreven sin les dever cosa alguna, prenden los e rrescatan los e enlos bienes ajenos se entregan e defienden los fasta queles dan alguna parte. Lo qual todo, sennor, es vuestro gran deseruiçio, e vuestros subditos e naturales e vuestra justiçia pereçe. Por ende sennor, suplicamos a vuestra merçed que prouea en ello poniendo contra los tales mal fechores penas corporales e confiscaçion de bienes, e mandando alos conçejos e justiçias e juezes delos logares donde esto acaesçiere que rrestituyan alos tales despojados en sus bienes sin llamar las partes e saquen delas prisiones alos que asy fueron presos e detenidos sin llamar a las partes, saluo avida su informaçion de commo las tales personas fueron presas e tomados sus bienes sin mandamiento de juez, e sean castigados grave mente los que tales atrevimientos a vuestra alteza fazen.

A esto vos rrespondo que vuestra petiçion es justa e conforme a todo derecho e rrazon natural, e por ende mando e ordeno que se faga e

[1] Sim.: que non se tiene.
[2] Sim.: e cada que puede entrar.

ran enlas penas en tal caso estableçidas por las mis leyes de mis rregnos asy de carçel priuada commo en otra manera, e sean executadas por las mis justiçias enlos tales e en sus bienes, e que avida informaçion por las dichas justiçias delas mis çibdades e villas e logares donde las tales fuerças acaheçieren e se cometieren, que prendan los cuerpos alos culpantes e los envien ante mi presos e bien rrecabdados con la tal informaçion, por que aquella por mi vista yo mande proueer commo cunpla ami seruiçio e a execuçion dela mi justiçia, e quiero e es mi merçed que estos tales e semejantes casos sean avidos por casos de corte asy enlo pasado commo enlo por venir, por que aqui enla mi corte sea sobrello proueydo e los tales atrevimientos sean pugnidos e castigados e sea alos delinquentes castigo e a otros enxenplo que non cometan las semejantes osadias e atrevimientos.

60. Otrosy muy poderoso sennor, algunos con inportunidad ganan cartas de vuestra sennoria e delos que estan çerca dello para que quando vuestra sennoria llama a cortes e manda quele enbien procuradores, que enbien a ellas, lo qual no es vuestro seruiçio e dello se podrian seguir algunos inconvinientes; suplicamos a vuestra sennoria que prouea en ello mandando quelas tales cartas non se den, e sy se dieren que sean obedeçidas mas non conplidas.

A esto vos rrespondo que asy lo he guardado e entiendo mandar guardar segund que melo suplicastes e pedistes por merçed, saluo quando yo non a petiçion de persona alguna mas de mi propio motuo, entendiendo ser asy conplidero ami seruiçio, otra cosa me ploguiere de mandar e disponer. E demas por que a mi es fecha rrelaçion que algunos conpran de otros las procuraciones, lo qual es cosa de mal enxenplo, mi merçed es de mandar e ordenar e mando e ordeno que de aqui adelante ninguno non sea osado delas conprar por sy nin por otro. E el quela conprare que por el mismo fecho la pierda e la non aya aquel anno nin dende en adelante, mas que sea inabile para la aver, e el quela vendiere que por el mismo fecho pierda el ofiçio que toviere.

61. Otrosy muy alto e muy poderoso sennor, vuestra alteza sabe que enlas cortes que fizo enla vuestra villa de Madrid el ...

nanças en fecho delas varas e pesos e medidas, las quales en quanto por ellas, las dichas varas e medidas se fizieron mayores e fueron acreçentadas, son muy conpliderss a vuestro seruiçio e a bien dela rrepublica de vuestros rreynos. Pero en quanto vuestra sennoria mandó quelos pesos e libras e arrovas e quintales, saluo el peso del oro e plata que se vsase en todos vuestros rregnos segund que enla çibdad de Toledo, vuestra alteza ha menguado los dichos pesos, ca enla dicha çibdad de Toledo se vsa el peso de Colonna que es menor dos onças por libra quel peso de Tria; delo qual viene grand deseruiçio a vuestra alteza e muy gran danno a vuestros rregnos por muchas cosas espeçial mente por que los que venden asy carnes commo pescados e otros averios e cosas a peso son pocos e avisados en sus ofiçios e tracto, e los que conpran son casy todos los naturales de vuestros rreynos, e aquellos que han de vender las dichas cosas a peso non las dan por menos preçio por el dicho peso de Colonna quelas darian por el dicho peso de Tria, e asy los que conpran pierden en cada libra dos onças e ganan las los que venden, e avn los que tienen cargo del rregimiento delas vuestras çibdades e villas quieren çerca de ello proueer, non lo pueden asy fazer, por quelos vendedores commo son pocos confederan se por tal manera que non quieren vender, saluo alos preçios que ellos quieren, en manera que lievan tanto por las dichas cosas que venden commo por el dicho peso mayor que antes hera, mayormente sennor, que muchas delas cosas que se venden por peso vienen de fuera de vuestros rreynos a se vender, que es çera e espeçierias que vienen delos rreynos de Portugal e de Aragon e de Valençia, e por esta cabsa se venden las mercadorias por el preçio que se venderian sy lo vendiesen por el peso mayor de Tria, que es dos onças mas en cada libra, segund syenpre se vsó antes delas dichas vuestras ordenanças. Por ende a vuestra alteza omill mente suplicamos quele plega en quanto a esto hemendar la dicha ley e hordenança e mande que se vse, que todas las cosas que se an a vender a peso se pesen por el peso de Tria, saluo oro e plata e aljofar que se pesen con el dicho peso de Colonna, lo qual seria gran seruiçio vuestro e pro comun de vuestros rregnos.

A esto vos rrespondo que mi merçed es de mandar aver sobrello ynformaçion, la qual mando que sea avida por dos personas quelos dichos procuradores declararen de entre sy, e ella avida, quela comuniquen alos mis contadores mayores por que yo mande proueer sobre todo commo canpla ami seruicio e abien de mis rregnos.

62. Muy virtuoso e esclareçido sennor, bien sabe vuestra alteza commo vos suplicamos que por quanto el numero delos alcaldes e al-

[illegible], que [illegible] que asy avia dado, e que de aqui adelante no acreçentase nin diese mas fasta que tornase el numero antiguo que sienpre fue acostunbrado, e commo quier que vacasen en quales quier çibdades e villas de vuestros rregnos non proveeria de ninguno delos dichos ofiçios fasta que tornase enel dicho numero de que primero estava. Lo qual vuestra alteza confirmó e mandó que se guardase asy agora nueva mente anuestra petiçion, e non enbargante lo mandado por vuestra sennoria vacó un rregimiento en Madrid aviendo quatro demasiados e que se deviera e devió consumir, lo ha dado e dió vuestra alteza non enbargante lo por vos ordenado. Suplicamos a vuestra alteza que mande quel tal rregimiento non pase nin otro alguno de aqui adelante fasta que sean consumidos enel numero antiguo que se solian acostunbrar enlas vuestras çibdades e villas, e sy alguna carta a dado en contrario la mande rrevocar e anular e dar por ninguna, enlo qual vuestra alteza hará justiçia e avuestras çibdades e villas e a nos otros mucha merçed.

Aesto vos rrespondo que al tienpo que yo prouei del dicho ofiçio de rregimiento no eran avn por mi firmadas nin libradas las rrespuestas por mi dadas alas dichas vuestras petiçiones nin del todo eran conclusas, por quanto vos otros las aviades pedido para rreplicar a ellas. Por lo qual e asy mismo acatando los buenos seruiçios que Iuan de Luxan mi maestre sala me ha fecho e faze de cada dia, e entendiendo ser asy conplidero ami seruiçio, yo le prouei e fize merçed del dicho ofiçio de rregimiento, pero pues vos otros dezides que hay enla dicha villa de Madrid otros quatro ofiçios de rregimientos demasiados e que se deven de consumir, ami plaze que sy la dicha villa algund derecho sobresto tiene por que non deva pasar la dicha prouisyon, quelo alegue e muestre, ca yo les mandaré guardar su justiçia. Otrosy de aqui adelante yo non entiendo mandar librar otro ofiçio de rregimiento alguno contra lo por mi suso rrespondido mas que aquello sea guardado en todo e por todo segund que por mi suso está rrespondido.

63. Otrosy por vos los dichos procuradores me fue presentada vna petiçion, su thenor dela qual es este que se sigue: Muy alto e muy es-

clareçido e muy poderoso rrey e sennor, los procuradores delas çibdades e villas de vuestros rregnos muy omill mente e con devida rreuerençia besamos vuestras manos e nos encomendamos en merçed de vuestra muy alta e rreal sennoria, ala qual plega saber quelos procuradores dela vuestra muy noble çibdad de Cordova nos notificaron vna petiçion para que a vuestra alteza suplicasemos lo en ella contenido, el thenor delo qual es este que se sigue: Muy alto e muy poderoso prinçipe rrey e sennor, vuestros muy omilldes seruidores los procuradores dela vuestra muy noble çibdad de Cordova con muy omill rreuerençia besamos vuestras manos e nos encomendamos en merçed de vuestra muy alta e rreal sennoria, ala qual de parte dela dicha çibdad notificamos a vuestra alteza commo enla dicha çibdad despues que se ganó por el Rey don Fernando de gloriosa memoria ay çiertos ofiçios asy commo alcalldias dela justiçia dela dicha çibdad e alcalldias ordinarias e mayordomias e fieldades e otros çiertos ofiçios, los quales se an dado e acostunbrado dar cada anno por suertes, e los rreparten los vezinos dela dicha çibdad que son caualleros de premia que mantienen cauallos e armas por rrazon que gozan e an de gozar delos dichos ofiçios, los quales se rreparten e an de rrepartir por collaçiones en cada vn anno. E esto fue ordenado e constituido por el dicho Rey don Fernando e sienpre a seydo confirmado por todos los rreyes que despues del vinieron, e asy mismo por vuestra alteza, por quela dicha çibdad fuese ennobleçida e toviese presta gente de cauallo para quando menester la oviese e avn por estar en frontera. E vuestra sennoria sabrá notoria mente que por cabsa de aver e gozar delos dichos ofiçios se fallan enla dicha çibdad, que mantienen cauallos e armas mas de seteçientos omes, los quales sirven avuestra merçed e ala dicha çibdad con sus cauallos e armas cada e quando los rrequieren e an menester. E agora muy poderoso sennor, de pocos dias acá por rrazon delos fechos e tienpos del rreyno e por inportunidad e afincamiento de algunos caualleros e personas, vuestra sennoria a fecho merçed a algunas personas de algunos delos tales ofiçios, por quelos dichos caualleros echavan suertes e mantenian los dichos cauallos e armas: e por la misma inportunidad e por rrazon delos dichos tienpos e fechos del rreyno, e avn por aver enel cabildo dela dicha çibdad veynte e quatros demasiados del numero, por cuya cabsa este danno e otros muchos se fazen, dieron posesion delos dichos ofiçios alas dichas personas a quien vuestra alteza fizo merçed dellos, e los poseen oy, e non echan suertes por ellos los dichos caualleros: lo qual es muy gran

sennoria sabra que todas las mas vezes que vuestra merçed manda llamar alguna gente a costa dela dicha çibdad o en otra manera para que venga a vos seruir en vuestros trabajos e neçesidades, estos dichos caualleros de premia la han enbiado e pagado e la pagan e enbian a fin de gozar delos dichos ofiçios. E avn agora por mas rreziente memoria quando Fernando de Narbaez e Pedro delos Rios vinieron a vos seruir con çierta gente dela dicha çibdad, estos dichos caualleros han pagado e pagaron la dicha gente que con ellos vino. E avn muy poderoso sennor, veynte e uno de cauallo que oy estan aqui dela dicha çibdad en vuestro seruiçio, los dichos caualleros de premia los han pagado e pagan de cada dia por sola mente gozar delos dichos ofiçios tanto queles a costado e cuesta mas de quinientos mill mrs. de sus casas, sin los otros pechos e prestidos con que a vuestra alteza han seruido e sirven continua mente. Por ende muy esclareçido sennor, de parte dela dicha çibdad suplicamos a vuestra rreal sennoria omill mente que acatando, commo por cabsa dela dicha caualleria que en ella bive es una delas mas notables e espeçiales joyas que vuestra alteza en vuestra rreynos tiene, e por los muy sennalados seruiçios que sienpre han fecho enla guerra delos moros e fazen oy a vuestra sennoria, e avn por quela dicha çibdad en vn tan sennalado e prouechoso fecho commo este non sea prejudicada segund lo es, que vuestra alteza mande rrevocar e rrevoque e dé por ningunas las dichas merçedes que asy tiene fechas delos dichos ofiçios, non enbargante quales quier vuestras cartas e merçedes que en su favor las tales personas tengan, e enbie mandar e espresa mente mande alas personas a quien son fechas, que non vsen dellas nin tengan mas los dichos ofiçios, e prometa e jure vuestra sennoria de nunca los dar alas dichas personas nin a otras algunas, mas que sean tornados ala dicha çibdad para que se den e rrepartan entre los dichos vezinos commo fasta aqui se ha fecho, antes vuestra alteza lo acresçiente. Eso mesmo muy virtuoso sennor, vuestra merçed sepa que Diego Ferrandez vuestro alcayde delos donzeles e algunos otros vuestros rregidores dela dicha çibdad, acatando el grandisimo danno que a vuestro seruiçio e ala dicha çibdad rrecreçia por se dar los dichos oficios, asy commo buenos e leales rregidores obedesçieron vuestras cartas que enbió ala dicha çibdad faziendo merçed de vno destos oficios e enel conplimiento dellas sobreseyeron, por la qual causa e por las non conplir ha seys annos quele estan enbargados al dicho alcayde e alos dichos rregidores todas las tierras e merçedes e rraçiones e quitaçiones que de vuestra merçed tienen, tanto que enel dicho tienpo delos dichos seys annos ha perdido mas de seysçientos mill mrs. quelos non han cobrado nin sacado de vuestros rregnos nin libros por el dicho enbargo, lo qual ellos han querido sofrir e padesçer por que tan grand deseruiçio vuestro non se fiziese nin tan grand danno ala çibdad, e avn quel dicho ofiçio quieren dar e lo han dado non quieren alçar el dicho enbargo fasta que paguen las costas que enel dicho negoçio se han fecho, de parte suya suplicamos a vuestra muy alta sennoria que pues que ellos dexaron de conplir las dichas cartas a fin de mejor seruir a vuestra sennoria, e por quela dicha caualleria non se desfiziese, queles mandase alçar el dicho enbargo que asy les está puesto en tal manera que puedan gozar e gozen delos mrs. que asy tienen en tierra e en merçed segund dicho es. E muy poderoso sennor, nos otros acatando quanto sea conplidero a vuestro seruiçio e ala aumentaçion dela caualleria dela dicha çibdad, lo quelos dichos procuradores piden muy vmill mente e con la mayor e mas deuida rreuerençia que podemos, suplicamos a vuestra alta sennoria que quiera luego rremediar e proueer enla dicha petiçion segund que ala dicha caualleria cunple, que segund la informaçion que çerca dello auemos auido, grand deseruiçio se siguiria a vuestra merçed non rremediando en ello, por que seria causa de se perder dos mill de cauallo que dizen aver de nomina enel cuerpo dela dicha çibdad en fraudar alos vezinos della enlas semejantes cosas, por la qual caualleria es esta çibdad vna delas mas singulares joyas que prinçipe enel mundo tiene.

Aesto vos rrespondo que sean tornados ala dicha çibdad todos e quales quier ofiçios asi alcalldias dela justiçia commo alcalldias ordinarias e mayordomias e fieldades e los otros ofiçios que antigua mente se acostunbraron de dar en cada anno por suertes e los rrepartir los vezinos dela dicha çibdad que son caualleros de premia e mantienen cauallos e armas, e que esto se faga asy non enbargantes quales quier merçedes que dellos aya fecho a quales quier personas, las quales rreuoco e do por ningunas e de ningund valor. Pero por quanto Luys Garçia de Cordoua, mi escriuano de camara dize quela dicha çibdad le proueyó de vn

priuar su derecho sy alguno tiene, mas que le quede a saluo, por ende yo lo mandaré todo ver por que se faga sobrello lo que sea justiçia e sea guardado entera mente el derecho de amas las partes.

Por que vos mande a todos e a cada vno de vos que veades lo por mi suso rrespondido, e las dichas leyes por mi sobrello ordenadas e las guardedes e cunplades e fagades guardar e conplir en todo e por todo segund que por mi fue rrespondido e en ellas e en cada vna dellas se contiene, e non vayades nin pasedes nin consintades yr nin pasar contra ello nin contra cosa alguna nin parte dello agora nin en algund tienpo nin por alguna manera so pena dela mi merçed e de diez mill mrs. acada vno para la mi camara; delo qual mandé dar esta mi carta firmada de mi nombre e sellada con mi sello. Dada enla noble villa de Valladolid, a veynte dias de Março anno del nasçimiento de nuestro sennor Ihesuchristo de mill e quatroçientos e quarenta e siete annos.

XX.

Cuaderno de las Córtes de Valladolid del año de 1451 [1].

Don Iuan por la graçia de Dios Rey de Castilla de Leon de Toledo de Gallizia de Seuilla de Cordoua de Murçia de Iahen del Algarbe de Algezira, e sennor de Vizcaya e de Molina: A vos el prinçipe don Enrrique mi muy caro e muy amado fijo primo genito heredero e otrosi

1 Este ordenamiento está tomado de un libro antiguo de Ordenamientos Reales que existe en el archivo de la santa Iglesia de Córdoba, y del cual tantas copias se sacaron para la importante Coleccion del P. Burriel. Hemos tenido presente tambien un traslado del cuaderno de las mismas Córtes que se conservaba en otro tiempo en el archivo de la ciudad de Búrgos, y ademas los códices de Simancas y

a vos don Aluaro de Luna maestre de Santiago mi condestable de Castilla, e alos duques perlados condes marqueses rricos omes maestres de las Ordenes priores, e alos del mi Consejo e oydores dela mi audiençia, e al mi Justiçia mayor e alos mis contadores mayores alcaldes e alguaziles e notarios e otras justiçias dela mi casa e corte e chançelleria, e alos mis adelantados e merinos e alos comendadores e subcomendadores alcaydes delos castillos e casas fuertes e llanas, e al conçejo alcaldes e alguaziles rregidores caualleros escuderos ofiçiales e omes buenos dela muy noble çibdad de Burgos, cabeça de Castilla, mi camara, e a todos los otros conçejos alcaldes alguaziles merinos rregidores caualleros escuderos e omes buenos de todas las çibdades e villas e logares delos mis rregnos e sennorios e a todos los otros mis subditos e naturales de qual quier estado o condiçion preeminençia o dignidad que sean, e a qual quier o quales quier de vos a quien esta mi carta fuere mostrada o el traslado della signado de escriuano publico, salud e graçia. Sepades que enel ayuntamiento que yo fize enla villa de Valladolid el anno que pasó de mill e quatroçientos e çincuenta e vn annos [1] estando y comigo el dicho don Aluaro de Luna maestre de Santiago mi condestable de Castilla e el rreuerendo padre don Alfonso de Carrillo arçobispo de Toledo primado delas Espannas e chançeller mayor de Castilla, e don Iuan Manrrique conde de Castanneda mi chançeller mayor, e don Gaston dela Çerda conde de Medinaçeli, e don Ferrando de Luxan obispo de Siguença e otros grandes de mis rregnos e caualleros e doctores del mi Consejo, e los procuradores de çiertas çibdades e villas de mis rregnos que yo mandé llamar para ver con ellos algunas cosas conpliderās ami seruiçio e a execuçion dela mi justiçia e a bien comun dela cosa publica de mis rregnos, alas quales yo con consejo delos sobre dichos les rrespondi e fize e ordené sobre ello çiertas leyes, su tenor delas quales dichas petiçiones e delo por mi a ellas rrespondido e ordenado e establesçido es este que se sigue.

1. Primera mente por quanto vuestra sennoria a suplicaçion delos procuradores de vuestros rregnos que con vuestra merçed estauan en las cortes que fizo en Valladolid el anno de mill e quatroçientos e quarenta e syete annos ordenó que delas merçedes de por vida e de cada

[1] Todas las copias dicen esto mismo, y sin embargo, el año de 1451 no habia pasado. La fecha del ordenamiento en todos ellos es la del 10 de Marzo del mismo año. En el cuaderno de las Córtes de Búrgos de 1453 se hace referencia algunas veces al de las de Valladolid de 1451 y se cita el año de la misma manera que aquí.

conplidera [2] a vuestro seruiçio segund quela esperiençia e rrazon lo muestra, suplicamos a vuestra alteza que mande prorrogar la dicha ordenança enla manera que por vuestra sennoria fue fecha fasta otros diez annos seguientes conplidos, que se comiençen a contar despues de pasados los dichos tres annos [3] e que asi mismo se guarde por los dichos diez annos enlas tierras que vacaren de aquellos que non ouieren fijos segund que vuestra sennoria enlas dichas cortes de Valladolid lo ordenó.

Aesto vos rrespondo que commo quier que yo non puedo escusar, antes es bien neçesario fazer merçedes alos que me siruen e continuan en mi seruiçio, espeçial mente quando algunas cosas vacan; pero ami plaze de prorrogar e por la presente prorrogo el termino dela dicha ley por otros diez annos conplidos primeros seguientes, para que se guarde la dicha ley segund e por la forma e manera que en ella se contiene e asi mesmo en çiertos mis alualaes [4] que yo sobre ello despues mandé dar declaratorias dela dicha ley, las quales yo enbié [5] mandar alos mis contadores mayores quelas asentasen [6] enlos mis libros.

2. Otrosi que vuestra sennoria durante el dicho tienpo delos dichos diez annos, que començarán fenesçidos los dichos tres annos e dende agora fasta ser conplidos los dichos diez annos, non dé de nueuo mrs. algunos por juro de heredad nin de merçed por vida nin de mantenimiento nin de rraçion nin de quitaçion nin de tierra para lanças nin en otra manera a persona alguna, ca poco aprouecharia para conseruaçion e aumento de vuestras rrentas la orden e rregla enel dar delo que vacase, si vuestra sennoria de nueuo diese, e la dicha ordenança por esta via se tornaria de ningund efecto.

Aesto vos rrespondo que ya vos otros vedes que tales cosas ocurren espeçial mente enlos tienpos presentes, por las quales yo non podria escusar de fazer algunas merçedes de nueuo, ca si non se feziesen seria

[1] K 3: e de mantenimientos.

[2] K 3: conplidero.

[3] El texto equivocadamente: seis annos.—Seguimos la leccion de los códices de Simancas y K 3.

escusar que ninguno non me siruiese e de nesçesario conuiene fazer merçedes a algunos en dineros en mis libros, e a otros por otras vias; pero sed [1] bien çiertos que mi voluntad es delo escusar quanto mas se pueda, e non sola mente dar de nueuo, mas deseo tornar mis rrentas ami patrimonio, e para que todas estas cosas o las mas dellas çesen es muy conplidero al sosiego e paçificaçion de mis rregnos, lo qual yo he procurado e entiendo procurar en quanto en mi fuere.

3. Otrosi muy esclareçido sennor, por quanto a vuestra alteza non sola mente conuiene dar orden e rremedio por donde vuestro patrimonio e fazienda se conserue e rreçiba aumento, mas avn deue entender enla vtilidad e tirar los dannos de vuestros subditos e naturales, por que asi lo vno commo lo otro toca al bien comun de vuestros rregnos, e por quanto al mayor caudal de muchos de vuestros subditos e en espeçial delas personas que son de mas estado e de quien vuestra alteza continua mente mas se sirue e ha de seruir, asi por armas commo por çiençias commo por otros ofiçios e maneras de seruiçios en que avuestro rreal estado pertenesçe seruir se de vuestros naturales, e quelos mrs. que han de vuestra sennoria e tienen en vuestros libros; e ya sabe vuestra sennoria commo de algunos tienpos a esta parte los que asi tienen los dichos mrs. en vuestros libros, e de vuestra sennoria non los han podido nin pueden cobrar, lo qual se ha causado asi por quelos dichos mrs. non les son librados en tienpo conueniente nin enlos lugares e comarcas donde biuen e los podrian cobrar, e commo por quelos vuestros rrecabdadores quando van a ellos con los dichos libramientos rresponden que non caben en ellos e que estan prestos para los librar en quales quier mrs. de su rrecabdamiento segund quelos libramientos suenan e sennalan para ello logares de sennorio o quiebras o otras debdas semejables, de quelos que han de auer los dichos mrs. non los podrian cobrar, por lo qual les conuiene delos dexar del todo perder o los baratar por qual quier contia quel rrecabdador por ellos les quisiese dar o librar, dando a entender que de aquello les fazen graçia, e avn que quieren sobre ello auer rrecurso alos vuestros contadores o a vuestras justiçias, los dichos rrecabdadores tienen tales maneras e colores con que se escusan de pagar los dichos mrs. nin los librar en logares donde se pueda cobrar, alo qual todo les es dado logar e fauor para ello; e por que de esto muy poderoso sennor, se ha seguido a todos los mas de aquellos que de vuestra merçed tienen los tales mrs. muy grandes dannos, e avn con verdad se puede dezir por

[1] Búrgos: ser.

alteza, mas han lo e lieuan lo los dichos rrecabdadores commo propia rrenta e patrimonio suyo, non acatando commo las rrentas son de vuestra sennoria, e ellos vuestros ofiçiales puestos para las rrecabdar en vuestro nonbre e dellas conplir lo que por vuestra sennoria les es encargado e les mandaredes; e faziendo por esta manera han tanto fecho quelos mas dellos son puestos en grandes estados e avn gastan de vuestras rrentas asi suelta mente, commo aquellos que por lo ganar non han de trabajar mucho, lo qual es asi publico e notorio non sola mente en vuestra corte, mas en todas las partes de vuestros rregnos e avn fuera dellos, que a vuestra alteza es grand cargo enlo consentir. Por ende muy esclaresçido sennor, pues este mal es tan grande e tan comun e en tanta destroyçion de vuestros subditos e de ello se sigue tan gran deseruiçio, a vuestra alteza muy omill mente le suplicamos quele plega en ello proueer, e fablando con rreuerençia deuida, la prouision si avuestra sennoria ploguiere nos pareçe que deuia ser enla manera siguiente: Lo primero, que vuestra sennoria mande e ordene que vuestros contadores fagan la librança delos mrs. de vuestros libros antes de ser llegado el terçio primero e en tienpo que antes de ser llegado el dicho terçio pueda el rrecabdador ser rrequerido con el libramiento. La segundo, quelos vuestros rrecabdadores non sean arrendadores delas vuestras rrentas nin ayan parte en ellas por si nin por otra persona directe nin indirecta mente, so pena que el quelo contrario fiziere, por el mismo fecho pierda el rrecabdamiento e sea inabile para dende en adelante para auer rrecabdamiento alguno, nin otro ofiçio de vuestra alteza, e de mas que pague a vuestra sennoria la quantia por que asi arrendare la tal rrenta con otro tanto; e por que faziendo se masa de vuestras rrentas la prouision sobre dicha non podria venir en execuçion, por que quando vuestras rrentas se arriendan por masa se suelen dar los rrecabdamientos con ellas o con condiçion que non aya en ellas otro rrecabdador alguno, e por esta manera non se podrian quitar los baratos, pues que alos arrendadores non son defendidos por vuestras leyes, que vuestra sennoria mande e ordene que para adelante non se arrienden las dichas vuestras rrentas por masa. Lo tercero, por que

rresçebir en su nonbre e se absentan los dichos rrecabdadores, e acaesçe muchas vezes que algunas personas que traen libramientos enlos tales rrecabdadores commo non los fallan enlos dichos sus rrecabdamientos rrequieren con sus libramientos alos dichos sus fazedores, los quales rresponden quelos dichos libramientos non se dirigen a ellos nin tienen poder para los rresçebir nin son obligados alos açeptar nin pagar nin librar, e por esta cabsa por non auer de yr a buscar los dichos rrecabdadores e por se escusar delas costas e trabajos que desto se les rrecreçen, dexan se cohechar e baratan los dichos libramientos por muy pequennas contias quelas mas vezes non les dan por ello, saluo la seisma parte, e quando mas el quinto, mayor mente si son personas pobres e non tienen que gastar nin con que vayan a buscar los tales rrecabdadores nin saben donde los vayan a buscar nin gelo quieren dezir sus fazedores, cabsando los vnos e los otros todo esto a fin de acarrear los dichos baratos. Que vuestra sennoria ordene e mande quelos dichos rrecabdadores esten rresidentes por sus personas enlos dichos sus rrecabdamientos o quando de ellos se absentaren, dexen en su logar sus fazedores con sus poderes bastantes para fazer e conplir lo que çerca delos dichos libramientos se rrequiere, asi commo los mismos rrecabdadores lo podrian e deuian fazer, e que el rrequerimiento o rrequerimientos e protestaçiones e otros actos que se fezieren alos tales fazedores abasten e ayan tanto efecto commo si fuesen fechos en persona alos dichos rrecabdadores, e que si el dicho rrecabdador o su fazedor con su poder bastante para todo lo suso dicho non fueren rresidentes enla cabeça del dicho su rrecabdamiento, que en absençia suya pueda el conçejo dela çibdad o villa o logar do esto acaesçiere, poner vna buena persona que rresçiba los tales libramientos e libre enlos arrendadores menores e faga çerca delo suso dicho todo lo que el dicho rrecabdador podria e deuria fazer, e que vuestra alteza lo mande e ordene asi por ley e condiçion e que se asiente enel quaderno delas vuestras alcaualas e terçias e otras vuestras rrentas, e que vuestra alteza por esta ley e ordenança desde agora dé e otorgue el dicho poder ala tal persona que asi fuere nombrada e puesta por el dicho conçejo dela tal çibdad o villa o logar. Lo quarto, que quando el rrecabdador o su fazedor rrespondieren a qual quier libramiento de vuestra merçed quele fuere presentado que non cabe enel, quelo non deue, sea tenudo el dicho rrecabdador de mostrar fasta treynta dias primeros seguientes por fe firmada delos vuestros contadores commo el tal libramiento non cabe o lo non deue, presentando la dicha fe al quele rrequirió con el tal libramiento o ante la justiçia dela çib-

resçe ser conplido rremedio para tirar los cohechos e baratos que en tanta frequençia e continuaçion se han fecho de tantos tienpos acá e de cada dia se fazen, e de que tanto prouecho ha venido e viene alos dichos cohechadores e baratadores, por lo qual es de presumir que tratarán e vsarán dello lo mas oculta mente que pudieren por se escusar de las penas que çerca dello vuestra alteza tiene ordenadas e por non perder tan grandes prouechos commo sienten delos dichos baratos e cohechos. Por ende paresçeria, fablando con la dicha rreuerençia que seria nesçesario que vuestra sennoria deputase alguna buena persona de mucha conçiençia en vuestra corte, ala qual vuestra alteza diese poder conplido e bastante segund que ya otras vezes lo ouo dado alos doctores Per Yannez e Diego Rodriguez e al doctor Arias Maldonado del vuestro Consejo, por quela tal persona ternia cargo espeçial de entender enlo sobre dicho, e los dannificados por esta via sabrian a quien rrecurrir a proseguir' su derecho, auiendo esperança de alcanzar conplimiento de justiçia, e que el dicho juez que asi por vuestra sennoria fuere deputado execute las prouisiones suso dichas e todas las otras penas por vuestra sennoria e por vuestras leyes establesçidas contra los tales cohechadores e baratadores, medianeros e corredores, delos tales cohechos e baratos, e que asi mismo las justiçias delas çibdades e villas de sus rregnos las fagan guardar e cunplir e executar; e si apelaçion alguna se interposiere delas tales justiçias ordinarias çerca delo sobre dicho, que aquello non vaya ante vuestros oydores nin ante otros juezes algunos, saluo sola mente antel juez que en vuestra corte por vuestra alteza fuere deputado enla manera suso dicha.

A esto vos rrespondo que çiertos deuedes ser que amì desplaze mucho e he por cosa fea e mala de se fazer los baratos e cohechos enlas tierras e merçedes e otros mrs. quelos de mis rregnos de mi han e tienen, ca yo veo bien el danno e el menoscabo que viene a mis vasallos que me han a seruir con lo queles yo do, lo qual propia mente rredunda en deseruiçio mio, quanto mas que es grand ynfamia e mal enxenplo de se consentir nin dar logar a ello, pero quela cabsa delos baratos, dexando aparte lo delas fianças por lo que tanne ami seruicio, ha seydo e es

dizen que non caben en ellas los mrs., por lo qual de nesçesario los que tienen los libramientos los han de baratar, alo qual ayuda mucho la mala condiçion delos rrecabdadores; e tanbien en esto commo en todo lo otro, yo entiendo, plaziendo a Dios, rremediar entera mente, pero que ami plaze proueer al presente en todo lo que proueer se podrá. E quanto tanne alo que me suplicastes quela librança sea fecha antes de ser conplido el terçio primero, bien vedes que esto buena mente non se podria fazer por que commo vos otros sabedes mis rrentas estan abiertas allende del tienpo del dicho terçio primero, e los rrecabdadores e arrendadores non han contentado nin sacado sus rrecabdamientos[1], nin mis contadores sabrian çierta mente quanto es el cargo del rrecabdador, por lo qual non se podria asi bien fazer la librança enel dicho tienpo, pero ami plaze mandar que despues de rrematadas mis rrentas e sacados los rrecabdamientos se faga luego la librança general mente; e lo que tanne alos castillos fronteros e asi mesmo lo dela mi camara e algunas otras quantias [2] que son nesçesarias de se librar enel comienço del anno, se libren. E quanto tanne alo que me suplicades quelos rrecabdadores non sean arrendadores, vos otros dezides bien, ca vuestro proposito e la intençion que a ello vos mueue es todo bueno e yo antes de agora asi lo oue mandado e ordenado, mas los tienpos e las nesçesidades ya dichas por las quales yo oue de acresçentar en mis libros grandes quantias de mrs., e visto otrosi que mis rrentas non llegan con grand quantia alo

poderes, a esto
tenudo de esta
bastante enla c
o logar del ca
qual quier perso
sona con el lib
fallados el dich
es, que en tal ca
la justiçia del l
pregonar por tre
dichos tres dias,
del dicho juez o
si la dicha noti
en persona al ta
ligençia que sob
uean e den mi ca
fecha la dicha r
me suplicades
plaze delo dar,
que se non pue
todo lo otro mi
mi sobre esto

E quanto alo que me pedistes por merçed que se non faga masa de mis rrentas, aesto vos rrespondo que non es neçesario de me lo soplicar por quanto yo asi lo tengo en mi voluntad e avn en este anno yo asi lo he acordado. E quanto alo que me suplicades que mande quelos mis rrecabdadores esten en sus rrecabdamientos e dexen sus fazedores con sus poderes, a esto vos rrespondo que mi merçed es que el rrecabdador sea tenudo de estar e esté por su persona o dexe su fazedor con su poder bastante enla cabeça de su rrecabdamiento o en qualquier çibdad o villa o logar del canto que non sea de sennorio, por que el vasallo o otra qual quier persona que en el le fuese librado, lo pueda rrequerir en persona con el libramiento que enel le fuere fecho; e si ende non fueren fallados el dicho rrecabdador o su fazedor con su poder, commo dicho es, que en tal caso el tal vasallo o persona pueda paresçer e paresca ante la justiçia del logar dela cabeça del rrecabdamiento, el qual lo faga pregonar por tres dias, e non paresçiendo nin se mostrando dentro delos dichos tres dias, que se faga notificaçion del tal libramiento en persona del dicho juez o justiçia o que vala tanto e aya esa mesma fuerça commo si la dicha notificaçion o rrequisiçion con el tal libramiento fuese fecha en persona al tal rrecabdador o su fazedor, e que mostrando la dicha diligençia que sobre ello fiziere alos mis contadores mayores, que ellos proueean e den mi carta executoria contra el, asi commo si en persona le fuere fecha la dicha rrequisiçion con el dicho libramiento. E quanto alo que me suplicades que dé juez para lo delos dichos cohechos e baratos, ami plaze delo dar, por que aquello non aya logar eçepto lo delas fianzas en que se non pueden escusar los baratos en quanto en ellas montare; e en todo lo otro mi merçed es que se guarde la ley e prematica sançion por mi sobre esto fecha e ordenada que dize en esta guisa; Otrosi muy poderoso sennor, por los dichos rrecabdadores mas atraer e acarrear asi los dichos baratos e cohechos de algunos tienpos aesta parte, quando arriendan las vuestras rrentas han puesto e ponen condiçiones quelos arrendadores menores quelas arrendaren non las puedan dar nin den en ellas

que por ello las dichas rrentas valen menos e los dichos vuestros subditos rresçiben mucho danno e han por fuerça de baratar con los dichos rrecabdadores e se dexan de ellos cohechar, por que si los dichos arrendadores menores podiesen dar e les fueran rreçebidas las dichas fianças, ellos non baratarian quelos dichos arrendadores menores tomaran sus dineros para los dar en fiança, asi por amistad e debdos e naturalezas con algunas personas que de vuestra alteza han mrs. commo por auer fianças que dar para contentar las dichas rrentas por queles aguardan e dan los plazos para los pagar, que dichos arrendadores quieren, e avn demas de todo lo suso dicho las tales condiciones quelos dichos rrecabdadores ponen, son espresa mente contra las leyes e condiçiones del vuestro quaderno con que vuestra sennoria manda arrendar vuestras rrentas enlas quales se contiene, quelos arrendadores menores que arrendaren quales quier rrentas, puedan dar e den en ella fianças delos mrs. que de vuestra alteza tienen e han de auer los vuestros subditos fasta en çierta contia e forma, e avn asi manda vuestra merçed que sean rresçebidas las dichas fianças alos dichos rrecabdadores, e por los vuestros contadores mayores les son rresçebidas e las dan en pago delos mrs. que a vuestra sennoria han de pagar delos dichos sus rrecabdamientos e por las non rresçebir delos dichos arrendadores menores; nin por esto los dichos rrecabdadores non çesan de dar las dichas fianças, antes las baratan e toman por lo que quieren. Por ende muy alto sennor, suplicamos a vuestra alteza que en ello le plega proueer, mandando que non enbargante las tales condiçiones quelos dichos vuestros rrecabdadores e sus fazedores ponen contra las dichas vuestras leyes e condiçiones e en tanto deseruiçio vuestro e perjuizio e danno de vuestras rrentas e subditos, los dichos arrendadores menores puedan dar e den las dichas fianças segund e enla manera que vuestra alteza tiene ordenado e mandado por el dicho vuestro quaderno, sin enbargo de qual quier rrecabdo o obligaçion que el tal arrendador o arrendadores tengan fecho o fagan alos dichos rrecabdadores o a sus fazedores, los quales agora vuestra alteza dé por ningunas e mande que non valan nin ayan efecto alguno, e los dichos vuestros rrecabdadores rresçiban las dichas fianças, poniendo les sobre ello penas alos quales si en ellas cayeren mande que sean executadas en ellos e en sus bienes.—A esto vos rrespondo que mi merçed es de guardar çerca desto la ley de mi quaderno que fabla en esta rrazon, la qual es conforme alo que vosotros me suplicauades, cuyo tenor es este que se sigue: Otrosi por quanto los dichos rrecabdadores ponen otras muchas condiçiones cabtelosas so algunas colores, las quales son contra las condiçiones e leyes del

tenidas enel dicho vuestro quaderno, pues son tantas e tales que abastan para cobrar vuestras rrentas e pechos e derechos e avn por ellas vuestros subditos son mucho agrauiados e fatigados.—A esto vos rrespondo que mi merçed es que mis rrecabdadores e arrendadores arrienden mis rrentas con las condiçiones del mi quaderno e que non puedan poner otras sin primera mente ser vistas por mis contadores mayores.

4. Otrosi es nos dicho que vuestra sennoria quiere fazer masa delas vuestras rrentas, por quanto enla masa que fue fecha delas dichas vuestras rrentas los annos pasados, los arrendadores de ella faziendo entender a vuestra alteza quele fazian grand seruiçio en poner las vuestras rrentas en mayor preçio delo que solian valer los tienpos pasados, procuraron con vuestra sennoria que acresçentase e posiese algunas leyes e condiçiones nueuas enel dicho vuestro quaderno, delas quales los pueblos de vuestros rregnos comun mente se han e sienten por mucho agrauiados e son a vuestros rregnos muy prejudiziales e a vuestra alteza non viene dello seruiçio nin acresçentamiento de vuestra fazienda, pues ningund rrey nin prinçipe non se dize ser mas rrico que otro prinçipe por quelas rrentas de sus rregnos sean arrendadas por mayores quantias, mas por lo que dellas se cobra e viene a su poder para poner en sus thesoros e dar e disponer dello enlas cosas ' que entiendan ser a seruiçio suyo, ca lo otro es commo las torres del fumo que desfaze el viento. A vuestra alteza soplicamos que mande tirar del dicho vuestro quaderno las dichas leyes e condiçiones, asi nueua mente puestas e acresçentadas, pues dellas non rresulta, saluo acresçentar achaques alos dichos arrendadores para que con la premia dellas fagan de sus prouechos en grand agrauio e danno de vuestros subditos sin rresultar dello interese alguno a vuestra sennoria.

A esto vos rrespondo que yo non he mandado arrendar mis rrentas por masa nin lo entiendo mandar, e vos otros declarad que leyes son las que dezides que son acresçentadas enel mi quaderno e yo las mandaré ver e proueer sobre ello commo entienda que cunple ami seruiçio.

oficiales antigua mente asi en tienpo delos sennores rreyes vuestros antecesores commo del sennor Rey don Enrrique de gloriosa memoria vuestro padre e avn en tienpo de vuestra sennoria sienpre se acostunbraron pagar en dineros contados en vuestra camara, e corte, e por quelas dichas rraçiones asi se podiesen pagar, fue ordenado que en vuestra casa ouiese despensero delas rraçiones e delas cosas della, e asi mesmo para que mas sin trabajo podiesen sacar los libramientos dello e les fuesen libradas, se ordenó que ouiese mayordomo e contador, los quales dichos mayordomo e contador e despensero ouiesen çiertos mrs. con los dichos ofiçios e fuesen descontados delos mrs. delas dichas rraçiones e quedasen para los dichos mayordomo contador e despensero. E muy poderoso sennor, desde quinçe annos a esta parte quela desordenança delos baratos ha venido en vuestros rregnos, los dichos vuestros ofiçiales non son pagados delas dichas sus rraçiones, e si los otros mrs. de vuestros libros se baratan por la seisma o quinta parte, las dichas rraçiones se baratan por el diezmo delo que montan, e avn lo que peor es, non fallan quien las tome nin les dé cosa alguna por ellas, e algunos delos dichos vuestros ofiçiales ay, que ha çinco o seis annos e mas tienpo que non han auido cosa alguna delas dichas sus rraçiones por tener las dichas rraçiones por los libros delos dichos vuestros mayordomo e contador, e se auer de librar enel dicho vuestro despensero, el qual non puede conplir nin pagar los dichos libramientos que enel son librados, por quanto donde sienpre se han de librar para la vuestra despensa e rraçiones de vuestra casa los mrs. que eran nesçesarios antes que fuesen librados mrs. algunos a personas algunas delos dichos vuestros rregnos, e enlos mejores e mas sanos rrecabdamientos e partidos de vuestros rregnos, agora es que el dicho vuestro despensero es librado e se le libra enlos mas quebrados partidos e rrentas delos dichos vuestros rregnos donde las non pueden cobrar nin cobran, por lo qual los dichos ofiçiales de vuestra casa non pueden seruir a vuestra alteza nin tienen que comer nin que vestir[1], e commo esto sea grand deseruiçio vuestro e mucho danno e destroyçion delos dichos vuestros ofiçiales, soplicamos a vuestra alteza que enello le plega luego mandar proueer, dando orden commo al dicho vuestro despensero sean librados los mrs. que en cada anno son nesçesarios para la dicha vuestra despensa e rraçiones de vuestra casa antes que se cobren otros mrs. algunos e enlos mejores e mas sanos rrecabdamientos delos dichos vuestros rregnos, segund que en

[1] Búrgos añade: e andan pobres e desnudos en vuestra corte auergonçados, dando vozes.

que ha de auer de dos mrs. al çiento enlos libramientos que libra segund que sienpre se acostunbró, mas de poco tienpo a esta parte lieua luego en dinero contado el dicho su derecho de aquel que saca el tal libramiento e non lo quiere dar sin que luego en dinero contado gelos pague, e algunos delos dichos vuestros ofiçiales algunas vezes dexan de sacar dichos libramientos por non alcançar para pagar luego el tal derecho. A vuestra alteza plega de en esto proueer, mandando que el dicho vuestro contador descuente el dicho su derecho delos dichos dos mrs. al çiento segund que sienpre se acostunbra e acostunbró lieuar, e lo non lieue luego en dinero contado saluo aquello que deue de auer de derecho de fazer el dicho libramiento e delo asentar en sus libros.

A esto vos rrespondo quelas rraçiones de mi casa por las nesçesidades delos tienpos quelo han cabsado han sobido a mucho mayor numero delo que enlos tienpos pasados solia ser, e por que por bastar la rreçebta para la data commo se faze enlas tierras e merçedes que se non pueden librar entera mente saluo alos que traen gente de armas e me siruen, e si de grand tienpo acá se ha fecho e faze enlas rraçiones de mi casa non se libra entera mente lo que en ellas monta, quanto mas que avn dexada la nesçesidad que acarrea non se poder conplir ay mucha mas rrazon de se esto fazer enlas rraçiones, por que propia mente aquellas se dan por el seruiçio continuo que han de fazer enlos ofiçios para que se ponen, e sienpre se acostunbra non librar alos que non siruen, e la orden e tienpos dela librança es esta: Los castillos fronteros se libran luego enel comienço del anno e asi mesmo lo que es menester para la despensa dela mi mesa e dela Reyna mi muger e para la mi camara e para el thesorero dela mi casa que ha de pagar las cosas que continua mente se rrequieren, asi para la administraçion dela mi justiçia commo para las otras cosas extraordinarias que de cada dia se gastan, e luego se libran las rraçiones dela casa, todo esto lo que alcança enlos mejores logares, e avn enlos delas rraçiones sienpre se acostunbra librar un cuento de mrs. e mas enlo dela camara quelos mis

alos mis contadores mayores que libren lo delas rraçiones enlos mejores logares que ser podiere, ca mi voluntad es que sean bien pagados espeçial mente los que mas continua mente me siruen; e quanto alo que dezides delos derechos que el contador dela mi casa lieua en dineros, mi merçed es de mandar que el dicho contador sea luego llamado ante mi para que muestre e dé rrazon commo lo lieua; e si lo lieua commo non deue, yo mandaré quelo non lieue de aqui adelante.—A lo qual por vos otros fué rreplicado que me plugiese llamar ante mi al dicho Diego Romero[1] e que truxese el titulo que tiene por donde lieua los dichos derechos contra la dicha costunbre pasada.—Alo qual vos rrespondo que dezides bien e que me plaze de mandar e mandé dar mi carta para que el venga ante mi e que traya el titulo que tiene, e esto por que yo lo mande ver e prouea commo cunple ami seruiçio.

6. Otrosi por que commo es notorio la cabsa prinçipal dela mala paga delos dichos vasallos e de otras personas que mrs. han de auer de vuestra alteza, es las muchas baxas e tomas de rrentas quelos sennores e caualleros e perlados e otras personas que tienen vasallos en vuestros rregnos fazen de vuestras rrentas e pechos e derechos, que vuestra merçed ordene e mande lo siguiente: Primera mente quelas vuestras rrentas delas vuestras çibdades e villas e logares e behetrias e terminos delos logares e behetrias e abadengo e Ordenes sean arrendadas aquien mas diere por ellas cada vna sobre si en su partido. Otrosi quelas rrentas delos logares delos sennorios que vuestra merçed non las arriende nin faga arrendar, e que vuestra merçed e los vuestros contadores mayores en vuestro nonbre ayan e manden auer verdadera informaçion delo que mas valen e pueden valer las dichas rrentas, e aquello vuestra alteza lo mande librar alos tales sennores delos mrs. que han de auer de vuestra alteza en cada vn anno, e que alos dichos sennores non sean librados mrs. algunos por los vuestros contadores mayores, delos mrs. que han de auer de vuestra sennoria en otra parte, saluo enlos dichos sus logares; e si non bastaren los mrs. quelos dichos sennores han de auer de vuestra merçed e los mrs. que delas dichas sus villas e logares valen, que vuestra merçed auiendo la dicha informaçion delo que mas valen lo mande encargar alos vuestros rrecabdadores para quelo cobren delos tales logares de sennorio, e quelos dichos vuestros rrecabdadores puedan executar enlos logares delos dichos sennores por los dichos mrs., asi commo por los mrs. queles son cargados que cobren delos pedidos delos di-

[1] Búrgos: Ramirez.

Aesto vos rrespondo que vos yo tengo en seruiçio lo que en esta parte me soplicades, por que yo bien veo que vos mouedes a ello con zelo verdadero de mi seruiçio. E quanto alo que me pedides por merçed que mandase arrendar lo rrealengo e behetrias por su parte. A esto vos rrespondo que ya algunas vezes los mis contadores mayores prouaron de arrendar lo rrealengo e behetrias por su parte e avn lo abadengo, e por non auer quien fablase enlos sennorios commo conplia ami seruiçio, ouo se de continuar a se arrendar todo junta mente; pero con todo esto yo mandaré alos dichos mis contadores mayores que toda via lo arrienden asi commo vos otros dezides, por que se vea si se podrá bien fazer e que tengan çerca dello la mejor manera que entiendan que cunple a mi seruiçio e apro de mi fazienda. E quanto alo que dezides que mande alos mis contadores mayores que ayan informaçion delo que valen las rrentas delos logares de sennorios, e que aquello sea librado alos sennores cuyos son, e si las rrentas mas montaren quelo cobren mis rrecabdadores. A esto vos rrespondo que commo ya enlas otras cosas de suso por mi vos es rrespondido, los tienpos e el estado delos fechos de agora non sufren de se fazer esto e algunas otras cosas que serian mi seruiçio e prouecho de mi fazienda, e esto por algunos inconuenientes que dello se podrian rrecresçer, pero plazerá a Dios delos emendar en breue e entonçes aurá logar de se proueer en todo ello.—A lo qual fue por vos otros rreplicado que pues plugo a nuestro sennor Dios de dar concordia entre mi e el Prinçipe mi muy caro e muy amado fijo por la qual cabsa lo por vos otros pedido podria aver logar. Por ende que me soplicabades quelo mandase asi fazer pues que es mucho mi seruiçio e pro e bien de mis rregnos e subditos e naturales.—Aesto vos rrespondo que vos tengo en seruiçio lo que por este vuestro rreplicato me soplicades, por que bien pareçe vuestra buena intençion en procurar lo que cunple ami seruiçio. E quanto alo primero que pedides quelos sennorios e behetrias e abadengo non se arrienden con lo rrealengo, yo desde agora

len los sennorios e que aquello se les libre, yo entiendo mandar entender en ello lo mas ayna que ser podiere en vno con el dicho Prinçipe mi fijo, por que se emiende en ello quanto se podiere emendar, e avn enlos capitulos que se fizieron e juraron entre mi e el dicho Prinçipe mi fijo en Tordesillas se apuntó la orden que se deue tener çerca de ello.

7 Otrosi por quanto vuestra alteza ordenó e mandó apetiçion delos vuestros procuradores delas vuestras çibdades e villas el anno que pasó de mill e quatro çientos e quarenta a syete annos, que si algund sennor o ome poderoso o otra persona de vuestros rregnos feziese alguna toma de vuestras rrentas e pechos e derechos e pedidos e monedas quele fuesen vendidos los mrs. que de vuestra merçed ouiese de auer, asi de tierras e merçedes e quitaçiones [1] e juro de heredad e vasallos e heredamientos en çierta forma, e commo quier que asi se lo ordenó e mandó, non es puesto fasta hoy en execuçion, soplicamos a vuestra merçed que vuestra alteza declare alguna persona aqui en vuestra corte para que tenga encargo de saber las tales tomas e en vuestro nonbre faga proçesos contra aquellos quelo tomaren, e sea soliçitador para que se faga lo contenido enlas dichas vuestras leyes e ordenanças la persona que para ello vuestra alteza deputare e entendiere ser conplidero a vuestro seruiçio.

Aesto vos rrespondo que vos otros dezides bien o lo que cunple ami seruiçio, e mi voluntad es quelas leyes por mi sobresto ordenadas se guarden e cunplan e sean executadas quanto mas esto que tanto cunple ami seruiçio, e ami plaze encomendar el cargo desto a persona quelo sepa, por que se faga sobre ello lo que cunpla ami seruiçio.—Alo qual fue por vos otros rreplicado que me plugiere mandar declarar luego la persona por que luego se pusiese en execuçion e quela dicha persona fuese tal que sin temor alguno feziese lo que conpliere ami seruiçio.—Aesto vos rrespondo que mando alos mis contadores mayores que den cargo asus ofiçiales delas rrelaçiones para quelas tomas que fueren presentadas ante los dichos contadores las notifiquen luego al mi procurador fiscal, al qual mando quelo prosiga, e con todo esto los dichos mis contadores pongan los enbargos e fagan los desquentos.

8. Otrosi por quanto los maestres delas Ordenes de vuestros rregnos e perlados e otras personas eclesiasticas que tienen tierras e vasallos en vuestros rregnos, de pocos tienpos acá se han entremetido e entremeten a tomar e enbargar las vuestras rrentas de alcaualas e terçias e pedidos

[1] Búrgos : merçedes e rraçiones.

de sus temporalidades commo de su patrimonio, e quelos non sea rre-cudido con cosa alguna dello fasta que libre e desenbargada mente dexen fazer e arrendar alos dichos vuestros rrecabdadores e arrendadores delas dichas rrentas delos dichos sus logares e las coger e rrecabdar, e quelos dichos vuestros rrecabdadores e arrendadores para en conpensaçion de aquello queles fuere tomado, puedan conseguir e rrecabdar todas las dichas rrentas quelos sobre dichos sennores maestres e priores e comendadores e perlados e otras personas eclesiasticas, e quelos conçejos e justiçias delas dichas vuestras çibdades e villas e logares den todo el fauor e ayuda quelos dichos vuestros rrecabdadores e arrendadores para ello menester ouieren, e que si non lo fizieren que sean tenudos ala protestaçion que contra ellos por los dichos rrecabdadores e arrendadores fuere fecha.

Aesto vos rrespondo que dezides bien e lo que cunple ami seruiçio, e ya sabedes que sobre esto estan por mi fechas e ordenadas çiertas leyes, las quales es mi merçed que se guarden e cunplan e executen en todo e por todo segund que en ellas se contiene, e allende dello que se faga e guarde e cunpla asi segund que vos otros me lo soplicastes por la dicha vuestra petiçion para lo qual mando dar e librar mis cartas e prouisiones las que para ello cunplan.

9. Otrosi que vuestra merçed mande e ordene quelas fianzas de tierras e merçedes e otros mrs. que han de dar de mayor o menor los vuestros rrecabadores o arrendadores de vuestras rrentas las den de aquellas personas que sean vezinos e moradores delos tales logares donde fueren las dichas rrentas e non de otros logares de sennorios algunos, pues que delas personas que biuen enlos dichos logares de sennorios non se sirue vuestra alteza antes se siruen dellos los sennores delos dichos logares.

Aesto vos rrespondo que mi merçed es de mandar e mando que se guarde la ley del mi quaderno delas alcaualas que sobre esto fabla segund que en ella se contiene.

10. Otrosy muy escelente sennor, vuestra alteza sabe que el anno que

que fizo en Madrid, apetiçion delos procuradores de vuestros rregnos que ende estauan ayuntados por vuestro mandado, fizo e ordenó una ley por la qual mandó quelos vuestros rrecabdadores de alcaualas e almoxarifadgos e terçias e pedidos e monedas delos dichos vuestros rregnos podiesen [1] demandar e librar e rrecabdar los mrs. queles fuesen deuidos por los arrendadores e otras personas delas dichas rrentas delos dichos sus rrecabdamientos enel anno de su rrecabdamiento e fasta dos annos despues de pasado el dicho anno de su rrecabdamiento, e que dende en adelante non les podiesen [2] demandar, la qual dicha ley, muy virtuoso sennor, era e es justa, ca abasta a qual quier rrecabdador librar e cobrar los mrs. del su rrecabdamiento enel anno de su rrecabdamiento quanto mas dos annos despues, la qual dicha ley despues [3] acá ha seydo sienpre guardada saluo desde quantia [4] de tres annos acá poco mas ó menos que diz que vuestra sennoria dispensó enla dicha ley e mandó que los rrecabdadores [5] puedan demandar los mrs. delas rrentas de sus rrecabdamientos en qual quier tienpo que quisieren; delo qual sennor, rredunda grand deseruiçio [6] a vuestra merçed e grand danno [7] e destroyçion alas vuestras çibdades e villas e logares [8] de vuestros rregnos que a cabo de quinze e veynte e treynta e quarenta annos demandan lo que non les deuen, diziendo que gelo [9] deuen; e muchos delos arrendadores e sus fiadores son finados e non ay quien pueda dar rrazon, nin mostrar las cartas de pago que tenian e se les perdieron por la longura del tienpo, e avn quelo quisiesen prouar non pueden por ser el tienpo tan luengo pasado, e demandan alos fijos e nietos e herederos, delo qual se faze grand rrobo e muchas costas. Por ende soplicamos a vuestra alteza que por euitar tantos males e dannos [10] commo han rrecresçido e rrecresçen por demandar los dichos rrecabdadores de tan luengo tienpo acá, mande [11] guardar la dicha ley que por vuestra sennoria fue fecha en el dicho anno de mill e quatroçientos e treynta e tres annos a petiçion delos

1 K 3: pudiesen.
2 K 3: las pudiesen.
3 Sim. omite: la qual dicha ley despues.
4 Sim. y K 3: contia.—Asi siempre.
5 Sim. y K 3: quelos dichos rrecabdadores.
6 K 3: grande deseruiçio.
7 Sim.: grand dapno. K 3: e grande dapno.
8 K 3: lugares.—Asi siempre.
9 Sim. y K 3: que gelos.
10 Sim. y K 3: dapnos.—Asi siempre.
11 Sim. y K 3: de tan luengo tienpo que mande.

dichos vuestros procuradores [1] enla dicha villa de Madrid, e mande rreuocar la otra carta que despues vuestra merçed mandó dar en contrario, saluo si sobre las tales debdas fueren fechos tales actos o acto por parte delos dichos rrecabdadores por donde la tal prescripçion [2] se interrunpa por quelas tales debdas non sean inmortales, delo qual nasçeria [3] ocasion de exacçiones non deuidas, non podiendo los debdores por la longura delos tienpos mostrar nin prouar las pagas, enlo qual vuestra sennoria administrará justiçia e fará seruiçio a Dios e a nos otros mucha [4] merçed, e avn creemos que será vuestro seruiçio por non se dar logar alos vuestros rrecabdadores que fagan albaquias de vuestras rrentas.

Aesto vos rrespondo que por la mutaçion delos tienpos se ouo de suspender la dicha ley e avn agora los mismos tienpos cabsan [5] que seria inconuiniente si los mis rrecabdadores e arrendadores tan poco tienpo touiesen [6] para demandar sus debdas; pero queriendo que sea proueydo asi enlo vno commo enlo otro, mi merçed es que commo la prescripçion [7] corria despues de aquel anno, dos annos despues, que sean otros dos annos demas delos sobre dichos, pero esto se entienda alo que tanne alos dichos mis rrecabdadores e arrendadores e non alo que ami atanne [8] e me es deuido, nin en aquello que queda por rrecabdar por rremision o negligençia [9] delos dichos mis rrecabdadores e arrendadores.

11. Otrosi muy alto sennor, por que muchas vezes ha acaesçido e acaesçe de cada dia cada que vuestros rregnos vos siruen con alguna quantia de pedido e moneda, quelos vuestros contadores mayores arrienden tarde las dichas monedas e avn despues dan muy largos plazos alos arrendadores para las coger, [10] e quando se despues cogen por los dichos arrendadores, dizen quelas dichas personas que casaron [11] e ouieron abono durante el tienpo delos dichos plazos e alargamiento en que gelos deuen pagar [12], e por esta manera las lieuan dellos, lo qual es muy

1 Sim. y K 3: delos vuestros procuradores.
2 K 3: prescriçion.
3 Sim. y K 3: rrecresçeria.
4 Sim. y K 3: anos mucha.
5 Sim. y K 3: causan.
6 Sim. y K 3: tan poco touiesen.
7 Sim.: commo la dicha presçripçion.
8 Sim. y K 3: tanne.
9 K 3: nigligençia.
10 Sim. y K 3: cojer.—Y en adelante unas veces *coger* y otras *cojer*.
11 Búrgos: pagaron.
12 Sim. y K 3: e alargamiento quelas deuen pagar.

grand agrauio alos vuestros pueblos e pecheros e cabsa de muchos pleitos e contiendas; que bastaria[1] si a vuestra alteza pluguiese quelos vuestros arrendadores delas dichas monedas las cogiesen e lieuasen de aquellos que casasen[2] o ouiesen abono durante el tienpo que se dá para fazer los padrones. Omill mente soplicamos a vuestra alteza quelo mande e ordene asi por ley e ordenança e quela mande encorporar en los quadernos por donde se han de coger las tales monedas e asi mesmo mande alos dichos[3] vuestros contadores mayores e a sus oficiales que non manden librar nin libren vuestras cartas en contrario desto e que vuestra alteza desde agora[4] dé por ninguno e de ningund valor todo lo que en contrario desto se fiziere.

Aesto vos rrespondo que mi merçed es quel mi arrendador delas monedas, cada quel tal alargamiento le fuere fecho para demandar las dichas monedas, non pueda demandar nin auer mas nin allende nin en otra manera de quanto e commo lo podrian[5] demandar e auer durante los plazos queles fueron otorgados para lo poder demandar al tienpo que arrendó.

12. Otrosi muy poderoso sennor, enlas cortes que vuestra sennoria fizo el anno que pasó de mill e quatro çientos e quarenta e syete annos enla noble villa de Valladolid fue dada a vuestra alteza por los procuradores delas çibdades e villas de vuestros rregnos vna petiçion en esta guisa: Otrosi muy alto sennor, commo a vuestra sennoria es notorio que algunos grandes omes de vuestros rregnos han fecho e fazen de cada dia muchas conpras e se eredan enlas çibdades e villas de vuestros rregnos e sus tierras e terminos, lo qual non es vuestro seruiçio, ca se cabsa dello diuisiones[6] e apoderamiento delas dichas vuestras çibdades e villas, e es contra los preuillejos delas dichas vuestras çibdades e villas; a vuestra alteza plega delo non consentir, mandando e ordenando por ley e ordenança que se non vendan los tales heredamientos alas tales personas so pena que qual quier que gelos vendiera que por el mesmo fecho la venta non vala e pierda los tales bienes que asi vendiere, la meytad para la vuestra camara e la otra meytad para los propios dela çibdad o villa o logar donde asi acaesçiere; e que el quelo tratara esté un anno

[1] Sim. y K 3: que bastarian. Búrgos: çesarian.
[2] Búrgos: pagasen.
[3] Sim. omite: dichos.
[4] Sim.: de agora.
[5] Sim. y K 3: lo podian.
[6] Búrgos: disensiones.

vuestros rregnos, enlo qual fasta agora non sabemos que sea fecha otra prouision; soplicamos a vuestra alteza quele plega proueer luego[2] mandando e ordenando por ley que ningun ome poderoso de vuestros rregnos non pueda conprar nin conpre nin pueda auer nin aya por troque nin por conpra bienes algunos rrayzes enlas çibdades e villas e logares que son de fuera de vuestra corona nin en sus tierras e terminos, e quelas non puedan conprar nin fazer troque alguno por ellos, nin les puedan ser vendidos nin dados por troque por persona alguna, e que desde agora vuestra alteza por la dicha ley e ordenança lo defienda e faga prouision dela tal conpra o troque e enagenaçion por los tales titulos e case e anule todo lo que en contrario desto fuere fecho, en tal manera que non pueda pasar nin pase alas tales personas posesion nin propiedad nin otro derecho alguno delos tales bienes nin en ellos, nin lo puedan auer nin ganar nin ayan nin ganen, mas que todos los dichos bienes rrayzes que son e fueren enlas dichas çibdades e villas e logares que agora son o serán de aqui adelante de vuestra rreal corona e en sus tierras e términos sean desde agora e perpetua mente inalienables e non traspasables por los tales titulos en persona o personas poderosas, e dando facultad e poder ala tal çibdad o villa o logar do lo tal acaesçiere para defender la posesion delos dichos bienes e rresistir a qual quier persona o personas quelos quieran ocupar por la dicha cabsa, mandando poner e poniendo sobre ello otras penas e fuerças por donde lo sobre dicho mejor pueda auer efecto si a vuestra alteza fuere bien visto.

Aesto vos rrespondo que quanto alas çibdades e villas que sobre esto tienen preuillejos basta lo por mi ya rrespondido; e quanto alas çibdades e villas que sobre ello non tienen preuillejos yo les mandaré dar las prouisiones que çerca desto cunplan por que se faga e guarde lo que cunple ami seruiçio e a bien delas tales çibdades e villas.—Alo qual fue por vos otros rreplicado que me soplicauades que mandase dar luego las

nen los dichos preuillejos.—Aesto vos rrespondo que es verdad que por la vna parte paresçe ser seruiçio mio e por la otra parte paresçe ser agrauio asi alos que han de conprar commo alos que quisieren vender, ca muchas vegadas los tales caualleros commo vos otros dezides venden los tales bienes que tienen enlas çibdades e villas de mi corona rreal para me seruir; pero yo mandaré mas ver en ello e prouerė commo cunpla ami seruiçio, ca avn que agora vos otros non lo acordedes yo terné cura delo mandar ver e proueer.

13. Otrosy muy poderoso e esclaresçido sennor, los dichos procuradores de vuestros rregnos que estauan en vuestra corte el dicho anno de mill e quatro çientos e quarenta e syete annos presentaron a vuestra alteza una petiçion del tenor siguiente: Otrosi muy poderoso sennor, vuestra sennoria apetiçion delos dichos procuradores enel rreal de sobre Olmedo ordenó e mandó e dió para ello sus cartas e prouisiones so grandes fuerças e firmeças, que todos los ofiçios de alcalldias e alguaziladgos e rregimientos e fieldades e executorias e juraderias e escriuanias e notarias delas çibdades e villas e logares de vuestros rregnos que fuesen acresçentadas de mas e allende del numero que era ordenado de ser de los dichos ofiçios enlas dichas çibdades e villas e logares, que fuesen rreuocados, saluo los que ouiesen auido efecto e ouiesen seydo rresçebidos por los conçejos e ofiçiales delas dichas çibdades e villas e logares o por la mayor parte, e estos atales ofiçios acresçentados se consumiesen e fuesen consumidos enlos ofiçios que vacasen fasta que fuesen rreduçidos al deuido numero, e que de aqui adelante vuestra alteza non proueeria nin faria merçed delos dichos ofiçios acresçentados a alguna nin algunas personas segund que mas larga mente se contiene enla dicha ley e ordenança. E agora muy poderoso sennor, commo quier quela dicha ley por vos fue mandada enbiar alas çibdades e villas e logares de vuestros rregnos e quelos alcaldes e alguaziles e ofiçiales e rregidores jurasen delo guardar, auedes mandado e mandastes dar muchas cartas contra la dicha ley con clausulas derogatorias encorporada la dicha ley enlas dichas cartas, e non enbargante las clausulas en ella contenidas, que toda via mandauades que fuesen rresçibidos e rresçibiesen ofiçiales demasiados, asi veynte e quatros commo alcalldes e rregidor e fieles executores e jurados e escriuanos, lo qual es contra la dicha ley e mucho deseruiçio vuestro e grand danno delas çibdades e villas e logares de vuestros rregnos e delos propios dellos, que çierto es que mucho enbargo e deseruiçio vuestro es e enpacho delos fechos del rregimiento delas çibdades e villas e logares de vuestros rregnos, los muchos rre-

ley, e mande vuestra alteza rreuocar las, e quelo mande asi alas vuestras justiçias e ofiçiales delas vuestras çibdades e villas e logares delos vuestros rregnos quelo juren asi de tener e guardar e conplir lo suso dicho, so pena que por ese mesmo fecho pierdan los ofiçios quien lo contrario fiziere, e que por non conplir primera e segunda e terçera jusion en este caso, avn que vaya encorporada la dicha ley e con quales quier clausulas derrogatorias que non cayan en pena alguna e que el tal ofiçio nunca pueda auer efecto e vigor en cosa alguna. E muy poderoso sennor, commo quier que vuestra sennoria enla rrespuesta que dió ala dicha petiçion mandó guardar la dicha ley fecha enel rreal de sobre Olmedo enlos ofiçios que fasta el tienpo dela dicha vuestra rrespuesta non eran rresçebidos nin auian auido efecto las prouisiones por vuestra merçed sobre ello dadas, enpero non mandó guardar la dicha ley enlos ofiçios rreuocados por la dicha ley que despues fueron rresçebidos nin ouieron efecto, nin que vuestra sennoria auia dado despues dela dicha ley acresçentando el numero delos ofiçiales que deuian ser, proueyendo de nueuo ofiçios vacantes que segund la dicha ley deuian ser consumidos e auian auido efecto e auian seydo rresçebidos al tienpo dela dicha rrespuesta de vuestra alteza. Por ende soplicamos a vuestra sennoria que mande quela dicha ley fecha enel dicho rreal de sobre Olmedo se guarde en todo e por todo segund que en ella se contiene, non sola mente enlos dichos ofiçios que por vuestra sennoria son dados despues acá e non son rresçebidos, mas avn enlos que son rresçebidos e han auido efecto contra la dicha ley, asi enlos que fueron por ella rreuocados commo enlos que despues della fueron dados; e que asi mismo aya logar en todos ellos la prouision contenida enla rrespuesta que vuestra alteza dió ala dicha petiçion suso encorporada, mandando rreuocar e rreuocando quales quier prouisiones fechas delos tales ofiçios e rresçebimiento dellos, dando lo todo por ninguno e de ningund valor nin efecto, pues

ordenada s asi enel rreal de sobre Olmedo commo despues acá, las quales mando e es mi merçed que sean guardadas e conplidas de aqui adelante en todo e por todo segund que en ellas se contiene.

14. Otrosi muy alto sennor, por que ha acaesçido[1] que vuestra alteza a suplicaçion de algunas personas, e creese que por alguna inportunidad, en algunas çibdades e villas e logares de vuestros rregnos ha puesto en algunos ofiçios de rregimientos e veynte e quatrias e juraderias, dos rregidores e veynte e quatros o jurados, es asaber, a padre e fijo e otras personas[2] en esta manera, que quando el vno estouiere enel cabildo o conçejo que non entre el otro, e aquel que estouiere, rrija[3], lo qual en efecto es contra la dicha ley por ser acresçentamiento de ofiçiales e es grand confusion delos dichos ofiçios e dannoso[4] al buen rregimiento de las tales çibdades e villas e logares e perjuizio alos otros ofiçiales e avn amenguamiento del derecho de vuestra alteza, e por esta manera se perpetuan los dichos ofiçios, pasando de vna persona en otra[5], los quales vacarian por fin[6] de qual quier delos dichos ofiçiales si solo fuese en el ofiçio, que vuestra[7] alteza podria proueer aquien vuestra merçed fuese, lo qual non puede fazer durando el tal ofiçio por la vida de qual quier delos dichos ofiçiales. Soplicamos a vuestra alteza que rreuoque quales quier prouisiones e cartas que vuestra sennoria sobre lo[8] dicho aya dado, e los ofiçios por esta manera dados, avn que ayan auido efecto o ayan seydo e sean rresçebidos a ellos las tales personas a quien vuestra sennoria los dió e pasó e acresçentó con los tales ofiçios, e que de aqui adelante non faga las tales prouisiones, e caso que por inportunidad o en otra manera vuestra merçed las faga e dé sobre ello algunas cartas, que non valan e sean ningunas e de ningund valor e efecto e sean obedesçidas e non conplidas, avn que sean de primera e segunda e terçera jusion e dende en adelante, mandando lo e ordenando lo asi por ley, e que a vuestra alteza plega por fazer merçed alas dichas vuestras çibdades e villas e logares, por que dello sean[9] mas segu-

[1] Sim.: acahesçido.
[2] Sim.: de padre a fijo otras personas.
[3] Sim.: rriga. K 3: rryga.
[4] Sim. y K 3: dapnoso.
[5] Sim. y K 3 omiten: en otra.
úrgos: finamiento. K 3: por fyn.
[7] Sim. y K 3: ofiçio e vuestra.
[8] Sim. y K 3: para lo.
[9] Sim. y K 3: por que dellos sean.

ros, delo jurar asi e que çerca dello les mande dar las prouisiones e cartas con quantas fuerças e firmeças sean menester para rreal execuçion delo suso dicho, lo qual asi mesmo escusará a vuestra sennoria de inportunidad de aquellos que tomando exenplo [1] en tal acresçentamiento de personas que vuestra merçed ha fecho enlos tales ofiçios, le quieran soplicar por semejantes prouisiones.

Aesto vos rrespondo que ya esto está por mi rreuocado por mis cartas que sobre ello mandé dar, las quales es mi merçed e mando que sean guardadas e conplidas e executadas en todo e por todo segund que en ellas se contiene e de aqui adelante yo non entiendo de dar las tales nin semejantes cartas [2].

15. Otrosy muy alto sennor, vuestra sennoria sabe commo aya fecho algunas prouisiones sobre rrazon dela moneda de blancas para que corra e sea rresçebida en todos vuestros rregnos e sennorios e persona alguna non la deseche, lo qual vemos que se non guarda nin las dichas vuestras prouisiones han efecto por mengua de execuçion, lo qual es tanto danno e tan comun e de que nasçen cada dia tantos debates e contiendas entre los que conpran e venden e han de tratar la dicha moneda, que apenas se puede dar o tomar la dicha moneda en alguna mercaderia sin grandes rroydos e debates, e avn desto nasçe sobir el oro en tanto valor commo oy está, lo qual es la cabsa prinçipal por donde en vuestros rregnos todas las cosas son subidas e puestas en muy grand carestia; e pues el danno que desto viene es tanto e tan comun e tan continuado, soplicamos a vuestra alteza que çerca desto le plega proueer e dar tal orden, por donde los dichos dannos çesen e la dicha moneda corra enlos dichos vuestros rregnos sin la desechar, e sobre ello auer las dichas contiendas e debates, mandando quela dicha vuestra moneda non sea desechada, nin por que digan las vnas blancas que son seuillanas e otras que son rrabo de gallo e otras por las llamar otros nonbres; mas quelas blancas fechas en casas de moneda 'alan todas por viejas e las nueuas por nueuas segund que por vuestra lteza fue ordenado, e que qual quier que desechare la dicha moneda ›ntra lo suso dicho, pague a aquel a quien la desechare por la prime- vegada por cada blanca que desechare quatro blancas e por la se- nda vegada pague el doblo desta dicha pena e por la terçera vegada tres tanto, e dende en adelante por cada vegada quela non qui-

[3: enxienplo.
im. y K 3: cosas.

siere rresçebir pague mill mrs. para los propios del conçejo dela çibdad o villa o lugar donde esto acaesçiere.

Aesto vos rrespondo que yo he mandado dar e di mis cartas e sobre cartas para quela mi moneda se vse sin desechar ninguna della asi en la mi corte commo en todas las çibdades e villas e logares delos mis rregnos e ami plaze de mandar e mando dar mis cartas e prouisiones para quelo suso dicho aya execuçion segund e so las penas que sobre ello mandé poner e las dichas penas que por vos otros me son suplicadas.

16. Otrosy muy alto [1] sennor, por quanto los juezes eclesiasticos trabajan quanto pueden de alargar su juredições e vsurpar la vuestra juredição rreal buscando quantas maneras e casos pueden, por donde las cabsas pertenescan e se puedan so algund color dezir pertenesçer al conosçimiento e determinaçion dela iglesia, e por que a nos es dicho que vuestra alteza tiene sobre esto algunas bulas e prouisiones del santo Padre que aprouechan para conseruaçion de vuestra juredição; si a vuestra merçed pluguiese, a nos otros paresçe ser conplidero a vuestro seruiçio, quelas dichas bulas e prouisiones se publicasen, e avn que vuestra merçed mandase enbiar copia dellas en forma autentica alas çibdades e villas de vuestros rregnos por que vuestra juredição mejor pudiese ser defendida, e se non consintiese alos tales juezes eclesiasticos entremeter se en ella nin amenguar la. Soplicamos a vuestra alteza que prouea enello enla manera sobre dicha o en otra qual quier que vuestra sennoria viere que mas cunple a vuestro seruiçio e a guarda e conseruaçion de vuestra rreal juredição.

A esto vos rrespondo que vos otros dezides bien e lo que cunple ami seruiçio e ami plaze de mandar e mando que se faga asi, para lo qual mando que vos sean mostradas las bulas originales para que podades sacar traslados abtorizados dellas e los lleuar alas çibdades e villas e logares e tierras cuyos procuradores soys.

17. Otrosi muy poderoso sennor, ya sabe vuestra alteza en commo por algunas villas e castillos de vuestros rregnos que son en fronteras de moros non han seydo rreparados nin proueydos delos mantenimientos que han de auer nin los alcaydes bien pagados de sus tenençias, e asi mesmo por mengua de rreparos se han perdido algunas villas e castillos delas dichas fronteras, delo qual bien ve vuestra sennoria quanto deseruiçio le viene e danno alos dichos vuestros rregnos, omill men-

[1] Búrgos: poderoso.

proueydo en tienpo e en tal manera que aya efecto.

Aesto vos rrespondo que ya de suso por mi vos es rrespondido quelas tenençias e pagas e sueldos e lieuas delas villas e logares e castillos delas dichas fronteras delos moros se libran luego en comienço del anno, e enlo mas çierto e commo mejor se puede librar, e asi se fará de aqui adelante e mejor, ca plazerá a Dios de aderezar los fechos de mis rregnos mejor que agora estan, por que todo aya mejor logar de se poder fazer; e quanto toca alo que me soplicades sobre lo dicho delos dichos rreparos, con las muchas nesçesidades que yo he tenido e tengo, non se ha podido asi proueer enlo que es menester para los dichos rreparos, pero que en algunas he mandado proueer commo mejor se puede fazer, e asi lo entiendo mandar fazer de aqui adelante quanto mejor se podrá fazer.

18. Otrosi muy alto sennor, otras vezes ha seydo soplicado avuestra alteza por los procuradores delas çibdades e villas de vuestros rregnos quele ploguiese mandar quelos ofiçiales delos vuestros contadores mayores e mayordomo e despensero estouiesen rresidentes e continuasen en sus ofiçios, por quelos que con ellos ouiesen de librar fuesen mas ayna despachados e se contentasen de lieuar su derecho, guardando la ordenança que vuestra alteza tiene fecha sobre esto. E por quanto fasta agora non ha auido efecto, soplicamos avuestra alteza que mande dar orden commo rreal mente esto sea guardado e conplido.

Aesto vos rrespondo que dezides bien e que mi merçed es de mandar guardar la ordenança por mi sobre esto fecha e mando para ello dar mis cartas e prouisiones las que cunplan.—Alo qual me fue por vos rreplicado que mandase quelas dichas ordenanças fuesen luego apregonadas enla mi corte e mandase que fuese luego dado traslado dellas en forma a quien las quisiere.—A esto vos rrespondo que me plaze e mando que sean apregonadas, e quien quisiere traslado dellas que va-

çierto tienpo alos que se quisieren venir a beuir asus tierras, lo qual fazen pregonar e publicar por que venga a notiçia de todos los comarcanos, por cabsa delo qual se van muchos delos de vuestras çibdades[1] e villas e logares que son de vuestra corona rreal para las tierras delos sennorios, e asi se despuebla lo rrealengo e se pueblan los sennorios, delo qual viene deseruiçio a vuestra alteza por que vuestras rrentas se amenguan, e avn viene muy grand danno alos vuestros naturales que biuen enlas dichas çibdades e villas[2] e logares que son de vuestra rreal corona, por que se cargan sobre ellos los pedidos e otros pechos en que auian de contribuyr e pagar con ellos los que asi se apartan delas dichas vuestras çibdades e villas e logares e van amorar alos dichos sennorios. Soplicamos a vuestra alteza quele plega proueer luego en ello, mandando e ordenando por ley[3] que ningund perlado nin cauallero nin otra persona alguna non pueda dar nin dé esençion alguna alas tales personas que asi venieren delo rrealengo a morar alos[4] dichos sennorios, e si se dieren las tales esençiones que non valan nin sean guardadas, mas que toda via e sin enbargo dellas, los vuestros rrecabdadores e arrendadores delos vuestros pedidos e monedas los puedan coger e rrecabdar delas tales personas, e las vuestras justiçias los apremien a ello, e que en ninguna auenençia quelos dichos[5] rrecabdadores e arrendadores fagan con los sennores[6] e con los conçejos delas tales çibdades e villas e logares nin con otras personas, non puedan entrar nin entren los que asi se pasaren a morar dela tierra delo vuestro rrealengo alos dichos sennorios, mas que non enbargante las tales auenençias nin otra cosa alguna toda via[7] paguen sus cannamas[8] enteras enlos pedidos e monedas rreal mente e con efecto avn quelos dichos rrecabdadores e arrendadores espresa mente gelas rremitan, e quela tal rremision non vala e que vuestra sennoria, por la dicha ley e ordenança que sobre esto fará, defienda alos dichos rrecabdadores e arrendadores las dichas conueniençias e rremisiones e les mande quelas non fagan, e que si juramento o otras firmezas[9] sobre ello fezieren, que non valan e sean de ningund efecto, e demas

[1] Sim. y K 3: muchos delos dichas vuestras çibdades.
[2] K 3: enlas dichas villas.
[3] Sim. y K 3: proueer luego mandando e ordenando por vos.
[4] Sim. y K 3: a beuir alos.
[5] Búrgos: vuestros.
[6] Sim. y K 3: con los dichos sennores.
[7] K 3: toda vya.
[8] K 3: canamas.
[9] Sim. y K 3: otras cosas.

por que vuestra sennoria sea mas çierto quelas tales esençiones non se den, mande alos vuestros contadores mayores e asus logares tenientes e ofiçiales que non libren alos tales perlados e caualleros e otras personas que tienen çibdades e villas e logares de sennorio, mrs. algunos delos que tienen e touieren en vuestros libros, sin que primera mente juren de non dar las dichas esençiones alas dichas personas que delas çibdades e villas e logares de vuestra corona fueren a morar asus tierras.

Aesto vos rrespondo que ami plaze de mandar e ordenar e mando e ordeno que persona nin personas algunas de qual quier estado o condiçion, preheminençia o dignidad que sean, por su propia abtoridad non sean osados de dar esençion nin franqueza alguna para quelos que venieren a morar e beuir en sus tierras sean esentos, so pena que por el mesmo fecho yo mande cobrar dellos e de sus rrentas e delo que de mi han, lo que montare lo quelos tales esentos auian de pagar, con el doblo, e demas que cayan enlas otras penas en tal caso establesçidas por derecho e por las leyes e ordenamientos de mis rregnos; e otrosi quela tal esençion non vala nin puedan gozar della aquellos que asi se fueron a beuir de qual quier çibdad o villa o logar delo rrealengo a otra qual quier çibdad o villa o logar o tierra de sennorio, quier sea de rreynas o prinçipes o infantes o otras quales quier personas de qual quier estado o condiçion o preeminençia o dignidad que sean, mas ante[1] quelos[2] tales paguen lo que montan las dichas monedas e pedidos por quales quier bienes que tengan en quales quier logares rrealengos o en otras partes donde puedan ser auidos, con las setenas, e que sea executado[3] en sus personas e bienes delos tales.

20. Otrosi muy alto sennor, los procuradores delas çibdades de Seuilla e Cordoua nos dixeron en commo al tienpo que el Rey don Fernando de Aragon, infante que era ala sazon e vuestro tutor, yua de Seuilla para Cordoua ala çerca de Antequera[4], veyendo ser muy conplidero a seruiçio de Dios e vuestro e bien comun de aquella tierra dela Andaluzia mandar fazer vna puente enel rrio de Benbeçar que es enel camino que va dela dicha çibdad de Seuilla ala dicha çibdad de Cordoua, e es enel camino para los que van de Castilla para la dicha çibdad de Seui-

[1] K 3: antes.
[2] Sim.: quelas.
[3] Sim.: esecutado.
[4] El texto: yua de Seuilla para la çerca de Antequera.—Seguimos la leccion de la copia de Búrgos, por que está más en consonancia con lo que se dice despues en la misma peticion.

Aesto vos rrespondo que ya vos otros vedes quantas nesçesidades al presente me ocurren, e si es cosa que se pueda abastar a todo, por tanto aued paçiençia, e las çibdades e las tierras dela comarca den orden commo la dicha puente se pueda acabar.

21. Otrosi muy esclaresçido rrey e sennor, por los dichos procuradores delas dichas çibdades e villas de vuestros rregnos que en vuestra corte eran el dicho anno de mill e quatroçientos e quarenta e syete annos, fué soplicado a vuestra alteza que mandase labrar moneda de plata de rreales e medios rreales e quartos e quintos e sexmos rreales dela ley del Rey don Iuan vuestro auuelo e de el Rey don Enrrique vuestro padre de gloriosa memoria, e mandase arrendar las costas de ella segund que por vuestra sennoria fuera acordado enla çibdad de Auila, segund que mas larga mente se contiene enla petiçion sobre esto dada por los dichos procuradores, ala qual vuestra alteza rrespondió que ellos dezian bien e lo que cunplia a vuestro seruiçio e a bien comun de vuestros rregnos, e que plazia a vuestra sennoria delo mandar fazer e de mandar la orden e prouisiones que conpliesen para la execuçion dello, e muy poderoso sennor, fasta agora non paresçe que cosa alguna dello sea puesta en execuçion. A vuestra alteza soplicamos que pues el labrar dela dicha moneda es tanto conplidero a vuestro seruiçio e al bien publico de vuestros rregnos e de todos los naturales, segund paresçe por lo contenido en la dicha petiçion e es notorio, e demuestra la esperiençia quanto danno ay en non correr en estos vuestros rregnos moneda menuda de plata segund que corria en tienpo delos dichos sennores rreyes vuestros antecesores, vuestra sennoria mande poner luego en execuçion el labrar

dicho.
Aesto vos r
era conplider
que vos otros
la, e ordenada
qual despues a
dela plata, lo
por cabsa del
otros soplicado
mandar dar or
e en commo se
quisa que me s
moneda de bla
res e alcaldes
zer otras costas
me soplicauad
mandase luego
por que se dies
plidero ami se
do que ya yo t
la plata, pero
poner presçio
breue entiend
maestre Gi

vieren sea enxenplo, por que non se atreua ninguno a fazer lo semejante, e que luego vuestra sennoria nos mande dar las prouisiones e mandamientos que fueren nesçesarios para la execuçion delo suso dicho.

Aesto vos rrespondo que commo ya vos otros sabedes, yo veyendo que era conplidero ami seruiçio mandar labrar moneda de plata por la via que vos otros dezides, asi fue començado a fazer por mi mandado en Auila, e ordenada está labrança della, dela ley e talla commo ha de ser, lo qual despues acá se ha dexado de fazer por auer sobido tanto el preçio dela plata, lo qual se siguió por el sobimiento del oro, e del sobir el oro por cabsa delos trabajos de mis rregnos; pero veyendo quelo por vos otros soplicado es conplidero ami seruiçio, yo entiendo luego en breue mandar dar orden enla valia del oro, e por consiguiente enlo dela plata e en commo se labre luego la dicha moneda de plata; e quanto ala pesquisa que me soplicastes que mande fazer sobre los que han desfecho la moneda de blancas, ami plaze de mandar quela fagan los corregidores e alcaldes delas çibdades e villas e logares por que se escusen de fazer otras costas sobre ello.—Alo qual fue por vos otros rreplicado que me soplicauades que en esto del labrar dela plata e dela valia del oro, mandase luego entender con vos otros en tanto que estades enla mi corte por que se diese en ello la orden que conueniese, por que es mucho conplidero ami seruiçio e apro e bien de mis rregnos.—A esto vos rrespondo que ya yo tengo acordada la orden dela ley e talla que se deue labrar la plata, pero queda de dar orden donde se labre la plata e si se deue poner presçio alos rreales o non e algunas otras cosas, las quales yo en breue entiendo mandar ver, e mando que sea llamado aqui ala mi corte maestre Giralte mi ensayador dela mi casa dela moneda de Burgos, e otrosi que venga otro alguno que entienda bien en ello.

22. Otrosi muy poderoso sennor, ya sabe vuestra alteza en commo

non bastó para las costas que sobre ello se fizieron, delo qual ya ve vuestra merçed quanto deseruiçio se le sigue e quanto danno alas otras çibdades e villas de vuestros rregnos, que siruiendo a vuestra alteza han de conplir para socorro de vuestras nesçesidades lo quelos sobre dichos auian de pagar. E muy poderoso sennor, segund las debdas delos dichos pedidos se han sobrepuesto e enuejezido enel dicho rregno de Gallizia e enlas dichas quatro sacadas de Asturias de Ouiedo, bien tenemos que vna delas mayores dificultades que hay en se cobrar los dichos pedidos es por la grand suma e quantia que a cada vno cabe a pagar, segund la grand carga que delos dichos annos pasados tienen por non auer pagado, e asi mesmo por que de que non han seydo fasta aqui apremiados e ha pasado tanto tienpo, entienden que non son tenudos a pagar cosa alguna, e asi creemos que enlo que agora por nos otros fue otorgado a vuestra sennoria, tan poco querrán pagar su parte si en todo ello non se da alguna orden. Soplicamos a vuestra alteza quele plega presta mente proueer, pues que tanto es vuestro seruiçio e dela dilaçion fasta aqui tanto danno se ha seguido, e fablando con rreuerençia de vuestra sennoria a nos otros paresçe, que seria conplidero que vuestra merçed enbiase al dicho rregno de Gallizia e alas dichas quatro sacadas de Asturias de Ouiedo, algunas buenas personas discretas e fiables con poderes bastantes para auenir e rrecabdar las dichas debdas segund que ya algunas vezes por vuestra alteza e en vuestro Consejo fue acordado, e para quelos sobre dichos puedan fazer egualas entre vnos conçejos e logares con otros, e que enlas cartas del rrepartimiento e otras vuestras prouisiones e poderes que ouieren de yr al dicho rregno de Gallizia e quatro sacadas de Asturias de Ouiedo non se faga mençion commo las monedas tornadas en pedido les cabe aquella quantia, por quanto ellos dizen que non deuen pagar monedas e que son exentos de ellas.

Aesto vos rrespondo que çierto es segund vos otros dezides que enel mi rregno de Gallizia e enlas dichas quatro sacadas de Asturias de Ouiedo se deuen grandes quantias de mrs. delos pedidos delos annos pasados, e la prinçipal cabsa por que fasta aqui se han detenido e escusado de pagar faziendo lo que vos otros dezides, es la grand cabeça que tienen, por quelo mesmo que montaua el pedido e monedas se echó todo en pedido, e la tierra por las diuisiones e trabajos del rregno se amenguó delos vezinos e moradores que en ella auia e se pasauan a Portugal e a otras partes, e lo otro por cabsa dela cabeça en que cada logar está puesto; ca por la dicha despoblaçion, e por que vnos logares se despoblaron e otros se poblaron, ay que si ouiesen de pagar lo deuido avn que ven-

fiables para que feziesen la dicha eguala e podiesen rresçebir lo deuido, e despues por falleçimiento del dicho arçobispo e por la diuision delos tienpos e avn por que algunos caualleros e otras personas a quien auian de ser libradas algunas quantias de mrs. salieron a tomar los libramientos dellos enlos dichos pedidos, e se falló ser seruiçio mio enlos librar, çesó por entonçe de se tornar sobre la dicha eguala, pero vista vuestra soplicaçion e que es cosa que cunple ami seruiçio, ami plaze de enbiar al dicho arçobispado e alas otras partes del dicho rregno de Gallizia dos personas fiables para que fagan la dicha quita, e otrosi por que entiendan enla eguala que se ha de fazer delas cabeças e quantias que tienen para lo adelante; e pues todos vos otros que estades aqui e soys personas que confio que con todo deseo e lealtad me seruiredes, yo entiendo escoger dos personas de vos otros, prinçipales, para lo que toca ala dicha quita e eguala que es grand fiança e asi mesmo encomendaré a otras personas para rrecabdar lo deuido e para las otras cosas que çerca dello fueren menester de se fazer, e yo vos terné en seruiçio quelas tales dichas dos personas que yo declararé, se dispongan luego para ello e lo pongan en obra; e enlo delas dichas quatro sacadasde Asturias de Ouiedo todos los mas estan ya auenidos e les fue fecha çierta quita, pero si algo queda para proueer enlo deuido yo mandaré dar la mesma orden.—Alo qual por vos otros fue rreplicado que me soplicauades mandase luego declarar las dos personas que me ploguiese que fuesen alo suso dicho los quales fuesen luego; ca si luego non se proueyese quedaria de proueer commo otras vezes se auia fecho.—Aesto vos rrespondo que digades vos otros quien vos paresçe que deuen ser por que este es fecho de tanta fiança commo vos otros vedes e cunple que a omes de grand conçiençia e fiança ' se encargue.

23. Otrosi muy alto sennor, los procuradores dela çibdad de Seuilla nos dixeron quelos jurados dela dicha çibdad tienen preuillejos e sen-

guardadas, e mande e defienda alos vuestros secretarios e [illegible]
camara que non libren carta nin aluala de vuestra sennoria en contrario, e alos alcaldes e alguaziles e veynte e quatros rregidores [2] dela dicha çibdad e alos capitanes que por vuestra alteza están enla frontera delos moros e en otra frontera qual quier que agora son e serán de aqui adelante, queles guarden e fagan guardar todo lo suso dicho so priuaçion delos ofiçios e delas penas contenidas enlos preuillejos e cartas e sobre cartas que asi tienen, e demas que non sea valedero lo que asi en contrario fezieren, enlo qual vuestra sennoria fará mucha merçed alos dichos jurados e ellos serán mas obligados a seruir a vuestra merçed [3] e trabajar en guarda del rregimiento e justiçia dela dicha çibdad segund el cargo que por vuestra sennoria [4] les es puesto.

Aesto vos rrespondo que ami plaze quelos preuillejos [5] e merçedes quelos dichos jurados tienen les sean guardados segund que fasta aqui les han seydo [6] guardados, lo qual mando ala dicha çibdad e ofiçiales della que guarden e cunplan e lo fagan [7] guardar e conplir asi.

24. Otrosi muy alto sennor, por cabsa delos grandes escandalos e diuisiones que ha auido en vuestros rregnos de algunos tienpos acá, ha auido en muchas partes delos vuestros rregnos muchos rrobos e muertes de omes, e se han apoderado e apoderan algunos caualleros de algunas çibdades e villas e logares de vuestra corona e de sus tierras e comarcas, e se han fecho e fazen otros muchos insultos e maleficios quelos vuestros rregnos e vezinos e moradores dellos non lo han podido nin pueden soportar nin pasar, e muchas personas que han auido buenas fa-

e otros quelo
merçed que or
vuestra corona
otros, para que
tros rregnos, r
rrobos e fuerza
alteza fará su
merçed.
Aesto vos rre
mi justiçia e no
en mis rregnos
mio, e deuen s
e por esta via a
tendiesen a otr
otros me fue r
ęn que me pla
luego poner e
contenidos enl
25. Otrosi m
delas inportun
redamientos e
pios, asi de jur
danno e disip
deseruiçio. So

han fecho e fazen hermandades para se rresponder las vnas alas otras e rrestituyr los dichos dannos e rrobos e tomas e muertes e otros inconuenientes, e aquellos que fasta aqui lo han fecho han librado e libran bien, e otros quelo non han fecho nin fazen, padesçen. Soplicamos a vuestra merçed que ordene e mande que todas las çibdades e villas e logares de vuestra corona[1] e rregnos se hermanen e conformen e liguen vnos con otros, para que guardando lo que es pro e bien e seruiçio vuestro e de vuestros rregnos, rresistan con todas sus fuerzas e poderes las dichas tomas e rrobos e fuerzas e muertes e otros inconuenientes, enlo qual vuestra alteza fará su seruiçio e alos dichos vuestros rregnos mucho bien e merçed.

Aesto vos rrespondo quelas hermandades para fauoresçer e ayudar ala mi justiçia e non consentir los rrobos e dannos que se han fecho e fazen en mis rregnos nin se tomen los mrs. de mis rrentas, bueno es e seruiçio mio, e deuen se limitar los casos para que se deua fazer la hermandad, e por esta via ami plaze de dar logar a ello, ca en otra manera si se estendiesen a otras cosas podria cabsar inconuenientes.—Alo qual por vos otros me fue rreplicado que me ploguiese mandar declarar[2] los casos en que me plazia quela dicha hermandad se fiziese, por que se podiese luego poner en execuçion.—Aesto vos rrespondo quelos casos son los contenidos enla dicha rrespuesta.

25. Otrosi muy poderoso sennor, de diez annos a esta parte por cabsa delas inportunidades delos tienpos vuestra alteza ha dado algunos heredamientos e rrentas quelas vuestras çibdades e villas tenian de propios, asi de juro de heredad commo de por vida, lo qual ha seydo en grand danno e disipaçion delas dichas çibdades e villas e logares e en vuestro deseruiçio. Soplicamos a vuestra merçed que mande rreuocar las tales merçedes e mande rrestituyr alas dichas çibdades e villas e logares enlo suyo.

declaradas, yo mandaré proueer en ello commo cunpla ami seruiçio.

26. Otrosi muy poderoso sennor, algunas de vuestras çibdades e villas e logares deuen e han a dar a vuestra merçed, martiniegas e yantares e escriuanias e portadgos e otros algunos tributos, los quales los auian e han de pagar a çiertos plazos en çierta forma e segund los preuillejos que algunas delas dichas çibdades e villas e logares tienen delos rreyes vuestros anteçesores, cuya anima Dios aya, e de vuestra merçed, algunas personas son francos dellos e otros deuen ser prendados çiertos sus bienes, delas quales dichas martiniegas e yantares e escriuanias e portadgos e otros tributos vuestra merçed ha fecho merçed a algunas personas, e les ha dado e mandado dar vuestras cartas para auer lo suso dicho en otra forma que vuestra merçed lo auia, que es contra los dichos preuillejos, lo qual es grand danno delas dichas vuestras çibdades e villas e logares. Soplicamos a vuestra alteza que ordene e mande quelos sobre dichos aquien vuestra sennoria ha fecho las dichas merçedes las ayan e lieuen segund que vuestra merçed las auia e lieuaua, e que sean guardados los preuillejos e esençiones quelas dichas vuestras çibdades e villas e logares e los vezinos e moradores dellas, dello tienen.

Aesto vos rrespondo que mi voluntad non es que enlas merçedes que yo he dado e do, sean agrauiadas las çibdades e villas, mas quelos tales derechos sean pagados segund que antigua mente se acostunbró.

27. Otrosi muy poderoso sennor, por fauores que algunas personas han de vuestra merçed o de aquellos que son çerca de vuestra alteza, vuestra merçed les ha dado e da algunas cartas de comisiones para que sean iuezes en sus fechos propios, e otrosi en algunas vuestras çibdades e

en sus cosas propias, vedado les es por derecho, e yo asi les mando que lo non fagan so pena dela mi merçed e de priuaçion delos ofiçios.—Alo qual fue por vos otros rreplicado quelas dichas comisiones e judgados eran dados alos alcaydes delos castillos fronteros. Por ende que me soplicauades que mandase ver si era justiçia quelas touiesen o non.—Aesto vos rrespondo, que yo entiendo mandar dar orden çerca desto, la qual ya se ouiera dado, saluo por quela guerra con los moros está abierta, e emendar la prouision que agora está fecha, podria traer inconueniente, pero plazerá a Dios que en breue yo mandaré proueer enlo prinçipal e asi mesmo daré en esto la orden que cunpla ami seruiçio.

28. Otrosi commo de algunos tienpos acá la execuçion dela vuestra justiçia ha seydo e es diminuida, muchas personas, vezinos e moradores de algunas çibdades e villas e logares de vuestra corona e sus comarcas, han entrado e tomado e ocupado muchos montes e dehesas e terminos delos dichos logares, deziendo ser suyos e lo tienen e poseen e lieuan las rrentas e frutos de ello, lo qual ha seydo e es en grand danno de las dichas vuestras çibdades e villas e logares e delos vezinos e moradores dellas. Soplicamos a vuestra alteza que mande dar alas tales çibdades e villas e logares quelos pidieren, juezes a su costa para que vayan a ver lo suso dicho e alos rrestituyr en ello, e que alos dichos juezes les sea dado poder de vuestra alteza con rremota apellaçion por que çesen las luengas que çerca dello se podrian seguir.

Aesto vos rrespondo que ami plaze de mandar dar los dichos juezes que sean buenas personas, fiables, acosta delas çibdades e villas quelos demandaren, e quelas apellaçiones que delos tales se fizieren vengan ante mi e non ante otros algunos.

29. Otrosi muy alto sennor, a vuestra alta sennoria plega saber que algunas personas[1], vezinos e moradores delas çibdades e villas e logares de vuestros rregnos, seyendo pecheros e fijos de pecheros e delos mas rricos e abonados e los que mas deuen contribuyr e pechar enlos vuestros

commo conçejales, mouidos con intençion [1] de fraudar e menguar vuestros pechos e tributos e se escusar de pagar e contribuyr en ellos segund que eran e son tenudos [2] delo fazer, han procurado e procuran de cada dia obrretiçia e subrretiçia mente de se armar caualleros, asi por mano de vuestra alteza commo por vuestro mandado e liçençia e abtoridad e cartas e alualaes [3] e priuilejos e por mano de otros grandes sennores e personas e caualleros de qual quier estado o condiçion preeminençia o dignidad que sean, non faziendo rrelaçion a vuestra sennoria quelos tales son pecheros, nin seyendo informado dela calidad e condiçion dellos nin del deseruiçio que dello a vuestra sennoria se sigue e danno alos dichos vuestros pecheros por los tales se fazer e armar caualleros, se avn los tales diziendo ser escuderos e omes de armas non seyendo aquel su ofiçio, nin nasçido nin criado se enel nin lo auiendo vsado nin acostunbrado, nin ellos seyendo abiles nin capazes nin espertos nin doctos nin esperimentados enel negoçio militar e fecho dela caualleria, nin auiendo auido exerçiçio del, nin dela sabiduria del, segund que de nesçesario se rrequiere para tan alto ofiçio e ministerio, e donde concurren tan grandes peligros, e fallesçiendo [4] por la mayor parte enlos tales todas aquellas cosas que son rrazonables, e avn de nesçesaria mente deuen concurrir en aquel que deue ser elegido para la orden dela caualleria, de lo qual ha venido e viene a vuestra sennoria grand deseruiçio e alos otros pecheros de vuestros rregnos grand danno e agrauio e destroyçion, por quelo [5] que auian a pagar enlos vuestros pedidos e monedas e enlos otros pechos, los que asi por el dicho fraude e so el color del dicho titulo dela caualleria se han querido e quieren escusar de contribuyr e pechar e pagar enlos vuestros pechos e derechos e tributos, se carga alos otros pecheros que quedan, los quales en rrespecto delos tales rricos e abonados que por non pechar se arman caualleros, son pobres e lo non pueden soportar nin pagar, e por esta cabsa muchos delos dichos vuestros pecheros se han despoblado e despueblan de vuestros rregnos para fuera de ellos, e otros de vuestras çibdades e villas e logares se van a beuir e morar alos logares de sennorios por lo non poder sofrir nin soportar, de que se ha seguido e sigue grand deseruiçio a vuestra alteza e danno e despoblaçion de vuestros rregnos e delos pecheros dellos, espe-

[1] K 3: entençion.
[2] K 3: thenudos.
[3] Sim. y K 3: alualas.
[4] Sim. y K 3: faziendo.
[5] Sim.: grand agrauio e danno por quelo. K 3: grand agrauio e deseruiçio por quelo.

rado es grand cargo de vuestra conçiençia en ser exemidos e franqueados por cabsa delo suso dicho las tales personas, ellos seyendo los mas rricos e abonados e ser escusados de contribuyr e pagar enlos vuestros pedidos e monedas e pechos aquello queles ende caberia e deuian de pagar, lo qual ellos podrian bien soportar sin auer carga sobre los otros pecheros [1] que quedan, que son pobres e lo non pueden conplir nin pagar, e que por ello los tales ayan de quedar perdidos e destroydos del todo o se ayan de yr e despoblar de vuestros rregnos commo suso dicho es; e por que commo bien ve a vuestra sennoria se sigue dello otro grand inconueniente, ca seyendo armados caualleros aquellos en quien non cabe nin son para ello nin saben lo que cunple al ofiçio e exerçiçio dela caualleria, muchas vezes acaesçe seguir se dello [2] muy grandes e intolerables inconuenientes [3] e se podrian seguir mas adelante, commo cosa çierta es que abien dela cosa publica se rrequiere e de nesçesario conuiene que cada vno sea maestro en su ofiçio e lo sepa bien fazer e exerçer, e delo contrario podria venir deseruiçio a vuestra alta [4] sennoria e danno ala cosa publica de vuestros rregnos, e non podriades ser seruido delos tales enel fecho dela caualleria por la manera que cunple a vuestro seruiçio e a bien e defension dela cosa publica de vuestros rregnos, e commo quier que sobre esto vuestra alta e rreal magestad aya ordenado algunas leyes, queriendo proueer e rremediar al bien publico de vuestros rregnos e para quitar e desuiar los dichos inconuenientes, pero segund la esperiençia lo ha mostrado e lo muestra de cada dia e mayor mente [5] segund los grandes fraudes e cabtelas e engannos e maneras que se fazen e catan e buscan contra las dichas vuestras leyes, e non bastan nin satisfazen ollas por lo que cunple a vuestro seruiçio e ala indepnidad [6] de vuestros rregnos e delos pecheros dellos. Por ende

[1] Sim.: a se aver de cargar sobre los otros pecheros.

[2] K 3: dellos.

[3] K 3: inconbenientes. — Otras veces se escribe esta palabra en el códice citado con v consonante

omill mente soplicamos a vuestra sennoria quele plega sobre ello mandar rremediar e proueer, non armando nin mandando armar de aqui adelante caualleros alos tales pecheros e mandando e ordenando que todos e quales quier que eran pecheros o fijos de pecheros e fueron fasta aqui armados caualleros o lo fueren daqui adelante, asi por mano de vuestra alteza commo por vuestra abtoridad e liçençia e cartas e alualaes e poder [1] o en otra qual quier manera o por qual quier o quales quier personas e sennores e caualleros de qual quier estado o condiçion preeminençia o dignidad que sean, pechen e paguen e contribuyan, e sean tenudos [2] de pechar e pagar e contribuyr de aqui adelante con los otros pecheros dela çibdad o villa o logar donde moraren e beuieren, enlos vuestros pedidos e monedas e pechos e derechos e derramas, asi rreales commo conçejales e otros quales quier segund los pechauan e pagauan ante que se procurasen de se fazer e armar e fuesen fechos e armados caualleros, e que ellos nin los fijos e nietos e otros desçendientes delos tales se non puedan escusar nin escusen de aqui adelante de contribuyr e pechar e pagar enlos tales pechos e derechos e tributos e derramas, non enbargante la dicha caualleria e los preuilejos e esençiones della, nin quales quier leyes e ordenanças que en su fauor sean nin quales quier cartas nin preuillejos que fasta aqui tienen o touieren o ganaren de aqui adelante, avn que sean fechos e dados de vuestro propio motu e çierta çiençia e poderio rreal absoluto, e contengan quales quier clausulas derogatorias [3] e abrogaçiones e derogaçiones e non obstançias [4], e avn que en ellas se faga mençion general o espeçial desta nuestra sopliçacion nin dela ley que sobre esto vuestra merçed feziere e ordenare, e avn que vaya en ella encorporada de palabra a palabra e que vuestra alta sennoria las rreuoque e casse e anulle e dé por ningunas e de ninguno valor, de vuestra çierta çiençia e propio motu e poderio rreal absoluto; en quanto tanne alos dichos pechos e tributos pues quelos tales preuillejos e cartas o alualaes, quanto tanne alos dichos pechos commo aquellos que tienden [5] e tenderán en noxa [6] e fueron e serán ganadas e inpetradas en tanto deseruiçio vuestro e en danno de muchos e contra el bien publico de vuestros rregnos, non valen nin deuen ser guardadas, e avn por que si lo tal asi pasase seria

[1] K 3: o poder.
[2] K 3: thenudos. Búrgos: tenidos.
[3] K 3: clausolas derrogatorias.
[4] K 3: abstançias.
[5] Sim.: commo quier que tienden.
[6] K 3: tenderian en noxa.

rreales commo conçejales, llamandose escusados delos tales, o las iglesias e perlados o personas eclesiasticas o rreligiosas dieren o inpetraren en su fauor cartas de escomunion e otras quales quier contra los conçejos e enpadronadores e cogedores, quelos tales que se llaman escusados sean presos e traydos a vuestra corte a sus costas e mesiones e les sean secrestados todos los bienes, e que non puedan ser nin sean sueltos nin les sean desenbargados sus bienes sin vuestro espeçial mandado; e que cada quelo tal acaesçiere, vuestra merced mande eso mesmo llamar sobrello que vengan a vuestra sennoria los perlados e personas eclesiasticas o rreligiosas e otras quales quier que directe o indirecte se entremetieren de yr o pasar contra lo sobre dicho o lo enbargar [1] en quales quier manera, por que venidos, vuestra sennoria mande proueer sobre ello commo cunpla a vuestro seruiçio, e que mandedes alos del vuestro Consejo e oydores dela vuestra abdiençia e alcalldes e notarios e otros juezes dela vuestra casa e corte e chançelleria que den e libren sobre todo lo sobre dicho e para la execuçion dello las cartas que cunplieren, mandando e defendiendo sobrello alos sobre dichos e otros quales quier vuestros juezes, que a petiçion delos sobre dichos nin otros delos que son o fueren armados caualleros de que suso se faze mencion en esta nuestra soplicaçion nin de alguno dellos, se non entremetan de mandar citar nin llamar nin enplazar alos conçejos delas çibdades e villas e logares delos vuestros rregnos e sennorios nin alos tales cogedores nin enpadronadores nin a otros quales quier que puedan conosçer e conoscan de quales quier pleitos e causas e questiones çeuiles nin creminales que sobre ello les quieran mouer en qual quier manera, nin los tales enplazados sean tenudos [2] de paresçer nin enbiar ante ellos sobre la dicha rrazon, e que por non paresçer nin enbiar non ayan incurrido nin incurran en rrebeldias [3] nin costas nin en pena alguna çeuil nin creminal, para lo qual vuestra sennoria les quite en esta parte todo poderio e juridiçion e agrauio e coherçion e exerciçio [4], mandando que por este mismo fecho e por ese mismo derecho aya seydo e sea ningund e de ningund valor qual quier prouision e sentençia e execuçion e otra qual quier cosa que sobre ello fuese fecho e executado e pronunçiado e sentençiado contra el tenor e forma delo suso dicho o qual quier cosa o parte dello.

Aesto vos rrespondo quelo por vos otros pedido en esta parte es lo

[1] Sim.: o lo enbarguen.
[2] K 3: thenudos.
[3] Sim.: rrebellia. K 3: rrebeldia.
[4] Sim.: todo poderio e juridiçion e cogniçion e coherçion e execuçion.

monedas e otras quales quier derramas, todo esto e cada cosa dello segund e por la forma e manera que me lo vos otros soplicastes por la dicha vuestra petiçion e con esas mismas calidades e abrogaçiones e derogaçiones; e quanto alos otros escusados vuestra petiçion es justa e conplidera ami seruiçio, e mando que se faga e guarde asi, segund e por la forma e manera que me lo soplicastes e con esas mismas abrogaçiones e derogaçiones, lo qual todo suso dicho e cada cosa delo contenido enla dicha vuestra soplicaçion suso encorporada, mando e ordeno e establesco e quiero e es mi merçed que se faga e guarde e cunpla asi en todo e por todo segund e por la forma e manera e con las mismas firmezas e clausulas e abrogaçiones e derogaçiones e non obstançias e con todas las otras cosas e cada vna dellas suso espeçificadas e contenidas enla dicha vuestra petiçion, non enbargante otra qual quier cosa de qual quier natura vigor e efecto calidad e misterio que en contrario sea o ser pueda, auiendo lo aqui todo e cada cosa dello por espeçificado e declarado, e asi e a tan conplida mente commo si en esta mi ley agora otra vez fuese rreiterado e nonbrado e fecho dello espresa e espeçial mençion por que asi cunple ami seruiçio e aguarda de mi conçiençia e abien comun dela cosa publica de mis rregnos. — Alo qual fue rreplicado[1] por vos otros que por muchas personas vos era quexado, diziendo que a vuestra soplicaçion yo fazia e ordenaua la dicha ley e ordenança para que todos los que eran fechos caualleros de diez e ocho annos a esta parte, pechasen e contribuyesen enlos mis pedidos e monedas e enlos otros pechos e tributos conçejales, enlo qual dizen ser muy agrauiados por quanto los tales han mantenido e mantienen el abito dela caualleria limpia mente e han tenido e tienen despues que fueron armados caualleros continua mente sus cauallos e armas, e que fueron e han seydo a mi seruiçio por sus personas, asi enla liberaçion[2] de mi persona commo enla batalla de Olmedo e enlos conbates de Pennafiel e Atiença e enel rreal de Toledo e en otras partes que yo mandara que fuesen en mi seruiçio, e que vos fuera[3] pedido que me soplicasedes çerca dello commo su libertad les fuese guardada, non enbargante la dicha ley e ordenança, e que commo quier quelo suso dicho seria en danno de mis subditos e naturales pecheros[1] por quelo quelos tales caualleros auian de pechar les era cargado a ellos, pero que mirando que algunos delos dichos caualleros se auian dispuesto a vsar el dicho ofiçio de caualleria e auian desfecho sus faziendas para conprar cauallos e armas, e asi mesmo auian dexadó sus ofiçios de que se sostenian e mantenian e pechauan por ser mas onrrados e tomar el dicho abito de caualleria, por ende que me soplicauades que ordenase e mandase quelos tales que asi eran armados caualleros despues que tomaron el dicho abito dela caualleria auian mantenido e mantenian cauallos e armas e non auian vsado nin vsauan ofiçios baxos nin viles que fuesen apartados e deshonestos al ofiçio dela caualleria, que estos atales fuesen esentos commo fasta aqui lo auian seydo, e quelos tales caualleros fuesen toda via tenudos de tener e mantener sus cauallos e armas dela quantia por mi ordenada; e si non los touiesen todo tienpo para con que me podiesen venir seruir, que pechasen e fuesen tenudos de pechar e contribuyr segund que enla dicha mi ordenança es contenido, e asi mesmo quelos fijos e nietos e otros desçendientes de estos atales toda via pechasen e fuesen tenudos de pechar enlos dichos pechos rreales e conçejales, saluo si touiesen e mantouiesen los dichos cauallos e armas por la forma suso dicha. — Aesto vos rrespondo quelo por mi rrespondido e la sobre dicha ordenança por mi sobre ello fecha a vuestra soplicaçion es tal qual cunple ami seruiçio e abien dela cosa publica de mis rregnos, pero si algunos caualleros ay que sean abiles para la caualleria e me han seruido enlas dichas guerras commo vos otros dezides, declare cada vno de vos quien e quales son los tales enlas çibdades e villas donde sois procuradores, e yo los mandaré venir[2], e venidos ante mi yo mandaré auer çerca dello la informaçion que se rrequiera e mandaré proueer commo cunpla ami seruiçio, por manera quelos tales non ayan rrazon de se quexar.

30. Otrosi muy poderoso sennor, bien sabe vuestra sennoria quantos clamores vos son venidos delos grandes males e muertes, e presos muchos omes e mugeres e criaturas, e dannos e rrobos de ganados e otras cosas quelos moros enemigos de nuestra sancta fe catolica han fecho e de cada dia fazen enlas vuestras çibdades e villas e logares e tierras e sus comarcas del Andaluzia e en espeçial delo quelas çibdades de Seuilla

[1] Sim. y K 3 omiten: pecheros.
[2] Sim. y K 3: llamar.

puedan fazer e rreparar mas obras delas que se pueden fazer e con menos gasto.

Aesto vos rrespondo que yo vos tengo en seruiçio la dicha vuestra soplicaçion e ya yo ante de agora veyendo ser nesçesario oue mandado entender e mandé enbiar maestros a ver lo que mas nesçesario era de rreparar e a que podria llegar la costa dello, e avn los tienpos andados en algunas de aquellas cosas he mandado proueer aquello que bien se pudo fazer, ami plazeria mucho quelo que está de rreparar enlas dichas villas e castillos fronteros se rreparase bien e commo era nesçesario, e çierto es que quanto estouiesen mejor rreparadas las villas e castillos mejor se podrian defender, e si algunos ganaron los moros non fué la cabsa dello aquello que vos otros dezides, ca la prinçipal cabsa fué parte [1] non estar en ellas la gente que yo mandé pagar para ellas, nin los alcaydes por sus personas estar en ellas; e ya vos otros vedes si el pedido e monedas que agora se otorgaren es menester para pagar el sueldo ala gente de armas que yo trayo e alos otros capitanes mios que están en mi seruiçio por allanar e paçificar mis rregnos e rresistir los rrobos e muertes e tomas e fuerças e rrescates e otros males que en ellos se fazen por tantas partes, e asi mesmo para proueer contra los castillos e fortalezas que están rreuelados ami e de que se fazen muchos delos dichos males e dannos, e otrosì para proueer enlas fronteras contra los moros; ca sola mente para lo delas dichas fronteras non bastan con dos tanto el pedido e monedas que se pagarán en toda el Andaluzia, asi que considerando esto que tanto prinçipal es que se ha de tomar del pedido e monedas, si demas desto se ouiese de tomar para los dichos rreparos delas dichas villas e castillos fronteros, e tornando se delos logares que vos otros sennalades commo vos otros dezides, e catando asi mesmo de quantas partes de mis rregnos yo non puedo ser socorrido del dicho pedido e monedas, de nesçesario seria de faltar lo vno o lo otro; par tanto enlo delos dichos rreparos, considerada la quantidad del pedido e monedas que me auedes de otorgar si de aquello ouiere de que se tome para esto yo lo mandaré fazer, donde non, lo mas en breue e mas presto que se podria auer para ello yo lo mandaré proueer. —Alo qual fue por vos otros rreplicado que pues que despues delo suso dicho commo mi merçed sabia eran deputados para las dichas labores dos cuentos de mrs. segund que enel otorgamiento que de ellos feziestes se contiene, por ende que ami merçed ploguiese mandar que fuesen librados e pagados e dado cargo delas dichas labores commo era apun-

[1] Burgos: fué por.

tros anteçesores de esclaresçida memoria posieron pagas e sueldos dela gente que auia e ha de estar enlos logares e fortalezas dela dicha frontera e asi mesmo despues vuestra merçed enlos logares que se ganaron delos dichos moros, la qual gente, ellos a vuestra merçed ordenaron, que se pagase por que continua mente estouiese enlos dichos logares e fortalezas e de alli podiesen ofender e defender, e por que de algunos tienpos acá por rrazon delos malos libramientos e pagas queles son fechas alos alcaydes e vezinos delos dichos logares, asi del pan commo de los mrs. que han de auer, se han despoblado e despueblan los dichos logares e fortalezas, e los alcaydes dellas non tienen en ellos, saluo la menos gente que pueden sola mente para la defension dellos, por lo qual la petiçion delos procuradores delas vuestras çibdades e villas que a vuestras cortes venieron el anno que pasó de mill e quatro çientos e quarenta e syete annos, queriendo proueer en ello, a vuestra merçed soplicaron que en ello mandase proueer e por entonçes vuestra merçed ordenó e mandó enbiar ala dicha frontera e fazer pesquisas çerca dello, lo qual fasta aqui non ha venido en execuçion. A vuestra merçed soplicamos que luego que en tanto que en estas vuestras cortes estamos depute las dichas personas que han de yr a fazer lo suso dicho e que sean tales que luego vayan e bien e diligente mente lo fagan, por que vuestra merçed lo vea e en ello mande proueer por la manera que cunpla a vuestro seruiçio e a pro e bien dela dicha frontera.

Aesto vos rrespondo que vos otros soplicades bien e lo que cunple ami seruiçio e asi lo entiendo mandar fazer.—E por vos otros me fue sobre ello soplicado que mandase luego declarar las personas que auian de yr alo suso dicho e que fuesen, por que en se dilatar se acarrea peligro.—Aesto vos rrespondo que nonbredes vos otros algunas personas de las que vos paresçiere que son aptas para ello e de quien yo pueda confiar por que yo mande proueer por la manera que cunpla ami seruiçio.

32. Otrosi muy poderoso sennor, por que de algunos tienpos acá vuestra sennoria ha fecho merçed a algunos caualleros e a otras perso-

nin pagan enlas dichas villas e logares e castillos la gente que en ellos deuen tener e pagar, que vuestra merçed constringa e apremie alos dichos caualleros e personas que tengan e paguen la dicha gente, por que los dichos logares e castillos estén bien poblados e se puedan bien defender, e asi mesmo dellos puedan ofender alos dichos moros cada que nesçesario sea, e si lo asi non fezieren que vuestra alteza non les pague nin mande pagar mas pagas e sueldo de para la gente que en ellos estouiere.

Aesto vos rrespondo que vos otros dezides bien, e los que fueren a saber la verdad delo vno sabrán la verdad de esto.

33. Otrosi muy poderoso sennor, por quanto enlos tienpos pasados para ver los rreparos que eran nesçesarios de se fazer enla dicha frontera e asi mesmo para ver si estaua la gente que en ella deuia estar, los dichos rreyes vuestros anteçesores, cuya anima Dios aya, e vuestra merçed, tenian e touieron, e asi mesmo tiene vuestra merçed, veedor que ha de yr en cada anno alas çibdades e villas e castillos e fortalezas dela dicha frontera, alos quales se ha dado e da quitaçion, e de muchos tienpos acá el dicho veedor non ha ydo a fazer cosa alguna delo suso dicho, que vuestra merçed ordene e mande que de aqui adelante el dicho vuestro veedor vaya a fazer lo suso dicho e lo notifique a vuestra merçed o alos vuestros contadores en vuestro nonbre, por que en ello vuestra merçed prouea commo entendiere que es conplidero a vuestro seruiçio e a pro e bien dela dicha frontera.

Aesto vos rrespondo que vos otros dezides bien e asi lo entiendo mandar.

34. Otrosi por quelas dichas villas e castillos e fortalezas e los alcaydes dellas han seydo mal pagados de sus pagas, que vuestra merçed ordene e mande que sea fecha la librança dellos por los vuestros contadores mayores en todo el mes de Enero de cada anno commo ya se ha ordenado otras vezes, por que por la dilaçion que en ello se da les ha venido e viene grand danno dello, e quelos mrs. e pan que asi han de auer de paga que sean librados a cada logar en su arçobispado e obispado, por que con menos costas e trabajos e mas aina se pueda cobrar lo que asi han de auer.

Aesto vos rrespondo que ya yo por mi de suso está bien rrespondido la manera que he mandado e mandé que se tenga enla librança delas dichas villas e castillos fronteros.

35. Otrosi por que de muchos annos acá los vuestros contadores han librado e libran el pan delas dichas pagas e tenençias a preçio de çiento e çinquenta mrs. la cafiz del trigo e çien mrs. la cafiz dela çeuada, lo

liere en cada comarca donde lo han de conprar.

Aesto vos rrespondo que ya algunas vegadas yo he mandado conprar el pan para las dichas pagas e lo pagar en pan, e asi por falta delas lieuas commo por otras escusas ouo en ello estos dannos [1] e inconuenientes, e avn demas de aquello sola mente si se ouiese de conprar el pan auria mas costas, por que el pan sube mucho mayores preçios, asi que por cabsa desto algunas vezes se libran en pan e otras vezes se pagan en dinero commo los tienpos lo padesçen.

36. Otrosi por que vuestra merçed ha librado e libra las lieuas del pan delos sobre dichos logares e castillos a algunos caualleros e otras personas que están obligados a lieuar el dicho pan, e por non auer pan alguno que lieuar, los dichos caualleros e personas se quedan con los mrs. queles libran delas dichas lieuas, sean libradas alos alcaydes que se quisieren encargar de lieuar el tal pan que asi ha de auer qual quier delos logares dela dicha frontera, por que con los mrs. delas dichas lieuas e delo que vuestra merçed les mandare librar del dicho pan, se puedan aprouechar e dello se puedan mejor sostener e mantener, ca mucho mejor trabajarán e terná cura de lieuar el pan el alcayde que non alguno otro que tome los mrs. dela lieua ante que el tienpo llegue para lo lieuar, e avn son los que tienen en cargo la tal lieua omes mas poderosos quelos alcaydes e por tanto non les pueden apremiar los alcaydes nin pagadores nin vezinos del tal logar, por lo qual muy poderoso sennor, ha seydo e es cabsa de todo el mal e danno que ha venido e está aparejado de venir enla dicha frontera.

Aesto vos rrespondo que non seria buen rrecabdo de mi fazienda librar lieuas de pan donde non se rrequiere conprador para lo lieuar, e quando se libra el pan a dinero ya çesa la lieua e a todo se ha consideraçion, e alos tienpos que yo mandare conprar el pan e lo lieuar, yo mandaré alos lieuadores que están obligados delo lieuar quelo lieuen, e quando non lo fizieren yo mandaré proueer en ello e avn agora a algunas villas se da el cargo dela lieua e se les libra lo que se libraua al

37. Otrosi muy poderoso sennor, algunos caualleros e personas e alcaydes que tienen cargo de lieuar alas dichas villas e castillos fronteros el pan que han de auer en cada anno, teniendo arrendadas de vuestra merçed las dichas lieuas e teniendo las por merçed de vuestra sennoria e auiendo las vuestra merçed tasado con ellos para que asu cargo lieuen el dicho pan, de poco tienpo acá a soplicaçion, vuestra alteza les ha mandado dar e dió sus cartas para algunas çibdades e villas del Andaluzia para queles den bestias para lieuar el dicho pan, pagando les çiertos mrs. contenidos enlas dichas cartas para lieuar el dicho pan, enlo qual las dichas çibdades e villas e logares, vezinos e moradores dellas e de sus tierras son muy agrauiados, por que por aquella cabsa los dichos lieuadores e alcaydes demandan las dichas bestias e non lieuan ningund pan e lieuan por las dichas bestias de aquellos que son rrepartidos e las han a dar lo que quieren en dineros por quelos escusen que non gelas den. Soplicamos a vuestra merçed que pues esto es danno de vuestras çibdades e villas e logares e los dichos caualleros e personas e alcaydes tienen cargo de lieuar el dicho pan e vuestra merçed les da lieua en cada anno por ello e enlos tienpos pasados nunca se acostunbraron dar las dichas bestias, que vuestra merçed mande rreuocar las dichas cartas e mande que de aqui adelante non se den las dichas bestias.

Aesto vos rrespondo que mi merçed es e mando quelos que tienen cargo de fazer las dichas lieuas cunplan los contratos que sobre ello tienen fechos sin demandar las cosas suso dichas, e los que non tienen contratos fechos e yo les do çierta quantia por la dicha lieua, que sean tenudos dela lieuar sin demandar las bestias, saluo en tienpo de guerra.

38. Otrosi muy poderoso sennor, enla vuestra casa de la moneda de la çibdad de Seuilla se labra mucho mas oro que en todos vuestros rregnos, e por que el ofiçio de ensayador es cosa de grand fiança, enlos tienpos pasados ouo dos ensayadores, por que seyendo dos, guardan e saben mas la ley del oro que deue ser labrado e agora non ay mas de vn ensayador, e por que somos ya informados que es mucho conplidero a vuestro seruiçio e pro e bien dela moneda que se labrare, omill mente soplicamos a vuestra sennoria que mande que aya enla dicha vuestra casa dela moneda dos ensayadores para agora e para sienpre, lo qual será grand seruiçio de vuestra sennoria.

Aesto vos rrespondo que yo entiendo mandar proueer en algunas cosas çerca delas mis casas dela moneda e dela librança e entiendo mandar proueer en esto commo se rrequiera.

39. Otrosi muy poderoso sennor, vuestra alteza sepa que en algunas

almoneda e rrematando las encl escriuano o escriuanos que mas quantias de mrs. por ellas dauan para rrepartir los tales mrs. entre si los dichos escriuanos, e que enla rrenta o rrentas que vn escriuano sacase que non diese fe el escriuano o escriuanos quelas non sacasen so grandes penas que entre si ponian, lo qual ellos fazian sin liçençia e espeçial mandado de vuestra sennoria e en grandisimo danno delas çibdades e villas de vuestros rregnos, donde los dichos escriuanos del dicho numero fazian e arrendauan la dicha rrenta e delas otras personas que a ellas venian, e algunas escripturas se auian de fazer e otorgar ante los dichos escriuanos e contra todo derecho e contra la libertad delos dichos ofiçios de escriuania, e despues en algunas delas dichas çibdades e villas delos dichos vuestros rregnos donde los dichos escriuanos fazian e arrendauan las dichas rrentas, dexaron e se quitaron e apartaron delas fazer e arrendar, e las non han fecho nin arrendado nin rrepartido por espaçio de diez annos a esta parte e mas tienpo, e de vn anno a esta parte poco mas o menos tienpo, los dichos escriuanos en algunas delas dichas çibdades e villas tentaron de querer tornar a fazer las dichas rrentas, e los rregidores de algunas delas dichas vuestras çibdades e villas delos dichos vuestros rregnos donde los tales escriuanos del dicho numero solian fazer las dichas rrentas o la mayor parte dellas, veyendo commo era vuestro deseruiçio e el grandisimo danno e destroyçion que por ello enlos tienpos pasados vino alas dichas çibdades e villas do lo suso dicho se fazia, por su petiçion soplicaron a vuestra alteza que defendiese firme mente alos dichos escriuanos que se non feziesen nin arrendasen las dichas rrentas, poniendo les sobre ello grandes penas, sobre lo qual vuestra sennoria proueyó e mandó e defendió alos dichos escriuanos quelo non feziesen nin arrendasen nin rrepartiesen so priuaçion delos ofiçios e de otras penas que sobre ello vuestra sennoria les puso, e los dichos escriuanos so titulo e intençion de alcanzar' de poder fazer las dichas rrentas, oposieron se contra la tal prouision e trauaron pleito vnos con otros e otros con otros, por que

fazer las dichas rrentas. E agora muy poderoso sennor, vuestra alteza sabrá quelas rrentas que antigua mente los dichos escriuanos fezieron, que fue deseruiçio de vuestra sennoria e grand detrimento e danno de la rrepublica delas dichas çibdades e villas, do las dichas rrentas los dichos escriuanos fazian, e que enlas dexar de fazer commo las dexaron que fue vuestro seruiçio e grand pro delas dichas çibdades e villas e dela rrepublica dellas, e si los tales escriuanos las ouiesen de tornar a fazer por esta cabsa la grand confusion que dello se seguiria, los pueblos non serian rregidos nin administrados segund e enla manera que deuen nin menos la vuestra justiçia seria guardada nin cunplida nin executada commo deue, nin las partes aquien las cabsas tocasen alcançarian conplimiento de justiçia, e por quela libertad delos dichos ofiçios seria cortada e rrestrennida, lo qual la calidad delos dichos ofiçios non padesçia. Por ende soplicamos a vuestra merçed que mande e defienda alos dichos escriuanos que enlas çibdades e villas delos dichos vuestros rregnos donde de diez annos a esta parte non se fezieron nin arrendaron nin rrepartieron rrentas nin mienbros algunos dellas delos dichos ofiçios de escriuanias, e sobre ello algunos delos rregidores delas dichas çibdades o villas o de qual quier dellas soplicaron a vuestra sennoria que mandase e defendiese alos dichos escriuanos, que pues ello era en tan grand deseruiçio [1] e danno de la rrepublica ala qual vuestra sennoria deuia proueer, queles non consintiese desfazer nin pechar las dichas rrentas nin mienbros dellas, e que si los auian fecho o feziesen que fuesen en si ningunos, e vuestra sennoria sobre ello proueyó e mandó e defendió alos tales escriuanos quelas non feziesen nin arrendasen nin rrepartiesen, e la dicha prouision que sobre ello vuestra alteza mandó dar fue presentada ante la justiçia dela tal çibdad o villa e obedesçida e mandada guardar e conplir, que non fagan nin arrienden nin rrepartan las dichas rrentas e mienbros dellas e delos dichos ofiçios de escriuanias e a ellos tocantes agora e de aqui adelante en ningund caso; e que si las fezieren, ninguno non sea obligado delas guardar e que aya fuerça e vigor de ley so aquellas mismas fuerças e penas e firmezas contenidas enlas prouisiones que vuestra alteza sobrello mandó dar e con otras quales quier que sean mas fuertes e firmes, e que a mayor abondamiento vuestra alteza jure e le plega de jurar delo asi guardar e conplir e de non yr nin venir contra ello nin contra cosa alguna nin parte dello en ningund tienpo nin por alguna manera, mandando otrosi alos corregidores e sus lugares tenientes alcaldes rregidores e al-

1 Búrgos: grand agrauio e en tan grand deseruiçio.

mismo fecho si lo contrario fezieren sean confiscados e aplicados para la vuestra camara e fisco, prometan e juren en forma deuida de derecho de guardar esta vuestra ley e ordenança, e en guardando la, que non consientan nin dexen alos dichos vuestros escriuanos fazer nin arrendar las dichas rrentas[1], e en caso quelas fagan que non ayan fuerça nin vigor alguno nin sea obligado delas tener nin guardar, non enbargante que de aqui adelante los dichos escriuanos sobre ello para poder fazer las dichas rrentas sean proueydos por vuestras cartas e alualaes e prouisiones con quales quier non obstançias e clausulas derogatorias, avn que sean dadas de vuestro propio motu e çierta çiençia e poderio rreal absoluto o en otra qual quier manera que por ella vuestra alteza derogase e rreuocase e quisiese derogar e rreuocar esta ley e ordenança e las otras prouisiones por vuestra alteza en esta rrazon dadas, o dellas fuese o sea fecha especial mençion enlas dichas vuestras cartas e alualaes e prouisiones contra el tenor e forma desta dicha vuestra ley e ordenança nin delo suso dicho, que non sea nin pueda ser alos dichos escriuanos nin algunos dellos adquirido titulo nin derecho alguno para fazer nin echar nin rrepartir rrentas algunas delos dichos ofiçios de escriuanias, asi quanto a propiedad e derecho commo quanto a posesion vel casi, e que si las feziesen non valan ninguno e nin algunos non sean tenudos delas tener nin guardar nin conplir, e que incurran enlas penas contenidas enlas dichas vuestras cartas e prouisiones sobre ello dadas.

Aesto vos rrespondo que es mi merçed e mando que se guarden las cartas que yo sobre esto he dado e contra el tenor è forma dellas non vayan nin pasen, pero si algunas partes alguna cosa quisiesen dezir contra ello, parescan ante mi por quelos yo mande oyr e fazer conplimiento de justiçia, e en tanto toda via es mi merçed e mando que se guarden las dichas mis cartas.

40. Otrosi muy poderoso prinçipe rrey e sennor, ya sabe vuestra alteza commo le ovimos suplicado que mandase proueer enlos grandes

por cabsa delos muchos francos e esentos que enlas dichas çibdades e villas e logares ay, asi deziendo ser ofiçiales vuestros commo por otras muchas e diuersas maneras; e por que a nos otros paresçe que en algunos delos dichos ofiçios vuestra alteza deue mandar proueer enla manera yuso escripta, omill mente soplicamos a vuestra sennoria quelo mande asi proueer, lo qual rredundará en grand seruiçio de vuestra alteza. Primera mente que vuestra alteza[1] mande quelos monederos que vuestra alteza mandara labrar enlas vuestras casas dela moneda sean de aquellos que sean[2] ordenados por vuestra sennoria e personas abiles e sufiçientes para el dicho ofiçio sin tener[3] nin vsar otros ofiçios[4], e quelos tales monederos sean delas çibdades donde se labra e labrase[5] la dicha moneda e non de otra çibdad nin villa nin logar alguno, e lo mande asi espresa mente alos vuestros tesoreros delas dichas vuestras casas dela moneda[6] e asi mesmo lo mande asentar en sus libros.

Aesto vos rrespondo que mi merçed es e mando que se faga e cunpla segund que por vos otros me es soplicado, conuiene[7] a saber quelos monederos sean tales que sepan del ofiçio e abiles e sufiçientes para vsar del, e lo vsen por sus personas al tienpo que se labrare la moneda sin poner otro[8] en su logar, e que estos sean vezinos e moradores dela çibdad o villa donde son asentadas las mis casas dela moneda e non en otra manera, e quelos mis tesoreros delas dichas mis casas dela moneda non puedan nonbrar nin nonbren otros, e si otros han nonbrado o nonbraren que non gozen dela franqueza. E mando alos mis contadores mayores quelo pongan e asienten asi[9] enlos mis libros delas monedas e enlas mis cartas delos pedidos por que de aqui adelante se faga e guarde asi, e que non asienten enlos dichos mis libros otros algunos, saluo que sean tales e delas condiçiones que son suso dichas, e si otros e de otra condiçion han asentado o asentaren en ellos que luego los quiten e tiesten dellos, e quelos tales monederos se entiendan ser delos pecheros medianos o menores e non delos mayores segund se contiene enla ordenança por

1 K 3: merçed.
2 K 3: son.
3 K 3: syn thener.
4 K 3: otro ofiçio.
5 K 3: dela çibdad a donde se labra e labrare.
6 K 3: thesoreros dela dicha casa dela moneda.
7 K 3: conbiene.
8 K 3: syn poner otros.
9 K 3: asyenten asy.

41. Iten que vuestra merçed[6] mande quelos doçientos e seys monteros que de vuestra alteza tiene Diego Furtado se asienten enlos vuestros libros e cada vno por su nonbre, e los tales monteros sean personas[7] sufiçientes que sepan del ofiçio, e non delos que tratan otros ofiçios asi commo sastres çapateros e mercaderes e de semejantes ofiçios[8], e que vuestra alteza mande que vayan nonbrados por sus nonbres los dichos doçientos e seys monteros enlas cartas delos rrepartimientos delos pedidos e monedas que se enbian alas dichas çibdades, e villas de vuestros rregnos.

Aesto vos rrespondo que ami plaze e mando e ordeno que se faga e guarde asi segund que por vos otros me fue soplicado, e mando alos mis contadores mayores quelos pongan e asienten asi[9] en los mis libros e enlos quadernos e condiçiones con que yo mando[10] arrendar las mis monedas por que se faga e guarde asi.

42. Iten que vuestra alteza mande declarar por nonbres quales son aquellos veynte e quatro escuderos de pie e sesenta vallesteros e veynte e quatro monteros de cauallo e quatro monteros dela ventura e quatro moços de alanos[11] de que vuestra sennoria se quiere seruir segund está ordenado por la ley[12] que vuestra alteza ordenó enlas cortes de Valladolid; e los mande asentar en sus libros que vayan puestos commo de suso es

1 K 3: por mi en ella fecha.
2 K 3: Córtes de Madrid del año 1435, peticion 25.
3 K 3: lo esecuten.
4 K 3: todo asy e non consyentan.
5 K 3: prouisyones esecutorias que para ello cunpla.
6 K 3: sennoria.
7 K 3: presonas.
8 K 3: e çapateros e mercadores e semejantes oficios que vuestra.
9 K 3: que lo pongan e asyenten asy.
10 K 3: mande.

dicho, sobre lo qual vuestra alteza mande dar sus cartas e prouisiones las mas fuertes e bastantes que enla dicha rrazon fueren menester encorporando en ellas las leyes por vuestra alteza ordenadas enlos semejantes casos mandando dar executores quales fuesen elegidos por los procuradores de cada çibdad e villa para quelo executen, asi enlo pasado despues que vuestra alteza fizo e ordenó las dichas leyes commo enlo de aqui adelante.

Aesto vos rrespondo que ami plaze de mandar declarar quales delos dichos mis ofiçiales es mi merçed que me siruan e deuen gozar, por que a aquellos[1] sean guardadas las franquezas e non a otros algunos, e por mi nonbrados yo mandaré dar mis cartas e prouisiones executorias las que para ello cunplan. E otrosi es mi merçed quelos mis ofiçiales de mi casa, asi commo escriuanos de camara e donçeles e guardas e escuderos de cauallo e de pie e los otros ofiçiales de mi casa que de mi tienen rraçiones, e asi mesmo otros singulares que han procurado e tienen de mi algunas esençiones e franquezas por se escusar por ellas de contribuyr e pechar enlos pechos asi rreales commo conçejales, los quales biuen en el Andaluzia donde todos comun mente pechan asi rricos omes commo caualleros fijos dalgo e otros quales quier, lo qual se acostunbró sienpre asi fazer por el bien comun e defension de aquella tierra e todos pechen e paguen en todos los pechos asi rreales commo conçejales, segund e por la forma e manera que pechan e pagan los caualleros, ca contra rrazon seria que pues los rricos omes e caualleros que biuen enel Andaluzia non se escusan de pechar por rrazon del preuillejo dela caualleria[2] que otros algunos deziendo ser mis ofiçiales o auer de mi preuillejos o exenpçiones[3] se escusen[4] de pechar nin quelos tales sean en esto de mayor prerrogatiua e preuillejo e condiçion quelos dichos rricos omes e caualleros[5].—E por vos otros me fue rreplicado que me ploguiese mandar declarar luego las personas mis ofiçiales que deuen gozar delas dichas franquezas.—Aesto vos rrespondo que buena mente non puedo declarar los al presente, pero yo los entiendo declarar en cada anno al tienpo quelos mandare librar.

43. Otrosi muy poderoso sennor, vuestra merçed sepa que por rrazon dela jurediçion e justiçia que algunas villas e logares de sennorios tie-

[1] K 3: por que aquellos.
[2] K 3: por rrazon dela caualleria.
[3] K 3: esençiones.
[4] K 3: se escusasen.
[5] En el códice K 3 concluye aquí la respuesta.

dadores que entren a arrendar e coger e rrecabdar las dichas vuestras rrentas e pedidos e monedas e otros pechos e derechos, e porque algunas vezes gelos dexan arrendar e coger e rrecabdar les[1] lieuan de seruiçios grandes quantias de mrs. e otras algunas vezes, deziendo auer de vuestra merçed los tales sennores grandes quantias de mrs., fazen tomas de las dichas alcaualas e terçias e pedidos e monedas e otros pechos e derechos delas dichas villas e logares de behetrias e ordenes e abadengos e otros sennorios, lo qual todo fasta aqui se ha fecho e faze en grand deseruiçio vuestro e en grand danno e menguamiento de vuestras rrentas e pechos e derechos e asi mesmo en grand danno delas dichas villas e logares; e si lo tal pasase seria e es cabsa[2] quelos sennores delas tales villas e logares de sennorios de aqui adelante tomarian las dichas vuestras rrentas e monedas e otros pechos e derechos, e vuestra sennoria e los vuestros rrecabdadores e arrendadores en vuestro nonbre non se aprouecharian dello. Por ende a vuestra sennoria soplicamos e pedimos por merçed que por euitar e quitar los dichos inconuenientes e que de aqui adelante lo tal non pase, ordene e mande quelos juezes e merinos delas dichas villas e logares de sennorios non ayan conoçimiento nin execuçion delas dichas vuestras rrentas e alcaualas e terçias e pedidos e monedas e otros pechos e derechos delas otras dichas villas e logares de behetrias e ordenes e abadengos e otros sennorios, e quelos[3] conçejos delas dichas villas e logares non puedan yr nin vayan sobre ello ante ellos a juizio nin los merinos nin alguaziles dellos les puedan yr a executar nin fatigar por cosa alguna dello, nin asi mesmo vayan nin enbien alos tales logares de sennorios a fazer paga nin muestra delos mrs. que ouieren adar dello nin allende dello padrones algunos, e quelos vuestros rrecabdadores[4] puedan enplazar e enplazen alos conçejos e vezinos delas dichas villas e logares de behetrias e ordenes e abadengos e otros sennorios ante los juezes e alcalldes delas vuestras çibdades e villas mas çercanas delas dichas villas e logares, e los dichos conçejos delas dichas villas e logares sean tennidos de yr e enbiar ante ellos a sus llamamientos e enplazamientos, e quelos dichos vuestros alguaziles delas dichas vuestras çibdades e villas les puedan conpeler e apremiar e executar por las dichas alcaualas e terçias e pedidos e monedas e otros pechos e derechos vuestros, bien asi e atan conplida mente commo todo fasta aqui se ha fecho e faze por los juezesle alcalldes e merinos delas dichas villas e logares e sennorios, para lo qual si neçesario es vuestra sennoria les dé vuestro poder conplido para ello.

Aesto vos rrespondo que yo tengo mandado e ordenado por ley e ordenança fecha en cortes a soplicaçion delos procuradores delas çibdades e villas de mis rregnos, que ningunos logares de behetrias non den logar nin consientan a ningunos caualleros nin otras personas, avn quelos tales sean los quelas tengan en su encomienda por behetrias, puedan tomar nin tomen los mrs. delas mis alcaualas e terçias e pedidos e monedas e otros pechos e derechos, so pena que por el mismo fecho pierdan la libertad que han por behetria e que sean e queden rrealengos dela mi corona rreal sin auer nonbre e preuillejo de behetria [1], lo qual basta para que non se pueda fazer toma delos tales mrs., pero a mayor abondamiento ami plaze de mandar e mando dar mis cartas e sobre cartas para que aquello sea guardado e conplido e executado, e otrosi para que si fuesen llamados a yr ala cabeça dela tal merindad seyendo aquella de sennorio para que ayan de lieuar alli los mrs. delas dichas mis rrentas e para fazer execuçion en sus personas e bienes sobre ello, que en tal caso non sean tenudos de yr al tal llamamiento mas que enel logar mesmo quier sean de behetria [2] o abadengo o de orden o de sennorio donde lo tal fuere, sean tenudos de dar e pagar e den e paguen los tales mrs. al mi rrecabdador por mis cartas e mandamientos cada que sobre ello les rrequieran, e asi mesmo quiero e mando que se faga e guarde e cunpla todo lo otro que por la dicha vuestra petiçion me soplicastes segund e enla manera que en ella se contiene.

44. Otrosi muy poderoso sennor, por los procuradores dela çibdad de Salamanca nos fue dicho, por quanto enla dicha çibdad por cabsa de algunos rroydos e debates e por otras algunas cabsas vuestra sennoria ha mandado que algunos delos rregidores de ella non vsen delos ofiçios iento e ha dado licençia e mandado que otros algunos rrijan e vsen delos dichos ofiçios de rregimiento, delo qual viene a vuestra

[1] K 3: behetrias.

[2] K 3: lugar mesmo quier sea de behetria.

agora postrimera mente fui ala dicha çibdad sobre las muertes e escandalos e otras cosas acaesçidas en ella, por cabsa delo qual yo mandé suspender a algunos delos dichos rregidores e mandé que rregiesen aquellos que se fallaron mas sin cargo delos dichos fechos, las quales pesquisas se fezieron en ellos mesmos e en sus parientes, pero ami plaze delas mandar rreueer e los que se fallaren que cunple ami seruiçio que deuan rregir enla dicha çibdad mandaré que rrijan con los otros.

45. Otrosi muy poderoso sennor, commo de algunos tienpos acá muchos caualleros e omes poderosos e otras personas de vuestros rregnos que tienen çibdades e villas e logares en ellos han fecho e fazen enlos dichos logares, ferias e mercados francos de alcauala e de otros derechos o alo menos francos en alguna cantidad dello, lo qual han fecho e fazen a fin de que se vayan a beuir alos dichos logares de sennorios muchos de vuestras çibdades e villas e logares, lo qual ha seydo e es cabsa que vuestras rrentas delas alcaualas e otros pechos e derechos de vuestros rregnos se han menoscabado e menoscaban de cada dia, e si asi pasase seria e es vuestro muy grand deseruiçio e danno delos dichos vuestros rregnos[1] e en grand menguamiento delas dichas vuestras rrentas e pechos e derechos. A vuestra alteza soplicamos que mande luego en ello proueer, mandando dar vuestras cartas para que ninguna nin alguna personas de vuestras çibdades e villas e logares non vayan alas sobre dichas ferias e mercados francos con ningunas nin algunas mercaderias[2] a vender nin a conprar, e si fueren[3] que pierdan lo que lieuaren e troxieren dellas por descaminado, e que sea la meytad[4] para el quelo acusare, e la otra meytad sea para[5] el rreparo delos muros delas villas e logares donde las dichas personas fueren vezinos e moradores, e si en alguno delos dichos logares[6] non ouiere muros que rreparar, que sean

[1] K 3: dapno delos vuestros rregnos.
[2] K 3: mercadurias

para los menesteres delos conçejos delos dichos logares[1] e quelas vuestras justiçias sean tenudos delo conplir e fazer asi[2].

Aesto vos rrespondo que ya por mi vos está rrespondido de suso sobre esto, e ami plaze de mandar e mando que sean guardadas e conplidas e executadas las leyes e ordenanças en este caso fechas, las quales espresa mente defienden que non aya ferias nin mercados francos so çiertas penas.

46. Otrosi los sobre dichos sennores e caualleros e otras personas e asi mesmo algunos alcaydes de algunas vuestras çibdades e villas e logares, non lo podiendo nin deuiendo fazer de derecho, han puesto e ponen tributo[3] e derechos nueuos alas personas e mercadorias[4] e ganados e otras cosas que pasan por los terminos delos dichos sus logares e delas dichas fortalezas, lo qual algunos han[5] fecho e fazen por su abtoridad e otros deziendo tener titulos e merçedes de vuestra alteza para lo poder fazer, non los queriendo mostrar nin mostrando; e commo[6] lo suso dicho es contra derecho e en grand danno[7] de vuestros subditos e naturales e en grand deseruiçio vuestro e en grand danno[8] delas vuestras rrentas e pechos e derechos, a vuestra merçed soplicamos que mande en ello proueer mandando rreuocar e dar por ningunos los sobre dichos tributos e derechos nueuos e mande dar vuestras cartas para queles non sean pagados de aqui adelante, e si los sobre dichos porfiaren alo demandar e lieuar commo fasta aqui lo han lieuado que mande[9] e dé liçençia alas vuestras çibdades e villas e logares comarcanos delos tales logares e castillos e alas justiçias dellos, queles constringan e apremien a ello, e quelo non lieuen, e que si entendieren que a vuestro seruiçio cunple, que executen enlos vezinos e moradores delos dichos logares quelo fagan.

Aesto vos rrespondo que ami plaze de mandar e mando que ningunas nin algunas personas de qual quier estado o condiçion, preeminençia o dignidad, non sean osados de poner tributo nueuo alguno sin mi liçençia e espeçial mandado so las penas quelas leyes de mis rregnos e

[1] K 3: para los minesterios delos conçejos delos dichos lugares.
[2] K 3: thenudos delo fazer e conplyr asi.
[3] K 3: tributos.
[4] K 3: mercadurias.
[5] K 3: lo han.
[6] K 3: mostrando commo.
[7] K 3: en grand dapno.
[8] K 3: e en dapno.
[9] K 3: leuado mande.

poderoso sennor, de algunos tienpos acá por inportunidad dellos vuestra alteza ha fecho merçed de algunos delos dichos ofiçios [1] a algunas personas e con fauores son rreçebidos en ellos, por la qual cabsa la dicha caualleria se ha disminuydo e disminuye, e si lo tal pasase se disminuyria e amenguaria de aqui adelante, lo qual seria e es grand [2] deseruiçio e danno delos vuestros rregnos. Soplicamos a vuestra merçed [3] que guardando e faziendo guardar los dichos preuillejos e vsos e costunbres que enlas dichas vuestras çibdades e villas e logares sobre ello tienen, mande [4] rreuocar e dar por ningunas quales quier merçedes que delos dichos ofiçios vuestra sennoria aya fecho a quales quier personas e mande rrestituyr alos dichos caualleros en ellos en cada anno [5] segund que de antes lo fazian, lo qual todo soplicamos a vuestra alteza esçepto [6] el ofiçio de fieldad que Luis Garçia de Cordoua tiene enla vuestra çibdad de Cordoua, por quanto todos los mas delos ofiçiales dela dicha çibdad por vuestro mandado e por çierto pleito que sobre ello ouieron le tienen fecho rrecabdo e juramento de gelo non quitar nin perturbar en su vida [7].

Aesto vos rrespondo que ami plaze de mandar e mando que se faga asi segund que por la dicha vuestra soplicaçion se contiene.

49. Otrosi muy poderoso sennor en algunas çibdades e villas e logares de vuestros rregnos tienen por costunbre de elegir vna persona para que coja e rresçiba delas dichas çibdades e villas e de sus terminos los mrs. de pedidos [8] e monedas, en tanto quelos vuestros rrecabdadores van alo coger e rresçebir, por quelos tales rrecabdadores ayan mas presto el dinero dello e la tierra non sea fatigada, e muy poderoso sennor, lo sobre dicho se ordenó a buen fin, mas por ello nasçe el inconueniente siguiente: que es que algunos caualleros e otras personas poderosas que biuen enlas tales çibdades e villas e logares tienen manera a quela persona que se ha de elegir para coger e rrecabdar el dicho pedido e moneda sea suyo, el qual coge e rrecabda los dichos mrs., e quando viene el dicho rrecabdador por ellos non gelos quiere dar e le trae en luengas sobre ello, e avn da manera a quelos dichos sennores e personas poderosas les fazen

[1] K 3: delos ofiçios sobre dichos.
[2] K 3: es vuestro grand.
[3] K 3: suplicamos a vuestra alteza.
[4] K 3: manden.
[5] K 3: ellos e en cada anno.
[6] K 3: esçebto.
[7] K 3: vyda.
[8] K 3: pedido.

por que para aquella, vuestra merçed mande pagar sueldo e non para otra alguna, e de aqui adelante mande rresçebir el dicho alarde de mes a mes segund que otros tienpos se fazia e si non de dos a dos meses. E muy poderoso sennor, si por esta via se faze la gente que se presentare en vuestro seruiçio de aqui adelante estará mas çierta o alo menos vuestra alteza non pagará sueldo alos que non siruieren commo fasta aqui se ha fecho.

Aesto vos rrespondo que yo mandaré saber la verdad de esto e lo mandaré punir e castigar por todo rrigor e justiçia. —Alo qual por vos otros fue rreplicado que me soplicauades que mandase fazer luego alarde e que por ay se sabria la verdad. —Aesto vos rrespondo que ami plaze delo mandar fazer.

51. Otrosi muy poderoso sennor, sabrá vuestra merçed que algunos vuestros corregidores e otras vuestras justiçias de algunas vuestras çibdades e villas e logares so color de deuer les vuestra sennoria algunas quantias de mrs. que han de auer de vuestra alteza o por virtud de algunos libramientos quelos vuestros contadores les han librado e libran enlos rrecabdadores delas tales çibdades e villas, sin quelos dichos libramientos sean açeptados por los dichos vuestros rrecabdadores e asi mesmo deziendo los vuestros rrecabdadores deuer les algunas quantias de mrs., ellos por su propia abtoridad sin vuestras cartas e mandamientos e sin libramiento delos tales rrecabdadores han fecho e fazen tomas delas tales quantias de mrs. delas vuestras rrentas e pechos e derechos, non lo podiendo nin deuiendo fazer de derecho, e han fatigado e fatigan alos dichos rrecabdadores e alos conçejos e arrendadores e otras personas que algo les deuen e han a dar delas dichas vuestras rrentas e pechos e derechos fasta queles den e paguen los dichos mrs., que asi diz que han de auer de vuestra alteza e les son librados por los dichos vuestros contadores e les son deuidos por los dichos rrecabdadores sin les dar rrecado nin rrazon alguna por donde les sean rreçebidos en cuenta, e despues quelos dichos corregimientos e judgados son acabados vienen los dichos vuestros rrecabdadores e sus fazedores a cobrar e cobran los dichos mrs. quelos dichos corregidores e justiçias han tomado o alo menos fatigan alos arrendadores e conçejos e personas queles tomaron los dichos mrs., enlo qual ellos rreçiben agrauio e danno; e commo lo suso dicho se ha fecho e faze en deseruiçio vuestro e contra las leyes de vuestros rregnos, a vuestra alteza soplicamos que ordene e mande que ningund corregidor nin otra justiçia alguna non pueda tomar nin tome mrs. algunos de vuestras rrentas e pechos e derechos, nin asi mesmo pueda fatigar nin fatigue a

los dichos vuestros arrendadores e asus fazedores so la color e
suso dicha, nin por otras vuestras cartas algunas saluo si en la
vuestras cartas se estendieren a ello, e quelas tales cartas sean s
critas enlas espaldas e libradas delos vuestros contadores mayores
la vuestra ordenança, e que si de aqui adelante lo fezieren o a
de fazer, que por el mesmo fecho los tales corregidores e otras j
ayan perdido e pierdan los dichos oficios de corregimientos e o
gados que tengan las çibdades e villas donde los tomaren, e
vsen con ellos enlos dichos oficios nin los ayan por sus correg
justiçias, e demas que por lo cometido fasta aqui o por lo que co
de aqui adelante, los conçejos delas dichas çibdades e villas e
fagan tomar de sus bienes tanto quanto baste alas dichas tomas
ouieren fecho o fezieren para contentar e satisfazer delas tales
quien las han e ouieren fecho, e demas que vuestra sennoria a
que asi fezieren las dichas tomas nunca prouea delos dichos
mientos e justiçias, ante los tales sean inabiles dende en adela
auer el semejante oficio de vuestra sennoria.

Aesto vos rrespondo que vos otros pedides bien e lo que cu
seruiçio e es mi merçed que se faga e guarde e cunpla asi seg
por vos otros me fue soplicado, e mando que enlas cartas delos
mientos que de aqui adelante se dieren se ponga quelo guarde

52. Otrosi por quanto en algunas çibdades e villas de
rregnos algunas personas tienen por merçed de vuestra senn
escriuanias del conçejo delas tales çibdades e villas que por an[1]
suelen pasar los padrones delo çierto delas monedas, asi dela
çibdades e villas commo delos logares de sus terminos[2] por qu
chos escriuanos cada vno en su çibdad o villa los asientan[3] e
del dicho conçejo de donde cada dia se pueden saber los pech
ay enlas tales çibdades e villas e en sus tierras, e ellos dan co
dichos padrones alos vuestros rrecabdadores e arrendadores e
chos delos escriuanos del conçejo allende delas dichas escriua
nen de vuestra alteza por merçed para que ningunos otros es
non puedan rresçebir los dichos padrones so grandes penas, e
bargo desto auemos sabido que en muchas delas tales çibda
llas, los notarios o escriuanos publicos dellas e otros escriuano
entremetido e entremeten de rresçebir los dichos padrones e

[1] K 3: e por ante.
[2] K 3: tierras.
[3] K 3: asyentan.

las aldeas alos tomar delos conçejos de guisa que non vienen los dichos padrones alos libros del conçejo, delo qual se siguen grandes costas e cohechos alos pueblos e grand desordenança enlas dichas çibdades e villas, e asi mesmo los vuestros rrecabdadores e arrendadores non pueden tan presta mente cobrar las dichas monedas e avn las rrentas de ellas se abaxan por non poder auer los dichos rrecabdadores e arrendadores los dichos padrones. Soplicamos a vuestra alteza que ordene e mande que enlas çibdades e villas de vuestra sennoria que tienen puestos escriuanos de conçejo que todos los padrones delas dichas monedas pasen por ante ellos e non por otro escriuano alguno, e mande e defienda que ningunos otros escriuanos nin notarios publicos vuestros nin delas dichas çibdades e villas nin otros escriuanos episcopales ni apostolicales non se entremetan de rresçebir los dichos padrones so pena de perder los ofiçios, e que vuestra alteza pueda proueer delos ofiçios delos quelo contrario fezieren a otros, e asi[1] mesmo que incurran enlas otras penas contenidas enlas cartas delas merçedes quelos dichos escriuanos tienen de vuestra alteza, e quelos dichos escriuanos de conçejo sean tenudos de dar alos dichos vuestros rrecabdadores e arrendadores que gelo demandaren, copia delos dichos padrones por onde puedan coger e demandar las dichas monedas, e que desto se faga menҫion enlas cartas que se ouieren a dar[2] de vuestra sennoria para coger e rrepartir[3] lo çierto de las dichas monedas de vuestros rregnos, delo qual allende delo suso dicho rresultará que quando quiera que vuestra alteza quisiere saber los pecheros[4] que ay de cada çibdad[5] o villa de vuestros rrealengos e sus tierras quelo podrá presta mente saber.

Aesto vos rrespondo que mi merçed es quelos tales padrones se den al escriuano del conçejo e alos otros escriuanos que enlas dichas çibdades e villas o en quales quier dellas tienen preuillejos o prouisiones[6] espeçiales para ello, e que otros escriuanos non se entremetan delos rresçebir nin dar fe dellos so las penas suso dichas que por vos otros me fueron soplicadas.

Por que vos mando a todos e acada vno de vos que veades lo por mi suso rrespondido alas dichas petiçiones e acada vna dellas e las dichas

1 K 3: e asy.
2 K 3: ouieren de dar.
3 K 3: e rrecabdar.
4 Sim.: los dichos pecheros.
5 K 3: quisyere sobre los dichos pecheros que asy de cada çibdad.
6 K 3: e villas o en qual quier dellas tienen prouisiones.

mi merçed e de diez mill mrs. a cada vno para la mi camara, delo qual mandé dar esta mi carta firmada de mi nonbre e sellada con mi sello. Dada enla noble villa de Valladolid, diez dias de Março anno del nasçimiento de nuestro sennor Iesuchristo de mill e quatroçientos e çinquenta e vn annos.

XXI.

Cuaderno de las Cortes de Búrgos del año de 1453. [1]

Don Iuan por la graçia de Dios, Rey de Castilla de Leon de Toledo de Gallizia de Seuilla de Cordoua de Murçia de Iaen del Algarbe de Algezira, e sennor de Vizcaya e de Molina: al prinçipe don Enrrique mi muy caro e muy amado fijo primo genito heredero, e alos duques condes perlados marqueses rricos omes maestres delas Ordenes priores e alos del mi Consejo e alos oydores dela mi abdiençia e al mi Justiçia mayor e alos mis chançilleres mayores e alos alcalldes e notarios e alguaziles e otros ofiçiales quales quier dela mi casa e corte e chançilleria e alos mis adelantados e merinos e alos comendadores e subcomendadores, alcaydes delos castillos e casas fuertes e llanas e al conçejo e alcalldes merinos rregidores caualleros escuderos e omes buenos dela muy noble çibdad de Burgos cabeça de Castilla mi camara, e a todos los otros conçejos alcalldes alguaziles merinos rregidores caualleros escuderos e omes buenos de todas las otras çibdades e villas e lugares de mis rregnos e sennorios, e a todos los otros mis subditos e naturales de qual quier estado o condiçion, preeminençia o dignidad que sean, e a qual quier o quales quier de vos a quien esta mi carta fuere mostrada, salud e graçia. Sepades que sobre algunas cosas cunplideras ami seruiçio e abien comun e paçifico estado e tranquilidad de mis rregnos enbié mandar a çiertas çibdades e villas de mis rregnos que enbiasen ami sus procuradores con sus poderes bastantes, por que yo pudiese con ellos mandar ver e platicar las dichas cosas e proueer en todo commo mas cunpliese a mi seruiçio; los quales enbiaron ami sus procuradores con sus poderes bastantes, e por ellos me fueron presentadas çiertas petiçiones las quales yo mandé ver enel mi Consejo, e con acuerdo delos perlados e condes e rricos omes e caualleros e doctores del mi Consejo que agora comigo estan en esta dicha çibdad de Burgos les yo mandé rresponder e rrespondi segund que entendi que cunplia ami seruiçio e abien dela cosa publica de mis rregnos, su tenor delas quales petiçiones e delo por mi a cada vna de ellas rrespondido es este que se sigue.

Muy alto e muy esclareçido prinçipe e muy poderoso rrey e sennor, vuestros omilldes seruidores los procuradores delas vuestras çibdades e villas delos vuestros rregnos con muy omill e deuida rreuerençia besamos vuestras manos e nos encomendamos en vuestra merçet. Muy esclareçido rrey e sennor, por la virtud dela justiçia se sostienen e son gouernados los pueblos enel estado que deuen, la qual sennalada mente el rrey es tenudo de guardar e mantener, entre todas las cosas que Dios le encomendó, por el estado e lugar que del ha enla tierra, e por que quiso que fuese prinçipe e cabeça de sus rregnos, e asi commo por la cabeça se rregirian e gouernarian todos los mienbros corporales, asi el rrey deue con grand diligençia e pensamiento buscar manera por do sus pueblos sean rregidos en paz e en justiçia, e deue emendar e corregir las cosas que fuesen contra este buen rregimiento, e dar orden por quelos malos sean rrefrenados de sus maldades e ayan por ello la pena que meresçen e en adelante non tomen osadia de mal fazer, e quelos buenos sean guardados e biuan en paz, ca segund los sabios antiguos dixeron, por eso establesçio Dios el poderio del prinçipe, por que rremedie alas cosas graues con claros entendimientos e las mal ordenadas mejore e rremedie a pro e bien de sus subditos, e las cosas nueuas determine con ley e ordenamiento; e para esto, muy poderoso rrey e sennor, por los sennores rreyes pasados de gloriosa memoria vuestros anteçesores, e por vuestra alteza en diuersos tienpos, espeçial mente despues que salis-

administraçion della e ala justiçia dela vuestra corte e chançilleria, e ala ordenança del vuestro muy alto Consejo e de vuestra casa; e estos ordenamientos despues asi mismo cunplen al bien e prouecho comun de las dichas vuestras çibdades e villas e otros que primera e prinçipal mente son bien e prouecho comun de ellas e despues por eso mismo vuestro seruiçio, e commo aquellas cosas que acatan al buen rregimiento e justiçia delas dichas çibdades e villas e ala guarda de sus libertades e franquezas e priuillejos e al prouecho delos vezinos e moradores dellas; e asi muy esclareçido rrey e sennor, por las dichas leyes e ordenamientos vuestra alteza alas cosas grandes[1] deue rremediar con claros entendimientos e mejorar las mal ordenadas, e las nueuas determinar por otras leyes e ordenamientos enlas cosas siguientes.

1. Primera mente suplicamos a vuestra alteza que mande confirmar e guardar alas çibdades e villas e lugares de vuestros rregnos los priuillejos que tienen delos rreyes pasados vuestros anteçesores, los quales fueron confirmados por vuestra rreal sennoria despues que salistes dela tutela.

Aesto vos rrespondo que mi merçed es de mandar confirmar e guardar e por la presente confirmo alas çibdades e villas e lugares de mis rregnos los priuillejos que tienen delos rreyes de gloriosa memoria mis anteçesores e de mi, que fueron por mi confirmados despues que yo salí de tutela e tomé el rregimiento de mis rregnos, segund e por la forma e manera que por entonçe por mi les fueron confirmados.

2. Otrosi a vuestra alteza plega saber que por los procuradores delas çibdades e villas de vuestros rregnos son fechas diuersas suplicaçiones a vuestra alteza çerca delos pecheros e fijos de pecheros que son armados caualleros, e vuestra alteza en çiertos tienpos çerca de esto ha proueydo e mandado proueer en diuersas maneras, e por vna carta que vuestra alteza dió enla çibdad de Toledo el anno que pasó de mill e quatro-

bien asi commo si fuese fecha en cortes, vuestra alteza mandó que todas e quales quier personas que fuesen armados caualleros, los quales eran primera mente pecheros o fijos de pecheros, que non se pudiesen escusar por la orden dela caualleria, ellos e sus fijos e fijas que tenian antes dela dicha caualleria, de contribuyr e pagar en todos e quales quier pechos rreales e conçejales; e por otra ley que vuestra alteza fizo a suplicaçion delos procuradores de vuestros rregnos enla çibdad de Çamora enel anno que pasó de mill e quatroçientos e treynta e dos annos ordenó e mandó quelos tales caualleros armados non gozasen dela dicha exençion e libertad, saluo aquellos que touiesen continua mente cauallo de quantia todo el anno, e que fuesen tenudos de seruir a vuestra alteza enlas guerras, asi commo los que ouiesen tierra de vuestra sennoria, e que siruiesen por sus personas, saluo los que fuesen de sesenta annos arriba; e que desta libertad gozasen sus fijos que ouiesen despues dela caualleria, con esa misma carga e non de otra guisa; e despues por otra ordenança fecha enla villa de Valladolid el anno que pasó de mill e quatroçientos e quarenta e dos annos a suplicaçion delos procuradores de vuestros rregnos vuestra alteza mandó que gozasen, manteniendo, los dichos, cauallos e armas, faziendo con ellos alarde, solamente en quanto alas monedas e en todas las otras cosas que deuen gozar por rrazon dela caualleria; pero que pagasen e contribuyesen enlos pedidos e enlos otros pechos rreales e conçejales, guardando toda via la dicha ley de Çamora, e que esto se entendiese si los tales caualleros biuiesen por ofiçios de armas e non por otros ofiçios; e despues por otra ordenança fecha enla dicha villa de Valladolid enel anno que pasó de quarenta e syete annos vuestra sennoria ordenó e mandó que se guardasen las leyes por vuestra alteza ordenadas enla dicha çibdad de Çamora e enla dicha villa de Valladolid[1], e declaró, que se entendiese beuir por armas, el tal cauallero que mantouiese cauallo e armas, quier fiziese o non fiziese con el alarde, tanto que verdadera mente se supiese quelo mantenia e tenia en su casa e era suyo; e otrosi seyendo publico e notorio que los tales non biuiesen por ofiçios baxos nin viles, conuiene a saber por ofiçios de sastres nin pellejeros nin carpinteros nin pedreros nin ferreros nin tondidores nin barberos nin especieros nin rregatones nin çapateros nin de otros ofiçios baxos nin viles; e por otra ordenança fecha enla dicha villa de Valladolid el dicho anno vuestra alteza mandó e ordenó[2]

[1] Córtes de Zamora de 1432 y las de Valladolid de 1442.

[2] Véase la respuesta á la peticion 23 de las Córtes de Valladolid de 1442 y la 36 de las celebradas en la misma poblacion el año de 1447.

que vuestra alteza entendiese quelo meresçia e cabia enel la orden de caualleria, que el tal velase sus armas con la solenidad quelas leyes de vuestros rregnos mandan, e que entonçe pudiese gozar e non de otra manera; e despues vuestra alteza por otra ley fecha enla dicha villa de Valladolid a suplicaçion delos dichos procuradores el anno que pasó de çinquenta e vno, vuestra alteza dixo que dende en adelante non entendia armar nin mandar armar caualleros alos que eran pecheros e fijos de pecheros, e que vuestra alteza' ordenó e mandó que todos e quales quier que auian seydo pecheros e fijos de pecheros, e hauian seydo armados caualleros de diez e ocho annos pasados fasta entonçe o fuesen dende en adelante, que pechasen e contribuyesen en todos los pedidos e monedas, e en otras quales quier derramas; pero declaró e mandó que si algunos caualleros asi armados fuesen abiles para la caualleria e ouiesen seruido a vuestra alteza enlas guerras pasadas enel tienpo de los dichos diez e ocho annos, quelos tales fuesen declarados, quien e quales eran, enlas çibdades e villas e lugares do eran los dichos procuradores, e que vuestra alteza mandaria llamar alos dichos caualleros armados, e venidos, vuestra alteza mandaria auer la informaçion que se rrequeria e proueer commo cunpliese a vuestro seruiçio, por manera quelos tales non ouiesen rrazon de se quexar. E por que, muy poderoso rrey e sennor, çerca delos dichos caualleros son fechas por vuestra alteza diuersas determinaçiones segund se contiene enlas dichas leyes e ordenanças, avn que la postrimera determinaçion que fue fecha enel dicho anno de çinquenta e vno es la que de derecho vale e deue valer e rreuoca a todas las otras, pues es la postrimera; pero por que algunas delas otras dichas vuestras leyes paresçen rrazonables e cunplideras a vuestro seruiçio e abien dela cosa publica de vuestros rregnos e fundadas en rrazon e justiçia, espeçial mente çerca de aquellas personas que son abiles para la caualleria e biuen linpia mente e han tenido despues

commo enla batalla de Olmedo, e enlos conbates de Pennafiel e Atiença e enel rreal de Toledo e en otras partes, alos quales vuestra alteza mandó que fuesen en vuestro seruiçio, e ellos se dispusieron a ello e vendieron e desfizieron sus faziendas para conprar cauallos e armas, e dexando por ello sus ofiçios de que se sostenian e mantenian por ser mas onrrados e por tomar la orden e abito dela caualleria, que son e fueron e son caualleros e fijos de caualleros[1], e despues nunca fueron pecheros, e ellos o algunos de ellos biuen por tierras e acostamientos de sennores. Por ende suplicamos a vuestra merçed que mande ver sobre todo ello e mande proueer commo entendiere que cunple a vuestro seruiçio e a bien dela cosa publica de vuestros rregnos, por manera quelos tales non ayan rrazon por esta cabsa de se quexar, e para ello vuestra alteza asigne plazo alos caualleros que son armados en vuestros rregnos que eran antes pecheros, para que vengan aqui a vuestra corte e fagan juramento en forma ante vuestra rreal persona, o ante aquel o aquellos a quien lo encomendare, e den informaçion que han cunplido e mantenido e cunplen e mantienen las cosas suso dichas, e juren delas mantener e cunplir adelante, e faziendo el dicho juramento e dando la dicha informaçion, vuestra alteza les mande guardar la dicha esençion e franqueza, e si al dicho plazo non venieren o venidos non juraren o non dieren la dicha informaçion, que dende en adelante non gozen nin puedan gozar dela dicha esençion e queden pecheros.

Aesto vos rrespondo que vos otros dezides bien e yo entiendo dar orden çerca dello, por que auida çierta e verdadera informaçion delo contenido en dicha vuestra petiçion, yo mande e prouea sobre todo lo que cunple ami seruiçio e se deua fazer, por manera quelos que se dispusieren a me seruir commo dezides, rreçiban por ello galardon e non ayan rrazon de se quexar, para lo qual mando alos tales[2] caualleros que dentro de seys meses primeros siguientes del dia dela data dela presente vengan e parescan ante mi por sus personas, por quelos yo mande ver e examinar açerca delos abitos e cosas perteneçientes ala caualleria e ala orden de ella; e auida sobre todo la informaçion que se rrequiere, mande aprouar los que se fallaren abiles e sufiçientes para la dicha caualleria, por que non enbargante la dicha ley, puedan gozar e gozen delas esençiones e franquezas e libertades que por rrazon dela dicha caualleria deuen auer e gozar, e enlos que non se fallare ser tales, se guarde la dicha ley

1 Búrgos: e fueron muchos e fijos de caualleros.
2 Búrgos: dichos.

e por la forma e manera que antes de esto lo yo enbie mandar por otra mi carta firmada de mi nonbre e sellada con mi sello, que gelas guardasedes por otros seys meses que son pasados, por que durante estos dichos seys meses postrimeros ellos puedan venir ante mi e se faga e cunpla lo por mi ordenado por la dicha mi ley de suso encorporada, su tenor dela qual dicha mi carta es este que se sigue: Don Iuan por la graçia de Dios rrey de Castilla de Leon de Toledo de Gallizia de Seuilla de Cordoua de Murçia de Iaen del Algarbe de Algezira, e sennor de Vizcaya e de Molina; al conçejo e corregidor alcalldes alguazil rregidores caualleros escuderos ofiçiales e omes buenos dela Çibdad rreal e a qual quier o quales quier de vos a quien esta mi carta fuere mostrada, salud e graçia. Sepades que por parte delos caualleros vezinos e moradores dela dicha çibdad me fue fecha rrelaçion que ellos fueron e son caualleros armados por quien deuen e commo deuen, e que despues acá han mantenido e mantienen armas e cauallos e las otras cosas que deuen segund las leyes e ordenanças de mis rregnos, e han ydo por sus personas alas guerras e otras neçesidades cunplideras ami seruiçio que en mis rregnos han ocurrido, enlas quales me han seruido e siruen e estan prestos para me seruir cada queles yo he llamado o enbiare llamar, e que en esto han espendido e gastado grand parte de sus faziendas e han dispuesto e entienden disponer sus personas a todo trabajo e peligro por mi seruiçio cada que cunpla, segund que buenos caualleros e muy leales vasallos e naturales deuen e son tenudos delo fazer, lo qual non enbargante, diz que vos o alguno de vos los auedes prendado e queredes prendar por los mis pedidos e monedas e otros pechos en quelos caualleros non deuen nin son tenudos de contribuyr e pechar, lo qual diz que auedes fecho e fazedes por rrazon dela ordenança que a petiçion delos procuradores de mis rregnos yo fize e ordené enla villa de Valladolid el anno que pasó de mill e quatroçientos e çinquenta e vn annos, e de çiertas mis cartas que sobre ello di en que mandé, quelos que primera mente eran pecheros e fijos de pecheros e fueron armados caua-

pagar antes que rreçibiesen la orden dela caualleria, enlo qual diz que si asi pasase, ellos rreçebirian grande agrauio e danno por las rrazones e cabsas suso dichas, e avn por que despues de fecha e ordenada por mi la dicha ley los procuradores de mis rregnos, consideradas las cosas suso dichas e ser asi cunplidero ami seruiçio, me suplicaron que por quanto algunos delos que asi eran armados caualleros del dicho tienpo acá eran personas abiles e pertenesçientes para la caualleria e la rreçibieron con entençion de permaneçer en ella e vsar linpia mente delas armas segund pertenesçe a caualleros, e me siruieron por sus personas enel dicho ofiçio e negoçio militar, e non se inmisçien a otros ofiçios baxos nin vsan de ellos, para lo qual mejor poder fazer e guardar e cunplir ouieron a vender e baratar de sus faziendas e bienes para conprar cauallos e armas e se aderezar delas cosas pertenesçientes al dicho ofiçio, e auian pasado muchos trabajos e sofrido muchos miedos e [1] peligros enel negoçio e fecho dela caualleria e enlas cosas enel cunplideras ami seruiçio, por lo qual seria muy graue e duro e contra toda vmanidad ellos ser priuados del priuillejo dela caualleria e dela esençion que por rrazon della deuian e deuen auer en rrazon delos dichos pechos; e me suplicaron e pidieron por merçed que mandase atenprar el rrigor dela dicha ley e ordenança, declarando e mandando que aquella non ouiese lugar contra los tales, e sin enbargo de ella les fuese guardado el priuillejo e esençion militar, e por mi fue rrespondido que yo entendia mandar ver e auer sobre ello informaçion e proueer sobre todo ello por la manera que cunpliese ami seruiçio: e por ende que me pedian por merçed que executando lo e cunpliendo lo por mi rrespondido en esta parte, lo mandase todo ver e les proucer sobre ello commo la mi merçed fuese, e yo toue lo por bien, para lo qual al presente es mi merçed de mandar sobreseer la dicha ordenança e el efecto de ella por termino de seys meses cunplidos primeros siguientes, quanto atanne alos tales caualleros que han vsado e vsan del ofiçio dela caualleria, manteniendo las cosas para ello pertenesçientes, e me han seruido e estan prestos e aparejados para me seruir por sus personas cada que gelo yo mandare, non se inmisçiendo a otros ofiçios baxos nin viles defendidos por la ley por mi sobre esto fecha, por lo qual mandé dar esta mi carta para vos. Por que vos mando que auida primera mente informaçion por vos las dichas justiçias o qual quier de vos, la qual por la presente vos mando que luego ayades, e si por ella se fallare quelos dichos caualleros fueron armados

[1] Búrgos omite: miedos e.

seruir cada que yo les enbiare llamar, sobreseades enles demandar e prendar e les non demandedes nin prendedes por los dichos pedidos e monedas e otros pechos en quelos caualleros non deuen contribuyr nin pechar. Esto por termino delos dichos seys meses cunplidos primeros siguientes, durante los quales yo entiendo mandar dar la orden que cunpla, por que sabida la verdad e auida çierta e verdadera informaçion delo suso dicho segund que por los dichos procuradores me fue suplicado e por mi fue rrespondido, yo mande proueer sobre ello por la manera que cunpla ami seruiçio e abien dela cosa publica de mis rregnos, e en tanto toda via es mi merçed que en quanto alos tales esté suspensa durante el dicho termino delos dichos seys meses la dicha léy e ordenança e las mis cartas sobre ello dadas e el efecto e execuçion dellas, e por ellas nin por alguna de ellas non fagades nin executedes nin inouedes cosa alguna contra los tales caualleros nin contra sus bienes; e si por virtud dellas algunas prendas les son fechas, que en tanto gelas tornedes e rrestituyades e fagades tornar e rrestituyr e sea todo tornado al primero estado, e non se faga nin inoue cosa alguna por ello contra ellos nin contra sus bienes, fasta tanto que durante el dicho tienpo yo lo mande todo ver e auida la dicha informaçion, prouea e mande sobre ello lo que mi merçed fuere e entendiere ser cunplidero a mi seruiçio. E los vnos nin los otros non fagades nin fagan ende al por alguna manera, so pena dela mi merçed e de diez mill mrs. acada vno de vos para la mi camara, e demas por qual quier o quales quier de vos por quien fincare delo asi fazer e cunplir, mando al ome que vos esta mi carta mostrare que vos enplaze que parescades ante mi enla mi corte do quier que yo sea del dia que vos enplazare fasta quinze dias primeros siguientes so la dicha pena, so la qual mando a qual quier escriuano publico que para esto fuere llamado que dé ende al que les esta mi carta mostrare, testimonio signado con su signo por que yo sepa en commo cunplides mi mandado. Dada enla villa de Escalona, a veynte e ocho dias del mes de Iunio, anno del nasçimiento de nuestro sennor Ihesu

el doctor Fernando Diaz de Toledo, oydor e rreferendario del Rey e su secretario la fize escreuir por su mandado.—Registrada.—Por que vos mando quelo guardedes e cunplades e fagades guardar e cunplir en todo e por todo segund que enla dicha mi carta de suso encorporada e en esta se contiene. E los vnos nin los otros non fagades ende al por alguna manera, so pena dela mi merçed e delas penas e enplazamiento que enla dicha mi carta suso encorporada se contiene. Dada enla muy noble çibdad de Burgos, a diez e seys dias de Abril anno del nasçimiento de nuestro sennor Ihesuchristo de mill e quatroçientos e çinquenta e tres annos.—Yo el Rey.—Yo el doctor Fernando Diaz de Toledo, oydor e rreferendario del Rey e su secretario la fize escriuir por su mandado.—Registrada.

3. Otrosi muy poderoso rrey e sennor, por que algunas personas poderosas e conçejos e vniuersidades e eglesias e monesterios e otros lugares rreligiosos e personas [1] eclesiasticas e espeçial mente el dean e cabildo e clerigos dela eglesia dela çibdad de Seuilla e los alcaydes e tenedores del alcaçar dela dicha çibdad e delas ataraçanas e del tesorero dela casa dela moneda dela dicha çibdad e los otros tesoreros delas otras casas dela moneda delas otras çibdades e villas de vuestros rregnos, en grand deseruiçio vuestro e danno e perjuizio [2] delos vezinos e moradores pecheros de las dichas çibdades e villas e logares de vuestros rregnos, han escusado e escusan de cada dia muchos delos pecheros de cada vna delas dichas çibdades villas e lugares, de monedas e pedidos e otros pechos rreales e conçejales, diziendo ser sus escusados, e por algunos escusados que tienen quieren escusar e escusan otros muchos, non estando por saluados enlos vuestros libros, e los que estan asi asentados non deuiendo de gozar, saluo sola mente delas monedas, e deuiendo pagar e pechar en todos los otros pechos segund las leyes fechas e ordenadas e cartas dadas por los sennores rreyes vuestros anteçesores e por vuestra alteza, e defienden los tales escusados que non contribuyan nin paguen enlos dichos pechos, deziendo que dello tienen preuillejos [3] las dichas eglesias e monesterios e los otros rreligiosos e personas eclesiasticas, e quela esençion queles asi fue dada, que non les puede ser rreuocada, e diziendo que son sus familiares e amos e sus apaniaguados [4] e sus rrenteros e

[1] K 3: presonas.—Así siempre.
[2] Sim.: prejuyzio.
[3] Sim.: preuillejios.
[4] Sim. y K 3: apaniguados.

mi ordenadas, e demas ordeno e mando quelos tales que se llamaren escusados de otros e quisieren gozar dela tal esençion, non seyendo puestos e asentados por saluados enlos mis libros, que por el mismo fecho ayan perdido e pierdan todos sus bienes muebles e rrayzes, los quales ayan seydo e sean confiscados e aplicados para la mi camara e fisco; e otrosi que sean traydos presos e bien rrecabdados asu costa ante mi ala mi corte, por que yo mande fazer escarmiento en ellos e a otros sea enxienplo[1], que se non atreuan a se querer eximir[2] de mis pechos e derechos e pedidos e monedas por tales esquesitos e non justos colores[3].

4. Otrosi muy poderoso rrey e sennor, por quanto algunos caualleros e personas dan esençiones alas personas que biuen enlas çibdades e villas e lugares de vuestros rregnos, que son vuestros e de vuestra corona rreal, de pedidos e monedas e otros vuestros pechos e derechos, por que se pasen a beuir a sus tierras, e dan les la dicha esençion perpetua mente e algunas vezes por tienpo çierto, de que a vuestra alteza viene grand deseruiçio, e muy grand danno alas dichas vuestras çibdades e villas e lugares, por que se despueblan e las tierras delos dichos sennores se pueblan, e lo que auian de pagar las personas que alli beuian se carga sobre los otros que quedan enlas dichas vuestras çibdades e villas e lugares e ellos lo han de pagar, sobre lo qual el Rey don Iuan vuestro auuelo, enlas cortes de[4] Segouia[5] por su ley e ordenamiento ordenó e mandó que quando algunas personas de su sennorio rreal se fuesen a morar alos lugares delos sennorios e se obligasen de fazer en ellos[6] vezindad, so çiertas penas, que pagasen por los bienes que ouieren enlo rrealengo, e si quisiesen venir a morar delos sennorios alo rrealengo, que fuesen quitos delas tales obligaçiones e penas que sobre si otorgasen e que non fuesen prendados por ello los bienes que ouiesen enlos dichos sennorios. E vuestra alteza por otra ley fecha enlas cortes de Madrid el anno pasado de mill e quatroçientos e treynta e tres, apetiçion delos procuradores de vuestros rregnos proueyó que entendia mandar escreuir atodos los vezinos e moradores de vuestros rregnos, e que dende en adelante quales quier personas que touiesen bienes en quales quier çibdades e villas e lugares de vuestros rregnos e se fuesen a mo-

[1] Sim.: enxenplo.
[2] Sim.: exhimir. K 3: exemir.
[3] Sim.: por tales exquesitos e inmensos colores. K 3: por tales esquisitos e non justos colores.
[4] Algunas copias: enlas cortes que fizo en.
[5] Peticion 13 delas Córtes de Segovia del año 1386.
[6] Sim. y K 3: con ellos.

que non touiesen nin dexasen bienes enlas dichas vuestras çibdades e villas e lugares, omill mente suplicamos a vuestra merçed quele plega de proueer sobre todo ello segund que entendiere que cunple a vuestro seruiçio e al bien e pro comun delos dichos vuestros rregnos, asi contra los dichos sennores que fazen e otorgan las dichas esençiones, commo contra aquel o aquellos quelas rresçiben e por rrazon de aquellas se van a beuir a sus tierras e sennorios en deseruiçio [1] vuestro e en fraude de los dichos vuestros pechos e derechos.

Aesto vos rrespondo que vos otros dezides bien e lo que cunple ami seruiçio, para lo qual mando e defiendo alos que tienen las tales villas o lugares que non fagan nin den las tales esençiones nin guarden las que han dado, e quelo asi fagan e cunplan so pena dela mi merçed. Otrosi mando e defiendo a todos e quales quier mis vasallos e subditos e naturales que non sean osados de tomar nin rresçebir las tales esençiones nin vsen dellas, so pena dela mi merçed e deconfiscaçion de todos sus bienes para la mi camara, e demas mando quelos tales sean traydos presos ante mi ala mi corte, por quelos yo mande escarmentar commo a vasallos que deniegan asu rrey e sennor sus pechos e derechos.

5. Otrosi muy esclareçido rrey e sennor, en algunas delas çibdades e villas e lugares de vuestros rregnos los vezinos e moradores dellos, vuestros pecheros, son destruydos e fatigados por muchas encobiertas [2] e fraudes e cabtelas que se han fecho e fazen entre los dichos pecheros çerca delos dichos pechos e tributos, espeçial mente que muchos pecheros tienen dos o tres o quatro fijos o mas, e si el vno es clerigo o esento que non deue nin ha de pechar, fazen le los tales pecheros donaçion e traspasamiento [3] de todos sus bienes, e los otros fijos [4] dan a entender que non curan nin fazen mençion dello, por rrazon de sus partiçiones que tienen entre si fechas encobierta mente, las quales non se pueden sa-

ber, asi mismo si tiene fijo clerigo o estudiante enel estudio, fazen le donaçion de sus bienes, e si despues en ellos se faze execuçion[1], por los dichos pechos fatigan alos pecheros por la eglesia e por los preuillejos del estudio. Otrosi, si son padre e fijo e eran ante dos pecheros ayuntan se e moran en vno e fazen se el vno al otro donaçion e traspasamiento de toda su fazienda, e de dos o tres pecheros que eran de ante,[2] tornan se en vno o en non ninguno, e los pechos que aquellos auian de pagar cargan se sobre los otros labradores pecheros, en manera que por cabsa[3] desto se han seguido e siguen muchos e largos pleytos e se han fecho e fazen muchas costas e son fatigados los dichos vuestros pecheros; omill mente a vuestra merçed suplicamos quele plega de proueer enello commo entendiere que cunple a vuestro seruiçio, dando orden commo non se fagan las dichas cabtelas[4] e fraudes e encobiertas en deseruiçio vuestro e en fraude delos dichos vuestros pechos e derechos e en danno e perjuizio[5] delos dichos vuestros pecheros, mandando que si alguno es pechero o fijo de pechero e non se falla abonado para que se faga execuçion en sus bienes por los pechos e tributos que han de pagar por rrazon dela tal donaçion e traspasamiento delos dichos sus bienes en persona esenta, por lo qual se presume que se fizo cabtelosa mente e en fraude e a fin[6] de non pechar nin contribuyr, quela tal donaçion e traspasamiento non vala e sea ninguno de derecho e que a mengua delos dichos bienes ala tal persona sea prendido el cuerpo e esté preso fasta que dé bienes desenbargados suyos en que se faga la dicha execuçion, e en tanto le sea dado lugar si quisiere para que diga o alegue[7] de su derecho, e non salga dela dicha presion fasta que pague lo que ha de dar e pagar delos dichos pechos o muestre rrazon legitima por que non lo deua fazer. Otrosi mandando alas dichas personas eclesiasticas e al dicho maestre de escuela que asi proçeden por virtud delos preuillejos dela dicha eglesia e del dicho estudio, que vengan por sus personas aqui a vuestra corte dentro de çierto termino e della non partan sin vuestra espeçial liçençia e mandado, fasta que den rrazon delos dichos proçesos que asi fazen.

1 Sim.: en ello se faze execuçion.
2 Sim.: antes.
3 Sim.: causa.
4 Sim.: cautelas.
5 Sim.: prejuizio.
6 Sim.: e fin.
7 Sim.: allegue.

dos pechos e tributos se carga o ha de cargar alos otros pecheros delos lugares donde los dichos monteros biuen, de que se les sigue e rrecresçe mucha perdida e danno, e los dichos caualleros e grandes omes si quisiesen podrian auer en sus tierras otros monteros escusados mas quelos siruan, e por ello se escusaria muy grand danno alos dichos vuestros pecheros. Omill mente suplicamos avuestra merçed quele plega de proueer sobrello, mandando quelos caualleros e grandes omes de vuestros rregnos que tienen de vuestra alteza los dichos monteros escusados, que los ayan e tengan de aqui adelante en sus tierras, e si en otra parte moraren o biuieren fuera delas dichas sus tierras, que non les sea guardada la tal esençion nin gozen de ella.

Aesto vos rrespondo que vos otros dezides bien e lo que cunple ami seruiçio, e quiero e mando e ordeno' que se faga e guarde asi agora e de aqui adelante.

7. Otrosi muy esclaresçido rrey e sennor, por muchas e diuersas vezes enlos annos pasados por los otros procuradores delas çibdades e villas de vuestros rregnos ha seydo suplicado a vuestra alteza que proueyese e mandase proueer a quelos grandes de vuestros rregnos e otros caualleros e rricos omes e escuderos e duennas e otras quales quier personas non tomasen nin cogiesen tomas delos mrs. delos vuestros pedidos e monedas e delas vuestras alcaualas e terçias e pechos e derechos, e que diesen lugar a que vuestras rrentas fuesen fechas e arrendadas libre mente e sin premia e sin fuerça, e los vuestros rrecabdadores e fieles e cogedores e los otros vuestros ofiçiales cobrasen e pudiesen cobrar los tales mrs., e fazer sobre ellas todas sus diligençias, sobre lo qual fue e está proueydo por çiertas leyes e ordenamientos que fizo el sennor Rey don Enrrique, de gloriosa memoria vuestro padre, enlas cortes de Madrid el anno pasado de mill e tresçientos e nouenta e tres annos e el Rey don Iuan vuestro auuelo enlas cortes de Briuiesca, e por vuestra alteza por otras çiertas leyes fechas enla çibdad de Toledo el anno pasado de treynta e seys e en Valladolid el anno pasado de mill e quatrocientos e

delas rrentas delas alcaualas del rregno a donde estan encorporadas las dichas leyes e ordenamientos o algunos dellos, e despues enla villa de Tordesillas estando ende con vuestra alteza el sennor Prinçipe vuestro fijo e otros grandes de vuestros rregnos que asi estauan, entre otros capitulos que alli pusieron, vuestra alteza juró e el dicho sennor Prinçipe vuestro fijo e los otros grandes que ay estauan, sobre ello, e que vuestra alteza mandaria proueer e dar orden çerca delas dichas tomas, en manera que çesasen, lo que fasta aqui non es fecho. Omill mente a vuestra merçed suplicamos quele plega de mandar luego proueer e dar orden, pues es cosa que tanto cunple al vuestro seruiçio e al bien dela cosa publica de vuestros rregnos e de vuestros subditos e naturales, en manera quelas dichas leyes e ordenamientos e lo que çerca desto pasó enla dicha villa de Tordesillas sea luego puesto en execuçion.

Aesto vos rrespondo que vos otros dezides bien e lo que cunple ami seruiçio, e mando que se faga e cunpla e guarde todo asi segund e por la forma e manera que está ordenado por los rreyes donde yo vengo, e por mi, so las penas contenidas enlas dichas leyes; e demas de aquello yo con la ayuda de Dios en breue entiendo proueer e dar orden, qual cunpla a mi seruiçio e al bien de mis rregnos, por manera que çesen las tales tomas.

8. Otrosi suplicamos asi mismo a vuestra alteza quele plega de mandar e executar, por los vuestros pedidos e monedas e otros pechos e derechos que avuestra alteza son deuidos delos annos pasados, enlas çibdades e villas e lugares del rregno de Gallizia e de Asturias de Ouiedo e enlas çibdades e villas e lugares dela merindad de allende Ebro, enbiando les mandar con grandes fuerças e premias e firmezas e penas quelos paguen, e por que en ello non pongan dubda, que vuestra alteza lo aya e mande auer por ley.

Aesto vos rrespondo que vos otros dezides bien e lo que cunple ami seruiçio, e yo asi lo entiendo mandar fazer e executar.

9. Otrosi muy poderoso rrey e sennor[1], algunos caualleros e personas de vuestros rregnos fazen ferias francas e mercados francos en sus villas e lugares, e avn[2] asi mismo han fecho e fazen muchos mercados en dias sennalados, sin vuestra liçençia e mandado, e franquean las dichas ferias e mercados para que non se pague alcauala delo que ende se vendiere; e todo esto fazen por que sus pechos e derechos valan mas, e por que se

[1] Sim.: Otrosy muy poderoso sennor.

[2] Sim. omite: avn.

uiesen a franquear las tales ferias nin mercados, nin los que a ellos fuesen gozasen dela tal franqueza, e que vuestra alteza mandaria tomar juramento delos tales sennores que vuestro seruiçio fuese guardado; lo qual non se ha fecho nin cunplido fasta aqui, e muchos sennores en sus villas e lugares franquean las dichas ferias e mercados e dan franqueza e quitan alos que ende vienen avender e conprar, e aquellos gozan dela dicha esençion e franqueza. Omill mente a vuestra alteza suplicamos quele plega de proueer çerca dello, mandando guardar la dicha ley e todas las otras leyes que fablan en esta rrazon, con mayores fuerças e premias e con grandes penas.

Aesto vos rrespondo que mi merçed es de mandar guardar e que se guarde la ley por mi çerca desto ordenada e todas las otras leyes que çerca desto fablan.

10. Otrosi, vuestra alteza ha mandado e ordenado por çiertas leyes e ordenamientos de vuestros rregnos los derechos que deuen e han de auer e lieuar los vuestros contadores mayores e sus ofiçiales e notarios e el vuestro chançeller mayor e el que tiene vuestro sello dela poridad e el vuestro rregistrador e el vuestro mayordomo mayor e el vuestro escriuano delas rrentas e el vuestro contador mayor delas rraçiones e el despensero delas rraçiones dela vuestra casa e los vuestros alcalldes e alguaziles e los otros vuestros ofiçiales; e las dichas leyes e ordenamientos non se guardan commo deuen, e algunos delos dichos ofiçiales lieuan derechos demasiados e fazen otras cosas non deuidas, con poder de sus ofiçios. Omill mente suplicamos a vuestra merçed quele plega de proueer çerca dello segund que entendiere que cunple a vuestro seruiçio e al bien dela cosa publica de vuestros rregnos e de vuestros subditos e naturales, mandando quelas dichas leyes e ordenamientos sean guardados e cunplidos, e quelos sobre dichos non lieuen derechos demasiados nin fagan nin se atreuan a fazer cosa que non deuen, con poderio delos dichos sus ofiçios.

seruiçio e a bien de mis rregnos, e mando que se guarde e cunpla e faga asi segund que por vos otros me fue suplicado.

11. Otrosi muy alto rrey e sennor, por quanto algunos clerigos de las çibdades e villas e lugares de vuestros rregnos non querian pagar las vuestras alcaualas, e esto en gran deseruiçio e danno dela cosa publica de vuestros rregnos, fue mandado e ordenado por una ley e ordenamiento de vuestra alteza fecha en Valladolid, a petiçion delos procuradores de vuestros rregnos, el anno pasado de mill e quatroçientos e quarenta e syete annos, que qual quier lego que alguna cosa conprare por granado, de clerigo, que el tal lego fuese tenudo de pagar el alcauala dello, e delo que el lego conprase por menudo del clerigo e delo que vn clerigo a otro vendiese por granado o por menudo, que el clerigo vendedor fuese tenudo de pagar el alcauala dello entera mente, e si non lo quisiere fazer seyendo sobre ello rrequerido, que vuestra alteza lo enbiare mandar por vuestra carta[1] quelo pagase dentro en çierto tienpo, e non lo faziendo asi, que por el mismo fecho el tal clerigo, commo aquel que deniega a su rrey e sennor natural su sennorio e derechos, que fuese auido por ageno e estranno de sus rregnos e saliese dellos e non entrase en ellos sin su mandado, e demas quele fuesen entrados e tomados todos sus bienes tenporales, e dellos fuese fecho pago al vuestro arrendador delo que montare enla dicha alcauala con las penas contenidas enla ley del vuestro quaderno delas alcaualas. Muy poderoso sennor, por la dicha ley non se ha rremediado nin proueydo conpleta mente nin segund deue contra los dichos clerigos, por que sin enbargo della e sin temor de vuestra alteza, toda via se atreuen a non pagar nin querer pagar las dichas vuestras alcaualas, sabiendo que guardando la dicha ley han de ser primera mente rrequeridos e despues de fecho el tal rrequerimiento los vuestros rrecabdadores e arrendadores han de venir o enbiar por carta a vuestra alteza para queles enbie mandar que paguen las dichas alcaualas dentro en çierto termino, por manera que se han de fazer los dichos autos e diligençias e avn ha de proçeder sobre ello con cogniçion e determinaçion, e asi quelos dichos clerigos han lugar para non pagar las dichas alcaualas, si por otra manera vuestra alteza non manda proueer e rremediar contra ello. Alo qual suplicamos e pedimos por merçed quele plega de proueer sobre ello segund que entendiere que cunple a vuestro seruiçio e ala cosa publica de vuestros rregnos, ordenando e mandando que non se ayan de fazer tantas diligençias con-

[1] Búrgos: por vuestras cartas.

dolid, a peticion delos pro-
ido de mill e quatroçientos
go que alguna cosa compr
ese tenudo de pagar el alca-
enudo del clerigo e delo q
por mesado, que el clerig
dello entera mente, e si n
uerido, que vuestra alteza
gase dentro en çierto tiemp
o el tal clerigo, commo q
su sennorio e derechos p
regnos e saliese dellos e s
quele fuesen entrados e
fuese fecho pago al v
alcauala con las penas
las alcaualas. Muy poder
o nin proueydo conpleta me
, por que sin enbargo de
euen a non pagar nin q
lo que guardando la dic
spues de fecho el tal rr
adadores han de venir e
enbie mandar que pa
no, por manera que se
ha de proçeder sobre ell
los clerigos han lugar p
manera vuestra alteza
o qual suplicamos e p
und que entendie

12. Otrosi muy poderoso rrey e sennor, los perlados e juezes eclesiasticos, en grand deseruiçio vuestro, se entremeten en vuestra jurediçion seglar e tenporal e la usurpan e apropian asi por quantas maneras pueden, e conosçen e se entremeten a conosçer de cabsas e pleytos que perteneçen ala dicha vuestra jurediçion rreal e seglar, espeçial mente enlas cabsas e pleytos tocantes a vuestras rrentas e a vuestros mrs., e las partes muchas vezes buscan colores e maneras esquesitas para ello, e los sennores rreyes pasados fizieron e ordenaron çiertas leyes que fablan en esta rrazon e asi mismo vuestra alteza enla villa de Palençuela e despues enlas cortes de Valladolid el anno que pasó de mill e quatro çientos e quarenta e syete annos. E muy poderoso sennor e rrey, sin enbargo delas dichas leyes e ordenamientos, los dichos perlados e juezes eclesiasticos se entremeten enla dicha vuestra jurediçion rreal e seglar e conosçen delos dichos pleytos e cabsas que pertenesçen ala dicha vuestra jurediçion, espeçial mente alas dichas vuestras rrentas e de vuestros mrs., en manera quela dicha vuestra jurediçion es vsurpada e menoscabada e se vsurpa e menoscaba de cada dia, e por ello las dichas vuestras rrentas valen menos, e avn muy poderoso sennor, por las dichas leyes non está proueydo cunplida mente contra los tales perlados e juezes e personas eclesiasticas, nin enlo que toca alas dichas vuestras rrentas e mrs. Omill mente a vuestra merçed suplicamos quele plega de proueer sobre ello commo entendiere que cunple a vuestro seruiçio e al bien dela cosa publica de vuestros rregnos, por manera quela dicha vuestra jurediçion rreal non sea vsurpada, nin en ella se entremetan los dichos perlados e juezes e personas eclesiasticas, espeçial mente enlo que toca alas dichas vuestras rrentas e mrs.

A esto vos rrespondo que vos otros dezides bien, e asi lo entiendo mandar fazer e guardar e non consentir nin permitir lo contrario.

13. Otrosi muy poderoso rrey e sennor, vuestra alteza bien sabe quanto tienpo ha quela vuestra rrenta delos diezmos dela mar de Casti-

pales de todas las vuestras rrentas e de que vuestra alteza se puede mucho socorrer e aprouechar e es grand seruiçio vuestro e bien dela cosa publica de vuestros rregnos e de vuestros subditos e naturales, que vuestra alteza la tenga para si e non esté enagenada en poder de otros, omill mente a vuestra merçed suplicamos quele plega dela mandar quitar de poder de aquellos quela tienen e dela auer e tomar para si, de guisa que vuestra alteza de ella se pueda socorrer segund que delas otras rrentas de vuestros rregnos.

A esto vos rrespondo que vosotros dezides bien e lo que cunple a mi seruiçio e asi lo entiendo mandar fazer.

14. Otrosi muy poderoso rrey e sennor, a vuestra alteza plega saber quelas monedas de oro de otros rregnos estrannos, asi conmo florines e coronas e salutes e nobles e otras monedas de oro, avn que sean quebradas e sordas, si son de aquesa misma ley e peso, valen tanto en vuestros rregnos commo las sanas e non se menoscabaua cosa ninguna en ellas por ser quebradas e sordas, lo qual non es enlas monedas de oro que se fazen en vuestros rregnos asi commo enlas doblas castellanas dela banda e otras, que por ser quebradas valen menos e dan menos por ellas; lo qual es en vuestro deseruiçio e danno dela rrepublica de vuestros rregnos e de vuestros subditos e naturales, ca por ser quebradas e sordas, seyendo desa misma ley e peso non[1] se deuen menoscabar nin valer menos quelas sanas nin deuen ser de menor preeminençia las monedas fechas en vuestros rregnos. quelas que son en rregnos extranjeros. Omill mente a vuestra merçed suplicamos quele plega de proueer sobre ello, e mande e ordene quelas dichas monedas de oro que son fechas e se fizieren enlos dichos vuestros rregnos, avn que sean quebradas e sordas, tanto que sean desa misma ley e peso, valan tanto commo las que son sanas, segund que se faze enlas otras monedas fechas enlos otros rregnos e sennorios estrannos, mandando que se faga e cunpla asi e poniendo sobrello las penas e fuerças que cunpliere.

Aesto vos rrespondo que mi merçed es que se faga e cunpla asi segund que por vos otros me fue suplicado.

15. Otrosi muy esclaresçido rrey e sennor, la esperiençia muestra quanto ha seydo e es en vuestro deseruiçio e en danno dela rrepublica de vuestros rregnos e de vuestros subditos e naturales en sacar se fuera dellos a otras partes oro e plata e moneda amonedada o por monedar, e

[1] Sim.: de esa mesma ley seyendo, non.

Iuan vuestro auuelo e por las leyes del quaderno delas sacas e cosas vedadas, e sin enbargo de todo ello, toda via se sacan delos dichos vuestros rregnos sin[3] vuestra liçençia e mandado a otras partes. Omill mente a vuestra merçed suplicamos que mande guardar las dichas leyes e ordenamientos e las del dicho vuestro quaderno delas sacas, poniendo açerca[4] dello mayores penas e fuerças e firmezas[5], por manera que sean guardadas e cunplidas[6] de aqui adelante.

Aesto vos rrespondo que vos otros dezides bien e lo que cunple a mi seruicio e abien dela cosa publica de mis rregnos, e que mi merçed e voluntad es que se faga e guarde e cunpla todo asi segund que por vos otros me fue suplicado, so las penas contenidas enlas leyes e ordenamientos de mis rregnos e enel mi quaderno delas sacas, que sobre esto fablan.

16. Otrosi muy esclaresçido rrey e sennor, por quanto se falla que algunos delos vuestros corregidores e alcalldes e alguaziles e merinos delas çibdades e villas e lugares delos vuestros rregnos arriendan los dichos ofiçios e los dan a rrenta, delo qual se rrecresçe mucho deseruiçio a vuestra rreal sennoria e grand danno alas çibdades e villas e lugares de vuestros rregnos e a vuestros subditos e naturales, por quelos que asi tienen arrendados los dichos ofiçios non son personas abiles nin sufiçientes para vsar dellos nin cunplen la justiçia segund deuen, e fazen grandes cohechos e otras cosas non deuidas sobre lo qual el Rey don Enrrique vuestro visauelo enlas cortes de Burgos fizo çierta ley e ordenamiento a petiçion delos procuradores del rregno e despues el Rey don Iuan[7] vuestro auuelo enlas cortes de Valladolid[8] por otra su ley e ordenamiento ordenó e mandó quelos alcalldes e alguaziles e me-

[1] Sim. y K 3: ca por esa causa.
[2] Sim.: Juan.
[3] Sim.: rregnos e syn.
[4] Sim. y K 3: çerca.

rinos delas çibdades e villas e lugares del rregno non arrendasen los dichos ofiçios, e si los arrendasen, que por el mismo fecho los perdiesen, e los otros a quien los arrendasen que non pudiesen vsar dellos, asi commo aquellos que auian los ofiçios de aquellos que non gelos podian dar. Omill mente[1] a vuestra merçed suplicamos quele plega de proueer sobrello, mandando que de aqui adelante se guarden e cumplan las dichas leyes con mayores fuerças e premias e firmezas.

Aesto vos rrespondo que mi merçed e voluntad es que se faga e guarde e cunpla todo asi, segund e por la forma e manera que por vos otros me fue suplicado.

17. Otrosi muy poderoso rrey e sennor, commo la vuestra corte e chançelleria sea la mas notable cosa de vuestros rregnos para administrar e cunplir[2] la justiçia segund quela espirençia[3] lo ha mostrado e muestra, e por que fuese conseruada e non diminuyda, vuestra alteza ha fecho asaz[4] leyes e ordenamientos, e ha dado muchas cartas de prouisiones e asi mismo las dieron los sennores rreyes vuestros anteçesores espeçial mente para[5] que todos los pleytos çeuiles e creminales alli pendientes non sean nin puedan ser dende sacados a otras partes, saluo que sean ende librados e determinados, muy alto rrey e sennor, por quanto acaesçe[6] que muchas personas, por que non pueden dende sacar los dichos pleytos e cabsas[7] que han[8] de ser alli librados e determinados, ganan e inpetran cartas e prouisiones de vuestra alteza para que se sobresea enel conosçimiento e determinaçion delos dichos pleytos por algund tienpo, e por esta causa los dichos pleytos se dilatan e non se libran nin determinan e peresçe e se menoscaba el derecho delas partes. Omill mente suplicamos a vuestra merçed quele plega de proueer sobrello ordenando e mandando que de aqui adelante vuestra alteza non dará nin mandará dar las dichas cartas de sobreseymientos para los pleytos e cabsas que han seydo e son o fueren pendientes enla dicha vuestra corte e chançelleria aqui[9] enla vuestra corte e casa; e si tales

[1] K 3: Vmill mente.
[2] K 3: conplyr.
[3] Sim.: esperençia.
[4] K 3: hasaz.
[5] Sim. omite: para.
[6] Sim.: acahesçe.
[7] Sim.: causas.
[8] K 3: e han.
[9] K 3: e aqui.

ıdelante se guarden e cumpla
premias e firmezas.
l e voluntad es que se faga
la forma e manera que por v

ıor, commo la vuestra cert
vuestros rregnos para adminis
a espirençia[1] lo ha mostrado
ıon diminuyda, vuestra alte
ı dado muchas cartas de pre
es rreyes vuestros antecesor
tos çeuiles e creminales
e sacados a otras partes, sal
muy alto rrey e sennor
r que non pueden dende sa
r alli librados e determinados
le vuestra alteza para que
ıcion delos dichos pleytos
s pleytos se dilatan e non
scaba el derecho delas partes
rced quele plega de proveer
ui adelante vuestra alteza
de sobreseymientos para
fueren pendientes enla dicha
ıestra corte e casa; e si

e cumpla todo asi, segund que por vos otros nos fue suplicado.

18. Otrosi muy esclaresçido rrey e sennor, por quanto los alcalldes e alguaziles e rregidores e mayordomos e escriuanos de conçejo delas çibdades e villas e lugares de vuestros rregnos e sennorios, ellos o otros por ellos, arriendan las vuestras rrentas, otrosi las rrentas e propios de las tales çibdades e villas e lugares, e son fiadores e seguradores delos quelas arriendan, delo qual a vuestra alteza se rrecresçe mucho deseruiçio e grand danno ala rrepublica de vuestros rregnos e alas dichas çibdades e villas e lugares e a vuestros subditos[3] e naturales, ca con poderio delos ofiçios rretienen en si lo que montan e rriendan las dichas rrentas, e non lo pagan nin aquellos aquien fian, en manera quelas dichas çibdades e villas e lugares non se pueden socorrer e aprouechar de sus propios e rrentas para sus nesçesidades, e los vezinos e moradores dellas son por ello fatigados e maltraydos; e sobresto el Rey don Enrrique vuestro visauelo proueyó por su ley e ordenamiento fecho enlas cortes de Burgos a petiçion delos procuradores del rregno[4], que qual quier que ouiese ofiçio que ouiese de ver fazienda de conçejo e si que non ouiese otro ofiçio nin arrendase las rrentas del conçejo tomase otro ofiçio o arrendase, que perdiese[5] el ofiçio dela veedoria[6], e que nunca ouiese aquel ofiçio, e quelos alcalldes e alguazil e merino del lugar[7] non arrendasen vuestras rrentas nin fuesen fiadores dellas, pero quelos otros que han de ver fazienda delos conçejos e otros quales quier, que podiesen arrendar si quisieren, sus rrentas. E vuestra alteza fizo otra ley e ordenamiento enla villa de Guadalfajara el anno pasado de mill e quatroçientos e treynta e seys annos[8] defendiendo a los dichos ofiçiales que non arrendasen los propios e rrentas dela tal çibdad o villa o lugar, so pena que por el mismo fecho ouiesen perdido

[1] Sim.: e non.
[2] K 3: clausolas.
[3] K 3: subdictos.
[4] Peticion 16 del ordenamiento de las Córtes de Burgos del año 1373.
[5] Sim.: arrendasen, que perdiesen.

los oficios; e sin enbargo delas dichas leyes, los dichos alcalldes alguazil rregidores e mayordomos e escriuanos de conçejo e otros por ellos o algunos dellos arriendan las dichas rrentas e propios, e son fiadores e aseguradores delos quelas arriendan. Suplicamos a vuestra merçed que le plega de proueer sobre ello, mandando guardar las dichas leyes e todas las otras leyes que fablan en este caso, poniendo contra los dichos ofiçiales, mayores e mas graues penas, en manera que non lo fagan nin se atreuan a ello.

Aesto vos rrespondo que mi merçed e voluntad es que se faga e guarde e cunpla todo asi, segund que por vos otros me fue suplicado.

19. Otrosi muy poderoso rrey e[1] sennor, por vuestra ley e ordenamiento que vuestra alteza fizo en Valladolid el anno[2] de mill e quatroçientos e quarenta e dos e por otras leyes e ordenamientos ante fechos, está ordenado que non se pueda vedar enel rregno la saca del pan de vn lugar a otro, asi enlo rrealengo commo enlos lugares delos sennorios, e sin enbargo delas dichas leyes, muchas delas çibdades e villas e lugares de vuestros rregnos e otras personas vedan la dicha saca de pan, espeçial mente algunos caualleros e grandes omes e otras personas, enlos lugares delos sennorios, de que se rrecresçe a vuestra alteza mucho deseruicio e danno ala cosa publica de vuestros rregnos e a vuestros subditos e naturales, e por esta cabsa[3] ay carestia de pan en muchos lugares[4] delos dichos vuestros rregnos. Omill mente a vuestra merçed suplicamos quele plega de mandar guardar las dichas leyes en manera quela dicha saca sea comun en todo el rregno e non sea en poder de ninguno dela vedar sin espeçial liçençia e mandado de vuestra alteza, e que esto sea asi enlos lugares rrealengos commo enlos lugares delos sennorios, poniendo sobrello grandes penas contra los que fizieren[5] lo contrario.

Aesto vos rrespondo que dezides bien e lo que cunple ami seruiçio, e mi merçed e voluntad es que se faga e guarde e cunpla todo asi, segund que por vos otros me fue suplicado.

20. Otrosi muy poderoso rrey e sennor, por las leyes e ordenamientos delos sennores rreyes pasados es ordenado e defendido alos legos que non fagan sobre si cartas de debdos nin otros contratos por ante

[1] Sim. omite: rrey e.
[2] Sim.: el anno que pasó.
[3] Sim.: causa.
[4] Sim.: enlos dichos logares.
[5] K 3: fezieren.

porales nin en pleytos que atanesen[3] a lego, saluo enlas cosas que fuesen delas eglesias e pertenesçiesen a ellas, sinon lo fiziesen[4] con su abtoridad; e muy alto rrey e sennor, los dichos notarios apostolicos e delas dichas eglesias[5] han dado e se entremeten a dar fe de escripturas e contratos entre legos e de cosas que tocan ala vuestra jurediçion rreal e tenporal, e por esta cabsa se enajena e pierde la dicha vuestra jurediçion, por manera que son mayores las abdiençias[6] delos juezes eclesiasticos que non de vuestras justiçias, e dello se rrecresçe gran deseruiçio a vuestra alteza e danno ala rrepublica de vuestros rregnos. Omill mente suplicamos a vuestra merçed[7] quele plega de proueer sobre ello, mandando guardar las dichas leyes e ordenamientos e otros quales quier, que fablan en esta rrazon, con mayores fuerças e premias e con mas grandes penas contra los dichos notarios e contra los que fezieren e otorgaren los dichos contratos e escripturas ante ellos, e ordene e mande quelos dichos notarios non den nin puedan dar fe, entre legos, de escripturas e rrecabdos que entre si ayan de fazer e otorgar, e delos que ouieren de fazer e otorgar el lego al clerigo quela tal escriptura e contrato non vala nin faga fe, nin por virtud[8] della se pueda fazer execuçion[9] nin sea adquirido derecho alguno al quelo fiziere, e demas que cayan en pena de diez mill mrs., la meytad para el quelo acusase e la otra meytad para la çerca dela çibdad o villa do esto acaesçiere[10].

Aesto vos rrespondo que mi merçed e voluntad es que se faga e guarde e cunpla todo asi, segund que por vos otros me fue suplicado.

21. Otrosi muy esclaresçido rrey e sennor, por los procuradores delas çibdades e villas de vuestros rregnos han seydo fechas a vuestra alteza

[1] Sim.: causa.
[2] Sim.: acabeçiesen.
[3] Sim.: ataniesen.
[4] K 3: feziesen.
[5] Búrgos: iglesias.
[6] K 3: audiençias.
[7] Sim.: alteza.

asaz suplicaçiones çerca delos corregidores que se han a dar alas çibdades e villas e lugares de vuestros rregnos, e a su instançia son fechas çiertas leyes e ordenamientos por los sennores rreyes pasados e por vuestra alteza, espeçial mente la ley fecha en Çamora el anno pasado de mill e quatro çientos e treynta e dos annos, para que non se prouea de corregidor a ninguna çibdad o villa o lugar, saluo pidiendo lo todos o la mayor parte e si vuestra alteza entendiere que cunpliere a vuestro seruiçio, e quelos tales corregidores siruan por sus personas e non por sostitutos; e por otra ley e ordenamiento que vuestra alteza fizo en Valladolid el anno pasado de mill e quatro çientos e quarenta e dos a suplicaçion delos dichos procuradores, por dó ordenó e mandó que non se diese corregidor, saluo segund la forma e tenor dela dicha ley de Çamora e por tienpo de vn anno, pero si vuestra alteza fuere informado quel tal corregidor vsaua bien de su ofiçio e que era cunplidero ala tal çibdad o villa o lugar, que en tal caso le fuese prorrogado el tienpo por otro anno e non mas; e por que muy poderoso rrey e sennor, el dicho ordenamiento fecho enla dicha çibdad de Çamora paresçe cunplidero[1] al vuestro seruiçio e al bien dela cosa publica de vuestros rregnos e para la execuçion e guarda de vuestra justicia, suplicamos omill mente a vuestra merçed quele plega de proueer sobre ello, mandando guardar la dicha ley e ordenamiento de Çamora, segund e por la forma e manera que en ella se contiene, non enbargante las otras dichas leyes e ordenamientos e otros quales quier que fablan en esta rrazon.

Aesto vos rrespondo que mi merçed e voluntad es que se guarden las leyes por mi sobre esto fechas e ordenadas, segund e enla manera e forma que en ellas se contiene.

22. Otrosi muy poderoso rrey e sennor, en algunas çibdades e villas e lugares delos vuestros rregnos que son enla frontera, asi commo es la çibdad de Cuenca e otras çibdades, ay aguisados de cauallo, los quales han de mantener e mantienen continua mente armas e cauallos para defension delas dichas çibdades e villas e delas comarcas, e los tales aguisados de cauallo tienen preuillejo delos sennores rreyes pasados vuestros anteçesores e de vuestra alteza, para que non paguen pedidos nin monedas nin otros pechos; e los dichos preuillejos segund las leyes e ordenamientos de vuestros rregnos non les son guardados enlas çibdades e villas e lugares donde biuen, quanto al pedido, nin menos quanto alas monedas, por que non estan asentados enlos vuestros libros

[1] Búrgos: ser conplidero.

cas, que çiertos de numero, quantos vuestra alteza mandare e entendiere que cunple á vuestro seruiçio, gozen e puedan gozar dela dicha exençion e franqueza en cada çibdad o villa o lugar donde biuen, e les sean guardados los dichos preuillejos.

Aesto vos rrespondo que yo entiendo mandar ordenar çerca de ello lo que entendiere ser cunplidero ami seruiçio e a bien dela cosa publica de mis rregnos.

23. Otrosi muy esclaresçido rrey e sennor, vuestra alteza ordenó e mandó por una ley e ordenamiento que fizo a suplicaçion delos procuradores de vuestros rregnos e sennorios enla villa de Valladolid el anno que pasó de mill e quatroçientos e çinquenta e vno, quelos obreros e monederos delas casas de monedas de vuestros rregnos, que non fuesen vezinos e moradores delas çibdades e villas e lugares do son las dichas casas, que non sean esentos e que pechen e contribuyan enlos pechos rreales e conçejales; e muy poderoso rrey e sennor, commo quier quela dicha ley es rrazonable e cunplidera avuestro seruiçio, enlas çibdades e villas e lugares que non son francos nin esentos, por que enlos tales se fallarán obreros e monederos que sean vezinos dende que labren enlas dichas casas por ser esentos e francos delos pechos e tributos, pero enlas çibdades e villas e lugares que son esentos e francos asi commo enla çibdad de Toledo, non se fallará delos vezinos e moradores que ende biuen que quieran ser obreros e monederos nin seruir e labrar en vuestra casa[1] dela moneda, pues que ellos son esentos e francos por ser vezinos dela dicha çibdad. Omill mente avuestra merçed suplicamos, que pues es cosa que cunple[2] a vuestro seruiçio, le plega de proueer çerca dello, ordenando e mandando quela dicha ley se entienda delas çibdades e villas e logares que non son francos nin esentos nin tienen preuillejos[3] de franqueza, pero enlas otras que son francas, los dichos obreros e monederos puedan ser e sean, asi delos vezinos dende commo de fuera parte, e que aquellos gozen dela esençion e franqueza de

quien penden las dichas cabsas e pleytos, e seyendo asi pendientes en primera instançia o en grado de apellaçion o suplicaçion en otros grados, vuestra alteza por inportunidad de algunas personas e a suplicaçion de ellas, o porque vuestra alteza dize que cunple asi a vuestro seruiçio, o por otras algunas cabsas e rrazones, ha dado e mandado dar algunas cartas e prouisiones por las quales absuelue e quita su derecho a alguna delas partes, e da por ninguno e rreuoca todo lo proçesado, e manda alos juezes que non proçedan nin vayan adelante por las dichas cabsas e pleytos e quelas dichas partes non sean mas oydas a su derecho e justiçia, e mande vuestra alteza que se faga e cunpla asi de vuestro propio motu e poderio rreal absoluto e con otras exorbitançias [2], non seyendo las dichas cartas e prouisiones vistas nin acordadas en vuestro Consejo, nin rrefrendadas enlas espaldas delos de vuestro Consejo segund que se rrequiere, lo qual es en grand deseruiçio vuestro e en danno [3] dela rrepublica de vuestros rregnos e de vuestros subditos e naturales e en grand cargo de vuestra conçiençia, e por ello peresçe [4] su derecho alas partes e les es quitado. Omill mente suplicamos a vuestra merçed quele plega de proueer sobre ello commo entendiere que cunple a vuestro seruiçio e al bien dela cosa publica de vuestros rregnos, ordenando e mandando que de aqui adelante vuestra alteza non dará tales cartas e prouisiones, e mande alos vuestros secretarios que non las pasen nin libren so pena de

e sennor, algunas personas
s e pleytos aqui en vuestra
n otras partes e lugares de
ante los alcalldes e juezes
tos, e seyendo asi pendientes
ion o suplicaçion en otros
mas personas e a suplicaçion
nple asi a vuestro seruiçio
e mandado dar algunas cartas
uita su derecho a algunas
procesado, e manda alos
or las dichas cabsas e pleytos
a su derecho e justiçia, e
si de vuestro propio motu
nçias, non seyendo las
s en vuestro Consejo, nin
o Consejo segund que se
vuestro e en danno dela
ros subditos e naturales
r ello peresçe su derecho
icamos a vuestra merçed
ndiere que cunple a vuestro
uestros rregnos, ordenando
alteza non dará tales cartas
tarios que non las pasen
s, e si fueren dadas,
que sean obedesçidas e non
recho a ninguna delas partes

uiçio de Dios e mio e a guarda e conseruaçion dela mi justiçia e asi mando que se faga e guarde e cunpla de aqui adelante.

25. Muy alto e muy poderoso prinçipe rrey e sennor, vuestros omildes seruidores los procuradores delas vuestras çibdades e villas de vuestros rregnos, que aqui en vuestra corte estamos por vuestro mandado, con omill e deuida reuerencia besamos vuestras manos e nos encomendamos en merçed de vuestra rreal sennoria, ala qual, muy poderoso sennor, plega saber que todos vuestros rregnos dan muchas graçias a nuestro Sennor e son e serán muy alegres, sabiendo que vuestra alteza quiere continuar por su persona, el mando e el rregimiento de vuestros rregnos, entendiendo e todos generalmente considerando e hauiendo grande confiança en vuestra grand virtud e nobleza, que en vuestra rreal sennoria consiste, seyendo vuestros rregnos por ella rregidos e gouernados, serán puestos e tenidos en toda justiçia e paz e tranquilidad, e çesarian todos los males e dannos e inconuenientes que fasta hoy vuestros rregnos han padesçido e padesçen. Por ende muy omill mente suplicamos a vuestra merçed le plega que en todos los negocios e fechos de vuestros rregnos, con acuerdo delos del vuestro muy alto Consejo, por vuestra persona sea fecha la determinaçion dellos, ca entendemos que quando asi se faga segund la grand virtud e nobleza de vuestra rreal persona, los fechos yrán por via derecha e ordenada segund vuestra rrectitud e mucha voluntad, e non aurá lugar persona alguna por ninguna cabsa, nin interese que sea de torçer la via dela justiçia, e commo quier que sea lo que por vuestra sennoria fuese determinado, todos los vuestros rregnos aurán dello grand gozo e alegria delo cunplir, e delo contrario o por otro ordenado, por justo que fuese el fecho auria grand dolor, lo qual sin dubda podria ser cabsa de muy mayores dannos quelos primeros, lo qual non plega a nuestro Sennor de permitir.

Aesto vos rrespondo que vos tengo en seruiçio lo contenido enla dicha

bien dela cosa publica de mis rregnos e asi lo entiendo fazer e continuar.

26. Otrosi muy poderoso sennor, vuestra alteza deue mucho considerar commo la cabsa del grand abatimiento que algunas vezes ha paresçido, e avn podemos dezir, mengua de dineros commo de poder de gentes, lo qual vuestra sennoria por muchas vezes aurá sentido, e la rrazon quelo ha cabsado fue e ha seydo las muchas e inmensas graçias e merçedes e donaçiones que vuestra merçed ha fecho de aquello que pertenesçe a vuestra rreal corona, por quanto de alli e desto se ha de sostener vuestro muy grand estado rreal. Por ende muy omill mente suplicamos a vuestra rreal sennoria le plega, allende delo jurado e prometido por vuestras leyes e ordenanças fechas a petiçion e suplicaçion delos procuradores de vuestras çibdades e villas e logares de vuestros rregnos, confirmando aquellas e aprouando las, vuestra alteza non faga donacion nin graçia alguna de aquello que toca ala substançia de vuestra corona e patrimonio, e asi mismo que vuestra alteza mande tornar e restituyr a vuestras çibdades e villas las cosas queles fueron tomadas e apartadas, e non deuida mente, contra toda rrazon e justiçia e derechos de vuestros rregnos, porque enel comienzo de vuestro alto rregimiento sientan vuestros rregnos el grande bien queles nueua mente viene, ca muy alto sennor, tanto es vuestra alteza[1] alto rrey e sennor quanto vuestro patrimonio es mayor e mas acresçentado, e çerca de esto a vuestra sennoria non cunple mucho rreplicar, por que vuestra merçed ya muchas vezes lo ha prouado por esperiençia; enlo qual segund vuestra alta discreçion, si en ello pensare, verá que nos otros en nonbre de vuestras çibdades e villas le pedimos muy justa petiçion e muy saludable por quanto en esto solo consiste la conseruaçion e sostenimiento de vuestro rreal estado; ca vuestra alteza ha visto por esperiençia algunas vezes dar e fazer algunas graçias e merçedes e secrestaçiones de algunas cosas vedadas, e despues por equiualençia de aquellos, por inportunidad, auer de dar otras muchas mayores de vuestro patrimonio e vuestra corona rreal, lo qual ha cabsado e cabsa tantos inconuenientes e tan grandes, quantos vuestra alteza ha sentido fasta aqui.

Aesto vos rrespondo que vos otros dezides bien e lo que cunple ami seruiçio e a bien dela cosa publica de mis rregnos, e yo entiendo tener en ello tal tenprança, por que siempre se guarde mi patrimonio e corona rreal commo cunple a seruiçio de Dios e mio e al bien dela cosa publica de mis rregnos.

[1] Búrgos: sennoria.

grande mengua de gentes. Por ende muy omill mente suplicamos a vuestra alteza que luego mande proueer en ello, por manera quelos mrs. quelas tales personas ouiesen de auer de vuestra sennoria les sean bien librados e pagados, ca sennor muy grande seruiçio de vuestra alteza ha seydo e seria quelos caualleros e escuderos e otras personas que han de seruir a vuestra sennoria, les sea quitado lo que han de auer e vuestra alteza les paga, e lo ayan de lieuar por via de cohechos personas que non son abiles para seruir a vuestra sennoria, asi commo son rrecabdadores e arrendadores, quanto mas que de estos e delos dichos cohechos a vuestra merçed non se acresçienta rrenta alguna nin ha proueclio, e pierden lo las personas que han de tener presto e aparejado aquello con que han de seruir a vuestra alteza, delo qual rresulta que quando alguna nesçesidad ocurre a vuestra merçed estar la gente triste e perezosa e non tener facultad para se mouer en vuestro seruiçio.

Aesto vos rrespondo que vos otros dezides bien e lo que cunple ami seruiçio e a bien de mis rregnos e asi lo entiendo mandar fazer.

28. Otrosi muy alto sennor, sepa vuestra alteza que por las grandes sin rrazones e dannos que vuestras çibdades e villas han rresçebido de grand tienpo acá, asi enles ser tomadas e apartadas algunas aldeas e terminos de sus tierras, commo tomando les algunos ofiçios que por preuillejos tienen, asi mismo acresçentando otros ofiçios nueua mente allende de rrazon, todas vuestras çibdades e villas han estado e avn estan muy sospechosas e temerosas de perder e non tener seguros los preuillejos que delos rreyes pasados de esclaresçida memoria, vuestros progenitores, han auido e tienen de sus tierras e terminos e ofiçios e merçedes que por preuillejos les fueron dados por muy grandes e leales seruiçios queles fezieron e por vuestra alteza les fueron confirmados, e avn otros nueua mente acresçentados a muchas çibdades de vuestros rregnos. Omill mente suplicamos a vuestra alteza que mande e ordene por ley e prematica sançion queles sean guardados los preuillejos e merçedes a

las otras cosas que en ello se contiene, bien asi e commo mejor e mas cunplida mente le fueron guardados despues que vuestra alteza rregna; e si en alguna manera les son quebrantados, sean rrestituydos en su posesion, lo qual será mucho seruiçio de vuestra alteza e paresçerá a todas las dichas çibdades e villas que agora nueua mente son rreparadas de todos los males e dannos que fasta aqui han rresçebido e padesçido.

Aesto vos rrespondo que vuestra petiçion es justa e buena e ami plaze que se faga e guarde asi segund que me lo suplicastes.

29. Otrosi por quanto vuestra sennoria ouo ordenado çiertas leyes e ordenanças por las quales mandó que non fuese acresçentado nin dado ofiçio alguno allende del numero que enlas dichas vuestra çibdades se solian acostumbrar e auer, agora por preuillejos o por ordenanças delas dichas çibdades e villas, e despues del anno que pasó de mill e quatroçientos e quarenta e çinco annos[1], vuestra alteza a petiçion delos procuradores delas çibdades e villas de vuestros rregnos, fizo e ordenó otras leyes e ordenanças por las quales ordenó e mando que todos los ofiçios que fasta aqui auian auido efecto gozasen dellos, e dende en adelante non podiesen auer efecto nin gozasen dellos; e muy poderoso sennor, despues delas dichas leyes e ordenanças por inportunidades o por que los tienpos lo han cabsado se han acresçentado muchos ofiçios contra la forma delas dichas leyes e ordenanças, e dello se rrecresçe grand danno alas dichas vuestras çibdades e villas e avn alas vezes muchas discordias e escandalos, muy omill mente suplicamos a vuestra alteza que mande guardar e confirmar las dichas leyes e ordenanças, segund en ellas se contiene; e si contra el tenor e forma dellas algunos ofiçios despues delas dichas leyes e ordenanças del anno de quarenta e cinco acá se han acresçentado, vuestra merçed mande que caso que algunos ayan auido efecto, que de aqui adelante non gozen nin vsen dello, nin vuestras justiçias los consientan vsar dellos, nin los otros rregidores e ofiçiales los rresçiban en sus ayuntamientos.

Aesto vos rrespondo que mi merçed es que se guarde çerca desto la ley por mi fecha e ordenada sobre el rreal de Olmedo que fabla en esta rrazon.

30. Otrosi muy poderoso sennor, por quanto enlos tienpos pasados se han fecho en algunos lugares de vuestros rregnos a muchas personas algunas tomas e rrobos de bienes e otras cosas, e algunas delas tales per-

[1] Sim. y K 3: e quarenta e tres annos.—La equivocacion de estos códices es notoria, porque la ley á que se refiere se hizo el año de 1445, en el real de sobre Olmedo.

lo qual será grand seruiçio de vuestra alteza e dará cabsa que daqui adelante ninguno se atreua a fazer lo semejante.

Aesto vos rrespondo que vuestra petiçion es justa e mi merçed e voluntad es delo mandar fazer e que se faga asi segund que por vos otros me fue suplicado.

31. Ya sabe la merçed del Rey nuestro sennor commo por guarda de su fazienda toda via se acostunbró de rresçebir presentaçiones ante los sus contadores mayores delas gentes de armas que su merçed manda llamar para las cosas cunplideras a su seruiçio, escribiendo los nonbres delos que se presentan, e si traen pages o non, e las colores delos caualleros, e durante el tienpo dela opresion del dicho sennor Rey ouo se de presentar mucha gente, asi delos que seruian al dicho sennor Rey e trabajauan por su liberaçion, commo otros algunos para en guarda de algunas çibdades e villas e tierras e fortalezas, e entonçe non se fizo presentaçion antes se acordó que se librase el dicho sueldo por copias delos dichos caualleros firmadas de sus nonbres e signadas de escriuanos publicos, con juramento que ellos e sus contadores fiziesen, e despues acá toda via lieuaron aquella costunbre; e en caso que aqui asu corte o a otras partes viene gente, non la quieren presentar afin que despues se aya de librar por las dichas sus copias, lo qual es grand deseruiçio del dicho sennor Rey e cosa que jamas en tienpo delos otros rreyes pasados nunca pasó; ca manifiesta mente se connosçe que puede auer muchas encobiertas e fraudes por muchas vias, e suplican a vuestra sennoria que mande e ordene por ley e ordenança que toda la gente de armas e ginetes e de pie que el dicho sennor Rey llamare e viniere asu seruiçio, asi ala su corte commo a otras quales quier partes donde su merçed mandare allegar qual quier dela sobre dicha gente, asi agora commo de aqui adelante, se presente ante los sus contadores mayores e ante sus ofiçiales escreuiendo por nonbre las personas e pages e cauallos e de que colores; e asi mismo el tienpo quelos tales ouieron por su mandado

taçion, por que sepan los que falleçen, e quando parten, en tal manera que non lieuen nin se cuente sueldo indeuida mente; e si non fizieren la tal presentaçion e muestra al tienpo delas partidas, que por el mismo fecho non les sea contado sueldo alguno, e quel dicho sennor Rey guarde e mande guardar esta dicha ley e ordenança e la aprueue, por quanto asi cunple asu seruiçio, e mande dar su carta para los dichos sus contadores mayores encorporada la dicha ley, quela guarden e cunplan. E otrosi la mande pregonar publica mente en su corte, por que alguno nin algunos non puedan pretender ignorançia.

Aesto vos rrespondo que vos otros dezides bien e lo que cunple ami seruiçio.

Por que vos mando a todos e cada vno de vos que guardedes e cunplades e fagades guardar e cunplir rreal mente e con efecto lo por mi rrespondido alas dichas petiçiones e a cada vna dellas, lo qual quiero e mando que aya fuerça e vigor de ley e sea guardado commo ley. E los vnos nin los otros non fagades nin fagan ende al por alguna manera, so pena dela mi merçed e de priuaçion delos ofiçios e de confiscaçion delos bienes delos quelo contrario fizieren para la mi camara. E desto mandé dar esta mi carta firmada de mi nonbre e sellada con mi sello. Dada enla muy noble çibdad de Burgos, cabeça de Castilla mi camara, á diez e seys dias del mes de Abril anno del nasçimiento de nuestro sennor Ihesu Christo de mill e quatroçientos e çinquenta e tres annos.

XXII.

Cuaderno de las Córtes de Córdoba del año 1455 [1].

Don Enrrique por la graçia de Dios Rey de Castilla de Leon de Toledo de Gallizia de Seuilla de Cordova de Murçia de Iahen del Algarve de Algezira, e sennor de Vizcaya e de Molina: a los duques perlados condes marqueses rricos omes maestres delas Ordenes priores e alos del

[1] La copia de este cuaderno se ha tomado de un códice de la Biblioteca del Escorial, escrito en papel, letra de fines del siglo XV y señalado ij-X-14, fól. 29. Se ha tenido presente tambien el códice de la misma Biblioteca ij-Z-7.

cabeça de Castilla e my camara, e atodos los otros conçejos corregidores alcalldes alguaziles rregidores caualleros escuderos e omes buenos de todas las otras çibdades e villas e logares delos mys rreynos e sennorios, ansi rrealengos commo abadengos e Ordenes e behetrias e otros quales quier, e atodos los otros mys vasallos e subditos e naturales de qual quier estado o condiçion preheminençia o dignidad que sean, e aqual quier o quales quier de vos a quien esta my carta fuere mostrada o el treslado della signado de escriuano publico, salud e graçia. Sepades que enel ayuntamiento que yo fize enla muy noble çibdad de Cordoua este anno dela data desta my carta estando y comigo la Reyna donna Iuana mi muy cara e muy amada muger, e otrosy don Iuan de Guzman my tio duque de Medina Sidonia e conde de Niebla e don Aluaro Destuniga conde de Plazençia my justiçia mayor e don Pero Giron maestre dela orden de Calatrava my camarero mayor, e don Iuan Pacheco marques de Villena mi mayordomo mayor, e don Alonso Pimentel conde de Benavente, e don Fernand Aluarez de Toledo, conde de Alua, e don Iohan Manrrique conde de Castaneda my chançiller mayor, e don Iuan de Luna conde de San Esteuan[1] e don Grauiel Manrrique, conde de Osorno, e los rreuerendos padres don Lorenço de Figueroa obispo de Badajoz e don Alonso eleto confirmado dela yglesia de Mondonnedo e otros cavalleros e dotores e letrados del my Consejo, e los procuradores delas çibdades e villas de mys rreynos que yo mandé llamar sobre algunas cosas conplideras a my serviçio e a bien dela cosa publica de mys rreynos, me fueron dadas e presentadas por los dichos procuradores çiertas petiçiones alas quales yo con acuerdo e consejo delos sobre dichos del my Consejo rrespondi, su tenor delas quales dichas petiçiones e delo por mi a ellas rrespondido, es este que se sigue:

Muy alto e muy esclareçido prinçipe rrey e sennor, vuestros humilldes servidores los procuradores delas vuestras çibdades e villas delos vuestros

la virtud dela justiçia se mantienen e son governados los pueblos enel estado que deben; la qual sennalada mente el rrey es tenydo de guardar e mantener entre todas las otras cosas que Dios le encomendó por el estado e lugar que del ha enla tierra, e por que quiso que fuese prinçipe e cabeça de su rreyno, e ansy commo por la cabeça se rrigen e goviernan todos los myenbros corporales ansy el rrey debe con gran diligençia e pensamyento buscar manera por do sus pueblos sean rregidos en paz e en justiçia, e deve emendar e corregir las cosas que hazen contra este buen rregimiento, e dar orden commo los malos sean rrefrenados de sus maldades e ayan por ello la pena que mereçen e adelante non tomen osadia de mal fazer, e quelos buenos sean guardados e bivan en paz, ca segund los sabios antiguos dixeron, por eso estableçió Dios el poderio del prinçipe que rremedie alas cosas graves con claros entendimyentos e las mal hordenadas mejore e rremedie a pro e bien de sus subditos, e las cosas nuevas determyne con leyes e ordenamyentos; e para esto muy poderoso rrey e sennor, por los sennores rreyes pasados de gloriosa memoria, vuestros anteçesores, e por el sennor Rey don Iuan vuestro padre cuya anima aya santa gloria, son fechas muchas leyes e ordenamyentos las quales todas acatan al vuestro seruiçio e al provecho e bien comun de vuestros rreynos e dela cosa publica dellos, e algunos dellos primera e prinçipal mente son conplideros a vuestro serviçio, ansy commo aquellos que fablan enlo que toca a vuestra fazienda e al acreçentamyento de vuestras rrentas e ala buena admynistraçion dellos e ala justiçia de vuestra corte e chançilleria e ala hordenança de vuestro muy alto Consejo e de vuestra casa, e esos ordenamyentos despues ansy mismo cunplen al bien e prouecho comun delas dichas vuestras çibdades e villas, e otros son que prinçipal mente son bien e prouecho comun dellas, e despues por ese mismo vuestro serviçio ansy commo aquellas cosas que acatan abuen rregimyento e justiçia delas dichas çibdades e villas e ala guarda de sus libertades e franquezas e preuilejios e al prouecho delos vezinos e moradores dellas, e ansy muy esclareçido rrey e sennor, por las dichas leyes e ordenamientos vuestra alteza alas cosas graves deve rremediar con claros entendimientos e mejorar las mal ordenadas e las nueuas determynar por otras leyes e ordenamyentos enlas cosas syguientes:

1. Primera mente suplicamos a vuestra alteza que mande confirmar e guardar todos los previlejios e fueros e vsos e costunbres e franquezas e libertades e esençiones que todas las çibdades e villas e logares de vuestros rreynos an e tienen delos otros rreyes de gloriosa memoria

s sean rregidos en paz e en
ue hazen contra este buen
n rrefrenados de sus mal-
delante non tomen osadia
e bivan en paz, ca segund
Dios el poderio del prin-
entendimyentos e las mal
sus subditos, e las cosas
s; e para esto muy pode-
dos de gloriosa memoria,
uan vuestro padre cuya
es e ordenamyentos las
vecho e bien comun de
algunos dellos primera e
içio, ansy commo aque-
da e al acreçentamyento
ion dellos e ala justiçia
nça de vuestro muy alto
tos despues ansy mismo
has vuestras çibdades e
n e prouecho comun de-
nsy commo aquellas co-
las dichas çibdades e vi-
s e preuilejios e al pro-
muy esclareçido rrey e
vuestra alteza alas cosas
os e mejorar las mal orde-
s e ordenamyentos enlas

preuilejios e fueros e usos e costunbres e franquezas e libertades e esençiones, que dezides quelas çibdades e villas e logares de mys rreynos an e tienen, sobre lo qual los otros rreyes de gloriosa memoria mys progenitores cuyas animas Dios aya, mandaron dar las prouisiones que fueron neçesarias, amy plaze que mostredes los dichos preuilejios e prouisiones alos conçertadores por mi diputados e que vos sean dado[1] sobrello las confirmaçiones e cartas e sobre cartas que cunplan enla forma acostunbrada, segund que se hizo en tienpo del Rey don Iohan mi sennor e mi padre, cuya anima Dios aya, e se ha fecho fasta aqui despues que yo rreyno acá.

2. Otrosi quanto tanne ala segunda petiçion que dize ansi: Otrosi que vuestra sennoria mande guardar todas las leyes e hordenanças e pregmaticas sançiones fechas y ordenadas por los sennores rreyes vuestros anteçesores, espeçial mente por el Rey don Iuan vuestro padre cuya anima Dios aya, ansi delas que se hizieron e ordenaron en cortes commo en otra manera e aquellas mande que fagan traer a debida execuçion con efeto.

Aesto vos rrespondo que mi merçed es de mandar guardar e que sean guardadas todas las leyes e ordenanças y prematicas sançiones fechas por el dicho Rey my sennor e my padre ansy en cortes commo en otra manera, e que aquellas sean traydas a debida execuçion con efecto segund que me lo suplicastes.

3. Otrosi por quanto tanne ala terçera petiçion que dize ansi: Otrosi muy poderoso rrey e sennor, vuestra sennoria sabrá, que el dicho sennor Rey vuestro padre a suplicaçion delos procuradores delas çibdades e villas e lugares de sus rreynos ordenó e mandó que no fuesen enbiados corregidores alas dichas çibdades y villas si no fuesen pedidos e demandados por las tales çibdades e villas e por la mayor parte delos rregidores e vezinos e moradores dellas, esto por los muchos trabajos e

adelante la dicha ley e ordenança, e si contra el tenor e forma della vuestra alteza a proueydo, despues que vuestra sennoria ha subçedido por rrey en estos vuestros rreynos, de algunos corregidores, los mande rreuocar e quitar, ca muy alto sennor con muy mayor rrazon e causa vuestra sennoria lo deue agora mandar guardar e conplir, ansi por los grandes males e dannos e fatigaçiones que por causa delas guerras e movimientos pasados, commo por los annos fuertes e caros que al dicho sennor Rey vuestro padre le mouió alo mandar y ordenar; e si vuestra sennoria entendiendo ser conplidero a vuestro seruiçio todauia quisiere mandar proueer delos tales corregidores a algunas delas tales çibdades e villas sin lo ellas suplicar nin demandar, vuestra merçed lo mande pagar de vuestras rrentas e pechos e derechos, ca en otra manera las çibdades e villas rreçebirian grande agrauio e seria causa, ansi por esto commo por otras muchas fatigaçiones que tienen, de se despoblar e se yr a beuir alos logares de sennorios commo de cada dia se fazen, de que vuestra sennoria puede ver bien y entender quanto danno e deseruiçio rresulta dello a vuestra sennoria; y esto mesmo suplicamos a vuestra alteza que mande y ordene en quanto toca alos asistentes.

Aesto vos rrespondo que non entiendo mandar proueer de corregidores a çibdades ni villas nin logares de mis rreynos ni enbiar asistentes a ellas saluo en aquellos casos y en aquella manera quelas leyes de mys rreynos lo disponen e quando yo entendiere que cunple a my seruiçio.

4. Otrosi quanto tanne ala quarta petiçion que dize ansy: Otrosi suplicamos a vuestra alteza que mande pasar e librar las rrenunçiaçiones asi de offiçios commo de mrs. de tierras e merçedes e rraçiones e quitaçiones e otros mrs. [1] segund se acostunbraron librar e pasar en tienpo del sennor Rey don Iuan vuestro padre, cuya anima Dios aya, e si algunos vasallos vuestros ffalleçieren, quela tierra que de vuestra sennoria tienen o touieren, la ayan sus ffijos y erederos segund sienpre ffue en vuestros rreynos, por que con mas voluntad vuestros subdictos e naturales vos amen seruir e guardar lo que cunple a vuestro seruiçio.

Aesto vos rrespondo que cada que algunas rrenunçiaçiones se ffizieren yo las entiendo mandar ver e que pasen aquellas que yo entendiere que cunple a my seruiçio segund fasta aqui lo e fecho, e quanto alos mrs. de tierras que vacan, sienpre e acostunbrado delas librar de padre a fijo mayor legitimo e ansy lo entiendo mandar guardar.

[1] ij-Z-7: asi de ofiçios commo de mrs. de rrentas, tierras e merçedes e rraçiones e quitaçiones e otros quales quier mrs.

merçed de vasallos a personas algunas, esto por cabsa dela grand diminuyçion que se auia ffecho o ffazia por via de equivalençias commo en otras maneras enla corona rreal de sus rreynos, pues que vuestra alteza vehe bien quanto es conplidero a vuestro seruiçio e al bien dela cosa publica de vuestros rreynos.

Aesto vos rrespondo que vos otros dezides bien e lo que cunple a mi seruiçio e al bien dela cosa publica de mis rreynos, e yo vos lo tengo en seruiçio e mi merçed es de conffirmar e conffirmo e mandar e mando guardar e conplir la dicha ley e ordenança quel dicho Rey mi sennor e padre en esta rrazon ffizo e ordenó a petiçion delos procuradores de mis rreynos segund e por la fforma e manera que en ella se contiene, eçebta[1] e sacada la conffirmaçion e aprouaçion que yo ffize a don Ioan Pacheco marques de Villena mi mayordomo mayor, delas graçias e merçedes e donaçiones que el Rey mi sennor e mi padre e yo le ovimos ffecho dela çibdad de Chinchilla e de otras çiertas villas e logares e tierras e jurediçiones, las quales yo a vuestra petiçion e aun de acuerdo delos del mi Consejo le yo aproué e conffirmé e le ffize nueua merçed e graçia e donaçion de todo ello, en alguna emienda e rremuneraçion delos dichos buenos e leales seruiçios que el me ha fecho e ffaze de cada dia, e le mandé dar sobre ello mi carta e preuilejio la qual quiero e mando quele sea guardada en todo e por todo segund que en ella se contiene.

6. Otrosi quanto tanne ala sesta petiçion que dize ansi: Otrosi muy esclareçido rrey e sennor por que algunas personas e vniuersidades e Ordenes e monesterios e otros lugares rreligiosos e presonas eclesiasticas espeçial mente el arçobispo e dean e cabilldo e clerigos dela çibdat de Seuilla, han escusado y escusan de cada dia muchos delos pecheros de cada una delas dichas çibdades e villas e logares espeçial dela dicha çibdat de Seuilla, de monedas e pedidos e de otros pechos rreales e conçejales, diziendo ser sus escusados, escusando omes de muy grandes ffaziendas, e ffallará vuestra sennoria que clerigo ay en Sevilla que no tie-

zienda de tres o quatro mill doblas cada uno, en manera quelos mas cabdalosos procuran de ser sus familiares seyendo traperos e sastres e de otros oficios, non estando por saluados en vuestros libros; e el arçobispo tomando escusados de todos oficios traperos e jubiteros é silleros dela gineta e dela guisa e olleros, e agujeteros e bolseros e sederos e de otros oficios, e por esto los perlados e sus juezes e vicarios proçeden por sentençia descomunion contra los rregidores e jurados e juezes vuestros e cojedores y arrendadores y enpadronadores e les fazen sobrello otros muchos agrauios e sin rrazones, por tal manera que son fatigados los otros pecheros que han de pagar lo que ellos devian pagar, e ay muchas quiebras en vuestros pedidos e monedas de que viene gran dapno a vuestros subditos e naturales e vuestras rrentas valen menos, sobre lo qual el sennor Rey don Iuan vuestro padre, cuya anima Dios aya, proveyó por diversas leyes y ordenanças espeçial mente por vna prematica dada en Palençia por el mes de Hebrero del anno pasado de mill y quatro çientos e treynta e un annos[1] e por otra ley e ordenamiento fecho enla çibdad de Çamora el anno de mill e quatro çientos e treynta e dos annos e por otras leyes fechas enlas cortes de Madrid el anno que pasó de mill y quatro çientos e treynta e çinco annos e por otra ley fecha enlas cortes de Valladolid el anno que paso de mill y quatro çientos e quarenta e siete annos, dando çierta forma e poniendo çiertas penas contra los que se dezian antes escusados[2] e dizen que tienen esençion e franqueza por escusados e contra aquellos quelos defienden, e aquellos, non enbargante toda via los dichos escusados gozan dela tal esençion e franqueza, e los dichos pecheros delas dichas vuestras çibdades e villas e logares son fatigados e se carga sobre ellos lo quelos dichos escusados an de pagar de que rresulta grand deseruiçio a vuestra alteza e dapno dela rrepublica e de vuestros rreynos e de vuestros subditos e naturales. Omill mente suplicamos a vuestra merçed quele plega mandar proveer sobrello segund que entendiere que cunple a vuestro serviçio e bien e pro comund dela cosa publica de vuestros rreynos, poniendo grandes fuerças e penas e premias contra los que se dizen escusados e contra aquellos quelos defienden, por manera quelas dichas leyes e ordenamientos sean guardadas e conplidas e las cosas suso dichas çesen.

Aesto vos rrespondo que mi merçed es e mando que se guarde y execute e mando que sean guardadas y executadas las leyes sobresto fechas

[1] Su fecha á 6 de Febrero.—Véase el Cód. Ff 77, fól. 63 v.
[2] ij-Z-7: contra los que se dizen escusados.

rados e juezes vuestros e
les fazen sobrello otros
ra que son fatigados los
evian pagar, e ay muchas
que viene gran dapno a
las valen menos, sobre lo
uya anima Dios aya, pro-
mente por vna premati-
l anno pasado de mill y
ley e ordenamiento fecho
atro çientos e treynta e
s de Madrid el anno que
annos e por otra ley fe-
de mill y quatro çientos
e poniendo çiertas penas
zen que tienen esençion e
los defienden, e aquellos,
gozan dela tal esençion e
estras çibdades e villas e
quelos dichos escusados
a vuestra alteza e dapno
tros subditos e naturales.
le plega mandar proveer
vuestro serviçio e bien
ynos, poniendo grandes
izen escusados e contra
dichas leyes e ordena-
suso dichas çesen.
mande y exe-

sus bienes e ayan seydo e sean confiscados para la mi camara e fisco, e quelas mis justiçias delas çibdades e villas e logares do esto acahesçiere o qual quier dellos, los entren e tomen luego por ynventario de escriuano publico para la mi camara e fisco e melo enbien luego notificar por quelo yo sepa, e de mas que prendan los cuerpos alos que por tales vias se quesieren escusar o franquear delos dichos mis pechos e pedidos e monedas, e los enbien presos e bien rrecabdados a su costa ante mi ala mi corte por que yo mande proçeder contra ellos, por manera que a ellos sea castigo e a otros enxenplo que se non atrevan cometer a menguar mis pechos e derechos, salvo sy los previlejios por que se escusaren fueren confirmados por mi e fueren asentados enlos mis libros e sobre escriptos delos mis contadores mayores para que puedan gozar delas tales esençiones e no en otra manera, o si se escusaren por ser mis ofiçiales dela mi casa que de mi tienen o touieren rraçion con los dichos ofiçios, quelos tales mis ofiçiales gozen delas tales esençiones avn quelos tales previllejios no sean sobre escriptos de mis contadores mayores mostrando fee de commo tienen de mi rraçion con los dichos ofiçios asentados enlos mis libros.

7. Otrosi quanto tanne ala setima petiçion que diçe ansi: Otrosi muy poderoso rrey e sennor, vuestra sennoria sabrá quelos tesoreros delas vuestras casas de moneda e los alcaydes e tenedores delos alcaçares e taraçanas de Sevilla an franqueando e franquean ochoçientas personas e mas, vezinos e moradores dela dicha çibdad de Seuilla e su tierra, e no tan sola mente franquean aquellos que debian ser francos que fuesen monederos e carpenteros e de otros ofiçios que son neçesarios para las dichas casas, saluo poniendo traperos e jubeteros e canbiadores e sastres e plateros e delos otros ofiçios yncompatibles alas dichas casas, conprando las franquezas de onbres pobres e avn dando dineros por que non pechen ni sirvan a vuestra alteza, lo qual es en grand dapno e perjuyzio de vuestra sennoria e delos vezinos e moradores e pecheros delas çibda-

des e villas de vuestros rregnos donde los tales francos ay, vuestra sennoria mande proueher en ello mandando a vna buena persona con juramento que faga que con los tesoreros e allcaides delos dichos alcaçares e taraçanas pongan los francos que fueren menester para las dichas casas e perteneçientes para los dichos ofiçios, e los que non fueren perteneçientes los quiten e los manden e fagan pechar de aqui adelante, lo qual es serviçio de vuestra sennoria e alas çibdades e tierras fareis mucha merçed.

Aesto vos rrespondo quela dicha vuestra petiçion es justa e conplidera a mi serviçio, e por que sobre esto ay leyes ordenadas por el dicho Rey mi sennor e mi padre, mi merçed es que aquellas sean guardadas e conplidas y esecutadas en todo e por todo segund que en ellas se contiene, asy enel numero commo enla calidad delas personas e en todas las otras cosas e cada vna dellas en ellas contenidas, e que contra el tenor o forma dellas los tesoreros delas mis casas de monedas los allcaides e tenedores delos mis alcaçares e ataraçanas de Seuilla ni otros algunos no puedan franquear ni franqueen personas algunas, ni las personas que fueren por ellos nonbradas por francos contra el tenor e forma delas dichas leyes puedan gozar ni gozen delas dichas franquezas; todo esto e cada cosa dello so las penas enla ley antes desta, eçebtos[1] los dela mi casa dela moneda dela muy noble e muy leal çibdad de Segouia.

8. Otrosi quanto atanne ala otava petiçion que dize ansy: Otrosy muy esclareçido rrey e sennor, vuestra sennoria mande confirmar e guardar çiertas leyes e ordenanças que han seydo fechas e ordenadas por los rreyes vuestros anteçesores en espeçial por el sennor Rey vuestro padre a petiçion delos procuradores delas çibdades e villas de vuestros rreynos que a el vinieron, en que mandó quelos perlados e grandes de vuestros rreynos e otros caualleros rricos omes escuderos e duennas e otras quales quier personas non tomasen ni fiziesen tomas delos mrs. delos vuestros pedidos e monedas e delas vuestras alcavalas e terçias e pechos e derechos, e que diesen logar a que vuestras rrentas fuesen fechas e arrendadas enlas sus villas e logares, e que no se entremetiesen ellos ni otros por ellos delas arrendar, e quelos vuestros rrecabdadores e arrendadores e fieles e cogedores las pudiesen arrendar libre mente e sin premia e sin fuerça e pudiesen cobrar los tales mrs. e fazer sobrello todas sus diligençias, sobre lo qual fue y está proueido por çiertas leyes e or-

1 ij-Z-7: exçetos.

diçiones que el quaderno delas rrentas delas alcavalas de vuestros rreynos pone, adonde[1] están encorporadas las dichas leyes e ordenamientos o algunos dellos e despues enla villa de Tordesillas estando ende vuestra alteza y el sennor Rey vuestro padre que Dios aya e otros grandes de vuestros rreynos, entre otros capitulos que ay pasaron, vuestra alteza juró e el dicho sennor Rey vuestro padre e los otros grandes que ay estavan sobrello en que mandaban[2] proveher e dar orden çerca de las dichas tomas en manera que çesase, lo qual fasta aqui no es fecho. Omill mente a vuestra merçed suplicamos quele plega de mandar luego proveer e dar orden, pues es cosa que tanto cunple a vuestro seruiçio e al bien dela cosa publica de vuestros rreynos e abien de vuestros subditos e naturales en manera quelas dichas leyes e ordenamientos e lo que çerca desto pasó enlas cortes de Valladolid el anno que pasó de quarenta e siete annos e lo que çerca desto pasó enla dicha villa de Tordesyllas vuestra sennoria lo mande poner en execuçion.

Aesto vos rrespondo quela dicha vuestra petiçion es justa e muy conplidera ami seruiçio e al bien dela cosa publica de mis rreynos, e m merçed es que se haga e cunpla ansi en todo e por todo, segund se contiene enlas leyes sobrello fechas e ordenadas por los rreyes de gloriosa memoria mis progenitores e por mi enel quaderno e condiçiones delas rrentas delas alcavalas de mis rreynos, las quales e cada vna dellas mando que sean guardadas e conplidas en todo e por todo segund e enla manera e forma e so las penas en ellas contenidas[3].

9. Otrosi quanto tanne ala novena petiçion que dize ansi: Otrosi muy poderoso rrey e sennor, a vuestra sennoria suplicamos que cada e quando vuestra sennoria enbiare por procuradores delas vuestras çibdades e villas non enbie a mandar nin rrogar a ninguna dellas para

[1] ij–Z–7: de vuestros rreynos e adonde.

que enbien procuradores ningunos nonbrada mente, salvo que libre e desenbargada mente dexe alas çibdades e villas nonbrar y elegir las personas que entendieren e vieren que cunple a vuestro seruiçio e bien dellas, e avn què quales quier cartas por inportunidad e por rruego fueren ganadas de vuestra sennoria que en tal caso sean obedeçidas e non cunplidas, e sin enbargo dellas puedan elegir quien ellos entendieren que cunple mas avuestro seruiçio, en lo qual, muy poderoso sennor, guardaredes en ello los juramentos que tenedes fechos alas çibdades e villas e logares deles guardar los previlejios e vsos e costunbres, e vuestra sennoria hará justiçia e alas dichas çibdades e villas mucha merçed.

Aesto vos rrespondo que yo no entiendo enbiar mandar nin rrogar alas çibdades ni villas de mis rreynos que me enbien nombrada mente los tales procuradores, mas que libre mente ellos los puedan eligyr e sacar cada quelos ouieren de enbiar ami, e esto salbo en algund caso espeçial que yo entienda ser conplidero a mi seruiçio.

10. Otrosi quanto tanne ala diez petiçion que dize ansi: Otrosi muy esclareçido rrey e sennor, sabrá vuestra sennoria que por cabsa dela grand saca de pan e ganados de vuestros rreynos alos rreynos de Aragon e de Navarra e de Granada e de Portogal e a otras partes que fasta aqui a avido, los preçios delos dichos pan e ganados an sobido en grand cantidad que apenas se pueden aver. Por tanto suplicamos a vuestra alteza que de aqui adelante mande e ordene que se non saque ningund pan por mar ni por tierra ni ganados, ansi ovejunos commo bacunos e otros quales quier, para ningunas partes fuera de vuestros rreynos, ca muy poderoso sennor allende de grand dapno que en ello an rreçebido e rreçiben vuestros subditos e naturales a vuestra alteza a venido grand deserviçio e avn podria venir mas, lo que Dios non quiera, por cavsa que vuestra alteza a menester de mandar conprar gran numero de pan para las villas e castillos fronteros de tierra de moros enel arçobispado de Sevilla e obispado de Cordova e Iaen e Cadiz para pagar alas personas que en ellos biven sus pagas que de vuestra alteza tienen, e avn por la careza quel dicho pan a subido por rrazon dela dicha saca, el dicho sennor rrey vuestro padre ovo de mandar apreçiar el pan que avian de aver los vezinos delas dichas villas e castillos e dineros en manera que por el dinero que por ellos les davan, no podrian conprar el pan que avian de aver e despoblavan se los castillos fronteros que se perdieron de pocos tienpos acá muchos dellos, de que se a rrecreçido grand deseruiçio a vuestra rreal corona. Suplicamos a vuestra alteza que mande rremediar en todo ello commo a vuestro serviçio cunpla, mandando dar orden que

ıual, muy poderoso sennor,
..des fechos alas çibdades e
e vsos e costunbres, e vues-
ales e villas mucha merçed.
enbiar mandar nin rrogar
ne enbien nombrada mente
e ellos los puedan eligyr e
esto salbo en algund caso
i seruiçio.
que dize ansi: Otrosi muy
nnoria que por cabsa dela
eynos alos rreynos de Ara-
al e a otras partes que fasta
[illegible] solido en grand
tanto suplicamos a vuestra
que se non saque ningund
i ovejunos commo bacunos
uera de vuestros rreynos, ca
lo que en ello an rreçebido
stra alteza a venido grand
s non quiera, por cavsa que
gran numero de pan para
uoros enel arçobispado de
z para pagar alas personas
alteza tienen, e avn por la
dela dicha saca, el dicho
eçiar el pan que avian de
e dineros en manera que
[illegible] avian

tra sennoria hará lo que cunple a vuestro seruiçio e mucho bien e merçed a vuestros rreynos general mente.

Aesto vos rrespondo quela dicha vuestra petiçion es muy conplidera a mi serviçio e al bien dela cosa publica de mis rreynos e que mi merçed es que se haga e guarde ansi segund que por la dicha vuestra petiçion se contiene, e los quelo contrario fizieren o dieren logar a ello que por el mesmo fecho ayan perdido e pierdan todos sus bienes, los quales sean confiscados e aplicados para la mi camara e fisco e los cuerpos de los tales esten ala mi merçed, pero por quanto yo tengo arrendados los diezmos e aduanas delos puertos de mis rreynos que son en fronteras de Aragon e Navarra por çierto tienpo e por çiertas condiçiones, mi merçed es que aquellas sean guardadas e conplidas durante el tienpo del dicho arrendamiento segund e por la forma e manera que en ellos se contiene, porque ami no sea puesto descuento alguno enlos mrs. que me an a dar por las dichas rrentas, pero pasado el tienpo del dicho arrendamiento es mi merçed que se guarde e cunpla lo a mi suplicado por los dichos procuradores por la dicha petiçion segund que de suso por mi es rrespondido.

11. Otrosi quanto tanne ala onzena petiçion que dize ansi: Otrosi muy alto rrey e sennor, por quanto algunos clerigos delas çibdades e villas e logares de vuestros rreynos non querian pagar las vuestras alcavalas e esto en grand deserviçio vuestro e danno dela cosa publica de vuestros rreynos, fue ordenado e mandado por vna ley e ordenamiento por el sennor Rey vuestro padre, que Dios aya, fecha en Valladolid apetiçion delos procuradores de vuestros rreynos el anno de mill y quatroçientos y quarenta e siete annos que qual quier lego que alguna cosa conprare por granado, de clerigo, que el tal lego fuese tenido de pagar el alcavala dello e delo que el lego conprase por menudo del clerigo, o delo que vn clerigo a otro vendiere por granado o por menudo qual clerigo vendedor fuese tenido de pagar el alcavala dello entero

el tal clerigo commo aquel que deniega asu rrey e sennor natural su sennorio e derecho, que fuese avido por ajeno e estranno de sus rreynos e saliese dellos e no entrase en ellos syn su mandado, e de mas quele fuesen entrados e tomados todos sus bienes tenporales e dellos fuese fecho pago al vuestro arrendador delo que montase la dicha alcavala con las penas contenidas enla ley de vuestro quaderno delas alcavalas, e muy poderoso sennor la dicha ley no a auido efeto conplida mente nin segund deve contra los dichos clerigos, por que sin enbargo della e sin temor de vuestra alteza toda via se atreven e no pagan nin quieren pagar las dichas vuestras alcavalas, sabiendo que guardando la dicha ley an de ser primera mente rrequeridos e despues de fecho el tal rrequerimiento los vuestros rrecabdadores an de venir o enbiar por cartas a vuestra alteza para queles enbie mandar que paguen las dichas alcavalas dentro de çierto termino, por manera que se an de hazer los dichos abtos e diligençias e avn an de proçeder sobrello con cogniçion e determinaçion, e ansi quelos dichos clerigos an lugar para no pagar las dichas alcavalas si por otra manera no manda proueher e rremediar contra ellos vuestra merçed, ala qual suplicamos e pedimos por merçed que le plega de proveer sobrello segund que entendiere que cunple a vuestro seruiçio e ala cosa publica de vuestros rreynos ordenando e mandando por manera quela dicha ley se entienda ansi mismo alos perlados commo alos clerigos e ordenes, que no se ayan de hazer mas diligençias contra los dichos clerigos para que paguen a vuestra alteza las dichas alcaualas.

Aesto vos rrespondo que está bien proveydo por las leyes de mis rreynos que sobresto fablan e por las mis cartas e sobre cartas que sobrello e mandado dar, las quales mando que sean guardadas e conplidas e executadas en todo e por todo segund que en ellas se contiene.

12. Otrosi quanto tanne ala dozena petiçion que dize ansi; Otrosy muy poderoso rrey e sennor los perlados e juezes eclesiasticos en grand deseruiçio vuestro se entremeten en vuestra jurediçion seglar e tenporal e la vsurpan e apropian asi por quantas maneras pueden, e conoçen e se entremeten a conoçer de cavsas e pleytos que perteneçen ala vuestra jurediçion rreal e seglar espeçial mente enlas cabsas e pleytos tocantes a vuestras rrentas e a vuestros mrs. e avn alos mayoradgos quelos rreyes pasados fizieron alos grandes e a otras personas de vuestros rreynos, e las partes muchas vezes buscan colores e maneras exquisitas para ello, e los sennores rreyes pasados fizieron y ordenaron çiertas leyes que fablan en esta rrazon, e ansi mesmo el sennor Rey don Iuan

sas en manera quela dicha vuestra jurediçion es vsurpada e menos cabada de cada dia e por ello las dichas vuestras rrentas valen menos. E avn muy poderoso sennor, por las dichas leyes no está proveydo conplida mente contra los tales perlados e clerigos e personas ecclesiasticas ni enlo que toca alas dichas vuestras rrentas e mrs. Omill mente suplicamos a vuestra merçed quele plega mandar proveer sobrello commo entendiere que cunple a vuestro seruiçio e al bien dela cosa publica de vuestros rreynos, mandando que qual quier lego que demandare a otro lego enla jurediçion eclesiastica, que por ese mismo fecho aya perdido todo su derecho e mande quelos dichos perlados e juezes so grandes penas no se entremetan en cosa alguna delo sobre dicho ni en otra cosa que tocare a vuestra jurediçion rreal, en espeçial enlo que toca alas dichas vuestras rrentas e mrs. e mayorazgos que ansy tienen delos rreyes vuestros anteçesores.

Aesto vos rrespondo que está asaz proveydo por las leyes de mis rreynos que sobrello fablan, e demas mando que qual quier lego que demandare a otro lego antel juez eclesiastico sobre cosa tenporal e mere profana, que por el mesmo fecho aya perdido e pierda qual quier derecho que avia contra el que ansi demandare e sea adquirido al demandado, e quelos perlados ni otros quales quier juezes eclesiasticos no se atrevan a vsurpar mi jurediçion en cosa alguna, so pena que por el mismo fecho pierda la naturaleza e tenporalidades que an e tienen en mis rreynos e sean avidos por ajenos y estrannos dellos, e dende en adelante las no puedan aver ni ayan en ellos, ca pues ami plaze queles sea guardado su jurediçion enlo que a ellos perteneçe, ellos no se deven entremeter a vsurpar la mi jurediçion rreal.

13. Otrosi quanto atanne ala trezena petiçion que dice ansi : Otrosy muy poderoso rrey e sennor, suplicamos a vuestra sennoria que mande rremediar çerca delos muchos dapnos que de cada dia se rrecreçen en vuestros rreynos e a vuestros subditos e naturales dellos por cabsa de algunos conservadores, que ansi monesterios commo otras personas de

orden e de rreligion tienen ganados delos santos Padres por no pagar [1] lo que deven commo por cobrar lo que no les deven, entremetiendo se los dichos conservadores adar sus cartas muy agraviadas e ynibiendo luego a vuestras justiçias no sola mente por lo que toca a sus diezmos e bienes delos tales monesterios e alos bienes delas Ordenes e rreligiones, vsando algunos dellos, teniendo abitos de comendadores, de mercadurias e de otras cosas ynconpatibles alas dichas sus encomiendas e rreligiones, los dichos sus conservadores sobre estos casos e sobre otros yliçitos dan las dichas sus cartas de çensuras ecclesyasticas contra los vuestros subditos e naturales, por manera quelos vuestros arrendadores delos vuestros pechos e derechos e los otros vuestros subditos e naturales non pueden alcançar sobrello conplimiento de justiçia, e vuestros arrendadores no pueden cobrar dellos los vuestros pechos e derechos queles son deuidos; por tanto suplicamos a vuestra alteza que mande en ello rremediar commo entendiere que cunple a vuestro seruiçio e acreçentamiento e libertad de vuestra juredIçion rreal e a pro de vuestras rrentas e pechos e derechos e abien comun de vuestros rreynos e de vuestros subditos e naturales, suplicando al Padre santo que rreboque los tales conservadores pues ay perlados, y en tanto vuestra sennoria mande proveer sobrello.

Aesto vos rrespondo que mi merçed es quelos tales conseruadores ni alguno dellos no se entremetan en mis rreynos de conosçer ni conoscan de otras cosas algunas saluo delas ynjurias notorias y segund e enla manera quelo quieren los derechos comunes e los santos Padres quelo ordenaron e no en mas ni allende, no enbargante quales quier comisiones e poderes queles son o sean dadas en mas o allende desto, por que ansi entiendo que cunple aseruiçio de Dios e mio e abien e guarda de mis subditos e naturales; e si algunos lo contrario fiziesen que por el mismo fecho ayan perdido e pierdan la naturaleza e tenporalidades que en mis rreynos tienen o touieren e sean avidos por ajenos y estrannos dellos, e que dende en adelante las non puedan aver ni ayan, e demas desto yo los mandaré salir fuera de mis rreynos commo aquellos que son rrebeldes e desobedientes a su rrey e sennor natural.

14. Otrosi quanto atanne ala catorzena petiçion que dize ansy: Otrosy suplicamos a vuestra sennoria que mande librar general mente a todos los caualleros e escuderos e duennas e donçellas e otras quales quier personas todos los mrs. que de vuestra sennoria an e tienen en

[1] ij-Z-7: asi por no pagar.

ser rrequeridos con los libramientos, e que sean librados los tales mrs. a cada vno enel arçobispado o obispado o merindad o partido donde bivieren, espeçial mente vuestra sennoria dé orden commo prinçipal mente sean librados enel comienço de cada anno las limosnas e los castillos fronteros; e ansy mismo vuestra alteza mande enbiar algunas buenas personas que vayan a ver las dichas villas e castillos fronteros e ver los rreparos que son menester en ellos para que vuestra alteza mande que sean rreparados, por que en muchos dellos estan las çercas caydas e las fortaleças estan en peligro de se perder, lo qual muy poderoso sennor, será mucho vuestro serviçio e guarda delas dichas villas e defensyon delos vezinos e moradores que en ellas biven.

Aesto vos rrespondo que me plaze e mando que se faga ansi segund que melo pedistes por merçed.

15 Otrosi quanto atanne ala deçima quinta petiçion que dize ansi: Suplicamos a vuestra sennoria que mande confirmar e guardar vna ley e ordenança que el dicho sennor Rey vuestro padre fizo e ordenó a suplicaçion delas çibdades e villas de vuestros rreynos enlas cortes de Çamora para que no entren enlos ayuntamientos e conçejos delas dichas çibdades e villas, saluo los alcalldes e alguaziles e rregidores dellas, por que es cosa que cunple a vuestro seruiçio e a pro e bien delas dichas çibdades e villas e lugares e a evitaçion de muchos escandalos e bolliçios que delo tal se syguen e podrian seguir, mandando que se guarde e cunpla asy so grandes penas.

Aesto vos rrespondo que dezides bien e ansi cunple ami seruiçio e a evitaçion de escandalos e confusyones e otros ynconvinientes que delo contrario se suelen seguir e acaeçer, e mando que sea guardada la dicha ley en todo e por todo segund que en ella se contiene, e qual quier que asabiendas lo contrario hiziere que por la primera vez pierda la meytad do sus bienes e por la segunda la otra meytad, e sean confiscados e aplicados por el mismo fecho para la mi camara e fisco, e mando alos mis corregidores e alcalldes e rregidores e alguaziles delas çibdades e villas

Otrosi muy esclareçido rrey e sennor, vuestra merçed sepa que al tienpo quelas çibdades e villas e logares de vuestros rreygnos fueron encabeçados enlos pedidos que avian de pagar alos rreyes pasados vuestros anteçesores, a cada vna fue puesta tasa segund la quantia e suma delos vezinos e moradores que en ellas moravan, por manera que fuesen yguales e non rreçibiesen mas agrauios las vnas quelas otras, e vuestra merçed puede saber que de poco tienpo acá, ansy por cabsa delas guerras e movimientos en estos vuestros rreynos acaeçidos commo por las continuas mortandades e adversos annos de carestias de pan, muchas çibdades e villas e logares de vuestros rreynos son despobladas dela mayor parte delos vezinos que en ellas bivian, e son venidas en tanta diminuçion que de quatro partes delos vezinos e moradores que en ellas bivian no a quedado la vna parte, en espeçial enlos logares delas fronteras de Aragon e de Navarra, e en otras çibdades e villas e logares de vuestros rreynos se an acreçentado e biven mas vezinos en ellas delos que antes solian, en espeçial enlos sennorios, por tal manera quelas tales çibdades e villas e logares que por las cosas suso dichas se an despoblado, rreçiben grand fatigaçion e dapno en aver de pagar la cabeça del pedido que antes que se despoblasen pagavan, por manera quelo non podrán pagar ni conplir, e esto es cavsa de se acabar de se despoblar los tales logares e quedar yermos, si vuestrá rrealeza en ello non provehe. Por ende omill mente suplicamos a vuestra sennoria le plega dar orden e rremedio çerca delo suso dicho, mandando ygualar alos tales logares que asy se an despoblado con los otros que mas han multiplicado, por manera que cada vno pague segund los vezinos que en ellos biven, ca de otra manera grand cargo de conçiençia seria a vuestra sennoria dar logar a que aya de pagar tanta quantia de pedido vn lugar de çient vezinos commo otro de mill, enlo qual vuestra sennoria administrará justiçia e lo que cunple a vuestro serviçio e abien e pro comun de vuestros rreynos.

Aesto vos rrespondo que dezides bien e lo que cunple ami seruiçio e abien e pro comun de mis rreynos, para lo qual mando amis contadores mayores que libren e den mis cartas para que se faga yguala de vnos logares con otros para pagar los mis pedidos segund que por vos otros me fue suplicado.

17. Otrosy quanto tanne ala diez e syete petiçion que dize ansy: Otrosy muy poderoso sennor a vuestra alteza suplicamos que ordene e mande estrecha mente so grandes penas, que ninguno de vuestros subditos e naturales no den ni vendan ni truquen villas ni lugares ni cas-

ningund sennor ni persona estranna de vuestros rreynos de ninguna villa ni castillo ni lugar ni tierra ni eredamientos ni yslas ni consentir ni dar logar ni permitir quelo tal se faga; lo qual muy poderoso sennor, es mucho vuestro seruiçio e onor dela corona rreal de vuestros rreynos.

Aesto vos rrespondo que dezides bien e lo que cunple ami seruiçio e a onor dela corona rreal demis rreynos, e mando que se faga e guarde e cunpla ansi segund que melo suplicastes. Otrosy yo non entiendo dar ni fazer merçed a rrey ni a otra persona estranna fuera de mis rreynos, de çibdad ni villa ni castillo ni logar ni tierra ni eredamiento ni yslas de mi rreyno e de mi corona rreal, ni consentir ni permitir ni dar lugar quelo tal se faga, e ansi lo seguro en mi verdadera fee e palabra rreal.

18. Otrosi quanto atanne ala deçima otava petiçion que dize ansi: Otrosy muy poderoso rrey e sennor, a vuestra alteza plega saber quelas monedas de oro de otros rreynos estrannos' ansi commo florines e coronas e salutes e enobles e otras monedas de oro avn que sean quebradas e sordadas si son de aquesta misma ley e peso valen tanto en vuestros rreynos commo las sanas, e non se menoscaba cosa ninguna en ellas por ser quebradas e sordadas, lo qual no es enlas monedas de oro que se fazen en vuestros rreynos ansi commo enlas doblas castellanas dela vanda e otras que por ser quebradas valen menos e dan menos por ellas; e esto acarrean, muy poderoso sennor, los canbiadores por ganar siete o ocho mrs. en cada dobla, e otras cosas fazen por ser commo son algunos canbios enajenados e arrendados, e el sennor Rey vuestro padre mandó e ordenó por cortes a petiçion delos procuradores de vuestros rreynos, entendiendo que ansi conplia a su seruiçio, que todos los canbios fuesen exentos e ansi fue mandado e pregonado en vuestra corte, y en algunas çibdades e villas de vuestros rreynos estan los canbios enajenados, ansi por culpa delos rregidores e ofiçiales dellas commo por

rrepublica de vuestros subditos e naturales; vuestra alteza dé orden mandando que todos los canbios de vuestros rreynos sean esentos e ninguno no se entre meta de arrendar los so grandes penas, e eso mismo mande que por ser las doblas de vuestros rreynos quebradas e sordadas seyendo dela misma ley e peso quelas sanas no se menos caben ni valgan menos que se faze enlas otras monedas fechas enlos otros rreynos e sennorios estrannos, mandando que se faga e cunpla ansy e poniendo sobrello las penas e fuerças que vuestra sennoria entendiere que cunple a vuestro seruiçio.

A esto vos rrespondo que mi merçed es que se faga e cunpla ansy segund que me lo suplicastes en quanto tanne alas doblas quebradas e sordadas, que seyendo dela misma ley e peso delas sanas no se menos caben ni valgan menos segund que se faze e acostunbra hazer enlas otras monedas fechas en otros rreynos y sennorios estrannos, so pena quel quelo contrario fiziere pague por cada vez para la mi camara otro tanto quanto valieren las tales doblas quebradas e sordadas, e demas que toda via sea tenido delas rresçebir enel mismo preçio quelas otras sanas, e quanto tanne alos canbios mi merçed es, que aquellos sean esentos e libres e comunes a todos ansi enla mi corte commo en todas las çibdades e villas e logares de mis rreynos e sennorios, e que puedan vsar e vsen dellos todas e quales quier personas si quisieren sin pagar por ello rrenta ni tributo ynpusycion ni otra cosa alguna, e mando e defiendo que persona ni personas algunas non se entremetan delos arrendar a otros algunos, ni los tales los arrienden dellos nin se obliguen adar por ellos cosa alguna, so pena quelos quelo contrario fizieren ayan perdido e pierdan todos sus bienes para la mi camara, e demas que el tal arrendamiento aya seydo e sea ninguno por el mismo fecho e los arrendadores ni sus fiadores no sean tenidos ni obligados a pagar cosa alguna de lo que por rrazon delos dichos canbios se obligaren, no enbargante quales quier obligaçiones e juramentos e otras firmezas que sobrello fagan, ca por la presente las doy por ningunas e de ningund valor e efeto, e mando alas justiçias e ofiçiales delas çibdades e villas e logares de mis rreynos quelo fagan ansy pregonar por las plaças e mercados e otros lugares acostunbrados delas dichas çibdades e villas e logares por pregonero e ante escriuano publico, por que venga a notiçia de todos e dello non puedan pretender ygnorançia, ca yo por la presente doy liçençia e facultad e abtoridad a quales quier personas de qual quier estado o condiçion que sean, que puedan trocar e canbiar quales quier monedas libre mente e queles no pueda ser ni sea puesto en ello enbar-

ıe se faga e cunpla ansy e
uestra sennoria entendiere

ue se faga e cunpla ansy
ne alas doblas quebradas e
ɩo delas sanas no se menos
e acostunbra hazer enlas
ınnorios estrannos, so pena
ez para la mi camara otro
las e sordadas, e demas que
ɔ preçio quelas otras sanas,
ɩue aquellos sean esentos e
ɔommo en todas las çibda-
ɔrios, e que puedan vsar e
uisieren sin pagar por ello
ɩguna, e mando e defiendo
tremetan delos arrendar a
ɩs nin se obliguen adar por
ɩrio fizieren ayan perdido e
e demas que el tal arren-
ɩmo fecho e los arrendado-
los a pagar cosa alguna de
ɩaren, no enbargante qua-
ɩmezas que sobrello fagan,
ningund valor e efeto, e
ɩ e villas e logares de mis
plaçıs e mercados e otros
e villas e logares por pre-
a noticia de todos e

Otrosy muy poderoso rrey e sennor; vuestra sennoria sepa que en muchas çibdades e villas e logares de vuestros rreynos desechan vuestra moneda de blancas viejas fechas en vuestras casas de monedas, diziendo ser seuillanas e otras dela Corunna e otros nonbres queles ponen, por manera quelas non quieren tomar ni rreçibir, delo qual viene deserviçio a vuestra alteza e gran danno a vuestros sublitos e naturales. Por ende suplicamos a vuestra alteza que mande rremediar en ello mandando quela moneda fecha en vuestras casas de moneda, ninguna persona no la deseche so çiertas penas delas quales mande executar a vuestras justiçias delas çibdades e villas de vuestros rreynos por que libre mente se traten las mercaderias e otras cosas de vuestros rreynos, lo qual será vuestro seruiçio e pro e bien dela cosa publica de vuestros rreygnos.

Aesto vos rrespondo que mi merçed es que se faga e guarde ansi segund que melo suplicastes por la dicha vuestra petiçion, e qual quier quelo contrario fiziere que pague con las setenas para la mi camara la mi moneda que ansi se desechare [1], dela qual pena es mi merçed que aya la mitad el quelo acusare.

20. Otrosi quanto tanne ala veynte petiçion que dize ansi: Muy esclareçido rrey e sennor, la espiriençia muestra quanto a seydo e es en vuestro deseruiçio e en danno dela rrepublica delos vuestros rreynos e de vuestros subditos e naturales en sacar se fuera dellos a otra parte oro e plata e moneda amonedada e por monedar, ca por esta cabsa vuestros rreynos se an enpobreçido e enpobreçen de oro e plata e otras monedas e se enrriqueçen e an enrriqueçido otros rreynos e sennorios estrannos, e sobrello está proveydo por çiertas leyes e hordenamientos delos sennores rreyes pasados vuestros anteçesores espeçial mente del Rey don Enrriquo vuestro trasbisahuelo e del Rey don Iuan vuestro visahuelo e por las leyes del quaderno delas sacas, e syn enbargo de todo ello toda via se saca delos dichos vuestros rreynos sin vuestra liçençia e mandado a otras partes. Vmill mente a vuestra merçed suplicamos

vuestro cuaderno delas sacas, poniendo çerca dello mayores penas e fuerças e firmezas por manera que sean guardadas e conplidas de aqui adelante.

Aesto vos rrespondo que dezides bien e lo que cunple ami seruicio e a pro e bien comun de mis rreynos, e mando que se guarde e faga guardar ansi de aqui adelante, e que persona ni personas algunas de qual quier estado o condiçion no sean osados de fazer nin fagan lo contrario syn mi liçençia e espeçial mandado, so las penas contenydas enlas mis leyes que fablan en esta rrazon, e demas que ayan perdido e pierdan todos sus bienes por el mismo fecho para la mi camara, e que sean traydos presos ante mi por que yo mande proçeder contra ellos commo la mi merçed fuere.

21. Otrosi quanto atanne ala veynte vna petiçion que dize ansy: Otrosi muy poderoso rrey e sennor, vuestra alteza sabrá que muchos delos ordenamientos quelos rreyes pasados vuestros progenitores dieron a algunas çibdades e villas de vuestros rreynos por cavsa delos grandes males e ynconuinientes que a auido en vuestros rreynos enlos tienpos pasados, no se a vsado e guardado en manera que cada que son neçesarios de se guardar allegan contra las tales leyes e ordenanças que non se deuen guardar por que en algund tienpo quedaron de se vsar, delo qual á rrecreçido a vuestra alteza deseruiçio e alas tales çibdades e villas grand dapno. Suplicamos a vuestra merçed quele plega mandar e ordenar que todas e quales quier leyes e ordenamientos quelos rreyes pasados dieron a vuestras çibdades e villas, que sean vsadas e guardadas commo sy oy nueva mente fuesen ordenadas, e que contra ellas non pueda ser alegado que en algund tienpo no fueron vsadas e guardadas, saluo contra aquellas que fueron rrevocadas por cortes a suplicaciones delos procuradores del rreyno; lo qual muy poderoso sennor, es mucho vuestro seruiçio e pro e bien de vuestras çibdades e villas e de vuestros subditos e naturales.

Aesto vos rrespondo que mi merçed es quelas dichas leyes e ordenamientos sean guardados en todo e por todo segund que en ellos se contiene en caso que fasta aqui algunas dellas no ayan seydo vsadas nin guardadas, saluo aquellas que fueron rrevocadas e abrogadas e derogadas y enmendadas por los rreyes mis progenitores quelas fizieron e por los otros rreyes que despues dellos suçedieron.

22. Otrosi quanto tanne ala veynte e dos petiçion que dize ansy: Otrosy muy poderoso rrey e sennor, por vna ley e ordenamiento que el sennor Rey vuestro padre hizo en Valladolit anno de mill e quatro

alcaldes e ofiçiales e otras personas viedan la dicha saca del dicho pan, espeçial mente algunos cavalleros e grandes omes e otras personas en los logares de sus sennorios, de que se rrecreçe a vuestra alteza mucho deseruiçio e danno dela cosa publica de vuestros rreygnos e a vuestros subditos e naturales, e por esta cabsa ay carestia de pan en muchos lugares delos vuestros rreynos. Omill mente a vuestra merçed soplicamos quele plega de mandar guardar las dichas leyes en manera quela dicha saca de pan sea comun en todo el rreyno e no sea en poder de ninguno delo vedar sin espeçial liçençia e mandado de vuestra alteza, e que esto se guarde ansy enlos lugares rrealengos commo enlos lugares de sennorios, e sobre esto mande dar cartas para que sea pregonado enlas çibdades e villas, poniendo sobre ello grandes penas alos que fizieren lo contrario.

Aesto vos rrespondo que mi merçed es de mandar guardar e que se guarden las dichas leyes sobre esto fechas e ordenadas, e quela saca de pan sea libre e pueda andar por mis rreygnos e sennorios sin pena alguna, e que se no viede ni defienda enlas çibdades e villas e lugares e tierras dellos, tanto que se non saque fuera de mis rreygnos para otras partes algunas, eçebta la çibdad de Xerez dela Frontera e su tierra, quelo non puedan sacar syn mi carta, por que de alli se podrian proveher los moros del rreyno de Granada.

23. Otrosy quanto tanne ala veynte e tres petiçion que diçe ansi: Otrosi muy esclareçido rrey e sennor, por las leyes e ordenamientos delos sennores rreyes pasados es ordenado e defendido alos legos no fagan sobre si cartas de debdos ni otros contratos por ante los notarios delas yglesias, por que por esta cavsa vuestra juredicion se mengua, e quelos tales notarios non devian vsar nin hazer fe sy no enlas cosas que acaeçen e perteneçen ala yglesia, e rrevocar atodos e quales quier escrivanos que se oviesen fecho si fuesen clerigos, ansy en espeçial commo en general, e que non fiziesen fe en pleytos tenporales nin en pleyto que acaesçiese a lego, saluo enlas cosas delas yglesias e que perteneçiesen

que tocan ala dicha vuestra juredicion rreal e tenporal, por esta cabsa se enajena e pierde la vuestra juredicion, por manera que son mayores las abdiencias delos clerigos que no de vuestra justiçia e dello se rrecreçe gran deseruiçio a vuestra alteza e dapno ala rrepublica de vuestros rreynos. Omill mente suplicamos a vuestra merçed quele plega proveher sobrello mandando dar cartas para las dichas vuestras çibdades e villas, encorporadas en ellas las dichas vuestras leyes e ordenamientos e otros quales quier que fablan en esta rrazon, con mayores fuerças e premias e con mas graves penas contra los dichos notarios e contra los que otorgaren o fizieren los dichos contratos e escripturas ante ellos, e ordene e mande quelos dichos notarios no den ni puedan dar fe entre los legos de escripturas e rrecabdos que entre sy ayan de fazer e de otorgar, e quel tal contrato non valga ni faga fe, ni por virtud del se pueda hazer execuçion ni sea adquirido derecho alguno al quelo fiziese e demas que caya en pena de diez mill mrs., la meytad para el quelo acusare e la otra meytad para la çerca dela çibdad o villa o lugar do esto acahesçiere, e que se pregone ansi publica mente por las dichas çibdades e villas e logares de vuestros rreygnos.

Aesto vos rrespondo que mi merçed es que se haga e guarde ansi segund que me lo pedistes por merçed e so las penas contenidas enla dicha vuestra petiçion, e mando e defiendo aquales quier notarios eclesiasticos que se no entre metan a fazer ni fagan lo contrario delo suso dicho, so pena de perder la naturaleza e tenporalidades que tienen en mis rreygnos, e que sean avidos por agenos y estrannos, e demas quelos yo mandaré salir fuera de mis rreynos e que no entren ni esten en ellos commo aquellos que son rrebeldes e desobidientes a su rrey e sennor natural.

24. Otrosy quanto tanne ala veynte e quatro petiçion que dize ansi: Otrosy muy esclareçido prinçipe rrey e sennor, vuestra alteza sabrá que enlas vuestras çibdades e villas e logares que vuestra sennoria anda e está se quexaron todos los vezynos e moradores dellas delas grandes sin rrazones queles an fecho e fazen los muchos gallineros que andan ansi de vuestra sennoria commo de todos los grandes que andan en vuestra corte, por tomar commo les toman muchas gallinas a doze mrs. el par, valiendo a treynta mrs. e mas; e no sola mente toman las que an menester para vuestra alteza e para los sennores cuyos son, syno tomando muchas mas e vendiendo las a muchos e mayores preçios, sobre lo qual ay muchos escandalos e rruydos en vuestra corte; lo qual muy poderoso sennor, nunca fue que andobiesen en vuestros rreynos

a las dichas vuestras çibda-
as vuestras leyes e ordena-
n esta rrazon, con mayores
contra los dichos notarios e
chos contratos e escripturas
s notarios no den ni puedan
dos que entre sy ayan de
alga ni faga fe, ni por virtud
do derecho alguno al quelo
ill mrs., la meytad para el
a dela çibdad o villa o lugar
ublica mente por las dichas
ynos.
que se haga e guarde ansi
las penas contenidas enla
a quales quier notarios ecle-
fagan lo contrario delo suso
nporalidades que tienen en
y estrannos, e demas quelos
que no entren ni esten en
e desobidientes a su rrey e

atro petiçion que dize ansi:
sennor, vuestra alteza sabrá
gares que vuestra sennoria
s e moradores dellas delas
n los muchos gallineros que
todos los grandes que andan
an muchas gallinas a doze
... toman las

o villa o lugar donde vuestra sennoria estouiere e la dicha sennora Reyna, que puedan tomar las gallinas que fueren menester para vuestras despensa e no mas, e esto será mucho vuestro seruiçio e vuestras despensas estarán mas proveydas e serán quitados todos los rruydos y escandalos que por esto pueden rrecreçer.

Aesto vos rrespondo que mi merçed es e mando e defiendo que persona ni personas algunas de qual quier estado o condiçion preheminençia o dignidad que sean, no tomen ni manden tomar gallinas ni otras aves algunas enlas çibdades e villas e logares de mis rreynos, saluo los mis gallineros e dela sennora Reyna mi madre e dela Reyna mi muy cara e muy amada muger e delos ynfantes mis muy caros e muy amados hermanos e no otros algunos, e que ansi los dichos gallineros suyos commo los delas dichas Reynas e ynfantes rrequieran con mi carta e delas dichas Reynas ala justiçia dela çibdad o villa o logar, el qual ande con ellos e dipute persona que cunpla para ello, por que sola mente se tomen al presçio ordenado e acostunbrado las aves que fueren menester, ansi para mi mesa commo delas dichas Reynas e ynfantes e no mas ni allende por quelos pueblos no rresçiban ni les sea fecho enlo suso dicho agrauio ni sin rrazon alguna, e que otros algunos non traygan gallineros nin les sea consentydo ni permitido, mas quelas gallinas que ovieren menester quelas conpren e les sean dadas por sus presçios rrazonables.

25. Otrosy quanto atanne ala veynte e çinco petiçion que dize ansi: Otrosy muy poderoso prinçipe rrey e sennor ya sabe vuestra alteza commo vuestra sennoria tiene puestos alcalldes delas sacas e cosas vedadas en todos vuestros rreynos para que defiendan e guarden que no se saque ninguna cosa dellas defendidas por vuestra sennoria e eso mismo para que guarden la justiçia entre los vuestros arrendadores delas vuestras rrentas delos vuestros diezmos e aduanas con los mercaderes e otras personas que ovieren de sacar e traer sus mercaderias. E sennor, los arrendadores que ansi tienen arrendadas las dichas vues-

muy poderoso sennor, es mucho vuestro deserviçio e danno a vuestros subditos e naturales que vsan traer sus mercaderias, ca fuerte cosa es, sennor, que sea juez y parte; es cosa por que muchos dexan de tratar las mercaderias por muchos males e agravios queles fazen e dello viene grand dapno e menos cabo a vuestras rrentas. Omill mente a vuestra sennoria suplicamos quiera en ello rremediar, mandando alos tales alcalldes delas sacas que hagan juramento ante vuestra sennoria o ante del vuestro alto Consejo que no darán poder delas dichas alcaldias alos que touieren las dichas rrentas ni a omes suyos, saluo que ellos mismos por si las vsarán o las darán a omes propios suyos e que no las arrendarán, por que por las tales rrentas se fazen muchos dapnos e rrobos por sacar la rrenta que dellas les dan; lo qual seria mucho vuestro seruiçio e acreçentamiento de vuestras rrentas e bien dela cosa publica de vuestros rreynos.

A esto vos rrespondo que mi merçed es que se haga e cunpla todo ansi segund e por la forma e manera que melo suplicastes por la dicha vuestra petiçion, por que ansy entiendo que cunple a mi seruiçio e a guarda de mis vasallos e subditos e naturales, e mando alos mis alcalldes delas sacas que fagan el dicho juramento ante mi e ante los del mi Consejo, segund que por la dicha vuestra suplicaçion me lo suplicastes e pedistes por merçed, e si lo ansi no juraren o lo contrario fizieren que por el mismo fecho ayan perdido e pierdan los dichos ofiçios, e demas que non sean avidos ni tenidos por mis alcalldes delas dichas sacas ni vsen con ellos ni con otro por ellos los dichos ofiçios.

26. Otrosi quanto tanne ala veynte e seys petiçion que dize ansi: Otrosi muy esclareçido rrey e sennor, ya sabe vuestra alteza quanto provechoso es en vuestros rreynos aver puentes por quelos caminantes ayan de pasar por ellas e no por barcos nin por vados de que aconteçe pereçer mucha gente por mengua dellas, e algunas çibdades e villas e logares de vuestros rreynos e otras personas las quieren fazer a su costa dellos sin poner ni llevar ynpusiçion ni tributo alguno; e algunos perlados e cavalleros e otras personas, diziendo queles quitarán el derecho de las barcas que tienen enlos rrios, defienden que no las fagan, e sobre esto quando las quieren fazer descomulgan alos tales rregidores delas tales çibdades e villas, e los tales cavalleros e perlados e otras personas de Ordenes cuyas son las dichas barcas teniendo favores enlas çibdades e villas, defienden que no se fagan, e por esta cabsa an çesado algunas de se fazer. Omill mente suplicamos a vuestra merçed quiera en ello rremediar, mandando quelas çibdades e villas e lugares e otras personas que

muchas muertes de personas que cada anno aconteçen.

Aesto vos rrespondo que mi merçed es que se faga e guarde ansi segund que por la dicha vuestra petiçion me lo suplicastes e que persona ni personas algunas, ansi eclesiasticas commo seglares e Ordenes de qual quier estado o condiçion preeminençia o dignidad no sean osadas delo enbargar ni contrariar, so pena que el quelo contrario fiziere aya perdido e pierda todos sus bienes para la mi camara, e si fuere perlado o otra qual quier persona eclesiastica aya perdido e pierda la naturaleza e tenporalidades que touiere en mis rreynos e dende en adelante las non puedan aver ni ayan.

27. Otrosy quanto tanne ala veynte e siete petiçion que dize ansi: Otrosi sabrá vuestra sennoria que enlos maestradgos de Santiago e Calatrava e Alcantara e prioradgo de sant Iuan e otros lugares rrealengos e de sennores e de Ordenes e abadengos, demandan e lieuan portadgos e barcajes demasiados e otros tributos yndevidos e nueva mente puestos sin liçençia e abtoridad de vuestra sennoria, a fin de cohechar alos mercadores e a otras personas que por alli pasan con sus mercaderias; lo qual es cabsa que muchas personas dexan el trato delas dichas mercaderias por que por poco derecho quel dicho portadgo tiene acaeçe deles llevar muy grandes cohechos, diziendo ser descaminados; e esto sennor, rredunda en grand deseruiçio vuestro e en dapno de vuestras rrentas e de vuestros subditos e naturales, e avn demas desto, muy poderoso sennor, fallará vuestra alteza que ansi mismo llevan los dichos portadgos a otras quales quier personas que por alli pasan con cavallos e armas e azemilas e sus camas e rropas de vestir e otras cosas que continuan llevar de que son esentos e no deven pagar portadgo. Suplicamos a vuestra sennoria le plega mandar proveer sobrello commo cunpla a vuestro seruiçio e pro e bien comun de vuestros rreynos, e no den lugar a que lo tal pase, mandando que caso que alguno no pague portadgo delas mercaderias que truxiere o levare que por eso non pierda la mercaderia, saluo que pague el dicho portadgo con el quatro tanto commo se faze

los descaminados no sean fatigados de yr a buscar al portadguero por cabsa delo qual son muchos cohechados e maltratados.

Aesto vos rrespondo que mi merçed es e mando que se faga e guarde ansi segund que me lo suplicastes por la dicha vuestra petiçion, por que ansi cunple a mi serviçio e guarda de mis vasallos e subditos e naturales.

Fueron fechos estos ordenamientos enla muy noble çibdad de Cordova, quatro dias de Junio anno del naçimiento de nuestro sennor Ihesu Christo de mill y quatroçientos e çinquenta e çinco annos. — Yo el Rey. — Yo el dotor Hernando Diaz de Toledo oydor e rrefrendario del Rey e su secretario la fize escriuir por su mandado.

XXIII.

Cuaderno de las Córtes de Toledo del año 1462 [1].

Este es treslado de una carta del Rey nuestro sennor escripta en papel e firmada de su nonbre e sellada con su sello enla qual estan encorporadas çiertas leyes e ordenanças fechas por su sennoria a petiçion delos procuradores delas çibdades e villas de sus rregnos que por su mandado fueron llamados e ayuntados en su muy noble çibdad de Toledo este anno en que estamos del sennor de mill e quatro çientos e sesenta e dos annos, su tenor dela qual es este que se sigue: Don Enrrique por la graçia de Dios Rey de Castilla de Leon de Toledo de Gallizia de Seuilla de Cordoua de Murçia de Jahen del Algarbe de Algezira, e sennor de Vizcaya e de Molina, alos ynfantes mis muy caros e muy amados hermanos e alos duques perlados condes marqueses rricos omes maestres delas Ordenes, priores e alos del mi Consejo e oydores dela mi avdençia e al mi Justiçia mayor e alcalldes e notario e alguaziles e otros ofiçiales de la mi casa e corte e chançelleria e alos mis contadores mayores e alos otros mis ofiçiales e alos mis comendadores subcomendadores alcaydes de

[1] Este ordenamiento está tomado del cuaderno dado á la ciudad de Sevilla, en cuyo archivo se guarda, escrito en papel, fólio, letra cancilleresca del tiempo. Conserva señales de haber tenido sello. Se han tenido presentes los códices de la biblioteca del Escorial j-Y-13 y ij-X-14.

muy noble çibdad de Cordo-
ento de nuestro sennor Ihesu
ienta e çinco annos. — Yo el
do oydor e rrefrendario de
nandado.

-

del año 1462 [1].

estro sennor escripta en papel
sello enla qual estan encor-
por su sennoria a petiçion de-
us rregnos que por su manda-
noble çibdad de Toledo este
quatro çientos e sesenta e dos
ue: Don Enrrique por la grado de Gallizia de Seuilla de
le Algezira, e sennor de Viz-
aros e muy amados herma-
s rricos omes maestres delas
dores dela mi avdençia e al
lguaziles e otros ofiçiales de
lores mayores e alos

Tales de qual quier estado o condiçion preheminençia o dignidad que sean,
e aqual quier o quales quier de vos a quien esta mi carta fuere mostrada o el treslado della signado de escriuano publico, el qual es mi merçed e mando que vala commo el original e mando al mi chançeller quel tal treslado signado selle con mi sello, salud e graçia. Sepades que enel ayuntamiento e cortes que yo agora fize enla muy noble çibdad de Toledo este presente anno de mill e quatro çientos e sesenta e dos annos, estando y comigo la muy illustre Reyna donna Iohana mi muy cara e muy amada muger e la illustre prinçesa donna Iohana mi muy cara e muy amada fija primogenita heredera e vos los dichos infantes mis muy caros e muy amados hermanos e otrosi algunos grandes e perlados e caualleros e doctores e letrados del mi Consejo, e los procuradores delas çibdades e villas de mis rregnos que yo mandé llamar sobre algunas cosas conplideras ami seruiçio e al bien dela cosa publica de mis rregnos, me fueron dadas e presentadas por los dichos procuradores çiertas petiçiones alas quales yo con acuerdo e consejo delos sobre dichos del mi Consejo rrespondi, su tenor delas quales petiçiones e delo por mi a ellas rrespondido es este que se sigue:

Muy alto e muy poderoso prinçipe e muy esclareçido rrey e sennor, vuestros homill seruidores los procuradores delas vuestras çibdades e villas delos vuestros rregnos con muy homill e deuida rreuerençia besamos vuestras manos e nos encomendamos en vuestra merçed. Muy esclareçido rrey e sennor, por la virtud dela justiçia se mantienen e son gouernados los pueblos enel estado que deuen, lo qual sennalada mente el rrey es tenido de guardar e mantener entre todas las otras cosas que Dios le encomienda, por el estado e logar que del ha enla tierra e por que quiso que fuese prinçipe e cabeça de sus rregnos, e asy commo por la cabeça se rrigen e gouiernan todos los mienbros corporales, asy el rrey deue con grande diligençia e pensamiento buscar manera por do sus pueblos sean rregidos en paz e en justiçia, e deue emendar e corregir las cosas que fuesen contra este buen rregimiento e dar orden para que

eso estableçió Dios el poderio del prinçipe por que rremedie alas cosas graues con claros entendimientos e las mal ordenadas mejore e rremedie a pro e bien de sus subditos, e las cosas nueuas determine con leyes e ordenamientos; e para esto muy poderoso rrey e sennor, por los sennores rreyes pasados de gloriosa memoria vuestros anteçesores e por vuestra alteza, en diuersos tienpos son fechas muchas leyes e ordenamientos las quales todas acatan a vuestro seruiçio e al prouecho e bien comun de vuestros rregnos e ala cosa publica dellos, e algunos dellos prima e prinçipal mente son conplideros avuestro seruiçio asy commo aquellos que fablan enlo que toca avuestra fazienda e al acreçentamiento de vuestras rrentas e abuena administraçion dellas e ala justiçia de vuestra corte e chançelleria e ala ordenança de vuestro muy alto Consejo e de vuestra casa, e estos ordenamientos despues asy mesmo cunplen al bien e pro e merçed delas dichas vuestras çibdades e villas e ala guarda de sus libertades e franquezas e preuillejos e al prouecho delos vezinos e moradores dellas, e asy mesmo esclaresçido rrey e sennor, por las dichas leyes e ordenamientos vuestra alteza alas cosas graues deue rremediar con claros entendimientos e mejorar las mal ordenadas e las nueuas determinar por otras leyes e ordenamientos. Por ende en nonbre delos dichos vuestros rregnos acordamos de suplicar avuestra muy alta e rreal sennoria algunas cosas que son conplideras a seruiçio de Dios e al bien e pro comun e vtilidad dela rrepublica delos dichos vuestros rregnos.

1. Muy poderoso rrey e sennor, a vuestra sennoria plega de dar orden commo los del vuestro Consejo que rresiden e rresidieren continua mente enel, e asy mesmo los oydores de vuestra avdençia e los alcalldes dela vuestra casa e corte e chançelleria e el vuestro procurador fiscal e los letrados delos pobres e los porteros del vuestro Consejo e dela vuestra chançelleria, sean bien pagados de todo lo que ouieren de aver, por que en procurar de sacar los libramientos o enlo cobrar han de gastar lo mas del tienpo e ala fin lo pierden todo o la mayor parte, e pues estos tyenen e han de tener el cargo de vuestra justiçia non es rrazon que en otra cosa se ocupen, e para rremedio dello que vuestra sennoria mande alos sus contadores mayores que desde primero dia de Enero en adelante de cada vn anno suspendan[1] en vuestros libros un numero çierto, qual a vuestra sennoria pluguiere, de que ellos puedan ser bien pagados, el qual se suspenda enlas merindades de Burgos e Castilla vieja e Burua-

[1] ij-X-14: suspender.

al prouecho e bien comun de
los, e algunos dellos prima e
seruiçio asy commo aquellos
nda e al acreçentamiento de
lellas e ala justiçia de vues-
e vuestro muy alto Consejo e
spues asy mesmo cunplen al
ibdades e villas e ala guarda
e al prouecho delos vezinos e
rrey e sennor, por las dichas
osas graues deue rremediar
mal ordenadas e las nueuas
. Por ende en nonbre delos
plicar avuestra muy alta e
plideras a seruiçio de Dios e
ublica delos dichos vuestros

a sennoria plega de dar orden
iden e rresidieren continua
estra avdençia e los alcalldes
l vuestro procurador fiscal e
uestro Consejo e dela vues-
lo que ouieren de aver, por
enlo cobrar han de gastar
la mayor parte, e pues estos
usticia non es rrazon que en
que vuestra sennoria mande
ero dia de Enero en adelante
numero cierto, qual

tos e cartas e sobre cartas que sean nesçesarios avn que non sean sacados rrecudimientos delas dichas rrentas nin aya arrendadores dellas, e por que mejor sean pagados delo suso dicho que vuestra sennoria mande que se libren a vn rreçebtor los mrs. que montaren enlo suso dicho enlos dichos partidos, el qual tenga cargo delo cobrar e delo rrepartir alos sobre dichos, e asy mesmo vuestra sennoria mande proueer enla justiçia de vuestra casa e corte e enla esecuçion della [commo vuestra sennoria entendiere que cunple avuestro seruiçio e al prouecho dela rrepublica e ala esecuçion della][2] e delas çibdades e villas e logares de vuestros rregnos.

Aesto vos rrespondo que mi intençion e voluntad syenpre fue e es: quela mi chançelleria e asy mismo la justiçia de mi casa e corte e de todos mis rregnos sea bien administrada e esecutada, e ami plaze por que mejor de aqui adelante se faga, diputar dos meses ante del fin de cada vn anno un perlado para presydente enla mi chançelleria e seys oydores e tres alcalldes que syruan en ella todo el anno syguiente desde primero dia del anno fasta en fin del, e por que estos sean bien pagados e por falta de mantenimientos non ayan de dexar de rresydir e seruir continua mente todo el anno enla dicha mi avdençia e chançelleria, ami plaçe queles sean pagados[3] los mrs. que montan enel mantenimiento dellos en esta guisa. Al perlado presydente, de su quitaçion e ayuda de costa çient mill mrs., a seys oydores, de sus quitaçiones cada, treynta mill mrs. e de sus ayudas de costas cada, veynte mill mrs. que son acada vno çinquenta mill mrs., montan atodos seys, trezientos mill mrs., e atres alcalldes sus quitaçiones e cada, diez mill mrs. de ayuda de costa e avn fiscal su quitaçion e del abogado delos pobres su quitaçion que monta en todos los dichos[4] mrs. que estos se libren en cada anno al tienpo que se libraren los mrs. para pagar los

[1] ij-X-14 dice: Burueva.

[2] Lo que está entre calderones está tomado del códice ij-X-14.

acostamientos en logares çiertos e bien parados a vna persona diligente e fiable para quelos rresçiba e rrecabde, e esta persona los pague en dineros contados alos dichos presydente e oydores e alcalldes e ofiçiales por los terçios de rrecabdança de cada anno, e que ellos den ala tal persona que asy touiere cargo dela dicha rrecabdança en paga quarenta mrs. de cada millar de salario, e por el trabajo e gasto que tomará e fará enla dicha rrecabdança delos dichos mrs. e enla paga dellos, e que non se libren a otros oydores algunos en cada vn anno, saluo aqueste presydente e seys oydores que syruieren, e que dos meses antes de conplido el anno yo nonbre el presydente e otros seys oydores e tres alcalldes que syruan el anno vyniente e sean pagados enla forma suso dicha, e que asy se faga de aqui adelante plazyendo a Dios en cada vn anno, e quel dicho perlado presydente e seys oydores e tres alcalldes encomençando a seruir en cada vn anno fagan juramento en forma deuida de guardar todo lo contenido enla ley de Guadalajara[1] que fizo el Rey don Iohan mi padre, que santa gloria aya, e en otras quales quier leyes que fablan enel caso dela mi avdençia e chançelleria. E en quanto alo que dezis dela justiçia de mi casa e corte ya yo tengo ordenado Consejo de perlados e doctores e letrados personas ydoneas e sufiçientes para ello e avdençia publica vn dia en cada semana para oyr alos querellosos e proueer en todas las cosas graues quelos del mi Consejo non pudieren despachar, e tengo mandado que dos doctores del mi Consejo vayan ala carçel de mi corte tres dias cada semana e entiendan con los mis alcalldes en todos los fechos e negoçios criminales e con acuerdo dellos se despachen, e tengo asy mesmo deputados alcalldes del canpo que anden continua mente dentro delas çinco leguas dela mi corte para que llamen atodos los delos vandos delas çibdades e villas de mis rregnos e para pugnir e castigar todos los rruydos e escandalos que en ellas nasçieren, e por que todas aquestas cosas mejor se fagan e guarden e cunplan e mi justiçia sea bien conplida e esecutada, yo quiero diputar e diputaré luego vna persona de buena conçiençia e a mi fiable, que tenga cargo en mi corte de soliçitar alos del mi Consejo e alcalldes dela mi corte e canpo, que cada vno enlo que es asu cargo faga lo que deue e cunpla e esecute la justiçia, e sy lo non fizyere me faga dello rrelaçion para que yo prouea en ello e lo mande fazer e esecutar e pugnir e castigar a los que en ello fueren nigligentes e rremisos.

2. Otrosy suplicamos avuestra merçed que pues es çierto e notorio

[1] De esta ley se da noticia en la nota de la pág. 523.

mos a vuestra merçed que non dé nin prouea nin quieraproueer de ningund asystente nin correjidor nin pesquiridor en ninguna delas dichas çibdades e villas e logares de vuestros rregnos, saluo por vn anno, e que este acabado, los tales corregidores e asistentes e pesqueridores o qual quier dellos, antes que se partan delos logares do touieren cargo dela justiçia, fagan e ayan de fazer rresydençia e dende en adelante non esten mas ende nin exerçan el dicho ofiçio nin vsen con ellos enel nin los ayan por ofiçiales dellos, antes sean auidos en todo por priuadas personas, e la tal çibdad e villa o logar dende en adelante pueda elegir sus alcalldes e alguaziles segund quelo han de vso e de costunbre.

Aesto vos rrespondo que mi merçed e voluntad es que se faga asy segund que melo suplicastes, por que asy está estatuydo por otras leyes de mis rregnos, pero sy yo entendiere que cunple ami seruiçio que algund corregidor esté otro anno de mas del primero que ouiere estado, que auida informaçion commo vsó bien [1], le pueda ser porrogado otro anno e non mas, e avn quela çibdad o villa o lugar lo pida por mas tienpo destos dos annos, que aquel corregidor les non sea dado e que esto mismo se faga enlo delos asistentes.

3. Otrosy suplicamos avuestra alteza que mande que vuestra juridiçion rreal non sea vsurpada por los jueçes eclesiasticos e que mande que se guarden las leyes que çerca desto fablan, e otrosy que ordene e mande que asy mismo el Almirante non ocupe vuestra juridiçion rreal.

Aesto vos rrespondo que asaz está proueydo enlo dela dicha juridiçion eclesiastica, e enlo que toca al Almirante mi merçed es e mando que enbie el aqui sus preuillejos para que oydo con el mi procurador fiscal enel mi Consejo se determine en todo ello lo que fuere justiçia e se declare en que el dicho Almirante tyene e deue tener juridiçion para que aquello le sea guardado.

4. Otrosy muy poderoso rrey e sennor, ya sabe vuestra alteza commo son fechas e ordenadas asaz leyes para que los del vuestro Consejo e oy-

cabsas, e syn enbargo dellas de cada dia asy en vuestra casa e corte e chançelleria commo en otras partes de cada dia abogan, diziendo que tyenen vuestras cartas e licençias del sennor e Rey don Iohan vuestro padre para ello, lo qual quanto sea contra justiçia, vuestra sennoria lo conoçe bien, ca manifiesto es que enel pleyto que ouiere dado consejo e ouiere leuado salario, cada que fuere conel, trabajaria por que su parte salga con su intençion; por ende omill mente suplicamos a vuestra sennoria que mande e ordene que de aqui adelante ningunos de vuestro Consejo e oydores de vuestra abdençia e alcalldes de vuestra corte e chançelleria non puedan abogar nin dar consejo en ninguno nin algunos pleitos çeuiles nin criminales, non enbargante quales quier alualaes e cartas de licençia que sobrello vuestra merçed les diere, e que sy lo contrario fizyeren, que por ese mismo fecho pierdan las quitaçiones que de vuestra sennoria tyenen e asy mismo pierdan los ofiçios e dende en adelante los non puedan aver.

Aesto vos rrespondo que mi merçed e voluntad es que de aqui adelante ninguno delos dichos mis oydores que agora son o serán, que de mi tengan quitaçion, que non aboguen nin puedan prestar ningund patroçinio en ningunos pleitos e cabsas çeuiles e criminales, puesto que de mi ayan quales quier liçençias, las quales quiero que non valan, e sy algunas fasta aqui les yo he dado, yo desde aqui las rreuoco e quiero queles non aprouechen; e sy alguno fuere fallado que aboga contra lo que dicho es, que pierdan las quitaçiones que de mi tienen e les sean quitadas e testadas delos mis libros, eçepto enla liçençia que yo tengo dada al bachiller de Ferrera para que pueda abogar commo quier que sea oydor, por quanto es letrado delos mis contadores mayores e ha de andar continua mente aqui en mi seruiçio por mi mandado e por vos otros me fue asy suplicado.

5. Otrosy ya sabe vuestra sennoria que son fechas e ordenadas asaz leyes por que se non fagan ferias nin mercados francos syn vuestra liçençia e abtoridad, e sin enbargo de aquello, muchos caualleros de vuestros rregnos han fecho e de cada dia fazen las dichas ferias e mercados francos; por ende suplicamos avuestra alteza que demas delas penas contenidas enlas dichas leyes, mande e ordene que qual quier que fuere alas dichas ferias e mercados francos que se an fecho e se fagan o aya en ellos qual quier franqueza de paga o quita, quier sea en poco o en mucho, syn interuenir la dicha vuestra liçençia, aya perdido e pierda las bestias e mercaderias que leuare o troxiere alas dichas ferias e mercados e todos los otros sus bienes muebles e rraizes, delos quales sea la terçia parte

ıde omill mente suplicamos a
de aqui adelante ningunos de
›dençia e alcalldes de vuestra
ıin dar consejo en ninguno nin
)n enbargante quales quier al-
uestra merçed les diere, e que
) fecho pierdan las quitaçiones
mo pierdan los ofiçios e dende

voluntad es que de aqui ade-
ue agora son o serán, que de
nin puedan prestar ningund
uiles e criminales, puesto que
les quiero que non valan, e sy
de aqui las rreuoco e quiero
re fallado que aboga contra lo
s que de mi tienen e les sean
sto enla liçençia que yo tengo
la abogar commo quier que
s contadores mayores e ha de
jo por mi mandado e por vos

on fechas e ordenadas asaz le-
os francos syn vuestra liçençia
os caualleros de vuestros rreg-
as ferias e mercados francos,
emas delas penas contenidas
al quier que fuere alas dichas
o aya en ellos qual

6. Otrosy muy poderoso sennor, suplicamos avuestra merçed que por quanto de cada dia prouee de muchos ofiçios acreçentados asy de rregimientos commo de juraderias e otros ofiçios e da cartas espetatyuas para aver lo que asy vacare delos dichos ofiçios, lo qual es contra leyes e ordenanças de vuestros rregnos; por ende suplicamos a vuestra merçed que de aqui adelante lo non quiera mandar fazer nin dar las semejantes cartas e prouisiones.

Aesto vos rrespondo que asaz está proueydo por las leyes de mis rregnos que sobrello fablan, las quales mando que de aqui adelante sean asy guardadas.

7. Otrosy suplicamos avuestra merçed que mande e ordene que todas las cartas e alualaes e preuillejos e otras quales quier escripturas que de vuestra sennoria fueren libradas o delos del vuestro Consejo o delos vuestros contadores mayores o delos alcalldes de vuestra corte o de otros quales quier juezes comisarios, que sean rregistradas por la persona que touiere el publico rregistro e non por otra persona alguna, e las que en otra manera pasaren e se rregistraren, que sean en sy ningunas e obedesçidas e non conplidas, e quel tal rregistrador non pase nin sennale ninguna delas dichas cartas e prouisyones sin dexar el rregistro de beruo ad beruo, e sy lo contrario fizieren, que pierda el ofiçio.

Aesto vos rrespondo que mi merçed es que de aqui adelante se faga asy, saluo enlas cosas que yo mandare espedir e proueer, conplideras ami seruiçio e a esecuçion de mi justiçia, e quiero e mando quel dicho rregistrador aya de estar e esté rresydente por su persona enla mi corte para quel vse del dicho ofiçio por sy mismo o por su logar teniente, que sea persona fiable e aprouada enel mi Consejo e rresçebido del el juramento que en tal caso se rrequiere e tome el rregistro de todas las cartas e los guarde.

8. Otrosy muy poderoso sennor, vuestra sennoria bien sabe e es notorio en vuestros rregnos quanto noble e de grand fama es en vuestros rregnos e fuera dellos el estudio de Salamanca, enel qual ha auido asaz

e se entremeter en ellos e dar fauor e ayuda por sus personas e con los suyos e con armas e con dineros para enlas cosas tocantes alos dichos vandos, e que se da cabsa a quelos dichos catredatycos e personas que han de entender enla gouernaçion del dicho estudio non lo fazen segund deuen nin rrigen las dichas catredas ninlas leen segund que quieren e mandan las costituçiones del dicho estudio, e los dichos estudiantes, entendiendo enlos dichos vandos, se distraen de sus estudios a que prinçipal mente vienen a entender ende e por que fueron enbiados por sus padres e parientes, gastando enlos dichos vandos aquello que deuian gastar enla adquisyçion dela çiençia e enlas cosas a ella nesçesarias, e avn por esta cabsa entre los dichos estudiantes de cada dia se rrecreçen muchos e diuersos rruydos e contyendas, esforçando se enlos dichos fauores e parçialidades que asy tyenen enlos dichos vandos e con los caualleros dellos; por lo qual avuestra merçed suplicamos que mande e ordene que ninguno delos dichos doctores e catredatycos e estudiantes e personas que asy rresyden enel dicho estudio, sean de vando ni se alleguen a ninguno delos caualleros dela dicha çibdad nin les den nin puedan dar ningund fauor nin ayuda con sus personas nin gentes nin mrs. nin en otra manera alguna directe nin indirecte, so pena que sy lo contrario fizyeren, quelos tales catredatycos sean suspensos delos salarios que han de aver en cada vn anno por rregir las catredas que tyenen enel dicho estudio, e quelos rrecabdadores e arrendadores delas terçias que son pagadores les non acudan con ello, e que sobre todo lo suso dicho vuestra sennoria mande proueer commo cunpla avuestro seruiçio e a buen rregimiento e gouernaçion del dicho estudio.

Aesto vos rrespondo que mi merçed e voluntad es que ningund estudiante nin persona del dicho estudio nin sea nin pueda ser de vando, nin dé nin pueda dar favor nin ayuda a ninguno delos vandos, e sy lo fiziere e fuere contra lo suso dicho, seyendo persona salariada del dicho estudio, que por el mismo fecho sea suspenso de qual quier salario que del dicho estudio ouier de aver por vn anno por la primera uez que en ello fuere e non le sea acodido con ello, e por la segunda por tres annos, e por la terçera perpetua mente; e sy non fuere persona salariada, que por ese mismo fecho non sea auido por estudiante e lo aparten del gremio del dicho estudio e que dende en adelante non goze nin pueda gozar delos preuillejos del dicho estudio e sea desterrado dela dicha çibdad e de çinco leguas aderredor, e quel maestre escuela e rrector e consyliarios e diputados dela vniuersydad del dicho estudio e estudiantes del, todos juren e ayan de jurar enel comienço de cada vn anno de

estudio, e los dichos estudian-
distraen de sus estudios a que
e por que fueron enbiados por
chos vandos aquello que deuian
as cosas a ella nesçesarias, e avn
s de cada dia se rrecreçen mu-
forçando se enlos dichos fauo-
dichos vandos e con los cau-
d suplicamos que mande e or-
e catredatycos e estudiantes e
dio, sean de vando ni se allie-
dicha çibdad nin les den nin
n sus personas nin gentes nin
nin indirecte, so pena que sy
datycos sean suspensos delos
no por rregir las catredas que
bdadores e arrendadores delas
n con ello, e que sobre todo lo
uer commo cunpla avuestro
ion del dicho estudio.
luntad es que ningund estu-
n sea nin pueda ser de vando,
a ninguno delos vandos, e sy
endo persona salariada del di-
suspenso de qual quier salario
n anno por la primera uez que
llo, e por la segunda por tres
non fuere persona salariada,
r estudiante e lo aparten del
goze nin pueda

çibdad, sobre lo qual mando al dicho rrector e diputados del dicho estudio que faga, de todo lo que dicho es, costituçion e ordenança por que sea mejor conplido e esecutado, so pena de perder las tenporalidades que de mi tyenen e sean auidos por ajenos delos dichos mis rregnos e sennorios.

9. Otrosy muy poderoso sennor, suplicamos á vuestra merçed que mande e ordene que ningunos pleitos nin cabsas que ayan pendido e penden ante los vuestros oydores e alcalldes dela vuestra casa e corte e chançelleria e notarios e juezes delos fijos dalgo e juezes de Vizcaya e ante qual quier dellos, non puedan ser sacados avuestra corte nin vuestra merçed los pueda aduocar en sy nin ynibа nin pueda ynibir alos suso dichos nin algunos dellos aque çesen de conoçer delos tales pleitos e cabsas, e que puesto quela tal ynibiçion sea dada, que non vala e que sea en sy ninguna e que sobre esto mande que sean guardadas las leyes e permatycas fechas por los sennores rreyes vuestros anteçesores que sobre esto fablan e estatuyen.

Aesto vos rrespondo que me plaze que se faga asy e que sean guardadas quales quier leyes e ordenanças e permatycas sençiones que sobrello han seydo e son fechas en qual quier manera.

10. Otrosy muy poderoso sennor, vuestra sennoria bien conosçe quantos dapnos e escandalos e leuantamientos e alborotos se cabsan enlas vuestras çibdades e villas e logares delos vuestros rregnos, por que algunos se atreuen arrepicar canpannas syn aver cabsa para ello e syn ningund mandamiento que para ello ayan dela justicia nin rregidores delos tales logares, por donde cada dia con el tal bolliçio se fazen grandes ayuntamientos de gentes, de que por muchas vezes se han rresultado e rresultan muchos e diuersos delitos e dannos de que vuestra sennoria es deseruido e se rrecreçen grandes dapnos enlas dichas çibdades e villas e logares por cabsa delos dichos alborotos; por ende suplicamos avuestra alteza que mande e ordene que qual quier que fuere osado de rrepicar las dichas canpannas syn mandamiento delas justiçias dela tal çibdad o villa o logar e de quatro rregidores della donde

ouier los dichos quatro rregidores e podiendo ser auidos, e donde non pudieren ser auidos todos quatro, que basten dos conla dicha justiçia; e sy fuere tal logar en que non ouiere los dichos rregidores, que alo menos ninguno non sea osado de rrepicar la dicha canpanna syn mandamiento dela dicha justiçia, so la dicha pena de suso contenida.

11. Otrosy muy poderoso sennor, vuestra merçed sabe e avn es notorio en vuestra corte el grand dapno e carestia que en ella se rrecreçe por los rregatones e rregatonas que en ella andan, por conprar las prouisiones e cosas que ala dicha vuestra corte se vienen a vender, las quales por otras partes ellos venden a rregatoneria a grandes preçios e commo quieren; por lo qual avuestra merçed suplicamos que mande e ordene quelos rregatones suso dichos e rregatonas non sean osados de conprar las tales prouisiones e vituallas que se vinieren avender ala dicha vuestra corte, e sy lo contrario fizyeren, que por ese mismo fecho pierdan lo que asy conpraren e demas por cada vez quelo asy fizyeren les den cada, çien açotes publica mente por justiçia, e demas yncurran enlas penas de que se faze mençion enlas otras leyes e ordenanças de vuestros rregnos que sobre esto fablan.

Aesto vos rrespondo que mi merçed es que sobre esto sean guardadas las leyes e ordenanças de mis rregnos que sobrello fablan, e que allende delas penas en ellas contenidas, qual quier o quales quier delos dichos rregatones o rregatonas quelo contrario fizyeren, yncurran e cayan enlas dichas penas enla dicha vuestra petiçion contenidas, las quales mando alos del mi Consejo e alos mis alcalldes dela mi casa e corte e rrastro e alas otras justiçias delos mis rregnos quelo asy fagan conplir e executar e traher adeuido efecto.

12. Otrosy muy poderoso sennor, por quanto de cada dia muchos delos procuradores que vienen avuestra corte de algunas çibdades e villas e logares de vuestro rregno en prosecuçion de sus cabsas e pleitos, asy delas dichas villas e logares commo de otras personas syngulares o viniendo sobre otras cosas conplideras alos dichos sus logares, por proseguir su justiçia o por otras cabsas indeuidas son presos e fatygados por do se da cabsa que otros non osan venir avuestra corte a proseguir su justiçia; por ende a vuestra merçed suplicamos que mande e ordene que todos los que asy vinieren en prosecuçion delos dichos pleitos e cabsas o aproseguir sus propios intereses e justiçia, vengan seguros avuestra corte e que por esta cabsa non sean presos nin detenidos nin les sea fecho otro mal nin danno contra derecho.

Aesto vos rrespondo que me plaze que se faga e guarde asy segund

tillos e fortalezas que son en vuestros rregnos se fazen grandes males e dannos e agrauios, leuando castillajes e desafueros e otros derechos, contra toda rrazon e justiçia a algunas personas que pasan çerca delos dichos castillos e fortalezas e por las comarcas dellos con ganados e bestias e muletas e mercaderias e otras cosas o en otra manera, non teniendo para ello ninguna cabsa nin rrazon; suplicamos a vuestra merçed que mande e ordene quelos dichos alcaydes nin sus logares tenientes non lieuen nin sean osados de leuar ningunos derechos nin castellerias nin otros desafueros, saluo sola mente aquello que antigua mente e de tienpo ynmemorial acá acostunbraron e solian leuar los alcaydes que fueron delas tales fortalezas.

Aesto vos rrespondo que mi merçed e voluntad es que se faga e guarde asy, e sy algo contra lo suso dicho el tal alcayde leuare, quelo pague con la pena en que incurren quales quier forçadores que toman algo por fuerça, e que çerca desto los alcalldes e justiçia de qual quier çibdad o villa o logar do esto acaesçiere conosca e pueda conosçer dello e lo judgar e fazer en todo, conplimiento de justiçia contra los dichos alcaydes.

14. Otrosy muy poderoso sennor, bien sabe vuestra alteza commo algunos obispos e abades e otras personas eclesiasticas se han fecho e de cada dia se fazen de vandos, e algunos dellos tanto e mas escandalizan vuestras çibdades e villas quelos legos dellas; por ende omill mente suplicamos a vuestra alteza que mande e ordene quelos dichos obispos e abades e otras quales quier personas eclesyasticas de qual quier estado o condiçion o preheminençia o dignidad que sean, non sean osados de ser de vandos nin tengan otras parçialidades nin ligas algunas nin den a ello fauor nin esfuerço por sus personas nin por los suyos nin en otra manera, so pena que sy lo contrario fizyeren, commo aquellos que son ynobidientes alos mandamientos de su rrey e sennor natural, pierdan la naturaleza que han e tyenen en vuestros rregnos, e commo agenos e estrannos dellos non puedan gozar de ningunas tenporalidades; e sobre

dan qual quier juridiçion ecclesiastica que por sy o en nonbre de otros touieren sobre quales quier personas seglares, e sean auidos por suspensos en ello e por priuadas personas, e que puesto que dende en adelante algunos non cunplan sus mandamientos, que por eso non cayan nin incurran en pena nin en calopnia alguna.

Aesto vos rrespondo que mi merçed e voluntad es que de aqui adelante todo lo suso dicho se guarde e cunpla segund melo suplicades, e que ami plaze de escreuir sobrello al santo Padre para que en ello prouea segund que enla dicha vuestra petiçion se contiene.

15. Otrosy muy poderoso sennor, notyficamos avuestra sennoria los muchos dapnos e males e ensultos que de cada dia se fazen e acostunbran fazer en vuestro rregno, los quales e muchos dellos han quedado e quedan ynpunidos, so color o por cabsa quelos tales delinquentes se van avuestros castillos fronteros afin de se librar delos dichos delitos e procurar con los alcaydes dellos aver sus cartas de commo han estado enlos dichos castillos e rresydido en ellos por los tienpos que estauan ordenados por los dichos preuillejos, e con esto non tan sola mente se defienden e quieren defender de vuestra justiçia pero delas partes querellantes, e por esta parte se escusan e quieren escusar de rrestituyr quales quier rrobos e fuerças queles ayan fecho, e con este esfuerço muchos se atreuen a delinquir so esperança de se librar enla forma suso dicha; e muy poderoso sennor, commo quier que vuestra merçed de ligero puede perdonar vuestra justiçia pero non el derecho dela parte, por ende suplicamos a vuestra merçed que mande e ordene e declare en commo su merçed e voluntad es, quelos dichos preuillejos dados alos dichos castillos fronteros non se entiendan nin obren nin puedan aver efecto, saluo enlo que pertenesçe ala dicha vuestra justiçia, pero que por esto non se entienda quitado el derecho delas partes para quelo pueda proseguir entera mente ante vuestra sennoria o ante quien deuiere, e fazer sus querellas e pedimentos contra los dichos delinquentes para queles sea fecho conplimiento de justiçia, non enbargante los dichos preuillejos dados alos dichos castillos fronteros.

Aesto vos rrespondo que mi merçed es que se guarden e sean guardados todos los preuillejos dados alas dichas villas e castillos fronteros de tierra de moros, tanto que sola mente se estiendan e obren en aquello a que se estienden e obran los preuillejos de Tarifa e Antequera.

16. Otrosy muy poderoso sennor, en tanto grado vuestra justiçia está menoscabada, que muchas personas, pospuesto el temor de Dios e della, con grande osadia e atreuimiento se atreuen ablasfemar de Dios e

oluntad es que de aqui adela segund melo suplicades, e
o Padre para que en ello pro-
on se contiene.
ficamos avuestra sennoria los
cada dia se fazen e acostun-
muchos dellos han quedado e
elos tales delinquentes se van
rar delos dichos delitos e pro-
cartas de commo han estado
, por los tienpos que estauan
on esto non tan sola mente se
ustiçia pero delas partes que-
quieren escusar de rrestituy-
fecho, e con este esfuerço mu-
a de se librar enla forma suso
uier que vuestra merçed de li-
ro non el derecho dela parte,
ue mande e ordene e declare en
os dichos preuillejos dados alos
endan nin obren nin puedan
la dicha vuestra justiçia, pero
lerecho delas partes para quelo
uestra sennoria o ante quien
entos contra los dichos delin-
nto de justiçia, non enbargante
astillos fronteros.
que se guarden e sean guar-
las villas e castillos fronteros
... en aquello

grandeza e culpa en que incurren los semejantes que en esta forma delinquen; por ende suplicamos avuestra merçed que mande e ordene quelos tales blasfemadores, demas e allende delas penas que segund las leyes e ordenanças de vuestros rregnos deuen aver, que qual quiera que de aqui adelante fuere osado de blasfemar de Dios e de Santa Maria, sy fuere en vuestra corte o dentro de çinco leguas al derredor, que por este mismo fecho le corten la lengua publica mente por justiçia e le den çient açotes, e sy blasfemare fuera dela dicha corte o delas dichas çinco leguas al derredor en qual quier logar de vuestros rregnos, quele corten la lengua publica mente e pierda la meytad de sus bienes, la meytad dellos para el quelo acusare e la otra meytad para vuestra camara e fisco, e que por ningund caso nin suplicaçion que avuestra sennoria sea fecha non perdone al tal delinquente.

Aesto vos rrespondo que mi merçed e voluntad es quelo suso dicho se faga e sea fecho e guardado asy e esecutado e traido a deuido efecto segund me lo suplicades.

17. Otrosy muy poderoso sennor, commo quier que algunas çibdades e villas e logares de vuestros rregnos e sennorios especial mente el conçejo dela mesta tyenen preuillejos de vuestra merçed e avn delos rreyes pasados vuestros anteçesores de gloriosa memoria, por vuestra sennoria confirmados, a que sus ganados e bienes muebles e semouientes non puedan ser prendados nin esecutados nin enbargados nin detenidos por debdas algunas que deuan alos conçejos e lugares donde son vezinos, saluo por debdas propias en que ellos estan obligados commo prinçipales e por fiadores e non en otra forma, algunas personas se atreuen ales quebrantar los dichos preuillejos contra toda rrazon e justiçia, e avn por que allende delos dichos preuillejos, segund derecho, por las tales debdas conçejales los dichos vezinos nin sus ganados nin bienes non pueden ser esecutados; por ende suplicamos avuestra merçed que mande e ordene e quiera mandar e ordenar quelos dichos preuillejos sean guardados alas tales çibdades e villas e logares que tienen los dichos

Aesto vos rrespondo que es bien e que mi merçed e voluntad es que se faga e guarde asy segund me lo suplicastes.

18. Otrosy muy poderoso sennor, suplicamos a vuestra merçed que por quanto muchos monesterios e Ordenes e rreligiones tyenen e fazen grangerias de aves, [en] las quales los gallineros de vuestra sennoria e de la sennora Reyna e delos infantes e de otros sennores toman quales quier gallinas e capones e aves que fallan en quales quier delas dichas grangerias e casas do las tyenen los dichos monesterios e rreligiones, so color de algunas vuestras cartas e mandamientos, por cabsa delo qual las dichas grangerias e crias de aves çesan, de quelos dichos monesterios e rreligiones rreçiben grand dapno; por ende suplicamos a vuestra merçed que mande e ordene que de aqui adelante ningunos gallineros, puesto que sean de vuestra merçed o dela dicha sennora Reyna o delos infantes o de quales quier caualleros e grandes de vuestro rregno nin de alguno dellos, non tomen nin sean osados de tomar las dichas gallinas e capones nin pollos nin otras algunas aves enlos tales logares e grangerias, so pena de diez mill mrs., e que non aya otros gallineros, saluo los de vuestra merçed e dela sennora Reyna e delos infantes.

Aesto vos rrespondo que mi voluntad es que non se tomen ningunas aves delas tales grangerias nin de otros logares delos dichos monesterios e rreligiones e que non ayan otro gallinero, saluo los mios e dela Reyna mi muger e de mis fijos e fijas e delos infantes mis hermanos o de qual quier de nos, e que enla forma del tomar de las aves sea guardada la ley que por mi fue fecha e ordenada enlas cortes de Cordoua.

19. Otrosy muy poderoso sennor, por quanto segund derecho, enlas çibdades e villas e logares delos vuestros rregnos e sennorios non se puede nin ay rrazon quelos escriuanos delos conçejos e cabildos e ayuntamientos tengan nin puedan tener en ellos boz nin voto, e agora con algunos fauores que algunos delos dichos escriuanos han procurado e procuran, que han de tener la dicha boz e voto enlos dichos ayuntamientos segund quelo tyene qual quier delos rregidores delas tales çibdades e villas e logares, non lo deuiendo aver; por ende suplicamos a vuestra merçed que mande e ordene que de aqui adelante los dichos escriuanos non tengan nin puedan tener boz nin voto enlos dichos cabildos e ayuntamientos, pues el derecho non lo da alos tales ofiçiales, e sy lo diere, sea de ningund valor e fuerça e poniendo les sobrello grand pena sy de aqui adelante tentaren de dar la dicha boz e voto.

Aesto vos rrespondo que pedides cosa justa e rrazonable e ques mi

que vacan, e vuestra sennoria a petiçion delas tales çibdades e villas e logares les ha de confirmar las tales elecçiones, lo qual todo non enbargante, algunas vezes por ynportunidad o por otra via, vuestra merçed prouee delos tales ofiçios syn la dicha elecçion e avn los non da nin quiere dar alas personas que son elegidas por los dichos logares; que vuestra sennoria de aqui adelante non quiera proueer delos dichos ofiçios de rregimientos e juraderias e escriuanias, saluo a petiçion e suplicaçion delas tales çibdades e villas o logares e alas personas que ellas eligieren segund quelo tyenen por preuillejos e vso e costunbre.

Aesto vos rrespondo que mi merçed e voluntad es que sobre esto sean guardadas las leyes e ordenanças fechas por los rreyes mis anteçesores e despues por mi, que sobre esto disponen e estatuyen.

21. Otrosy muy esclaresçido prinçipe rrey e sennor, por quanto las vuestras taraçanas dela çibdad de Seuilla tienen delos rreyes pasados vuestros anteçesores confirmados por vuestra sennoria çiertos escusados, por cabsa delo qual son nonbrados por escusados algunos que non son de aquellos que son para seruir los dichos ofiçios tocantes alas dichas taraçanas; que mande e ordene que de aqui adelante non se faga e que ninguno non pueda ser nonbrado por escusado, saluo aquellos que son para los dichos ofiçios.

Aesto vos rrespondo que mi merçed e voluntad es que se faga asy segund melo suplicades e pedides por merçed.

22. Otrosy suplicamos avuestra merçed que por quanto por las mudanças que de cada dia se fazen delos arneses que trahen a estos rregnos, vienen mucha perdida e dapno alos caualleros e escuderos, por que de cada dia han de traher trajes nueuos de armas, e los cabdales de algunos non bastan para ello; vuestra merçed mande e ordene que aya vna manera de arneses qual sea mas conplidero, e quelos quelo troxeren de fuera del rregno, los trayan de aquella manera e non de otra manera, so grandes penas por que cada dia non anden faziendo mudanças, e el que lo contrario feziere, pierda los dichos arneses e sobrello vuestra mer-

chura, es asaber de platas llanas e fuertes e de elmetes e çeladas fuertes con sus çeladas e guarda braços e arneses de piernas enteros todo commo se solia traer, por manera que dellos non pueda aver mudança, e sy alguno o algunos fueren osados delos traer de otros trajes o guisas nueuas, los pierdan e sean aplicados para mi camara e fisco.

23. Otrosy muy poderoso sennor, notyficamos avuestra merçed en commo sobre las vsuras que lieuan los judios o contractos que entre ellos e los christianos çelebran e otros actos de confesyones e sentençias que entre ellos pasan, los rreyes de gloriosa memoria vuestros progenitores, en espeçial el Rey don Enrrique vuestro abuelo enlas cortes que mandó fazer enla çibdad de Burgos[1] e otrosy enla villa de Madrid[2] fizo e estableció çiertas leyes, las quales non sola mente defienden alos judios leuar vsuras e vsar de contractos que son e se presuman ser vsurarios, mas avn de contractos çiertos e verdaderos por que segund la dispusyçion delas dichas leyes todos se fingen e se presumen ser fechos en fraude de vsura e por ellas se yrritan quales quier contratos e confesiones e sentençias que asy fezieren o fueren fechos en qual quier manera, de christiano a judio, saluo sobre las vuestras rrentas ynponiendo pena alos alcalldes quelos tales contratos esecutaren e sentençias que sobrello dieren e alos escriuanos ante quien pasaren los tales contratos e sentençias por lo qual los dichos judios ynpetraron delos santos Padres algunas bullas apostolicas, e avn asy mismo algunos preuillejos delos rreyes pasados de gloriosa memoria vuestros anteçesores e avn de vuestra merçed, para que libre mente puedan contratar e fazer quales quier contratos liçitos e vsar dellos, por virtud delo qual non sola mente vsan e acostunbran vsar delos dichos contratos liçitos mas avn delos diuersos entendimientos e interpetraçiones que se dan de cada dia alas dichas leyes e ordenanças e alas dichas bullas e preuillejos, delo qual todo ha rresultado diuersos inconuinientes, ca muchos delos dichos judios temiendo las dichas leyes e ordenanças non fazen contratos por escriptura, pero toman e rresçiben prendas de grand valor por pocos dineros delos christianos, las quales se pierden e quedan en su poder, e otros ponen christianos en su logar que rresçiban los dichos contratos e obli-

[1] Don Enrique III reunió Córtes en Búrgos el año de 1391, pero no existe ordenamiento de ellas.— Don Enrique II las celebró tambien en la misma ciudad, el de 1377, y en las peticiones 1.ª, 2.ª y 3.ª se trata de esta misma materia. ¿Tomaria el copiante á un rey por otro?

[2] Creemos que se hace referencia aquí á las Córtes de Madrid del año 1393, pero en los cuadernos que de ellas restan no se encuentra tal disposicion. Acaso estubiese en alguno de los ordenamientos que faltan de las mencionadas Córtes, segun hemos dicho en el Tom. II, pág. 531, nota 1.ª

tyncamos avuestra merçed en
lios e contractos que entre ellos
o confesyones e sentençias que
nemoria vuestros progenitores,
abuelo enlas cortes que mandó
la villa de Madrid fizo e esta-
nente defienden alos judios lese presuman ser vsurarios, mas
or que segund la dispusyçion
sumen ser fechos en fraude de
contratos e confesiones e sen-
n qual quier manera, de chris-
ntas ynponiendo pena alos al-
e sentençias que sobrello die-
n los tales contratos e senten-
etraron delos santos Padres al-
ismo algunos preuillejos delos
stros anteçesores e avn de vues-
n contratar e fazer quales quier
l delo qual non sola mente vsan
os liçitos mas avn delos diuer-
ue se dan de cada dia alas di-
las e preuillejos, delo qual todo
a muchos delos dichos judios
on fazen contratos por escrip-
grand valor por pocos dineros
e quedan en su poder, e otros
an los dichos contratos e obli-

cartas e preuillejos quelos dichos judios ganan e ynpetran e han ganado e ynpetrado; e por que muy poderoso sennor, commo quier que está defendido asy por ley diuina commo humana las dichas vsuras e tratos dellas, pero paresçe que contyene en grand ynequidad la dispusyçion delas dichas leyes, en quanto por ellas padeçen justos por pecadores, por que puesto que algunos judios dan a logro otros quelo non dan nin acostunbran dar, non pueden contratar nin rresçebir contratos e tratar en sus mercadorias, e enlos otros casos liçitos e verdaderos, e avn lo que peor es, que por esta cabsa por que enlos logares de sennorios e abadengos se permite e da logar a quelos contratos e sentençias e confesyones en casos liçitos tengan fuerça e vigor, e los tales logares estan mucho mejor poblados e se pueblan de cada dia delos dichos judios mucho mejor que los rrealengos; e avn sy en esto non se proueyese, es çierto e notorio que de nesçesario los dichos logares se despoblarian e se perderia e menoscabaria el grand trato dellos que suelen e acostunbran fazer los judios que entre ellos biuen de que vuestra sennoria seria deseruido. Por ende muy poderoso sennor, pues vuestra merçed conoçe e avn es notorio en vuestros rregnos quanto bien e vtylidad dellos es a que sobre lo suso dicho se prouea e aya de ser proueydo, avuestra merçed suplicamos que mande fazer vuestra declaraçion e ynterpetraçion çerca delo sobre dicho por ley e ordenança que sobrello faga, por do se dé orden commo e en que forma e manera los dichos judios puedan contratar e rresçebir quales quier contratos e obligaçiones e sentençias que fuesen çelebradas sobre cosa liçita e verdadera, e para quelos tales contratos seyendo fechos en caso permiso puedan ser esecutados e traydos a deuido efecto, non enbargante qual quier presunçion sobre que se fundaron o fue dispuesto por las dichas leyes e ordenanças del dicho sennor don Enrrique e delos otros rreyes vuestros anteçesores.

Aesto vos rrespondo que yo he mandado aver ynformaçion delo contenido en vuestra petiçion, e fue fallado que enlos mas logares de sennorios e abadengos de mis rregnos e sennorios non se guardan las leyes

logares rrealengos e se pasan a logares de sennorio en deseruiçio mio e en dapno delas mis rrentas e pechos e derechos por beuir commo biuen muchos delos dichos judios por tratos de conprar e vender, e non pueden tratar sus faziendas e mercadorias segund la espirençia lo muestra, syn que se fien las mercadorias que tratan e se fagan contratos delo que venden e conpran vnos con otros, e ayan de ynteruenir çerca dello sentençias e confesyones e contratos e avn juramentos, e por que sy las dichas leyes se guardasen e deuiesen guardar en todas las çibdades e villas e logares delos mis rregnos e sennorios çesarian en grand parte los tratos delas mercadorias e contratos que onesta e justa mente se podrian fazer entre los dichos christianos e judios, por lo qual se amenguarian las mis rrentas e pechos e derechos; e por que yo soy ynformado que en tienpo del Rey don Iohan mi sennor e padre, que Dios aya, e despues que yo por la graçia de Dios rregné, fueron dadas çerca delo contenido en vuestra petiçion diuersas prouisyones e cartas firmadas del dicho sennor Rey mi padre e despues de mi, rrefrendadas de algunos de su Consejo e del mio, e por los oydores dela mi avdençia en algunas de las quales se contenia quelas dichas leyes se esecutasen, e en otras que non deuian ser esecutadas nin guardadas enlos contratos que fuesen liçitos e onestos e que non fuesen fechos en fraude de vsura por la dureza e rrigor que enlas dichas leyes se contenia, en que se dize quelos christianos non deuiesen pagar en grand cargo de sus conçiençias lo que se fallase que verdadera mente paresçiese por contratos publicos o por testigos o por su confesyon que auian rresçebido delos dichos judios. Por ende queriendo rremediar e proueer alo suso dicho, e otrosy por que los muy santos Padres Martin quinto e Evgenio quarto e sus subçesores ouieron dado e dieron çiertas bullas, en que disponen que syn pecado nin cargo alguno los dichos judios puedan fazer e fagan con los christianos todos e quales quier contratos e convinençias e tratos e conpannias que ouieren menester en sus mercadorias enlos casos liçitos e permisos de derecho, e confirmando e aprouando las penas estableçidas en derecho e leyes de mis rregnos contra los christianos e judios e moros que dan a vsura; e estatuyendo las e ordenando las de nueuo sy nesçesario e conplidero es, mi merçed e voluntad es quelos dichos judios e judias puedan rresçebir e rresçiban libre mente syn pena e syn calupnia alguna delos christianos e otras quales quier personas quales quier contratos liçitos e permisos en derecho que non sean vsurarios nin ynfintosos nin symulados nin fechos en fraude de vsura por escripto e syn escripto, asi de conpras commo de vendidas e enpennamientos e troques

:n juramentos, e por que sy las
guardar en todas las çibdades e
norios çesarian en grand parte
que onesta e justa mente se po-
judios, por lo qual se amengua-
s; e por que yo soy ynformado
sennor e padre, que Dios aya, e
gné, fueron dadas çerca delo con-
misyones e cartas firmadas del
mi, rrefrendadas de algunos de
ela mi avdençia en algunas de
es se esecutasen, e en otras que
as enlos contratos que fuesen li-
n fraude de vsura por la dureza e
ia, en que se dize quelos christia-
rgo de sus conçiençias lo que se
por contratos publicos o por te-
çebido delos dichos judios. Por
o suso dicho, e otrosy por que
Evgenio quarto e sus subçesores
n que disponen que syn pecado
dan fazer e fagan con los chris-
convinençias e tratos e conpan-
adorias enlos casos liçitos e per-
uando las penas estableçidas en
los christianos e judios e moros
lenando las de nueuo sy nesçesa-
… dichos judios e ju-

de vsura, lo qual es mi merçed e voluntad e quiero e mando que se faga e cunpla asy, non enbargante las dichas leyes e ordenanças del dicho rrey don Enrrique mi abuelo e delos otros rreyes mis anteçesores de gloriosa memoria, que santo parayso ayan, e la presunçion e presunçiones por ellas yntroduzydas, las quales dichas leyes quiero e es mi merçed voluntad que non ayan logar nin eficaçia de derecho contra lo contenido en esta ley que yo agora fago e ordeno, e que se guarde e cunpla asy de aqui adelante, pero quiero e es mi merçed e voluntad que enlos contratos que sonaren ser de enprestidos el creedor dentro de dos annos sea obligado a prouar lo contenido enel contrato de enprestido, aver seydo e ser asy segund que enel dicho contrato se contyene, sy la parte obligada opusyere lo contenido enel tal contrato non le aver seydo dado nin lo aver rresçebido rreal mente, e que esta ley non pueda ser nunca rrenunçiada enel tal caso por los debdores, e en caso que sea rrenunçiada se pueda oponer e alegar lo suso dicho e aya efecto e eficaçia de derecho, non enbargante qual quier rrenunçiaçion con juramento o syn juramento quel debdor enel tal caso desta dicha ley fizyere, la qual dicha ley que yo asy agora fago e ordeno, quiero e mando que se guarde e cunpla asy enlos contratos sentençias e confesyones e convinençias e pactos fechos e çelebrados fasta aqui sobre que non ha seydo contendido en juyzio commo enlos que se fizyeren e çelebraren de aqui adelante, tanto quelos dichos contratos e sentençias non sean vsurarios nin symulados nin ynfintosos nin fechos en fraude de vsura segund dicho es, lo qual todo quiero e es mi merçed e voluntad e mando que se guarde e cunpla enla forma suso dicha syn enbargo delas dichas leyes e ordenanças fechas e ordenadas por los dichos sennores rreyes mis progenitores, e de quales quier cartas o sobre cartas que se ayan dado asy por ellos commo por mi o por los del mi Consejo e oydores dela mi avdençia nin se dieren de aqui adelante; pero es mi merçed quelos con-
[illegible]

rreyes mis anteçesores, de gloriosa memoria, e la presunçion e presunçiones por ellos e por cada vno dellos yntreduzydas, o quiero e es mi merçed que enel tal caso sea auido por publico vsurario qual quier que se prouare que ha dado o diere a vsuras tres vezes.

24. Otrosy muy poderoso sennor, ya sabe vuestra sennoria commo está ordenado en todos vuestros rregnos quelas varas e medidas sean todas vnas e las pesas e libras e arrouas e asy mismo la medida del pan e vino, e en algunas delas dichas çibdades e villas e logares de vuestros rregnos e asy mismo en algunos logares de sennorios, non guardan las dichas ordenanças e tyenen diuersas varas e medidas de pan e vino e diuersas libras e arrouas. Suplicamos a vuestra sennoria plega mandar guardar las dichas ordenanças, e que todas las varas e medidas de pan e vino e libras e arrouas se conforme e yguale, mandando esecutar las penas contenidas en vuestra ordenança, e mandando que dos personas lo vayan a yguala e conformar, vno delos puertos allende e otro delos puertos aquende.

Aesto vos rrespondo que me plaze que se faga asy e que yo mandaré diputar dos personas que vayan por todo el rreyno a yguala e confirmar lo suso dicho e esecutar las penas de aquellos que fueren ynobidientes e por quien fincare delo asy conplir e guardar.

25. Otrosy muy poderoso sennor, suplicamos avuestra sennoria que del rrio de Tajo allende non echen las yeguas al asno, saluo a cauallo, nin ayan nin tengan asno garannon para las yeguas, por que fazyendo se asy avrá grand acresçentamiento de cauallos.

Aesto vos rrespondo que me plaze que se faga asy segund me lo suplicades e pedides por merçed.

26. Otrosy muy esclaresçido rrey e sennor, commo quier que por leyes de vuestros rregnos en espeçial por vna que vuestra merçed fizo enlas cortes dela çibdad de Cordoua el anno que pasó de çinquenta e çinco, e es permitido e se da logar e manda que todos libre mente puedan sacar pan de quales quier logares de vuestro rregno, asy de rrealengo commo de sennorios e abadengo e de otros quales quier, lo qual todo non enbargante, en muchos delos dichos logares se vieda la dicha saca por los conçejos e justiçias e rregidores delas tales çibdades e villas e logares, e en otros por los sennores dellos, por do se rrecresçe a quelos logares que han nesçesario la dicha saca se pierden por la grand carestia que de nesçesario entre ellos ha de aver del dicho pan. Por lo qual suplicamos avuestra alteza que mande e ordene que en ninguno nin algunos delos dichos logares non sea vedada la dicha saca, e quela justiçia e rregido-

dado que touiere la juridiçion del, por quien fuere asy dado logar al tal vedamiento e lo consyntyere, pierdan todos e quales quier mrs., asy de juro de heredad commo de merçed de por vida o en otra qual quier manera que aya e tenga de vuestra sennoria, los quales dende en adelante le non sean librados e queden por consumidos en vuestros libros, e demas que de aqui adelante vuestra sennoria non dé nin quiera dar cartas nin alualaes nin mandamientos para sacar pan fuera de vuestros rregnos, pues es notorio quanto dapno dello se rrecresçeria e ha rrecresçydo a algunas çibdades e villas e logares de vuestros rregnos, en espeçial alas que son enel Andaluzya, do es çierto que por cabsa dela dicha saca este anno ha auido asaz carestia en toda la tierra dela dicha Andaluzia, e non se ha asy fallado pan para se poder basteçer los castillos fronteros que en ella son para poder guerrear alos moros enemigos de nuestra santa fe.

Aesto vos rrespondo que me plaze e mando e ordeno que se faga e cunpla asy.

27. Otrosy suplicamos a vuestra merçed que mande e ordene que de aqui adelante non se saquen nin puedan sacar fuera de vuestros rregnos ganados nin cauallos nin mulas nin muletas nin pan nin las otras cosas que fasta aqui han seydo devedadas, e que se non saquen fuera de vuestro rregno nin se puedan sacar nin cargar fuera del dicho vuestro rregno mas delas dos terçias partes de todas las lanas que en vuestro rregno se ouieren, e quela otra terçia parte quede e aya de quedar en vuestro rregno para su prouision, lo qual se faga a vista e ordenança dela justiçia e rregidores delas çibdades e villas e logares de vuestro rregno de do se sacare e conprare la dicha lana; e asy mismo que delos cueros vacunos e ovejunos e cabrunos que asy ouiere enel dicho vuestro rregno, que aquellos quelos touieren antes quelos puedan sacar delos logares do los tyenen, esten con ellos e los pongan a vender publica

dichos tres dias, dende en adelante se saquen e los puedan sacar e leuar adonde sus duennos quisyeren sin caer por ello en pena ni calopnia alguna.

Aesto vos rrespondo que me plaze e ordeno e mando que se faga e cunpla e guarde asy, e por que todas las cosas suso dichas mejor se guarden e se non saquen de mis rregnos e se non faga de aqui adelante los fraudes e colusyones que fasta aqui se fazian enel sacar delas cosas vedadas en grand deseruiçio de Dios e mio e dapno e destruçion de mis rregnos, es mi merçed e mando que allende delas penas que çerca dello disponen las leyes de mis rregnos [1] e los quadernos delas sacas, que se tenga e guarde de aqui adelante lo syguiente: Que todos los mis alcalldes delas sacas esten en persona enlos puertos enlos postrimeros logares delos confines de mis rregnos e dos leguas al derredor, e sy por sus personas non pudieren seruir los dichos sus ofiçios pongan por sy logares tenientes personas ydonias e pertenesçientes, los quales dichos logares tenientes sean rreconoçidos e aprouados por mi enel mi Consejo e lleuen carta mia librada de mi e firmada enlas espaldas delos del mi Consejo junta mente con el poder que lleuare del alcallde delas sacas para vsar del dicho ofiçio, e que vn logar teniente non sea mas de vn anno, e otro, otro, e asy en cada anno; e quelos dichos logares tenientes non sean rresçebidos al dicho ofiçio nin les consyentan vsar del sin mostrar primera mente la dicha carta de aprouaçion librada de mi e del mi Consejo, e quelos dichos alcalldes delas sacas nin los dichos sus logares tenientes non puedan arrendar los dichos ofiçios, e que acada logar teniente al tienpo que se le diere la dicha mi carta de aprouaçion se tome juramento enel mi Consejo de commo non lieua arrendado el dicho ofiçio, e que a qual quier alcallde delas sacas o logar teniente suyo que non leuare la dicha mi carta de aprouaçion e non estouiere guardando enlos dichos confines delos puertos de mis rregnos o dos leguas en derredor commo dicho es, quelas çibdades e villas e logares de mis rregnos do esto acaesçiere non le consyentan vsar del dicho ofiçio e gelo resystan, e sy algunos ganados o pan o cauallos o mulas o otras quales quier cosas delas suso dichas por mi vedadas tomaren, non guardando lo suso dicho, que los conçejos delas dichas çibdades e villas e logares en cuyo termino se tomaren, gelo puedan tomar, e las justiçias dela çibdad e villa o logar do se tomare, judguen e determinen sy el dicho ganado o pan o otras cosas

[1] El texto omite: es mi merçed e mando que allende delas penas que çerca dello disponen las leyes de mis rregnos.—Tomamos esto del códice j-Y-13.

pno e destrucion de mis rregnos,
s penas que çerca dello disponen
nos delas sacas, que se tenga e
Que todos los mis alcalldes delas
enlos postrimeros logares delos
derredor, e sy por sus personas
os pongan por sy logares tenien-
os quales dichos logares tenientes
enel mi Consejo e lleuen carta
ldas delos del mi Consejo junta
calllde delas sacas para vsar del
non sea mas de vn anno, e otro,
ichos logares tenientes non sean
entan vsar del sin mostrar pri-
on librada de mi e del mi Consejo.
in los dichos sus logares tenientes
os, e que acada logar teniente al
de aprouaçion se tome juramento
rrendado el dicho ofiçio, e que a
teniente suyo que non leuare la
stouiere guardando enlos dichos
o dos leguas en derredor commo
res de mis rregnos do esto acaes-
ofiçio e gelo resystan, e sy algu-
o otras quales quier cosas delas
on guardando lo suso dicho, que

en mis rregnos, ordeno e mando que de aqui adelante qual quier o quales quier personas de quales quier estado o condiçion que sean vezinos e moradores de quales quier çibdades e villas e logares de mis rregnos que fallaren que se sacan e pasan fuera delos dichos mis rregnos o qual quier o quales quier cosas delas suso dichas por mi vedadas, que fallando lo a vna o dos leguas aquende delos mojones de mis rregnos lo puedan tomar e tomen por su propia actoridad, e lo puedan tornar e tornen ala dicha çibdad o villa o logar de mis rregnos que mas çercana estouiere de do se tomare, dentro de veynte e quatro oras, e notyfiquen lo ala tal justiçia dela tal çibdad o villa o logar, e prouando antella commo lo tomó dentro delas dichas dos leguas aquende delos dichos mojones, lo adjudiquen para que sea la terçia parte para la justiçia quelo judgare, e la otra terçia parte para la persona o personas quelo asi tomaren e acusaren, e la otra terçia parte para los mis arrendadores delos diezmos e aduanas delos puertos de mis rregnos, e todos ellos fagan dello lo que quisyeren commo de cosa suya propia; e sy acaesçiere que enel dicho ganado o pan o otras cosas quales quier delas suso dichas por mi vedadas que se asy sacaren, toparen dentro delas dichas dos leguas qual quier o quales quier personas vezinos e moradores delos dichos mis rregnos e sennorios antes quel dicho alcallde delas sacas o su logar teniente, quela tal persona o personas que asy antes lo toparen o tomaren dentro delas dichas dos leguas goze dello, e el dicho alcallde delas sacas nin su logar teniente non gelo pueda demandar nin perturbar nin aya parte de ello, e sy qual quier persona o personas de qual quier estado o condiçion que sean, asy de mis rregnos commo de fuera dellos e asy vezinos de çibdades e villas e logares rrealengos commo abadengos e sennorios e behetrias, sacaren fuera delos dichos mis rregnos quales quier ganados e pan e cauallos e mulas e otras quales quier cosas delas

sennorio, qual quier persona o personas vezinos e moradores delos dichos mis rregnos e sennorios gelo puedan demandar e acusar ante la justiçia dela tal çibdad o villa o logar do su persona o sus bienes pudieren ser auidos, e que syendo averiguado e prouado ante la dicha justiçia de commo lo sacó, que sea condepnado enel valor de todo lo que asy sacó con mas las penas contenidas enlas leyes de mis rregnos e del mi quaderno, e que sea todo ello adjudicado la terçia parte para la justiçia o justiçias quelo asy judgaren, e la otra terçia parte para la dicha persona o personas quelo asy acusaren, e la otra terçia parte para los arrendadores delos diezmos e aduanas delos puertos por donde lo suso dicho se ouiere sacado; e que qual quier cauallero que pasare e diere logar que pasen e se saquen por sus tierras cosas algunas delas suso dichas vedadas, que por el mismo fecho ayan perdido e pierdan los mrs. que touieren en mis libros, e de alli adelante queden en ellos confiscados e aplicados ami camara, e quelas justiçias breue mente lo libren e determinen, non dando logar a dilaçiones saluo sola mente la verdad sauida, e que esta demanda e acusaçion e juyzio non se pueda fazer en logar nin logares de sennorio por do se sacaren las tales cosas fuera de mis rregnos. E es mi merçed e mando que esto se guarde e cunpla e faga asy e que por arrendamiento nin arrendamientos que se fagan delos puertos de mis rregnos nin en otra manera alguna, non pueda ser derogado, e asy mismo que contra ello nin contra parte dello non se pueda yr nin pasar por cartas nin alualaes que yo dé de aqui adelante, e sy las diere que non valan nin sean conplidas en manera alguna, avn que espresa mençion se faga en ellas desta mi ley.

28. Otrosy suplicamos a vuestra merçed que por quanto por algunos puertos de vuestro rregno se mete e costunbra meter vino de fuera delos dichos vuestros rregnos a fin de sacar otras mercadurias de vuestro rregno, de que se rrecreçe algunos dannos e perdidas alos de vuestros rregnos e syn ser nesçesaria la entrada del dicho vino a vuestros rregnos segund la muchedunbre que dello enel ay. Por ende suplicamos a vuestra merçed que mande e ordene que de aqui adelante ningunos nin algunos non sean osados de meter el dicho vino nin dar logar a que entre enel dicho vuestro rreyno, saluo metyendo se por la mar, ynponiendo sobre ello grandes penas a los que contra ello fueren o vinieren.

Aesto vos rrespondo que me plaze que se faga asy por que avn asy está ordenado por otras leyes e ordenanças de mis rregnos.

29. Otrosy suplicamos a vuestra merçed que pues conosçe quanto rrazonable e justo es quelos rregidores e veynte e quatros de quales

la otra terçia parte para la di-
en, e la otra terçia parte para
nas delos puertos por donde lo
ier cauallero que pasare e diere
as cosas algunas delas suso di-
yan perdido e pierdan los mrs.
ante queden en ellos confiscados
as breue mente lo libren e deter-
uo sola mente la verdad sauida,
non se pueda fazer en logar nin
s tales cosas fuera de mis rreg-
se guarde e cunpla e faga asy e
ntos que se fagan delos puertos
una, non pueda ser derogado, e
parte dello non se pueda yr nin
de aqui adelante, e sy las diere
anera alguna, avn que espres

el qual por quanto por algunos
unbra meter vino de fuera delos
otras mercadurias de vuestro
nos e perdidas alos de vuestros
del dicho vino a vuestros rreg-
enel ay. Por ende suplicamos a
de aqui adelante ningunos nin
dar logar a que en-

sentadores nin dela dicha sennora Reyna vuestra mujer nin de otro cauallero alguno, lo den nin puedan dar avn que digan quelo fazen por especial carta e mandado de vuestra sennoria nin por otra cabsa alguna, ynponiendo sobrello pena alos dichos posentadores quelo contrario fizieren.

Aesto vos rrespondo que ami plazerá delo asy mandar fazer quanto buena mente se podrá fazer.

30. Otrosy muy poderoso sennor, commo quier que algunos fincan mrs. de juro de heredad de sus padres e parientes o otras personas e a otros se faze rrenunçiaçion dellos, non se les asyentan nin quieren asentar en vuestros libros, dizyendo que non se acostunbran nin deuen ser asentados syn vuestra carta e mandamiento, delo qual alas personas que han de aver los dichos mrs. se rrecreçen grandes dannos e costas, por que segund es çierto e notorio syn grand trabajo e costa non pueden asy ganar vuestro aluala e mandamiento para los asentar, non se rrecreçiendo avuestra merçed ningund dapno nin deseruiçio a quelos tenga mas vna persona que otra. Por lo qual suplicamos avuestra merçed que mande e ordene que de aqui adelante los vuestros contadores mayores e sus logares tenientes por virtud dela rrenunçiaçion, que qual quier persona quisiere fazer en otro delos tales mrs. de juro o por virtud de testamento o otra dispusyçion por do paresca que a alguno o algunos pertenesçen los dichos mrs. de juro, les sean asentados en vuestros libros syn otro aluala nin alualaes nin mandamiento que de vuestra sennoria para ello aya, e que vuestra merçed dé e quiera sobre ello dar vuestro aluala e mandamiento para que sea asy asentado en vuestros libros, e quelos dichos vuestros contadores mayores e sus logares tenientes sean tenudos de dar los dichos preuillejos aquien gelos demandare syn que para

nanças de mis rregnos que fablan e proueen e estatuyen algunas cosas sobre los dichos mrs. de juro.

31. Otrosy suplicamos avuestra merçed que pues bien sabe e es notorio en vuestro rregno quanto bien e vtilidad e paz e sosyego e seguridad de vuestros rregnos son los vuestros castillos fronteros e la guarda dellos, e quantos males e dapnos e rrobos en vuestros rregnos se syguirian, saluo por cabsa e temor delos dichos castillos. Por lo qual avuestra merçed suplicamos que mande e prouea e quiera proueer enel rreparo dellos, en espeçial enel de Benemaxir, e que del pedido e monedas que este anno fuere rrepartydo con que vuestros rregnos vos ouierèn de seruir, se tomen dos cuentos de mrs. dellos para las labores e rreparos delos dichos castillos, los quales vuestra merçed mande librar a dos personas fiables quelos rresçiban e gasten enlas labores e rreparos delos dichos castillos a vista de dos de nos los dichos vuestros procuradores de vuestros rregnos, a cuya vista e consejo se ayan de fazer los dichos gastos, e quela paga e lieua de estos dichos castillos non se dé nin libre mas delo que fuere menester e nesçesario para los dichos castillos.

Aesto vos rrespondo que me plaze de mandar librar dos cuentos de mrs. de estos con que agora me aveys de seruir para el rreparo delos dichos castillos fronteros, e que yo entiendo enbiar vna o dos personas fiables por toda la frontera a ver las cosas mas nesçesarias en que se deuen gastar los dichos mrs.

32. Otrosy suplicamos avuestra merçed que por que algunos procuran yndeuida mente de aver dos ofiçios de rregimientos en diuersas çibdades e villas e logares de vuestros rregnos, lo qual es contra derecho e contra toda rrazon e justiçia a que dos ofiçios ynconpatybles commo son los dichos ofiçios de rregimientos los ayan e tengan e aya de auer vna persona e los pueda seruir e vsar dellos commo deue,, que vuestra merçed mande e ordene que de aqui adelante ninguna persona non pueda auer dos ofiçios de rregimiento nin veynte e quatrias, e el quelo contrario fizyere que por el mismo fecho los pierda e finquen vacos para que dellos vuestra sennoria prouea a quien quisyere.

Aesto vos rrespondo que sobresto proueydo está por las leyes e ordenanças de mis rregnos, las quales mando que sean guardadas segund e por la forma que en ellas se contiene.

33. Otrosy muy poderoso sennor, vuestra merçed bien sabe e avn es notorio en vuestro rregno quanto ynmoderada mente e contra toda rrazon e justiçia los vuestros contadores mayores e sus logares tenientes e ofiçiales e los que tyenen cargo del vuestro rregistro e sello e

e que del pedido e monedas que
estros rregnos vos ouieren de ser-
s para las labores e rreparos delos
ced mande librar a dos personas
labores e rreparos delos dichos
vuestros procuradores de vues-
yan de fazer los dichos gastos, e
los non se dé nin libre mas delo
s dichos castillos.
e mandar librar dos cuentos de
e seruir para el rreparo delos di-
endo enbiar vna o dos personas
as mas nesçesarias en que se de-

çed que por que algunos procu-
ios de rregimientos en diuersas
regnos, lo qual es contra derecho
oficios ynconpatybles commo son
yan e tengan e aya de auer vna
commo deue, que vuestra mer-
te ninguna persona non pueda
te e quatrias, e el quelo contrario
a e finquen vacos para que de-
syere.
las leyes e orde-

que mande e ordene quelos suso dichos nin alguno dellos non lieuen nin sean osados de leuar ningunos derechos de mas nin allende delo que antigua mente lieuaron e se acostunbró lieuar, e que vuestra merçed lo asy rremedie e mande rremediar, mandando en ello proueer commo cunpla a vuestro seruiçio e abien de vuestro rregno o alo menos mandando guardar la ley quel sennor Rey don Iohan vuestro padre sobre esta rrazon fizo.

Aesto vos rrespondo que me plaze e quiero e mando que sean guardadas las leyes e ordenanças que sobrello fablan e estatuyen.

34. Otrosy muy poderoso sennor por quanto los tesoreros e ofiçiales de las casas delas monedas o de algunas dellas que son enlas çibdades de vuestros rregnos han rresçebido e acreçentado muchos monederos de mas e allende delos que deuen nonbrar e tener enlas dichas casas, delo qual se han seguido e syguen muchos inconuinientes e males, asy por se esentar los que non deuen ser esentos, commo en se fazer grandes ayuntamientos de personas dellos, dizyendo que son esemidos de vuestra juridiçion, e avn lo peor es quelas tales personas son omes escandalosos e de mal biuir e a este fin procuran estos ofiçios. Por ende avuestra sennoria suplicamos que mande e defienda que enlas dichas casas nin en ninguna dellas non aya nin pueda aver mas monederos delos contenidos enel primero numero, mandando declarar luego que numero fue ynistituydo que ouiese de monederos enlas dichas casas, e para esto se den las prouisyones firmes e bastantes para las justiçias e rregidores delas çibdades donde son las dichas casas, que non consyentan nin den logar alos dichos que se dizen monederos demas e allende del dicho primero numero, e estos atales que sean personas llanas e de buen beuir

ros e de que calidad han de ser e de do han de ser vezinos, que se guarden e sean guardadas las leyes e ordenanças que sobresto fablan; e en quanto ala juridiçion que dezides que tyenen los dichos alcalldes e tesoreros delas dichas casas de moneda, quiero e mando que enbien e sean obligados a enbiar e mostrar enel mi Consejo desde el dia que esta mi ley fuere publicada fasta dos meses primeros syguientes, quales quier tytulos e preuillejos e derechos que sobrello los dichos tesoreros e alcalldes tyenen, para que sean vistos por los del mi Consejo, e sea por ellos fecha la declaraçion commo e a que se estiende su juridiçion, e que sy los dichos tesoreros non enbiaren los dichos sus derechos al dicho mi Consejo dentro del dicho tienpo e segund dicho es, que dende en adelante non gozen nin puedan gozar dela dicha juridiçion.

35. Otrosy muy poderoso sennor, vuestra sennoria sabe e avn es notorio en vuestro rregno quantos males e dapnos e exesos e delitos han seydo cometydos en algunas çibdades e villas e logares de vuestros rregnos por cabsa e ocasyon de algunas ligas e monepodios[1] e confederaçiones que han seydo fechas enlas dichas çibdades e villas e logares de vuestros rregnos so color de cofadrias e hermandades e so otros colores yndeuidos, delo qual han rresultado e se esperan rrecreçer males e dannos e otros inconvinientes en vuestros rregnos, todo esto fazyendo se en contento de vuestra justiçia e contra el tenor e forma delas leyes de vuestros rregnos que sobrello disponen e penas en ellas contenidas. Por ende suplicamos avuestra merçed que mande e ordene que todas e quales quier ligas e monipodios e confederaçiones que han seydo fasta aqui fechas so color delas dichas cofadrias e hermandades e en otra qual quier manera sean luego desfechas, e de aqui adelante non se fagan otras, e que sobrello la justiçia con quatro rregidores delas tales çibdades e villas e logares do han seydo fechas, fagan pesquisa e inquisyçion quien e quales personas han seydo en fazer las dichas ligas e monipodios e confederaçiones, e que sy fallaren que fasta entonçes non las han desfecho les prendan los cuerpos e los enbien presos e bien rrecabdados ante vuestra merçed, para que contra ellos proçeda enla forma que vieren que cunple a vuestro seruiçio e ala esecuçion de vuestra justiçia, e demas mande e ordene que de aqui adelante non se fagan las dichas ligas e monipodios e que sobrello sean guardadas las leyes e ordenanças de vuestro rregno que sobrello fablan e estatuyen.

Aesto vos rrespondo que dezides bien e que se faga segund lo pedides,

[1] Los códices j-Y-13 y ij-X-14: monipodios.— Lo mismo dice el texto despues.

saluo enlas hermandades e cofadrias que se mostraran ser aprouadas por mi o por el perlado enlo que toca alo espiritual, e quiero e mando que enlas que fasta aqui son fechas se muestren las aprouaçiones dellas desde el dia que esta ley fuere notyficada fasta dos meses primeros syguientes, e las que en este dicho tienpo non fueren mostradas, sy dende en adelante alguno vsare o quisyere vsar dellas, por este mismo fecho yncurra enlas penas de que enlas leyes se faze mençion que fablan e disponen en rrazon delos que fazen ligas e ayuntamientos, e que de aqui adelante non puedan ser fechas las dichas cofadrias e hermandades syn aver la dicha aprouaçion sufiçiente para ello.

36. Otrosy muy poderoso sennor, por quanto al tienpo que se han de poner las justiçias enla tierra de Arguello se ayuntan muchas gentes dela dicha tierra alas poner, por cabsa delo qual enel dicho ayuntamiento de personas que ende se han de juntar se rrescreçen entre ellos muchas muertes e escandalos e rroydos e peleas. Por ende avuestra sennoria suplicamos que mande quelas dichas justiçias que asy se han de poner enla dicha tierra sean nonbradas e puestas por doze onbres buenos dela dicha tierra, quatro omes buenos de cada terçia, e que non se allegue otra ninguna gente ala poner e nonbrar, so pena quelos quelo contrario fizyeren o fueren contra el dicho nonbramiento de justiçias fechos por los doze onbres, pierdan todos sus bienes e sean confiscados e aplicados para vuestra camara e fisco.

Aesto vos rrespondo que me plaze que se faga asy segund que enla dicha vuestra petiçion se contiene.

37. Otrosy muy poderoso sennor, por quanto commo quier que por leyes e ordenanças de vuestro rregno está estatuydo e mandado que al tienpo que mandare que sean enbiados avuestra corte procuradores, estos ayan de ser elegidos por cada çibdad o villa o logar de do fueren llamados, segund lo han de vso e de costunbre, que estos sean rresçebidos alas vuestras cortes e non otro alguno, vuestra merçed por muchas vezes en grand dapno delas dichas çibdades e villas e logares e en quebrantamiento de sus buenos vsos e costunbres prouee delas dichas procuraçiones e faze merçed dellas a algunas personas syn ninguna elecçion nin nonbramiento que para ello ayan delas dichas çibdades e villas e logares. Por lo qual suplicamos que mande e ordene que de aqui adelante cada e quando mandare venir los dichos vuestros procuradores a vuestra corte, las dichas çibdades e villas e logares eligan e puedan elegir libre mente segund lo ouieren de vso e de costunbre, e que estos ayan de ser rresçebidos por vuestra merçed e non otro alguno,

puesto que sobrello vuestra merçed dé quales quier vuestras cartas e çedulas e alualaes por do se mande lo contrario, las quales mande que commo quier que sean dadas, sean obedesçidas e non conplidas, e que aquel quelas inpetrare o quisyere inpetrar e vsar dellas, por el mismo fecho sea ynabile e auido por tal, para que dende en adelante perpetua mente non pueda aver ningund ofiçio de procuraçion enla dicha çibdad o villa o logar donde lo inpetrare.

Aesto vos rrespondo que proueydo está por otras leyes e ordenanças de mis rregnos, en espeçial por çiertas mis leyes e ordenanças que sobrello fizo e ordenó el Rey don Iohan mi sennor e padre que sobrello fablan, las quales mando que sean guardadas segund e por la forma que en ellas se faze mençion.

38. Otrosy muy poderoso sennor, vuestra merçed bien sabe e avn es notorio en vuestros rregnos quantos rrobos e males e dapnos se han fecho e fazen en algunas çibdades e villas e logares de vuestros rregnos, so color de algunas vuestras cartas de guias e de tomar bestias e carretas que se acostunbran dar, por que con estas cartas las personas quelas lieuan, cohechan e lieuan grandes cohechos e rrobos a algunos logares e personas syngulares, a vnos por los escusar delas dichas guias e aotros por que çesen deles tomar sus bestias e carretas e por otras vias e maneras esquisytas, lo qual, quanto sea cargo de vuestra rreal conçiençia e dapno de vuestros subditos e naturales, vuestra sennoria lo conosçe. Por ende a vuestra merçed suplicamos que cada e quando mandare dar las dichas cartas sea a personas fiables e en ellas mande limitar lo que manda que se pague por las dichas carretas e bestias, e mandando lo asy fazer segund se fizo e acostunbró fazer en tienpo del Rey don Iohan de gloriosa memoria vuestro padre.

Aesto vos rrespondo que mi merçed e voluntad es que de aqui adelante se faga e cunpla todo lo que me suplicades por la dicha vuestra petiçion e quelos preçios que de aqui adelante se han de pagar por las dichas bestias e guias sean los syguientes. Por una carreta de mulas con su ome treynta mrs., e por vna carreta de bueyes con su ome veynte mrs., por vna azemila con su ome quinze mrs., e por vn par de azemilas con su ome syn carreta veinte e quatro mrs., e por vn asno con su ome doze mrs., e por vn par de asnos con su ome diez e ocho mrs., e por vn ome por sy solo syn ninguna bestia diez mrs. e por vna mula ensillada de alquiler diez mrs. e sy fuere ome con ella quinze mrs.

39. Otrosy muy poderoso sennor, notificamos a vuestra merçed que en las çibdades e villas e logares de vuestros rregnos do ay algunos castillos

e fortalezas comun mente los alcaydes dellos e los suyos e sus aliados e acostados trahen e quieren traer armas, non enbargante que sean devedadas enlos dichos logares, e las defienden, de que por muchas vezes ha rresultado e rresultan diuersos rruydos e questiones e muertes de omes de que vuestra sennoria es deseruido e rresçiben grand dapno las dichas çibdades e villas e logares do lo suso dicho acaesçe. Por ende suplicamos avuestra merçed que mande e ordene que de aqui adelante enlas tales çibdades e villas e logares las non puedan traer alguna nin algunas personas, puesto que sean allegados delos tales alcaydes, saluo sy fueren suyos propios e de su casa e sus continuos comensales, e trayendo las sola mente al tienpo que andouieren con los tales alcaydes e non en otra manera, e quelo asy fagan e cunplan, non enbargante qual quier carta o mandamiento que delo contrario vuestra sennoria les diere o haya dado en qual quier manera.

Aesto vos rrespondo que mi voluntad es quelo suso dicho se faga e cunpla e sea guardado segund me lo suplicades e enla dicha vuestra petiçion se contiene.

40. Otrosy muy poderoso sennor, vuestra alteza bien sabe commo por cabsa quelos vuestros pagadores delas vuestras villas e castillos fronteros non pagauan bien las pagas dellos ouo de rretornar e se dieron las pagas dellos alas dichas çibdades e villas e logares para que ellos pudiesen nonbrar personas quelas rrecabdasen e pagasen alos vezinos dellas, por que fuesen mejor contentos e los clamores cesasen, e esto fecho vuestra sennoria sabrá que en algunas çibdades dellas han dado e dan el dicho poder, asy a rregidores e vezinos dellas commo a otras personas de fuera dellas, por fauores, en tal manera quela cosa non viene nin se puede fazer commo deue. Por ende suplicamos avuestra sennoria que mande e ordene quelo tal que asy está fecho non pase nin de aqui adelante se faga, mas quel tal poder para cobrar e fazer las dichas pagas de cada vn anno, el dicho conçejo de cada logar dé a personas que sean cabdalosas e de buena fama, e esto que sea en concordia por todos los dichos alcaydes e rregidores e jurados e vezinos e moradores dellas o por la mayor parte dellos que en ello consyentan, e que de otra guisa non se faga, por que es justiçia e rrazon que pues es fazienda de todos, sean concordes en quien los han de pagar e non contra su voluntad, e faziendo se en esta guisa es çierto que se guardará mejor vuestro seruiçio e las dichas çibdades e villas seran mejor pagadas, e mande alos vuestros contadores mayores quelos poderes que asy vinieren los non pasen, e manden alos rregidores e jurados e al escriuano de conçejo de cada logar que

non firmen nin pasen nin sellen los tales poderes que de otra guisa vinieren, e que sy algunos estan dados que non sean otorgados en esta manera, los rreuoquen luego e den por ningunos, so pena de priuaçion de los oficios, e que de aqui adelante vuestra sennoria los aya por rreuocados por que asy cunple avuestro seruiçio.

Aesto vos rrespondo que dezides bien e que se faga e guarde asy de aqui adelante, saluo donde non ay pagadores perpetuos.

41. Otrosy ya sabe vuestra alteza quantas querellas han venido ante vuestra merçed e en vuestro muy alto Consejo por cabsa delas cartas e çedulas de llamamientos que vuestra sennoria de cada dia da para algunos que vengan a vuestra corte personal mente, las quales diz que se ganan mas por ynportunidad e a ynstançia delos que son çerca de vuestra sennoria que por que con ellas se faga lo que es dicho, e avn quando acaesçe quelos que son llamados vienen avuestra corte por conplir vuestros mandamientos, non les es dado logar que esten con vuestra sennoria para que aleguen de su derecho, e commo quier que se querellan, en vuestro muy alto Consejo es les rrespondido que non saben la cabsa por que son llamados e que se vayan avuestra alteza, asy que en ninguna parte non fallan rremedio, de que se sygue que muchos vuestros subditos e naturales rresçiben grande agrauio e danno. Por ende suplicamos avuestra merçed quele plega de non mandar dar las dichas çedulas e alualaes de llamamiento saluo por cosas que sean muy conpliderasavuestro seruiçio, e quelas cabsas por que ayan de ser llamadas las tales personas sean primero vistas en vuestro Consejo e las tales çedulas de llamamiento sean sennaladas alo menos de tres que rresydieren en vuestro Consejo, e que sy las dichas çedulas e alualaes de llamamiento de otra guisa se dieren o libraren, sean auidas por obrretiçias e subrrepticias e que sean obedeçidas e non conplidas, e que aquellas personas contra quien se dirigieren, por las non conplir non yncurran en pena alguna.

Aesto vos rrespondo que dezides bien e yo lo entiendo fazer asy de aqui adelante.

42. Otrosy muy poderoso sennor, vuestra sennoria sabe e es notorio en vuestros rregnos con quanta osadia e atreuimiento muchas personas delos dichos vuestros rregnos con poco temor de Dios e vuestro e de vuestra justiçia, han fecho e de cada dia fazen en ellos muchas muertes e rrobos e salteamientos de caminos e quemas e injurias e ofensas e otros delitos e males e dapnos, lo qual todo han fecho e fazen con esfuerço que muy presto ganarán vuestras cartas e alualaes de perdon, e perdo-

nando les de todo quanto ouieren fecho del caso mayor al menor o sy han cometido trayçion o muerte segura, e puesto que non sean perdonados de sus enemigos o que hayan rrobado e tomado quales quier cosas syn quelo hayan de pagar nin de rrestituyr alas partes aquien es tomado e rrobado, derogando leyes por que sean firmes e valederos los dichos perdones, e lo que peor e mas graue es ynibiendo avuestras justiçias que non conoscan delo que contra ellos quisyeren querellar e demandar, e avn commo quier que segund vna ley fecha por el Rey don Enrrique vuestro ahuelo, la qual es confirmada por el Rey don Iuan, vuestro padre, que Dios dé santo paraiso, se da çierta forma enlos dichos perdones, todo esto nin las otras leyes que sobresto fablan non han aprouechado nin aprouechan a que asy de ligero non sean perdonados los dichos delitos, por que en mano delos que ordenan las cartas e las rrefrendan e libran de vuestra alteza, es de poner quantas exorbitançias quieren, por manera que muchas vezes quitan por ello sus derechos a las partes, lo qual, quanto sea cargo de vuestra rreal conçiençia e osadia del mal beuir alos omes, es notorio e la espirençia asy lo muestra e ha mostrado. Por lo qual homill mente suplicamos avuestra alteza que de aqui adelante non dé nin mande dar las tales cartas nin alualaes de perdon, e mande e ordene que sy se dieren non valan nin consygan nin puedan conseguyr efecto alguno, e syn enbargo de aquellas avn que vuestra sennoria yniba alas justiçias que dello deuan conosçer, toda via conoscan delos tales crimines e delitos, e fagan conplimiento de justiçia alas partes, saluo que se ayan de dar e den segund el tenor e forma delas dichas leyes, e de aqui adelante las tales cartas e alualaes de perdon que vuestra sennoria diere non valan, saluo sy non fueren eçeptados en ellas los casos de que se faze mençion enlas dichas leyes, e demas el que fuer perdonado sea tenudo de pagar e rrestituyr todas e quales quier cosas que de fecho e de derecho sea obligado, a qual quier o quales quier persona o personas, e que en quanto a esto non le aprouenche nin pueda aprouechar el dicho perdon, e quelos dichos perdones sean sennalados en las espaldas de vn perlado e vn cauallero e tres doctores delos que rresydeñ en vuestro Consejo, e que de otra guisa vuestro secretario nin vuestro rregistrador nin chançiller nin sus logares tenientes non los pasen, e sy lo contrario fizyeren pierdan los ofiçios; e que aquellos que ganaren las dichas cartas de perdon en otra forma dende en adelante non puedan ser perdonados delo suso dicho, e que sean auidos por confesos e convitos enlos dichos crimines e eçesos en ellas contenidos e pueda ser contra ellos proçedido por todo rrigor de derecho, e demas que las dichas cartas de perdon non valan nin consygan en sy efecto alguno, avn que en ellas o en qual quier dellas se faga espresa e espeçial mençion; espeçial mente desta ley e delas otras leyes e ordenanças que sobresto fablan o enlas dichas cartas o en qual quier dellas vayan ynxertas e encorporadas de palabra a palabra, e avn que se diga en ellas que proçeden de vuestra voluntad e de vuestra çierta çiençia e propio motu e poderio rreal absoluto e con quales quier abrogaçiones e derogaçiones, e que vuestra sennoria desde agora para entonçes absuelua e dé por libres e quitos delas penas e enplazamientos alas justiçias quelas non cunplieren.

Aesto vos rrespondo que dezides bien e es mi merçed e mando que se faga e guarde asy segund e por la forma que en vuestra petiçion se contiene.

43. Otrosy muy poderoso sennor, ya sabe vuestra sennoria que por vna ley fecha en cortes por el Rey don Iohan vuestro padre, que Dios dé santa gloria, se auian de consumir la meytad de todos los mrs. que vacasen en vuestros libros, lo qual despues que vuestra alteza por la graçia de Dios rreynó, non sola mente non se ha guardado e se ha dado entera mente todo quanto ha vacado, mas avn se han acreçentado nueua mente en vuestros libros para cada vn anno grandes contias de mrs., lo qual, quanto sea deseruiçio vuestro e avn aquesto tyende en grand danno dela cosa publica de vuestros rregnos, qual quiera lo puede bien conoçer. Por ende muy poderoso sennor, homill mente suplycamos a vuestra alteza que por lo que cunple avuestro seruiçio plega de jurar de guardar la dicha ley fecha por el dicho sennor Rey vuestro padre e de consumir en vuestros libros la meytad de todo lo que en ellos vacare de aqui adelante, saluo enlas tierras que se ouieren de dar del padre al fijo o delos mrs. delos que murieren en seruiçio de Dios e vuestro enla guerra delos moros enemigos de nuestra santa fe, e que esto non se entienda quanto alas tenençias nin quanto alas rraçiones e quitaçiones de los ofiçios mayores de que non ay mas de vn ofiçio o dos en vuestra casa, nin alas rrenunçiaçiones que qual quier quiera fazer delos mrs. que de vuestra sennoria tenga enlos libros; e por que muchas vezes acaesçe que cada que algunos mrs. vacan e se han de consumir la meytad en vuestros libros, commo quier que paresçe que se consume la meytad, vuestra merçed por otra parte le faze merçed de nueuo dela dicha meytad [1]. avuestra merçed plega de non mandar fazer las dichas merçedes de

[1] El texto equivocadamente dice: merçed.

nueuo a ningunas personas, e por quelo suso dicho sea guardado e conplido que vuestros contadores mayores juren en vuestro muy alto Consejo en presençia de nos los dichos procuradores so pena de perjuros e de priuaçion delos ofiçios, de non asentar nin librar quales quier cartas e alualaes que fueren dadas contra lo suso dicho, avn que en ellas e en qual quier dellas se faga espresa e espeçial mençion desta ley o en ellas vaya ynxerta e encorporada, e avn que vuestra alteza les dé por quitos del dicho juramento e delas dichas penas, o en ellas se contenga que proçeden de vuestra çierta çiençia e propio motu e poderio rreal absoluto, e por que cunple asy avuestro seruiçio e al bien e pro comun de vuestros rregnos e con otras quales quier abrogaçiones e derogaçiones e non obstançias. Otrosy que vuestros secretarios juren enel dicho vuestro Consejo en presençia de nos los dichos procuradores de non librar aluala nin carta que sea contra esta ley e ordenança.

Aesto vos rrespondo que dezides bien e que me plaze que se faga asy segund en vuestra petiçion se contyene.

44. Otrosy suplicamos avuestra merçed que mande alos dichos contadores mayores e asus logares tenientes e ofiçiales que juren enel dicho vuestro Consejo de non librar a ningunos perlados nin caualleros nin otras personas, que tyenen o touieren vasallos, lo que ouieren de aver de vuestra alteza, fasta tanto queles sea librado todo lo que copiere en sus villas e logares, so pena que sy lo contrario fizyeren sean perjuros e lo paguen avuestra alteza con el quatro tanto, e que esto quelo asy fagan e cunplan, non enbargante quales quier cartas e çedulas e alualaes que vuestra sennoria aya dado o diere, dispensando con esta ley o con otras quales quier e avn que sean de vuestra çierta çiençia e propio motu e poderio rreal, e mande e ordene que de aqui adelante lo suso dicho sea asy guardado e conplido.

A esto vos rrespondo que dezides bien e que me plaze que se faga asy.

45. Otrosy muy poderoso sennor, commo quier que todos los omes son tenudos de guardar e mantener vertud, mucho mas los rreyes e prinçipes, e commo quier que sabemos que de vuestra voluntad non ha hemanado lo que de yuso será contenido, pero notificamos lo avuestra alteza que commo quier quelos contadores mayores por vuestro mandado han arrendado vuestras rrentas, asy de alcaualas e terçias e monedas e otras rrentas e pechos e derechos, en almoneda publica, e ponen condiçiones con que se arriendan e terminos çiertos para que se rrematen de primero e postrimero, e algunas personas las ponen en preçios e quedan en ellos rrematadas las rrentas, por que son pasados los terminos en que se

han de rrematar e avn despues que tyenen sacados rrecudimientos dellas, e pasado vn anno e por aventura dos del tienpo quelas han de tener arrendadas, sy alguno viene pujando quales quier quantias de mrs., luego es rresçebida la tal puja e quitada la rrenta a aquel aquien pertenesçe e estaua enel rrematada, e dada aquien la puja, lo qual commo quier que paresca ynterese de vuestra sennoria, allende que segund justiçia se non puede nin deue fazer, dello rredunda mucho mayor dapno que ynterese para adelante, por que sy las dichas rrentas valen mas, aquello es por la gran diligençia e buen rrecabdo quelos arrendadores primeros han puesto en ello asy dando prometydos de sus dineros commo fazienda, commo fazyendo otras diligençias, e commo rreçelan queles han de ser quitadas las dichas rrentas, trabajan se quanto pueden que non sepan el çierto valor dellas, e cogen las ellos e sus fazedores por menudo e arriendan las por baxos preçios, tomando dineros a parte e fazen en ello otras ynfinitas colusyones, en tal manera que por se non saber el valor çierto delas rrentas por menudo, non se arriendan por el justo valor por granado. Por ende muy homill mente suplicamos avuestra alteza que mande e ordene quelos vuestros contadores mayores non puedan mudar las dichas vuestras rrentas despues de rrematadas, saluo a contentamiento delas partes aquien atanere, nin asy mismo puedan rresçebir delas dichas vuestras rrentas ninguna puja nin media puja nin otro preçio mayor nin menor, saluo sy aquello fuere tanto commo monta la quarta parte delo que monta todo el cargo dela tal rrenta que asy fuere rrematada e non en otra manera, segund el derecho en tal caso quiere, e sy de otra guisa rresçibieren qual quier puja o preçio, que aquello non vala, e quel que fizyere la tal puja despues quela rrenta fuere rrematada en otro, la pague avuestra alteza e non pueda aver la rrenta que asy pujare, e por mayor firmeza los dichos contadores mayores juren enel vuestro Consejo delo asy tener e conplir.

Aesto vos rrespondo que dezides bien e me plaze que se faga e guarde asy de aqui adelante.

46. Otrosy muy poderoso sennor, vuestra alteza sabe commo los vuestros rrecabdadores mayores vos ponen por descuento en cada otorgamiento de pedidos e monedas grand contia de mrs. delos yermos e preuillejados, e para rremedio dello suplicamos avuestra sennoria que mande proueer por la manera syguiente. Que vuestra alteza mande dar sus cartas las quales se pregonen enlas cabeças delos arçobispados e merindades e partydos nueue dias vno en pos de otro, que todos los conçejos e vniuersydades que tyenen preuillejos e otros quales quier tytulos e

vsos e costunbres para que sean francos delos dichos pedidos e monedas que non estan asentados enlos vuestros libros delo saluado e otras quales quier personas que pretenden aver derecho para aver e exegir los dichos pedidos e monedas algunos logares e personas por preuillejos e en otra qual quier manera, que fasta quarenta dias primeros syguientes vengan o enbien con los tytulos originales que para ello tyenen e los presenten ante los vuestros contadores mayores para quelo vean sy se deue guardar o non, e syn figura de juyzio, sola mente sabida la verdad e por espediente libren lo que sea derecho, e dende lieuen determinado sy deuen gozar delas dichas franquezas o non, e para que sy non deuieren gozar, paguen lo queles fuere echado e rrepartydo, e sy lo non quisyeren fazer o enbiar al dicho termino los dichos preuillejos, dende en adelante non gozen de ningunos preuillejos e franquezas que sobrello tengan, e ayan contra ellos de proçeder commo contra aquellos que son ynobidientes alos mandamientos de su rrey e sennor e se fagan prendas en ellos por todo lo que deuieren delo suso dicho e gelo fagan pagar con las costas.

Aesto vos rrespondo que pedides bien e me plaze que se faga asy.

47. Otrosy muy poderoso sennor, por quanto los vuestros arrendadores e rrecabdadores delos vuestros pedidos e monedas ponen por descuento muchos logares por yermos, que vuestra sennoria enbie acada partido vna persona de actoridad e fiel e de buena conçiençia e faga pesquisa de los logares que tyenen cabeça de pedido e se ponen por yermos, e sy fallare quelos logares que asy tienen pedido estan poblados e en ellos tantos vezinos que pueden pagar el pedido queles cabe, les mande quelo paguen dende en adelante, e sy fallare que estan poblados de algunos vezynos, los encabeçe enel pedido segund los vezynos que ay e las fazyendas que tyenen, e lo otro que se menos cabare enel tal logar, lo encabeçe alos logares mas çercanos que estan mas aliuiados de pedido tanto que sean de aquel partido e yguales en juridiçion, e sy fallare quelos dichos logares son del todo yermos se ynforme si auian terminos e dehesas e exidos, e quien paçe e rroça e labra enlos dichos terminos e dehesas e exidos delos dichos logares, e alos que fallaren que gozan delos dichos terminos e exidos cargue el pedido delos dichos logares yermos, saluo sy los tales logares quisyeren dexar para vuestra alteza los tales terminos, e asy mesmo quelos logares que se fallare que del todo son yermos e non ay memoria que tengan terminos algunos, quelo que montan los pedidos delos tales logares se carguen por los otros logares del partido segund que cada vno mejor lo pueda pagar.

Aesto vos rrespondo que dezides bien e que me plaze que se faga asy.

48. Otrosy muy poderoso sennor, ya sabe vuestra alteza commo enel rregno de Gallizya se deuen avuestra alteza todos los pedidos que han seydo rrepartydos en vuestros rregnos desde el anno de veynte e ocho fasta en fin del anno de çinquenta e dos e desde el anno de çinquenta e tres fasta el anno de çinquenta e nueue, lo qual non han pagado e se escusan delo pagar alegando por sy algunas rrazones yndeuidas; suplicamos avuestra sennoria que enbie al dicho rregno vn corregidor que sea persona poderosa de buena fama e tal que guarde vuestro seruiçio e el derecho delas partes para que tenga aquel rregno en toda paz e justiçia, e asy mesmo mande enbiar al dicho rregno dos del vuestro Consejo, los quales con dos ofiçiales de vuestros contadores mayores vean lo que se deue delos dichos pedidos e fagan la cuenta dello e asy mesmo vean lo que acada logar copo enlos dichos pedidos, e lo que, segund los vezynos que ay e las fazyendas que tienen, puedan buena mente pagar, por manera quela tierra lo pueda sofrir e non se despueble, e fagan ygualas con ellos por lo pasado e aquello se cobre para vuestra alteza, e los encabeçen enlo que justa mente deuen pagar enlo por venir, por que dexar se esto tanto tienpo, cada dia vale menos e dar se y a cabsa a quelas dichas villas e logares del dicho rregno alegasen prescriçion dexando lo pasar por tanto tienpo, e avn por que mas presta mente se dé forma sobre lo suso dicho enbie por algunos prinçipales e mayores del dicho rregno para con ellos entender çerca delo suso dicho.

Aesto vos rrespondo que yo entiendo delo asy fazer lo mas presto que ser pueda.

49. Otrosy muy poderoso sennor, suplicamos avuestra sennoria que por quanto por falta e nigligençia de algunas vuestras justiçias e alcalldes ordinarios e otros juezes asy perpetuos commo tenporales e por sus logares tenientes se aluengan los pleitos e cabsas que antellos penden, estando los dichos pleitos asy antellos conclusos, por non dar en ellos sentençias, de que rredunda grand dapno alas partes que prosyguen los tales pleytos; que sobre esto vuestra sennoria mande e ordene que sea guardada la ley quel sennor Rey don Alfonso fizo enlas cortes de Alcalá de Henares que fabla sobresta rrazon, e demas mandando que sy los tales juezes non dieren sentençias asy interlocutorias commo difinitiuas enlos terminos dela dicha ley contenidos, peche e pague las costas dobladas que se rrecresçieren dende en adelante alas partes, e quelos tales juezes por el mesmo fecho yncurran en pena de çinquenta mill mrs. para vuestra camara e fisco, la terçia parte dellos para el acusador o para

el vuestro procurador fiscal sy el dicho pleito por el fuer proseguido, e lo rrestante para la dicha vuestra camara e fisco.

Aesto vos rrespondo que me plaze que se faga asy commo enla dicha vuestra petiçion se contiene.

50. Otrosy por quanto vuestra sennoria bien sabe e avn es notorio en vuestros rregnos quantos males e dapnos e rrobos son en ellos acaesçidos, por tener cargo de vuestra justiçia los alcaydes enlos logares do tyenen por vuestra merçed vuestros castillos e fortalezas, e delos grandes males e dapnos e fuerças que se fazen por los dichos alcaydes e por sus omes con esfuerço del poder del judgado de que vuestra sennoria les prouee, sobre que avuestra merçed e alos del vuestro Consejo han seydo dadas e se dan de cada dia ynfinitas quexasd elos dichos alcaydes; sobre lo qual por que esto aya de çesar, avuestra merçed suplicamos que agora nin de aqui adelante ningund alcayde en logar que touier fortaleza e castillo por vuestra sennoria nin dentro en çinco leguas en derredor, non tenga nin pueda tener proueydo de ofiçio de corregimiento nin de pesquiridor nin de asystençia nin de alcallde de sacas nin de alguaziladgo nin de otro ofiçio alguno de juzgado, asy ordinario commo por via de comision general, e que puesto que delos tales ofiçios o de alguno dellos el fuer proueydo por vuestra merçed o por los del vuestro Consejo o por vuestros alcalldes perpetuos que son delos puertos, que non[1] sean rresçebidos alos tales ofiçios nin vsen dellos, e que por esto las tales çibdades e villas e logares do lo tal acaesçiere, puesto quelo non rresçiban nin cunplan sobrello vuestras cartas e mandamientos, non cayan nin incurran por ello en pena nin en calupnia alguna.

Aesto vos rrespondo que dezides bien e que me plaze que se faga asy.

51. Otrosy muy poderoso sennor, vuestra merçed sabrá que por cabsa delos grandes fauores quelos rregatones e rregatonas de vuestra corte e tauerneros[2] e de algunas çibdades e villas e logares de vuestro rregno tyenen e se les da, asy por caualleros grandes que andan en ella, commo por los del vuestro Consejo e alcalles e alguaziles de vuestra corte que en ella rresyden commo por otros algunos caualleros e escuderos delas tales çibdades e villas e logares se rreuenden muchas cosas por los dichos rregatones e rregatonas agrandes e mayores preçios, e avn quebrantando quales quier tasas que se ponen sobre las dichas cosas e viandas e mantenimientos. Por ende suplicamos avuestra merçed que mande e ordene

[1] El texto dice equivocadamente: son.

[2] ij-K-14: carniçeros.

que agora nin de aqui adelante ningund rregaton nin rregatona nin tauerneros de vuestra corte nin alguno dellos non se aleguen a ningund cauallero nin grandes delos que en ella andouieren nin ninguno delos del vuestro Consejo e alcalldes e alguaziles della, nin a ningund cauallero nin escudero de qual quier delas dichas çibdades e villas e logares de vuestro rregno do fueren los tales rregatones e rregatonas e tauerneros, e al tal rregaton o rregatona o tauernero que contra esto fuere o viniere en qual quier manera le den publica mente çient açotes e demas yncurra en pena de çinquenta mill mrs., la terçia parte para el acusador e el rrestante para los alguaziles de vuestra corte sy en ella se fiziere o cometyere lo suso dicho o para los alguaziles delas tales çibdades e villas e logares sy en ellas lo suso dicho fuere fecho e cometydo. mandando syenpre que sean guardadas quales quier ordenanças que sobre esto las tales çibdades e villas e logares tyenen fechas sobre los dichos rregatones e tauerneros.

Aesto vos rrespondo que dezides bien e que me plaze que se faga e guarde asy de aqui adelante.

52. Otrosy muy poderoso sennor, notyficamos avuestra merçed que commo quier que por leyes e ordenanças de vuestro rregno en espeçial por vna ley fecha por el sennor Rey don Iohan de gloriosa memoria, vuestro padre, enla çibdad de Çamora el anno que pasó de treynta e dos, confirmada por vuestra merçed enlas cortes que mandó fazer enla çibdad de Cordoua el anno que pasó de çinquenta e çinco, está estatuydo e ordenado que non entren enlos ayuntamientos e conçejos de ningunas çibdades e villas e logares, saluo la justiçia rregidores e seysmeros do los ay, enlo quelos tales seysmeros deuen entender, lo qual todo non embargante en algunas çibdades e villas e logares de vuestro rregno algunos vezynos delos tales logares quieren entrar enlos dichos ayuntamientos e cabildos e entender enlas cosas que se han de proueer enlos dichos ayuntamientos, non lo podiendo nin deuiendo fazer, de que algunas vezes rresulta que sobrello nasçen grandes bolliçios e escandalos e questiones enlos dichos ayuntamientos, nin son conplidas vuestras cartas. Por ende vmill mente avuestra merçed suplicamos que mande e ordene que sobre lo suso dicho sean guardadas las dichas leyes e asy la que fizo enla dicha çibdad de Cordoua, e que ninguno non sea osado de entrar enlos dichos ayuntamientos e conçejos, saluo los dichos alcalldes e alguaziles e rregidores delas tales çibdades e villas e sus logares tenientes, do non fueren presentes los prinçipales, e los corregidores e asystentes do los ouiere e los jurados que touieren preuillejos e los seysmeros enlas cosas

que ouieren de entender, e non otra persona alguna, so las penas enlas dichas leyes contenidas, e demas qual quier que contra ello fuer o viniere, por el mismo fecho cada vez que entrare yncurra en pena de veynte mill mrs. para las justiçias delas dichas çibdades e villas e logares do lo suso dicho acaesçiere, las quales dichas justiçias las puedan leuar e esecutar e traer a deuido efecto.

Aesto vos rrespondo que se guarden las dichas leyes que sobresto fablan, so las penas que pedis.

53. Otrosy muy poderoso sennor, vuestra merçed bien sabe en commo veyendo ser conplidero avuestro seruiçio e al bien publico de vuestros rregnos, ha dado çierta orden e forma çerca dela moneda, abaxando los preçios della dela forma que primera mente estaua, tasando e ordenando quel enrrique andouiese en dosçientos e diez mrs. e la dobla en çiento e çinquenta mrs. e el florin çiento e tres mrs. e el rreal diez e seys mrs. e el quarto a quatro mrs., e que en esta forma corriese la dicha moneda, e mandó poner tasas en muchas cosas, en espeçial enlos ganados asy vacunos commo ovejunos e cabrunos e puercos e queso e lanas e pannos; e por que, muy poderoso sennor, se teme que segund los grandes preçios en que han sobido las yeruas e dehesas que han nesçesario los sennores delos dichos ganados, non es cosa que sy en esta forma ellos ouiesen de pagar las dichas dehesas querrien vender los dichos ganados e queso e lana por la dicha tasa, e avn sy lo ouiesen de vender, es çierto que se rrecresçeria grand perdida en espeçial a aquellos que han de pagar las yeruas a dineros. Por ende omill mente avuestra merçed suplicamos que sobre las dichas yeruas e dehesas que se venden e arriendan e han de vender e arrendar en vuestros rregnos, asy por las iglesias e monesterios e Ordenes e maestres e priores e comendadores e subcomendadores e abades commo por otras quales quier personas de qual quier estado o condiçion o preheminençia, que sean puestas en çierto preçio e tasa, mandando que de aqui adelante arrienden e ayan de dar las dichas dehesas vn quarto menos de aquello quelas arrendaron este anno antes que fuese fecha la dicha baxa dela dicha moneda, mandando les que de aqui adelante non puedan leuar mas por ellas e poniendo les grandes penas alos que por ellas mas leuaren por las dichas yeruas dela dicha tasa, saluo enlos arrendamientos delas dichas yeruas que fueron fechos antes dela dicha baxa dela dicha moneda para enlos dichos annos venideros, a florines.

Aesto vos rrespondo que me plaze que se faga asy, e quelas rrentas que asy estan arrendadas a oro que se paguen a oro, pues quel oro a abaxado, e quelas que se arrendaron antes se abaxe el quarto commo lo pedis, e quelos sennores delas dehesas sean tenudos delas dar a estos preçios, so pena quelas pierdan e por el mismo fecho sean confiscadas ami camara, e el conçejo dela mesta les faga vedamiento que non vayan a ellas, so pena que por el mismo fecho pierdan los ganados que leuaren a ellas.

54. Otrosy muy poderoso sennor, vuestra sennoria conosçe e puede conoçer quanto justo e grand merito es quelos christianos que estan catyuos sean e deuen ser rredemidos en qual quier manera, e por que muchas vezes acaesçe quelos moros quando tyenen asy christianos catyuos non los quieren dar syn que se dé en rrescate algund moro o mora sus parientes e otros que sean acá en vuestros rregnos, e quando esto vee o sabe el sennor del tal moro o mora quelo tyenen, puesto quelo ouiese auido por qual quier preçio baxo o rrazonable, demanda por el grand quantia de mrs., creyendo que con la grand nesçesydad quelo ha aquel quelo procura e quiere para sacar el catyuo de tierra de moros dará por el todo lo quele pidieren, delo qual comun mente rresulta e ha rresultado que por esta cabsa muchos delos christianos que estan catyuos en tierra de moros quedan por rredemir e algunos que se rredymen es con grandes preçios demasyados que por ellos se han de dar, de que muchos de vuestros subditos e naturales rresçiben grandes dannos, en espeçial aquellos que biuen enel Andaluzia que comun mente han de entender enla guerra delos dichos moros. Por ende omill mente avuestra sennoria suplicamos que plega de mandar e ordenar que cada e quando alguno touiere el semejante moro o mora que se pidiere para dar por algund christiano, quel sennor del tal moro, sy lo ouiere auido por conpra o troque o canbio o en otra qual quier manera que algo le aya costado, que dando le por el el terçio mas delo quele costó, sea obligado delo dar para sacar el tal christiano, auiendo sola mente tenido en su poder el dicho moro vn anno, e sy mas tienpo le ouiere tenido, dando le por ello la meytad mas delo quele ouiere costado; pero que sy caso fuere quelo ouiere auido el dicho moro o mora auiendo la el tomado o catyuado en qual quier guerra o presa que ouiese fecho contra los dichos moros, que en tal caso sea en poder del sennor del dicho moro leuar por el lo que quisyere. E otrosy suplicamos a vuestra merçed que cada e quando algunos delos dichos moros o moras se vendieren en almoneda o en otra qual quier manera, e alguno lo quisyere conprar e aver tanto por tanto para rredemir algund christiano que esté catyuo en tierra de moros, que este tal lo aya antes que otro alguno, e avn puesto quel tal moro o mora sea

vendido, este tal lo pueda sacar al conprador que asy lo ouiere auido, dando por el tanto por tanto, desde el dia que fuer fecha la dicha venta e çelebrado el dicho contrato fasta sesenta dias primeros syguientes, fazyendo primera mente juramento quelo quiere para lo suso dicho.

Aesto vos rrespondo que dezides bien e es mi merçed e mando que se faga asy segund que enla dicha petiçion se contiene.

55. Otrosy muy esclaresçido prinçipe, por el cargo dela justiçia que vos es encomendado soys obligado de defender con todas fuerças que ninguno non tome a otro lo suyo, pues si esto ha logar entre todos los omes, mucho mas deue aver logar enlo vuestro e en vuestras rrentas e patrimonio e fazienda, e en se tomar vuestras rrentas e pechos e derechos, non solo viene deseruiçio avuestra alteza, mas manifiesto danno de vuestros subditos e naturales e avn tyende en perjuyzio dela cosa publica de vuestros rregnos, e cartas leyes e ordenamientos son fechos para que se non tomen nin enbarguen vuestras rrentas e derechos, que asy non queda cosa que desto podamos suplicar, pero fablando con rreuerençia de vuestra rreal magestad, aquellas han quedado e quedan tanto syn esecuçion, que non sola mente non han auido emienda enlo pasado, mas de cada dia se atreuen a mas fazer las dichas tomas. Por ende omill mente suplicamos avuestra alteza que mande guardar e poner en esecuçion lo contenido enlas leyes que sobresto fablan, e mande e ordene que qual quier o quales quier persona o personas, de qual quier ley estado o condiçion preheminençia o dignidad que sea, que fizyere o mandare fazer qual quier toma o enbargo o secrestaçion o otro qual quier detenimiento delos vuestros pedidos e monedas o moneda forera quando en vuestros rregnos se ouiere de coger, sy lo fizyere en logar suyo, que por ese mesmo fecho syn otra sentençia nin declaraçion alguna pierda e aya perdido el logar do fuere fecha la tal toma o enbargo, e sea de vuestra corona rreal e gela pueda entrar e tomar por sy o por quien vuestro poder ouiere por vuestra propia abtoridad, asy commo cosa cayda en comiso, e pueda dello disponer commo de cosa suya propia, e vuestra alteza non gelo pueda tornar en equiualençia por el e aya perdido e pierda todos e quales quier mrs., asy de juro de heredad commo de por vida o en otra qual quier manera que de vuestra alteza tenga, e demas quel conçejo do se fizier la dicha toma sea tenudo delo pagar avuestra alteza otra vez, avn que presente la dicha toma ante vuestros contadores mayores e sobrello les pueda fazer prendas. E sy lo fizier en logar rrealengo e abadengo o behetria, aya perdido e pierda todos sus bienes muebles e rraizes, lo qual todo por este

mesmo fecho sea aplicado e confiscado para la vuestra camara e fisco, e que esto en qual quier tienpo se le pueda demandar e proçeder contra ellos, e por que segund la potençia delos que toman o enbargan las dichas vuestras rrentas, non ay rrecabdador vuestro nin tesorero que ose pedir las tomas nin les es dado testimonio dello, que avuestra merçed plega que a sola su synple querella, de qual quier vuestro tesorero o rrecabdador o destributor, pueda ser proçedido e se proçeda contra los suso dichos que asy fizieren las dichas tomas, con juramento que sobrello fagan queles non quisyeron acodir con los dichos mrs. que en ello monta, e sy en algund tienpo paresçiere quel dicho rrecabdador o otro por el rresçibió los dichos mrs. que dixo que non eran tomados o non pasó en verdad lo que asy juró çerca delas tomas, que sea desterrado perpetua mente de vuestro rregno e pague todo lo que asy afirmó quele era tomado e lo pague con las setenas, e luego commo fuere notyficado ante vuestros contadores mayores la tal toma, enbarguen todos los mrs. quela tal persona touiere sytuados e saluados enel vuestro rrealengo o en otra qual quier parte o otros quales quier mrs. que de vuestra sennoria touiere, para que dellos vuestra merçed mande disponer commo entendiere que cunple avuestro seruiçio, e que vuestra sennoria non les pueda mandar tomar nin dar sastifaçion por ello, e por que vuestra alteza vea quien non quiere obedeçer vuestros mandamientos, en este caso quele plega de enbiar sus cartas con alguno o algunos de nos los dichos procuradores para los grandes de vuestros rregnos e para los otros que tyenen vasallos, para que luego fagan juramento e pleito omenage de non tomar nin enbargar los dichos pedidos e monedas o moneda forera, e sy non lo quisyeren fazer, mande contra ellos proçeder rregurosa mente, e por que delo suso dicho ninguno non pueda pretender ynorançia, mande pregonar todo lo en esta dicha ley contenido, asy en vuestra corte commo enlas otras çibdades e villas e logares prinçipales de vuestros rregnos, e que pues vuestra alteza tyene gente de armas en vuestra guarda, que cada e quando la dicha toma fuere notyficada ante vuestros contadores mayores, luego mande yr la gente que fuere nesçesaria para cobrar los mrs. e pan e otras cosas que asy fueren tomadas e enbargadas e detenidas en qual quier manera delos logares do esto acaesçiere con las costas.

Aesto vos rrespondo que dezydes bien, e çerca delas penas que se piden contra los que toman o enbargan mis pedidos e monedas e moneda forera, es mi merçed que se faga e esecute asy; e çerca dela fe que se ha de dar al arrendador o rrecabdador, que se guarde lo quel derecho en tal caso dispone, e es mi merçed que por quelo suso dicho mejor se guarde dos de vos otros quales yo nonbrare, vayades a tomar juramento alos caualleros de mis rregnos quelo asy guarden.

56. Otrosy muy poderoso sennor, suplicamos avuestra alteza que por quanto fasta aqui ha mandado dar e ha dado sus poderes bastantes a algunos arçobispos e obispos e perlados deste rregno para que enlas çibdades e villas e logares de sus arçobispados e obispados se faga lo que ellos mandaren, commo sy vuestra alteza lo mandase o alo menos las justiçias de vuestra sennoria non puedan fazer nin fagan cosa alguna en las tales dichas çibdades o villas e logares sin su consentimiento e mandado, enlo qual se da cabsa de grand vsurpaçion e diminuçion dela juridiçion rreal de vuestra alteza, por quelos tales perlados so color delos tales poderes apropian e atribuyen a su juridiçion eclesyastica muchas cabsas de que pertenesçe el conoçimiento ala justiçia rreal de vuestra sennoria, e allende deso con los dichos poderes algunos delos dichos perlados aquien vuestra alteza los tyene dados, fazen ayuntamientos de gentes para sus vandos e questiones que tyenen e traen enlas çibdades e villas e logares de sus obispados, e so este color fazen tomas enlas rrentas de vuestra alteza alos rrecabdadores e arrendadores quelas tyenen, alos quales non se les rresçibe en cuenta, e delos tales perlados non pueden alcançar conplimiento de justiçia por ser esentos de vuestra rreal juridiçion, e avn por esta cabsa han ocurrido en algunas çibdades e villas e logares de vuestros rregnos algunos escandalos e bolliçios. Por ende suplicamos avuestra alteza que mande rreuocar los tales poderes e los non dé de aqui adelante alos tales perlados, por que non se dé cabsa commo dicho tenemos, quela juridiçion rreal de vuestra alteza se aya mas de vsurpar e deminuir, mas avn los que despues dellos vinieren querrán fazer al tanto e vsar de su juridiçion eclesyastica dizyendo quelo asy acostunbraron sus anteçesores, de que vuestra sennoria puede ser deseruido e vuestra rreal juridiçion en grand parte diminuyda.

Aesto vos rrespondo que dezides bien e es mi merçed e mando que se guarde e faga asy de aqui adelante.

57. Otrosy muy poderoso sennor, ya sabe vuestra alteza que segund vna ley fecha por el Rey don Iohan vuestro vysahuelo enlas cortes de Breuiesca que comiença: *Muchas vezes por ynportunidad delos que nos piden libramientos*[1] e otras leyes fechas por el Rey don Ioan vuestro padre, que Dios dé santo parayso, enlas cortes de Segouia el anno de treynta

[1] Ley IX del Ordenamiento de las Córtes de Bribiesca del año 1387. Véase el Tomo II, pág. 371.

e quatro[1] e enlas cortes de Valladolid el anno de quarenta e dos, non se pueden nin deuen dar cartas nin alualaes algunas que toquen a ynterese de parte syn ser primera mente vistas en vuestro muy alto Consejo, e commo quier quelas dichas leyes e otras asaz que sobre esto fablan son en sy asaz bastantes para que se non diese nin librase carta nin aluala ninguna en perjuyzio de terçero, saluo por la manera suso dicha, la espirençia ha mostrado que de cada dia se faze lo contrario, e vuestra sennoria por ynportunidad de algunas personas e otras vegadas por que non vos es fecha verdadera rrelaçion del caso e por otras esquisytas maneras, ha librado e de cada dia libra cartas e alualaes e çedulas, por las quales manda tomar e secrestar bienes e ofiçios de algunas personas e fazer merçedes dellos o los dar en secrestaçion, o sy algunos tyenen algunos pleitos pendientes demandando su derecho, mandando alos del vuestro Consejo e oydores dela vuestra abdençia e alcalldes e notarios e otras justiçias de vuestra casa e corte e chançelleria e delas çibdades e villas e logares de vuestros rregnos que non conoscan delos tales pleitos, e algunas vezes mandando gelo e enbiando gelo por palabra mandar, e quando algunos ganan cartas que son contra ley o derecho o en perjuyzio de terçero o contra los preuillejos e ynmunidades de vuestras çibdades e villas e logares de vuestros rregnos, sy tan ayna non son conplidas commo ellos quieren, luego ganan otras cartas e sobre cartas derogando e abrogando leyes e ynponiendo por ello pena de caer en mal caso e de priuaçion de ofiçios e confiscaçion de bienes para quelas cunplan e esecuten, e ganan otras vuestras cartas e çedulas, para que por algunas cosas conplideras avuestro seruiçio parescan en vuestra corte personal mente los alcalldes e rregidores e otras personas quelas han de conplir e esecutar, e avn sy acaesçe que vienen avuestra corte non son oydos, antes son presos e maltratados e desonrrados a ynstançia de aquellos aquien toca; asy que por aquestas opresyones e violençias que son fechas avuestras justiçias e rregidores e ofiçiales e otras personas, se fazen muchos agrauios e sinrrazones alos que poco pueden quitando les espresa mente su derecho. Por ende muy homill mente suplicamos avuestra alteza quele plega de aqui adelante non mandar dar nin librar las dichas cartas; e que mande

[1] No conocemos ningun ordenamiento de Córtes de este año, ni tenemos noticia de que se hubiesen celebrado en Segovia. Es posible que haya error en esto. Acaso se refiera al ordenamiento hecho en Segovia, á 20 de Diciembre de 1433, sobre los derechos que debian cobrar los oficiales reales, y la manera de cumplir sus oficios, y á cuyo final se insertan várias leyes hechas en Córtes por los reyes antecesores de D. Juan II. Este ordenamiento no fué hecho en Córtes, puesto que en él dice el Rey que se hizo «estando asentado su alteza en Consejo», y se expresan solo los nombres de los consejeros.

avuestros secretarios e al vuestro rregistro e sello quelas tales cartas e çedulas que sean en perjuyçio de terçero e toquen a ynterese de parte, las non rrefrenden nin rregistren nin sellen, saluo sy non fueren vistas por los del vuestro Consejo e libradas dentro o de fuera alo menos de tres delos del vuestro Consejo delos que fueren por vuestra merçed diputados, e quelas dichas cartas vayan llana mente syn abrogaçiones nin derogaçiones de leyes e syn ningunas otras non obstançias; e sy las tales cartas e sobre cartas fueren de merçed que vuestra sennoria faga o otras que non ayan de librar los del vuestro Consejo, o por que non toquen a ynterese de parte, que aquellas vayan llana mente syn las dichas abrogaçiones nin derogaçiones e con su enplazamiento de pena llano de diez mill mrs., syn poner en ello otras exorbitançias algunas, e quelo asy cunplan e guarden los dichos vuestros secretarios e rregistrador e chançeller, e que sy las dichas cartas e alualaes e çedulas de otra guisa se dieren e libraren sean auidas por obrretiçias e subrretiçias e sean obedeçidas e non conplidas, avn que contengan quales quier clavsulas derogatorias e se contenga en ellas que proçeden de vuestra çierta çiençia e propio motu e poderio rreal absoluto e por que cunple asy a vuestro seruiçio e al bien e pro comun de vuestros rregnos, e commo quier que se faga en ellas espeçial e general mençion desta ley e de otras quales quier leyes, e sean con quales quier derogaçiones e abrogaçiones dellas, e que vuestra alteza rrelieue alas personas contra quien se dirigieren delas penas e enplazamientos en ellas contenidas, puesto que non cunplan las dichas cartas.

Aesto vos rrespondo que mi merçed es e mando que se guarden las leyes quel Rey don Iohan mi vysahuelo fizo e ordenó en Breuiesca çerca desto, e la ley quel Rey don Iohan mi sennor e padre, que Dios aya, fizo e ordenó en Valladolid el anno de quarenta e dos, las quales asy mismo ayan fuerça e vigor quanto a estas leyes e otras quales quier por mi ordenadas.

E por que mi merçed e voluntad es quelas dichas leyes e ordenanças que de suso van encorporadas sean guardadas e conplidas segund que en ellas se contiene, mandé dar esta mi carta para vos otros, por la qual vos mando a todos e acada vno de vos que veades las dichas leyes e ordenanças que de suso van encorporadas que yo asy agora fize e ordené enlas dichas cortes dela dicha çibdad de Toledo, e las guardedes e cunplades e fagades guardar e conplir en todo e por todo segund que en ellas se contiene, e contra el tenor e forma dellas non vayades nin pasedes nin consyntades nin dedes logar que persona nin personas algunas vayan nin pasen agora nin en algund tienpo nin por alguna manera, e los vnos nin los otros no fagades ende al por alguna manera, so pena dela mi merçed e de diez mill mrs. acada vno por quien fincare delo asy fazer e conplir para la mi camara, e demas mando al ome que vos esta mi carta mostrare que vos enplaze que parescades ante mi enla mi corte do quier que yo sea, del dia que vos enplazare a quinze dias primeros syguientes so la dicha pena, so la qual mando aqual quier escriuano publico que para esto fuer llamado que dé ende al que vos la mostrare testimonio sygnado con su sygno por que yo sepa en commo se cunple mi mandado. Dada enla muy noble çibdad de Toledo, a veynte dias de Jullio anno del nasçimiento del nuestro sennor Ihesu Christo de mill e quatroçientos e sesenta e dos annos.—Yo el Rey.—Yo Aluar Gomez de Çibdad Real, secretario del Rey nuestro sennor la fize escriuir por su mandado.—Registrada.—Chançeller.—Fecho e sacado fue este dicho treslado dela dicha carta del dicho sennor Rey, original, e leyes en ella contenidas, enla dicha çibdad de Toledo, veynte e syete dias del mes de Jullio anno del nasçimiento del nuestro sennor Ihesu Christo de mill e quatroçientos e sesenta e dos annos. Testigos que a esto fueron presentes e vieron e oyeron leer e conçertar este dicho treslado con las dichas ordenanças originales, Luys de Baeça, escriuano de camara del Rey nuestro sennor, e Gonçalo de Llerina e Tristan, criados del dicho Aluar Gomez, secretario.—E yo Fernand Garcia de Çibdad Real, escriuano de camara del Rey nuestro sennor e su escriuano e notario publico enla su corte e en todos los sus rregnos e sennorios, en vno con los dichos testigos presente fuy al leer e conçertar deste dicho treslado con la carta original de ordenanças del dicho sennor Rey, al qual va çierto, e va escripto en veynte e tres fojas de papel, consta en que va mi sygno e en fin de cada plana va sennalado de mi sennal, e por ende fize aqui este mio sygno atal en testimonio de verdad.—Fernand Garçia.—Chançeller.

XXIV.

Cuaderno de las Córtes de Salamanca del año de 1465 [1].

Don Enrrique por la graçia de Dios Rey de Castilla de Leon de Toledo de Galizia de Seuilla de Cordoua de Murçia de Jaen del Algarue de Algezira de Gibraltar, e sennor de Vizcaya e de Molina: alos ynfantes perlados duques condes marqueses rricos omes maestres delas hordenes priores e alos del mi Consejo e oydores dela mi audiençia e alcaldes e notarios e alguaziles e otros ofiçiales quales quier dela mi casa e corte e chançelleria e alos mis adelantados e merinos e alos comendadores subcomendadores alcaydes delos castiellos e casas fuertes e llanas, e al conçejo alcaldes merino rregidores caualleros e escuderos ofiçiales omes buenos dela muy noble çiudad de Burgos cabeça de Castilla mi camara, e a todos los conçejos corregidores asistentes alcaldes alguaziles merinos rregidores caualleros escuderos ofiçiales e omes buenos de todas las çiudades e villas e logares delos mis rreynos e sennorios, e a todos los otros mis subditos e naturales de qual quier estado o condiçion preheminençia o dignidad que sean e aqual quier o quales quier de vos, salud e graçia. Sepades que sobre cosas mucho conplideras ami seruiçio e al bien comun e paçifico estado e tranquilidad de mis rreynos enbié mandar a çiertas çiudades e villas de mis rreynos que enbiasen ami sus procuradores con sus poderes bastantes para que yo pudiese mandar ver e platicar con ellos las dichas cosas e proueer en todo commo mas cunpliese ami seruiçio e al bien comund delos dichos mis rreynos los quales enbiaron ami sus procuradores con sus poderes bastantes e por ellos me fueron presentadas çiertas petiçiones, las quales yo mandé ver enel mi Consejo e con acuerdo delos perlados e duques e condes e rricos omes caualleros e dotores del mi Consejo que agora comigo estan yo las mandé ver e rresponder segund entendi que conplia ami seruiçio e al bien dela cosa publica de mis rreynos, el thenor delas quales dichas petiçiones es este que se sigue.

1 Este ordenamiento se ha sacado del códice j-Y-13, fól. 183 de la Biblioteca del Escorial, escrito en pergamino, letra de códices, á fines del siglo xv. Este MS. empieza con el fól. 152 y concluye con el 285; de manera que cuando se encuadernó, debia faltarle ya una parte considerable. Se ha tenido á la vista la copia que existe en el Códice ij-X-14 de la misma Biblioteca.

1. Muy alto e muy esclareçido prinçipe, vuestros muy vmilldes seruidores los procuradores delas çiudades e villas de vuestros rreynos e sennorios que por mandado de vuestra alteza estamos ayuntados en vuestra corte besamos vuestras rreales manos e nos encomendamos en vuestra rreal sennoria e merçed, ala qual suplicamos que quiera mandar otorgar las cosas que en esta vuestra petiçion serán contenidas, las quales son mucho conplideras aseruiçio de Dios e vuestro e pro e bien de vuestros rreynos e sennorios. Primeramente, ya sabe vuestra alteza que enlas cortes que vuestra sennoria [fizo] enla muy noble çiudad de Toledo el anno que pasó de mill e quatroçientos e sesenta e dos annos fueron dadas a vuestra sennoria çiertas petiçiones por los procuradores delas çiudades e villas de vuestros rreynos que por entonçe vuestra alteza auia mandado llamar, sobre las quales vuestra sennoria hordenó e hizo çiertas leyes e hordenanças e pragmaticas sençiones e las otorgó e mandó guardar segund se contiene en vna carta de quaderno que sobre ello mandó dar firmada de vuestro nonbre e sellada con vuestro sello, su tenor dela qual es este que se sigue: Don Enrrique, etc. (*Insértase aquí el cuaderno de las Córtes de Toledo del año* 1462 *que hemos publicado con el número* XXIII, *pág.* 700). Por ende humill mente suplicamos avuestra alteza que quiera confirmar e aprouar las dichas leyes e pragmaticas sençiones fechas e otorgadas enlas dichas cortes de Toledo, mandando rreformar e declarar algunas dellas segund e por la forma que por vuestras petiçiones adelante será suplicado en vno con las otras suplicaçiones que de nueuo le pedimos por merçed que otorgue e mande otorgar para que de todo junto se faga e sea fecho en vn nueuo quaderno e todo lo enel contenido lo mande vuestra alteza guardar e conplir e executar.

Aesto vos rrespondo que es mi merçed de confirmar e mandar guardar e por la presente confirmo e aprueuo las dichas leyes e hordenanças e pragmaticas sençiones por mi fechas e otorgadas enlas dichas cortes dela dicha çibdad de Toledo que de suso van encorporadas, las quales yo agora otorgo e mando que sean guardadas e conplidas e executadas segund e enla forma e manera que en ellas se contiene e segund que las mandé e mando rreformar e declarar con las otras leyes e pragmaticas que agora en estas cortes de nueuo me suplicastes, que son las siguientes.

2. Muy alto rrey e muy poderoso sennor, la ley que habla delos corregidores contenida enlas dichas leyes de Toledo, suplicamos avuestra alteza quela aprueue e mande confirmar enla forma e manera que en ella se contiene sin limitaçion alguna.

Aesto vos rrespondo que es mi merçed de mandar e mando se guarde la dicha ley e ordenança por mi sobre ello fecha enla dicha çiudad de Toledo segund e por la forma que en ella se contiene.

3. Otrosy muy exçelente sennor, quanto al capitulo en que fuera suplicado avuestra alteza e por vuestra sennoria otorgado enlas dichas leyes de Toledo, quelos pleitos dela vuestra audiençia non pudiesen ser traydos ala vuestra corte nin vuestra alteza los aduocare a sy, esta misma suplicaçion suplicamos a vuestra alteza que asi mismo se entienda enlos pleytos delas çiudades e villas que no puedan ser sacados dellas.

Aesto vos rrespondo que me plaze dello e mando que se haga e guarde asy eçebto los casos de apellaçion o nulidad o otros casos por que de derecho deuan ser sacados.

4. Otrosi muy alto sennor, asi mismo suplicamos avuestra alteza, pues en todas las çiudades e villas ay corregidores e alcaldes hordinarios asy para enlo çeuil commo para enlo criminal, que no mande dar nin proveer de juezes comisarios nin executores por quelos pueblos rreçiben grandes agrauios e fatigas, por que commo los tales juezes executores son dados a ynstançia dela parte que pretende auer algund derecho muy fauorable mente e sin ser contenida la parte con quien ha de contender e ante el tal juez comisario e executor, por manera que pareçe que va de mano del quelo pide e para fazer executar su negoçio.

Aesto vos rrespondo que ami plaze e mando que non sean dados juezes comisarios nin executores, saluo en los casos permisos de derecho, e quando por algunas causas justas e neçesarias fuere conplidero delos dar; pero por quanto algunas vezes es conplidero ami seruiçio mandar enbiar mis executores para cobrar mis rrentas e pechos e derechos e otros mrs. que me son deuidos, lo qual sienpre fue vsado e acostunbrado, ami plaze que non sean dados nin se den los dichos executores para enlo delas dichas mis rrentas e pechos e derechos e otras cosas e mrs. ami deuidos fasta que sean pasados los plazos delas pagas dellos, e quando se ouieren de dar pasados los dichos plazos, es mi merçed que aya por aconpannado el tal executor en todas las execuçiones e cosas que ouiere de hazer a vn alcalde o alguazil de cada çiudad o villa que touier jurisdiçion, sin el qual alcalde o alguazil su aconpannado non pueda fazer nin faga execuçion nin otra cosa alguna çerca dello.

5. Otrosi muy alto sennor, quanto al capitulo en que vuestra alteza prouee por las dichas leyes de Toledo que sean guardados alos de a mesta sus preuillegios e que non sean fechas execuçiones en ellos sino por sus deudas e alas çiudades e villas quelo tienen por preuillegio,

suplicamos avuestra alteza que esto mismo se entienda que se guarde alos mercaderes e personas que traen mercaderias e prouisiones avuestros rreynos que non sean fechas rrepresarias nin execuçiones enlas personas e mercaderias dellas, saluo por sus deudas propias, lo qual es mucho vuestro seruiçio, pues dello se sigue mayor trato e acreçentamiento de vuestras rrentas, e en mandar proueer en ello desta manera se priuará la costunbre que non es conforme al derecho que se non guarde nin usen de aquello.

Aesto vos rrespondo que ami plaze e mando que se non puedan hazer rrepresarias enlas personas e mercaderias de quales quier mercaderes e personas que troxeren mercaderias e prouisyones amis rreynos, saluo por sus deudas propias o por fianças que ayan fecho o por mrs. de las mis rrentas e pechos e derechos.

6. Otrosi muy poderoso sennor, en quanto al capitulo que vuestra alteza proueyó por las dichas leyes de Toledo quelos escriuanos delos conçejos e cabildos e ayuntamientos non tengan voto en ellos, suplicamos a vuestra alteza que sí despues acá dió e mandó dar algunas cartas en contrario las mande rreuocar e anular e las dé por ningunas e que quede en su fuerça e vigor la dicha ley para adelante; e asy mismo por quanto los dichos escriuanos lleuan los derechos a voluntad suya, que vuestra alteza prouea e mande e hordene que de aqui adelante non lleuen otros derechos, saluo aquello que fuere fallado por los alcaldes e rregidores de cada vna delas dichas çiudades e villas que acostunbraron leuar antigua mente, e si de otra manera lo lleuaren que pierdan los ofiçios.

Aesto vos rrespondo que me plaze que se faga e guarde asy segund e enla manera que me lo suplicastes, para lo qual vos mando dar mis cartas las que cunplan.

7. Otrosi muy poderoso sennor, quanto al capitulo delas dichas leyes de Toledo en que fue suplicado a vuestra alteza que non se diesen huespedes alos rregidores delas çiudades e villas de vuestros rreynos por quelas mas delas dichas çiudades e villas lo tienen por preuillegios, los quales vuestra sennoria tiene jurados de guardar, que avuestra alteza plega delo mandar otorgar syn limitaçion alguna.

Aesto vos rrespondo que es mi merçed que se guarde la dicha ley que sobre ello enla dicha çiudad de Toledo por mi fue fecha e hordenada, pero sy algunas çibdades e otras personas, algunos preuillegios tienen sobre esta rrazon, mando queles sean guardados segund les fueron guardados enlos tienpos pasados.

8. Otrosi muy alto rrey e sennor, quanto al capitulo delas dichas leyes de Toledo en que fue suplicado avuestra sennoria quel juro de heredad se pudiese pasar de vna persona en otra por rrenunçiaçion o por testamento o por otra dispusiçion sin alualá nin mandamiento de vuestra alteza, saluo con solas rrenunçiaçiones e suplicaçiones o dispusiçiones segund fazen enlas heredades, suplicamos avuestra sennoria quelo otorgue sin limitaçion alguna, mandando que todos e quales quier mrs. e doblas e florines e pan e vino e ganados e terçias e escusados e otras quales quier cosas e ofiçios de juro de heredad que estan e estouieren asentadas enlos vuestros libros, pues es cosa de patrimonio, quelos puedan vender e trocar e canbiar e enagenar en quien quisiere, e por sola rrenunçiaçion o dispusiçion o testamento delos quelos tienen e touieren sin auer nin ganar otro alualá nin mandamiento de vuestra alteza, e los vuestros contadores mayores e sus ofiçiales e logares tenientes tiesten e quiten lo que asy se rrenunçiare o dispusiere e se asiente aquien asy fuere rrenunçiado o dispuesto o lo heredare o le perteneçiere, e den e libren por solas sus rrenunçiaçiones o ventas o troques o otras traspasaçiones o dispusiçiones alas tales personas, vuestras cartas de preuillegios e las cartas e sobre cartas que para lo sobre dicho menester ayan asy commo sy por vuestras cartas les fuese mandado, los quales dichos preuillegios e cada vno dellos, el vuestro mayordomo e chançeller e notarios e otros ofiçiales que estan ala tabla delos vuestros sellos libren e pasen e sellen, ca poniendo se la limitaçion enla forma contenida enla dicha ley de Toledo aprouecharia poco al que asy perteneçiese el dicho juro, pues traeria çircunstançias dudosas para enbaraçar las dichas rrenunçiaçiones e dispusiçiones.

Aesto vos rrespondo que me plaze que se faga e cunpla asy de aqui adelante segund que melo suplicastes e pedistes por merçed, e mando alos mis contadores mayores que pongan e asienten esta mi ley enlos mis libros de juro de heredad e enlo saluado dellos, e la guarden e cunplan en todo e por todo segund e enla forma e manera que por vos otros me fue e es suplicado e que den e libren los dichos preuillegios e cartas e sobre cartas e sean pasados alos dichos mis sellos, pues lo tal es patrimonio, e se puedan vender e trocar e enagenar e heredar, pero es mi merçed que se entienda quelo non puedan rrenunçiar en iglesyas ni en monesterios nin a personas de horden nin de rreligion nin de fuera de mis rreynos sin mi liçençia e mandado, saluo los que tienen o touieren facultad para ello.

9. Otrosi muy poderoso sennor, quanto al capitulo delos monederos

delas dichas leyes de Toledo [1], suplicamos avuestra alteza que prouea e mande quelos preuillegios e titulos e derechos quelos tesoreros e alcaldes delas casas delas monedas tienen, los muestren enlos ayuntamientos delos alcaldes e rregidores dela çiudad donde estan los tesoreros e alcaldes dela casa dela moneda, por manera que non puedan exçeder dela jurisdiçion quel tal preuyllegio les otorga, e asi mismo quelos monederos non gozen de preuillegio alguno, saluo aquellos que vsan del dicho ofiçio, e que mande e defienda alos tesoreros delas casas dela moneda que non sean osados de proueer del tal ofiçio apersonas que es manifiesto que por sus personas non lo seruirán, e sy de otra manera lo permitieren, quela tal premysion sea ninguna.

Aesto vos rrespondo que me plaze e tengo por bien e mando que se faga e guarde e cunpla segund e enla manera e forma que por vos otros me es suplicado.

10. Otrosi muy alto sennor, quanto al capitulo que fabla enla eleccion delos procuradores enlas dichas leyes de Toledo, suplicamos avuestra alteza quele mande guardar enla forma contenida quele fue suplicado syn limitaçion alguna, pues vuestra alteza tiene jurado alas çiudades e villas de vuestros rreynos deles guardar sus preuillegios e buenos vsos e costunbres.

Aesto vos rrespondo que mando guardar la ley de Toledo que por mi sobre ello fue fecha segund que en ella se contiene.

11. Otrosy muy alto sennor, quanto al capitulo que fue suplicado sobre las guias enlas dichas leyes de Toledo, por rrespeto delas quales se toman muchas bestias e carretas de que se causan cohechos e rrobos, que allende delo qual vuestra alteza en ello proueyó delos preçios; suplicamos quela limite en que sola mente se entienda quelas tales bestias e carretas e omes se puedan tomar para vuestra alteza e de vuestra sennora la Reyna e delos sennores prinçesa e ynfantes, non para otro alguno, e que vuestra alteza mande quelos ofiçiales de vuestra casa que han cargo de tomar las tales guias non las tomen sin vn alcalde o vn rregidor o jurado delas tales çiudades e villas e logares, faziendo juramento quantas son las bestias e carretas e omes que son menester para las cosas de vuestra alteza e dela dicha sennora Reyna e sennores.

Aesto vos rrespondo que es mi merçed e mando que se guarde la dicha ley que por mi fue fecha sobre esto enla dicha çiudad de Toledo, e que quando se ouieren de dar las tales guias non las pueda tomar

[1] El texto: delos monederos dela dicha çiudad de Toledo.

nynguno sin que entreuenga en ella vn alcalde o vn rregidor dela çiudad o villa o logar do se ouiere de tomar, o la persona quel conçejo quisiese diputar para ello.

12. Otrosi muy esclareçido rrey e sennor, quanto al capitulo que fue suplicado avuestra sennoria enlas dichas leyes de Toledo, que non sean libradas alas personas que tienen vasallos lo que han de auer de vuestra sennoria fasta tanto queles sea librado todo lo que copiere en sus villas e logares, suplicamos avuestra alteza allende delo que mandó proueer, mande que sean tasadas las rrentas delas tales çiudades e villas e logares que son de sennorios, enlo que enla verdad pueden valer por que en la tal librança non rreçiba vuestra alteza fraude si las dichas tierras de sennorios estan tasadas en baxa contia, e que vuestra alteza mande a vuestros contadores mayores e sus logares tenientes que libren general mente atodos los que tienen mrs. en vuestros libros en cada vn anno, e que para esto se pueda conplir e puedan gozar los que tienen tales mrs., vuestra alteza mande quelos mrs. quelos rrecaudadores se obligan de dar en lanças enlas rrentas, se tornen e bueluan dela calidad que heran antes que se tasasen a quinientos mrs. por lança, por que con esta tasa los que tienen mrs. non los puedan dar alos rrecaudadores commo solian e muchas personas miserables de vuestros rreynos rreçiben grand fatiga e proueza, por que muchos dellos non tienen otra cosa saluo aquellos mrs. que en vuestros libros tienen asentados para se mantener, los quales les fueron dados por seruyçios.

Aesto vos rrespondo que es mi merçed de mandar e mando que se guarde la dicha ley que por mi fue fecha enla dicha çiudad de Toledo, que fabla en este caso segund que en ella se contiene. E quanto alo que dezis dela tasa delas lanças quela mande quitar e se vuelua dela calidad que hera antes que se tasasen; aesto vos rrespondo que vos otros dezides bien e por quanto el anno primero que viene se han de hazer e arrendar de nueuo mis rrentas viniendo al tienpo para ello, yo entiendo mandar ver e proveer por la manera que cunple ami seruiçio e abien de mis rreynos.

13. Otrosi muy poderoso sennor, suplicamos avuestra alteza que quando mandare labrar moneda en qual quier manera, mande que general mente se labre en todas las casas estableçidas para labrar moneda segund labra la de Segouia, e que al presente vuestra alteza mande dar sus cartas de liçençia para que se labren enlas dichas casas de moneda de vuestros rreynos monedas de oro e plata sennalada mente de vellon, por que por falta dello ya çesa la mayor parte del trato dela mercaderia asi

en Burgos e Toledo e Seuilla commo enlas otras çiudades e villas de vuestros rreynos, en espeçial es cosa notoria que enla dicha çiudad de Seuilla ha çesado e çesa de se traer el oro que se acostunbraua traer de Berueria quando la dicha casa labraua, que han por grand ynconuiniente de traer el tal oro alo labrar ala dicha çiudad de Segouia, mayor mente segund los tienpos de agora, e a vuestra alteza se sigue deseruiçio en perder cada anno grand suma de mrs. de sus derechos que podria auer.

Aesto vos rrespondo que quando yo asentare en alguna çiudad o villa, me plaze mandar entender en ello e mandar llamar personas que en ello entiendan para que se faga la moneda enla manera que cunple ami seruiçio e bien de mis rreynos, por que esto es cosa en que se deue entender con grand deliberaçion por que toca atodos mis rreynos e alos subditos e naturales.

14. Otrosi muy poderoso sennor, suplicamos avuestra alteza que quiera mandar librar alos castillos fronteros los mrs. que tienen de pagas en lieuas e de sus tenençias, asi los queles son deuidos delos annos pasados commo de aqui adelante, queles sean librados en cada vn anno entera mente enel prinçipio de cada vn anno, por que por se librar tarde non se pueden sostener e se despueblan, e si vuestra sennoria en esto non prouee seria dar causa que se perdiesen.

Aesto vos rrespondo que yo he mandado saber la verdad delo que deuen auer los dichos castillos fronteros, e lo que justa mente se les deuiere yo gelo mandare librar.—Alo qual fue por vos otros rreplicado que me suplicauades quelo mandase proueer enla forma contenyda en vuestra suplicaçion, e sy algunos alcaydes delos tales castillos e villas non han tenido o non touieren la gente que deuen tener segund las pagas, que mandase proueer mandando les quitar las tales tenençias e dar las a personas perteneçientes, para que segund las dichas pagas tengan la gente que deuen tener.—Aesto vos rrespondo que yo entiendo mandar librar las dichas tenençias e pagas delos dichos castillos fronteros segund que por mi está rrespondido; e quando algunos alcaydes se hallaren que non tienen la gente que deuen tener e para quien lleuan pagas o sueldo, yo lo mandaré quitar e proueeré en ello commo cunple ami seruiçio.

15. Otrosi muy esclaresçido sennor, por quanto muchos terminos e jurisdiçiones e vezindades e suelos delas vuestras çiudades e villas e logares estan entradas e tomadas asi por personas eclesiasticas commo por otros caualleros e conçejos e personas singulares, e que viendo las tales personas hedificar casas enlos suelos e terradgos agenos non tenien-

do titulo alguno para ello, é por que çesen de hazer los tales hedifiçios e ocupaçiones e las non fagan de aqui adelante; suplicamos avuestra alteza que quiera proueer sobre ello mandando quelas dexen e que auida ynformaçion commo las tales çiudades e villas estauan en posesion de qual quier cosa delo suso dicho que sean rrestituidos e puestos luego en la dicha su posesyon, e que sobre la propiedad sean demandados por fuero e por derecho.

Aesto vos rrespondo que yo tengo mandado dar orden sobresto en çierta forma contenida en çiertas mis cartas e prouisiones que sobre ello he dado, las quales mando que sean guardadas e conplidas para lo qual mando dar mis cartas e prouisiones para las mis çiudades e villas quelas pidieren e ouieren menester.

16. Otrosi muy poderoso sennor, suplicamos avuestra alteza que mande proueer sobre los grandes rrobos e males e dannos que se an rrecresçido e rrecresçen de cada dia por causa dela guarda delos montes e monteros de vuestra sennoria, que so color dela dicha guarda se entran en montes e dehesas e las tienen forçadas e tomadas asi a personas eclesiasticas commo a caualleros e escuderos e conçejos e a otras personas, seyendo commo son de su propio patrimonio e sustentando se delas tierras de aquello en espeçial para sostener los ganados, e lo que peor es que dizen e afirman que vuestra alteza les tiene mandado quelas entren e tomen e vendan, lo qual non podemos creer; pero en qual quier manera que ello sea es muy cargo de vuestra rreal conçiençia asy por les quitar e priuar delo suyo commo por los rruydos e feridas e muertes que por rrazon delo tal se han seguido e pueden seguir. Por ende, con toda instançia le suplicamos que mande alas dichas guardas e monteros que non ocupen ny tengan las tales dehesas e montes e terminos,. antes las dexen libre mente a sus duennos, los quales lo rreçebirán por singular benefiçio e limosna.

Aesto vos rrespondo que yo lo entiendo mandar ver e proueer en ello commo cunpla ami seruiçio e abien de mis subditos e naturales.

17. Otrosi muy poderoso sennor, suplicamos avuestra alteza que mande proueer commo çesen tantos rrobos e dannos commo se fazen por la gente delas guardas que andan con vuestra sennoria, los quales commo quier que vuestra alteza les manda muy bien pagar e son pagados sus sueldos, todo lo mas que comen e gastan con sus omes e bestias lo comen forçosa mente delas posadas e logares donde posan sin pagar por ello cosa alguna, e por descargo de vuestra rreal conçiençia vuestra sennoria lo deue mandar proueer de manera quelos dichos rrobos e fuerças

çesen, e vuestros subditos e naturales rreçiban paga delas viandas e otras cosas queles son tomadas.

Aesto vos rrespondo que yo lo he mandado pagar enlos logares que se me han quexado, e de aqui adelante entiendo mandar dar en ello la horden que cunpla ami seruiçio, commo los tales rrobos e dannos çesen e se non fagan.

18. Otrosy muy poderoso rrey e sennor, pues todas vuestras çiudades e villas estan vnanimes para seruir avuestra alteza con las vidas e con las haziendas, muy vmill mente suplicamos quelos vasallos e castillos e logares e jurisdiçiones de que ha fecho merçed a algunas personas o ellos de su autoridad las entraron e tomaron e las tienen, las mande rrestituyr e tornar alas dichas çibdades e villas para quelas tengan e posean enla forma queles perteneçen, e quele plega avuestra alteza que de aqui adelante non dé nin faga merçed de aquello ny de semejante, pues allende del grand danno e agrauio que alas dichas çiudades e villas se ha rrecreçido o rrecreçiere es muy grand deseruiçio de vuestra sennoria, pues enlo tal se deminuye el patrimonio de vuestra corona rreal.

Aesto vos rrespondo que vos tengo en seruiçio lo que çerca desto me suplicades e ami plaze en quanto ami posible sea delo escusar e rremediar para adelante, e sy alguna cosa se ha fecho fasta aqui ha seydo con grandes neçesidades.

19. Otrosy muy poderoso rrey e sennor, suplicamos avuestra alteza quele plega que non se den las rrentas hordinarias de vuestra sennoria ni se enajenen ni deminuyan faziendo merçedes dellas en espeçial de juro de heredad, pues es traspasar lo e enagenar lo para que no se espere rrestituçion para en prouecho de vuestra sennoria, delo qual se sigue que vuestra sennoria aya nesçesidades para auer de demandar seruiçios de pedidos e monedas de que tanta fatigaçion e agrauio sienten vuestros subditos.

Aesto vos rrespondo que dezides bien e lo que cunple ami seruiçio, e lo entiendo escusar e rremediar para adelante en quanto posible sea por quelas cosas pasadas han seydo fechas con grand neçesidad.

20. Otrosi muy alto sennor, vuestra alteza sepa que cada e quando manda llamar galeotes delas behetrias o manda lleuar[1] pan o basteçimientos de viandas o petrechos de vnas partes a otras, los mensajeros e soliçitadores de aquellos tienen esquisitas maneras de rrobar e cohechar muchos de vuestros subditos, mahiriendo alos que quieren e les plaze por

[1] El texto dice: llamar.—Hemos seguido la leccion del códice del Escorial ij-X-14.

galeotes, los quales no son para ello e dexando alos perteneçientes a fin que aquellos les den delo suyo por quelos dexen en sus casas, e asi mismo echan e rreparten mayor suma de mantenimientos e demandan muchas mas bestias para los tales petrechos e basteçimientos, delo qual se sigue que rresçiben muchas dadiuas e cohechos por manera que hazen muy grandes dannos; e por ser en muy grand cargo de vuestra conçiençia muy humill mente le suplicamos lo mande proueer, mandando que ningunos delos tales soliçitadores o mensajeros no lleuen poderes para lo hazer por sy solo syn tener por aconpanados vno o dos ofiçiales de cada çiudad o villa o logar, que puesto que vuestra alteza mande dar cartas en otra manera que toda via se entienda quelo han de hazer los sobre dichos con los dichos aconpanados e no en otra manera.

Aesto vos rrespondo quelo tengo por bien e me plaze e mando que se faga e cunpla asi segun que por vos otros me es suplicado e pedido, e mando dar mis cartas e prouisiones las que cunplan para que sea executado e guardado e conplido.

21. Otrosy muy poderoso rrey e sennor, por que asy las dichas leyes que vuestra alteza aprouó e hordenó commo las prematicas sençiones fechas enla dicha çiudad de Toledo el anno de sesenta e dos no se an guardado ni auido efecto alguno, por donde vuestras çiudades e villas tienen commo perdida esperança, que puesto que agora vuestra alteza las confirme e mande guardar e que sean auidas por leyes para executar enla forma en ellas contenida, e asi mismo mande auer por leyes e mande guardar e executar, lo que agora le suplicamos, sospechan[1] que será escreuir e no auer otro efecto para lo qual pareçe ser algund rremedio el que ya otra vez para en causas semejantes se halló, el qual es, que allende de vuestra alteza lo otorgar e çerteficar e segurar con juramento, e mandar alos del vuestro muy alto Consejo e avuestros contadores mayores quelo asy juren, que rresidan en vuestra[2] corte de contino quatro procuradores delas çiudades e villas de donde vuestra alteza acostunbra mandar venir procuradores para que esten de quatro en quatro meses, los quales tengan cargo de soliçitar e procurar con vuestra alteza o con los de vuestro muy alto Consejo e contadores e otras personas de vuestra casa e corte, quelas cosas contenidas enlas dichas leyes e prag-

[1] ij-X-14: sospecha.

[2] En el códice que sirve de texto, despues de «asy juren» existe un espacio en blanco como para dos renglones que suele haber en él entre la peticion y la respuesta. En el códice ij-X-14 está dividida tambien esta peticion y se puso el número XXIII al márgen de la parte separada que empieza «que residan en vuestra corte.» Creemos que debió estar unido, porque todo forma un mismo capítulo.

maticas sençiones e en cada vna dellas, se guarden e cunplan e executen enla forma en ellas contenidas, para lo qual hazer las dichas çiudades e villas enbiarán sus mensajeros alos tales procuradores, notificando les la sin rrazon e agrauio que rresçiben por rrazon delos quebrantamientos delas tales leyes e pragmaticas, para que asy notificado lo procuren enla forma suso dicha, ca es de creer que suplicando e ynstando[1] sobre ello, vuestra rreal sennoria lo mandará proueer e dar tales prouisiones contra los tales agresores e quebrantadores de aquellas para que aquellos rreçiban castigo e sea a otros exenplo, por manera quelas dichas leyes e pragmaticas esten e duren en su fuerça e vigor; alos quales procuradores vuestra alteza ha de mandar aposentar e mandar pagar lo que sea rrazonable por su mantenimiento, el qual mantenimiento vuestra alteza desde agora mande declarar.

Aesto vos rrespondo que si vos otros quisierades enbiar estos procuradores ami plaze delos mandar aposentar, pero que vengan e esten avuestras propias costas.

22. Otrosy muy poderoso rrey e sennor, avuestra muy alta sennoria suplicamos le plega dar vuestra fee rreal e jura que non dará ni fará merçed nin mandará dar a ningunos sennores nin perlados ni otras personas los mrs. delos dichos pedidos e monedas que sus tierras han de pagar, sino fuere en pago de seruiçio que ouiere de auer e se hallare por vuestros libros cuenta çierta queles es o fuere deuido, por que sy asy no se guardase e cunpliese seria muy trabajoso de conportar los otros pecheros auer de lleuar la carga doblada, lleuando lo quien de justiçia no lo deue lleuar, que asaz trabajos tienen vuestros rreynos en conplir vuestras neçesidades e no que ayan de lleuar los sennores delos logares de sennorios lo que no han de auer, e auer les de pagar el seruiçio queles fuere deuido e cargando vuestra conçiençia commo algunas veçes ha acaesçido.

Aesto vos rrespondo que vos otros dezides bien e lo que cunple ami seruiçio e me plaze dello e vos lo otorgo segund melo suplicastes, e cunpliendo lo vos do mi fee rreal e juro a Dios e a santa Maria e alas palabras delos santos euangellos, do quiera que esté, quelo faré e terné e guardaré e cunpliré asy segund melo suplicastes e pedistes por merçed.

23. Otrosy muy esclareçido rrey e sennor, vuestra alteza sepa que en muchos logares deste rreyno auian e han por cosa de gran vtilidad fazer e tener casas de palomares para criar e tener palomas, de que allende

[1] El texto equivocadamente: instruyendo.

de sus duennos se proueyan otras gentes asaz, pero segund el danno que han rreçebido e rresçiben de cada dia en queles han matado e matan las dichas palomas algunas personas con ballestas e otras con rredes e lazos e otras armanças, asy enlos mismos palomares e çerca dellos commo fuera, e lo que se estima por mayor querella e danno es que si los duennos delos dichos palomares e palomas o otros en su nonbre lo quieren rresistir e rreclamar, han seydo e son ynjuriados de dicho e de fecho de las personas que asy gelas matan, por manera que han tomado ser el mejor rremedio derribar e despoblar los dichos palomares. Sobre lo qual suplicamos avuestra rreal sennoria quele plega de ordenar e mandar que ningunas personas non sean osadas de matar las dichas palomas ni las tomar, mandando castigar e penar alos quelo contrario fizieren, delo qual se seguirá que enlos logares que son dyspuestos para criar las dichas palomas, ayan voluntad de hazer e tener palomares.

Aesto vos rrespondo que dezides bien e me plaze delo proueer e mando que persona ni personas algunas de qual quier estado o condiçion que sean, no ayan osadia de tomar palomar ni palomas algunas ni les tiren con vallesta ny arco ni piedra ni en otra manera, ni sean osados delas armar con rredes ni lazos ni con otra armança alguna en derredor[1] de donde ouiere palomares o palomas, e hordeno e mando quel quelo contrario fiziere que por el mismo fecho pierda la ballesta e rredes e armanças e sea dela persona o personas que gelo tomaren, e que por cada paloma pague sesenta mrs. la mitad para el duenno delas dichas palomas e la otra mitad para el juez quelo executare, e mando a quales quier mis justiçias corregidores e alcaldes e merinos que executen e fagan e manden executar enlas tales personas las dichas penas a cada vna dellas, e por quelas personas que hazen las dichas armanças e matan las dichas palomas lo hazen encubierta e secreta mente, por manera quelos que asi rresçiben el dicho danno no lo pueden aueriguar e prouar, para rremedio delo qual mando alas dichas justiçias e a qual quier dellas, que sy el duenno del tal palomar o palomares hizieren juramento en forma deuida de derecho que halló ala tal persona haziendo el dicho danno, quel tal juramento se rreçiba por entera prouança para que enlos tales se execute la dicha pena o penas.

24. Otrosy muy poderoso rrey e sennor, avuestra alteza suplicamos que mande rremediar e proueer çerca de grandes quistiones e debates que en estos vuestros rreynos han rrecresçido e rrecresçen de cada dia

1 ij-X-11: vna legua en derredor.

entre los herederos e subçesores delos que mueren e entre las mugeres lejitimas que delos tales finados fincan, o sus herederos, por quanto las tales mugeres o herederos tienen por dicho que segund derecho que allende de su dote e arras, que han de auer la mitad delos bienes de su marido, diziendo ser e que son de ganançias, por manera que por gran hazienda quel marido dexe quieren dezir que no queda a sus herederos avn el terçio dello, e los tales herederos e suçesores, en espeçial los subçesores de aquellos que tienen ofiçios e son ofiçiales de vuestra rreal sennoria o de aquella rresçibieron merçedes e benefiçios, los quales se dizen que son bienes castrenses o casy castrenses, e afirman e defienden que ellos los deuen auer e heredar pues sus predeçesores los ouieron por ofiçios e benefiçios e por yr en hueste o en guerra a soldada o sueldo de vuestra alteza e de otros sennores, e quelas dichas mugeres no deuen auer parte alguna enlos tales bienes; e que puesto caso que delos mrs. que han de rrenta delos tales ofiçios e merçedes e sueldo fagan algunas conpras e tengan los frutos e rrentas delos tales ofiçios e merçedes, que todo ello se deue auer por bienes e patrimonio del tal difunto para que los dichos sus herederos los ayan e hereden, e quelas dichas mugeres no deuen auer parte alguna enlo vno ny enlo otro. E por arredrar e quitar las diuisiones e grandes pleytos que sobre esto han naçido e se esperan rrecreçer cada dia, suplicamos avuestra rreal exelençia que declare lo suso dicho para quela tal declaraçion sea auida e publicada por ley, mandando e declarando, que no enbargante lo que çerca desto disponen las leyes del Fuero, que toda la fazienda e bienes que todos los varones ganaren durante el matrimonio, asi de ofiçios e por ser ofiçiales de vuestra alteza commo por ser abogados, commo en hueste yendo de soldada, e lo que conprare desto e ouiere delos frutos e rrentas dello, que sea de su propio patrimonio e para ellos e para sus herederos e suçesores, e que sus legitimas mugeres no ayan ni puedan pedir parte alguna enlos tales bienes ny enlo que se conprare delas rrentas e frutos delas tales merçedes e ofiçios, e que no enbargante quelos dichos maridos tengan allende delos dichos ofiçios e merçedes otras faziendas, quela presunçion de derecho sea quelos bienes mejorados se presuman e digan auer sido e ser delos tales donadios e ofiçios e delos frutos e rrentas de aquellos, e que quede alas dichas mugeres e a sus herederos que puedan hazer su prouança delo contrario; e que por semejante, vuestra alteza declare e mande que se guarde alas mugeres que adquieren donaçiones e otros benefiçios de vuestra alteza e de otros sennores, para quelo tal e las conpras que delos frutos e rrentas que dello se fiziere, sean suyos e de sus herederos, e que sus maridos ni herederos puedan pedyr delo tal, mitad ni otra parte alguna, e allende de se dar rremedio alos tales pleytos e debates seran causa de euitar otros asaz ynconuinientes, por que muchas delas mugeres que enbiudan viendo se asi rricas, es ocasion que se den a algunas disoluçiones, e puesto que sean virtuosas e buenas, pero con la sobra delas tales haziendas se casan segunda vez e han fijos de segundo matrimonio, los quales e su segundo marido gozan dela hazienda que no la trabajaron e ganaron de que se sigue vn colorado rrobo e fuerça alos herederos del que con su sudor lo adquirieron e trabajaron, lo qual es grandisimo danno e ynjuria asy del finado commo de su subçesor. E muy poderoso sennor, es de creer que estas e otras consideraçiones ouo el derecho comun pues enel caso presente lo dispone e manda enla forma de suso contenida, e plaziendo avuestra alteza delo asi declarar e mandar, disponga e mande que se estienda alos pleytos e quistiones que sobre lo tal estan oy dia començados, para que asy aquellos commo los que despues adelante acaesçieren se determinen por la tal declaraçion fecha por vuestra alteza.

Aesto vos rrespondo que mi merçed e voluntad es de me conformar para quela dicha ley del Fuero sea declarada segund quel derecho e las leyes rreales de mis rreynos disponen en este caso por euitar debates e contiendas que fasta aqui sobre el entendimiento e declaraçion dela dicha ley del Fuero son nasçidas e se esperan nasçer lo qual declaro e mando en la manera siguiente: Quela dicha ley del Fuero que dize[1] que todos los donadios quel marido ouier del rrey o del sennor que no aya parte la muger, quelo tal sea entendido no sola mente delos bienes quel rrey o el sennor fiziere merçed, mas de otras quales quier ganançias que sean semejantes destas, asi commo delo que da alos maestros de qual quier çiençia, quier sea dela camara del rrey o de otro logar publico o delo que dan a quales quier juezes del rrey o alos escriuanos de corte del rrey por rrazon de sus ofiçios e de otros quales quier bienes o ofiçios que segund derecho e leyes de mis rreynos se digan bienes castrenses o casi castrenses, e de todo lo que fuere conprado delo tal que todo ello sea libre mente del marido e no aya parte alguna la muger enlo que[2] sobre dicho es que ayan los maridos por bienes castrenses e casi castrenses e de todo lo que fuere conprado, e eso mismo mando e declaro delas ganançias e cosas semejantes si algunas ouieren las mugeres, quelas ayan

[1] Fuero Real, lib. III, tít. III, ley II.
[2] ij-X-14: e lo que.

libre mente e los maridos no ayan parte dellas, pero si otros quales quier bienes que no sean castrenses o casi castrenses ganaren el marido e la muger de consuno, quelos ayan amos de consuno e por medio, e sy algunos delos tales bienes castrenses o casi castrenses fueren ganados durante el matrimonio, quelos pueda enagenar el marido con tal quelo no haga maliçiosa mente, maguer la muger deua auer la mitad dela tal ganançia. Otrosy hordeno e mando que todo lo que y la muger ouier dela mitad delas ganançias durante el matrimonio, en caso que no sean fechas las dichas ganançias delos bienes castrenses o casi castrenses, que si muriere el marido e la muger no guardare castidad, pierda todo lo que asy ouier de auer delas dichas ganançias durante el dicho matrimonio e lo ayan los herederos del marido con quien lo ganó; e si la dicha muger despues de muerto el dicho marido se casare legitima mente, o mantouiere castidad, tenga los dichos bienes que de su parte ouier delas dichas ganançias por su vida e pueda disponer en vida o en muerte dela quinta parte dellos lo quele pluguier, e las otras quatro quintas partes dellos tornen alos herederos del primero marido de quien se hizo la dicha ganançia, e eso mismo sea delas ganançias quela dicha muger ouiere del segundo o terçero matrimonio e dende adelante, que no sean castrenses o casi castrenses, que pueda disponer en vida o en muerte libre mente dela quinta parte delos tales bienes e quelas otras quatro partes queden alos fijos de aquel matrimonio con quien fuere fecha la dicha ganançia. Otrosy declaro e mando que por las deudas que fueren fechas durante el matrimonio por el marido o la muger no sean obligados los bienęs del docte e arras dela muger.

25. Otrosi muy alto rrey e sennor, quanto al capitulo delas dichas leyes de Toledo en que fue suplicado avuestra sennoria quel juro de heredad se pudiese partir de vna persona en otra por rrenunçiaçion e por testamento o por otra disposiçion sin aluala ni mandamiento de vuestra alteza; suplicamos avuestra sennoria quelo otorgue sin limitaçion alguna, e mandando que todos e quales quier mrs. e doblas e florines e pan e vino e ganados e terçias e escusados e otras quales quier cosas e ofiçios de juro de heredad que estan e estouieren asentados enlos vuestros libros, pues es cosa de patrimonio, quelos puedan vender e trocar e canbiar e enagenar con quien quisieren e por sola rrenunçiaçion o disposiçion o testamento o venta delos quelo tienen o touieren, syn auer de ganar otro aluala ni mandamiento de vuestra alteza, los vuestros contadores mayores o sus ofiçiales e logar tenientes tiesten e quiten lo que asy se rrenunçiare e dispusiere e se asyente a quien asy fuere rrenun-

çiado o dispuesto o lo heredare o le perteneçiere, e den e libren por solas sus rrenunçiaçiones o ventas o troques o traspasamientos o disposiçiones alas tales personas, vuestras cartas de preuillegios e cartas e sobre cartas que para lo sobre dicho menester ayan asy commo si por vuestras cartas e expreso mandamiento fuese mandado, los quales dichos preuillegios e cada vno de ellos el vuestro mayordomo e chançeller e notarios e ofiçiales que estan ala tabla delos vuestros sellos, libren e pasen e sellen, ca poniendose la limitaçion enla forma contenida enla dicha ley de Toledo aprouecharia poco al que asi perteneçiese el dicho juro, pues traeria çircunstançias dudosas para enbaraçar las dichas rrenunçiaçiones e disposiçiones.

Aesto vos rrespondo que me plaze que se faga e cunpla todo asy de aqui adelante segund que melo suplicastes e pedistes por merçed. E mando alos mis contadores mayores que pongan e asienten esta mi ley enlos mis libros de juro de heredad e enlo saluado dellos e la guarden e cunplan en todo e por todo segund e por la forma e manera que por vos me fue e es suplicado, e que den e libren los dichos preuillegios e cartas e sobre cartas e sean pasados enlos dichos mis sellos, pues lo tal es patrimonio e se puede vender e trocar e enagenar e heredar, pero es mi merçed que se entienda quelo non puedan rrenunçiar en iglesia ni monesterio ni a persona de horden ni de rreligion ni de fuera de mis rreynos sin mi liçençia e mandado, saluo los que tienen o touieren facultad para ello [1].

XXV.

Cuaderno de las Córtes de Ocaña del año de 1469.[2]

Muy alto e muy poderoso prinçipe rrey e sennor, vuestros humilldes seruidores subditos e naturales los procuradores delas çibdades e villas

[1] El cuaderno dado en estas Córtes respondiendo á los capítulos presentados por los procuradores de la ciudad de Córdoba, tiene la fecha en Salamanca, á 20 de Mayo de 1465.

[2] Se ha tomado este cuaderno del códice de la Biblioteca del Escorial j-Y-13, fól. 220, mencionado ya en las notas de los ordenamientos anteriores. Se ha examinado ademas el códice de la citada Biblioteca ij-X-14, anotando sus variantes. Falta el encabezamiento de este ordenamiento, asi en el códice citado, como en las copias modernas que se han tenido presentes.

de vuestros rreynos que aqui estamos iuntos en cortes con vuestra sennoria, besadas vuestras manos, nos[1] encomendamos en vuestra merçed, la qual sabe commo enbió mandar por sus cartas firmadas de su nonbre e selladas con su sello alas dichas çibdades e villas que enbiasen aqui dela vuestra corte[2] sus procuradores con sus poderes bastantes para que vuestra alteza con ellos comunicase algunas cosas tocantes a seruiçio de Dios e vuestro e al pro e bien comun delos dichos vuestros rreynos e sobre ellas proueyese con su acuerdo. E las dichas çibdades e villas por conplir vuestro mandamiento nos enbiaron acá para entender enlas dichas cosas e despues que somos venidos ala vuestra corte el muy rreuerendo padre don Alonso de Fonseca arçobispo de Seuilla, del vuestro Consejo, nos dixo de vuestra parte commo vuestra alteza nos mandó llamar aqui prinçipal mente por nos çertificar, que dela desorden e mala gouernaçion e guerras e disençiones que de quatro annos a esta parte ha auido en estos vuestros rreynos, vuestra sennoria ha auido e tiene grand pesar e sentimiento commo aquel que dello ha rresçebido la mayor perdida, e que vuestra alteza desea poner algun rreparo e rremedio en ello por venir[3] por manera que se conosçiese que delos dichos males e dapnos pasados rresulta hemienda e buena rregla para lo por venir, e que para entender en esto vuestra alteza nos mandó llamar, la qual[4] nos mandaua que viesemos e platicasemos entre nos otros en que cosas vuestra sennoria[5] deuia proueer e que forma se deuia thener enla prouision dellas para quela hemienda e rreparo delos dichos males e dannos passados se conosçiese, para lo qual mandar e hazer e executar vuestra alteza estaua presto. Muy poderoso sennor, gradesçemos a Dios el buen proposito de que el dicho muy rreuerendo padre nos çertificó que vuestra sennoria está para mirar e proueer sobre el rreparo de vuestros rreynos, e por ello besamos las manos avuestra alteza en nonbre delos pueblos de vuestros rreynos e por nos otros, e esperamos[6] en Dios que este buen proposito algun buen fruto hará, e por que el deseo dela mayor parte de todos vuestros subditos e naturales es prinçipal mente[7] conosçer por obra esto que por vuestra parte nos fue dicho, al qual[8] querrian ayudar

1 ij-X-14: vuestras manos e nos.
2 ij-X-14: ala vuestra corte.
3 ij-X-14: enlo por venir.
4 ij-X-14: lo qual.
5 ij-X-14: en que vuestra sennoria.
6 El texto: e por nos otros esperamos. ij-X-14: e por nos otros e esperamos.
7 ij-X-14: espeçial mente.
8 ij-X-14: alo qual.

con iustas suplicaçiones e con la obidiençia para obedesçer e exsecutar[1] sobre esto vuestro mandado e seguir e seruir avuestra alteza commo a su rrey e sennor natural, acordamos de mirar e platicar entre nos otros para que el fruto del dicho vuestro santo proposito alcançasemos sobre que cosas deuriamos suplicar avuestra alteza que proueyese. E nos otros considerando las causas por donde los dannos e males pasados han venido e creyendo que estas se han de curar con sus contrarios, acordamos de notificar avuestra alteza muchos males e dannos pasados de que se causó[2] la dicha desorden e confusion e de suplicar avuestra alteza por el rreparo dello enla forma siguiente.

1. Muy poderoso sennor, somos çiertos que vuestra alteza, asy por la espiriençia commo por lo que ha leydo, tiene verdadera notiçia que toda muchedunbre es materia o causa de confusion e dela confusion viene la disension por la pluralidad[3] delos que contienden, e por esto fueron los homes costrennidos por nesçesidad de ensennorear entre muchedunbre e congregaçion dellos a vno quelas disensiones concordase o por mandado de superioridad las departiese[4] e por su dicho de aqueste fuesen rregidos, y por que su ofiçio era rregir, conuenible cosa fue que se llamase rrey; delo qual se sigue que el ofiçio del rrey asy por su primera ynvençion commo por su nonbre es rregir, y ha se de entender, bien rregir, por que el rrey que mal rrige no rrige, mas disipa; sigue se que pues quitar e determinar quistiones y dar a cada vno lo suyo es ofiçio de rrey e este tal exerçiçio se llama iustiçia, commo quiera que enlos rreyes se suele hallar linaie dignidad potençia honor e rriqueza e deleytes, pero no lo llamó esto el decreto ser propio delos rreyes, mas dixo, propio es alos rreyes hazer juyzio e justiçia e por el exerçiçio de aquesta prometió Dios por boca de su propheta alos rreyes, perpetuydad de su poder primero y en persona de aquesta tan poderosa e virtuosa virtud dezia el sabio: por mi los rreyes rreynan; e pues muy poderoso sennor, si por esta los rreyes rreynan, concluye se que vos que soys rrey para hazer esta, rreynays y asy bien se puede afirmar que vuestra dignidad rreal, cargo tiene e a cargoso trabajo es subieta, e vuestro cargo es que mientra vuestros subditos duermen vuestra alteza vele guardando los, y su meresçenario soys pues soldada desto[5] vos dan vuestros

1 ij-X-14: y suplicar y executar.
2 ij-X-14: de que se cabsa.
3 En el texto está escrito de distinta mano: paridad.—Seguimos al cód. ij-X-14.
4 ij-X-14: los departiese.
5 ij-X-14: vuestra alteza vela guardando los y su guarda soys pues por soldada desto.

subditos parte de sus frutos e delas ganançias de su yndustria, y vos siruen con sus personas muy ahincada mente alos tienpos de vuestras nesçesidades por vos hazer mas poderoso para que rreleuedes las suyas e quiteys sus vexaçiones, pues mire vuestra alteza si es obligado por contrato callado alos tener y mantener en justiçia e considere de quanta dignidad es çerca de Dios aquesta virtud deyfica, ca Dios se yntitula en la sacra escriptura juez iusto, y mas considere vuestra sennoria que commo quiera que se llame por el psalmista, misericordioso, nunca tomó titulo dela misericordia sin quelo tomase junto con justiçia o verdad que son hermanas [1], que tanto son semejantes que solo el nonbre las distingue, pues la justiçia tanto es amiga de Dios, bien se puede afirmar que el ministro de ella gran amigo es suyo, e joya es la justiçia que no la fia sino de sus amigos o alo menos delos executores de su voluntad, y mire vuestra sennoria quela justiçia que en aquel ydolatra Trajano fue hallada ynclinó a Dios por rruego de san Gregorio a rreuelar le [2] la pena ynfernal, lo qual no se halla que dannado alcançase por otra virtud que ouiese, y en tanta estima la tiene Dios que aquel su uerdadero amigo y seruidor Moysen en sennal de grand confiança y queriendo le ennobleçer, ofiçio de juzgado le dió e juez lo constituyó diziendo le, juzgarás mi pueblo; pero por quela carga del juzgado es grande y el que tiene el çetro dela justiçia ha menester quien le ayude, fue nesçesario que el rrey buscase ministros dela justiçia [3] ynferiores a el, entre los quales rrepartiese sus cargos quedando para el la jurisdiçion soberana, y el buen rrey tales ayudadores para su cargo deue buscar commo los buscaua el sobre dicho Santo por consejo de su suegro quando le dixo, escoje varones prudentes temientes a Dios que tengan sabiduria e aborrescan avariçia. Y desta lumbre alumbrados el sennor Rey don Enrrique el viejo de gloriosa memoria vuestro progenitor y los otros sennores rreyes sus subçesores vuestros progenitores buscaron juezes que tuviesen sus vezes en el rreyno alos quales pusieron nonbre oydores, por enxenplo de aquellos que en el sacro palaçio apostolico oyen e determinan las causas, y del ayuntamiento destos [4] se halló el nonbre de audiençia, la qual despues de su fundamento bien se muestra ser casa de justiçia quela sabiduria edificó sobre las siete colupnas que ella cortó segun dize el Sabio, y es de creer que esta audiençia fue fundada sobre piedra firme pues conbatida

[1] ij-X-14: que son dos hermanas.
[2] ij-14-X: a rrelevar le.
[3] ij-14-X: de justiçia.
[4] ij-X-14: y de ayuntamiento de sanctos.

y lonbardeada[1] por algunas nigligençias o ynjustiçias delos rreyes sus fundadores e por ministros idiotas o maliçiosos e por denegamiento de sus estipendios e por aborresçimiento e menospreçio dela justiçia nunca del todo se ha podido perder, en tanto que alo menos avn que sin tejado e sin paredes sienpre paresçen[2] ende los fundamentos, conbidando a vuestra alteza de cada dia ala rreedificaçion dellos, zele y ame pues vuestra alteza[3] la justiçia, por que si esta ama, será çierto que oyrá quando mas menester le fuere lo que dizia el profeta: amaste la justiçia e aborresçiste la maldad, por eso te vngió Dios et cetera. Pues suplicamos, muy poderoso sennor, avuestra alteza que non quiera consentir que del todo los fundamentos de aquella vuestra tan noble casa de justiçia se disipen, e pues es cosa nesçesaria e muy prouechosa asy para vuestro descargo commo para rremedio delos oppresos e agrauiados, le plega rreformar la, e para dar orden enla rreformaçion della, suplicamos avuestra alteza que mande diputar dos o tres del vuestro Consejo para que con otros dos o tres que nos otros deputemos[4] de nuestro ayuntamiento, entiendan en elegir e nonbrar personas que tengan los ofiçios que en ellas se han de seruir e queles diputen salarios e mantenimientos rrazonables e den orden commo se les paguen e les dé[5] poder conplido para entender e proueer en esto, e estatuya por ley lo que estos ordenaren.

Aesto vos rrespondo que yo creo bien todo lo por vos otros rrelatado en esta petiçion ser asy verdad, e conosçiendo[6] esto, yo tuue la mi corte e chançilleria enlos tienpos pasados bien proueyda de perlado e oydores e alcaldes fasta el tienpo quelos escandalos e mouimientos se començaron en estos mis rreynos, e despues acá vos otros vedes bien que yo no puedo mas hazer ni los tienpos me han dado mas lugar, pero agora que confiando enla misericordia de Dios espero que podré dar alguna buena orden e rreformaçion en estos mis rreynos, digo que me plaze que se haga e cunpla segund que por vos otros me es suplicado e asi lo otorgo, e vos otros sabedes que entre tanto que se da orden de buscar algunas mis rrentas çiertas donde se situen las quitaçiones e ayuda de costa de los mis oydores, yo he mandado dar mi aluala para los mis contadores

[1] ij-X-14: lonbardelada.
[2] ij-X-14: paredes pero avn en pie pareçen.
[3] ij-X-14: pues quiera y ame vuestra alteza.
[4] ij-X-14: diputaremos.
[5] El texto: e les den.
[6] ij-X-14: e conoçido.

mayores para que libren al perlado e oidores e alcaldes que han de rresidir enla mi audiençia este presente anno y el anno venidero enlos pedidos e monedas que vos otros me aveys de otorgar, todo lo que asy han de auer, e yo he dado cargo alos muy rreuerendos padres don Alonso de Fonseca, arçobispo de Seuilla, e don Pedro de Mendoça, obispo de Siguença, quellos nonbren e deputen vn perlado e seys oydores para que esten e rresidan enla dicha mi abdiençia este dicho anno y el anno venidero de setenta annos, de seys en seys meses, tres oydores con el dicho perlado e que esten tres alcaldes y que tasen quanto ha de ser dado a cada vno e aquello se libre luego enlos dichos pedidos e monedas, e entre tanto plazerá a Dios que me dará lugar a que yo rreforme la dicha mi corte e chançilleria enla manera que ha de estar para adelante.

2. Otrosy muy poderoso sennor, si vuestra alteza es tenido de mirar e proueer commo la dicha vuestra corte e chançilleria esté bien proueyda por las rrazones de suso conthenidas, por ellas mismas e por esa misma nesçesidad o mayor es tenido de proueer enla rreformaçion e buena gouernaçion de vuestro Consejo de justiçia, ca a vuestra alteza e a todos vuestros subditos e naturales es notorio quanto está des ordenado e des fallesçido[1] e menguado de perlados e caualleros o letrados, que segund las leyes e ordenanças de vuestros rreynos enel devrian estar, e las causas por donde esto ha venido son eso mesmo notorias, pero entre las otras son muy çiertas tres causas. La primera, por que vuestra sennoria ha puesto enel Consejo algunas personas, mas por les hazer merçed e por las honrrar e condesçender a sus suplicaçiones que por proueer al Consejo, e de aqui ha nasçido quela dignidad e ofiçio de vuestro Consejo es venida en menos preçio siendo ella en sy muy alta. La segunda es por quelos que enel rresiden no son pagados commo de rrazon devrian, e por esto los que en tal cargo tenian buena conçiençia e sufiçiençia no lo quieren açeptar, e asy quedan en algunos que ni tienen buena conçiençia ni buena sufiçiençia. La terçera, por que vuestra sennoria ha dado lugar a que vuestro Consejo esté apartado de vuestra corte donde vuestra rreal persona está, por manera quelas personas que para estar enel Consejo son diputadas se tienen por desterradas de vuestra corte e por des fauoreçidas, e avn esto es causa por que vuestras cartas que van libradas dellos no son obedesçidas ni conplidas commo deuen. Por ende muy poderoso sennor, suplicamos avuestra alteza quele plega diputar personas perlados e caualleros e letrados que esten e rre-

[1] ij-X-14: des favoreçido.

sidan continua mente enel vuestro Consejo e en vuestra corte, donde quiera que vuestra rreal persona estouiere e que sean personas sufiçientes e abiles para ello, e non dé lugar ni liçençia para que se haga consejo en otra parte saluo en vuestra corte o en vuestro palaçio o enla yglesia mas çercana de donde vuestra rreal persona posare segund lo disponen las leyes de vuestros rreynos, e que para estos que asi fueren nonbrados, sean diputados mantenimientos rrazonables con que se puedan manthener e desde luego se dé orden commo e donde han de ser pagados, e a las personas que fueren diputadas por vuestra alteza e por nos otros para proueer enla audiençia, se dé cargo para eso mismo nonbrar e proueer enel vuestro Consejo.

Aesto vos rrespondo que por los dichos escandalos e mouimientos acaesçidos en estos dichos mis rreynos de çinco annos a esta parte, yo no he auido lugar de traer asy ordenado mi Consejo commo devria e querria, pero considerando yo quanto es conplidero ami seruiçio e a pro e bien comun de mis rreynos quelo contenido en vuestra petiçion se guarde e cunpla, digo quelo otorgo asy e mando que se haga e cunpla asi segun que vos otros me lo suplicastes por la dicha vuestra petiçion; e queriendo lo poner por obra yo he dado el cargo alos dichos arçobispo de Seuilla e obispo de Siguença que luego nonbren e diputen personas que esten e rresidan enel mi Consejo de justiçia e luego lo har n, e les he mandado librar alos que asi fueren diputados, sus mantenimientos enlos dichos pedidos e monedas, e he enviado mandar alos del mi Consejo que estan en Xatafe[1] que luego se vengan ala mi corte donde quier que yo estouiere, e asy presta mente entiendo dar horden en todo ello.

3. Otrosy muy poderoso sennor, bien creemos que vuestra alteza sabe quanto danno e detrimento des horden e menoscabo rrecresçe a todos vuestros subditos e naturales por la lauor dela mala moneda que en estos vuestros rreynos se labra e por el vso della e por el fundimiento que se haze publica mente dela moneda que esté fecha en menos preçio de Dios e vuestro e en quebrantamiento delos derechos o delas leyes de vuestros rreynos, e commo quiera quelos males e dannos que desto nasçen son tantos que se non pueden contar, speçial mente por que hazen mayor ynpresion enla gente pobre e mendigante, los quales no saben quexar se ni les es dado lugar para ello, pero tanto es notorio este danno quelas gentes de todos estados e profesiones que en vuestros rreynos tratan e biuen lo conosçen e sienten, e esta es vna delas prinçipales cosas que

[1] ij-X-14: Xetafe.

causan pobreza enlas gentes e careza de todas las cosas e osadia de cometer e hazer falsedades, lo qual cognosçiendo vuestra rreal sennoria, mandó dar e dió a nuestra suplicaçion vna su carta en que mandó que çesase la lauor dela dicha moneda e no se fundiese la que está fecha so graves penas fasta que vuestra sennoria diese orden enla lauor della con acuerdo de nos otros. La qual dicha prouision nos otros en nonbre delos dichos vuestros rreynos tenemos avuestra alteza en muy sennalada merçed, por que creemos ques comienço para que algun buen rremedio se ponga sobre tan gran danno, pero por que esto no abastaria para entera prouision si vuestra alteza no da orden, commo se labre buena moneda en vuestros rreynos con que biua la gente e quela orden que se diere se guarde; por ende suplicamos avuestra alteza quele plega man dar entender en ello muy presta mente enbiando mandar e rrogar al conde de Haro que el dé la orden enla lauor della con acuerdo de personas que en ello sepan, por manera que vuestros rreynos sean abastados dela moneda buena e bien rrespetada la gruesa moneda con la menuda, e que se labre enlas vuestras casas de moneda antiguas que el diputare donde el viere que es mas conueniente[1] que se labre e no enlas otras, e que sy el dicho conde de Haro no açeptare este cargo que quede ala determinaçion de vna o dos personas de vuestro Consejo que rresiden en el, quales vuestra sennoria diputase a nuestra suplicaçion e delas personas que nos otros diputaremos para ello y para que den orden enlo que se há de hazer, e despues de dada la dicha orden e aprouada por vuestra rreal sennoria no le mude ni consienta mudar por palabra ni por cartas, ni dé sus cartas ni çedulas de facultad para labrar de otra ley ni en otra manera; e si[2] vuestra sennoria las diere que no valan e que si en qual quier manera se hallare que en qual quier delas dichas casas se hiziere mudança enla lauor e ley e talla dela moneda contra lo que asy fuere acordado, quelas personas quelo tal hizieren e cometieren cayan e yncurran enlas penas en tal caso estatuydas por fuero e por derecho e por ordenamientos e enlas penas conthenidas enla dicha carta de suso encorporada, e que puedan ser e sean executadas en ellos e en sus bienes por quales quier justiçias e rregimientos dela çibdad o villa do esto acaesçiere, sin enbargo de quales quier cartas e alualaes e çedulas que vuestra sennoria ouiere e aya dado para hazer otra cosa las[3]

[1] ij-X-14: que mas conuiniere.
[2] ij-X-14: e que si.
[3] ij-X-14: para hazer otra las.

quales desde luego rreuoque e dé por ningunas[1], e que vuestra sennoria suplique a nuestro muy santo Padre quelo que sobre esto fuere ordenado mande guardar, poniendo sentençia descomunion sobre los quelo contrario mandaren e hizieren, e que si otros vinieren al vuestro Consejo no sean rresçebidos enel fasta que juren eso mismo[2].

4. Otrosy muy poderoso sennor, ya sabe vuestra alteza commo por nos otros en estas cortes le fue presentada vna petiçion su thenor dela qual es este que se sigue. Muy alto e muy poderoso prinçipe rrey e sennor, vuestros humilldes seruidores los procuradores delas çibdades e villas delos vuestros rreynos que estamos juntos en cortes por vuestro mandamiento en esta villa de Madrid, besamos vuestras manos e nos encomendamos en vuestra merçed, la qual bien sabe en quanta diminuçion e menoscabo es venida la vuestra corona rreal por las muchas e inmensas donaçiones e merçedes que el sennor Rey don Iuan de gloriosa memoria vuestro padre, cuya anima Dios haya, hizo en su vida, e despues vuestra sennoria, de muchas çibdades e villas ynsignes e de muchas fortalezas e de muchos logares e terminos, de muchas tierras e jurediçiones e de otras çibdades e villas de vuestro rreal patrimonio, delo qual ha rresultado que vuestra rreal sennoria que hauia de ser poderoso para sennorear e conquerir tierras estrannas, e sennorear e tener en paz e en justiçia vuestros rreynos, e para rremunerar los seruiçios e castigar los malos e sobre pujar a todos vuestros subditos e naturales en estado y potençia, y vuestra corona rreal es muy diminuida e enpobresçida e vuestro rreal patrimonio muy pequenno e las rrentas del sacadas para otros[3], e lo que peor es quelos vasallos e rrentas de vuestro patrimonio rreal se han consumido por merçedes ynmoderadas en algunas personas quelas no meresçian e las ouieron por causas no iustas ni devidas e por exquisitas maneras, e commo quier que el dicho sennor Rey vuestro padre a petiçion delos procuradores que se iuntaron en cortes enla villa de Valladolit por su mandado el anno pasado[4] de mill e quatroçientos e quarenta e dos annos, sentiendo se del mal ya fecho e dela desorden que estaua ya dada por las merçedes por su sennoria fasta alli fechas en dapno e diminuçion de su corona rreal, e queriendo proueer e rremediar enlo venidero hizo e ordenó vna ley sobre esto por lo qual hizo ynalienables e ynprescritibles todos los vasallos e bienes dela corona rreal

[1] ij–X–14: por ningunas e cassas.
[2] En el texto sigue una nota que dice: A esta petiçion no se dió rrespuesta.
[3] ij-X-14: e las rrentas enagenadas en otros.
[4] ij-X-14: el anno que pasó.

destos vuestros rreynos, e por presçio de çiertas contias que a su sennoria fueron dadas por los sus rreynos hizo pacto e contrato con ellos de no diminuir dende en adelante la dicha corona rreal ni su patrimonio, ni dar ni apartar della vasallos nin termino ni jurisdiçion, proçediendo a rreuocaçion o anullaçion de todo lo que en contrario dende en adelante fuese hecho, firmando commo firmó el dicho contrato por promesa e juramento segun que esto e otras cosas mas larga mente se contienen enla dicha ley; pero la prouision por ello fecha no pudo rrefrenar las cautelas[1] e yntençiones corruptas que despues acá por otros pecados son falladas en algunos vuestros subditos e naturales, los quales menos preçiando el amor e temor de Dios e la memoria dela muerte, con mas esquisitas maneras han procurado e procuran de poner avuestra sennoria grandes themores e de thener en grand discordia vuestros rreynos e hazer entre sy parçialidades por poner a vuestra alteza en nesçesidades e por le meter en ellas, haziendo le creer que no puede vuestra alteza rremediar sus neçesidades e paçificar sus rreynos sin que esos pocos vasallos e bien pocos que a vuestra sennoria[2] han quedado desnudos de rrentas e obediençia quelos deuian rrepartir por ellos, e para esto los vnos mostrando se contrarios delos otros e los otros delos otros, cada vno pide a vuestra sennoria para el otro merçedes de vasallos, afirmando por verdadera consequençia que en hazer flaco vuestro çetro rreal[3] e en hazer a ellos rricos e poderosos consiste la paz de vuestros rreynos e la buena gouernaçion dellos. Pues muy poderoso sennor, commo toda carne haya corronpido su carrera, es ynclinada a cobdiçia e por diuina permision[4] e rrazon natural fue hallado por rremedio de muchos ynconuinientes e por conseruaçion[5] dela amistad humana, que vn rrey rrigiese vn rreyno e este fuese muy poderoso e tal que pusiese themor alos malos e con mano poderosa los rrigiese e sennorease. Qual rrazon consiente que rrey despojado de patrimonio y gentes[6] pueda gouernar e rregir tantos caualleros poderosos e quantos hay e quantos se querrian hazer por estos mouimientos en vuestros rreynos e administrar justiçia, ca non es de creer quelos homes por les acresçentar mayores estados

[1] ij-X-14: rreservar las cavtelas.

[2] Está raspado en el texto: paçificar sus rreynos sin que esos pocos vasallos e bien pocos que a vuestra sennoria.—Se ha tomado esto del códice ij-X-14.

[3] El cód. ij-X-14 omite las palabras: e en hazer flaco vuestro çetro rreal.

[4] ij-X-14: prouision.

[5] El texto: conuersaçion.

[6] ij-X-14: de patrimonio y tierras.

dignidades e rriquezas se hazen mas buenos e paçificos. Y ésto, muy poderoso sennor, ha mostrado manifiesta mente la esperiençia que es madre delas cosas, que con tales maneras y tratos de poco tienpo acá, muchos pequennos son hechos grandes e muchos grandes son hechos mayores en vuestros rreynos, y mientra esto se haze, sienpre la justiçia de dia en dia se pervertió, e la liçençia de mal biuir e osadia de dilinquir e la nigligençia del punir han cresçido, e sobre todo este flaco patrimonio que a vuestra sennoria ha quedado, diz que tientan[1] delo despedaçar e rrepartir entre sy e quieren que sea por vuestra firma e mandamiento e autoridad, dando los titulos dello[2]. Muy poderoso sennor, rrequerimos a vuestra alteza con Dios e con los juramentos que avedes hecho e con la fe e deuda que deuedes alos dichos vuestros rreynos e con la fidelidad que vos deuemos, que no quiera vuestra sennoria enagenar su patrimonio ni parte del ni dar vasallos ni jurisdiçiones ni terminos ni fortalezas, e rreuoque las merçedes que ha fecho dello contra el thenor e forma dela dicha ley dello e quiera rreyntregar[3] su corona rreal e guardar su patrimonio, pues esta deuda entre otras deue a sus rreynos; e si asy vuestra sennoria lo hiziere hará lo que deue e administrará e gouernará sus rreynos commo buen rrey e sennor natural e nos otros en su nonbre lo rresçibiremos en singular merçed; en otra manera protestamos quelas tales merçedes e donaçiones e allienaçiones hechas e por hazer contra el thenor e forma dela dicha ley no valan e sean en si ningunas e de ningun valor e efecto, e que vuestros rreynos usarán de los rremedios dela dicha ley e de todos los otros queles fueren permisos para conseruar la potençia e union dela corona rreal, e por la presente rrequerimos alos perlados e caualleros de vuestros rreynos e alos otros del vuestro Consejo, asy alos que estan presentes con vuestra sennoria e en esta vuestra corte commo alos ausentes, que no sean en dicho ni en fecho ni en consejo quelas dichas allienaçiones e merçedes contra el thenor e forma dela dicha ley se hagan ni consientan en ellas, ni ellos las procuren ni rresçiban ni açepten en caso que vuestra sennoria de fecho las quisiese e quiera hazer, con protestaçion que hazemos que si lo contrario hiziere, estos vuestros rreynos e nos otros en su nonbre vsarán e vsaremos contra ellos delos rremedios que entendieremos que cunplen a seruiçio de Dios e vuestro e a vnion e conseruaçion e bien publico delos dichos vuestros rreynos, commo contra personas quelos

[1] ij-X-14: diz que algunos tientan.

[2] El texto equivocadamente: testigos dello. ij-X-14: los titulos dello.

[3] ij-X-14: dela dicha ley e quiera rrestaurar.

quieren diminuyr e disipar, e demas juramos a Dios e a esta sennal de cruz e alas palabras delos santos euangelios donde quiera que son, que nunca consentiremos ni aprouaremos las tales merçedes que contra el thenor e forma dela dicha ley son hechas e se hizieren, e todos junta mente damos poder conplido a qual quier de nos los dichos procuradores que presente esta petiçion e rrequirimiento ante vuestra sennoria e rrequiera con ella alos dichos perlados e caualleros e otras personas, e dello e delo que vuestra sennoria e ellos rrespondieren pidan e tomen testimonio, e desto otorgamos esta petiçion e rrequerimiento antel escriuano de vuestras cortes, que fue fecha e otorgada en la villa de Madrid, quinze dias del mes de Março anno del nasçimiento de nuestro sennor Ihesu Christo de mill e quatro çientos e sesenta e siete annos. Testigos que fueron presentes llamados e rrogados espeçial mente para lo que dicho es: Garçia de Miranda, excudero de Rodrigo del Rio, procurador dela muy noble y leal çibdad de Segouia e Iuan Nauarro e Iuan de Cuellar criados de Ynigo Diaz de Arzeo[1] procurador dela muy noble çibdad de Burgos, e yo Pero Sanchez del Castillo escriuano de camara de nuestro sennor el Rey e su notario publico enla su corte e en todos los sus rreynos e sennorios e escriuano delos fechos delos dichos procuradores, e de pedimento e rruego dellos esta escriptura fiz escreuir e fiz aqui este mio signo a tal en testimonio de verdad. — Con la qual algunos de nos otros en nonbre de todos por ante el escriuano de nuestro yuntamiento rrequerimos a vuestra alteza, e commo quiera quela notoria justiçia sobre que se funda la dicha petiçion, e la gran nesçesidad y pobreza que vuestra alteza tiene e el gran dolor que vuestro rreal corazon deve sentir por se uer asy enpobresçido e abaxado le devria convidar a poner en esto rremedio e conçeder[2] con gran acuçia a nuestras suplicaçiones, pero vemos que sobre esto vuestra alteza no ha querido proueer e non sola mente no ha proueydo, rreuocando las merçedes delas çibdades e villas[3] e logares e tierras e terminos e merindades e jurisdiçiones que asi ha dado contra el tenor e forma dela dicha ley que de suso se faze mençion, mas avn es fama publica que agora nueua mente vuestra alteza ha fecho merçedes a algunos caualleros e personas poderosas de vuestros rreynos de otras çiudades e villas e logares, tierras e terminos e merindades e fortalezas e jurisdiçiones, en total destruiçion delos dichos rreynos e en agrauio e prejuizio dela rrepublica dellos y en deminuçion e abaxa-

[1] ij-X-14: Harçeo.
[2] ij-X-14: condeçender.
[3] El texto: rreuocando las merçedes e villas.

miento dela corona rreal dellos, e avn allende esto en prejuyzio e agrauio de muchas yglesias e monesterios e ospitales e personas singulares, que enlos tienpos pasados ganaron sus anteçesores delos rreyes de gloriosa memoria vuestros progenitores, merçedes de mrs. e pan e otras cosas situados enlas rrentas delas tales çiudades e villas e logares por seruiçios muy sennalados o por cargos dignos de rremuneraçion, e los sennores a quien son dadas las tales çiudades e villas e logares toman vuestras rrentas dello e abueltas lo que asi está situado enlas dichas rrentas, por manera que el acreçentamiento del estado delas tales personas que dela vuestra rreal sennoria rresçiben las dichas merçedes, va bien aconpannado de lagrimas e querellas e maldiçiones de aquellas[1] que por esta causa se fallan despojados delo suyo. Por ende muy poderoso sennor, suplicamos a vuestra alteza que aya dolor e conpasion de vuestra rreal corona e de vuestro perdimiento e pobreza, e guardando el juramento que vuestra alteza tiene fecho e lo que quieren las leyes de vuestros rreynos, rreuoque todas las dichas merçedes e donaçiones de quales quier çibdades e villas e logares e tierras e merindades o terminos e juridiçiones que fasta aqui ha fecho desde quinze dias del mes de Setienbre del anno que pasó del Sennor de mill e quatro çientos e sesenta e quatro annos que se comen çaron las guerras e mouimientos en estos vuestros rreynos, a quales quier personas de qual quier estado o condiçion que sean, e declare las tales merçedes e donaçiones ser ningunas e de ningun valor e efecto por ser fechas durante las dichas guerras e mouimientos e costrennido por nesçesidades yneuitables en que vuestra alteza estaua ala sazon de las hazer e contra la conpusiçion[2] e juramento que vuestra alteza hizo al tienpo qne fue alçado e obedesçido por rrey, e por ser contra las leyes de vuestros rregnos e en diminuçion de vuestro patrimonio e corona rreal dellos, e en noxa e perjuyzio dela republica dellos, e que por tales merçedes ni por el vso dellas ni por quales quier autos[3] por virtud dellas fechos, no aya seydo ni sea adquerido derecho alguno quanto ala posesion ni quanto ala propiedad e sennorio a aquellos a quien las tales merçedes se hizieron ni a sus herederos ni subçesores, e que mande que de aqui adelante de todo en todo la dicha ley de Valladolid sea guardada, e que vuestra alteza desde luego jure de perseuerar enla dispusiçion desta ley e de non yr ni uenir por escrito ni por palabra ni en otra manera alguna contra ella, e pida e consienta que sea puesta sentençia descomunion

[1] ij-X-14: de aquellos.
[2] El texto: conpensaçion.—Seguimos la leccion del cód. ij-X-14.
[3] ij-X-14: abtos.

sobre sy, si lo contrario hiziere, e rruegue e pida al legado de nuestro muy santo Padre que desde luego para entonçes ponga sobre vuestra sennoria e sobre vuestros herederos e subçesores que fueren contra la dispusiçion desta dicha ley, e sobre quales quier personas de qual quier ley estado o condiçion preheminençia o dignidad que sean quelas tales merçedes han procurado e procuran[1] e sobre los que rresçibieren e tomaren los dichos vasallos e tierras e terminos e jurisdiçiones, avn que sean constituydas las tales personas en dignidad pontifical e en prelaçia qual quier. E otrosy desde luego nos mande dar vuestra alteza sus cartas para todas e quales quier çibdades e villas e lugares e merindades que vuestra alteza desde el dicho tienpo acá ha hecho e hiziese merçedes o de qual quier su tierra e termino e jurisdiçion, para que por si mismos e por su propia autoridad se puedan alçar por vuestra alteza e por la corona rreal de vuestros rreynos, e que asy alçados queden e finquen por de vuestro patrimonio o corona rreal e que puedan tomar e ocupar las fortalezas e castillos delos tales logares[2] para la dicha corona rreal, e que para esto puedan llamar e ayuntar gentes e valedores e quitar qual quier rresistençia, si rresistençia alguna les fuere fecha; e si sobre esto[3] acaeçieren muertes e feridas de omes e quemas e rrobos e otros dannos fueren fechos por parte destos atales que se quisieren tornar ala vuestra corona rreal, que no caigan por ello ni yncurran en pena alguna, y esto aya logar en todas las merçedes e donaçiones por vuestra alteza fechas desde el dicho tienpo acá e enlas que se hizieren de aqui adelante de quales quier çibdades e villas e lugares e tierras e terminos e jurisdiçiones e fortalezas e merindades, e de aqui adelante que no se hagan ni puedan ser fechas las tales merçedes e donaçiones, e si se hizieren que non valan, e que pida vuestra alteza al legado del nuestro muy santo Padre que en vuestros rreynos está, que ponga sentençia de excomunion sobre vuestra sennoria si lo contrario hiziere e sobre las personas quelas tales merçedes e donaçiones procuraren e açeptaren e vsaren.

Aesto vos rrespondo quelo conthenido en vuestra petiçion es cosa muy santa e justa e conplidera a seruiçio de Dios e mio e ala rrestauraçion de mi corona rreal e conseruaçion de mi patrimonio, e asy vos lo tengo en sennalado seruiçio, pero vos otros sabedes e es notorio que yo costrennido por la nesçesidad yneuitable que en este tienpo me ocurrió e por defender mi rreal persona e por atraer a mi los caualleros de

[1] ij-X-14: e procuran e procuraren.
[2] ij-X-14: e castillos delas tales çibdades.
[3] ij-X-14: puesta, e sobresto.

mis rreynos para que me siruiesen e por que no me des siruiesen hize las dichas merçedes e donaçiones e avn commo vedes no soy salido de todo punto dela dicha nesçesidad y menester. E si agora yo hiziese esta rreuocaçion en vuestra petiçion conthenida, podria rredundar en des seruiçio mio e en danno y escandalo de mis rreynos, e desto nasçeria que seria puesto en mayor fatiga e nesçesidad quela pasada e para salir della me seria forçado dar lo que me ha quedado; pero yo espero en Dios que el por su piedad [1] me sacará destas nesçesidades e traerá tienpos mas paçificos en que sobre esto se pueda proueer mejor e mas con efeto que agora, e para estonçes yo con acuerdo de mis rreynos entiendo rremediar e proueer sobrello.

5. Otrosy muy poderoso sennor, bien sabe vuestra alteza commo desde el dicho tienpo de quinze dias del mes de Setienbre del anno de sesenta e quatro a esta parte quelos mouimientos se començaron en estos rregnos de vuestra sennoria,[2] algunas veces constrennido por las dichas nesçesidades e otras veçes por ynportunidat o por vuestra voluntad hizo merçed nueua mente a algunas personas de grande e mediano e pequenno estado e a cabildos e conuentos e otras uniuersidades, de mrs. e pan e vino e doblas e florines e carneros e ovejas, de merçed o por quitaçion, e a algunas por juro de heredad e a otros por vida e a otros por tienpo çierto e a vnos por titulos de merçed e a otros por quitaçion con algunos ofiçios, asy commo audiençias e alcaldias e secretarias e rreferendarias, e eso mismo muchas personas que tenian en vuestros libros mrs. e pan e doblas e otras cosas de merçed por vida o de mantenimiento o de limosna o de ayuda de costa e otros que tenian lanças con que auian de servir a vuestra sennoria[3] e otros que tenian rraçiones e quitaçiones e vistuarios por ser del vuestro Consejo e oydores de vuestra audiençia e alcaldes de vuestra corte e secretarios e escriuanos de camara e ofiçios de guardas e maestre salas e donzeles e por otros ofiçios e cargos, ovieron cartas e alualaes de vuestra sennoria para que todo lo que por la dicha rrazon tenian en vuestros libros de por vida lo ouiesen de merçed por juro de heredad o de merçed de por vida e situados [4] por preuillegios, e de mucho dello son sacadas vuestras cartas de preuillegios de pargamino e otras por vuestras cartas de papel. E otrosy del dicho tien-

[1] El texto: piadad.
[2] ij-X-14: en estos rregnos, vuestra sennoria.
[3] El texto omite: e otros que tenian lanças con que auian de servir a vuestra sennoria.—Se ha tomado esto del códice ij-X-14.
[4] ij-X-14: situado.

po acá vuestra rreal sennoria hizo merçed a muchas personas y cabildos e conuentos y ospitales e huniuersidades de muchos escusados, a vnos de merçed e por vida e a otros por juro de heredad, a vnos de monedas e a otros de pedidos e monedas e avn de otros tributos e derechos, e a algunos dellos tasado cada vn escusado en çierta contia de mrs., e algunos [1] destos se díeron los dichos escusados de merçed sobre sy e a otros junta mente con ofiçios de abdiençias e alcaldias e secretarias e escriuanias de camara e otros ofiçios; e commo quiera quelas tales merçedes a prima vista paresçe que no rredunda en tan gran detrimento [2] de vuestro patrimonio e dela corona rreal de vuestros rreynos commo las merçedes e donaçiones de vasallos, pero enla verdad [3] tanto e mas diminuyen estas vuestro rreal estado e patrimonio, quelas merçedes de vasallos, por que con esto ha quedado vuestra sennoria syn rrentas de que solia conplir todo lo nesçesario e lo peor es [4] que esto se ha dado tan desmedida e ynmodera mente que mucho dello se ha dado a personas yndignas de rresçebir tales merçedes e ofiçios e algo dello se ha dado a personas e en lugares, que puesto que meresçian, pero no tanto quanto les fue dado, e es çierto que vuestra alteza hizo las dichas merçedes e dió los dichos ofiçios costrennido por las nesçesidades que hizo las merçedes e donaçiones de vasallos, e que por esas mismas rrazones no valen mas estas merçedes quelas otras, e puesto que vuestra alteza hizo algunas delas dichas merçedes a personas quelas bien meresçieron en rremuneraçion de seruiçios que durante este tienpo hizieron, pero es çierto que si la rreuocaçion no se hiziese general de todas estas merçedes e se hiziese particular mente de algunas, que se pornia por ello gran escandalo e se daria materia de discordia e diuision en vuestros rreynos, e no es gran ynconuiniente quelas personas e vniuersidades que hizieron a vuestra sennoria los dichos seruiçios queden al presente sin esta rremuneraçion dellos [5], por que tan gran contia commo es dada ynmoderada mente e a personas que no lo meresçen sea rreuocada e que se sufra el menos danno por euitar el mayor, e que se dé lugar a que personas priuadas sean dannificadas por que vuestra sennoria rrecobre su patrimonio e la cosa publica de vuestros rreynos sea rreparada. Por ende muy poderoso sennor, suplicamos a vuestra alteza que con acuerdo delos procuradores

[1] ij-X-14: e a algunos.
[2] ij-X-14: que no rredundan en grand detrimento.
[3] ij-X-14: e pera enla verdad.
[4] ij-X-14: e lo que peor es.
[5] El texto equivocadamente dice: sy esta rrenunçiaçion dellos.

de vuestros rreynos le plega rreuocar, e desde luego rreuoque o dé por ningunas e de ningun valor todas e quales quier merçedes e donaçiones que vuestra alteza ha hecho e quitaçiones que ha dado con quales quier ofiçios, desde el dicho tienpo de quinze dias de Setienbre del anno de sesenta e quatro a esta parte, a todas e quales quier personas e uniuersidades general mente asy de quales quier mrs. e pan e vino e ganados e doblas e otras cosas e escusados de pedidos e monedas e otros pechos e tributos de juro de heredat commo de merçed e por vida o en otra qual quier manera, e las cartas e preuillejos que delas tales merçedes hasta aqui son dadas e se dieren de aqui adelante delas merçedes fasta aqui fechas e delas quitaçiones dadas; e que todos e quales quier mrs. de quitaçiones [1] e rraçiones e merçedes e mantenimientos que fueron mudados enlos vuestros libros por vuestro mandado de vna calidad en otra desde el dicho tienpo acá, que sean luego tornados e asentados en ellos segun que primero estauan, e prometa vuestra sennoria e ordene que no hará de aqui adelante merçed alguna de mrs. e pan e otras cosas de juro de heredad saluo con acuerdo del vuestro Consejo. E quela carta e aloalá dela tal merçed sea librada enlas espaldas alo menos de quatro perlados e caualleros e letrados delos que rresidieren con vuestra sennoria enel vuestro Consejo e que de otra manera no valga, e por escusar las dichas contiendas e discordias que dela tal rreuocaçion se podrian rrecresçer si no fuese general, dezimos que si la tal rreuocaçion delas tales merçedes no se ha de hazer general mente de todas e quales quier merçedes de mrs. e doblas e pan e vino e ganados e otras cosas fechas desde el dicho tienpo acá atodas e quales quier personas de qual quier estado o condiçion que sean con vuestro acuerdo e consejo, que auemos por no fecha esta suplicaçion. Pero por que el culto diuino y la causa pia es muy fauorable, si vuestra alteza quisiere dexar a las yglesias e monesterios e logares piadosos las merçedes queles ha fecho del dicho tienpo acá, esto sea commo vuestra rreal sennoria quisiere.

Aesto vos rrespondo segun e commo enla rrespuesta que yo di ala petiçion de arriba junta con esta se contiene, quela misma rrazon que está enla otra está en esta, e espero en Dios que traerá tienpo conuenible para que yo prouea enlo vno e enlo otro commo cunple a seruiçio mio e a rrestauraçion de mi corona e patrimonio rreal e pro comun de mis rreynos.

1 ij-X-14: e quitaçiones

6. Otrosy muy poderoso sennor, sabe vuestra sennoria commo al tienpo que mandó por sus cartas que todas e quales quier personas quele viniesen a seruir en el dicho anno que pasó de sesenta e çinco al su rreal de Simancas e a otras partes por çierto tienpo con sus armas e a su costa que fuesen hijos dalgo e libres e francos de todos pechos e tributos rreales e conçejales, ellos e los que dellos desçienden, e desto ouieron vuestras cartas de hidalguias, e que muchos dellos estauan en vuestro rreal e en vuestra hueste por azemileros de otros e por homes de pie e despenseros e otros a sueldo, e estos cautelosa mente se presentaron ante los vuestros ofiçiales para ganar la dicha hidalguia, e sy estos ouiesen de quedar hijos dalgo e los que dellos desçienden, vuestra sennoria rresçebiria en ello gran des seruiçio e los conçejos e omes buenos delos lugares donde estos biuen e donde biuieren, los que dellos desçenderán rresçibirán gran agrauio e danno, ca los pechos rreales e conçejales que estos auian de pagar se cargarian sobre los otros pecheros, lo qual rredundaria en gran cargo de vuestra rreal conçiençia. E otrosi vuestra alteza desde el dicho tienpo acá ha dado amuchas personas cartas de hidalguia por donde los ha hecho hijos dalgo exentos de todos pechos e tributos; e avn lo que peor es, vuestra sennoria por ynportunidad de algunas personas ha librado e dado las dichas cartas de hidalguia en blanco, e aquellos quelas conprauan las hincheron para si e de muchas dellas son sacadas vuestras cartas de preuillegios. E otrosy del dicho tienpo acá vuestra sennoria ha dado sus cartas e preuillegios a algunas çibdades e villas e lugares, para que en cada vn anno para syenpre jamas e por çierto tienpo ayan o tengan feria o ferias francas de alcaualas e otros tributos en todo o en parte en que aya en ellos mercados francos en cada semana en todo o en parte. E otrosy ha dado e librado desde el dicho tienpo acá a muchas personas sus cartas de preuillejos de exsençion de pedidos e monedas e moneda forera. E otrosy del dicho tienpo acá ha dado a algunas çibdades e villas e lugares de sus rreynos exsençiones de pedidos e monedas e moneda forera e otros de martiniegas e yantares e otros pechos e derechos rreales, e dellos para syenpre jamas, e a ellos por çierto tienpo; alos vnos sin lleuar dellos cosa alguna, saluo por los seruiçios que afirmauan [1] que hizieron e a otros por algunas pequennas contias que por ello dieron a vuestra sennoria e dello les dió sus cartas de preuillegios. E otrosy del dicho tienpo acá ha dado vuestra sennoria muchas cartas e preuillegios por virtud delos quales ha

[1] ij-X-14: que afirman.

exsemido e apartado algunas villas e lugares dela jurisdiçion de otras, e de algunas dellas ha dado la jurisdiçion a personas poderosas e a otros dellas ha hecho libres para que tengan jurisdiçion sobre sy. E otrosy del dicho tienpo acá ha hecho muchos escriuanos de camara a vnos con rraçion e quitaçion e escusados e a otros syn ello, e ha dado monterias e escuderias de cauallo e secretarias e guardas nueua mente hechas, lo qual todo rredunda en gran des seruiçio vuestro e menguamiento delos tributos e pechos a vuestra sennoria deuidos e en gran danno e detrimento delos homes buenos pecheros delas çibdades e villas e lugares donde estos moran e avn en mengua e ynjuria dela gente noble e linpia en quien la generosidad e semejantes ofiçios e exsençiones solian caber, e todo ello deve ser rreuocado por las causas de suso en esta petiçion conthenidas. Por ende muy poderoso rrey e sennor, suplicamos avuestra alteza quele plega mandar rreuocar todas las dichas cartas e preuillejios de hidalguias dados en qual quier manera e exsençiones de pedidos e monedas e otros derechos dadas a quales quier personas e exsençiones de jurisdiçion dadas aqual quier villa o logar, saluo si la tal exsecuçion de jurisdiçion fuere dada a lugar rrealengo e behetria para que sea de jurisdiçion [1] de çibdad o villa o logar de sennorio. E otrosy mande rreuocar todas las exsençiones de pedidos e monedas dadas a quales quier çibdades e villas e lugares, saluo las que [2] son dadas enlas çibdades e villas que suelen e acostunbran enbiar procuradores a cortes, las quales suplicamos a vuestra sennoria que por que sean ennoblesçidas les sea guardada la franqueza delos muros adentro dellas e non mas. E otrosy mande rreuocar todas las cartas e preuillegios dadas aquales quier çibdades e villas e lugares para que tengan ferias e mercados francos. E otrosy todas las cartas de escriuanias de camara e notarias [3] e de maestre salas e guardas dadas desde el dicho tienpo acá, e dé por ningunas todas las cartas de preuillegios sobrello dados e mande que de aqui adelante no ayan vigor ni efecto.

Aesto vos rrespondo que yo costrenido por las dichas nesçesidades e ynportunidades oue de dar e hazer e dí e hize las dichas merçedes e franquezas e hidalguias e exsençiones conthenidas enla dicha vuestra petiçion, asy alos dichos conçejos delas dichas çibdades e villas e lugares commo a personas singulares, las quales por las causas e rrazones contenidas de suso en vuestra petiçion fueron e son ningunas commo

[1] ij-X-14: para que sea esento de juredíçion.
[2] El texto: saluo alas que.
[3] El texto equivocadamente: e monteria.

aquellas que tienden en noxa e perjuyzio dela mi corona rreal e en des seruiçio mio e en danno [1] dela cosa publica delos dichos mis rreynos. Por ende yo por esta ley declaro las dichas merçedes [2] contenidas enla dicha vuestra petiçion fechas por mi desde quinze dias del mes de Setienbre del anno de sesenta e quatro fasta aqui, e mis cartas e sobre cartas e çedulas [3] sobrello dadas ser ningunas e de ningun valor e efecto, e si nesçesario es agora por esta ley las do e pronunçio por ningunas, saluo las cartas que yo di por donde exsimi algun logar rrealengo o behetria dela jurisdiçion de çibdad o villa o lugar de sennorio e lo hize sobre sy, e quiero e mando que no valan ni ayan fuerça ni vigor ni efecto alguno, e mando aquales quier conçejos e huniuersidades e personas singulares aquien yo desde el dicho tienpo acá di mis cartas e preuillejos e alualaes de qual quier merçed o ofiçio o exsençion sobre lo suso dicho, que contra el thenor e forma desta ley no se aprouechen dellas ni por virtud dellas se escusen [4] ni dexen ni se defiendan de pechar e pagar e contribuyr en pedidos e monedas e en todos los otros pechos rreales e conçejales en que pechauan e contribuyan e pagauan e deuian pechar e pagar e contribuyr ante quelas dichas exençiones e ofiçios ouiesen, e mando alos mis contadores mayores que por virtud desta ley e sin pedir ni esperar otra mi carta tiesten e quiten delos mis libros el asiento de todas e quales quier mis cartas e preuillegios e alualaes que yo aya dado desde el dicho tienpo acá a quales quier çibdades e villas e lugares para que ayan e tengan ferias e mercados francos e todas e quales quier mis cartas de hidalguias e de exsençiones de alcaualas e pedidos e monedas e moneda forera e ayantares [5] e martiniegas e otros pechos e tributos rreales e conçegiles e de cada cosa dello que en ellos estan asentadas aquales quier conçejos e personas singulares e vniuersidades e collaçiones enla manera que dicha es, e dende en adelante no los pongan enlos quadernos ni en mis cartas por donde yo mandare pedir e coger las mis alcaualas e los pedidos e monedas e otros tributos rreales ami pertenesçientes, e demas que qual quier conçejo e persona que por la dicha exsençion o franqueza tentare de se escusar [6] que caya e yncurra enlas penas en que segun las leyes de mis rreynos caen e

[1] ij-X-14: e danno e detrimento.
[2] ij-X-14: todas las dichas merçedes.
[3] ij-X-14: e mis cartas e preuilegios e alualaes e çedulas.
[4] ij-X-14: se eximan.
[5] ij-X-14: e yantares.
[6] ij-X-14: esentar.

yncurren los pecheros dellos que deniegan [1] a su rrey e sennor natural los pechos e tributos quele deuen, e que desto sean luego dadas mis cartas para todas las çibdades e villas de mis rreynos, e que por el mismo fecho ayan perdido e pierdan todas las otras e quales quier franquezas e libertades e exsençiones e preuillegios que tienen delos rreyes mis progenitores e de mi.

7. Otrosy muy poderoso sennor, vuestra alteza sabe commo durante el tienpo delos dichos mouimientos desde mediado el mes de Setienbre del dicho anno de sesenta e quatro, vuestra sennoria por las causas e nesçesidades suso dichas ha hacresçentado muchos ofiçios de alcaldias e veynte quatrias e rregimientos e juraderias e escriuanias del numero, e fialdades e executorias e otros ofiçios en muchas çibdades e villas e lugares de vuestros rreynos de mas e allende delas que primero estauan, e a otros que tenian ofiçios antiguos de alcaldias e venyte quatrias e rregimientos e fialdades e executorias e juraderias e merindades e alguaziladgos e alcaldias de sacas e escriuanias publicas del numero por su uida las ha dado vuestra sennoria del dicho tienpo acá por juro de heredad, e a otros que tenian tenençias e alcaldias de vuestra alteza para en quanto vuestra voluntad fuese, gelas ha tornado vuestra sennoria de merçed de por vida e a otros de juro de heredad,[2] e a otros que tenian de antes vuestras cartas de merçed delos tales ofiçios acresçentados e no las auian mostrado ni auian auido efecto, quando vieron los mouimientos desde el dicho tienpo acá acaesçidos, las presentaron despues acá en los lugares e alas personas a quien se dirigian e fueron rresçebidos ala posesion e exerçiçio delos tales ofiçios, lo qual todo es contra derecho e contra las leyes de vuestros rreynos e en grande dapno dela cosa publica e del pro comun e en gran confusion delas dichas çibdades e villas e logares e obispados e merindades donde esto se haze. Por ende muy poderoso sennor, suplicamos a vuestra sennoria que mande rreuocar las tales facultades e merçedes e preuillejos e cartas e mande de aqui adelante que non ayan vigor ni efecto, e que de aqui adelante sean guardadas las leyes de vuestros rreynos que sobre algo desto disponen.

Aesto vos rrespondo que vos otros dezides bien e lo que cunple a mi seruiçio e al bien comun delas çibdades e villas e lugares de mis rreynos e entiendo que se deue e puede hazer desde luego. Por ende yo lo

1 ij-X-14: los pecheros que deniegan.

2 El códice ij-X-14 omite: gelas ha tornado vuestra sennoria de merçed de por vida, e a otros de juro de heredad.—Inserta despues esta cláusula donde dice: rresçebidos ala possesion e exerçiçio delos tales ofiçios gelas ha tornado, etc.

otorgo asy segund e commo vos otros me lo suplicastes e en esta vuestra petiçion se contiene, e mando e defiendo por esta mi carta a todas e quales quier personas de qual quier ley estado o condiçion que sean a quien yo hize las dichas merçedes e prouey delos dichos ofiçios en esta dicha petiçion conthenidos, que de aqui adelante no vsen dellos ni se llamen tales ofiçiales so las penas en que cahen las personas priuadas que vsan de ofiçios publicos sin thener poder ni autoridad para ello. E mando alos conçejos e cabildos e ayuntamientos donde las tales personas fueron rresçebidos alos dichos ofiçios e donde vsan dellos despues acá, que de aqui adelante no los rresçiban en sus ayuntamientos ni vsen con ellos enlos dichos ofiçios ni los ayan por tales ofiçiales ni los acudan con derechos e salarios delos tales ofiçios, e demas desto que se guarden las leyes de mis rreynos que sobresto o sobre qual quier cosa dello disponen.

8. Otrosy muy alto sennor, notificamos a vuestra sennoria commo en poder de rrecaudadores e arrendadores e rreçeutores [1] e otras personas que enlos annos pasados han tenido cargo de vuestra hazienda estan rretenidas grandes contias de mrs. de que por los mouimientos acaesçidos no han dado ni quieren dar cuenta ni rrazon. Suplicamos a vuestra sennoria que luego mande a vuestros contadores mayores de cuentas que con toda acuçia los llamen e tomen cuentas, por que vuestra sennoria mas presta mente pueda ser socorrido para sus nesçesidades delos mrs. queles fueren alcançados y por dilaçion de tienpo no se tornen e hagan albaquias, e creemos que delas cuentas que alos dichos rrecaudadores e arrendadores seran tomadas rresultarán otros muchos cargos contra otras personas de que asy mesmo han de dar cuenta e rrazon, e se les harán grandes alcançes, los quales vuestra sennoria perderia si las dichas cuentas no se tomasen avn quelos dichos fin e quitos ouiesen de pasar; e por que todo lo suso dicho aya efeto mas presta mente [2] vuestra sennoria deve mandar alos vuestros contadores mayores que luego con toda açeleraçion den alos dichos contadores mayores de cuentas, por rrelaçion breue, copias de todos los cargos de todos los dichos rrecaudadores e arrendadores e rreçeutores e otras personas, nonbrando sola mente personas e contias e partidos de todos los annos pasados fasta en fin del anno que agora pasó de mill e quatroçientos e sesenta e ocho annos para en tanto que hazen las dichas rreçeutas enla forma acos-

[1] ij-X-14: rreçebtores.—Lo mismo despues.
[2] El texto: perfecta mente. ij-X-14: presta mente.

tunbrada las quales luego les mande poner en obra delas hazer so çierta pena [1], e si para esto son menester los libros viejos que estan [2] en poder de Iuan de Biuero e Pedro Arias, vuestros contadores mayores que fueron, suplicamos a vuestra sennoria quelos mande traer.

Aesto vos rrespondo que vos otros dezides bien e lo otorgo e me plaze que se haga e cunpla asy, e mando alos mis contadores mayores que luego hagan e cunplan lo conthenido en esta vuestra petiçion.

9. Otrosy sennor, por quanto somos çiertos que vuestra sennoria por se socorrer para sus nesçesidades dió a algunos delos dichos rrecaudadores e arrendores e vniuersidades e otras personas, çiertas cartas de fin e quito por mucho menores contias delas que deuian, e eso mesmo por hazer merçed a algunos vuestros criados e otras personas del dicho tienpo acá les hizo merçed de algunas deudas que algunos rrecaudadores e arrendadores e rreçeutores le deuian e desto se han seguido e siguen grandes dannos e perdidas a vuestros vasallos e ofiçiales e a otras personas que en ellos tenian e tienen mrs. librados y muchos açeptados, y por causa delos dichos fin e quitos no les han querido ni quieren pagar, diziendo que de todo tienen fin e quitos, los quales segund derecho e ordenanças fechas en este caso non deuen pasar; por ende suplicamos a vuestra sennoria que rreuoque e dé por ningunas e de ningun valor e efecto todas las dichas cartas e fin e quitos que asy ha dado del dicho tienpo acá e las merçedes delas tales deudas que asy hizo a otras personas, e mande alos dichos vuestros contadores mayores de cuentas quelos mrs. quelos tales rrecaudadores e arrendadores les dieron por los dichos fin e quitos e los que dieron alas dichas personas a quien vuestra sennoria hizo merçedes delas dichas deudas e mas, otro tanto queles sea rresçebido e pasado en cuenta e paguen lo que demas les fuere alcançado e lo que deuen alas personas suso dichas y en ellos estan librados.

Aesto vos rrespondo que vos otros sabedes las grandes nesçesidades que me han corrido [3] en estos tienpos pasados e algunas vezes por contentar algunas personas que sobresto me ynportunavan, otras vezes por auer algunas contias de mrs. para el gasto de mi casa yo oue de dar algunas cartas de fin e quitos por muy pequennas contias a algunos mis arrendadores e rrecaudadores mayores e sus fiadores e rreçeutores e otras personas que eran en algun cargo de mi hazienda e me deuian algunas contias de mrs., e eso mismo oue de hazer merçed a algunas

[1] ij-X-11: en obra so çierta pena.
[2] ij-X-14: que se diz que estan.
[3] ij-X-14: ocurrido.

personas delas deudas que otras personas me deuian, lo qual todo yo hize por la gran nesçesidad en que estaua e por ganar las voluntades delas tales personas e soy çierto que en esto yo rresçebí gran agrauio e perjuizio [1], e si lo tal pasase rredundaria en gran deseruiçio mio e en gran diminuçion de mis rrentas e detrimento de mi hazienda e de mis subditos e naturales, alos quales cunple que sea socorrido delo mio por que rrelieue a ellos de nueuas ynpusiciones e de tributos. Por ende yo rrevoco [2] e doy por ningunas e de ningund valor y efecto todas e quales quier mis cartas de fin e quito que yo e dado en qual quier manera a quales quier personas e conçejos e vniuersidades desde quinze dias del dicho mes de Setienbre del dicho anno de sesenta e quatro fasta agora, de quales quier deudas ami deuidas en qual quier manera, e quales quier merçedes e donaçiones e cartas dellas que yo he hecho e dado alas tales personas e conçejos delas dichas deudas ami deuidas, asy a ellos commo a sus herederos e fiadores, puesto que esten las cartas dello [3] asentadas enlos mis libros; pero por me auer mas begnina mente e por quelas personas que asy ouieron los dichos fin e quitos, asy de mi commo delas personas a quien yo hize las dichas merçedes, dieron algunas contias de mrs. por auer las tales cartas de fin e quito e hizieron algunas costas en sacar las dichas cartas e enlas asentar enlos mis libros e enlas sellar, quiero e mando alos dichos mis contadores mayores de cuentas e alas otras personas que yo con ellos diputare para estar en ellas [4], que ayan su ynformaçion e sepan la verdad por quantas vias mas mejor [5] pudieren, que contias dieron los tales deudores ami o alas personas a quien yo hize merçed delas dichas deudas por auer las dichas cartas de fin e quito e quanto deuieron dar de derechos al sello e rregistro e alos mis ofiçiales por los despachar e librar e asentar enlos mis libros, e aueriguen con ellos las cuentas de todo lo que justa e buena mente me devian de quales quier cargos e fianças e obligaçiones e otros hazimientos tocantes a mi hazienda, e de todo lo que hallaren que me deuian les descuenten todo lo que asy dieron e pagaron por las dichas cartas de fin e quito, asy ami commo alas dichas personas a quien yo hize merçed delas dichas deudas e todo lo que deuieron dar de sus derechos alos ofiçiales de mi sello e rregistro e delos mis contadores mayores, e aquello les sea

[1] ij-X-14: muy grande e grave perjuyzio.
[2] El texto equivocadamente dice: rrenunçio.
[3] ij-X-14: dellos.
[4] ij-X-14: con ella.
[5] ij-X-14: mas e mejor.

descontado delas dichas deudas con otra tanta contia e todo lo otro que fincare de alcançe contra ellos, sean thenudos de me lo dar e pagar e se cobre para mi. E mando alos mis contadores mayores que saquen de los dichos mis libros los cargos e rreceptas contra las tales personas e conçejos segun los acostunbran hazer e los den y entreguen alos dichos mis contadores mayores de cuentas, no enbargante que hallen asentadas las dichas mis cartas de fin e quito en mis libros e testados dellos los dichos cargos; alos quales dichos mis contadores de cuentas mando que luego den mis cartas de llamamiento para las dichas personas e conçejos que hallaren que me eran en cargo e para sus fiadores e hazedores, les[1] tomen sus cuentas e las aueriguen e les fagades cuenta delo que asi dieron con otro tanto commo dicho es, e lo que rrestaren lo den por alcançe liquido para que yo lo mande cobrar dellos e de sus bienes para mi.

10. Otrosy muy poderoso sennor, por parte de vuestra alteza nos es notificada la grande nesçesidad en que está de dineros, asy para mantenimiento de vuestra rreal persona e casa, commo para pagar la gente que vuestra sennoria quiere ayuntar para andar poderosa mente por vuestros rreynos e rrecobrar vuestro rreal patrimonio e poner so vuestra obidiençia las çibdades e villas e fortalezas que vos estan rreueladas[2], e que si vuestros rreynos no vos seruiesen e socorriesen con alguna contia esto no se podria hazer, e nos envia mandar que demos orden commo vuestra alteza sea seruido e socorrido de sus rreynos con alguna contia en pedidos e monedas para rremediar e proueer sobre esta tan gran nesçesidad. Por çierto muy poderoso sennor, vuestros subditos e naturales conosçen en quanto detrimento es venida vuestra corona rreal e quanta nesçesidad e pobreza tiene vuestra alteza, e desto todos han muy gran pesar, e usando dela fidelidad e lealtad que con vuestra alteza han tenido querian rremediar e socorrer a vuestras nesçesidades e conplir vuestro mandado, pero avemos rreçelo que si con alguna contia vuestros rreynos siruen a vuestra sennoria esta será muy mal cobrada e destribuyda e que con ella no saldrá vuestra alteza de nesçesidad, por que muchos tentarán de tomar e ocupar las contias que por el rrepartimiento cupieron a sus tierras e avn a sus comarcas, e otros procuran por esquisitas maneras de cobrar por vuestros libramientos e çedulas lo que auia de venir a vuestra mano; por manera que vuestros rreynos mas socorrian

[1] ij-X-14: e les.
[2] ij-X-14: rrebeldes.

alas voluntades e cobdiçia de algunas personas que avuestra nesçesidad, e seria dar causa a que con este dinero muchos se hallasen con caudal para mas poderosa mente rreuelar se contra vuestra alteza. Por ende muy poderoso sennor, suplicamos avuestra alteza que desde luego dé orden commo e en que manerà se han de coger las contias con que vuestros rreynos le ouieren de seruir en pedido e monedas, e para esto que rresçiba luego juramento delos perlados e caualleros que aqui estan en vuestra corte e lo rresçiba delos otros que venieren a ella cada e quando venieren, que non tomarán ni mandarán ni consentirán tomar de sus tierras cosa alguna del dicho pedido e moneda para si sin auer primera mente vuestra carta de libramiento dello para en cuenta del sueldo que ouiere de auer para su gente de aqui adelante, e que si otras algunas personas de qual quier estado o condiçion o dignidad que sean lo tomaren en sus tierras o fuera dellas sin vuestra carta e mandado commo dicho es, que no lo consentirán tomar a todo su poder e que dará el fauor e ayuda quelos vuestros rrecaudadores e rreçeutores[1] delos dichos pedidos e monedas les pidieren con sus personas e casas, para lo cobrar delos quelo tomaren e mandaren tomar e exsecutar en ellos las penas en que por ello yncurrieren, e para la rrecaudança delos dichos pedidos e monedas que vuestra sennoria rresçiba dos thesoreros, vno para allendelos puertos e otro para aquende, quales por nos otros fueren nonbrados, para que rresçiban delos arrendadores e rrecaudadores e rreçeutores todas las contias que montaren enlos dichos pedidos e monedas, e lo tengan donde por vuestra alteza con acuerdo de nos otros fuere mandado e les dipute salario rrazonable para ello, e que non acudan con cosa dello a persona alguna ni lo gasten, saluo enlo que fuere menester para las cosas conçernientes ala rrestituçion de vuestro patrimonio e rreformaçion de vuestra corona rreal e enlas cosas conthenidas enel otorgamiento que por nos otros se hiziere delos dichos pedidos e monedas, e esto que se haga sola mente por vuestras cartas o alualaes firmado de vuestro nonbre e firmado enlas espaldas delos nonbres delos del vuestro Consejo que sean fulano y fulano y fulano y fulano[2] o alo menos los dos dellos, si los otros no estouieren en vuestra corte e de algunos de nos otros quales nos otros deputaremos, e delos vuestros contadores mayores que de otra guisa los dichos rrecaudadores e arrendadores e rreçeutores non sean thenudos de acudir ni acudan con dinero delos dichos pedidos e

[1] ij-X-14: rrecabdadores e arrendadores e rreçebtores.

[2] En el texto se dejó un espacio en blanco donde el cód. ij-X-14 dice: fulano y fulano, fulano y fulano.

monedas, e que vuestra alteza jure delo guardar e manthener asy e que non yrá ni verná contra ello, e que suplique a nuestro muy santo Padre que ponga sentençia de escomunion sobre vuestra rreal persona si lo contrario hiziere o mandare e que desto nos mande luego dar sus cartas para quelas hagamos publicar.

Aesto vos rrespondo que vos tengo en seruiçio la grande lealtad e buen zelo que mostrades ala rrestauraçion de mi patrimonio e corona rreal e ala guarda de mi hazienda. Por ende mando e ordeno que enla rrecabdança e destribuçion delos dichos pedidos e monedas se tenga e guarde la forma siguiente. Primera mente mando e ordeno quelos perlados e caualleros de mis rreynos que tienen tierras e sennorios en ellos hagan juramento, luego que con esta ley[1] o con mi carta della fueren rrequeridos, que no tomarán ni mandarán ni consentirán tomar en sus tierras cosa alguna del dicho pedido e moneda sin tener sobrello e para ello mis cartas de libramientos enla forma que de yuso será contenido. E otrosy que no se entregarán dello ni pedirán ni tomarán cosa alguna de los dichos pedidos e monedas en sus tierras ni fuera dellas para en cuenta ni en pago de deudas pasadas que digan o pueden dezir que yo les devo de sueldo ni de tierra ni por otra rrazon alguna, ni procurarán de auer e sacar ni avrán e sacarán sobrello mis cartas de libramientos, saluo para en cuenta del sueldo que ouieren de auer de aqui adelante por la gente con que me siruieren, e que si otras personas poderosas tomaren en sus tierras o fuera dellas los dichos pedidos e monedas o parte dello, que darán fauor e ayuda por sus personas con sus casas para que yo lo aya e cobre e para que sean executados en ellos e en sus bienes las penas en que por ello yncurrieren segun las leyes de mis rreynos, e que hagan luego este juramento en mi presençia e ante vos otros los dichos . . . .[2] e sy no quisieren hazer el dicho juramento o non lo guardaren despues de fecho que cayan e yncurran enlas penas conthenidas en las leyes de mis rreynos que sobre esto hablan. E quanto ala forma e orden que me suplicays que mande dar enla distribuçion delos dichos pedidos e monedas, digo e prometo por mi fe rreal que yo no libraré carta ni aluala ni nomina ni çedula para que sean dados a persona ni personas algunas de qual quier ley e estado o condiçion que sean, mrs. algunos delos dichos pedidos e monedas ni para que tomen ni se entreguen en mrs. algunos dello, sin quela tal carta o aluala o nomina o

[1] ij-X-14: que luego que con esta ley.
[2] El cód. ij-X-14: fulanos.—En el texto se dejó aquí en blanco un pequeño espacio.

çedula sea primero acordada e librada enlas espaldas de don Iuan Pacheco maestre de Santiago e don Alfonso de Fonseca arçobispo de Seuilla e don Pedro de Mendoça obispo de Çiguença e don Pedro de Velasco todos del mi Consejo, si todos estouieren enla mi corte, o delos tres dellos o alo menos delos dos dellos sy el otro o otros no estouieren enla mi corte e de. . . . .
. . . . [1] diputados de vuestra procuraçion que vos otros nonbrareys e diputareys para ello e que non tomaré ni mandaré dar ni librar delos dichos pedidos ni monedas con que me seruides para enlos dichos dos annos cosa alguna, saluo la contia de mrs. dellos que aparte acordaredes de dexar para que se gasten en mi casa enlas cosas que yo mandare, e que de todo lo otro que en ello montare no tomaré cosa alguna ni libraré ni mandaré librar ni mandaré ni consentiré tomar cosa de ello a persona alguna de qual quier estado o condiçion que sean, saluo para las cosas conçernientes ala rreformaçion dela mi justiçia e al rrecobramiento[2] del mi patrimonio e rrestauraçion de mi corona rreal e en paçificaçion de mis rreynos, e enel sueldo dela gente de armas que yo para esto juntare e para los gastos e costas que se ouieren de hazer en dar orden enla lauor dela moneda e para las otras cosas contenidas enel otorgamiento que me hezistes e non en otra cosa alguna; e mando por esta ley alos arrendadores e rrecaudadores thesoreros e rreçeutores que han de rrecaudar los dichos pedidos e monedas con que vos otros en nonbre delos dichos mis rreynos me seruides en quales quier partidos de mis rreynos, que non acudan a persona ni a personas algunas con contia alguna de mrs. avn que sobrello les sea mostrada mi carta o otro mandamiento, saluo por mis cartas e alvalaes e nominas e çedulas que fueren firmadas de mi nonbre e firmadas enlas espaldas delos suso dichos del mi Consejo que de suso van nonbrados e delos diputados por vos otros nonbrados e puestos para ello, e sobre escriptas delos mis contadores mayores o por virtud delos libramientos delos mis contadores mayores en que sean[3] encorporadas las tales mis cartas o alualaes e nominas e çedulas que sobre esto ouieren dado, e lo que de otra guisa pasare queles non sea rresçebido en cuenta e lo paguen ami otra vez, no enbargante que yo por mis cartas les enbie a mandar quelo paguen sin enbargo de aquesta ley. E mando alos mis contadores mayores que encorporen esta ley en todas mis cartas e quadernos e rrepar-

[1] Tanto en el texto como en el cód. ij-X-14 se dejó en blanco poco mas de una línea.
[2] El texto equivocadamente: rrecaudamiento.
[3] ij-X-14: en que estan.

timientos e rrecudimientos delos dichos pedidos e monedas que dieren e libraren daqui adelante para la rrecaudança dellos.

11. Otrosy muy poderoso sennor, bien sabe vuestra rreal sennoria commo por las leyes de vuestros rreynos fueron tasados alos vuestros contadores mayores e a sus oficiales e alos vuestros secretarios e escriuanos de camara e alos vuestros alguaziles dela vuestra casa e corte e al vuestro chançiller del sello dela poridad e al vuestro rregistrador, los derechos que cada vno en su ofiçio por las cosas que a ellos atannen auian de lleuar, e esto no enbargante, los dichos ofiçiales se han desordenado a pedir e lleuar grandes contias de mrs. demas delo que por virtud de las dichas leyes deuen auer e lleuar de sus derechos, por manera que vuestros subditos e naturales que con ellos han de librar se hallan muy agrauiados e cohechados, e vna delas prinçipales desculpaçiones[1] que por sy ponen los dichos ofiçiales es que pues tienen arrendado delos prinçipales contadores mayores los tales ofiçios por grandes contias, que es nesçesario que delos ofiçios han de sacar lo queles cuesta el arrendamiento e la costa quellos hazen e algun prouecho para su casa. Por ende suplicamos a vuestra alteza que quiera mandar proueer sobresto por manera que tales estorsiones e agravios çesen, e sy por la desorden del tienpo e dela moneda se deve acresçentar algo delos derechos, vuestra alteza mande dar cargo alas dichas personas que asy diputare para que en vno con los que nos otros diputaremos vean e ordenen sobrello lo que se deve hazer e aquello mande que se guarde por ley.

Aesto vos rrespondo que me plaze que sobrello se dé buena orden si quiera por que çesen las quejas e clamores que sobre esto da la gente, e para esto yo nonbro e diputo alos dichos muy rreuerendo padre arçobispo de Seuilla e al rreuerendo padre obispo de Siguença o a quales quier delos del mi Consejo quellos nonbraren, para que en vno con las personas que vos otros diputardes, ordenen e prouean en esto commo uieren que se deue hazer, e todo aquello que ellos e los diputados por vos otros ordenardes sobrello, yo lo otorgo e mando que sea guardado e conplido dende en adelante segund e commo e so las penas que por todos ellos fuere ordenado e mandado.

12. Otrosy muy poderoso sennor, vuestra sennoria sepa que muchos conçejos e personas singulares de muchas çibdades e villas e lugares e merindades destos vuestros rreynos son muy fatigados e agrauiados por causa quelos vuestros contadores mayores de pocos dias acá libran

[1] ij-X-14: escusaçiones.

e dan vuestras cartas de libramientos por donde libran a algunos caualleros e escuderos de vuestra guarda e otras personas poderosas algunas contias de mrs. en algunos lugares rrealengos e de sennorios e de behetrias o abadengos e enlos mrs. de alcaualas e terçias dellos, e avn muchas vezes acaesçe que libran çierta contia de mrs. en todas las villas e lugares e tierra de vn sennor avn que sean los lugares en diuersos partidos, e si dan librançcas desta guisa a dos escuderos dan por vuestras cartas por executores al vno delos mrs. del otro e al otro delos mrs. del otro, e sin audiençia, e con las tales cartas quier se deuan[1] los mrs. o quier no, van los escuderos e hazen tomas de ganados e bestias e onbres que hallan enlos canpos e por lo que deue vn lugar de vn sennor hazen execuçion enlas personas e bienes de otro logar de aquel mesmo sennor, e por esta causa es por fuerça que se han de rrescatar los duennos delos ganados e bestias e los presos quier deuan o no, e lo que peor es quelo que cobran no lo escriuen enlas espaldas dela carta e dizen quelo toman para las costas, e van a otro e a otros lugares a hazer otras execuçiones por esta misma deuda, por manera que cobran vna contia muchas vezes e nunca dizen que estan pagados e con esto se hazen grandes males e dannos. Por ende muy alto sennor, suplicamos a vuestra rreal sennoria quele plega proueer sobresto mandando alos vuestros contadores mayores daqui adelante no libren ni pasen las tales cartas, e que hagan sus libramientos sennalada mente enlas personas e conçejos que deuieren las contias, e en caso que ouieren de dar executor para la tal librança quelo den con audiençia, e que sea persona conosçida e abonada e dela comarca, e si algunas cartas contra el thenor e forma desto estan dadas mande que no sean executadas e las rreuoque e dé por ningunas.

Aesto vos rrespondo que me plaze e quiero e mando e ordeno que se cunpla e guarde asy de aqui adelante.

13. Otrosy muy poderoso sennor, bien sabe vuestra alteza commo de quatro annos a esta parte durante los mouimientos e escandalos acaesçidos en estos vuestros rregnos se leuantaron los pueblos dellos a boz de hermandad e hizieron algunos juntamientos de gentes e hizieron juntas generales e particulares, tomando grandes enpresas espeçial mente la paçificaçion de vuestros rreynos e rrestauraçion[2] dela corona rreal e rreformaçion dela justiçia e so este color[3] hizieron cuerpo de huniversidad

[1] ij-X-14: se deven.
[2] ij-X-14: rrestituçion.
[3] ij-X-14: e sobre este color.

e juntamiento de gentes e tomaron ofiçiales algunos que[1] prinçipal mente gouernauan esta demanda, atraxeron[2] los pueblos a questa hermandad touiese arca de dineros para conplir las cosas nesçesarias, e para abasteçer esta arca de dinero se echaron muchas sisas enlas cosas que se vendian en muchos logares e se hizieron e cobraron grandes derramas e rrepartimientos de muchas contias, e asy desto commo delas penas que se lleuauan se cogieron muy grandes contias, e commo a vuestra sennoria e a todos vuestros subditos e naturales es notorio toda esta demanda se cayó, e enel tienpo que duró, hizo pequenno fruto, e no podemos saber commo y en que cosa se gastaron tan grandes contias commo a boz de hermandad se cobraron. Por ende muy poderoso sennor, suplicamos que pues a vos conuiene rremediar e proueer en esto, mande diputar aqui en esta corte dos buenas personas sin sospecha para que tomen cuenta al thesorero dela dicha hermandad que aqui está en vuestra corte, el qual dize que está presto dela dar e lo que hallaren que se le deue rresçebir en cuenta sele rresçiba por ellos e le den por quito dello, e si algo rrestare se cargue contra quien deuiere cargar, e estas dos personas hagan paresçer ante sy a todas e quales quier personas que hallaren que desta negoçiaçion son en cargo alguno e lo que hallaren que se deue lo aueriguen, e condepnen en ello alos que deuieren ser condepnados e lo notifiquen alos procuradores de vuestros rreynos a quien pertenesçe, por que dello se haga lo que se deuiere hazer e non pase so disimulaçion tan grande negoçio.

Aesto vos rrespondo que me plaze, e quelo otorgo asy, e mando que se haga, e mando alos del mi Consejo que luego diputen dos juezes[3] personas buenas sin sospecha aqui enla mi corte, que conoscan e prouean en ello[4] segun que por vos otros me es suplicado.

14. Otrosy muy poderoso sennor, vuestra alteza sabe commo por causa delos mouimientos acaesçidos en estos vuestros rreynos de çinco annos a esta parte, algunos annos dellos ouieron de pagar los que tienen ganados vn derecho de seruiçio e montadgo alos arrendadores[5] del sennor vuestro hermano, que Dios aya, enlo qual los duennos delos ganados rresçibieron muy gran fatiga e perdida, e despues que el dicho sennor vuestro hermano fallesçió, vuestra alteza dió sus cartas por las qua-

[1] ij-X-14: e algunos que.
[2] ij-X-14: traxeron.
[3] ij-X-14: diputen e nonbren para esto dos juezes.
[4] ij-X-14: que conoscan desto e prouean dello.
[5] ij-X-14: alos vuestros arrendadores.

les prometió que de aqui adelante no mandaria coger ni rrecaudar mas de vn derecho de seruiçio e montadgo segun solian pagar [1] enlos tienpos pasados antes delos dichos mouimientos e que no se arrendaria ni daria otro derecho alguno. E otrosy desde el dicho tienpo acá delos dichos mouimientos vuestra alteza a suplicaçion de algunos caualleros e personas poderosas ha dado sus cartas o preuillegios para que el dicho seruiçio e montadgo se cogiese e lleuase en sus tierras e lugares e en otras partes donde no se acostunbró coger e lleuar, e dió facultad para mudar puertos donde nueua mente por ellos fueron sennalados; delo qual se ha rrecresçido e rrecresçe alos duennos delos dichos ganados grandes costas e dannos, ca creyendo que han de pagar los dichos derechos enlos puertos e lugares acostunbrados pasan segura mente por los otros lugares e puertos, no sabiendo que allí se han de pagar los dichos derechos, e asy pasados los dichos ganados, toman los e prendan los por descaminados los caualleros que asy tienen la dicha merçed nueua o los que son puestos por ellos para ello, e so este color los rrescatan e cohechan. Por ende muy poderoso sennor, suplicamos a vuestra alteza quele plega mandar proueer e rremediar sobrestas cosas por manera que en vuestros rreynos no se pida ni demande ni coja ni lleue de aqui adelante en cada vn anno mas de vn seruiçio [2] e montadgo delos ganados que pasaren a ervajar de unas partes a otras, segun que sienpre se acostunbró enlos tienpos pasados, e asy lo mande alos vuestros contadores mayores, e que el dicho seruiçio e montadgo e villadgos e asaduras e los otros derechos que delos dichos ganados se suelen pagar, se pidan e demanden e cojan e lleuen sola mente enlos puertos e lugares donde antigua mente enlos tienpos pasados se solian demandar e coger e lleuar, e no en otra parte alguna, no enbargante las dichas cartas e preuillegios que vuestra sennoria sobre esto aya dado de çinco annos a esta parte a quales quier vniuersidades e personas de qual quier estado o condiçion que sean, para lo demandar e coger en otras partes las quales cartas e preuillejos vuestra senonria dé por ningunas e de ningun valor.

Aesto vos rrespondo que me plaze e mando que se guarde e cunpla asy segun que enla dicha vuestra petiçion se contiene e segun que en la dicha mi carta que yo enla dicha rrazon mandé dar se contiene, que está asentada enlos mis libros, la qual dicha mi carta quiero e mando

[1] ij-X-14: segun l solia pasar.
[2] ij-X-14: de aqui adelante mas de vn seruiçio.

que sea auida e guardada por ley, e mando alos dichos mis contadores mayores quela ayan e guarden por ley e quelo pongan e asienten asy enlos mis libros.

15. Otrosy muy poderoso sennor, sepa vuestra rreal sennoria que allende delos agrauios rrelatados de suso enla petiçion antes desta que rresçiben los sennores delos ganados se les hazen avn otros, que a muchas personas [1] delos dichos çinco annos a esta parte por su propia autoridad e contra derecho e contra las leyes de vuestros rreynos e contra los preuillejos dados alos del conçejo dela mesta por los rreyes vuestros progenitores, de gloriosa memoria, e confirmados por vuestra sennoria, les piden e lleuan otras nueuas ynposiçiones e tributos, e otros algunos dizen quelos lleuan por cartas de vuestra sennoria dadas nueua mente desde los dichos mouimientos acá, e otros algunos se atreuen a rronper e estrechar las cannadas e caminos fechos para el paso [2] delos dichos ganados, e otros algunos por virtut de vuestras cartas que tienen para hazer entrega e execuçion enlas personas e bienes de algunos conçejos, hazen tomas e rrepresarias enlas personas del dicho conçejo dela mesta e en sus frutos e ganados por lo que deuen los conçejos [3] donde ellos biuen o algunos vezinos dellos, e avn por libramientos de vuestra sennoria fechos enlos conçejos donde ellos son vezinos, lo qual es contra el thenor e forma delos dichos preuillegios que el dicho conçejo tiene e contra la ley por vuestra alteza ordenada enlas cortes de Toledo el anno de sesenta e dos; por causa delo qual se han rrecresçido alos duennos de los ganados grandes costas e perdidas, e muchos hatos de ganados [4] son deshechos e presta mente se desharia la cabanna delos ganados destos rreynos, si vuestra sennoria sobresto no prouee. Por ende humill mente le suplicamos quele plega mandar e ordenar que no se pidan ni demanden por vniuersidades ni personas algunas las dichas ynposiçiones de villadgos e rrodas ni castillerias ni asaduras ni portadgos ni pontajes [5] ni otros tributos algunos nueuos por causa delos dichos ganados, saluo aquellos que antigua mente se acostunbraron pedir e lleuar; e sy algunos por vuestras cartas dadas delos dichos çinco annos a esta parte se cogen e lleuan contra el thenor e forma dela dicha costunbre antigua, las rreuoque e dé por ningunos e mande que por virtud dellas ni de

[1] ij-X-14: ca muchas personas.
[2] El texto y ij-X-14: pasto.
[3] ij-X-14: los conçejos delos lugares.
[4] ij-X-14: e muchos frutos de ganados.
[5] ij-X-14: portajes.

alguna dellas de aqui adelante no se pidan ni cojan ni lleuen, ynponiendo sobrello grandes penas; e otrosy mande quela dicha ley por vuestra sennoria ordenada enlas cortes de Toledo sea guardada, so las penas en ella conthenidas.

Aesto vos rrespondo que me plaze e lo otorgo asy segun que por vos otros por la dicha vuestra petiçion me lo suplicastes; e otrosy quiero e mando que sobre esto sean guardadas las cartas e preuillegios e sentençias que el dicho conçejo dela mesta e los hermanos del, han e tienen delos rreyes de gloriosa memoria, mis progenitores, e de mi, e las leyes de mis rreynos que sobre esto hablan; e sy yo contra esto algunas cartas o prouisiones he dado en fauor de algunas personas, quiero e mando que no valan e do las e pronunçio las por ningunas, e mando a todas e quales quier personas de qual quier ley estado e condiçion que sean, aquien yo dé las dichas cartas e prouisiones contra lo de suso conthenido, que no vsen dellas, so las penas conthenidas enlas dichas cartas de preuillegios dados al dicho conçejo dela mesta e enlas dichas leyes de mis rreynos que sobre esto hablan, e mando alos del mi Consejo e alos mis contadores mayores e alos mis oydores dela mi audiençia que den e libren sobre esto mis cartas e sobre cartas e las otras prouisiones que menester fueren e les fueron pedidas [1].

16. Otrosi muy poderoso sennor, vuestros subditos e naturales rresçiben muchos agrauios por vuestras cartas que vuestra sennoria algunas vezes libra, las quales son ynjustas e en perjuizio de partes e son exsorbitantes, e desto se leuantan muchas contiendas en vuestros rreynos; e commo quiera quelos derechos e las leyes de vuestros rreynos proueen sobre esto, declarando las tales cartas ser ningunas avn que contengan en sy quales quier clausulas derogatorias e ponen pena alos secretarios e escriuanos de camara quelas dan a librar [2] a vuestra sennoria, pero vemos que sin enbargo desto algunas vezes vuestra alteza las libra, e todo esto seria escusado si vuestra alteza touiese de contino en vuestra corte consejo formado, donde se [3] acordasen e viesen las cartas de justiçia que vuestra alteza ha de librar e que no las firmase sino fuesen libradas dellos enlas espaldas. Por ende muy poderoso sennor, a vuestra rreal sennoria humill mente suplicamos que de aqui adelante no libre ni dé carta de justiçia ni aluala ni çedula de justiçia [4] tocante a de-

[1] ij-X-14: e les fueren pedidas.
[2] ij-X-14: quelas dan e libran.
[3] ij-X-14: vuestro consejo. donde.
[4] ij-X-14: a justiçia.

recho de partes e quelo dexe e rremita alos del vuestro Consejo de justiçia para quellos las libren, e si vuestra alteza las ouiere de librar que no las libre fasta que sean acordadas e firmadas enlas espaldas, delos del vuestro Consejo que para ello vuestra sennoria diputare, e mande quelas cartas que de otra guisa fueren despachadas que no valgan, e ynponga pena alos vuestros secretarios e escriuanos de camara que contra esta ley fueren.

Aesto vos rrespondo que vos otros pedides cosa justa e rrazonable e yo lo otorgo asy, e mando que sea guardado e conplido segun e por la forma e manera que enla dicha vuestra petiçion se contiene; e por que la dicha vuestra suplicaçion mas presto aya efecto, yo nonbro e diputo al rreuerendo padre [1]. . . . .

. . . .

. . . .

. . . .

. . . .

todos del mi Consejo, por diputados para estar e rresidir enel e para acordar e firmar las dichas mis cartas, los quales por las personas por mi diputadas e por los procuradores por vos otros diputados para nonbrar las personas que enel mi Consejo auian de estar e rresidir, fueron nonbrados para ello, alos quales mando que de aqui adelante todos esten e rresidan enla mi corte donde quier que yo estouiere, e cada dia que fuere judiçial, hagan e tengan consejo segun e commo e enel lugar e enlos tienpos quelas leyes de mis rreynos e las ordenanças por mi sobrello fechas lo disponen, e que estos junta mente acuerden e firmen mis cartas que enel mi Consejo fueren acordadas, enlas espaldas de ellas o alo menos los [2]. . . . . dellos e las den al mi secretario para quelas libre de mi, las quales yo entiendo librar luego que me las dieren, e las cartas e alualaes o çedulas de justiçia e tocantes a derecho de partes que yo de otra guisa diere e librare, quiero e mando que no sean conplidas e desde agora las rreuoco e doy por ningunas, e prometo por mi fe rreal que yo no libraré ni daré cartas por donde rreuoque ni abrogue esta ley, e otrosy mando alos mis secretarios e escriuanos de camara que agora son o serán de aqui adelante que no me den alibrar las tales cartas ni alualaes ni çedulas, sin que sean acordadas e firmadas de los suso dichos e enel mi Consejo, so pena que el quelo contrario hi-

[1] Tanto en el texto como en el códice ij-X-14, existen en blanco unas líneas, para insertar los nombres de los que componian el Consejo, lo que no llegó á hacerse.

[2] Existe aquí un espacio en blanco en ambos códices.

ziere, caya e yncurra enlas penas estatuydas enel tal caso por las leyes de mis rreynos é demas que yncurra en pena de falso; e por quelo en ella conthenido sea notorio a mis subditos, mando alos del mi Consejo que formen e den mis cartas encorporadas en cada vna dellas esta ley para todos e quales quier conçejos e personas singulares quelo pidieren.

17. Otrosy muy alto sennor, commo quieraque no sabemos que causa ha mouido a vuestra sennoria alibrar muchas cartas e alualaes e çedulas en blanco[1], e no sola mente personas e contias en blanco, mas todo el papel donde vuestra rreal sennoria pone su nonbre, e esto rrefrendan vuestros secretarios en forma, commo si fuese escriptura del todo llena, pero conosçemos que esto no es cosa que se deue hazer, e avn creemos que muchas cartas e alualaes e çedulas que se han mostrado e muestran firmadas de vuestra sennoria por todos vuestros rreynos, que son ynjustas e exsorbitantes, que son de aquestas que vuestra alteza da en blanco a muchas personas, las quales es de presumir que no libraria vuestra rreal sennoria, e esto dió gran causa alos mouimientos pasados, e desto nasçió que muchas vezes las cartas donde está puesto vuestro nonbre no son obedesçidas ni conplidas con deuida rreuerençia e desto se leuantan muchos pleitos e quistiones. Por ende muy poderoso sennor, suplicamos a vuestra alteza que de aqui adelante no libre ni dé a personas algunas, carta ni çedula ni aluala en blanco todas ni parte dellas, saluo en manera que vuestra sennoria lea e mire lo que libra, e mande alos vuestros secretarios quelas tales cartas no las den alibrar a vuestra sennoria ni ellos las rrefrenden, so las penas contenidas enla dicha ley e demas que ynponga sobresto vuestra sennoria grandes penas al quelo contrario hiziere[2].

18. Otrosy muy poderoso sennor, vuestra alteza sabe commo de tienpo ynmemorial acá los rreyes, de gloriosa memoria, vuestros progenitores, acostunbraron thener dos contadores mayores dela hazienda e otrosy dos contadores mayores de cuentas[3] e non mas, e esto se hizo creyendo que dos personas notables e sufiçientes e fiables bastauan para vna contaduria e avn asy lo creemos nos otros que bastarian; e entre las otras cosas que se han desordenado es que de pocos dias acá vuestra alteza ha acresçentado los dichos ofiçios, teniendo tres contadores mayores de vuestra hazienda e otros tres contadores mayores de sus cuentas;

[1] El texto equivocadamente dice: e çedulas en alualaes.
[2] Esta peticion no tiene respuesta.
[3] ij-X-14: acostunbraron tener dos contadores mayores de cuentas.

por causa delo qual han rrecresçido e rrecresçen en vuestros rreynos muy grandes dannos, ca los derechos que antigua mente solian los ofiçiales delos contadores lleuar por tasa, lleuan los agora por voluntad, lleuando cada vno lo que quiere, e haziendo se esto en tres ofiçios de tres contadores es muy mayor danno que si se hiziese por dos ofiçios, e demas de esto los preuillegios e rrecudimientos e libramientos e otras prouisiones que se han de despachar delos vuestros contadores mayores de vuestra hazienda, e las cuentas e fin e quitos e otras prouisiones que se han de despachar por los vuestros contadores mayores de cuentas, son mucho peores de despachar de tres ofiçios que de dos e con mayor costa e dilaçion se acaban e ay en ello gran confusion e perdimiento de tienpo. Por ende muy poderoso sennor, suplicamos a vuestra alteza quele plega rreduzir los dichos vuestros contadores mayores de vuestra hazienda a numero de dos e los contadores mayores de cuentas a numero de dos, commo sienpre se acostunbró enlos tienpos pasados, e mande que no aya mas de dos contadores mayores de vuestra hazienda e otros dos de vuestras cuentas, pues cada vno dellos pone vn lugar teniente por sy en su presençia e en ausençia, e asy paresçe que no se dexará de mirar vuestro seruiçio por mengua de personas e rreleuará vuestra sennoria de muchas costas e trabajo a vuestros subditos e naturales.

Aesto vos rrespondo quelos grandes mouimientos e escandalos que fasta aqui ha auido en estos mis rreynos del dicho tienpo acá, han dado causa a grand desorden e confusion quasy en todas las negoçiaçiones e estados de personas e ofiçios, e esto contenido en vuestra petiçion se hizo commo se hizieron las otras cosas de que pedides hemienda e rreuocaçion por otras vuestras petiçiones de suso vistas; e por la misma causa que deuo sobre seer enla prouision delo otro, deuo sobre seer en esto, pero quando pluguiere a Dios que sea tienpo de proueer enello, yo lo entiendo hazer commo mas fuere conplidero a mi seruiçio e a bien comun de mis rreynos e a prouecho de mis subditos e naturales.

19. Otrosi muy poderoso sennor, vuestra alteza sabe quantos dannos fuerças e ynjurias e tomas de bienes se hazen en estos vuestros rreynos espeçial mente alos labradores e gente menuda por la gente de armas de guerras de vuestra guarda, espeçial mente quando posan enlas aldeas, ca so color que vuestra sennoria no les paga sueldo e que no tienen de que se manthener, toman los alcaçeres[1] e la paja e çeuada del canpo e los carneros e otros ganados a pesar de sus duennos, e avn de quatro

[1] ij-X-14: e comen los alcaçeres.

annos acá por la mayor parte los mas dellos mantienen a sy e a sus homes e moços e bestias del pan e vino e aues e carnes e paja e çeuada e las otras cosas, acosta delos huespedes quelos tienen en sus casas, diziendo que comen sobre tasa e que selo han de pagar quando les den sueldo; e lo peor que es, que no solo se contentan de tomar esto de sus huespedes, mas trahen consigo otros conuidados e avn toman delas prouisiones de sus posadas e enbian las a sus casas, diziendo quelas han de pagar, e despues ala partida juntan se todos de vn tropel e salen se del lugar o van se por enganno e asy dexan sus huespedes burlados e destruydos, por manera que enlos lugares donde entra la gente de vuestra guarda, si algunos dias estan ende, luego los dexan mas rrobados e destruydos que si moros ouiesen entrado en ellos; e bien vee vuestra rreal sennoria quan grande e agro tributo es este e quanto rredunda en cargo de vuestra rreal conçiençia, e avn allende de esto, los pueblos que tales dannos padesçen e los quelos oyen toman desamor con vuestra sennoria. A la qual muy humill mente suplicamos quele plega auer consideraçion ala rrenta que tiene e alas contias de dineros que puede auer para pagar su gente, e auido rrespecto a esto, tome la gente de armas para su guarda que buena mente pudiere pagar e les haga pagar sueldo rrazonable, por manera que puedan bien seruir a vuestra sennoria e no destruyr la tierra por donde andouieren, e dé orden commo los que erraren de ellos sean castigados, por que çesen tan grandes dannos commo por esta causa se hazen.

Aesto vos rrespondo que del danno que mis subditos e naturales han rresçebido hasta aqui enla manera contenida en vuestra petiçion, yo he gran enojo e sentimiento; pero enlo de aqui adelante digo que me plaze que se faga asy commo melo suplicades, e yo entiendo luego dar tal horden sobrello commo vuestra petiçion aya efecto.

20. Otrosy muy alto rrey e sennor, sepa vuestra sennoria que enlos tienpos pasados la mayor parte delos caualleros e escuderos e duennas e donzellas fijos dalgo de vuestros rreynos que tenian dineros en vuestros libros solian, quier por librança o por baratos cobrar los todos o parte dellos en cada vn anno, e con esto se rreparauan e conplian sus neçesidades e por esto eran mas afeçionados alos rreyes e rrogaban a Dios por sus dias e prosperidat; e agora de algunos annos a esta parte veemos que vuestras rrentas son adelgazadas[1] e asi rrepartidas que no son librados ni pueden aver blanca delo que ansi tienen en vues-

[1] ij-X-14: son tanto adelgazadas.

tros libros, por causa delo qual muchos escuderos e duennas e donzellas fijos de algo se fallan muy pobres e perdidos e se dan a mal biuir por buscar mantenimientos. Por ende muy poderoso sennor, suplicamos a vuestra alteza quele plega dar horden commo tanta e tan buena gente sean rremediados, e mande alos vuestros contadores mayores que de aqui adelante libren alos tales caualleros e escuderos e duennas e donzellas en sus comarcas donde buena mente pudieren ser librados sin auer de mostrar sobrello carta nin mandamyento vuestro espeçial ni general, saluo por virtud desta ley; e sino pudieren buena mente ser librados, que alo menos se rresçiban los poderes destos que diesen a quales quier arrendadores e rrecaudadores para echar en fianças por que alo menos ayan alguna cosa delo que de vuestra sennoria tienen.

Aesto vos rrespondo que mi deseo es delo hazer asy commo vos otros lo pedides e suplicades, pero commo vos otros sabedes, mis rrentas e pechos e derechos estan asy enagenados e menos cabados, que no queda en mis rrentas de que esto se pueda hazer commo yo querria e commo cunple alos caualleros e escuderos duennas e donzellas que de mi tienen mrs. e pan enlos mis libros; pero ami plaze e mando que se libre a ellos todo lo que buena mente seles pudiere librar, e commo a Dios plega que aya de que buena mente se les pueda librar todo lo que de mi tienen, ami plazerá queles sea librado.

21. Otrosi muy alto sennor, vuestra alteza sabe commo los sennores rreyes, de gloriosa memoria, vuestros progenitores, defendieron por muchas leyes fechas en cortes quelos judios ni los moros no fuesen arrendadores ni cogedores delos vuestros pechos ni tributos e que no fuesen almoxarifes nin mayordomos delos christianos ni touiesen otros ofiçios enlas casas delos sennores, so çiertas penas por las dichas leyes puestas contra el judio o el moro que el tal ofiçio açeutase; e commo quiera que conoçemos quelos dichos sennores rreyes ouieron justa consideraçion en fazer este defendimiento, pero veemos quelas dichas leyes no se guardan, antes veemos quelos ofiçios prinçipales de almoxarifagdos e rrecaudamientos de vuestras rrentas e pechos e derechos los tienen judios, e creemos que sy vuestras rrentas estouiesen en rrazonables preçios, avria christianos quelas tomasen e a estos se devria dar avn por menores preçios segund quieren las leyes de vuestros rreynos; e avn se faze en vuestros rreynos otra peor cosa, que muchos perlados e otros clerigos arriendan sus rrentas e diezmos a ellos perteneçientes a judios e moros e entran enlas iglesias a partir los diezmos e las ofrendas, en grand ofensa e ynjuria dela iglesia, e si por las dichas leyes fue defendido que no fuesen

los judios e moros arrendadores ni rrecaudadores delos pechos o tributos rreales, con mayor rrazon les deue ser defendido que no sean arrendadores ni rrecaudadores de diezmos ni otras rrentas eclesiasticas. Por ende muy poderoso sennor, suplicamos a vuestra alteza quele plega mandar quelas leyes de vuestros rreynos que sobresto fablan sean guardadas de aqui adelante, e mande alos vuestros contadores mayores que las guarden e contra el tenor e forma dellas no vayan ni pasen, e otrosy mande e defienda alos judios e moros de vuestros rreynos que de aquy adelante no arrienden ni cojan ny pidan ni demanden diezmos ni otras rrentas dela yglesia ni de personas eclesiasticas, e les inponga sobrello grandes penas.

22. Otrosy muy alto sennor, bien sabe vuestra rreal sennoria quanto es seruiçio de Dios e ensalçamiento de su fe catolica e seruiçio vuestro e pro e bien comun de vuestros rreynos, quelos castillos fronteros de tierras de moros esten bien proueydos e basteçidos de gentes e mantenimientos, e conoçe vuestra sennoria quanto mal e danno se podia rrecreçer si se perdiesen, lo que Dios no quiera; lo qual conoçiendo los sennores rreyes vuestros progenitores hordenaron por muchas leyes quelos dichos castillos fronteros fuesen bien pagados e touiesen çiertas sus pagas de dineros e pan[1], e esto non enbargante, sabemos çierto que algunos delos dichos castillos fronteros son mal pagados e por esta causa estan mal basteçidos. Suplicamos a vuestra rreal sennoria le plega mandar quelos dichos castillos fronteros se libren de aqui adelante al comienço de cada vn anno, segund se solia fazer, sin que para ello se aya de mostrar alos vuestros contadores mayores otra vuestra carta çedula ni mandamiento.

Aesto vos rrespondo que vos otros dezides bien e pedides cosa justa e muy conplidera a seruiçio de Dios e mio e a pro e bien comun de mis rreynos, e si fasta aqui non se ha fecho asy entera mente, ha seydo por las grandes neçesidades en que he estado estos tienpos pasados, pero mando alos mis contadores mayores que de aqui adelante lo fagan e cunplan ansy commo en vuestra petiçion se contiene.

23. Otrosy muy poderoso sennor, a vuestra alteza e a vuestros subditos e naturales es notorio quantos rruydos e escandalos e muertes e feridas de omes se rrecreçen en vuestra corte e enlas çiudades e villas e logares de vuestros rreynos por los rrufianes que en ellas ay, los quales como estan viçiosos e comun mente se allegan a caualleros e a omes de

[1] ij-X-14: sus pagas e lievas de pan.

manera, donde hay otra gente fallan se sienpre aconpannados e fauoreçidos e asy son buscadores e causadores delos dichos dannos e no traen prouecho alguno a aquellos a quienes se allegan, e por esta causa en el rreyno de Aragon e en otras partes no los consienten. Por ende muy poderoso sennor, suplicamos a vuestra alteza quele plega mandar e hordenar que de aqui adelante las mugeres publicas que se dan por dineros no tengan rrufianes, so pena que a qual quier dellas quelo touiere, le sean dados çient açotes publica mente por cada vez que fuere fallado quelos tiene publica ni secreta mente, e demas que pierda toda la rropa que touiere vestida, e que sea la mitad para el juez quelo sentençiare e la otra mitad para los alguaziles dela vuestra corte[1] o delas çiudades e villas e logares donde esto acaeçiere; pero si el alguazil fuere negligente sobre esto, que sea la dicha pena para el quelo acusare o demandare. E otrosy mande vuestra sennoria e defienda que enla vuestra corte ni enlas çiudades e villas e logares delos vuestros rreynos no haya rrufianes, e si de aqui adelante fueren fallados, por la primera vez le sean dados a cada vno de ellos publica mente çien açotes, e por la segunda vez sean desterrados dela vuestra corte o dela çiudad o villa o logar donde fueren fallados, por toda su vida, e por la terçera vez que mueran por ello aforcados, e demas delas dichas penas que pierdan todas las armas e rropas que consigo traxeren, e que sean la meytad para el juez quelo sentençiare [e la otra meytad para el quelo acusare][2] e que qual quier persona pueda tomar e prender por su propia autoridad al rrufian donde quier quelo fallare e lleuarlo luego sin detenimiento alguno ante la justiçia para que executen enel las dichas penas.

Aesto vos rrespondo que me plaze e lo otorgo e mando que se faga e cunpla asy segund que en vuestra petiçion se contiene.

24. Otrosy muy alto sennor, bien sabe vuestra rreal sennoria commo los procuradores delas çibdades e villas de vuestros rreynos, que enlos tienpos pasados han venido a cortes por vuestro mandado, se han quexado a vuestra sennoria en nonbre de vuestros rreynos del grande danno e ynjuria que vuestros subditos e naturales, espeçial mente los omes buenos pecheros, rreçiben por los muchos esentos e escusados que hay enlas çiudades e villas e logares dellos, diziendo se ofiçiales e monederos delas vuestras casas de moneda e otros diziendo se vuestros monteros; e enel tienpo[3] que sola mente auia en vuestros rreynos casas de moneda

[1] El texto equivocadamente dice: mi corte.

[2] Las palabras que están entre calderones faltan en el texto y se han tomado del cód. ij-X-14.

[3] ij-X-14: e otrosi diziendo se vuestros monteros; e si enel tienpo.

enlas çiudades de Burgos e Toledo e Seuilla e Cuenca e la Corunna e Segouia, vuestros rreynos se quexauan delos grandes fraudes que se fazian enel nonbrar e poner monederos e oficiales enlas dichas casas de moneda, con mucha mayor rrazon se pueden agora quexar por las otras casas de moneda que vuestra sennoria ha acreçentado en otras çiudades e villas de vuestros rreynos, enlas quales vuestra sennoria ha puesto thesoreros e estos han puesto oficiales e monederos, los quales tientan de se esentar de todos pechos e tributos rreales e conçejales; e eso mismo veemos que vuestra sennoria de poco tienpo acá ha acresçentado el numero delos monteros que solia tener, los quales por las leyes de vuestros rreynos auian de gozar delas franquezas e esençiones e no otros algunos, e no sola mente gozan aquellos que de vuestra sennoria son proueidos, mas vienen otros e sacan testimonios falsos de commo son muertos algunos monteros, e ganan de vuestra sennoria sus monterias e asientan se enlos libros e gozan delas franquezas, e gozan eso mismo los biuos quelas tenian por las fees que tienen de vuestros contadores o del montero mayor, e todo lo que estos monederos e monteros auian de pagar se carga sobre los pobres pecheros, en grand cargo de vuestra rreal conçiençia. Por ende muy poderoso sennor, suplicamos avuestra alteza que enbie mandar e mande por ley a todos vuestros tesoreros delas casas de moneda de vuestros rreynos nueuas e viejas que fasta vn dia çierto enbien a vuestra sennoria cada vno la copia de todos los oficiales e monederos que hay enla casa de moneda de donde es tesorero, la qual copia sea firmada de su nonbre e signada del signo del escriuano dela casa, e otrosi mande alos vuestros contadores[1] mayores que saquen de vuestros libros la copia delos monteros que estan en ellos asentados, e otrosi mande al su montero mayor quele dé la copia de todos los quel tiene por monteros que sea firmada de su nonbre, e otrosy enbie mandar a todos los conçejos delas çiudades e villas e logares e merindades de vuestros rreynos que dentro de çierto termino caten sus padrones e enbien rrelaçion, signada de su escriuano publico, avuestra sennoria de todos los que entre ellos se dizen monederos e monteros e cada vno donde mora e que ofiçio ha, por que todas estas copias se vean junta mente e se conçierten e se vean quales son abiles para los dichos oficios e quantos deuen gozar, e mande vuestra sennoria que sola mente aquellos que lleuaren vuestra carta de çitaçion e confirmaçion[2] aquellos gozen dela esen-

[1] ij-X-14: alos sus contadores mayores.
[2] ij-X-14: de aprouaçion e confirmaçion.

çion e franqueza, e que todos los otros pechen e paguen llana mente.

Aesto vos rrespondo que asaz está bien proueydo sobre ello por las leyes de mis rreynos que sobre esto disponen, las quales mando que sean guardadas e executadas e quanto ala rrelaçion[1] e otras diligençias que me suplicades que mande fazer, digo que yo mandaré entender en ello e proueer commo cunple ami seruiçio e a pro comun de mis rreynos.

25. Otrosi muy poderoso sennor, sepa vuestra alteza que en vuestros rreynos se fazen muchos males e dannos e se fabrican muchas escrituras falsas por los muchos escriuanos que de poco tienpo acá vuestra sennoria a criado e fecho por vuestras cartas, ca muchos ninnos e omes que no saben leer tienen cartas de escriuanias quelas conpraron en blanco, e bien conoçe vuestra alteza quel ofiçio dela escriuania es de grand confiança e deue estar en poder de omes muy fiables e discretos. Por ende suplicamos a vuestra alteza que de aqui adelante no libre carta de escriuania en blanco nin libre carta de escriuania para persona no çierta[2], saluo si fuere la tal carta acordada e firmada enlas espaldas, delos del vuestro Consejo, e para persona que ellos conozcan que es abile para tener el dicho ofiçio, e quela carta de escriuania que de otra guisa se diere no vala, e enlas cartas de escriuanias dadas fasta aqui vuestra alteza dé vna forma commo sola mente aquellos queden por escriuanos que fueren fallados abiles e pertenesçientes para exerçer el dicho ofiçio. E los otros que no signen escrituras ni vsen dela escriuania, so pena que cayan e yncurran en crimen de falsedad por ello e quelas tales escrituras no fagan fee ni prueua. E para esto vuestra alteza mande que ninguno no vse de escriuania publica por carta vuestra que aya auido de çinco annos acá so la dicha pena sin que primero presente la carta ante los del vuestro Consejo, o ante los alcaldes e ofiçiales del conçejo donde fuere vezino e morador e sea aprouado por escriuano por todos los ofiçiales del dicho conçejo o la mayor parte dellos e tengan dello testimonio.

Aesto vos rrespondo que me plaze e mando e ordeno que se faga e cunpla asy segund que en esta vuestra petiçion se contiene.

26. Otrosy muy poderoso sennor, en vuestra corte de pocos dias acá algunos vuestros alcaldes dela vuestra casa e corte entran enel vuestro Consejo por que tienen titulo del Consejo e dan voto e libran vuestras cartas commo personas del Consejo, vsando eso mismo el dicho ofiçio de alcaldia, lo qual no es cosa justa ni rrazonable que vno tenga dos ofiçios

[1] ij-X-14: en quanto ala rrelaçion.

[2] ij-X-14: para persona çierta.

publicos en vuestra corte seyendo cada vno de ellos tan grande e tan honrrado e de tanto cargo que ha menester persona[1] de gran sufiçiençia e libre e esento de otros cargos para lo bien exerçer, e avn desto naçe vn ynconuiniente que sy el alcalde yerra o agrauia en su ofiçio el mesmo se falla despues enel Consejo para defender lo que fizo e estoruar que no se emiende lo mal fecho. Por ende suplicamos a vuestra alteza que mande e hordene que de aqui adelante, qual quier vuestro alcalde dela vuestra casa e corte que exerçiere el ofiçio de alcaldia en ella, no tenga boto enel vuestro Consejo ni libre cartas enel, mientras vsare del dicho ofiçio.

Aesto vos rrespondo que me plaze e lo hordeno e mando que sea guardado asy de aqui adelante segund en esta vuestra petiçion se contiene.

27. Otrosi muy alto sennor, muchas vezes auemos visto en estos vuestros rreynos que muchas personas se fallan poderosos en algunas çiudades e villas e logares, quier por sy o por ligas e parentelas que fazen, e echan a otros sus vezinos de sus casas e de sus villas e logares, e avn sy mas pueden que ellos les toman los bienes syn auer sentençia e sin forma de juyzio saluo por su propia autoridad e les buscan achaques para que esten desterrados, lo qual es cosa muy fea[2] e contra Dios e justiçia e es causa de despoblamiento delos logares e de grand enemistad entre los vezinos dellos, e alo qual vuestra alteza no deue dar logar. Por ende muy vmill mente le suplicamos mande que de aqui adelante no pueda ser ningun vezino o morador echado dela çiudad o villa o logar donde biuiere, saluo por vuestro expreso mandado o por mandado del sennor dela tal çiudad o villa o logar o de quien su poder ouiere o por sentençia valida de juez conpetente, ni les sean tomados sus bienes ni ocupados saluo por vuestra carta de justiçia o por sentençia de juez conpetente pasada en cosa juzgada, so pena que el quelo contrario fizyere aya pena de sediçioso e de forçador con armas. E otrosy mande vuestra sennoria que si alguna cosa está fecha contra esto con quales quier çiudades e villas e logares de vuestros rreynos que se desfaga luego, e mande que quales quier vezinos e moradores delas dichas çiudades e villas e logares que enla manera suso dicha estan echados fuera de sus casas e haziendas, que se tornen a ellas libre mente, saluo si fueren personas poderosas e no estouieren a vuestro seruiçio o biuieren con las tales personas, ca en tal caso mande vuestra sennoria que esten desterrados de acuerdo

[1] El texto: personal.—ij-X-14: persona.
[2] ij-X-14: muy publica fea.

dela justiçia e rregidores dela tal çibdad o villa o logar, pero que sus bienes e heredamientos quelos posean libre mente saluo si fueren condepnados a perdimiento de bienes por sentençia de juez conpetente pasada en cosa juzgada.

Aesto vos rrespondo que me plaze dello e lo otorgo e mando que sea guardado e conplido e se haga asy segun que por la dicha vuestra petiçion me lo suplicades, e mando que sean sobresto dadas mis cartas a quales quier personas quelas pidieren.

28. Otrosi sennor, suplicamos a vuestra alteza que mande rrestituyr ala muy noble çibdad de Burgos las sus villas de Pancoruo e Miranda con sus fortalezas que estan tomadas e ocupadas por el conde de Salinas e el su lugar e fortaleza de Munno que está tomado e ocupado por Sancho de Rojas, e que vuestra alteza rreuoque e dé por ningunas todas e quales quier cartas e prouisiones que ha dado o diere de aqui adelante alos dichos conde de Salinas e Sancho de Rojas e a qual quier dellos e a otras quales quier personas para que tengan en tenençia o en prendas o en deposito o en otra quales quier manera las dichas villas e lugares e sus fortalezas o qual quier cosa dello, pues es çierto que todo ello es dela dicha çibdad e deue estar a su libre disposiçion.

Aesto vos rrespondo que dezis bien e que yo entiendo mandar luego entender en ello para que se den mis cartas e prouisiones las que menester fueren para esto.

29. Otrosy muy poderoso sennor, bien sabe vuestra alteza commo desde el tienpo del Rey don Enrrique el uiejo, de gloriosa memoria, vuestro progenitor fasta agora, sienpre los sennores rreyes vuestros anteçesores touieron amistad e confederaçion e alianças con los sennores rreyes de Françia, e vuestra alteza despues que susçedio en estos sus rreynos rratificó e confirmó la dicha amistad e confederaçion e alianças con el muy yllustre Rey de Françia que agora es, lo qual todos los grandes de vuestros rreynos e las personas prinçipales delas çibdades e villas dellos loaron e aprouaron e ouieron por bien fecho, e avn vemos que alos mas lugares dela costa de vuestros mares se siguió enlos tienpos pasados e agora se sigue dello gran prouecho; e esto no enbargante es venido a nuestra notiçia que de dos annos a esta parte poco mas o menos tienpo vuestra alteza se ha partido dela dicha amistad e confederaçion del dicho Rey de Françia e ha hecho nueua amistad e confederaçion e alianças con el Rey de Ingalaterra, delo qual muy poderoso sennor, vuestros subditos e naturales se hallan muy amenguados e agrauiados por las rrazones siguientes. La primera, porque segun leyes de vuestros rreynos

quando los rreyes han de hazer alguna cosa de gran inportançia no lo deuen hazer sin consejo e sabiduria delas çibdades e villas prinçipales de vuestros rreynos; lo qual en esto no guardó vuestra alteza, hablando nos otros con humill rreuerençia, ca nunca cosa desto supieron la mayor parte delos grandes de vuestros rreynos ni las prinçipales çibdades e villas dellos. La otra, por que commo quiera que el dicho Rey de Ingalaterra es muy magnifico e noble e su rreyno grande e bueno, pero notorio es quela corona de Françia es mas poderosa e antigua e mas honrrada e el rreyno muy mayor e los rreyes del tienen mayores preheminençias, e asy era cosa mas conuenible e conforme ala grandeza e nobleza dela corona de Castilla quelos dos rreyes mas poderosos dela christiandad que sois los rreyes de Castilla e de Françia, seades aliados e confederados que no con otro rrey alguno. La otra, por que somos çiertos que es mas prouechosa avuestros subditos[1] e naturales la amistad e aliança de Françia que no de Ingalaterra, e por esto suplicamos avuestra alteza quele plega rreformar la amistad e alianças del dicho Rey de Françia e aquellas guardar, e si contra esto alguna cosa está concertada o fechas alianças con el dicho Rey de Ingalaterra, vuestra alteza no dé lugar a que pase ni aya efecto, ca nos otros en nonbre de vuestros rreynos lo contradezimos.

Aesto vos rrespondo que yo entiendo deliberar sobre lo contenido en vuestra petiçion e platicar esto enel mi Consejo e hazer sobrello lo que se hallare que es mas conplidero a seruiçio de Dios[2] e al pro e bien comun de mis rreynos e sennorios.

30. Otrosy muy exçelente sennor, bien sabe vuestra rreal sennoria commo a petiçion delos procuradores delas çibdades e villas de vuestros rreynos que a vuestra sennoria vinieron por vuestro mandado alas cortes de Salamanca el anno que pasó del Sennor de mill e quatroçientos e sesenta e çinco annos fizo e ordenó çiertas leyes las quales fasta aqui por los grandes mouimientos despues acá en vuestros rreynos acaesçidos, no se publicaron ni se han vsado, e muchos juezes e otras personas dudan si deuen ser auidas por leyes e si deuen juzgar por ellas, pues nunca fueron publicadas ni vsadas[3]. Suplicamos a vuestra alteza le plega declarar e mandar sobresto lo que se haga, por que aquello se guarde e cunpla[4].

[1] ij-X-14: a vuestros rregnos e subditos.
[2] ij-X-14: a seruiçio de Dios e mio.
[3] ij-X-14: publicadas ni declaradas.
[4] ij-X-14: por que se guarde en ello lo que cunpla.

Aesto vos rrespondo que al tienpo que yo ordené las dichas leyes en las dichas cortes de Salamanca e despues acá sienpre fue e ha seydo mi yntençion que fuesen auidas por leyes e fuesen vsadas e guardadas en todo e por todo. Por ende mando e ordeno quelas leyes por mi hechas en las dichas cortes de Salamanca e cada vna dellas sean auidas por leyes generales en todos mis rreynos e sennorios e sean vsadas e guardadas e conplidas en todo e por todo segun que en ellas e en cada vna dellas se contiene, asy enlos juyzios commo enlos contratos e testamentos e en todas las otras negoçiaçiones sobre quelas dichas leyes disponen.

Por que vos mando a todos e a cada vno de vos que veades las dichas leyes de suso encorporadas e cada vna dellas e las ayades por leyes generales e las guardedes e cunplades e fagades guardar e cunplir en todo e por todo segun que en ellas e en cada vna dellas se contiene e contra el thenor e forma dellas ni de alguna dellas no vayades ni pasedes ni consintades yr ni pasar en algun tienpo ni por alguna manera, delo qual mandé dar esta mi carta en que van encorporadas las dichas petiçiones e las dichas leyes por mi sobrellas[1] fechas e ordenadas, la qual va firmada de mi nonbre e sellada con mi sello, e mando al mi secretario d quien va rreferendada quela ponga enla mi camara e dé los traslados della a todas las personas quelos pidieren, e los vnos ni los otros no fagades ende al por alguna manera so pena dela mi merçed e delas penas conthenidas enlas dichas leyes e de diez mill mrs. para la mi camara, e demas mando al home que esta carta vos mostrare que dé testimonio della para que yo sepa el modo commo se cunple mi mandado[2].

Dada enla villa de Ocanna, a diez dias del mes de Abril anno del naçimiento de nuestro saluador Ihesu Christo de mill y quatroçientos e sesenta e nueve annos.

[1] ij-X-14: sobrello.

[2] El texto: al home etc., y termina aquí el ordenamiento. Tomamos lo que sigue del cód. ij-X-14.

XXVI.

Ordenamiento sobre la fabricacion y valor de la moneda, otorgado en las Córtes de Segovia del año de 1471. [1]

Don Enrrique por la graçia de Dios Rey de Castilla de Leon de Toledo de Gallizia de Seuilla de Cordoua de Murçia de Iahen del Algarbe de Algezira e sennor de Vizcaya e de Molina: alos duques marqueses e condes perlados rricos omes maestres delas Ordenes opriores e alos del mi Consejo e alos mis contadores mayores e alos oydores dela mi audiençia e alcaldes e notarios e otras justiçias quales quier dela mi casa e corte e chançilleria e alos mis adelantados mayores e alos comendadores e sub comendadores alcaides delos castillos e casas fuertes e alos conçejos alcaldes e merinos rregidores caualleros escuderos ofiçiales e omes buenos de todas las çibdades e villas e lugares delos mis rreynos e sennorios, e a todos los mis thesoreros e alcaldes e alguaziles e maestres dela balança e ensayadores e guardas e escriuanos e criadores e entalladores e obreros e monederos, e otros ofiçiales quales quier delas mis casas de monedas dela muy noble çibdad de Burgos cabeça de Castilla mi camara e delas muy nobles çibdades de Seuilla e Toledo e Segouia e dela noble çibdad de Cuenca e dela çibdad dela Corunna, e a todos los otros e a quales quier mis subditos e naturales de qual quier ley estado e condiçion e preheminençia o dignidat que sean, e a todas las otras personas a quien de su[2] contenido atanne o atanner puede en qual quier manera, e a cada uno e qual quier de vos a quien esta mi carta fuere mostrada o su traslado signado descriuano publico, salud e graçia. Bien sabedes como yo conosçiendo los grandes e yntolerables males que mis subditos e naturales padesçian por la grand corrupçion e desorden dela mala e falsa moneda que en estos dichos mis rreynos e sennorios se ha labrado de algunos tienpos a esta parte, enbié a mandar alas çibdades e villas que suelen enbiar por mi mandado sus procuradores de corte que enbiasen a mi sus procuradores, e para que yo viese e platicase con ellos sobre algunas cosas cunplideras

[1] Se ha sacado la copia de este ordenamiento del códice de la Biblioteca del Escorial j-Y-13, fólio 214.

[2] El texto: suso.

a serviçio de Dios e mio, e al bueno e paçifico estado e pro comun destos dichos mis rreynos e sennorios, espeçial mente para dar orden con su acuerdo enel rreparo e rreformaçion dela dicha moneda; e asi mismo enbié mandar a algunas çibdades que enbiasen personas que supiesen enla lauor e ley dela dicha moneda, por que yo con acuerdo de todos pudiese mejor proueer sobre ello, por quel clamor e quexa dela gente era muy grande asy por la grand mengua que tenia de moneda, commo por quela moneda de quartos que tenian, era muy dapnificada e falsyficada, e por esto en dar e tomar la dicha moneda auia grand confusion. Otrosi por que me fue suplicado por parte de muchas delas dichas çibdades e villas que luego presta mente mandase labrar moneda menuda por quitar algunos escandalos que delo contrario se podrian seguir, yo queriendo rremediar e proueer sobre ello, con acuerdo de algunos delos grandes de mis rreynos que comigo estauan, e de algunos delos dichos procuradores que eran ya venidos, oue mandado labrar moneda de castellanos e de rreales de plata e de blancas e medias blancas de cobre por virtud de çiertas ordenanças que yo sobre ello fize enla villa de Madrid. Despues delo qual los dichos procuradores vinieron a mi, e yo en todo lo que por ellos en nonbre delas dichas çibdades e villas sobre lo suso dicho me fue suplicado, asi sobre la lauor de la moneda de oro e plata, como sobre la hemienda dela lauor dela moneda de cobre puro que yo auia mandado labrar, de que dixeron que se podria seguir mayor confusion quela pasada e dapno uniuersal a mis subditos e naturales, lo qual todo por mi, visto e considerado, que yo en esto no tengo otro acatamiento, saluo el bien vniuersal e pro comun de mis subditos e naturales, e siguiendo este proposito yo con acuerdo delos perlados e caualleros que estan comigo, e delos otros de mi Consejo deliberé delo rremetir todo alos procuradores para que ellos viesen e platicasen entre sy y acordasen sy yo deuia mandar labrar otra moneda, e de que talla e peso la deuia mandar labrar; e por que sobre esto mejor fuesen ynformados, les mandé que tomasen consigo personas que supiesen enla labor e ley dela moneda, e se informasen dello, e sobre deliberaçion viesen e diesen orden en que forma se debia mandar labrar la dicha moneda de para mas provecho universal de todos mis subditos e naturales; los quales dichos procuradores para aver su ynformaçion acordaron que para mejor evitar la corrupçion e falsedad dela dicha moneda que fasta aqui se ha fecho e espera que se fará, sy yo sobre ello non rremediase e proveyese enla manera por ellos acordada, e para quelos mantenimientos e mercadurias fuesen rreduçidos a mas rrazonables presçios e valor, que me deuian suplicar e suplicaron que yo mandase que se labrasen monedas de oro e plata e vellon en estas dichas mis seys casas de moneda, conviene saber: delas dichas çibdades de Burgos e Toledo e Seuilla e Segouia e Cuenca e la Corunna, e non en otras partes; las quales dichas monedas se labrasen de çierta ley y talla y valor contenidos enlas suplicaçiones que por sus petiçiones me fueron fechas, las quales por mi vistas toue lo por bien; por ende es mi merçed e mando e hordeno que en cada vna delas dichas mis casas de moneda se labren de aqui adelante las dichas mis monedas de oro e plata e vellon, segund e por la forma e manera que por los dichos mis procuradores me fue suplicado, que son dela ley e talla e preçios e con las condiçiones siguientes.

1. Primera mente hordeno e mando que enlas dichas mis casas de moneda se labre moneda de oro fino e sea llamado enrriques, en que aya çinquenta pieças por marco e non mas, e sea dela ley de veynte e tres quilates y tres quartos e non menos; los quales sean de muy buena talla e que non sean tanto tendidos como los que fasta aqui se han labrado, saluo que sean como los primeros enrriques que yo mandé labrar en Seuilla que se llaman dela silla baxa, e que de este tamanno se labren en todas las casas, e que se fagan enrriques enteros e medios enrriques, e que de todos los enrriques que se labraren en cada vna casa, sean los dos terçios de enrriques enteros, e el vn terçio de medios enrriques, e quelos vnos e los otros tengan dela vna parte figura de un castillo e finchan todo el canpo çorcado de medios conpases doblados al derredor, e que digan vnas letras en derredor: *Enrriqus cartus Dei graçia Rex Castele et Legionis*, o lo que dello cupiere, e dela otra parte vn leon que asi mismo fincha todo el canpo con los dichos medios conpases en derredor e con vnas letras al derredor que digan: *Christus vinçit, Christus rregnat, Christus inperat* o lo que dello cupiere, e debajo del dicho castillo se ponga la primera letra dela çibdad donde se labrare, saluo en Segouia que se ponga vna puente, e enla Corunna vna venera; los quales dichos enrriques y medios enrriques sean saluados vno a vno, por que sean de igual peso.

2. Otrosi ordeno e mando que si algunas personas quisieren hazer labrar enrriques enlas dichas mis casas de moneda que sean mayores e de mas peso quelos dichos enrriques, quelo puedan hazer en esta guisa, de peso de dos enrriques e de çinco e de diez e de veynte e de treynta e quarenta e de çinquenta enrriques, e que cada vno destos dichos enrriques mayores tengan el numero del peso que pesan debajo delos caste-

llanos e que sean dela ley suso dicha e non de menos e dela talla e sennales suso dichas.

3. Otrosi hordeno e mando que se labre otra moneda de plata que se llamen rreales de talla de sesenta e siete rreales en cada marco e non mas y de ley de onçe dineros y quatro granos y non menos, y que destos se labren rreales e medios rreales y non otras pieças, las dos terçias partes de rreales enteros, e la otra terçia parte de medios rreales que sean saluados vno a vno, por que sean de igual peso: los quales tengan dela vna parte las mis armas rreales, castillos e leones con vna cruz en medio con vnas letras al derredor que digan: *Enrriqus cartus Dei graçia Rex Castelle et Legionis* o lo que de ello copiere, y la primera letra dela çibdad donde se labrare, saluo en Segouia que se ponga la dicha puente e enla Corunna que se ponga la dicha venera, e dela otra parte unas letras que dicen: [EN.] con una corona ençima e los dichos medios conpases al rrededor y vnas letras al rrededor que digan: *Ihesus vinçit, Ihesus rregnat, Ihesus inperat* o lo que dello copiere.

4. Otrosy ordeno e mando que en cada vna delas dichas mis casas de moneda se labre moneda de vellon que se llame blancas, e que sea de talla de dozientas y çinco pieças por marco y de ley de diez granos y non menos, y que desto se labre blancas y medias blancas y non otra moneda, y que dos blancas destas valan un mr. y dos medias blancas vna blanca, y que delas dichas medias blancas aya en un marco quatroçientas e diez medias blancas, y que estas dichas medias blancas tengan dela vna parte vn castillo çercado de orlas quadradas e digan por letras en derredor: *Enrricus Dei graçia Rex Castelle* o lo que dello copiere, y al pie del castillo tenga la letra dela çibdad donde se fiziere, saluo las que se fizieren enla dicha çibdad de Segouia que tengan vna puente y dela Corunna vna venera, y dela otra parte tengan vn leon y las orlas quadradas en derredor, y enlas letras digan: *Ihesus vinçit. Ihesus rregnat, Ihesus inperat*, y las medias blancas tengan dela vna parte vn castillo en canpo rredondo y la sennal y letras commo las blancas.

5. Otrosi ordeno e mando que cada vn enrrique delos suso dichos valga quatroçientos e veinte mrs. dela dicha moneda de blancas e non mas, y el medio enrrique a este rrespecto; vna dobla dela vanda del Rey don Iohan mi sennor e padre, de gloriosa memoria, cuya anima Dios aya, trezientos mrs.; e vn florin del cunno de Aragon dozientos e diez mrs.; e vn rreal de plata treyta e vn mrs. e non mas.

6. Otrosi ordeno e mando que todas e quales quier personas de qua-

les quier ley estado o condiçion que sean puedan traer e traygan alas dichas mis casas de moneda, oro e plata e vellon para labrar las dichas monedas que quisieren y lo pongan y lleguen alas dichas leyes suso declaradas asi oro como plata commo vellon; y asi puesto lo ensaye el mi ensayador, e sy lo fallare cada vno ala ley por mi de suso hordenada, lo entreguen al mi thesorero dela dicha mi casa pesando lo fiel mente por ante el maestro dela balança e por ante el mi escriuano dela dicha casa, para quelo dé a labrar el oro e la plata e vellon qual gelo entregaren, commo dicho es.

7. Otrosi ordeno e mando que todas e quales quier personas que quisieren fundir e afinar quales quier monedas de oro e vellon delas que fasta hoy son fechas, quier que sean enrriques o otros quales quier delas fechas destos mis rreynos e de fuera dellos, tanto que non sean doblas dela vanda nin florines del cunno de Aragon, quelo puedan fazer e fagan por sy mismo o por quien ellos quisieren libre mente dentro en qual quier delas dichas mis seys casas de moneda y non fuera dellas, y el que de fuera delas dichas mis seys casas de moneda fundiere o afinare las dichas monedas o qual quier dellas que muera por justiçia por ello e pierda la mitad de sus bienes, delos quales sea la terçia parte para el acusador, y la otra terçia parte para el juez executor, y la otra terçia parte para los muros dela çibdad o villa o lugar donde esta ordenança se quebrantare. Pero por quelos sennores delas monedas que asi se ouieren de fundir o afinar tengan mayor libertad para lo poder fazer cada e quando que quisieren, e los mis thesoreros e ofiçial delas dichas mis casas non ayan logar delos poner enbargo en contrario alguno, nin les llevar cohecho por ello, nin por esto ayan causa las personas que quisieren labrar delo dexar, mando alos dichos mis thesoreros de cada vna delas dichas casas que todas e quales quier personas que en qual quier dellas quisieren fundir e afinar las dichas monedas o qual quier dellas oro en verga o en poluo o en pasta o en otra qual quier manera, que luego que sobre ello fueren rrequeridos den lugar, al que gelo pidiere dentro enla dicha casa, convenible e seguro para ello dentro de veynte e quatro oras despues que fuere sobre ello rrequerido. E este tal si fuere fazer horno de afinaçion en otro lugar para ello, que gelo dé luego, e gelo consienta fazer el dicho thesorero acosta del quelo quisiere fazer, sin quel dicho thesorero ni ofiçiales se entremetan en ellos e sin les pedir nin demandar nin llevar por cosa dello derechos nin otra cosa alguna, so pena que qual quier delos dichos mis thesoreros que contra lo contenido en esta ley o contra cosa alguna o parte dello fuere o pasare en

dela dicha mi casa pesando lo fiel
nça e por ante el mi escriuano dela
el oro e la plata e vellon qual gelo

las e quales quier personas que qui-
monedas de oro e vellon delas que
enrriques o otros quales quier delas
dellos, tanto que non sean doblas
de Aragon, quelo puedan fazer e
os quisieren libre mente dentro en
as de moneda y non fuera dellas, y
casas de moneda fundiere o afinare
as que muera por justiçia por ello e
quales sea la terçia parte para el
el juez executor, y la otra terçia
illa o lugar donde esta ordenança
nnores delas monedas que asi se
ayor libertad para lo poder fazer cada
hesoreros e ofiçial delas dichas mis
largo en contrario alguno, nin les
ayan causa las personas que qui-
dichos mis thesoreros de cada vna
es quier personas que en qual quier
dichas monedas o qual quier dellas
o en otra qual quier manera, que
idos den lugar, al que gelo pidiere
seguro para ello dentro de veynte
ello rrequerido. E este tal si fuere
ar para ello, que gelo dé luego, e
ro acosta del quelo quisiere fazer.
ellos e sin les pedir

donde estan qual quier delas dichas mis casas donde esto acaesçiere, que luego que fueren rrequeridos sobre ello, vayan ala dicha mi casa de moneda e sennalen e diputen lugar convenible e seguro a aquel quelo fiziere para fazer la dicha fundiçion dentro en ella.

8. Otrosi ordeno e mando que todo el oro e plata e vellon que en qual quier delas dichas mis casas se metiere para fundir e afinar enla forma suso dicha, que todo se labre en ella de moneda a moneda, segund de suso se contiene en esta manera: que qual quier que metiere en qual quier delas dichas mis casas de moneda, oro o plata e vellon para afinar, que sea obligado a entregar con cada marco de plata que diere a labrar delo que asi saliere dela afinaçion de vellon, çinco marcos de vellon.

9. Otrosi ordeno e mando que qual quier persona que truxiere a labrar vellon a qual quier delas dichas mis oasas, le sean dados de moneda labrada, de cada ocho marcos los siete de blancas enteras e el vno de medias blancas.

10. Otrosi ordeno e mando quel dicho oro e plata e vellon que rreçibieren los mis thesoreros, quelo den a labrar a capatazes e obreros buenos, fiables e sabios del ofiçio, tales que guarden mi seruiçio.

11. Otrosi ordeno e mando quelos dichos capatazes e obreros non rresçiban oro nin plata nin vellon, saluo pesado por el mi maestro dela balanza e por ante el dicho mi escriuano, e sea marcado del dicho mi ensayador el dicho oro e plata e vellon, e se ponga en vna arca con dos llaues, delas quales tenga vna el thesorero e otra el ensayador, por que seria grand prolixidat aver lo todo de marcar so pena delos cuerpos e de quanto han; e asi mismo que el thesorero e otro qual quier que contra el thenor e forma delo suso dicho lo tal diere a labrar alos capatazes e obreros, muera por ello e pierda lo que asi diere, e sea partido por la forma suso dicha.

12. Otrosi hordeno e mando que el dicho maestro delas dichas balanças dé alos dichos capatazes e obreros dinerales que sean justos y que vengan ala talla por mi hordenada, por donde ellos labren y tallen

13. Otrosi ordeno e mando quelos capatazes e obreros que saluen las dichas monedas de oro e plata por los dinerales bien e justa mente, de guisa que vengan ala talla por mi ordenada.

14. Otrosi ordeno e mando que despues de asi labrada la dicha moneda por los dichos capatazes, lo muestre al mi criador dela dicha casa, el qual lo vea y rreconosca, y si fallare que es bien obrada y tal que es sufiçiente y bien amonedado commo de suso dicho es, lo pase, e lo que fallare que non está bien amonedado, lo corte y torne a desfazer, y dela que desta guisa se desfiziere, es mi merçed y mando que non se pague braçeaje alos dichos capataçes.

15. Otrosi ordeno e mando que des quelos dichos capatazes e obreros ovieren acabado de labrar el vellon lo rrindan alas guardas para que lo vean y rreconozcan sy es buena e bien fecha; e si al peso vinieren quatro pieças mas enel marco o menos, las guardas sean obligados a gela pasar, e sy otra miente vinieren, los capatazes e obreros sean obligados alo tomar e fazer e labrar a su costa.

16. Otrosi hordeno e mando que despues de asi rrequerida la dicha moneda por las dichas mis guardas, los dichos capatazes lo entreguen al mi thesorero por ante el dicho mi escriuano e maestro dela balança e ensayador e criador dela tal casa e delas guardas con toda la çisalla que della sacaren; los quales dichos mis ofiçiales lo miren sy es bien linpio e syn poluo e sin otra mezcla alguna; e si enla dicha çisalla se fallare alguna tierra o poluo, que por el mismo fecho pierda el capataz quelo pusiere todo el braçeage de aquella lauor, e se rreparta la tal pena commo dicho es; e si mezcla de vellon de mas baxa ley quela suso dicha en ella se fallare, quele maten por justiçia por ello al dicho capataz quelo asi truxiere, e pierda todos sus bienes e se rrepartan enla manera suso dicha.

17. Otrosi ordeno e mando despues de asy vistas las dichas monedas de oro e plata e vellon por los dichos mis thesoreros e ofiçiales, pongan cada suerte delas dichas monedas en sus mantas y lo arrebueluan muchas vezes, estando presentes a ello el dicho mi tesorero e escriuano e ensayador y maestro dela balança y guardas y criador, y asi rrebuelto pesen las dichas monedas sy vienen ala talla por mi de suso ordenada, conviene a saber: cada marco de oro çinquenta pieças e non mas, e cada marco de rreales sesenta e siete pieças e non mas, e delas dichas blancas dozientas e çinco pieças, cuatro pieças mas o menos, e las medias blancas quatroçientas diez pieças, ocho mas o menos. E si non se fallaren las dichas monedas ala dicha talla con las dichas diferençias de mas

are que es bien obrada y tal que
de suso dicho es, lo pase, e lo
o, lo corte y torne a desfazer, y dela
merçed y mando que non se pague

quelos dichos capatazes e obreros
lo rrindan alas guardas para que
e bien fecha; e si al peso vinieren
nos, las guardas sean obligados
los capatazes e obreros sean obli-
costa.
espues de asi rrequerida la dicha
los dichos capatazes lo entreguen
escriuano e maestro dela balança
las guardas con toda la çisalla que
oficiales lo miren sy es bien limpio
; e si enla dicha çisalla se fallare
ismo fecho pierda el capataz que lo
auor, e se rreparta la tal pena con-
e mas baxa ley quela suso dicha es
cia por ello al dicho capataz quelo
s e se rrepartan enla manera suso

de asy vistas las dichas monedas
mis thesoreros e oficiales, pongan
s mantas y lo arrebueluan mucho
mi tesorero e escriuano e ensa-
s y criador, y asi rrebuelto pese
la por mi de suso ordenada, con-
quenta pieças e non mas, e cada
dichas blan-

ros dela çibdat donde la tal casa de moneda estouiere.

18. Otrosy hordeno e mando que despues de asi fecha la dicha leuada el dicho mi thesorero tome las dichas monedas e las dé e entregue al blanqueçedor para que blanquezca las dichas monedas de plata e vellon, e el dicho blanqueçedor sea obligado a dar la primera blanquiçion perfecta a vista del ensayador e maestro e guardas e criador, e si asi non lo fizieren, quela tornen a blanqueçer a su costa e pierda los derechos que ouiere de auer, por que despues quelas monedas fueren monedeadas tornen a rresçebir blanquiçion postrimera, lo qual verná en toda perfiçion.

19. Otrosy ordeno e mando que despues de ansy bien blanqueçidas las dichas monedas, quel dicho mi thesorero las tome de poder del blanqueçedor e las dé a monedear a buenos monederos fiables.

20. Otrosy por que mas fiable mente se labra la moneda quando cada vno hordenada mente vsa de su ofiçio, por ende ordeno e mando quel obrero non acunne las monedas, nin el monedero labre enlas fornaças delos obreros, so pena quel quelo contrario fiziere, quele maten por ello por justiçia.

21. Otrosy hordeno e mando que despues que asy fueren lleuadas las dichas monedas, los dichos monederos quelas sellaren las lleuen a mostrar alas dichas mis guardas e criador, alas quales mando quelas vean sy estan bien selladas e acunnadas e sy estan bien rredondas en tal manera que sean bien fechas, e si tales las hallaren las pasen, e si las fallaren mal selladas o beçudas e molidas o quebrantadas, las corten, e lo que asi se cortare se desfaga e lo tornen a labrar a costa delos dichos monederos, rreleuandoles dos pieças de cada marco de oro, e de plata quatro pieças, y de blancas de cada marco de medias blancas ocho pieças, e si de otra guisa los dichos mis ofiçiales lo pasaren, que paguen diez mill mrs. de pena destribuydos enla manera suso dicha.

22. Otrosy hordeno e mando que despues de asi blanqueçidas las dichas monedas de oro e plata e vellon, quelos dichos monederos las entreguen al mi thesorero, al qual mando quelas haga blanqueçer otra vez, ... que sean bien blanqueçidas a vista e contentamiento de

e plata e vellon asi fueren selladas e acunnadas e bien blanqueçidas, quel dicho mi thesorero e ensayador e guardas e maestro dela balança e criador e escriuano torne a hazer leuada delas leyes delas dichas monedas, e las rrebueluan muchas vezes, e despues de asi fechas tome el dicho mi ensayador vna pieça de cada suerte delas dichas monedas de oro e plata, e dela suerte delas dichas monedas de vellon quatro pieças, e las corte por medio en presençia delas dichas guardas e criador e escriuano e maestro dela balança, e fagan dela mitad de cada vna dellas us ensayes; e en tanto que asi se hazen los dichos ensayes, queden la otra mitad delas pieças que asi cortaren en poder delas guardas fasta que se faga el ençerramiento, e si los ensayes que asi se hizieren delas dichas monedas salieren alas dichas leyes, el oro alos dichos veinte e tres quilates e tres quartos e no menos, e la plata a honçe dineros e quatro granos e no menos, e las blancas e medias blancas a diez granos no menos, pase, e si las monedas salieren en mas baxa ley dela suso dicha, no pase, e si lo pasaren, les den la pena que suelen dar al que falsa la moneda e pague el danno e costas, e si de menor ley lo pasare el dicho mi ensayador, pierda todos sus bienes, los quales sean rrepartidos enla forma suso dicha; e si los dichos ensayes salieren a estos con las dichas leyes, tome el escriuano cada ensaye con la otra mitad que quedó en poder delas dichas guardas, e envuelua lo cada vno en vn papel, enel qual escriua la leuada de quantos marcos e en que dia e mes e anno se hizo e de que ley e talla se falló e firme lo de sus nonbres el ensayador e escriuano, e aten las dichas monedas asy lo del ensaye commo lo cortado con vn filo, e pongan lo en vn arca del ençerramiento, dela qual aya tres çerraduras de tres llaues, delas quales tenga la vna el mi ensayador e la otra el mi escriuano e la otra las mis guardas, e que estas pieças de oro e plata e vellon que asi fueren tomadas para hazer este dicho ençerramiento que sean delos derechos que yo por otra mi hordenança de yuso contenida mandé tomar por la lauor e derecho delas monedas que se han de labrar de oro e plata e vellon, por manera que este ençerramiento no se haga a costa delos que vinieren a labrar alas dichas casas.

24. Otrosi hordeno e mando que el mi ensayador tome el plomo menos argentoso que fallare, para fazer los ensayes alas personas que traxeren la dicha plata e vellon a labrar, e que aya el dicho mi ensayador por fazer el dicho ensaye, el oro e plata que quedare del dicho ensaye que asi fiziere, e el oro en que asi fiziere el dicho ensaye, pese tomin e medio, e si fuere el ensaye de seys marcos de oro arriba e de

dichas monedas de vellon, lleve el mi ensayador por fazer el dicho ensaye, de çinquenta marcos arriba fasta çien marcos, veinte mrs., e de çinquenta marcos ayuso fasta quinze marcos, quinze mrs.

25. Otrosi hordeno e mando que el maestro e las guardas fagan rrequerir las pesas e dinerales por antel escriuano cada mes, por que no rreçiban danno ninguno ninguna delas partes.

26. Otrosi hordeno e mando que qual quier obrero o monedero que le fuere fallado en sete o en fornaça otro oro o plata o otro metal delo por mi hordenado, quelo maten por ello.

27. Otrosi hordeno e mando que des quelas dichas monedas de oro e plata e vellon fueren labradas por el ensayador e guardas e ofiçiales las tome el mi thesorero, e las dé a sus duennos en presençia del escriuano e ofiçiales el oro e la plata por los mismos marcos que rreçibió e non por quento, non enbargante que fasta aqui se dauan los rreales por quento e non por peso; por quanto yo por hazer bien e merçed a mis subditos e naturales e por que mas presta mente se labre la moneda e a mayor prouecho delos quelo troxeren a labrar, he hecho merçed alos dichos mis rreynos e sennorios, en quanto mi merçed e voluntad fue, de los derechos que yo solia auer e me pertenesçen dela lauor de todo el oro e plata e vellon que se obrare enlas dichas mis casas, e asi los dichos mis thesoreros non han de pedir nyn de lleuar derechos algunos para mi. E mando e hordeno que quando asi entregaren los dichos mis thesoreros a sus duennos las dichas monedas labradas, que rretengan para los dichos ofiçiales e de todas las otras cosas, de cada marco de oro que asi entregaren a su duenno, vn tomin e tres quartos de tomin, e de cada marco de rreales que asi entregaren, vn rreal por todas las cosas, asi delo que come la blanquiçion commo delas costas que se hizieren en labrar los dichos rreales, e la dicha moneda de villon se torne a su duenno, por quanto dando a cada vno setenta e siete mrs. e medio de cada marco que asi labrare, e rreteniendo en si los veinte çinco mrs. rrestantes para todas las costas, de labrar las dichas monedas de vellon, e asi se cunplan los dichos çiento e dos mrs. e medio que se fazen de

dos se han fecho monederos de moneda falsa, defiendo que ninguno nin alguno dellos non sean osados de se entremeter nin labrar esta dicha moneda que yo mando labrar en estas dichas mis casas, ni mis thesoreros lo consientan labrar la dicha moneda, saluo el que es o fuere elegido por monedero o obrero por el mi tesorero, e sean personas fiables del numero acostunbrado de cada vna delas dichas mis casas, e non otro alguno, so pena quele maten por ello por justiçia.

29. Otrosi por quanto yo soy ynformado que algunos tesoreros e ofiçiales mayores de mis casas de monedas o de algunas dellas ponen cabdal de oro e plata e vellon enlas dichas mis casas para labrar a ganançia e tratar por si o por sus criados, o fazen conpannia con otros poniendo ellos çierto cabdal secreta mente, delo qual se cree que por fazer de su prouecho e apreçentar su ganançia dan logar a quela moneda se labre de menos ley e talla delo que se deue labrar, o alo menos se despache e delibre mas presta mente lo suyo quel cabdal delos otros, aun que vengan primero, e asi se da causa a grand desorden; por ende ordeno e mando que ningund thesorero nin ofiçial delas dichas mis casas nin de alguna dellas non tengan cabdal por si nin por ynterposita persona, nin en conpannia con otra persona alguna para labrar enla casa donde toviere el tal ofiçio, delo qual sea thenudo de fazer juramento ante la justiçia e rregimiento dela çiudad donde estouiese la tal casa, antes que vse del ofiçio, e luego questa mi ordenança le fuere mostrada; e qual quier que fuere contra esto, quier sea el ofiçial o quier el otro que con el oviere conpannia, que pierda todo el cabdal que asi touiere puesto e mas la mitad de sus bienes, e sea el terçio para el quelo acusare e el otro terçio para el juez executor quelo sentençiare o esecutare e el otro terçio para los muros dela çiudad donde estouiere la tal casa de moneda.

30. Otrosi por quanto el ofiçio dela tesoreria e los otros ofiçios mayores de cada vna delas dichas casas fueron ynventados asi por la neçesidad dellos como por que vnos estorbasen a otros las faltas e yerros que otros querrian cometer, e avn por que vnos fuesen testigos de otros, e esto no enbargante yo soy ynformado que de poco tienpo acá algunos ofiçiales delas dichas casas han procurado de auer e han auido para sus fijos e criados e familiares ofiçios enla misma casa donde ellos los tienen, por auer menos contrarios e auer logar mayor de fazer fraudes e encubiertas en sus ofiçios, lo qual ha dado causa a grandes dannos; por ende mando e ordeno que ningund thesorero ny ofiçial de casa de moneda non tenga fijo ni criado nin familiar suyo, ofiçial de ofiçio dela tal casa

vna delas dichas mis casas, e non
por ello por justiçia.
ynformado que algunos tesoreros e
monedas o de algunas dellas por e
dichas mis casas para labrar a gu-
los, o fazen conpannia con otros po-
iente, delo qual se cree que por faze
ngia dan logar a quela moneda e
se deue labrar, o alo menos se de-
o suyo quel cabdal delos otros, au
sa a grand desorden; por ende orde-
nin ofiçial delas dichas mis casas
dal por si nin por ynterposita persona alguna para labrar enla cas
al sea thenudo de fazer juramento
iudad donde estouiese la tal casa
ta mi ordenança le fuere mostrada
quier sea el ofiçial o quier el otro
pierda todo el cabdal que asi to-
bienes, e sea el terçio para el que lo
executor quelo sentençiare o ex-
s dela çiudad donde estouiere la tal

la tesoreria e los otros ofiçios ma-
fueron ynventados asi por la ne-
rhasen a otros las faltas e yerros
que vnos fuesen testigos de otros
lo que de poco tienpo acá algunos
de auer e han auido para sus
misma casa donde ellos los tienen,

mitad de sus bienes [illegible]
otros ofiçiales dela dicha casa que en esto non fueren culpantes, que luego me lo notifiquen, por que yo prouea luego delos dichos ofiçios a personas abiles e sufiçientes para ello, e mando alos dichos thesoreros, e a cada vno dellos que non paguen derechos algunos de sus ofiçios alos tales ofiçiales que contra esto fueren, e mando al dicho thesorero e ofiçiales que non vsen con ellos enlos dichos ofiçios.

31. Otrosi mando e hordeno que cada vn canbiador que ouiere de dar blancas o rreales por pieça de oro, que dé por cada enrrique quatroçientos e diez e siete mrs. e non menos nin mas, e por cada dobla dozientos e nouenta e ocho mrs. e medio e non menos nin mas, e por cada florin dozientos e ocho mrs. e medio e non menos nin mas; pero si canbiador la diere a otro, quelo dé por el preçio cabal que yo mando de suso que vala cada vna delas dichas pieças e non por mas, e qual quier quelo contrario hiziere, que pague por cada pieça que rrehusare de canbiar o por cada vna que canbiare por de menos o mas, mill mrs., la mitad para el quelo acusare e para el juez executor a cada vno por iguales partes, e la otra mitad para el rreparo delos muros, e si non ouiere muros, para los propios dela çiudad o villa o logar donde esta hordenança fuere quebrantada.

32. Otrosi por que es de creer que non avria falsadores de monedas, si no fallasen personas que se las rresçibiesen e destribuyesen engannosamente entre las personas que non las conosçen; por ende mando e hordeno que ningund canbiador nin otra persona no rresçiba nin tenga en su canbio nin en su tienda nin en su trato moneda de oro nin de plata ni de vellon, con los cunnos de suso nonbrados, que no sea labrada en qual quier delas dichas seys casas en que yo agora mando labrar, o de la que hasta aqui se ha labrado en ellas, nin la dé en pago nin en canbio nin en otra manera a persona alguna, so pena que qual quier quelo contrario hiziere muera por ello por justiçia e pierda la mitad de sus bienes, e sea el vn terçio dello para el acusador, e el otro terçio para el juez executor, e el otro terçio para el rreparo delos muros, e sino los ouiere para los propios dela dicha çiudad o villa o logar donde esta tal

fuere dada, e nonbrare la persona que gela dio, e fuere persona de que verdadera mente se pueda presumir que no conoçe la dicha moneda, que en qual quier destos casos sea quito de esta pena, con tanto que luego incontinente entregue la tal moneda ala justiçia e ofiçiales del logar donde fuere fallado, para que gela quemen luego publica mente e dende en adelante no la trate.

33. Otrosi hordeno e mando quelas guardas tengan un arca en que tengan todos los aparejos para amonedear, e el monedero que rreçibiere los aparejos para amonedear, que non los tornare en ese mesmo dia alas guardas, que muera por ello; e las dichas guardas so la dicha pena guarden bien e fiel mente los dichos aparejos.

34. Otrosi por euitar fraudes e falsedades que algunos ofiçiales delas dichas mis casas de moneda podrian cometer en sus ofiçios, mando e hordeno que cada vn quaderno destas mis hordenanças que ouiere de ir a cada vna çibdad donde estan las dichas mis casas de moneda, se presente primera mente por los procuradores quele lleuan enel conçejo o cabildo o ayuntamiento delas dichas çibdades ante la justiçia e ofiçiales dellas, e que fagan luego llamar ante si al tesorero e ofiçiales dela tal casa de moneda, e rresçiban dellos juramento en forma que bien e fiel e leal mente vsará cada vno de su ofiçio e guardará todas estas leyes e cada vna dellas en todo e por todo segund que en ellas se contiene, cada vno enlo que a el toca, e que cada quando supiere que otro qual quier delos dichos ofiçiales dela dicha casa faze falta o falsedad en su ofiçio, gelo estoruen e non lo consientan, e quelo descobrirá luego quelo sopiere alos diputados que se han de poner enlas dichas çibdades para las dichas casas e despues al tesorero dela dicha casa, por que pongan rremedio los que de derecho lo ouieren de poner, e que este mismo juramento rreçiba el tesorero e ofiçiales de cada vna delas dichas casas delos obreros e monederos dellas.

35. Otrosi por que seria cosa abominable quelos que han seydo ofiçiales e fabricadores dela dicha moneda mala e falsa enlas otras casas de moneda que se fizieron sin mi liçençia e sin tener los ofiçios de mi, que oviesen de auer ofiçios en qual quier dellas, mando que ayan perdido quales quier ofiçios que fasta aqui de mi tenian en qual quier de las dichas mis casas de moneda, e sean ynabiles de aqui adelante para auer ofiçios en ellas.

36. Otrosi hordeno e mando que qual quier que ouiere de rreçebir moneda de oro, quier sea en canbio o en pago o en otra qual quier manera, que rreçibiere pieça falta de peso, que descuente por cada vn gra-

alguno, pues cuesta poco la hechura dellas.

38. Otrosi hordeno e mando que en cada vna delas dichas çibdades donde yo mando labrar las dichas mis monedas la justiçia e rregimiento dellas tengan cargo de elegir e diputar, e elijan e diputen de dos en dos meses, ofiçiales dellos que sean personas de buena fama e de buena conçiençia para que vean e entiendan enla lauor dela dicha moneda, e fagan que se ynformen por quantas vias pudieren, sy se haze alguna falta o fraude enla lauor della, o si se guardan o se quebrantan por algunas personas estas mis leyes e hordenanças, e destas tales dos personas rresçiban juramento luego que fueren nonbrados, que guardarán e executarán estas dichas mis leyes e hordenanças, e se avrán en todo esto bien e fiel mente, e sy algund defecto sobresto conosçieren, quelo notificarán e farán luego saber al rregimiento dela dicha çiudad e al tesorero della, para quelo emienden e fagan emendar e executen e fagan executar las dichas penas en estas leyes e hordenanças suso contenidas enlas personas e bienes delos quelas quebrantaren en todo o en parte, con aperçebimiento que si asi no lo fizieren e cunplieren, quela dicha çibdad e sus bienes e los ofiçiales e personas singulares del dicho rregimiento e cada vno dellos me sean tenudos e obligados por sus cabeças e bienes a qual quier falta e defecto que enlas dichas monedas que se asi labraren enla dicha çiudad se hallaren, e a todos los males e dannos que dello se siguieren, e que cada vez quela justiçia e rregimiento ouiere de elegir los tales diputados, los elija fiel mente e sin parçialidad alguna, e que sean onbres de buena fama e conçiençia, e quelos que vna vez fueren diputados por dos meses, no sean diputados otra vez hasta que todos los otros ofiçiales del rregimiento que fueren abiles para ello ayan tenido esta diputaçion, cada vno por el dicho tienpo.

quales quier ordenanças por mi fasta aqui fechas sobre la lavor e ley e talla e vellon delas dichas monedas, e quiero e mando que no valgan, saluo estas leyes e hordenanças como dicho es.

40. Otrosi por quanto yo por estas dichas mis leyes e hordenanças inpongo algunas penas contra los transgresores e quebrantadores dellas e mando quelas penas de bienes de dineros fuesen destribuydas en cierta manera, lo qual hize por quelos conçejos e jueçes e executores a quien cometo la execuçion, e los acusadores dellas fuesen mas diligentes sobre el conplimiento e execuçion dellas; por ende mando e hordeno que si dentro de treynta dias despues que fuere cometido el delito o el quebrantamiento de qual quier destas dichas leyes e hordenanças, no fueren executadas las dichas penas contra los transgresores e quebrantadores dellas, que dende en adelante todas las dichas penas de bienes e dineros de suso contenidas sean aplicadas e se debueluan por el mismo fecho para la mi camara e fisco, e que yo pueda disponer dellos como de cosa mia propia.

41. Otrosi hordeno e mando que el ensayador me sea obligado por si e por sus bienes ala ley por mi hordenada a toda la dicha moneda de oro e plata e vellon que yo mando labrar, e las guardas e maestros dela balança me sean obligados a ella por si e por sus bienes.

42. Otrosy hordeno e mando que si qual quier delos mis tesoreros delas dichas casas o de qual quier dellas pusyere logar teniente de tesorero por si enla casa de moneda donde el es tesorero, que el tal logar teniente sea abile e sufiçiente para exerçer e vsar el tal ofiçio, e honbre llano e abonado para ello, e que de otra guisa no le rresçiban los ofiçiales e obreros e monederos dela dicha casa, nin vsen con el enel dicho ofiçio; e si tal fuere el dicho logar teniente de tesorero que deua ser rresçebido al dicho ofiçio, mando e hordeno que este tal teniente de tesorero sea obligado por su persona e por sus bienes a todas las cosas e cada vna dellas quel tesorero prinçipal es obligado, asi por derecho e leyes de mis rregnos commo por estas leyes e hordenanças, quedando toda via en su fuerça e vigor la obligaçion e cargo a quel dicho tesorero por virtud dellas es obligado, bien asi commo si no oviese puesto logar teniente por sy.

43. Otrosy hordeno e mando que ningund obrero ni monedero nin otra persona alguna no pueda sacar delas dichas casas de moneda, moneda ninguna delas dichas monedas de oro e plata e vellon, antes de ser del todo acabada e librada por mi ensayador e maestro e guardas e escriuano, so pena quelo maten por ello e pierda todos sus bienes.

mente horada, so la dicha pena.

45. Otrosi hordeno e mando que ningund monedero non tome mas moneda para monedear aquel dia, nin labren la dicha moneda saluo de sol a sol, e el quelo contrario fiziere, que muera por ello.

46. Otrosi hordeno e mando que el tesorero delas hornaças e capatazes e obreros vayan bien seguros.

47. Otrosi hordeno e mando que el maestro dela balança que rreçiba enel fiel e dé enel fiel la dicha obra e moneda de oro e plata e vellon, asi alos mercaderes que vienen a labrar commo alos capatazes e obreros.

48. Otrosi hordeno e mando quelos entalladores fagan e entallen los aparejos suso dichos con que se labren e fagan las dichas monedas, que sean buenos e bien tallados, tales que por defecto dellos non venga la dicha moneda fea nin mal tallada, e que dé alos monederos aparejos asaz con que puedan monedear, e quelos cunnos que se quebraren o que no fueren para seruir, que luego en presençia delos ofiçiales e del escriuano sean rrematadas todas las letras e figuras dellos, de manera que non se puedan aprouechar dellos, e el tallador dé luego otros tales alos monederos.

49. Otrosi hordeno e mando quelas guardas rreconozcan los aparejos con que monedean los monederos si son buenos e bien tallados, e non les consientan monedear con malos aparejos, quebrados nin desgranados.

50. Otrosi hordeno e mando que ningund monedero nin blanqueçedor non sea osado de sacar lo feble e dexar lo fuerte, saluo quelo mismo que rresçibieren, eso mismo e en esas mismas pieças lo tornen, so pena quelo maten por ello.

51. Otrosi hordeno e mando que ningund obrero non sea osado de cargar el contrapeso nin traer lo mojado nin con poluo, nin enbuelua vna çisalla con otra que non sea de su metal, nin enla çisalla no traygan a vueltas tierra, ni labren las dichas monedas de vellon con ceniza nin poluo, nin traygan ninguna moneda poluorienta, saluo todo linpio ante las guardas, e si el contrario desto fizyere, que muera por ello.

52. Otrosi hordeno e mando que por quelos ofiçiales mayores, con-

sidir continua mente e seruir los dichos ofiçios, por quelas dichas monedas que yo mando fazer se puedan hazer mejor, que en logar delos salarios e rraçiones que solian auer cada dia que labrauan las casas, que ayan vn mr. por marco de oro e plata e vellon delo que se labrare enlas dichas casas, el qual mr. rrepartan al rrespeto delos salarios e rraçiones que solian auer los tienpos pasados, salvo el criador, que por el mucho trabajo que tiene en criar las dichas monedas, que goçe por ocho mrs. cada dia como solia gozar por quatro mrs., al qual dicho criador mando que crie e mire bien la dicha moneda que asy fuere a su cargo de criar, e que non consienta pasar moneda que sea mal obrada ni quebrada, so pena que por el mismo caso no le den salario ninguno por vn anno, el qual mr. se ha de pagar delas contias suso dichas que se ha de dar por la lauor.

53. Otrosi ordeno e mando quelos dichos mis tesoreros e cada vno dellos sean tenudos e obligados de pagar e paguen todas las costas, asi de ofiçiales mayores e menores como de vedillas e herramientas e petrechos e hedefiçios e obreria e monederia e fundiçion e blanquiçion, e todas las otras cosas e costas qne para la lauor delas dichas monedas de oro e de plata e vellon fueren menester en qual quier manera; las quales se han de pagar e paguen delos dichos dos tomines de cada marco de oro, e del dicho marco de plata vn rreal, e delos dichos veynte e çinco mrs. de cada marco de vellon que asy hordeno e mando que se tome por la dicha lauor, commo dicho es.

54. Otrosi hordeno e mando que quales quier personas de qual quier ley, estado o condiçion o preheminençia que sean, puedan traer e traygan oro e plata e vellon para labrar las dichas monedas, e lo fagan fundir enla dicha casa al fundidor que en ella fuere, e no ayan de pagar ninguna cosa dela primera fundiçion al fundidor ni a otra persona alguna, saluo el derecho que diere al ensayador por quelo cate si es dela ley, commo dicho es; pues que todas las otras cosas que se rrequieren para la dicha labrança, quedan en poder del dicho tesorero segund dicho es, e quel mi tesorero pague al tal fundidor lo que se contiene en las hordenanças fechas anno de sesenta e dos.

55. Otrosi hordeno e mando que ningunas ni algunas personas de qual quier ley, estado o condiçion o preheminençia o dignidad que sean, asi delos mis subditos e naturales delos mis rreynos e sennorios commo de fuera dellos, non sean osados de desfazer nin fundir ni çerçenar las dichas monedas de oro e plata e vellon que agora mando labrar, en ninguna delas mis casas de moneda ni fuera dellas en ninguna parte que

enpos pasados, salvo el criador que
criar las dichas monedas, que
a gozar por quatro mrs., al qual
bien la dicha moneda que asy fuere
ienta pasar moneda que sea mal
l mismo caso no le den salario ninguno
a de pagar delas contias suso dichas

los dichos mis tesoreros e cada vno
rar e paguen todas las costas, asi de
de vedillas e herramientas e petre
ria e fundiçion e blanquiçion, e
la lauor delas dichas monedas de
er en qual quier manera, las quales
hos dos tomines de cada marco de
eal, e delos dichos veynte e
hordeno e mando que se tome por

ue quales quier personas de qual
minençia que sean, puedan traer e
rar las dichas monedas, e lo
que en ella fuere, e no ayan de pagar
çion al fundidor ni a otra persona
e al ensayador por quelo cate si es
las las otras cosas que se rrequiere
en poder del dicho tesorero
al tal fundidor lo que se contiene
senta e dos.
ninguna ni algunas personas
e preheminençia o dignidad que sean
e sennorios commo

so las dichas penas e so las otras contenidas enlas leyes de mis rreynos **que çerca desto disponen, para lo qual do poder conplido alos dichos mis thesoreros e alcaldes e alguaçiles delas dichas mis casas de monedas y delas sacas e cosas vedadas, e otras quales quier personas quelo quisieren pasar, podiendo le ser prouado quelo queria pasar.**

56. Otrosi hordeno e mando quelos mis contadores mayores den e libren mis cartas e sobre cartas las mas firmes e bastantes que menester fueren para que sean guardadas todas sus franquezas e esençiones e libertades alos mis obreros e monederos e ofiçiales delas dichas mis casas que yo mando asentar, so grandes penas alos que tentaren de ge las quebrantar, de manera que goçen de todas las dichas franquezas sin contradiçion alguna; las quales dichas mis cartas mando a mi chançeller e notarios e alos otros ofiçiales que libren e pasen e sellen.

57. Otrosi hordeno e mando que qual quier o quales quier personas que troxeren de fuera delos dichos mis rreynos e sennorios o dentro dellos, asi por mar commo por tierra, alas dichas mis casas de moneda o a qual quier dellas que yo mando labrar, oro o plata o vellon o cobre o plomo o rrasuras o qual quier parte dello e otras quales quier cosas que enlas dichas mis casas de moneda fueren menester, que no sean thenudos de pagar nin paguen derechos algunos de alcauala nin diezmo nin quinto nin rroda nin derecho de almirante ni portadgo ni pasage ni almoxarifadgo ni otro derecho alguno, enlos puertos e caminos ni enel canpo ni enlas puertas ni alas entradas delas çiudades e villas e logares delos mis rreynos nin alos alcaldes delas sacas e cosas vedadas, tanto que el quelo traxere faga juramento quelo trae para labrar en qual quier delas dichas mis casas de monedas, e que traerá carta de qual quier delos dichos mis thesoreros commo lo metió enla dicha casa: e despues si se fallare que no la truxeron a ella, sean tenudos de pagar el diezmo e todos los otros derechos, con el quatro tanto e con las costas que en ello se hizieren, a mi arrendador del puerto por donde entrare: e mando a todas las çiudades e villas e logares delos mis rreynos e sennorios e a mis justiçias dellos e a mis arrendadores delos diezmos e aduanas, e a todos los arrendadores e fieles e cogedores delas mis al-

otras cosas, delas quales algunas veçes acaeçe que algunas personas queriendo las conprar para si, no dexan conprar para la lauor delas dichas mis casas; por ende hordeno e mando quelos mis contadores mayores den mis cartas e sobre cartas las que menester fueren, para que sea dado alos dichos mis thesoreros delas dichas mis casas las cosas suso dichas por justos e rrazonables preçios antes que a otro alguno, las quales dichas mis cartas mando a mi chançeller e notarios que libren e pasen e sellen.

59. Otrosi por quanto yo algunas veçes por rremediar algunas neçesidades y otras veçes por inportunidad, oue fecho merçed a algunas personas, asi criados mios e dela mi casa commo de fuera della, delos derechos perteneçientes a mi enlas dichas mis seys casas antiguas de moneda o en alguna dellas, e a otras personas di poder e facultad de fazer e edificar casas de monedas en otras çibdades e villas e logares de mis rreynos, e mandé que labrasen en ellas, delo qual todo como es notorio se ha seguido muy grand mal e danno a mis subditos e naturales e muy grandes menoscabos en sus haçiendas, e muchos tomaron osadia de falsificar moneda labrando la de menor ley e talla que se deuiera labrar, delo qual ha venido grand mal e confusion en estos dichos mis rreynos, e los dichos procuradores me pidieron por merçed que rreuocase las dichas merçedes e facultades, e les mandase de aqui adelante non ouiesen efecto e fuesen graue mente punidos los que dellas usasen, lo qual todo yo les otorgué; por ende yo por esta mi ley e horde-

las tales cosas o algunas dellas tr-

lo fazer las monedas suso dichas, e
e azero e caruon e sal e rrasuras
ces acaeçe que algunas personas que
n conprar para la lauor delas dichas
ndo quelos mis contadores mayores
menester fueren, para que sea dado
has mis casas las cosas suso dichas
s que a otro alguno, las quales di-
ller e notarios que libren e pasen e

s veçes por rremediar algunas t-
nidad, oue fecho merçed a algunas
en casa commo de fuera della, de-
dichas mis seys casas antiguas de
nas personas di poder e facultad de
n otras çibdades e villas e logares de
n en ellas, delo qual todo como es no-
l e danno a mis subditos e naturale-
s ... endas, e muchos tomaron osadia
menor ley e talla que se deuieran la-
mal e confusion en estos dichos mis
me pidieron por merçed que rreme-
... e les mandase de aqui adelante
mente punidos los que dellas usa-
ro de yo por esta mi ley e hordenanza
de ningund valor e efecto todas e
çedulas que fasta aqui yo aya dado
... e fize merçed e donaçion e
... dichos mis

fueron e declaro ser ningunas, commo ... cosa proybida por defecto dela cosa que tiende en noxa e prejuizio dela mi corona rreal e dela cosa publica de mis rreynos, otrosi todas e quales quier mis cartas e alualaes e çedulas, preuillejos e otras povisiones, por donde yo he dado facultad e liçençia a quales quier personas de qual quier ley, estado o condiçion, preheminençia o dignidad que sean, para fazer casas de moneda en quales quier çibdades e villas e logares delos dichos mis rreynos e sennorios, asi las que fasta aqui son fechas e las que han labrado, como las que se esperan hazer para labrar e fazer moneda en ella, e mando e defiendo firme mente alas tales personas a quien se dirigen las tales facultades e alos oficiales e obreros e monederos dellas e a cada vno dellos, que de aqui adelante por virtud dellas non consientan labrar nin labren moneda alguna enlas dichas casas nin uo alguna dellas, so las penas en que caen los que labran moneda falsa en casa priuada sin liçençia de su rrey. Otrosi, mando a todos e quales quier personas de qual quier ley, estado o condiçion o preheminençia o dignidad que sean, que non vayan nin envien a labrar moneda alguna alas dichas casas de moneda, saluo alas dichas mis seys casas antiguas e a qual quier dellas, so la dicha pena; e quelos que asi la labrar en e alos que fueren a labrar, las justiçias de qual quier çibdad o villa o logar donde fueren fallados los puedan prender e prendan e les secresten los bienes queles fallaren e los envien presos ante mi ala mi corte, e demas que ayan perdido e pierdan todo el caudal que asi se troxere a labrar alas dichas casas e ovieren labrado en ellas, el terçio para el que lo tomare e el otro terçio para el quelo sentençiare e el otro terçio para los propios del logar donde fuere vezino e morador; e demas que el conçejo o ofiçial o omes buenos dela çibdad o villa o logar donde fuere vezino el que asi fuere o enviare a labrar a qual quier delas dichas casas, le derruequen la casa luego quelo sopieren fasta los çimientos e la teja e la madera della sea para los quela derrocaren; e por esta ley mando e do licençia e facultad alos conçejos e justiçias, rregidores, caualleros, escuderos, ofiçiales e omes buenos de todas e quales quier çibdades e villas e logares donde estan fechas e donde se fizieren casas de

quier personas por su propia abtoridad e sin pedir nin esperar otra liçençia nin mandamiento se junten poderosa mente, e derriben e desfagan e quiebren los fornos e fornazas e ferramientas delas casas que fueron fasta aqui, e derriben e desfagan las tales casas de moneda que asi se fizieren de mas e allende delas dichas mis seys casas antiguas, e non las consientan fazer nin edificar, e si algunos las fizieren o mandaren fazer, lo rresistan poderosa mente; e si sobresto los que asi cunplieren e executaren esta ley, mataren o firieren omes o cometieren e fizieren quemas o otros dannos, que non incurran por ello en pena alguna.

60. Otrosi por quitar a muchas personas ocasion de errar, e por que de aqui adelante non se bueluan alos errores pasados los que han falsificado moneda labrando la de menor ley e talla que deuian, so color delos arrendamientos que se han fecho delas casas de moneda por aquellos aquien yo avia fecho merçed delos derechos dellas a mi pertenesçientes, e por que podria ser que non me seyendo fecha rrelaçion o por ynportunidad de algunas personas, paresçiese alguna carta o cartas mias por donde pareçe que fago merçed delos derechos de qual quier delas dichas mis casas para de aqui adelante a algunas personas, e so este color algunos querran arrendar los derechos delas dichas casas quier de mi o de aquellas personas que digan que tienen merçed de mi delos dichos derechos, lo qual si paresçiere, yo digo e declaro por esta ley que no emanará nin proçederá de mi voluntad; por ende mando e hordeno que ninguna nin algunas personas non sean osados de aqui adelante de arrendar publica nin secreta mente direte nin indirete derechos algunos delas dichas casas, quier que sean mis derechos, pues los he dexado commo dicho es, ni los salarios que yo mando dar por la lauor delas dichas mis monedas que yo mando labrar, nin parte alguna dello nin las costas dela moneda nin cosas que a ello toquen, nin ganen merçed de mi nin arrienden ni rresçiban merçed de mi dela afinaçion del vellon, nin tengan por conpannia nin por poder de otro las tales casas, so pena que qual quier que ganare la dicha merçed y el que vsare della e el que fiziere el tal arrendamiento e conpannia e el que vsare del tal poder e le fuere dado, que muera por ello e pierda todos sus bienes, el vn terçio para el acusador e otro terçio para el juez executor e el otro terçio para el rreparo delos muros dela çibdad do estoviere la tal casa de moneda, e demas mando por esta ley al thesorero e ofiçiales dela casa de moneda que fueren rrequeridos con mi carta dela tal merçed o poder, que non la conplan avn que vaya en ella derogada esta ley, so pena de perdimiento de sus bienes delos quela conplieren e sean rrepartidos enla forma suso

e si algunos las fizieren o mandaren
e si sobresto los que asi cunplieren e
ren omes o cometieren e fizieren que-
ran por ello en pena alguna.
personas ocasion de errar, e por que
los errores pasados los que han fi-
enor ley e talla que deuian, so color
cho delas casas de moneda por aque-
delos derechos dellas a mi pertenes-
on me seyendo fecha rrelaçion o por
paresçiese alguna carta o cartas mis
delos derechos de qual quier delas
nte a algunas personas, e so este co-
erechos delas dichas casas quier de
que tienen merçed de mi delos di-
yo digo e declaro por esta ley que
luntad; por ende mando e hordeno
non sean osados de aqui adelante de
direte nin indirete derechos algu-
n mis derechos, pues los he dexado
yo mando dar por la lauor delas di-
brar, nin parte alguna dello nin las
ello toquen, nin ganen merçed de
d de mi dela afinaçion del vellon.
oder de otro las tales casas, so pena
merçed y el que vsare della e el que
n e el que vsare del tal poder e
erda todos sus bienes, el vn terçio
juez executor e el otro terçio para
estouiere la tal casa de moneda, e

contenido en esta ley.

61. Otrosi por quanto a sido. . . . . asi por los del mi Consejo commo por los dichos procuradores de mis rreynos sobre las contias que se deuian dar alos dichos ofiçiales o obreros o monederos por sus derechos, e se falló quelas contias por my de suso ordenadas son bien e conplida mente tasadas para los dichos derechos, e asi es bien quelos dichos ofiçiales e obreros e monederos merezcan lo que llevan, e procure cada vno de ser muy esmerado e singular en su ofiçio, hordeno e mando que los dichos ofiçiales e obreros e monederos se ayan cada vno en su ofiçio muy linpia e polida mente, e procuren quelas dichas monedas que yo mando labrar espeçial mente la del vellon sea muy polida mente labrada y entallada e toda de vn tamanno e bien rredondas e non quebradas, e de aqui desta çiudad leue cada vno delos procuradores que aqui estan delas dichas çibdades donde ay casa de moneda, muestra delas monedas de oro e plata e vellon que yo mando labrar, para que conformes con aquellas se labren las dichas mis monedas en cada vna delas dichas casas, e se mire con toda diligençia que toda la moneda que se labrare que sea igual mente polida e bien fecha, e no consientan los ofiçiales quelos obreros e monederos labren grosera mente ni mal tallada nin mal sellada la moneda, pues a todos se da rrazonable mantenimiento.

62. Otrosi ordeno e mando que ningund obrero, capataz nin otra persona alguna non sea osado de hazer fundir ninguna çisalla e rreçisalla de oro e plata e vellon sin que sea presente el mi. . . . . . ., so pena que al quelo contrario fiziere que maten por ello.

Por que vos mando a todos e acada vno de vos que guardedes e conplades e fagades guardar e conplir desde agora en adelante rreal mente e con efecto estas mis leyes e hordenanças de suso contenidas e cada vna dellas en todo e por todo segund que en ellas e en cada vna dellas se contiene, e contra ellas nin contra cosa alguna nin parte dellas non vayades nin pasedes nin consintades yr nin pasar en algund tienpo nin por alguna cabsa ni color que sea o ser pueda; e por mayor valida-

que son, de tener e guardar e mandar fazer e guardar estas dichas leyes e hordenanças e cada vna dellas, e de non las rreuocar ni derogar ni dar carta ni çedula ni otro mandamiento en quebrantamiento dellas ni alguna dellas; e sy yo alguna o algunas mis cartas o alualaes o çedulas diere contra el thenor e dispusiçion dellas o de alguna cosa o parte dellas, yo por esta mi carta las rreuoco e do por ningunas, e vos mando quelas non conplades nin consintades cónplir, saluo sy fueren acordadas e libradas, enlas espaldas, delos perlados e caualleros que comigo rresiden e rresidieren enel mi Consejo, e sobre escripto delos mis contadores mayores e non de otra guisa, e avn que contengan en si quales quier clausulas derogatorias destas mis leyes e hordenanças e otras non obstançias e derogaçiones; e quiero e mando que por las non conplir no cayades ni yncurrades en pena ny en penas algunas, delas quales yo por esta mi carta vos rrelieuo e do por libres e quitos a vos e a cada vno de vos e a vuestros bienes, e los vnos nin los otros non fagades ni fagan ende al por alguna manera, so pena dela mi merçed e de priuaçion delos ofiçios e de confiscaçion delos bienes delos quelo contrario fizierdes, para la mi camara e fisco, e demas mando al ome que vos esta mi carta mostrare que vos enplaze que parescades ante mi enla mi corte do quier que yo sea, del dia que vos enplazare fasta quinze dias primeros siguientes, so la dicha pena, so la qual mando a qual quier escriuano publico que para esto fuere llamado que dé ende al que vos la mostrare testimonio signado con su signo, por que yo sepa en como se conple mi mandado. Dada enla çibdad de Segouia, a diez dias de Abril, anno de mill e quatroçientos e setenta e vn annos.—Yo el Rey.—Yo Johan de Oviedo, secretario del Rey nuestro sennor lo fiz escreuir por su mandado.—Registrada.—Johan de Seuilla.—Garçia, chançeller.—E enlas espaldas dela dicha carta del dicho sennor Rey estauan escritos estos nonbres que se siguen.—Por Burgos: Antonius, licençiatus.—Por Toledo: Luys de Vitoria.—Por Madrid: Juan de Ouiedo.—Por Seuilla: Aleman.—Por Salamanca: Pedro Ordonnez.—Por Toro: Johan de Ulloa.—Por Valladolid: Johan de Luzon.—Por Soria: Juan de Sepulueda.—Por Cuenca: Rodrigo de Torres.—Por Avila: ....Diego.

---

reuoco e do por ningunas, e vos mando
tades conplir, saluo sy fueren acorda-
los perlados e caualleros que comigo
sejo, e sobre escripto delos mis con-
nsa, e avn que contengan en si quales
as mis leyes e hordenanças e otras nec
iero e mando que por las non conpli
a ny en penas algunas, delas quales
e do por libres e quitos a vos e a cada
los vnos nin los otros non fagades ende
, so pena dela mi merçed e de priua-
n delos bienes delos que lo contra-
so, e demas mando al ome que vos
enplaze que parescades ante mi en la
l dia que vos enplazare fasta quinze
cha pena, so la qual mando a qual
esto fuere llamado que de ende al que
... por que yo sepa en

la enla çibdad de Segouia, a diez dias
tos e setenta e vn annos.—Yo el Rey
del Rey nuestro sennor lo fiz escre-
—Johan de Seuilla —Garçia, chan-
a carta del dicho sennor Rey estauan
n.—Por Burgos: Antonius, licençia-
ia.—Por Madrid: Juan de Ouiedo.—
anca: Pedro Ordonnez.—Por Toro
Johan de Luzon —Por Soria: Juan de
de Torres.—Por Avila: ....Diego

Cuaderno de las Cortes de Santa Maria de Nieva del año de 1473 [1].

Don Enrrique por la graçia de Dios Rey de Castilla de Leon de Toledo de Galizia de Seuilla de Cordoua de Murçia de Iaen del Algarue de Algezira, e sennor de Vizcaya e de Molina: alos duques marqueses condes perlados rricos omes, maestres delas hordenes priores e alos del mi Consejo e oydores dela mi abdiençia e al my justiçia mayor e al mi chançeller mayor e alos mis contadores mayores de quentas e alos mis alcaldes e alguaziles e otras justiçias e ofiçiales quales quier dela mi casa e corte e chançelleria, e alos mis adelantados e merinos, e alos comendadores e subcomendadores e alcaydes e thenedores delos castillos e casas fuertes e llanas e alos conçejos e corregidores asistentes alcaldes e alguaziles merinos rregidores caualleros escuderos ofiçiales e omes buenos [2] de todas e quales quier çibdades e villas e logares delos mis rreynos e sennorios, e a todas e quales quier personas asy mis subditos e naturales commo alos de fuera delos mis rreynos que ante ellos vinieren, de qual quier ley estado preheminençia o dignidad que sean, que agora son o serán de aqui adelante, e acada vno e qual quier de vos a quien esta mi carta fuere mostrada o el treslado della signado de escriuano publico, salud e graçia. Sepades que enlas cortes e ayuntamiento que yo agora hize en esta puebla de Santa Maria de Nieua [3] estando ende comigo el rreuerendisimo yn Christo padre don Pedro de Mendoça, cardenal de Espanna mi muy caro e muy amado amigo e el mi muy amado don Iohan Pacheco maestre dela horden dela caualleria de Santiago e otros caualleros e letrados del mi Consejo, me fueron dadas çiertas petiçiones generales por los procuradores delas çibdades e villas destos mis rregnos que aqui están comigo enlas dichas cortes, alas quales dichas petiçiones yo con acuerdo delos sobre dichos del mi Consejo rrespondi estatuyendo e ordenando

[1] Este cuaderno se ha tomado del códice de la Biblioteca del Escorial j-Y-13, fól. 258. Se ha tenido presente al propio tiempo la copia inserta en el códice de la misma Biblioteca ij-X-14, cuyas principales variantes se han anotado.

sobre cada vna dellas segunt entendi que conplia ami seruiçio e a execuçion dela mi justiçia e al pro e bien[1] delos dichos mis rreynos. Su thenor delas quales dichas petiçiones e delo por mi[2] sobre cada vna dellas rrespondido e hordenado e estatuydo por ley, poniendo mi rrespuesta al pie de cada petiçion, es este que se sigue.

1. Muy alto e muy poderoso prinçipe rrey e sennor, vuestros humilldes seruidores los procuradores delas çibdades e villas de vuestros rreynos que estamos juntos en esta puebla[3] de Santa Maria de Nieua, besamos vuestras rreales manos e nos encomendamos en merçed de vuestra rreal sennoria, la qual sabe commo los procuradores destos dichos vuestros rreynos que vinieron a cortes ala villa de Ocanna por vuestro mandado el anno que pasó del sennor de mill e quatroçientos e sesenta e nueue annos, le ouieron dado çiertas petiçiones[4] sobre muchas e diversas cosas conçernientes a vuestro seruiçio e al bien comunt e paçifico estado de estos dichos vuestros rreynos e ala buena administraçion de vuestra justiçia, e vuestra rreal sennoria rrespondio alas dichas petiçiones proueyendo e estatuyendo sobre cada vna por ley lo que mandaua que se hiziese, e el quaderno destas leyes nunca fue entregado alos dichos procuradores. Por ende humill mente suplicamos a vuestra rreal sennoria le plega mandar nos dar las dichas leyes e hordenanças, e a mayor abondamiento a nuestra suplicaçion aprueue e confirme e mande que sean avidas e guardadas por leyes generales de aqui adelante en todos vuestros rreynos.

Aesto vos rrespondo que me plaze e yo lo otorgo asy commo por vos otros me es suplicado, e por la presente aprueuo e confirmo las dichas leyes e hordenanças, e mando que vos sean entregadas[5] e vos las den e entreguen o su traslado signado el que vala bien asy commo las dichas mis leyes e hordenanças oreginales.

2. Otrosi muy poderoso sennor, bien sabe vuestra alteza commo enlas dichas cortes de Ocanna le fue suplicado por çiertas petiçiones que fueron dadas por los dichos procuradores, quele pluguiese declarar e declarase ser ningunas e de ningun valor e efecto todas e quales quier merçedes graçias donaçiones que avia nueua mente fecho desde quinze dias del mes de Setiembre del anno que pasó del sennor de mill e quatro-

[1] ij-X-14: e bien comunal.
[2] El texto dice: delo que por mi.
[3] ij-X-14: que estamos juntos en cortes por vuestro mandado en esta puebla.
[4] ij-X-14: muchas petiçiones.
[5] En el cód. ij-X-14 termina aquí la respuesta á esta peticion.

principe rrey e sennor, vuestros ho-
res delas çibdades e villas de vuestros
esta puebla [1] de Santa Maria de Nieva
e nos encomendamos en merçed de
the commo los procuradores destos di-
ron a cortes ala villa de Ocanna por
ó del sennor de mill e quatroçientos e
lado çiertas petiçiones [2] sobre mucha e
estro seruiçio e al bien comunt e pro
ros rreynos e ala buena adminis-
rreal sennoria rrespondio alas dichas
lo sobre cada vna por ley lo que mas
destas leyes nunca fue entregado alos
mill mente suplicamos a vuestra rreal
las dichas leyes e hordenanças e a
licaçion aprueue e confirme e mande
eyes generales de aqui adelante en

aze e yo lo otorgo asy commo por vos
sente aprueuo e confirmo las dichas
vos sean entregadas [3] e vos las den e
que vala bien asy commo las dichas
s.
bien sabe vuestra alteza commo enlas
licado por çiertas petiçiones que fue-
s, quele ploguiese declarar e decla-
e efecto todas e quales quier merçe-
ueua mente fecho desde quinze dias
paso del sennor de mill e quatro-

por las cabsas e consideraçiones contenidas en algunas delas dichas peti-
çiones y enel requerimiento que por los dichos procuradores sobre ello fue fecho a vuestra alteza; alas quales vuestra sennoria no proueyó con efecto por las rrazones contenidas enla rrespuesta que alas dichas petiçiones dio, antes vemos e somos çiertos que despues acá vuestra alteza ha fecho otras merçedes graçias e donaçiones demas delas que avia fecho estonçes [2] a otras personas e alas mismas que de primero, de otras çibdades e villas e logares e tierras e terminos e valles e merindades e fortalezas e jurisdiçiones, delo qual vemos que rredunda toda via mayor danno, las quales dichas merçedes e graçias e donaçiones son ningunas e de ningun valor e efecto por las cabsas e consideraçiones que las primeras. Por ende suplicamos a vuestra rreal sennoria quiera proueer sobre lo vno e sobre lo otro, declarando las dichas merçedes, graçias e donaçiones e cada vna dellas, fechas por vuestra alteza de todas las cosas suso dichas e de cada vna dellas desde el dicho tienpo de quinze dias de Setienbre del anno de sesenta e quatro [3] a esta parte, ser ningunas e de ningund valor e efecto, quier ayan sido presentadas o no presentadas alos pueblos a quien se dirigen e quier ayan seydo obedeçidas o no obedeçidas por ellos, e las que de aqui adelante fiziere de qual quier cosa delo suso dicho, que nos otros, sy neçesario es, en nonbre de vuestros rreynos e dela corona rreal e delos tres estados dellos, contra dezimos e ynpugnamos las dichas merçedes graçias e donaçiones e cada vna dellas e los abtos e tomas e posesiones dellas e de cada vna dellas, e protestamos [4] el derecho de vuestra rreal sennoria e delos dichos vuestros rreynos e corona rreal dellos ser e fincar en saluo para adelante, asi quanto ala propiedad commo quanto ala posesion, a vuestra alteza e a vuestros herederos e suçesores destos vuestros rreynos e ala corona dellos para sienpre jamas.

Aesto vos rrespondo quelas cabsas e rrazones por donde yo dexé de

1 ij-X-14: e quales quier personas de qual quier estado o condiçion que fuesen, de qual quier o quales quier.

2 ij-X-14: fecho de antes.

[illegible] tambien

prouеer ala dicha petiçion que enlas dichas cortes de Ocanna me fue dada sobre lo contenido en esta vuestra petiçion e en otras algunas desta calidad, e de me conformar con lo por vos otros suplicado, duran[1] agora; e teniendo vos en seruiçio vuestro bueno e justo deseo que es muy rrazonable, digo que al presente no puedo condeçender a vuestra suplicaçion, e que cada e quando buena mente se pudiere fazer, sin traer por ello[2] perturbaçion e escandalo a mis rreynos, yo entiendo proueer e rremediar sobre ello commo cunpla a seruiçio de Dios e mio e ala rrestauraçion de mi corona e patrimonio rreal.

3. Otrosy muy alto rrey e sennor, bien sabe vuestra rreal sennoria commo le ouimos suplicado por nuestra petiçion en estas cortes, que quisiese rreuocar las merçedes graçias e donaçiones que de diez annos a esta parte ha fecho de muchas çibdades e villas e logares, e vuestra alteza no ha proueydo sobre ello con efecto, diziendo que el tienpo e el estado de vuestros rreynos no dan lugar a ello, e rreserua la prouision para adelante quando buena mente se podrá hazer; e commo quiera que sobre esto por agora no se ponga otro rremedio, bien sabe vuestra sennoria que delos dichos diez annos a esta parte ha diuidido[3] e apartado del territorio e jurisdiçion de muchas çibdades e villas de vuestra rreal corona algunos lugares de su termino e jurisdiçion, e a dado sus aldeas e terminos a algunos caualleros e personas poderosas, e con las tales merçedes e graçias no solo las dichas çibdades e villas pierden los dichos logares e terminos dellos, mas pierden otros terminos queles toman eso mismo delas tales çibdades e villas para los atribuyr a estos lugares dados, e asy destruyen e pierden vuestras çibdades e villas estrechando les sus terminos queles quedan, e pues esto se puede mas ligera mente proueer e con menos inconvinientes, suplicamos a vuestra alteza sobre esto quiera proueer, declarando, las tales merçedes ansy fechas por vuestra sennoria delos dichos diez annos a esta parte de todos e quales quier logares e terminos delas dichas çibdades e villas e vuestras cartas e preuillegios dellas dadas, ser ningunas e de ningund valor e efecto, quier ayan seydo obedeçidas e conplidas vuestras cartas dellas por los conçejos e personas a quien se dirigen, o quier no ayan seydo presentadas, ni ayan seydo obedeçidas por ellos, e mande e hordene que sin enbargo delas tales merçedes graçias e donaçiones e de vues-

[1] ij-X-14 dice equivocadamente: daré.
[2] ij-X-14: sobre ello.
[3] ij-X-14: ha eximido.

ha mente se pudiere fazer, sin traer p
a mis rreynos, yo entiendo proueer e
pla a seruiçio de Dios e mio e ala co-
onio rreal.

nnor, bien sabe vuestra rreal senno
nuestra petiçion en estas cortes, q
raçias e donaçiones que de diez annos
çibdades e villas e logares, e vuest
con efecto, diziendo que el tienpo e t
an lugar a ello, e rreserua la prouisi
te se podrá hazer; e commo quier q
otro rremedio, bien sabe vuestra se-
s a esta parte ha diuidido e aparta
chas çibdades e villas de vuestra
rmino e jurisdiçion, e a dado sus a-
lleros e personas poderosas, e con l
as dichas çibdades e villas pierden l
... terminos que
lades e villas para los atribuyr a esta
pierden vuestras çibdades e villas e-
es quedan, e pues esto se puede mas
inconvinientes, suplicamos a vuest
declarando, las tales merçedes asy f-
chos diez annos a esta parte de toda
delas dichas çibdades e villas e vue-
das, ser ningunas e de ningund valor
das e conplidas vuestras cartas dellas
n se dirigen, o quier no ayan seydo
çidas por ellos, e mande e hordene
les graçias e donaçiones e de vue-

logares e terminos, que cada e quando e commo mejor pudieren, rrecobren la posesion dellos por su propia abtoridad.

Aesto vos rrespondo, que vos otros pedides justiçia e cosa justa e asy vos lo tengo yo en seruiçio, e es verdad que yo he fecho algunas graçias e donaçiones e merçedes delos dichos logares e terminos en vuestra petiçion contenidos, constrennido por las dichas neçesidades, e pues en esto yo puedo agora mejor proueer e mas sin escandalo e puedo desagrauiar alas çibdades villas e merindades de mi corona rreal, que en esto han rreçebido agrauio por las dichas graçias e donaçiones e merçedes, tengo por bien de proueer sobre esto segund que por vuestra petiçion me es suplicado. Por ende yo por esta ley rreuoco e do por ningunas e de ningun valor y efecto todas e quales quier merçedes graçias donaçiones que yo fasta aqui he fecho, desde quinze dias del mes de Setienbre del dicho anno de sesenta e quatro a esta parte, a todas e quales quier personas de qual quier ley estado o condiçion preheminençia o dignidad que sean, de todas e quales quier aldeas e terminos e jurisdiçiones que primera mente eran de quales quier çibdades villas e merindades de mi patrimonio e corona rreal, e quales quier mis cartas e preuillegios delas dichas merçedes dados, e quales quier tomas e aprehension de posesion e otros abtos que sobre ello ayan ynteruenido, e mando e hordeno que todo se pueda fazer e faga e sea guardado segun que por esta vuestra petiçion me lo suplicays, e mando alos del mi Consejo e oydores dela mi abdiençia que den e libren mis cartas a todos e quales quier conçejos e personas que gelas pidieren sobre lo contenido en esta mi ley para que gozen della e les sea guardada.

4. Otrosi muy poderoso sennor, bien sabe vuestra alteza commo en las dichas cortes de Ocanna por los dichos procuradores le fueron dadas otras ciertas petiçiones, pidiendo rreuocaçion de otras muchas vuestras cartas e preuillegios e alualaes que heran dados e otorgados por vuestra sennoria desde los dichos quinze dias de Setienbre del anno de sesenta e quatro fasta entonçes, asy delas cartas de fidalguias por donde ha fecho a muchas personas fijos dalgo, commo delas que dio a muchas çib-

en todo o en parte en cada semana [1]. E otrosy sobre las esençiones de pedido e monedas e moneda forera e otros pechos e derechos rreales e conçejales, que dio a muchos conçejos e a muchas personas singulares, a algunos por çierto tienpo e a otros para syenpre jamas, e alos vnos por dinero que dieron e alos otros sin dinero, e a muchos lugares esençion e apartamiento dela jurisdiçion de otra [2], e dando a otras muchas personas escriuanias de camara e secretarias e guardas e monterias e escuderias de caualleros, e otrosy delos ofiçios acreçentados enlas çibdades e villas e logares e prouinçias e merindades de vuestros rreynos, e a otros para quelos ofiçios que tienen de alcaldias e alguaziladgos e merindades de algunas çibdades e villas e logares e prouinçias o partidos para en su vida quelos ouiesen de juro de heredad para poder disponer dellos en su vida o al tienpo de su muerte. E otrosy delos fin e quitos por vuestra sennoria dados a muchas personas, e sobre otros algunos casos y cosas conçernientes a vuestro seruiçio e pro comun de vuestros rreynos e ala indepnidad [3] dellos e a conseruaçion de vuestra hazienda y rreal patrimonio, delas quales dichas cartas de preuillegios e alualaes e sobre cartas e façultades e esençiones, algunas heran ynjustas e otras rredundauan en dapno e detrimento de vuestra hazienda e de vuestra prehemynençia o en danno e detrimento dela cosa publica de vuestros rreynos o de personas syngulares, e sobre las dichas petiçiones vuestra sennoria proueyó segun quele pareçió que deuia prouer por el quaderno delas dichas leyes, e es de creer [4] quelos dichos procuradores dexaron de suplicar a vuesta alteza que proueyese eso mismo por aquellos rremedios enlo que despues acá se hiziese semejante aquello, creyendo a vuestra rreal sennoria, pues proueyó enlo pasado, no otorgaria para adelante cosa alguna contra aquella prouision; pero esto non enbargante, somos çiertos e vemos por esperiençia que despues acá vuestra alteza ha dado e da de cada dia otras semejantes cartas e previllegios asy de esençiones generales e particulares commo de fidalguias e escriuanias e ferias e mercados francos e cartas de fin e quito, e de ofiçios e de otras muchas cosas de que rresultan los ynconuinientes que rresultauan delas primeras. E pues enlo despues acá fecho está la misma rrazon de inconuinientes e dannos que enlo primero, suplicamos a vuestra alteza quele plega delo rreuocar e rrevoque e dé por ningunos e de ningunt valor e

[1] ij-X-14: mercados francos en cada semana.
[2] ij-X-14: de otras.
[3] ij-X-14: yndinidad.
[4] ij-X-14: e por el quaderno de las dichas leyes pareçe y es de creer.

ion de otra [2], e dando a otras muchas
secretarias e guardas e monterias e
y delos oficios acreçentados enlas çib-
ias e merindades de vuestros rreynos,
tienen de alcaldias e alguaziladgos e
villas e logares e prouinçias o partidos
juro de heredad para poder disponer
su muerte. E otrosy delos fin e quitos
chas personas, e sobre otros algunos
stro seruiçio e pro comun de vuestros
a conseruaçion de vuestra hazienda
chas cartas de preuillegios e alualaes
ones, algunas heran ynjustas e otras
nto de vuestra hazienda e de vuestro
imento dela cosa publica de vuestros
e sobre las dichas petiçiones vuestra
ejó que deuia prouer por el quaderno
delos dichos procuradores dexaron de
yese eso mismo por aquellos rreme-
e semejante aquello, creyendo a vues-
enlo pasado, no otorgaria para ade-
uision, pero esto non enbargante, so-
ia que despues acá vuestra alteza ha
ntes cartas e previllegios asy de esen-
mo de fidalguias e escriuanias e ferias
e quito, e de ofiçios e de otras muchas
nientes que rresultauan delas prime-
o está la misma rrazon de inconui-
. suplicamos a vuestra alteza quele
e por ningunos e de ningunt valor e

hizo e hordenó las dichas leyes auia dado, e mande quela dicha rreuocaçion e hordenança contenida enlas dichas leyes aya fuerça e vigor en todo lo despues acá fecho e otorgado e librado por vuestra alteza e enlo que fiziere e hotorgare de aqui adelante enlos tales casos; pero suplicamos a vuestra senoria quelas ferias e mercados francos dados e hotorgados fasta aqui alas çibdades e villas de vuestros rreynos que suelen enbiar procuradores alas cortes, e las cartas e preuillegios sobre ello dadas, quede [1] firme e valedero todo, e no se conprehenda so la rreuocaçion de ferias e mercados francos contenida enla dicha ley fecha en Ocanna.

Aesto vos rrespondo quelo contenido en vuestra petiçion es justo, por ende yo por la presente lo otorgo e fago la dicha estension [2] e rreuocaçion segunt e enla manera que en esta vuestra petiçion se contiene syn la eçeptaçion [3] por vos otros pedida, saluo sola mente lo que fue eçeptado [4] e las dichas leyes fechas enlas dichas cortes de Ocanna e los mercados francos [5] dados por mi alas çibdades de Toledo e Segouia, por que son logares de acarreo e en aquellos no ay inconuiniente alguno; pero sy de aqui adelante fuere por mi otorgada por alguna justa e euidente causa la semejante merçed con acuerdo delos del mi Consejo, quiero que vala e no en otra manera. E otrosy proueyendo mas conplida mente sobre algunas petiçiones que me fueron dadas enlas dichas cortes de Ocanna por los procuradores que a ellas vinieron, e otrosy sobre los grandes clamores que muchas personas delas çibdades e villas dela mi corona rreal de cada dia fazen sobre lo de yuso contenido, e alos grandes dannos e inconuinientes que notoria mente dello rresultan, yo por esta ley rreuoco e do por ningunas e de ningunt valor e efeto todas e quales quier mis cartas e sobre cartas e alualaes e çedulas, e mis cartas de preuillegios dellas e de cada vna dellas dadas, por donde desde el

[1] ij-X-14: que quede.
[2] ij-X-14: esençion.

tienpo que yo rreyné [1] en estos mis rreynos fasta aqui, he fecho merçed o he dado facultad o liçençia a qualquier o quales quier personas de qual quier estado o condiçion preminençia o dignidad que sean, para que ayan e tengan de mi por juro de heredad para ellos e sus subçesores, quales quier ofiçios que primera mente tenian de por vida o por çierto tienpo asy enla mi casa e corte e chançelleria, como en todas e quales quier çibdades e villas e logares e prouinçias e merindades e puertos e casas de moneda delos dichos mis rreynos e sennorios; e otrosi rreuoco e do por ningunos e de ningund valor e efecto todas e quales quier mis cartas e sobre cartas alualaes e çedulas e mis cartas de preuillegios dellas e de cada vna dellas, dadas desde el dicho tienpo que yo rreyné [2] acá, por donde yo he dado facultad e liçençia a qual quier o quales quier personas de qual quier estado condiçion preheminençia o dignidad que sean, para que en su vida por su rrenunçiaçion e traspasamiento o donaçion o otro qual quier titulo o al tienpo de su finamiento por su testamento o codiçillo o otra qual quier postrimera voluntad, pueda rrenunçiar o traspasar o dexar en sus fijos o nietos o hermanos o otras quales quier persona o personas los dichos ofiçios que tienen o touieren o qual quier dellos; las quales dichas facultades fasta aqui no han auido conplido efecto, e mando e ordeno que de aqui adelante las tales mis cartas e sobre cartas e alualaes e çedulas e mis cartas de preuillegios dellas dadas a cada vna dellas no fagan fee ny prueua, nin los conçejos y ofiçiales ni merindades e prouinçias e otras personas a quien se dirigen sean tenidos delas conplir nin las cunplan, avn que sean dadas a procuradores de cortes, no enbargante quales quier clausulas derogatorias e penas e otras firmezas en ellas puestas; e por que esta ley ynviolable mente sea mejor guardada e çesen sobresto las contiendas e pleytos, declaro mando e hordeno que todas e quales quier personas que fasta aqui por virtud delas tales merçedes por mi fechas e delas tales facultades por mi dadas son rreçebidos a qual quier o quales quier delos dichos ofiçios por muerte o por rrenunçiaçion o dexamiento libre e pura mente fecho e vsan dellos entera mente. questos atales los tengan e posean segund que de derecho les perteneçe, e que en estos se fenezca la tal merçed e facultad; pero si los tales ofiçios e cada vno o qual quier dellos son [3] mandados o rrenunçiados por los que primera mente los tenian por virtud delas tales facultades en sus

[1] ij-X-14: rreyno.
[2] ij-X-14: rreyno.
[3] ij-X-14: sean.

de aqui al fin del mes de Mayo primero que verná del anno syguiente de sesenta e quatro, todas e quales quier personas que por virtud delas tales facultades por my dadas han rrenunçiado los ofiçios que tenian en sus fijos e nietos o hermanos o otras quales quier personas e han rretenido para sy en su vida el exerçiçio o la quitaçion o alguna cosa dello, que elijan e declaren en su conçejo o enla cabeça del lugar a quien perteneçe el rreçebimiento del tal ofiçio, sy quisiere vsar de todo en todo del; e en tal caso mando e hordeno quelo puedan fazer, no enbargante quales quier actos que sobrello ayan seydo fechos [2], e dende en adelante la tal facultad quede e finque ninguna e de ningunt valor e efecto, e si eligiere e declarare[3] que use del tal ofiçio e lo tenga aquel a quien lo rrenunçió para quelo vse libre mente, que en tal caso lo pueda fazer, e dende en adelante aquel quelo rrenunció no pueda vsar del nin sea rresçebido al vso e exerçiçio del, e sy dentro del dicho tiempo aquel que rrenunçió el dicho ofiçio no fiziere la tal elecçion e declaraçion, que dende en adelante el tal ofiçio quede libre mente con el que primero lo tenia e ouo fecho la tal rrenunçiaçion e dexamiento, e quela tal facultad e mi carta por donde usó della queden e finquen ninguno [4] commo dicho está, e dende en adelante no pueda vsar dellos, e que por muerte e libre rrenunçiaçion deste se pueda proueer el tal ofiçio, asy commo sy nunca ouiera seydo dexado nin rrenunçiado por el quelo tenia, e quela tal prouision asy fecha vala, e aquel que por virtud della oviere el tal ofiçio, pueda vsar e vse del libre mente, avn que no sea rreçebido a el por el conçejo e vniuersidad e otras personas aquien perteneçiere el rreçebymiento, sy seyendo[5] sobre ello rrequeridos en forma, no los rreçibieren [6].

5. Otrosy muy poderoso sennor, bien sabe vuestra rreal sennoria commo por todos los derechos e por leyes e hordenanças de vuestros

[1] ij-X-14: efecto y enlas tales facultades, y en este caso.
[2] ij-X-14: que fasta aqui sean fechos.
[3] ij-X-14 eligieren e declararen.

rreynos es defendido que no se otorguen ni fagan portadgos nin se pidan nin lleuen tributos nin ynpusiçiones nueuas, so qual quier nonbre o color que sea, de mercadurias nin de bestias nin de ganados nin de personas nyn por otra cabsa nin color alguna, e avn conoçe quantas extorsiones e cohechos e carestia [1] de mantenimientos e menguamiento delos tractos e otros males e dannos dello se syguen; e esto consyderando los antiguos hazedores delas leyes defendieron que no se ynpusiese nueuo portadgo nin pasaje nin tributo, saluo por muy neçesaria e euidente cabsa, e esto que fuese en moderada suma, e commo quiera que en vuestros rreynos de muchos tienpos acá están ya puestos [2] muchos portadgos, los quales es de creer que fueron ynpuestos para los mantenimientos delos rreyes; pero vemos que todos son ya debueltos a otras personas e vniversidades, e sobre todo esto vuestra alteza desde el dicho anno de sesenta e quatro a esta parte durante el tienpo delos mouimientos en vuestros rreynos acaeçidos, ha dado e da de cada dia a algunas vniversydades e fortalezas e a alcaydes e a otros caualleros e personas singulares sus cartas de preuillegios de facultad e liçençia para pedir e lleuar de nuevo portadgo pontajes e pasajes e pasos de ganados rrodas [3] e castillerias e otros tributos e ynpusiçiones, delas personas e delas bestias e carretas e cargos e ganados e mantenimientos e mercadurias e del paso dela madera por el agua e otras cosas e de algunas dellas, que por algunos caminos o puentes o cannadas o pasos o presas o otros lugares pasaren, e han acreçentado los derechos antiguos dellos, por cabsa delo qual se hazen muchas fuerças e extorsiones e cohechos e se pierden los tractos delas mercaderias e encareçen los mantenimientos, e la cabanna delos ganados de vuestros rreynos se mengua e destruye segun que por otra vuestra petiçion a vuestra rreal sennoria lo avemos notyficado. E todo esto rredunda en grand cargo de vuestra rreal conçiençia e en perdimiento e danno de vuestros subditos. Por ende muy poderoso sennor, humill mente suplicamos a vuestra alteza quele plega rreuocar e rreuoque e dé por ningunos e de ningund valor e efecto todas e quales quier cartas e sobre cartas e preuillegios e otras prouisiones que desde quinze dias de Setienbre del anno de sesenta e quatro [4] hasta aqui ha otorgado e dado, e las que diere de aqui adelante a quales quier conçejos e vniversidades e fortalezas e perlados e caualle-

[1] ij-X-14: careza.
[2] ij-X-14: estan ynpuestos.
[3] ij-X-14: rrondas.
[4] El texto equivocadamente dice: setenta e quatro.

por bestias ny carretas nin mercaderias ny mantenimientos ny por ganados algunos ni por paso de madera por el agua ni por otra alguna cosa dello, e les mande e defienda que de aqui adelante no lo pidan ny lleuen, e mande e defienda alos arrendadores e cogedores dellas e a otras quales quier personas que no lo pidan nyn cojan por qual quier color nin cabsa que sea, avn que digan quelo fazen por mandado de sus sennores, e sy lo contrario tentaren de fazer, que qual quier gelo pueda rresystir alos vnos e alos otros [1] poderosa mente e con mano armada syn pena alguna, e demas que yncurran enlas penas en que caen los salteadores de caminos, e mande vuestra alteza que dela ley que sobre esto hordenare sean libradas e dadas vuestras cartas para todas las çibdades e villas e logares de vuestros rreynos, e sy las cartas de merçed e preuillegios desto son asentadas en vuestros libros, mande alos vuestros contadores mayores que luego las tiesten e quiten dellos.

A esta petiçion vos rrespondo, quelo en ella contenido es justo e avn neçesario e tal que se deue otorgar, e asy lo otorgo e quiero e mando que se guarde segunt e commo e so las penas que enla dicha vuestra petiçion se contiene, e rruego alos perlados e a sus vicarios delas yglesias de mis rreynos que den sobre ello sus cartas e prouean por çensura eclesiastica, segund quelos derechos en tal caso lo mandan.

6. Otrosy muy poderoso sennor, allende delas otras merçedes que vuestra alteza ha fecho en ynmensas e ynmoderadas[2] contias, ha fecho por vias yndiretas muchos esentos de pedidos e monedas con ofiçios de abdiençias e de alcaldias e de secretarias e escriuanias de camara, dadas apersonas que no siruen estos ofiçios ni tienen abilidad para ello, pero gozan de sus escusados, delo qual rrecreçe a vuestra sennoria gran perjuyçio e gran danno alos pueblos de vuestros rreynos; por ende suplicamos a vuestra alteza que tase vn numero çierto de oydores e alcaldes e secretarios e escriuanos de camara, los quales gozen delos escusados que tovieren con sus ofiçios, e rreuoque todos los otros escusados que con los dichos ofiçios ha dado a quales quier personas.

[1] ij-X-14: para poder coger.

Aesto vos rrespondo que os tengo en seruiçio lo que por esta petiçion me pedis; por ende por esta ley rreuoco e do por ningunas e de ningunt valor e efecto todas e quales quier merçedes de escusados que yo he dado nueua mente desde los dichos quinze dias del mes de Setienbre de sesenta e quatro annos a esta parte, asy de monedas commo de moneda forera e de pedido e otros pechos rreales e conçejales, con quales quier titulos de abdiençias alcaldias e secretarias e escriuanias de camara e con otros quales quier ofiçios, saluo sy son dados por vacaçion o por rrenunçiaçion delas personas que antes los tenian o son consumidos en otros semejantes ofiçios mas antiguos, e los mas antiguos dellos; e queriendo mas conplida mente proueer sobre esto commo cunple a mi seruiçio e al bien publico delos mis rreynos e ala buena ygualdad, e por desatar muchos agrauios que notoria mente rreçiben muchos conçejos e personas syngulares en estos mis rreynos por los muchos escusados e esentos que yo he hecho de pedidos e monedas e otros pechos e derechos rreales e conçejales e por otros escusados que yo he dado a muchas personas o vniversidades [1]; e otrosy por las merçedes que del dicho tienpo acá yo he fecho a muchas personas e vniversidades, delos pedidos e monedas que copieren a pagar quando se ouieren de coger de algunas villas e logares destos mis rreynos asy delo rrealengo commo delos sennorios e ordenes e behetrias e abadengos, para que ayan e cobren para sy los dichos pedidos e monedas; e otrosy he dado esençion de pedidos e monedas a algunas çibdades e villas e logares para que sean francas e esentas desde aqui adelante para syenpre jamas e a otras por çierto tienpo de pagar pedidos e monedas, e avn a otras de moneda forera e de otros pechos e derechos, lo qual todo yo veo e conosco que rredunda en danno mio e en diminuçion de mis rrentas e pechos e derechos, e en gran agrauio e ynjuria de otros muchos pueblos, e lo mas dello en detrimento delos pobres que no pueden procurar las tales esençiones e muchas vezes se carga sobre ellos lo que han de pagar los que se dizen escusados e esentos. Por ende por esta ley aprueuo e confirmo las leyes por mi sobre esto fechas e hordenadas enlas dichas cortes de Ocanna e cada vna dellas, e a mayor abondamiento rreuoco e do por ningunos e de ningun valor e efecto todas e quales quier graçias e merçedes e franquezas e esençiones que yo he hecho e dado e otorgado, del dicho tienpo de quinze dias de Setienbre del dicho anno de sesenta e quatro a esta parte, a todas e quales quier vniversidades e personas syngulares de

[1] ii-X-14: vniversidades, delos pedidos e monedas.

escusados delos dichos pedidos e monedas e moneda forera e otros pechos rreales e conçejales o qual quier cosa dello, quier sean de merçed o por vida o por juro de heredad. E eso mismo las que he dado e fecho a otras personas para que pidan e demanden e cojan e rreçiban e ayan para sy los dichos pedidos e monedas e otros quales quier pechos rreales o qual quier cosa dello que ovieren a pagar algunas villas e logares delos dichos mis rreynos e sennorios, e otrosy las que he dado e fecho desde el dicho tienpo fasta el dia de hoy a otras muchas çibdades villas e logares para quelos vezinos e moradores dellas sean francos e quitos de pagar pedidos e monedas e otros pechos rreales e conçejales o qual quier cosa dello, quier sea por çierto tienpo o para sienpre jamas. E quiero mando e hordeno que todas las dichas graçias e merçedes e franquezas e esençiones de suso contenidas e cada vna dellas no puedan auer ny ayan efecto alguno, saluo las esençiones por mi dadas alas çibdades e villas de mis rreynos que suelen enbiar procuradores alas cortes, que eso mismo fueron açeptadas por my enlas dichas cortes de Ocanna, e la esençion que yo di ala villa de Agreda e su tierra, por quanto gela di en emienda delos dannos que por mi seruiçio ha rresçebido [1]. E mando por esta ley a todos e quales quier conçejos e vniversidades e personas singulares que syn enbargo delas tales cartas esençiones[2] e merçedes e delas cartas e previllegios que dello tienen, todos paguen llana mente las dichas monedas e pedidos e acudan con ellos a my e aquien my poder para ello ouiere o aquien por mi lo ouiere de aver, so pena que qual quier conçejo e vniversidad e otras quales quier personas que contra lo suso dicho fueren o pasaren, que cayan e yncurran enlas penas que caen los subditos e naturales que se rreuelan contra su rrey e sennor natural e le toman e ocupan o le deniegan sus pechos e tributos a el devidos, ca yo por la presente rreuoco eso mismo e do por ningunas e de ningund valor e efecto todas e quales quier mis cartas e sobre cartas e preuillegios e alualas e çedulas e confirmaçiones que de las dichas merçedes desde el dicho tienpo acá yo he dado delo suso di-

1 ii-Y-44: asy a algunos.

cho, avn que sean dadas a procuradores de cortes e con qual quier clausulas derogatorias, saluo las que son dadas alas çibdades e villas por mi de suso nonbradas [1]; pero por que algunas çibdades villas e logares que de mi ganaron las dichas franquezas e esençiones desde el dicho tienpo acá, me siruieron por ello con algunas contias de dinero para mis neçesidades e fizieron otras costas e gastos en escreuir e sacar sobrello mis cartas e preuillegios, mando e hordeno que fasta en fin del mes de Mayo del anno primero que verná de setenta e quatro, los dichos conçejos delas dichas çibdades villas e logares cada vno dellos que asy ganaron e tienen de my las dichas esençiones e preuillegios dellas, enbien sus procuradores bastantes ala mi corte a rrasgar los previllegios e cartas que desto tienen, e muestren e averiguen ante los del mi Consejo en presençia delos mis contadores mayores todo lo que dieron a my e a otras quales quier personas por mi mandado e alos ofiçiales dela mi corte por librar e despachar las dichas mis cartas e preuillegios, e todo esto les sea descontado e ellos se entreguen dello, delo queles cupiere a pagar destos primeros pedidos e monedas que se han de coger en este presente anno, e si esto no bastare, delos que se ouieren de coger adelante enel dicho anno de setenta e quatro fasta la suma que fuere averiguada por mi carta, librada delos del mi Consejo e sobre escripta delos mis contadores mayores, que verdadera mente pagaron por las dichas cartas e preuillegios, e todo lo otro paguen llana mente so las dichas penas; e si dentro del dicho tienpo no averiguaren lo suso dicho e truxeren los dichos preuillegios e cartas a rrasgar e lleuar las dichas mis cartas commo dicho es, que dende en adelante sean thenidos de pagar e paguen llana mente todo lo que asy les cupiere a pagar de los dichos pedidos e monedas e otros pechos rreales, asy deste dicho anno commo delos annos venideros, sin descuento alguno, bien asy commo sy nunca las tales franquezas e esençiones e mis cartas de previllegios dellas les fueran otorgadas nin dadas so las dichas penas. E por quelos dichos conçejos a quien se dieron las dichas esençiones e mis cartas e preuillegios dellas e las otras vniversidades e personas singulares a quien lo contenido en esta mi ley atanne, no puedan desto pretender ynorançia, mando alos mis contadores mayores que asyenten esta ley enlos mis libros, e que en cada vna mi carta e quaderno de monedas e en cada vna mi carta de rrecudimiento [2] de pedidos que enbia-

[1] ij-X-14: por mi de suso açeptadas.
[2] ij-X-14: rrepartimiento.

gastos en escreuir e sacar sobrello
ordeno que fasta en fin del mes de
setenta e quatro, los dichos conçe-
ogares cada vno dellos que asy
ençiones e preuillegios dellas, enmi corte a rrasgar los previllegios
e averiguen ante los del mi Con-
s mayores todo lo que dieron a my
mi mandado e alos oficiales dela
has mis cartas e preuillegios, e
entreguen dello, delo queles cu-
e monedas que se han de coger
stare, delos que se ouieren de co-
enta e quatro fasta la suma que
a delos del mi Consejo e sobre es-
que verdadera mente pagaron por
o lo otro paguen llana mente so
cho tienpo no averiguaren lo suso
ios e cartas a rrasgar e leuar las
ue dende en adelante sean thenidos
lo que asy les cupiere a pagar de
os pechos rreales, asy deste dicho
sin descuento alguno, bien asy
esençiones e mis cartas de prev-
dadas so las dichas penas. E por
eron las dichas esençiones e mis
vniversidades e personas singu-
ley atanne, no puedan desto pre-
adores mayores que asyenten esta
vna mi carta e quaderno de mo-
pedidos que enbia-

cados dellas.

7. Otrosy muy poderoso sennor, fallase por vuestros libros que vuestra alteza desde los dichos diez annos a esta parte ha dado a algunas personas, escusados de alcaualas para que nonbren e escusen dellas en cada vn anno alas personas que quysieren, e a otras personas ha fecho esentos que no paguen las dichas alcaualas delos dichos diez annos a esta parte e demas e allende delos que primera mente solian ser esentos por preuillegios e por los vuestros quadernos de alcaualas, e por que esto se ha fecho durante los mouimientos de vuestros rreynos e por las cabsas dela desorden que enlas otras cosas ha auido, e dello se sigue grand deseruiçio a vuestra alteza e discordia en muchos pueblos[1], e por quela ley que sobre esto fizo vuestra alteza enlas dichas cortes de Ocanna no dispone asy sobre ello tan abierta mente, suplicamos a vuestra rreal sennoria quele plega rreuocar e rreuoque desde luego e dé por ningunos e de ningund valor e efecto todos los dichos preuillegios o cartas e otras prouisiones que vuestra sennoria ha dado delos dichos diez annos a esta parte a todos e quales quier personas de qual. quier ley estado o condiçion que sean, para que nonbren e tengan esentos e escusados de alcaualas e para que ellos sean esentos de alcaualas, e mande que sin enbargo delas tales merçedes e delos dichos preuillegios e cartas que vuestra sennoria ha dado o diere sobre lo suso dicho, las tales personas que ansi han tentado e tentaren de aqui adelante de se esentar delas dichas alcaualas, paguen llana mente e sin contienda alguna, e mande alos vuestros contadores mayores que luego tiesten e quiten delos vuestros libros las tales esençiones e facultades e los preuillegios e cartas e sobre cartas dellas e que den e libren sobre ello vuestras cartas e otras prouisiones que menester fueren para que esto sea asy conplido e executado.

Aesto vos rrespondo que me plaze dello e otorgo todo lo conthenido en vuestra petiçion e mando que se faga e cunpla ansy segund que por ella me lo suplicades, e mando a quales quier personas a quien lo suso dicho atanne[2] que de aqui adelante no tienten de nonbrar e tener escusados, nin persona alguna se escuse de pagar las dichas alcaualas por la dicha rrazon so las penas en que caen los que se subtraen de pagar a su rrey e sennor natural sus tributos e derechos.

8. Otrosy muy alto rrey e sennor, bien sabe vuestra sennoria commo por rruego e ynportunidad de algunas personas e por algunas cabsas no legitimas nyn sufiçientes, vuestra alteza esimió e apartó el lugar de Simancas dela noble villa de Valladolid cuya hera[1] e de fecho la fizo villa e le dió jurisdiçion sobre sy, e avn la fizo franca de alcaualas de todo lo que quales quier vezinos della vendiesen en quales quier partes de vuestros rreynos e la dió sus cartas de preuillegios dello, lo qual todo rredunda en gran agrauio e perjuyzio dela dicha villa de Valladolid e en ofensa de muchas çibdades e villas que mereçian mejor la semejante libertad e esençion e no la tienen, e avn en danno e amenguamiento de vuestras rrentas, e dello se rrecreçen grandes pleitos e contiendas. Por ende suplicamos a vuestra alteza quele plega rreuocar e rreuoque, e dé por ningunos e de ningund valor e efeto todos e quales quier preuillegios e cartas e otras quales quier prouisiones de esençion e enmunidad delas dichas alcaualas dados al dicho lugar de Simancas e alos vezinos e moradores del, e a cada vno e qual quier dellos, e hordene que sin enbargo dellos paguen las dichas alcaualas asy enel dicho lugar de Simancas commo fuera del en quales quier partes donde fizieren ventas, e mande alos vuestros contadores mayores que desde luego tiesten e quiten delos vuestros libros todos los dichos preuillegios e cartas e esençiones que en qual quier manera por vuestra alteza fueron dados de diez annos a esta parte al dicho lugar de Simancas e alos vezinos e moradores del, sobre las dichas alcaualas, e quelo pongan asy en vuestras cartas e quadernos con que se ouieren de coger de aqui adelante las dichas alcaualas e las paguen de aqui adelante llana mente. Otrosy mande e hordene que el dicho lugar finque e quede e sea auido por lugar dela dicha villa de Valladolid e sea de su tierra e termino e jurisdiçion libre mente segund quelo hera enlos tienpos pasados de antes delos dichos diez annos acá e desto mande dar sus cartas las que menester fueren.

Aesto vos rrespondo, en quanto alo que pedis que sea rreducido ala obidiençia[2] e subjeçion de Valladolid el dicho logar de Simancas que me plaze, e lo otorgo segund que por la dicha petiçion lo pedis, ca commo quier que el dicho lugar de Simancas me siruió mucho e por ello

[1] ij-X-14: cuyo era.
[2] ij-X-14: avdiençia.

tra alteza esimió e apartó el lugar de
lolid cuya hera' e de fecho la fizo villa
la fizo franca de alcaualas de todo lo
endiesen en quales quier partes de
s de preuillegios dello, lo qual todo
yzio dela dicha villa de Valladolid e
llas que mereçian mejor la semejante
e avn en danno e amenguamiento de
en grandes pleitos e contiendas. Por
uele plega rreuocar e rreuoque, e de
efeto todos e quales quier preuillegios
iones de esençion e enmunidad delas
gar de Simancas e alos vezinos e mo-
uier dellos, e hordene que sin enbar-
las asy enel dicho lugar de Siman-
quier partes donde fizieren ventas, e
ayores que desde luego tiesten e qui-
los preuillegios e cartas e esençiones
tra alteza fueron dados de diez annos
ncas e alos vezinos e moradores del,
pongan asy en vuestras cartas e qua-
r de aqui adelante las dichas alcaualas
na mente. Otrosy mande e hordene
e sea auido por lugar dela dicha villa
ermino e jurisdiçion libre mente se-
los de antes delos dichos diez annos
s que menester fueren.
aio que pedis que sea rreducido ala
lid el dicho logar de Simancas que
r la dicha petiçion lo pedis, ca com-
... mucho e por ello

mi corona rreal.

9. Otrosy muy poderoso sennor, por que rreçelamos que al presente la dispusiçion del tienpo e delos mouimientos que de cada dia pareçen en vuestros rreynos no dan lugar a que buena e entera mente vuestra alteza tornase a rrecobrar sus rrentas e rreal patrimonio que tan inmoderada mente a seydo enagenado e desipado e mal rrepartido espeçial mente de nueue annos a esta parte, e queriamos que entre tanto que esto buena mente se pueda hazer vuestra rreal sennoria proueyese e rremediase sobre los grandes males e dannos prisiones e rrescates de omes e rrobos e tomas de bienes que se hazen por muchas personas en estos vuestros rreynos so color de algunas vuestras cartas de preuillegios que del dicho tienpo acá son dadas a muchas personas, para que delos mrs. e para otras cosas' queles son dadas de merçed por juro de heredad al comienço de cada vn anno, nonbren las rrentas e avn los partidos donde quieren aver por aquel anno los tales mrs. e otras cosas, e que fagan el rrepartimiento dellos sobre las tales rrentas e que por aquel rrepartimiento cobren lo que asy tienen de merçed e rreparten a diestro e a syniestro por las rrentas que mas les agradan, quier que para' lo que rreparten enlas tales rrentas o no, e por alli quieren cobrar e hazer sus premiosas execuçiones' vsando delas clausulas esorbitantes de sus preuillegios, e eso mesmo los que de antes tienen sytuados mrs. sennalada mente enlas tales rrentas quieren cobrar lo que tienen situado en ellas, e asy los vnos e los otros rroban e lleuan sin medida. Otrosy sepa vuestra alteza que por las muchas e ynmoderadas merçedes que ha fecho a muchas personas de mrs. e otras cosas de juro de heredad sytuados en rrentas çiertas donde no caben, los vezinos e moradores de muchas çibdades e villas e logares delos dichos vuestros rreynos son rrobados e cohechados e muy fatigados, ca los duennos que tienen los preuillegios delas tales merçedes rrequieren con ellos alos arrendadores e fieles e cogedores delas dichas rrentas, e ellos muestran sus cuentas commo no caben las contias sytuadas enlas tales rrentas alos duennos delos preuillegios por aver achaque contra el conçejo e personas syngulares rrequie-

ren alas justiçias e rregidores del tal conçejo, queles fagan açebtar sus preuillegios, e mande alos arrendadores e fieles e cogedores quelos paguen; e avn acaesçe que sin rrequerir al conçejo sy no los pagan los arrendadores o fieles o cogedores hazen los duennos delos preuillegios tomas enlas personas e bienes delos vezinos e moradores del tal conçejo a do quiera quelos fallan e por un marauedi toman dos e tres, diziendo que para las costas, e so este color se fazen grandes rrobos en vuestros rreynos, e avn se despueblan muchos lugares espeçial mente delos vuestros e se pueblan los lugares de sennorios, e muchas çibdades e villas e logares de vuestra corona rreal estan en rreçelo e avn son atemorizados por personas poderosas que nueua mente han auido vuestros mrs.[1] de juros sytuados enlas rrentas delas dichas çibdades donde es çierto que no caben los tales mrs., e quelas rrentas estan llenas e avn sobra el sytuado al valor dellas, e les dizen que quier quepan o no quepan que gelos pagarán o harán por ellos prendas e tomas enlos vezinos delas tales çibdades e villas e logares donde los tales mrs. les son sytuados. E creemos que poniendo lo en obra los quelo dizen se salirán[2] con ello si vuestra alteza no pone sobre ello algund rremedio; por ende muy poderoso sennor, suplicamos a vuestra alteza le plega mandar proueer e rremediar sobre tal e tan perjudiçial agrauio, e de aqui adelante non dé facultad a persona alguna para que faga rrepartimiento de sus mrs., e mande e hordene que puesto quela dé que no valga[3], e alos vuestros contadores mayores que no la pasen nin pongan enel preuillegio e sobre las tales[4] facultades ya dadas mande que en comienço del anno que viene nonbren las rrentas para sienpre donde quieren thener sytuados sus mrs., e que dende en adelante no puedan mudar ni cobrar[5] de nueuo en tienpo alguno. E otrosy mande e hordene quelos preuillegios que fasta aqui son sacados de contias sytuadas en rrentas çiertas e no han seydo avn açeptadas enlos logares adonde estan las rrentas, nin son mandadas pregonar no se executen fasta que se averigue entre los arrendadores e fieles e cogedores dela vna parte[6] e el duenno del preuillegio dela otra, ante los del vuestro Consejo e los vuestros contadores mayores, e sy fallaren que cabe el tal sytuado enla rrenta lo manden

[1] ij-X-14: de vuestros mrs.
[2] ij-X-14: saldrian.
[3] ij-X-14: puesto que..... no vala.
[4] El texto: preuillegio las tales.
[5] ij-X-14: mudar ni nonbrar.
[6] ij-X-14: dela vuestra parte.

... e moradores del tal conçejo ...
marauedi toman dos e tres, diziendo
se fazen grandes rrobos en vuestros
nos lugares espeçial mente delos vue-
nnorios, e muchas çibdades e villas
-tan en rreçelo e avn son atemoriza-
ena mente han auido vuestros mrs.
s dichas çibdades donde es çierto que
rentas estan llenas e avn sobra el sy-
e quier quepan o no quepan que ge
las e tomas enlos vezinos delas tales
tales mrs. les son sytuados. E cree-
lo dizen se salirán * con ello si vues-
l rremedio; por ende muy poderoso
le plega mandar proueer e rreme-
uio, e de aqui adelante non de fa-
faga rrepartimiento de sus mrs., e
de que no valga *, e alos vuestros
n nin pongan enel preuillegio e se-
ande que en comienço del anno que
pre donde quieren thener sytuados
puedan mudar ni cobrar * de nueuo
e hordene quelos preuillegios que
ytuadas en rrentas çiertas e no han
adonde estan las rrentas, nin sea
fasta que se averigue entre los ar-
vna parte * e el duenno del preui-
Consejo e los vuestros contadores
tal sytuado enla rrenta lo mande

vuestra sennoria sytuados en quales quier rrentas de quales quier çibdades e villas e logares de vuestros rreynos o en quales quier vuestros pechos e derechos, que non fagan por ello toma ni rrepresaria de bienes nin prision de omes delos vezinos e moradores del conçejo o lugar donde touiere situada la tal suma ny del logar donde fueren vezinos e moradores los arrendadores e fieles e cogedores, so pena que por el mesmo fecho * e por ese mismo derecho aya perdido e pierda la tal merçed que asy de vuestra sennoria tiene, e quede vaca e sea e finque ninguna e de ningund valor e efecto la carta o preuillegio que dela tal merçed touiere, e que vuestra alteza pueda proueer delos tales mrs. o otra cosa que asy touiere de merçed el quelo tal fiziere, seyendo sobre ello vençido e condepnado en vuestro Consejo, e que luego que asy fuera dada sobre ello sentençia e vuestra alteza proueyere, tiesten e quiten los dichos vuestros contadores mayores la tal merçed al condepnado e la pongan e asyenten a aquel o aquellos a quien vuestra rreal sennoria della proueyere, e mande que sobre todo esto cada vno pida e prosiga su justiçia por via hordinaria e no por via de toma ni rrepresaria ni presion de personas. E otrosi mande que este tal crimen sea caso de corte, e se prosiga e sentençie commo crimen fecho e cometido en vuestra corte. E otrosy mande alos dichos vuestros contadores mayores que asyenten en vuestros libros la ley que sobresto vuestra alteza fiziere e aquella guarden e cunplan.

Aesto vos rrespondo que de aqui adelante no entiendo dar facultad a persona alguna para que el pueda hazer rrepartimiento delos mrs. que ouiere de aver de merçed, e sy yo la diere, mando que no vala ni se pase ni se asyente enlos mis libros. E en quanto alas que tengo dadas fasta aquy mando e hordeno que se faga e cunpla e sea guardado asy segunt e commo en esta vuestra petiçion se contiene; e en quanto alas tomas e esecuçiones e rrepresarias que se hazen por las pagas delos preuillegios del situado, mando e hordeno que se faga e cunpla asy commo por vuestra petiçion melo suplicays, e so las penas en ella contenidas, saluo quando por defecto de justiçia del conçejo dela çibdad o villa o logar donde las tales merçedes son sytuadas[1], se fiziere la tal toma e execuçion por mis cartas que sobrello fueren libradas delos del mi Consejo e delos mis contadores mayores.

10. Otrosi sennor, avemos sabido que vuestra alteza por vuestra carta mandó quelos arrendadores e fieles e cogedores de vuestras rrentas rretouiesen para vuestra camara el diezmo delo que montase enlos preuillegios que estouiesen sytuados enlas rrentas que ellos touiesen, e vemos e sabemos que desto nunca a vuestra camara vino cosa alguna ni por ello nunca se rremediaron vuestras neçesidades, è so este color se fazen grandes males rrobos e dannos en estos rreynos por quelos vuestros contadores mayores libran en este diezmo a muchas personas por vuestras cartas de rrepartimiento con poder de esecutar alos duennos de los preuillegios, e dizen que no consentirán queles quiten el diezmo, e fazen tomas e rrobos por ello e las personas[2] que tienen los libramientos e rrepartimientos enel dicho diezmo procuran delo cobrar por estas mesmas maneras, e asy que alo menos se paga dos vezes este diezmo e avn los vuestros contadores mayores libran en este diezmo syn tener ni saber la cuenta delo que monta, e avn libran en lugares donde los duennos delos preuillegios tienen vuestras cartas para que no les sea descontado el dicho diezmo, e tanbien se dan los libramientos para lo vno commo para lo otro, por manera que so este color se hazen costas e dannos dos tanto delo que monta el diezmo, de que vuestros subditos e naturales rresçiben grandes fatigas e vuestra sennoria no rreçibe dello seruiçio ni prouecho; por ende muy poderoso sennor, suplicamos avuestra alteza que desde luego rreuoque e dé por ninguna la carta e cartas que vuestra sennoria fasta aqui ha dado e diere para que se detenga el dicho diezmo delos preuillegios, e pues tanta suma de vuestras rrentas es ya enagenada, e esperamos en Dios que traerá tienpo que vuestra sennoria la rrecobre, e entre tanto los pueblos de vuestros rreynos vos syruen mas gruesa mente fasta que[3] sobre todo dé horden e mande que todo el sytuado se pague donde cupiere syn descontar ni quitar diezmo dello, e para ello mande alos vuestros contadores mayores que den e libren vuestras cartas e que en vuestras cartas de fieldad e rrecudimientos[4] e de rreçeptorias que se dieren de aqui adelante se ponga que no se descuente ni lleue el dicho diezmo.

[1] ij-X-14: donde los tales mrs. son situados.
[2] El texto: alas personas.
[3] El texto: mas gruesa mente que fasta que.
[4] ij-X-14: libren vuestras cartas de fieldad e de rrendimientos.

el diezmo delo que montase enlos pre-
enlas rrentas que ellos touiesen, e re-
vuestra camara vino cosa alguna a
uestras neçesidades, è so este color se
nos en estos rreynos por quelos vue-
n este diezmo a muchas personas por
con poder de esecutar alos duennos de
sentirán queles quiten el diezmo, e la-
personas * que tienen los libramientos
zmo procuran delo cobrar por esta
enos se paga dos vezes este diezmo e
es libran en este diezmo syn tener ni
e avn libran en lugares donde les
vuestras cartas para que no les se
bien se dan los libramientos para lo
ra que so este color se hazen costas e
el diezmo, de que vuestros subditos e

y poderoso sennor, suplicamos a vues-
ue e dé por ninguna la carta e cartas
dado e diere para que se detenga el
pues tanta suma de vuestras rrentas
Dios que traerá tienpo que vuestra
los pueblos de vuestros rreynos vas
ue * sobre todo de horden e mande
le cupiere syn descontar ni quitar
os vuestros contadores mayores que
n vuestras cartas de fieldad e rreu-
eren de aqui adelante se ponga que
uno.

mismo sobre este diezmo del sytuado.

11. Otrosi sennor, avemos sabido que vuestra alteza ha dado a algunos vuestros capitanes e otras personas rroteras e no abiles para administrar vuestra hazienda, vuestras cartas de poder para demandar e rreçebir e rrecabdar vuestras rrentas, asy pedidos e monedas e moneda forera, commo de alcaualas e terçias e otros pechos e derechos, los quales so este color rroban a diestro e syniestro e avn libran enlas dichas vuestras rrentas a otras personas commo sy fuesen vuestros contadores, e de todo esto no se asyenta cosa nin se halla rrazon nin cuenta en vuestros libros, e los pueblos son fatigados e cohechados por ellos e no rreçiben saneamiento delo que pagan ny se tienen por librados dela tal debda, e asy biuen syenpre fatigados e con temor. Suplicamos a vuestra sennoria, que pues esto es en vuestro gran danno e perjuyzio e en danno e agrauio delos pueblos e contra leyes e hordenanças de vuestros rreynos, le plega rreuocar todos e quales quier poderes que hasta aqui vuestra alteza a dado a quales quier capitanes e otras personas que no son abiles para administrar vuestra hazienda, e desde luego mande vuestra alteza dar sus cartas para ellos en queles mande que no vsen delos tales poderes so grandes penas, e enbie mandar alos conçejos e personas a quien se dirigen los dichos poderes e libramyentos, que por virtud dellos no paguen cosa alguna, e mande alos del vuestro Consejo e alos vuestros contadores mayores que den e libren sobre ello vuestras cartas a quien gelas pidiere.

Aesto vos rrespondo que me plaze e lo otorgo asy, e mando alos mis contadores mayores que luego den e libren sobre ello mis cartas las que vieren que son menester, ca yo por la presente rreuoco quales quier poderes que sobre esto he dado e diere de aqui adelante a quales quier personas, e quiero e mando que no ayan fuerza ny vigor alguno, saluo si las tales mis cartas de poderes son fasta aquy o fueren dadas de aqui adelante, sobre escriptas delos mis contadores mayores e segund quelas leyes de mis rreynos lo disponen.

12. Otrosi muy poderoso rrey e sennor, bien sabe vuestra alteza e es

morial acá, quelos naturales de cada vn rreyno e prouinçias ayan las iglesias e benefiçios dellos, e esta honrra e preheminençia zelan e defienden [1] cada vno delos prinçipes christianos en sus tierras, e los prouechos que desto se siguen e los ynconuinientes que delo contrario rresultarán estan muy claros por la espiriençia e por fundamento de derecho, e por quela loable costunbre vemos que fue sienpre tolerada por los santos Padres, e es de creer quela ayan tolerado conoçiendo quanto es fundada sobre buena ygualdad e rrazon natural, e si algunos otros [2] prinçipes cristianos esto les es guardado por antigua costunbre yntroduzida por buena rrazon, bien puede conoçer vuestra alteza quanto mayor rrazon ouieran los rreyes, de gloriosa memoria, vuestros progenitores, de pedir e auer para sus naturales las yglesias e benefiçios de sus rreynos, e con quanta rrazon los Padres santos pasados se mouieron a gratificar en esto alos rreyes de Castilla e de Leon, los quales con deuoçion feruiente e catolicos e animosos coraçones, con derramamiento dela sangre suya e de sus leales subditos e naturales, ganaron e libraron esta vuestra tierra delos ynfieles moros, henemigos de nuestra santa fee catolica, e la pusieron so la obidiençia dela santa fee apostolica, e la tierra que por tantos tienpos fue de antes ensuziada con la seta mahometica, fue por ellos rrecobrada e alinpiada, e las iglesias que por tanto tienpo auian seydo casas de blasfemia, no solo fueron por ellos rrecobradas para loor de Dios e ensalçamiento dela vuestra santa fee catolica, mas abondosa mente dotadas; por donde pareçe quelos santos Padres que confirmaron a estos vuestros rregnos la libertad [3] e esençion e corona enperial, mouidos por la virtud dela buena conçiençia e gradeçimiento, en algunos casos espresa mente e en otros casos callada mente otorgaron alos dichos sennores rreyes e a sus naturales, que en aquella santa conquista se esmeraron, muchas prerogatiuas derechos e preheminençias sobre las yglesias, segund que oy dia la espirençia lo muestra; e los dichos santos Padres alunbrados por este verdadero conoçimiento e mouidos por la virtud dela buena conçiençia e gradeçimiento, en algunos expresa mente e en otros casos callada mente, quisieron tolerar [4] quelas dignidades e benefiçios eclesiasticos de qual quier calidad que fuesen, que en qual quier manera vacasen en estos vuestros rreynos, se diesen commo syenpre se dieron alos naturales dellos e delas

[1] ij-X-14: se le den e defienden.
[2] ij-X-14: e si alos otros.
[3] ij-X-14: e libertades.
[4] ij-X-14: e movidos por la virtud del gradeçimiento, quisieron e toleraron.

vemos que fue sienpre tolerada por las
la ayan tolerado conoçiendo quanto es
: rrazon natural, e si algunos otros'
iardado por antigua costunbre yntro-
puede conoçer vuestra alteza quanto
de gloriosa memoria, vuestros proge-
naturales las yglesias e benefiçios de
os Padres santos pasados se mouieron
e Castilla e de Leon, los quales con
imosos coraçones, con derramamien-
s subditos e naturales, ganaron e li-
fieles moros, henemigos de nuestra
a la obidiençia dela santa fee apos-
ienpos fue de antes ensuziada con la
obrada e alinpiada, e las iglesias que
is de blasfemia, no solo fueron por
, e ensalçamiento dela vuestra santa
otadas; por donde pareçe quelos san-
vuestros rregnos la libertad ' e esen-
or la virtud dela buena conçiençia e
spresa mente e en otros casos callada
ores rreyes e a sus naturales, que en
on, muchas prerogatiuas derechos e
segund que oy dia la espirençia lo
alunbrados por este verdadero co-
d dela buena conçiençia e gradeçi-
e en otros casos callada mente, qui-
benefiçios eclesiasticos de qual quier
ier manera vacasen en estos vuestros
dieron alos naturales dellos e delas

dellos personas estranjeras sospechosas al rrey, con muy mayor cabsa se mouieron los Padres santos pasados a tolerar esto en estos vuestros rreynos mas llana mente, por las cabsas e consideraçiones suso dichas. E commo quiera, muy poderoso sennor, que esta preheminençia rredundaba en onor de vuestra rreal dignidad, prinçipal mente del vso e guarda della se siguió ' grand honrra e prouecho a vuestros subdytos e naturales, por que seyendo ellos proueydos delas dignidades e benefiçios delas iglesias de vuestros rreynos, toman deseo muchas personas por pareçerse a estos de se dar ala virtud e ala çiençia, e asy se hazen muchos letrados e muchos notables honbres, asi para el exerçiçio del culto diuino commo para predicar e ensennar nuestra santa fee catolica e extirpar ' las eregias, e otros para se exerçitar en vuestro seruiçio e zelar e acreçentar e defender la honrra de vuestros rreynos; e allende desto, desçendiendo mas alo particular, está muy çierto e conoçido que quando las dignidades e benefiçios delas yglesias de vuestros rreynos se dan alos estranjeros, rresultan dello muchos ynconuinientes e dannos e ynjurias de vuestros subditos e naturales, e espeçial mente vemos por espirençia que rresultan los inconuinientes que se siguen. El primero, por que pareçe que en dar vuestra rreal sennoria estas cartas de naturaleza alos estranjeros, quiere mostrar que en vuestros rreynos ay falta de personas dignas e habiles [para aver los beneficios eclesiasticos dellas] y que por esta causa da lugar a quelos estranjeros los posean, siendo çierto y notorio que ay en vuestros rreynos, a Dios graçias, muchas personas dignas e habiles e mereçedoras por vida ' çiençia linage e costunbres para auer los benefiçios eclesiasticos de vuestros rreynos, tantas commo en otra tanta tierra e parte de toda la christiandad; e ansy lo que a ellos auia de ser dado para si e por acatamiento de sus personas, es les denegado e rreçiben delos estrannos las vicarias e tenençias dello commo sus merçenarios. E lo otro, es que vuestra sennoria conçede ligera mente alos estrannos lo quelos otros rreyes christianos rrogados e inportunados por los Padres santos, no quieren consentir, e es de creer que este denega-

dello se seguia

miento se haze muy rrazonable mente e con justas cavsas, asy por guardar los rreyes su preheminençia e la honrra e yndepnidad [1] de sus naturales, commo por proueer ala honrra e vtilidad de sus rreynos e delas singulares personas dellos, ca auiendo los naturales las dignidades e benefiçios eclesiasticos delas yglesias destos rreynos, hallarse an entre ellos perlados que zelen la yntegridad [2] dela fee e el bien comun e rresidan enel vuestro Consejo e enla vuestra corte e chançelleria e enla administraçion dela vuestra justiçia e en serviçio e prouecho dela republica, e otrosy rreçiben en sus casas por sus familiares e seruidores muchos omes menesterosos, e crian se en sus casas, e hazen se enellas honbres muchos huerfanos, e ponen al estudio a sus parientes e casan parientes e otras personas pobres; delo qual todo no gozan vuestros naturales, quando los benefiçios eclesiasticos de vuestros rreynos se dan a los estranjeros, ca commo estos estranjeros, auidas las dignidades e benefiçios delas yglesias de vuestros rreynos, quieren mas estar en sus tierras que enla agena, sacase para ellos la moneda de oro de vuestros rreynos en gran danno e pobreza dellos, e con las rrentas de vuestros rreynos, se enrriqueçen los rreynos estrannos, e avn alas veces los enemigos, e se enpobreçen los vuestros. El otro, es que estos perlados e benefiçiados[3], estando en su naturaleza, socorrerian los vnos con lo suyo, los otros con sus gentes, los otros con su consejo e yndustria, en el caso que liçita mente lo puedon fazer, para la guerra delos moros e para la defensa dela corona rreal de vuestros rreynos, lo qual todo çesa quando los perlados e benefiçiados no son vuestros naturales. El otro, es que el culto diuino e las iglesias padeçen gran detrimento, estando absentes e ygnotos de sus iglesias e personas eclesiasticas dellas sus perlados, e asy vuestra sennoria e los rreyes que despues de vos suçedieren en estos rreynos careçerán del seruiçio e consejo e ayuda que podrian rreçebir de los poseedores destas dignidades e benefiçios, si se diesen a vuestros naturales, los quales avn que perlados, son tenidos de venir al llamamiento de su rrey para lc dar consejo; e commo quiera, muy poderoso sennor, que antes de agora veyamos e sentiamos esta ynjuria e dapnos, que vuestra alteza e vuestros naturales rreçebian espeçial mente de diez annos a esta parte que se començaron los mouimientos e turbaçion en vuestros rreynos, esperamos que este ynconuiniente no creçeria e quela rrazon lo quitaria, pero vemos que de cada dia esta ynjuria se frequenta

[1] ij-X-14: yndinidad.
[2] ij-X-14: que saben la yndinidad.
[3] ij-X-14: e otros benefiçiados.

idad [1] dela fee e el bien comun e rresa-
a vuestra corte e chançelleria e enla
içia e en seruiçio e prouecho dela re-
s casas por sus familiares e seruidores
an se en sus casas, e hazen se enellas
nen al estudio a sus parientes e casan
. delo qual todo no gozan vuestros na-
lesiasticos de vuestros rreynos se dan a
stranjeros, auidas las dignidades e be-
os rreynos, quieren mas estar en su
ara ellos la moneda de oro de vuestros
dellos, e con las rrentas de vuestros
os estrannos, e avn alas veces los ene-
ros. El otro, es que estos perlados e be-
za, socorrerian los vnos con lo suyo, los
su consejo e yndustria, en el caso que
a la guerra delos moros e para la de-
os rreynos, lo qual todo çesa quando
vuestros naturales. El otro, es que el
n gran detrimento, estando absentes
as eclesiasticas dellas sus perlados e
que despues de vos suçedieren en estos
onsejo e ayuda que podrian rreçebir de
beneficios, si se diesen a vuestros na-
ados, son tenidos de venir al llama-
sejo; e commo quiera, muy poderoso
os e sentiamos esta ynjuria e dapnos,
rales rreçebian espeçial mente de diez
aron los mouimientos e turbaçion en
ste ynconuiniente no creçeria e que la
esta ynjuria se frequenta

timiento del danno e ynjuria comun, e da nos causa a que sobre lo mas **e lo menos pydamos e busquemos el rremedio, ca vemos e sentimos quantos ynconuinientes esto trae a vuestros rreynos e quanto es en derogaçion e mengua de vuestra rreal dignidad e dela corona de Castilla,** e creemos que de aqui rresulta que no ay cardenales de nuestra naçion en corte de Roma çerca de nuestro muy santo Padre, segun contina mente fasta aquy los[1] ha auido, ca commo esta tan grand alta dignidad de cardinalato se suele dar a personas notables e constituydas en grandes dignidades de arçobispos e obispos [3] e otras grandes dignidades eclesiasticas, si estas no se dan a vuestros naturales en vuestros rreynos, perdida terniamos [4] la esperança de ver ni de oyr que en corte de Roma rresidan cardenales castellanos, para que zelen e procuren la honrra de nuestro rrey e de sus rreynos, lo qual seria muy grand mengua e vituperio dellos. Pues tantos e tan grandes ynconuinientes rresultan destas vuestras cartas de naturaleza que fasta aqui ha dado alos dichos estrangeros, commo dicho es, suplicamos muy vmill mente a vuestra rreal sennoria quele plega rreuocar e dar por ningunas todas e quales quier cartas de naturaleza que vuestra alteza fasta aqui ha dado a quales quier personas, de qual quier estado o condiçion o dignidad que sea, que verdadera mente no son vuestros subditos e naturales, por donde les ha dado facultad para auer dignidades e quales quier benefiçios eclesiasticos en estos vuestros rreynos, e las que sobre ello dieren a quales quier estrangeros e de aqui adelante, e declare las vnas e las otras ser ningunas e de ningund valor e efecto, e mande que no sean conplidas e que por virtud delas que fasta aqui son dadas e delas que se dieren de aqui adelante, ningunt estrangero pueda auer el dicho arçobispado de Seuilla nin otra perlaçia nin dignidad nin prestamos nin calongia ni otro benefiçio eclesiastico alguno en vuestros rreynos. E por que desto sea çertificado el Papa e los cardenales e los otros curiales que estan en corte de Roma, nos mande luego dar sus cartas para el dicho vuestro muy santo Padre, en quele notifique esta rreuocaçion e prouision, e

[1] ij-X-14: arçobispado.

suplique a su Santidad que por rrespeto de cartas de naturaleza que vuestra sennoria aya dado fasta aqui o diere de aqui adelante a qual quier o quales quier personas estrangeras de vuestros rregnos [1], no dé a alguno dellos graçia espetativa, ni le prouea de perlaçia nin dignidad ny calongia ni prestamos ni otro benefiçio eclesiastico alguno en vuestros rreynos, e si algunos so este color a dado, los rreuoque Su Santidad. E otrosi mande e dé facultad a todos e quales quier vuestros subditos e naturales que sobre esto se puedan oponer y hazer rresistençia, pues la tal opusiçion es sobre la esençion e onrra e guarda dela preheminençia de su rrey e de su patria, ca es de creer que nuestro muy santo Padre condeçenderá [2] ala suplicaçion que vuestra alteza sobre esto le fiziere, auiendo acatamiento ala justiçia e buena rrazon sobre que se funda, e ala obidiençia que su Santidad e sus predeçesores syenpre hallaron en vuestra sennoria e en sus progenitores.

Aesto vos rrespondo que yo algunas vezes, costrennido por las dichas grandes neçesidades que enlos tienpos pasados me ocurrieron, segund que a todos mis subditos e naturales es notorio, e avn otras vezes por ynportunidad de algunas personas que procuran de ganar mis cartas de naturaleza para se congraçiar e ganar parte en algunas personas que rresiden en corte rromana, yo he librado e dado muchas cartas de naturaleza a muchas personas estrangeras e no naturales de mis rreynos, e veo bien e conosco que rresultan dello los ynconuinientes por vos otros rrelatados en vuestra petiçion. Por ende yo queriendo condeçender [3] a vuestra suplicaçion e queriendo en esto gratificar a mis rreynos, me plaze de rremediar e proveer sobre ello, e proueyendo por esta ley rreuoco e do por ningunas e de ningund valor e efecto todas e quales quier mis cartas de naturaleza que yo fasta aquy he dado, e asy mismo rreuoco e do por ningunas mis cartas de naturaleza que diere de aqui adelante a todas e quales quier personas estrangeras e no naturales de mis rreynos, de qual quier estado condiçion preheminençia o dignidat que sean, para auer las dichas prelaçias e dignidades mayores e menores e calongias e rraçiones e prestamos e otros quales quier benefiçios eclesiasticos delas yglesias e monesterios delos dichos mis rreynos e sennorios, eçebto quando por alguna muy justa e euidente cabsa la deuiere dar, e estonçes quela daré seyendo vista e averiguada primera mente la tal causa por los grandes e perlados e las otras personas que comigo rresiden e rresi-

1 ij-X-14: personas estrangeras, no naturales de vuestros rreynos.
2 ij-X-14: conçederá.
3 ij-X-14: conçeder.

...olor a dado, los rreuoque Su Santidad
...los e quales quier vuestros subditos e
...an oponer y hazer rresistencia, pues
...ion e onrra e guarda dela preheme-
...a es de creer que nuestro muy santo
...on que vuestra alteza sobre esto le
...justiçia e buena rrazon sobre que se
...antidad e sus predecesores syenpre
...sus progenitores.
...as vezes, costrennido por las dichas
...pos pasados me ocurrieron, segund
...es notorio, e avn otras vezes por yn-
...e procuran de ganar mis cartas de
...nar parte en algunas personas que
...brado e dado muchas cartas de na-
...eras e no naturales de mis rreynos e
...llo los yncouinientes por vos ...
... yo queriendo ...
...sto gratificar a mis rreynos, me pla-
...e proueyendo por esta ley rreuoco e
...r e efecto todas e quales quier mis
...y he dado e asy mismo rreuoco e do
...que diere de aqui adelante a to-
...as e no naturales de mis rreynos, de
...nençia o dignidat que sean, para
...mayores e menores e calongias e
...ier benefiçios eclesiasticos delas
...mis rreynos e sennorios ...
...e cosa la deuiere dar, e estonçes
...la primera mente la tal causa por
... rresiden e rresi-

ley. E por esta ley rruego a todos los perlados, e mando alos cabildos e otras personas eclesiasticas delas iglesias de mis rreynos, que guarden e fagan guardar todo lo contenido en esta mi ley, no enbargantes quales quier mis cartas que en contrario della les fueren mostradas, saluo sy fueren dadas enla forma de suso contenida.

13. Otrosi muy poderoso sennor, vuestra alteza conoçe bien e sabe quales e quantos males e dapnos han rreçebido muchos conçejos cabildos vniversidades e personas syngulares, por muchas cartas e alualas que vuestra sennoria ha dado a otras muchas e diuersas vniversidades conçejos e personas singulares, espeçial mente desde quinze dias del mes de Setienbre del anno que pasó de sesenta e quatro a esta parte, muy exorbitantes e contra toda justiçia y en prejuyzio de terçeros sin ellos ser llamados ni oydos, con clausulas exorbitantes e no acostunbradas, quales las pensauan e queria poner cada vno quelas procuraua; e commo quiera que el derecho comun e las leyes de vuestros rreynos e avn la ley por vuestra sennoria fecha enlas dichas cortes de Ocanna disponen sobre esto, anulando las tales cartas e rrescriptos e ynponiendo penas muy grandes alos secretarios e escriuanos de camara quelas dan a librar a vuestra alteza e las rrefrendan e alas justiçias quelas cunplen e esecutan, pero vemos quela disposiçion delas dichas leyes aprouecha muy poco, e por esto no çesan cada dia los que quieren, de ganar de vuestra sennoria las tales cartas e rrescritos e alualaes e çedulas ynjustas exorbitantes con clausulas e sobre casos no acostunbrados, e so color destas tales cartas, buscan sus fauores de personas poderosas o de juezes executores dadiuados, afeçionados a ellos, que traygan a execuçion las tales prouisiones ynjustas, o alo menos fatigan con ellas alas partes contra quien se dirigen, fasta los rrescatar e traer alo que quieren, o alo menos quando la otra parte mejor libra, hazen grandes costas en se defender, e avn muchas vezes vienen o enbian las partes ala vuestra corte a ganar otras nueuas e contrarias prouisiones con otras contrarias clausulas exorbitantes e no obstançias, las quales prouisiones vnas e otras creemos que no se ganan sin fazer sobre ello grandes costas, e destas tales han nacido e naçen de cada dia en vuestros rrey-

nos grandes bolliçios e escandalos, muertes e feridas de onbres, asonadas de gentes, rrobos e tomas de bienes, enemistades e discordias e otros muchos dannos e males è suçesiua mente vnos en pos de otros, de que vuestra rreal sennoria creemos que tiene gran cargo. Por ende muy poderoso sennor, suplicamos a vuestra alteza que por descargo de vuestra rreal conçiençia e por rremediar a tantos danificados e por euitar tantos males e dannos commo destas ynjustas cartas se han seguido e se esperan segund, vuestra alteza desde luego por ley fecha sobre esta nuestra suplicaçion, rreuoque e dé por ningunas e de ningund valor e efecto todas e quales quier cartas rrescritos e alualaes e çedulas que fasta aqui ha dado, alo menos desde quinze dias del dicho mes de Setienbre del dicho anno de sesenta e quatro a esta parte; e las que diere de aqui adelante ynjustas e agrauiadas en danno e perjuyzio de terçeros, que son contra las leyes e ordenanças de vuestros rreynos, e todo lo que fasta aqui se ha fecho por virtud delas tales cartas, saluo si sobre ello ha ynteruenido o ynteruyniere yguala o conpusiçion[3] o auenençia de consentimiento de partes, o tales avtos[4], por donde parezca ser veresimile que aprueua callada mente aquel contra quien se dio la tal carta lo contenido en ella, no lo ynpunando[5] nin contradiziendo, e hordene e mande quelas tales cartas e prouisiones que asy fueren dadas de aqui adelante en perjuyzio de terçero e contra forma e orden de derecho, sean obedeçidas e no conplidas, e que todo lo que por virtud dellas se hiziere sea en sy ninguno, sin que sea ynpunado por apellaçion nin por suplicaçion nin por otro rremedio alguno, e quelas justiçias e executores e las partes contra quien se dirigieren, por non las conplir no ayan caido nin yncurrido nin cayan nin yncurran en pena alguna nin sean thenidos de proseguir los llamamientos e enplazamientos que por ellas les fueren fechos, e quela ley que sobre esto fuere fecha que no sea ni pueda ser derogada por carta ni cartas de vuestra alteza, avn que espresa mente la derogue, e que quantas vezes la derogare, de fecho tantas vezes e por esa mesma clausula derogatoria parezca ser confirmada e obre e tenga esta clausula efecto de confirmaçion desta ley, en fauor de aquel contra quien e en cuyo prejuyzio se ganaren, por que rremediando por esta manera enlo pasado e proueyendo vuestra alteza e guardando enlo porvenir la horden que de suso tenemos pedida, creemos que será rreparo para los males e dannos que todos padeçemos.

[3] ij-X-14: ynpusiçion.
[4] ij-X-14: actos.
[5] ij-X-14: ynponiendo.

icamos a vuestra alteza que por descar-
por rremediar a tantos danificados e
os commo destas ynjustas cartas se han
uestra alteza desde luego por ley fecha
euoque e dé por ningunas e de ningund
er cartas rrescritos e alualaes e çedulas
os desde quinze dias del dicho mes de
senta e quatro a esta parte; e las que
e agrauiadas en danno e perjuyzio de
s e ordenanças de vuestros rreynes, e
por virtud delas tales cartas, saluo si
uyniere yguala o conpusiçion o ...
s, o tales avtos, por donde parezca ...
ente aquel contra quien se dio la tal
npunando nin contradiziendo, e ...
e prouisiones que asy fueren dadas de
ero e contra forma e orden de derecho,
e que todo lo que por virtud dellas ...
e sea ynpunado por apellaçion nin por
algnno, e quelas justiçias e executo-
rigieren, por non las conplir no ayan
n yncurran en pena alguna nin sean
ientos e enplazamientos que por ellas
sobre esto fuere fecha que no sea ni
artas de vuestra alteza, avn que e-
ntas vezes la derogare, de fecho tantas
erogatoria parezca ser confirmada e
le confirmaçion desta ley, en fauor de
uyzio se ganaren, por que rremedian-
roueyendo vuestra alteza e guardan-
la suso tenemos pedida, creemos

e hordeno que se faga e cunpla asy commo por ella me suplicays.

14. Otrosi muy poderoso sennor, vuestra sennoria sabe commo por los dichos procuradores le fue suplicado que proueyese sobre las cartas de fidalguia que vuestra sennoria auia dado, faziendo muchos fijos dalgo e libres e francos de todos pechos e derechos, asy alos que vinieron al dicho rreal de Simancas por vuestro mandado commo despues por otras vuestras cartas e preuillegios, e notificaron a vuestra alteza los grandes ynconuinientes e notoria ynjustiçia que desto se seguia, e sobresto vuestra alteza proveyó, declarando por ley todas las dichas fidalguias e cartas dellas, dadas e otorgadas por vuestra alteza desde los dichos quinze dias de Setienbre de sesenta e quatro fasta entonçes, e los preuillegios e alualaes dellas ser ningunas e de ningun valor e efecto; e commo quiera que la ley está llana e clara, pero somos ynformados que algunos letrados e otras personas han tentado e tientan de cauillar la dicha ley e dele dar cauilosa ynterpetraçion, diziendo quela dicha ley e la rreuocatoria delas dichas fidalguias en ella contenida se estiende sola mente alas personas que con cabtela ganaron las dichas fidalguias e esençion, pero no alas personas que rreal mente siruieron a vuestra sennoria enel dicho rreal de Simancas al tienpo que para ello fue limitado, e so color de esta falsa ynterpetraçion, se an leuantado e proseguido muchos pleitos asy enla dicha vuestra corte e chançelleria ante los dichos vuestros alcaldes delos fijos dalgo commo en otras çibdades e villas e logares ante muchos juezes, e avn diz que son dadas algunas sentençias en fauor delos que se dizen fijos dalgo en perjuyzio de vuestra sennoria e contra el vuestro procurador fiscal e contra los conçejos donde son vezinos, en gran agrauio e prejuyzio de vuestros pechos e derechos e delas singulares personas delos dichos conçejos, ca muy poderoso sennor, si buena e çierta mente se pudiese saber quales e quantos fueron aquellos que rreal mente salieron de sus casas con yntinçion de seruir a vuestra alteza enel dicho rreal de Simancas por ganar la dicha fidalguia e siruieron el tienpo por vuestra sennoria hordenado sin cavtela ninguna, bien se deuiera consentir que estos tales gozasen, sola mente tomando

vuestra sennoria en descuento los pedidos que estos auian de pagar, pero es çierto que este seruiçio que cada vno delos que se dizen fijos dalgo diz que fizo, lo podria prouar con quales quier testigos que quisieren sobornar[1] por muy poca cosa, e los tales testigos entienden que en deponer en fauor delos que se dizen fijos dalgos, hazen a ellos gran honrra e no prejudican a ninguno particular mente, e avn podria ser que fuesen tales que ternán semejante cabsa e querran que el otro salga con su yntinçion por fauoreçer a su cabsa, e asy ligera mente se atreven a perjurar se avn que sean onbres de buena fama e estimaçion, por manera que no se puede disçerner ni dar forma quales e quantos fueron los que verdadera mente mereçieron la dicha esençion enel dicho vuestro rreal, e avn puesto quela mereçiesen algunos, devria vuestra alteza rreçebir en descuento delos pedidos lo que estos auian de pagar en pedido commo dicho es, por que no se cargue sobre las otras personas pobres e miserables pecheros, lo qual no se puede hazer, pues no se sabe çierto quales son los que mereçieron la dicha esençion; e ansy por esta yncertidunbre e por quitar confusion es cosa mas justa e mejor que padezcan algunos pocos que mereçieron galardon, que no dexar esentos a muchos que no lo mereçieron e cavtelosa mente lo procuran en gran deseruiçio e prejuyzio vuestro e en menos cabo de vuestros pechos e derechos e en danno e perjuyzio delos conçejos donde biuen e delas personas miserables dellos. Por ende muy poderoso sennor, suplicamos a vuestra rreal sennoria le plega hazer declaraçion dela dicha ley, rreuocando general mente todas las dichas fidalguias dadas desde el dicho tienpo desde quinze dias de Setiembre del dicho anno de sesenta e quatro a esta parte fasta agora e las que diere de aqui adelante. E otrosy declarando e mandando quela dicha ley fecha por vuestra sennoria en las dichas cortes de Ocanna en que rreuocó las dichas fidalguias e preuillegios e cartas dellas, dadas alos que vinieron al dicho rreal de Simancas, sea guardada e aya efecto contra todas las personas que se dixeren esentas o fijos dalgo por las fidalguias ganadas enel dicho rreal, e avn que digan e se ofrezcan a probar que verdadera mente siruieron, pues toda via esta euidente la sospecha e cabsa dela sobornaçion e corrupçion delos testigos e el danno que dello se sigue; e si algunas sentençias contra estos son dadas por los vuestros alcaldes delos fijos dalgo o por vuestros oydores o por otros quales quier juezes despues que se fizo la dicha ley, sean en si ningunas e de ningund valor e efecto, e eso

[1] ij-X-14: testigos sobornados.

o particular mente, e avn podria se
...ante cabsa e querran que el otro salga
...u cabsa, e asy ligera mente se atre-
...bres de buena fama e estimaçion, por
... ni dar forma quales e quantos fueron
...eron la dicha esençion enel dicho
...mereçiesen algunos, devria vuestra al-
...ltidos lo que estos auian de pagar en
... se cargue sobre las otras personas po-
...l no se puede hazer, pues no se sabe
...n la dicha esençion: e ansy por esta
...n es cosa mas justa e mejor que po-
...con galardon, que no dexar esentos a
...telosa mente lo procuran en gran
... menos cabo de vuestros pechos e de-
...s conçejos donde biuen e delas perso-
... muy poderoso sennor, suplicamos a
...er declaraçion dela dicha ley, man-
... las fidalguias dadas desde el dicho
...bre del dicho anno de sesenta e qua-
...ue diere de aqui adelante. E otrosy
...a ley fecha por vuestra sennoria en
... rreuoco las dichas fidalguias e pre-
...s que vinieron al dicho rreal de Si-
...contra todas las personas que se dize-
...dalguias ganadas enel dicho rreal, e
...ar que verdadera mente siruieron,
...a e falta dela soborna[ç]ion e co-
...dello se sigue, e si algunas sen-
...nuestros alcaldes delos fijos dalgo
... despues que se

toda via sin enbargo de aquellas, quede e finque firme la dicha ley e lo contenido en esta nuestra petiçion. E otrosy rreuoque e dé por ninguna la suplicaçion que se dize que vuestra sennoria dio para el nuestro muy santo Padre en favor de algunos delos que se dizen fijos dalgo por la dicha cabsa, para queles fuesen dadas bulas e juez apostolico e conseruador sobrello, e desto mande luego dar sus cartas para el nuestro muy santo Padre e para la dicha vuestra corte e chançelleria e para los otros logares donde fueren pedidas.

Aesto vos rrespondo que al tienpo que yo fize la dicha ley enlas dichas cortes de Ocanna, mi yntinçion e voluntad fue que todas e quales quier fidalguias e esençiones e las cartas e preuillegios delas por mi dadas e otorgadas a quales quier personas que vinieron al rreal de Simancas al dicho tienpo, fuesen e fincasen ningunas e de ningun valor e efecto, por las causas e consideraçiones conthenidas enla petiçion sobre la que yo fize la dicha ley. Por ende mando e hordeno que sea guardada e conplida vniversal mente e ala letra segund que en ella se contiene, por manera que ninguna ny algunas personas no gozen delas dichas fidalguias e esençiones, puesto que prueuen que verdadera mente me sirvieron enel dicho rreal de Simancas; e si algunas sentençias contra el thenor e forma delo suso dicho son dadas por los mis alcaldes delos fijos dalgo e notarios delas prouinçias e por otros quales quier juezes, yo por la presente las rreuoco e las do por ningunas, e quiero e mando que ellas ni mis cartas de preuillegios e executorias dellas dadas no fagan fee ni prueua ni ayan fuerça ni vigor. E otrosi rreuoco e do por ningunas e de ningund valor e efecto todas e quales quier mis cartas e sobre cartas, que yo aya dado despues que fize la dicha ley enlas dichas cortes de Ocanna, a quales quier personas para que gozen delas dichas fidalguias que ganaron enel dicho rreal de Simancas, e quiero e mando que no valan ni ayan efecto; e si yo alguna suplicaçion he dado a qual quier o quales quier personas para nuestro muy santo Padre, para que manden guardar las dichas mis cartas de preuillegios e fidalguias, o que dé juez para ello, yo por la presente rreuoco la tal suplicaçion, commo aquella que es dada en grande agrauio e prejuyzio de muchas personas.

15. Otrosi sennor, de diez o doze annos a esta parte vemos que vuestra sennoria ha fecho ofiçio nueuo en vuestra corte, que se llama fiel della; e las cosas en que este se entremete, dellas eran anexas alos alcaldes dela vuestra casa e rrastro, e dellas[1] alos alguaziles de vuestra corte; e es çierto que este ofiçio no es menester en vuestra corte, e hazen se ya con el grandes cohechos e otras cosas no deuidas. Por ende suplicamos a vuestra sennoria quele plega rreuocar e consumir este ofiçio de fieldad, e mande que de aqui adelante no se vse, pues vuestros alcaldes e alguaziles han de cunplir en vuestra corte aquello en que el se entremete.

Aesto vos rrespondo que vos otros dezides bien e lo que cunple ala buena gouernaçion dela my casa e corte. Por ende yo por la presente quito e anulo el dycho ofiçio dela dicha fieldad, e mando e hordeno que de aqui adelante no se vse ny exerçite ny vse del enla mi casa e corte, e mando aquel que agora se dize mi fiel dela dicha corte, que de aqui adelante no vse ny exerçite por sy ni por otro el dicho ofiçio[2] de fieldad, so las penas en que caen los que vsan de ofiçio publico no teniendo poder para ello, e demas que qual quiera persona le pueda rresistir sin pena alguna. E mando alos mis alcaldes dela mi casa e corte que luego fagan pregonar esta ley por las plaças e mercados dela mi corte, e que no consientan que de aquy adelante persona alguna vse deste ofiçio.

16. Otrosi sennor, bien sabe vuestra alteza commo por la deshorden del tienpo ha dado muchos titulos de vuestro Consejo e de oydores e de alcaldes de vuestra corte e chançelleria dellos a personas abiles, pero en grand numero, e dellos, a personas ynabiles e avn no conoçidas, e desto se a cabsado quelas personas abiles e dignas para estos ofiçios, si los tenian primero, non quieren vsar dellos, e si non los thenian no los quieren pedir[3] nin rreçebir, e commo quiera que sobre la desorden que en esto ha auido vuestra alteza deue proueer, pero alo menos suplicamos que enlo porvenir quiera mirar, e que de aqui adelante no dé titulos de su Consejo a persona alguna, saluo a onbre de gran sufiçiençia que sea cauallero e de grand estado o perlado o letrado que notoria mente sea auido por ome de buena conçiençia e de grand autoridad e

[1] ij-X-14: rrastro dellas.

[2] El cód. ij-X-14 omite desde donde dice: «enla mi casa e corte,» hasta aquí.

[3] ij-X-14: tener.

e dellas ' alos alguaziles de vuestra
o es menester en vuestra corte, e ha-
s e otras cosas no deuidas. Por ende
ele plega rreuocar e consumir este ofi-
i adelante no se vse, pues vuestros al-
r en vuestra corte aquello en que el se

tros dezides bien e lo que cunple ala
e corte. Por ende yo por la presente
dicha fieldad, e mando e hordeno
y exerçite ny vse del enla mi casa e
e dize mi fiel dela dicha corte, que de
por sy ni por otro el dicho ofiçio ' de
los que vsan de ofiçio publico no le-
ne qual quiera persona le pueda rre-
alos mis alcaldes dela mi casa e corte
ey por las plaças e mercados dela mi
de aquy adelante persona alguna vse

uestra alteza commo por la desorden
s de vuestro Consejo e de oydores e de
lleria dellos a personas abiles, pero en
s ynabiles e avn no conoçidas, e des-
iles e dignas para estos ofiçios, si los
ar dellos. e si non los thenian no los
umo quiera que sobre la desorden que
eue proueer, pero alo menos suplica-
ar. e que de aqui adelante no dé titu-
na, saluo a onbre de gran sufiçiençia
o perlado o letrado que notoria
autoridad e

oydores ni alcaldes, o mando alos que ... tro Consejo o enla vuestra audiençia e alos vuestros alcaldes que desde luego fagan juramento de guardar esto e de no yr ni pasar contra ello. E otrosy mande que çiertas personas que son legos e no son graduados en derecho alos quales ha dado vuestra sennoria avdiençias e alcaldias que no vsen destos ofiçios, e que dentro de seys meses lo rrenunçien a personas abiles e graduados en derecho e si no lo fizieren que dende en adelante queden vacos los tales ofiçios.

Aesto vos rrespondo que me plaze e lo otorgo todo e lo mando, e hordeno que se faga e cunpla asy segund que por esta vuestra petiçion me lo suplicays, e de aqui adelante no entiendo dar ni librar las tales cartas e titulos de Consejo ni de abdiençia nin de alcaldias saluo enla manera que por vos otros me es suplicado.

17. Otrosy muy alto rrey e sennor, ya sabe vuestra alteza quantos rrobos e cohechos e presiones de omes e otros muchos males e dannos se haçen de cada dia, so color de prendas e rrepresarias por causa delos preuillegios del sytuado que vuestra alteza ha dado a muchas personas, e somos çertificados que vuestra alteza tiene dado por merçed a otras muchas personas muchas contias de mrs. de merçedes, e otros esperan ganar otros alualaes de merçed de mas contias para asentar e sypetuar los tales mrs. enlos logares queles cunpliere ' e sacar los preuillegios dellos e procurar por quantas vias pudieren delos cobrar, quier quepan o no quepan enlas rrentas e logares donde los sytuaren; e sy sobre los preuillegios situados fasta aquy ay tan grandes contiendas, los vnos diziendo que no caben, los otros diziendo que si caben, e sobre ello se hazen tan grandes males e dannos, çierto es e notorio que muchos mayores se esperan por la rrecabdança delos mrs. que de aqui adelante se situaren e con muy mayor rrazon vuestra alteza deue proueer sobre ello. Por ende suplicamos a vuestra sennoria que desde luego dé por ningunos e de ningund valor e efecto todas e quales quier alualaes e merçedes de juro de heredad o de por vida de quales quier marauedis o doblas o florines o pan o otras cosas que fasta aqui ha dado nueua mente a quales quier vniversidades e personas

singulares de que fasta aqui no se han sacado preuillegios o cartas selladas, avn quelas tales merçedes esten asentadas en vuestros libros, saluo si las tales merçedes son dadas por vacaçion o por rrenunçiaçion de padre a fijo. Otrosy le suplicamos que de aqui adelante no dé ni libre mas merçedes a personas algunas, e mande alos vuestros contadores mayores que ellos juren desde luego que no asyenten enlos vuestros libros, las merçedes que estan por asentar delas fechas, nin delas por fazer, e delas que estan asentadas e delas que estan por asentar, no den ni libren vuestras cartas nin preuillegios; pero por que podria ser que alguna persona o personas fiziesen de aqui adelante a vuestra alteza algund seruiçio por que mereçiese rreçebir merçed, suplicamos le que esta tal merçed haga quando la deuiere a fazer con acuerdo delos del vuestro Consejo, e seyendo primera mente firmado dellos el aluala dela tal merçed e espresada la causa della, e que entonçes se pase e se dé el preuillegio della e no en otra manera.

Aesto vos rrespondo que me plaze e lo otorgo todo commo me lo suplicays, e mando e hordeno que se faga e cunpla asi.

18. Otrosi muy alto rrey e sennor, vuestra sennoria sabe commo enlas dichas cortes de Ocanna le fue suplicado que proueyese sobre los rrobos e cohechos que se fazian alos duennos delos ganados, asi pidiendo les e lleuando les dos e tres seruiçios [1] commo por otras exquisitas maneras e achaques, e commo quiera que sobre ello proueyó commo de rrazon e justiçia se deuia proueer, pero esto no enbargante toda via rreçiben los dichos dannos e fatigas, lo qual rredunda en grand danno de todos vuestros subditos e naturales, por que so este color valen las carnes muy caras. Por ende suplicamos a vuestra rreal sennoria le plega mandar guardar las dichas leyes fechas enlas dichas cortes de Ocanna en fauor delos que tienen ganados e del conçejo dela mesta dellos, e las cartas e preuillegios que para su seguridad e para conseruaçion [2] dela cabanna delos ganados tienen, asy de vuestra alteza commo delos otros sennores rreyes vuestros anteçesores, e espeçial mente rreuoque quales quier cartas e preuillegios que nueua mente a dado desdel dicho tienpo del anno de sesenta e quatro fasta aqui e diere de aqui adelante a quales quier personas e vniversidades para mudar pasos de ganado e para pedir e coger otro seruiçio e montadgo, saluo el que antigua mente se solia coger enlos puertos e logares acostunbrados, e mande e defienda so

[1] ij-X-14: ansy pidiendo les e llevando les dos y tres servidores.
[2] ij-X-14: consideraçion.

. e mande alos vuestros contadores
go que no asyenten enlos vuestros li-
asentar delas fechas, nin delas por
s e delas que estan por asentar, ni
preuillegios; pero por que podria ser
sen de aqui adelante a vuestra alteza
rrecebir merçed, suplicamos le que
quiere a fazer con acuerdo delos del
a mente firmado dellos el aluala dela
lia, e que entonçes se pase e se de el
era.
e lo otorgo todo commo me lo supli-
ga e cunpla asi.
. vuestra sennoria sabe commo enlas
ucado que proueyese sobre los rrobos
nos delos ganados, asi pidiendo les e
ommo por otras exquisitas maneras e
bre ello proueyó commo de rrazon e
no enbargante toda via rreciben los
rre lunda en grand danno de todos
que so este color valen las carnes muy
tra rreal sennoria le plega mandar
las dichas cortes de Ocanna en fauor
ejo dela mesta dellos, e las cartas e
e para conseruaçion dela cabanna
a alteza commo delos otros sennores
al mente rreuoque quales quier car-
a da lo desdel dicho tienpo del acuerdo
e de aqui adelante a quales quier
lar pasos de ganado e para pedir e
el que antigua mente se solia

e commo el derecho manda e no en otra manera, ynponiendo grandes p enas alos que hizieren lo contrario.

Aesto vos rrespondo que dezides bien e me plaze dello, e lo otorgo todo ansy commo por la dicha vuestra petiçion me lo suplicays, e segund e commo por mi fue otorgado e ordenado enlas dichas cortes de Ocanna a petiçion delos procuradores que alas dichas cortes vinieron, e por la presente rreuoco e doy por ningunas e de ningund valor e efecto todas e quales quier mis cartas e preuillegios dellas que yo he dado e diere de aquy adelante a quales quier personas e vniversidades para mudar pasos de ganados e para pedir nin coger otro seruiçio ni montadgo, saluo el que antigua mente se solia coger e enlos puertos e logares acostunbrados, e mando alas personas en cuyo fauor se dieron que no vsen de las tales cartas ni preuillegios, so pena que pyerdan quales quier merçedes que de mi tienen e cayan en pena de forçadores commo aquellos que fuerçan e rroban enlos caminos e yermos, e en todo lo otro que se guarde e cunpla commo lo pedis so las dichas penas.

19. Otrosy muy poderoso sennor, semejantes agrauios e dapnos se hazen por muchas personas e mercadores e tratantes e rrecueros que van ala feria de Medina e a otras ferias antiguas e aprouadas delos lugares rrealengos, so color de prendas e rrepresarias asy por vuestras cartas e libramientos commo por su propia abtoridad por esquisitos colores e achaques, teniendo commo tienen preuillegios los que van alas dichas ferias por vuestra sennoria fechos, espeçial los que van ala dicha feria de Medina, que no sean presos nin detenidos nin sus bienes tomados ni enbargados, saluo por su deuda propia que cada vno deuiere e se obligare delo pagar enla dicha feria, lo qual entendemos que es cosa muy rrazonable que se guarde. Por ende sennor, suplicamos a vuestra rreal sennoria le plega mandar proueer en esto por manera quelos que fueren ala dicha feria de Medina del Canpo, e alas otras ferias antiguas que se fazen enlos vuestros lugares rrealengos por preuillegios que dello tienen sean seguros ellos e sus bienes segund vuestra alteza lo acostumbra mandar, ynponiendo penas alos quebrantadores de vuestro seguro.

Aesto vos rrespondo que vuestra petiçion es justa e se deue otorgar lo que por ella me suplicays. Por ende yo lo otorgo e por la presente tomo so mi guarda e seguro anparo e defendimiento rreal a todas e quales quier personas e a sus bienes delos que de aqui adelante fueren alas ferias de Segouia e de Medina del Canpo e de Valladolid e de otras çibdades e logares dela mi corona rreal que tienen otorgadas ferias desde antes delos dichos diez annos, asi por mi commo por quales quier delos sennores rreyes de gloriosa memoria mis progenitores, y mando que por yda alas dichas ferias e por estada e tornada dellas por obligaçiones ni debdas que quales quier conçejos ni personas singulares deuan a otras quales quier personas, ni por mis cartas o por otras mis cartas o otras sentençias que sobre ello tengan los creedores, no pueda ser fecha toma ni rrepresaria nin enbargo ni execuçion ni prision en las dichas personas delos que fueren alas dichas ferias ni en sus bienes, saluo si fuere por su debda propia a que ellos por sy sean obligados, e estonçes que se haga por via hordinaria e no en otra manera, so pena que qual quiera quelo contrario fiziere caya e yncurra enlas penas en que caen los que quebrantan tregua y seguro puesto por su rrey e sennor natural, e demas quelas justiçias que sobre ello fueren rrequeridas luego quelo supieren, tornen e rrestituyan los tales bienes alos quales fueron tomados e delibren las personas sin costa e dilaçion alguna, so pena que pierdan los ofiçios e paguen las costas dobladas al que rreçibió el danno.

20. Otrosy muy poderoso sennor, bien sabe vuestra alteza commo a petiçion delos procuradores delas çibdades e villas de vuestros rreynos fizo e hordenó enlas dichas cortes de Toledo el anno que pasó de sesenta e dos, vna ley por la qual vuestra rreal sennoria mouido por algunas causas justas e rrazones contenidas enla petiçion sobre que se fundó la disposiçion dela dicha ley, mandó e hordenó quelos vuestros contadores mayores no pudiesen mudar las vuestras rrentas de un arrendador en otro despues de rrematadas, saluo a contentamiento delas partes a quien atannere; eso mismo que no pudiesen rreçebir enlas dichas vuestras rrentas ninguna puja ny media puja ni otro preçio mayor nin menor, saluo sy la[1] puja montare tanto commo la quarta parte delo que montare todo el cargo dela tal rrenta que asy fuere rrematada, e no en otra manera. E commo quiera, muy alto rrey e sennor, que conoçemos quela disposiçion dela dicha ley es muy justa e contiene equidad, pero

[1] El texto: sy enla.

corona rreal que tienen otorgadas
z annos, asi por mi commo por quales
gloriosa memoria mis progenitores,
ferias e por estada e tornada dellas por
s quier conçejos ni personas singulares
nas, ni por mis cartas o por otras
e ello tengan los creedores, no pueda
enbargo ni execuçion ni prision
ren alas dichas ferias ni en sus bie-
ropia a que ellos por sy sean obligados,
ordinaria e no en otra manera, so pena
iziere caya e yncurra enlas penas
ua y seguro puesto por su rrey e se-
çias que sobre ello fueran rrequeridas
restituyan los tales bienes alos quales
rsonas sin costa e dilaçion alguna,
guen las costas dobladas al que rreq-

nor, bien sabe vuestra alteza commo
s çibdades e villas de vuestros rreynos
s de Toledo el anno que pasó de sesen-
stra rreal sennoria mouido por algunas
das enla petiçion sobre que se fundó la
do e hordenó quelos vuestros contado-
las vuestras rrentas de un arrendador
saluo a contentamiento delas partes a
no pudiesen rreçebir enlas dichas vues-
dia puja ni otro preçio mayor sin me-
anto commo la quarta parte delo que
anta que asy fuere rrematada, e no es

fazienda en mejoramiento dela dicha rrenta, e commo quiera quela facultad que da esta ley rredunda en prouecho e acresçentamiento de vuestras rrentas, pero rresulta della grand agrauio al arrendador en quien fuere rrematada la rrenta, e para sanear esto creemos que esta ley se podria justificar por manera que proueyese a todas las partes. Por ende muy umill mente suplicamos a vuestra alteza, que limitando e justificando la dicha ley, mande e hordene quela persona que por virtud della quisiere hazer la tal puja dela quarta parte para sacar la rrenta a aquel en quien prymera mente fue rrematada, quela faga dentro de tres meses despues quela tal rrenta fuere rrematada enel primero arrendador quela touiere e no despues; e que esto aya lugar e se pueda hazer avn quela rrenta sea rrematada enel primero arrendador en tienpo que no queden del anno por pasar los tres meses, e quela dicha quarta parte de puja se entienda ser fecha, contando por preçio dela rrenta todo lo que dello vuestra alteza ha de auer, e el saluado e el sytuado que ay en ella e los prometidos que en ella se an otorgado, e el que pasado el dicho tienpo delos dichos tres meses tentare de fazer la dicha puja contra el thenor e forma desta hordenança que caya e yncurra enlas penas contenidas enla dicha ley, e con esta limitaçion mande e hordene vuestra rreal sennoria quela dispusiçion dela dicha ley no pueda ser rrenunçiada, e que toda via en qual quier rrenta vuestra pueda ser e sea rreçebida la dicha puja despues de rrematada la tal rrenta, no enbargante que vuestra sennoria aya mandado fazer o aya fecho el rremate dela tal rrenta o los vuestros contadores mayores con vuestra liçençia o por su abtoridad ayan fecho el tal rremate e ayan jurado e prometido con quales quier clausulas derogatorias e no obtançia desta ley e penas e fianças e obligaçiones e otras quales quier firmezas que no rreçibirán la dicha puia, e que toda via sin enbargo de todo esto se rreçiba la dicha puja sy se fiziere enel tienpo e por la forma que de suso se contiene, e sy de otra guisa se fiziere que no pueda ser ni sea rreçebida.

Aesto vos rrespondo que vos otros dezides bien e lo que cunple a mi seruiçio e yo asy lo otorgo. Por ende mando e hordeno que se faga e guarde e cunpla todo asy de aqui adelante, segunt que por esta vuestra petiçion me es suplicado.

21. Otrosy muy poderoso sennor, a vuestra alteza e atodos vuestros subditos e naturales es notorio quantas fuerças e prisiones e otros muchos males e dannos se fazen de cada dia en vuestros rreynos por muchos alcaydes e thenedores de muchos castillos e casas fuertes dellos e por sus omes e allegados con fauor dellos, e por que mas este danno se acreçienta, muchas personas de diez annos a esta parte han fecho e fazen otras muchas fortalezas, e lo que peor es que muchas dellas se han fecho sin vuestra liçençia e avn enlos terminos de vuestras çibdades e villas, delo qual se espera acreçentamiento e continuaçion delos dichos males e dannos. Por ende suplicamos a vuestra alteza que desde luego alo menos rreuoque e dé por ningunas todas e quales quier facultades e liçençias que vuestra sennoria ha dado delos dichos diez annos a esta parte, para hazer e edificar castillos e fortalezas en quales quier terminos de vuestras çibdades e villas e logares de vuestra corona rreal aquales quier personas, e mande que todas e quales quier fortalezas que desde los dichos diez annos a esta parte son fechas en quales quier terminos delas dichas çibdades e villas e logares de vuestra corona rreal[1], quier sean fechas con vuestra liçençia o sin ella, sean luego derrocadas a costa delos quelas han fecho, e sy luego no lo fizieren dentro de dos meses despues quela ley por vuestra sennoria fecha sobre esto fuere publicada, e que por el mesmo fecho cayan e yncurran enlas penas en que caen los que fazen casas fuertes en suelo ageno e sin liçençia e contra expreso defendimiento de su rrey e sennor natural.

Aesto vos rrespondo que me plaze e lo otorgo segund e commo e so las penas que por vuestra petiçion me lo suplicays e mando e hordeno que se faga e cunpla asy.

22. Otrosy sennor, bien creemos que si los conçejos delas villas e logares delas behetrias de vuestros rreynos quisiesen defender a sus sennores e comenderos e fazer con ellos que no tomasen vuestros pedidos e monedas e las vuestras alcaualas e terçias, que de cada vn anno ellos e cada una persona dellos son tenidos de pagar, sin que primera mente ouiesen dello vuestras cartas de libramientos, quelo podrian hazer asy por que al tienpo que toman sennor lo podrian sacar con el por condiçion commo quier que si[2] despues les quebranta se esta condiçion e les to-

[1] El cód. ij-X-14 omite desde: aquales quier personas.
[2] ij-X-14: commo por que si.

nor, suplicamos a vuestra alteza
dichas villas e logares de behetrias de vuestros rreynos que de aqui adelante no consyentan tomar ni paguen a sus sennores e comenderos las vuestras alcaualas e terçias e pedidos e monedas e moneda forera ni otros pechos e derechos a vuestra rreal sennoria pertenesçientes ni cosa alguna dello, e los paguen llana mente a vuestros rrecabdadores e arrendadores e rreçebtores al tienpo que por vuestra sennoria les fuere mandado, e que no los paguen a sus sennores saluo por vuestras cartas de libramiento, e que dexen e consyentan libre mente alos dichos vuestros arrendadores o rrecabdadores o rreçebtores presentar vuestras cartas de rrecudimientos e rreçebtorias e vsar de sus ofiçios entre ellos; e sy lo asy non fiziesen que sean tenidos de pagar otra vez a vuestra alteza las dichas alcaualas e terçias e pedidos e monedas e moneda forera e otros quales quier vuestros pechos e derechos e cada una cosa dello, aun que muestren quelo pagaron a su sennor o comendero e queles fizo toma dello por fuerça, e puesto que muestren o que ayan presentado la toma o tomas dello ante vuestra alteza o ante los vuestros contadores mayores en qual quier tienpo, e que sobre esto vuestra alteza pueda dar e dé sus executores enla forma suso dicha para la rrecabdança dello, e mande alos dichos sus contadores mayores que libren e den desto vuestras cartas, encorporando en cada vna ley que sobre esta petiçion fiziere e se lleuen e notifiquen enlas cabeças del partido o merindad donde ay behetrias e se pregone[1] ende.

Aesto vos rrespondo que vos tengo en sennalado seruiçio lo contenido en vuestra petiçion e lo otorgo todo, e mando e hordeno que se haga e cunpla e guarde todo ello e cada una cosa dello segund que por ella lo pedis[2].

23. Otrosy muy poderoso sennor, vuestra alteza sepa que enel Fuero delas leyes está vna ley[3] que dize que sy alguna heredad se vendiere, que qual quiera persona[4] de qual quier patrimonio o avolengo cuya fuere la heredad la pueda sacar tanto por tanto dentro de nueue dias, e

1 ij-X-14: pague.

commo quiera que entre los sabidores antiguos sobre la disposiçion de aquella ley ovo diuersidades, e siguiendo aquellas, fueron estatuydas en diuersos tienpos leyes quela heredad vendida la pudiese sacar el pariente mas propinco; e en otro tienpo fue estatuydo lo contrario, pero el Rey don Alfonso vndeçimo[1] de gloriosa memoria vuestro progenitor hordenó la dicha ley del Fuero, la qual comun mente asy ala llana es vsada e guardada en toda la mayor parte de vuestros rreynos; pero sobre algunas cabsas e pleytos dependientes dela disposiçion desta ley ha auido e ay continua mente grandes pleytos e dubdas e debates e quistiones, asy ante los del vuestro Consejo e oydores de vuestra abdiençia commo ante otros muchos juezes hordinarios e espeçial mente sobre lo que se sigue: Sy vn onbre conpra una heredad de otro, este conprador dispone se a pagar esta heredad por ventura mal baratando o vendiendo otros bienes suyos, e despues haze en esta heredad edefiçios e lauores e otros mejoramientos commo en cosa suya, creyendo quelo que alli gasta e trabaja lo haze en su propia hazienda, e despues acaeçe que vn hijo o hermano o otro pariente propinco de aquel vendedor por ventura ynçitado por el con sus propios dineros del vendedor o por su ynduçimiento a cabo de çinco e diez e quinze annos que es fecha la venta e vee la heredad mejorada, dize al conprador que aquella heredad es de su patrimonio o abolengo e quela quiere tanto por tanto e rrequiere con el preçio; e sy no lo quiere rreçebir pone lo en deposyto e demanda le la heredad diziendo este quela pide, que al tienpo dela venta hera menor de hedad e que asy no le corrió prescriçion nin le enpeçió trascurso de tienpo, o que fue absente o ynpedido de pedir la fasta entonçes por otro legitimo ynpedimento, e ayuda se del rremedio dela rrestituçion e de otros por donde syente que puede sanear su demanda, e con esto saca la heredad que por ventura vale la meytad mas o los dos terçios que quando la ovo el conprador, lo qual pareçe cosa muy ynhumana e agra e muy subjeta a fraude e a pecado. Por ende muy poderoso sennor suplicamos a vuestra rreal sennoria quele plega mandar hazer declaraçion dela dicha ley del Fuero, por manera quelos dichos ynconuinientes e fraudes çesen e la dicha ley del Fuero sea justa e sana mente entendida, e todo aquello que vuestra sennoria sobre esto estatuyere, hordene e mande que se estienda asy alos contratos ya fechos commo alos por fazer e asy alos pleitos e quistiones mouidos commo por mouer, avn que sea dada sobre ello o en ellos sentençia definitiua, cuyo efeto esté

[1] Se refieren á D. Alfonso el Sabio á quien algunos han dado la numeracion de XI.

gloriosa memoria vuestro progenitor
la qual comun mente asy ala llama es
or parte de vuestros rreynos; pero so-
endientes dela disposiçion desta ley
randes pleytos e dubdas e debates e
o Consejo e oydores de vuestra abdien-
zes hordinarios e espeçial mente sobre
pra una heredad de otro, este conpra-
ad por ventura mal baratando o ven-
ues haze en esta heredad edefiçios e la-
o en cosa suya, creyendo quelo que alli
ia hazienda, e despues acaeçe que vn
pinco de aquel vendedor por ventura
ineros del vendedor o por su yndufi-
uinze annos que es fecha la venta e
onprador que aquella heredad es de su
iere tanto por tanto e rrequiere con el
pone lo en deposyto e demanda le la
, que al tienpo dela venta hera menor
escriçion nin le enpeçió trascurso de
lo de pedir la fasta entonçes por otro
e del rremedio dela rrestituçion e de
anear su demanda, e con esto saca la
tad mas o los dos terçios que quan-
parege cosa muy ynhumana e agra e
Por ende muy poderoso sennor supli-
le plega mandar hazer declaraçion
nera quelos dichos ynconuinientes e
ero sea justa e sana mente entendida,
ra sobre esto estatuyere, hordene e
tos va fechos commo alos por fa-

Aesto vos rrespondo quelos ynconuinientes por [illegible]
que se siguen desta ley del Fuero son euidentes e tales que yo deuo proueer de rremedio sobre ellos. Por ende declaro e mando e hordeno que los nueue dias contenidos enla dicha ley del Fuero para que el mas propinco saque la heredad vendida que fue de su patrimonio o abolengo corran contra los menores de veynte e çinco annos, quier sean en hedad pupilar o adulta, e eso mesmo contra los ausentes e quelos vnos ni los otros no se puedan ayudar de su minoridad ni dela ausençia, e que aya lugar contra ellos esta prescripçion delos dichos nueue dias, e que no les sea otorgada sobresto rrestituçion, ni rreçesion[1] del tienpo, saluo que ala letra se guarde la dicha ley del Fuero contra los vnos e los otros, e si el menor touiere tutor o curador que pueda sacar la heredad para el menor enel tienpo e commo de suso se contiene.

24. Otrosi muy alto sennor, sobre la dicha ley del Fuero ay avn otra duda de que se leuantan e siguen muchos pleytos en vuestros rreynos, ca la dicha ley da facultad al pariente mas propinco de sacar la heredad de su patrimonio o abolengo tanto por tanto, e acaeçe que vn ome touo vna heredad que fue de su padre primera mente e este tiene vn hermano e vn hijo e vende esta heredad a un estranno; viene agora este hermano e este hijo del vendedor e pide cada vno esta heredad, e quiere la cada vno dellos sacar del poder del conprador tanto por tanto, por que dize cada vno que fue de su padre, e el hermano del vendedor dize que el fue primera mente propinco de su padre cuya fue primera mente la heredad que de su hermano el vendedor della, e asy que es mejor su derecho[2] que el del fijo del vendedor: e el hijo del vendedor dize que esta heredad fue de su padre e preçedió en ella al tio hermano de su padre, e que el rrepresentando la persona de su padre es mejor en derecho que su tio, e es duda qual deve auer la heredad tanto por tanto, el tio o el sobrino. Suplicamos a vuestra alteza pues commo amos pretenden aver derecho dela dicha heredad por virtut desta ley del Fuero que declare por ley e ordenança en tal caso o semejante, qual destos terná mayor derecho por virtud dela dicha ley para auer la tal heredad por que se escusen los pleytos e contiendas que desto naçen.

Aesto vos rrespondo que declarando la dicha ley del Fuero, mando e ordeno que pidiendo la heredad del abolengo el hermano del vendedor e el hijo del vendedor amos en tienpo e en forma devidos que sea preferido e aya la heredad el hijo del vendedor; pero sy el hijo del vendedor dentro delos dichos nueue dias no la quisiere, quela pueda sacar dentro de aquel mesmo termino el hermano del vendedor, pues la heredad eso mesmo fue de su padre e madre dellos.

25. Otrosy muy poderoso sennor, somos çiertos que algunas personas procurando sus propios yntereses touieron manera commo se hiziese vna petiçion a boz delos procuradores que vinieron a cortes por vuestro mandado ala çibdad de Salamanca el anno que pasó de sesenta e çinco e fue puesta al pie dela dicha petiçion vna rrespuesta[1] que paresçe ser dada por vuestra rreal sennoria, por las quales dichas petiçion e rrespuesta paresçe que se ordenó quelos bienes conprados o ganados durante el matrimonio entre marido e muger delos frutos e rrentas de los bienes castrenses e casy castrenses del vno dellos, fuesen e fincasen de aquel cuyos heran los bienes, e no de amos a dos. E otrosi quelos bienes que ouiese la muger por su mitad delos bienes ganados o mejorados durante el matrimonio con su marido, quelos ouiese la muger para en su vida disuelto el matrimonio, pero sy se casase segunda vez que no pudiese al tienpo de su muerte disponer a su voluntad, saluo dela quinta parte dellos, e las otras quatro quartas partes, que fincasen alos herederos del marido con quien fueron ganados e multiplicados los tales bienes, e asy mesmo contiene la dicha rrespuesta dispusiçion de otros casos que por ella pueden pareçer. E commo quiera sennor, que creemos e avn somos çertificados por personas de vuestro Consejo que nunca tal ley por vuestra alteza fue fecha, pero hallamos la escrita e puesta entre otras leyes e hordenanças por vuestra alteza fechas enlas dichas cortes de Salamanca, e es çierto quela dicha petiçion e rrespuesta contienen en sy yniquidad e rrigor e que son en derogaçion delas leyes del Fuero que sobre esto disponen que son vsadas e guardadas en vuestros rreynos e darian cabsa a grand disençion[2] en ellos, sy asi oviese de quedar por ley. Por ende muy poderoso sennor suplicamos a vuestra alteza que a mayor abondamiento sy sobresto fuere estatuyda por ley la dicha rrespuesta la mande rreuocar, e sobre lo contenido en la dicha petiçion hordene e estatuya vuestra rreal sennoria lo que por bien touiere e hallare que se deue hazer.

[1] Véase la respuesta á la peticion 21 de las Córtes de Salamanca de 1465.

[2] ij-X-14: desconçier.o.

la quisiere, quela pueda secar dentr
no del vendedor, pues la hereda l eo
ellos.
r, somos çiertos que algunas personas
ouieron manera commo se hiziese vna
s que vinieron a cortes por vuestro
el anno que pasó de sesenta e çinco
çion vna rrespuesta' que pareşçe ser
por las quales dichas peticion e rres-
los bienes conprados o ganados du-
e muger delos frutos e rrentas de
nses del vno dellos, fuesen e fincasen
e no de amos a dos. E otrosi quelos
mitad delos bienes ganados o mejo-
su marido, quelos ouiese la muger
monio, pero sy se casase segunda vez
rte disponer a su voluntad, saluo dela
atro quartas partes, que fincasen alos
ieron ganados e multiplicados los ta-
e la dicha rrespuesta disposiçion de
pareçer. E commo quiera sennor, que
por personas de vuestro Consejo que
fue fecha, pero hallamos la escrita e
nças por vuestra alteza fechas enlas
ierto quela dicha petiçion e rrespues-
rigor e que son en derogaçion delas
ponen que son vsadas e guardadas en
a grand disençion' en ellos, sy asi
muy poderoso sennor suplicamos a
damiento sy sobresto fuere estatuyda
e sobre lo contenido en

non faga fe nin prueua; e estatuyendo sobre lo contenido enla dicha petiçion e declarando las dichas leyes del Fuero e las otras leyes e lo contenido en el libro del Estilo de corte que sobre esto dispone, mando e ordeno que todos e quales quier bienes castrenses e ofiçios del rrey e de sennores e donadios dellos, que fueren ganados e mejorados e auidos durante el matrimonio entre marido e muger por el vno dellos, que sean e finquen de aquel quelos ovo e ganó sin que el otro aya parte dellos, segun lo quieren las dichas leyes del Fuero, pero quelos frutos e rrentas dellos e de otros quales quier ofiçios, avn que sean delos que el derecho ovo por casy castrenses e los bienes que fueren ganados e mejorados durante el matrimonio delos frutos e rrentas delos tales bienes castrenses e ofiçios e donadios, quelos ayan de consuno amos a dos. E otrosy quelos bienes que fueren ganados e mejorados e multiplicados durante el matrimonio entre el marido e la muger que no fueren castrenses ni casy castrenses, quelos pueda enagenar el marido durante el matrimonio entre el marido e la muger sy quisiere sin liçençia ni otorgamiento de su muger, e quel tal contrato de enagenamiento vala, saluo sy fuere prouado que se fizo cautelosa mente por defraudar e danificar ala muger. E otrosi mando e hordeno que si la muger fincare viuda, e seyendo viuda biuiere luxuriosa mente, que pierda los bienes que ovo por rrazon de su mitad delos bienes que fueron ganados e mejorados por su marido e por ella durante el matrimonio entre ellos, e sean debueltos los tales bienes alos herederos de su marido defunto en cuya conpannia fueron ganados.

26. Otrosy muy poderoso sennor, a vuestra rreal sennoria ovimos suplicado en estas cortes por nuestra petiçion que rreuocase las franquezas e esençiones que auia dado al lugar de Symancas, por las cabsas e rrazones contenidas enla dicha petiçion, e commo quier que vuestra sennoria mandó e hordenó que el dicho lugar fuese e fincase termino dela villa de Valladolid commo hera primero, pero no proueyó sobre las otras cosas por nos otros suplicadas por la dicha petiçion, e quedaron por proueer e rremediar alo menos vn gran agrauio quelos veçinos de Symancas tientan de fazer enla dicha villa de Valladolid e Medina

der a rregatoneria, e destas cosas tales que asy conpran para rrevender fuera del dicho lugar de Symancas, que no ayan de pagar alcauala, pareçe cosa de grand agrauio, delo qual se rrecreçe perdida e menoscabo enlas rrentas. Por ende muy poderoso sennor, suplicamos a vuestra rreal sennoria mande e ordene que alo menos delas cosas quelos veçinos de Simancas conpraren para las rreuender e las rrevendieren fuera del dicho lugar, que paguen alcauala dellas donde las vendieren, seyendo les prouado quelas conpraron ellos primera mente para las rreuender, e declare e lymite asy qual quier carta de merçed e preuillegio de esençion de alcaualas quelos veçinos de Simancas tienen de vuestra rreal sennoria.

Aesto vos rrespondo que vos otros pedis cosa justa e rrazonable, por ende digo quela otorgo ansy segund e commo e con la limitaçion quelo pedistes, e mando que se guarde e cunpla asy.

27. Otrosy muy poderoso sennor, bien sabe vuestra sennoria commo enlas dichas cortes de Ocanna fizo e hordenó vna ley por la qual mandó e defendió que ningund veçino e morador de qual quier çibdad o villa o lugar de vuestros rreynos no pudiese ser echado dela çibdad, villa e lugar donde biuiese, saluo por vuestro expreso mandado o por mandado del sennor dela tal çibdad, villa o logar o de quien su poder oviere o por sentençia valida por juez[1] conpetente, ny le fuesen tomados ny ocupados sus bienes, saluo por vuestra carta de justiçia o por sentençia de juez conpetente pasada en cosa juzgada, so çiertas penas enla dicha ley contenidas, saluo en çiertos casos contenidos enla dicha ley; e esto no enbargante, vemos por espiriençia que en tanta osadia e abituaçion de mal biuir e poco temor de vuestra justiçia e en menos preçio de nuestra santa fee catolica, es venida ya la gente, espeçial mente la gente comun e popular[2], que osa prosiguiendo vanos deseos e colores esquisytos, levantar se e alborotar e rreuoluer e leuantar rruydos e peleas con otros sus veçinos e naturales, e sy mas pueden quellos, los rroban e toman los bienes e echan fuera delas çibdades e villas e lugares donde biuen, espeçial mente vemos que se haze esto enlas çibdades e villas e lugares de vuestra corona e patrimonio rreal donde se halla mas aparejo para ello e menos temor de justiçia e execuçion della que enlos lugares de sennorio; quantos males o dapnos desto se levantan e siguen, creemos que no es neçesario rrelatar los a vuestra sennoria, pues la espiriençia los haze

[1] ij-X-14: valigida de juez.
[2] ij-X-14: popilar.

: alo menos delas cosas quelos veçi-
s rreuender e las rrevendieren fuera
ala dellas donde las vendieren, se-
n ellos primera mente para las rre-
ual quier carta de merçed e preui-
elos veçinos de Simancas tienen de

s pedis cosa justa e rrazonable, por
d e commo e con la limitaçion quelo
cunpla asy.
, bien sabe vuestra sennoria commo
hordenó vna ley por la qual mandó
orador de qual quier çibdad o villa
se ser echado dela çibdad, villa e
stro expreso mandado o por mandado
lugar o de quien su poder oviere o
ente, ny le fuesen tomados ny ocu-
carta de justiçia o por sentençia de
ada, so çiertas penas enla dicha ley
contenidos enla dicha ley, e esto no
que en tanta osadia e abituaçion de
justiçia e en menos preçio de nues-
a la gente, espeçial mente la gente
ndo vanos deseos e colores esqui-
luer e leuantar rruydos e peleas con
s pueden quellos, los rroban e toman
des e villas e lugares donde biuen,
sto enlas çibdades e villas e lugares
on le se halla mas aparejo para ello
dello que enlos lugares de senno-
e siruen, creemos que no

cada parte valedores e no temiendo los mal fechores la pena de sus hierros, se rreuelan e leuantan contra vuestra sennoria e entregan la çibdad villa o logar a persona quelos defienda, e de alli se halla deseruido vuestra alteza. Por ende muy poderoso sennor, suplicamos a vuestra alteza le plega mandar rremediar e proueer sobre tan grandes males e dapnos, por manera que sobre lo fecho hasta aqui ponga algund castigo e escarmiento, e lo que se espera seguir se de aqui adelante se ataje, e los pueblos delas dichas vuestras çibdades e villas e logares esten en toda paz e concordia [1].

Aesto vos rrespondo que vos otros pedides bien e justa cosa, e pues por la ley por mi fecha enlas dichas cortes de Ocanna prouey sobre esto, mando e ordeno quela dicha ley sea guardada, e demas qual quiera que atentare de hazer [1] lo contenido en esta petiçion, que sea por el mesmo fecho ynfame e caya e yncurra en pena de sediçioso e de escandalizador e disipador de su propia patria, e que este tal sea caso de corte.

28. Otrosy muy poderoso sennor, tanto atreuimiento e osadia an tomado muchos vuestros subditos e naturales, çegados por desordenada codiçia, que no an temor de fundir e deshazer la vuestra moneda de rreales e blancas, e la fundir e deshazer e mezclar con la plata delos dichos rreales otra liga o metal para labrar dello otras pieças de plata, no curando delas penas establesçidas en que por ello yncurren, asy por derecho comun commo por las dichas ordenanças por vuestra sennoria fechas, delo qual se sigue muy grand danno a vuestros subditos e naturales. Por ende muy poderoso sennor, suplicamos a vuestra alteza que mande e defienda que ninguna persona sea osada de deshazer ni fundir la dicha moneda de rreales e blancas, so las dichas penas contenidas en las dichas leyes e ordenanças, espeçial mente enla ordenança fecha en la çibdad de Segouia por vuestra sennoria, sobre la lauor dela dicha moneda, el anno de setenta e vno.

Aesto vos rrespondo quelo otorgo, e mando que se haga e cunpla asy segund que por vos otros me es suplicado.

1 ij-X-14: e esecuçion della.

29. Otrosi muy poderoso sennor, bien creemos que sabe vuestra alteza commo todos o los mas ofiçios de vuestra corte estan muy desordenados enlas contias que lleuan, los vnos pidiendo e lleuando derechos commo les plaze, no deuiendo pedir ni lleuar cosa alguna, los otros lleuando mucho mas delo que deuen auer; e commo quiera que sobre esto le fue suplicado enlas cortes de Ocanna que proueyese, no se hizo por estonçes, e despues acá ha cresçido la desorden en mayor grado. Por ende suplicamos a vuestra rreal sennoria, que nonbre e dipute personas que tasen todos los derechos que cada vn ofiçio ha de lleuar en vuestra corte, e quales ofiçiales lo han de lleuar, e les dé poder para hazer sobre ello ordenanças, auiendo rrespecto al valor dela moneda e al estado de vuestros rreynos, e para que inpongan penas contra los quebrantadores delas ordenanças que hizieren, e lo que estos ordenaren aquello desde luego estatuya vuestra sennoria por ley.

Aesto vos rrespondo que vosotros dezides bien e lo que cunple a mi seruiçio. Por ende mando e do poder cunplido alos dichos diputados del mi Consejo, o a quales quier quatro dellos que por ellos fueren diputados, para que hagan las dichas ordenanças e tasas delos derechos e salarios de todos los ofiçios dela mi casa e corte e de cada vno dellos; e todo aquello que estos ordenaren e tasaren enla manera que dicha es, mando e ordeno que sea guardado e cunplido, segund e commo e so las penas que enlas tales ordenanças por ellos hechas fuere contenido.

30. Otrosy muy poderoso sennor, vn grande agrauio se haze a muchas personas en vuestros rreynos, dando vuestra sennoria a sus deudores cartas de espera por las deudas queles deuen; e commo quiera que esto pueden hazer los rreyes, pero deuen lo fazer con justa causa e deuen ser primera mente ynformados dela proueza e nesçesidad del deudor e dela causa por donde le vino, e si el creedor tiene hazienda con quelo sufra; e no se deuen dar las tales cartas sin la tal ynformaçion. Por ende suplicamos a vuestra alteza que de aqui adelante no libre ni dé cartas de espera a persona alguna por deudas que deua, sin que sean primera mente acordadas por los de vuestro Consejo e firmadas dellos enlas espaldas dellas, y que en ellas se contenga commo sobrello se ovo la dicha ynformaçion; e la carta que de otra manera se diere, que no vala, e sy enla tal carta se diere dilaçion de mas de dos annos para la paga, que sea rreducido al dicho termino de dos annos e no mas.

Aesto vos rrespondo que me plaze e mando e hordeno que se haga e cunpla asy de aqui adelante commo en vuestra petiçion se contiene.

31. Otrosi muy poderoso sennor, bien creemos que sabe vuestra al-

...dueı, e commo quiera que sobre esto
Ocanna que proueyese, no se hizo por
..lo la desorden en mayor grado. Por
..nnoria, que nonbre e dipute personas
cada vn ofiçio ha de lleuar en vuestra
lleuar, e les dé poder para hazer sobre
o al valor dela moneda e al estado de
..gan penas contra los quebrantadores
lo que estos ordenaren aquello desde
..r ley.
..os dezides bien e lo que cunple a mi
..er cunplido alos dichos diputados del
..dellos que por ellos fueren diputados,
..nças e tasas delos derechos e salarios
e corte e de cada vno dellos; e todo
..n enla manera que dicha es, mando
..do, segund e commo e so las penas
..s hechas fuere contenido.
..r, vn grande agrauio se haze a muchas
..o vuestra sennoria a sus deudores car-
..deuen; e commo quiera que esto pue-
.. fazer con justa causa e deuen ser pri-
..ueza e nesçesidad del deudor e dela
..dor tiene hazienda con quelo sufra;
..su la tal ynformaçion. Por ende su-
..qui adelante no libre ni dé cartas de
..das que deua, sin que sean primera
..ro Consejo e firmadas dellos enlas es-
..tenga commo sobrello se ovo la di-
..e otra manera se diere, que no vala, e
... de dos annos para la paga

su mal proposito toman envocaçion[1] o apellido de algun santo o sancta, e llegan asy otras muchas personas conformes a ellos enlos deseos e hazen sus ligas e juramentos para se ayudar, e algunas vezes hazen sus estatutos honestos para mostrar en publico, diziendo que para la execuçion de aquello hazen las tales cofradias; pero en sus hablas secretas e conçiertos tiran a otras cosas que tienden en mal de sus proximos e en escandalo de sus pueblos; e commo quiera quelos ayuntamientos yliçitos son rreprobados e proybidos[2] por derecho e por leyes de vuestros rreynos, pero los inventadores destas nouedades buscan tales colores e causas fingidas, juntando las con santo apellido e con algunas hordenanças onestas que ponen enel comienço de sus estatutos, por donde quieren mostrar que su dannado proposito se pueda desculpar[3] e lleuar adelante, e para esto rreparten e echan entre sy contias de dineros para gastar enla prosecuçion de sus deseos. Delo qual vemos que suelen rresultar grandes escandalos e bolliçios e otros males e dannos enlos pueblos e comarcas donde esto se haze, e que dello no se sigue bien alguno. Por ende muy poderoso sennor, suplicamos a vuestra alteza le plega proueer e rremediar sobre esto, rreuocando todas e quales quier cofradias e cabildos que delos dichos diez annos a esta parte son fechos en quales quier çibdades e villas e lugares de vuestros rreynos, saluo las que han seydo fechas con liçençia de vuestra alteza, sola mente para causas pias e preçediendo actoridad del perlado,[4] e mande e defienda que de aqui adelante no se hagan otras, saluo enla manera suso dicha, so grandes penas. E otrosy mande e defienda que enlas fechas fasta aqui no se junten ni se alleguen los que se dizen cofrades dellas, antes espresa mente las deshagan e rreuoquen por ante escriuano e publica mente, cada e quando por la justiçia ordinaria dela tal çibdad villa o lugar les fuere mandado o fueren sobre ello rrequeridos por qual quier vezino dende, so pena que qual quiera quelo contrario fiziere, muera por ello e aya perdido por el mismo fecho sus bienes e sean confiscados para la vuestra camara e fis-

1 El texto: en votaçion.
2 ii-X-14: punidos.

co. E que sobre esto las justiçias puedan hazer pesquisas cada e quando vieren que cunple, sin que preçeda denunçiaçion ni delaçion[1] ni otro mandamiento para ello.

Aesto vos rrespondo que vuestra petiçion es justa e muy conplidera al bueno e paçifico estado delos pueblos de mis rreynos. Por ende yo por la presente hago la rreuocaçion delas dichas ligas e cofradias e otorgo todo lo contenido enla dicha vuestra petiçion, e mando e hordeno que se guarde e cunpla asy segun e commo por ella lo suplicays, e que persona alguna no vaya ni pase contra ello, so las penas contenidas en ella.

32. Otrosy muy poderoso sennor, por las dichas leyes que vuestra alteza hizo e ordenó enlas dichas cortes de Ocanna mandó e defendió a los del vuestro Consejo e alos vuestros contadores mayores que no librasen ni diesen vuestras cartas executorias dexando los executores en blanco e que vuestras cartas executorias se diesen contra los conçejos e personas que justa mente fuesen obligadas a pagar, e no contra otras, e quelos executores que para esto se dieren, que sean personas buenas e llanas e cognosçidas por tales en vuestra corte, e quelas tales executorias no se diesen, saluo con audiençia. E por que creemos que es cosa muy rrazonable e fasta aqui no se ha guardado, suplicamos a vuestra alteza que mande alos del vuestro Consejo e alos dichos vuestros contadores mayores e a sus logares tenientes e ofiçiales e alos sus alcaldes e juezes comisarios quelo guarden asi en vuestras cartas executorias que libraren e dieren. Pero por que vemos que con la deshorden e poco temor de vuestra justiçia que agora hay en vuestros rreynos, muchos conçejos e alcaydes e otras personas no dan lugar a que sean rrequeridos los conçejos e personas singulares que algo deuen, con vuestras cartas de libramientos o de enplazamientos o con otras sobre cartas o cartas executorias vuestras, ni dan lugar a que se pueda cobrar la deuda delos quela deuen, e asy seria cosa ynjusta e contra rrazon si los sennores dela deuda no touiesen algun rremedio para cobrar lo queles es deuido; por ende suplicamos a vuestra rreal sennoria que mande e ordene que de aqui adelante, quando algun conçejo o personas singulares del ouiere de ser rrequerido con alguna vuestra carta o sobre carta librada de vuestra alteza o de qual quiera delos dichos vuestros juezes, el que ouiere de hazer el tal rrequerimiento con ella, jure ante vuestra alteza o ante el juez quela ouiere de librar, que no es lugar tuto ni seguro aquel donde ha

[1] ij-X-14: declaraçion.

pueblos de mis rreynos. Por ende yo
n delas dichas ligas e cofradias e otr-
uestra peticion, e mando e hordeno que
mmo por ella lo suplicays, e que per-
tra ello, so las penas contenidas en

or, por las dichas leyes que vuestra
cortes de Ocanna mandó e defendió a
estros contadores mayores que no li-
executorias dexando los executores en
torias se diesen contra los conçejos e
obligadas a pagar, e no contra otras,
se dieren, que sean personas buenas e
vuestra corte, e quelas tales executo-
ençia. E por que creemos que es cosa
se ha guardado, suplicamos a vuestra
Consejo e alos dichos vuestros conta-
dentes e singulares e alos sus alcaldes e
asi en vuestras cartas executorias que
emos que con la deshorden e poco te-
hay en vuestros rreynos, muchos con-
no dan lugar a que sean rrequeridos
que algo deuen, con vuestras cartas
tos o con otras sobre cartas o cartas
ar a que se pueda cobrar la deuda delos
esta e contra rrazon si los sennores dela
para cobrar lo queles es deuido por
ennoria que mande e ordene que de
jo o personas singulares del oviere de
carta o sobre carta librada de vuestra
al que quiere de ha-

se faga la notificaçion della, poniendo el traslado signado della en vna delas puertas dela çibdad o villa o logar o de su yglesia de aquel conçejo a quien se dirige la carta o donde está el deudor, e que se notifique a quatro o çinco personas de aquel lugar do quiera que fueren fallados; e que esta tal notificaçion aya tanta fuerça e vigor fecha en qual quier destas maneras, commo si fuese hecha al conçejo dela tal çibdad o villa o logar, si la carta se dirigiere al conçejo, o commo si fuese fecha ala persona a quien se dirige la tal carta; e que esto fecho, el conçejo sea tenudo de conplir la tal carta sy a el se dirigiere, o enviar en seguimiento della; e si se dirigiere a otra persona de sus vezinos, quele haga conplir lo contenido enla carta, e lo envie asy a dezir al juez quela librare dentro delos plaços que por la carta se dieren para lo conplir o paresçer. E si asy no lo hizieren, que dende en adelante, fecho el proçeso sobre ello, se pueda dar executor dela calidad suso dicha contra el tal conçejo o contra los vezinos del e sus bienes, fasta enla contia que fuere juzgada, e que estonçes se haga primero la execuçion e se pague la deuda del prinçipal antes quelas costas, e que de otra guisa no se puedan hazer tomas ni prendas enlas personas e bienes delos vnos por lo que deuen los otros, so pena que el quelo hiziere, avn que sea con vuestra carta, aya pena de forçador.

Aesto vos rrespondo que me plaze e lo otorgo, e mando e ordeno que se haga e guarde asy de aqui adelante, segund e commo en vuestra petiçion se contiene.

Por que vos mando a todos e a cada vno de vos que veades las dichas leyes e ordenanças de suso contenidas e las guardedes e cunplades e fagades guardar e cunplir en todo e por todo, segund que en ellas e en cada vna de ellas se contiene. E vos los dichos juezes e justiçias librades e determinedes por ellas los pleytos e causas e negoçios que ovieredes de determinar e librar de aqui adelante, commo por leyes generales fechas e ordenadas por mi en estas dichas cortes, e a vos los mis alcaldes dela mi casa e corte e chançelleria quelas fagays pregonar publica mente. E los vnos ni los otros non fagades ni fagan ende al por alguna manera, so pena dela mi merçed e delas penas contenidas enlas dichas leyes; e demas mando al ome que vos esta mi carta mostrare que vos enplaze que parescades ante mi enla mi corte do quier que yo sea, del dia que vos enplazare fasta quinze dias primeros siguientes, so la dicha pena, so la qual mando a qual quier escriuano publico que para esto fuere llamado que dé ende al que uos la mostrare testimonio sinnado con su sinno, por que yo sepa en commo se cunple mi mandado. Dada enlas cortes dela Puebla de Santa Maria de Nieua, a veynte e ocho dias del mes de Otubre, anno del nasçimiento de nuestro Saluador Ihesu Christo de mill e quatro çientos e setenta e tres annos.

FIN DEL TOMO TERCERO.

mno se cunple mi mandado. Dada
ria de Nieua, a veynte e ocho dias
miento de nuestro Saluador Ihesu
tenta e tres annos.

...SO TERCERO.

ORDENAMIENTOS CONTENIDOS EN ESTE TERCER TOMO.

	PÁGINAS.
Declaracion hecha por la reina Doña Catalina, en nombre de su hijo D. Juan II, con motivo de la cuestion sobre preferencia, que hubo entre las ciudades de Leon y Toledo, en las Córtes de Segovia del año 1407.	1
Otorgamiento de algunos servicios para la guerra con los moros del reino de Granada, hecho por las Córtes de Valladolid el año 1411.	4
Cuaderno de las Córtes celebradas en Madrid en el año de 1419.	10
Ordenamiento para que no se echasen pechos ni tributos sin el consentimiento de las Córtes, otorgado á peticion de los procuradores de las celebradas en Valladolid el año de 1420.	23
Cuaderno de las Córtes de Valladolid del año de 1420.	30
Id. de las Córtes de Ocaña del año de 1422.	36
Id. de las Córtes de Palenzuela del año de 1425.	50
Id. de las Córtes de Búrgos del año de 1430.	79
Id. de las Córtes de Palencia del año de 1431.	98
Id. de las Córtes de Zamora del año de 1432.	116
Id. de las Córtes de Madrid del año de 1433.	161
Id. de las Córtes de Madrid del año de 1435.	184
Id. de las Córtes de Toledo del año de 1436.	251
Id. de las Córtes de Madrigal del año de 1438.	311
Id. de las Córtes de Valladolid del año de 1440.	368
Id. de las Córtes de Valladolid del año de 1442.	392
Ordenamiento hecho á peticion de las Córtes celebradas en el real sobre Olmedo en el año 1445, para que no se acrecentasen los oficios en las ciudades y villas del reino, se redujesen los ya acrecentados, y se consumiesen segun fueren vacando.	451
Ordenamiento hecho á peticion de las Córtes celebradas en el real sobre Olmedo el año de 1445, interpretando y aclarando una ley de las Partidas.	456
Cuaderno de las Córtes de Valladolid del año de 1447.	495
Id. de las Córtes de Valladolid del año de 1451.	575
Id. de las Córtes de Búrgos del año de 1453.	641
Id. de las Córtes de Córdoba del año de 1455.	674
Id. de las Córtes de Toledo del año de 1462.	700
Id. de las Córtes de Salamanca del año de 1465.	749
Id. de las Córtes de Ocaña del año de 1469.	765
Ordenamiento sobre la fabricacion y valor de la moneda, otorgado en las Córtes de Segovia	819

CPSIA information can be obtained
at www.ICGtesting.com
Printed in the USA
BVHW011758040920
588118BV00007B/212

9 781248 009369